양자계산과 양자정보

마이클 A. 닐슨 · 아이작 L. 추앙 지음

이승준 옮김

에이콘

 에이콘출판의 기틀을 마련하신 故 정완재 선생님 (1935-2004)

양자계산과
양자정보

우리들의 부모님과
선생님께 바친다.

양자계산 및 양자정보 10주년 기념판

현대 물리학에서 가장 많이 인용되는 이 책은 흥미로운 과학 분야에서 최고의 교재로 평가받고 있다. 10주년 기념판에서는 도입부와 후기를 새로 집필했다.

고속 양자 알고리듬, 양자 텔레포테이션, 양자암호, 양자 오류정정과 같은 놀라운 효과를 설명한다. 먼저 양자역학과 컴퓨터과학을 소개하고 나서 양자 컴퓨터가 무엇인지, 양자 컴퓨터를 사용해 "고전" 컴퓨터보다 어떻게 더 빨리 문제를 해결하는지, 실제 구현이 어떤지 알아볼 것이다. 끝으로 양자정보를 깊이 있게 다루는 것으로 마무리한다.

풍부한 그림과 확인문제를 제공해 해당 주제의 강의에 이상적이며 물리학, 컴퓨터과학, 수학, 전기공학 분야의 대학원생 및 연구자에게 흥미를 불러일으킬 것이다.

출간 10주년 찬사

처음 출간된지 10년이 지난 후에도 "마이크와 아이크(두 저자의 애칭)"의 책은 다른 모든 책들과 비교되는 양자 컴퓨팅 교재가 됐다. 이 분야의 어떠한 책도 실험 구현에서 복잡도 클래스에 이르기까지 그리고 처치-튜링 논제의 철학적 정당화에서 브라/켓 다루기의 핵심에 이르기까지 그 범위를 완전히 다루지 않는다. 내 책상 위에는 귀퉁이가 닳은 이 책이 놓여 있다. 대각합 거리$^{trace\ distance}$와 충실도^{fidelity}에 대한 부분만으로도 내게는 책 가격의 몇 배나 되는 가치가 있다.

매사추세츠공과대학교, 스콧 애론슨$^{Scott\ Aaronson}$

양자정보 처리는 이론 및 실험 양자물리학, 컴퓨터과학, 수학, 양자공학 그리고 최근에는 양자계측에 이르기까지 여러 학문이 관련된 거대한 분야가 됐다. 마이클 닐슨과 아이작 추앙이 집필한 이 책은 여러 면에서 한 시대의 획을 그었다. 즉, 기초과학에 있어서 광범위하면서도 깊은 이해의 길을 닦았고 현재 성장하고 있는 커뮤니티에서 널리 사용되는 공통언어를 소개하면서 10년 동안 이 분야의 표준서가 됐다. 이 분야가 빠르게 발전해왔지만 10년이 지난 후에도 이 책은 학생과 학자 모두에게 이 분야의 기본 입문서 역할을 하고 있으므로 이 10주년 기념판은 장래의 베스트셀러로 남을 것이다. 이 책에는 양자계산 및 양자정보 처리의 기초가 잘 정리돼 있으며, 지난 10년 동안 양자정보 처리의 바탕이 된 실험 기술에 대한 개요도 제공한다. 이 분야의 급속한 진전에 비춰 이 책은 여러 학문이 관련된 고도의 연구 분야에 들어서는 사람들에게 계속해서 가치가 있을 것이며, 그 분야에서 성장하는 사람들을 위한 참고서가 될 것이다. 이 책은 훌륭한 책으로 잘 쓰여졌고 훌륭한 평가를 받으며, 실제로 현장의 모든 사람에게 필독서이기도 하다.

인스부르크대학교, 라이너 블랫$^{Rainer\ Blatt}$

내가 탐독하는 닐슨과 추앙의 책은 이 글을 쓰는 와중에도 평소와 다름없이 내 옆에 놓여 있다. 마이크와 아이크가 다룬 자료는 여전히 잠재력이 큰 분야가 됐다. 다른 연구자가 내게 양자정보 과학의 중요한 점에 대해 명확하게 설명해 달라고 하면 나는 이 책 속에 그 내용이 있다는 것을 떠올리고는 안도의 한숨을 내쉰다(내가 할 일은 쉽다. 그저 그 내용을 전달하기만 하면 된다).

IBM T. J. 왓슨 연구 센터, **데이비드 디빈센조**^{David DiVincenzo}

양자정보 과학에 대해 알고 싶은 것이 있거나 생각나게 하는 것이 있다면, 아이크와 마이크가 집필한 이 종합 개론서를 살펴보기만 하면 된다. 여러분이 전문가든 학생이든 평범한 독자든 유용하고 잘 제시된 정보를 담은 이 보물상자를 잘 활용하기를 바란다.

옥스퍼드대학교 수학 연구소, **아르투르 에커트**^{Artur Ekert}

『해리 포터』를 읽은 아이라면 바른 말을 하거나 옳은 일을 할 때 멋진 일이 일어난다고 믿는다. 그러나 어른도 그렇게 생각할까? 마찬가지로 1990년대 초반에 양자계산 및 양자정보가 나올 때까지는 이것들을 믿는 이들이 거의 없었다. 양자 컴퓨터는 현 세기에 존재하는 마법사의 돌이며 닐슨과 추앙 책은 우리의 기본 마법서가 됐다. 출간 이후 10년이 지난 지금까지도 이 분야의 기본서로 자리 잡고 있다. 사물에 의문을 품으면 놀라운 사실을 알게 되지만 그보다 먼저 사물의 언어를 이해해야 한다. 그 이후로 닐슨과 추앙의 책처럼 양자이론을 가능케 하는 언어를 가르치는 책은 없었다(이전에도 없었지만 말이다).

페리미터 이론 물리학 연구소, **크리스 푹스**^{Chris Fuchs}

닐슨과 추앙의 책은 양자정보 분야의 바이블이다. 10년 전에 나왔고 그 분야가 10년 동안 엄청나게 바뀌었어도 이 책은 여전히 이 분야의 중요한 개념 대부분을 다루고 있다.

벨 연구소, **롭 그로버**^{Lov Grover}

일반적으로 "마이크와 아이크"로 언급되는 이 책은 양자정보 처리의 배경 정보를 제공하는 아주 중요한 자원이 된다. 수학을 꺼리는 실험주의자로서 나는 양자역학의 일반 배경을 담고 있다는 사실에 특히 감사한다. 책의 어느 부분을 펴도 논의되는 기본 아이디어를 쉽게 파악할 수 있다. 내게는 여전히 이 분야의 "확실한" 책이다.

콜로라도 주 볼더 시에 있는 미국 표준기술 연구소, **데이비드 와인랜드**^{David Wineland}

초판 출간 찬사

추앙과 닐슨은 양자계산에 대해 최초로 포괄적인 연구를 수행했다. 이 주제를 확실히 이해하려면 물리학, 컴퓨터과학, 수학 내에 있는 근본적이고 다양한 아이디어를 많이 통합해야 한다. 이 교재가 나오기 전까지는 필수 자료를 정리하고 완전히 익히기가 어려웠다. 우리의 우주는 정보 처리에 있어서 고유 기능과 한계를 갖고 있다. 그것이 무엇인지에 따라 궁극적으로 기술 과정이 결정되고 근본적인 물리 이론을 찾기 위한 우리의 노력이 구체화될 것이다. 이 책은 관련 분야의 어떠한 과학자나 대학원생이라도 토론에 참여할 수 있는 멋진 길을 열어준다.

마이크로소프트, 필즈 메달리스트, **마이클 프리드먼**Michael Freedman

닐슨과 추앙의 이 책은 아주 자세하고 최근 내용을 담고 있고 물리학의 관점에서 빠르게 발전하는 이 분야의 여러 측면을 다루면서 그루스카가 저술한 1999년판 교재의 컴퓨터과학 관점을 보완한다. 두 저자는 수학, 컴퓨터과학, 물리 관련 과학을 잘 전공한 학부생이라면 누구나 볼 수 있는 자습서를 펴내는 데 성공했다. 독학생이라면 이 책을 읽으며 즐거운 한 해를 보내고 아울러 최근의 문헌을 다루며 진지한 연구를 준비할 수 있다. 설명을 간소화하기 위해 각 장의 끝 부분에 짧지만 생생한 역사와 추가자료 절이 있다.

IBM, **찰스 베넷**Charles H Bennett

훌륭한 책이다. 이 분야는 이미 너무 커져 한 권의 책으로 완전히 다룰 수 없는데도 닐슨과 추앙은 주제를 잘 선택해 아주 잘 풀어냈다.

매사추세츠공과대학교, **피터 쇼어**Peter Shor

지은이 소개

마이클 닐슨 Michael A. Nielsen

퀸즐랜드대학교에서 교육을 받았으며 뉴멕시코대학교에서 풀 브라이트 장학생으로 다녔다. 로스 알라모스 국립연구소에서 근무했고 칼텍에서는 리처드 체이스 톨먼 펠로우였으며, 퀸즐랜드대학교의 양자정보 과학재단 교수이자 연맹 펠로우였고 페리미터Perimeter 이론 물리학 연구소의 선임 교수였다. 오픈 사이언스open science[1]에 관한 책을 집필하기 위해 페리미터 연구소를 떠났으며 지금은 캐나다 토론토에서 살고 있다.

아이작 추앙 Isaac L. Chuang

매사추세츠공과대학교MIT 전기공학 & 컴퓨터과학부 그리고 물리학과 겸임 교수다. MIT 전자 연구소의 울트라콜드 아톰 센터에서 양자 연구 그룹을 이끌며 물리계의 기본 성분인 원자, 분자로부터 정보 기술과 지식을 알아내고 창조하는 일을 추구한다.

---

1   정보를 디지털 형태로 공개하고 확산시켜 사회경제적 편리와 이익을 추구하는 분야. 서로가 정보를 공유한다면 새로운 과학적 성과를 낼 수 있다. – 옮긴이

감사의 말

몇몇 사람들은 양자계산 및 양자정보에 대한 우리의 생각에 결정적인 영향을 미쳤다. 우리의 관점을 형성하고 다듬는 데 도움을 준 많은 즐거운 토론에 대해 MAN[1]은 칼 케이브스, 크리스 푹스, 제라드 밀번, 존 프레스킬, 벤 슈마허에게 감사드리며 ILC[2]는 톰 카버, 우메시 바지라니, 요시 야마모토, 버니 유르케에게 감사드린다.

이 책을 만드는 데 엄청난 수의 사람들이 직간접적으로 도움을 주었다. 일부를 언급하자면 도릿 아로노프, 안드리스 암바이니스, 나빌 아머, 하워드 바넘, 데이브 벡먼, 해리 버먼, 칼텍 양자광학의 푸즈볼 게이머들foosballers, 앤드류 차일즈, 프레드 청, 리처드 클레브, 존 콘웨이, 존 코티즈, 마이클 데샤조, 로날드 드 울프, 데이비드 디빈센조, 시티븐 반 엔크, 헨리 에버릿, 론 페이긴, 마이크 프리드먼, 마이클 개겐, 닐 거셴펠트, 다니엘 고테스먼, 짐 해리스, 알렉산더 홀레보, 앤드류 휘버스, 줄리아 켐페, 알레샤 키타예프, 매니 닐, 싱 콩, 레몽 라플람, 앤드류 랜달, 론 레게레, 데비 레옹, 다니엘 리다, 엘리엇 리브, 테레사 린, 히데오 마부치, 유 마닌, 마이크 모스카, 알렉스 핀즈, 스리드하르 라자고팔란, 빌 리스크, 베스 루스카이, 사라 슈나이더, 로버트 시레이더, 피터 쇼어, 셰리 스톨, 폴커 슈트라센, 아민 울먼, 리에븐 반델시펜, 안네 버홀스트, 데비 윌락, 마이크 웨스트모어랜드, 데이브 와인랜드, 하워드 와이즈먼, 존 야드, 신란 저우, 보이첵 쥬렉이 있다.

구상 중이었던 이 책을 현실화할 수 있게 도와준 캠브리지대학교 출판부에게도 감사드린다. 3년 넘게 이 프로젝트를 이끈 사려 깊고 열정적인 편집자인 시몬 캐펄린과 적시에 철저히 편집해준 마가렛 패터슨에게 특히 감사드린다.

이 책의 장들을 완료했을 때 MAN은 캘리포니아공과대학교의 톨먼 프라이즈 펠로우이자 로스 앨러모스 국립 연구소의 T-6 이론 천체물리학 그룹 멤버였고 뉴멕시코대학교의 고급 연구센터 멤버로 있었다. 이 시기의 ILC는 IBM 알마덴 연구센터의 연구 스태프 멤버이자 스탠퍼드대학교의 전기공학 컨설팅 조교수였고 UC버클리대학교 컴퓨터과학

---

1   Michael A. Nielsen의 앞글자를 뜻한다. – 옮긴이
2   Isaac L. Chuang의 앞글자를 뜻한다. – 옮긴이

부의 방문 연구원이자 로스 앨러모스 국립 연구소의 T-6 이론 천체물리학 그룹 멤버였고 UC산타바바라대학교의 이론 물리학 연구소의 방문 연구원이었다. 아스펜 물리학 센터의 온정과 환대에도 감사드린다. 여기서 이 책의 최종 페이지 증명들을 끝냈다.

MAN과 ILC는 NMRQC 연구 이니셔티브 산하의 DARPA와 육군 연구청이 관리하는 QUIC 연구소의 지원에 감사드린다. 또한 미국 국립 과학재단, 미국 국가안보국, 미국 해군 연구소, IBM의 많은 지원에도 감사드린다.

옮긴이 소개

이승준(violakr0@gmail.com)

연세대학교에서 천문학을 전공했고 한아시스템에서 소프트웨어 엔지니어로 근무했으며, 현재 프리랜서로 일하고 있다. 에이콘출판사에서 출간한 『(개정판) C & C++ 시큐어 코딩』(2015), 『닷넷 개발자를 위한 AngularJS』(2016), 『파이썬 분산 컴퓨팅』(2016), 『Angular 2 컴포넌트 마스터』(2016), 『유니티 게임 개발을 위한 절차적 콘텐트 생성』(2017), 『React 16 핵심 정리 2/e』(2018), 『자연어 처리의 이론과 실제』(2018), 『React 16 Tooling』(2018)을 번역했다.

옮긴이의 말

이 책은 2000년 처음 발간되고 2010년에 10주년 기념판으로 재발간됐다. 10주년 기념판이라고 해서 내용이 보강된 것은 아니며 단지 각계의 찬사와 저자의 10주년 기념 글이 추가됐을 뿐이다. 그리고 이제 출간된 지 22년만에 이 번역판을 국내 독자에게 선보이게 됐다.

22년이 지났다고 하면 하루하루 새로운 정보와 신기술이 쏟아지는 현재의 상황에서는 구식으로 느끼기에 충분하다. 하지만 이 책은 여전히 양자계산 및 양자정보 분야의 바이블로 대우받고 있다. 세월이 많이 흘렀어도 이 책의 가치가 떨어지지 않는 이유를 알려면 이 책이 나온 시기의 상황을 살필 필요가 있다.

양자역학이 1920년대부터 1930년대에 걸쳐 격동의 세월을 보냈다면 양자 컴퓨팅은 1990년대에 격동기를 겪게 된다. 1993년 IBM에 근무하던 찰스 베넷 박사 그룹이 얽힘 상태를 이용해 양자 텔레포테이션 개념을 이론적으로 확립했다. 1994년에는 피터 쇼어 박사가 '쇼어 알고리듬'을 발표해 사회에 강한 충격을 주었다. 현재 우리가 사용하는 RSA 암호 체계가 결코 안전하지 않다는 것을 보여준 큰 사건이었다. 또한 쇼어 박사는 같은 해에 오류 증후군 측정 방식을 통해 얽힘 상태를 이용하면 양자 컴퓨팅에서 오류정정이 가능하다는 것도 밝혀냈다. 1996년에는 벨 연구소의 연구원이었던 롭 그로버가 '그로버 알고리듬'을 발표해 탐색 문제의 시간을 크게 단축시키면서 양자 컴퓨터가 고전 컴퓨터를 넘어설 수 있다는 확신을 줬다. 1997년에는 인스부르크대학교의 차일링거 교수 그룹이 4년 전 이론으로 나왔던 양자 텔레포테이션 개념을 실험으로 구현해냈다.

이와 같은 격동기를 거치며 이 책이 집필된 것이므로 그때까지의 생생한 지식들을 담아낸 것이라 볼 수 있다. 현재의 양자 컴퓨팅 기술은 바로 그 지식들을 딛고 올라선 것이다. 따라서 세월이 지났어도 이 책은 구식이 아니라 현재의 기술을 이해할 수 있는 기본서가 되는 셈이다.

2021년 11월에 IBM이 127큐비트 '이글^{Eagle}' CPU를 개발했다며 양자 컴퓨터에 새 이정표를 세웠다는 기사가 인터넷에 올라왔다. 물론 이 큐비트 수는 물리적인 큐비트 수일 뿐, 논리 큐비트 수는 아니라서 실제 정보 처리량은 훨씬 줄어든다. 예를 들어 1개 큐비트의 정보를 처리할 때 오류정정을 위해 9개의 큐비트를 사용한다면 127큐비트 양자 컴퓨터라도 실제 정보 처리량은 대략 12큐비트 양자 컴퓨터의 성능을 발휘한 게 된다. 노이즈가 심하거나 더욱 정확성을 기하려면 오류정정에 더 많은 큐비트를 할당해야 하므로 기대한 것보다 훨씬 못미치는 성능을 낼 수도 있다는 얘기다. 이는 앞으로도 개선의 여지가 크고 그 발전 가능성은 무궁무진하다고 볼 수 있다. 이런 시기에 양자 컴퓨팅의 명저를 번역할 수 있어서 무척 기쁘다.

출간 22주년 한국어 기념판 격인 이 번역서에는 그동안 원서에서 보고된 오류에 대한 정정 사항을 모두 적용해 넣었다. 번역 용어는 이 책을 보는 독자들이 대개 영문 원서나 영문 논문을 참조할 것이므로 영문 용어를 쉽게 유추할 수 있거나 그대로의 용어를 선택하고 각주에 그에 대한 교재 용어를 추가했다. 한 예를 들자면, code와 encoding에 대해 정보이론 교재에서는 '부호'와 '부호화'라고 번역하지만 이 책에서는 '코딩'과 '인코딩'으로 원어 그대로의 용어를 사용했다. 각 장의 '역사와 추가자료' 절에는 역사와 함께 참고자료가 체계적으로 잘 정리돼 있는데 독자들에게는 보물을 얻은 느낌을 주리라 믿는다. 역자는 '역사와 추가자료' 절만으로도 행복한 느낌을 받는다. 아무쪼록 독자가 이 책을 바탕으로 우리나라의 양자 컴퓨팅 발전에 크게 기여하기를 바란다.

이 책의 번역에 조언을 아끼지 않은 남기환 님, 이정문 님, KAIST 배준우 교수님, 유재헌 님, 이태휘 님, 서울과학기술대학교 박명훈 교수님, 고등과학원 부원장 김재완 교수님께 감사의 말씀을 드린다. 또한 관악중앙도서관 디지털 자료실에서 작업할 수 있게 도움을 준 배성우 차장님과 하동철 선생님께도 감사하다. 끝으로 이 번역서가 나오기까지 불철주야 수고해준 에이콘 출판사의 권성준 대표님과 황영주 부사장님과 조유나 과장님 그리고 이 책을 멋지게 편집해주신 정재은 님께도 감사를 표한다.

차례

1부 기본 개념

10주년 기념판 소개

양자역학은 우리의 과학 이론 중에서 가장 성공적이고 가장 신비한 존재라는 호기심을 띠고 있다. 이 분야는 1900년부터 1920년까지 주목할 만한 시기를 거치며 발전했고 1920년대 후반에 이르러 현재의 형태로 자리를 잡았다. 1920년대 이후 수십 년 동안 물리학자들은 양자역학을 적용해 자연의 기본입자와 힘을 이해하고 입자물리학의 표준 모델을 개발하는 데 큰 성공을 거뒀다. 같은 기간 동안 물리학자들은 양자역학을 응용해 초유체superfluid에서 초전도체 그리고 폴리머에서 반도체에 이르기까지 세상의 놀라운 현상을 이해하는 데에도 큰 성공을 맛봤다. 그러나 이러한 발전으로 자연을 잘 이해하게 됐지만, 양자역학을 잘 이해하는 데는 그다지 도움이 되지 못했다.

이 점은 1970년대와 1980년대에 변화하기 시작했는데 이 시기에 몇몇 개척자들은 컴퓨터과학과 정보이론의 근본적인 문제들을 양자계quantum system 연구에 적용할 수 있는지를 생각했다. 양자계를 자연에서 발견되는 현상으로만 바라보지 않고 설계 가능한 계system로 본 것이다. 이런 관점은 작은 변화인 듯하지만 그 의미는 대단했다. 더 이상 양자계는 주어진 대로 받아들이는 것이 아닌, 만들어낼 수 있게 된 것이다. 그 결과 새로운 시각을 갖게 되어 양자역학의 근본에 대해 다시 관심을 불러일으켰을 뿐만 아니라 물리, 컴퓨터과학, 정보이론을 결합한 많은 새로운 의문에 영감을 줬다. 이들 의문에는 다음과 같은 것들이 있다. 양자 상태를 구성하는 데 필요한 공간과 시간에서의 근본적인 물리적 제한은 무엇인가? 주어진 역학 연산에 얼마나 많은 시간과 공간이 필요한가? 양자계를 기존의 고전적 수단으로 이해하고 시뮬레이션하기가 어려운 이유는 무엇인가?

이 책을 집필한 1990년대 후반은 이런 질문과 기타 기본 질문이 구체화될 때라서 이 책의 집필은 우리에게 행운이었다. 10년 후 그러한 의문들로 인해 물리학 및 컴퓨터과학의 토대 위에서 광범위한 연구 프로그램이 탄력을 받은 것은 자명한 사실이다. 그렇게 양자정보 과학은 여기까지 왔다. 이 분야의 이론적 기반은 10년 전에 논의한 것과 별다를 바 없지만 많은 분야에서 세부적 지식이 크게 발전했다. 처음에 이 책은 이 분야의 종합 개론서 역할을 하며 독자에게 연구의 최전선을 알렸다. 요즘은 양자정보 과학에 대한 폭넓은 지식을 원하는 사람에게 이 분야를 잘 이해하기 위한 기본 토대를 제공하거나 최신 연구 문헌에 있어서 추가 조사를 위한 기본서 역할을 한다. 물론 근본적인 도전 과제가 많이 남아 있으며 이러한 도전 과제를 해결하면 물리학, 컴퓨터과학, 정보이론 중 많은 부분에서 흥미롭고 예상치 못한 연관성을 밝혀낼 수 있다. 향후 수십 년이 기대된다!

— 2010년 3월, **마이클 닐슨**과 **아이작 추앙**

10주년 기념판 후기

이 책의 초판 이후 10년 동안 양자정보 과학에서 엄청나게 많은 일이 일어났고 이 후기에 서조차 그 일 중 극히 일부라도 요약하기 힘들 지경이다. 그러나 특히 눈에 띄는 몇 가지 발전은 언급할 만하며 그 이상의 부분에 대해서는 여러분의 욕구를 자극할 것이다.

가장 인상적인 발전은 실험 구현 분야일 것이다. 대규모 양자 컴퓨터를 구축한 지 수 년이 흐르는 동안 많은 진전이 있었다. 단순한 2큐비트 양자 알고리듬을 구현하는 데 초 전도 회로를 사용했으며 3큐비트 시스템은 가시권에 들어와 있다. 단순한 형태의 양자 오류정정 및 양자 시뮬레이션에 대한 원리증명을 설명하는 데는 각각 핵 스핀 기반의 큐 비트와 단일 광자 기반의 큐비트를 사용했다. 그러나 가장 인상적인 진전은 포획 이온계 trapped ion system에서 나왔는데, 이 계를 사용해 양자 탐색 알고리듬과 양자 푸리에 변환을 비롯한 2큐비트와 3큐비트 알고리듬과 알고리듬 컴포넌트들을 많이 구현했다. 또한 양 자 오류정정과 양자 텔레포테이션을 포함한 기본 양자 통신 프리미티브를 설명하는 데에 도 포획 이온을 사용했다.

진전을 이룬 두 번째 영역은 양자계산에 어떤 물리적 지원이 필요한지 이해하는 데 있 었다. 아마도 여기에서 가장 흥미롭게 돌파구를 마련한 것은 측정만으로 양자계산을 할 수 있다는 사실을 발견한 것이다. 수년 동안 전통적인 통념은 결맞는 중첩 보존의 유니타 리 역학이 양자 컴퓨터 성능의 필수적인 부분이었다. 유니타리 역학이 없이도 양자계산 이 가능하다는 것을 알게 되면서 이러한 통념을 날려버렸다. 따라서 일부 새로운 양자계 산모델에서는 양자측정만으로 임의의 양자계산을 수행할 수 있다. 이러한 모델에서 유일 한 결맞는 자원은 양자 메모리, 즉 양자정보를 저장할 수 있는 능력이다. 이 모델의 특히 흥미로운 예는 단방향 양자 컴퓨터 또는 클러스터 상태cluster-state 컴퓨터다. 클러스터 상 태 모델에서 양자계산을 수행하려면 실험자가 클러스터 상태라고 하는 고정된 보편적 상 태를 확보해야 한다. 클러스터 상태가 유지되는 상태에서 일련의 단일 큐비트 측정을 수 행하는 것만으로 양자계산을 구현할 수 있으며 특정 계산은 어느 큐비트를 측정하는지, 언제 측정하는지, 어떻게 측정하는지에 따라 결정된다. 이것은 주목할 가치가 있다. 고정된 양자상태를 얻고 나서 각 큐비트를 적절한 방법으로 조사해 양자를 계산한다.

진전을 이룬 세 번째 영역은 양자계를 고전적으로 시뮬레이션한 것이다. 1982년 파인만의 양자 컴퓨팅에 관한 논문으로 기존의 고전적인 컴퓨터로는 시뮬레이션하기 어려울 것 같은 부분에 양자계를 도입하기 시작했다. 물론 그 당시에는 보통의 고전적인 컴퓨터에서 서로 다른 양자계를 시뮬레이션하는 것이 얼마나 어려운지 깨닫는 정도였다. 그러나 1990년대, 특히 2000년대에 들어서는 어느 양자계가 시뮬레이션하기 쉽고 어려운지에 대해 많이 알게 됐다. 이전에는 시뮬레이션하기 힘들다고 여겨졌던 많은 양자계, 특히 하나의 공간 차원 속에 있는 많은 양자계와 특정 2차원 양자계를 고전적으로 시뮬레이션하기 위해 독창적인 알고리듬들이 개발됐다. 이러한 고전 알고리듬들은 통찰력 있는 고전적 묘사를 개발함으로써 가능해졌고, 이러한 묘사를 통해 문제 시스템의 거의 모든 필수 물리학을 간결한 방법으로 잡아냈다. 동시에 이전에는 단순해보였던 일부 시스템들이 놀라울 정도로 복잡하다는 사실도 알게 됐다. 예를 들어 특정 타입의 광학 요소에 바탕을 둔 양자계(선형광학계라고 부름)는 고전적으로 쉽게 시뮬레이션된다고 오랫동안 알려져 왔다. 따라서 겉으로 보기에 영향을 줄 것 같지 않은 두 가지 요소(단일 광자 소스와 광 검출기)를 추가하면 선형광학을 완전히 양자계산으로만 처리할 수 있다는 점은 놀라운 일이었다. 이러한 연구뿐만 아니라 유사한 조사들을 통해 어느 양자계가 시뮬레이션하기 쉽고 어려운지 그리고 그 이유는 무엇인지 더 잘 이해하게 됐다.

진전을 이룬 네 번째 영역은 양자통신 채널에 대한 심층적인 이해다. 양자 채널에서 고전적으로 통신할 때 얽힌 양자상태를 이용하는 멋진 이론이 개발됐다. 많은 양의 통신 프로토콜들을 포괄적인 계열("어머니" 및 "아버지" 프로토콜 등)로 묶어 가능한 여러 유형의 통신들에 대한 많은 지식을 양자정보로 통합시켰다. 진전의 계기가 된 것은 이 책에 실린 핵심 미해결 추측 중 하나를 반박하는 증명이다(p.766). 즉, 곱상태product state를 갖는 양자 채널의 통신 용량은 제약되지 않은 용량(어떠한 얽힌 상태라도 입력으로 허용했을 때의 용량)과 같다는 것이다. 그러나 이러한 진전에도 불구하고 많은 것이 밝혀지지 않았다. 아주 최근에서야 각 양자 용량이 0인 2개의 양자 채널을 함께 사용하면 양의positive 양자 용량을 가질 수 있다는 아주 놀라운 사실이 밝혀졌다. 고전 채널에서 고전 용량으로는 유사한 결과를 낼 수 없는 것으로 알려져 있다.

양자정보 과학에서 일을 추진하게 만든 것은 고속 양자 알고리듬이 있을 경우 중요한 계산 문제들이 해결될지도 모른다는 기대였다. 여기에는 지난 10년 간의 진전이 일부분

작용했다. 그러나 뛰어난 창의력과 노력에도, 주요 알고리듬 통찰력은 10년 전이나 마찬가지다. 기술이 상당히 진전됐지만 양자 컴퓨터를 강력하게 만드는 것이 정확히 무엇인지, 또는 어떤 클래스의 문제에서 양자 컴퓨터가 고전 컴퓨터를 능가할지에 대해서는 아직도 잘 알지 못한다.

그렇지만 흥미로운 점은 양자계산의 아이디어를 이용해 고전계산의 다양한 정리를 증명했다는 것이다. 예를 들어 점들의 이산 격자$^{discrete\ lattice}$에서 숨겨진 특정 벡터를 찾는 어려움을 해결하는 것이 여기에 포함된다. 가장 눈에 띄는 특징은 양자계산의 아이디어를 활용한 이러한 증명들이 이전의 고전적 증명보다 훨씬 간단하고 우아하다는 것이다. 따라서 양자계산이 고전적 모델보다 더 자연스러운 계산모델이 될 수 있다는 인식이 커졌고 양자계산의 아이디어를 통해 좀 더 쉽게 중요한 결과를 낼 수 있을 것이다.

들어가며

이 책에서는 양자계산 및 양자정보 분야의 주요 아이디어와 기법을 소개한다. 이 분야가 빠르게 발전하는 데다가 여러 학문이 관련돼 있기 때문에 처음 입문한 이들은 이 분야의 중요 기술과 결과에 대해 전체적인 윤곽을 잡기가 어려웠다.

따라서 이 책의 목적은 두 가지다. 첫째, 양자계산 및 양자정보를 이해하는 데 필요한 컴퓨터과학, 수학, 물리학의 배경지식을 소개한다. 이는 3가지 분야 중 하나 이상에서 대학원 초년생과 그 이상의 배경을 가진 독자가 이해할 수 있는 수준으로 진행된다. 가장 중요한 사항은 수학에 능숙해야 하고 양자계산 및 양자정보에 대해 배우려는 의지가 있어야 한다. 이 책의 두 번째 목적은 양자계산 및 양자정보의 핵심 결과를 세부적으로 발전시키는 것이다. 독자는 철저한 학습을 통해 일반 교육의 일부분으로써, 또는 양자계산 및 양자정보에 대한 독자적 연구의 준비로써 이 흥미진진한 분야의 근본적인 도구와 결과에 대한 실질적 지식을 발전시켜야 한다.

이 책의 구성

책의 기본 구성은 그림 1에 나타나 있다. 이 책은 세 부분으로 나눠져 있다. 대체로 구체적인 내용을 먼저 소개한 뒤에 좀 더 일반적인 내용을 설명하는 방식을 사용한다. 따라서 양자정보보다 양자계산을 먼저 알아본다. 예를 들어 구체적인 양자 오류정정 코드를 먼저 다룬 뒤에 좀 더 일반적인 양자정보이론의 결과들을 설명한다. 그리고 책 전반에 걸쳐서 예제를 먼저 소개하고 나서 일반적인 이론을 전개하고자 시도할 것이다.

1부에서는 양자계산 및 양자정보 분야의 주요 아이디어와 결과에 대한 전반적인 개요를 다루고 양자계산 및 양자정보를 깊이 있게 이해하는 데 필요한 컴퓨터과학, 수학, 물리학의 배경지식으로 나아간다. 1장은 이 분야의 역사적 발전과 근본적인 개념을 알아보는 개론 장이며 주요 미해결 문제를 언급한다. 여기 지식은 컴퓨터과학이나 물리학 배경 없이도 알 수 있게 구성했다. 좀 더 자세히 알 수 있는 배경지식은 2장과 3장에 있으며, 거기에서는 양자역학과 컴퓨터과학의 기본 개념을 깊이 있게 다뤘다. 자신의 지식 정도에 따라 1부의 각 장을 집중적으로 봐도 되고, 나중에 양자역학 및 컴퓨터과학의 기본 지식에 미흡한 점이 있을 때 다시 1장에서 3장을 들춰봐도 좋다.

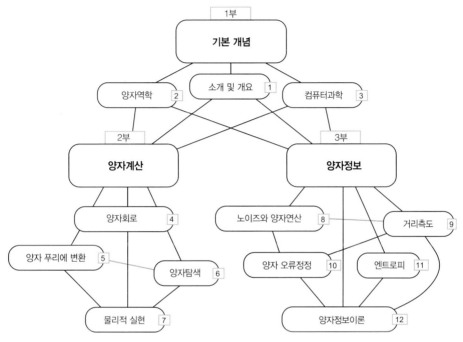

그림 1 이 책의 구성

2부에서는 양자계산에 관해 자세히 설명한다. 4장에서는 양자계산을 수행하는 데 필요한 근본 요소에 대해 설명하고 좀 더 정교한 양자계산 애플리케이션을 개발하는 데 사용할 수 있는 기초 연산을 많이 제시한다. 5장과 6장에서는 현재 2개의 근본 알고리듬으로 알려진 양자 푸리에 변환과 양자탐색 알고리듬에 대해 기술한다. 5장에서는 인수분해 및 이산대수 문제를 해결하기 위해 양자 푸리에 변환을 사용하는 방법과 이들 결과가 암호 기법에 끼친 중요성에 대해서도 설명한다. 7장에서는 실험실에서 성공적으로 입증된 몇 가지 실현 사례를 사용해 양자 컴퓨터의 물리적 구현을 위한 일반적인 설계 원칙과 기준을 설명한다.

3부는 양자정보에 관한 것이다. 양자정보란 무엇인지, 양자상태를 사용해 어떻게 정보를 표현하고 전달하는지, 양자정보 및 고전정보의 손상을 어떻게 묘사하고 처리하는지 다룬다. 8장에서는 현실적인 양자정보 처리를 이해하는 데 필요한 양자 노이즈quantum noise의 특성 그리고 양자 노이즈를 이해하기 위한 강력한 수학 도구인 양자연산 형식체계

quantum operations formalism에 관해 설명한다. 9장에서는 양자정보에 대한 거리측도distance measure를 설명하는데 이는 양자정보의 두 항목이 유사하다고 말하는 것이 무엇을 의미하는지 양적으로 정밀하게 알려준다. 10장에서는 양자 오류정정 코드에 대해 설명하는데 이 코드를 사용해 노이즈 영향으로부터 양자계산을 보호할 수 있다. 10장의 중요한 성과는 임계값 정리threshold theorem인데, 이 정리는 현실적인 노이즈 모델의 경우 노이즈는 원칙적으로 양자계산에 심각한 방해가 되지 않는다는 것을 보여준다. 11장에서는 엔트로피의 기본정보이론 개념을 소개하며 고전정보이론과 양자정보이론 양쪽의 많은 엔트로피 특성을 설명한다. 마지막으로 12장에서는 양자상태와 양자통신 채널의 정보 전달 특성에 대해 논의하며, 고전정보 및 양자정보를 전송할 때와 비밀 정보를 전송할 때 시스템이 지닐 수 있는 이상하고 흥미로운 특성을 자세히 설명한다.

이 책에는 확인문제와 연습문제가 많다. 확인문제는 기본 지식을 잘 이해하게 하며 본문 중에 나온다. 거의 몇 분 내에 풀 수 있을 것이다. 연습문제는 각 장의 끝에 나오며 본문에서 충분히 다루지 않은 새롭고 흥미로운 지식을 소개한다. 연습문제는 종종 여러 부분으로 나누어져 있으며, 어느 정도 깊이 있는 사고력을 요한다. 어떤 문제는 이 책이 출판될 당시 미해결 상태였다. 이런 문제에 대해서는 언급해놓았다. 각 장은 그 장의 주요 성과를 요약한 것으로 결론을 맺고 '역사와 추가자료' 절을 둬, 그 장의 주요 아이디어를 이어 나가면서 인용과 참고자료뿐만 아니라 추가문헌을 추천하기도 한다.

이 책의 앞부분에는 상세한 차례가 있으므로 훑어보기 바란다. 또한 이 책을 읽을 때 도움이 되는 명명법과 표기법에 대한 지침도 있다.

이 책의 마지막 부분에는 6개의 부록, 참고문헌, 색인이 있다.

부록 1에서는 기본 정의, 표기법, 기본적인 확률론의 결과를 알아본다. 여기 자료는 독자에게 익숙할 것이며 쉽게 참조할 수 있게 했다. 마찬가지로 부록 2에서는 군론의 기본 개념들을 알아보는데 주로 편의상 포함시킨 것이다. 부록 3에는 양자계산에 있어서 중요 결과인 솔로베이-키타예프Solovay-Kitaev 정리에 대한 증명을 넣었는데 이 증명으로 양자 게이트의 유한집합을 사용해 임의의 양자 게이트를 빠르게 근사시킨다는 것을 알 수 있다. 부록 4에서는 인수분해 및 이산대수에 관한 양자 알고리듬과 RSA 암호체계를 이해하는데 필요한 정수론의 기초 자료를 알아보고 부록 5에서는 그 암호체계 자체를 살펴본다. 부록 6에서는 리브Lieb 정리를 알아보는데, 이 정리는 양자계산 및 양자정보에 있어서 가장 중요한 결과 중 하나이며 유명한 강한 준가법성 부등식strong subadditivity inequality과 같은 중요 엔트로피 부등식의 선구자 역할을 했다. 솔로베이-키타예프 정리와 리브 정리에 관한 증명은 아주 길어서 본문과 별개로 취급하는 게 낫겠다고 느꼈다.

인용문헌에는 책의 본문에서 인용한 모든 참고자료 목록이 있다. 빠뜨린 게 있다면 해당 연구자에게 사과를 드린다.

최근 몇 년 동안 양자계산 및 양자정보 분야는 급속도로 성장해 우리가 좋아할 만한 주제를 모두 다룰 수 없었다. 다음의 3개 주제가 특별히 언급할 만하다. 첫 번째는 얽힘 측도$^{\text{entanglement measure}}$다. 이 책에서 설명했듯이 얽힘은 양자 텔레포테이션, 고속 양자 알고리듬, 양자 오류정정과 같은 효과의 핵심 요소다. 간단히 말해 양자계산 및 양자정보에 있어서 훌륭한 활용 자원인 것이다. 현재 새로운 유형의 물리적 자원으로서 얽힘의 개념을 구체화하는 연구 커뮤니티가 활성화돼 있으며 얽힘의 근원이 되는 원리를 찾고 있다. 이러한 조사가 아주 전망이 밝지만 이 책의 다른 주제들만큼 폭넓게 다루기에는 아직 충분히 완성되지 않다고 여겨 12장에서 간략하게 설명했다. 마찬가지로 분산형 양자계산(양자통신 복잡도라고도 한다)도 활발하게 발전해 아주 전망이 밝은 주제이지만 이 책의 출판을 앞두고 불필요하다는 우려로 인해 취급하지 않았다. 양자정보 처리 머신의 구현은 매혹적이고 가치 있는 영역으로 발전했으나 하나의 장에서만 다뤘다. 물리적인 구현에 관해서는 할 말이 아주 많지만 그렇게 하면 물리학, 화학, 공학의 더 많은 분야를 끌어들여야 할 텐데 이 책에는 그럴 만한 여백이 없었다.

이 책의 사용법

이 책은 다양한 방법으로 사용할 수 있다. 양자계산 및 양자정보의 특정 주제에 대한 단기 강의 과정에서부터 전체 분야를 포괄하는 1년 과정에 이르기까지 다양한 과정의 기초로 사용할 수 있다. 양자계산 및 양자정보에 대해 맛보기 지식을 쌓고 싶은 사람이나 연구 분야에서 일하려는 사람은 이 책으로 독학해도 된다. 또한 이 분야의 현 연구원이 참고서로 이용할 수 있게 꾸몄다. 이 분야에 새로 들어서는 연구원을 위한 입문서로서 특히 유용하길 바란다.

독학자 참고사항

이 책은 독학을 할 수 있게 기획했다. 이 책에는 확인문제가 곳곳에 있으므로 본문의 내용을 이해하기 위한 자가 테스트로 사용할 수 있다. 목차와 각 장 끝의 요약을 읽어보고 가장 많이 공부할 장을 빠르게 결정해도 된다. 위쪽에 있는 그림 1의 구성 다이어그램을 보면 이 책이 어떤 순서로 내용을 다뤘는지 쉽게 알 수 있다.

지도자 참고사항

이 책은 여러 범위의 주제를 다루므로 다양한 과정의 기본으로 사용할 수 있다.

양자계산에 대한 한 학기 과정은 강의 레벨에 따라 1~3장 내용 취사선택, 양자회로에 대해 4장, 양자 알고리듬에 대해 5~6장, 물리적 구현에 대해 7장, 양자 오류정정에 대해서는 8~10장인데 특히 10장에 중점을 두는 것으로 구성할 수 있다.

양자정보에 대한 한 학기 과정은 강의 레벨에 따라 1~3장 내용을 취사선택할 수 있다. 그다음으로 양자 오류정정에 대해 8~10장, 양자 엔트로피와 양자정보이론 각각에 대해서는 11장과 12장으로 구성하면 된다.

1년짜리 강의라면 이 책의 모든 내용을 다룰 수 있으며, 각 장에 있는 '역사와 추가자료' 절에서 소개한 책들을 추가로 다룰 여유도 있다. 이 책은 학생들을 위한 독립 연구 프로젝트에도 이상적이다.

양자계산 및 양자정보에 관한 강의 외에도 물리학과 학생을 위한 양자역학의 기초 강의 교재로 이 책을 사용해도 된다. 기존의 양자역학 입문서는 편미분 방정식 위주로 설명한다. 그렇게 하면 근본 아이디어 습득이 어려울 것이라 판단했다. 이 책은 다량의 기계적인 수학을 사용하지 않고 양자역학의 기본 개념과 고유한 측면을 이해하기 위해 뛰어난 개념적 실험을 이용한다. 이러한 용도의 강의라면 2장에서 양자역학 입문, 4장에서는 양자회로에 관한 기본 지식, 5장과 6장의 양자 알고리듬에 대한 부분, 7장에서는 양자계산의 물리적 구현에 집중하고 그다음으로 강의 취향에 따라 3부의 내용을 취사선택하면 될 것이다.

학생 참고사항

이 책은 가능한 한 독학할 수 있게 쓰여졌다. 가끔 타당성에 대한 세밀한 조사가 빠져 있기는 하다. 이런 것들은 보통 확인문제로 두었다. 이 책을 공부하면서 가급적 모든 확인문제를 풀어보는 것이 좋다. 약간을 제외하고는 몇 분 내에 풀 수 있다. 많은 확인문제를 풀어내지 못한다면 중요 개념들을 이해하지 못한 증거이니 앞의 내용을 철저히 익혀야 한다.

추가자료

앞서 언급했듯이 각 장은 '역사와 추가자료' 절로 끝난다. 독자가 관심을 가질 만한 광범위한 참고자료들도 있다. 프레스킬의 뛰어난 강의 노트[Pre98b]는 이 책과는 약간 다른 관점에서 양자계산 및 양자정보를 다룬다. 특정 주제에 대한 좋은 개요 자료로는 아로노프의 양자계산 리뷰[Aha99b], 키타예프의 알고리듬 및 오류정정 리뷰[Kit97b], 모스카의 양자 알고리듬에 관한 논문[Mos99], 푹스의 양자정보에서 구별가능성과 거리 측도에 대한 논문[Fuc96], 고테스만의 양자 오류정정에 대한 논문[Got97], 프레스킬의 양자 오류정정에 대한 리뷰[Pre97], 닐슨의 양자정보이론에 대한 논문[N98], 양자정보이론에 대한 베넷과 쇼어의 리뷰[BS98] 그리고 베넷과 디빈센조의 리뷰[BD00](이 책에 등장하는 순서로 나열했다). 그 외의 유용한 참고자료로는 그루스카의 저서[Gru99]와 로스필러, 포페스쿠가 편집한 리뷰 모음[LSP98]이 있다.

문의

분량이 많은 문서에는 오류나 누락이 있기 마련이며 이 책도 예외가 아니다. 이 책에 대한 오류나 기타 의견이 있으면 qci@squint.org로 이메일을 보내주기를 바란다. 오타가 확인되면 이 책의 웹사이트 http://www.squint.org/qci/에 있는 목록에 추가할 것이다. 한국어판의 정오표는 에이콘출판사 도서정보 페이지 http://www.acornpub.co.kr/book/quantum-10th-edition에서 찾아볼 수 있다.

명명법 및 표기법

양자계산 및 양자정보 분야에서는 공통적으로 사용되면서 두 가지 이상의 의미를 지닌 명칭 및 표기법이 있다. 혼동을 피하기 위해 이 절에서는 이 책에서 고수하는 규칙과 함께 빈번하게 사용되는 사례를 모아봤다.

선형대수와 양자역학

특별한 언급이 없는 한 모든 벡터공간은 유한차원으로 가정한다. 대부분의 경우 이러한 제한은 불필요하거나 추가적인 기술적 작업으로 그 제한이 사라진다. 그러나 전체적으로 보면 이렇게 제한을 두는 것이 해당 표현을 좀 더 쉽게 이해하고 결과를 접했을 때 그 의미가 크게 벗어나지 않는다.

양의 연산자$^{positive\ operator}$ A란 모든 $|\psi\rangle$에 대해 $\langle\psi|A|\psi\rangle \geq 0$인 것이다. 양 확정 연산자 $^{positive\ definite\ operator}$ A란 모든 $|\psi\rangle \neq 0$에 대해 $\langle\psi|A|\psi\rangle > 0$인 것이다. 연산자의 서포트$^{support\ of\ operator}$란 핵^{kernel}과 직교하는 벡터공간으로 정의한다. 에르미트 연산자$^{Hermitian\ operator}$의 경우, 이 말은 0이 아닌 고윳값을 갖는 그 연산자의 고유벡터들이 생성하는 벡터공간을 의미한다.

U 표기(V로도 표기하지만 항상 그런 것은 아님)는 일반적으로 유니타리 연산자$^{unitary\ operator}$ 또는 유니타리 행렬을 나타내는 데 사용한다. H는 양자 논리 게이트인 아다마르 게이트 $^{Hadamard\ gate}$를 나타내는 데 사용하며 때로는 양자계에 대한 해밀토니안^{Hamiltonian}을 나타낼 때도 사용하는데, 문맥을 보면 어느 것을 나타냈는지 금방 알 수 있다.

벡터는 가끔 열 형태로 표기할 것인데, 예를 들어

$$\begin{bmatrix} 1 \\ 2 \end{bmatrix} \tag{0.1}$$

로 표기하며 때로는 읽기 편하게 $(1, 2)$로도 표기한다. 후자는 열 벡터를 편의상 가로로 표기한 것으로 알아두면 된다. 큐비트로 사용되는 2준위 양자계의 경우, 일반적으로 $|0\rangle$ 상태는 $(1, 0)$으로 표기하고 $|1\rangle$ 상태는 $(0, 1)$로 표기했다. 또한 파울리 시그마 행렬은 기

존의 방식으로 정의한다(아래의 '자주 사용되는 양자 게이트 및 회로기호' 참조). 가장 중요한 점은 파울리 시그마 z 행렬에 대한 관행이 $\sigma_z|0\rangle = |0\rangle$와 $\sigma_z|1\rangle = -|1\rangle$인데 이런 방식은 일부 물리학자(대개 컴퓨터과학자나 수학자는 해당 없음)가 직관적으로 생각하는 것과는 정반대다. 이렇게 맞지 않는 원인은 물리학자들이 σ_z의 $+1$ 고유상태를 소위 말하는 '들뜬 상태'로 여겨서 이 책에서와 같이 대부분 이를 $|0\rangle$으로 인식하는 게 아니라 $|1\rangle$로 알아보는 일이 자연스럽기 때문이다. 우리는 선형대수에서 행렬성분의 일반적인 인덱스에 맞추기 위해 그렇게 했으며 σ_z의 첫 번째 열이 $|0\rangle$에 작용하고 σ_z의 두 번째 열은 $|1\rangle$에 작용하는 것이 자연스럽도록 선택했다. 양자계산 및 양자정보 커뮤니티에서도 두루 이러한 선택을 사용한다. 파울리 시그마 행렬에 대한 기존 표기법 σ_x, σ_y, σ_z 외에도 이 세 행렬을 σ_1, σ_2, σ_3로 표기하고 2×2 단위행렬은 σ_0로 정의하는 것도 편리하다. 그러나 이 책에서는 σ_0, σ_1, σ_2, σ_3에 대해 대부분 I, X, Y, Z로 표기했다.

정보이론과 확률

정보이론가들이 잘 사용하다시피 로그는 별다른 언급이 없는 한 항상 2를 밑으로 한다. 즉, 2를 밑으로 한 로그를 나타낼 때 $\log(x)$를 사용하며 드문 경우이긴 하지만 자연로그는 $\ln(x)$로 나타냈다. **확률분포**$^{\text{probability distribution}}$라는 용어는 $p_x \geq 0$이면서 $\sum_x p_x = 1$을 만족시키는 실수 p_x의 유한집합을 의미한다. 양의 연산자 B에 대한 양의 연산자 A의 상대엔트로피$^{\text{relative entropy}}$는 $S(A\|B) \equiv \text{tr}(A \log A) - \text{tr}(A \log B)$로 정의한다.

기타

$\oplus$는 모듈러 2 덧셈$^{\text{modulo two addition}}$을 나타낸다. 이 책에서 'z'는 '제드^{zed}'로 발음한다.

자주 사용되는 양자 게이트와 회로기호

양자회로 설계에 유용한 유니타리 변환을 나타내기 위해 종종 특정 회로기호를 사용한다. 독자의 편의를 위해 이들 중 여러 기호를 다음에 나열했다. 유니타리 변환의 행과 열은 왼쪽에서 오른쪽으로 그리고 위에서 아래로 레이블을 지정했다. 즉, 00...0, 00...1부터 11...1까지 지정하는데 맨 아랫줄의 맨 오른쪽이 가장 낮은 비트$^{\text{least significant bit}}$가 된다. $e^{i\pi/4}$가 i의 제곱근이므로 $\pi/8$ 게이트는 위상 게이트의 제곱근이며, 위상 게이트는 파울리 Z 게이트의 제곱근이다.

아다마르	$\boxed{H}$	$\dfrac{1}{\sqrt{2}}\begin{bmatrix} 1 & 1 \\ 1 & -1 \end{bmatrix}$
파울리 X	$\boxed{X}$	$\begin{bmatrix} 0 & 1 \\ 1 & 0 \end{bmatrix}$
파울리 Y	$\boxed{Y}$	$\begin{bmatrix} 0 & -i \\ i & 0 \end{bmatrix}$
파울리 Z	$\boxed{Z}$	$\begin{bmatrix} 1 & 0 \\ 0 & -1 \end{bmatrix}$
위상	$\boxed{S}$	$\begin{bmatrix} 1 & 0 \\ 0 & i \end{bmatrix}$
$\pi/8$	$\boxed{T}$	$\begin{bmatrix} 1 & 0 \\ 0 & e^{i\pi/4} \end{bmatrix}$
제어형 NOT		$\begin{bmatrix} 1 & 0 & 0 & 0 \\ 0 & 1 & 0 & 0 \\ 0 & 0 & 0 & 1 \\ 0 & 0 & 1 & 0 \end{bmatrix}$
스왑		$\begin{bmatrix} 1 & 0 & 0 & 0 \\ 0 & 0 & 1 & 0 \\ 0 & 1 & 0 & 0 \\ 0 & 0 & 0 & 1 \end{bmatrix}$
제어형 Z		$\begin{bmatrix} 1 & 0 & 0 & 0 \\ 0 & 1 & 0 & 0 \\ 0 & 0 & 1 & 0 \\ 0 & 0 & 0 & -1 \end{bmatrix}$
제어형 위상		$\begin{bmatrix} 1 & 0 & 0 & 0 \\ 0 & 1 & 0 & 0 \\ 0 & 0 & 1 & 0 \\ 0 & 0 & 0 & i \end{bmatrix}$
토폴리		$\begin{bmatrix} 1 & 0 & 0 & 0 & 0 & 0 & 0 & 0 \\ 0 & 1 & 0 & 0 & 0 & 0 & 0 & 0 \\ 0 & 0 & 1 & 0 & 0 & 0 & 0 & 0 \\ 0 & 0 & 0 & 1 & 0 & 0 & 0 & 0 \\ 0 & 0 & 0 & 0 & 1 & 0 & 0 & 0 \\ 0 & 0 & 0 & 0 & 0 & 1 & 0 & 0 \\ 0 & 0 & 0 & 0 & 0 & 0 & 0 & 1 \\ 0 & 0 & 0 & 0 & 0 & 0 & 1 & 0 \end{bmatrix}$

프레드킨(제어형 스왑)

$$\begin{bmatrix} 1 & 0 & 0 & 0 & 0 & 0 & 0 & 0 \\ 0 & 1 & 0 & 0 & 0 & 0 & 0 & 0 \\ 0 & 0 & 1 & 0 & 0 & 0 & 0 & 0 \\ 0 & 0 & 0 & 1 & 0 & 0 & 0 & 0 \\ 0 & 0 & 0 & 0 & 1 & 0 & 0 & 0 \\ 0 & 0 & 0 & 0 & 0 & 0 & 1 & 0 \\ 0 & 0 & 0 & 0 & 0 & 1 & 0 & 0 \\ 0 & 0 & 0 & 0 & 0 & 0 & 0 & 1 \end{bmatrix}$$

측정 $|0\rangle$과 $|1\rangle$ 위로의 사영(射影)

큐비트   단일 큐비트를 운반하는 도선(시간은 왼쪽에서 오른쪽으로 흐른다)

고전비트   단일 고전비트를 운반하는 도선

n큐비트 n개의 큐비트를 운반하는 도선

PART 1

기본 개념

01
소개와 개요

과학은 그 시대의 가장 대담한 형이상학을 만들어낸다. 과학은 철저히 인간이 만든 것으로서 우리가 꿈을 꾸고 발견하고 설명하고 다시 꿈을 꾸면서 반복적으로 새로운 영역에 빠져들면, 세상이 왠지 더 분명해질 것이고 우리가 우주의 진정한 기묘함을 파악하게 될 것이라는 신념에 따라 움직인다. 그리고 그 기묘함은 모두 연관이 있는 것으로 판명될 것이고 이치에 맞게될 것이다.

– 에드워드 윌슨(Edward O. Wilson)

정보는 물리적인 것이다.

– 롤프 란다우어(Rolf Landauer)

양자계산 및 양자정보의 기본 개념은 무엇일까? 이들 개념은 어떻게 발전했을까? 어떤 용도로 사용할 수 있을까? 그 개념들을 이 책에서는 어떻게 제시할까? 1장의 목적은 양자계산 및 양자정보 분야에 대한 그림을 크게 그려보며 이들 질문에 답하는 것이다. 1장을 통해 이 분야의 중심 개념을 알아보고 그 개념이 어떻게 전개됐는지 살펴볼 것이므로 책의 나머지 부분을 보는 방식에 도움이 될 것이다.

우리의 이야기는 1.1절에서 양자계산 및 양자정보가 발전한 역사적 배경을 설명하는 것으로 시작한다. 그 이후로는 이 분야의 여러 개념, 즉 양자비트(1.2절), 양자 컴퓨터, 양자 게이트와 양자회로(1.3절), 양자 알고리듬(1.4절), 실험적 양자정보 처리(1.5절), 양자정보와 통신(1.6절)에 대해 간략히 소개한다.

이러한 과정에서 양자 텔레포테이션$^{quantum\ teleportation}$과 몇 가지 간단한 양자 알고리듬과 같이 설명에 도움이 되고 접근하기도 쉬운 개념들을 1장에서 배우는 기초적인 수학을 사용해서 소개한다. 표현은 그 자체로 알 수 있게 해서 컴퓨터과학이나 물리학의 배경이 없어도 접근할 수 있게 기획했다. 더 나아가다 보면 뒤쪽 장들에 있는 깊이 있는 논의에 대한 힌트를 주는데, 여기서 참고문헌과 추가로 읽을거리에 대한 제안을 발견할 수 있다.

읽는 동안 잘 모르겠으면 알기 쉬운 곳으로 건너뛰어도 된다. 어느 부분에서는 이 책의 뒷부분에 가서야 알 만한 기술 용어를 어쩔 수 없이 사용해야만 했다. 지금은 이 정도로만 알고 나중에 모든 용어를 잘 알게 됐을 때 다시 그 부분을 들춰 보기 바란다. 여기 첫 번째 장에서는 큰 그림을 보는 것에 중점을 두고, 세부사항은 나중에 채워 나가도록 한다.

1.1 전체적 관점

양자계산 및 양자정보란 양자역학계$^{quantum\ mechanical\ system}$를 사용해 수행할 수 있는 정보 처리 작업에 대한 연구다. 아주 간단명료한 것 같다. 그렇지 않은가? 단순하면서도 심오한 많은 아이디어가 그랬듯이 양자역학계를 사용해 정보 처리를 수행하기까지는 오랜 시간이 걸렸다. 그 이유를 알려면 시간을 되돌려 양자계산 및 양자정보에 근본적인 아이디어를 제공한 각 분야(양자역학, 컴퓨터과학, 정보이론, 암호학)를 차례로 돌아봐야 한다. 이들 분야에 대해 간단한 역사 여행을 할 때는 먼저 여러분 자신을 물리학자로 생각하고 그 다음에 컴퓨터과학자, 정보이론가, 마지막에는 암호학자로 여겨서 양자계산 및 양자정보 속에 합쳐진 서로 다른 관점에 대한 감을 잡아보기 바란다.

1.1.1 양자계산 및 양자정보의 역사

우리의 이야기는 과학에서 생각지도 못한 혁명이 진행되던 20세기 말에서 시작된다. 그 시기에 일련의 위기가 물리학에서 일어났다. 당시의 물리학 이론(현재의 고전물리학)으로는 에너지가 무한대로 되는 '자외선 파탄$^{ultraviolet\ catastrophe}$', 또는 전자가 회전하면서 점점 원자핵 쪽으로 떨어지는 등의 이상한 예측이 나오고 있었다. 처음에는 고전 물리학에 임시 가설을 추가해 그러한 문제들을 해결했지만 원자와 방사선을 잘 알게 되면서 이러한 설명은 점차 설 자리를 잃게 됐다. 25년의 혼란을 거쳐 1920년대 초반에 이 위기는 정점에 이르렀고 급기야 양자역학이라는 현대 이론이 탄생하게 됐다. 그 이후로 양자역학은 과학의 필수 불가결한 부분이 됐으며 원자 구조, 별의 핵융합, 초전도체, DNA 구조, 자연의 소립자를 포함해 태양 바깥이든 내부든 모든 것에 엄청나게 성공적으로 적용됐다.

양자역학이란 무엇일까? 양자역학은 물리이론을 세우기 위한 하나의 수학적 틀 또는 규칙 집합이다. 예를 들면 원자와 빛의 상호작용을 아주 정확하게 묘사하는 **양자전기역학** quantum electrodynamics이라는 물리이론이 있다. 양자전기역학은 양자역학의 틀 안에서 만들어지지만 양자역학에 의해 결정되지 않는 특정 규칙도 포함한다. 양자역학과 특정 물리이론(양자 전기역학 등)의 관계는 컴퓨터의 운영체제와 특정 애플리케이션 소프트웨어의 관계와 비슷하다. 운영체제는 정해진 기본 매개변수와 작동 모드를 설정할 뿐, 애플리케이션이 특정 작업을 수행하는 방식에는 간여하지 않는다.

양자역학의 규칙은 간단하지만 전문가들조차 그 규칙들이 비직관적이라고 여긴다. 그래서 양자역학을 더 잘 이해하려는 물리학자들의 오랜 욕망으로 인해 양자계산 및 양자정보의 토대가 마련됐을지도 모른다. 가장 잘 알려진 양자역학의 비판가인 알버트 아인슈타인Albert Einstein은 생전에 그가 발견에 도움을 준 이론을 인정하지 않았다. 그 이후 물리학자들은 더 그럴듯하게 예측하기 위해 양자역학과 씨름했다. 양자계산 및 양자정보의 목표 중 하나는 양자역학에 대한 직관을 더욱 세밀하게 하고 인간의 사고에 대한 예측을 좀 더 명확하게 하는 도구를 개발하는 것이다.

1980년대 초, 양자효과quantum effect를 사용하면 빛보다 빨리 신호를 보내는 것이 가능할지에 관심이 일어났다(아인슈타인의 상대성 이론에 따르면 불가능했다). 이 문제의 해법은 알려지지 않은 양자상태를 복제할 수 있는지, 즉 양자상태의 복사본을 만들 수 있는지에 달려 있었다. 복제가 가능하다면 양자효과를 사용해 빛보다 빨리 신호를 보내는 것이 가능한 것이다.

그러나 양자역학에서는 일반적으로 복제가 불가능하다(고전 정보에서는 아주 쉽다. 복제라는 단어의 의미와 기원을 생각해보라). 1980년대 초에 나온 이 **복제불가 정리**no-cloning theorem는 양자계산 및 양자정보의 초기 결과 중 하나다. 이후 복제불가 정리가 많이 개선돼 이제는 양자복제 장치(불완전할 수밖에 없음)가 얼마나 잘 작동할 수 있는지 알 수 있는 개념적 도구들을 갖게 됐다. 이러한 도구들은 차례로 양자역학의 다른 측면을 이해하는 데 적용됐다.

양자계산과 양자정보의 발전에 기여했던 관련 연구는 역사적으로 1970년대 단일 양자계를 완벽히 제어하는 능력을 확보하는 데에 대한 관심이었다. 1970년대 이전의 양자역학 응용물에 대해서는 대개 엄청난 수의 양자역학계가 들어간 벌크 샘플을 전체적인 수준에서 제어해야 했고, 그중 어느 계도 직접 접근할 수 없었다. 예를 들어 초전도는 양자역학으로 잘 설명된다. 그러나 초전도체에는 (원자 규모에 비해) 거대한 전도성 금속 샘플이 들어가기 때문에 우리는 양자역학적 성질의 몇 가지 측면만을 조사할 수 있을 뿐, 초전도체를 구성하는 각각의 양자계에는 접근이 불가능하다. 입자 가속기와 같은 계는 개별 양자계에 제한적으로 접근할 수 있지만 앞서와 마찬가지로 그 하위계$^{constituent system}$에 대해서는 거의 제어할 수 없다.

1970년대 이후 단일 양자계를 제어하기 위한 기술이 많이 개발됐다. 예를 들어 하나의 원자를 '원자트랩$^{atom\ trap}$'에 가두고 나머지 세계로부터 고립시켜 그 거동의 여러 측면을 아주 정밀하게 조사할 수 있는 방법이 개발된 것이다. 주사 터널 현미경$^{scanning\ tunneling}$ ^{microscope}은 원자를 한 개씩 이동시키며 원자 배열을 자유롭게 만들어내는 데 사용됐다. 전자를 하나씩 이동시키는 전자 기기가 나온 것이다.

이렇게 단일 양자계를 완벽히 제어해야 하는 이유는 무엇일까? 많은 기술적 이유를 제쳐 두고 순수과학에 집중해보면 주된 대답은 연구원들이 직감에 따라 이런 일을 했다는 것이다. 과학에서 가장 심오한 통찰은 자연의 새로운 체제를 탐색하는 방법을 개발할 때 나오는 경우가 많다. 이를테면 1930년대와 1940년대의 전파 천문학의 등장으로 은하수의 은하 핵, 펄서, 퀘이사 등이 계속해서 발견됐다. 저온 물리학$^{low\ temperature\ physics}$에서는 여러 계의 온도를 낮추는 방법을 모색해 놀라운 성공을 거두었다. 비슷한 방식으로 단일 양자계를 완전히 제어함으로써 우리는 의외의 새로운 현상을 발견하리라는 희망을 안고 자연의 미지 영역을 탐구하고 있다. 지금 막 이 단계에서 첫 발걸음을 내딛고 있는데, 이미 이 체제에서 몇 가지 흥미롭고 놀라운 것들이 발견됐다. 단일 양자계를 완전히 제어하고 더 복잡한 계로 넓혀 나간다면 또 무엇을 발견하게 될까?

양자계산 및 양자정보는 이러한 진행에 자연스레 맞아 들어간다. 양자계산 및 양자정보를 이용하면 단일 양자계를 더 잘 조작하기 위한 방법을 고안하는 사람들은 다양한 난이도로 유용한 도전을 할 수 있고, 새로운 실험 기법 개발에 힘을 얻으며 가장 흥미로운 실험 방향을 알 수 있다. 역으로 말하면 양자계산 및 양자정보의 응용에 있어서 양자역학의 힘을 활용하려면 단일 양자계를 제어하는 능력이 필수다.

이러한 깊은 관심에도, 양자정보처리를 수행하는 시스템을 구축하려는 노력은 지금까지 그다지 큰 성공을 거두지 못했다. 몇 개의 양자비트(또는 큐비트)로 수십 개의 연산을 할 수 있는 소형 양자 컴퓨터 정도가 양자계산에서 최첨단 기술을 보여준다. 양자 암호학(장거리에서 비밀통신을 수행하는 방법)에 대한 실험용 원형prototype이 시연됐으며 현실적인 애플리케이션에 이용할 수 있는 수준에 이르긴 했다. 하지만 대규모 양자정보 처리를 현실화하기 위한 기술을 개발하기에는 여전히 물리학자들과 엔지니어들에게 큰 도전이 되고 있다.

양자역학에서 20세기의 위대한 지적 승리인 컴퓨터과학으로 관심을 돌려보자. 컴퓨터과학의 기원은 역사 깊숙이 숨어 있다. 예를 들어 설형문자판은 함무라비 시대(기원전 1750년경) 즈음에 바빌론 사람들이 상당히 정교한 알고리듬 개념을 개발했다는 것을 보여주며 훨씬 더 이전 시기에 이미 그런 개념이 많이 존재했을 가능성이 높다.

1936년 위대한 수학자 앨런 튜링Alan Turing이 놀라운 논문을 발표하면서 현대적인 컴퓨터과학이 출현했다. 튜링은 프로그래밍이 가능한 컴퓨터(지금은 경의를 표하는 의미로 튜링머신이라고 부르는 계산용 모델)에 대한 추상적인 개념을 세부적으로 발전시켰다. 튜링은 다른 튜링머신을 시뮬레이션하는 데 사용할 수 있는 보편 튜링머신Universal Turing Machine이 존재할 수 있다는 것을 보여줬다. 더욱이 그는 보편 튜링머신이 알고리듬 방식으로 작업 수행의 의미를 완벽하게 파악한다고 주장했다. 즉, 어떤 하드웨어(예를 들면 최신 개인용 컴퓨터)에서 한 알고리듬을 수행할 수 있다면, 개인용 컴퓨터에서 수행된 그 알고리듬과 정확히 같은 작업을 수행하는 보편 튜링머신상의 동등한 알고리듬이 존재한다는 의미다. 튜링과 더불어 컴퓨터과학의 또 다른 개척자인 알론조 처치Alonzo Church에게 경의를 표하는 의미로 처치-튜링 논제Church-Turing Thesis로 부르는 이 주장은 어떤 종류의 알고리듬을 물리적 장치로 수행할 수 있는가라는 물리적 개념과 보편 튜링머신의 엄밀한 수학적 개념이 동등함을 역설한다. 이 논제가 널리 받아들여지면서 컴퓨터과학 이론이 풍부하게 발전하게 됐다.

튜링의 논문이 나온 지 얼마되지 않아 전자 부품으로 만들어진 최초의 컴퓨터가 개발됐다. 존 폰 노이만John von Neumann은 보편 튜링머신처럼 완벽히 작동하는 데 필요한 모든 구성요소를 실용적으로 결합하는 간단한 이론 모델을 개발했다. 그렇지만 진정한 하드웨어 개발은 1947년 존 바딘, 월터 브래튼, 윌 쇼클리가 트랜지스터를 개발하면서 시작됐다. 그 이후로 컴퓨터 하드웨어는 놀라운 속도로 발전했으며 1965년에 고든 무어는 컴퓨터 성능이 2년마다 2배씩 증가할 거라는 무어의 법칙Moore's law으로 그 성장을 예측했다.

놀랍게도 무어의 법칙은 1960년대 이래로 수십 년 동안 사실로 나타났다. 그렇지만 대부분의 관측통들은 이러한 꿈 같은 일이 21세기 들어 얼마 가지않아 끝날 거라고 예상한다. 컴퓨터 제작 기술에 대한 기존의 접근법으로는 크기 면에서 근본적인 어려움에 부딪히기 시작했다. 전자기기가 작아지면서 양자효과로 인해 그 기능이 방해받기 시작한 것이다.

무어의 법칙이 궁극적으로 실패했을 때 취할 수 있는 한 가지 해결책은 다른 컴퓨팅 패러다임으로 이동하는 것이다. 그러한 패러다임은 양자계산 이론을 따르며 고전물리학 대신 양자역학을 이용해 계산을 한다는 발상에 바탕을 둔다. 일반 컴퓨터는 양자 컴퓨터를 시뮬레이션하는 데 사용할 수 있지만 효율적인 방식으로 시뮬레이션하는 것은 불가능한 것으로 나타났다. 그런 까닭에 양자 컴퓨터는 고전 컴퓨터보다 본질적으로 속도 이점을 갖고 있다. 이러한 속도 이점은 아주 막강해 많은 연구자들은 고전 컴퓨터가 아무리 발전한다고 해도 양자 컴퓨터의 성능을 따라잡을 수 없을 것으로 믿는다.

양자 컴퓨터의 '효율적' 시뮬레이션과 '비효율적' 시뮬레이션이란 무슨 뜻일까? 이 질문에 답하는 데 필요한 많은 핵심 개념은 실제로 양자 컴퓨터의 개념이 생기기 전에 나왔다. 특히 효율적 알고리듬과 비효율적 알고리듬에 대한 아이디어는 계산 복잡도computational complexity 분야에 의해 수학적으로 정확해졌다. 대략적으로 말해서 어떤 효율적 알고리듬이란 문제의 크기를 시간에 대한 다항식으로 풀어내는 것이다. 그에 반해 비효율적 알고리듬은 다항을 넘어서는 (대체로 지수) 시간superpolynomial time을 필요로 한다. 1960년대 후반과 1970년대 초반에 알려진 것은 어떤 계산모델에서 효율적으로 풀리는 문제가 튜링머신으로 그 다른 계산모델을 시뮬레이션함으로써 튜링머신모델에서도 효율적으로 풀린다는 점에서 튜링머신 계산모델이 적어도 다른 어떤 계산모델만큼 강력하다는 것을 보일 수 있다는 것이다. 이러한 주목을 통해 다음과 같이 처치-튜링 논제의 강화 버전이 나왔다.

어떠한 알고리듬 프로세스라도 튜링머신을 사용해 효율적으로 시뮬레이션할 수 있다

이러한 강한 처치-튜링 논제strong Church-Turing thesis에서 핵심은 '효율적'이라는 단어다. 강한 처치-튜링 논제가 옳다면 알고리듬을 수행하는 데 어떤 기계 타입을 사용하든지 간에 표준 튜링머신으로 그 기계를 효율적으로 시뮬레이션할 수 있다는 뜻이다. 이 말은 주어진 계산 작업을 효율적으로 수행할 수 있는지를 분석할 때 튜링머신 계산모델만 분석하면 된다는 의미이므로 중요한 강화 버전이 된다.

강한 처치-튜링 논제에 대한 도전 과제 중 하나는 아날로그 계산^{analog computation}... 분야다. 튜링 이후 여러 연구 팀은 튜링머신에서 효율적인 솔루션이 없다고 생각되는 문제를 특정 유형의 아날로그 컴퓨터가 효율적으로 해결할 수 있다는 것을 알아냈다. 언뜻 보기에 이 아날로그 컴퓨터는 처치-튜링 논제의 강력한 형태를 위반하는 것처럼 보인다. 안타깝게도 아날로그 계산의 경우, 아날로그 컴퓨터에 현실적으로 노이즈가 존재하는 것으로 가정하면 알려진 모든 경우에 있어서 그 강력함이 사라지는 것으로 판명됐다. 즉, 튜링머신에서 효율적으로 해결할 수 없는 문제는 아날로그 컴퓨터에서도 효율적으로 해결할 수 없다. 이 교훈(계산모델의 효율성을 평가할 때 현실적인 노이즈의 영향을 고려해야 한다)은 양자계산 및 양자정보의 초기 과제 중 하나였으며, 양자 오류정정 코드^{quantum error-correcting codes} 및 결함허용 양자계산^{fault-tolerant quantum computation}의 이론 개발로 이어졌다. 이런 까닭에 아날로그 계산과 달리 양자계산은 원칙적으로 한정된 양의 노이즈를 자동으로 해결하며 계산상의 장점을 여전히 지닐 수 있었다.

강한 처치-튜링 논제에 대한 첫 번째 큰 도전이 1970년대 중반에 발생했는데, 이때 로버트 솔로베이^{Robert Solovay}와 폴커 슈트라센^{Volker Strassen}이 무작위 알고리듬^{randomized algorithm}을 사용해 해당 정수가 소수인지 합성수인지를 판별할 수 있다는 것을 보였다. 즉, 솔로베이-슈트라센의 소수 판별법에서는 무작위성을 알고리듬의 필수 부분으로 사용했다. 이 알고리듬은 주어진 정수가 소수인지 합성수인지 확실히 가리지 않았다. 그 대신, 소수인지 아닌지를 확률로 판정했다. 솔로베이-슈트라센 판별법을 몇 번 반복하면 어떤 수가 소수인지 합성수인지를 거의 확실하게 확인할 수 있다. 이 글을 쓰는 시점에서도 마찬가지이지만 그 당시 효율적인 결정론적 소수 판별법^{deterministic test for primality}이 알려져 있지 않았기 때문에 솔로베이-슈트라센 판별법은 특히 중요했다. 따라서 기존의 결정론적 튜링머신^{deterministic Turing machine}에서 효율적 해결책이 없는 계산 작업이 난수 생성기^{random number generator}를 사용하는 컴퓨터에서는 효율적으로 수행될 수 있는 것처럼 보였다. 이를 계기로 다른 무작위 알고리듬을 찾게 되고 상당한 성과를 내면서 이 분야는 활발한 연구 영역으로 발전했다.

무작위 알고리듬은 강한 처치-튜링 논제에 도전을 제기하며, 결정론적 튜링머신에서 효율적으로 해결할 수 없어도 효율적으로 해결할 수 있는 문제가 존재한다고 제안한다. 이 도전은 다음과 같이 강한 처치-튜링 논제를 약간 수정하면 쉽게 해결이 가능한 것처럼 보였다.

어떠한 알고리듬 프로세스라도 확률론적 튜링머신을 사용해 효율적으로 시뮬레이션할 수 있다

강한 처치-튜링 논제를 이렇게 애드혹$^{ad-hoc}$하게 수정한 진술이 혼동을 좀 줄 수 있다. 추후에 튜링의 계산모델 내에서 효율적으로 풀지 못하는 문제를 다른 계산모델이 효율적으로 해결할 수 있다는 사실이 언젠가 드러나지 않을까? 다른 계산모델을 효율적으로 시뮬레이션할 수 있도록 보장하는 단일 계산모델을 찾을 수 있는 방법이 있을까?

1985년, 데이비드 도이치$^{David\ Deutsch}$는 이 질문에 자극을 받고 물리법칙을 사용해 더 강한 버전의 처치-튜링 논제를 유도해낼 수 있는지 의문을 가졌다. 도이치는 애드혹 가설을 채택하는 대신 물리이론을 고려해서 그 물리이론의 지위만큼 안전할 처치-튜링 논제에 대한 토대를 세웠다. 특히 도이치는 임의의 물리계를 효율적으로 시뮬레이션할 수 있는 계산 장치를 정의하려고 했다. 물리법칙이 궁극적으로 양자역학적이기 때문에 도이치는 당연히 양자역학의 원리에 바탕을 둔 계산 장치를 고려하게 됐다. 49년 전 튜링이 정의한 기계를 양자체계로 바꾼 이러한 장치로 인해 결국 이 책에서 사용한 양자 컴퓨터의 현대적 개념이 나왔다.

이 글을 쓰는 시점에서 보편적 양자 컴퓨터에 대한 도이치의 개념이 임의의 물리계를 효율적으로 시뮬레이션하기에 충분한지는 명확하지 않다. 이 추측을 증명하거나 논박하는 것은 양자계산 및 양자정보 분야의 커다란 미해결 문제 중 하나다. 예를 들어 양자장론$^{quantum\ field\ theory}$의 효과, 또는 끈 이론, 양자 중력, 그 외 다른 물리이론에 기반한 훨씬 더 난해한 효과가 도이치의 보편적 양자 컴퓨터를 넘어선 더욱 강력한 계산모델을 우리에게 제공할 수 있다. 현재 단계에서 우리는 단순히 알지 못한다.

도이치의 양자 컴퓨터 모델이 진정 가능하게 만든 것은 강한 형태의 처치-튜링 논제에 대한 도전이었다. 도이치는 고전 컴퓨터에서 심지어 확률론적 튜링머신에서도 효율적 해결책이 없는 계산 문제를 양자 컴퓨터가 효율적으로 해결할 수 있는지 의문을 가졌다. 그러고 나서 정말로 그는 양자 컴퓨터가 고전 컴퓨터의 계산 능력을 능가할 수 있다는 것을 제시하는 간단한 예제를 만들었다.

도이치가 취한 이 주목할 만한 첫걸음은 이후 10년 동안 많은 사람들에 의해 개선됐는데, 1994년 피터 쇼어$^{Peter\ Shor}$가 아주 중요한 두 가지 문제(정수에서 소수 구하기 문제와 소위 '이산대수' 문제)를 양자 컴퓨터에서 해결할 수 있다는 시범을 보임으로써 정점에 이르렀다. 고전 컴퓨터에서는 이 두 가지 문제를 효율적으로 해결할 수 없다고 널리 인식해왔기 때문에 이 시범은 널리 관심을 끌었다. 쇼어의 결과는 양자 컴퓨터가 튜링머신, 심지어 확률론적 튜링머신보다 훨씬 강력하다는 증거였다. 양자 컴퓨터의 강력함에 대한 추가 증거로 1995년 롭 그로버Lov Grover는 또 다른 중요한 문제(비정형 탐색 공간unstructured search space을 탐색하는 문제)도 양자 컴퓨터에서 해결할 수 있다는 것을 보였다. 그로버 알고리듬은 쇼어 알고리듬만큼 속도향상이 극적이지는 않았지만 탐색 기반 방법론이 광범위한 문제들에 적용될 수 있는 탓에 그로버 알고리듬에 대한 상당한 관심을 불러일으켰다.

쇼어 알고리듬과 그로버 알고리듬이 고안된 거의 같은 시기에 많은 사람들은 리처드 파인만Richard Feynman이 1982년에 제안한 아이디어를 발전시키고 있었다. 파인만은 고전 컴퓨터에서 양자역학계를 시뮬레이션하기에는 본질적인 어려움이 있는 것 같다고 지적하며 양자역학 원리에 기반한 컴퓨터를 만들어야 이러한 어려움을 피할 수 있을 거라고 제안했다. 1990년대에 이르러 여러 연구 팀은 이 아이디어에 살을 붙이기 시작했고 고전 컴퓨터에서 효율적인 시뮬레이션이 알려지지 않은 계를 양자 컴퓨터에서는 효율적으로 시뮬레이션하는 것이 정말로 가능함을 보였다. 미래에 양자 컴퓨터의 중요한 응용분야 중 하나는 고전 컴퓨터에서 시뮬레이션하기 아주 어려운 양자역학계를 시뮬레이션하는 것이 될 것이며, 이는 과학적이고 기술적으로 의미 있는 문제다.

그 외 어떤 다른 문제를 양자 컴퓨터가 고전 컴퓨터보다 더 빠르게 해결할 수 있을까? 짧게 답하면 우리는 모른다는 것이다. 좋은 양자 알고리듬을 내놓는 것은 어려울 것 같다. 비관론자는 양자 컴퓨터가 이미 밝혀낸 적용 부분 외에 좋은 것은 없기 때문이라고 생각할 수도 있다! 우리는 다른 시각으로 본다. 양자 컴퓨터에서는 알고리듬 설계가 어려운데 그 이유는 설계자가 고전 컴퓨터에서 알고리듬 제작할 때는 마주치지 않았던 두 가지 어려운 문제에 직면하기 때문이다. 첫째, 인간의 직감은 고전적인 세계에 뿌리를 두고 있다. 알고리듬 제작에 도움이 되는 직관을 사용한다면, 그 알고리듬 아이디어는 고전적인 아이디어가 될 것이다. 좋은 양자 알고리듬을 설계하기 위해서는 설계 과정에서 고전적인 직관을 끄고 양자 효과를 사용해 원하는 알고리듬의 목표를 달성해야 한다. 둘째, 아주 흥미롭게 말하면 양자역학적 알고리듬을 설계하는 것만으로는 충분치 않다. 그 알고리듬은 기존의 고전 알고리듬보다 우수해야 한다! 양자역학의 진정한 양자 측면을 사용하는 알고리듬을 발견할 수 있지만 비슷한 성능 특성을 가진 고전 알고리듬이 존재한다면 널리 보급되지 않을 수도 있다. 이들 두 가지 문제는 향후 새로운 양자 알고리듬 제작에 걸림돌이 된다.

훨씬 더 폭넓게 말하면 우리는 양자 컴퓨터와 고전 컴퓨터의 성능에 대해 일반화시킬 수 있을지 의문이다. 양자 컴퓨터를 고전 컴퓨터보다 더 강력하게 만드는 것(이것이 사실이라고 가정한다)은 무엇일까? 어떤 클래스의 문제를 양자 컴퓨터에서 효율적으로 해결할 수 있으며, 그 클래스는 고전 컴퓨터에서 효율적으로 해결할 수 있는 문제의 클래스와 어떻게 비교할까? 양자계산 및 양자정보에 대한 아주 흥미로운 사실은 이러한 질문에 대한 답변이 거의 나오지 않았다는 점이다! 이들 질문을 잘 이해하는 것은 미래의 커다란 과제다.

양자계산의 최전선에 서서 양자계산 및 양자정보(정보이론)에 기여한 또 다른 사고의 역사를 되돌아보자. 1940년대 컴퓨터과학이 폭발적으로 발전함과 동시에 통신에서도 또 다른 혁명이 일어나고 있었다. 1948년 클로드 섀넌Claude Shannon은 현대 정보통신 이론에 대한 기초를 마련한 한 쌍의 뛰어난 논문을 발표했다.

섀넌이 한 업적의 핵심은 아마도 정보의 개념을 수학적으로 정의했다는 점일 것이다. 많은 수리과학mathematical science에서는 기본적인 정의를 선택할 때 상당한 유연성을 발휘한다. 다음 질문에 대해 잠시 생각해보자. 정보 소스 개념을 수학적으로 정의하는 방법에 대해 어떻게 생각하는가? 이 문제에 대한 답변은 제각각이었다. 하지만 섀넌이 제시한 정의 덕택에 이해의 폭이 넓어졌고 많은(전부가 아님) 실제 통신 문제를 정확히 반영하고 풍부한 구조를 갖춘 이론과 다양한 심층 결과가 나왔다.

섀넌은 통신채널을 통한 정보통신과 관련된 두 가지 주요 의문에 관심이 있었다. 첫째, 통신채널을 통해 정보를 보내는 데 필요한 자원은 무엇일까? 예를 들어 전화 회사는 주어진 전화선을 통해 안정적으로 전송할 수 있는 정보의 양을 알아야 한다. 둘째, 통신채널의 노이즈로부터 보호된 상태로 정보를 전송할 수 있을까?

섀넌은 정보이론의 두 가지 기본 원리를 증명함으로써 이 두 가지 의문에 답했다. 첫 번째, 섀넌의 무노이즈 채널 코딩 정리noiseless channel coding theorem는 정보 소스의 출력을 저장하는 데 필요한 물리적 자원을 양으로 정한다. 섀넌의 두 번째 기본 정리인 노이즈 채널 코딩 정리noisy channel coding theorem는 노이즈가 있는 통신채널을 통해 안정적으로 전송할 수 있는 정보의 양을 정한다. 섀넌은 노이즈가 있는 상태에서 안정적인 전송을 수행하려면 오류정정 코드error-correcting code를 사용해 전송되는 정보를 보호하면 된다는 것을 보였다. 섀넌의 노이즈 채널 코딩 정리는 오류정정 코드로 감당할 수 있는 보호의 상한선을 제공한다. 아쉽게도 섀넌의 정리는 그 상한선을 얻기 위해 실제로 유용한 오류정정 코드 집합을 명시적으로 알려주지 않는다. 섀넌의 논문이 나온 때부터 오늘날까지 연구자들은 섀넌의 정리가 설정한 상한선에 근접하기 위해 시도하며 더 좋고 많은 클래스의 오류정정 코드들을 만들어냈다. 오류정정 코드의 정교한 이론으로 인해 이제 좋은 오류정정 코드를 설계하는 데 있어 사용자에게 다양한 선택권이 생겼다. 이러한 코드는 여러 곳에 사용된다. 그 예로 콤팩트 디스크 플레이어, 컴퓨터 모뎀, 위성 통신 시스템 등이 있다.

양자정보이론은 비슷한 발전으로 이어졌다. 1995년 벤 슈마허$^{Ben Schumacher}$는 섀넌의 무노이즈 코딩 이론과 비슷한 이론을 내놓았는데, 그 과정에서 '양자비트' 또는 '큐비트'를 현실의 물리적 자원으로 정의했다. 하지만 섀넌의 노이즈 채널 코딩 정리와 비슷한 정리가 양자정보 분야에 확립되지는 않았다. 그럼에도 고전적인 이론과 유사하게 양자 오류정정 이론이 개발돼 이미 언급했듯이 양자 컴퓨터가 노이즈 환경에서 효율적으로 계산할 수 있으며 노이즈 양자채널을 통한 통신도 안정적으로 이루어질 수 있다.

사실 오류정정에 관한 고전적인 아이디어는 양자 오류정정 코드를 개발하고 이해하는 데 매우 중요하다는 점이 입증됐다. 1996년에 독자적으로 작업한 두 그룹인 로버트 칼더뱅크$^{Robert Carlderbank}$와 피터 쇼어$^{Peter Shor}$ 그리고 앤드류 스테인$^{Andrew Steane}$은 중요한 클래스의 양자 코드를 발견했는데 현재는 이들 성의 앞 글자를 따서 CSS 코드라고 부른다. 이후로 로버트 칼더뱅크, 에릭 레인즈, 피터 쇼어, 닐 슬론, 다니엘 고테스만이 독자적으로 발견한 안정자 코드$^{stabilizer code}$가 이 작업에 포함됐다. 고전적인 선형 코딩 이론의 기본 아이디어를 바탕으로 이러한 발견들 때문에 양자 오류정정 코드를 신속하게 이해하게 되고 양자계산 및 양자정보를 쉽게 적용할 수 있었다.

양자 오류정정 코드 이론은 양자상태를 노이즈로부터 보호하기 위해 개발됐다. 양자채널을 사용해 일반의 고전 정보를 전송하는 것은 어떨까? 얼마나 효율적일까? 이러한 영역에서 몇 가지 놀라운 사실이 발견됐다. 1992년, 찰스 베넷$^{Charles Bennett}$과 스티븐 위즈너$^{Stephen Wiesner}$는 송신기에서 수신기로 양자비트를 하나만 전송하면서 고전적인 2비트의 정보를 전달하는 방법을 설명했는데, 이 결과를 초고밀도 코딩$^{superdense coding}$이라고 한다.

더욱 흥미로운 점은 분산형 양자계산$^{distributed quantum computation}$의 결과다. 네트워크로 연결된 두 대의 컴퓨터를 가지고 특정 문제를 해결한다고 하자. 문제를 해결하기 위해서는 어느 정도의 통신이 필요할까? 네트워크로 연결된 고전 컴퓨터보다 양자 컴퓨터가 특정 문제 해결에 지수적으로 적은$^{exponentially less}$ 통신이 필요하다는 것이 최근에 밝혀졌다. 아쉽게도 아직 이러한 문제는 실제 상황에서는 특별히 중요한 것은 아니며, 일부 바람직하지 않은 기술적 제한이 있다. 양자계산 및 양자정보의 향후 주요 과제는 분산형 양자계산이 분산형 고전계산보다 실질적 이점이 있으면서 현실적으로 중요하게 취급될 문제를 찾아내는 것이다.

정보이론 그 자체로 되돌아가자. 정보이론에 대한 연구는 단일 통신채널의 특성으로 시작된다. 적용 부분에서는 종종 단 하나의 통신채널이 아니라 많은 채널의 네트워크를 다룬다. 네트워크 정보이론networked information theory에 대한 주제는 이러한 통신채널 네트워크의 정보 전달 특성을 다루며 풍부하고 복잡한 주제로 발전해왔다.

이와는 대조적으로 네트워크 양자정보이론에 대한 연구는 초기 단계에 있다. 심지어 아주 기본적인 의문이라 할지라도 양자채널 네트워크의 정보 전달 능력에 대해서는 거의 알지 못한다. 지난 몇 년 동안 다소 놀라운 예비 결과preliminary result가 발견되긴 했다. 하지만 양자채널에서는 네트워크 정보이론에 대한 통일 이론이 존재하지 않는다. 네트워크 양자정보이론의 한 예를 통해 그러한 일반 이론이 갖는 가치를 확실히 알 수 있다. 앨리스Alice가 밥Bob에게 노이즈가 있는 양자채널을 통해 양자정보를 보내려고 한다고 하자. 그 채널의 양자정보 용량이 0이면 앨리스가 밥에게 어떤 정보도 안정적으로 보낼 수 없다. 그 대신 동기식으로 작동하는, 그 채널의 복사본 2개를 고려해보자. 복사한 채널이니 양자정보를 전송할 용량이 0이라는 것은 당연하다(그리고 엄격하게 그런 상황으로 제한할 수 있다). 하지만 그림 1.1에서 설명한 것처럼 채널 중 하나의 방향을 바꾸면 앨리스에서 밥으로 정보를 전송할 때 때로는 0이 아닌 용량을 얻을 수 있다는 것이 밝혀졌다! 이와 같은 반직관적 특성counter-intuitive property은 양자정보의 이상한 성질을 보여준다. 양자채널 네트워크의 정보 전달 특성을 잘 이해하는 것은 양자계산 및 양자정보에 있어서 해결해야 할 주요 문제다.

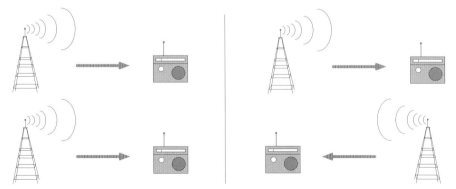

그림 1.1 고전적으로는 아주 노이즈가 많은 0 용량의 채널 2개가 나란히 운영된다면 이 복수 채널(combined channel)은 정보를 보낼 용량이 0이다. 당연한 말이지만 채널 중 하나의 방향을 반대로 해도 정보를 보낼 용량은 0 그대로다. 그러나 양자역학적으로는 0 용량의 채널 중 하나의 방향을 반대로 하면 실제로 정보를 보낼 수 있다!

마지막으로 분야를 바꾸어 암호학에 대한 유서 깊은 기술과 과학으로 옮겨 가자. 대충 말해서 암호학^{cryptography}이란 서로 간에 비밀을 유지해야 하는 두 명 이상의 당사자가 참여하는 통신^{communication} 또는 계산^{computation}을 수행하는 문제다. 가장 잘 알려진 암호 문제는 비밀 메시지 전송이다. 두 당사자가 비밀리에 통신하기를 원한다고 하자. 쉬운 예로, 여러분은 상품 구입을 위해 신용카드 번호를 판매자에게 전달할 때 악의적인 제3자가 그 신용카드 번호를 가로채지 않길 바랄 것이다. 이를 위한 방법이 암호 프로토콜^{cryptographic protocol}을 사용하는 것이다. 이 책의 뒤쪽에서 암호 프로토콜이 어떻게 작동하는지 자세히 설명하겠지만 지금은 간단히 구분만 해놓자. 가장 중요한 구분은 개인 키 암호체계^{private key cryptosystem}와 공개 키 암호체계^{public key cryptosystems}다.

개인 키 암호체계가 작동하는 방식은 '앨리스'와 '밥'이라는 두 당사자가 자신들만이 알고 있는 개인 키를 공유하여 통신하는 것이다. 이때 키의 정확한 형식은 중요하지 않다 (그냥 0과 1이 아무렇게 섞인 문자열로 생각할 수 있다). 핵심은 앨리스가 밥에게 보내는 정보를 암호화하는 데 이 키를 사용한다는 점이다. 앨리스는 암호화한 후에 암호화된 정보를 밥에게 보내는데 밥은 원래 정보로 복원해야 한다. 앨리스가 메시지를 암호화하는 방법은 개인 키에 따라 달라지므로 앨리스가 변환한 것을 되돌려 원래 메시지로 복원하려면 밥은 그 개인 키를 알아야 한다.

안타깝게도 개인 키 암호체계는 여러 상황에서 심각한 문제를 안고 있다. 가장 기본적인 문제는 키를 어떻게 분배할 것인가이다. 여러 면에서 키 분배 문제는 개인 통신의 근본 문제만큼 어렵다. 즉, 악의적인 제3자가 키 분배를 도청하고 나서 가로챈 키를 사용해 메시지 전송을 해독해낼 수 있다.

양자계산 및 양자정보에서 가장 초기에 알아낸 것은 양자역학을 이용하면 앨리스와 밥의 보안이 위태롭지 않게 키 분배를 수행할 수 있다는 점이었다. 이 절차를 양자 암호학 ^{quantum cryptography} 또는 양자 키 분배^{quantum key distribution}라고 한다. 기본 아이디어는 일반적으로 관측 자체가 해당 계를 교란시킨다는 양자역학 원리를 이용한 것이다. 따라서 앨리스와 밥이 자신들의 키를 전송할 때 도청자가 들여다본다면 앨리스와 밥이 키 생성에 사용할 통신채널이 교란되면서 도청자의 존재가 드러날 것이다. 그러면 앨리스와 밥은 도청자가 들여다볼 때 생성된 키 비트를 버리고 다시 시작하면 된다. 최초의 양자 암호학 아이디어는 1960년대 후반에 스티븐 위즈너가 제안했지만 유감스럽게도 논문으로는 발표하지 않았다! 1984년, 찰스 베넷과 질 브라사르^{Gilles Brassard}는 위즈너의 초기 연구를 바탕으로 양자역학을 이용해 앨리스와 밥에게 안전하게 키를 분배할 수 있는 프로토콜을 제안했다. 그 이후로 수많은 양자 암호화 프로토콜이 제안됐고 실험용 원형도 개발됐다. 이 글을 쓰는 시점에서 실험용 원형은 제한된 규모의 실제 응용에 있어서 쓸 만한 단계에 가까워지고 있다.

두 번째 주요 유형의 암호체계는 공개 키 암호체계다. 공개 키 암호체계에서는 앨리스와 밥이 미리 비밀 키를 공유하지 않는다. 그 대신 밥은 '공개 키'를 발행해 일반 대중이 사용할 수 있게 한다. 앨리스는 이 공개 키를 사용해 밥에게 보내는 메시지를 암호화하면 된다. 흥미로운 점은 제3자가 밥의 공개 키를 사용해 그 메시지를 해독해낼 수 없다는 것이다. 엄밀히 말하면 해독을 전혀 할 수 없다는 말은 아니다. 물론 아주 영리하고 독특한 방법으로 암호화 변환을 선택하므로 공개 키에 대한 지식을 갖추고 있다고 해도 역으로 변환하기는 아주 어렵다(불가능한 것은 아니다). 역변환을 쉽게 하기 위해 밥은 자신의 공개 키에 대응하는 비밀 키를 가지고 있으며 이를 통해 쉽게 해독할 수 있다. 이 비밀 키는 밥 이외의 누구에게도 알려지지 않기 때문에 공개 키만으로 암호 메시지를 역변환시키기에는 어느 누구의 컴퓨터 성능이라도 따라 주지 못할 정도다. 그러므로 밥만이 앨리스의 전송 내용을 읽을 수 있다고 확신할 수 있다. 공개 키 암호체계는 앨리스와 밥이 통신하기 전에 개인 키를 공유할 필요가 없게 해서 키 분배 문제를 해결한다.

그런데 놀랍게도 공개 키 암호학은 널리 사용되지 않다가 1970년대 중반이 돼서야 윗필드 디피Whitfield Diffie와 마틴 헬먼Martin Hellman, 그리고 랄프 머클Ralph Merkle이 각자 독자적으로 제안하면서 암호학 분야에 혁명을 일으켰다. 얼마 후 로널드 리베스트Ronald Rivest, 아디 샤미르Adi Shamir, 레너드 애들먼Leonard Adleman은 RSA 암호체계를 개발했는데, 이 글을 쓰는 시점에 이 암호체계는 가장 널리 보급된 공개 키 암호체계로서 보안 기능과 실제 유용성에 있어서 균형이 잘 맞았다. 영국의 정보기관 GCHQ에서 일하는 연구원들이 1960년대 후반과 1970년대 초반에 이런 아이디어(공개 키 암호학, 디피-헬먼 암호체계와 RSA 암호체계)를 실제로 고안해냈다는 사실이 1997년에 밝혀졌다.

공개 키 암호체계의 보안 핵심은 공개 키만 사용할 수 있다면 암호화 단계를 역으로 하는 것이 어려워야 한다는 것이다. 예를 들어 RSA의 암호화 단계를 역으로 하는 것은 인수분해와 밀접한 관련이 있는 것으로 나타났다. RSA로 추정되는 보안의 상당 부분은 인수분해가 고전 컴퓨터에서 해결하기 어려운 문제라는 믿음에서 나온 것이다. 하지만 양자 컴퓨터에서 인수분해할 때 쇼어의 고속 알고리듬Shor's fast algorithm을 사용하면 RSA를 깰 수 있다! 마찬가지로 이산로그^{discrete logarithm} 문제를 풀 수 있는 (쇼어의 양자 알고리듬과 같은) 고속 알고리듬이 나온다면 깰 수 있는 다른 공개 키 암호체계도 존재한다. 암호 코드를 깨뜨리는 것에 양자 컴퓨터를 사용하는 일은 양자계산 및 양자정보에 대해 많은 관심을 불러 일으켰다.

우리는 양자계산 및 양자정보에 대한 역사적 사례를 조사해왔다. 물론 이 분야가 성장하고 성숙해짐에 따라 하위 분야 연구들이 생겨났고 그 사례들은 주로 양자계산 및 양자정보 영역 안에 있게 된다.

이들 중 가장 두드러진 것은 양자 얽힘^{quantum entanglement}에 대한 연구일 것이다. 얽힘은 고유한 양자역학적 자원으로 양자계산 및 양자정보의 아주 흥미로운 많은 응용 부분에서 핵심적 역할을 한다. 고전시대로 따지면 얽힘은 청동기 시대의 철과 같다. 최근 몇 년 동안 연구자들은 얽힘의 특성을 잘 이해하기 위해 엄청난 노력을 들였는데 얽힘은 자연의 기본 자원으로 에너지, 정보, 엔트로피, 기타 기본 자원에 비길 데 없는 중요성을 지닌 것으로 고려됐다. 아직 얽힘에 대해 완전한 이론은 없지만, 양자역학의 이러한 이상한 특성을 이해하는 데 몇 가지 진전이 있었다. 많은 연구자들은 얽힘의 특성에 대한 많은 연구를 통해 양자계산 및 양자정보에 있어서 새로운 응용 발전이 쉬워질 것으로 기대한다.

1.1.2 향후 방향

지금까지 양자계산 및 양자정보의 역사와 현재 상황을 살펴봤다. 미래는 어떨까? 양자계산 및 양자정보는 과학과 기술 그리고 인류에게 무엇을 제공할 수 있을까? 양자계산 및 양자정보는 컴퓨터과학, 정보이론, 물리학을 바탕으로 둔 분야에 어떤 이점을 제공할까? 양자계산 및 양자정보의 핵심 미해결 문제는 무엇일까? 좀 더 깊이 들어가기 전에 이러한 중요 질문에 대해 간략하게 알아볼 것이다.

양자계산 및 양자정보는 계산에 대해 물리적으로 생각하게 만들었으며 이러한 접근법을 통해 정보 처리와 통신에 있어서 새롭고 흥미로운 기능을 많이 얻을 수 있다는 점을 알아냈다. 컴퓨터과학자와 정보이론가들은 탐구를 위한 새롭고 풍부한 탐구 패러다임을 갖추고 있다. 사실, 폭넓게 말하면 우리는 양자역학뿐만 아니라 어떤 물리이론이라도 정보 처리 및 통신이론의 기초로 사용할 수 있다는 것을 배웠다. 이러한 탐구의 결과로 언젠가는 오늘날의 컴퓨팅 및 통신 시스템을 훨씬 능가하는 정보 처리 장치가 나올 것이며 이런 장치는 사회 전체에 이익과 문제를 동시에 안겨줄 것이다.

양자계산 및 양자정보는 확실히 물리학자들에게 도전 과제를 많이 제공하지만, 양자
계산 및 양자정보가 장기적으로 물리학에 무엇을 제공할지에 대해서는 알기 어렵다. 계
산에 대해 물리적으로 생각하는 법을 배운 것처럼 물리학에 대해 계산적으로 생각하는
법을 배울 것 같기는 하다. 물리학은 전통적으로 '기초적인' 물체와 단순한 계를 이해하는
데 주안점을 뒀지만, 자연의 많은 흥미로운 측면은 사물이 점점 커지고 복잡해질 때에만
나타난다. 화학과 공학은 어느 정도까지는 그러한 복잡성을 다루지만, 대개는 애드혹 방
식으로 처리한다. 양자계산 및 양자정보가 우리에게 전하는 메시지는 작은 것과 상대적
으로 복잡한 것 사이의 격차를 줄이기 위해 새로운 도구를 사용할 수 있다는 것이다. 즉,
계산 및 알고리듬을 사용하면 그러한 계를 구성하고 이해하기 위한 체계적인 수단을 얻
을 수 있다. 이들 분야의 아이디어를 적용하면 물리학에 대한 새 통찰력을 갖게 된다. 이
러한 관점이 수년 내로 발전해 물리학의 모든 측면을 이해하는 데 도움이 되길 바란다.

우리는 양자계산 및 양자정보를 구성하는 주요 동기와 아이디어에 대해 간단히 살펴봤
다. 1장의 나머지 부분에서는 이러한 동기와 아이디어에 대해 좀 더 기술적이지만 여전
히 알기 쉽게 소개할 것이므로 현재 이 분야의 윤곽을 잡아보는 시각을 갖길 바란다.

1.2 양자비트

비트^{bit}는 고전계산과 고전정보의 기본 개념이다. 양자계산 및 양자정보에서는 유사한 개
념인 **양자비트**$^{quantum\ bit}$ 또는 줄여서 **큐비트**^{qubit}를 기본으로 한다. 이 절에서는 단일^{single} 큐
비트와 다수^{multiple} 큐비트의 특성을 소개하고 고전비트의 특성과 비교해서 그 차이를 알
아본다.

큐비트란 무엇일까? 큐비트는 어떤 특성을 가진 **수학적 객체**$^{mathematical\ object}$로 설명할
수 있다. 누군가는 '잠시만요, 큐비트는 물리적 객체로 알고 있었는데요'라고 말할지도 모
른다. 비트와 마찬가지로 큐비트가 실제 물리계로 구현된다는 것은 사실이며 1.5절과 7장
에서 추상적인 수학적 관점과 실제 계가 어떻게 서로 연결되는지를 설명할 것이다. 하지
만 대부분에 있어서는 큐비트를 추상적인 수학적 객체로 취급한다. 큐비트를 추상적인
존재로 취급하면 특정 계에 얽매이지 않고 양자계산 및 양자정보의 일반 이론을 자유롭
게 만들어낼 수 있다.

다시 원래의 질문으로 돌아가서 큐비트란 무엇일까? 고전비트가 어느 상태(0 또는 1)를
갖는 것과 마찬가지로 큐비트도 어느 상태를 가진다. 큐비트에 대한 두 상태는 $|0\rangle$과 $|1\rangle$

상태이며, 이는 고전비트의 0과 1에 해당한다고 생각할 수 있다. '| ⟩'과 같은 기호는 디랙 표기법Dirac notation이라고 부르며, 양자역학의 표준 표기법이므로 자주 보게 될 것이다. 비트와 큐비트의 차이라면 큐비트가 |0⟩ 또는 |1⟩과는 다른 상태에 있을 수 있다는 점이다. 일반적으로 중첩superposition이라고 부르는 선형조합linear combination 상태

$$|\psi\rangle = \alpha\,|0\rangle + \beta\,|1\rangle \tag{1.1}$$

를 형성하는 것도 가능하다. 숫자 α와 β는 복소수이지만 실수라고 해도 무방하다. 다른 말로 하면 큐비트의 상태는 2차원 복소 벡터공간의 한 벡터다. 특별한 상태인 |0⟩과 |1⟩은 계산기저상태computational basis states라고 부르며 이러한 벡터 공간에 대해 정규직교 기저 orthonormal basis를 형성한다.

비트 하나가 0 또는 1 상태에 있는지는 검사해볼 수 있다. 예를 들어 컴퓨터는 메모리의 내용을 가져올 때 항상 두 상태 중에서 한 상태로 있게 된다. 하지만 놀랍게도 양자상태를 알아볼 때, 즉 α와 β의 값을 알아볼 때는 큐비트를 검사할 수 없다. 그 대신 양자역학을 이용해 그 양자상태에 대해 훨씬 더 제한된 정보만을 얻을 수 있다. 큐비트를 측정하면 $|\alpha|^2$의 확률로 0을 얻거나 $|\beta|^2$의 확률로 1을 얻게 된다. 당연한 말이지만 $|\alpha|^2 + |\beta|^2 = 1$인데 그 이유는 확률의 모든 합은 1이 되어야 하기 때문이다. 기하학적으로 보면, 이는 이 큐비트의 상태를 길이 1로 정규화시키는 조건으로 해석할 수 있다. 따라서 일반적으로 큐비트의 상태는 2차원 복소 벡터 공간에서 하나의 단위벡터인 것이다.

큐비트의 관측 불가 상태와 우리가 할 수 있는 관측 간의 이분법은 양자계산 및 양자정보의 중심에 놓여 있다. 건축가의 건축 계획이 최종 건물로 이어지듯 세상을 추상화한 모델 중 대부분은 추상적 요소가 현실 세계와 직접적으로 이어진다. 양자역학에서는 이렇게 직접적으로 이어지지 않기 때문에 양자계의 거동을 직관적으로 이해하기가 어렵다. 하지만 간접적인 대응은 존재하는데, 이것은 상태의 여러 특성에 따라 다르게 측정 결과를 유도하는 방식으로 큐비트 상태를 조작하고 변형할 수 있기 때문이다. 따라서 이러한 양자상태는 실험으로 검증 가능한 실제 결과를 가지며, 이는 양자계산과 양자정보를 강력하게 만드는 필수 요소로 봐야 한다.

큐비트가 중첩상태에 있게 되면 우리 주변의 물리세계에 대한 '상식'과는 맞지 않게 된다. 고전비트는 동전과 같아서 앞면이나 뒷면이든 한 가지가 나온다. 손상된 동전이라면 측면으로 서는 중간상태가 있을 수 있지만 이상적인 경우에는 이를 무시할 만하다. 이와는 대조적으로 큐비트는 |0⟩와 |1⟩ 사이의 연속된 상태로 존재할 수 있다. 또다시 강조하

지만 큐비트를 측정하면, 측정 결과가 '0' 또는 '1'이 확률로만 나온다. 예를 들어 큐비트가

$$\frac{1}{\sqrt{2}}\,|0\rangle + \frac{1}{\sqrt{2}}\,|1\rangle \tag{1.2}$$

상태로 있을 때, 이를 측정하면 그 시간의 각각 50% 확률($|1/\sqrt{2}|^2$)로 0이나 1이 나올 것이다. 이후로 이 상태를 종종 언급할 텐데 $|+\rangle$로도 표기할 것이다.

이렇게 큐비트가 이상하긴 하지만 확실히 존재하며 실험(1.5절과 7장에서 언급)을 통해 그 존재와 거동을 폭넓게 검증하고 여러 물리계를 사용해 큐비트를 실제로 존재하는 것으로 만들 수 있다. 큐비트가 어떻게 실제로 존재하는지에 대해 분명하게 감을 잡으려면 큐비트가 실제로 존재하는 몇 가지 방법을 나열하는 것이 도움이 된다. 즉, 광자의 서로 다른 두 편광, 균일한 자기장에서 핵 스핀의 정렬, 그림 1.2와 같이 단일 원자를 선회하는 전자의 두 상태 등을 큐비트로 여기는 것이다. 원자 모델에서 전자는 소위 '바닥' 또는 '들뜬' 상태로 존재할 수 있는데 이를 각각 $|0\rangle$와 $|1\rangle$로 표현할 것이다. 적절한 에너지와 적당한 시간 동안 원자에 빛을 비추면 전자를 $|0\rangle$ 상태에서 $|1\rangle$ 상태로 그리고 그 반대로도 이동시킬 수 있다. 그러나 더 흥미롭게도 빛을 비추는 시간을 줄이면 처음에는 $|0\rangle$ 상태에 있던 전자를 $|0\rangle$와 $|1\rangle$ 사이의 '중간'인 $|+\rangle$ 상태로 이동시킬 수 있다.

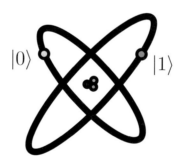

$|0\rangle$ $|1\rangle$

그림 1.2 원자에 있는 전자의 2준위(level)로 표현하는 큐비트

당연히 중첩상태에 부여할 수 있는 '의미' 또는 '해석', 그리고 양자계에 대한 본질적으로 확률론적 관측 성질에 많은 관심이 집중됐었다. 하지만 대체로 이 책에서는 그러한 논의에 관심을 갖지 않을 것이다. 그 대신 예측 가능한 수학적이고도 개념적 그림을 전개해 나갈 것이다.

큐비트를 고려할 때 유용한 묘사는 다음과 같은 기하학적 표현이다. $|\alpha|^2 + |\beta|^2 = 1$이므로 (1.1) 식은

$$|\psi\rangle = e^{i\gamma} \left(\cos\frac{\theta}{2}|0\rangle + e^{i\varphi}\sin\frac{\theta}{2}|1\rangle \right) \tag{1.3}$$

로 다시 쓸 수 있다. 여기서 θ, φ, γ는 실수다. 2장에서는 앞의 $e^{i\gamma}$ 효과를 무시해도 된다는 점을 알게 될 텐데, 이 계수가 관측 가능한 효과를 갖지 않기 때문이며 이런 이유로 사실상

$$|\psi\rangle = \cos\frac{\theta}{2}|0\rangle + e^{i\varphi}\sin\frac{\theta}{2}|1\rangle \tag{1.4}$$

로 써도 된다. θ와 φ 수는 그림 1.3과 같이 3차원 단위 구 위의 한 점을 정의한다. 이 구를 종종 **블로흐 구**^{Bloch sphere}라고 부른다. 이 구를 통해 단일 큐비트의 상태를 그려볼 수 있으며, 종종 양자계산 및 양자정보에 대한 아이디어를 시험해볼 때 편리하다. 1장의 뒤쪽에서 설명하는 단일 큐비트에 대한 여러 연산은 블로흐 구 그림으로 깔끔하게 기술된다. 하지만 다수 큐비트에 대해서는 블로흐 구로 단순하게 일반화시킬 수 없기 때문에 이런 식으로 이해하는 것은 제한적이라는 것을 명심해야 한다.

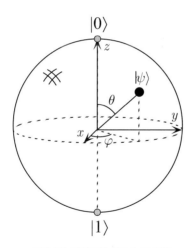

그림 1.3 큐비트의 블로흐 구 표현

큐비트는 얼마나 많은 정보를 표현할까? 말이 안 되는 얘기지만 단위 구 표면에는 무한한 수의 점이 존재하므로 원칙적으로 θ를 2진수로 무한히 나열해서 셰익스피어의 책 전부를 저장할 수 있다. 하지만 관측했을 때 큐비트의 거동 때문에 이런 결론은 잘못된 생각으로 판명됐다. 큐비트를 측정하면 0 또는 1만 나올 거라는 점을 상기하자. 더욱이 측정이 큐비트의 상태를 변화시켜 $|0\rangle$과 $|1\rangle$의 중첩상태를 측정 결과와 일치하는 특정 상

태로 만들어버린다. 예를 들어 $|+\rangle$의 측정 값이 0이면 측정 후의 이 큐비트 상태는 $|0\rangle$이 될 것이다. 왜 이렇게 되는 걸까? 안타깝게도 아무도 모른다. 2장에서 논의할 텐데 이렇게 측정 결과가 얻어진다는 것은 양자역학의 기본적 공준fundamental postulates[1] 중 하나일 뿐이다. 우리의 목적과 관련해서는 단일 측정을 통해 큐비트의 상태에 관한 단일 비트 정보만 얻는다는 것으로 이 이상한 상황을 해결하자. 동등하게 준비된, 무한히 많은 큐비트를 측정한 경우에만 (1.1) 식의 큐비트 상태에 대한 α와 β를 결정할 수 있다는 점이 밝혀졌다.

그러나 더 재미있는 질문이 있다. 큐비트를 측정하지 않으면 큐비트는 얼마나 많은 정보를 표현할까? 측정할 수 없다면 정보의 양을 따질 방법이 없기 때문에 이것은 아주 난해한 질문이다. 그렇지만 여기에는 개념적으로 중요한 것이 존재한다. 그 이유는 자연이 큐비트의 닫혀 있는 양자계를 진화시킬 때 어떠한 측정도 수행하지 않는다면, 자연은 α와 β 같이 상태를 기술하는 모든 연속변수를 관리할 것 같기 때문이다. 어떤 의미로 보면, 큐비트의 상태에 있어서 자연은 많은 '숨은 정보hidden information'를 감춰 놓는다. 그리고 더욱 흥미롭게도 이러한 잠재적 여분의 '정보'량이 큐비트의 수에 따라 지수적으로 증가한다는 것을 곧 알게 될 것이다. 이 숨은 양자정보를 이해하는 것은 우리가 이 책의 많은 부분에서 씨름할 질문이며, 이는 양자역학을 정보 처리용의 강력한 도구로 만드는 바탕이 된다.

1.2.1 다수 큐비트

> 힐베르트 공간은 아주 방대한 곳이다.
>
> – 칼튼 케이브즈(Carlton Caves)

2개의 큐비트가 있다고 하자. 이것들이 2개의 고전비트라면 00, 01, 10, 11의 4개 상태가 가능할 것이다. 이에 대응해서 보면 2큐비트 계는 $|00\rangle$, $|01\rangle$, $|10\rangle$, $|11\rangle$로 표시되는 4개의 계산기저상태computational basis state를 갖는다. 한 쌍의 큐비트는 이 4개 상태의 중첩으로도 존재할 수 있으므로 2큐비트의 양자상태는 각 계산기저 상태와 관련된 복소계수 complex coefficient(때로는 진폭amplitude이라고 한다)를 포함한다. 따라서 2큐비트를 기술하는 상태 벡터는

---

1   공준(公準, postulate): 특정 분야에 한정된 공리.
공리(公理, axiom): 이론의 기초로서 증명 없이 옳다고 여기는 논제.
공준과 공리를 구분 없이 같은 의미로 사용하기도 한다. – 옮긴이

$$|\psi\rangle = \alpha_{00}|00\rangle + \alpha_{01}|01\rangle + \alpha_{10}|10\rangle + \alpha_{11}|11\rangle \tag{1.5}$$

가 된다. 단일 큐비트의 경우와 마찬가지로 측정 결과인 $x(= 00, 01, 10, 11)$는 $|\alpha_x|^2$ 확률로 발생하며 측정 후의 큐비트 상태는 $|x\rangle$가 된다. 따라서 모든 확률의 합이 1이 되는 조건은 $\sum_{x \in \{0,1\}^2} |\alpha_x|^2 = 1$인 정규화 조건으로 표현된다. 여기서 '$\{0,1\}^2$'은 '각 문자가 0 또는 1인, 길이 2의 문자열 집합'을 의미한다. 2큐비트 계에 있어서 이들 큐비트의 부분집합, 이를테면 첫 번째 큐비트만을 측정할 수 있으며 다음과 같이 동작할 거라고 추측할 수 있다. 즉, 첫 번째 큐비트만 측정하면 $|\alpha_{00}|^2 + |\alpha_{01}|^2$ 확률로 0이 나오며 측정 후의 상태는

$$|\psi'\rangle = \frac{\alpha_{00}|00\rangle + \alpha_{01}|01\rangle}{\sqrt{|\alpha_{00}|^2 + |\alpha_{01}|^2}} \tag{1.6}$$

가 된다. 합당한 양자상태에 대해 기대하는 바와 같이 여전히 정규화 조건을 만족시키도록 측정 후의 상태를 어떻게 $\sqrt{|\alpha_{00}|^2 + |\alpha_{01}|^2}$ 계수로 다시 정규화하는지 알아둔다.

주목할 만한 2큐비트 상태는 벨 상태^{Bell state} 또는 EPR 쌍인

$$\frac{|00\rangle + |11\rangle}{\sqrt{2}} \tag{1.7}$$

이다.

이 대수롭지 않아 보이는 상태는 양자계산 및 양자정보에서 많은 놀라움을 유발한다. 이것은 양자 텔레포테이션 및 초고밀도 코딩(각각 1.3.7절과 2.3절에서 다룬다)의 핵심 요소이며 다른 많은 흥미로운 양자상태의 원형이 될 것이다. 벨 상태는 첫 번째 큐비트를 측정할 때 다음의 두 가지 결과가 나오는 특성을 갖는다. 즉, 1/2 확률로 0이 나오며 측정 후 상태는 $|\varphi'\rangle = |00\rangle$이 되고, 1/2 확률로 1이 나오며 측정 후 상태는 $|\varphi'\rangle = |11\rangle$가 된다. 이어서 두 번째 큐비트를 측정하면 항상 첫 번째 큐비트의 측정과 같은 결과가 나온다. 즉, 측정 결과는 상관관계가 있다. 사실, 먼저 첫 번째 또는 두 번째 큐비트에 몇 가지 연산을 적용함으로써 벨 상태에 대해 다른 유형의 측정을 수행할 수 있으며 첫 번째 큐비트와 두 번째 큐비트의 측정 결과 간에 흥미로운 상관관계가 여전히 존재한다는 사실이 밝혀졌다. 이러한 상관관계는 아인슈타인, 포돌스키, 로젠의 유명한 논문 이후로 큰 관심의 대상이 됐는데 이 논문에서는 벨 상태와 유사한 상태에서의 이상한 특성을 최초로 지적했다. 존 벨^{John Bell}은 EPR의 통찰력을 받아들이고 크게 개선시켜 놀라운 결과를 입증했다. 즉, 벨 상태에서의 측정 상관관계는 고전계들^{classical systems} 간에 존재하던 상관관계보다 더 강력하다는 점이다. 이러한 결과는 2.6절에서 자세히 설명하며 양자역학을 이용하

면 고전 세계에서 가능한 것 이상으로 정보 처리를 할 수 있다는 최초의 사건이었다.

좀 더 일반적으로는 n큐비트 계를 고려할 수 있다. 이 계의 계산기저 상태는 $|x_1 x_2 \ldots x_n\rangle$ 형태이므로 이 계의 양자상태는 2^n 진폭으로 지정된다. $n = 500$의 경우, 이 진폭 수는 우주의 추정 원자 수보다 크다! 어떠한 고전 컴퓨터에서도 이러한 복소수 모두를 저장할 수는 없다. 힐베르트 공간은 실제로 아주 방대한 곳이다. 하지만 원칙적으로 자연은 수백 개의 원자만 들어 있는 계에서도 엄청난 양의 데이터를 조작한다. 마치 자연이 연습장 scratch paper 2^{500}장을 숨겨두고 계system가 진화함에 따라 그 종이 위에다가 계산을 하는 듯하다. 우리는 이 엄청난 잠재적 계산 능력을 활용하고 싶은 것이다. 그러나 어떻게 양자 역학을 계산용으로 생각할 수 있을까?

1.3 양자계산

양자계산 언어를 사용하면 양자상태에 발생하는 변화를 기술할 수 있다. 고전 컴퓨터가 도선과 논리 게이트를 포함하는 전기회로로 만들어진 방식과 유사하게 양자 컴퓨터는 도선과 기초 양자 게이트elementary quantum gate를 포함하는 양자회로quantum circuit로 만들어져 양자 정보를 전달하고 조작한다. 이 절에서는 간단한 양자 게이트 몇 가지를 기술하고, 큐비트를 텔레포테이션하는 회로를 비롯해 이들을 적용한 예제 회로들을 보일 것이다!

1.3.1 단일 큐비트 게이트

고전 컴퓨터 회로는 도선과 논리 게이트로 구성된다. 도선wire은 회로 여기저기에 정보를 전달하는 데 사용되며 논리 게이트logic gate는 정보를 조작해 한 형태에서 다른 형태로 변화시킨다. 예를 들어 고전적인 1비트 논리 게이트를 고려해보자. 이 클래스의 유일한 중요 멤버는 NOT 게이트인데 이 게이트의 연산은 $0 \rightarrow 1$과 $1 \rightarrow 0$, 즉 0과 1 상태를 서로 교환시키는 진리표로 정의한다.

큐비트에 있어서 이와 유사하게 양자 NOT 게이트를 정의할 수 있을까? $|0\rangle$ 상태를 $|1\rangle$ 상태로, 그리고 그 반대로도 바꾸는 프로세스가 있다고 하자. 이 프로세스는 분명히 NOT 게이트에 대한 양자 유사물의 좋은 후보가 될 것이다. 하지만 $|0\rangle$과 $|1\rangle$ 상태에 대한 게이트의 동작을 지정한다고 해도 양자 게이트의 특성에 대한 지식이 많지 않으면 $|0\rangle$과 $|1\rangle$ 상태의 중첩에 어떤 일이 일어나는지 알지 못한다. 사실 양자 NOT 게이트는 선형으로linearly 동작하는데, 즉

$$\alpha|0\rangle + \beta|1\rangle \tag{1.8}$$

상태를 $|0\rangle$과 $|1\rangle$의 역할을 바꿔

$$\alpha|1\rangle + \beta|0\rangle \tag{1.9}$$

상태로 만든다. 왜 양자 NOT 게이트가 비선형 방식이 아닌 선형적으로 동작하는지는 아주 흥미로운 질문이지만 그 해답은 전혀 알려져 있지 않다. 이러한 선형적 거동은 양자 역학의 일반적 특성이며 실험으로 잘 나타나는 것으로 밝혀졌다. 게다가 비선형적 거동은 시간 여행, 빛보다 빠른 통신, 열역학 제2법칙 위반과 같은 명백한 역설로 이어질 수 있다. 이 점에 대해서는 이후의 장들에서 자세히 알아보겠지만, 지금은 그렇다고 받아들이자.

양자 NOT 게이트를 행렬 형태로 표현하는 편리한 방법이 있는데, 이는 양자 게이트의 선형성^{linearity}에서 바로 나온다. 양자 NOT 게이트를 나타내기 위해 X 행렬을

$$X \equiv \begin{bmatrix} 0 & 1 \\ 1 & 0 \end{bmatrix} \tag{1.10}$$

로 정의하자(양자 NOT에 대해서는 역사적인 이유로 X 표기를 사용한다). $\alpha|0\rangle + \beta|1\rangle$ 양자상태를 벡터 표기법으로 표현하면 $|0\rangle$의 진폭은 위쪽, $|1\rangle$의 진폭은 아래쪽으로 해서

$$\begin{bmatrix} \alpha \\ \beta \end{bmatrix} \tag{1.11}$$

가 된다. 그러면 NOT 양자 게이트에서 나오는 출력은

$$X \begin{bmatrix} \alpha \\ \beta \end{bmatrix} = \begin{bmatrix} \beta \\ \alpha \end{bmatrix} \tag{1.12}$$

가 된다. NOT 게이트의 동작은 $|0\rangle$ 상태를 가져다가 X 행렬의 첫 번째 열에 해당하는 상태로 바꾼다는 점에 주목한다. 마찬가지로 $|1\rangle$ 상태는 X 행렬의 두 번째 열에 해당하는 상태로 바뀐다.

따라서 단일 큐비트에 대한 양자 게이트는 2×2 행렬로 나타낼 수 있다. 행렬을 양자 게이트로 사용할 때 제약이 있을까? 그렇다. 제약이 있는 것으로 밝혀졌다. $\alpha|0\rangle + \beta|1\rangle$ 양자상태에는 $|\alpha|^2 + |\beta|^2 = 1$이라는 정규화 조건이 있다는 점을 상기하자. 이 조건은 게이트가 작동한 후의 $|\psi'\rangle = \alpha'|0\rangle + \beta'|1\rangle$ 양자상태에도 마찬가지로 적용된다. 게이트를 표현하는 행렬에 대한 적절한 조건은 단일 큐비트 게이트를 기술하는 U 행렬이 유니타리

unitary, 즉 $U^\dagger U = I$가 된다는 것이다. 여기서 $U^\dagger$는 U의 수반adjoint(U를 전치transpose하고 나서 복소켤레complex conjugate를 적용했다) 행렬이고 I는 2차 단위행렬이다. 예를 들어 NOT 게이트의 경우 $X^\dagger X = I$임을 쉽게 입증할 수 있다.

놀랍게도 이러한 유니타리성unitarity 제약은 양자 게이트에 대한 유일한 제약이다. 유니타리 행렬이라면 어떠한 것이라도 유효한 양자 게이트가 된다! 흥미로운 점은 비자명nontrivial 단일 비트 게이트가 하나만 존재(NOT 게이트)하는 고전적인 경우와는 달리 비자명 단일 큐비트 게이트는 많이 존재한다는 것이다. 나중에 사용할 중요 게이트 2개가 있는데 하나는 Z 게이트인

$$Z \equiv \begin{bmatrix} 1 & 0 \\ 0 & -1 \end{bmatrix} \tag{1.13}$$

이다. 이 게이트는 $|0\rangle$은 그대로 두고 $|1\rangle$의 부호를 뒤집어 $-|1\rangle$로 만든다. 그리고 또 하나의 게이트는 아다마르Hadamard 게이트인

$$H \equiv \frac{1}{\sqrt{2}} \begin{bmatrix} 1 & 1 \\ 1 & -1 \end{bmatrix} \tag{1.14}$$

이다.

이 게이트는 이따금 'NOT에 대한 제곱근' 게이트처럼 묘사되기도 하는데 $|0\rangle$을 $|0\rangle$과 $|1\rangle$의 '사이'인 $(|0\rangle + |1\rangle)/\sqrt{2}$로($H$의 첫 번째 열), $|1\rangle$을 $|0\rangle$과 $|1\rangle$의 '사이'인 $(|0\rangle - |1\rangle)/\sqrt{2}$($H$의 두 번째 열)로 바꾼다. 하지만 $H^2 = I$이기 때문에 H^2은 NOT 게이트가 아니고, 따라서 어떤 상태에 H를 두 번 적용하면 아무 영향을 끼치지 않는다는 점을 알아둔다.

아다마르 게이트는 아주 유용한 양자 게이트이며, 블로흐 구 그림을 이용해 그 동작을 알아보는 것이 좋다. 이 그림을 통해 단일 큐비트 게이트들은 구의 회전과 반사에 해당한다는 것을 알 수 있다. 즉, 아다마르 연산은 그림 1.4에서와 같이 $\hat{y}$축을 중심으로 $90°$ 회전하고 나서 $\hat{x}$축을 중심으로 $180°$ 회전한다. 그림 1.5에 중요한 단일 큐비트 게이트들이 나와 있으며 고전적인 경우와 대조를 이룬다.

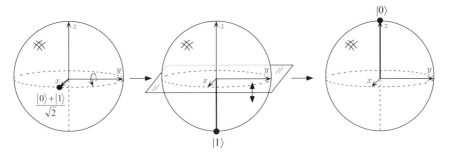

그림 1.4 블로흐 구에서 아다마르 게이트의 시각화. 입력 상태($|0\rangle + |1\rangle$)/$\sqrt{2}$에 작용한 것이다.

$$x \longrightarrow\!\!\!\!\!\!\!\!\triangleright\!\!\circ\!\!\longrightarrow \overline{x}$$

$$\alpha|0\rangle + \beta|1\rangle \longrightarrow \boxed{X} \longrightarrow \beta|0\rangle + \alpha|1\rangle$$

$$\alpha|0\rangle + \beta|1\rangle \longrightarrow \boxed{Z} \longrightarrow \alpha|0\rangle - \beta|1\rangle$$

$$\alpha|0\rangle + \beta|1\rangle \longrightarrow \boxed{H} \longrightarrow \alpha\frac{|0\rangle+|1\rangle}{\sqrt{2}} + \beta\frac{|0\rangle-|1\rangle}{\sqrt{2}}$$

그림 1.5 단일 비트 논리 게이트(왼쪽)와 단일 큐비트 논리 게이트(오른쪽). $\overline{x}$는 x의 논리 부정을 표기한 것이다.

2×2 유니타리 행렬이 무수히 많이 존재하므로 단일 큐비트 게이트도 무수히 많이 존재한다. 하지만 완비집합$^{complete\ set2}$의 특성을 이해하려면 작은 집합의 특성부터 알아야 한다. 예를 들어 아래의 박스 1.1에서 설명한 것처럼 임의의 단일 큐비트 유니타리 게이트는 회전

$$\begin{bmatrix} \cos\frac{\gamma}{2} & -\sin\frac{\gamma}{2} \\ \sin\frac{\gamma}{2} & \cos\frac{\gamma}{2} \end{bmatrix} \tag{1.15}$$

와 나중에 $\hat{z}$축에 관한 회전이라는 것을 알게 될 게이트

$$\begin{bmatrix} e^{-i\beta/2} & 0 \\ 0 & e^{i\beta/2} \end{bmatrix} \tag{1.16}$$

의 곱으로 분해할 수 있다. 후자의 게이트에는 전체위상이동$^{global\ phase\ shift}$($e^{i\alpha}$ 형태의 상수배)이 포함돼 있다. 이들 게이트는 더 쪼갤 수 있다(임의의 α, β, γ 값을 구하기 위해 이들 게이트를 쪼갤 필요는 없으며 특정의 고정된 α, β, γ 값만 사용해 자연에 있을 법한 게이트를 만들 수 있다). 이러한 식으로 유한한 양자 게이트 집합을 사용해 임의의 단일 큐비트 게이트를 만드는 것이 가능하다. 좀 더 일반적으로 말하면 임의의 수의 큐비트에 대한 임의의 양자계산

2　해당 게이트를 나타내기 위해 필요한 최소한의 연산자 집합 – 옮긴이

은 양자계산에 보편적^{universal}이라고 부르는 게이트들의 유한 집합으로 만들어낼 수 있다. 그러한 보편적인 집합을 얻기 위해서는 먼저 다수 큐비트가 들어가는 양자 게이트를 도입 해야 한다.

박스 1.1: 단일 큐비트 연산의 분해

4.2절에서는 임의의 2×2 유니타리 행렬을

$$U = e^{i\alpha} \begin{bmatrix} e^{-i\beta/2} & 0 \\ 0 & e^{i\beta/2} \end{bmatrix} \begin{bmatrix} \cos\frac{\gamma}{2} & -\sin\frac{\gamma}{2} \\ \sin\frac{\gamma}{2} & \cos\frac{\gamma}{2} \end{bmatrix} \begin{bmatrix} e^{-i\delta/2} & 0 \\ 0 & e^{i\delta/2} \end{bmatrix} \quad (1.17)$$

로 분해할 수 있음을 증명할 것이다. 여기서 α, β, γ, δ는 실수 값이다. 두 번째 행 렬은 일반적인 회전만을 담당하는 점에 주목한다. 첫 번째와 마지막 행렬은 각기 다른 평면에서의 회전으로 이해할 수 있다. 이 분해를 사용하면 임의의 단일 큐비 트 양자 논리 게이트를 수행하는 데 정확한 명령을 내릴 수 있다.

1.3.2 다수 큐비트 게이트

이제 단일 큐비트에서 다수 큐비트로 일반화시켜보자. 그림 1.6에는 AND, OR, XOR$^{eXclusive\text{-}OR}$, NAND, NOR라는 5개의 주목할 만한 고전 다수 비트 게이트들이 나타나 있 다. 중요한 이론적 결과에 의하면 NAND 게이트만으로 구성해도 비트에 대한 어떠한 함 수라도 계산할 수 있는데, 따라서 이를 보편적 게이트$^{universal\ gate}$라고 부른다. 이와는 반 대로 XOR만으로는, 심지어 NOT을 추가해도 보편적이 되지 않는다. 이를 알아보는 방 법은 XOR 게이트를 적용해서 비트들의 전체 패리티^{parity}가 변하는지를 알아보면 된다. 결과적으로 NOT과 XOR만 들어간 회로에서 두 입력 x와 y의 패리티가 서로 같으면 동 일한 패리티를 갖는 출력들이 나오므로 계산할 수 있는 함수 클래스들이 제한되고 이에 따라 보편적이지 않다.

원형^{prototype}의 다수 큐비트 양자 논리 게이트는 제어형 NOT$^{controlled\text{-}NOT}$ 또는 CNOT 게이트이다. 이 게이트는 각각 제어 큐비트$^{control\ qubit}$와 대상 큐비트$^{target\ qubit}$라는 2개의 입력 큐비트를 갖는다. CNOT의 회로 표현은 그림 1.6의 오른쪽 위에 나타나 있다. 윗줄 은 제어 큐비트를 나타내고 아랫줄은 대상 큐비트를 나타낸다. 이 게이트의 동작은 다음 과 같다. 제어 큐비트가 0이면 대상 큐비트는 그대로다. 제어 큐비트가 1이면 대상 큐비 트를 반전시킨다^{flip}. 식으로 나타내면

$$|00\rangle \rightarrow |00\rangle; \ |01\rangle \rightarrow |01\rangle; \ |10\rangle \rightarrow |11\rangle; \ |11\rangle \rightarrow |10\rangle \qquad (1.18)$$

가 된다.

CNOT을 기술하는 또 다른 방법은 고전 XOR 게이트를 일반화시키는 것인데 그 이유는 이 게이트의 동작을 $|A, B\rangle \rightarrow |A, B \oplus A\rangle$로 요약할 수 있기 때문이다. 여기서 $\oplus$는 모듈러 2 덧셈$^{\text{addition modulo two}}$이며 XOR 게이트의 동작과 같다. 즉, 제어 큐비트와 대상 큐비트를 XOR 연산한 후 대상 큐비트에 저장한다.

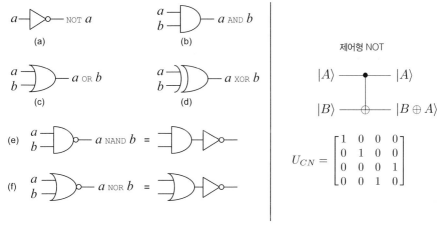

그림 1.6 왼쪽은 표준 단일 및 다수 비트 게이트이고 오른쪽은 원형의 다수 큐비트 게이트인 제어형 NOT이다. 제어형 NOT의 행렬표현 U_{CN}은 $|00\rangle$, $|01\rangle$, $|10\rangle$, $|11\rangle$에 대한 진폭들을 순서대로 나타낸 것이다.

CNOT의 동작을 기술하는 또 다른 방법은 그림 1.6의 오른쪽 아래에 나타낸 것처럼 행렬로 표현하는 것이다. U_{CN}의 첫 번째 열은 $|00\rangle$에게 발생하는 변환을 기술한다는 것을 쉽게 확인할 수 있으며 다른 계산기저 상태인 $|01\rangle$, $|10\rangle$, $|11\rangle$에 대해서도 마찬가지다. 단일 큐비트에 있어서 확률이 보존된다는 요구사항은 U_{CN}이 유니타리 행렬, 즉 $U_{CN}^{\dagger} U_{CN} = I$라는 사실로 표현된다.

우리는 CNOT이 일종의 일반화된 XOR 게이트로 간주될 수 있다는 점을 알았다. 양자 NOT 게이트가 고전 NOT 게이트를 기술하는 것과 비슷한 의미로 NAND 또는 보통의 ^{regular} XOR 게이트와 같은 다른 고전 게이트를 유니타리 게이트로 이해할 수 있을까? 이것은 불가능하다는 것이 밝혀졌다. 그 이유는 NAND 또는 XOR 게이트는 본질적으로 비가역적^{irreversible}, 즉 역방향 계산이 불가하기$^{\text{non-invertible}}$ 때문이다. 예를 들어 XOR 게이트에서 $A \oplus B$ 출력이 나왔다고 해서 A와 B 입력이 무엇이었는지 알아낼 수 없다. 즉, XOR 게이트에서 역동작을 취하면 그에 따른 정보 손실$^{\text{loss of information}}$이 발생한다. 하지만 유니타리 양자 게이트는 항상 가역적이다. 즉 유니타리 행렬의 역행렬 역시 유니타리 행렬이기 때문에 양자 게이트의 역방향은 다른 양자 게이트를 사용해 표시할 수 있다. 이렇게 가역적이거나 역방향 계산 가능한 의미로 고전 논리 수행 방법을 이해해야만 계산에 있어서 양자역학의 강력함에 대한 활용법을 알게 된다. 가역 계산^{reversible computation}을 수행하는 방법에 대한 기본 지식은 1.4.1절에서 설명할 것이다.

물론 제어형 NOT 외에도 흥미로운 양자 게이트가 많이 있다. 하지만 제어형 NOT 게이트와 단일 큐비트 게이트들은 다음과 같은 탁월한 보편성 결과 때문에 다른 모든 게이트의 원형이 된다. 즉, 모든 다수 큐비트 논리 게이트는 CNOT 게이트와 단일 큐비트 게이트들로 구성될 수 있다. 이것의 증명은 4.5절에서 하며, NAND 게이트의 보편성에 대한 양자 버전이라 할 수 있다.

1.3.3 계산기저 이외의 기저에서의 측정

$\alpha|0\rangle + \beta|1\rangle$ 상태의 단일 큐비트를 측정하면 0 또는 1의 결과가 나오고 그 큐비트의 상태는 각 확률이 $|\alpha|^2$과 $|\beta|^2$인 $|0\rangle$ 또는 $|1\rangle$ 상태에 있게 된다고 설명했었다. 사실 양자역학은 더 다양한 종류의 측정을 허용하지만, 단일 측정으로부터 α와 β를 복원하는 것은 불가능하다!

$|0\rangle$과 $|1\rangle$ 상태는 큐비트의 여러 가능한 기저상태 선택 중 하나만 나타낸다. 또 다른 가능한 선택은 $|+\rangle \equiv (|0\rangle + |1\rangle)/\sqrt{2}$와 $|-\rangle \equiv (|0\rangle - |1\rangle)/\sqrt{2}$이다. 임의의 상태 $|\psi\rangle = \alpha|0\rangle + \beta|1\rangle$는 $|+\rangle$과 $|-\rangle$ 상태 측면에서

$$|\psi\rangle = \alpha|0\rangle + \beta|1\rangle = \alpha\frac{|+\rangle + |-\rangle}{\sqrt{2}} + \beta\frac{|+\rangle - |-\rangle}{\sqrt{2}} = \frac{\alpha + \beta}{\sqrt{2}}|+\rangle + \frac{\alpha - \beta}{\sqrt{2}}|-\rangle \quad (1.19)$$

로 다시 표현할 수 있다. $|+\rangle$과 $|-\rangle$ 상태를 계산기저 상태로 간주하고 이 새로운 기저와 관련해 측정해도 된다는 것이 밝혀졌다. 당연히 $|+\rangle$, $|-\rangle$ 기저에 관해 측정하면 확률 $|\alpha + \beta|^2/2$ 확률로 '+' 결과가 나오고 $|\alpha - \beta|^2/2$ 확률로 '−' 결과가 나오며 측정 후의 상태는 각각 $|+\rangle$과 $|-\rangle$가 된다.

좀 더 일반적으로 말해서 큐비트에 대한 기저 상태가 $|a\rangle$과 $|b\rangle$로 주어지면, 임의의 상태는 이들 상태의 선형조합으로 표현하는 것이 가능하다. 또한 이들 상태가 정규직교^{orthonormal}라면 $|a\rangle$, $|b\rangle$ 기저에 관해 측정이 가능하며 a가 나올 확률은 $|\alpha|^2$이고 b가 나올 확률은 $|\beta|^2$이다. 확률에 대해 알다시피 정규직교성 제약에 따라 $|\alpha|^2 + |\beta|^2 = 1$이어야 한

다. 유사한 방식으로 임의의 정규직교 기저에 관해 많은 큐비트의 양자계를 측정하는 것
이 원칙적으로 가능하다. 하지만 원칙적으로 가능하다고 해서 그러한 측정이 쉽게 이루
어질 수 있다는 의미는 아니며, 임의의 기저에서의 측정이 얼마나 효율적으로 수행될 수
있는가 하는 문제는 나중에 따져볼 것이다.

　양자 측정에 대해 이렇게 확장시킨 형식체계^{formalism}를 사용하는 데에는 여러 가지 이
유가 있지만, 궁극적으로 최선의 이유는 이 형식체계를 사용하면 관측된 실험 결과를 기
술할 수 있기 때문이다. 1.5.1절에서 슈테른-게를라흐$^{Stern-Gerlach}$ 실험을 논할 때 이를 보
게 될 것이다. 양자 측정 서술에 대해 좀 더 정교하고 편리한(그러나 본질적으로 동등한) 형
식체계는 2장의 2.2.3절에서 설명한다.

1.3.4 양자회로

앞서 간단한 양자회로를 언급한 적이 있다. 양자회로의 요소에 대해 좀 더 자세히 살펴보
자. 그림 1.7은 3개의 양자 게이트가 포함된 간단한 양자회로다. 회로는 왼쪽에서 오른쪽
으로 읽어야 한다. 회로의 각 선^{line}은 양자회로의 도선^{wire}을 나타낸다. 이 도선은 반드시
물리적인 도선에 해당하는 것은 아니다. 즉, 시간 경과를 대신해서 나타낼 수 있고 공간
을 통해 한 위치에서 다른 위치로 이동하는, 광자(빛의 입자)와 같은 물리적 입자를 의미할
수도 있다. 회로에 대한 상태 입력이 계산기저 상태라고 가정하는 것이 일반적인데 보통
모두 $|0\rangle$으로 구성된 상태를 말한다. 양자계산 및 양자정보 관련 문헌에서는 이 규칙을
지키지 않는 경우가 많은데, 이러한 경우에는 독자에게 알리는 것이 예의라고 생각한다.

그림 1.7 두 큐비트를 교환하는 회로와 일반적이고 유용한 회로를 동등한 회로도 기호 표기법으로 나타낸 것

　그림 1.7의 회로는 간단하지만 유용한 일을 한다. 즉, 두 큐비트의 상태를 서로 바꾼
다. 이 회로가 어떻게 스왑 연산$^{swap\ operation}$을 하는지 알려면 한 무리의 게이트가 계산기
저 상태인 $|a, b\rangle$에서 일련의 효과

$$
\begin{aligned}
|a, b\rangle &\longrightarrow |a, a \oplus b\rangle \\
&\longrightarrow |a \oplus (a \oplus b), a \oplus b\rangle = |b, a \oplus b\rangle \\
&\longrightarrow |b, (a \oplus b) \oplus b\rangle = |b, a\rangle
\end{aligned}
\tag{1.20}
$$

를 일으키는 것에 주목하면 된다. 여기서 모든 덧셈은 모듈러 2에 관해 수행된다. 그러므로 이 회로는 두 큐비트의 상태를 서로 바꾸는 효과를 낸다.

양자회로에는 일반적으로 존재하지 않지만 고전회로에서 허용되는 기능들이 있다. 먼저, 양자회로에서는 한 부분에서 다른 부분으로 피드백하는 '루프loop'를 허용하지 않는다. 이것을 회로가 비순환적acyclic이다라고 말한다. 둘째, 고전회로에서는 도선들을 하나로 모을 수 있는데 이 연산을 팬인FANIN이라고 하며 그 결과로 입력들을 비트별bitwise OR하여 단일 도선으로 만들 수 있다. 당연히 이 연산은 비가역적이기 때문에 유니타리가 아니므로 양자회로에서는 팬인을 허용하지 않는다. 셋째, 비트의 여러 복사본을 생성하는 역연산inverse operation, 즉 팬아웃FANOUT도 양자회로에서는 허용되지 않는다. 사실, 양자역학은 큐비트의 복사를 금지해 팬아웃 연산을 불가능하게 만드는 것으로 밝혀졌다! 다음 절에서 이에 대한 예를 알아볼 텐데 그때 큐비트를 복사할 회로를 설계해볼 것이다.

이 책을 진행하면서 필요할 때마다 새로운 양자 게이트를 도입할 것이다. 따라서 지금 양자회로에 대한 또 다른 규칙을 알아 놓는 게 좋겠다. 이 규칙은 그림 1.8에 나와 있다. U가 어떤 수 n개의 큐비트들에 작용하는 유니타리 행렬이라고 가정하면, U를 그 큐비트들에 대한 양자 게이트로 간주할 수 있다. 그러면 제어형 NOT 게이트를 자연스레 확장시킨 제어형 U 게이트controlled-U gate를 정의할 수 있다. 이 게이트는 검은 점이 있는 선으로 표시한 단일 제어 큐비트control qubit와 사각형 U로 표시한 n개의 대상 큐비트n target qubits를 포함한다. 제어 큐비트를 0으로 설정하면 대상 큐비트에는 아무런 변화가 없다. 제어 큐비트를 1로 설정하면 게이트 U가 대상 큐비트에 적용된다. 제어형 U 게이트의 원형 예는 제어형 NOT 게이트인데 그림 1.9에 나타낸 것과 같이 $U = X$가 되는 제어형 U 게이트이기도 하다.

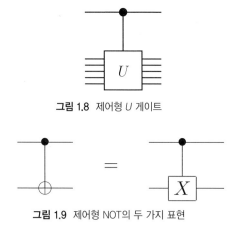

그림 1.8 제어형 U 게이트

그림 1.9 제어형 NOT의 두 가지 표현

또 다른 중요한 연산은 측정이며 그림 1.10과 같이 '미터기' 기호로 나타낸다. 앞서 설명한 것처럼 이 연산은 단일 큐비트 상태 $|\psi\rangle = \alpha|0\rangle + \beta|1\rangle$를 확률적인 고전비트 M(이중선으로 그려서 큐비트와 구분함)으로 변환하는데, 이때 0이 나올 확률은 $|\alpha|^2$이고 1이 나올 확률은 $|\beta|^2$이다.

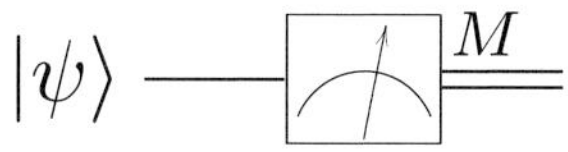

$$|\psi\rangle \;\begin{array}{|c|}\hline \diagup \\ \hline\end{array}\; M$$

그림 1.10 측정용 양자회로 기호

양자회로는 계산, 통신 및 양자 노이즈를 포함한 다양한 양자 프로세스를 구현하는 데 상당히 유용하다. 아래에서 몇 가지 간단한 예를 들어 이를 설명할 것이다.

1.3.5 큐비트 복사 회로?

CNOT 게이트는 양자정보의 한 가지 특별한 기본 특성을 입증하는 데 유용하다. 고전비트를 복사하는 작업을 고려해보자. 이 작업에는 고전 CNOT 게이트를 사용하며 그림 1.11에서 볼 수 있듯이 복사할 비트(알려지지 않은 상태 x)와 0으로 초기화한 '보조 메모리용scratchpad' 비트를 받아들인다. 출력은 2개의 비트로 나오며 둘 다 상태는 x로 같다.

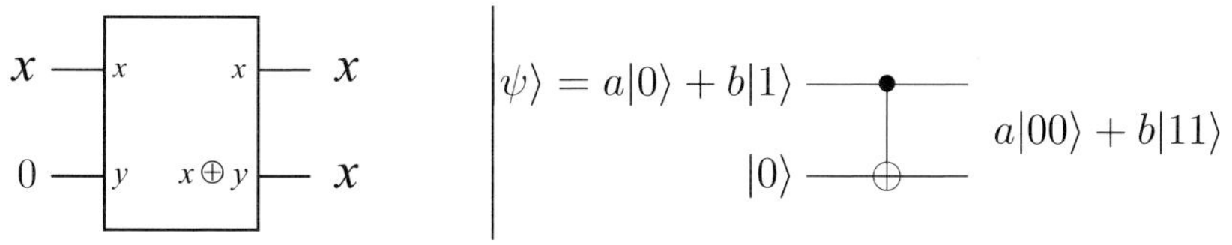

그림 1.11 알려지지 않은 비트 또는 큐비트를 '복사'하는 고전회로와 양자회로

CNOT 게이트를 사용해 알려지지 않은 상태 $|\psi\rangle = a|0\rangle + b|1\rangle$의 큐비트를 같은 방식으로 복사하려 한다고 하자. 두 큐비트의 입력 상태는

$$\left[a|0\rangle + b|1\rangle \right]|0\rangle = a|00\rangle + b|10\rangle \tag{1.21}$$

로 나타낼 수 있다. CNOT의 기능은 첫 번째 큐비트가 1일 때 두 번째 큐비트를 반전시키는 것이며, 따라서 출력은 $a|00\rangle + b|11\rangle$가 된다. $|\psi\rangle$는 성공적으로 복사됐을까? 즉, $|\psi\rangle|\psi\rangle$ 상태가 생성됐을까? $|\psi\rangle = |0\rangle$ 또는 $|\psi\rangle = |1\rangle$인 경우라면 이 회로는 그렇게 할 것이다. 즉, 양자회로를 사용해 $|0\rangle$ 또는 $|1\rangle$로 인코딩된 고전정보를 복사하는 것이 가능하

다. 하지만 일반적인 상태 $|\psi\rangle$에 대해서는

$$|\psi\rangle|\psi\rangle = a^2|00\rangle + ab|01\rangle + ab|10\rangle + b^2|11\rangle \tag{1.22}$$

가 된다는 것을 알 것이다. $a|00\rangle + b|11\rangle$와 비교해보면 $ab = 0$이 아닌 경우에 위의 '복사 회로'는 양자상태 입력을 복사하지 않는다는 것을 알 수 있다. 사실 알려지지 않은 양자 상태의 복사본을 만드는 것은 불가능한 것으로 밝혀졌다. 큐비트를 복사할 수 없는 이 특성은 **복제불가 정리**no-cloning theorem라 하며 양자정보와 고전정보의 주요 차이점 중 하나가 된다. 복제불가 정리는 박스 12.1에서 자세히 다룬다. 그 증명은 아주 간단하므로 지금 박스 12.1로 가서 읽어도 된다.

그림 1.11에 있는 회로의 실패를 알아보는 또 다른 방법이 있는데 큐비트에는 직접적으로 측정되지 않는 '숨은' 정보가 있다는 생각에 바탕을 둔다. $a|00\rangle + b|11\rangle$ 상태의 두 큐비트 중 하나를 측정할 때 어떤 일이 일어나는지 생각해보자. 앞서 설명했듯이 0 또는 1이 나올 확률은 $|a|^2$와 $|b|^2$이다. 하지만 일단 한 큐비트를 측정하면 다른 큐비트의 상태 가 바로 결정되므로 a와 b에 관해 추가적인 정보를 얻을 수 없다. 이러한 의미로 보면 원 본 큐비트 $|\psi\rangle$ 속에 수반된 여분의 숨은 정보는 첫 번째 측정으로 소실돼 다시 얻을 수 없 다. 하지만 큐비트가 복사됐다고 하면 다른 큐비트의 상태에는 여전히 그 숨은 정보가 포 함돼 있어야 한다. 그러므로 복사본을 만들 수 없다.

1.3.6 예: 벨 상태

그림 1.12에 나타나 있듯이 좀 더 복잡한 회로를 고려해보자. 이 회로에는 아다마르 게이 트 뒤에 CNOT을 두었고, 주어진 표에 따라 4개의 계산기저 상태를 변환한다. 분명한 예 로서 아다마르 게이트는 $|00\rangle$ 입력을 $(|0\rangle + |1\rangle)|0\rangle/\sqrt{2}$로 만들고, 그 다음으로 CNOT은 이 를 $(|00\rangle + |11\rangle)/\sqrt{2}$ 상태로 출력시킨다. 이것이 어떻게 돌아가는지에 주목한다. 첫째, 아다마르 변환은 위쪽 큐비트를 중첩시킨다. 그러면 이 큐비트는 CNOT에서 제어용 입력 역할을 하는데, 이 제어용 입력이 1일 때만 대상 큐비트가 반전된다. 이렇게 출력된 상태

$$|\beta_{00}\rangle = \frac{|00\rangle + |11\rangle}{\sqrt{2}} \tag{1.23}$$

$$|\beta_{01}\rangle = \frac{|01\rangle + |10\rangle}{\sqrt{2}} \tag{1.24}$$

$$|\beta_{10}\rangle = \frac{|00\rangle - |11\rangle}{\sqrt{2}} \qquad (1.25)$$

$$|\beta_{11}\rangle = \frac{|01\rangle - |10\rangle}{\sqrt{2}} \qquad (1.26)$$

를 벨 상태$^{\text{Bell states}}$라 한다. 다른 이름으로는 이들 상태의 이상한 특성을 최초로 지적한 사람들(벨, 아인슈타인, 포돌스키, 로젠) 중에서 세 명의 이름을 따서 EPR 상태$^{\text{EPR states}}$ 또는 EPR 쌍$^{\text{EPR pairs}}$이라고도 한다. 기억하기 쉬운 표기인 $|\beta_{00}\rangle$, $|\beta_{01}\rangle$, $|\beta_{10}\rangle$, $|\beta_{11}\rangle$은 방정식

$$|\beta_{xy}\rangle \equiv \frac{|0, y\rangle + (-1)^x |1, \bar{y}\rangle}{\sqrt{2}} \qquad (1.27)$$

을 통해 이해해도 된다. 여기서 $\bar{y}$는 y의 부정^{negation}이다.

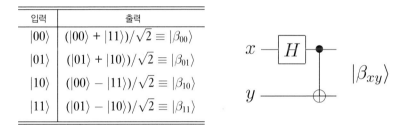

입력	출력
$\|00\rangle$	$(\|00\rangle + \|11\rangle)/\sqrt{2} \equiv \|\beta_{00}\rangle$
$\|01\rangle$	$(\|01\rangle + \|10\rangle)/\sqrt{2} \equiv \|\beta_{01}\rangle$
$\|10\rangle$	$(\|00\rangle - \|11\rangle)/\sqrt{2} \equiv \|\beta_{10}\rangle$
$\|11\rangle$	$(\|01\rangle - \|10\rangle)/\sqrt{2} \equiv \|\beta_{11}\rangle$

그림 1.12 벨 상태를 생성하는 양자회로 그리고 그 입출력의 양자 '진리표'

1.3.7 예: 양자 텔레포테이션

이제 최근 몇 페이지에서 다룬 기술을 적용해 특별하고 놀라우며, 많은 재미를 주는 것(양자 텔레포테이션!)을 알아볼 것이다. 양자 텔레포테이션$^{\text{quantum teleportation}}$이란 양자상태를 이동시키기 위한 기술이며, 심지어 양자상태의 송신기와 수신기를 연결하는 양자 통신 채널이 없어도 된다.

다음은 양자 텔레포테이션이 작동하는 방식이다. 앨리스와 밥은 오래전에 만났지만 지금은 멀리 떨어져 살고 있다. 함께 EPR 쌍을 생성했지만 헤어질 때 각자 EPR 쌍 중 큐비트 하나씩 나누어 가졌다. 수년 후, 밥은 잠적했고 앨리스에게는 밥에게 큐비트 $|\psi\rangle$를 전달하라는 임무가 주어졌다. 그녀는 이 큐비트의 상태를 알지 못하며 게다가 고전정보만을 밥에게 보낼 수 있다. 앨리스는 이 임무를 수락해야 할까?

직관적으로 생각하면 상황은 앨리스에게 아주 불리하다. 그녀는 밥에게 보낼 큐비트의 상태를 알지 못하며 양자역학 법칙으로 인해 $|\psi\rangle$를 하나만 복사하더라도 그 상태를 아

예 알 수 없다. 더 안 좋은 상황은 $|\psi\rangle$ 상태를 안다고 하더라도 $|\psi\rangle$가 연속 공간의 값을 갖기 때문에 그 상태를 정확히 기술하려면 고전정보로는 무한대의 양이 나온다는 것이다. 따라서 앨리스가 $|\psi\rangle$를 알고 있어도 밥에게 그 상태를 기술해주려면 무한한 세월이 걸릴 것이다. 앨리스에겐 그야말로 안 좋은 일인 것이다. 하지만 앨리스에게는 다행스럽게도 얽힌 EPR 쌍을 활용하는 양자 텔레포테이션이 있어서 $|\psi\rangle$를 밥에게 보낼 수 있는데, 고전통신에 비해 약간의 오버헤드^{overhead}만 있을 뿐이다.

해결 과정은 대략 다음과 같다. 앨리스는 큐비트 $|\psi\rangle$를 EPR 쌍의 반쪽과 상호작용시키고 나서 소유하고 있는 2개의 큐비트를 측정하고 4개의 가능한 고전 결과인 00, 01, 10, 11 중 하나를 얻는다. 그녀는 이 정보를 밥에게 보낸다. 앨리스의 고전 메시지에 따라 밥은 EPR 쌍 중 절반에 대해 4개 연산 중 하나를 수행한다. 이렇게 하면 원래 상태인 $|\psi\rangle$를 복원할 수 있다!

그림 1.13에 나타낸 양자회로를 보면 양자 텔레포테이션에 대해 좀 더 정확히 알 수 있다. 텔레포테이션할 상태는 $|\psi\rangle = \alpha|0\rangle + \beta|1\rangle$인데 여기서 α와 β는 알려지지 않은 진폭이다. 회로에 입력하는 상태 $|\psi_0\rangle$는

$$|\psi_0\rangle = |\psi\rangle|\beta_{00}\rangle \tag{1.28}$$

$$= \frac{1}{\sqrt{2}}\left[\alpha|0\rangle(|00\rangle + |11\rangle) + \beta|1\rangle(|00\rangle + |11\rangle)\right] \tag{1.29}$$

이다.

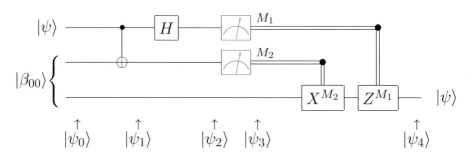

그림 1.13 큐비트를 텔레포테이션하는 양자회로. 위쪽 두 선은 앨리스의 계를 나타내고 맨 아래쪽 선은 밥의 계를 나타낸다. 미터기는 측정을 나타내며 거기서 나오는 이중선(double lines)은 고전비트를 운반한다(단선은 큐비트를 나타낸다는 것을 상기하자).

여기서는 처음 2개의 큐비트(왼쪽)는 앨리스의 것이며 세 번째 큐비트는 밥의 것이라는 관례를 사용한다. 이전에 설명했듯이 앨리스의 두 번째 큐비트와 밥의 큐비트는 EPR 상

태에서 시작된다. 앨리스는 그 큐비트를 CNOT 게이트에 통과시켜

$$|\psi_1\rangle = \frac{1}{\sqrt{2}} \Big[\alpha|0\rangle(|00\rangle + |11\rangle) + \beta|1\rangle(|10\rangle + |01\rangle) \Big] \tag{1.30}$$

을 얻는다. 그리고 나서 그녀는 첫 번째 큐비트를 아다마르 게이트에 통과시켜

$$|\psi_2\rangle = \frac{1}{2} \Big[\alpha(|0\rangle + |1\rangle)(|00\rangle + |11\rangle) + \beta(|0\rangle - |1\rangle)(|10\rangle + |01\rangle) \Big] \tag{1.31}$$

를 얻는다. 이 상태는

$$
\begin{aligned}
|\psi_2\rangle = \frac{1}{2} \Big[&|00\rangle\,(\alpha|0\rangle + \beta|1\rangle) + |01\rangle\,(\alpha|1\rangle + \beta|0\rangle) \\
+ &|10\rangle\,(\alpha|0\rangle - \beta|1\rangle) + |11\rangle\,(\alpha|1\rangle - \beta|0\rangle) \Big]
\end{aligned}
\tag{1.32}
$$

로 다시 쓸 수 있는데 항을 전개해서 다시 묶은 것이다. 이 식은 자연스럽게 4개 항으로 나뉜다. 첫 번째 항은 $|00\rangle$ 상태에 있는 앨리스의 큐비트와 $\alpha|0\rangle + \beta|1\rangle$ 상태(즉, 원래의 상태인 $|\psi\rangle$)에 있는 밥의 큐비트다. 앨리스가 측정을 수행하고 00 결과를 얻으면 밥의 계는 $|\psi\rangle$ 상태가 될 것이다. 마찬가지로 위의 식으로부터 다음과 같이 앨리스의 측정 결과가 주어지면 밥의 측정 후 상태를 읽을 수 있다.

$$00 \longmapsto |\psi_3(00)\rangle \equiv \Big[\alpha|0\rangle + \beta|1\rangle \Big] \tag{1.33}$$

$$01 \longmapsto |\psi_3(01)\rangle \equiv \Big[\alpha|1\rangle + \beta|0\rangle \Big] \tag{1.34}$$

$$10 \longmapsto |\psi_3(10)\rangle \equiv \Big[\alpha|0\rangle - \beta|1\rangle \Big] \tag{1.35}$$

$$11 \longmapsto |\psi_3(11)\rangle \equiv \Big[\alpha|1\rangle - \beta|0\rangle \Big] \tag{1.36}$$

앨리스의 측정 결과에 따라 밥의 큐비트는 이러한 4개의 가능한 상태 중 하나가 된다. 물론 어느 상태에 있는지 밥이 알려면 앨리스의 측정 결과를 밥에게 말해야 한다. 이러한 사실로 인해 텔레포테이션을 사용해도 빛보다 빠르게 정보를 전송할 수 없다는 것을 나중에 알게 될 것이다. 측정 결과를 밥이 알게 되면 밥은 적절한 양자 게이트를 적용해 자신의 상태를 '수정하여' $|\psi\rangle$를 복원할 수 있다. 예를 들어 측정 값이 00인 경우 밥은 아무것도 할 필요가 없다. 측정 값이 01이면 밥은 X 게이트를 적용해 자신의 상태를 수정할 수 있다. 측정 값이 10이면 밥은 Z 게이트를 적용해 자신의 상태를 수정할 수 있다. 측정 값이 11이면 밥은 X와 Z 게이트를 차례로 적용해 자신의 상태를 수정할 수 있다. 요약하자면 밥은 자신의 큐비트에 $Z^{M_1} X^{M_2}$ 변환(회로 다이어그램에서는 왼쪽에서 오른쪽으로 진행

하지만 행렬 곱셈에서는 먼저 오른쪽 항부터 처리한다는 것에 주의한다)을 적용해 $|\psi\rangle$ 상태를 복원하게 된다.

텔레포테이션에는 흥미로운 특징이 많다. 그중 일부는 책의 뒤쪽에서 다룰 것이다. 지금은 몇 가지 측면만 언급하겠다. 첫째, 텔레포테이션을 사용해 양자상태를 빛보다 더 빠르게 전달할 수 없을까? 이것은 좀 이상한 질문이 되는데, 상대성 이론에서는 빛보다 더 빨리 정보를 전송하면 시간을 거슬러 과거로 정보를 보내는 것이 되기 때문이다. 다행히도 양자 텔레포테이션에서는 빛보다 더 빠르게 통신할 수 없는데 그 이유는 텔레포테이션을 완료하려면 앨리스가 고전 통신채널을 통해 밥에게 측정 결과를 전송해야 하기 때문이다. 이러한 고전 통신이 없으면 텔레포테이션은 어떠한 정보도 전달하지 않는다는 것을 2.4.3절에서 알아볼 것이다. 고전채널에서는 빛의 속도를 낼 수 없으므로 빛의 속도보다 빠르게 양자 텔레포테이션을 수행할 수 없고 이렇게 그 모순은 해결된다.

텔레포테이션에 관한 두 번째 퍼즐은 텔레포테이션할 양자상태의 복사본을 만드는 것인데 이것은 1.3.5절에서 언급한 복제불가 정리에 명백히 위반된다. 이러한 위반은 착각일 뿐인데, 그 이유는 텔레포테이션 과정 후에 대상 큐비트만 $|\psi\rangle$ 상태로 되고 첫 번째 큐비트의 측정 결과에 따라 원래의 데이터 큐비트는 계산기저 상태인 $|0\rangle$ 또는 $|1\rangle$ 중 하나가 되기 때문이다.

양자 텔레포테이션으로 무엇을 배울 수 있을까? 아주 많다! 양자상태로 할 수 있는 단순한 트릭 이상이다. 양자 텔레포테이션은 양자역학에서 서로 다른 자원의 상호 교환성을 강조하며, 2개의 고전 통신 비트를 포함한 하나의 공유 EPR 쌍이 적어도 하나의 통신 큐비트와 동일한 자원임을 보여준다. 양자계산 및 양자정보는 자원 교환 방법을 많이 밝혀냈는데 그중 많은 부분이 텔레포테이션을 바탕으로 둔다. 특히 10장에서는 노이즈의 영향에 견디는 양자 게이트를 만드는 데 텔레포테이션을 어떻게 사용하는지 설명하고, 12장에서는 텔레포테이션이 양자 오류정정 코드의 특성과 밀접하게 연결돼 있음을 보여준다. 이렇게 다른 주제와 연관돼 있지만 양자역학에서 양자 텔레포테이션이 가능한 이유를 이제 이해하기 시작했다고 볼 수 있다. 즉, 이후의 장들에서는 그러한 이해를 가능하게 하는 통찰력을 설명할 것이다.

1.4 양자 알고리듬

양자회로를 사용하면 어떤 종류의 계산을 수행할 수 있을까? 이러한 종류의 계산이 고전 논리 회로를 사용하는 계산과 어떻게 비교할 수 있을까? 양자 컴퓨터가 고전 컴퓨터보다 더 잘 수행할 수 있는 작업이 있을까? 이 절에서는 이러한 질문들을 조사하고 양자 컴퓨터가 고전 컴퓨터보다 유리한 문제에 대한 예들을 제시한다.

1.4.1 양자 컴퓨터에서의 고전 계산

양자회로를 사용해 고전 논리 회로를 시뮬레이션할 수 있을까? 당연히 이 질문에 대한 대답은 '그렇다'로 밝혀졌다. 그렇지 않다면 아주 놀랄 일이다. 그 이유는 물리학자들은 고전 논리 회로를 포함한 우리 주변의 모든 세계를 궁극적으로 양자역학을 사용해 설명할 수 있다고 믿기 때문이다. 앞서 지적한 바와 같이 양자회로를 사용해 직접 고전회로를 시뮬레이션할 수 없는 이유는 유니타리 양자 논리 게이트가 본질적으로 가역적인 반면 NAND 게이트와 같은 많은 고전 논리 게이트는 본질적으로 비가역적이기 때문이다.

토폴리 게이트^{Toffoli gate}라는 가역 게이트를 사용하면 어떠한 고전회로라도 가역 요소만 포함된 등가회로^{equivalent circuit}로 대체할 수 있다. 그림 1.14와 같이 토폴리 게이트에는 3개의 입력 비트와 3개의 출력 비트가 있다. 이들 비트 중 2개는 토폴리 게이트의 동작에 영향을 받지 않는 제어 비트^{control bit}다. 세 번째 비트는 두 제어 비트가 모두 1이면 반전되고 그렇지 않은 경우에는 그대로인 대상 비트다. 비트 집합에 토폴리 게이트를 두 번 적용시키면 $(a, b, c) \rightarrow (a, b, c \oplus ab) \rightarrow (a, b, c)$가 되고, 따라서 토폴리 게이트는 그 자체로 역기능을 갖기 때문에 가역 게이트다.

입력			출력		
a	b	c	a'	b'	c'
0	0	0	0	0	0
0	0	1	0	0	1
0	1	0	0	1	0
0	1	1	0	1	1
1	0	0	1	0	0
1	0	1	1	0	1
1	1	0	1	1	1
1	1	1	1	1	0

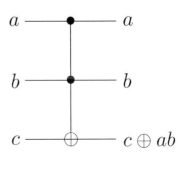

그림 1.14 토폴리 게이트에 대한 진리표와 회로 표현

토폴리 게이트는 그림 1.15와 같이 NAND 게이트를 시뮬레이션하는 데 사용할 수 있으며 그림 1.16과 같이 FANOUT 수행에도 사용할 수 있다. 이 2개의 동작을 통해 고전

회로의 다른 모든 요소를 시뮬레이션할 수 있으므로 임의의 고전회로를 동등한 가역 회로로 시뮬레이션할 수 있다.

지금까지 토폴리 게이트를 고전 게이트로 설명했지만 양자 논리 게이트로도 구현할 수 있다. 정의에 따라 토폴리 게이트의 양자 논리 구현은 고전 토폴리 게이트와 같은 방식으로 계산기저 상태를 그냥 변환시킨다. 예를 들어 $|110\rangle$ 상태에 작용하는 양자 토폴리 게이트는 앞쪽 2개가 설정돼 있기 때문에 세 번째 큐비트를 뒤집어 $|111\rangle$ 상태로 만든다. 이 변환을 8×8 행렬인 U로 표현하는 것은 번거롭긴 하지만 어렵지 않으며 U가 유니타리 행렬임을 명시적으로 검증할 수 있으므로 토폴리 게이트는 합당한 양자 게이트가 된다. 양자 토폴리 게이트는 고전 토폴리 게이트가 그렇듯이 비가역적 고전 논리 게이트를 시뮬레이션하는 데 사용될 수 있다. 따라서 고전(결정론적) 컴퓨터가 수행할 수 있는 어떠한 계산도 양자 컴퓨터가 수행할 수 있다.

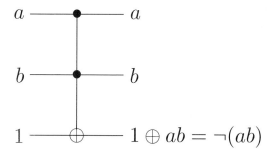

그림 1.15 토폴리 게이트를 사용해 NAND 게이트를 구현한 고전회로. 위쪽 두 비트는 NAND에 대한 입력을 나타내지만 세 번째 비트는 표준 상태 1로 준비되며 이를 보조(ancilla) 상태라고도 한다. NAND의 출력은 세 번째 비트에 있다.

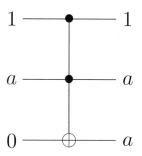

그림 1.16 토폴리 게이트에서의 FANOUT. 두 번째 비트는 FANOUT에 대한 입력이고(다른 두 비트는 표준 보조 상태), FANOUT의 출력은 두 번째 및 세 번째 비트에 나타난다.

고전 컴퓨터가 비결정론적^{deterministic}이라면, 즉 계산에 사용될 무작위 비트를 생성할 수 있는 능력을 갖게 된다면 어떻게 될까? 그리 놀랄 일이 아니지만 양자 컴퓨터가 이를 시뮬레이션하는 것은 쉽다. 이러한 시뮬레이션을 수행해보기에는 무작위 동전 던지기로 충분하다고 판명됐다. 즉, $|0\rangle$ 상태의 큐비트를 준비해 아다마르 게이트를 통과시켜 $(|0\rangle + |1\rangle)/\sqrt{2}$를 생성시키고 나서 그 상태를 측정한다. 결과는 50/50 확률로 $|0\rangle$ 또는 $|1\rangle$이 될 것이다. 따라서 양자 컴퓨터는 비결정론적 고전 컴퓨터를 효율적으로 시뮬레이션할 수 있는 능력을 갖춘 것이다.

물론 고전 컴퓨터를 시뮬레이션하는 능력이 양자 컴퓨터의 유일한 특징이라면 굳이 양자 효과를 이용하려고 애쓸 필요가 없다. 양자 컴퓨팅의 장점은 큐비트와 양자 게이트를 사용해 훨씬 더 강력한 기능을 처리할 수 있다는 것이다. 이후 몇 개의 절에서는 이러한 처리를 어떻게 하는지를 설명하고 도이치-조사$^{\text{Deutsch-Jozsa}}$ 알고리듬으로 마무리하는데, 이 알고리듬은 어떠한 고전 알고리듬보다 더 빠르게 문제를 해결할 수 있는 양자 알고리듬의 첫 번째 예가 된다.

1.4.2 양자 병렬성

양자 병렬성$^{\text{quantum parallelism}}$은 많은 양자 알고리듬의 기본적 특징이다. 경험상 너무 단순한 말이지만, 양자 병렬성이란 양자 컴퓨터가 많은 x 값들에 대해 한 번에 $f(x)$ 함수의 값을 구하는 성질이다. 이 절에서는 양자 병렬성이 어떻게 작동하는지 그 한계에 관해 설명한다.

$f(x) : \{0,1\} \to \{0,1\}$이 1비트 정의역과 치역을 갖는 함수라고 하자. 양자 컴퓨터에서 이 함수를 편리하게 계산하려면 $|x, y\rangle$ 상태로 시작하는 2개의 큐비트를 고려하면 된다. 적절한 논리 게이트 시퀀스를 사용하면 이 상태를 $|x, y \oplus f(x)\rangle$로 변환할 수 있다. 여기서 $\oplus$는 모듈러 2 덧셈을 나타낸다. 이때 첫 번째 레지스터는 '데이터' 레지스터라고 하고 두 번째 레지스터는 '대상' 레지스터라고 한다. $|x, y\rangle \to |x, y \oplus f(x)\rangle$로 정의되는 변환을 U_f라고 하자. U_f가 유니타리라는 것은 쉽게 알아볼 수 있다. $y = 0$이면 두 번째 큐비트의 최종상태는 그냥 $f(x)$ 값이 된다(3.2.5절에서는 f 계산용 고전회로가 주어진다면 양자 컴퓨터에서 U_f 변환을 계산하는, 비슷한 효율의 양자회로가 존재한다는 것을 보일 것이다. 지금은 학습 목적상 그냥 그렇다는 것만 알아두자).

$$\frac{|0\rangle + |1\rangle}{\sqrt{2}} \quad\longrightarrow\quad \boxed{\begin{array}{ccc} x & & x \\ & U_f & \\ y & & y \oplus f(x) \end{array}} \quad |\psi\rangle$$

그림 1.17 $f(0)$와 $f(1)$의 값을 동시에 구하는 양자회로. U_f는 $|x, y\rangle$ 같은 입력을 $|x, y \oplus f(x)\rangle$로 만드는 양자회로다.

그림 1.17의 회로를 보자. 이 회로는 계산기저가 아닌 입력에 U_f를 적용시킨다. 이때 데이터 레지스터는 중첩 $(|0\rangle + |1\rangle)/\sqrt{2}$로 준비되는데, 이 중첩은 $|0\rangle$에 아다마르 게이트를 작용시켜 얻을 수 있다. 그 다음으로 U_f를 적용시키면

$$\frac{|0, f(0)\rangle + |1, f(1)\rangle}{\sqrt{2}} \tag{1.37}$$

가 나온다. 이 상태는 눈여겨볼 만하다! 각 항은 $f(0)$과 $f(1)$에 대한 정보를 포함한다. 즉, x의 두 값에 대해 $f(x)$의 값을 동시에 구한 것과 같으며 이는 '양자 병렬성'이라고 하는 특징에 해당한다. $f(x)$를 계산하기 위해 여러 회로를 제각각 만들어 동시에 실행하는 고전 병렬성과는 달리 여기서는 단 하나의 $f(x)$ 회로로 다수의 x 값에 대해 이 함수의 값을 동시에 구한다. 이때 양자 컴퓨터의 능력을 활용해 각 상태를 중첩시킨 것이다.

이 프로시저는 임의의 비트 수에 대한 함수로 쉽게 일반화시킬 수 있는데, 이때 아다마르 변환 또는 월시-아다마르 변환^{Walsh-Hadamard transform}이라는 일반적인 연산을 사용한다. 이 연산은 n큐비트에 대해 병렬로 동작하는 n개의 아다마르 게이트일 뿐이다. 예를 들어 그림 1.18는 $n = 2$의 경우인데 초기에 $|0\rangle$로 준비된 큐비트들은

$$\left(\frac{|0\rangle + |1\rangle}{\sqrt{2}} \right) \left(\frac{|0\rangle + |1\rangle}{\sqrt{2}} \right) = \frac{|00\rangle + |01\rangle + |10\rangle + |11\rangle}{2} \tag{1.38}$$

로 출력된다.

그림 1.18 2개의 큐비트에 대한 아다마르 변환 $H^{\otimes 2}$

아다마르 게이트 2개의 병렬 동작은 $H^{\otimes 2}$로 표기하며 '$\otimes$'은 '텐서'로 읽는다. 좀 더 일반적으로 말하면, 초기상태가 모두 $|0\rangle$인 n큐비트에 대해 아다마르 변환을 수행한 결과는

$$\frac{1}{\sqrt{2^n}} \sum_x |x\rangle \qquad (1.39)$$

가 된다. 여기서 합^{sum}은 x의 모든 가능한 값에 대한 것이므로 이 동작을 $H^{\otimes n}$로 표기한다. 즉, 아다마르 변환은 모든 계산기저 상태를 균등하게 중첩시킨다. 더욱이 이 일을 아주 효율적으로 수행하는데, n개의 게이트만으로 2^n개의 중첩상태를 만들어낸다.

따라서 n비트 입력 x와 1비트 출력 $f(x)$를 갖는 함수의 양자 병렬 값 구하기는 다음과 같은 방식으로 수행될 수 있다. $n+1$개의 큐비트 상태 $|0\rangle^{\otimes n}|0\rangle$을 준비하고 나서 처음 n큐비트에 대해 아다마르 변환을 적용한 다음, U_f를 구현한 양자회로를 적용시킨다. 그러면 상태

$$\frac{1}{\sqrt{2^n}} \sum_x |x\rangle |f(x)\rangle \qquad (1.40)$$

가 나온다.

어떤 면에서 보면 양자 병렬성을 이용해 f 함수를 단 한 번만 돌렸을 뿐인데 f의 모든 가능한 값을 동시에 구할 수 있다. 하지만 이러한 병렬성은 당장 유용한 것이 아니다. 단일 큐비트 예제에서 상태를 측정하면 $|0, f(0)\rangle$ 또는 $|1, f(1)\rangle$만 나온다! 마찬가지로 일반적인 경우에 $\sum_x |x, f(x)\rangle$ 상태를 측정하면 x의 한 값에 대한 $f(x)$ 값만 나올 것이다. 당연히 고전 컴퓨터로도 이 일을 쉽게 할 수 있다! 양자계산에서는 쓸 만한 단순 병렬성 그 이상의 것이 필요하다. 즉, $\sum_x |x, f(x)\rangle$과 같은 중첩상태에서 $f(x)$의 여러 값에 관한 정보를 뽑아낼 수 있어야 한다. 다음 2개의 절에서는 어떻게 이 일을 할 수 있는지에 대한 예를 알아본다.

1.4.3 도이치 알고리듬

그림 1.17의 회로를 간단히 수정하면 양자회로가 고전회로를 어떻게 뛰어넘을 수 있는지를 보여주는데, 이때 **도이치 알고리듬**$^{Deutsch's\ algorithm}$을 구현할 것이다(실제로는 원본 알고리듬을 단순화시키고 개선시킨 버전을 보여줄 것이다. 1장의 끝에 있는 '역사와 추가자료' 참조). 도이치 알고리듬은 양자 병렬성을 간섭^{interference}이라는 양자역학 특성과 결합시킨다. 이전과 같이 아다마르 게이트를 사용해 첫 번째 큐비트를 $(|0\rangle + |1\rangle)/\sqrt{2}$ 중첩상태로 준비시키자.

그러나 이번에는 두 번째 큐비트 y는 $|1\rangle$ 상태에 아다마르 게이트를 적용시켜 $(|0\rangle - |1\rangle)/\sqrt{2}$ 중첩상태로 준비시키자. 그림 1.19에 나타나 있듯이 이 회로에서 어떤 일이 발생하는지 알기 위해 상태를 따라가 보자.

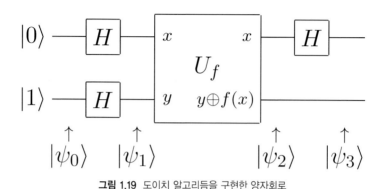

그림 1.19 도이치 알고리듬을 구현한 양자회로

입력 상태

$$|\psi_0\rangle = |01\rangle \tag{1.41}$$

가 2개의 아다마르 게이트를 통과하면

$$|\psi_1\rangle = \left[\frac{|0\rangle + |1\rangle}{\sqrt{2}}\right]\left[\frac{|0\rangle - |1\rangle}{\sqrt{2}}\right] \tag{1.42}$$

가 된다. 즉, $|x\rangle(|0\rangle - |1\rangle)/\sqrt{2}$에 U_f를 적용하면 $(-1)f(x)|x\rangle(|0\rangle - |1\rangle)/\sqrt{2}$을 얻는다. 그러므로 $|\psi_1\rangle$에 U_f를 적용하면 2개의 가능성

$$|\psi_2\rangle = \begin{cases} \pm\left[\dfrac{|0\rangle + |1\rangle}{\sqrt{2}}\right]\left[\dfrac{|0\rangle - |1\rangle}{\sqrt{2}}\right] & \text{if } f(0) = f(1) \\[4mm] \pm\left[\dfrac{|0\rangle - |1\rangle}{\sqrt{2}}\right]\left[\dfrac{|0\rangle - |1\rangle}{\sqrt{2}}\right] & \text{if } f(0) \neq f(1) \end{cases} \tag{1.43}$$

중에서 하나가 나온다. 따라서 첫 번째 큐비트가 최종 아다마르 게이트를 통과하면

$$|\psi_3\rangle = \begin{cases} \pm|0\rangle\left[\dfrac{|0\rangle - |1\rangle}{\sqrt{2}}\right] & \text{if } f(0) = f(1) \\[4mm] \pm|1\rangle\left[\dfrac{|0\rangle - |1\rangle}{\sqrt{2}}\right] & \text{if } f(0) \neq f(1) \end{cases} \tag{1.44}$$

가 된다. $f(0) \oplus f(1)$은 $f(0) = f(1)$이면 0이고, 그렇지 않으면 1이므로 위의 결과는

$$|\psi_3\rangle = \pm |f(0) \oplus f(1)\rangle \left[\frac{|0\rangle - |1\rangle}{\sqrt{2}} \right] \qquad (1.45)$$

로 간결하게 나타낼 수 있다. 그러므로 첫 번째 큐비트를 측정함으로써 $f(0) \oplus f(1)$을 결정할 수 있다. 이 점은 아주 흥미롭다. 그 이유는 이 양자회로가 $f(x)$를 한 번만 산출evaluation해서 $f(x)$의 전체적 특성, 이른바 $f(0) \oplus f(1)$을 결정할 수 있는 능력을 갖고 있기 때문이다. 이 회로는 적어도 두 번의 산출이 필요한 고전장치보다 빠른 것이다.

이 예제는 양자 병렬성과 고전적인 무작위 알고리듬 간의 차이점을 드러낸다. 단순하게 바라보면 $|0\rangle |f(0)\rangle + |1\rangle |f(1)\rangle$ 상태는 1/2 확률로 $f(0)$, 또는 1/2 확률로 $f(1)$을 산출하는 확률론적 고전 컴퓨터에 들어맞는다고 생각할 수 있다. 차이점이라면 고전 컴퓨터에서 이 두 가지 가능성이 서로 영원히 배타적이라는 것이다. 양자 컴퓨터에서는 도이치 알고리듬에서 수행했던 것처럼 아다마르 게이트 등을 사용해 각 가능성을 재결합함으로써 서로 간섭시켜 f 함수의 전체적 특성을 낼 수 있다. 많은 양자 알고리듬 설계의 핵심은 함수와 최종 변환을 영리하게 선택하면 그 함수에 관한 유용한 전체 정보(고전 컴퓨터에서는 빠르게 얻을 수 없는 정보)를 효율적으로 결정할 수 있다는 것이다.

1.4.4 도이치-조사 알고리듬

도이치 알고리듬은 도이치-조사 알고리듬이라고 하는 좀 더 일반적인 양자 알고리듬의 간단한 예다. 도이치 문제Deutsch's problem로 알려진 이 응용은 다음 게임으로 설명할 수 있다. 암스테르담에 있는 앨리스는 0부터 $2^n - 1$까지 중에서 한 숫자 x를 선택해 보스턴의 밥에게 편지로 보낸다. 밥은 어떤 함수 $f(x)$를 계산해 0 또는 1의 결과를 답장으로 보낸다. 밥은 두 종류의 f 함수 중 하나를 사용하겠다고 미리 약속해놓았다. 한 $f(x)$는 모든 x 값에 대해 상수constant가 나오고 다른 $f(x)$는 균형을 맞춘 결과가 나온다. 즉, 가능한 모든 x의 정확히 절반에 대해 1이 나오고 나머지 절반에 대해 0이 나온다. 앨리스의 목표는 가능한 한 그와 서신을 적게 주고받으며 그가 상수함수constant function나 균형함수balanced fuction 중 어느 것을 선택했는지 확실히 결정하는 것이다. 그녀는 얼마나 빨리 성공할 수 있을까?

고전적인 경우, 앨리스는 밥에게 각 편지마다 하나의 x 값만 보낼 수 있다. 최악의 경우 앨리스는 적어도 $2^n/2 + 1$번 밥에게 요청해야 한다. 이를 테면 0을 $2^n/2$번 받고 나서 마지막으로 1을 받고서야 밥의 함수가 균형함수라는 것을 알게 될 것이다. 따라서 그녀가 사용할 수 있는 결정론적 고전 알고리듬은 $2^n/2 + 1$개의 질의query를 필요로 한다. 각 편지마다 앨리스는 밥에게 n비트의 정보를 보낸다는 점에 주목한다. 더욱이 이 예에서는 $f(x)$ 계산 비용을 인위적으로 높이기 위해 서로 물리적으로 떨어져 있다는 점을 사용하지만 $f(x)$가 본래 계산하기 어려울 수 있는 일반적인 문제에서는 이러한 점은 필요하지 않다.

밥과 앨리스가 고전비트 대신 큐비트를 주고받을 수 있고 밥이 유니타리 변환 U_f를 사용해 $f(x)$를 계산하기로 동의하면 앨리스는 다음 알고리듬을 사용해 밥과 단 한 번의 서신 교환으로 자신의 목표를 달성할 수 있다.

도이치 알고리듬과 비슷하게 앨리스에게는 자신의 질의를 저장할 n큐비트 레지스터 하나와 답변을 저장할 단일 큐비트 레지스터 하나(밥에게 건네줄 레지스터)가 있다. 그녀는 질의 레지스터와 답변 레지스터를 중첩상태로 준비하는 것으로 시작한다. 밥은 양자 병렬성을 사용해 $f(x)$의 값을 구하고 그 결과를 답변 레지스터에 남긴다. 그러면 앨리스는 질의 레지스터에 아다마르 변환을 적용해 중첩상태를 간섭시키고 f가 상수함수인지 균형함수인지를 결정하기 위해 적절한 측정을 수행하는 것으로 마무리한다.

이 알고리듬의 특정 단계가 그림 1.20에 묘사돼 있다. 이 회로를 통해 상태를 따라가 보자. 입력 상태

$$|\psi_0\rangle = |0\rangle^{\otimes n}|1\rangle \qquad (1.46)$$

는 (1.41) 식과 유사하지만, 여기서 질의 레지스터는 모두 $|0\rangle$ 상태로 준비된 n큐비트의 상태를 기술한다. 질의 레지스터에 아다마르 변환을 적용하고 답변 레지스터에도 아다마르 게이트를 적용한 후에는

$$|\psi_1\rangle = \sum_{x \in \{0,1\}^n} \frac{|x\rangle}{\sqrt{2^n}} \left[\frac{|0\rangle - |1\rangle}{\sqrt{2}} \right] \qquad (1.47)$$

가 된다. 질의 레지스터는 이제 모든 값의 중첩상태가 되고 답변 레지스터는 0과 1에 대해 가중치 적용된 중첩상태weighted superposition에 있게 된다.

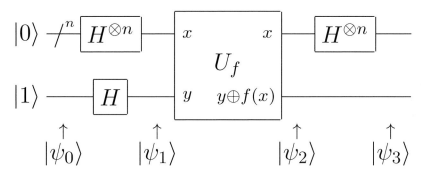

그림 1.20 일반적인 도이치-조사 알고리듬을 구현한 양자회로. '/' 기호가 있는 선은 일반 공학 표기(engineering notation)와 비슷하게 n큐비트 집합을 나타낸다.

다음으로 (밥은) $U_f : |x, y\rangle \rightarrow |x, y \oplus f(x)\rangle$를 사용해 f 함수를 산출해서

$$|\psi_2\rangle = \sum_x \frac{(-1)^{f(x)}|x\rangle}{\sqrt{2^n}} \left[\frac{|0\rangle - |1\rangle}{\sqrt{2}}\right] \tag{1.48}$$

가 된다. 앨리스는 밥의 함수 산출 결과가 큐비트 중첩상태의 진폭으로 저장되는 큐비트 집합을 갖게 된다. 이제 그녀는 질의 레지스터에 아다마르 변환을 적용해 중첩상태의 항을 간섭시킨다. 아다마르 변환의 결과를 내려면 먼저 아다마르 변환이 $|x\rangle$ 상태에 미치는 영향을 계산하는 것이 도움된다. $x = 0$과 $x = 1$인 경우를 제각기 살펴보면, 단일 큐비트에 대해 $H|x\rangle = \sum_z (-1)^{xz}|z\rangle/\sqrt{2}$인 것을 알 수 있다. 따라서

$$H^{\otimes n}|x_1, \ldots, x_n\rangle = \frac{\sum_{z_1, \ldots, z_n}(-1)^{x_1 z_1 + \cdots + x_n z_n}|z_1, \ldots, z_n\rangle}{\sqrt{2^n}} \tag{1.49}$$

가 된다. 이 식은 더 간결하게 요약해 아주 유용한 식

$$H^{\otimes n}|x\rangle = \frac{\sum_z (-1)^{x \cdot z}|z\rangle}{\sqrt{2^n}} \tag{1.50}$$

로 만들 수 있다. 여기서 $x \cdot z$는 x와 z의 비트별 내적^{bitwise inner product}이며 모듈러 2에 관한 것이다. 이 식과 (1.48)을 사용하면 $|\psi_3\rangle$를 계산할 수 있다. 즉,

$$|\psi_3\rangle = \sum_z \sum_x \frac{(-1)^{x \cdot z + f(x)}|z\rangle}{2^n} \left[\frac{|0\rangle - |1\rangle}{\sqrt{2}}\right] \tag{1.51}$$

이다. 앨리스는 이제 질의 레지스터를 관측한다. $|0\rangle^{\otimes n}$ 상태에 대한 진폭이 $\sum_x (-1)^{f(x)}/2^n$라는 것에 주목한다. 어떤 일이 일어나는지 2개의 가능한 경우(f가 상수함수 그리고 f가 균

형함수)를 살펴보자.

f가 상수함수인 경우, $|0\rangle^{\otimes n}$에 대한 진폭은 $f(x)$가 받는 상수 값에 따라 $+1$ 또는 -1이 된다. $|\psi_3\rangle$은 단위 길이이므로 다른 모든 진폭은 0이어야 하고 질의 레지스터의 모든 큐비트에 대해 0이 관측될 것이다. f가 균형함수이면, $|0\rangle^{\otimes n}$의 진폭에 대해 양수와 음수가 기여한 것이 상쇄돼 진폭 0이 되고, 측정하면 질의 레지스터에서 적어도 하나의 큐비트가 0 이외의 결과가 나와야 한다. 요약해서 말하면, 앨리스가 모두 0을 측정하면 그 함수는 상수함수다. 그렇지 않으면 그 함수는 균형함수다. 아래에 도이치–조사 알고리듬을 요약해놓았다.

알고리듬: 도이치–조사

입력: (1) $x \in \{0,...,2^n-1\}$와 $f(x) \in \{0, 1\}$에 대해 $|x\rangle|y\rangle \rightarrow |x\rangle|y \oplus f(x)\rangle$ 변환을 수행하는 블랙박스 U_f. 여기서 $f(x)$는 x의 모든 값에 대해 상수함수이거나 균형함수라고 약속한다. 균형함수란 가능한 모든 x의 정확히 절반에 대해 1이 나오고 나머지 절반에 대해 0이 나오는 함수다.

출력: 0이 나올 필요충분조건^(if and only if)은 f가 상수함수인 경우다.

실행 시간^(Runtime): 한 번의 U_f 산출. 항상 성공한다.

절차:

1. $|0\rangle^{\otimes n}|1\rangle$ 상태를 초기화한다.

2. $\rightarrow \dfrac{1}{\sqrt{2^n}} \sum\limits_{x=0}^{2^n-1} |x\rangle \left[\dfrac{|0\rangle - |1\rangle}{\sqrt{2}} \right]$ 아다마르 게이트를 사용해 중첩을 만든다.

3. $\rightarrow \sum\limits_{x} (-1)^{f(x)} |x\rangle \left[\dfrac{|0\rangle - |1\rangle}{\sqrt{2}} \right]$ U_f를 사용해 f 함수를 계산한다.

4. $\rightarrow \sum\limits_{z} \sum\limits_{x} \dfrac{(-1)^{x \cdot z + f(x)}|z\rangle}{\sqrt{2^n}} \left[\dfrac{|0\rangle - |1\rangle}{\sqrt{2}} \right]$ 아다마르 변환을 수행한다.

5. $\rightarrow z$ 측정해서 최종 출력인 z를 얻는다.

지금까지 고전 컴퓨터에서 $2^n/2 + 1$번의 산출이 필요한 것에 비해 양자 컴퓨터에서는 한 번의 f 함수 산출로 도이치 문제를 해결할 수 있음을 알아봤다. 이 점은 인상적이지만 몇 가지 중요한 주의 사항이 있다. 첫째, 도이치 문제는 특별히 중요한 문제가 아니다. 즉, 아직 적용 분야가 없다. 둘째, 고전 알고리듬과 양자 알고리듬의 비교는 함수 산출 방법이 상당히 다르기 때문에 완전히 다른 2개를 비교한 것과 같다. 셋째, 앨리스가 확률론적 고전 컴퓨터를 사용할 수 있다면, 밥에게 무작위로 선택한 몇 개의 x에 대해 $f(x)$를 계산해보라고 요구함으로써 그녀는 f가 상수함수이거나 균형함수인지를 높은 확률로 아주 빠르게 결정할 수 있다. 이 확률론적 시나리오는 우리가 고려했던 결정론적 시나리오보다 더 현실적일 것이다. 이러한 사항에도 도이치-조사 알고리듬에는 더 인상적인 양자 알고리듬 씨앗이 들어 있어서 그 작동의 이면에 숨어 있는 원리를 이해하기 위해 노력하게 만든다.

확인문제 1.1: (확률론적 고전 알고리듬) 상수함수와 균형함수를 확실하게 구분하지 말고 $\epsilon < 1/2$ 오차의 확률로 구분하는 것이 문제라고 하자. 이 문제에 대해 가장 좋은 고전 알고리듬의 성능은 얼마일까?

1.4.5 양자 알고리듬 요약

도이치-조사 알고리듬은 고전 컴퓨터보다 양자 컴퓨터가 일부 계산 문제에서 훨씬 효율적으로 해결할 수 있음을 제시한다. 아쉽게도 그것이 해결한 문제는 현실적으로 거의 흥미를 끌지 못한다. 양자 알고리듬을 사용해 좀 더 효율적으로 문제를 해결할 수 있는 흥미로운 문제가 있을까? 그러한 알고리듬에 깔려 있는 원리는 무엇일까? 양자 컴퓨터의 계산 능력의 궁극적 한계는 무엇일까?

대충 말하면, 기존의 고전 알고리듬에 비해 이점이 있는 양자 알고리듬에는 세 가지 클래스가 있다. 첫째, 푸리에 변환의 양자 버전을 기반으로 한 알고리듬 클래스가 있는데, 이는 고전 알고리듬에서도 널리 사용된다. 도이치-조사 알고리듬은 이러한 종류의 알고리듬 예이며 인수분해^{factoring}용과 이산로그^{discrete logarithm}용 쇼어 알고리듬도 마찬가지다. 알고리듬의 두 번째 클래스는 양자 탐색 알고리듬이다. 알고리듬의 세 번째 클래스는 양자 시뮬레이션이며, 양자계를 시뮬레이션하는 데는 양자 컴퓨터를 사용한다. 이제 이러한 각 클래스의 알고리듬을 간략하게 설명하고, 양자 컴퓨터의 계산 능력에 대해 알려지거나 의심되는 것을 요약해서 언급할 것이다.

푸리에 변환에 기반한 양자 알고리듬

이산 푸리에 변환^{discrete Fourier transform}이란 일반적으로 N개 복소수 $x_0,...,x_{N-1}$의 집합을

$$y_k \equiv \frac{1}{\sqrt{N}} \sum_{j=0}^{N-1} e^{2\pi ijk/N} x_j \tag{1.52}$$

로 정의한 복소수 $y_0,...,y_{N-1}$의 집합으로 변환하는 것을 말한다. 물론 이 변환은 여러 과학 분야에서 엄청나게 많이 응용된다. 즉, 어떤 문제를 푸리에 변환시키면 종종 원본 문제보다 쉬워져 해결이 가능해진다.

푸리에 변환은 아주 유용한 것으로 입증돼 푸리에 변환을 멋지게 일반화시킨 이론은 (1.52) 정의를 뛰어넘는다. 이러한 일반 이론에는 유한군^{finite group}의 지표 이론^{character theory}에서 나온 기술적 아이디어가 들어가지만 여기서는 설명하지 않겠다. 중요한 것은 도이치-조사 알고리듬에 사용된 아다마르 변환이 푸리에 변환을 일반화시킨 클래스의 예라는 점이다. 더욱이 다른 많은 중요 양자 알고리듬에도 어떤 종류의 푸리에 변환이 들어 간다.

가장 중요하게 알려진 양자 알고리듬인 인수분해용과 이산대수용 쇼어의 고속 알고리듬은 (1.52) 식으로 정의한 푸리에 변환을 기반으로 한 알고리듬의 2개의 예다. (1.52) 식은 지금까지 썼던 형태로 보면 그렇게 양자역학적으로 보이지 않는다. 하지만 n큐비트에 대한 선형변환 U를 정의해서 계산기저 상태 $|j\rangle$에 작용시킨다고 생각해보자. 여기서 $0 \le j \le 2^n - 1$이다. 즉,

$$|j\rangle \longrightarrow \frac{1}{\sqrt{2^n}} \sum_{k=0}^{2^n-1} e^{2\pi ijk/2^n} |k\rangle \qquad (1.53)$$

이다. 이 변환이 유니타리라는 것을 알 수 있으며 실제로 양자회로로도 실현시킬 수 있다. 더욱이 중첩에 대한 작용을 표현하면, 즉

$$\sum_{j=0}^{2^n-1} x_j |j\rangle \longrightarrow \frac{1}{\sqrt{2^n}} \sum_{k=0}^{2^n-1} \left[\sum_{j=0}^{2^n-1} e^{2\pi ijk/2^n} x_j \right] |k\rangle = \sum_{k=0}^{2^n-1} y_k |k\rangle \qquad (1.54)$$

이면 이 식은 $N = 2^n$일 때의 푸리에 변환 (1.52)에 대한 벡터 표기에 해당한다는 것을 알 수 있다.

푸리에 변환을 얼마나 빨리 수행할 수 있을까? 고전적으로 보면 고속 푸리에 변환은 $N = 2^n$개의 수에 대해 대략 $N \log(N) = n2^n$단계를 거친다. 양자 컴퓨터에서는 약 $\log^2(N) = n^2$ 단계를 사용해 푸리에 변환을 완료할 수 있는데 엄청나게 줄어들었다! 이를 수행하는 양자회로는 5장에서 설명한다.

이 결과는 2^n 복소수 벡터의 푸리에 변환을 매우 신속하게 계산하는 데 양자 컴퓨터를 사용할 수 있다는 것을 나타내는 것이며, 이러한 푸리에 변환은 광범위한 응용 분야에서

아주 유용하다. 하지만 완전히 그런 것은 아니다. 즉, 푸리에 변환은 양자상태의 진폭 속에 '숨겨진' 정보에 대해 수행될 것이다. 이 정보는 측정할 때 직접 접근할 수 없다. 물론 요점은 출력 상태를 측정할 경우 각 큐비트를 $|0\rangle$ 또는 $|1\rangle$ 상태로 붕괴시켜 변환 결과인 y_k를 바로 알 수 없게 만드는 점이다. 이 예는 양자 알고리듬을 고안해내는 문제의 핵심을 말해준다. 한편으로는 n개의 큐비트와 연관된 2^n개의 진폭에 대한 특정 계산을 고전 컴퓨터보다 훨씬 더 효율적으로 수행할 수 있다. 하지만 다른 한편으로는 직접적인 방식으로 계산한다면 그 계산 결과는 쓸모가 없다. 양자계산의 능력을 이용하려면 더 영리하게 해야 한다.

다행히도 고전 컴퓨터에서는 효율적인 해결책이 없다고 여겨지는 문제들이 양자 푸리에 변환을 활용하면 잘 해결되는 것으로 판명됐다. 이들 문제에는 도이치 문제 그리고 인수분해용과 이산대수용 쇼어 알고리듬이 포함된다. 이러한 관점은 키타예프가 아벨 안정자 문제$^{Abelian\ stabilizer\ problem}$를 풀 수 있는 방법을 발견하고, 숨은 **부분군 문제**$^{hidden\ subgroup\ problem}$에 대한 일반화가 이뤄지면서 절정에 달했다. 숨은 부분군 문제는 다음과 같다.

> f를 유한 생성군 G에서 유한집합 X로 가는 함수라 하고 f가 부분군 K의 잉여류^{coset}에 대해 상수함수이고 각 잉여류에 대한 값이 서로 다름을 만족시킨다고 하자. $g \in G$, $h \in X$ 그리고 X에 대해 적절히 선택된 2항 연산 $\oplus$에 대해 유니타리 변환 $U|g\rangle|h\rangle = |g\rangle|h \oplus f(g)\rangle$을 수행할 양자 블랙박스가 주어졌을 때 K에 대한 생성집합$^{generating\ set}$을 구하라.

도이치-조사 알고리듬, 쇼어 알고리듬 그리고 그와 관련된 '지수적으로 빠른$^{exponentially\ fast}$' 양자 알고리듬은 이 알고리듬의 특별한 경우로 볼 수 있다. 양자 푸리에 변환과 그 응용은 5장에서 설명한다.

양자탐색 알고리듬

완전히 다른 종류의 알고리듬은 양자탐색 알고리듬$^{quantum\ search\ algorithm}$으로 대표되며, 그 기본 원리는 그로버가 발견했다. 양자탐색 알고리듬은 다음과 같은 문제를 해결한다. 즉, 탐색공간의 크기가 N이고 정보구조에 대한 사전 지식이 없을 때 알려진 특성을 만족시키는 탐색공간의 요소를 찾으려 한다. 해당 특성을 만족시키는 요소를 찾는 데 얼마나 걸릴까? 고전적으로 보면 이 문제는 대략 N번의 연산을 필요로 하지만, 양자탐색 알고리듬에서는 약 $\sqrt{N}$번의 연산으로 해결할 수 있다.

양자 푸리에 변환을 기반으로 한 알고리듬이 인상적인 지수 증가속도exponential speedup를 내는 것과는 달리, 양자탐색 알고리듬은 2차 증가속도quadratic speedup를 낼 뿐이다. 하지만 양자탐색 알고리듬은 여전히 큰 관심거리다. 그 이유는 양자 푸리에 변환을 사용해 해결한 문제보다 휴리스틱 탐색searching heuristics의 응용 범위가 더 넓고 양자탐색 알고리듬을 약간 바꾸면 아주 광범위한 문제에 유용할 수 있기 때문이다. 양자탐색 알고리듬과 그 응용은 6장에서 설명한다.

양자 시뮬레이션

자연적으로 발생하는 양자역학계를 시뮬레이션하는 것은 양자 컴퓨터에 적합하며 고전 컴퓨터에서는 어려울 것이다. 고전 컴퓨터는 양자 컴퓨터를 모방하기 어렵듯이 일반 양자계를 시뮬레이션하기 어렵다. 즉, 양자계를 기술하는 데 필요한 복소수의 개수는 대개 지수적으로 증가하는데 이는 선형적으로 증가하는 고전계와 큰 차이가 난다. 일반적으로 n개의 서로 다른 성분을 가진 계의 양자상태를 저장하려면 고전 컴퓨터에서는 c^n비트의 메모리가 필요하다. 여기서 c는 상수이며 시뮬레이션할 계의 세부사항과 원하는 시뮬레이션 정확도에 따라 값이 달라진다.

이와는 반대로 양자 컴퓨터에서는 kn큐비트를 사용해 시뮬레이션을 수행할 수 있다. 여기서 k는 상수이며 시뮬레이션할 계의 세부사항에 따라 값이 달라진다. 이 값이면 고전 컴퓨터보다 양자 컴퓨터가 양자역학계를 훨씬 효율적으로 시뮬레이션할 수 있다. 중요한 사실은 양자 컴퓨터가 고전 컴퓨터보다 훨씬 더 효율적으로 많은 양자계를 시뮬레이션할 수 있다고 하더라도, 원하는 양자계 정보를 빠른 시뮬레이션을 통해 얻을 수 있다는 뜻은 아니라는 것이다. 측정이 이루어질 때 kn큐비트 시뮬레이션은 kn비트의 정보만을 제공하는 명확한 상태로 붕괴될 것이다. 즉, 파동함수 속에 있는 c^n 비트의 '숨은 정보'에 완벽히 접근할 수 없다. 따라서 양자 시뮬레이션이 유용하려면 원하는 답을 효율적으로 추출할 수 있는 체계적인 방법을 개발해야 한다. 이 일을 어떻게 하는지는 부분적으로만 알려져 있다.

이러한 문제에도 불구하고 양자 시뮬레이션은 양자 컴퓨터의 중요한 응용 분야가 될 것 같다. 양자계의 시뮬레이션은 많은 분야, 특히 양자화학에서 중요한 문제가 된다. 양자화학에서는 고전 컴퓨터의 계산상 제약으로 인해 적당한 크기의 분자에 대한 거동을 정확하게 시뮬레이션하는 것이 어렵고, 여러 중요한 생물학적 계에서 발생하는 아주 큰 분자에 대해서는 더 말할 필요도 없다. 그러므로 그러한 계에서 빠르고 정확하게 시뮬레이션을 하면 양자현상이 중요한 다른 분야에 파급되는 반가운 효과가 나타날 것이다.

미래에는 양자 컴퓨터에서 효율적으로 시뮬레이션할 수 없는 자연 현상을 발견할지도 모른다. 이것은 나쁜 소식이 아니며 멋진 일이 될 것이다! 적어도 이런 일로 인해서 새로운 현상을 포용하기 위해 우리의 계산모델을 확장시키고 기존의 양자 컴퓨팅 모델을 뛰어넘어 계산모델을 더 강력하게 만들도록 자극받을 것이다. 그러한 현상과 관련해 아주 흥미롭고 새로운 물리 효과도 나올 듯하다!

양자 시뮬레이션의 또 다른 응용은 다른 양자 알고리듬에 대한 통찰력을 얻기 위한 일반적인 방법이다. 예를 들어 6.2절에서는 양자 시뮬레이션의 문제에 대한 해결책으로 양자 탐색 알고리듬을 바라보는 관점을 설명한다. 이러한 방식으로 문제에 접근하면 양자 탐색 알고리듬의 기원을 이해하기가 훨씬 쉬워진다.

마지막으로 언급하면 양자 시뮬레이션으로 인해 무어의 법칙Moore's law을 이어 갈 흥미롭고 낙관적인 '양자 따름정리quantum corollary'도 나왔다. 무어의 법칙에 따르면 일정한 비용에 대해 고전 컴퓨터의 성능은 2년마다 두 배로 높아질 것이다. 하지만 고전 컴퓨터에서 양자계를 시뮬레이션한다고 가정하고 시뮬레이션할 계에 단일 큐비트(또는 더 큰 계)를 추가하고 싶다고 하자. 이런 경우, 고전 컴퓨터가 양자계의 상태 묘사description of the state를 저장하려면 메모리가 두 배 이상이 필요하면서 그 동역학을 시뮬레이션하는 데 들어가는 비용은 비슷하거나 더 커진다. 무어의 법칙을 이어 갈 양자 따름정리는 이 관찰의 결과로 나왔으며 2년마다 양자 컴퓨터에 큐비트 하나씩 추가된다면 양자 컴퓨터도 고전 컴퓨터처럼 두 배로 성능이 높아질 거라는 점을 언급한다. 그러나 고전계산에 비해 양자계산 이득의 정확한 성질이 아직 명확하지 않기 때문에 이 따름정리를 너무 진지하게 받아들여서는 안 된다. 그럼에도 불구하고 이렇게 경험에 의거한 말 때문에 우리가 양자 컴퓨터에 관심을 가져야 하는 이유를 알릴 수 있고 언젠가는 적어도 일부 응용 분야에서 가장 강력한 고전 컴퓨터를 능가할 수 있을 거라는 희망을 가져본다.

양자계산의 역량

양자 컴퓨터는 얼마나 강력할까? 양자 컴퓨터에 힘을 실어주는 것은 무엇일까? 양자 컴퓨터가 고전 컴퓨터보다 뛰어나다는 것을 강력히 시사하는 인수분해와 같은 사례에도 불구하고, 아직 아무도 이 질문에 대한 답을 모른다. 양자 컴퓨터에서 효율적으로 해결할 수 있는 문제를 고전 컴퓨터에서도 효율적으로 해결할 수 있다는 의미로 보면 양자 컴퓨터가 고전 컴퓨터보다 더 강력하지 않을 수 있다. 그렇지만 양자 컴퓨터가 고전 컴퓨터보다 훨씬 강력하다는 것은 결국 입증될 것이다. 이제 양자계산의 힘에 대해 알려진 사항들을 간단히 살펴보자.

계산 복잡도 이론^{Computational complexity theory}이란 고전 및 양자 모두에 있어서 다양한 계산 문제를 난이도에 따라 분류하는 주제다. 양자 컴퓨터의 능력을 이해하기 위해 먼저 계산 복잡도의 몇 가지 일반적인 아이디어를 알아볼 것이다. 가장 기본적인 아이디어는 복잡도 클래스 아이디어다. 복잡도 클래스^{complexity class}란 해결에 필요한 계산 자원 측면에서 공통된 특징을 갖는 계산 문제들끼리 모아 놓은 것으로 생각할 수 있다.

가장 중요한 복잡도 클래스 두 가지는 P와 NP라는 이름을 사용한다. 대충 말하면 P란 고전 컴퓨터에서 신속히 해결할 수 있는 계산 문제 클래스다. NP란 고전 컴퓨터에서 신속히 검산할 수 있는 솔루션을 가진 문제 클래스다. P와 NP의 차이점을 이해하기 위해 정수 n의 소인수^{prime factor}를 구하는 문제를 고려해보자. 지금까지 알려진 바에 따르면 고전 컴퓨터에서는 이 문제를 신속히 해결하는 방법이 없으므로 이 문제는 P에 속하지 않는다. 하지만 누군가가 어떤 숫자 p는 n의 약수^{factor}라고 말한다면 n을 p로 나누어 이것이 옳은지 신속히 검산할 수는 있으므로 인수분해^{factoring}는 NP의 문제가 된다.

문제를 해결할 수 있는 능력은 예상되는 솔루션이 맞는지 검산할 수 있는 능력도 갖춰야 하기 때문에 P가 NP의 부분집합이 된다는 것은 분명하다. 하지만 P에 속하지 않으면서 NP에 속하는 문제가 있는지는 아직 아무도 증명하지 못했다. 아마도 이론 컴퓨터과학에서 가장 중요한 미해결 문제는 이들 두 클래스가 다른지를 결정하는 것이다. 즉,

$$\mathbf{P} \overset{?}{\neq} \mathbf{NP} \tag{1.55}$$

이다. 대부분의 연구자들은 P에 속하지 않는 문제가 NP에는 속한다고 믿는다. 특히 NP 문제의 중요한 하위 클래스인 NP-완비^{NP-complete} 문제가 특히 중요한데, 그 이유는 다음 두 가지 때문이다. 첫째, 수천 가지의 문제가 있는데 그중 많은 것이 NP-완비로 알려져 있다. 둘째, 어떠한 주어진 NP-완비 문제라도 어떤 의미로는 '적어도' NP에 속한 다른 모든 문제만큼 '어렵다'. 더 정확히 말하면 특정 NP-완비 문제를 해결하는 알고리듬을 개조하면 오버헤드가 다소 발생하긴 하지만 NP에 속한 어떠한 다른 문제라도 해결할 수 있다. 특히 P ≠ NP이면 고전 컴퓨터에서는 NP-완비 문제를 효율적으로 해결할 수 없을 것이다.

많은 사람들이 **P**가 아니면서 **NP**인 문제로 여기는 문제들(인수분해 등)은 양자 컴퓨터로 해결할 수는 있지만, **NP**의 모든 문제를 양자 컴퓨터로 신속히 해결할 수 있는지에 대해서는 알려져 있지 않다(인수분해는 NP-완비로 알려져 있지 않는데, NP-완비로 알려졌다면 양자 컴퓨터로 NP의 모든 문제를 효율적으로 해결하는 방법을 진작에 알았을 것이다). 양자 컴퓨터로 **NP**의 모든 문제를 효율적으로 해결할 수 있다면 아주 흥미로운 일일 것이다. 하지만 이 방향에서 아주 흥미로운 부정적 결과가 알려졌는데, 양자 병렬성을 조금만 변형해서는 **NP**에 있는 임의의 문제를 다루는 것이 가능하지 않다는 것이다. 구체적으로 말하면, 양자 컴퓨터에서 **NP** 문제에 대한 한 가지 접근법은 어떤 형태의 양자 병렬성을 사용해 그 문제에 대해 모든 가능한 해결책을 병렬로 철저히 탐색해 나가는 것이다. 6.6절에서는 그러한 탐색 기반 방법론에 바탕을 둔 접근법으로는 NP의 모든 문제에 대해 효율적인 솔루션이 나올 수 없다는 것을 보일 것이다. 이 접근 방법이 성공적이지 않다는 점이 실망스럽게 생각될 수 있다. 하지만 NP 문제 내에 양자 컴퓨터가 효과적으로 이용돼 그 문제들이 해결될지 모르는 어떤 더 깊은 구조조차 배제한다는 것은 아니다.

P와 **NP**는 이미 정의된 다양한 복잡도 클래스 중 두 가지일 뿐이다. 또 다른 중요한 복잡도 클래스는 **PSPACE**이다. 대충 말해서 **PSPACE**는 공간 크기가 작은 자원(즉, '작은' 컴퓨터)을 사용해 해결할 수 있지만 시간에 얽매이지 않는('긴' 계산도 괜찮은) 문제들로 구성된다. **PSPACE**는 P와 NP보다 훨씬 더 큰 것으로 여겨지지만 이것 또한 증명된 적이 없다. 마지막으로 복잡도 클래스 **BPP**란 문제의 솔루션에서 오차가 발생할 확률을 (예를 들어 1/4로) 제한할 수 있으면 무작위 알고리듬을 사용해 다항 시간$^{polynomial\ time}$ 내에 해결할 수 있는 문제 클래스다. **BPP**는 고전 컴퓨터에서 효율적으로 해결할 수 있는 문제 클래스인 **P**보다 더 폭 넓은 것으로 간주된다. **P**가 더 깊이 연구됐기 때문에 우리는 **BPP**보다 **P**에 집중하기로 했지만 유사한 아이디어와 결론이 **BPP**와 관련해서 많이 나온다.

양자 복잡도 클래스에는 어떤 것이 있을까? 양자 컴퓨터에서 효율적으로 해결할 수 있는 모든 계산 문제 클래스로 **BQP**를 정의할 수 있다. 여기서도 오차가 발생할 확률을 제한할 수 있다(엄밀히 말하면 이 점 때문에 BQP는 고전 복잡도 클래스에 있어서 P보다 BPP에 더 가깝다. 하지만 논의를 잘 이어 나가기 위해 이렇게 미묘한 점은 무시하고 그냥 P와 비슷하다고 하자). **P, NP, PSPACE**와 관련해 **BQP**가 정확히 어디에 해당되는지는 아직 알려져 있지 않다. 알려진 점이라고는 양자 컴퓨터가 **P**의 모든 문제를 효율적으로 해결할 수 있지만 **PSPACE**를 벗어난 문제는 효율적으로 해결할 수 없다는 것이다. 따라서 그림 1.21에서 볼 수 있듯이 **BQP**는 **P**와 **PSPACE** 사이에 있다. 중요한 것은 양자 컴퓨터가 고전 컴퓨터보다 아주 강력하다는 점이 증명되면 **P**가 **PSPACE**와 동일하지 않다는 것이다. 많은 컴퓨터과학자들이 이 후자의 결과를 아직 증명해내지 못했으며, 이 주장에 힘을 실어주는 증거가 많이 있긴 하지만 양자 컴퓨터가 고전 컴퓨터보다 더 강력하다는 것을 증명하는 것은 갈 길이 멀어 보인다.

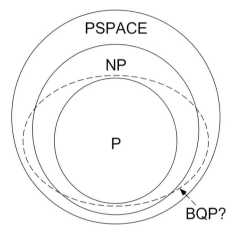

그림 1.21 고전 복잡도 클래스와 양자 복잡도 클래스의 관계. 양자 컴퓨터는 **P**의 모든 문제를 신속히 해결할 수 있고 **PSPACE** 외부의 문제는 신속히 해결할 수 없다고 알려져 있다. 양자 컴퓨터가 **P**와 **PSPACE** 사이에서 어디에 잘 맞는지는 알려져 있지 않는데, 부분적인 이유로는 **PSPACE**가 **P**보다 더 큰지조차 알지 못하기 때문이다!

이제는 양자계산의 궁극적인 힘에 대해 더 이상 생각하지 말고 고속 양자 알고리듬^{fast} _{quantum algorithms}의 기초가 되는 원리를 잘 이해할 때까지 기다리는 것이 더 좋을 것이다. 이 원리는 이 책의 2부 대부분을 차지하는 주제가 된다. 양자계산 이론이 전통적인 계산 개념에 흥미롭고 중요한 도전을 제기한다는 사실만은 분명하다. 이 이론을 중요한 도전으로 삼는 것 자체가 양자계산의 이론적 모델이 실험적으로 가능하다고 믿는다는 것인데, 그 이유는 (우리가 아는 한) 이 이론이 자연의 운영 방식과 맞아떨어지기 때문이다. 중요한 도전이 아니라면 양자계산은 그저 또 하나의 수학적 호기심에 불과할 것이다.

1.5 실험적 양자정보 처리

양자계산 및 양자정보는 훌륭한 이론적 발견이지만, 중첩 및 얽힘 등의 중심 개념은 우리 주변의 일상 세계에서는 받아들이기 어렵다. 이 개념이 자연의 운영 방식을 설명하는 증거는 무엇일까? 대규모 양자 컴퓨터의 실현은 실험적으로 가능할까? 아니면 규모 확대를 근본적으로 못하게 하는 물리학 원리가 있는 걸까? 다음 2개의 절에서는 이러한 질문에 대해 설명한다. 유명한 '슈테른-게를라흐' 실험에 대한 검토로 시작하는데, 이 실험은 자연에서 큐비트의 존재를 밝혀냈다. 그러고 나서 범위를 넓혀 실제 양자정보를 처리하는 계를 어떻게 만드는지에 대한 광범위한 문제를 다룰 것이다.

1.5.1 슈테른-게를라흐 실험

큐비트는 양자계산 및 양자정보의 기본 요소다. 자연 속에 큐비트의 성질을 가진 계가 존재한다는 것을 어떻게 알 수 있을까? 이 글을 쓰는 시점에서는 엄청난 양의 증거가 쌓였지만 양자역학 초기 시절에는 큐비트 구조가 전혀 알려져 있지 않아 사람들은 큐비트의 측면에서, 즉 2준위 양자계$^{two level quantum system}$ 측면에서 지금은 이해할 만한 현상에 대해 어려움을 겪었다.

큐비트 구조를 나타내는 결정적인 (그리고 매우 유명한) 초기 실험은 1921년 슈테른이 생각해내 이듬해 프랑크푸르트에서 게를라흐와 함께 수행했다. 최초의 슈테른-게를라흐 실험에서는 그림 1.22와 같이 오븐에서 뜨거운 원자를 '빔 형태로 쏴서' 자기장을 통과한 후 갈라져 나간 위치를 기록하는 것이었다. 이 최초의 실험에서는 은^{silver} 원자를 사용했는데 복잡한 구조를 가진 탓에 우리가 논의할 효과를 잘 설명할 수 없다. 아래에서 설명하는 것은 수소 원자를 사용한 1927년 실험을 따른다. 기본적인 효과는 동일하게 관측되지만 수소 원자를 사용하면 논의하기가 더 쉬워진다. 그러나 1920년대 초기에는 수소 원자를 다루기가 어려웠기 때문에 관측된 복잡한 효과를 설명하기가 쉽지 않았다.

수소 원자에서는 양성자 주위를 전자가 돈다. 이 전자를 양성자 주위를 도는 조그만 '전류'로 생각할 수 있다. 이 전류로 인해 원자는 자기장을 갖게 된다. 각 원자는 물리학자들이 '자기 쌍극자 모멘트$^{magnetic dipole moment}$'라고 부르는 것을 갖는다. 결과적으로 각 원자는 전자가 회전하는 축에 해당하는 작은 막대 자석처럼 동작한다. 자기장 속으로 작은 막대 자석을 던지면 자기장에 의해 그 자석을 던진 방향이 휘어지는데, 슈테른-게를라흐 실험에서도 이와 비슷하게 원자가 휘어져서 나아갈 거라고 예상했다.

원자가 어떻게 굴절되는지는 원자의 자기 쌍극자 모멘트(전자가 회전하는 축)와 슈테른-게를라흐 장치에 의해 생성된 자기장에 따라 달라진다. 자세한 내용은 설명하지 않겠지만 슈테른-게를라흐 장치를 적절히 구성하면 원자가 자기 쌍극 모멘트의 $\hat{z}$ 성분 크기만큼 굴절되게 할 수 있는데, 여기서 $\hat{z}$는 고정된 외부 축이다.

이 실험을 수행해보면 두 가지 점에 놀라게 된다. 첫째, 오븐을 빠져나간 뜨거운 원자는 당연히 쌍극자가 무작위로 모든 방향을 향할 것으로 예상되므로, 슈테른-게를라흐 장치에서 나오는 원자는 모든 각도에 대해 연속적으로 분포될 것이다. 하지만 실제로는 이산분포를 이룬다. 물리학자들은 원자의 자기 쌍극자 모멘트가 양자화돼 있다고 가정함으로써 이 점을 설명할 수 있었다. 즉, 기본 양의 배수^{multiple}가 불연속적이라는 것이다.

슈테른-게를라흐 실험에서 이렇게 양자화를 관측한 것은 1920년대의 물리학자들에게는 놀랄 일이었지만, 그 당시 다른 계에서의 양자화 효과에 대한 증거가 널리 퍼지고 있었기 때문에 크게 놀랍지는 않았다. 정말로 놀랍던 점은 그 실험에서 나타난 피크^{peak}의 개수다. 사용된 수소 원자는 자기 쌍극자 모멘트가 0이 되어야 했다. 고전적으로 보면, 전자의 궤도 운동이 없는 것에 해당하기 때문에 놀랄 일이지만 그 당시의 양자역학에 바탕을 두면 받아들일 만한 개념이었다. 따라서 수소 원자는 자기 모멘트가 전혀 없을 것이므로 하나의 원자 빔$^{beam of atoms}$으로 보일 것이고 그 빔은 자기장에 의해 굴절되지도 않을 것으로 예상됐다. 그러나 2개의 빔으로 나타났고 자기장에 의해 하나는 위로 굴절되고 다른 하나는 아래로 굴절됐다!

이 수수께끼 같은 두 갈래의 분리는 수소 원자에 있는 전자가 스핀^{spin}이라는 양과 관련되어 있다고 가정함으로써 상당한 노력 끝에 설명됐다. 이 스핀은 양성자 주위로 전자가 도는 일반적인 회전 운동과 관련이 없다. 즉, 전자와 관련해서 완전히 새로운 양이다. 위대한 물리학자 하이젠베르크^{Heisenberg}는 그 아이디어가 제안됐을 당시에 '용감한^{brave}' 아이디어라고 이름 붙였는데, 본질적으로 새로운 물리량을 자연에 도입한 것이기 때문에 정말 용감한 생각이었다. 전자의 스핀은 전자의 회전 운동으로 인한 것 외에도 수소 원자의 자기 쌍극자 모멘트에 의한 것으로 가정한다.

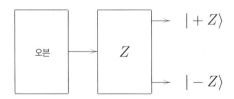

그림 1.22 슈테른-게를라흐 실험의 추상 개략도. 오븐에서 뜨거운 수소 원자가 튀어나와 자기장을 통과한 후 위($|+Z\rangle$)나 아래($|-Z\rangle$)로 갈라진다.

어떻게 하면 전자의 스핀을 적절히 묘사할 수 있을까? 대충 생각하기로는 스핀을 단일 비트로 여겨서 수소 원자에게 위쪽 또는 아래쪽으로 가게 하는 가설을 세울 수 있다. 추

가 실험을 통해 그 결과를 보면 이 생각을 다듬거나 교체해야 할지 결정하는 데 유용한 정보가 나올 것이다. 그림 1.22와 같이 최초의 슈테른-게를라흐 장치를 나타내자. 출력은 2개의 원자 빔이며, $|+Z\rangle$과 $|-Z\rangle$로 부를 것이다(여기서는 양자역학 표기법을 사용하고 있지만 여러분이 원하는 표기법을 사용해도 된다). 이제 그림 1.23과 같이 슈테른-게를라흐 장치두 대를 계단식으로 놓는다고 하자. 두 번째 장치를 한쪽 끝에 돌려 놔 원자가 자기장을통과할 때 $\hat{x}$축 방향으로 굴절되게 한다. 우리의 사고 실험에서는 첫 번째 슈테른-게를라흐 장치의 $|-Z\rangle$ 출력은 차단하고 $|+Z\rangle$ 출력은 두 번째 장치를 통과시켜 $\hat{x}$축 방향으로굴절시킬 것이다. 최종 출력 지점에 검출기를 놓아 $\hat{x}$축 방향에 따른 원자의 분포를 측정한다.

$+\hat{z}$ 방향으로 나아간 고전적 자기 쌍극자는 $\hat{x}$ 방향의 순 자기 모멘트$^{net\ magnetic\ moment}$가없으므로 최종 출력에는 중심에 하나의 피크만 나타날 것으로 예상할 수 있다. 하지만 실험해보면 동일한 세기의 피크 2개가 관측된다! 따라서 이들 원자에는 특이하면서도 각축을 따라 독립적으로 한정된 수의 자기 모멘트가 있는 것으로 생각할 수 있다. 즉, 두 번째 장치를 통과한 각 원자는 $|+Z\rangle|+X\rangle$ 또는 $|+Z\rangle|-X\rangle$로 표현할 상태에 있다고 기술할 수 있으며, 이들 표기는 관측될 스핀에 대한 두 값을 나타낸다.

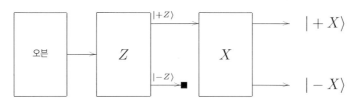

그림 1.23 계단식 슈테른-게를라흐 측정

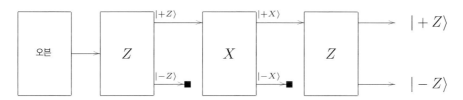

그림 1.24 3단계 계단식 슈테른-게를라흐 측정

그림 1.24에 나타낸 또 다른 실험에서는 이전 실험에서 나온 출력 빔 하나를 $\hat{z}$ 방향의두 번째 슈테른-게를라흐 장치에 통과시켜 이 가설을 검사할 수 있다. 원자들이 $|+Z\rangle$ 방향으로 되어 있다면, $|+Z\rangle$ 출력에서 오직 하나의 피크만 나타날 것으로 예상된다. 하지만

최종 출력에서는 동일한 세기의 빔 2개가 또 관측된다. 따라서 고전적인 예상과는 달리 $|+Z\rangle$ 상태는 같은 분량의 $|+X\rangle$과 $|-X\rangle$ 상태로 구성돼 있고 $|+X\rangle$ 상태는 같은 분량의 $|+Z\rangle$과 $|-Z\rangle$ 상태로 구성된 것으로 결론을 내릴 수 있다. 슈테른-게를라흐 장치를 $\hat{y}$ 축과 같이 다른 축으로 배치해도 비슷한 결론에 도달하게 된다.

큐비트 모델을 사용하면 이 실험으로 관측된 거동을 간단히 설명할 수 있다. $|0\rangle$과 $|1\rangle$을 어느 한 큐비트의 상태라 하고

$$| + Z\rangle \leftarrow |0\rangle \tag{1.56}$$

$$| - Z\rangle \leftarrow |1\rangle \tag{1.57}$$

$$| + X\rangle \leftarrow (|0\rangle + |1\rangle)/\sqrt{2} \tag{1.58}$$

$$| - X\rangle \leftarrow (|0\rangle - |1\rangle)/\sqrt{2} \tag{1.59}$$

로 표기하자. 그러면 위의 계단식 슈테른-게를라흐 실험의 결과를 설명할 때, $\hat{z}$ 슈테른-게를라흐 장치는 스핀(즉, 큐비트)을 계산기저 $|0\rangle$, $|1\rangle$로 측정한다고 하고 $\hat{x}$ 슈테른-게를라흐 장치는 $(|0\rangle+|1\rangle)/\sqrt{2}$, $(|0\rangle-|1\rangle)/\sqrt{2}$ 기저로 측정한다고 하자. 예를 들어 계단식 $\hat{z}$-$\hat{x}$-$\hat{z}$ 실험에서 첫 번째 슈테른-게를라흐 장치를 빠져나온 후 스핀 상태가 $|+Z\rangle = |0\rangle = (|+X\rangle + |-X\rangle)/\sqrt{2}$라고 하면 두 번째 장치를 통과한 후 $|+X\rangle$를 얻을 확률은 1/2이고 $|-X\rangle$에 대한 확률도 1/2이다. 마찬가지로 세 번째 장치를 통과한 후 $|+Z\rangle$을 얻을 확률도 1/2이다. 이렇게 큐비트 모델을 통해 그러한 계단식 슈테른-게를라흐 실험의 결과를 올바르게 예측할 수 있다.

이 사례는 자연계를 모델링할 때 큐비트가 믿을 만한 수단일 수 있음을 보여준다. 물론 큐비트 모델이 전자 스핀을 이해하기 위한 완벽한 수단은 아니다(훨씬 더 많은 실험적 확증이 필요하다). 그럼에도 이러한 많은 실험들로 인해 큐비트 모델이 전자 스핀을 가장 잘 기술한다고 믿어진다. 게다가 우리는 큐비트 모델(그리고 이 모델의 고차원적 일반화. 다른 말로 하면 양자역학)이 모든 물리계를 기술할 수 있다고 믿는다. 이제 양자정보 처리에 특히 적합한 계가 무엇인지에 대해 알아보자.

1.5.2 실제적인 양자정보 처리에 대한 전망

양자정보 처리 장치를 만드는 것은 2000년대 과학자와 공학자에게 큰 도전이다. 우리는 이러한 도전에 맞설 수 있을까? 가능할까? 시도할 만한 가치가 있을까? 그렇다면 이 일을 어떻게 이룰 수 있을까? 이러한 질문들은 어렵고 중요해서 이 절에서는 간단한 답을

시도해보고 책을 진행해 가면서 점점 폭넓게 알아볼 것이다.

가장 근본적인 의문은 하나 또는 여러 형태의 양자정보 처리를 수행하지 못하게 하는 원칙 문제가 존재하는지 여부다. 2개의 장애물이 있는데 다음과 같다. 하나는 유용한 양자정보 처리에 노이즈가 근본적인 장벽이 될 수 있다. 다른 하나는 양자역학이 정확하지 않을 수 있다.

노이즈는 의심할 여지없이 실질적인 양자정보 처리 장치의 개발에 중요한 방해물이다. 그것은 대규모 양자정보 처리 장치의 개발을 영원히 막을 수 있는, 근본적으로 제거할 수 없는 장애물일까? 양자 오류정정 코드 이론은 양자 노이즈가 다뤄야 할 실질적인 문제이지만 원칙의 근본적인 문제는 아니라는 점을 강력하게 제시한다. 특히 양자계산에 있어서 임계값 정리$^{threshold\ theorem}$가 있는데, 대략적으로 말해서 양자 컴퓨터의 노이즈 수준을 특정 상수의 '임계값' 이하로 줄일 수 있다면 양자 오류정정 코드를 사용해 노이즈를 더 줄일 수 있으며 심지어 계산의 복잡도에 약간의 오버헤드가 발생하겠지만 완전히 줄이는 것도 가능하다. 임계값 정리에서는 양자 컴퓨터에서 발생하는 노이즈의 성질과 크기 및 양자계산을 수행하기 위한 아키텍처에 대해 폭넓게 가정한다. 하지만 이들 가정이 충족된다면, 양자정보 처리에서 노이즈의 영향은 본질적으로 무시할 수 있게 된다. 양자 노이즈, 양자 오류정정, 임계값 정리에 대해서는 8, 10, 12장에서 자세히 설명할 것이다.

양자정보 처리를 방해할 만한 두 번째 가능성은 양자역학이 틀린 경우다. 실제로 양자역학의 타당성(상대성 및 비상대성 모두)을 조사하는 것은 양자정보 처리 장치를 만드는 데 관심을 갖게 하는 한 가지 이유다. 우리는 여태껏 대규모 양자계가 완전히 제어된 채 돌아가는 자연 체제$^{regime\ of\ Nature}$를 탐구해본 적이 없으므로 양자역학이 적절히 설명하지 못한 이 체제에서 자연은 새롭고 놀라운 사실을 드러낼지도 모른다. 이러한 일이 일어난다면 과학사에 있어서 중요한 발견이 될 것이며 양자역학의 발견처럼 과학과 기술의 다른 영역에 상당한 결과를 가져올 것이다. 이러한 발견은 양자계산 및 양자정보에도 영향을 미칠 수 있다. 하지만 그 충격이 양자정보 처리의 강력함에 힘을 더할지, 아니면 깎아내릴지는 예측할 수 없다. 그러한 효과가 발견될 때까지는 정보 처리에 어떤 영향을 미칠지 모르기 때문에 이 책의 나머지 부분에서는 현재까지의 모든 증거를 받아들여 양자역학이 세상을 완전하고도 정확히 기술한다고 가정할 것이다.

양자정보 처리 장치를 만드는 데 근본적인 장애물이 없다는 것을 감안하면 왜 거기에 엄청난 시간과 돈을 투자해야 할까? 이 점에 대해서는 몇 가지 이유를 이미 논의한 바 있다. 즉, 양자 암호학과 큰 합성수의 인수분해 같은 실제적인 응용 분야 때문일 수도 있고 자연과 정보 처리에 대한 근본적인 통찰력을 얻으려는 욕구 등도 있겠다.

이들 이유는 현실적이라 양자정보 처리 장치를 만드는 데 상당한 시간과 돈을 투자할 만하다. 하지만 상대적인 장점을 평가하기 위해서는 양자정보 처리와 고전정보 처리의 상대적인 강력함에 대한 좀 더 명확한 그림이 있어야 한다. 이러한 그림을 얻으려면 양자 계산 및 양자정보의 기초에 대한 이론적 연구가 필요하다. 특히 관심사는 '양자 컴퓨터가 고전 컴퓨터보다 더 강력한가?'라는 질문에 대한 결정적인 답이다. 그러한 질문에 대한 답을 당분간 구하지 못하더라도 양자정보 처리를 실험으로 실현하려는 연구원들을 돕기 위해 다양한 수준의 복잡도에서 흥미롭게 적용할 수 있는 길을 분명하게 보여주는 것이 유용할 것이다. 역사적으로 보면 장기적 목표를 위해 단기적, 중기적 장려책을 사용해 기술의 진보를 이루는 경우가 많다. 마이크로프로세서가 개인용 컴퓨터의 기본 부품이 되기 이전에 엘리베이터 및 기타 간단한 장치용 컨트롤러로 처음 사용된 점을 생각해보라 (나중에는 어떻게 될지 누가 알겠는가). 아래에서는 대규모 양자정보 처리의 장기적 목표를 달성하는 데 관심이 있는 사람들을 대상으로 단기적 목표와 중기적 목표를 가늠해볼 것이다.

놀랍게도 작은 규모의 양자계산 및 양자정보처리 응용은 많이 알려져 있다. 그 모두가 양자 인수분해 알고리듬과 같은 계열만큼 화려한 것은 아니지만 소규모 응용물을 구현하는 것이 상대적으로 쉽기 때문에 중간 규모의 목표로 아주 중요하다.

양자상태 단층촬영quantum state tomography 및 양자 프로세스 단층촬영quantum process tomography 은 그 자체로도 독립된 흥미로운 관심사이지만, 이들은 양자계산과 양자정보에서 매우 기본적인 과정일 뿐 아니라 이들을 완전하게 수행할 수 있는 것은 매우 중요하다. 양자상태 단층촬영은 시스템의 양자상태를 결정하는 방식이다. 이를 위해 동일한 양자상태를 여러 개 준비해놓고 나서 양자상태를 완전히 기술하기 위해 각기 다른 방법으로 측정함으로써 그 양자상태의 '숨겨진 성질'을 밝혀내야 한다(한 번의 측정으로는 양자상태를 바로 알아낼 수 없다는 점을 기억하라). 양자 프로세스 단층촬영은 양자계의 역학을 완전히 특징 짓기 위한 좀 더 야심찬 (그러나 밀접하게 관련된) 방식이다. 예를 들어 양자 프로세스 단층촬영은 추정된 양자 게이트 또는 양자 통신채널의 성능을 특징으로 잡아내거나 계에 있는 각 노이즈 프로세스의 유형과 크기를 결정하는 데 사용될 수 있다. 양자 프로세스 단층촬영은 양자계산 및 양자정보에 대한 명백한 응용 외에도 양자 효과가 중요한 과학 및 기술의 모든 분야에서 기본 연산primitive operation의 평가 및 개선을 돕는 진단 도구로 잘 응용될 것으로 예상된다. 양자상태 단층촬영과 양자 프로세스 단층촬영에 대해서는 8장에서 자세히 설명한다.

다양한 소규모 통신 기본 요소도 큰 관심사다. 우리는 양자 암호학과 양자 텔레포테이션에 대해 이미 언급한 적이 있다. 양자 암호학은 매우 안전해야 하는 소량의 키 재료 분배와 관련된 실제 응용 분야에 유용할 듯하다. 양자 텔레포테이션의 용도는 의문의 여지가 많을 것이다. 12장에서는 노이즈가 존재할 때 네트워크 내의 멀리 떨어진 노드들 간에 양자상태를 전송하는 데 텔레포테이션이 매우 유용한 기본 요소가 된다는 것을 알아볼 것이다. 이것의 아이디어는 통신을 원하는 노드 간에 EPR 쌍을 분배하려는 노력에 초점을 두고 있다. EPR 쌍은 통신 중에 손상될 수 있지만 특수한 '얽힘 증류^{entanglement} distillation' 프로토콜을 통해 EPR 쌍을 '정리'해 한 위치에서 다른 위치로 양자상태를 텔레포테이션하는 데 사용할 수 있다. 사실 얽힘 증류와 텔레포테이션을 기반으로 하는 프로토콜은 노이즈 없는 큐비트 통신에 있어서 기존의 양자 오류정정 기술보다 더 우수한 성능을 낸다.

중간 규모^{medium-scale}란 어떤 걸까? 양자정보 처리에 있어서 유망한 중간 규모의 응용은 양자계의 시뮬레이션에 있다. 단 몇십 개의 큐비트가 들어간 (또는 다른 기본 계의 관점에서 이에 상응하는) 양자계를 시뮬레이션하려면 최대 규모의 슈퍼컴퓨터 자원으로도 무리다. 간단한 계산으로 이를 알아볼 수 있다. 50큐비트가 들어간 계가 있다고 하자. 이 계의 상태를 기술하려면 $2^{50} \approx 10^{15}$개의 복소 진폭^{complex amplitude}이 필요하다. 진폭을 128비트의 정밀도로 저장하려면 각 진폭 저장에 256비트 또는 32바이트가 필요하며 총 32×10^{15}바이트의 정보 또는 약 32,000테라바이트의 정보가 쌓여 현재의 컴퓨터 용량을 훨씬 초과한다. 이는 무어의 법칙이 예정대로 계속된다면 21세기 중반에 나올 만한 슈퍼컴퓨터의 저장 용량에 해당한다. 같은 정밀도의 90큐비트에 대해서는 32×10^{27}바이트가 필요해 비트 표현에 단일 원자를 사용해 구현하더라도 킬로그램급(또는 그 이상)의 물질이 필요하다.

양자 시뮬레이션은 얼마나 유용할까? 결합 세기와 같은 기초 특성^{elementary properties} 및 기본 분광 특성을 결정하는 데는 기존의 방법이 여전히 사용될 듯하다. 하지만 일단 그 기본 특성^{basic properties}을 잘 이해하면 양자 시뮬레이션은 새로운 분자의 특성을 설계하고 검사하기 위한 실험실로 아주 쓸모가 있을 것이다. 기존의 실험 환경에서는 분자 하나에 대해 다양한 설계를 검사하려면 다양한 유형의 '하드웨어'(화학 물질, 검출기 등)가 많이 필요하다. 양자 컴퓨터에서는 이러한 여러 유형의 하드웨어를 모두 소프트웨어로 시뮬레이션할 수 있으므로 훨씬 저렴하고 빠를 것이다. 물론 최종 설계와 검사는 실제 물리계로 수행해야 한다. 하지만 양자 컴퓨터를 사용하면 훨씬 더 넓은 범위의 설계가 가능한지 살펴보고 더 나은 최종 설계를 뽑아낼 수 있다. 고전 컴퓨터에서 새로운 분자의 설계를 돕기 위해 그러한 제1원리 계산$^{ab\ initio\ calculation}$을 시도했다는 것은 흥미롭다. 그러나 고전 컴퓨터에서 양자역학을 시뮬레이션하기에는 엄청난 계산 자원이 필요했으므로 한정된 성공만 거두었다. 가까운 장래에 양자 컴퓨터는 이런 일을 훨씬 잘 해낼 것이다.

대규모 응용은 어떨까? 양자 시뮬레이션 및 양자 암호학과 같은 응용을 큰 규모로 확장시킨 것을 제외하면 대규모 응용은 상대적으로 적게 알려져 있다. 이를테면 큰 수의 인수분해, 이산로그, 양자탐색 등이 있다. 이 가운데 처음 두 가지는 주로 기존 공개 키 암호체계를 무력화시킬지도 모를 부정적인 영향 때문에 관심을 불러일으켰다(이들 문제에 흥미를 느낀 수학자들의 본질적인 관심에서 비롯됐을 수도 있다). 따라서 장기적으로 볼 때 인수분해와 이산로그는 응용으로서 그다지 중요하지는 않을 것 같다. 양자탐색은 탐색 분야의 폭이 넓어서 굉장히 유용할 수 있는데, 6장에서 그 응용에 대해서 다룬다. 정말 최고로 쳐야 할 것은 양자정보 처리에 있어서 훨씬 더 대규모의 응용이다. 이는 미래에 대한 위대한 목표다!

양자정보 처리에 대해 가능한 응용의 길이 주어진다면 실제 물리계에서 어떻게 이를 달성할 수 있을까? 약간의 큐비트로 이루어진 소규모에서 이미 양자정보 처리 장치에 대한 몇 가지 작업 제안이 있었다. 아마도 가장 쉽게 실현할 수 있는 것은 광학기술, 즉 전자기 복사를 기반으로 한다. 거울과 광분할기^{beamsplitter} 같은 간단한 장치를 사용해 광자의 기본 조작을 수행할 수 있다. 흥미롭게도 필요할 때마다 단일 광자를 생성하는 데는 큰 어려움이 있었다. 실험학자들은 그 대신 '가끔' 단일 광자 생성 체계를 무작위로 사용해서 단일 광자가 생성되기를 기다리는 방법을 채택했다. 양자 암호학, 초고밀도 코딩$^{superdense\ coding}$, 양자 텔레포테이션은 모두 이러한 광학 기술을 사용해 실현됐다. 광학기술의 가장 큰 장점은 광자가 양자역학 정보를 아주 안정적으로 운반하는 경향이 있다는 것이다. 주요 단점은 광자끼리 직접 상호작용하지 않는다는 것이다. 그러므로 원자와 같이 다른 것을 사용해 중간에서 상호작용을 전달해야 하는데, 이렇게 하면 실험이 복잡해지고 노이즈가 발생한다. 두 광자 간의 효과적인 상호작용이 설정되며 기본적으로 두 단계로 작동한다. 즉, 광자 1번은 원자와 상호작용하고 이 원자는 다시 두 번째 광자와 상호작용해 두 광자 간에 전체적인 상호작용을 일으킨다.

다른 방법으로는 여러 종류의 원자를 포획하는 방식에 바탕을 둔다. 즉, 전하를 띤 적은 수의 원자charged atom를 좁은 공간에 가두는 이온트랩ion trap이 있고, 전하를 띠지 않는 원자를 좁은 공간에 가두는 중성 원자트랩neutral atom trap이 있다. 원자트랩을 기반으로 하는 양자정보 처리 체계는 큐비트를 저장하는 데 원자를 사용한다. 전자기 복사도 이러한 체계로 나타나지만, 양자정보 처리에 대해 '광학적' 접근법과는 다른 방식으로 나타난다. 이들 체계에서 광자는 정보를 저장하는 장소가 아닌 원자 자체에 저장된 정보를 조작하는 데 사용된다. 개별 원자에 전자기 복사의 적절한 펄스를 적용해 단일 큐비트 양자 게이트들을 수행할 수 있다. 이웃하는 원자들은 양자 게이트를 수행 가능하게 하는 (예를 들어) 쌍극자 힘을 통해 서로 상호작용할 수 있다. 또한 전자기 복사의 적절한 펄스를 원자에 적용함으로써 이웃하는 원자들 간의 상호작용에 대한 정확한 성질을 수정할 수 있으며, 이를 통해 시스템에서 어떤 게이트를 수행할지 실험으로 제어할 수 있다. 마지막으로, 오랫동안 확립된 양자점프quantum jumps 기술을 사용해 이들 계에서 양자측정을 수행할 수 있는데, 이 기술은 양자계산에 사용되는 계산기저의 측정을 탁월한 정확도로 구현한다.

양자정보 처리 체계의 또 다른 클래스는 핵자기공명Nuclear Magnetic Resonance에 기반을 두고 있다. 흔히 앞글자를 따서 NMR이라고 부른다. 이 체계는 분자 내에 있는 원자의 핵 스핀에 양자정보를 저장하고 전자기 복사를 사용해 그 정보를 조작한다. NMR에서는 개별 핵에 직접 접근할 수 없기 때문에 이러한 체계는 특히 어렵다. 따라서 엄청난 수(일반적으로 약 10^{15})의 본질적으로 동일한 분자들을 용액으로 저장한다. 이 샘플에 전자기 펄스를 적용해 각 분자가 대략 동일한 방식으로 반응하게 한다. 각 분자들을 독립적인 컴퓨터들로 여기면 이 샘플은 엄청난 수의 컴퓨터가 (고전적으로 말해) 모두 병렬로 실행되는 것으로 생각할 수 있다.

NMR 양자정보 처리는 다른 양자정보 처리 체계와는 좀 다른 세 가지 특별한 어려움에 직면해 있다. 첫째, 분자는 대체로 상온에서 평형을 유지하는 것으로 준비하는데, 이 온도는 스핀이 거의 완전히 무작위 방향이 되는 전형적인 스핀 반전 에너지spin flip energy보다 훨씬 높다. 이러한 사실로 인해 양자정보 처리에 바람직한 것보다 좀 더 '노이즈가 있는' 초기 상태가 된다. 이 노이즈를 어떻게 극복할지가 7장에서 언급하는 재미있는 이야기다. 두 번째 문제는 NMR에서 수행할 수 있는 측정 품질은 양자정보 처리에서 수행하고 싶은 가장 일반적인 측정에 한참 못 미친다는 것이다. 그럼에도 양자정보 처리의 여러 경우를 따져보면 NMR에서 허용되는 측정 품질로도 충분하다. 셋째, NMR에서는 분자를 개별적으로 다룰 수 없기 때문에 개별 큐비트를 적절한 방식으로 어떻게 조작할 수 있을지 의문이 들 것이다. 다행히도 분자 내의 각 핵은 서로 다른 특성을 가질 수 있어 개별적으로 다룰 수 있다(또는 양자계산에 필수적인 연산을 수행할 수 있도록 충분히 세밀한 규모로 다룰 수 있다).

대규모 양자정보 처리를 수행하는 데 필요한 요소 중 많은 것들은 이미 나와 있는 제안에서 찾을 수 있다. 즉, 뛰어난 상태 준비와 양자측정은 이온트랩 안에 있는 적은 수의 큐비트에 대해 수행하면 되고, 뛰어난 역학은 NMR을 사용한 작은 분자에 대해 수행하면 되며, 고체 계$^{solid\ state\ system}$의 제조기술은 설계 규모를 아주 크게 할 수 있게 해준다. 이들 요소 모두를 갖춘 단일 계$^{single\ system}$는 꿈의 양자 컴퓨터를 향해 가는 긴 여정이 될 것이다. 아쉽게도 이들 모든 계들은 서로 매우 다르고, 대규모 양자 컴퓨터가 나오기까지는 시간이 아주 많이 걸린다. 하지만 기존의 (비록 서로 다르지만) 계에 이러한 모든 특성이 들어 있기 때문에 오히려 대규모 양자정보 처리 프로세서가 나온다면 장기간 존재하게 될 거라고 믿는다. 더욱이 이 점은 기존의 여러 기술의 장점을 결합하려는 하이브리드 설계를 추구할 때 많은 이점이 있음을 시사한다. 예를 들어 전자기 공진기$^{electromagnetic\ cavity}$ 내부에 원자를 포획할 때 하는 일이 많다. 그렇기 때문에 광학 기술을 통해 공진기 내부의 원자를 유연하게 조작할 수 있으며, 기존의 원자트랩에서는 사용할 수 없는 방식으로 단일 원자를 실시간으로 피드백 제어$^{feedback\ control}$할 수 있는 것이다.

결론적으로 말하면 양자정보 처리가 또 다른 정보 처리용 기술인 것으로 평가하지 않는 것이 중요하다. 예를 들어 양자계산은 다른 유행처럼 시간이 흐름에 따라 컴퓨터의 진화 속에서 또 하나의 기술적으로 일시적인 유행이 될 거라고 치부할 수 있다('버블 메모리 bubble memories'는 1980년대 초반의 메모리 분야에서 차세대 혁신으로 널리 선전됐었다). 양자계산이 정보 처리의 추상 패러다임$^{abstract\ paradigm}$으로서 파생 기술을 많이 낳을지도 모르기 때문에 이러한 생각은 잘못된 것이다. 양자 컴퓨팅에 대해 2개의 다른 제안이 있을 때 기술적 장점에 관해 서로 비교할 수 있다('나쁜' 제안과 '좋은' 제안을 비교하는 것은 당연한 것이다). 하지만 양자 컴퓨터를 위한 아주 형편없는 제안일지라도 고전 컴퓨터의 뛰어난 설계와는 질적으로 다른 성질을 갖는다.

1.6 양자정보

'양자정보'란 용어는 양자계산 및 양자정보 분야에서 두 가지 다른 방식으로 사용된다. 첫 번째 용도는 모든 방식의 연산이라는 포괄적 개념으로서 양자역학을 사용한 정보 처리로 해석할 수 있다. 여기에는 양자계산, 양자 텔레포테이션, 복제불가 정리와 같은 주제 그리고 사실상 이 책에서 다룬 그 외의 거의 모든 주제를 망라한다.

"양자정보"의 두 번째 용도는 훨씬 더 전문적이다. 즉, 기초 양자정보 처리 작업의 연구를 의미한다. 예를 들어 대체로 양자 알고리듬 설계는 포함되지 않는데, 그 이유는 특정 양자 알고리듬의 세부사항이 '기초'의 범위를 벗어나기 때문이다. 혼란을 피하기 위해 이렇게 전문적인 분야를 언급할 때는 '양자정보이론'이란 용어를 사용할 것이며, 이에 대응하는 고전적인 분야를 기술할 때는 널리 사용되는 용어인 '(고전)정보이론'을 나란히 사용할 것이다. 물론 '양자정보이론'이라는 용어 자체에는 단점이 있다. 즉, 이론적인 의견이 모두 중요한 것처럼 보일 수 있는 것이다! 물론 그렇지 않으며, 양자정보이론에 의해 연구된 기초 과정의 실험 시연이 매우 중요하다.

이 절의 목적은 양자정보이론의 기본 아이디어를 소개하는 것이다. 양자정보이론은 기초 양자정보 처리 작업으로 제한하더라도 초급자에게 무질서한 동물원처럼 보일 수 있으며, 명백히 관련 없는 많은 주제가 '양자정보이론' 제목 아래에 놓이기도 한다. 그 이유를 일부만 말하면, 해당 주제가 아직 개발 중이고 모든 조각을 어떻게 맞춰야 하는지 아직 분명하지 않기 때문이다. 하지만 다음과 같이 양자정보이론상의 일을 하나로 묶는 근본적 목표들은 알아낼 수 있다.

1. 양자역학에서 정적인 자원에 해당하는 기초 요소$^{elementary class}$의 규명. 그 예가 큐비트다. 또 다른 예는 비트다. 즉, 고전물리학은 양자물리학의 특수한 경우로 일어나기 때문에 고전정보이론에 등장하는 기초 정적 자원도 양자정보이론과 큰 관련이 있을 거라는 점은 놀라운 일이 아니다. 정적 자원의 기초 클래스에 대한 또 다른 예는 멀리 떨어진 두 당사자 간에 공유되는 벨 상태$^{Bell state}$다.

2. 양자역학에서 동적인 자원에 해당하는 기초 요소의 규명. 간단한 예로는 일정 기간 동안 양자상태를 저장할 수 있는 능력인 메모리다. 좀 더 복잡한 과정으로는 앨리스와 밥이라 호칭하는 두 당사자 간의 양자정보 전송이다. 여기에는 양자상태를 복사하고 (또는 복사를 시도하고) 노이즈의 영향으로부터 양자정보 처리를 보호하는 과정이 포함된다.

3. 기초 동적 과정의 수행을 위해 요구되는 자원의 정량화. 예를 들면 노이즈가 있는 통신 채널을 사용할 때 두 당사자 간에 양자정보를 안정적으로 전송하는 데 필요한 최소한의 자원들은 얼마인가?

고전정보이론의 목표도 이와 비슷하다. 하지만 양자정보이론은 고전정보이론보다 더 광범위하다. 그 이유는 양자정보이론이 고전정보이론의 정적 및 동적 요소뿐만 아니라 추가적인 정적 및 동적 요소도 포함하기 때문이다.

이 절의 나머지 부분에서는 양자정보이론으로 연구한 몇 가지 질문의 예를 다루는데, 각 경우에 있어서 고려해야 할 근본적인 정적 및 동적 요소를 강조하고 자원 균형을 알아볼 것이다. 우리는 고전정보이론가들에게 아주 친숙하게 여겨질 예제로 시작할 것이다. 이 예제는 양자채널을 통해 고전정보를 보내는 문제다. 그런 다음, 양자역학에 존재하는 새로운 정적 및 동적 과정(양자 오류정정, 양자상태를 구별하는 문제, 얽힘 변환 등)을 알아볼 것이다. 1장은 양자계산 및 양자정보의 다른 곳에 양자정보이론의 도구를 어떻게 적용할 수 있는지에 대한 의견으로 마무리한다.

1.6.1 양자정보이론: 예제 문제

양자채널을 통한 고전정보

고전정보이론의 근본적인 결과는 섀넌의 무노이즈 채널 코딩 정리^{noiseless channel coding theorem}와 노이즈 채널 코딩 정리^{noisy channel coding theorem}다. 무노이즈 채널 코딩 정리란 정보 소스가 방출하는 정보를 저장하는 데 얼마나 많은 비트 수가 필요한지를 값으로 매기는 반면, 노이즈 채널 코딩 정리란 노이즈가 있는 통신채널을 통해 얼마나 많은 정보를 안정적으로 전송할 수 있는지를 값으로 매긴다.

정보 소스^{information source}란 무엇을 의미할까? 이 개념을 정의하는 것은 고전 및 양자정보이론의 근본적인 문제이며, 우리는 여러 번 재검토할 것이다. 지금은 잠정적인 정의를 살펴보자. 즉, 고전정보 소스는 p_j 확률들($j = 1, 2, ..., d$)의 집합으로 기술된다. 그 소스를 사용할 때마다, '문자' j가 무작위로 선택되면서 p_j 확률을 가지며 각 확률은 독립적이다. 예를 들어 소스가 영어 텍스트라면 숫자 j는 각 영문자와 마침표를 가리키고, p_j 확률은 일반 영어 텍스트에서 각 영문자가 나타나는 상대빈도^{relative frequency}를 의미한다. 영문자가 독립적 방식으로 등장한다는 것은 참이 아니지만, 우리의 목적상 그렇게 해도 근사적으로 맞을 것이다.

보통의 영어 텍스트에는 중복되는 문자가 상당히 많으며 이러한 중복을 활용해 텍스트를 압축할 수 있다. 예를 들어 보통의 영어 텍스트에서 'e' 문자는 'z' 문자보다 훨씬 더 자주 나온다. 따라서 영어 텍스트를 압축하는 체계를 잘 짜면 'z'를 나타내는 데 사용하는 것보다 더 적은 정보 비트를 사용해서 'e' 문자를 나타낼 수 있다. 섀넌의 무노이즈 채널 코딩 정리를 사용하면 그러한 압축체계가 얼마나 잘 작동하는지를 정확하게 값으로 매길 수 있다. 좀 더 정확히 말하면 무노이즈 채널 코딩 정리는 p_j 확률로 기술되는 고전 소스를 사용할 때 평균적으로 $H(p_j)$비트의 정보를 사용해서 표현되도록 그 소스를 압축할 수 있다는 점을 알려준다. 여기서 $H(p_j) \equiv -\sum_j p_j \log(p_j)$는 섀넌 엔트로피$^{Shannon\ entropy}$라는 소스 확률분포 함수다. 더욱이 무노이즈 채널 코딩 정리는 이보다 더 적은 비트를 사용해 소스를 표현하려고 하면 압축된 정보를 풀 때 오류 가능성이 높아질 거라는 점을 알려준다(섀넌의 무노이즈 채널 코딩 정리는 12장에서 훨씬 더 자세히 논의한다).

섀넌의 무노이즈 코딩 정리는 앞서 나열했던 정보이론의 목표를 모두 충족시키는 좋은 예가 된다. 이를 테면 2개의 정적 자원을 알아낸다(목표 번호 1). 즉, 비트와 정보 소스다. 두 단계의 동적 과정도 알아낸다(목표 2). 즉, 정보 소스를 압축하고 나서 압축을 풀어 정보 소스를 복원하는 것이다. 마지막으로 최적의 데이터 압축 방식이 소비하는 자원을 결정하기 위한 값의 기준을 구한다(목표 3).

섀넌의 두 번째 주요 결과인 노이즈 채널 코딩 정리는 노이즈가 있는 채널을 통해 안정적으로 전송할 수 있는 정보의 양을 값으로 매긴다. 특히, 어떤 정보 소스가 만들어낸 정보를 노이즈가 있는 채널을 통해 다른 위치로 전송하려 한다고 하자. 그 위치는 공간 내의 다른 지점이거나 시간적으로 다른 시점에 있을 수 있다. 즉, 후자는 노이즈가 있는 곳에서 정보를 저장하는 문제다. 두 경우 모두에 대한 아이디어는 생산될 정보를 오류정정 코드를 사용해 인코딩해서 이 채널에서 발생된 어떤 노이즈라도 이 채널의 다른 쪽 끝에서 정정할 수 있게 하는 것이다. 오류정정 코드가 이를 달성하는 방법은 채널을 통해 전송된 정보에 충분한 중복성을 도입해서 일부 정보가 손상된 후에도 원래 메시지로 복구할 수 있게 하는 것이다. 예를 들어 노이즈가 있는 채널이 단일 비트 전송용이라고 가정하자. 그러면 그 노이즈에 대해 신뢰성 있는 전송을 달성하기 위해서는 전송하기에 앞서 소스에서 생성된 각 비트를 2비트로 인코딩시켜야 한다. 그러한 채널은 사용될 때마다 대략 1/2비트 정보를 신뢰성 있게 전달할 수 있기 때문에 1/2비트 용량^{capacity}을 갖는다고 말한다. 섀넌의 노이즈 채널 코딩 정리는 임의의 노이즈가 있는 채널의 용량을 계산하기 위한 일반적인 절차를 제공한다.

섀넌의 노이즈 채널 코딩 정리도 앞서 언급한 정보이론의 세 가지 목표를 달성한다. 두 가지 유형의 정적 자원이 관련되는데(목표 1), 정보 소스와 채널을 통해 전송되는 비트가 그것이다. 세 가지 동적 과정이 관련된다(목표 2). 주 과정은 채널 내의 노이즈다. 이 노이즈를 제거하기 위해 오류정정 코드로 상태를 인코딩 및 디코딩하는 2중 과정을 수행한다. 고정된 노이즈 모델의 경우, 신뢰성 있는 정보 전송을 달성하려면 최적의 오류정정 체계가 얼마나 많은 중복성을 도입해야 하는지를 섀넌의 정리가 알려준다(목표 3).

무노이즈 및 노이즈 채널 코딩 정리에 대해 섀넌은 정보 소스의 출력을 고전계[classical system](비트 같은 것들)에 저장하는 것으로 제한했다. 양자정보이론에 대한 자연스러운 의문은 저장 매체를 바꾸어 양자상태를 저장 매체로 사용해 고전정보를 전송한다면 어떤 일이 발생하는가이다. 이를테면 앨리스가 정보 소스에 의해 생산된 어떤 고전정보를 압축해 그 압축정보를 밥에게 전송한 다음, 밥이 압축을 풀 수 있다. 압축정보를 저장하는 데 사용된 매체가 양자상태라면 섀넌의 무노이즈 채널 코딩 정리는 최적의 압축 및 압축해제 체계를 결정하는 데 사용할 수 없다. 예를 들면 큐비트를 사용하는 것이 고전적으로 가능한 것보다 더 나은 압축률이 나올지 의문이 들 것이다. 이러한 의문은 12장에서 연구하고 실제로 큐비트가 무노이즈 채널을 통한 정보 전송에 필요한 통신량을 그다지 절약시키지 않는다는 것을 증명할 것이다.

당연히 다음 단계는 노이즈 양자채널을 통해 고전정보를 전송하는 문제를 조사하는 것이다. 이상적으로 말하면 우리가 원하는 것은 그러한 정보 전송 채널의 용량을 값으로 매긴 결과다. 용량을 평가하는 것은 여러 가지 이유로 매우 까다로운 작업이다. 양자역학은 연속적인 공간에서 일어나기 때문에 엄청나게 다양한 노이즈 모델이 나오며 노이즈에 대처하기 위해 고전적인 오류정정 기술을 어떻게 적용할지 전혀 알지 못한다. 예를 들어보자. 얽힌 상태를 사용해 고전정보를 인코딩하고 나서 노이즈 채널을 통해 한 번에 한 조각씩 전송하는 것이 유리할까? 아니면 얽힌 측정[entangled measurement]을 사용해 디코딩하는 것이 유리할까? 12장에서는 HSW[Holevo-Schumacher-Westmoreland] 정리를 증명할 것인데, 이 정리를 사용하면 그러한 채널의 용량에 대한 하계[lower bound]를 알 수 있다. HSW 정리에 대한 완전한 증명은 아직 없지만 이 정리가 그 용량을 정확히 평가한다고 널리 알려져 있다! 남아 있는 문제는 HSW 정리에서 나온 하계를 벗어나 용량을 높이는 데 얽힌 상태의 인코딩을 사용할 수 있는지 여부다. 지금까지의 모든 증거는 이것이 용량을 높이는 데 도움이 되지 않는다고 암시하지만, 이 추측의 진실이나 거짓을 결정하는 것은 여전히 양자 정보이론의 매혹적인 미해결 문제다.

양자채널을 통한 양자정보

물론 고전정보는 양자역학에서 사용 가능한 유일의 정적 자원이 아니다. 양자상태 자체는 자연스러운 정적 자원이며 심지어 고전정보보다 더 자연스럽다. 이번에는 양자상태의 압축 및 압축 해제가 관련된, 섀넌 코딩 정리의 다른 양자 유사물을 살펴보자.

시작하기 위해서는 정보 소스의 고전 정의와 유사하게 정보 소스의 양자 개념을 정의해야 한다. 고전적인 경우에서와 같이 이를 위한 여러 다른 방법이 있지만, 명확하게 하기 위해 양자 소스가 p_j 확률 집합과 그에 해당하는 양자상태 $|\psi_j\rangle$로 기술되는 임시 정의를 만들어보자. 소스를 사용할 때마다 p_j 확률의 상태 $|\psi_j\rangle$가 만들어지며 소스의 각 사용은 서로 독립이다.

그런 양자역학 소스의 출력을 압축하는 것이 가능할까? p 확률의 $|0\rangle$ 상태와 $1-p$ 확률의 $|1\rangle$ 상태를 출력하는 큐비트 소스의 경우를 생각해보자. 이 소스는 본질적으로 p 확률의 0이나 $1-p$ 확률의 1이라는 단일 비트를 방출하는 고전 소스와 같다. 그러므로 압축된 소스를 저장하는데 $H(p, 1-p)$개의 큐비트만 필요하도록 비슷한 기술을 사용해 소스를 압축할 수 있는 점은 놀라운 일이 아니다. 여기서 다시 언급하지만 $H(\cdot)$는 섀넌 엔트로피 함수다.

위와 달리 소스가 p 확률의 $|0\rangle$ 상태와 $1-p$ 확률의 $(|0\rangle + |1\rangle)/\sqrt{2}$ 상태를 생성하는 경우는 어떨까? 일반적으로 $|0\rangle$ 상태와 $(|0\rangle + |1\rangle)/\sqrt{2}$ 상태를 구별할 수 없기 때문에 고전 데이터 압축의 표준 기술은 더 이상 적용되지 않는다. 그래도 어떤 종류의 압축 연산을 수행할 수 있을까?

이 경우에도 일종의 압축이 여전히 가능하다는 것이 밝혀졌다. 흥미로운 점은 소스가 생성하는 양자상태가 압축과 압축 해제 절차에 의해 약간 왜곡될 수 있다는 점에서 압축이 더 이상 오류로부터 자유로울 수 없다는 것이다. 그럼에도 이러한 왜곡을 아주 작게 해서 압축 소스 출력의 블록 수를 무한대로 했을 때 궁극적으로 무시할 수 있어야 한다. 왜곡을 값으로 매기기 위해 압축체계에 대해 충실도 측도^{fidelity measure}를 도입하는데, 이를 통해 이 압축체계에서 나온 평균 왜곡을 측정한다. 양자 데이터 압축의 아이디어는 압축된 데이터를 아주 좋은 충실도로 복구해야 한다는 것이다. 충실도란 압축 해제가 올바르게 수행될 확률과 비슷하다고 생각하면 된다(블록 길이의 극한이 무한대로 갈 때 오류 없을 확률의 극한은 1로 가야 한다).

슈마허^{Schumacher}의 무노이즈 채널 코딩 정리는 1에 근접한 충실도로 소스를 복구할 수 있는 제한을 갖고 양자 데이터 압축을 수행하는 데 필요한 자원의 양을 정한다. p_j 확률로 직교 양자상태 $|\psi_j\rangle$를 생성하는 소스의 경우, 슈마허의 정리는 고전적 한계인 $H(p_j)$를 넘어설 수는 없고 거기까지만 압축할 수 있겠다는 점을 알려준다. 하지만 소스가 생성하는 비직교 상태$^{\text{non-orthogonal state}}$라는 좀 더 일반적인 경우, 슈마허의 정리는 양자 소스를 얼마나 압축할 수 있는지를 알려주는데, 그 답은 섀넌 엔트로피 $H(p_j)$가 아니다! 그 대신 새로운 엔트로피 양인 폰 노이만$^{\text{von Neumann}}$ 엔트로피가 정답인 것으로 밝혀졌다. 일반적으로 폰 노이만 엔트로피가 섀넌 엔트로피와 일치하기 위한 필요충분조건은 $|\psi_j\rangle$ 상태들이 직교일 경우다. 직교가 아닌 경우, p_j 소스인 $|\psi_j\rangle$에 대한 폰 노이만 엔트로피는 일반적으로 섀넌 엔트로피 $H(p_j)$보다 절대적으로 작다. 따라서 예를 들어 p 확률의 $|0\rangle$ 상태와 $1-p$ 확률의 $(|0\rangle + |1\rangle)/\sqrt{2}$ 상태를 생성하는 소스는 소스 사용당 $H(p, 1-p)$개의 큐비트보다 적게 사용해 안정적으로 압축될 수 있다!

이렇게 자원을 줄이기 위해 필요한 기본적인 직관은 아주 쉽게 알 수 있다. p 확률의 $|0\rangle$ 상태와 $1-p$ 확률의 $(|0\rangle + |1\rangle)/\sqrt{2}$ 상태를 발생하는 소스가 큰 수인 n번 사용된다고 하자. 그러면 큰 수의 법칙$^{\text{the law of large numbers}}$에 의해 그 소스는 높은 확률로 $|0\rangle$에 대해 np개의 복사본과 $(|0\rangle + |1\rangle)/\sqrt{2}$에 대해 $n(1-p)$개의 복사본을 방출한다. 즉,

$$|0\rangle^{\otimes np} \left(\frac{|0\rangle + |1\rangle}{\sqrt{2}} \right)^{\otimes n(1-p)} \tag{1.60}$$

형식이 되며 관련된 계들의 순서는 바뀔 수도 있다. 오른쪽에 있는 $|0\rangle + |1\rangle$ 항의 곱을 전개해보자. $n(1-p)$가 크기 때문에 큰 수의 법칙을 또 사용하면 이 곱셈 항들은 대략 절반의 $|0\rangle$와 절반의 $|1\rangle$이 될 것으로 추측할 수 있다. 즉, $|0\rangle + |1\rangle$ 곱은

$$|0\rangle^{\otimes n(1-p)/2}|1\rangle^{\otimes n(1-p)/2} \tag{1.61}$$

형식의 상태 중첩으로 될 수 있다. 따라서 소스가 방출한 상태는

$$|0\rangle^{\otimes n(1+p)/2}|1\rangle^{\otimes n(1-p)/2} \tag{1.62}$$

형식의 항들에 대한 중첩으로 근사시킬 수 있다. 이 형식의 상태는 얼마나 많이 존재할까? 대략 n은 $n(1+p)/2$로 선택하는데 스털링 근사$^{\text{Stirling's approximation}}$에 의해

$N \equiv 2^{nH[(1+p)/2,(1-p)/2]}$와 같다. 그러면 간단한 압축 방법은 (1.62) 형식의 모든 상태에 레이블을 지정한 $|c_1\rangle$부터 $|c_N\rangle$까지가 된다. 소스로부터 방출된 n큐비트에 대해 $|c_j\rangle$을 $|j\rangle|0\rangle^{\otimes n - nH[(1+p)/2,(1-p)/2]}$로 바꾸는 유니타리 변환을 수행하는 것이 가능한데, 그 이유는 j가 $nH[(1+p)/2,(1-p)/2]$비트 번호이기 때문이다. 압축 연산은 이 유니타리 변환을 수행하고 나서 마지막의 $n - nH[(1+p)/2,(1-p)/2]$ 큐비트를 떨어내고 $nH[(1+p)/2,(1-p)/2]$ 큐비트의 압축 상태를 남기는 것이다. 압축을 풀려면 $|0\rangle^{\otimes n - nH[(1+p)/2,(1-p)/2]}$ 상태를 그 압축 상태에 추가하고 역 유니타리 변환^{inverse unitary transformation}을 수행한다.

양자 데이터 압축 및 압축 해제에 대한 이 절차로는 소스 사용당 $H[(1+p)/2,(1-p)/2]$ 큐비트를 저장해야 하며, 이는 $p \geq 1/3$일 때마다 섀넌의 무노이즈 채널 코딩 정리에서 순수하게 기대할 수 있었던 $H(p, 1-p)$ 큐비트 이상의 향상을 가져온다. 12장에서 알게 되겠지만, 사실 슈마허의 무노이즈 채널 코딩 정리를 이용하면 심지어 이보다 더 나아진 다. 하지만 그 구조의 본질적 근거는 여기서 압축할 수 있었던 근거와 동일하다. 즉, $|0\rangle$ 와 $(|0\rangle + |1\rangle)/\sqrt{2}$가 직교가 아니라는 사실을 이용했다. 직관적으로 보면 두 상태는 모두 $|0\rangle$ 방향의 성분을 갖고 있기 때문에 약간의 중복이 들어가며 이 요소로 인해 직교 상태 에서 얻을 수 있는 것보다 더 많은 물리적 유사성이 생긴다. 앞서 기술한 코딩 체계에서 활용했던 것이 바로 이 중복성이며 슈마허의 무노이즈 채널 코딩 정리를 완전하게 증명 하는 데도 이것이 사용된다. $p < 1/3$일 때 이 특정 체계가 그 상태의 중복성을 활용하지 않기 때문에 $p \geq 1/3$ 제한이 발생한다는 점에 주목한다. 결국 문제의 중복성을 효과적으 로 증가시킬 수 있다! 물론 이것은 우리가 선택한 특정 체계의 인위적 결과물이며 일반적 솔루션은 훨씬 더 합리적인 방법으로 중복성을 활용해 데이터를 압축한다.

슈마허의 무노이즈 채널 코딩 정리는 양자상태의 압축 및 압축 해제에 대한 섀넌의 무 노이즈 채널 코딩 정리와 비슷하다. 그렇다면 섀넌의 노이즈 채널 코딩 정리와 유사한 정 리를 찾을 수 있을까? 이 중요한 의문에 대해서는 양자 오류정정 코드 이론을 사용해 상 당한 진전이 있었다. 하지만 아주 만족스러운 유사 정리는 아직 발견되지 않았다. 양자채 널 용량에 대해 알려진 사항은 12장에서 알아볼 것이다.

양자 구별성

지금까지 우리가 고려한 모든 동적 과정(압축, 압축 해제, 노이즈, 오류정정 코드의 인코딩과 디 코딩)은 고전정보이론과 양자정보이론 모두에서 발생한다. 하지만 양자상태와 같은 새로운 정보 유형을 도입하면 고전정보이론에서 고려한 것 이상으로 동적 과정 클래스가 확대된다. 좋은 예로는 양자상태를 구별하는 문제다. 고전적으로 보면, 우리는 원론적인 면에서 적어도 서로 다른 정보 항목을 구별할 수 있는 것에 익숙하다. 현실적으로 말해 종이에 쓰인 얼룩진 'a' 문자는 'o' 문자와 구별하기가 아주 어렵겠지만, 전후 사정을 따지면 그런 문자일 거라고 아주 확실하게 구별하는 것이 가능하다.

한편, 양자역학적으로 임의의 상태들을 구별해내는 것은 항상 가능하지만은 않다. 예를 들어 양자역학이 허용하는 어떠한 과정이라도 $|0\rangle$와 $(|0\rangle + |1\rangle)/\sqrt{2}$ 상태를 확실하게 구별하지는 못한다. 이 점을 정밀하게 증명하기 위해서는 현재는 이용할 수 없는 도구가 필요하지만(이에 대해서는 2장에서 다룬다) 예제를 생각해 보면 가능하지 않다는 것을 아주 쉽게 확인할 수 있다. 예를 들어 계산기저로 측정해 이러한 두 상태를 구별하려 한다고 하자. 그러면 $|0\rangle$ 상태가 주어졌을 때 측정 값은 1의 확률로 0이 나올 것이다. 하지만 $(|0\rangle + |1\rangle)/\sqrt{2}$를 측정하면 각각 1/2 확률로 0과 1이 나올 것이다. 따라서 측정 결과가 1이면 $|0\rangle$에서는 나올 수 없기 때문에 그 상태가 $(|0\rangle + |1\rangle)/\sqrt{2}$이었을 거라는 점을 알 수 있지만, 측정 결과가 0이면 $|0\rangle$ 또는 $(|0\rangle + |1\rangle)/\sqrt{2}$ 상태 중 어느 것에서 나온 것인지 추정할 수 없다.

비직교^{non-orthogonal} 양자상태의 이러한 구별불가성^{indistinguishability}은 양자계산 및 양자정보의 중심에 놓여 있다. 양자상태에는 측정으로는 알 수 없는 숨겨진 정보가 들어 있고, 따라서 이것이 양자 알고리듬과 양자 암호학에서 핵심적인 역할을 한다는 것이 우리 주장의 본질이다. 양자정보이론의 핵심 문제 중 하나는 비직교 양자상태를 얼마나 잘 구별하는지를 값으로 매기는 측도^{measure}를 개발하는 것이며, 9장과 12장의 많은 부분이 이 목표와 관련이 있다. 이번 소개에서는 불확실성의 두 가지 재미있는 측면(빛보다 빠른 통신 가능성과의 연결 그리고 '양자화폐'로의 응용)을 다루는 것으로 제한할 것이다.

임의의 양자상태들을 구별할 수 있다고 잠시 상상해보자. 얽힘을 사용하면 빛보다 빠르게 통신하는 능력이 생기는지 알아볼 것이다. 앨리스와 밥이 $(|00\rangle + |11\rangle)/\sqrt{2}$ 상태로 얽힌 큐비트 쌍을 공유한다고 하자. 앨리스가 계산기저로 측정한다면 측정 후의 상태는 각각 1/2 확률로 $|00\rangle$와 $|11\rangle$가 될 것이다. 따라서 밥의 계는 각각 1/2 확률로 $|0\rangle$ 상태나 $|1\rangle$ 상태에 있게 된다. 하지만 앨리스가 그렇게 하지 않고 $|+\rangle$, $|-\rangle$ 기저로 측정했다고 하자. $|0\rangle = (|+\rangle + |-\rangle)/\sqrt{2}$이고 $|1\rangle = (|+\rangle - |-\rangle)/\sqrt{2}$라는 점을 상기하자. 약간의 계산을 거치면 앨리스 계와 밥 계의 초기 상태는 $(|++\rangle + |--\rangle)/\sqrt{2}$로 다시 표현할 수 있다. 따

라서 앨리스가 $|+\rangle$, $|-\rangle$ 기저로 측정하면 측정 후의 밥 계의 상태는 각각 1/2 확률로 $|+\rangle$ 또는 $|-\rangle$가 될 것이다. 지금까지 이것은 모두 기본적인 양자역학이다. 그런데 밥이 $|0\rangle$, $|1\rangle$, $|+\rangle$, $|-\rangle$라는 4개의 상태를 구별할 수 있는 장치를 사용할 수 있다면 그는 앨리스가 계산기저로 측정했는지 아니면 $|+\rangle$, $|-\rangle$ 기저로 측정했는지를 알 수 있다. 더욱이 앨리스가 측정을 하자마자 그는 즉시 정보를 얻을 수 있고, 이는 앨리스와 밥이 빛보다 빠르게 통신할 수 있는 수단을 얻은 것이다! 물론 우리는 비직교 양자상태를 구별하는 것이 불가능하다는 것을 안다. 즉, 위의 예는 이러한 제약이 세상을 지배할 물리적 특성과도 긴밀히 연관돼 있다는 것을 보여준다.

비직교 양자상태의 구별불가성은 언제나 불리한 것은 아니다. 때로는 이득이 될 수도 있다. 어떤 은행이 (고전적인) 일련번호가 찍힌 지폐를 발행하면서 각 지폐에 $|0\rangle$ 또는 $(|0\rangle + |1\rangle)/\sqrt{2}$ 상태의 큐비트 시퀀스도 넣는다고 하자. 이들 두 상태 중 어떤 시퀀스가 지폐에 포함돼 있는지는 그 은행 외에는 아무도 알지 못하며 그 은행은 일련번호와 포함된 상태를 맞춰보는 목록을 갖고 있다. 지폐 위조범은 원본 지폐의 큐비트 상태를 붕괴시키지 않고서는 그 상태를 확실히 파악할 수 없기 때문에 그 지폐를 똑같이 위조할 수 없다. 지폐를 제시하면 상인(인증 가능한 신용을 가짐)은 은행에 전화해 일련번호를 말하고 나서 그 지폐에 어떤 상태 시퀀스가 포함됐는지를 묻는 것으로 위조지폐인지 확인하게 된다. 그리고 나서 은행이 알려주는 대로 $|0\rangle$, $|1\rangle$ 또는 $(|0\rangle + |1\rangle)/\sqrt{2}$, $(|0\rangle - |1\rangle)/\sqrt{2}$ 기저로 큐비트들을 측정하여 그 지폐가 진짜인지 검사할 수 있다. 검사하는 큐비트의 수가 클수록 확률은 지수적으로 1에 다가가므로 이 단계에서 위조가 발견될 것이다! 이 아이디어는 수많은 다른 양자암호 프로토콜의 기본이 되며 비직교 양자상태의 구별불가성이 쓸만하다는 것을 보여준다.

확인문제 1.2:   2개의 비직교 양자상태인 $|\psi\rangle$ 또는 $|\varphi\rangle$ 중 하나의 입력에 대해 정확히 그 상태를 식별하는 장치를 사용해 복제불가 정리를 위반하면서 $|\psi\rangle$와 $|\varphi\rangle$ 상태를 복제하는 장치를 만드는 방법을 설명하라. 이와 반대로, 복제용 장치를 사용해 비직교 양자상태를 구별하는 방법을 설명하라.

얽힘의 생성과 변형

얽힘^{entanglement}은 양자역학의 또 다른 기초 정적 자원이다. 그 특성은 고전정보이론에서 가장 익숙한 자원의 특성과 아주 다르며 아직도 잘 이해되지 않는다. 즉, 우리는 기껏해야 얽힘과 관련된 결과에 있어서 불완전한 단편들을 갖고 있을 뿐이다. 솔루션을 이해하는 데 필요한 모든 언어를 아직 갖추고 있지 않으므로, 얽힘과 관련된 2개의 정보이론적 문제를 최소한으로 살펴보자.

얽힘 생성하기creating entanglement란 양자정보이론에서 관심을 두고 있는 단순 동적 과정이다. 두 사람이 어떠한 사전 얽힘prior entanglement도 공유하지 않았을 때, 서로 공유할 특정의 얽힘 상태를 생성하려면 얼마나 많은 큐비트가 필요할까? 관심의 두 번째 동적 과정은 한 형태에서 다른 형태로 얽힘 변환하기transforming entanglement다. 예를 들어 앨리스와 밥이 벨 상태를 공유하고 다른 유형의 얽힘 상태로 변환하려 한다고 하자. 이 작업을 수행하려면 어떤 자원이 필요할까? 그들은 통신 없이 그 작업을 할 수 있을까? 고전통신만 가능하다면 어떨까? 양자통신이 필요하다면 얼마나 필요할까?

이 질문들과 얽힘의 생성과 변환에 관해 더 복잡한 질문에 대한 답을 구하다 보면 그 자체로 매력적인 연구 영역이 형성되고 양자계산과 같은 작업에 통찰력도 발휘하게 될 것이다. 예를 들어 분산형 양자계산distributed quantum computation은 단순히 둘 이상의 당사자 간에 얽힘을 생성하는 방법으로 볼 수 있다. 즉, 그러한 분산형 양자계산을 수행하기 위한 통신량의 하계lower bound는 적절한 얽힘 상태를 생성하기 위한 통신량의 하계로부터 나온다.

1.6.2 더 넓은 맥락에서의 양자정보

지금까지 양자정보이론의 극히 일부만 알아봤다. 이 책의 3부에서는 양자정보이론에 대해 좀 더 자세히 설명할 것이며 특히 11장에서 양자 및 고전정보이론에 있어서 엔트로피의 근본 특성을 다루고 12장에서는 순수 양자정보이론에 초점을 맞춘다.

양자정보이론은 양자계산 및 양자정보의 가장 추상적인 부분이지만 어떤 의미에서는 가장 기본적인 것이다. 양자정보이론을 이끌어내는, 궁극적으로는 양자계산 및 양자정보를 이끌어내는 의문은 무엇이 양자정보 처리를 하게 만드느냐다. 양자세계와 고전세계를 구분하는 것은 무엇일까? 어떤 자원이 고전세계에서 사용할 수 없고 양자계산에서는 활용될까? 이러한 의문에 대한 기존의 대답은 안개가 낀 듯 모호하고 불완비하다. 즉, 수년 내에 그 안개가 걷힐 것이라는 것이 우리의 희망이고, 그때가 되면 양자정보 처리의 가능성과 한계에 대해 분명히 알게 될 것이다.

문제 1.1: (파인만과 게이츠의 대화) 현재를 배경으로 계산의 미래에 대해 빌 게이츠와 리처드 파인만이 친구처럼 말하는 가상 토론을 약 2천 단어로 작성하여라(의견: 이 책의 나머지 부분을 모두 읽고 나서 이 문제를 풀어도 된다. 이 문제에 대해 가능한 답변 하나를 알려주자면 다음에 나올 '역사와 추가자료'를 보기 바란다).

문제 1.2: 양자계산 및 양자정보에서 가장 중요한 발견은 무엇인가? 그 발견에 대해 교양 있는 일반인들을 대상으로 약 2천 단어의 에세이를 작성하여라(의견: 앞 문제와 마찬가지로 이 책의 나머지 부분을 모두 읽고 나서 이 문제를 풀어도 된다).

역사와 추가자료

1장의 대부분 내용은 2장에서 좀 더 자세히 다룬다. 그러므로 다음의 역사와 추가자료는 이후의 장들과 중복되지 않는 자료들로 한정한다.

양자계산 및 양자정보가 개발된 역사적 맥락을 종합하려면 많은 분야의 역사를 폭넓게 알아야 한다. 1장에서 이러한 역사를 하나로 종합하려고 노력했지만 한정된 지면과 전문지식으로 인해 배경 자료가 많이 생략됐다. 다음의 권장 자료들을 본다면 이러한 생략이 보완될 것이다.

양자역학의 역사에 대해서는 많은 곳에 언급돼 있다. 특히 파이스의 뛰어난 책[Pai82, Pai86, Pai91]을 추천한다. 이 세 책 중에서 [Pai86]은 양자역학의 개발에 가장 직접적으로 관련돼 있다. 하지만 파이스가 쓴 아인슈타인 전기[Pai82]와 보어 전기[Pai91]에도 강도가 덜하긴 하지만 관심을 끌 만한 많은 자료가 들어 있다. 양자역학에 바탕을 둔 기술의 부상에 대해서는 밀번이 저술한 책[Mil97, Mil98]이 있다. 컴퓨터과학 기초에 대한 튜링의 놀라운 논문[Tur36]은 읽을 가치가 있다. 이 논문은 데이비스의 귀중한 역사 자료집[Dav65]에서 찾을 수 있다. 호프스태터[Hof79]와 펜로즈[Pen89] 자료에는 컴퓨터과학의 기초에 대해 재미있고 유익한 토론이 들어 있다. 샤샤와 레이지어가 쓴 15명의 컴퓨터과학자에 대한 전기[SL98]는 컴퓨터과학 역사의 다양한 측면에 대해 상당한 통찰력을 제공한다. 마지막으로, 크누스의 멋진 시리즈 책[Knu97, Knu98a, Knu98b]에는 놀랄 만한 역사적 정보가 들어 있다. 정보이론을 세운 섀넌의 뛰어난 논문[Sha48]은 멋진 독서 감흥을 선사한다([SW49]로 재발행됐다). 맥윌리엄스와 슬론의 자료[MS77]는 오류정정 코드에 대한 훌륭한 교본일 뿐만 아니라 막대한 양의 유용한 역사적 정보도 담고 있다. 마찬가지로 커버와 토마스의 자료[CT91]

도 정보이론에 대한 훌륭한 교본이며 광범위한 역사적 정보를 담고 있다. 유용한 역사적 항목이 많이 들어간 섀넌의 자료들은 슬론과 와이너가 편집해 대규모 분량[SW93]으로 모아서 펴냈다. 슬레피언도 정보이론에 관한 유용한 재발행 세트를 모아 놓았다[Sle74]. 암호학은 복잡하면서도 종종 흥미로운 역사를 가진 고대 기술이다. 칸의 자료[Kah96]는 풍부한 정보를 담고 있는 커다란 암호학 역사다. 좀 더 최근의 개발에 관해서는 메네제스, 판 오오쇼트, 밴스톤[MvOV96], 슈나이어[Sch96a], 디피와 랜다우[DL98]의 책들을 추천한다.

양자 텔레포테이션은 베넷, 브라사르, 크레퓨, 조사, 페레스, 우터스[BBC+93]가 발견했고 그 후 이의 실현을 위해 보스키, 브랑카, 디 마티니, 하디, 포페스쿠[BBM+98]가 광학 기술을 사용했고 보우미스터, 팬, 매틀, 아이블, 바인푸르터, 차일링거[BPM+97]는 광자 편광을 사용했으며 후루사와, 쇠렌슨, 브라운슈타인, 푹스, 킴블, 폴지크[FSB+98]는 '압착된 squeezed' 상태의 빛을 사용했고 닐슨, 닐, 라플램[NKL98]은 NMR을 사용해서 다양한 형태로 실험하며 양자 텔레포테이션을 실현시켰다.

도이치 문제는 도이치[Deu85]가 제기했으며, 그 논문에서는 1비트 솔루션이 주어졌다. 일반적인 n비트의 경우로는 도이치와 조사[DJ92]가 확장시켰다. 이러한 초창기 논문에 나온 알고리듬은 클레브, 에커트, 마키아벨로, 모스카[CEMM98]가 이어서 개선시켰으며, 탭은 미공개 작업에서 독자적으로 개선시켰다. 1장에서는 개선된 버전의 알고리듬을 제공했는데, 이는 나중에 5장에서 논의할 숨은 하위군 문제 프레임워크에 아주 잘 맞는다. 도이치의 최초 알고리듬은 확률적으로만 작동했다. 도이치와 조사는 결정론적 알고리듬을 얻기 위해 이를 향상시켰지만, 1장에서 제시한 개선된 알고리듬과는 달리 그들의 방법은 두 번의 함수 산출이 필요했다. 그럼에도 다음 두 가지 큰 도약에 경의를 표하는 의미에서 이들 알고리듬을 여전히 도이치 알고리듬과 도이치-조사 알고리듬으로 언급한다. 즉, 하나의 큰 도약은 도이치가 양자 컴퓨터가 고전 컴퓨터보다 더 빠르게 일을 처리할 수 있다고 구체적으로 설명한 것이다. 또 하나의 큰 도약은 도이치와 조사가 도이치 알고리듬을 일반화시켜도 문제를 해결하는 시간에는 별 차이가 없다는 것을 처음으로 입증한 것이다.

슈테른-게를라흐 실험에 대한 훌륭한 논의는 사쿠라이가 쓴 교재[Sak95], 파인만, 레이턴과 샌즈가 쓴 볼륨 III[FLS65a], 코앙-타누지, 듀, 랄로가 쓴 교재[CTDL77a, CTDL77b]와 같은 표준 양자역학 교재에서 찾을 수 있다.

문제 1.1의 기원은 라험의 멋진 논문[Rah99]이다.

02

양자역학 입문

난 물리학자가 아니지만 뭐가 문제인지 알아.

– 뽀빠이

양자역학: 진짜 흑마법 미적분학

– 알버트 아인슈타인

양자역학은 우리가 알고 있는 세계를 가장 정확하고 완전하게 기술한 것이다. 또한 양자계산 및 양자정보를 이해하기 위한 토대이기도 하다. 2장에서는 양자계산 및 양자정보를 철저히 이해하는 데 필요한 양자역학의 모든 필수 배경지식을 알려준다. 양자역학에 대한 사전 지식은 없는 것으로 가정한다.

양자역학은 어려운 과목으로 유명하지만 배우기는 수월하다. 그렇게 유명세를 타게된 것은 복잡한 분자구조를 이해하는 등의 응용 부분이 어렵기 때문인데, 이런 부분은 양자역학을 이해하는 데 반드시 필요한 것은 아니다. 우리는 그러한 응용 부분을 논하지 않을 것이다. 이해하기 위한 전제 조건으로는 기초 선형대수만 어느 정도 알고 있으면 된다. 이러한 배경지식을 갖추고 있으면 양자역학에 대한 사전 지식이 없더라도 얼마의 시간이 지났을 때 간단한 문제들은 해결해 나갈 수 있다.

이미 양자역학에 익숙한 독자라면 2장을 재빨리 훑어서 우리의 (대부분 표준적인) 표기법에 얼른 익숙해지고 모든 자료를 잘 파악할 수 있게 한다. 사전 지식이 거의 없거나 전혀 없는 독자라면 2장을 자세히 읽고 확인문제를 풀어봐야 한다. 확인문제가 어려우면지금은 넘어갔다가 나중에 다시 시도하기 바란다.

2장은 2.1절의 선형대수 자료들을 검토하는 것으로 시작한다. 이 절에서는 기초 선형대수에 익숙하다고 가정하지만 대부분의 선형대수에서 사용되는 것과는 다른, 양자역학을 기술하기 위해 물리학자가 사용하는 표기법을 도입한다. 2.2절에서는 양자역학의 기본 공준^{basic postulates}을 설명한다. 이 절을 마치면 양자역학의 모든 기본 원리를 이해하게 될 것이다. 이 절에는 선형대수 자료의 이해를 돕기 위해 간단한 확인문제가 많이 들어 있다. 2장의 나머지 부분과 그 이후의 장들^{chapters}에서는 근본적으로 새로운 물리 원리를 도입하지 않고 이 자료를 설명한다. 2.3절에서는 초고밀도 코딩^{superdense coding}에 대해 설명하는데, 이것은 양자정보 처리의 많은 공준들을 단순한 설정으로 결합시킨 놀랍고도 빛나는 예다. 2.4절과 2.5절에서는 강력한 수학 도구(밀도연산자, 정화^{purification}[1], 슈미트 분해)를 개발하는데, 이들은 특히 양자계산 및 양자정보의 연구에 유용하다. 이러한 도구를 알고 나면 기초적인 양자역학을 잘 이해할 수 있다. 마지막으로 2.6절에서는 세상이 돌아가는 방식에 대한 보통의 '고전적' 인식을 양자역학이 어떻게 넘어서는지 질문을 통해 살펴본다.

2.1 선형대수

이 책은 가르치는 것만큼이나 방해하고 괴롭히기 위해 쓰여졌다.

– 바네시 호프만이 저술한 『벡터에 관하여』의 첫 문장

삶은 복소수다. 실수부와 허수부가 있다.

– 무명씨

선형대수^{Linear algebra}란 벡터공간과 그 벡터공간에서의 선형 연산을 연구하는 학문이다. 양자역학을 잘 이해하려면 선형대수의 기초가 탄탄해야 한다. 이 절에서는 선형대수의 기본 개념을 돌아보고 양자역학 연구에서 이러한 개념에 사용되는 표준 표기법을 설명한다. 이 표기법은 그림 2.1에 요약해놨으며 왼쪽 열이 양자 표기법이고 오른쪽 열이 선형대수적 설명이다. 그 표를 대충 보면서 오른쪽 열에 있는 개념들을 확인한다.

우리 생각으로는 양자역학의 공준을 받아들이는 데 있어서 가장 큰 장애물은 공준 자체가 아니라 그것을 이해하는 데 필요한 선형대수 개념이다. 물리학자들이 양자역학용으로 채택한, 특이한 디랙 표기법^{Dirac notation}을 연결짓다보면 아주 어려운 것으로 보일 수 있

---

1   정제라고도 한다. – 옮긴이

다(결코 그렇지 않다). 따라서 양자역학에 익숙하지 않은 독자는 다음에 나오는 자료를 재빨리 읽으며 당분간 이 표기법의 기본을 확실히 이해하는 데 집중하길 권한다. 그런 다음, 2장의 주요 주제(양자역학의 공준)를 파고들어 학습하다가 필요할 때마다 이곳으로 되돌아와 해당 선형대수 개념과 표기법을 더 자세히 들여다보면 된다.

선형대수의 기본 대상은 벡터공간^{vector space}이다. 우리가 가장 관심 가져야 할 벡터공간은 n개의 복소수 $(z_1,...,z_n)$로 이루어진 공간이며 C^n으로 표기한다. 벡터공간의 원소를 벡터라 하며, 때로는 열 행렬 표기법^{column matrix notation}

$$\begin{bmatrix} z_1 \\ \vdots \\ z_n \end{bmatrix} \tag{2.1}$$

을 사용해 벡터를 나타낸다. 덧셈 연산이 존재해 두 벡터를 다른 벡터로 만든다. C^n에서 벡터에 대한 덧셈 연산은

$$\begin{bmatrix} z_1 \\ \vdots \\ z_n \end{bmatrix} + \begin{bmatrix} z_1' \\ \vdots \\ z_n' \end{bmatrix} \equiv \begin{bmatrix} z_1 + z_1' \\ \vdots \\ z_n + z_n' \end{bmatrix} \tag{2.2}$$

으로 정의한다. 여기서 오른쪽의 덧셈 연산은 그냥 복소수의 일반 덧셈이다. 또한 벡터공간에는 스칼라 연산에 의한 곱셈도 있다. C^n에서 이 연산은

$$z \begin{bmatrix} z_1 \\ \vdots \\ z_n \end{bmatrix} \equiv \begin{bmatrix} zz_1 \\ \vdots \\ zz_n \end{bmatrix} \tag{2.3}$$

으로 정의한다. 여기서 z는 스칼라, 즉 복소수이고 오른쪽의 곱셈은 복소수의 일반 곱셈이다. 물리학자들은 복소수를 c 넘버^{c-numbers}로 부르기도 한다.

양자역학을 이해하기 위해서는 선형대수를 잘 학습해놔야 하므로 이 책에서는 선형대수 개념에 양자역학의 표준 표기법을 사용할 것이다. 벡터공간에서 벡터의 표준 양자역학 표기법은 다음과 같다.

$$|\psi\rangle \tag{2.4}$$

ψ는 그 벡터에 대한 꼬리표, 즉 레이블이다(아무 레이블이라도 사용할 수 있지만 이 책에서는 ψ와 φ같은 간단한 레이블을 사용할 것이다). $|\cdot\rangle$ 표기는 해당 객체가 벡터라는 것을 나타내기 위해 사용한다. 객체를 완전하게 표시한 $|\psi\rangle$는 켓^{ket}이라고 부르기도 하지만 여기서는 이 용

어를 자주 사용하지 않을 것이다.

표기	설명
z^*	복소수 z의 켤레 복소수
	$(1+i)^* = 1-i$
$\lvert\psi\rangle$	벡터. 켓(ket)이라고도 부른다.
$\langle\psi\rvert$	$\lvert\psi\rangle$의 쌍이 되는 벡터. 브라(bra)라고도 부른다.
$\langle\varphi\lvert\psi\rangle$	$\lvert\varphi\rangle$ 벡터와 $\lvert\psi\rangle$ 벡터의 내적
$\lvert\varphi\rangle\otimes\lvert\psi\rangle$	$\lvert\varphi\rangle$ 벡터와 $\lvert\psi\rangle$ 벡터의 텐서곱
$\lvert\varphi\rangle\lvert\psi\rangle$	$\lvert\varphi\rangle$ 벡터와 $\lvert\psi\rangle$ 벡터의 텐서곱을 줄여 쓴 표기
A^*	A 행렬의 켤레 복소 행렬
A^T	A 행렬의 전치 행렬
$A^\dagger$	A 행렬의 에르미트 행렬 $A = (A^T)^*$
	$\begin{bmatrix} a & b \\ c & d \end{bmatrix}^\dagger = \begin{bmatrix} a^* & c^* \\ b^* & d^* \end{bmatrix}$
$\langle\varphi\lvert A\rvert\psi\rangle$	$\lvert\varphi\rangle$ 벡터와 $A\lvert\psi\rangle$ 벡터의 내적
	$A^\dagger\lvert\varphi\rangle$ 벡터와 $\lvert\psi\rangle$ 벡터의 내적과 같다.

그림 2.1 선형대수 개념에 대한 몇 가지 양자역학 표준 표기법 요약. 이러한 스타일의 표기법을 디랙 표기법이라고 한다.

벡터공간에는 특별한 영벡터$^{\text{zero vector}}$도 포함되는데 그냥 0으로 표시한다. 영벡터는 어떠한 다른 벡터 $\lvert v\rangle$에 대해서도 $\lvert v\rangle + 0 = \lvert v\rangle$라는 특성을 만족시킨다. 영벡터에는 켓 표기를 사용하지 않는다는 점에 유의한다(유일하게 예외를 두는 사항이다). 이렇게 예외를 두는 이유는 통상적으로 영벡터에 대한 켓 표기 $\lvert 0\rangle$는 완전히 다른 무언가를 의미하는 용도로 사용하기 때문이다. 스칼라 곱 연산에 있어서는 임의의 복소수 z에 대해 $z0 = 0$이 된다. 편의상 $z_1, \ldots, z_n$ 성분의 열 행렬$^{\text{column matrix}}$은 $(z_1, \ldots, z_n)$로 나타낸다. $\mathbf{C}^n$에서 0 원소는 $(0, 0, \ldots, 0)$이다. 벡터공간 V의 벡터 부분공간$^{\text{vector subspace}}$이란 V의 부분집합 W를 말하며 W도 벡터공간이다. 즉, W는 스칼라 곱셈과 덧셈에 대해 닫혀 있다.

2.1.1 기저와 선형독립

어떤 벡터공간에 대한 생성집합$^{\text{spanning set}}$이란 그 벡터공간에 속한 어떠한 벡터 $\lvert v\rangle$라도 선형조합 $\lvert v\rangle = \sum_i a_i \lvert v_i\rangle$로 표현할 수 있는 $\lvert v_1\rangle, \ldots, \lvert v_n\rangle$ 벡터들의 집합이다. 예를 들어 벡터공간 $\mathbf{C}^2$에 대한 생성집합은

$$|v_1\rangle \equiv \begin{bmatrix} 1 \\ 0 \end{bmatrix}; \quad |v_2\rangle \equiv \begin{bmatrix} 0 \\ 1 \end{bmatrix} \qquad (2.5)$$

이다. 그 이유는 $\mathbf{C}^2$에 속한 임의의 벡터

$$|v\rangle = \begin{bmatrix} a_1 \\ a_2 \end{bmatrix} \qquad (2.6)$$

를 $|v_1\rangle$와 $|v_2\rangle$의 선형조합 $|v\rangle = a_1|v_1\rangle + a_2|v_2\rangle$로 표현할 수 있기 때문이다. 이때 $|v_1\rangle$과 $|v_2\rangle$ 벡터는 $\mathbf{C}^2$ 벡터공간을 생성한다^{span}고 말한다.

일반적으로 말하면, 벡터공간에는 서로 다른 생성집합이 많이 있을 수 있다. $\mathbf{C}^2$ 벡터공간에 대한 두 번째 생성집합은 집합

$$|v_1\rangle \equiv \frac{1}{\sqrt{2}} \begin{bmatrix} 1 \\ 1 \end{bmatrix}; \quad |v_2\rangle \equiv \frac{1}{\sqrt{2}} \begin{bmatrix} 1 \\ -1 \end{bmatrix} \qquad (2.7)$$

이다. 그 이유는 임의의 벡터 $|v\rangle = (a_1, a_2)$는 $|v_1\rangle$와 $|v_2\rangle$의 선형조합

$$|v\rangle = \frac{a_1 + a_2}{\sqrt{2}} |v_1\rangle + \frac{a_1 - a_2}{\sqrt{2}} |v_2\rangle \qquad (2.8)$$

로 표현할 수 있기 때문이다.

적어도 하나의 i 값에 대해 $a_i \neq 0$인 복소수 $a_1, ..., a_n$의 집합이 존재해

$$a_1|v_1\rangle + a_2|v_2\rangle + \cdots + a_n|v_n\rangle = 0 \qquad (2.9)$$

을 만족시킬 때, 영벡터가 아닌 벡터들의 집합 $|v_1\rangle, ..., |v_2\rangle$을 **선형종속**^{linearly dependent}이라고 한다. 어떤 벡터집합이 선형종속이 아니라면 선형독립인 것이다. V 벡터공간을 생성하는 임의의 두 선형독립 벡터집합이 동일한 개수의 원소를 갖는다는 것은 쉽게 알 수 있다. 그러한 하나의 집합을 V에 대한 **기저**^{basis}라 부른다. 게다가 그러한 기저집합은 항상 존재한다. 기저의 원소 수는 V의 **차원**^{dimension}으로 정의한다. 이 책에서는 유한차원 벡터공간에만 관심을 둘 것이다. 무한차원의 벡터공간과 관련해서는 많이 흥미롭고 어렵기도 한 의문들이 있다. 이들 의문에 대해서는 신경 쓸 필요가 없다.

확인문제 2.1: (선형종속: 예) $(1, -1)$, $(1, 2)$, $(2, 1)$이 선형종속이라는 것을 보여라.

2.1.2 선형연산자와 행렬

벡터공간 V와 W 사이의 **선형연산자**^{linear operator}란 선형적 입력을 갖는 임의의 함수

$A : V \rightarrow W$로 정의한다. 즉,

$$A \left(\sum_i a_i |v_i\rangle \right) = \sum_i a_i A \left(|v_i\rangle \right) \qquad (2.10)$$

이다. 보통 $A(|v\rangle)$은 $A|v\rangle$로 표기한다. V 벡터공간에서 선형연산자 A가 정의됐다고 하면 A는 V에서 V로의 선형연산자라는 뜻이다. 임의의 벡터공간 V에서 중요한 선형연산자 중 하나가 항등연산자^{identity operator} I_V이며 모든 벡터 $|v\rangle$에 대해 식 $I_V |v\rangle \equiv |v\rangle$로 정의한다. 여기서 혼란스럽지 않도록 아래첨자 V를 버리고 그냥 I만 표기한다. 또 다른 중요 선형연산자는 영 연산자^{zero operator}이며 그냥 0으로 표기한다. 영 연산자는 모든 벡터를 영 벡터로 대응시키므로 $0|v\rangle \equiv 0$이 된다. (2.10)을 보면, 선형연산자 A가 기저에 작용할 때 A가 모든 입력에 완전히 작용한다는 것을 알 수 있다.

V, W, X가 벡터공간이고 $A : V \rightarrow W$와 $B : W \rightarrow X$가 선형연산자라 하자. 그러면 A에서 B로의 합성^{composition}은 BA로 표기하고 $(BA)(|v\rangle) \equiv B(A(|v\rangle))$로 정의한다. 또 다시 $(BA)(|v\rangle)$를 줄여서 $BA|v\rangle$로 표현한다.

선형연산자를 이해하는 가장 편한 방법은 행렬표현을 사용하는 것이다. 실제로 선형연산자와 행렬의 관점은 완전히 같은 것으로 밝혀졌다. 하지만 여러분에게는 행렬 관점이 더 익숙할 수 있다. 그 연관성을 알려면 A_{ij} 성분을 갖는 $m \times n$ 복소행렬 A란 $\mathbf{C}^n$ 벡터공간 속의 벡터를 $\mathbf{C}^m$ 벡터공간으로 보내는 선형연산자로 이해하는 것이 도움된다. 더 정확히 말하면 A 행렬이 선형연산자라는 주장은

$$A \left(\sum_i a_i |v_i\rangle \right) = \sum_i a_i A|v_i\rangle \qquad (2.11)$$

가 A와 열 벡터^{column vector}들의 행렬 곱셈 연산이라는 뜻이다. 분명하게도 이것은 맞는 말이다!

우리는 행렬을 선형연산자로 간주할 수 있다는 것을 알았다. 그렇다면 선형연산자를 행렬로 표현할 수 있을까? 사실 그렇게 할 수 있으며 이제 설명할 것이다. 행렬과 선형연산자의 두 관점이 같기 때문에 이 책에서는 행렬 이론과 연산자 이론으로부터 나온 두 용어를 섞어서 쓴다. $A : V \rightarrow W$가 벡터공간 V와 W 사이의 선형연산자라 하자. 또한 $|v_1\rangle, ..., |v_m\rangle$는 V 벡터공간에 대한 기저이고 $|w_1\rangle, ..., |w_n\rangle$는 W 벡터공간에 대한 기저라 하자. 그러면 $1, ..., m$ 범위의 각 j에 대해

$$A|v_j\rangle = \sum_i A_{ij}|w_i\rangle \tag{2.12}$$

가 되는 A_{1j}에서 A_{nj}까지의 복소수가 존재한다. 성분이 값 A_{ij}인 행렬은 A 연산자의 행렬표현^{matrix representation}을 형성한다고 말한다. A에 대한 이 행렬표현은 A 연산자와 완전히 동등하므로 우리는 행렬표현 관점과 추상 연산자 관점을 서로 같은 의미로 사용할 것이다. 행렬과 선형연산자를 서로 연결시키려면 선형연산자의 입력 및 출력 벡터공간에 대해 입력 및 출력 기저상태 집합을 지정해야 한다는 점에 유의한다.

확인문제 2.2: (행렬표현: 예) V가 $|0\rangle$와 $|1\rangle$이라는 기저 벡터를 갖는 벡터공간이고 A는 V에서 V로의 선형연산자로서 $A|0\rangle = |1\rangle$과 $A|1\rangle = |0\rangle$을 만족시킨다고 하자. 입력 기저 $|0\rangle$, $|1\rangle$ 및 출력 기저 $|1\rangle$, $|0\rangle$에 대해 A에 대한 행렬표현을 구하라. 또한 A를 다른 행렬로 표현하는 입력 및 출력 기저를 구하라.

확인문제 2.3: (연산자 곱셈에 대한 행렬표현) A가 V 벡터공간에서 W 벡터공간으로 가는 선형연산자고 B는 W 벡터공간에서 X 벡터공간으로 가는 선형연산자라 하자. 또한 $|v_i\rangle$, $|w_j\rangle$, $|x_k\rangle$를 각각 벡터공간 V, W, X에 대한 기저라 하자. 선형변환 BA에 대한 행렬표현은 적절한 기저에 대해 B와 A에 대한 행렬표현의 행렬 곱셈이라는 것을 보여라.

확인문제 2.4: (항등에 대한 행렬표현) V 벡터공간에 대한 항등연산자^{identity operator}의 행렬표현이 입력 기저와 출력 기저에 대해 허용된다면, 그 항등연산자의 행렬표현이 대각 성분은 1이고 나머지 성분들은 0이 된다는 것을 보여라. 이 행렬은 **항등행렬**^{identity matrix}이라고 한다.

2.1.3 파울리 행렬

우리가 자주 사용할 아주 유용한 4개의 행렬은 파울리 행렬들^{Pauli matrices}이다. 이들 행렬은 2×2 행렬이며 다양한 표기법을 사용한다. 이들 행렬과 해당 표기법은 그림 2.2에 나와 있다. 파울리 행렬은 양자계산 및 양자정보의 연구에 아주 유용하므로 이후의 절들에서 많은 예제와 확인문제를 통해 세부적으로 다루면서 외우기를 권한다.

$$\sigma_0 \equiv I \equiv \begin{bmatrix} 1 & 0 \\ 0 & 1 \end{bmatrix} \qquad \sigma_1 \equiv \sigma_x \equiv X \equiv \begin{bmatrix} 0 & 1 \\ 1 & 0 \end{bmatrix}$$

$$\sigma_2 \equiv \sigma_y \equiv Y \equiv \begin{bmatrix} 0 & -i \\ i & 0 \end{bmatrix} \qquad \sigma_3 \equiv \sigma_z \equiv Z \equiv \begin{bmatrix} 1 & 0 \\ 0 & -1 \end{bmatrix}$$

그림 2.2 파울리 행렬. 때로는 이 목록에서 I를 빼고 X, Y, Z만을 파울리 행렬이라고 한다.

2.1.4 내적

내적$^{\text{inner product}}$이란 어떤 벡터공간의 두 벡터 $|v\rangle$와 $|w\rangle$를 입력 받아 복소수를 출력하는 함수다. 당분간 편하게 $|v\rangle$와 $|w\rangle$의 내적을 $(|v\rangle, |w\rangle)$로 표기할 것이다. 이것은 표준 양자역학 표기법이 아니다. 하지만 2장에서는 학습 목적상 분명히 구분하기 위해 $(\cdot, \cdot)$ 표기법을 가끔 사용한다. 내적 $(|v\rangle, |w\rangle)$을 나타내는 표준 양자역학 표기는 $\langle v|w\rangle$이다. 여기서 $|v\rangle$와 $|w\rangle$는 내적공간$^{\text{inner product space}}$에 속한 벡터들이며 $|v\rangle$ 벡터의 **쌍대벡터**$^{\text{dual vector}}$는 $\langle v|$로 표기한다. 쌍대벡터란 내적공간 V에서 복소수 C로 가는 선형연산자이며 $|v\rangle(|w\rangle)$ $\equiv \langle v|w\rangle \equiv (|v\rangle, |w\rangle)$로 정의한다. 쌍대벡터의 행렬표현은 그냥 **행 벡터**$^{\text{row vector}}$라는 것을 알게 될 것이다.

다음 조건을 만족시키면 $V \times V$에서 C로 가는 함수 $(\cdot, \cdot)$는 내적이 된다.

1. $(\cdot, \cdot)$은 두 번째 인자에서 선형이다. 즉,

$$\left(|v\rangle, \sum_i \lambda_i |w_i\rangle \right) = \sum_i \lambda_i \left(|v\rangle, |w_i\rangle \right) \tag{2.13}$$

이다.

2. $(|v\rangle, |w\rangle) = (|w\rangle, |v\rangle)^*$

3. $(|v\rangle, |v\rangle) \geq 0$이며 등호가 성립하기 위한 필요충분조건은 $|v\rangle = 0$이다.

예를 들어 C^n은

$$((y_1, \ldots, y_n), (z_1, \ldots, z_n)) \equiv \sum_i y_i^* z_i = \begin{bmatrix} y_1^* \ldots y_n^* \end{bmatrix} \begin{bmatrix} z_1 \\ \vdots \\ z_n \end{bmatrix} \tag{2.14}$$

로 정의되는 내적을 갖는다. 내적을 장착한 벡터공간을 **내적공간**$^{\text{inner product space}}$이라고 부른다.

확인문제 2.5: 방금 정의한 $(\cdot, \cdot)$이 $\mathbf{C}^n$에서 내적이라는 것을 증명하라.

확인문제 2.6: 어떠한 내적 $(\cdot, \cdot)$이라도 첫 번째 인자에서 켤레선형$^{\text{conjugate-linear}}$이 되는 것을 보여라. 즉,

$$\left(\sum_i \lambda_i |w_i\rangle, |v\rangle \right) = \sum_i \lambda_i^* (|w_i\rangle, |v\rangle) \tag{2.15}$$

임을 보여라.

양자역학을 논할 때면 힐베르트 공간$^{\text{Hilbert space}}$이 흔히 언급된다. 양자계산 및 양자정보에 나오는 유한차원의 복소벡터공간$^{\text{complex vector space}}$에서 힐베르트 공간은 내적공간과 정확히 같은 것이다. 이제부터는 이들 두 용어를 섞어 사용하겠지만 힐베르트 공간이라는 용어를 선호할 것이다. 무한차원에서 힐베르트 공간은 내적공간을 넘어서는 기술적 제약들을 추가로 만족시키는데 이 책 수준에서는 신경 쓸 필요가 없다.

$|v\rangle$와 $|w\rangle$ 벡터의 내적이 0이면 이들 벡터는 직교^{orthogonal}한다. 예를 들어 $|w\rangle \equiv (1, 0)$와 $|v\rangle \equiv (0, 1)$은 (2.14)에서 정의한 내적에 의해 직교한다. $|v\rangle$ 벡터의 노름^{norm}은

$$\||v\rangle\| \equiv \sqrt{\langle v|v\rangle} \tag{2.16}$$

로 정의한다. 단위벡터$^{\text{unit vector}}$란 $\||v\rangle\| = 1$인 $|v\rangle$ 벡터다. 또한 $\||v\rangle\| = 1$이면 $|v\rangle$를 정규화했다고^{normalize} 말한다. 어떤 벡터를 노름으로 나누면 그 벡터를 정규화한 것이 된다. 즉, 0이 아닌 $|v\rangle$ 벡터에 대해 $|v\rangle/\||v\rangle\|$는 $|v\rangle$의 정규화 형태다. 인덱스 i의 벡터 집합 $|i\rangle$에 속한 각 벡터가 단위벡터이고 서로 직교하면, 즉 $\langle i|j\rangle = \delta_{ij}$이면 이 벡터 집합은 정규직교^{orthonormal}한다고 말한다. 여기서 i와 j는 그 인덱스 집합에서 모두 선택된다.

확인문제 2.7: $|w\rangle \equiv (1, 1)$와 $|v\rangle \equiv (1, -1)$가 직교하는 것을 증명하라. 이들 벡터의 정규화 형태는 무엇인가?

$|w_1\rangle, ..., |w_d\rangle$은 내적이 존재하는 벡터공간 V의 기저 집합이라 하자. 그람-슈미트 절차$^{\text{Gram-Schmidt procedure}}$라는 유용한 방법을 사용하면 V 벡터공간에 대해 정규직교 기저 집합인 $|v_1\rangle, ..., |v_d\rangle$을 만들 수 있다. $|v_1\rangle \equiv |w_1\rangle/\||w_1\rangle\|$라고 정의하면, $1 \le k \le d-1$에 대해 $|v_{k+1}\rangle$은

$$|v_{k+1}\rangle \equiv \frac{|w_{k+1}\rangle - \sum_{i=1}^{k} \langle v_i|w_{k+1}\rangle |v_i\rangle}{\||w_{k+1}\rangle - \sum_{i=1}^{k} \langle v_i|w_{k+1}\rangle |v_i\rangle\|} \tag{2.17}$$

에 의해 귀납적으로 정의된다. $|v_1\rangle, \ldots, |v_d\rangle$ 벡터들이 V의 기저이기도 한 정규직교 집합을 형성한다는 것은 어렵지 않게 증명할 수 있다. 따라서 d차원의 유한차원 벡터공간은 정규직교 기저인 $|v_1\rangle, \ldots, |v_d\rangle$를 갖는다.

확인문제 2.8:   그람-슈미트 절차가 V의 정규직교 기저를 만들어낸다는 것을 증명하라.

이제부터 선형연산자에 대한 행렬표현을 말할 때는 정규직교 입력과 출력 기저에 대한 행렬표현을 의미한다. 선형연산자의 입력과 출력 공간이 동일하다면 달리 언급하지 않는 한 입력과 출력 기저는 동일하다는 관례도 사용한다.

이러한 관례에 따라 힐베르트 공간에서의 내적에 편리한 행렬표현을 부여할 수 있다. $|w\rangle = \sum_i w_i |i\rangle$와 $|v\rangle = \sum_j v_j |j\rangle$가 정규직교 기저인 $|i\rangle$에 관해 $|w\rangle$와 $|v\rangle$ 벡터를 표현한다고 하자. 그러면 $\langle i|j\rangle = \delta_{ij}$이기 때문에

$$\langle v|w\rangle = \left(\sum_i v_i |i\rangle, \sum_j w_j |j\rangle \right) = \sum_{ij} v_i^* w_j \delta_{ij} = \sum_i v_i^* w_i \tag{2.18}$$

$$= [v_1^* \ldots v_n^*] \begin{bmatrix} w_1 \\ \vdots \\ w_n \end{bmatrix} \tag{2.19}$$

이 된다. 즉, 두 벡터의 각 행렬표현이 동일한 정규직교 기저로 나타난다면 두 벡터의 내적은 이들 두 행렬표현에 대한 벡터 내적과 같다. 또한 쌍대벡터 $\langle v|$는 $|v\rangle$의 열 벡터 표현에서 각 성분을 켤레 복소수로 바꾼 행 벡터로 생각하면 된다.

내적을 이용해서 선형연산자를 나타내는 유용한 방법이 있는데 이를 외적[outer product] 표현이라고 한다. $|v\rangle$를 내적공간 V에 속한 벡터, $|w\rangle$를 내적공간 W에 속한 벡터라 하자. $|w\rangle\langle v|$를 V에서 W로 가는 선형연산자라고 정의하면 그 작용은

$$\left(|w\rangle\langle v| \right) \left(|v'\rangle \right) \equiv |w\rangle \, \langle v|v'\rangle = \langle v|v'\rangle |w\rangle \tag{2.20}$$

로 정의한다. 이 식은 $|w\rangle\langle v|v'\rangle$ 표현이 잠재적으로 다음 두 가지 중 하나를 의미한다는 점에서 우리의 표기 관례에 잘 들어맞는다. 하나는 $|w\rangle\langle v|$ 연산자가 $|v'\rangle$에 작용할 때 그 결과를 나타내기 위해 이 표현을 사용할 것이고, 다른 하나는 $|w\rangle$와 복소수 $\langle v|v'\rangle$을 곱한 결과로 기존의 해석을 따르는 것이다. 우리의 정의는 이 두 가지 잠재적 의미가 일치하는 것으로 여긴다. 게다가 우리는 후자의 관점에서 전자를 정의한 것이다!

우리는 명백한 방법으로 외적 연산자의 선형조합을 얻을 수 있다. 정의에 따라 $\sum_i a_i |w_i\rangle\langle v_i|$는 $|v'\rangle$에 작용할 때 $\sum_i a_i |w_i\rangle\langle v_i|v'\rangle$라는 결과가 나오는 선형연산자다.

정규직교 벡터에 대해 완비성 관계라는 중요한 결과를 통해 외적 표기가 유용하다는 것을 알게 될 것이다. $|i\rangle$를 벡터공간 V에 대한 정규직교 기저라 하고 $|v\rangle$를 복소수 v_i의 집합에 대해 $|v\rangle = \sum_i v_i |i\rangle$로 표현할 수 있다고 하자. $\langle i|v\rangle = v_i$이므로

$$\left(\sum_i |i\rangle\langle i| \right) |v\rangle = \sum_i |i\rangle\langle i|v\rangle = \sum_i v_i |i\rangle = |v\rangle \tag{2.21}$$

가 된다는 점에 주목한다. 맨 끝의 식은 모든 $|v\rangle$에 대해 참이기 때문에

$$\sum_i |i\rangle\langle i| = I \tag{2.22}$$

가 된다. 이 식을 완비성 관계$^{completeness\ relation}$라고 한다. 완비성 관계를 응용하면 어떠한 연산자라도 외적으로 나타낼 수 있다. $A : V \to W$가 선형연산자이고 $|v_i\rangle$는 V의 정규직교 기저이며 $|w_i\rangle$는 W의 정규직교 기저라고 하자. 완비성 관계를 두 번 사용하면

$$A = I_W A I_V \tag{2.23}$$

$$= \sum_{ij} |w_j\rangle\langle w_j|A|v_i\rangle\langle v_i| \tag{2.24}$$

$$= \sum_{ij} \langle w_j|A|v_i\rangle |w_j\rangle\langle v_i| \tag{2.25}$$

가 되며, 이는 A에 대한 외적 표현$^{outer\ product\ representation}$이다. 이 식으로부터 A가 입력 기저와 출력 기저에 관해 i 번째 열과 j 번째 행의 행렬성분 $\langle w_j|A|v_i\rangle$를 갖는다는 것도 알게 된다.

완비성 관계의 유용성을 보여주는 두 번째 응용은 코시-슈바르츠 부등식$^{Cauchy-Schwarz}$ ^{inequality}이다. 이 중요한 결과에 대해서는 다음 페이지의 박스 2.1에서 논의한다.

확인문제 2.9: (파울리 연산자와 외적) 파울리 행렬(126페이지의 그림 2.2)은 2차원 힐베르트 공간의 정규직교 기저 $|0\rangle$, $|1\rangle$에 대한 연산자로 간주할 수 있다. 파울리 연산자를 외적 표기로 나타내어라.

확인문제 2.10: $|v_i\rangle$를 내적공간 V에 대한 정규직교 기저라 하자. $|v_i\rangle$ 기저에 관해 연산자 $|v_j\rangle\langle v_k|$에 대한 행렬표현은 무엇인가?

박스 2.1: 코시-슈바르츠 부등식

코시-슈바르츠 부등식은 힐베르트 공간에 관한 중요한 기하학적 사실이다. 이 부등식이란 임의의 두 벡터 $|v\rangle$와 $|w\rangle$에 대해 $|\langle v|w\rangle|^2 \leq \langle v|v\rangle\langle w|w\rangle$가 성립한다는 것이다. 이를 알아보기 위해 그람-슈미트 절차를 사용해 그 벡터공간에 대한 $|i\rangle$ 기저의 첫 번째 성분이 $|w\rangle/\sqrt{(\langle w|w\rangle)}$로 되는 정규직교 $|i\rangle$ 기저를 만든다. 완비성 관계 $\sum_i |i\rangle\langle i| = I$를 사용하고 항이 음수가 아니라는 조건을 주면

$$\langle v|v\rangle\langle w|w\rangle = \sum_i \langle v|i\rangle\langle i|v\rangle\langle w|w\rangle \tag{2.26}$$

$$\geq \frac{\langle v|w\rangle\langle w|v\rangle}{\langle w|w\rangle}\langle w|w\rangle \tag{2.27}$$

$$= \langle v|w\rangle\langle w|v\rangle = |\langle v|w\rangle|^2 \tag{2.28}$$

이 된다. 조금 생각해보면 등호가 성립하기 위한 필요충분조건은 $|v\rangle$와 $|w\rangle$가 선형으로 관련된 경우, 즉 어떤 스칼라 z에 대해 $|v\rangle = z|w\rangle$ 또는 $|w\rangle = z|v\rangle$인 경우다.

2.1.5 고유벡터와 고윳값

어떤 벡터공간에서 선형공간 연산자 A의 고유벡터[eigenvector]란 $A|v\rangle = v|v\rangle$가 성립하는, 0이 아닌 $|v\rangle$ 벡터인데, 여기서 v는 복소수로서 $|v\rangle$에 대응하는 A의 고윳값[eigenvalue]이라고 부른다. v 표기를 고유벡터의 레이블로 사용하거나 고윳값으로 표현하면 편리한 경우가 많다. 이 책에서는 여러분이 특성방정식[characteristic equation]을 통해 고윳값과 고유벡터의 기초적 특성(특히 이것들을 구하는 방법)을 잘 알고 있을 것으로 가정한다. 특성함수[characteristic function]는 $c(\lambda) \equiv \det|A - \lambda I|$로 정의하는데, 여기서 det는 행렬식[determinant] 함수다. 즉, 특성함수는 A 연산자에만 의존하고 A에 사용되는 특정 행렬표현에는 의존하지 않는다는 것을 알 수 있다. 특성방정식 $c(\lambda) = 0$의 해는 A 연산자의 고윳값이다. 대수학[algebra]의 기본 정리에 의해 모든 다항식은 적어도 하나의 복소근[complex root]을 가지므로 모든 A 연산자는 적어도 하나의 고윳값과 그에 대응하는 고유벡터를 갖는다. v 고윳값에 대응하는 고유공간[eigenspace]이란 v 고윳값을 갖는 벡터들의 집합이다. 이 고유공간은 벡터공간에서 A가 작용하는 벡터 부분공간[vector subspace]이다.

V 벡터공간에서 A 연산자의 대각 표현[diagonal representation]이란 $A = \sum_i \lambda_i |i\rangle\langle i|$ 표현인데, 여기서 $|i\rangle$ 벡터는 A에 대한 고유벡터들의 정규직교 집합을 형성하고 그에 대응하는 고

웃값 λ_i를 갖는 표현이다. 어떤 연산자가 대각 표현을 갖는다면 대각화 가능^{diagonalizable}이라고 말한다. 다음 절에서는 힐베르트 공간에서 연산자를 대각화하는 필요충분조건의 간단한 집합을 구할 것이다. 대각 표현의 예로서 파울리 Z 행렬을

$$Z = \begin{bmatrix} 1 & 0 \\ 0 & -1 \end{bmatrix} = |0\rangle\langle 0| - |1\rangle\langle 1| \tag{2.29}$$

로 표현할 수 있다는 점에 주목한다. 여기서 이 행렬표현은 정규직교 벡터 $|0\rangle$와 $|1\rangle$ 각각에 관한 것이다. 대각 표현은 정규직교 분해^{orthonormal decomposition}라고도 부른다.

고유공간이 1차원보다 크면 그 고유공간은 **퇴화됐다**^{degenerate}고 말한다. 예를 들어

$$A \equiv \begin{bmatrix} 2 & 0 & 0 \\ 0 & 2 & 0 \\ 0 & 0 & 0 \end{bmatrix} \tag{2.30}$$

으로 정의한 A 행렬은 고웃값 2에 대응하는 2차원 고유공간을 갖는다. 고유벡터 $(1,0,0)$과 $(0,1,0)$은 A에 대해 고웃값이 같고 선형으로 독립이기 때문에 이들 벡터는 퇴화됐다고 말한다.

확인문제 2.11: (**파울리 행렬의 고유분해**^{Eigendecomposition}) 파울리 행렬 X, Y, Z에 대한 고유벡터, 고웃값, 대각 표현을 구하라.

확인문제 2.12: 행렬

$$\begin{bmatrix} 1 & 0 \\ 1 & 1 \end{bmatrix} \tag{2.31}$$

이 대각화 가능하지 않음을 증명하라.

2.1.6 수반 연산자와 에르미트 연산자

A가 힐베르트 공간 V에 대한 임의의 선형연산자라 하자. $|v\rangle$, $|w\rangle \in V$인 모든 벡터에 대해

$$(|v\rangle, A|w\rangle) = (A^\dagger |v\rangle, |w\rangle) \tag{2.32}$$

가 되는 유일한 선형연산자 $A^\dagger$가 V에 대해 존재한다는 것이 밝혀졌다. 이 선형연산자를 A 연산자의 수반^{adjoint} 또는 에르미트 켤레^{Hermitian conjugate}라고 부른다. 이 정의로부터 $(AB)^\dagger = B^\dagger A^\dagger$라는 것을 쉽게 증명할 수 있다. 관례에 따라 $|v\rangle$가 벡터라면 $|v\rangle^\dagger \equiv \langle v|$로 정의한다. 이 정의로 볼 때 $(A|v\rangle)^\dagger = \langle v|A^\dagger$를 증명하는 것은 그리 어렵지 않다.

확인문제 2.13: $|v\rangle$ 와 $|w\rangle$ 가 어떠한^{any} 두 벡터라면 $(|w\rangle\langle v|)^\dagger = |v\rangle\langle w|$ 라는 것을 보여라.

확인문제 2.14: (수반행렬의 반선형성) 수반 연산^{adjoint operation}이 반선형^{anti-linear}이라는 것을 보여라. 즉,

$$\left(\sum_i a_i A_i \right)^\dagger = \sum_i a_i^* A_i^\dagger \tag{2.33}$$

을 보여라.

확인문제 2.15: $(A^\dagger)^\dagger = A$ 임을 보여라.

연산자 A 의 행렬표현에서 에르미트 컬레화^{Hermitian conjugation} 연산이란 A 행렬에 컬레전치^{conjugate-transpose}를 적용한 행렬, 즉 $A^\dagger \equiv (A^*)^T$ 이 된다. 여기서 $*$ 는 복소 컬레화를 나타내고 T 는 전치를 나타낸다. 예를 들면

$$\begin{bmatrix} 1+3i & 2i \\ 1+i & 1-4i \end{bmatrix}^\dagger = \begin{bmatrix} 1-3i & 1-i \\ -2i & 1+4i \end{bmatrix} \tag{2.34}$$

이다. 연산자 A 를 수반 연산해도 그 자신인 A 가 된다면 에르미트^{Hermitian} 또는 자기수반^{self-adjoint} 연산자라고 부른다. 에르미트 연산자의 중요한 클래스는 사영연산자^{projector}다. W 가 d 차원 벡터공간 V 의 k 차원 벡터 부분공간이라 하자. 그람-슈미트 절차를 사용하면 $|1\rangle,...,|k\rangle$ 가 W 의 정규직교 기저가 되도록 V 의 정규직교 기저 $|1\rangle,...,|d\rangle$ 를 만들 수 있다. 정의에 의해

$$P \equiv \sum_{i=1}^{k} |i\rangle\langle i| \tag{2.35}$$

는 W 부분공간 위로의^{onto} 사영연산자가 된다. 이 정의가 W 에서 사용되는 정규직교 기저 $|1\rangle,...,|k\rangle$ 에 독립이라는 것을 증명하기란 쉽다. 이 정의로부터 $|v\rangle\langle v|$ 가 어떠한 벡터 $|v\rangle$ 에 대해서도 에르미트라서 P 도 에르미트, 즉 $P^\dagger = P$ 라는 것을 알 수 있다. 이 책에서는 사영연산자 P 가 사영하는 벡터공간을 줄임말로 '벡터공간' P 라고도 부를 것이다. P 의 직교여연산자^{orthogonal complement}는 연산자 $Q \equiv I - P$ 이다. Q 가 $|k+1\rangle,...,|d\rangle$ 로 생성된 벡터공간 위로의 사영연산자라는 것은 쉽게 알 수 있으며, 이 또한 P 의 직교여연산자라 부르고 Q 로 표기한다.

확인문제 2.16: 어떠한 사영연산자 P 라도 $P^2 = P$ 식을 만족시킨다는 것을 보여라.

연산자 A가 $AA^\dagger = A^\dagger A$이면 **정규적**normal이라고 말한다. 당연한 말이지만, 에르미트가 되는 연산자도 정규적이다. 정규연산자에 대해서는 스펙트럼 분해spectral decomposition라고 부르는 주목할 만한 표현 정리representation theorem가 있는데, 이 정리는 대각화 가능한 연산자인 경우에만 정규연산자가 된다고 말한다. 이 결과는 박스 2.2(134페이지)에 증명돼 있으며 자세히 읽어야 한다.

확인문제 2.17:   정규행렬normal matrix이 에르미트이기 위한 필요충분조건은 그 행렬이 실수 고윳값을 갖는 경우임을 보여라.

행렬 U가 $U^\dagger U = I$라면 이 행렬을 **유니타리**unitary 행렬이라고 부른다. 마찬가지로 연산자 U가 $U^\dagger U = I$라면 이 연산자를 유니타리 연산자라고 한다. 어떤 연산자의 행렬표현이 유니타리인 경우에만 그 연산자가 유니타리 연산자라는 것은 쉽게 확인할 수 있다. 유니타리 연산자는 $UU^\dagger = I$도 만족시키므로 U는 정규행렬이며 스펙트럼 분해를 갖는다. 기하학적으로 말하면, 유니타리 연산자는 벡터끼리의 내적을 간소화하기 때문에 중요하다. 이를 알아보기 위해 $|v\rangle$와 $|w\rangle$를 어떠한 두 벡터라 하자. 그러면 $U|v\rangle$와 $U|w\rangle$의 내적은 $|v\rangle$와 $|w\rangle$의 내적과 같다. 즉,

$$\left(U|v\rangle, U|w\rangle\right) = \langle v|U^\dagger U|w\rangle = \langle v|I|w\rangle = \langle v|w\rangle \tag{2.36}$$

이다. 이 결과에 따라 어떠한 유니타리 U라도 다음과 같이 멋지게 외적으로 표현할 수 있다. $|v_i\rangle$를 어떠한 정규직교 기저 집합이라 하자. $|w_i\rangle \equiv U|v_i\rangle$로 정의하면 $|w_i\rangle$도 정규직교 기저 집합이 되는데 그 이유는 유니타리 연산자가 내적을 보존시키기 때문이다. $U \equiv \sum_i |w_i\rangle\langle v_i|$인 점에 주목한다. 이와는 반대로 $|v_i\rangle$와 $|w_i\rangle$가 어떠한 두 정규직교 기저라면, $U \equiv \sum_i |w_i\rangle\langle v_i|$로 정의된 U 연산자가 유니타리 연산자라는 것은 쉽게 증명할 수 있다.

확인문제 2.18:   유니타리 행렬의 모든 고윳값이 절댓값modulus 1을 가짐을 보여라. 즉, 어떤 실수 θ에 대해 $e^{i\theta}$ 형식으로 표현할 수 있음을 보여라.

확인문제 2.19: (파울리 행렬: 에르미트이면서 유니타리)   파울리 행렬이 에르미트이면서 유니타리임을 보여라.

확인문제 2.20: (기저 변경)   벡터공간 V에서 2개의 서로 다른 정규직교 기저 $|v_i\rangle$와 $|w_i\rangle$에 대해 연산자 A의 행렬표현을 A'와 A''라 하자. 그러면 A'와 A''의 성분은 $A'_{ij} = \langle v_i|A|v_j\rangle$

와 $A''_{ij} = \langle w_i | A | w_j \rangle$가 된다. A'와 A''의 관계를 구하라.

에르미트 연산자의 특별한 하위 클래스는 아주 중요하다. 이것은 양의 연산자positive operator다. 양의 연산자 A는 어떠한 벡터 $|v\rangle$에 대해서도 $(|v\rangle, A|v\rangle)$가 음이 아닌 실수로 되게 하는 연산자로 정의한다. 모든 $|v\rangle \neq 0$에 대해 $(|v\rangle, A|v\rangle)$가 분명히 0보다 크면 A는 양 확정positive definite이라고 말한다. 이 페이지의 확인문제 2.24를 통해 양의 연산자는 자동으로 에르미트이며 따라서 스펙트럼 분해에 의해 대각 표현 $\sum_i |i\rangle\langle i|$으로 된다는 것을 증명하게 될 것이다. 이때 λ_i는 음이 아닌 고윳값이다.

확인문제 2.21: M이 에르미트인 경우, 박스 2.2의 스펙트럼 분해 증명을 되풀이해 가능한 한 그 증명을 간단하게 하라.

확인문제 2.22: 어떤 에르미트 연산자의 두 고유벡터가 서로 다른 고윳값을 가지면 이러한 2개의 고유벡터는 반드시 직교한다는 것을 증명하라.

확인문제 2.23: 사영연산자 P의 고윳값이 0 또는 1임을 보여라.

확인문제 2.24: (양의 연산자의 에르미트성 Hermiticity**)** 양의 연산자는 반드시 에르미트가 됨을 보여라(힌트: 임의의 연산자 A가 $A = B + iC$로 표현될 수 있음을 보이면 된다. 여기서 B와 C는 에르미트다).

확인문제 2.25: 어떠한 연산자 A에 대해서도 $A^\dagger A$가 양의 연산자인 것을 보여라.

박스 2.2: 스펙트럼 분해-중요!

스펙트럼 분해spectral decomposition란 정규연산자normal operator에 대한 아주 유용한 표현 정리다.

정리 2.1: (스펙트럼 분해) 벡터공간 V에 대한 어떠한any 정규연산자 M이라도 V의 어떤some 정규직교 기저에 관해서는 대각diagonal이다. 역으로 말해서 대각화 가능 연산자라면 정규연산자가 된다.

증명

그 역은 간단한 문제가 되므로 V의 d차원에 대해 귀납법으로 차례로 증명할 수 있다. $d=1$의 경우는 그냥 성립한다. λ를 M의 고윳값, P를 λ 고유공간 위로의 사영연산자, Q를 직교여고유공간$^{orthogonal\ complement}$ 위로의 사영연산자라 하자. 그러면 $M=(P+Q)M(P+Q)=PMP+QMP+PMQ+QMQ$가 된다. 당연히 $PMP=\lambda P$가 된다. 더욱이 M이 부분공간 P를 그 자신으로 만들기 때문에 $QMP=0$이 된다. 마찬가지로 $PMQ=0$도 된다. 이를 알아보기 위해 $|v\rangle$를 부분공간 P의 원소라 하자. 그러면 $MM^{\dagger}|v\rangle=M^{\dagger}M|v\rangle=\lambda M^{\dagger}|v\rangle$가 된다. 따라서 $M^{\dagger}|v\rangle$이 고윳값 λ를 가지므로 부분공간 P의 원소다. 이에 따라 $QM^{\dagger}P=0$이 된다. 이 식에 수반^{adjoint}을 적용하면 $PMQ=0$이 된다. 따라서 $M=PMP+QMQ$이다. 다음으로 QMQ가 정규임을 증명해보자. 이를 알아보기 위해 $QM=QM(P+Q)=QMQ$와 $QM^{\dagger}=QM^{\dagger}(P+Q)=QM^{\dagger}Q$에 주목한다. 그러므로 M의 정규성과 $Q^2=Q$라는 사실에 의해

$$QMQQM^{\dagger}Q = QMQM^{\dagger}Q \qquad (2.37)$$
$$= QMM^{\dagger}Q \qquad (2.38)$$
$$= QM^{\dagger}MQ \qquad (2.39)$$
$$= QM^{\dagger}QMQ \qquad (2.40)$$
$$= QM^{\dagger}QQMQ \qquad (2.41)$$

가 되고, 그러므로 QMQ는 정규^{normal}다. 귀납법에 의해 QMQ는 부분공간 Q의 어떤 정규직교 기저에 관해 대각^{diagonal}이며, PMP는 P의 어떤 정규직교 기저에 관해서 이미 대각이다. 따라서 $M=PMP+QMQ$는 전체 벡터공간의 어떤 정규직교 기저에 관해 대각이 된다. ▪

외적 표현의 측면에서 이 정리는 M을 $M=\sum_i \lambda_i |i\rangle\langle i|$로 표현해도 된다는 뜻이다. 여기서 λ_i는 M의 고윳값이고 $|i\rangle$는 V의 정규직교 기저이므로 각 $|i\rangle$는 고윳값 λ_i를 갖는 M의 고유벡터다. 사영연산자의 관점에서는 $M=\sum_i \lambda_i P_i$이다. 여기서 λ_i는 역시 M의 고윳값이고 P_i는 M의 λ_i 고유공간 위로의 사영연산자다. 이들 사영연산자는 완비성 관계 $\sum_i P_i=I$와 직교성 관계 $P_i P_j=\delta_{ij}P_i$를 만족시킨다.

2.1.7 텐서곱

텐서곱^{tensor product}이란 벡터공간들을 모아서 더 큰 벡터공간으로 표현하는 방식이다. 이렇게 하는 것은 다입자계^{multiparticle system}의 양자역학을 이해하는 데 중요하다. 다음 논의는 다소 추상적이어서 텐서곱에 익숙지 않다면 따라가기가 어려울 수 있다. 그렇다면 지금은 건너뛰고 나중에 양자역학의 텐서곱을 논할 때 다시 살펴보는 게 좋다.

V와 W를 각각 m차원과 n차원의 벡터공간이라 하자. 편의상 V와 W가 힐베르트 공간이라고도 가정한다. 그러면 $V \otimes W$는('V 텐서 W'로 읽음) mn차원의 벡터공간이 된다. $V \otimes W$의 성분은 V의 성분 $|v\rangle$와 W의 성분 $|w\rangle$에 대한 '텐서곱' $|v\rangle \otimes |w\rangle$의 선형조합이 된다. 특히 $|i\rangle$와 $|j\rangle$가 V 공간과 W 공간에 대한 정규직교 기저라면 $|i\rangle \otimes |j\rangle$는 $V \otimes W$에 대한 기저가 된다. 텐서곱 $|v\rangle \otimes |w\rangle$을 줄여서 $|v\rangle|w\rangle$, $|v, w\rangle$, 심지어 $|vw\rangle$로 표기하기도 한다. 예를 들어 V가 기저벡터 $|0\rangle$와 $|1\rangle$의 2차원 벡터공간이라면 $|0\rangle \otimes |0\rangle + |1\rangle \otimes |1\rangle$은 $V \otimes V$의 성분이 된다.

정의에 의해 텐서곱은 다음과 같은 기본 특성을 만족시킨다.

1. 임의의 스칼라 z와 V의 원소 $|v\rangle$ 및 W의 원소 $|w\rangle$에 대해

$$z\left(|v\rangle \otimes |w\rangle\right) = (z|v\rangle) \otimes |w\rangle = |v\rangle \otimes (z|w\rangle) \tag{2.42}$$

   이다.

2. V에 속한 임의의 $|v_1\rangle$와 $|v_2\rangle$ 그리고 W에 속한 $|w\rangle$에 대해

$$\left(|v_1\rangle + |v_2\rangle\right) \otimes |w\rangle = |v_1\rangle \otimes |w\rangle + |v_2\rangle \otimes |w\rangle \tag{2.43}$$

   이다.

3. V에 속한 임의의 $|v\rangle$ 그리고 W에 속한 $|w_1\rangle$와 $|w_2\rangle$에 대해

$$|v\rangle \otimes \left(|w_1\rangle + |w_2\rangle\right) = |v\rangle \otimes |w_1\rangle + |v\rangle \otimes |w_2\rangle \tag{2.44}$$

   이다.

어떤 종류의 선형연산자가 $V \otimes W$ 공간에 작용할까? $|v\rangle$와 $|w\rangle$를 각각 V와 W에 속한 벡터라 하고 A와 B를 각각 V와 W에 대한 선형연산자라 하자. 그러면 $V \otimes W$에 대한 선형연산자 $A \otimes B$는 식

$$(A \otimes B)(|v\rangle \otimes |w\rangle) \equiv A|v\rangle \otimes B|w\rangle \tag{2.45}$$

로 정의할 수 있다. 이런 식으로 정의한 $A \otimes B$는 $A \otimes B$의 선형성을 보장하는 자연스러운 방식으로 $V \otimes W$의 모든 원소로 확장된다. 즉,

$$(A \otimes B) \left(\sum_i a_i |v_i\rangle \otimes |w_i\rangle \right) \equiv \sum_i a_i A |v_i\rangle \otimes B |w_i\rangle \tag{2.46}$$

이다. 이런 식으로 정의한 $A \otimes B$는 $V \otimes W$에 대해 잘 정의된 선형연산자라는 것을 알 수 있다. 두 연산자의 텐서곱에 대한 이 개념은 $A : V \to V'$와 $B : W \to W'$가 다른 벡터 공간들로 사상시키는^{map} 경우로까지 명백한 방식으로 확장된다. 게다가 $V \otimes W$를 $V' \otimes W'$로 사상시키는 임의의 선형연산자 C는 V를 V'로, W를 W'로 사상시키는 연산자들의 텐서곱에 대한 선형조합으로 표현될 수 있다. 즉,

$$C = \sum_i c_i A_i \otimes B_i \tag{2.47}$$

이다. 여기서 정의에 의해

$$\left(\sum_i c_i A_i \otimes B_i \right) |v\rangle \otimes |w\rangle \equiv \sum_i c_i A_i |v\rangle \otimes B_i |w\rangle \tag{2.48}$$

이다.

V 공간과 W 공간에 대한 내적을 사용하면 $V \otimes W$에 대한 자연스러운 내적을 정의할 수 있다. 다음과 같이 정의하자.

$$\left(\sum_i a_i |v_i\rangle \otimes |w_i\rangle, \sum_j b_j |v_j'\rangle \otimes |w_j'\rangle \right) \equiv \sum_{ij} a_i^* b_j \langle v_i | v_j' \rangle \langle w_i | w_j' \rangle \tag{2.49}$$

이렇게 정의한 함수는 잘 정의된 내적임을 알 수 있다. 이 내적으로부터 내적공간 $V \otimes W$는 수반^{adjoint}, 유니타리성^{unitarity}, 정규성^{normality}, 에르미트성^{Hermiticity} 개념과 같이 익숙한 다른 구조들을 상속한다.

지금까지의 논의는 다소 추상적이다. 크로네커 곱$^{Kronecker\ product}$이라는 편리한 행렬표현을 사용하면 훨씬 더 구체적으로 만들 수 있다. A를 $m \times n$ 행렬이라 하고 B를 $p \times q$ 행렬이라 하자. 그러면 행렬표현

$$A \otimes B \equiv \overbrace{\begin{bmatrix} A_{11}B & A_{12}B & \dots & A_{1n}B \\ A_{21}B & A_{22}B & \dots & A_{2n}B \\ \vdots & \vdots & \vdots & \vdots \\ A_{m1}B & A_{m2}B & \dots & A_{mn}B \end{bmatrix}}^{nq} \Big\} mp \tag{2.50}$$

가 된다. 이 표현에서 $A_{11}B$와 같은 항은 그 성분이 B에 비례하는 $p \times q$ 부분행렬을 나타내며 전체 비례 상수는 A_{11}이다. 예를 들어 벡터 $(1,2)$와 $(2,3)$의 텐서곱은 벡터

$$\begin{bmatrix} 1 \\ 2 \end{bmatrix} \otimes \begin{bmatrix} 2 \\ 3 \end{bmatrix} = \begin{bmatrix} 1 \times 2 \\ 1 \times 3 \\ 2 \times 2 \\ 2 \times 3 \end{bmatrix} = \begin{bmatrix} 2 \\ 3 \\ 4 \\ 6 \end{bmatrix} \tag{2.51}$$

이다. 파울리 행렬 X와 Y의 텐서곱은

$$X \otimes Y = \begin{bmatrix} 0 \cdot Y & 1 \cdot Y \\ 1 \cdot Y & 0 \cdot Y \end{bmatrix} = \begin{bmatrix} 0 & 0 & 0 & -i \\ 0 & 0 & i & 0 \\ 0 & -i & 0 & 0 \\ i & 0 & 0 & 0 \end{bmatrix} \tag{2.52}$$

이다. 마지막으로 유용한 표기법인 $|\psi\rangle^{\otimes k}$이 있는데, 이는 $|\psi\rangle$ 자체를 k번 텐서곱했다는 의미다. 예를 들면 $|\psi\rangle^{\otimes 2} = |\psi\rangle \otimes |\psi\rangle$이다. 텐서곱 공간에 대한 연산자에도 이와 비슷한 표기법을 사용한다.

확인문제 2.26: $|\psi\rangle = (|0\rangle + |1\rangle)/\sqrt{2}$라 하자. $|\psi\rangle^{\otimes 2}$와 $|\psi\rangle^{\otimes 3}$을 $|0\rangle|1\rangle$과 같은 텐서곱의 항으로 나타내어라. 이때 크로네커 곱도 사용하라.

확인문제 2.27: (a) X와 Z, (b) I와 X, (c) X와 I인 파울리 연산자에 대해 텐서곱의 행렬 표현을 계산하라. 각 텐서곱은 교환법칙이 성립하는가?

확인문제 2.28: 텐서곱에서 전치, 복소 켤레화, 수반 연산이 분배된다는 것을 보여라. 즉,

$$(A \otimes B)^* = A^* \otimes B^*; \ (A \otimes B)^T = A^T \otimes B^T; \ (A \otimes B)^\dagger = A^\dagger \otimes B^\dagger \tag{2.53}$$

을 보이면 된다.

확인문제 2.29: 두 유니타리 연산자의 텐서곱이 유니타리임을 보여라.

확인문제 2.30: 두 에르미트 연산자의 텐서곱이 에르미트임을 보여라.

확인문제 2.31: 두 양의 연산자의 텐서곱이 양의 연산자임을 보여라.

확인문제 2.32: 두 사영연산자의 텐서곱이 사영연산자임을 보여라.

확인문제 2.33: 1큐비트에 대한 아다마르 연산자는

$$H = \frac{1}{\sqrt{2}} \left[(|0\rangle + |1\rangle)\langle 0| + (|0\rangle - |1\rangle)\langle 1| \right] \tag{2.54}$$

로 표현할 수 있다. n큐비트에 대한 아다마르 변환 $H^{\otimes n}$은

$$H^{\otimes n} = \frac{1}{\sqrt{2^n}} \sum_{x,y} (-1)^{x \cdot y} |x\rangle\langle y| \tag{2.55}$$

로 표현할 수 있음을 보여라. 또한 $H^{\otimes 2}$에 대한 행렬표현을 구하라.

2.1.8 연산자 함수

연산자와 행렬에 대해 정의할 수 있는 중요 함수가 많이 있다. 일반적으로 말해 복소수에서 복소수로의 함수 f가 주어지면, 다음 구성에 의해 정규행렬(또는 에르미트 행렬과 같은 일부 하위 클래스)에 대응하는 행렬 함수를 정의할 수 있다. $A = \sum_a a|a\rangle\langle a|$를 정규연산자 A에 대한 스펙트럼 분해라 하자. 또한 $f(A) = \sum_a f(a)|a\rangle\langle a|$도 정의하자. 조금만 생각해보면 $f(A)$가 유일하게 정의된다는 것을 알 수 있다. 예를 들어 이 절차는 양의 연산자에 대한 제곱근, 양 확정 연산자^{positive-definite operator}에 대한 로그, 또는 정규연산자의 지수^{exponential}를 정의하는 데 사용할 수 있다. 예로서

$$\exp(\theta Z) = \begin{bmatrix} e^\theta & 0 \\ 0 & e^{-\theta} \end{bmatrix} \tag{2.56}$$

가 되는데, 그 이유는 Z가 고유벡터 $|0\rangle$과 $|1\rangle$을 갖기 때문이다.

확인문제 2.34: 행렬

$$\begin{bmatrix} 4 & 3 \\ 3 & 4 \end{bmatrix} \tag{2.57}$$

의 제곱근과 로그를 구하라.

확인문제 2.35: (파울리 행렬의 지수) $\vec{v}$를 어떠한 실벡터$^{\text{real vector}}$이면서 3차원 단위벡터라 하고, θ를 실수라 하자. 다음 식을 증명하라.

$$\exp(i\theta\vec{v}\cdot\vec{\sigma}) = \cos(\theta)I + i\sin(\theta)\vec{v}\cdot\vec{\sigma} \qquad (2.58)$$

여기서 $\vec{v}\cdot\vec{\sigma} \equiv \sum_{i=1}^{3} v_i\sigma_i$이다. 이 문제를 일반화시킨 것이 123페이지의 확인문제 2.1이다.

또 다른 중요한 행렬 함수는 행렬의 대각합^{trace}이다. A의 대각합이란 대각 성분의 합으로 정의한다. 즉,

$$\text{tr}(A) \equiv \sum_i A_{ii} \qquad (2.59)$$

이다.

대각합은 순환적^{cyclic}이라서 $\text{tr}(AB) = \text{tr}(BA)$이고 선형이라서 $\text{tr}(A+B) = \text{tr}(A) + \text{tr}(B)$, $\text{tr}(zA) = z\,\text{tr}(A)$인 것을 쉽게 알 수 있다. 여기서 A와 B는 임의의 행렬이고, z는 복소수다. 또한 순환 특성 때문에 행렬의 대각합은 유니타리 유사성 변환$^{\text{similarity transformation}}$인 $A \rightarrow UAU^\dagger$에 있어서 $\text{tr}(UAU^\dagger) = \text{tr}(U^\dagger UA) = \text{tr}(A)$와 같이 불변이다. 이 결과를 고려하면 A 연산자의 대각합을 A에 대한 행렬표현의 대각합으로 정의하는 것이 합리적이다. 유니타리 유사성 변환에 대해 대각합이 변경되지 않으므로 연산자의 대각합은 잘 정의된다.

대각합의 한 예로서 $|\psi\rangle$는 단위벡터이고 A는 임의의 연산자라 하자. $\text{tr}(A|\psi\rangle\langle\psi|)$에 대한 값을 구하려면 그람-슈미트 절차를 사용해 $|\psi\rangle$를 정규직교 기저 $|i\rangle$로 확장시키는데 이때 $|\psi\rangle$는 첫 번째 성분으로 들어간다. 그러면

$$\text{tr}(A|\psi\rangle\langle\psi|) = \sum_i \langle i|A|\psi\rangle\langle\psi|i\rangle \qquad (2.60)$$

$$= \langle\psi|A|\psi\rangle \qquad (2.61)$$

가 된다. 이렇게 나온 결과인 $\text{tr}(A|\psi\rangle\langle\psi|) = \langle\psi|A|\psi\rangle$는 연산자의 대각합에 대한 값을 구할 때 아주 유용하다.

확인문제 2.36: I를 제외한 파울리 행렬의 대각합이 0임을 보여라.

확인문제 2.37: (대각합의 순환 특성) A와 B가 선형연산자라면

$$\text{tr}(AB) = \text{tr}(BA) \qquad (2.62)$$

임을 보여라.

확인문제 2.38: (대각합의 선형성) A와 B가 선형연산자라면

$$\text{tr}(A + B) = \text{tr}(A) + \text{tr}(B) \tag{2.63}$$

임을 보여라. 또한 z가 임의의 복소수라면

$$\text{tr}(zA) = z\text{tr}(A) \tag{2.64}$$

임을 보여라.

확인문제 2.39: (연산자에 대한 힐베르트-슈미트 내적)   힐베르트 공간 V에 대한 선형연산자 집합 L_V는 분명히 벡터공간이다. 즉, 두 선형연산자의 합은 선형연산자가 되고, A가 선형연산자고 z가 복소수이면 zA도 선형연산자가 되며, 0 원소가 존재한다. 다음의 중요한 추가적 결과는 벡터공간 L_V에 자연스러운 내적구조^{inner product structure}를 부여해서 힐베르트 공간으로 만들 수 있음을 보여준다.

1. $L_V \times L_V$에 대해

$$(A, B) \equiv \text{tr}(A^\dagger B) \tag{2.65}$$

   로 정의한 함수 $(\cdot, \cdot)$가 내적함수^{inner product function}임을 보여라. 이 내적을 힐베르트-슈미트^{Hilbert-Schmidt} 내적 또는 대각합^{trace} 내적이라 한다.

2. V가 d차원을 갖는다면 L_V는 d^2차원을 갖는다는 것을 보여라.

3. 힐베르트 공간 L_V에 대한 에르미트 행렬의 정규직교 기저를 구하라.

2.1.9 교환자와 반교환자

두 연산자 A와 B의 교환자^{commutator}는

$$[A, B] \equiv AB - BA \tag{2.66}$$

로 정의한다. $[A,\ B] = 0$, 즉 $AB = BA$이면 A와 B는 교환법칙이 성립한다^{commute}고 말한다.[2] 마찬가지로 두 연산자 A와 B의 반교환자^{anti-commutator}는

$$\{A, B\} \equiv AB + BA \tag{2.67}$$

---

2   교환 관계에 있다고도 말한다. – 옮긴이

로 정의하고 $\{A, B\} = 0$이면 A와 B는 반교환법칙이 성립한다^{anti-commute}고 말한다. 연산자 쌍의 많은 중요한 특성이 교환자와 반교환자로부터 유도될 수 있음이 밝혀졌다. 가장 유용한 관계는 에르미트 연산자 A와 B를 동시에 대각화할 수 있는 특성, 즉 $A = \sum_i a_i |i\rangle\langle i|$, $B = \sum_i b_i |i\rangle\langle i|$로 표현하는 특성과 교환자가 서로 연결되는 것이다. 여기서 $|i\rangle$는 A와 B에 대한 고유벡터들의 공통적인 정규직교 집합이다.

정리 2.2: (동시 대각화 정리) A와 B를 에르미트 연산자라 하자. 그러면 $[A, B] = 0$이기 위한 필요충분조건은 A와 B가 모두 그 기저에 관해 대각이 되는 것이다. 이 경우, A와 B는 동시에 대각화 가능하다^{simultaneously diagonalizable}고 말한다.

이 결과를 통해 두 연산자의 교환자(계산하기 쉬울 경우가 많음)와 동시에 대각화 가능한 특성(선험적으로^{a priori3} 결정하기 어려움)이 서로 연결된다. 예로서

$$[X, Y] = \begin{bmatrix} 0 & 1 \\ 1 & 0 \end{bmatrix} \begin{bmatrix} 0 & -i \\ i & 0 \end{bmatrix} - \begin{bmatrix} 0 & -i \\ i & 0 \end{bmatrix} \begin{bmatrix} 0 & 1 \\ 1 & 0 \end{bmatrix} \tag{2.68}$$

$$= 2i \begin{bmatrix} 1 & 0 \\ 0 & -1 \end{bmatrix} \tag{2.69}$$

$$= 2iZ \tag{2.70}$$

를 고려해보면, X와 Y는 교환법칙이 성립하지 않는다. 이미 확인문제 2.11에서 X와 Y가 공통 고유벡터를 갖지 않는다는 것을 알 수 있었고, 이는 동시 대각화 정리로부터 예상한 바와 같다.

증명

A와 B가 동일한 정규직교 기저에서 대각이면 $[A, B] = 0$인 것을 쉽게 증명할 수 있다(그리고 증명해야 한다!). 그 역을 증명하기 위해 $|a, j\rangle$을 A의 고유공간 V_a에 대한 정규직교 기저라 하자. 여기서 a는 고윳값이고 인덱스 j는 가능한 퇴화^{degeneracy}에 레이블을 붙이는 데 사용된다.

$$AB|a, j\rangle = BA|a, j\rangle = aB|a, j\rangle \tag{2.71}$$

가 된다는 점에 주목한다. 따라서 $B|a, j\rangle$는 고유공간 V_a의 원소가 된다. P_a가 V_a 공간 위로의 사영연산자를 나타낸다고 하고 $B_a \equiv P_a B P_a$로 정의하자. V_a 공간에 대해 B_a가 제한받는 사항이라면 V_a에 대해 에르미트라는 것이고, 따라서 V_a 공간을 생성하는 고유

---

3   실험이나 경험에 앞서서 – 옮긴이

벡터의 정규직교 집합에 관해 스펙트럼 분해를 갖는다는 것을 쉽게 알 수 있다. 이들 고유벡터를 $|a, b, k\rangle$라 부르자. 여기서 인덱스 a와 b는 A와 B_a의 고윳값에 붙인 레이블을 나타내고, k는 B_a의 퇴화 가능성을 고려한 여분의 인덱스다. $B|a, b, k\rangle$가 V_a의 원소이므로 $B|a, b, k\rangle = P_a B|a, b, k\rangle$가 된다는 점에 주목한다. 더욱이 $P_a|a, b, k\rangle = |a, b, k\rangle$이므로

$$B|a, b, k\rangle = P_a B P_a|a, b, k\rangle = b|a, b, k\rangle \tag{2.72}$$

가 된다. 따라서 $|a, b, k\rangle$는 고윳값 b를 갖는 B의 고유벡터이므로 $|a, b, k\rangle$는 A와 B 모두의 고유벡터에 대한 정규직교 집합이고 A와 B가 정의되는 벡터공간 전체를 생성한다. 즉, A와 B는 동시에 대각화가 가능하다.　■

확인문제 2.40: (파울리 행렬에 대한 교환 관계)   다음의 교환commutation 관계를 증명하라.

$$[X, Y] = 2iZ; \quad [Y, Z] = 2iX; \quad [Z, X] = 2iY \tag{2.73}$$

위의 식들은 3개의 인덱스에 대한 반대칭 텐서antisymmetric tensor인 ϵ_{ijk}을 사용하여

$$[\sigma_j, \sigma_k] = 2i \sum_{l=1}^{3} \epsilon_{jkl} \sigma_l \tag{2.74}$$

로 보기 좋게 나타낼 수 있다. 여기서 $\epsilon_{123} = \epsilon_{231} = \epsilon_{312} = 1$ 그리고 $\epsilon_{321} = \epsilon_{213} = \epsilon_{132} = -1$이며 그 외에는 $\epsilon_{ijk} = 0$이다.

확인문제 2.41: (파울리 행렬에 대한 반교환 관계)   다음의 반교환anti-commutation 관계를 증명하라.

$$\{\sigma_i, \sigma_j\} = 0 \tag{2.75}$$

여기서 $i \neq j$는 모두 1, 2, 3 집합에서 선택된다. 또한

$$\sigma_i^2 = I \tag{2.76}$$

임을 증명하여라$(i = 0, 1, 2, 3)$.

확인문제 2.42:   다음을 증명하라.

$$AB = \frac{[A, B] + \{A, B\}}{2} \tag{2.77}$$

확인문제 2.43: $j, k = 1, 2, 3$에 대해

$$\sigma_j \sigma_k = \delta_{jk} I + i \sum_{l=1}^{3} \epsilon_{jkl} \sigma_l \tag{2.78}$$

임을 보여라.

확인문제 2.44: $[A, B] = 0$, $\{A, B\} = 0$이며 A가 가역적^{invertible}이라 하자. B가 0이어야 함을 보여라.

확인문제 2.45: $[A, B]^\dagger = [B^\dagger, A^\dagger]$임을 보여라.

확인문제 2.46: $[A, B] = -[B, A]$임을 보여라.

확인문제 2.47: A와 B가 에르미트라 하자. $i[A, B]$도 에르미트임을 보여라.

2.1.10 극분해와 특이값 분해

극분해$^{\text{polar decomposition}}$와 특이값 분해$^{\text{singular value decomposition}}$는 선형연산자를 단순한 부분들로 분할할 수 있는 유용한 방법이다. 특히 이들 분해를 사용하면 일반 선형연산자를 유니타리 연산자와 양의 연산자의 곱으로 분할할 수 있다. 우리는 일반 선형연산자의 구조를 잘 이해하지 못하는 반면, 유니타리 연산자와 양의 연산자는 아주 자세하게 이해한다. 극분해와 특이값 분해를 통해 이 점을 적용하면 일반 선형연산자를 잘 이해할 수 있다.

정리 2.3: (극분해) A를 벡터공간 V에 대한 선형연산자라 하자. 그러면

$$A = UJ = KU \tag{2.79}$$

인 유니타리 U와 양의 연산자 J 및 K가 존재한다. 여기서 위의 식을 만족시키는 유일한 양의 연산자 J와 K는 $J \equiv \sqrt{A^\dagger A}$와 $K \equiv \sqrt{AA^\dagger}$로 정의된다. 더욱이 A가 가역적이면 U는 유일하다.

$A = UJ$는 A의 좌극분해$^{\text{left polar decomposition}}$, $A = KU$는 A의 우극분해$^{\text{right polar decomposition}}$라고 부른다. 두 표현 모두에 대해 '우' 또는 '좌'란 말을 빼고 '극분해'라는 용어를 자주 사용하며 문맥을 통해 어느 것을 의미하는지를 파악한다.

증명

$J \equiv \sqrt{A^\dagger A}$는 양의 연산자이므로 스펙트럼 분해 $J = \sum_i \lambda_i |i\rangle\langle i| (\lambda_i \geq 0)$가 가능하다. $|\psi_i\rangle \equiv A|i\rangle$라고 정의하자. 이 정의로부터 $\langle \psi_i | \psi_i \rangle = \lambda_i^2$가 된다. $\lambda_i \neq 0$인 i만을 고려하자. 그 i에 대해 $|e_i\rangle \equiv |\psi_i\rangle / \lambda_i$를 정의해서 $|e_i\rangle$를 정규화시킨다. 또한 $i \neq j$인 경우에 $\langle e_i | e_j \rangle = \langle i | A^\dagger A | j \rangle \lambda_i \lambda_j = \langle i | J^2 | j \rangle \lambda_i \lambda_j = 0$이므로 이들은 직교한다.

위에서는 $\lambda_i \neq 0$인 i를 고려했었다. 이제 그람-슈미트 절차를 사용해 정규직교 집합 $|e_i\rangle$를 확장시키면 정규직교 기저를 형성하는데, 여기서도 $|e_i\rangle$에 레이블을 붙인다. 유니타리 연산자 $U \equiv \sum_i |e_i\rangle\langle i|$를 정의하자. $\lambda_i \neq 0$일 때 $UJ|i\rangle = \lambda_i |e_i\rangle = |\psi_i\rangle = A|i\rangle$가 된다. $\lambda_i = 0$일 때는 $UJ|i\rangle = 0 = |\psi_i\rangle$이다. $|i\rangle$ 기저에 대해 A와 UJ의 작용이 일치하는 것으로 증명한 바 있으므로 $A = UJ$이다.

$A = UJ$의 왼쪽에 수반식^{adjoint equation} $A^\dagger = JU^\dagger$을 곱하면 $J^2 = A^\dagger A$가 되므로 J는 유일하다. 이것으로부터 유일하게 $J = \sqrt{A^\dagger A}$라는 것을 알 수 있다. 조금 생각해보면 A가 가역적이면 J도 가역적이기 때문에 U는 $U = AJ^{-1}$ 식에 의해 유일하게 결정된다는 것을 알게 된다. $A = UJ = UJU^\dagger U = KU$인데, 여기서 $K \equiv UJU^\dagger$는 양의 연산자이므로 우극분해도 증명된다. $AA^\dagger = KUU^\dagger K = K^2$이기 때문에 정의한 대로 $K = \sqrt{AA^\dagger}$가 된다. ∎

특이값 분해는 극분해와 스펙트럼 정리를 결합한 것이다.

따름정리 2.4: (특이값 분해) A를 정사각행렬이라 하자. 그러면

$$A = UDV \tag{2.80}$$

인 유니타리 행렬 U와 V 그리고 음이 아닌 성분을 갖는 대각행렬 D가 존재한다. D의 대각성분을 A의 **특이값**^{singular value}이라 한다.

증명

S가 유니타리 연산자, J가 양의 연산자이면 극분해에 의해 $A = SJ$이다. T가 유니타리 연산자이고 D가 음이 아닌 성분을 갖는 대각행렬이면 스펙트럼 정리에 의해 $J = TDT^\dagger$이다. $U \equiv ST$와 $V \equiv T^\dagger$로 설정하면 증명이 완료된다. ∎

확인문제 2.48:   양의 행렬 P의 극분해는 무엇인가? 유니타리 행렬 U는? 에르미트 행렬 H는?

확인문제 2.49:   정규행렬의 극분해를 외적 표현^{outer product representation}으로 나타내어라.

확인문제 2.50: 다음 행렬의 좌극분해와 우극분해를 구하라.

$$\begin{bmatrix} 1 & 0 \\ 1 & 1 \end{bmatrix} \tag{2.81}$$

2.2 양자역학의 공준

> 모든 이해는 보이는 대로 세상을 받아들이지 않는 것에서 시작된다.
>
> – 앨런 케이(Alan Kay)

> 이 세상에서 가장 이해할 수 없는 말은 이 세상을 이해할 수 있다는 말이다.
>
> – 알버트 아인슈타인(Albert Einstein)

양자역학은 물리 이론을 개발하기 위한 수학적 프레임워크^{framework}다. 양자역학은 물리계가 어떤 법칙을 따라야 하는지를 자동으로 알려주는 것이 아니라 그 법칙을 개발하기 위한 수학적이고 개념적인 프레임워크를 제공하는 것이다. 이후로 몇 개의 절에서는 양자역학의 기본 공준^{basic postulates}을 모두 설명할 것이다. 이들 공준을 통해 물리 세계와 양자역학의 수학적 형식체계^{mathematical formalism}가 서로 연결된다.

양자역학의 공준은 (대부분) 오랜 시행착오를 거쳐 나왔으며 그 이론의 창안자들은 아주 많이 추측하며 상상의 나래를 폈다. 따라서 이들 공준에 대한 동기가 분명하지 않더라도 이상하게 생각할 것 없다. 전문가들조차도 양자역학의 기본 공준은 놀라워 보인다. 다음 몇 개의 절을 통해 이들 공준에 대한 지식(적용 방법과 그 시기)을 잘 알기 바란다.

2.2.1 상태공간

양자역학의 첫 번째 공준은 양자역학이 활약할 장소를 설정한다. 그 장소는 선형대수 출신의 친한 친구인 힐베르트 공간^{Hilbert space}이다.

공준 1: 고립된 물리계와 관련된 것은 내적을 갖는 복소벡터공간(즉, 힐베르트 공간)이며, 이를 그 계의 **상태공간**^{state space}이라 한다. 그 계는 이 상태공간에 속한 단위벡터인 **상태벡터**^{state vector}에 의해 완전히 기술된다.

주어진 물리계에 대해 양자역학은 그 계의 상태공간이 무엇인지, 그리고 그 계의 상태벡터가 무엇인지를 알려주지 않는다. 특정 계에 대한 정보를 알아내는 것은 어려운 문제이며 이에 대해 물리학자는 복잡하고 멋진 규칙을 많이 개발했다. 이를테면 훌륭한 양자전자기학quantum electrodynamics(QED라고 부름) 이론은 원자와 빛이 어떻게 상호작용하는지를 설명해준다. QED의 한 측면은 원자와 빛에 대한 양자를 기술하기 위해 어떤 상태공간을 사용할지 알려주는 것이다. 우리는 QED와 같은 이론의 복잡함에 대해서는 별로 신경 쓰지 않을 것인데(7장에서 물리적인 실현에 적용되는 경우는 제외) 그 이유는 양자역학이 제공하는 일반적인 프레임워크에 주로 관심이 있기 때문이다. 우리의 목적을 위해서는 우리가 관심을 갖는 계의 상태공간에 대해 아주 단순하게 (그리고 합리적으로) 가정하고 이들 가정을 따르는 것으로 충분할 것이다.

가장 단순한 양자역학계이자 가장 관심을 가져야 할 계는 큐비트qubit다. 큐비트는 2차원 상태공간을 갖는다. $|0\rangle$와 $|1\rangle$이 그 상태공간에 대한 정규직교 기저를 형성한다고 하자. 그러면 그 상태공간에 속한 임의의 상태벡터는

$$|\psi\rangle = a|0\rangle + b|1\rangle \tag{2.82}$$

로 나타낼 수 있다. 여기서 a와 b는 복소수다. 따라서 $|\psi\rangle$가 단위벡터인 조건 $\langle\psi|\psi\rangle = 1$는 $|a|^2 + |b|^2 = 1$과 같다. 조건 $\langle\psi|\psi\rangle = 1$은 종종 상태벡터의 정규화 조건normalization condition 이라고 한다.

우리는 큐비트를 기본 양자역학계로 삼을 것이다. 이후의 7장에서 실제 물리계가 큐비트로 기술될 수 있음을 보게 될 것이다. 그러나 현재로서는 특정 실현을 언급하지 않고 큐비트를 추상적인 용어로 생각하기로 하자. 이 책에서 큐비트를 논의할 때는 기저벡터의 정규직교 집합인 $|0\rangle$과 $|1\rangle$을 항상 언급할 것이며, 이는 사전에 고정된 것으로 여기면 된다. 직관적으로 보면 $|0\rangle$과 $|1\rangle$ 상태는 비트가 취할 수 있는 2개의 0과 1 값과 비슷하다. 큐비트가 비트와 다른 점은 $a|0\rangle + b|1\rangle$ 형태로 이 두 상태의 중첩superposition이 존재할 수 있다는 것이다. 이러한 중첩에서는 확실히 $|0\rangle$ 상태인지 또는 확실히 $|1\rangle$ 상태인지 말할 수 없다.

우리는 결론을 내릴 때 종종 유용한 용어를 사용해 양자상태를 기술한다. 어떠한 선형조합 $\sum_i \alpha_i|\psi_i\rangle$란 $|\psi_i\rangle$ 상태에 대해 α_i 진폭을 갖는 $|\psi_i\rangle$ 상태의 중첩을 말한다. 그러므로 예를 들어 상태

$$\frac{|0\rangle - |1\rangle}{\sqrt{2}} \tag{2.83}$$

는 $|0\rangle$의 상태에 대해 $1/\sqrt{2}$ 진폭, $|1\rangle$ 상태에 대해 $-1/\sqrt{2}$ 진폭을 갖는, $|0\rangle$과 $|1\rangle$ 상태의 중첩이다.

2.2.2 진화

양자역학계의 $|\psi\rangle$ 상태는 시간에 따라 어떻게 변할까? 다음 공준은 그러한 상태 변화를 기술하는 방식을 알려준다.

> **공준 2:** 닫힌 양자계의 진화^{evolution}는 유니타리 변환$^{\text{unitary transformation}}$에 의해 기술된다. 즉, 시간 t_1에서 그 계의 상태 $|\psi\rangle$는 시간 t_1과 t_2에만 의존하는 유니타리 연산자 U에 의해 시간 t_2에서 그 계의 상태 $|\psi'\rangle$와 관련된다. 즉,
>
> $$|\psi'\rangle = U|\psi\rangle \tag{2.84}$$
>
> 이다.

양자역학은 특정 양자계의 상태공간이나 양자상태를 알려주지 않는 것과 마찬가지로, 어느 유니타리 연산자 U가 실제 양자역학을 기술하는지도 알려주지 않는다. 양자역학은 단지 닫힌 양자계의 진화가 그러한 방식으로 기술될 수 있음을 보장할 뿐이다. 이때 '어떤 유니타리 연산자를 고려해야 하는가?'라는 의문이 생긴다. 단일 큐비트의 경우 어떠한 유니타리 연산자라도 현실의 계에서 실현시킬 수 있다고 밝혀졌다.

양자계산 및 양자정보에서 중요한 단일 큐비트에 대한 유니타리 연산자의 몇 가지 예를 살펴보자. 이미 이러한 유니타리 연산자의 예를 본 적 있다(2.1.3절에서 정의한 파울리 행렬과 1장에서 기술한 양자 게이트). 1.3.1절에서 언급했듯이 X 행렬은 고전 NOT 게이트와 비슷해서 종종 양자 NOT 게이트라고 한다. X와 Z 파울리 행렬은 비트반전$^{\text{bit flip}}$과 위상반전$^{\text{phase flip}}$ 행렬이라고도 한다. X 행렬은 $|0\rangle$을 $|1\rangle$로, $|1\rangle$을 $|0\rangle$으로 바꾸므로 비트반전이라는 이름이 붙었다. 그리고 Z 행렬은 $|0\rangle$을 변경 없이 그대로 두고 $|0\rangle$에는 위상계수$^{\text{phase factor}}$라는 -1을 추가시켜 $-|1\rangle$로 바꾸므로 위상반전이라는 용어가 붙었다. Z에 대해서는 위상반전이라는 용어를 자주 사용하지 않을 것인데, 그 이유는 4장에서 정의할 위상 게이트와 혼동되기 쉽기 때문이다(2.2.7절에서 '위상' 용어 사용에 대해 많이 논의할 것이다).

또 다른 흥미로운 유니타리 연산자는 H로 표기하는 아다마르 게이트$^{\text{Hadamard gate}}$다. 이 연산자의 작용은 $H|0\rangle \equiv (|0\rangle+|1\rangle)/\sqrt{2}$, $H|1\rangle \equiv (|0\rangle-|1\rangle)/\sqrt{2}$이며 이에 대응하는 행렬 표현은

$$H = \frac{1}{\sqrt{2}} \begin{bmatrix} 1 & 1 \\ 1 & -1 \end{bmatrix} \tag{2.85}$$

이다.

확인문제 2.51: 아다마르 게이트 H가 유니타리임을 증명하라.

확인문제 2.52: $H^2 = I$임을 증명하라.

확인문제 2.53: H의 고윳값과 고유벡터는 무엇인가?

공준 2에서는 기술할 계가 닫혀 있어야 한다. 즉, 다른 계와 상호작용하지 않는 것이다. 실제로 모든 계(우주 전체는 제외)는 다른 계와 적어도 어느 정도 상호작용한다. 그럼에도 좋은 근사치로 닫혀 있는 것으로 기술할 수 있으며 어느 정도의 근사치로써 유니타리 진화로 기술되는 흥미로운 계들이 있다. 또한 적어도 원칙적으로 모든 열린 계는 유니타리 진화를 겪고 있는 더 큰 닫힌 계(우주)의 일부분으로 기술될 수 있다. 나중에 닫혀 있지 않은 계를 기술할 수 있는 많은 도구를 소개하겠지만, 지금은 닫힌 계의 진화에 대해 계속 기술할 것이다.

공준 2는 서로 다른 2개의 시간 속에서 닫힌 양자계의 양자 상태가 어떻게 관련돼 있는지 기술한다. 이 공준을 다듬어서 양자계의 진화를 연속시간^{continuous time}으로 기술할 수 있다. 우리는 이렇게 다듬어진 공준으로부터 다시 공준 2를 복원시켜볼 것이다. 개선된 공준을 서술하기 전에 두 가지 점을 먼저 언급하고 넘어가자. 첫째, 표기법이다. 다음 설명에 나오는 연산자 H는 방금 소개했던 아다마르 연산자와 다르다. 둘째, 다음에 나오는 공준은 미분방정식의 장치를 사용한다. 독자에게 미분방정식 분야에 대한 배경 지식이 거의 없더라도 괜찮다. 7장 일부에서 양자정보 처리의 실제 물리적 구현 부분을 제외하고는 이 책의 많은 부분에서 그런 지식이 필요하지 않다.

공준 2': 닫힌 양자계의 상태에 대한 시간 진화^{time evolution}는 슈뢰딩거 방정식^{Schrödinger equation}

$$i\hbar \frac{d|\psi\rangle}{dt} = H|\psi\rangle \tag{2.86}$$

에 의해 기술된다. 이 방정식에서 $\hbar$는 플랑크 상수^{Planck's constant}라는 물리 상수이며 그 값은 실험으로 결정해야 한다. 정확한 값은 중요하지 않다. 실제로 $\hbar$ 계수를 H에 포함시키고 사실상 $\hbar = 1$로 설정하는 것이 일반적이다. H는 닫힌 계의 해밀토니안^{Hamiltonian}이라는 고정된 에르미트 연산자다.

어떤 계의 해밀토니안을 알면, (지식과 함께) 적어도 원리적으로는 그 역학을 완전히 이해할 수 있다. 일반적으로 특정 물리계를 기술하는 데 필요한 해밀토니안을 알아내는 것은 아주 어려운 문제다(20세기 물리학의 많은 부분이 이 문제와 관련이 있었다). 이에 대한 답을 얻으려면 실험에서 상당히 많은 입력이 필요하다. 우리의 관점에서 보면 이 점은 양자역학의 프레임워크 안에서 구축된 물리 이론들로 다뤄야 할 세부적 문제(원자들을 이러러한 구성으로 기술하는 데 어느 해밀토니안이 필요할까)이며 양자역학 이론 그 자체로 다룰 문제가 아니다. 따라서 양자계산 및 양자정보에 대한 논의의 대부분 시간을 해밀토니안에 대한 논의에 들일 필요는 없다. 우리가 논의할 때면 보통 어떤 행렬이 해밀토니안이라고 단정 짓는 것으로 시작하고, 그 해밀토니안을 정말 사용해도 되는지 따지지 않고 진행해 나갈 것이다.

해밀토니안은 에르미트 연산자이기 때문에 스펙트럼 분해

$$H = \sum_E E|E\rangle\langle E| \tag{2.87}$$

를 갖는다. 여기서 E는 고윳값이고 $|E\rangle$는 그 값에 대응하는 정규화된 고유벡터. $|E\rangle$ 상태는 일반적으로 에너지 고유상태^{energy eigenstate} 또는 때때로 정상상태^{stationary state}라 하며, E는 $|E\rangle$ 상태의 에너지다. 가장 낮은 에너지를 그 계의 바닥 상태 에너지^{ground state energy}라 하고 그에 대응하는 에너지 고유상태(또는 고유공간)를 바닥 상태^{ground state}라 한다. $|E\rangle$ 상태를 간혹 정상상태라고 하는 이유는 시간에 따른 변화에 전체 수치 계수^{overall numerical factor}만 포함되기 때문이다. 즉,

$$|E\rangle \rightarrow \exp(-iEt/\hbar)|E\rangle \tag{2.88}$$

이다.

예를 들어 단일 큐비트가 해밀토니안

$$H = \hbar\omega X \tag{2.89}$$

를 갖는다고 하자. 이 식에서 ω는 사실상 실험으로 결정해야 하는 매개변수다. 이 책에서는 이 매개변수에 대해 그다지 신경 쓰지 않을 것이다(양자계산 및 양자정보 연구에서 이따금 쓰는 해밀토니안에 대해 감각을 익히는 것이 목적이다). 이 해밀토니안의 에너지 고유상태는 X의

고유상태와 완전히 동일하다. 즉, $(|0\rangle+|1\rangle)/\sqrt{2}$와 $(|0\rangle-|1\rangle)/\sqrt{2}$이며 이에 대응하는 에너지는 $\hbar\omega$와 $-\hbar\omega$이다. 따라서 바닥 상태는 $(|0\rangle-|1\rangle)/\sqrt{2}$이고 바닥 상태 에너지는 $-\hbar\omega$이다.

동역학^{dynamics}의 해밀토니안 묘사인 공준 2′ 그리고 유니타리 연산자 묘사인 공준 2 사이에는 어떤 관련이 있을까? 그 답은 슈뢰딩거 방정식의 해를 표현할 때 나오며, 이는 쉽게 증명할 수 있다. 즉,

$$|\psi(t_2)\rangle = \exp\left[\frac{-iH(t_2 - t_1)}{\hbar}\right]|\psi(t_1)\rangle = U(t_1, t_2)|\psi(t_1)\rangle \qquad (2.90)$$

인데, 여기서

$$U(t_1, t_2) \equiv \exp\left[\frac{-iH(t_2 - t_1)}{\hbar}\right] \qquad (2.91)$$

로 정의한다. 확인문제에서는 이 연산자가 유니타리 연산자인 것을 증명할 것이고, 게다가 모든 유니타리 연산자 U는 어떤 에르미트 연산자 K에 대해 $U = \exp(iK)$ 형식으로 실현시킬 수 있음을 보일 것이다. 따라서 유니타리 연산자를 사용한 동역학의 이산시간$^{\text{discrete-time}}$ 서술과 해밀토니안을 사용한 연속시간$^{\text{continuous time}}$ 서술 간에 일대일 대응이 된다. 대부분의 책에서는 양자역학의 유니타리 공식$^{\text{unitary formulation}}$을 사용한다.

확인문제 2.54: A와 B가 교환법칙이 성립하는 에르미트 연산자라 하자. $\exp(A)$ $\exp(B) = \exp(A + B)$가 됨을 증명하여라(힌트: 2.1.9절의 결과들을 사용한다).

확인문제 2.55: 식 (2.91)에 정의된 $U(t_1, t_2)$가 유니타리임을 증명하라.

확인문제 2.56: 스펙트럼 분해를 사용해 어떠한 유니타리 U에 대해서도 $K \equiv -i\log(U)$ 가 에르미트라는 것을 보이고, 따라서 어떤 에르미트 K에 대해서는 $U = \exp(iK)$라 는 것도 보여라.

양자계산 및 양자정보에서는 종종 유니타리 연산자를 특정 양자계에 적용한다고 말한다. 일례로, 양자회로와 관련해서 유니타리 게이트 X를 단일 큐비트에 적용한다고 말할 수 있다. 이 말은 앞서 유니타리 연산자가 닫힌 양자계의 진화를 기술한다고 말했던 것과 모순되지 않을까? 유니타리 연산자를 '적용'하고 있다는 것은 양자계와 상호작용 중인 외부의 '우리'가 존재한다는 뜻이며, 이는 계가 닫혀 있지 않다는 것을 의미하기 때문이다.

이것의 예는 레이저를 원자에 집중시키는 경우를 들 수 있다. 수많은 고민과 노력을 기울여서 전체 원자-레이저 계atom-laser system를 기술하는 해밀토니안을 표현해내는 것은 가능하다. 흥미로운 점은 우리가 원자-레이저 계에 대한 해밀토니안을 표현해서 원자 단독에 미치는 영향을 고려할 때, 원자에 대한 상태벡터의 거동은 또 다른 해밀토니안인 원자 해밀토니안atomic Hamiltonian에 의해 거의, 그러나 완벽하지 않게 기술된다는 점이다. 원자 해밀토니안에는 레이저 세기와 관련된 항, 그리고 그 외의 레이저 매개변수가 포함되는데, 우리는 이것들을 마음대로 변화시킬 수 있다. 비록 원자는 닫힌 계가 아니지만, 마치 우리가 마음대로 변화시킬 수 있는 해밀토니안으로 원자의 진화를 기술하는 것과 같다.

더 일반적으로 말하면 이와 같이 많은 계의 경우, 양자계에 대해 시간에 따라 변화하는 해밀토니안을 표현하는 것이 가능하다고 알려져 있다. 이러한 해밀토니안은 항상 일정한 것이 아니라, 실험자가 통제하는 매개변수에 따라 달라질 수 있고 실험 과정 중에 값이 바뀔 수도 있다. 따라서 그 계는 닫혀 있는 게 아니라 시간 변화 해밀토니안을 갖는 슈뢰딩거 방정식에 따라 좋은 근사치로 진화한다.

결론은 우리가 종종 유니타리 연산자를 사용해 양자계(심지어 닫혀져 있지 않은 계)의 진화에 대해 기술할 것이라는 점이다. 이에 대한 주요 예외인 양자측정은 다음 절에서 기술할 것이다. 나중에는 다른 계와의 상호작용으로 발생하는 유니타리 진화unitary evolution에서의 편차를 더 자세히 조사해 현실적인 양자계의 동역학을 더욱 정확하게 알아볼 것이다.

2.2.3 양자 측정

닫힌 양자계가 유니타리 진화에 따라 진화한다고 간주했었다. 이 세계의 나머지 부분과 상호작용하지 않는 계의 진화는 그 자체로 아주 좋지만, 그 계의 내부에서 무슨 일이 일어나고 있는지 알아내기 위해서는 실험자와 실험 장비(다른 말로 하면 외부 물리계)가 그 계를 관측해야 할 때도 있을 것이다. 이런 경우에는 계가 더 이상 닫혀 있지 않게 되므로 반드시 유니타리 진화의 대상이라고는 말할 수 없다. 이럴 때 일어나는 일을 설명하기 위해 다음과 같이 공준 3을 도입하는데, 이 공준을 통해 양자계에 대한 측정의 영향을 기술할 수 있다.

　　공준 3: 양자 측정은 측정 연산자 모음collection of measurement operators $\{M_m\}$에 의해 기술된다. 이들 연산자는 측정할 계의 상태공간에 작용하는 연산자다. 인덱스 m은 실험에서 나올 수 있는 측정 결과를 나타낸다. 양자계의 상태가 측정 직전에 $|\psi\rangle$이면 결

과 m이 나올 확률은

$$p(m) = \langle\psi|M_m^\dagger M_m|\psi\rangle \tag{2.92}$$

이고 측정 후 계의 상태는

$$\frac{M_m|\psi\rangle}{\sqrt{\langle\psi|M_m^\dagger M_m|\psi\rangle}} \tag{2.93}$$

이다. 측정 연산자는 완비성 방정식^{completeness equation}

$$\sum_m M_m^\dagger M_m = I \tag{2.94}$$

을 만족시킨다.

위의 완비성 방정식은 확률의 합이 1이 된다는 사실을 나타낸다. 즉,

$$1 = \sum_m p(m) = \sum_m \langle\psi|M_m^\dagger M_m|\psi\rangle \tag{2.95}$$

이다. 모든 $|\psi\rangle$에 대해 만족시키는 이 방정식은 완비성 방정식과 동치다^{equivalent}. 하지만 완비성 방정식은 바로 검사하기가 훨씬 쉬우므로 공준 진술에 쓰인다.

간단하지만 중요한 측정의 예는 계산기저^{computational basis}로 어떤 큐비트를 측정하는 것이다. 이것은 단일 큐비트에 대한 측정이며 두 측정 연산자 $M_0 = |0\rangle\langle0|$, $M_1 = |1\rangle\langle1|$을 정의하고 두 결과가 나온다. 각 측정 연산자가 에르미트이고 $M_0^2 = M_0$, $M_1^2 = M_1$라는 점에 주목한다. 따라서 완비성 관계가 준수돼 $I = M_0^\dagger M_0 + M_1^\dagger M_1 = M_0 + M_1$이 된다. 측정할 상태가 $|\psi\rangle = a|0\rangle + b|1\rangle$라 하자. 그러면 측정 결과 0이 나올 확률은

$$p(0) = \langle\psi|M_0^\dagger M_0|\psi\rangle = \langle\psi|M_0|\psi\rangle = |a|^2 \tag{2.96}$$

이다. 마찬가지로 측정 결과 1이 나올 확률은 $p(1) = |b|^2$이다. 따라서 두 경우의 측정 후 상태는

$$\frac{M_0|\psi\rangle}{|a|} = \frac{a}{|a|}|0\rangle \tag{2.97}$$

$$\frac{M_1|\psi\rangle}{|b|} = \frac{b}{|b|}|1\rangle \tag{2.98}$$

가 된다. 2.2.7절에서는 계수 1을 갖는, $a/|a|$와 같은 곱하기 수는 사실상 무시해도 된다는 것을 알게 될 것이다. 따라서 두 측정 후 상태가 1장에서 기술한 바와 같이 $|0\rangle$와 $|1\rangle$이 된다.

기본 공준으로서 공준 3의 지위는 많은 사람들에게 흥미를 일으킨다. 측정 장치는 양자역학계이므로 측정될 양자계와 측정하는 장치는 더 크고 고립된 양자역학계의 일부가 된다(완전히 고립된 계를 얻기 위해 측정될 계와 측정하는 장치 이외의 양자계를 포함시켜야 할 수도 있지만, 여기서 요점은 이렇게도 할 수 있다는 것이다). 공준 2에 따르면 이러한 더 큰 고립계의 진화는 유니타리 진화로 기술된다. 이 구상의 결과로 공준 3을 유도해낼 수 있을까? 이와 관련해 상당히 많은 연구가 있었지만 이것이 가능한지 아닌지는 물리학자 사이에서도 여전히 의견이 분분하다. 하지만 실제로 공준 2와 공준 3을 언제 적용해야 하는지가 명확하므로 우리는 다른 것으로부터 하나의 공준을 유도해내는 것에 대해 신경 쓰지 않는, 아주 실용적인 접근법을 취할 것이다.

다음 몇 개의 절에서는 기본적이지만 중요한 측정 시나리오에 공준 3을 적용할 것이다. 2.2.4절에서는 여러 양자상태들을 구별하는 문제를 조사한다. 2.2.5절에서는 공준 3의 특수한 경우인 사영 측정 또는 폰 노이만 측정에 대해 설명한다. 2.2.6절에서는 공준 3의 또 다른 특별한 경우인 POVM 측정을 설명한다. 양자역학에 대한 여러 소개에서는 사영 측정에 대해서만 논의하고 공준 3 또는 POVM 원소에 대한 전체 논의는 생략한다. 이러한 이유로 160페이지에 박스 2.5를 두어 우리가 기술하는 각 측정 클래스 간의 관계를 언급해놓았다.

확인문제 2.57: (이어진 측정들은 하나의 측정으로 묶을 수 있다) $\{L_l\}$과 $\{M_m\}$이 측정 연산자들의 두 집합이라 하자. 측정연산자들 $\{L_l\}$에 의해 정의된 측정 다음에 측정연산자들 $\{M_m\}$에 의해 정의된 측정은 $N_{lm} \equiv M_m L_l$로 표현되는 측정연산자들 $\{N_{lm}\}$에 의해 정의된 측정과 물리적으로 동등함을 보여라.

2.2.4 양자상태 구별

공준 3이 적용되는 중요한 문제가 양자상태를 구별하는 문제다. 고전세계에서 물체의 서로 다른 상태는 적어도 원칙적으로 구별 가능한 것이 일반적이다. 예를 들어 동전의 앞면이 나왔는지 아니면 뒷면이 나왔는지 언제나 확인할 수 있다. 하지만 양자역학에서는 상황이 복잡해진다. 1.6절에서는 비직교$^{non-orthogonal}$ 양자상태를 구별할 수 없다고 그럴 듯한 주장을 했었다. 공준 3을 확고한 토대로 사용하면 이제 이 사실을 훨씬 더 설득력 있게 입증할 수 있다.

양자계산과 양자정보의 많은 개념들이 그렇듯이 구별가능성^{distinguishability}은 앨리스와 밥이라는 두 당사자가 참여하는 게임에 비유하는 방법을 통해서 쉽게 이해할 수 있다. 앨리스는 두 당사자가 알고 있는 몇 개의 고정된 상태 집합으로부터 한 상태인 $|\psi_i\rangle$ $(1 \leq i \leq n)$를 선택한다. 그녀는 밥에게 상태 $|\psi_i\rangle$를 전하는데, 밥의 일은 앨리스가 건네준 상태의 인덱스 i를 알아내는 것이다.

$|\psi_i\rangle$ 상태가 정규직교라 하자. 그러면 밥은 다음 절차를 사용해 이들 상태를 구별하기 위한 양자 측정을 수행할 수 있다. 즉, 측정 연산자 $M_i \equiv |\psi_i\rangle\langle\psi_i|$를 가능한 i 인덱스마다 하나씩 정의한다. 또한 양의 연산자 $I - \sum_{i \neq 0} |\psi_i\rangle\langle\psi_i|$의 양의 제곱근으로 정의되는 측정 연산자 M_0을 추가로 정의한다. 이들 연산자는 완비성 관계$^{completeness\ relation}$를 만족시키며, $|\psi_i\rangle$ 상태가 준비되면 $P(i) = \langle\psi_i|M_i|\psi_i\rangle = 1$이므로 결과 i는 확실하게 나온다. 따라서 정규직교 상태인 $|\psi_i\rangle$를 확실히 구별할 수 있다.

이와 반대로 $|\psi_i\rangle$ 상태가 정규직교가 아니라면 상태를 구별할 수 있는 양자 측정이 존재하지 않는다는 것을 증명할 수 있다. 이것에 대한 아이디어는 밥이 측정 연산자 M_j에 의해 기술되는 측정을 수행해서 결과 j가 나올 거라는 것이다. 이 측정 결과에 따라 밥은 $i = f(j)$라는 규칙을 사용해 인덱스 i를 추측하려고 한다. 여기서 $f(\cdot)$는 추측에 사용하는 규칙을 나타낸다. 밥이 비직교 상태인 $|\psi_1\rangle$와 $|\psi_2\rangle$를 구별할 수 없는 이유에 대한 핵심은 $|\psi_2\rangle$를 $|\psi_1\rangle$에 평행한 (0이 아닌) 성분과 $|\psi_1\rangle$에 직교하는 성분으로 분해시킬 수 있는 관측이다. j가 $f(j) = 1$을 만족시키는 측정 결과라 하자. 즉, 밥은 j를 관측할 때 그 상태가 $|\psi_1\rangle$인 것으로 추측한다. 그러나 $|\psi_1\rangle$와 평행한 $|\psi_2\rangle$의 성분으로 인해 $|\psi_2\rangle$가 준비될 때 결과 j를 얻을 확률은 0이 아니다. 따라서 때때로 밥은 어느 상태가 준비됐는지 확인할 때 오류가 날 것이다. 비직교 상태를 구별할 수 없다는 더 엄밀한 주장은 박스 2.3에 제시돼 있는데, 이것으로부터 본질적인 아이디어를 얻을 수 있다.

박스 2.3: 비직교 상태를 확실하게 구별할 수 없다는 점에 대한 증명

귀류법을 사용해서 비직교 상태 $|\psi_1\rangle$와 $|\psi_2\rangle$를 구별하는 측정이 가능하지 않다는 것을 증명해보자. 먼저 그러한 측정이 가능하다고 하자. 상태 $|\psi_1\rangle(|\psi_2\rangle)$가 준비되면 $f(j) = 1(f(j) = 2)$이 되는 j를 측정할 확률은 1이어야 한다. $E_i \equiv \sum_{j:f(j)=i} M_j^\dagger M_j$ 로 정의하면 이러한 관측은

$$\langle\psi_1|E_1|\psi_1\rangle = 1; \quad \langle\psi_2|E_2|\psi_2\rangle = 1 \tag{2.99}$$

로 표현할 수 있다. $\sum_i E_i = I$이므로 $\sum_i \langle\psi_1|E_i|\psi_1\rangle = 1$이 되고, $\langle\psi_1|E_1|\psi_1\rangle = 1$이므로 $\langle\psi_1|E_2|\psi_1\rangle = 0$가 되어야 한다. 따라서 $\sqrt{E_2}\,|\psi_1\rangle = 0$이 된다. $|\psi_2\rangle = \alpha|\psi_1\rangle + \beta|\varphi\rangle$로 분해된다고 하자. 여기서 $|\varphi\rangle$는 $|\psi_1\rangle$에 대해 정규직교이고 $|\alpha|^2 + |\beta|^2 = 1$이며, $|\psi_1\rangle$와 $|\psi_2\rangle$가 직교하지 않기 때문에 $|\beta|^2 < 1$이다. 그러면 $\sqrt{E_2}\,|\psi_2\rangle = \beta\sqrt{E_2}\,|\varphi\rangle$이 되는데 이는

$$\langle\psi_2|E_2|\psi_2\rangle = |\beta|^2\langle\varphi|E_2|\varphi\rangle \le |\beta|^2 < 1 \tag{2.100}$$

이 되어 (2.99)와 모순된다. 여기서 중간의 부등식은

$$\langle\varphi|E_2|\varphi\rangle \le \sum_i \langle\varphi|E_i|\varphi\rangle = \langle\varphi|\varphi\rangle = 1 \tag{2.101}$$

이라는 점에서 나온 것이다.

2.2.5 사영 측정

이 절에서는 일반적인 측정 공준인 공준 3의 중요한 특수 경우에 대해 설명한다. 이 특수한 측정 클래스를 사영 측정$^{projective measurement}$이라고 한다. 양자계산 및 양자정보의 많은 응용에 대해 우리는 일차적으로 사영 측정에 관심을 갖게 될 것이다. 사영 측정에다가 공준 2에서 기술했던 유니타리 변환을 수행할 수 있는 능력을 보강하면 사실상 일반적 측정 공준과 동등한 것으로 밝혀졌다. 이 동등성은 2.2.8절에서 자세히 설명할 것인데, 그 이유는 사영 측정에 대한 측정 공준의 진술이 일반적 공준인 공준 3과 표면적으로 좀 다르기 때문이다.

사영 측정: 사영 측정은 관측되는 계의 상태공간에 있는 에르미트 연산자, 즉 관측가능량^{observable} M에 의해 기술된다. 관측가능량은 스펙트럼 분해

$$M = \sum_m mP_m \tag{2.102}$$

를 갖는다. 여기서 P_m이란 고윳값 m을 갖는 M의 고유공간 위로의 사영연산자다. 측정에서 가능한 결과는 관측가능량의 고윳값 m에 해당한다. $|\psi\rangle$ 상태를 측정할 때 결과 m을 얻을 확률은

$$p(m) = \langle \psi | P_m | \psi \rangle \tag{2.103}$$

이다. 결과 m이 발생하면 측정 직후 양자계의 상태는

$$\frac{P_m | \psi \rangle}{\sqrt{p(m)}} \tag{2.104}$$

가 된다.

사영 측정은 공준 3의 특수한 경우로 생각할 수 있다. 공준 3의 측정 연산자가 완비성 관계 $\sum_m M_m^\dagger M_m = I$를 만족시키는 것 외에도 M_m이 직교 사영연산자라는 조건, 즉 M_m이 에르미트이며 $M_m M_{m'} = \delta_{m,m'} M_m$라는 조건을 만족시킨다고 하자. 이렇게 제한 사항을 두면 공준 3은 방금 정의한 대로 사영 측정으로 축소된다.

사영 측정에는 좋은 특성이 많이 있다. 특히, 사영 측정의 평균값을 계산하는 것은 아주 쉽다. 정의에 따라 측정의 평균값(기초적 정의 및 확률론의 결과에 대해서는 부록 1 참조)은

$$\mathbf{E}(M) = \sum_m m \, p(m) \tag{2.110}$$

$$= \sum_m m \langle \psi | P_m | \psi \rangle \tag{2.111}$$

$$= \langle \psi | \left(\sum_m m P_m \right) | \psi \rangle \tag{2.112}$$

$$= \langle \psi | M | \psi \rangle \tag{2.113}$$

가 된다. 이것은 유용한 식이며 많은 계산을 단순화시킨다. 관측가능량 M의 평균값은 $\langle M \rangle \equiv \langle \psi | M | \psi \rangle$로 표현하는 경우가 많다. 이 평균 공식으로부터 M의 관측과 관련된 표준편차를 위한 공식이 나온다. 즉,

$$[\Delta(M)]^2 = \langle (M - \langle M \rangle)^2 \rangle \tag{2.114}$$

$$= \langle M^2 \rangle - \langle M \rangle^2 \tag{2.115}$$

이다. 표준편차는 M 측정 시 관측된 값들이 흩어져 있는 정도를 나타낸다. 특히 $|\psi\rangle$ 상태가 준비되고 많은 수의 실험을 수행해 관측가능량 M을 측정한다면, 관측 값의 표준편차 $\Delta(M)$은 $\Delta(M) = \sqrt{\langle M^2 \rangle - \langle M \rangle^2}$ 공식으로 결정된다. 관측가능량 관점에서 측정과 표준편차 공식은 하이젠베르크 불확정성 원리와 같은 결과에 멋지게 등장한다(박스 2.4 참조).

박스 2.4: 하이젠베르크 불확정성 원리

양자역학에서 가장 잘 알려진 업적은 하이젠베르크 불확정성 원리$^{\text{Heisenberg uncertainty}}$ ^{principle}일 것이다. A와 B가 2개의 에르미트 연산자이고 $|\psi\rangle$는 양자상태라 하자. 또한 $\langle\psi|AB|\psi\rangle = x + iy$이라 하자. 여기서 x와 y는 실수다. $\langle\psi|[A, B]|\psi\rangle = 2iy$ 그리고 $\langle\psi|\{A, B\}|\psi\rangle = 2x$에 주목한다. 이것은

$$|\langle\psi|[A, B]|\psi\rangle|^2 + |\langle\psi|\{A, B\}|\psi\rangle|^2 = 4|\langle\psi|AB|\psi\rangle|^2 \tag{2.105}$$

을 의미한다. 코시-슈바르츠 부등식에 의해

$$|\langle\psi|AB|\psi\rangle|^2 \leq \langle\psi|A^2|\psi\rangle\langle\psi|B^2|\psi\rangle \tag{2.106}$$

가 되고 이를 (2.105) 식에 적용한 후, 음이 아닌 항을 제거하면

$$|\langle\psi|[A, B]|\psi\rangle|^2 \leq 4\langle\psi|A^2|\psi\rangle\langle\psi|B^2|\psi\rangle \tag{2.107}$$

가 된다. C와 D가 2개의 관측가능량이라 하자. 우변에 $A = C - \langle C\rangle$와 $B = D - \langle D\rangle$를 대입하면 보통 언급하는 하이젠베르크의 불확정성 원리가 나온다. 즉,

$$\Delta(C)\Delta(D) \geq \frac{|\langle\psi|[C, D]|\psi\rangle|}{2} \tag{2.108}$$

가 된다. 불확정성 원리에 대한 일반적인 오해에 주의해야 한다. 관측가능량 C를 어떤 '정확도' $\Delta(C)$로 측정하면 (2.108)과 비슷한 부등식을 만족시키는 방식으로 D의 값은 $\Delta(D)$만큼 '분산'된다. 양자역학에서의 측정이 측정되는 계에 교란을 일으키는 것은 사실이지만, 이것이 불확정성 원리를 의미하는 것은 단연코 아니다.

불확정성 원리의 올바른 해석이란 우리가 동일한 상태 $|\psi\rangle$에 있는 많은 수의 양자계들을 준비하고 나서 그들 계 중 일부에서 C를 측정하고 다른 일부에서 D를 측정하면, C 결과의 표준편차 $\Delta(C)$ 곱하기 D 결과의 표준편차 $\Delta(D)$가 부등식 (2.108)을 만족시킬 것이라는 점이다.

불확정성 원리의 예로서 양자상태 $|0\rangle$에 대해 측정할 때 관측가능량 X와 Y를 고려해보자. (2.70) 식에서 $[X, Y] = 2iZ$임을 보였으므로 불확정성 원리에 의해

$$\Delta(X)\Delta(Y) \geq \langle 0|Z|0\rangle = 1 \tag{2.109}$$

이 된다. 이로부터 기초적으로 알 수 있는 결과는 $\Delta(X)$와 $\Delta(Y)$가 모두 0보다 커야 한다는 것이며, 이는 직접 계산으로 확인할 수 있다.

확인문제 2.58: 고윳값 m을 갖는 관측가능량 M에 대해 고유상태 $|\psi\rangle$에 있는 양자계를 준비한다고 하자. M의 평균 관측값과 표준편차는 얼마인가?

측정에 널리 사용되는 두 명명법은 알아 둘 가치가 있다. 사람들은 사영 측정을 기술할 관측가능량을 지정하기보다 $\sum_m P_m = I$ 및 $P_m P_{m'} = \delta_{m,m'} P_m$ 관계를 만족시키는 직교 사영연산자 P_m의 완비집합을 그냥 나열하기도 한다. 이 용법에서 의미하는 해당 관측가능량은 $M = \sum_m m P_m$이다. 널리 사용되는 또 다른 말은 '기저 $|m\rangle$으로 측정한다'인데, 여기서 $|m\rangle$은 정규직교 기저를 형성하는 것이며 이 말은 단순히 사영연산자 $P_m = |m\rangle\langle m|$으로 사영 측정을 수행하는 것을 의미한다.

단일 큐비트에 대한 사영 측정의 예를 살펴보자. 첫 번째는 관측가능량 Z의 측정이다. 이것은 고윳값 $+1$과 -1을 가지며 해당 고유벡터는 $|0\rangle$과 $|1\rangle$이다. 따라서 예를 들어 $|\psi\rangle = (|0\rangle + |1\rangle)/\sqrt{2}$ 상태에서 Z 측정을 하면 $\langle\psi|0\rangle\langle 0|\psi\rangle = 1/2$ 확률로 $+1$ 결과가 나오고, $1/2$ 확률로 -1 결과가 나온다. 좀 더 일반적으로 말해, $\vec{v}$가 어떠한 3차원 단위벡터라 하자. 그러면 관측가능량

$$\vec{v} \cdot \vec{\sigma} \equiv v_1 \sigma_1 + v_2 \sigma_2 + v_3 \sigma_3 \qquad (2.116)$$

을 정의할 수 있다. 이 관측가능량의 측정은 역사적인 이유로 '$\vec{v}$축 스핀 측정'이라고도 한다. 다음 3개의 확인문제에서는 이러한 측정에 대해 기초적이지만 중요한 특성을 풀어보게 할 것이다.

확인문제 2.59: $|0\rangle$ 상태의 큐비트가 있고 관측가능량 X를 측정한다고 하자. X의 평균값은 얼마인가? X의 표준편차는 얼마인가?

확인문제 2.60: $\vec{v} \cdot \vec{\sigma}$의 고윳값이 ± 1임을 보이고, 그에 대응하는 고유공간 위로의 사영연산자가 $P_\pm = (I \pm \vec{v} \cdot \vec{\sigma})/2$로 주어진다는 것도 보여라.

확인문제 2.61: 측정 전의 상태가 $|0\rangle$인 경우, $\vec{v} \cdot \vec{\sigma}$를 측정해서 $+1$ 결과가 나올 확률을 계산하라. $+1$이 나왔다면 측정 후 계의 상태는 어떤가?

2.2.6 POVM 측정

양자 측정 공준인 공준 3은 두 요소를 포함하고 있다. 첫째, 측정 통계를 기술하는 규칙이다. 즉, 여러 가능한 측정 결과의 각 확률을 기술하는 규칙인 것이다. 둘째, 계의 측정

후 상태를 기술하는 규칙이다. 하지만 일부 응용의 경우, 계의 측정 후 상태에는 거의 관심이 없으며 주요 관심사는 각 측정 결과의 확률이다. 예를 들어 계를 한 번만 측정하는 실험의 경우다. 이 경우에는 POVM 형식체계$^{POVM\ formalism}$로 알려진 수학적 도구가 있으며 이는 특히 측정 분석에 적합하다(POVM란 기술 용어인 '양의 연산자-값 측도'$^{Positive\ Operator-}$ $^{Valued\ Measure}$의 약어이므로 역사적 기원에 대해서는 신경 쓸 필요가 없다). 이 형식체계는 공준 3에 도입된 측정을 일반적으로 기술한 것이지만 POVM 이론이 아주 우아하고 널리 사용돼 여기서 따로 논의할 가치가 있다.

$|\psi\rangle$ 상태의 양자계에 측정 연산자 M_m으로 기술되는 측정을 수행한다고 하자. 그러면 결과 m의 확률은 $p(m) = \langle\psi|M_m^\dagger M_m|\psi\rangle$로 나온다. 이때,

$$E_m \equiv M_m^\dagger M_m \tag{2.117}$$

로 정의하자. 공준 3과 약간의 계산을 적용하면 E_m은 $\sum_m E_m = I$ 및 $p(m) = \langle\psi|E_m|\psi\rangle$를 만족시키는 양의 연산자가 된다. 따라서 E_m 연산자들의 집합은 각 측정 결과의 확률을 결정하기에 충분하다. 연산자 E_m은 측정과 관련된 POVM 원소$^{POVM\ element}$라 한다. 그리고 완비집합 $\{E_m\}$을 POVM이라 한다.

POVM의 예로서 측정 연산자 P_m에 의해 기술되는 사영 측정을 고려하자. 여기서 P_m은 $P_m P_{m'} = \delta_{m,m'} P_m$ 및 $\sum_m P_m = I$를 만족시키는 사영연산자다. 이 경우(또한 이 경우에만), $E_m \equiv P_m^\dagger P_m = P_m$이므로 모든 POVM 원소는 측정 연산자 자체와 동일하다.

박스 2.5: 일반 측정, 사영 측정, POVM

대부분의 양자역학 입문서가 사영 측정만 기술하므로 공준 3에 제시된 측정에 대한 일반적 서술은 2.2.6절에서 기술한 POVM 형식체계와 같이 많은 물리학자에게 익숙치 않을 수 있다. 대부분의 물리학자가 일반 측정 형식체계를 배우지 않는 이유는 대부분의 물리계가 아주 대략적인 방식으로만 측정될 수 있기 때문이다. 양자 계산 및 양자정보에서 우리는 수행할 측정에 대해 섬세한 수준의 제어를 목표로 한다. 이는 결과적으로 측정 서술에 대해 좀 더 포괄적인 형식체계를 사용하는 데 도움이 된다.

물론 양자역학의 다른 공리를 고려하면 유니타리 연산으로 보강한 사영 측정은 2.2.8절에 보인 바와 같이 일반 측정과 완전히 같은 것으로 밝혀졌다. 그래서 사영 측정 사용을 훈련받은 물리학자는 무슨 이유로 일반 형식체계인 공준 3으로 시작하는지 물을지도 모른다. 그렇게 하는 데는 몇 가지 이유가 있다. 첫째, 일반 측정은 측정 연산자에 대한 제한이 적기 때문에 사영 측정보다 수학적으로 더 간단하다. 예를 들면 사영 측정 조건 $P_i P_j = \delta_{ij} P_i$와 유사한 일반 측정에는 요구사항이 없다. 이렇게 더 간단한 구조로 인해 사영 측정에는 없는, 일반 측정에 유용한 여러 특성을 갖게 된다. 둘째, 양자계산 및 양자정보에 대한 중요 문제(양자상태 집합을 구별하는 최적의 방법 등)가 존재하며 이에 대한 해결책에는 사영 측정이 아닌 일반 측정이 포함되는 것으로 밝혀졌다.

공준 3을 시작점으로 선호하는 세 번째 이유는 반복성^{repeatability}으로 알려진 사영 측정의 특성과 관련이 있다. 사영 측정을 한 번 수행하고 결과 m을 얻는다면, 측정을 반복할 때 또다시 결과 m이 나오면서 상태가 변경되지 않으므로 사영 측정은 반복 가능하다. 이를 알아보기 위해 $|\psi\rangle$가 초기상태라 하자. 첫 번째 측정 후 상태는 $|\psi_m\rangle = (P_m|\psi\rangle)/\sqrt{\langle\psi|P_m|\psi\rangle}$이다. P_m을 $|\psi_m\rangle$에 적용해도 변경되지 않으므로 $\langle\psi|P_m|\psi\rangle = 1$이다. 따라서 측정을 반복해도 상태를 변경시키지 않고 결과 m이 매번 나온다.

사영 측정의 이러한 반복성을 볼 때, 양자역학에서 많은 중요 측정은 사영 측정이 아니라는 사실을 알 수 있다. 예를 들어 은 스크린$^{silvered\ screen}$을 사용해 광자의 위치를 측정하면 그 과정에서 광자가 소멸된다. 이로 인해 광자 위치 측정을 반복할 수 없다! 다른 많은 양자 측정도 사영 측정과 같은 의미로 반복할 수 없다. 이러한 측정에는 일반 측정 공준(공준 3)을 사용해야 한다. 이 상황에서 POVM은 어디에 적합할까? POVM은 일반 측정 형식체계의 특수 경우로 보는 것이 최선이고, 측정 후 상태를 알 필요가 없기 때문에 일반적인 측정 통계를 연구할 수 있는 가장 간단한 수단이 된다. POVM은 수학적으로 편리해서 양자 측정에 대한 통찰력을 추가로 얻기도 한다.

확인문제 2.62: 측정 연산자와 POVM 원소가 일치하는 모든 측정은 사영 측정임을 보여라.

위에서는 POVM 연산자가 양^{positive}이고 $\sum_m E_m = I$를 만족시킨다는 것을 알았다. 이제 $\{E_m\}$이 $\sum_m E_m = I$가 되는 양의 연산자에 대한 임의의 집합이라 하자. 우리는 측정 (POVM $\{E_m\}$에 의해 기술됨)을 정의하는 측정 연산자 M_m의 집합이 존재한다는 것을 보일 것이다. $M_m \equiv \sqrt{E_m}$으로 정의하면 $\sum_m M_m^\dagger M_m = \sum_m E_m = I$이므로 집합 $\{M_m\}$은 측정을 POVM $\{E_m\}$으로 기술한다. 이러한 이유로 POVM은 다음을 만족시키는 연산자 집합 $\{E_m\}$으로 정의하는 것이 편리하다. 즉, (a) 각 연산자 E_m은 양이다. 그리고 (b) 완비성 관계 $\sum_m E_m = I$를 준수하는데, 이는 확률의 합이 1이라는 사실을 나타낸다. POVM에 대한 서술을 완료하는 의미에서 POVM $\{E_m\}$이 주어지면 결과 m의 확률은 $P(m) = \langle\psi|E_m|\psi\rangle$로 주어진다는 것을 다시 한 번 알아두자.

우리는 POVM을 사용하는 예로서 사영 측정을 살펴봤지만 새로운 것을 많이 배우지 않기 때문에 그리 흥미롭지는 않았다. 좀 더 복잡한 다음 예를 통해 양자계산 및 양자 정보에서 직관용 가이드로서 POVM 형식체계 사용을 알아보자. 앨리스가 밥에게 $|\psi_1\rangle = |0\rangle$ 또는 $|\psi_2\rangle = (|0\rangle + |1\rangle)/\sqrt{2}$ 상태 중 하나로 준비된 큐비트를 준다고 하자. 2.2.4절에 설명했듯이 밥이 $|\psi_1\rangle$ 또는 $|\psi_2\rangle$ 중에서 어느 것을 받았는지 완벽한 신뢰도로 결정하는 것은 불가능하다. 하지만 그는 어느 정도 상태를 구별하는 측정을 수행하는 것이 가능하며, 그렇다고 잘못된 식별 오류를 일으키는 건 아니다. 3개의 원소

$$E_1 \equiv \frac{\sqrt{2}}{1+\sqrt{2}}|1\rangle\langle 1| \tag{2.118}$$

$$E_2 \equiv \frac{\sqrt{2}}{1+\sqrt{2}}\frac{(|0\rangle - |1\rangle)\,(\langle 0| - \langle 1|)}{2} \tag{2.119}$$

$$E_3 \equiv I - E_1 - E_2 \tag{2.120}$$

를 포함하는 POVM을 고려해보자. 이것들이 완비성 관계 $\sum_m E_m = I$를 만족시키므로 정당한 POVM을 형성하는 양의 연산자임을 증명하기란 쉽다.

밥이 $|\psi_1\rangle = |0\rangle$ 상태를 건네받는다고 하자. 그는 POVM $\{E_1, E_2, E_3\}$으로 기술되는 측정을 수행한다. $\langle\psi_1|E_1|\psi_1\rangle = 0$이 되도록 의도적으로 E_1을 잡았기 때문에 E_1 결과를 관측할 확률은 0이다. 따라서 측정 결과가 E_1이라면 밥은 받은 상태가 $|\psi_2\rangle$라는 결론을 내릴 수 있다. 비슷한 이유로 측정 결과 E_2가 나오면 밥이 받은 상태는 $|\psi_1\rangle$이어야 한다. 하지만 밥은 측정 결과 E_3을 얻을 수도 있으므로, 이런 경우 주어진 상태의 정체에 대해서는 아무것도 추론할 수 없다. 여기서 요점은 밥이 주어진 상태를 식별하는 데 결코 실수하지 않는다는 것이다. 이러한 무실수성^{infallibility} 때문에 때로는 밥이 상태의 정체에 관한

정보를 얻지 못하는 대가를 치르기도 한다.

이 간단한 예는 측정 통계만 중요한 경우, 양자 측정에 대한 통찰력을 얻는 간단하고 직관적인 방법으로써 POVM 형식체계의 유용성을 보여준다. 이 책의 뒷부분에 나오는 많은 경우에 있어서 우리는 측정 통계에만 관심이 있으므로 공준 3에 기술된 측정의 일반적 형식체계보다는 POVM 형식체계를 사용할 것이다.

확인문제 2.63: 어떤 측정이 측정 연산자 M_m에 의해 기술된다고 하자. $M_m = U_m \sqrt{E_m}$를 만족시키는 유니타리 연산자 U_m이 존재한다는 것을 보여라. 여기서 E_m은 그 측정과 관련된 POVM이다.

확인문제 2.64: 선형독립 상태들의 집합 $|\psi_i\rangle, ..., |\psi_m\rangle$에서 선택한 양자상태가 밥에게 주어진다고 하자. 또한 E_i 결과가 나올 경우($1 \le i \le m$) 밥은 자신에게 $|\psi_i\rangle$ 상태가 주어졌다는 것을 확실히 알게 된다고 하자. 이를 만족시키는 POVM $\{E_1, E_2, ..., E_{m+1}\}$을 구하여라(이 POVM은 각 i에 대해 $\langle\psi_i|E_i|\psi_i\rangle > 0$이 되어야 한다).

2.2.7 위상

'위상^{phase}'이란 양자역학에서 널리 사용되는 용어로, 문맥에 따라 여러 다른 의미를 갖는다. 여기서는 두 서너 개의 의미만 알아보면 된다. 예를 들어 $e^{i\theta}|\psi\rangle$ 상태를 고려해보자. 여기서 $|\psi\rangle$는 상태벡터이고 θ는 실수다. 전체위상계수$^{global\ phase\ factor}$ $e^{i\theta}$는 무시되므로 $e^{i\theta}|\psi\rangle$ 상태는 $|\psi\rangle$와 같다고 말한다. 이 두 상태에 대한 측정 통계$^{statistics\ of\ measurement}$ 기댓값이 동일하다는 점에 주목하는 것은 흥미로운 일이다. 이를 확인하기 위해 M_m이 어떤 양자 측정과 관련된 측정 연산자라고 가정하면, 결과 m에 대한 각 확률은 $\langle\psi|M_m^\dagger M_m|\psi\rangle$와 $\langle\psi|e^{-i\theta}M_m^\dagger M_m e^{i\theta}|\psi\rangle = \langle\psi|M_m^\dagger M_m|\psi\rangle$가 된다. 따라서 관측 관점에서 이 두 상태는 동일한 것이다. 이러한 이유로 전체위상계수가 물리계의 관측 특성과 무관한 것으로 간주해서 이를 무시해도 된다.

상대위상$^{relative\ phase}$이라는 다른 종류의 위상이 있는데, 이는 상당히 다른 의미를 갖는다. 상태

$$\frac{|0\rangle + |1\rangle}{\sqrt{2}} \quad \text{그리고} \quad \frac{|0\rangle - |1\rangle}{\sqrt{2}} \tag{2.121}$$

을 고려해보자. 첫 번째 상태에서 $|1\rangle$의 진폭은 $1/\sqrt{2}$이다. 두 번째 상태의 경우, 진폭은 $-1/\sqrt{2}$이다. 각각의 경우에 진폭의 크기^{magnitude}는 동일하지만 부호가 다르다. 좀 더 일

반적으로 말하면, $a = \exp(i\theta)b$가 되는 θ가 존재한다면, 두 진폭 a와 b는 서로 상대위상
만큼 다르다고 말한다. 더욱 일반적으로 말하면, 그러한 위상계수가 어떤 기저의 각 진폭
과 관련된다면 두 상태는 그 기저에서 상대위상만큼 달라진다고 말한다. 위에 나타낸 두
상태는 **상대위상이동**relative phase shift을 무시하면 서로 같은데, 그 이유는 두 상태의 $|0\rangle$ 진폭
이 서로 같고(상대위상계수 1), $|1\rangle$ 진폭은 상대위상계수 -1만큼만 다르기 때문이다. 상대
위상계수와 전체위상계수의 차이점은 상대위상의 경우에 진폭마다 위상계수가 다를 수
있다는 것이다. 이로 인해 상대위상은 전체위상과 달리 기저종속 개념basis-dependent concept
을 갖는다. 결과적으로 어떤 기저에서 상대위상만 다른 상태들이라도 물리적으로 관측했
을 때 측정 통계에 차이가 발생하므로 이들 상태는 물리적으로 동일한 것으로 간주할 수
없다. 이는 전체위상계수가 다른 상태들을 서로 동일하게 보는 것과는 다르다.

확인문제 2.65:   상태 $(|0\rangle + |1\rangle)/\sqrt{2}$와 $(|0\rangle - |1\rangle)/\sqrt{2}$는 어떤 기저에서 상대위상이동을 무
시해도 서로 동일하지 않을 수 있다. 그러한 기저로 이들 상태를 표현하라.

2.2.8 복합계

2개의(또는 더 많은) 물리계로 구성된 복합 양자계composite quantum system에 관심이 있다고 하
자. 그 복합계의 상태는 어떻게 기술해야 할까? 다음 공준은 이들 성분계component system의
상태공간을 가지고 그 복합계의 상태공간을 어떻게 만들어내는지 기술한다.

> **공준 4:** 복합 물리계의 상태공간은 성분 물리계들의 상태공간의 텐서곱이다. 더욱이
> 계의 번호가 1부터 n까지고 계의 번호 i에 따라 $|\psi_i\rangle$ 상태가 준비된다면, 전체 계의
> 공동상태joint state는 $|\psi_1\rangle \otimes |\psi_2\rangle \otimes \cdots \otimes |\psi_n\rangle$가 된다.

복합 물리계의 상태공간을 기술하는 데 왜 텐서곱이라는 수학 구조를 사용할까? 현재
수준에서는 더 기초적인 것으로 풀어낼 수 없기 때문인데, 우선 이를 기본 공준으로 받아
들이고 계속 나아가자. 어쨌든 양자역학에서 복합계를 기술하는 정식 방법이 존재하기는
할 것이다. 이 공준에 도달할 수 있는 다른 방법이 있을까? 여기에는 이따금 사용되는 경
험적 방법이 있다. 물리학자들은 때때로 양자역학의 **중첩원리**superposition principle에 대해 말
하기를 좋아한다. 이 원리란 $|x\rangle$와 $|y\rangle$가 한 양자계의 두 상태라면 어떠한 중첩상태
$\alpha|x\rangle + \beta|y\rangle$라도 그 양자계에 존재할 수 있다는 의미로, 여기서 $|\alpha|^2 + |\beta|^2 = 1$이다. 복합

계의 경우, $|A\rangle$가 A계의 상태이고 $|B\rangle$가 B계의 상태라면 AB라는 공동계$^{\text{joint system4}}$로 봤을 때 이에 대응하는 어떤 상태가 존재해야 하고 우리는 이를 $|A\rangle|B\rangle$로 표기할 것이다. 중첩원리를 적용해 이 형식의 상태를 만들어보면 위에 주어진 텐서곱 공준에 도달한다. 우리가 중첩원리를 양자역학 서술의 기본 부분으로 사용하지 않기 때문에 이것은 유도해내는 것이 아니다. 그러나 이렇게 하다 보면 이들 아이디어를 다시 공식화하는 다양한 방식을 얻을 수 있다.

문헌에는 복합계에 관해 다양한 표기법이 나타난다. 그런 이유 중 하나는 응용 영역마다 각 표기법이 잘 맞기 때문이며, 경우에 따라서는 특수 표기법을 도입하는 것도 편리하다는 것을 알게 된다. 이 시점에서 한 마디하자면, 문맥이 명확하지 않을 때 각 계의 상태와 연산자를 나타내기 위해 아래첨자 표기법을 사용하는 것이 좋다. 예를 들면 3개의 큐비트를 포함하는 계에서 X_2는 두 번째 큐비트에 작용하는 파울리 σ_x 연산자다.

확인문제 2.66: $(|00\rangle + |11\rangle)/\sqrt{2}$ 상태에서 측정된 2큐비트 계의 경우, 관측가능량 X_1Z_2 의 평균값이 0임을 보여라.

2.2.5절에서 유니타리 동역학$^{\text{unitary dynamics}}$이 추가된 사영 측정이 일반 측정을 구현하기에 충분하다고 주장했었다. 이 말에 대한 증명에는 복합 양자계를 사용하며 공준 4를 잘 설명해준다. 상태공간 Q를 갖는 양자계가 있다고 하고, Q계에 대해 우리는 측정 연산자 M_m에 의해 기술된 측정을 수행한다고 하자. 이를 위해 상태공간 M을 갖는 보조계$^{\text{ancilla system}}$를 도입하는데, 이 계는 우리가 구현하려는 측정 결과와 일대일로 대응하는 정규직교 기저 $|m\rangle$을 갖는다. 이 보조계는 단순히 구성 속에 나타나는 수학적 장치로 간주하거나 문제에 도입한 여분의 양자계로서 물리적으로 해석할 수 있는데, 우리는 이를 필요한 특성의 상태공간을 갖는 것으로 가정한다.

$|0\rangle$을 M의 어떠한 고정된 상태라 하자. 그리고 Q의 $|\psi\rangle$ 상태와 $|0\rangle$ 상태를 텐서곱한 $|\psi\rangle|0\rangle$에 대해 연산자 U를

$$U|\psi\rangle|0\rangle \equiv \sum_m M_m|\psi\rangle|m\rangle \tag{2.122}$$

로 정의하자. $|m\rangle$ 상태의 정규직교성과 완비성 관계 $\sum_m M_m^\dagger M_m = I$를 사용하면, $|\psi\rangle|0\rangle$

---

4   저자는 복합계(composite system)를 공동계(joint system), 결합계(combined system)라는 다른 용어로도 지칭하고 있으니 혼동 없기를 바란다. 이는 문맥에 따라 복합계를 하나로 연합된 계로 바라보거나, 개별 계들이 결합한 것을 강조하기 위한 것으로 본다. – 옮긴이

형식의 상태들 간의 내적에 U를 적용해도 그 내적이 그대로 보존된다는 것을 알 수 있다. 즉,

$$\langle \varphi | \langle 0 | U^\dagger U | \psi \rangle | 0 \rangle = \sum_{m,m'} \langle \varphi | M_m^\dagger M_{m'} | \psi \rangle \langle m | m' \rangle \tag{2.123}$$

$$= \sum_m \langle \varphi | M_m^\dagger M_m | \psi \rangle \tag{2.124}$$

$$= \langle \varphi | \psi \rangle \tag{2.125}$$

가 된다. 확인문제 2.67의 결과에 의해 U는 $Q \otimes M$ 공간에 대한 유니타리 연산자로 확장시킬 수 있으며, 이 또한 U로 표시한다.

확인문제 2.67: V가 부분공간 W를 갖는 힐베르트 공간이라 하자. 또한 $U : W \rightarrow V$가 내적으로 표현되는 선형연산자라 하자. 즉, W에 속한 어떠한 $|w_1\rangle$와 $|w_2\rangle$에 대해서도

$$\langle w_1 | U^\dagger U | w_2 \rangle = \langle w_1 | w_2 \rangle \tag{2.126}$$

가 된다. U를 확장시키는 유니타리 연산자 $U' : V \rightarrow V$가 존재함을 증명하라. 즉, W에 속한 모든 $|w\rangle$에 대해 $U'|w\rangle = U|w\rangle$가 되지만 U'은 전체 공간 V에 대해 정의된다. 보통은 프라임 기호 $'$를 생략하고 U만 써서 확장을 나타낸다.

$|\psi\rangle|0\rangle$에 U를 작용시킨 후 두 계에 대해 사영연산자 $P_m \equiv I_Q \otimes |m\rangle\langle m|$에 의해 기술되는 사영 측정을 수행한다고 하자. 결과 m이 나올 확률은

$$p(m) = \langle \psi | \langle 0 | U^\dagger P_m U | \psi \rangle | 0 \rangle \tag{2.127}$$

$$= \sum_{m',m''} \langle \psi | M_{m'}^\dagger \langle m' | (I_Q \otimes |m\rangle\langle m|) M_{m''} | \psi \rangle | m'' \rangle \tag{2.128}$$

$$= \langle \psi | M_m^\dagger M_m | \psi \rangle \tag{2.129}$$

가 되는데, 이는 공준 3에서 주어진 바 있다. 측정 후, 결과 m이 나올 조건에서 QM계의 결합상태는

$$\frac{P_m U | \psi \rangle | 0 \rangle}{\sqrt{\langle 0 | \langle \psi | U^\dagger P_m U | \psi \rangle | 0 \rangle}} = \frac{M_m | \psi \rangle | m \rangle}{\sqrt{\langle \psi | M_m^\dagger M_m | \psi \rangle}} \tag{2.130}$$

에 의해 주어진다. 그러므로 측정 후 M계의 상태는 $|m\rangle$이고 Q계의 상태는

$$\frac{M_m | \psi \rangle}{\sqrt{\langle \psi | M_m^\dagger M_m | \psi \rangle}} \tag{2.131}$$

이며, 이는 공준 3에서 기술한 바 있다. 따라서 유니타리 동역학, 사영 측정, 보조계 도입 능력을 함께 하면 공준 3에 기술된 형태의 어떠한 측정이라도 실현시킬 수 있다.

공준 4도 복합 양자계와 관련된 가장 흥미롭고 당혹스러운 개념 중 하나(얽힘entanglement)를 정의할 수 있게 해준다. 2큐비트 상태

$$|\psi\rangle = \frac{|00\rangle + |11\rangle}{\sqrt{2}} \tag{2.132}$$

를 고려해보자. 이 상태는 $|\psi\rangle = |a\rangle|b\rangle$을 만족시키는 단일 큐비트 상태 $|a\rangle$와 $|b\rangle$가 존재하지 않는다는 놀라운 특성을 갖는다. 이제 다음 문제를 풀어보며 이 사실을 이해하기 바란다.

확인문제 2.68: 모든 단일 큐비트 상태 $|a\rangle$와 $|b\rangle$에 대해 $|\psi\rangle \neq |a\rangle|b\rangle$임을 증명하라.

이 특성을 갖는 복합계의 상태(성분계들의 상태의 곱으로 표현할 수 없음)는 얽힌 상태 entangled state라고 말한다. 아무도 완전히 알아내지 못한다는 이유로 인해, 얽힌 상태는 양자계산 및 양자정보에서 아주 중요한 역할을 하며 이 책의 나머지 부분에서 반복적으로 나온다. 1.3.7절에 설명한 바와 같이 얽힘이 양자 텔레포테이션에서 아주 중요한 역할을 하는 것을 이미 보았다. 2장에서는 얽힌 양자상태, 초고밀도 코딩(2.3절), 벨 부등식에 대한 위반(2.6절)으로 인해 발생하는 이상한 효과를 두 가지 예로 보여준다.

2.2.9 양자역학: 세계관

이제 양자역학의 모든 기본 공준을 설명했다. 이 책의 나머지 부분은 이들 공준의 결과를 유도해내는 데 할애한다. 공준들을 간단히 복습하고, 전체적인 관점에서 이런 공준들이 어떤 위치에 있는지 확인해보자.

공준 1은 고립된 양자계의 상태를 어떻게 기술하는지를 지정해 양자역학을 위한 장소를 설정한다. 공준 2는 닫혀 있는 양자계의 동역학이 슈뢰딩거 방정식에 의해 기술되고, 따라서 유니타리 진화에 의해 기술된다고 알려준다. 공준 3은 측정을 기술하기 위한 방식을 제공함으로써 양자계로부터 어떻게 정보를 추출하는지 알려준다. 공준 4는 복합계를 기술하기 위해 각 양자계의 상태공간이 어떻게 결합될 수 있는지 알려준다.

적어도 고전적인 견해에 의하면 양자역학의 이상한 점은 상태벡터를 직접 관측할 수 없다는 것이다. 이것은 체스 게임에서 말의 위치를 정확히 알 수는 없고 다만 말이 체스판 위의 어느 가로줄 위에 있는지만 알 수 있는 것과 비슷하다. 고전 물리학(그리고 우리의

직관)에서는 에너지, 위치, 속도와 같은 기본적인 물체 특성을 직접 관측할 수 있다. 양자역학에서 이들 양은 더 이상 기본으로 나타나지 않고 직접 관측할 수 없는 상태벡터로 대체된다. 양자역학에서는 마치 숨겨진 세계가 존재하는 것처럼 간접적이고 불완전하게 접근할 수 있다. 더욱이 고전계만을 관측한다면 그 계의 상태가 변할 일은 없다. 테니스의 경우, 공을 바라볼 때마다 예상했던 공의 위치가 바뀌면 얼마나 플레이하기 힘들지 상상해보라! 그러나 공준 3에 따르면, 양자역학에서의 관측은 대체로 그 계의 상태를 변화시키는 침습적 절차$^{invasive\ procedure}$가 된다.

　양자역학에서 이렇게 이상한 특징으로부터 어떤 결론을 이끌어내야 할까? 고전물리학과 비슷한 구조를 갖도록 양자역학을 수학적으로 동등한 방식으로 재공식화^{reformulation}할 수 있을까? 2.6절에서는 벨 부등식을 증명할 것인데, 이 부등식은 그러한 재공식화 시도가 실패할 운명임을 보여주는 놀라운 결과다. 우리는 양자역학의 반직관성$^{counter-intuitive\ nature}$에 얽매여 있다. 물론 이것에 대한 올바른 반응은 슬픔이 아니라 기쁨이다! 이러한 반직관성 때문에 양자역학을 직관적으로 만드는 사고 도구를 개발할 수 있는 기회를 얻게 된다. 또한 상태벡터의 숨겨진 특성을 활용해 고전세계에서 가능한 것 이상의 정보 처리 작업을 수행할 수 있다. 이러한 반직관적 거동이 없다면, 양자계산 및 양자정보는 그렇게 큰 흥미가 없을 것이다.

　또한 이 논의를 비틀어 '양자역학이 고전물리학과 그렇게 다르다면, 일상세계가 어떻게 고전적으로 보이게 되는가?'라는 의문도 제기할 수 있다. 우리의 일상생활에서는 왜 상태벡터의 증거를 발견할 수 없을까? 우리가 보는 고전세계는 양자역학으로부터 유도해낼 수 있는 것으로 밝혀졌다. 즉, 고전세계란 우리가 일상 생활에서 흔히 마주치는 시간, 길이, 질량 눈금에 딱 맞을 세계를 대략적으로 기술한 것에 해당한다. 양자역학에서 어떻게 고전물리학이 나오는지 자세히 설명하는 것은 이 책의 범위를 벗어나지만, 관심 있는 독자라면 8장 끝의 '역사와 추가자료'에서 이 주제에 대한 자료를 읽어보기를 바란다.

2.3 응용: 초고밀도 코딩

초고밀도 코딩$^{superdense\ coding}$은 기초 양자역학을 간단하면서도 놀랍게 응용한 것이다. 이것은 앞 절에서 다룬 기초 양자역학의 모든 기본 아이디어를 구체적이고 손쉬운 방식으로 결합시키므로 양자역학을 사용해 수행할 수 있는 정보 처리 작업의 이상적인 예가 된다.

　초고밀도 코딩을 설명할 때는 흔히 두 당사자가 등장한다. 관례적으로 이들을 '앨리스'

와 '밥'이라 부르며 서로 멀리 떨어져 있다. 그들의 목표는 앨리스의 고전정보를 밥에게 전송하는 것이다. 앨리스는 밥에게 보내고 싶은 2개의 고전비트로 된 정보를 갖고 있지만 단일 큐비트만 보낼 수 있다고 하자. 그녀는 과연 목표를 달성할 수 있을까?

초고밀도 코딩을 사용한다면 그렇게 할 수 있다. 처음에 앨리스와 밥은 얽힌 상태

$$|\psi\rangle = \frac{|00\rangle + |11\rangle}{\sqrt{2}} \tag{2.133}$$

로 있는 한 쌍의 큐비트를 공유한다고 하자. 그림 2.3에 나타난 것처럼 처음에 앨리스는 첫 번째 큐비트를 소유하고 밥은 두 번째 큐비트를 소유한다. $|\psi\rangle$는 고정된 상태라는 점에 주목한다. 즉, 이 상태를 준비하기 위해 앨리스가 밥에게 어떠한 큐비트라도 보낼 필요가 없다. 그 대신, 제3자가 이러한 얽힌 상태를 미리 준비해서 큐비트 하나를 앨리스에게, 다른 하나를 밥에게 보낼 수 있다.

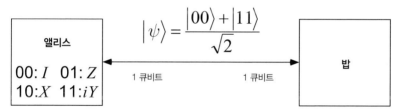

그림 2.3 초고밀도 코딩을 위한 초기 설정. 앨리스와 밥은 얽힌 큐비트 쌍 중에서 각각 하나씩 갖는다. 앨리스는 2비트의 고전정보를 밥에게 전송하기 위해 초고밀도 코딩을 사용하면 된다. 이때 단일 큐비트 통신과 미리 공유된 얽힘만 사용할 수 있다.

앨리스가 갖고 있는 단일 큐비트를 밥에게 보내면 2비트의 고전정보를 밥에게 전달할 수 있다. 그녀가 사용하는 절차는 다음과 같다. 앨리스가 밥에게 비트 문자열 '00'을 보내려면 자신의 큐비트에 대해 할 일은 전혀 없다. '01'을 보내려면 위상반전 Z를 자신의 큐비트에 적용한다. '10'을 보내려면 양자 NOT 게이트인 X를 자신의 큐비트에 적용한다. '11'을 보내려면 iY 게이트를 자신의 큐비트에 적용한다. 그 결과로 나오는 네 가지 상태는

$$00 : |\psi\rangle \to \frac{|00\rangle + |11\rangle}{\sqrt{2}} \tag{2.134}$$

$$01 : |\psi\rangle \to \frac{|00\rangle - |11\rangle}{\sqrt{2}} \tag{2.135}$$

$$10 : |\psi\rangle \to \frac{|10\rangle + |01\rangle}{\sqrt{2}} \tag{2.136}$$

$$11 : |\psi\rangle \rightarrow \frac{|01\rangle - |10\rangle}{\sqrt{2}} \tag{2.137}$$

라는 것을 쉽게 알 수 있다. 1.3.6절에서 언급했듯이, 이 4개의 상태는 벨 기저^{Bell basis} 또는 벨 상태^{Bell states}로 부르거나, 얽힘의 참신함을 처음으로 높이 평가한 개척자들을 기리기 위해 EPR 쌍^{EPR pairs}으로도 부른다. 벨 상태는 정규직교 기저를 형성하므로 적절한 양자 측정으로 구별해낼 수 있다. 앨리스가 자신의 큐비트를 밥에게 보내 밥이 두 큐비트를 모두 보유한다면 밥은 벨 기저로 측정해 앨리스가 4개의 가능한 비트 문자열 중 어느 것을 보냈는지 알아낼 수 있다.

요약하면, 앨리스는 큐비트 하나만을 상호작용시켜서 두 비트의 정보를 밥에게 전송할 수 있다. 물론 2개의 큐비트가 프로토콜에 관여하지만 앨리스는 두 번째 큐비트에 상호작용시킬 필요가 없다. 고전적으로 말해서 앨리스가 하나의 고전비트만 전송했다면 앨리스가 원하는 작업은 불가능했을 것이며, 12장에서는 이 점을 확인해볼 것이다. 또한 이 놀라운 초고밀도 코딩 프로토콜은 실험실에서 부분 검증도 받았다(실험 검증에 대한 참고문헌은 '역사와 추가자료'를 확인하기 바란다). 이후 장에서는 정보 처리 작업을 수행하기 위해 양자역학을 활용하는 다른 많은 사례들, 예를 들어 초고밀도 코딩보다 훨씬 더 화려한 사례를 보게 될 것이다. 하지만 이 아름다운 예에서는 핵심 요점을 미리 알 수 있다. 즉, 정보는 물질적이라서 양자역학과 같은 멋진 물리이론을 통해 놀라운 정보 처리 능력을 예측해낼 수 있다.

확인문제 2.69: 벨 기저가 2개의 큐비트 상태공간에 대해 직교정규 기저를 형성하는 것을 증명하라.

확인문제 2.70: E가 앨리스의 큐비트에 작용하는 어떠한 양의 연산자라 하자. $|\psi\rangle$가 4개의 벨 상태 중 하나일 때 $\langle\psi|E \otimes I|\psi\rangle$도 동일한 값을 가짐을 보여라. 앨리스의 큐비트가 초고밀도 코딩 프로토콜로 밥에게 가는 도중에 악의적인 제3자('이브')가 가로챈다고 하자. 이브는 4개의 가능한 비트 문자열 00,01,10,11 중 어떤 것을 앨리스가 전송했는지 추정할 수 있을까? 그런 경우 또는 그렇지 않은 경우에 대한 이유는?

2.4 밀도연산자

우리는 상태벡터의 언어를 사용해 양자역학을 공식화했다. 밀도연산자^{density operator} 또는 밀도행렬^{density matrix}이라는 도구를 사용하면 이 공식화를 대체할 수 있다. 이 대체 공식화는 수학적으로 상태벡터 접근 방식과 동일하지만 양자역학에서 일반적으로 발생하는 몇 가지 시나리오를 생각할 때 훨씬 편리한 언어를 제공한다. 다음 3개의 절에서는 양자역학의 밀도연산자 공식화를 설명한다. 2.4.1절에서는 양자상태의 앙상블 개념을 사용하는 밀도연산자를 소개한다. 2.4.2절에서는 밀도연산자의 일반적인 특성들을 개발한다. 마지막으로 2.4.3절에서는 밀도연산자가 (복합 양자계의 개별 부분계를 기술하기 위한 도구로서) 정말 돋보이는 응용을 설명한다.

2.4.1 양자상태의 앙상블

밀도연산자 언어는 상태가 완전히 알려지지 않은 양자계를 기술하는 데 편리한 수단을 제공한다. 좀 더 정확히 말하면 한 양자계가 많은 상태 $|\psi_i\rangle$ 중 한 상태로 있다고 하자. 여기서 i는 인덱스이며 각 상태는 p_i 확률을 갖는다. 측정 전까지는 어느 상태에 있는지 예측할 수 없으므로 모든 가능한 양자상태인 $\{p_i, |\psi_i\rangle\}$를 순수상태의 앙상블^{ensemble of pure states}[5]이라고 한다. 계의 밀도연산자는 식

$$\rho \equiv \sum_i p_i |\psi_i\rangle \langle \psi_i| \tag{2.138}$$

로 정의한다. 밀도연산자는 밀도행렬이라고도 한다. 따라서 이 책에서는 두 용어를 섞어 사용할 것이다. 양자역학의 모든 공준은 밀도연산자 언어의 관점에서 재공식화^{reformulation}될 수 있다고 밝혀졌다. 이 절과 다음 절에서는 이 재공식화를 어떻게 수행하며 언제 유용한지를 설명한다. 밀도연산자 언어 또는 상태벡터 언어는 둘 다 동일한 결과가 나오기 때문에 둘 중 어느 것을 사용하는지는 취향의 문제다. 하지만 두 언어의 관점 중 어느 관점에서 접근하느냐에 따라 문제가 훨씬 더 쉬워지는 경우도 있다.

예를 들어 닫힌 양자계의 진화가 유니타리 연산자 U에 의해 기술된다고 하자. 이 계가 초기에 p_i 확률의 $|\psi_i\rangle$ 상태에 있었다면, 진화된 후의 계는 p_i 확률의 $U|\psi_i\rangle$ 상태가 될 것이다. 따라서 밀도연산자의 진화는 식

$$\rho = \sum_i p_i |\psi_i\rangle \langle \psi_i| \stackrel{U}{\longrightarrow} \sum_i p_i U |\psi_i\rangle \langle \psi_i| U^\dagger = U \rho U^\dagger \tag{2.139}$$

로 기술된다.

---

5   앙상블의 원래 의미는 종합적 효과인데, 여기서는 많은 상태에 대한 평균적 효과란 의미로 쓰인다. – 옮긴이

또한 측정에 대해서도 밀도연산자 언어로 쉽게 기술된다. 측정 연산자 M_m으로 기술된 측정을 수행한다고 하자. 초기상태가 $|\psi_i\rangle$인 경우, 결과 m이 나올 확률은

$$p(m|i) = \langle\psi_i|M_m^\dagger M_m|\psi_i\rangle = \text{tr}(M_m^\dagger M_m|\psi_i\rangle\langle\psi_i|) \tag{2.140}$$

이다. 여기서 맨 끝의 등식은 (2.61) 식을 사용해서 얻었다. 전체 확률의 법칙(확률론에 있어서 이것의 설명과 그 외의 기초개념에 대한 설명은 부록 1 참조)에 따르면 결과 m이 나올 확률은

$$p(m) = \sum_i p(m|i)p_i \tag{2.141}$$

$$= \sum_i p_i\text{tr}(M_m^\dagger M_m|\psi_i\rangle\langle\psi_i|) \tag{2.142}$$

$$= \text{tr}(M_m^\dagger M_m\rho) \tag{2.143}$$

가 된다. 측정 결과 m을 얻은 후, 그 계의 밀도연산자는 무엇일까? 초기상태가 $|\psi_i\rangle$이면 결과 m이 나온 후의 상태는

$$|\psi_i^m\rangle = \frac{M_m|\psi_i\rangle}{\sqrt{\langle\psi_i|M_m^\dagger M_m|\psi_i\rangle}} \tag{2.144}$$

이다. 따라서 결과 m이 나오는 측정 후, 각각의 확률 $p(i|m)$을 갖는 상태들의 앙상블은 $|\psi_i^m\rangle$이 된다. 그러므로 그에 해당하는 밀도연산자 ρ_m은

$$\rho_m = \sum_i p(i|m)|\psi_i^m\rangle\langle\psi_i^m| = \sum_i p(i|m)\frac{M_m|\psi_i\rangle\langle\psi_i|M_m^\dagger}{\langle\psi_i|M_m^\dagger M_m|\psi_i\rangle} \tag{2.145}$$

가 된다. 그러나 기초 확률론에 의하면 $p(i|m) = p(m,\,i)/p(m) = p(m|i)p_i/p(m)$이다. 위의 식에 (2.143)과 (2.140)을 적용하면

$$\rho_m = \sum_i p_i\frac{M_m|\psi_i\rangle\langle\psi_i|M_m^\dagger}{\text{tr}(M_m^\dagger M_m\rho)} \tag{2.146}$$

$$= \frac{M_m\rho M_m^\dagger}{\text{tr}(M_m^\dagger M_m\rho)} \tag{2.147}$$

가 된다. 이 식을 통해 유니타리 진화 및 측정과 관련된 양자역학의 기본 공준들은 밀도연산자의 언어로 바뀔 수 있다는 점을 알 수 있다. 다음 절에서는 상태벡터의 아이디어를 따르지 않는 밀도연산자의 고유 특성을 기술하는 것으로 이러한 바꿈을 마무리한다.

하지만 그렇게 하기 전에 밀도연산자에 대해 더 많은 언어와 또 다른 사실을 아는 것이

좋을 듯하다. 먼저 언어를 따져보자. $|\psi\rangle$ 상태가 정확히 알려진 양자계는 순수상태$^{\text{pure state}}$라 한다. 이 경우, 밀도연산자는 단순히 $\rho = |\psi\rangle\langle\psi|$이다. 그렇지 않은 경우라면 ρ는 혼합상태$^{\text{mixed state}}$다. 즉, 그 상태는 ρ에 대한 앙상블에 속하는 각 순수상태의 혼합물^{mixture}이라고 말한다. 향후 확인문제에서는 상태가 순수인지 혼합된 것인지를 결정하기 위해 간단한 기준을 물어볼 것이다. 즉, 순수상태는 $\text{tr}(\rho^2) = 1$을 만족시키고 혼합상태는 $\text{tr}(\rho^2) < 1$을 만족시킨다. 명명법에 관해 약간의 주의 사항이 있다. 첫째, 때때로 사람들은 '혼합상태'라는 용어를 순수한 양자상태와 혼합된 양자상태를 모두 포함하는 포괄적인 것으로 사용하기도 한다. 이 용어를 처음으로 사용한 사람은 상태가 순수하다고 가정할 필요가 없다고 생각한 듯하다. 둘째, '순수상태'라는 용어는 밀도연산자 ρ와 구분하기 위해 종종 상태 벡터 $|\psi\rangle$와 관련해서 사용된다.

마지막으로, 어떤 양자계가 p_i 확률의 ρ_i 상태로 준비된다고 하자. 그 계가 밀도행렬 $\sum_j p_i\rho_i$로 기술될 수 있다는 것을 아는 것은 어렵지 않다. 이를 증명하기 위해 ρ_i는 순수 상태들의 어떤^{some} 앙상블 $\{p_{ij}, |\psi_{ij}\rangle\}$에서(는 고정됨) 발생하는 것으로 가정하자. 그러면 $|\psi_{ij}\rangle$ 상태에 있을 확률은 $p_i p_{ij}$가 된다. 따라서 그 계의 밀도행렬은

$$\rho = \sum_{ij} p_i p_{ij} |\psi_{ij}\rangle\langle\psi_{ij}| \tag{2.148}$$

$$= \sum_i p_i \rho_i \tag{2.149}$$

가 된다. 여기서는 $\rho_i = \sum_j p_{ij}|\psi_{ij}\rangle\langle\psi_{ij}|$ 정의를 사용했다. 이때 ρ는 p_i 확률의 ρ_i 상태들의 혼합물이라고 한다. 이러한 혼합물 개념은 양자 노이즈와 같은 문제를 분석할 때 반복적으로 나타나는데, 여기서 그 노이즈 효과로 인해 우리는 양자상태를 잘 모르게 된다. 위에서 설명한 측정 시나리오에서는 다음과 같이 간단한 예를 생각할 수 있다. 즉, 어떤 이유로 측정 결과 m에 대한 기록이 소실됐다고 하자. 우리는 $p(m)$ 확률의 ρ_m 상태에 있는 양자계를 알 뿐, 더 이상 m의 실제 값은 알 수 없다. 그러므로 이러한 양자계의 상태는 밀도연산자

$$\rho = \sum_m p(m)\rho_m \tag{2.150}$$

$$= \sum_m \text{tr}(M_m^\dagger M_m \rho) \frac{M_m \rho M_m^\dagger}{\text{tr}(M_m^\dagger M_m \rho)} \tag{2.151}$$

$$= \sum_m M_m \rho M_m^\dagger \tag{2.152}$$

에 의해 기술될 것이다. 이 식은 멋지고 간결한 수식으로서 그 계에서의 추가 연산을 분석하기 위한 시작점으로 사용할 수 있다.

2.4.2 밀도연산자의 일반 특성

밀도연산자는 양자상태의 앙상블을 기술하는 수단으로 도입됐다. 이 절에서는 앙상블 해석에 의존하지 않는 밀도연산자의 고유 특성을 개발하기 위해 이러한 서술에서 한 발짝 물러설 것이다. 이렇게 하면 상태벡터를 바탕으로 삼지 않는 양자역학 서술 프로그램을 완성할 수 있다. 또한 밀도연산자에 있어서 그 외의 기초 특성을 많이 개발할 수 있는 기회도 얻는다.

연산자 중에서 밀도연산자 클래스는 다음의 유용한 정리로 특징짓는다.

정리 2.5: (밀도연산자의 특징짓기)   연산자 ρ가 어떤 앙상블 $\{p_i, |\psi_i\rangle\}$와 관련된 밀도연산자일 필요충분조건은 다음과 같다.

1. **대각합 조건** ρ의 대각합은 1이다.
2. **양성**[positivity] **조건** ρ는 양의 연산자다.

증명

$\rho = \sum_i p_i |\psi_i\rangle\langle\psi_i|$가 밀도연산자라 하자. 그러면

$$\mathrm{tr}(\rho) = \sum_i p_i \mathrm{tr}(|\psi_i\rangle\langle\psi_i|) = \sum_i p_i = 1 \tag{2.153}$$

이 된다. 따라서 대각합 조건 $\mathrm{tr}(\rho) = 1$을 만족시킨다. $|\varphi\rangle$가 상태공간에 속한 임의의 벡터라 하자. 그러면

$$\langle\varphi|\rho|\varphi\rangle = \sum_i p_i \langle\varphi|\psi_i\rangle\langle\psi_i|\varphi\rangle \tag{2.154}$$

$$= \sum_i p_i |\langle\varphi|\psi_i\rangle|^2 \tag{2.155}$$

$$\geq 0 \tag{2.156}$$

가 되어 양성 조건을 만족시킨다.

역으로 따져서 ρ가 대각합 조건 및 양성 조건을 만족시키는 어떠한 연산자라 하자. ρ가 양의 연산자이므로 스펙트럼 분해

$$\rho = \sum_j \lambda_j |j\rangle \langle j| \tag{2.157}$$

가 존재해야 한다. 여기서 벡터 $|j\rangle$들은 서로 직교하고 λ_j는 ρ의 음이 아닌 고윳값이다. 대각합 조건으로부터 $\sum_j \lambda_j = 1$임을 알 수 있다. 그러므로 λ_j 확률의 $|j\rangle$ 상태에 있는 계는 밀도연산자 ρ를 가질 것이다. 즉, 앙상블 $\{\lambda_j, |j\rangle\}$는 밀도연산자 ρ를 발생시키는 상태들의 앙상블이다.

이 정리는 그 연산자 자체에 내재된 밀도연산자의 특징을 지어준다. 즉, 밀도연산자를 대각합 1인 양의 연산자 ρ로 정의할 수 있다. 이러한 정의를 통해 양자역학의 공준을 밀도연산자 표현으로 재공식화할 수 있다. 쉽게 참조할 수 있도록 재공식화된 공준들을 여기에 모두 언급한다.

공준 1: 고립된 물리계와 관련 있는 것은 그 계의 **상태공간**^{state space}이라는 내적(즉, 힐베르트 공간)을 갖는 복소 벡터공간이다. 그 계는 **밀도연산자**^{density operator}로 완전히 기술되는데, 이 연산자는 대각합 1을 갖는 양의 연산자 ρ이며 그 계의 상태공간에 작용한다. 양자계가 p_i 확률의 ρ_i 상태에 있다면 그 계의 밀도연산자는 $\sum_i p_i \rho_i$이다.

공준 2: 닫힌 양자계의 진화는 유니타리 변환에 의해 기술된다. 즉, 시간 t_1에서 그 계의 상태 ρ는 시간 t_1과 t_2에만 의존하는 유니타리 연산자 U에 의해 시간 t_2에서 그 계의 상태 ρ'와 관련된다. 즉,

$$\rho' = U \rho U^\dagger \tag{2.158}$$

이다.

공준 3: 양자 측정은 측정 연산자들의 집합 $\{M_m\}$에 의해 기술된다. 이들은 측정되는 계의 상태공간에 작용하는 연산자다. 인덱스 m은 실험에서 발생할 수 있는 측정 결과를 나타낸다. 양자계의 상태가 측정 직전에 ρ이면 결과 m이 발생할 확률은

$$p(m) = \mathrm{tr}(M_m^\dagger M_m \rho) \tag{2.159}$$

이다. 그리고 측정 후, 그 계의 상태는

$$\frac{M_m \rho M_m^\dagger}{\mathrm{tr}(M_m^\dagger M_m \rho)} \tag{2.160}$$

이다. 그 측정 연산자는 완비성 방정식^{completeness equation}

이다. 그 측정 연산자는 완비성 방정식[completeness equation]

$$\sum_m M_m^\dagger M_m = I \tag{2.161}$$

를 만족시킨다.

공준 4: 한 복합 물리계의 상태공간은 성분 물리계들의 상태공간의 텐서곱이다. 더욱이 그 계들에 대해 1부터 n까지 번호를 매기고 i 번호의 계가 ρ_i 상태로 준비된다면 전체 계의 공동상태는 $\rho_1 \otimes \rho_2 \otimes \cdots \rho_n$이 된다.

밀도연산자 측면에서 양자역학의 기본 공준들에 대한 이러한 재공식화는 물론 상태벡터 측면에서의 서술과 수학적으로 동일하다. 그럼에도 양자역학에 대한 생각의 방식으로서 밀도연산자 접근법은 두 가지 응용 부분에서 빛을 발한다. 한 응용 부분은 상태를 알 수 없는 양자계에 대한 서술이고, 또 하나의 응용 부분은 복합 양자계의 부분계들에 대한 서술인데 다음 절에서 설명할 것이다. 이 절의 나머지 부분에서는 밀도행렬의 특성을 더 자세히 설명한다.

확인문제 2.71: (상태가 혼합인지 순수인지를 결정하는 기준) ρ를 밀도연산자라 하자. $\mathrm{tr}(\rho^2) \le 1$임을 보이고, 또한 등호가 성립하기 위한 필요충분조건은 ρ가 순수상태일 경우임을 보여라.

밀도행렬의 고윳값과 고유벡터가 그 밀도행렬에 의해 표현되는 (양자상태들의) 앙상블에 관해 특별한 의미가 있다고 여기는 것은 그럴듯한 (그리고 놀랍게도 흔한) 오해다. 예를 들면 밀도행렬

$$\rho = \frac{3}{4}|0\rangle\langle 0| + \frac{1}{4}|1\rangle\langle 1| \tag{2.162}$$

을 갖는 양자계는 $|0\rangle$ 상태에 있을 확률이 3/4이고 $|1\rangle$ 상태에 있을 확률은 1/4이어야 한다. 하지만 반드시 그런 것은 아니다.

$$|a\rangle \equiv \sqrt{\frac{3}{4}}|0\rangle + \sqrt{\frac{1}{4}}|1\rangle \tag{2.163}$$

$$|b\rangle \equiv \sqrt{\frac{3}{4}}|0\rangle - \sqrt{\frac{1}{4}}|1\rangle \tag{2.164}$$

을 정의하고 $|a\rangle$ 상태에 있을 확률이 1/2이고 $|b\rangle$ 상태에 있을 확률도 1/2인 양자계를 준

비한다고 하자. 그러면 그에 대응하는 밀도행렬은

$$\rho = \frac{1}{2}|a\rangle\langle a| + \frac{1}{2}|b\rangle\langle b| = \frac{3}{4}|0\rangle\langle 0| + \frac{1}{4}|1\rangle\langle 1| \tag{2.165}$$

임을 쉽게 알 수 있다. 즉, 양자상태들의 두 앙상블이 서로 달라도 동일한 밀도행렬이 나온다. 일반적으로 밀도행렬의 고유벡터와 고윳값은 특정 밀도행렬이 나오는 여러 앙상블 중 하나를 가리키며, 특별히 어느 앙상블이라고 단언할 이유가 없다.

이 논의에서 자연스럽게 나올 질문은 어떤 클래스의 앙상블이 특정 밀도행렬을 발생시키는가? 이다. 곧 알게 될 이 문제의 솔루션은 놀랍게도 양자계산 및 양자정보에서 많이 응용되는데, 특히 양자 노이즈와 양자 오류정정(8장과 10장)에서 그렇다. 그 솔루션에서는 단위 길이로 정규화되지 않을 수도 있는 $|\tilde{\psi}_i\rangle$ 벡터를 사용하는 것이 편리한다. 집합 $|\tilde{\psi}_i\rangle$은 연산자 $\rho \equiv \sum_i |\tilde{\psi}_i\rangle\langle\tilde{\psi}_i|$를 생성한다고 말하고, 따라서 밀도연산자들의 일반적인 앙상블 묘사로 연결시키면 $|\tilde{\psi}_i\rangle = \sqrt{p_i}|\psi_i\rangle$ 식으로 표현된다. 두 벡터 집합인 $|\tilde{\psi}_i\rangle$와 $|\tilde{\varphi}_j\rangle$는 언제 동일한 연산자 ρ를 생성할까? 이 문제를 해결하다 보면 무슨 앙상블이 주어진 밀도행렬을 나오게 하는지에 대한 질문에 답할 수 있다.

정리 2.6: (밀도행렬에 대한 앙상블에서의 유니타리 자유 Unitary freedom**)** 집합 $|\tilde{\psi}_i\rangle$와 집합 $|\tilde{\varphi}_j\rangle$가 동일한 밀도행렬을 생성할 필요충분조건은

$$|\tilde{\psi}_i\rangle = \sum_j u_{ij}|\tilde{\varphi}_j\rangle \tag{2.166}$$

이다. 여기서 u_{ij}는 인덱스 i와 j를 갖는, 복소수의 유니타리 행렬이며 벡터 집합 $|\tilde{\psi}_i\rangle$ 또는 $|\tilde{\varphi}_j\rangle$의 성분 수가 서로 맞지 않으면 작은 쪽에 영벡터들을 추가로 '끼워 넣어' 두 집합의 성분 수를 같게 한다.

이 정리의 결과로써 정규화된 상태 $|\psi_i\rangle$, $|\varphi_j\rangle$와 확률분포 p_i와 q_j에 대해 $\rho = \sum_i p_i|\psi_i\rangle\langle\psi_i| = \sum_j q_j|\varphi_j\rangle\langle\varphi_j|$가 될 필요충분조건은 어떤 유니타리 행렬 u_{ij}에 대해

$$\sqrt{p_i}|\psi_i\rangle = \sum_j u_{ij}\sqrt{q_j}|\varphi_j\rangle \tag{2.167}$$

이다. 이때 두 앙상블의 크기가 같지 않으면 작은 앙상블에 확률이 0인 성분으로 채워 크기를 맞춘다. 이렇게 해서 정리 2.6은 주어진 밀도행렬 ρ를 생성하는 앙상블 $\{p_i, |\psi_i\rangle\}$의 자유를 특징짓는다. 앞서 (2.162) 예를 통해 밀도행렬이 다르게 분해된다는 것을 봤는데 그 예가 이러한 일반 결과의 특별한 경우로 발생하는지 쉽게 확인할 수 있다. 이제 정리

증명으로 넘어가보자.

증명

어떤 유니타리 u_{ij}에 대해 $|\tilde{\psi}_i\rangle = \sum_j u_{ij}|\tilde{\varphi}_j\rangle$라 하자. 그러면

$$\sum_i |\tilde{\psi}_i\rangle\langle\tilde{\psi}_i| = \sum_{ijk} u_{ij}u_{ik}^*|\tilde{\varphi}_j\rangle\langle\tilde{\varphi}_k| \tag{2.168}$$

$$= \sum_{jk} \left(\sum_i u_{ki}^\dagger u_{ij}\right)|\tilde{\varphi}_j\rangle\langle\tilde{\varphi}_k| \tag{2.169}$$

$$= \sum_{jk} \delta_{kj}|\tilde{\varphi}_j\rangle\langle\tilde{\varphi}_k| \tag{2.170}$$

$$= \sum_j |\tilde{\varphi}_j\rangle\langle\tilde{\varphi}_j| \tag{2.171}$$

가 되어 $|\tilde{\psi}_i\rangle$와 $|\tilde{\varphi}_j\rangle$가 동일한 연산자를 생성한다는 것을 보여준다.

역으로

$$A = \sum_i |\tilde{\psi}_i\rangle\langle\tilde{\psi}_i| = \sum_j |\tilde{\varphi}_j\rangle\langle\tilde{\varphi}_j| \tag{2.172}$$

를 고려해보자. 또한 $A = \sum_k \lambda_k|k\rangle\langle k|$를 A에 대한 분해라 하자. 여기서 $|k\rangle$ 상태는 정규직교이고 λ_k는 양수다. 우리의 전략은 $|\tilde{\psi}_i\rangle$ 상태를 $|\tilde{k}\rangle \equiv \sqrt{\lambda_k|k\rangle}$ 상태에 관련시키고, $|\tilde{\psi}_i\rangle$ 상태도 $|\tilde{k}\rangle$ 상태에 관련시키는 것이다. 두 관계를 결합하면 결과가 나올 것이다. $|\psi\rangle$를 $|\tilde{k}\rangle$에 의해 생성된 공간에 정규직교하는 어떠한 벡터라 하자. 그러면 모든 k에 대해 $\langle\psi|\tilde{k}\rangle = \langle\tilde{k}|\psi\rangle = 0$이므로

$$0 = \langle\psi|A|\psi\rangle = \sum_i \langle\psi|\tilde{\psi}_i\rangle\langle\tilde{\psi}_i|\psi\rangle = \sum_i |\langle\psi|\tilde{\psi}_i\rangle|^2 \tag{2.173}$$

이 된다. 따라서 모든 i에 대해, 그리고 $|\tilde{k}\rangle$에 의해 생성된 모든 $|\psi\rangle$에 대해 $\langle\psi|\tilde{\psi}_i\rangle = 0$이 된다. 이로써 각 $|\tilde{\psi}_i\rangle$는 $|\tilde{k}\rangle$의 선형조합인 $|\tilde{\psi}_i\rangle = \sum_k c_{ik}|\tilde{k}\rangle$로 표현될 수 있다. $A = \sum_k |\tilde{k}\rangle\langle\tilde{k}| = \sum_i |\tilde{\psi}_i\rangle\langle\tilde{\psi}_i|$이므로

$$\sum_k |\tilde{k}\rangle\langle\tilde{k}| = \sum_{kl}\left(\sum_i c_{ik}c_{il}^*\right)|\tilde{k}\rangle\langle\tilde{l}| \tag{2.174}$$

이 된다. $|\tilde{k}\rangle\langle\tilde{l}|$ 연산자들은 선형독립인 것으로 쉽게 알 수 있고, 따라서 $\sum_i c_{ik}c_{il}^* = \delta_{kl}$이어야 한다. 이를 통해 c에 추가 열을 붙여 $|\tilde{\psi}_i\rangle = \sum_k v_{ik}|\tilde{k}\rangle$를 만족시키는 유니타리 행렬

v를 얻을 수 있다. 이때 $|\tilde{k}\rangle$의 목록에 영벡터들을 추가했다. 마찬가지로 $|\tilde{\varphi}_j\rangle = \sum_k w_{jk}|\tilde{k}\rangle$가 되는 유니타리 행렬 w를 구할 수 있다. 따라서 $|\tilde{\psi}_i\rangle = \sum_j u_{ij}|\tilde{\varphi}_j\rangle$가 되며 여기서 $u = vw^\dagger$는 유니타리다.

확인문제 2.72: (혼합상태에 대한 블로흐 구)   단일 큐비트의 순수상태에 대한 블로흐 구 그림은 1.2절에서 소개했었다. 이 서술은 다음과 같이 혼합상태에 대해 중요하게 일반화시킬 수 있다.

1. 혼합상태 큐비트에 대한 임의의 밀도행렬을

$$\rho = \frac{I + \vec{r} \cdot \vec{\sigma}}{2} \tag{2.175}$$

로 표현할 수 있음을 보여라. 여기서 $\vec{r}$는 $\|\vec{r}\| \le 1$인 3차원 실벡터다. 이 벡터를 ρ 상태에 대한 블로흐 벡터^{Bloch vector}라 한다.

2. $\rho = I/2$ 상태에 대한 블로흐 벡터 표현은 무엇인가?

3. ρ 상태가 순수하기 위한 필요충분조건이 $\|\vec{r}\| = 1$임을 보여라.

4. 순수상태의 경우, 블로흐 벡터에 대한 서술이 1.2절의 서술과 일치함을 보여라.

확인문제 2.73: ρ를 밀도연산자라 하자. ρ에 대한 최소 앙상블^{minimal ensemble}이란 ρ의 계수^{rank}와 같은 수의 성분들을 포함하는 앙상블 $\{p_i, |\psi_i\rangle\}$이다. $|\psi\rangle$가 ρ의 서포트에 속한 어떠한 상태라 하자(에르미트 연산자 A의 서포트^{support}란 0이 아닌 고윳값을 갖는 A의 고유벡터에 의해 생성된 벡터공간이다). $|\psi\rangle$를 포함하는 ρ에 대한 최소 앙상블이 존재함을 보이고, 더욱이 그러한 앙상블 속에서 $|\psi\rangle$가 확률

$$p_i = \frac{1}{\langle \psi_i | \rho^{-1} | \psi_i \rangle} \tag{2.176}$$

로 나타나야 한다는 것도 보여라. 여기서 ρ^{-1}는 ρ의 역으로 정의한다. 이때 ρ는 ρ의 서포트에만 작용하는 연산자로 간주한다(이 정의에 따라 ρ의 역이 존재하지 않을 문제는 사라진다).

2.4.3 환산밀도연산자

아마도 밀도연산자를 가장 깊이 적용하는 경우는 복합 양자계의 부분계^{subsystem}에 대한 서술 도구로 사용할 때인 듯싶다. 그러한 서술은 이 절의 주제인 환산밀도연산자^{reduced density}

operator에 의해 제공된다. 환산밀도연산자는 복합 양자계의 분석에 실질적으로 없어서는 안 될 정도로 유용하다.

물리계 A와 B가 있고 복합계 AB의 상태가 밀도연산자 ρ^{AB}로 기술된다고 하자. A계의 환산밀도연산자는

$$\rho^A \equiv \text{tr}_B(\rho^{AB}) \tag{2.177}$$

로 정의한다. 여기서 tr_B는 연산자들의 사상^{map}이며 B계에 대한 **부분대각합**$^{\text{partial trace}}$이라 한다. 이 부분대각합은

$$\text{tr}_B\left(|a_1\rangle\langle a_2| \otimes |b_1\rangle\langle b_2|\right) \equiv |a_1\rangle\langle a_2| \, \text{tr}(|b_1\rangle\langle b_2|) \tag{2.178}$$

로 정의한다. 여기서 $|a_1\rangle$과 $|a_2\rangle$는 A의 상태공간에 속한 어떠한 두 벡터이고 $|b_1\rangle$과 $|b_2\rangle$는 B의 상태공간에 속한 어떠한 두 벡터다. 오른쪽의 대각합 연산은 B계에 대한 보통의 대각합 연산이므로 $\text{tr}(|b_1\rangle\langle b_2|) = \langle b_2|b_1\rangle$이 된다. 우리는 AB에 작용하는 특수한 하위 클래스^{subclass}의 연산자들에 대해서만 부분대각합 연산을 정의했었다. 즉, (2.178) 식 외에 부분대각합이 입력에 대해 선형이어야 한다는 조건도 들어가야 그 스펙은 완전하게 된다.

A계에 대한 환산밀도연산자가 어떤 의미에서는 A계의 상태를 기술하는 것이라고 확신할 수 없다. 물리적으로 알 수 있는 것은 A계에 대해 측정을 수행했을 때 환산밀도연산자를 통해 올바른 측정 통계가 나온다는 점이다. 이에 대한 내용은 다음 페이지의 박스 2.6에 자세히 설명해놓았다. 다음의 간단한 계산 예는 환산밀도연산자를 이해하는 데 도움될 것이다. 먼저 양자계가 $\rho^{AB} = \rho \otimes \sigma$라는 곱상태$^{\text{product state}}$에 있다고 하자. 여기서 ρ는 A계의 밀도연산자고, σ는 B계의 밀도연산자다. 그러면

$$\rho^A = \text{tr}_B(\rho \otimes \sigma) = \rho \, \text{tr}(\sigma) = \rho \tag{2.184}$$

가 되며 이것은 우리가 직관적으로 예상한 결과다. 마찬가지로 이 상태에 대해 $\rho^B = \sigma$가 된다. 좀 더 중요한 예는 벨 상태 $(|00\rangle + |11\rangle)/\sqrt{2}$이다. 이것은 밀도연산자

$$\rho = \left(\frac{|00\rangle + |11\rangle}{\sqrt{2}}\right)\left(\frac{\langle 00| + \langle 11|}{\sqrt{2}}\right) \tag{2.185}$$

$$= \frac{|00\rangle\langle 00| + |11\rangle\langle 00| + |00\rangle\langle 11| + |11\rangle\langle 11|}{2} \tag{2.186}$$

를 갖는다. 두 번째 큐비트를 대각합하면 첫 번째 큐비트의 환산밀도연산자를 구하게 된다. 즉,

$$\rho^1 = \text{tr}_2(\rho) \tag{2.187}$$

$$= \frac{\text{tr}_2(|00\rangle\langle00|) + \text{tr}_2(|11\rangle\langle00|) + \text{tr}_2(|00\rangle\langle11|) + \text{tr}_2(|11\rangle\langle11|)}{2} \tag{2.188}$$

$$= \frac{|0\rangle\langle0|\langle0|0\rangle + |1\rangle\langle0|\langle0|1\rangle + |0\rangle\langle1|\langle1|0\rangle + |1\rangle\langle1|\langle1|1\rangle}{2} \tag{2.189}$$

$$= \frac{|0\rangle\langle0| + |1\rangle\langle1|}{2} \tag{2.190}$$

$$= \frac{I}{2} \tag{2.191}$$

가 된다. $\text{tr}((I/2)^2) = 1/2 < 1$이므로 이 상태는 혼합상태다. 이것은 꽤 놀라운 결과다. 두 큐비트에 대한 공동계^{joint system}의 상태는 순수상태인데, 즉 정확히 알 수 있다는 뜻이다. 하지만 첫 번째 큐비트가 혼합상태라니 알 수 없는 상태인 것이다. 한 계의 공동상태^{joint state}는 완전히 알 수 있지만 한 부분계는 혼합상태에 있는, 이 이상한 특성은 양자 얽힘^{quantum entanglement}의 또 다른 특징이다.

박스 2.6: 왜 부분대각합인가?

커다란 양자계의 일부를 기술하는 데 왜 부분대각합을 사용할까? 그 이유는 부분대각합 연산이 다음과 같은 의미에서 복합계의 부분계에 대한 관측가능량을 올바로 기술하는 유일한 연산이기 때문이다.

M이 A계에 대한 어떠한 관측가능량이라 하고, 우리에게는 M의 측정을 실현시킬 수 있는 측정장치가 있다고 하자. 또한 $\tilde{M}$는 복합계 AB에 대해 동일한 측정을 수행했을 때 그에 대응하는 관측가능량을 나타낸다고 하자. 지금 목표는 $\tilde{M}$가 반드시 $M \otimes I_B$와 같다고 증명하는 것이다. AB계가 $|m\rangle|\psi\rangle$ 상태로 준비되고(여기서 $|m\rangle$은 M의 고유상태임) $|\psi\rangle$가 B의 어떠한 상태라면, 측정장치는 1의 확률로 m이라는 측정 결과를 내야 한다. 따라서 P_m이 관측가능량 M의 m 고유공간 위로의 사영연산자라면 $\tilde{M}$에 해당하는 사영연산자는 $P_m \otimes I_B$이다. 그러므로

$$\tilde{M} = \sum_m m P_m \otimes I_B = M \otimes I_B \tag{2.179}$$

가 된다. 다음 단계는 계의 일부를 관측할 때 부분대각합 절차를 사용하면 올바른 측정 통계가 나온다는 점을 보이는 것이다. 관측가능량 M이 기술하는 A계에 대해 측정을 수행한다고 하자. 물리적 일관성을 위해서 A계에 '상태' ρ^A를 관련시키기 위한 방식에는 ρ^A 또는 ρ^{AB} 중 어느 것을 통해 계산하든지 측정 평균이 같다는 특성이 반드시 들어가야 한다. 즉,

$$\mathrm{tr}(M\rho^A) = \mathrm{tr}(\tilde{M}\rho^{AB}) = \mathrm{tr}((M \otimes I_B)\rho^{AB}) \tag{2.180}$$

가 된다. $\rho^A \equiv \mathrm{tr}_B(\rho^{AB})$를 채택하면 위의 식은 확실히 성립한다. 사실, 부분대각합은 이 특성을 갖는 유일한 함수인 것으로 밝혀졌다. 이러한 유일 특성^{uniqueness property}을 알아보기 위해 $f(\cdot)$를 AB에 대한 밀도연산자에서 A에 대한 밀도연산자로 가는 어떠한 사상이라 하고, 모든 관측가능량 M에 대해

$$\mathrm{tr}(Mf(\rho^{AB})) = \mathrm{tr}((M \otimes I_B)\rho^{AB}) \tag{2.181}$$

가 된다고 하자. M_i는 힐베르트-슈미트 내적인 $(X, Y) \equiv \mathrm{tr}(XY)$에 관해 에르미트 연산자 공간에 대한 정규직교 기저라 하자(앞서 나온 확인문제 2.39와 비교해보아라). 그러면 $f(\rho^{AB})$를 이 기저로 확장시키면

$$f(\rho^{AB}) = \sum_i M_i \mathrm{tr}(M_i f(\rho^{AB})) \tag{2.182}$$

$$= \sum_i M_i \mathrm{tr}((M_i \otimes I_B)\rho^{AB}) \tag{2.183}$$

가 된다. 따라서 f는 (2.180) 식에 의해 유일하게 결정된다. 더욱이 부분대각합은 (2.180)을 만족시키므로 이 특성을 갖는 유일한 함수다.

확인문제 2.74: A계와 B계의 혼합계가 $|a\rangle|b\rangle$ 상태에 있다고 하자. 여기서 $|a\rangle$는 A계의 순수상태이고 $|b\rangle$는 B계의 순수상태다. A계의 환산밀도연산자가 순수상태임을 보여라.

확인문제 2.75: 4개의 벨 상태 각각에 있어서 각 큐비트에 대한 환산밀도연산자를 구하라.

양자 텔레포테이션과 환산밀도연산자

환산밀도연산자는 양자 텔레포테이션의 분석에 유용하게 쓰인다. 1.3.7절을 상기해 보

면, 양자 텔레포테이션은 앨리스에서 밥으로 양자정보를 전송하는 하나의 절차였다. 그때 앨리스와 밥은 EPR 쌍을 공유하고 고전통신채널을 가동했었다.

얼핏 보기에는 텔레포테이션이 광통신보다 더 빠를 것 같지만 상대성 이론에 따라 전혀 그렇지 않다. 1.3.7절에서는 광통신보다 빠르지 못한 이유에 대해 앨리스가 측정 결과를 밥에게 전달해야 하기 때문으로 추측했었다. 환산밀도연산자를 사용하면 이 점을 엄밀하게 말할 수 있다.

앨리스가 측정하기 직전에 세 큐비트의 양자상태는

$$|\psi_2\rangle = \frac{1}{2}\Big[|00\rangle\,(\alpha|0\rangle + \beta|1\rangle) + |01\rangle\,(\alpha|1\rangle + \beta|0\rangle)$$
$$+ |10\rangle\,(\alpha|0\rangle - \beta|1\rangle) + |11\rangle\,(\alpha|1\rangle - \beta|0\rangle)\Big] \tag{2.192}$$

이라는 점을 상기하자((1.32) 식). 앨리스의 계산기저로 측정하고, 측정 후 계의 상태는

$$|00\rangle\Big[\alpha|0\rangle + \beta|1\rangle\Big] \quad \text{(1/4 확률로)} \tag{2.193}$$

$$|01\rangle\Big[\alpha|1\rangle + \beta|0\rangle\Big] \quad \text{(1/4 확률로)} \tag{2.194}$$

$$|10\rangle\Big[\alpha|0\rangle - \beta|1\rangle\Big] \quad \text{(1/4 확률로)} \tag{2.195}$$

$$|11\rangle\Big[\alpha|1\rangle - \beta|0\rangle\Big] \quad \text{(1/4 확률로)} \tag{2.196}$$

가 된다. 따라서 계의 밀도연산자는

$$\rho = \frac{1}{4}\Big[|00\rangle\langle00|(\alpha|0\rangle + \beta|1\rangle)(\alpha^*\langle0| + \beta^*\langle1|) + |01\rangle\langle01|(\alpha|1\rangle + \beta|0\rangle)(\alpha^*\langle1| + \beta^*\langle0|)$$
$$+ |10\rangle\langle10|(\alpha|0\rangle - \beta|1\rangle)(\alpha^*\langle0| - \beta^*\langle1|) + |11\rangle\langle11|(\alpha|1\rangle - \beta|0\rangle)(\alpha^*\langle1| - \beta^*\langle0|)\Big] \tag{2.197}$$

이다. 앨리스 계를 대각합하면 밥 계의 환산밀도연산자는

$$\rho^B = \frac{1}{4}\Big[(\alpha|0\rangle + \beta|1\rangle)(\alpha^*\langle0| + \beta^*\langle1|) + (\alpha|1\rangle + \beta|0\rangle)(\alpha^*\langle1| + \beta^*\langle0|)$$
$$+ (\alpha|0\rangle - \beta|1\rangle)(\alpha^*\langle0| - \beta^*\langle1|) + (\alpha|1\rangle - \beta|0\rangle)(\alpha^*\langle1| - \beta^*\langle0|)\Big] \tag{2.198}$$

$$= \frac{2(|\alpha|^2 + |\beta|^2)|0\rangle\langle0| + 2(|\alpha|^2 + |\beta|^2)|1\rangle\langle1|}{4} \tag{2.199}$$

$$= \frac{|0\rangle\langle0| + |1\rangle\langle1|}{2} \tag{2.200}$$

$$= \frac{I}{2} \tag{2.201}$$

가 된다. 마지막 행에서는 완비성 관계를 사용했다. 그러므로 앨리스가 측정을 수행한 후이지만 밥이 알기 전의 밥 계의 상태는 $I/2$이다. 이 상태는 텔레포테이션할 상태 $|\psi\rangle$에 의존하지 않으므로 밥이 수행하는 어떠한 측정에도 $|\psi\rangle$에 대한 정보가 포함되지 않는다. 이로 인해 앨리스는 텔레포테이션을 사용해 빛보다 빨리 밥에게 정보를 보낼 수 없다.

2.5 슈미트 분해와 정화

밀도연산자와 부분대각합은 복합 양자계의 연구에 유용한 다수의 도구 중 시작 도구에 불과한데, 복합 양자계는 양자계산 및 양자정보의 중심에 놓여 있다. 여기에 추가되는 아주 가치 있는 도구 2개는 슈미트 분해^{Schmidt decomposition}와 정화^{purification}다. 이 절에서는 이 2개의 도구를 모두 소개하고 그 강력함을 알아볼 것이다.

정리 2.7: (슈미트 분해) $|\psi\rangle$가 복합계 AB의 순수상태라 하자. 그러면

$$|\psi\rangle = \sum_i \lambda_i |i_A\rangle |i_B\rangle \tag{2.202}$$

가 되는 A계에 대한 정규직교 상태 $|i_A\rangle$, 그리고 B계에 대한 정규직교 상태 $|i_B\rangle$가 존재한다. 여기서 λ_i는 $\sum_i \lambda_i^2 = 1$을 만족시키는 음이 아닌 실수이며 슈미트 계수^{Schmidt coefficient}라 한다.

이 결과는 아주 유용하다. 그 강력함을 맛보기 위해 다음 사항을 고려하자. 즉, $|\psi\rangle$를 복합계 AB의 순수상태라 하자. 그러면 슈미트 분해에 의해 $\rho^A = \sum_i \lambda_i^2 |i_A\rangle\langle i_A|$와 $\rho^B = \sum_i \lambda_i^2 |i_B\rangle\langle i_B|$가 되므로 ρ^A와 ρ^B의 고윳값은 동일하다. 즉, 두 밀도연산자에 대해 λ_i^2인 것이다. 양자계의 많은 중요 특성은 그 계에 대한 환산밀도연산자의 고윳값에 의해 완전히 결정되므로, 복합계의 순수상태에 대해 그러한 특성은 두 계에서 동일하다. 예를 들어 두 큐비트의 상태 $(|00\rangle + |01\rangle + |11\rangle)/\sqrt{3}$을 고려하자. 이 상태는 명백한 대칭 특성을 갖지 않지만 $\mathrm{tr}((\rho^A)^2)$와 $\mathrm{tr}((\rho^B)^2)$를 계산하면 각각의 경우에 동일한 값인 $7/9$이 나온다는 것을 알게 된다. 이것은 슈미트 분해의 자그마한 결론일 뿐이다.

증명

여기서는 A계와 B계가 같은 차원의 상태공간을 갖는 경우에 대해서만 증명하고 일반적인 경우는 확인문제 2.76으로 남겨둔다. $|j\rangle$와 $|k\rangle$를 각각 A계와 B계의 고정된 정규직교 기저라 하자. 그러면 복소수 a_{jk}의 어떤 행렬 a에 대해 $|\psi\rangle$를

$$|\psi\rangle = \sum_{jk} a_{jk} |j\rangle |k\rangle \tag{2.203}$$

로 다시 표현할 수 있다. 특이값 분해에 의해 $a = udv$가 되는데, 여기서 d는 음이 아닌 성분을 갖는 대각 행렬이고 u와 v는 유니타리 행렬이다. 따라서

$$|\psi\rangle = \sum_{ijk} u_{ji} d_{ii} v_{ik} |j\rangle |k\rangle \tag{2.204}$$

이다. $|i_A\rangle \equiv \sum_j u_{ji} |j\rangle$, $|i_B\rangle \equiv \sum_k v_{ik} |k\rangle$, $\lambda_i \equiv d_{ii}$로 정의하면 위의 식은

$$|\psi\rangle = \sum_i \lambda_i |i_A\rangle |i_B\rangle \tag{2.205}$$

가 된다. $|i_A\rangle$가 u의 유니타리성^{unitarity}과 $|j\rangle$의 정규직교성^{orthonormality}으로부터 정규직교 집합을 형성하고, 마찬가지로 $|i_B\rangle$도 정규직교 집합을 형성한다는 것을 쉽게 알 수 있다. ∎

확인문제 2.76: A와 B가 다른 차원의 상태공간을 가질 수 있는 경우에까지 슈미트 분해 증명을 확장시켜 보아라.

확인문제 2.77: ABC를 3개 성분의 양자계라 하자. 그러한 계들의 양자상태 $|\psi\rangle$는

$$|\psi\rangle = \sum_i \lambda_i |i_A\rangle |i_B\rangle |i_C\rangle \tag{2.206}$$

형식으로 표현할 수 없다는 것을 예를 들어 보여라. 여기서 λ_i는 실수이고 $|i_A\rangle$, $|i_B\rangle$, $|i_C\rangle$는 각 계의 정규직교 기저다.

$|i_A\rangle$와 $|i_B\rangle$ 기저는 각각 A와 B의 슈미트 기저$^{\text{Schmidt base}}$라 하며, 0이 아닌 값 λ_i의 수는 $|\psi\rangle$ 상태에 대한 슈미트 수$^{\text{Schmidt number}}$라 한다. 슈미트 수는 복합 양자계의 중요한 특성인데, 어떤 의미에서는 A계와 B계 사이의 얽힘 '정도'를 값으로 나타낸다. 이런 이유에 대해 알아보기 위해 다음과 같이 분명하고도 중요한 특성을 고려해보자. 즉, 슈미트 수는 A계 또는 B계 중에서 한 계의 유니타리 변환에 대해서 보존된다. 이 점을 알아보기 위해 $\sum_i \lambda_i |i_A\rangle |i_B\rangle$가 $|\psi\rangle$에 대한 슈미트 분해라면 $\sum_i \lambda_i (U|i_A\rangle)|i_B\rangle$는 $U|\psi\rangle$에 대한 슈미트 분해

라는 점에 주목한다. 여기서 U는 A계에만 작용하는 유니타리 연산자다. 이러한 유형의 대수 불변Algebraic invariance 특성 때문에 슈미트 수가 아주 유용한 도구로 된다.

확인문제 2.78: 복합계 AB의 상태 $|\psi\rangle$가 곱상태이기 위한 필요충분조건은 슈미트 수가 1이라는 것을 증명하라. 또한 $|\psi\rangle$가 곱상태이기 위한 필요충분조건은 ρ^A(그리고 ρ^B) 가 순수상태라는 것을 증명하라.

양자계산 및 양자정보에 대한 두 번째 관련 기술은 정화purification다. 양자계 A의 상태 가 ρ^A라 하자. R이라는 또 다른 계를 도입해서 공동계joint system AR에 대한 순수상태 $|AR\rangle$를 정의하여 $\rho^A = \text{tr}_R(|AR\rangle\langle AR|)$을 만족시키는 것도 가능하다. 즉, A계만 바라보 면 순수상태 $|AR\rangle$는 ρ^A로 축소된다. 이 일은 순전히 수학적 절차이며 정화라 하는데, 이 를 이용하면 그 순수상태를 혼합상태와 연관시킬 수 있다. 이러한 이유로 R계를 참조계 reference system라고 부른다. 즉, 직접적인 물리적 의미가 없는 가상의 계인 것이다.

어떠한 상태에서도 정화가 가능하다는 것을 증명하기 위해 ρ^A에 대한 정화 $|AR\rangle$과 R 계를 어떻게 만드는지를 설명할 것이다. ρ^A가 정규직교 분해인 $\rho^A = \sum_i p_i|i^A\rangle\langle i^A|$를 갖 는다고 하자. ρ^A를 정화시키기 위해 A계와 동일한 상태공간을 가지면서 정규직교 기저 상태로 $|i^R\rangle$을 갖는 R계를 도입한다. 그리고 결합계combined system에 대한 순수상태를

$$|AR\rangle \equiv \sum_i \sqrt{p_i}|i^A\rangle|i^R\rangle \tag{2.207}$$

로 정의한다. 이제 $|AR\rangle$ 상태에 대응하는 A계에 대한 환산밀도연산자를 계산한다. 즉,

$$\text{tr}_R(|AR\rangle\langle AR|) = \sum_{ij} \sqrt{p_i p_j}|i^A\rangle\langle j^A|\,\text{tr}(|i^R\rangle\langle j^R|) \tag{2.208}$$

$$= \sum_{ij} \sqrt{p_i p_j}|i^A\rangle\langle j^A|\,\delta_{ij} \tag{2.209}$$

$$= \sum_i p_i|i^A\rangle\langle i^A| \tag{2.210}$$

$$= \rho^A \tag{2.211}$$

가 된다. 따라서 $|AR\rangle$은 ρ^A의 정화purification가 된다.

슈미트 분해와 정화의 밀접한 관계에 주목한다. 즉, A계의 혼합상태를 정화하는 데 사 용되는 절차는 순수상태를 정의하는 것인데 이 순수상태에서 A계에 대한 슈미트 기저는 혼합상태가 대각인 기저일 뿐이다. 이때 슈미트 계수는 정화할 밀도연산자에 대한 고윳

값의 제곱근이다.

이 절에서는 복합 양자계를 학습하기 위한 슈미트 분해와 정화라는 2개의 도구에 대해 설명했다. 이 도구들은 이 책 3부의 주제인 양자계산 및 양자정보, 특히 양자정보에 대한 연구에 없어서는 안 될 것이다.

확인문제 2.79: 두 큐비트로 구성된 복합계가 있다고 하자. 각 상태

$$\frac{|00\rangle + |11\rangle}{\sqrt{2}}; \quad \frac{|00\rangle + |01\rangle + |10\rangle + |11\rangle}{2}; \quad \frac{|00\rangle + |01\rangle + |10\rangle}{\sqrt{3}} \tag{2.212}$$

의 슈미트 분해를 구하라.

확인문제 2.80: $|\psi\rangle$와 $|\varphi\rangle$가 A와 B 성분을 갖는 복합 양자계의 두 순수상태라 하자. 이때 각 슈미트 계수는 서로 같다. A계에는 유니타리 변환 V가, B계에는 유니타리 변환 U가 존재해서 $|\psi\rangle = (U \otimes V)|\varphi\rangle$가 된다는 것을 보여라.

확인문제 2.81: (정화의 자유) $|AR_1\rangle$와 $|AR_2\rangle$를 복합계 AR에 대한 ρ^A 상태의 두 정화라 하자. R계에 작용하는 유니타리 변환 U_R이 존재해서

$$|AR_1\rangle = (I_A \otimes U_R)|AR_2\rangle$$

가 됨을 보여라.

확인문제 2.82: $\{p_i, |\psi_i\rangle\}$가 A 양자계의 밀도행렬 $\rho = \sum_i p_i |\psi_i\rangle\langle\psi_i|$을 생성하는 상태들의 앙상블이라 하자. 정규직교 기저 $|i\rangle$을 갖는 R계를 도입하고 다음 물음에 답하라.

1. $\sum_i \sqrt{p_i}|\psi_i\rangle|i\rangle$가 ρ의 정화임을 보여라.

2. $|i\rangle$ 기저로 R을 측정해 i 결과를 얻었다고 하자. i 결과를 얻을 확률은 얼마이며 A계의 해당 상태는 무엇인가?

3. $|AR\rangle$을 AR계에 대한 ρ의 어떠한 정화라 하자. R을 측정할 수 있는 정규직교 기저 $|i\rangle$가 존재해서 A계에 대해 측정 후 상태가 p_i 확률의 $|\psi_i\rangle$가 되는 것을 보여라.

2.6 EPR과 벨 부등식

양자론에 충격을 받지 않은 사람이라면 그 이론을 이해하지 못한 것이다.

– 닐스 보어(Niels Bohr)

아인슈타인과 산책하는 도중, 아인슈타인이 갑자기 멈추며 내게 돌아서서는 달을 볼 때만 달이 존재한다고 믿는지 물었다. 이 질문 이후로 우리는 산책이 끝날 때까지 '존재하다'라는 말이 물리학자에게 어떤 의미가 있는지에 대해 토론했다.

– 아브라함 페이스(Abraham Pais)

... 양자 현상은 힐베르트 공간에서 일어나는 것이 아니라 실험실에서 일어난다.

– 애셔 페레스(Asher Peres)

불가능한 증거로 증명한 것은 상상력이 부족한 것이다.

– 존 벨(John Bell)

2장에서는 양자역학의 도구와 수학을 소개하는 데 중점을 뒀다. 이후의 장들에서는 이 기술들을 적용하기 때문에 양자역학의 특이하면서도 비고전적 특성들을 주제 삼아 자꾸 거론하게 된다. 그러나 양자역학과 고전세계의 차이점은 정확히 무엇일까? 이러한 차이점을 이해하는 것은 고전물리학에서 어렵거나 불가능한 정보 처리 작업을 어떻게 수행하는지를 배우는 데 중요하다. 이 절에서는 양자물리학과 고전물리학의 본질적인 차이점에 대한 강력한 예인 벨 부등식을 논의하는 것으로 2장을 마무리짓는다.

우리는 사람이나 책과 같은 사물을 말할 때, 자체의 물리적 특성에 상관없이 그 사물이 존재한다고 가정한다. 즉, 측정이 그냥 작용해서 그러한 물리적 특성을 드러낸다. 예를 들어 테니스 공에는 물리적 특성 중 하나로서 위치가 있으며 일반적으로 공 표면에서 산란된 빛을 사용해 그 위치를 측정한다. 양자역학이 1920년대와 1930년대에 개발되면서 고전적인 관점과는 크게 다른 이상한 관점이 생겼다. 2장의 앞부분에서 설명한 바와 같이 양자역학에 따르면 입자를 관측하기 전까지는 그 관측과 관련된 어떠한 물리적 특성도 갖지 않는다. 오히려 이러한 물리적 특성은 계에 수행된 측정의 결과로 발생하는 것이다. 예를 들어 양자역학에 따르면 큐비트에는 'z 방향의 스핀 σ_z'과 'x 방향의 스핀 σ_x'라는 명확한 특성이 없으며, 이러한 각 특성은 적절한 측정을 통해 드러난다. 더 정확히 말하면, 상태벡터가 주어지고 관측가능량 σ_z 또는 σ_x를 측정하면 양자역학의 규칙에 의해 가능한 측정 결과에 대한 확률이 나오게 된다.

많은 물리학자들은 자연에 대한 이 새로운 견해를 거부했다. 가장 유명한 반대자는 알버트 아인슈타인이었다. 보리스 포돌스키[Boris Podolsky]와 네이선 로젠[Nathan Rosen]이 공동 저술한, 그 유명한 「EPR 논문」에서 아인슈타인은 양자역학이 (그가 생각하기에) 자연에 대한 완벽한 이론이 아니라는 사고 실험$^{thought\ experiment}$을 제안했다.

EPR 주장의 본질은 다음과 같다. EPR은 자신들이 '현실 요소$^{elements\ of\ reality}$'라고 부르는 것에 관심이 있었다. 그들의 믿음은 현실의 어떠한 요소라도 어떤 완전한 물리이론으로 표현되어야 한다는 것이었다. 논쟁의 목표는 양자역학에 포함되지 않은 현실 요소를 알아냄으로써 양자역학이 완전한 물리이론이 아님을 보이는 것이었다. 그들이 시도한 방법은 자신들이 주장한 바와 같이 물리적 특성이 현실 요소가 되기 위한 **충분조건**^{sufficient} ^{condition}이라는 것을 제시하는 것이었다. 다시 말하면 측정 직전에 그 특성이 가질 값을 확실하게 예측 가능하다는 것을 보이는 것이었다.

앨리스와 밥이 다음과 같이 얽힌 큐비트 쌍을 각각 갖고 있다고 하자. 그 상태는

$$\frac{|01\rangle - |10\rangle}{\sqrt{2}} \tag{2.218}$$

이다. 앨리스와 밥이 서로 멀리 떨어져 있다고 가정한다. 앨리스는 $\vec{v}$축을 따라 스핀 측정을 수행한다. 즉, 관측가능량 $\vec{v} \cdot \vec{\sigma}$를(159페이지의 (2.116) 식에서 정의했다) 측정한다. 앨리스가 $+1$ 결과를 얻는다고 하자. 그러면 박스 2.7에서 주어진 단순 양자역학적 계산에 의해 밥도 $\vec{v}$축을 따라 스핀을 측정한다면 그의 큐비트에서 -1을 측정할 것이라는 것을 앨리스는 확실하게 예측할 수 있다. 마찬가지로 앨리스가 -1을 측정한다면 밥이 그의 큐비트에서 $+1$을 측정할 것임을 앨리스는 예측할 수 있다. 밥의 큐비트가 $\vec{v}$ 방향으로 측정될 때 앨리스가 측정 결과값을 항상 예측할 수 있기 때문에 그 물리적 특성은 EPR 기준에 따라 현실 요소와 일치해야 하며 완전한 물리이론으로 표현되어야 한다. 하지만 앞서 제시한 바와 같이 $\vec{v} \cdot \vec{\sigma}$를 측정할 경우, 표준 양자역학에서는 각 측정 결과의 확률을 어떻게 계산할지만 알려줄 뿐이다. 표준 양자역학에는 모든 단위벡터 $\vec{v}$에 대해 $\vec{v} \cdot \vec{\sigma}$ 값을 나타내기 위한 어떠한 근본 요소$^{fundamental\ element}$도 포함돼 있지 않다.

박스 2.7: EPR 실험에서의 반상관관계(Anti-correlation)

2큐비트 상태

$$|\psi\rangle = \frac{|01\rangle - |10\rangle}{\sqrt{2}} \tag{2.213}$$

을 준비한다고 하자. 역사적 이유로 이 상태를 스핀 싱글릿^{spin singlet}이라고 한다. 이 상태가 2큐비트 계의 얽힘 상태임을 증명하는 것은 어렵지 않다. 두 큐비트 모두에 대해 $\vec{v}$축을 따라 스핀 측정을 수행한다고 하자. 즉, 각 큐비트에서 관측가능량 $\vec{v} \cdot \vec{\sigma}$를(159페이지의 (2.116) 식에서 정의했다) 측정하여 각 큐비트에 대해 +1 또는 −1 의 결과를 얻는다고 하자. $\vec{v}$를 어떻게 선택하든 두 측정의 결과는 항상 서로 반대 다. 즉, 첫 번째 큐비트의 측정값이 +1이면 두 번째 큐비트의 측정값은 −1이 되고 그 반대의 경우도 그런 식이다. 첫 번째 큐비트가 어떻게 측정되든지 간에 두 번째 큐비트로 첫 번째 큐비트의 측정 결과를 알 수 있는 것과 같다. 이것이 왜 그렇게 되는지 확인하기 위해 $|a\rangle$와 $|b\rangle$가 $\vec{v} \cdot \vec{\sigma}$의 고유상태라 하자. 그러면

$$|0\rangle = \alpha|a\rangle + \beta|b\rangle \tag{2.214}$$

$$|1\rangle = \gamma|a\rangle + \delta|b\rangle \tag{2.215}$$

가 되는 복소수 α, β, γ, δ가 존재한다. 이 식을 저 위의 식에 대입하면

$$\frac{|01\rangle - |10\rangle}{\sqrt{2}} = (\alpha\delta - \beta\gamma)\frac{|ab\rangle - |ba\rangle}{\sqrt{2}} \tag{2.216}$$

가 된다. 그러나 $\alpha\delta - \beta\gamma$는 유니타리 행렬 $\begin{bmatrix} \alpha & \beta \\ \gamma & \delta \end{bmatrix}$의 행렬식^{determinant}이므로 어 떤 실수 θ에 대한 위상계수 $e^{i\theta}$와 같다. 따라서 관측 가능하지 않는 전체위상계수를 무시하면

$$\frac{|01\rangle - |10\rangle}{\sqrt{2}} = \frac{|ab\rangle - |ba\rangle}{\sqrt{2}} \tag{2.217}$$

가 된다. 결과적으로 두 큐비트 모두에 대해 $\vec{v} \cdot \vec{\sigma}$ 측정을 수행할 때 첫 번째 큐비트 에서 +1(−1) 결과가 나오면 보나마나 두 번째 큐비트에서는 −1(+1) 결과가 나온 다는 것을 알 수 있다.

EPR의 목표는 양자역학이 자신들의 기준에 따라 본질적인 '현실 요소'가 부족하다는 것을 증명함으로써 양자역학이 불완비하다는 것을 보이는 것이었다. 그들은 좀 더 고전 적인 세계관으로 되돌아가기를 희망했는데, 그러한 관점에서는 계가 자기에게 수행된 측 정과 무관하게 존재하는 특성을 가질 수 있다. EPR에게는 안타까운 일이지만 대부분의 물리학자는 위의 추론을 설득력 있는 것으로 받아들이지 않았다. 자연을 독단적인 특성의

테두리 속에 가두려는 시도는 자연법칙 연구에 있어서 가장 기묘한 방식으로 보였다.

실제로 자연은 EPR에 대해 최후의 일격을 갖고 있었다. EPR 논문이 발표된지 거의 30년 후, EPR이 되돌리려고 했던 세계의 그림이 맞는지 확인하는 실험 테스트가 제안됐다. 자연은 실험적으로 그 관점에 맞지 않는다면서 양자역학의 손을 들어준 것으로 밝혀졌다.

이러한 실험적 불일치의 핵심은 벨 부등식Bell's inequality이라는 결과다. 벨 부등식은 양자역학에 관한 결과가 아니므로 먼저 양자역학의 모든 지식을 잠시 잊어야 한다. 벨 부등식을 얻기 위해 사고실험을 해보자. 우리는 세상이 돌아가는 방식에 대한 상식적 개념(아인슈타인과 그의 협력자들이 자연은 순종해야 한다고 생각했던 개념)을 사용해 분석할 것이다. 상식적 분석common sense analysis을 수행한 후에는 그 상식적 분석과 일치하지 않는 양자역학적 분석을 수행할 것이다. 그러면 실제 실험을 통해 세상이 돌아가는 방식에 대한 우리의 상식적 개념과 양자역학 중에서 자연이 어느 쪽의 손을 들어줄지 알아볼 수 있다.

그림 2.4에 나와 있는 실험을 수행한다고 하자. 찰리는 2개의 입자를 준비한다. 그가 입자들을 어떻게 준비하는지는 중요하지 않다. 단지 그가 사용하는 실험 절차를 반복할 수 있다고 하자. 그가 준비를 마치면 한 입자를 앨리스에게 보내고 두 번째 입자를 밥에게 보낸다.

앨리스는 입자를 받는 대로 측정을 수행한다. 그녀가 2개의 서로 다른 측정 장치를 사용할 수 있으며 그중 하나를 선택할 수 있다고 하자. 이들 측정은 물리적 특성에 해당하며 이들 특성에 각각 P_Q와 P_R이라는 레이블을 붙인다. 앨리스는 어떤 측정을 수행할지 미리 알지 못한다. 오히려 입자를 받을 때 동전 던지기나 그 외 임의의 방법을 사용해 어느 측정을 수행할지 결정한다. 단순하게 하기 위해 측정 결과는 +1 또는 −1이 나온다고 가정한다. 앨리스의 입자는 P_Q 특성에 대해 Q 값이 나온다고 하자. Q는 앨리스 입자의 객관적인 특성으로 간주되며 그 측정에 의해서 드러난다. 이것은 마치 테니스 공에 빛 입자가 맞아 산란돼 그 위치가 드러나는 것으로 상상하는 것과 같다. 또한 P_R 특성의 측정으로 밝혀진 값을 R로 표시하자.

마찬가지로 밥이 두 가지 특성인 P_S 또는 P_T 중 하나를 측정할 수 있다고 가정하면, 또다시 그 특성에 대해 객관적으로 존재하는 값 S 또는 T가 드러나며 각각 +1 또는 −1인 값을 갖는다. 밥은 어느 특성을 측정할지 미리 결정하는 것이 아니라 입자를 받을 때까지 기다렸다가 무작위로 선택한다. 실험 타이밍은 앨리스와 밥이 동시에(또는 더 정확한 상대론적 언어로 말하자면 인과관계가 없는 방식으로) 측정을 수행하도록 구성한다. 따라서 물리적 영향이 빛보다 빠르게 전파될 수 없으므로 앨리스가 수행하는 측정은 밥의 측정 결과에 변수로 작용할 수 없다(그 반대의 경우도 마찬가지다).

그림 2.4 벨 부등식에 대한 개략적인 실험 설정. 앨리스는 Q 또는 R을 측정하도록 선택할 수 있으며 밥은 S 또는 T를 측정하도록 선택한다. 그들은 동시에 측정을 수행한다. 앨리스와 밥은 충분히 떨어져 있어 어느 한 계의 측정이 다른 계의 측정 결과에 영향을 미치지 않는다고 가정한다.

$QS + RS + RT - QT$를 정리해보자. 다음과 같이 되는 것에 주목한다.

$$QS + RS + RT - QT = (Q + R)S + (R - Q)T \tag{2.219}$$

R, $Q = \pm 1$이므로 $(Q + R)S = 0$ 또는 $(R - Q)T = 0$ 중 하나가 된다. 어느 경우든 (2.219)에서 $QS + RS + RT - QT = \pm 2$라는 것을 쉽게 알 수 있다. 다음으로 $p(q, r, s, t)$란 측정이 수행되기 전에 그 계가 $Q = q$, $R = r$, $S = s$, $T = t$인 상태에 있을 확률이라 하자. 이러한 확률은 찰리가 어떻게 준비하는지와 실험 노이즈에 따라 달라질 수 있다. $\mathbf{E}(\cdot)$가 어떤 양의 평균값을 나타낸다고 하면

$$\mathbf{E}(QS + RS + RT - QT) = \sum_{qrst} p(q, r, s, t)(qs + rs + rt - qt) \tag{2.220}$$

$$\leq \sum_{qrst} p(q, r, s, t) \times 2 \tag{2.221}$$

$$= 2 \tag{2.222}$$

가 된다. 또한,

$$\mathbf{E}(QS + RS + RT - QT) = \sum_{qrst} p(q, r, s, t)qs + \sum_{qrst} p(q, r, s, t)rs$$

$$+ \sum_{qrst} p(q, r, s, t)rt - \sum_{qrst} p(q, r, s, t)qt \tag{2.223}$$

$$= \mathbf{E}(QS) + \mathbf{E}(RS) + \mathbf{E}(RT) - \mathbf{E}(QT) \tag{2.224}$$

가 된다. (2.222)와 (2.224)를 비교하면 벨 부등식

$$\mathbf{E}(QS) + \mathbf{E}(RS) + \mathbf{E}(RT) - \mathbf{E}(QT) \leq 2 \tag{2.225}$$

을 얻는다. 이 결과는 네 명의 발견자 이름의 앞 글자를 따서 CHSH 부등식^{CHSH inequality}이 라고도 한다. 이 부등식은 일반적으로 벨 부등식으로 알려진(존 벨이 최초로 발견했기 때문) 큰 집합의 부등식 중 한 부분이다.

실험을 여러 번 반복함으로써 앨리스와 밥은 벨 부등식의 좌변에 있는 각 양을 결정할 수 있다. 예를 들면 일련의 실험을 마친 후 앨리스와 밥은 함께 모여 데이터를 분석한다. 앨리스가 P_Q를 측정하고 밥이 P_S를 측정한 모든 실험을 그들은 살펴본다. 자신들의 실험 결과를 곱하면 QS에 대한 값 표본을 얻는다. 이 표본에 대한 평균을 구함으로써 자신들이 수행한 실험 수에 따른 정확도로 $\mathrm{E}(QS)$를 추정할 수 있다. 마찬가지로 벨 부등식의 좌변에서 그 외 모든 양을 추정할 수 있으므로 실제 실험에서 준수되는지 알아볼 수 있다.

이제 양자역학으로 되돌아가서 이 상황을 이어보자. 다음과 같은 양자역학 실험을 수행한다고 가정한다. 찰리는 상태

$$|\psi\rangle = \frac{|01\rangle - |10\rangle}{\sqrt{2}} \tag{2.226}$$

에 있는 두 큐비트의 양자계를 준비한다.

그는 첫 번째 큐비트를 앨리스에게, 두 번째 큐비트를 밥에게 전달한다. 그들은 관측가능량

$$Q = Z_1 \qquad S = \frac{-Z_2 - X_2}{\sqrt{2}} \tag{2.227}$$

$$R = X_1 \qquad T = \frac{Z_2 - X_2}{\sqrt{2}} \tag{2.228}$$

의 측정을 수행한다. 약간의 계산을 거치면 이들 관측가능량의 값에 대한 평균값은 양자역학의 $\langle \cdot \rangle$ 표기법으로

$$\langle QS \rangle = \frac{1}{\sqrt{2}}; \ \langle RS \rangle = \frac{1}{\sqrt{2}}; \ \langle RT \rangle = \frac{1}{\sqrt{2}}; \ \langle QT \rangle = -\frac{1}{\sqrt{2}} \tag{2.229}$$

가 된다. 따라서

$$\langle QS \rangle + \langle RS \rangle + \langle RT \rangle - \langle QT \rangle = 2\sqrt{2} \tag{2.230}$$

이다. 잠깐! 이전의 (2.225)에서 QS의 평균값 더하기 RS의 평균값 더하기 RT의 평균값에서 QT의 평균값을 뺀 값이 2를 초과할 수 없다고 배웠다. 그러나 양자역학은 이 평균의 합에서 $2\sqrt{2}$가 나온다고 예측한다!

다행스럽게도 자연에게 이러한 명백한 역설을 해결하도록 떠맡길 수 있다. 양자역학의 예측(2.230)과 상식 추론에 의해 유도된 벨 부등식(2.225)을 대조하기 위해 광자(빛 입자)를 이용한 창의적인 실험이 수행된 적 있다. 그 실험의 세부사항은 이 책의 범위를 벗어나므로 결과만 말하자면 놀랍게도 양자역학적 예측이 맞는 것으로 나타났다. 자연은 벨의 부등식(2.225)을 외면한 것이다.

이 점은 무엇을 의미할까? 벨 부등식을 이끌어낸 가정 중 하나 이상이 틀렸다는 뜻이다. 이러한 논쟁이 벌어질 수 있는 다양한 형식을 분석하는 학술서는 물론이고 벨 스타일의 부등식이 나올 수 있는 미묘하게 다른 가정을 분석하는 여러 학술서들이 나왔다. 여기서는 요점만을 언급해본다.

(2.225)의 증명에서는 다음과 같이 의심되는 가정이 2개 있다.

1. 물리적 특성 P_Q, P_R, P_S, P_T는 관측과 무관하게 명확한 값 Q, R, S, T를 갖는다는 가정. 이것은 **실재론**^{realism} 가정으로 알려져 있다.

2. 앨리스의 측정 수행이 밥의 측정 결과에 영향을 미치지 않는다는 가정. **국소성**^{locality} 가정이라고도 한다.

이 2개의 가정을 **국소적 실재론**^{local realism} 가정이라고 한다. 이들 가정은 세계가 돌아가는 방식에 대해 직관적으로 그럴듯한 가정이며 우리의 일상 경험에 잘 들어맞는다. 그러나 벨 부등식은 이들 가정 중 하나 이상이 올바르지 않다는 것을 보여준다.

벨 부등식에서 무엇을 배울 수 있을까? 물리학자에게 가장 중요한 가르침은 세계가 어떻게 돌아가는지에 대한 상식적 직관을 체득하는 것이다. 그러나 세계를 부분적으로 들여다보면 현실적이지 않다. 대부분의 물리학자는 양자역학적 세계관에서 실재론 가정을 버려야 한다는 견해를 취하지만, 그 외 물리학자들은 국소성 가정을 대신 포기해야 한다고 주장했다. 어쨌든 실질적인 실험 증거와 함께하게 된 벨 부등식에 있어서 양자역학을 직관적으로 이해하려면 우리의 세계관에서 국소성과 실재론 중 하나 또는 둘 모두를 제거해야 한다는 결론에 도달한다.

양자계산 및 양자정보 분야에서는 벨 부등식으로부터 어떤 가르침을 받을 수 있을까? 역사적으로 보면 가장 유용한 가르침은 아마도 가장 모호한 것이었을 것이다. 즉, EPR 상태와 같이 얽힘 상태에 심오한 어떤 것이 존재한다는 것이다. 양자계산, 특히 양자정보에서 많은 혜택은 '이 문제에서는 약간의 얽힘을 통해 무엇을 얻을까?'와 같이 단순한 의문에서 비롯됐다. 텔레포테이션과 초고밀도 코딩에서 본 바와 같이 그리고 이 책에서 이후로도 반복해서 볼 것이지만 어떤 문제에 얽힘을 적용하면 고전정보로는 상상할 수 없는 새로운 가능성의 세계가 열린다. 더 큰 그림은 벨 부등식으로 인해 얽힘이 본질적으로 고전적인 자원을 넘어서는 근본적으로 새로운 자원이라는 점(옛날 청동기 시대에서 철의 출현에 비견됨)을 알게 된 것이다. 양자계산 및 양자정보의 주요 임무는 이 새로운 자원을 이용해 고전적인 자원으로는 불가능하거나 훨씬 어려운 정보 처리 작업을 수행하는 것이다.

문제 2.1: (파울리 행렬에 대한 함수) $f(\cdot)$를 복소수에서 복소수로 가는 함수라 하자. 또한 $\vec{n}$을 3차원의 정규화된 벡터라 하고 θ를 실수라 하자. 그러면

$$f(\theta \vec{n} \cdot \vec{\sigma}) = \frac{f(\theta) + f(-\theta)}{2} I + \frac{f(\theta) - f(-\theta)}{2} \vec{n} \cdot \vec{\sigma} \tag{2.231}$$

가 됨을 보여라.

문제 2.2: (슈미트 수의 특성) $|\psi\rangle$가 A와 B 성분을 갖는 복합계의 순수상태라 하자.

1. $|\psi\rangle$의 슈미트 수는 환산밀도행렬 $\rho_A \equiv \mathrm{tr}_B(|\psi\rangle\langle\psi|)$의 계수^{rank}와 같다는 것을 증명하여라(에르미트 연산자의 계수는 서포트의 차원과 동일하다는 것에 주목한다).

2. $|\psi\rangle = \sum_j |\alpha_j\rangle |\beta_j\rangle$는 $|\psi\rangle$에 대한 표현^{representation}이라 하자. 여기서 $|\alpha_j\rangle$와 $|\beta_j\rangle$는 각각 A와 B계의 상태다(정규화되지 않음). 이러한 분해에서 항의 수가 $|\psi\rangle$의 슈미트 수 $\mathrm{Sch}(\psi)$보다 크거나 같다는 것을 증명하라.

3. $|\psi\rangle = \alpha|\varphi\rangle + \beta|\gamma\rangle$라 하자. 다음을 증명하라.

$$\mathrm{Sch}(\psi) \geq |\mathrm{Sch}(\varphi) - \mathrm{Sch}(\gamma)| \tag{2.232}$$

확인문제 2.3: (치렐슨^{Tsirelson} 부등식) $Q = \vec{q} \cdot \vec{\sigma}$, $R = \vec{r} \cdot \vec{\sigma}$, $S = \vec{s} \cdot \vec{\sigma}$, $T = \vec{t} \cdot \vec{\sigma}$라 하자. 여기서 $\vec{q}$, $\vec{r}$, $\vec{s}$, $\vec{t}$는 3차원의 실수 단위벡터다. 다음 식이 성립함을 보여라.

$$(Q \otimes S + R \otimes S + R \otimes T - Q \otimes T)^2 = 4I + [Q, R] \otimes [S, T] \tag{2.233}$$

이 결과를 사용해

$$\langle Q \otimes S \rangle + \langle R \otimes S \rangle + \langle R \otimes T \rangle - \langle Q \otimes T \rangle \leq 2\sqrt{2} \tag{2.234}$$

가 됨을 증명하라. 그러므로 (2.230) 식에서 발견된 벨 부등식의 위반은 양자역학에서 가능한 최대값이다.

역사와 추가자료

고등학교에서 대학원 수준에 이르기까지 선형대수에 관한 책은 아주 많다. 우리가 가장 좋아하는 책은 혼과 존슨이 저술한 두 권짜리 책[HJ85, HJ91]이며 광범위한 주제를 이해하기 쉬운 방식으로 다루고 있다. 다른 유용한 참고문헌으로는 마커스와 민크[MM92] 그리고 브하티아[Bha97]가 있다. 선형대수에 대한 좋은 입문서로는 할모스[Hal58], 펄리스[Per52], 스트랑[Str76]이 있다.

양자역학에 관한 훌륭한 책도 많다. 아쉽게도 이들 책 대부분은 양자정보 및 양자계산에 대해 표면적인 주제에만 초점을 맞추고 있다. 기존 문헌에서 가장 관련성이 높은 것은 페레스의 훌륭한 책[Per93]일 것이다. 이 책은 기초 양자역학에 대한 명확한 설명 외에도 벨 부등식과 그에 관련된 결과에 대해 광범위하게 다룬다. 훌륭한 입문 수준의 교재로는 사쿠라이의 책[Sak95], 파인만과 레이턴 그리고 샌즈가 저술한 최고의 시리즈 중 볼륨 III[FLS65a], 코앙 타누지, 듀, 랄로의 두 권짜리 책[CTDL77a, CTDL77b] 등이 있다. 이들 세 종류의 책 모두는 양자계산 및 양자정보와는 거리가 멀지만 대부분의 양자역학 교재보다는 그나마 양자계산 및 양자정보에 가깝게 다룬다. 따라서 양자계산 및 양자정보에 대한 학습에 관심이 있는 사람이라면 이들 교재를 자세히 읽을 필요는 없다. 하지만 이들 교재 중 어느 하나라도 참고서로 쓸 만하며 특히 물리학자가 쓴 논문을 읽을 때 유용할 수 있다. 양자역학의 역사에 대한 문헌들은 1장 끝에 언급해놨다.

양자역학에 관한 많은 교재에서는 사영 측정만 다룬다. 양자계산 및 양자정보 응용분야에 대해서는 일반 측정 서술로 시작하는 것이 편하다(초보자에게 더 쉽다고 생각한다). 그 중에서 사영 측정은 특별한 경우로 간주될 수 있다. 물론 앞서 본 바와 같이 궁극적으로 두 접근법은 동일하다. 이 책에서 사용한 일반 측정 이론은 1940년대와 1970년대 사이에 개발됐다. 그 역사 중 많은 부분을 크라우스의 책[Kra83]에서 읽을 수 있다. 양자 측정에 대한 흥미로운 논의는 가디너[Gar91]의 2.2절과 브라긴스키와 카일리의 책[BK92]에 나온다. 2.2.6절에서 설명한 비직교 상태 구별용 POVM 측정에 대한 기원은 페레스[Per88]다. 확인문제 2.64에 설명한 확장은 두안과 구오[DG98]에 나왔다.

초고밀도 코딩은 베넷과 위즈너가 고안했다[BW92]. 얽힌 광자 쌍을 사용하는 초고밀도 코딩의 변형을 구현하는 실험은 매틀, 바인푸르터, 퀴어트, 차일링거가 수행했다[MWKZ96].

밀도연산자 형식체계는 란다우[Lan27]와 폰 노이만[von27]이 각자 독자적으로 도입했다. 밀도행렬에 대한 앙상블의 유니타리 자유인 정리 2.6은 슈뢰딩거[Sch36]가 처음 제시했으며, 나중에 제인스[Jay57] 그리고 헉스턴, 조사, 우터스[HJW93]가 재발견하고 확장시켰다. 확인문제 2.73의 결과는 제인스의 논문에 나온 것이며 확인문제 2.81과 2.82의 결과는 헉스턴, 조사, 우터스의 논문에 나온다. 주어진 밀도행렬에 대한 밀도행렬 분해에서 나타날 수 있는 확률분포 클래스는 울만[Uhl70]과 닐슨[Nie99b]이 연구했다. 슈미트 분해란 용어는 슈미트의 논문[Sch06]에서 처음으로 사용했다. 확인문제 2.77의 결과는 페레스[Per95]가 낸 것이다.

EPR 사고실험의 기원은 아인슈타인, 포돌스키, 로젠[EPR35]이며, 우리가 제시한 형식은 봄[Boh51]이 재구성한 것이다. 이것은 EPR '패러독스'로 잘못 알려지기도 한다. 벨 부등식이란 용어는 벨[Bel64]을 기리기 위해 붙여졌으며, 이런 유형의 부등식을 처음으로 유도했었다. 우리가 제시한 형식의 기원은 클로저, 혼, 시모니, 홀트[CHSH69]이며 CHSH 부등식이라고도 한다. 이 부등식은 벨이 독자적으로 유도한 것이며 그는 그 결과를 발표하지 않았다.

문제 2.2의 3번의 기원은 타프리얄Thapliyal이다(개인적 연락을 통함). 치렐슨 부등식의 기원은 치렐슨[Tsi80]이다.

03

컴퓨터과학 입문

자연과학 속에서는 자연이 우리에게 세상을 준 것이며 우리는 단지 그 법칙들을 발견할 뿐이다. 컴퓨터 속에서는 법칙들을 적용해 세상을 창조해낼 수 있다.

– 앨런 케이(Alan Kay)

우리 분야는 아직 배아 단계에 있다. 우리가 2000년 동안 세상을 몰랐다니 참 다행이다. 여전히 우리 눈 앞에서 아주 아주 중요한 결과들이 일어나는 단계에 있다.

– 컴퓨터과학자, 마이클 라빈(Michael Rabin)

알고리듬algorithms은 컴퓨터과학의 핵심 개념이다. 알고리듬은 어떤 작업을 수행하기 위한 정확한 조리법이며 여기에는 어린시절 배웠던 두 수의 덧셈 계산용 기초 알고리듬도 들어간다. 3장에서는 컴퓨터과학에 의해 개발된 알고리듬의 현대 이론을 간략하게 설명한다. 알고리듬의 바탕 모델은 튜링머신Turing machine이다. 이 머신은 최신 개인용 컴퓨터와 같은 이상적인 컴퓨터이지만 기본 명령 집합이 단순하고 이상적인 무제한의 메모리를 갖췄다. 튜링머신의 단순함으로 인해서 성능에 관해 오해를 하기 쉽지만, 사실 튜링머신은 매우 강력한 성능을 갖춘 장치다. 튜링머신은 어떤 알고리듬 실행에도 사용할 수 있으며, 심지어 훨씬 더 강력한 컴퓨터에서 실행되는 알고리듬도 가능하다는 점을 알게 될 것이다.

알고리듬 연구에서 해결하고자 하는 근본적인 질문은 '주어진 계산 작업을 수행하기 위해 어떤 자원이 필요한가?'이다. 이 질문은 자연스럽게 두 부분으로 나뉜다. 첫째, 어떤 계산 작업이 가능한지 알고 싶은 것이다. 가급적 특정 문제를 해결하는 데 명확한 알고리듬을 제공해서 말이다. 예를 들면 숫자 목록을 오름차순으로 빠르게 정렬시킬 수 있는 멋진 알고리듬 예제가 많이 있다. 이 질문의 두 번째 측면은 어떤 계산 작업을 완수할 수 있는지에 대한 한계limitation를 설명하는 것이다. 예를 들어 숫자 목록을 오름차순으로 정렬시키는 알고리듬이 수행할 연산 수에 대해 하계lower bounds를 지정할 수 있다. 이상적으로 말하면 이들 두 작업(계산 문제를 풀기 위한 알고리듬을 구하고 계산 문제를 푸는 능력에 대한 한계를 증명)은 아주 긴밀히 연관된다. 실제로 계산 문제 해결로 알려진 최고의 기술과 솔루션에 알려진 가장 엄밀한 한계 사이에는 상당한 차이가 있다. 3장의 목적은 계산 문제 분석 측면과 이러한 문제를 풀기 위한 알고리듬의 구성 및 분석 측면을 돕기 위해 개발된 도구에 대해 폭넓게 윤곽을 잡아보는 것이다.

양자계산 및 양자정보에 관심 있는 사람은 왜 고전 컴퓨터과학을 조사하는 데 시간을 써야 할까? 이 노력에는 세 가지 이유가 있다. 첫째, 고전 컴퓨터과학은 양자계산 및 양자정보에 큰 영향을 줄 수 있는 광범위한 개념과 기술을 제공한다. 컴퓨터과학의 기존 아이디어와 양자역학의 새 아이디어가 결합하면서 양자계산 및 양자정보는 승승장구했다. 예를 들어 양자 컴퓨터를 위한 고속 알고리듬 중 일부는 고전 알고리듬에서 많이 사용하는 강력한 도구인 푸리에 변환Fourier transform을 바탕으로 한다. 양자 컴퓨터가 고전 컴퓨터보다 훨씬 빨리 특정 유형의 푸리에 변환을 수행할 수 있다는 사실을 알게 되면서 중요한 양자 알고리듬이 많이 개발될 수 있었다.

둘째, 컴퓨터과학자들은 고전 컴퓨터에서 해당 계산 작업을 수행하기 위해 필요한 자원을 알아내는 데 많은 노력을 기울였다. 이들 노력의 결과는 양자계산 및 양자정보와 비교할 때 바탕으로 사용될 수 있다. 예를 들면 주어진 수의 소수를 구하는 문제에 많은 관심이 집중됐다. 고전 컴퓨터에서는 이 문제에 대한 '효율적인' 솔루션이 없는 것으로 여겨지는데, 여기서 '효율적'이라는 말의 의미는 3장의 뒤쪽에서 설명할 것이다. 흥미로운 점은 양자 컴퓨터로 인해 이 문제에 대한 효율적인 솔루션이 알려진 것이다. 이것이 주는 교훈은 소수를 구하는 작업에 있어서 고전 컴퓨터에서 가능한 것과 양자 컴퓨터에서 가능한 것 사이에 차이가 존재한다는 점이다. 이것은 본질적으로 흥미롭고, 더 넓은 의미에서 관심을 가질 만하기 때문에 단순히 소수를 구하는 것보다 더 넓은 클래스의 계산 문제에도 그러한 차이가 존재할 수 있음을 시사한다. 이 특정 문제를 더 연구해보면 고전 컴퓨터보다 양자 컴퓨터에서 다루기 쉬운 문제의 특징을 파악할 수 있을 것이고, 그러면 이러한 통찰력에 따라 다른 문제의 솔루션을 위해 흥미로운 양자 알고리듬을 찾아낼 수 있다.

셋째, 가장 중요한 점은 컴퓨터과학자처럼 생각하는 법을 배우는 것이다. 컴퓨터과학자들은 물리학자나 그 외의 자연 과학자와는 다른 스타일로 생각한다. 양자계산 및 양자 정보에 대해 깊이 알고자 하는 사람은 적어도 컴퓨터과학자처럼 생각하는 법을 배워야 한다. 즉, 컴퓨터과학자에게는 어떤 기술, 특히 어떤 문제가 가장 흥미로울지 본능적으로 알아야 한다.

3장의 구조는 다음과 같다. 3.1절에서는 튜링머신 모델과 회로 모델이라는 두 가지 계산모델을 소개한다. 튜링머신 모델은 가장 기초가 되는 계산모델로서 사용된다. 하지만 실제로는 대부분의 경우 회로 모델을 사용할 것이며, 양자계산 연구에서 유용한 것은 회로 모델이다. 계산모델을 소개한 뒤 3장의 나머지 부분은 계산에 필요한 자원 요구사항을 설명한다. 3.2절에서는 우리가 관심을 갖는 계산 작업을 둘러보고 일부 관련된 자원 질문을 논의하는 것으로 시작한다. 이어서 **계산 복잡도**$^{computational complexity}$ 분야의 주요 개념을 살펴보는데, 이 분야는 특정 계산 문제를 푸는 데 필요한 시간과 공간 요구사항을 검토하고 솔루션의 난이도에 따라 문제들을 폭넓게 분류한다. 이 절은 마지막으로 계산 수행에 필요한 에너지 자원을 검토하는 것으로 끝난다. 놀랍게도 계산을 가역적^{reversible}으로 만들 수 있다면 계산 수행에 필요한 에너지를 0에 가깝도록 적게 들일 수 있음이 밝혀졌다. 또한 가역적 컴퓨터를 어떻게 만드는지 설명하고 이 컴퓨터가 컴퓨터과학과 양자계산 및 양자정보 모두에게 중요한 이유를 알아본다. 3.3절에서는 양자계산 및 양자정보와의 특정 관련 문제에 중점을 두고 컴퓨터과학의 전체 분야를 광범위하게 살펴보는 것으로 3장을 마무리한다.

3.1 계산모델

... 알고리듬은 프로그래밍 언어와는 별도로 존재하는 개념이다.

– 도널드 크누스(Donald Knuth)

어떤 작업을 수행하기 위한 알고리듬을 갖는다는 말은 무슨 의미일까? 우리 모두는 어린 시절에 두 수의 크기에 관계없이 서로 더할 수 있는 절차를 배운다. 이것은 알고리듬의 한 예일 뿐이다. 알고리듬 개념을 수학적으로 정확하게 공식화하는 것이 이 절의 목표다.

역사적으로 말하면 알고리듬 개념은 수세기 전으로 거슬러 올라간다. 학부생이라면 양의 정수 2개의 최대공약수를 구하는, 유클리드의 2천 년된 알고리듬을 배운다. 하지만 1930년대가 되어서야 알론조 처치, 앨런 튜링 그리고 컴퓨터 시대의 그 외 개척자들은 현대 알고리듬 이론과 계산에 대한 기본 개념을 도입했다. 이 일은 20세기 초의 위대한 수학자 데이비드 힐베르트$^{David\ Hilbert}$가 제시한 난해한 문제를 풀기 위한 것에서 발생했다. 힐베르트는 원칙적으로 모든 수학 문제를 해결할 수 있는 알고리듬이 존재하는지 의문을 가졌다. 힐베르트는 결정문제^{entscheidungsproblem}라고도 하는 이 의문에 대한 답이 '그렇다'일 거라고 예상했다.

놀랍게도 힐베르트의 문제에 대한 답은 '아니오'로 밝혀졌다. 즉, 모든 수학 문제를 해결하는 알고리듬은 없다. 이를 증명하기 위해 처치와 튜링은 알고리듬의 직관적 개념을 사용할 때 의미하는 바를 수학 정의로 잡아내는 심층 문제를 해결해야 했다. 그런 작업을 통해 그들은 현대 알고리듬 이론과 그에 따른 컴퓨터과학의 현대 이론에 대한 토대를 마련했다.

3장에서는 계산 이론에 대해 두 가지 다른 방법을 사용한다. 첫 번째 방법은 튜링이 제안한 것이다. 튜링은 계산 작업을 수행하기 위한 알고리듬의 개념을 잡아내기 위해 지금은 튜링머신$^{Turing\ machine}$이라고 부르는 특정한 계산 (기계) 모델을 정의했다. 3.1.1절에서는 튜링머신에 대해 설명하고 튜링머신 모델의 간단한 변형에 대해 알아본다. 두 번째 방법은 계산의 회로 모델$^{circuit\ model}$을 통하는 것인데, 이는 나중에 양자 컴퓨터 연구를 준비할 때 특히 유용한 접근법이다. 회로 모델은 3.1.2절에서 설명한다. 튜링머신 모델과 회로 모델은 표면적으로는 달라 보이지만, 실질적으로는 동등한 모델이라고 할 수 있다. 그렇다면 왜 두 모델을 모두 소개할까? 서로 다른 모델을 사용함으로써 특정 문제의 해결책에 대해서 다양한 통찰을 얻을 수 있기 때문이다. 어떤 개념에 대해 두 가지(또는 그 이상) 방법으로 생각하는 것이 한 방법으로만 생각하는 것보다 낫다.

3.1.1 튜링머신

튜링머신의 기본 요소는 그림 3.1에 설명돼 있다. 튜링머신에는 네 가지 주요 요소가 있다. 즉, (a) 일반 컴퓨터와 같은 프로그램^{program}, (b) 핵심 기능만 갖춘 마이크로프로세서와 같은 역할을 하며 기계의 각 동작을 조정하는 유한상태 제어장치$^{finite\ state\ control}$, (c) 컴퓨터 메모리와 같은 역할을 하는 테이프^{tape}, (d) 현재 읽기 가능하거나 쓰기 가능한 테이프의 위치를 가리키는 읽기/쓰기 테이프 헤드$^{readwrite\ tape-head}$다. 이제 이 네 가지 요소 각각에 대해 자세히 설명할 것이다.

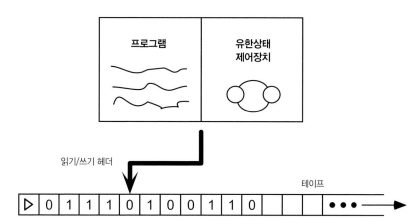

그림 3.1 튜링머신의 주요 요소. 텍스트에서 테이프의 공백은 'b'로 표시된다. ▷는 테이프의 왼쪽 끝을 표시한다는 점에 유의한다.

튜링머신의 유한상태 제어장치는 **내부상태**$^{\text{internal states}}$인 $q_1, ..., q_m$의 유한집합으로 구성된다. 숫자 m은 변할 수 있다. 그러나 충분히 큰 m에 대해 어떠한 본질적 방식으로도 머신의 강력함에 영향을 미치지 않으므로 일반화시켜 m을 고정된 상수로 가정해도 된다. 유한상태 제어장치를 생각하는 가장 좋은 수단은 튜링머신의 작동을 조정하는 일종의 마이크로프로세서다. 이 마이크로프로세서는 테이프에 임시 저장 공간을 제공하고 머신의 모든 처리를 수행할 수 있는 중심 장소도 된다. $q_1, ..., q_m$ 상태 외에도 q_s와 q_h라는 2개의 특수 내부상태가 있다. 이를 각각 **시작상태**$^{\text{starting state}}$와 **정지상태**$^{\text{halting state}}$라 한다. 이것의 의도는 다음과 같다. 계산 시작 시 튜링머신은 시작상태 q_s에 있게 된 계산을 실행하면 튜링머신의 내부상태가 변한다. 계산이 완료되면 튜링머신은 q_h 상태가 되어 연산을 완료했음을 나타낸다.

튜링머신 테이프는 1차원 물체로 한 방향으로 무한대로 뻗어 있다. 이 테이프는 **정사각 테이프**$^{\text{tape square}}$를 끝없이 연결한 것이다. 정사각 테이프마다 0, 1, 2, 3…으로 번호를 정한다. 각 정사각 테이프에는 약간의 **알파벳**^{alphabet}에서 뽑은 기호 하나가 놓여지는데, 이때 약간의 알파벳이란 Γ로 표시하며 유한한 수의 서로 다른 기호들을 포함한다. 지금은 편하게 이 알파벳은 0, 1, b('공백' 기호) 그리고 테이프의 왼쪽 가장자리를 표시하는 ▷라는 4개의 기호를 포함한다고 가정한다. 처음에 테이프에는 맨 왼쪽에 ▷가 있고 그다음으로 유한한 수의 0과 1이 나열되며 테이프 나머지는 공백이다. 읽기/쓰기 테이프 헤드$^{\text{read-write}}$ $^{\text{tape-head}}$는 튜링머신 테이프에 있는 정사각형 하나를 현재 이 머신에서 접근하고 있는 것으로 식별한다.

요약하면 이 머신은 q_s 상태의 유한상태 제어장치로 시작하며 0번으로 정한 가장 왼쪽의 정사각 테이프에 읽기/쓰기 헤드를 위치시키고 연산을 시작한다. 그러고 나서 아래에 정의한 대로 **프로그램**program에 따라 한 단계씩 계산이 진행된다. 현재 상태가 q_h이면 계산이 정지되고 계산 **출력**output은 이 테이프의 현재 (공백이 아닌) 내용이 된다.

튜링머신용 프로그램은 $\langle q, x, q', x', s \rangle$ 형식의 **프로그램 행**program lines으로 구성된 순서 있는 유한목록이다. 이 프로그램 행에서 첫 번째 항목인 q는 머신의 내부상태 집합 중에서 한 상태다. 두 번째 항목 x는 테이프에 나타낼 기호들의 알파벳인 Γ에서 가져온 것이다. 프로그램이 작동하는 방식은 각 머신 사이클마다 튜링머신이 프로그램 행 목록을 순서대로 살펴보고 머신의 현재 내부상태가 q이고 테이프에서 읽는 기호가 x를 만족시키는 $\langle q, x, \cdot, \cdot, \cdot \rangle$ 행을 찾는다. 그러한 프로그램 행을 찾지 못하면 머신의 내부상태가 q_h로 변경되고 머신은 연산을 멈춘다. 그러한 행을 찾으면 해당 프로그램 행이 실행된다. 프로그램 행의 실행은 다음 단계를 따른다. 먼저 머신의 내부상태는 q'로 변경된다. 테이프의 x 기호는 x' 기호로 덮어쓰기되며 s가 -1, $+1$, 0인지에 따라 테이프 헤드가 왼쪽, 오른쪽으로 이동하거나 정지상태가 된다. 이 규칙에서 유일한 예외는 테이프 헤드가 가장 왼쪽에 있는 정사각 테이프에 위치해 있으면서 $s = -1$이라면 테이프 헤드는 이동하지 않고 그대로 있는 것이다.

이제 튜링머신이 무엇인지 알았으므로 간단한 함수를 계산하는 데 어떻게 사용할 수 있는지 보자. 튜링머신의 다음 예를 고려해본다. 이 머신은 맨 처음이 2진수 x이고 그 다음에 공백이 나오는 테이프로 시작한다. 머신에는 시작상태 q_s와 정지상태 q_h 외에 세 가지 내부상태 q_1, q_2, q_3이 있다. 이 프로그램에는 다음과 같은 프로그램 행들이 포함돼 있다(맨 왼쪽의 숫자는 나중에 프로그램 행을 언급하기 위해 편의상 붙인 것이며 프로그램의 일부가 아니다).

$$1 : \langle q_s, \triangleright, q_1, \triangleright, +1 \rangle$$
$$2 : \langle q_1, 0, q_1, b, +1 \rangle$$
$$3 : \langle q_1, 1, q_1, b, +1 \rangle$$
$$4 : \langle q_1, b, q_2, b, -1 \rangle$$
$$5 : \langle q_2, b, q_2, b, -1 \rangle$$
$$6 : \langle q_2, \triangleright, q_3, \triangleright, +1 \rangle$$
$$7 : \langle q_3, b, q_h, 1, 0 \rangle$$

이 프로그램은 어떤 함수를 계산할까? 처음에 머신은 q_s 상태이고 가장 왼쪽 테이프 위치에 있으므로 1행인 $\langle q_s, \triangleright, q_1, \triangleright, +1 \rangle$이 실행된다. 이 실행으로 테이프 헤드가 테이프에 기록된 내용을 변경하지 않고 오른쪽으로 이동하지만 머신의 내부 상태는 q_1으로 변경된다. 프로그램의 다음 3개의 행은 다음과 같이 작동한다. 머신이 q_1 상태로 있으면서 테이프 헤드가 오른쪽으로 계속 움직이며 테이프의 0(2행) 또는 1(3행)을 읽고 그 테이프 내용을 공백으로 덮어쓴다. 이미 공백으로 된 정사각 테이프에 도달하면 테이프 헤드가 왼쪽으로 한 칸 이동하고 내부 상태를 q_2로 변경시킨다(4행). 그러고 나서 5행에서는 테이프 헤드가 공백을 읽는 동안 테이프의 내용을 변경하지 않고 테이프 헤드를 왼쪽으로 계속 움직이게 한다. 그러면 테이프 헤드가 시작점으로 돌아올 때까지 이 동작이 계속되는 것이다. 시작점에 도달하면 테이프에서 $\triangleright$를 읽고 내부 상태를 q_3으로 변경하고 나서 오른쪽으로 한 칸 이동한다(6행). 7행에서는 프로그램을 완료하는데, 그냥 숫자 1을 테이프에 인쇄한 후 정지한다.

위의 분석은 이 프로그램이 상수함수 $f(x) = 1$을 계산하는 것을 보여준다. 즉, 테이프에 입력된 숫자에 관계없이 숫자 1이 출력되는 것이다. 좀 더 일반적으로 말하면 튜링머신은 음이 아닌 정수에서 음이 아닌 정수로 가는 계산함수로 생각할 수 있다. 즉, 테이프의 초기 상태는 함수 입력을 나타내는 데 사용되고 테이프의 최종 상태는 함수 출력을 나타내는 데 사용된다.

튜링머신으로 이 간단한 함수를 계산하는 데 많은 수고를 들인 것처럼 보인다. 튜링머신에 더 복잡한 함수를 적용할 수 있을까? 예를 들어 두 숫자 x와 y가 테이프에서 공백으로 구분해 입력될 때 그 테이프에 합계 $x + y$가 출력되도록 머신을 구성할 수 있을까? 좀 더 일반적으로 말하면 튜링머신으로 어떤 클래스의 함수들을 계산하는 것이 가능할까?

다양한 함수를 계산하는 데 튜링머신 계산모델을 사용할 수 있다는 것이 입증됐다. 예를 들어 모든 기본 산술 연산을 수행하고 테이프에서 비트 문자열로 표시되는 텍스트를 검색하며 그 외의 여러 가지 흥미로운 연산을 수행하는 데 사용할 수 있다는 것이다. 놀랍게도 튜링머신으로 최신 컴퓨터에서 수행되는 모든 작업을 시뮬레이션할 수 있다! 실제로 처치와 튜링이 제각각 제시한 논문에 따르면 튜링머신의 계산모델은 알고리듬을 사용해 함수를 계산하는 개념을 완벽히 구현할 수 있다. 이 점은 다음과 같이 **처치-튜링 논제**Church-Turing thesis라 한다.

튜링머신으로 계산 가능한 함수 클래스는 알고리듬으로 계산 가능할 것으로 자연스레 여겨지는 함수 클래스에 정확히 대응한다

처치-튜링 논제는 엄밀한 수학적 개념(튜링머신이 계산 가능한 함수)과 알고리듬으로 계산 가능한 함수에 대한 직관적 개념이 서로 같다고 주장한다. 이 논제로 인해 1936년 이전에는 다소 모호한 개념인 현실적 알고리듬에 대한 연구를 엄밀한 수학적 연구로 가능하게 만든 사실에서 이 논제의 중요성을 알 수 있다. 이 점의 의의를 이해하려면 실제 분석에서 연속함수$^{continuous\ function}$의 정의를 고려하는 것이 도움된다. 모든 어린이는 종이 위의 선 하나가 연속이란 것이 무엇을 의미하는지 말할 수 있지만 아는 사항을 어떻게 정의로 내릴지는 애매할 것이다. 19세기 수학자들은 다양한 연속성 정의의 장점에 대해 많은 시간을 논쟁하다가 연속성의 현대적 정의를 받아들였다. 연속성 또는 계산가능성^{computability}과 같은 근본적인 정의를 내릴 때는 사람의 직관적 개념이 수학적 정의와 잘 일치하게 하면서 올바른 정의를 선택하는 것이 중요하다. 이러한 관점에서 보면 처치-튜링 논제는 단순히 튜링머신 계산모델이 컴퓨터과학에 대해 훌륭한 토대를 제공하고, 엄밀한 정의 속에서 알고리듬의 직관적 개념을 구현할 수 있다는 주장이다.

선험적인 면에서 알고리듬으로 계산 가능하게 보이는 모든 함수를 튜링머신으로 계산할 수 있을 거라는 점은 분명치 않다. 처치, 튜링, 그 외의 많은 사람들은 처치-튜링 논제에 대한 증거를 수집하느라 많은 시간을 보냈고 60년 동안 그 반론의 증거는 아무것도 발견되지 않았다. 그럼에도 미래에는 자연 속에서 튜링머신으로 계산 불가능한 함수를 계산하는 프로세스를 발견할 가능성은 있다. 이전에는 수행할 수 없던 새로운 계산을 수행할 수 있는 프로세스를 활용할 수 있기 때문에 그런 일이 일어난다면 정말 좋을 것이다. 물론 컴퓨터과학의 계산가능성에 대한 정의를 철저히 따지고 그것으로 컴퓨터과학의 정의도 점검해야 한다.

확인문제 3.1: (자연 속에서의 계산 불가능한 프로세스)   자연 속의 프로세스가 튜링머신으로 계산 불가능한 함수를 계산해낸다는 것을 어떻게 알 수 있을까?

확인문제 3.2: (튜링 번호)   단일 테이프의 튜링머신들마다 1, 2, 3,... 목록 중에서 한 번호씩 부여할 수 있다는 것을 보여라. 이때 그 번호는 해당 머신을 유일하게 지정해야 한다. 이 번호를 해당 튜링머신의 **튜링 번호**$^{Turing\ number}$라 한다(힌트: 모든 양의 정수는 유일한 소인수분해 $p_1^{a_1}\ p_2^{a_2}...p_k^{a_k}$를 갖는다. 여기서 p_i는 서로 다른 소수이고 $a_1,...,a_k$는 음이 아닌 정수다).

이후의 장들을 통해 양자 컴퓨터도 처치-튜링 논제를 따르는 것을 알게 될 것이다. 즉, 양자 컴퓨터는 튜링머신에서 계산 가능한 것과 같은 클래스의 함수를 계산할 수 있다. 양자 컴퓨터와 튜링머신의 차이점은 함수 계산을 수행할 때의 효율성에 있다. 다시 말하면 튜링머신과 같은 고전 계산 장치보다 양자 컴퓨터에서 훨씬 더 효율적으로 계산할 수 있는 함수들이 존재한다.

컴퓨터 프로그래밍 언어로 모든 보통의 개념을 발전시키는 것에 튜링머신 계산모델을 사용할 수 있음을 자세히 설명하는 것은 이 책의 범위를 벗어난다(자세한 내용에 대해서는 3장의 끝에 있는 '역사와 추가자료' 참조). 이 책에서는 알고리듬을 지정할 때 그 알고리듬을 계산하는 데 사용되는 튜링머신을 특정하는 대신 훨씬 더 높은 수준의 의사코드^{pseudocode}를 사용하며 이 의사코드가 튜링머신 계산모델로 변환될 수 있다는 처치-튜링 논제를 신뢰할 것이다. 여기서는 의사코드에 대한 엄밀한 정의는 언급하지 않을 것이다. 그 정의는 그저 영어로 표기한 형식을 갖춘 버전, 또는 필요하다면 C++나 베이직과 같은 고급 프로그래밍 언어의 조잡한 버전 정도로 생각하는 것이 좋다. 의사코드를 사용하면 튜링머신이 요구하는 세부 수준까지 들어가지 않고도 편하게 알고리듬을 표현할 수 있다. 의사코드의 사용 예는 211페이지의 박스 3.2에 나와 있다. 또한 이 책의 뒷부분에서 양자 알고리듬을 설명하는 데 사용된다.

기본 튜링머신 모델에는 많은 변형이 존재한다. 테이프 종류가 다른 튜링머신을 상상할 수 있다. 예를 들어 양방향 무한 테이프 또는 2차원 이상의 테이프를 사용한 계산을 고려할 수 있다. 현재까지 알려진 바에 따르면 물리적으로 타당하고 튜링 모델이 계산 가능한 함수 클래스를 확장하는 방식으로 이 모델의 어떠한 측면도 바뀌지 않는다.

한번 다수의 테이프가 장착된 튜링머신을 고려해보자. 단순하게 하기 위해 2개의 테이프가 장착된 경우를 고려하는데, 그 이유는 이 예로부터 3개 이상의 테이프로 일반화시키는 것이 쉽기 때문이다. 기본 튜링머신과 마찬가지로 2테이프 튜링머신에는 한정된 수의 내부 상태인 $q_1, ..., q_m$, 시작 상태 q_s, 정지 상태 q_h가 있다. 2개의 테이프 각각에는 유한 알파벳 Γ에서 뽑은 기호들을 포함한다. 이전과 같이 그 알파벳에는 0, 1, b, ▷의 네 가지 기호가 포함된다고 가정하면 편리하다. 여기서 ▷는 각 테이프의 왼쪽 가장자리를 표시한다. 이 머신에는 각 테이프마다 하나씩 2개의 테이프 헤드가 있다. 2테이프 튜링머신과 기본 튜링머신의 주요 차이점은 프로그램에 있다. 프로그램 행은 $\langle q, x_1, x_2, q', x_1',$ $x_2', s_1, s_2 \rangle$ 형식으로 되어 있다. 즉, 머신의 내부 상태가 q이고 테이프 1은 현재 위치에서 x_1

을 읽고 테이프 2는 현재 위치에서 x_2를 읽으면, 머신의 내부 상태는 q'으로 변경되고 x_1은 x_1'로 덮어쓰기, x_2는 x_2'로 덮어쓰기되며 s_1 또는 s_2가 각각 $+1$, -1, 0인지에 따라 테이프 1과 테이프 2의 헤드가 이동될 것이다.

어떤 의미에서 기본 튜링머신과 2테이프 튜링머신이 서로 같은 계산모델일까? 각 계산모델이 서로 다른 쪽 계산모델을 시뮬레이션할 수 있다는 의미에서 이 둘은 같다. 끝점 표시자인 ▷를 제외하고 첫 번째 테이프에서 1비트 문자열 x를 입력으로 받고 그 외의 두 테이프 부분이 공백으로 된 2테이프 튜링머신이 있다고 하자. 이 머신은 $f(x)$ 함수를 계산하는데, 여기서 $f(x)$는 튜링머신이 정지된 후 첫 번째 테이프의 내용으로 정의한다. 다소 놀랍게도 f를 계산하는 2테이프 튜링머신이 주어진다면, f를 계산할 수 있는 동등한 1테이프 튜링머신도 존재한다는 것이 밝혀졌다. 이것이 어떻게 되는지에 대해서는 설명하지 않을 것이지만 기본 개념은 1테이프 튜링머신이 2테이프 튜링머신을 시뮬레이션해 테이프 2개의 내용을 하나의 테이프에 저장하는 것이다. 이 시뮬레이션을 수행하는 데 계산상의 오버헤드가 발생하지만 중요한 점은 원칙적으로 이런 시뮬레이션이 항상 가능하다는 것이다. 실제로 이외의 어떠한 튜링머신이라도 시뮬레이션할 수 있는 보편 튜링머신^{Universal Turing machine}이 존재한다! (박스 3.1 참조)

박스 3.1: 보편 튜링머신

튜링머신들은 세 가지 요소(테이프의 초기 구성, 유한상태 제어장치의 내부 상태, 머신의 프로그램)에 있어서 머신마다 차이가 있을 수 있다고 설명한 적이 있다. 보편 튜링머신 UTM, Universal Turing Machine이라는 멋진 아이디어로 인해 프로그램과 유한상태 제어장치를 완전히 고정시키고 테이프의 초기 내용만을 변경하는 부분으로 만들 수 있었다.

보편 튜링머신(다음 페이지 그림 참조)에는 다음과 같은 특성이 있다. 즉, M을 어떠한 튜링머신이라 하고 T_M을 M 머신과 연관된 튜링 번호라 하자. 그리고 나서 T_M을 2진수로 입력하고 그 다음에 공백을 입력한 후 테이프의 나머지 부분에 기호 x들의 문자열을 입력하면, 보편 튜링머신은 M 머신이 x 입력에 대해 내놓을 수 있는 것은 무엇이든지 출력으로 내놓는다. 이렇게 보편 튜링머신은 어떠한 다른 튜링머신이라도 시뮬레이션할 수 있다!

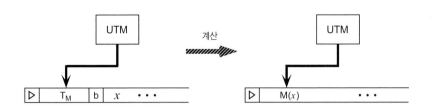

보편 튜링머신은 최근의 프로그래밍 가능 컴퓨터와 비슷하다. 컴퓨터가 할 작용('프로그램')이 메모리에 저장되는데, 이는 보편 튜링머신에서 테이프의 시작 부분에 비트 문자열 T_M을 저장하는 것과 비슷하다. 프로그램이 처리할 데이터는 메모리의 별도 부분에 저장되는데 보편 튜링머신에서 x의 역할과 비슷하다. 그리고 나서 어떤 고정된 하드웨어를 사용해 프로그램을 실행시키고 출력물을 만들어낸다. 이렇게 고정된 하드웨어는 보편 튜링머신이 실행할 (고정된) 프로그램 및 내부 상태와 비슷하다.

보편 튜링머신의 제작에 관해 자세히 설명하는 것은 이 책의 범위를 벗어난다(부지런한 독자라면 이 머신을 제작하고 싶을 수도 있지만 말이다). 요점은 그러한 머신이 존재한다는 것이고 이는 하나의 고정된 머신을 사용해 어떠한 알고리듬이라도 실행할 수 있다는 것을 보여준다. 보편 튜링머신의 존재로 인해 튜링머신의 내부 상태 수가 중요하지 않다는 이전의 말이 설명된다. 즉, 내부 상태 수 m이 보편 튜링머신에서 필요한 수를 초과해도 그 보편 튜링머신을 사용해서 어떠한 수의 내부 상태를 갖는 튜링머신이라도 시뮬레이션할 수 있다.

튜링머신 모델의 또 다른 흥미로운 변형은 이 모델에 무작위성randomness을 도입하는 것이다. 예를 들어 튜링머신이 다음과 같은 효과를 갖는 프로그램 행을 실행할 수 있다고 하자. 즉, 내부 상태가 q이고 테이프 헤드가 x를 읽는다면 동전을 던지는 것이다. 동전의 앞면이 나오면 내부 상태를 q_{in}로 변경하고 뒷면이 나오면 내부 상태를 q_{tr}로 변경한다. 여기서 q_{in}와 q_{tr}는 튜링머신의 두 가지 내부 상태다. 이러한 프로그램 행은 $\langle q, x, q_{in}, q_{tr} \rangle$로 표현할 수 있다. 하지만 이렇게 변형해도 튜링머신 계산모델이 본질적으로 강력하다는 점에는 변함이 없다. 동전 던지기의 각 값에 해당하는 가능한 모든 계산 경로를 명확하게 '탐색해 나가면' 결정론적 튜링머신deterministic Turing machine에서 위 알고리듬의 효과를 시뮬레이션할 수 있다. 물론 이 결정론적 시뮬레이션은 무작위 모델보다 훨씬 덜 효율적일 수 있지만, 본 논의의 요점은 바탕 모델에 무작위성을 도입해도 계산 가능한 함수 클래스가 변경되지 않는다는 것이다.

확인문제 3.3: (비트 문자열을 뒤집는 튜링머신)   2진수 x를 입력으로 받아 x의 비트를 역순으로 출력하는 튜링머신을 기술하여라(힌트: 이 확인문제와 다음 확인문제에서는 다수의 테이프 튜링머신 혹은 0, 1 이외의 기호와 공백을 사용하는 것이 도움이 될 수 있다).

확인문제 3.4: (모듈러 2 덧셈을 하는 튜링머신)   2개의 2진수인 x와 y를 모듈러 2에 관해 더하는 튜링머신을 기술하라. 이들 숫자가 튜링머신 테이프에 2진수로 입력되는데, 형식은 x 다음에 공백 하나, 그 다음에 y가 이어진다. 한 숫자가 다른 숫자보다 길지 않으면 앞부분을 0으로 채워 두 숫자의 길이를 같게 한 것으로 가정한다.

컴퓨터과학의 창시자들에게 영감을 준 힐베르트의 결정문제entscheidungsproblem로 되돌아가보자. 수학의 모든 문제를 결정하는 알고리듬이 존재할까? 이 질문에 대한 답은 처치와 튜링에 의해 아니오로 밝혀졌다. 박스 3.2에서는 이 놀라운 사실에 대한 튜링의 증명을 설명한다. 이러한 **결정불가성**undecidability의 현상은 이제 처치와 튜링이 만든 한 예를 훨씬 넘어서는 것으로 알려져 있다. 예를 들어 두 위상공간topological space이 위상적으로 동등(동종)한지를 결정하는 문제는 결정 불가능한 것으로 알려져 있다. 확인문제 3.4에서 볼 수 있듯이 결정 불가능한 동적 계dynamical system의 거동과 관련된 간단한 문제들이 있다. 이들 사례와 그 외의 사례에 대한 언급은 3장의 끝에 있는 '역사와 추가자료' 절에 나와 있다.

결정불가성은 그 본래의 관심사 외에 컴퓨터과학뿐만 아니라 양자계산 및 양자정보에서도 큰 관심의 주제를 예고한다. 그 주제란 해결하기 쉬운easy 문제와 해결하기에 난해한hard 문제의 구별에 대한 것이다. 결정불가성으로 인해 해결하기에 난해한 문제의 궁극적인 예(너무 난해하여 해결 불가능한 문제)가 나오게 된다.

확인문제 3.5: (입력이 없을 때 정지하는 문제)   튜링머신 M이 주어진다면 그 머신에 대한 입력이 빈 테이프일 때 M이 정지할지 결정하는 알고리듬은 존재하지 않는다는 것을 보여라.

확인문제 3.6: (확률적 정지 문제)   확인문제 3.2에서 구한 것과 비슷한 방식으로 확률적 튜링머신들에 번호를 매기고 머신 x가 x의 입력 시 1/2 이상의 확률로 1이 되고 1/2 미만의 확률로 0이 되도록 확률적 정지함수$^{probabilistic\ halting\ function}$ $h_p(x)$를 정의한다고 하자. 모든 x에 대해 1/2보다 더 큰 확률로 $h_p(x)$를 출력할 수 있는 확률론적 튜링머신이 존재하지 않는다는 것을 보여라.

확인문제 3.7: (정지시키는 오라클) 음수가 아닌 정수 x를 입력으로 받아서 $h(x)$의 값을 출력하는 블랙박스가 있다고 하자. 여기서 $h(\cdot)$란 박스 3.2에서 정의한 정지함수다. 이러한 유형의 블랙박스를 정지 문제에 대한 오라클^{oracle}이라고 부르기도 한다. 오라클이라는 기능으로 보강된 일반 튜링머신이 있다고 하자. 이 기능을 완수하는 한 가지 방법은 2테이프 튜링머신을 사용하고 이 튜링머신에 여분의 프로그램 명령을 추가한 후, 오라클을 호출해 $h(x)$ 값을 두 번째 테이프에 인쇄하는 것이다. 여기서 x는 두 번째 테이프의 현재 내용이다. 이 계산모델이 정지함수를 계산하는 데 사용될 수 있기 때문에 기존의 튜링머신 모델보다 더 강력하다는 것은 분명하다. 그런데 이 계산모델에 대한 정지 문제는 결정 불가능일까? 즉, 정지 문제에 대해 오라클의 지원을 받는 튜링머신은 특정 입력에서 프로그램을 정지시킬지 결정할 수 있을까?

박스 3.2: 정지 문제

확인문제 3.2에서는 각 튜링머신이 1, 2, 3,... 목록의 번호와 유일하게 연관될 수 있음을 보였다. 힐베르트의 문제를 해결하기 위해 튜링은 이 번호를 사용해 정지 문제$^{halting\ problem}$를 제기했다. 즉, '튜링 번호 x의 머신은 숫자 y를 입력했을 때 정지하는가?'였다. 이는 잘 제안된 흥미로운 수학 문제다. 결국 알고리듬을 통해 정지시킬 것인지 여부는 상당한 관심사가 된다. 그러나 정지 문제를 해결할 수 있는 알고리듬은 존재하지 않는 것으로 밝혀졌다. 이를 확인하기 위해 튜링은 더욱 전문화된 문제를 해결할 알고리듬이 있는지 의문을 가졌다. 튜링 번호 x를 갖는 머신이 동일한 번호 x를 입력했을 때 정지할까? 튜링은 다음과 같이 정지함수$^{halting\ function}$를 정의했다.

$$h(x) \equiv \begin{cases} 0 & \text{머신 번호 } x \text{가 } x \text{ 입력으로 정지하지 않는 경우} \\ 1 & \text{머신 번호 } x \text{가 } x \text{ 입력으로 정지하는 경우} \end{cases}$$

정지 문제를 해결하는 알고리듬이 있다면 $h(x)$의 값을 구하는 알고리듬도 반드시 존재한다. 그런 알고리듬이 존재한다고 가정해서 모순이 일어나게 시도해볼 것이며, 그 알고리듬을 HALT(x)로 표기할 것이다. 다음과 같이 의사코드를 사용해 TURING(x) 함수를 계산하는 알고리듬을 고려하자.

```
TURING(x)

y = HALT(x)
if y = 0 then
            halt
else
            loop forever
end if
```

HALT는 그 존재를 가정한 프로그램이므로 TURING도 어떤 튜링 번호 t를 갖는 유효한 프로그램이어야 한다. 정지함수의 정의에 의해 $h(t) = 1$이기 위한 필요충분조건은 TURING이 t의 입력 시에 정지하는 경우다. 그러나 TURING에 대한 프로그램을 살펴보면, t의 입력을 받는 TURING이 정지하기 위한 필요충분조건은 $h(t) = 0$임을 알 수 있다. 따라서 $h(t) = 1$이기 위한 필요충분조건은 $h(t) = 0$이 되어 모순이다. 그러므로 $h(t)$를 산출하는 알고리듬이 존재한다는 초기 가정은 틀린 것이다. 이렇게 정지 문제를 해결하는 알고리듬은 존재하지 않는다는 결론이 나온다.

3.1.2 회로

튜링머신은 이상적인 계산장치 모델에 가깝다. 실제 컴퓨터는 크기가 한정돼 있지만 튜링머신의 경우 무제한 크기의 컴퓨터로 가정했다. 이 절에서는 대안으로 여길 계산모델인 회로 모델^{circuit model}을 살펴볼 텐데, 이 모델은 계산 능력 측면에서 튜링머신과 동등하지만 많은 응용 분야에 있어서 더 편리하고 현실적이다. 특히 이 회로 모델은 양자 컴퓨터 연구에 대한 준비 단계로서 중요하다.

회로는 도선^{wire}과 게이트^{gate}로 구성되며, 각각 정보를 전달하고 간단한 계산 작업을 수행한다. 예를 들어 그림 3.2는 단일 비트 a를 입력으로 받는 간단한 회로를 보여준다. 이 비트는 NOT 게이트를 통과해 1에서 0으로, 0에서 1로 비트를 바꾼다. NOT 게이트 앞뒤의 도선은 단순히 비트를 NOT 게이트로 그리고 NOT 게이트로부터 운반하는 역할을 한다. 즉, 도선은 공간 속에서 비트의 이동을 나타내거나 단순히 시간에 따른 비트의 이동을 나타낼 수도 있다.

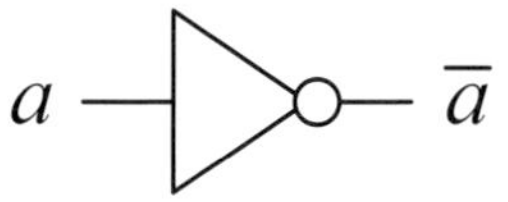

$$a \longrightarrow \!\!\!\!\!\!\!\!\rhd\!\!\circ \longrightarrow \overline{a}$$

그림 3.2 하나의 입력 비트로 단일 NOT 게이트를 수행하는 기초 회로

좀 더 일반적으로 말하면 회로에는 입력과 출력 비트, 도선, 논리 게이트들이 많이 포함될 수 있다. 논리 게이트$^{\text{logic gate}}$란 어떤 고정된 수 k개의 입력 비트$^{\text{input bit}}$에서 어떤 고정된 수 l개의 출력 비트$^{\text{output bit}}$로 가는 함수 $f : \{0, 1\}^k \rightarrow \{0, 1\}^l$를 의미한다. 예를 들어 NOT 게이트는 하나의 입력 비트와 하나의 출력 비트를 가지며 함수 $f(a) = 1 \oplus a$를 계산하는 게이트다. 여기서 a는 단일 비트이고 $\oplus$는 모듈러 2 덧셈이다. 그림 3.3과 같이 혹시 있을지 모를 불안정성을 피하기 위해 회로에 루프를 허용하지 않는 것이 일반적이다. 이 책에서는 루프를 허용하지 않는 회로를 비순환적^{acyclic}이라 하며, 계산 회로 모델에서의 회로는 비순환적으로 구성하는 관례를 따른다.

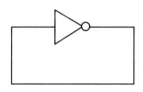

그림 3.3 순환하는 회로는 불안정할 수 있으며, 계산 회로 모델에서 보통 허용되지 않는다.

이외에도 계산에 유용한 기초 논리 게이트가 많다. 약간 살펴보자면 AND 게이트, OR 게이트, XOR 게이트, NAND 게이트, NOR 게이트가 있다. 이들 각 게이트는 2개의 비트를 입력으로 받아 하나의 비트를 출력으로 생성한다. AND 게이트는 두 입력이 모두 1인 경우에만 1을 출력한다. OR 게이트는 두 입력 중 하나 이상이 1인 경우에만 1을 출력한다. XOR 게이트는 두 입력을 모듈러 2에 관해 더해서 출력한다. NAND와 NOR 게이트는 각각 두 입력에 AND와 OR을 적용한 후 출력된 것에 다시 NOT을 적용한다. 이들 게이트의 동작은 그림 3.4에 설명해놓았다.

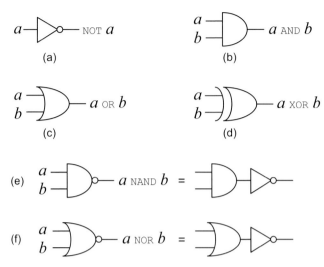

그림 3.4 AND, OR, XOR, NAND, NOR 게이트를 수행하는 기초 회로

그림 3.4에는 FANOUT 게이트와 CROSSOVER 게이트라는 중요한 '게이트' 2개가 빠져 있다. 회로 속에서는 비트를 '분할'하기도 하는데, 한 비트를 분할해서 2개 비트의 복사본으로 만드는 연산을 팬아웃^{FANOUT}이라 한다. 또한 두 비트를 크로스오버^{CROSSOVER} 연산할 수도 있는데, 즉 두 비트의 값을 서로 교환한다. 그림 3.4에서 빠진 세 번째 연산은 실제 논리 게이트가 아니며 여분의 보조^{ancilla} 비트나 작업^{work} 비트를 준비해 계산 중에 여분의 작업 공간을 마련하는 것이다.

이들 간단한 회로 요소를 조합하면 다양한 계산을 수행할 수 있다. 이후로 이들 요소를 사용해 어떠한 함수라도 계산할 수 있다는 것을 보일 것이다. 그에 앞서 2개의 n비트 정수를 더하는 회로의 간단한 예를 살펴보자. 본질적으로 전 세계의 초등학생에게 가르치는 것과 같은 알고리듬을 사용할 것이다. 이 회로의 기본 요소는 그림 3.5와 같이 반가산기$^{half-adder}$라는 작은 회로다. 반가산기는 x와 y의 두 비트를 입력으로 받아 모듈러 2 덧셈인 $x \oplus y$와 함께 캐리 비트를 출력하는데, 이때 x와 y가 모두 1이면 캐리 비트$^{carry\ bit}$는 1, 그렇지 않으면 캐리 비트는 0이 된다.

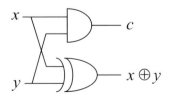

그림 3.5 반가산기 회로. 캐리 비트 c는 x와 y가 모두 1일 때 1이며 그렇지 않으면 0이다.

그림 3.6과 같이 2개의 반가산기를 계단식으로 연결하여 전가산기$^{\text{full-adder}}$를 구축할 수 있다. 전가산기는 3개의 비트 x, y, c를 입력으로 받는다. x와 y 비트는 덧셈할 데이터로 간주되지만 c는 위의 계산에서 거론했던 캐리 비트다. 이 회로는 2개의 비트를 출력한다. 한 출력 비트는 3개의 입력 비트 모두에 대해 모듈러 2 덧셈인 $x \oplus y \oplus c$이다. 두 번째 출력 비트 c'은 캐리 비트이며, 둘 이상의 입력이 1이면 1이고 그렇지 않으면 0이 된다.

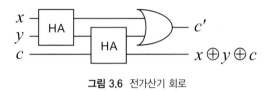

그림 3.6 전가산기 회로

전가산기들을 함께 계단식으로 연결하면 그림 3.7에 나타난 것처럼 2개의 n비트 정수를 더하는 회로를 얻을 수 있다(이 그림은 $n = 3$인 경우다).

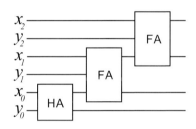

그림 3.7 2개의 3비트 정수 $x = x_2 x_1 x_0$과 $y = y_2 y_1 y_0$에 대한 덧셈 회로. 초등학생이 배우는 기초 알고리듬을 사용함

앞서 약간의 고정 게이트만 사용해도 어떠한 함수 $f : \{0, 1\}^n \to \{0, 1\}^m$이라도 계산할 수 있다고 주장했었다. 이제 n개의 입력 비트와 하나의 출력 비트를 갖는, 단순화시킨 함수 $f : \{0, 1\}^n \to \{0, 1\}$로 이를 증명할 것이다. 이 함수를 부울함수$^{\text{Boolean function}}$라 하며 이에 대응하는 회로는 부울 회로$^{\text{Boolean circuit}}$다. 부울함수라는 특수한 경우를 따져서 일반적이고 보편적인 증명을 이끌어낼 것이다. 이 증명은 n에 대한 귀납법을 사용한다. $n = 1$의 경우, 4개의 가능한 함수가 존재한다. 즉, 단일 도선으로 된 회로를 갖는 항등함수, 단일 NOT 게이트를 사용해 구현한 비트반전$^{\text{bit flip}}$, 입력 비트를 0으로 대체하는 함수(이는 입력을 초기에 0 상태에 있는 작업 비트와 AND 연산하여 얻을 수 있음), 입력을 1로 대체하는 함수(입력을 초기에 1 상태에 있는 작업 비트와 OR 연산하여 얻을 수 있음)가 있다.

귀납법을 이행하기 위해 n비트에 대해 어떠한 함수라도 회로에 의해 계산될 수 있다고 가정하고, f를 $n+1$ 비트에 대한 함수라 하자. 또한 n비트 함수 f_0와 f_1를 $f_0(x_1,...,x_n) \equiv f(0, \ x_1,...,x_n)$과 $f_1(x_1,...,x_n) \equiv f(1, \ x_1,...,x_n)$로 정의하자. 이들은 모두 n비트 함수이므로 앞서 귀납법 가정에 의해 이들 함수를 계산하는 회로가 존재한다.

이제 f를 계산하는 회로를 설계하기란 쉬운 일이다. 회로는 입력의 뒤쪽 n비트에 대해 f_0와 f_1을 모두 계산한다. 그리고 나서 입력의 첫 번째 비트가 0 또는 1인지에 따라 적절한 답이 출력된다. 이를 위한 회로가 그림 3.8에 나와 있다. 이것으로 귀납법이 완료된다.

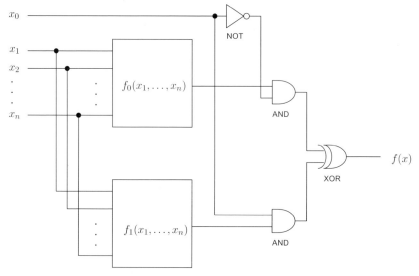

그림 3.8 $n+1$비트에 대해 임의의 함수 f를 계산하는 회로. 귀납법에 의해 n비트 함수 f_0와 f_1을 계산하는 회로가 존재한다고 가정한다.

보편적 회로$^{universal circuit}$ 구성에서는 5개의 요소를 식별할 수 있다. 즉, (1) 비트의 상태를 보존하는 도선, (2) $n=1$ 경우의 증명에 사용되는, 표준 상태에서 준비된 보조 비트, (3) 단일 비트를 입력으로 받아 그 비트의 복사본 2개를 출력하는 팬아웃 연산, (4) 두 비트의 값을 서로 교환하는 크로스오버 연산, (5) AND, XOR, NOT 게이트가 있다. 4장에서는 고전회로와 유사한 방식으로 계산에 대한 양자회로 모델을 정의할 것이다. 이들 5개의 요소 중 다수가 양자 경우로 확장시킬 때 문제가 생긴다는 점이 흥미롭다. 즉, 큐비트 보존을 위해 우수한 양자 도선$^{quantum wire}$을 제작할 수 있는지가 불분명하고, 심지어 원칙적으로 복제불가 정리(1.3.5절에서 설명했음)로 인해 양자역학에서 간단한 방식으로는 팬아웃 연산을 수행할 수 없으며, AND와 XOR 게이트는 가역적이 아니므로 유니타리 양자 게이트처럼 간단한 방식으로 구현할 수 없다. 계산용 양자회로 모델을 정의할 때는 확실히 생각할 게 많다!

확인문제 3.8: (NAND의 보편성) 도선, 보조 비트, 팬아웃이 사용 가능하다면 NAND 게이트를 사용해 AND, XOR, NOT 게이트를 시뮬레이션할 수 있음을 보여라.

간략한 양자 언급은 그만하고 고전회로의 특성을 되짚어보자. 이전에 튜링머신 모델이 계산에 대한 회로모델과 동등하다고 주장했었다. 어떤 의미에서 두 모델이 동등하다고 했던 걸까? 얼핏 보기에 두 모델은 상당히 다르게 보인다. 튜링머신은 제한 없는 성질 때문에 알고리듬이 의미하는 바를 추상적으로 정하는 데 유용한 반면, 회로는 실제 컴퓨터의 기능을 밀접하게 담을 수 있다.

균등 회로계열$^{uniform\ circuit\ family}$ 개념을 도입하면 두 모델을 연결시킬 수 있다. 회로계열은 회로모음$^{collection\ of\ circuits}$인 $\{C_n\}$으로 구성되며, 양의 정수 n으로 인덱스를 매긴다. 회로 C_n은 n개의 입력 비트를 가지며, 어떠한 한정된 수의 여분 작업 비트$^{extra\ work\ bits}$와 출력 비트를 가질 수 있다. 최대 n비트 길이를 갖는 숫자 x를 입력했을 때 회로 C_n의 출력은 $C_n(x)$로 표기한다. 회로는 일관성이 있어야^{consistent} 하는데, 즉 $m < n$이고 x의 길이가 최대 m비트라면 $C_m(x) = C_n(x)$이다. 회로계열 $\{C_n\}$에 의해 계산되는 함수는 x의 길이가 n비트인 경우 $C(x) = C_n(x)$를 만족시키는 함수 $C(\cdot)$이다. n비트 수를 제곱하는 C_n 회로를 고려하자. 그러면 함수 $C(x) = x^2$을 계산하는 회로계열 $\{C_n\}$이 정의된다. 여기서 x는 양의 정수다.

하지만 제한이 없는 회로계열을 고려하는 것은 충분치 않다. 실제로 회로를 구축하는 알고리듬이 필요하다. 회로계열에 제한을 두지 않으면 합리적인 계산모델로 계산할 수 없을 듯한 온갖 종류의 함수를 계산할 수 있게 된다. $h_n(x)$는 정지함수를 나타내며 n비트 길이의 x 값으로 제한된다고 하자. 따라서 h_n은 n비트에서 1비트로 가는 함수이고 우리는 $h_n(\cdot)$을 계산하는 C_n 회로가 존재한다는 것을 증명한 적이 있다. 그러므로 회로계열 $\{C_n\}$은 정지함수를 계산한다! 하지만 이 회로계열을 사용해 정지 문제를 해결하지 못하게 하는 것은 n의 모든 값에 대해 C_n 회로를 구축할 수 있는 알고리듬을 지정하지 않았기 때문이다. 이 요구사항을 추가하면 균등 회로계열 개념이 완성된다.

즉, 튜링머신에서 실행하며 n의 입력 시 C_n의 서술^{description}을 생성하는 어떤 알고리듬이 존재한다면 회로계열 $\{C_n\}$은 균등 회로계열이라고 말한다. 다르게 말하면 그 알고리듬은 C_n 회로 속에 어떤 게이트들이 있는지, 그러한 게이트들이 어떻게 연결돼 회로를 형성하는지, 회로에 필요한 보조 비트, FANOUT 및 CROSSOVER 연산, 회로의 출력을 어디서 읽어낼지에 대한 서술을 출력한다. 예를 들어 n비트 수를 제곱하기 위해 앞서 기술했던 회로계열은 확실히 균등 회로계열이다. 그 이유는 n이 주어지면 n비트 수를 제곱하는 데 필요한 회로의 서술을 출력하는 알고리듬이 있기 때문이다. 이 알고리듬은 엔지니어가 어떠한 n에 대한 회로의 서술을 생성(그리고 구축)할 수 있는 수단으로 생각할 수 있다. 이와는 반대로 균등하지 않은 회로계열은 불균등 회로계열^{non-uniform circuit family}이라고 말한다. 임의의 n에 대한 회로를 구성하는 알고리듬이 없으므로 엔지니어는 정지함수 등의 함수들을 계산하기 위한 회로를 구축하지 못한다.

직관적으로 보면, 균등 회로계열이란 합리적인 알고리듬에 의해 생성될 수 있는 회로계열이다. 균등 회로계열로 계산할 수 있는 함수 클래스는 튜링머신에서 계산할 수 있는 함수 클래스와 정확히 동일하다는 것을 증명할 수 있다. 이러한 균등성 제한^{uniformity restriction}을 통해 튜링머신 계산모델의 결과는 일반적으로 간단한 회로 계산모델로 번역될 수 있으며 그 반대도 마찬가지다. 나중에 우리는 양자회로 계산모델에 있어서 균등성 문제에 비슷한 관심을 기울일 것이다.

3.2 계산문제 분석

계산문제 분석은 다음의 세 가지 근본적인 질문에 대한 답변에 따라 달라진다.

1. 계산문제^{computational problem}란 무엇인가? 두 수를 서로 곱하는 것은 계산문제다. 시를 쓰는 데 있어 인간 능력을 초월하도록 컴퓨터를 프로그래밍하는 것도 마찬가지다. 계산문제 분석에 대한 일반적인 이론을 개발하기 위해 우리는 결정문제^{decision problem}라는 특수한 클래스의 문제를 분리하고 분석에 집중할 것이다. 이런 식으로 우리 자신을 제한하면 우아하고 풍부한 구조의 이론을 개발할 수 있다. 이렇게 개발된 이론은 결정문제 이외에도 폭넓게 응용될 수 있다.

2. 주어진 계산문제를 해결하기 위해 알고리듬을 어떻게 설계할 수 있을까? 문제가 정해지면 어떤 알고리듬을 사용해 그 문제를 풀 수 있을까? 광범위한 문제를 해결하는 데 사용할 수 있는 일반적인 기술이 존재하는 걸까? 요구한 대로 알고리듬이 동작하는지 어떻게 확인할 수 있을까?

3. 주어진 계산문제를 해결하는 데 필요한 최소 자원은 무엇인가? 알고리듬을 실행하려면 시간, 공간, 에너지와 같은 자원^{resource} 소비가 요구된다. 각 상황에서 하나 이

상의 자원 소비를 최소화하는 것이 바람직할 수 있다. 문제를 해결하는 데 필요한 자원 요구사항에 따라 문제를 분류할 수 있을까?

이후로 몇 개의 절에서는 이 세 가지 질문, 특히 질문 1과 3을 살펴볼 것이다. 질문 1, '계산문제란 무엇인가?'는 가장 근본적인 질문일 것이지만 3.2.3절이 되기 전까지는 답변을 유예한다. 먼저 잠시 멈춘 상태로 3.2.1절에서 자원 정량화resource quantification와 관련된 배경 개념들을 정립하고 나서 3.2.2절에서 계산 복잡도computational complexity의 핵심 아이디어를 검토한다.

질문 2, 좋은 알고리듬을 어떻게 설계하느냐는 많은 연구자가 펼치는 엄청난 양의 독창적 작업에 대한 주제다. 그러다 보니 여기의 짧은 소개로는 좋은 알고리듬의 설계에 사용되는 주요 아이디어를 설명할 수조차 없다. 이 아름다운 주제에 관심이 있다면 3장의 끝에 있는 '역사와 추가자료' 절을 참고하기 바란다. 그래도 이 주제에 가장 가깝게 다루는 것은 이 책의 뒷부분인 양자 알고리듬을 학습할 때다. 양자 알고리듬의 작성과 관련된 기술에는 대체로 고전 컴퓨터의 알고리듬 설계에 대한 기존의 깊이 있는 아이디어와 알고리듬 설계에 대해 완전히 새로운 양자역학적 기법 제작이 뒤섞여 있다. 이러한 이유로 양자 알고리듬 설계 정신은 고전 알고리듬 설계와 여러 면에서 아주 유사하기 때문에 최소한 알고리듬 설계의 기본 아이디어에 익숙해지는 것이 좋다.

질문 3, 주어진 계산문제를 해결하는 데 필요한 최소 자원은 무엇인가에 대해서는 이후 몇 개 절에서 주요 초점으로 다룬다. 예를 들어 각각 n비트 길이의 두 수를 곱한다고 하자. 1테이프 튜링머신에서 곱셈을 수행한다면 이 작업을 완료하기 위해 튜링머신은 몇 단계의 계산을 실행해야 할까? 작업을 완료하기까지 튜링머신에서 얼마나 많은 공간을 사용할까?

다음은 물어볼 만한 자원 질문 유형의 예다. 일반적으로 말하면 컴퓨터는 다양한 종류의 자원을 사용하지만 시간, 공간, 에너지에 대해 대부분 주의를 기울일 것이다. 전통적으로 컴퓨터과학에서 시간과 공간은 알고리듬 연구에 있어서 2개의 주요 자원 관심사였으며, 이들 문제에 대해서는 3.2.2절부터 3.2.4절까지 다룬다. 그에 비해 에너지는 덜 중요하게 고려됐다. 하지만 에너지 요구사항에 대한 연구로 인해 가역적 고전계산reversible classical computation이라는 주제에 관심이 높아졌다. 이는 또다시 양자계산의 전제조건으로 관심이 이어지므로 3.2.5절에서는 계산에 필요한 에너지 요구사항을 아주 자세히 알아본다.

3.2.1 계산 자원을 정량화하는 방법

계산모델이 다르면 계산에 필요한 자원도 달라진다. 심지어 1테이프에서 2테이프 튜링 머신으로 변경하는 것만큼 간단한 것조차도 주어진 계산 문제를 해결하는 데 필요한 자원이 변경될 수 있다. 예를 들어 정수의 덧셈과 같이 아주 잘 이해되는 계산 작업의 경우, 계산모델 간의 이러한 차이가 중요할 수 있다. 하지만 문제를 이해하는 첫 번째 단계에서는 계산모델의 비교적 사소한 변경에도 흔들리지 않는 자원 요구사항 정량화 방법이 필요하다. 이를 위해 개발된 도구 중 하나는 점근적 표기법asymptotic notation이며 함수의 본질적 거동essential behavior을 요약하는 데 사용할 수 있다. 예를 들어 이 점근적 표기법은 정확한 시간 카운트에 너무 신경 쓰지 않고 주어진 알고리듬을 실행하는 데 걸리는 시간단계time step의 본질을 요약하는 데 사용할 수 있다. 이 절에서는 이 표기법을 자세히 설명하고, 계산 자원의 정량화(이름 목록을 알파벳 순서로 정렬하기 위한 알고리듬 분석)를 설명하는 간단한 문제에 이를 적용한다.

2개의 n비트 수를 더하는 데 필요한 게이트 수에 관심이 있다고 하자. 필요한 게이트 수를 정확히 카운트하려면 난감한 상황이 연출된다. 즉, 특정 알고리듬이 이 작업을 하려면 $24n + 2\lceil \log n \rceil + 16$개의 게이트가 필요하다. 하지만 문제 크기를 극한으로 보냈을 때 중요한 항은 $24n$항이다. 또한 우리는 알고리듬 분석에 있어서 상대적으로 덜 중요한 상수 요소를 무시할 것이다. 이 알고리듬의 본질적 거동은 필요한 연산 수가 n에 비례하는 것으로 요약된다. 여기서 n은 덧셈할 수들의 비트 수다. 점근적 표기법은 이 개념을 정확하게 만드는 3개의 도구로 구성된다.

O('빅오') 표기는 함수의 거동에 대한 상계upper bound를 설정하는 데 사용된다. $f(n)$과 $g(n)$은 음이 아닌 정수에 대한 두 함수라 하자. n_0보다 큰 n의 모든 값에 대해 $f(n) \leq cg(n)$인 상수 c와 n_0가 존재하면 '$f(n)$은 $O(g(n))$ 함수의 클래스에 속한다' 또는 그냥 '$f(n)$은 $O(g(n))$이다'라고 말한다. 즉, 충분히 큰 n에 대해 $g(n)$ 함수는 $f(n)$의 상계이며 중요하지 않은 상수 계수는 무시한다. 빅오 표기는 특정 알고리듬에 대한 최악의 거동을 연구하는 데 특히 유용한데, 종종 이 알고리듬이 소비하는 자원의 상계에 만족하기도 한다.

알고리듬 클래스(이를테면 두 수를 곱하는 데 사용할 수 있는 알고리듬의 전체 클래스)의 거동을 연구할 때, 필요한 자원에 대한 하계lower bound를 정하는 것은 흥미롭다. 이를 위해 Ω('빅 오메가') 표기가 사용된다. n_0보다 큰 n의 모든 값에 대해 $cg(n) \leq f(n)$인 상수 c와 n_0가 존재하면 $f(n)$ 함수는 $\Omega(g(n))$이라고 말한다. 즉, 충분히 큰 n에 대해 $g(n)$은 $f(n)$의 하계이며 중요하지 않은 상수 계수는 무시한다.

마지막으로 Θ('빅 세타') 표기는 $f(n)$이 점근적으로 $g(n)$과 동일하게 동작함을 나타내는 데 사용되는데, 이때 중요하지 않은 상수 계수는 무시한다. 즉, $f(n)$이 $O(g(n))$과 $\Omega(g(n))$ 모두에 해당하면 $f(n)$은 $\Theta(g(n))$이라고 말한다.

점근적 표기법: 예제

점근적 표기법의 몇 가지 간단한 예를 살펴보자. $2n$ 함수는 모든 양수 n에 대해 $2n \leq 2n^2$ 이므로 $O(n^2)$ 클래스에 속한다. 2^n 함수는 충분히 큰 n에 대해 $n^3 \leq 2^n$이므로 $\Omega(n^3)$이다. 마지막으로, $7n^2 + \sqrt{n} \log(n)$ 함수는 충분히 큰 n의 모든 값에 대해 $7n^2 \leq 7n^2 + \sqrt{n} \log(n) \leq 8n^2$이므로 $\Theta(n^2)$이다. 이후 몇 개의 확인문제에서는 알고리듬 분석에 유용한 점근적 표기법의 기초 특성 중 일부를 살펴볼 것이다.

확인문제 3.9: $f(n)$이 $O(g(n))$일 필요충분조건은 $g(n)$이 $\Omega(f(n))$임을 증명하라. $f(n)$이 $\Theta(g(n))$일 필요충분조건은 $g(n)$이 $\Theta(f(n))$임을 이용한다.

확인문제 3.10: $g(n)$이 k차 다항식이라 하자. $l \geq k$에 대해 $g(n)$이 $O(n^l)$이라는 것을 보여라.

확인문제 3.11: 어떠한 $k > 0$에 대해서도 $\log n$은 $O(n^k)$라는 것을 보여라.

확인문제 3.12: ($n^{\log n}$은 **초다항식**super-polynomial) 어떠한 k에 대해서도 n^k가 $O(n^{\log n})$이지만 $n^{\log n}$은 결코 $O(n^k)$가 아님을 보여라.

확인문제 3.13: ($n^{\log n}$은 **준지수**sub-exponential) 어떠한 $c > 1$에 대해서도 c^n이 $\Omega(n^{\log n})$이지만 $n^{\log n}$은 결코 $\Omega(c^n)$이 아님을 보여라.

확인문제 3.14: $e(n)$이 $O(f(n))$이고 $g(n)$은 $O(h(n))$이라 하자. $e(n)g(n)$은 $O(f(n)h(n))$임을 보여라.

자원을 정량화할 때 점근적 표기법을 사용하는 예로는 n개 원소가 있는 목록을 알파벳 순서로 정렬하는 문제에 간단히 적용해볼 수 있다. 많은 정렬 알고리듬은 'compare-and-swap' 연산을 바탕으로 한다. 즉, 이 연산은 n개 원소의 목록에서 두 원소를 비교해 순서가 잘못돼 있으면 서로 바꾼다. 이 compare-and-swap 연산이 그 목록을 다룰 수 있는 유일한 수단이라면 그 목록을 올바로 정렬하기 위해 얼마나 많은 연산이 필요할까?

이 정렬 문제를 풀기 위한 간단한 compare-and-swap 알고리듬은 다음과 같다 (compare-and-swap(j,k)이란 j와 k번째 항목을 비교해 순서가 잘못돼 있으면 서로 바꾼다는 점에 주목한다).

```
for j = 1 to n-1
    for k = j+1 to n
        compare-and-swap(j,k)
    end k
end j
```

이 알고리듬은 n개의 이름이 있는 목록을 알파벳 순서로 올바르게 정렬한다. 알고리듬에 의해 실행된 compare-and-swap 연산의 수는 $(n-1)+(n-2)+\cdots+1 = n(n-1)/2$ 이다. 따라서 이 알고리듬에서 사용하는 compare-and-swap 연산의 수는 $\Theta(n^2)$이다. 이보다 더 잘할 수 있을까? 그렇게 할 수 있는 것으로 밝혀졌다. 'heapsort'와 같은 알고리듬은 $O(n \log n)$번의 compare-and-swap 연산을 사용해 실행하는 것으로 알려져 있다. 또한 확인문제 3.15에서는 compare-and-swap 연산을 바탕으로 하는 알고리듬이 $\Omega(n \log n)$번의 연산이 필요하다는 것을 보여주는 간단한 카운팅 인자를 살펴볼 것이다. 따라서 정렬 문제에는 일반적으로 $\Theta(n \log n)$번의 compare-and-swap 연산이 필요하다.

확인문제 3.15: (compare-and-swap 기반 정렬의 하계) n개 원소의 목록에 compare-and-swap 연산 시퀀스를 적용해 그 목록을 정렬한다고 하자. 그 목록의 가능한 초기 배열은 $n!$가지가 존재한다. 그 가능한 초기 배열에 compare-and-swap 연산을 k번 적용한 후 최대 2^k번을 더 수행해야 올바른 순서로 정렬되는 것을 보여라. 가능한 모든 초기 배열을 올바른 순서로 정렬하려면 $\Omega(n \log n)$번의 compare-and-swap 연산이 필요하다는 결론이 나오게 하라.

3.2.2 계산 복잡도

그것을 해결할 알고리듬이 존재하지 않을 거라는 생각(이 생각은 결코 변하지 않을 근본적인 것이다). 그 생각이 내 흥미를 불러일으킨다.

– 스티븐 쿡(Stephen Cook)

때로는 어떤 일이 불가능한 것이 좋다. 아무도 할 수 없는 일이 내게는 많아서 행복하다.

– 레오니드 레빈(Leonid Levin)

'현실적으로 효율적인 계산'이라는 비공식적 개념을 위해 다항 알고리듬을 수학적 개념으로 선택한 탓에 모든 측면에서 비판에 노출된 점은 놀라운 일이 아니다. [...] 궁극적으로 이 선택에 대한 우리의 주장은 다음과 같아야 한다. 다항적 최악의 경우를 고려한 성능(polynomial worst-case performance)을 우리의 효율성 기준으로 채택하면 실제 계산에 대해 의미 있는 것을 말해주는 우아하고 유용한 이론이 나오는데, 이러한 단순화 없이는 불가능할 것이다.

– 크리스토스 파파디미트리우(Christos Papadimitriou)

계산을 수행하는 데 필요한 시간과 공간 자원은 무엇일까? 이것들은 많은 경우에 있어서 계산 문제에 관해 제기할 수 있는 가장 중요한 질문이다. 수의 덧셈 및 곱셈과 같은 문제는 덧셈과 곱셈을 수행하는 고속 알고리듬fast algorithms(실행 시 공간을 거의 소비하지 않음)이 있기 때문에 효율적으로 해결할 수 있는 것으로 간주된다. 그 외의 많은 문제는 고속 알고리듬이 알려져 있지 않으며 효율적으로 해결할 수도 없다. 이는 문제를 해결할 알고리듬을 찾을 수 없기 때문이 아니라 알려진 모든 알고리듬이 엄청난 양의 공간이나 시간을 소비하므로 사실상 무용지물이기 때문이다.

계산 복잡도Computational complexity란 계산 문제를 해결하는 데 필요한 시간 및 공간 자원에 대한 연구다. 계산 복잡도의 작업이란 알고리듬을 명확하게 알지 못하더라도 문제를 해결하기 위해 가능한 한 최상의 알고리듬에 요구되는 자원에 대한 하계를 증명하는 것이다. 이 절과 그 다음 두 절에서는 계산 복잡도, 주요 개념, 이 분야의 중요한 결과에 대한 개요를 다룬다. 계산 복잡도는 어떤 의미에서 알고리듬 설계 분야를 보완한다. 즉, 이상적으로 말해 우리가 설계할 수 있는 가장 효율적인 알고리듬은 계산 복잡도로 입증된 하계와 완벽하게 일치한다. 안타깝게도 이러한 점은 자주 일어나는 게 아니다. 이미 언급했듯이 이 책에서는 고전 알고리듬 설계에 대해서는 자세히 다루지 않을 것이다.

계산 복잡도 이론을 공식화하는 데 있어 한 가지 어려움은 동일한 문제를 해결하는 데 계산모델마다 각기 다른 자원이 필요할 수 있다는 것이다. 예를 들어 다수 테이프 튜링머신은 단일 테이프 튜링머신보다 많은 문제를 훨씬 빠르게 해결할 수 있다. 이러한 어려움은 다소 거친 방식으로 해결된다. 어떤 문제가 n비트를 입력으로 받는다고 하자. 예를 면 특정 n비트의 수가 소수인지 여부에 관심이 있을 수 있다. 계산 복잡도에서 주된 차이는 n에 대한 다항식을 따르는 자원을 사용해 해결할 수 있는 문제냐 아니면 n에 대한 다항식보다 빠르게 커지는 자원을 필요로 하는 문제냐에 따라 벌어진다. 후자의 경우는 일반적으로 문제 크기에서 필요한 자원이 지수적exponential이라 말하는데, 지수적이라는 용어를 남용하기도 한다. 그 이유는 어떠한 다항식보다도 빠른(그러므로 이 관례에 따라 '지수적인') $n^{\log n}$과 같은 함수들이 존재하기 때문인데, 그러나 이런 함수들은 진정한 지수적인 것보다는 완만하게 커진다. 다항식 자원을 사용한 문제 해결 알고리듬이 존재하면 그 문제는 쉽거나 다루기 용이하거나 실행 가능한 것으로 간주되지만, 제일 가능한 알고리듬이 지수적 자원을 필요로 한다면 그 문제는 난해하거나 다루기 힘들거나 실행 불가능한 것으로 간주된다.

간단한 예로 2진수로 전개되는 $x_1 \dots x_{m_1}$와 $y_1 \dots y_{m_2}$인 두 수가 있고 이들 두 수의 합을 구하려 한다고 하자. 이 입력의 총 크기는 $n \equiv m_1 + m_2$이다. $\Theta(n)$으로 확장되는 여러 기초연산을 사용해 두 수를 더할 수 있다는 것을 쉽게 알 수 있다. 이 알고리듬은 다항(사실 1차식) 수의 연산을 사용해 그 작업을 수행한다. 이와는 반대로 정수를 소인수분해하는 문제는 다루기 어려운 것으로 믿어진다(아직 증명되지는 않았다!). 즉, 그 믿음이란 $O(p(n))$번의 연산을 사용해 임의의 n비트 정수를 인수분해할 수 있는 알고리듬은 존재하지 않는다는 것이다. 여기서 p는 n에 대해 어떤 고정된 다항함수다. 나중에는 이런 의미에서 다루기 어려운 것으로 믿어지는 여러 문제의 예를 제시할 것이다.

다항식 대 지수 분류는 다소 명확하지 않다. 실제로 $n^{n/1000}$번의 연산을 사용해 문제를 해결하는 알고리듬은 n^{1000}번의 연산으로 실행되는 알고리듬보다 더 유용할 것이다. 매우 큰 입력 크기($n \approx 10^8$)의 경우에만 '효율적인' 다항식 알고리듬이 '비효율적인' 지수 알고리듬보다 선호되며, 다수의 목적을 위해서는 '비효율적인' 알고리듬을 선호하는 것이 더 실용적일 수 있다.

그럼에도 계산 복잡도가 주로 다항식 대 지수 분류를 기반으로 하는 이유는 많다. 첫째, 역사적으로 보면 한치의 예외도 없이 다항적 자원 알고리듬이 지수적 알고리듬보다 훨씬 빠르다. 이런 원인은 상상력이 부족한 것으로 추측할 수 있다. 즉 n, n^2, 또는 그 외 낮은 차수 다항식 수의 연산이 필요한 알고리듬을 생각해내는 것이 n^{1000}번 연산이 필요한 자연의 알고리듬을 찾는 것보다 훨씬 쉽다. 후자 같은 예가 존재할까 싶지만 말이다. 따라서 인간의 마음이 비교적 단순한 알고리듬을 선호하는 경향으로 인해 실제로 다항적 알고리듬은 지수 계통보다 훨씬 효율적으로 수행하게 됐다.

다항식 대 지수 분류를 강조하는 두 번째이자 더 근본적인 이유는 강한 처치-튜링 논제에서 비롯된다. 1.1절에서 논의한 바와 같이 1960년대와 1970년대에 확률론적 튜링머신은 가장 강력한 '합리적' 계산모델인 것으로 보였다. 더 정확히 말하면 연구자들은 확률론적 튜링머신 계산모델이 아닌 일부 모델에서 k번의 기초연산을 사용해 한 함수를 계산할 수 있다면 확률론적 튜링머신 모델에서도 많아봐야 $p(k)$번의 기초연산을 사용해 동일한 함수를 계산할 수 있다는 것을 일관되게 발견했다. 여기서 $p(\cdot)$는 다항함수$^{polynomial\ function}$다. 이 말은 다음과 같이 강한 처치-튜링 논제$^{strong\ Church-Turing\ thesis}$로 알려져 있다.

강한 처치-튜링 논제: 어떠한 계산모델이라도 확률론적 튜링머신에서 시뮬레이션할 수 있으며, 필요한 기초연산 수는 기껏해야 다항적으로 증가한다.

강한 처치-튜링 논제는 계산 복잡도 이론에 있어서 희소식이다. 그 이유는 확률론적 튜링머신 계산모델에 관심을 집중할 수 있기 때문이다. 결국 어떤 문제가 확률론적 튜링머신에서 다항적 자원 솔루션을 갖고 있지 않으면 강한 처치-튜링 논제는 어떠한 컴퓨팅 장치에서도 효율적인 솔루션이 없다는 것을 의미한다. 따라서 강한 처치-튜링 논제는 효율성 개념이 다항적 자원 알고리듬으로 식별되면 계산 복잡도 이론 전체가 우아하고 모델 독립적인$^{model-independent}$ 형태를 취할 것이라는 점을 의미하고, 이러한 우아함을 통해 '다항적 자원으로 해결할 수 있는'과 '효율적으로 해결할 수 있는'을 잘 구분할 수 있게 됐다. 물론 양자 컴퓨터에 관심을 가져야 하는 주된 이유는 강한 처치-튜링 논제에 의구심을 갖고 확률론적 튜링머신을 포함한 모든 고전 컴퓨터에서 다루기 어렵다고 믿어지는 문제에 대해 효율적인 솔루션을 가능케 하는 것이다! 그럼에도 모델 독립적인 계산 복잡도 이론을 찾는 데 있어서 강한 처치-튜링 논제가 했던 역할을 이해하고 그 진가를 인정하는 것은 필요하다.

마지막으로는 실제 컴퓨터과학자들이 문제들을 다항식 대 지수로 분류하는 데만 신경 쓴 게 아니라는 점에 주목하자. 그저 이런 일은 계산 문제가 얼마나 어려운지를 알아보는 가장 거친 첫 번째 방식일 뿐이다. 하지만 이 일은 구분을 해놓기 위한 중요한 작업이며 컴퓨터과학에서 자원 문제의 본질에 대한 광범위한 논점을 보여준다. 따라서 이 책의 대부분에 있어서 주어진 알고리듬의 효율성을 평가하는 것은 우리의 주요 관심사가 될 것이다.

다항식 대 지수 분류의 장점을 살펴봤으므로 이제 계산 복잡도 이론에 한 가지 눈에 띄는 실패가 있음을 표명해야겠다. 즉, 해결에 지수적 자원을 필요로 하는 흥미로운 문제 클래스가 존재한다는 것을 증명하기는 아주 어려울 듯하다. 대부분의 문제에 지수적 자

226 PART 1 기본 개념

원이 필요하다는 비구성적 증명non-constructive proof[1]을 제시하는 것은 매우 쉬운 일이며(아래의 확인문제 3.16 참조), 더구나 많은 흥미로운 문제가 그 솔루션에 있어서 지수적 자원을 필요로 하는 것으로 추측된다. 그러나 최소한 현재의 지식 상태로는 정밀한 증명을 얻기는 아주 어려울 듯하다. 계산 복잡도의 이러한 실패가 양자계산에 중요한 영향을 미치는데, 그 이유는 양자 컴퓨터의 계산 능력이 고전 계산 복잡도 이론에서 어떤 주요 미해결 문제와 관련될 수 있음을 알 수 있기 때문이다. 이러한 문제가 해결될 때까지는 양자 컴퓨터가 얼마나 강력한 컴퓨터인지, 심지어 고전 컴퓨터보다 강력하기나 한 건지 확실하게 말할 수 없다!

확인문제 3.16: (계산하기에 난해한 함수가 존재함)　계산에 있어서 적어도 $2^n/n$개의 논리 게이트가 필요한, n개 입력의 부울함수가 존재한다는 것을 보여라.

3.2.3 결정문제와 복잡도 클래스 P 및 NP

많은 계산 문제는 **결정문제**decision problem(예 또는 아니오 답을 갖는 문제)로 가장 깔끔하게 공식화된다. 예를 들어 '주어진 수가 소수인가?'를 들 수 있다. 이것이 소수성primality 결정문제다. 계산 복잡도의 주요 아이디어는 다음 두 가지 이유로 결정문제 측면에서 가장 쉽고 아주 흔하게 공식화된다. 즉, 그 이론은 이 형태에서 가장 단순하고 가장 우아한 형태를 취하지만 여전히 더 복잡한 시나리오로 자연스럽게 일반화된다. 또한 역사적으로 보면 계산 복잡도는 주로 결정문제의 연구에서 비롯됐다.

대부분의 결정문제는 간단하고 친숙한 언어로 쉽게 말할 수 있지만, 결정문제의 일반적인 특성을 논할 때는 **형식언어**formal language의 용어를 사용하는 것이 크게 도움이 된다. 이 용어에서 알파벳 Σ에 대한 언어 L은 Σ의 모든 (유한) 기호 문자열에 대한 집합 Σ^*의 부분집합이다. 예를 들어 $\Sigma = \{0, 1\}$이라면 짝수의 2진 표현 집합 $L = \{0, 10, 100, 110,...\}$은 Σ에 대한 언어다.

결정문제는 언어에 대한 문제로서 명백한 방식으로 인코딩될 수 있다. 예를 들어 소수성 결정문제는 2진 알파벳 $\Sigma = \{0, 1\}$을 사용해 인코딩될 수 있다. Σ^*의 문자열들은 자연스럽게 음이 아닌 정수로 해석될 수 있다. 그 예로 0010은 숫자 2로 해석될 수 있다. 언어 L은 해당 숫자가 소수인 모든 2진 문자열로 구성되도록 정의된다.

1　적절한 예를 거론하지 않고 오히려 모순됨을 보이는 것으로 증명하는 방법 – 옮긴이

소수성 결정문제를 해결하기 위해 우리가 원하는 것은 입력 테이프에 숫자 n을 찍어서 n이 소수이면 '예', 소수가 아니면 '아니오'를 출력하는 튜링머신이다. 이 아이디어를 정확하게 하기 위해 기존의 튜링머신 정의(3.1.1절)를 약간 수정해 정지 상태 q_h를 2개의 상태 q_Y와 q_N으로 대체해 '예'와 '아니오'를 나타내게 하는 것이 편하다. 그 외의 다른 모든 경우에는 머신이 이전과 같게 작동하며 여전히 q_Y 또는 q_N 상태에 들어가면 정지된다. 더 일반적으로 말하면 튜링머신이 테이프에 찍힌 입력 x가 L 언어의 원소인지를 결정할 수 있으면, 또한 끝에 가서는 $x \in L$일 때 q_Y 상태에서 정지하고 $x \notin L$일 때 q_N 상태에서 정지할 수 있다면, L 언어는 튜링머신에 의해 결정된다. 우리는 이들 두 가지 경우 중 어떤 것이 나오냐에 따라 그 머신이 x를 수락하거나 거부했다고 말한다.

어떤 숫자가 소수인지를 얼마나 빨리 결정할 수 있을까? 즉, 소수성 결정문제를 나타내는 언어를 결정하는 가장 빠른 튜링머신은 무엇일까? 어떤 문제의 후보 x가 시간 $O(f(n))$의 언어인지를 결정하는 튜링머신이 존재한다면 그 문제는 $\mathbf{TIME}(f(n))$에 속한다고 말한다. 여기서 n은 x의 길이다. 어떤 문제가 유한 k에 대해 $\mathbf{TIME}(n^k)$에 속하면 다항시간$^{\text{polynomial time}}$ 내에 그 문제를 해결할 수 있다고 말한다. 어떤 k에 대해 $\mathbf{TIME}(n^k)$에 속하는 모든 언어의 모음^{collection}은 $\mathbf{P}$로 표시한다. $\mathbf{P}$는 복잡도 클래스$^{\text{complexity class}}$의 첫 번째 예다. 좀 더 일반적으로 말하면 복잡도 클래스는 언어 모음으로 정의한다. 많은 계산 복잡도 이론은 다양한 복잡도 클래스의 정의 그리고 각 복잡도 클래스 간의 관계를 이해하는 것과 관련이 있다.

당연한 일이지만 다항시간에 해결할 수 없는 문제들이 존재한다. 안타깝게도 다항시간에 주어진 문제를 해결할 수 없다는 것을 증명하는 일은 아주 어렵긴 한데 추측은 가능하다! $\mathbf{P}$에 속하지 않은 것으로 믿어지는 흥미로운 결정문제의 간단한 예는 인수분해 결정문제$^{\text{factoring decision problem}}$다.

> **인수분해:** 합성 정수$^{\text{composite integer}}$ m이 주어지고 $l < m$이라면 m은 l보다 작지 않으면서도 비자명한 약수$^{\text{non-trivial factor}}$[2]를 갖는가?

인수분해의 흥미로운 특성은 누군가가 그 답이 '그렇다, m이 l보다 작은 비자명한 약수를 갖는다'라고 주장한다면, 그러한 약수를 보임으로써 이를 입증할 수 있으며 다른 사

---

2   1과 그 자신의 수를 제외한 약수를 말한다. 예를 들어 6의 비자명한 약수는 2와 3이다. – 옮긴이

람들은 단순히 장제법^{long-division3}을 사용해 이를 효율적으로 점검할 수 있다는 것이다. 우리는 이러한 약수를 m이 l보다 작은 약수라는 사실에 대한 증거^{witness}라고 부른다. 쉽게 확인할 수 있는 증거에 대한 이 아이디어는 아래의 복잡도 클래스 **NP** 정의의 핵심 아이디어다. 결정문제로서 인수분해를 언급했지만, 결정문제가 어떤 수의 약수를 구하는 것과 동치라는 것은 아래 확인문제와 같이 쉽게 증명할 수 있다.

확인문제 3.17: 어떤 수 m의 약수를 구하는 다항시간 알고리듬이 존재하기 위한 필요충분조건은 인수분해 결정문제가 **P**에 속하는 것임을 증명하라.

인수분해는 **NP**라는 중요한 복잡도 클래스에 속한 문제의 한 예다. **NP**에 속한 문제를 구별해내면 적절한 증거의 도움으로 문제의 '그렇다^{yes}' 사례를 쉽게 증명할 수 있다. 좀 더 엄밀히 말하면 다음 특성을 갖는 튜링머신 M이 존재한다면 언어 L은 **NP**에 속한다.

1. $x \in L$이면, M이 x-공백-w 상태에서 시작될 때 그 머신이 $|x|$의 시간 다항식^{time} ^{polynomial} 이후에 q_Y 상태에서 정지되게 하는 증거 문자열 w가 존재한다.

2. $x \notin L$이면, M이 x-공백-w 상태에서 시작될 때 증거 역할을 수행할 모든 문자열 w에 대해 그 머신은 $|x|$의 시간 다항식 이후에 q_N 상태에서 정지한다.

NP의 정의에는 흥미로운 비대칭성^{asymmetry}이 있다. $x \in L$에 대한 가능한 증거가 정말 증거인지를 신속하게 결정할 수 있어야 하지만 $x \notin L$에 대한 증거를 만들 필요는 없다. 예를 들어 인수분해 문제에서 주어진 수가 m보다 작은 약수를 갖고 있음을 증명하기란 쉽지만, 어떤 수가 m보다 작은 약수를 갖지 않음을 증명하는 증거를 제시하기는 어렵다. 이런 일로 인해 '아니오' 사례에 대한 증거를 갖는 언어 클래스인 **coNP**를 정의하게 된다. 즉, 명확히 말해서 **coNP**에 속한 언어들은 **NP**의 여집합^{complement}에 속한 언어들이다.

P와 **NP**는 어떤 관련이 있을까? **P**가 **NP**의 부분집합인 것은 분명하다. 컴퓨터과학에서 가장 유명한 미해결 문제는 **P**에 속하지 않는 **NP** 문제가 존재하느냐이며, 종종 **P** $\neq$ **NP** 문제로 줄여서 말한다. 대부분의 컴퓨터과학자는 **P** $\neq$ **NP**를 믿지만 수십 년 동안의 연구에도 아무도 이를 증명할 수 없었으며 **P** = **NP**일 가능성은 여전히 남아 있다.

확인문제 3.18: coNP $\neq$ NP이면 P $\neq$ NP임을 증명하라.

---

3   두 자리 이상의 수를 나눗셈할 때 아래로 내려 쓰면서 계산해 나가는 방식. 초등학교 때부터 나눗셈할 때 흔히 사용하는 방식이다. – 옮긴이

첫눈에 봐도 $P \neq NP$ 추측이 해결하기에 아주 쉬울 걸로 결론이 난다. 이 점이 실제로 는 간단치 않은 이유를 알기 위해 P와 NP에 속한 문제들의 몇 가지 예를 살펴보는 것이 도움된다. 이제 결정문제의 풍부한 소스인 그래프 이론^{graph theory}의 예를 기술할 것인데, 이 이론은 놀라울 정도로 많이 현실에 적용된다. 그래프^{graph}란 간선으로 연결된 유한한 정 점^{vertex}들의 집합 $\{v_1, ..., v_n\}$이다. 간선^{edge}이란 정점들의 쌍 (v_1, v_j)이다. 현재로서는 (각 간 선의 양쪽에 있는) 정점들의 순서가 중요하지 않은 무방향 그래프^{undirected graph}에만 관심을 둔 다. 정점의 순서가 중요한 방향 그래프^{directed graph}에 대해서는 이와 비슷한 아이디어로 조 사하면 된다. 전형적인 그래프는 그림 3.9에 나타나 있다.

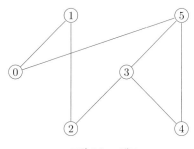

그림 3.9 그래프

그래프에서 순환^{cycle}이란 정점들의 수열 $v_1, ..., v_m$이면서 각 (v_j, v_{j+1}) 쌍이 간선이고 (v_1, v_m)을 만족시키는 수열이다. 단순 순환^{simple cycle}이란 첫 번째 정점과 마지막 정점을 제외하고 어떠한 정점도 반복되지 않는 순환이다. 해밀턴 순환^{Hamiltonian cycle}이란 그래프의 모든 정점을 거치는 단순 순환이다. 해밀턴 순환이 있거나 없는 그래프의 예는 그림 3.10 에 나와 있다.

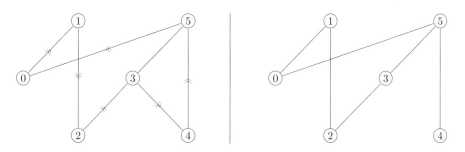

그림 3.10 왼쪽 그래프는 0, 1, 2, 3, 4, 5, 0인 해밀턴 순환을 포함한다. 오른쪽 그래프는 해밀턴 순환을 포함하지 않으며, 이는 조사를 통해 증명할 수 있다.

해밀턴 순환 문제$^{\text{Hamiltonian cycle problem}}$(HC)란 주어진 그래프가 해밀턴 순환을 포함하는지 여부를 결정하는 것이다. 주어진 그래프가 해밀턴 순환을 가지면 쉽게 검사 가능한 증거로서 그 순환을 사용할 수 있기 때문에 HC는 NP에 속한 결정문제가 된다. 더욱이 HC에는 다항시간 알고리듬이 알려져 있지 않다. 실제로 HC는 이른바 NP-완비 문제 클래스에 속하는 문제인데, 그 클래스의 문제는 시간 t 내에서 HC를 해결하면 NP의 다른 어떠한 문제라도 $O(\text{poly}(t))$ 시간 내에 해결할 수 있다는 점에서 NP에서 '가장 난해한' 문제로 생각할 수 있다. 이는 NP-완비 문제에 다항시간 솔루션이 존재하면 P = NP를 따를 거라는 의미도 된다.

HC와 표면적으로 유사하지만 놀랍게도 다른 특성을 갖는 문제가 존재하는데, 이를 오일러 순환 결정문제라고 한다. 오일러 순환$^{\text{Euler cycle}}$이란 그래프 G에 있는 모든 간선을 정확히 한 번만 거치도록 그래프의 간선을 정렬한 것이다. 오일러 순환 결정문제$^{\text{Euler cycle decision problem}}$(EC)란 n개의 정점에 대한 그래프 G가 주어지면 그 그래프가 오일러 순환을 포함하는지 여부를 결정하는 것이다. 사실 EC는 HC와 정확히 동일한 문제이며 그 경로만 정점이 아닌 간선을 거치는 것이다. 다음의 주목할 만한 정리를 보자. 이에 대한 증명은 확인문제 3.20에서 할 것이다.

정리 3.1: (오일러 정리) 연결된 그래프가 오일러 순환을 포함할 필요충분조건은 모든 정점이 짝수 개의 간선을 갖는 것이다.

오일러 정리는 EC를 효율적으로 해결하는 방법을 제공한다. 먼저 그래프가 연결돼 있는지 확인한다. 이것은 확인문제 3.19와 같이 $O(n^2)$번의 연산으로 쉽게 수행할 수 있다. 그래프가 연결돼 있지 않으면 오일러 순환이 존재하지 않는 것이다. 그래프가 연결돼 있으면 각 정점에 대한 간선의 수가 짝수인지 확인한다. 짝수 개가 아닌 정점이 있으면 오일러 순환이 없는 것이고 그 반대의 경우면 오일러 순환이 존재하는 것이다. n개의 정점이 있고 최대 $n(n-1)/2$개의 간선이 있으므로 이 알고리듬에는 $O(n^3)$번의 기초 연산이 필요하다. 따라서 EC는 P에 속한다! 어쨌든 각 간선을 지나는 문제에는 어떤 구조가 존재하며, 그 구조를 활용하면 EC를 위한 효율적 알고리듬이 나올 수 있지만, 각 정점을 지나는 문제에는 그 구조가 반영될 걸로는 보이지 않는다. 즉, HC 문제에 대해 그러한 구조가 없다면 왜 그 구조가 한 경우에만 존재하고 다른 경우에는 존재하지 않는 것인지는 전혀 알 길이 없다.

확인문제 3.19: 도달가능성^{Reachability} 이 문제는 그래프에서 지정된 두 정점 사이에 경로가 있는지 확인하는 것이다. 그래프에 n개의 정점이 있으면 $O(n^2)$번의 연산을 사용하여 도달가능성을 해결할 수 있음을 보여라. 또한 도달가능성에 대한 솔루션을 사용하면 그래프가 연결돼 있는지를 $O(n^3)$번의 연산으로 결정할 수 있음을 보여라.

확인문제 3.20: (오일러 정리) 오일러 정리를 증명하라. 특히 각 정점이 짝수 개의 간선으로 연결돼 있다면 오일러 순환을 찾기 위한 구조적 절차^{constructive procedure}를 구하라.

인수분해 결정문제와 인수분해 문제 간의 동등성은 컴퓨터과학에서 가장 중요한 아이디어 중 하나인 환산^{reduction}의 특별한 예다. 직관적으로 보면 어떤 문제는 다른 문제의 특수한 사례로 볼 수 있다. 환산의 좀 괜찮은 예로는 HC를 외판원 결정문제^{traveling salesman decision problem}(TSP)로 환산시키는 것이다. 외판원 결정문제는 다음과 같다. 즉, n개의 도시 1, 2,...,n이 주어지고 각 도시 쌍 사이에 음이 아닌 정수 거리 d_{ij}도 제공된다. d 거리가 주어지면, 문제는 d 거리보다 작은 거리의 모든 도시의 여행이 존재하는지 결정하는 것이다.

HC를 TSP로 환산시키는 것은 다음과 같이 진행된다. n개의 정점이 있는 그래프가 있다고 하자. 그래프의 각 정점을 '도시'로 생각하고 정점 i와 j가 연결돼 있으면 도시 i와 j 사이의 거리 d_{ij}를 1로 정의하고 정점이 연결돼 있지 않으면 그 거리를 2라고 정의한다. 그러면 $n+1$보다 작은 거리의 도시 여행은 거리 n이어야 하고 그 그래프에 대해 해밀턴 순환이 존재해야 한다. 역으로 말해 해밀턴 순환이 존재하면 $n+1$보다 작은 거리의 도시에 대한 여행이 존재해야 한다. 이런 식으로 TSP를 해결하기 위한 알고리듬이 주어지면, 많은 오버헤드가 없이 HC를 해결하기 위한 알고리듬으로 변환시킬 수 있다. 이로부터 두 가지 결과를 추론할 수 있다. 첫째, TSP가 다루기 쉬운 문제라면 HC도 다루기 쉽다. 둘째, HC가 어려우면 TSP도 어려워야 한다. 이것이 환산이라는 일반적 기술의 한 예다. 즉, HC 문제를 TSP 문제로 환산시킨 것이다. 이것은 이 책 전반에 걸쳐 반복적으로 사용할 기술이다.

좀 더 일반적인 환산 개념은 그림 3.11에 나타나 있다. 입력이 $x \in B$로 주어질 때 $R(x)$를 출력하도록 다항시간 내에 작동하는 튜링머신이 존재할 필요충분조건이 $R(x) \in A$이면, 언어 B는 또 다른 언어 A로 환산가능^{reducible}하다고 말한다. 따라서 A를 결정하는 알고리듬이 존재하면 약간의 오버헤드를 들여 언어 B를 결정할 수 있다. 이러한 의미로 보면, B 언어는 A 언어보다 결정하기가 본질적으로 더 어렵지 않다.

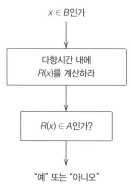

그림 3.11 B를 A로의 환산

확인문제 3.21: (환산의 추이적 특성^{transitive property}**)**   언어 L_1이 L_2 언어로 환산 가능하고 L_2 언어가 L_3로 환산 가능하다면, L_1 언어는 L_3 언어로 환산 가능하다는 것을 보여라.

어떤 복잡도 클래스는 그 복잡도 클래스에 관해 완비하다는^{complete} 문제를 갖는다. 이 말은 그 복잡도 클래스에 속한 다른 모든 언어가 L 언어로 환산될 수 있다는 의미에서 그 복잡도 속에는 결정하기에 '가장 어려운' 언어 L이 존재한다는 뜻이다. 모든 복잡도 클래스가 완비 문제^{complete problem}를 갖는 것은 아니지만 우리가 관심을 갖는 많은 복잡도 클래스는 완비 문제를 갖는다. **P**에 대해서는 금방 알 수 있는 예가 있다. L을 **P**에 속한 어떠한 언어라 하고 L은 비어 있지 않거나 모든 단어들의 집합과 같다고 하자. 즉, $x_1 \notin L$인 문자열 x_1과 $x_2 \in L$인 문자열 x_2가 존재하는 것이다. 그러면 다음 환산을 사용해 **P**에 속한 어떠한 다른 언어 L'이라도 L로 환산될 수 있다. 즉, 입력 x가 주어지면 다항시간 결정 프로시저를 사용해 $x \in L'$인지 아닌지를 결정한다. 아닌 것이라면 $R(x) = x_1$로 설정하고, 그렇지 않으면 $R(x) = x_2$로 설정한다.

확인문제 3.22: L이 어떤 복잡도 클래스에 대해 완비하다고 하고 L'은 그 복잡도 클래스에 속한 또 다른 언어이며 L이 L'로 환산된다고 하자. L'은 그 복잡도 클래스에 대해 완비하다는 것을 보여라.

좀 더 중요하게 말하면, **NP**는 완비 문제도 포함한다. 그러한 문제의 중요한 예제이면서 다른 모든 **NP**-완비 문제에 대한 원형은 회로 충족가능성 문제^{circuit satisfiability problem} 또는 CSAT이다. 즉 AND, OR, NOT 게이트로 구성된 부울 회로^{Boolean circuit}가 주어지면 출력

값 1이 나오게 하는 그 회로에 대한 입력 값이 존재할까? 즉, 그 회로는 일부 입력에 대해 충족가능^{satisfiable}할까? CSAT의 **NP**-완비성^{NP-completeness}은 쿡-레빈 정리^{Cook-Levin theorem}라 하며 이제 그 증명을 개략적으로 알아볼 것이다.

정리 3.2: (쿡-레빈) CSAT는 **NP**-완비다.

증명

증명에는 두 부분이 있다. 증명의 첫 번째 부분은 CSAT가 NP에 속한다는 것을 보이는 것이고 두 번째 부분은 NP에 속한 어떠한 언어라도 CSAT로 환산될 수 있음을 보이는 것이다. 이 증명의 양쪽 부분은 모두 시뮬레이션 기술을 기반으로 한다. 즉, 증명의 첫 번째 부분에서는 튜링머신이 회로를 효율적으로 시뮬레이션할 수 있음을 보이고, 증명의 두 번째 부분에서는 회로가 튜링머신을 효율적으로 시뮬레이션할 수 있음을 보인다. 증명의 양쪽 부분은 매우 간단하다. 그러나 설명의 목적상 두 번째 부분을 자세하게 설명할 것이다.

증명의 첫 번째 부분은 CSAT가 **NP**에 속한다는 것을 보이는 것이다. n개의 회로 요소와 잠재적 증거 w가 있는 회로가 주어지면, w가 그 회로를 충족시키는지를 튜링머신에서 다항시간 내에 쉽게 검사할 수 있다. 이것으로 CSAT가 **NP**에 속한다는 것을 입증한다.

증명의 두 번째 부분은 어떠한 언어 $L \in$ **NP**이라도 CSAT로 환산될 수 있다는 것을 보이는 것이다. 즉, $x \in L$에 대해 다항시간 계산 가능 환산 R이 존재할 필요충분조건은 $R(x)$가 충족가능 회로라는 것을 보이려고 한다. 이 환산의 아이디어는 L 언어에 대한 사례 증거^{instance-witness} 쌍 (x, w)을 검사하는 머신 M의 동작을 시뮬레이션하는 회로를 구하는 것이다. 회로의 입력 변수는 증거를 나타낼 것이다. 즉, 그 아이디어는 회로를 충족시키는 증거를 찾는 것이 특정 증거 w에 대해 M이 (x, w)을 받아들이는 것과 동치라는 것이다. 일반성을 잃지 않으면서 구조를 단순화하기 위해 M에 대해 다음과 같은 가정을 할 수 있다.

1. M의 테이프 알파벳은 ▷, 0, 1, 공백 기호다.

2. M은 최대 $t(n)$의 시간과 최대 $s(n)$의 총 공간을 사용해 실행한다. 여기서 $t(n)$과 $s(n)$은 n에 대한 다항식이다.

3. 실제로 M 머신은 크기 n의 모든 입력에 대해 정확히 $t(n)$ 시간을 사용해 실행하는 것으로 가정할 수 있다. 이 가정은 $x =$ ▷, 0, 1, 공백의 각각에 대해 $\langle q_Y, x, q_Y, x, 0\rangle$와 $\langle q_N, x, q_N, x, 0\rangle$ 행을 추가하고 정확히 $t(n)$ 단계 후에 머신을 인위

적으로 정지시키는 것으로 이루어진다.

M을 시뮬레이션하기 위한 구성의 기본 아이디어는 그림 3.12에 요약해놓았다. 튜링머신의 각 내부 상태는 회로에서 단일 비트로 표시된다. 대응하는 비트들의 이름은 $\tilde{q}_s$, $\tilde{q}_1,...,\tilde{q}_m$, $\tilde{q}_Y$, $\tilde{q}_N$으로 명명한다. 초기에 $\tilde{q}_s$는 1로 설정되고 내부 상태를 나타내는 다른 모든 비트는 0으로 설정된다. 튜링머신 테이프의 각 정사각형은 3개의 비트로 표시된다. 즉, 2개의 비트는 현재 테이프에 있는 알파벳 문자($\triangleright$, 0, 1, 공백)를 나타내고 1개의 '플래그' 비트는 읽기-쓰기 헤드가 사각형을 가리키면 1, 그렇지 않으면 0으로 설정된다. 테이프 내용을 나타내는 비트는 $(u_1, v_1),...,(u_{s(n)}, v_{s(n)})$로 표시되고 해당 플래그 비트는 $f_1,...,f_{s(n)}$로 나타낸다. 초기에는 $f_1 = 1$이고 그 외 모든 $f_j = 0$인 반면에 u_j 및 v_j 비트는 적절한 경우 입력 x 및 w를 나타내도록 설정된다. 또한 긴 여분의 '전체 플래그^{global flag}' 비트 F도 있는데 그 기능은 나중에 설명할 것이다. 초기에 F는 0으로 설정된다. 증거 w를 나타내는 비트(가변 비트)를 제외하고 회로에 입력된 모든 비트는 고정된 것으로 간주한다.

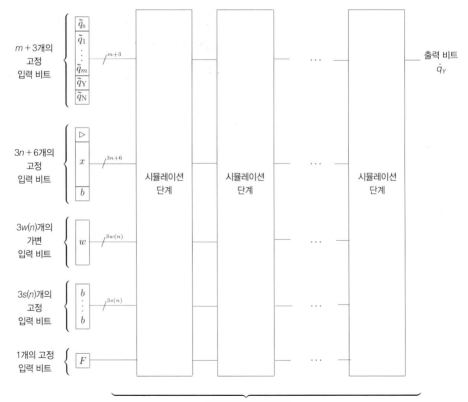

$t(n)$번의 시뮬레이션 단계

그림 3.12 회로를 사용해 튜링머신을 시뮬레이션하는 절차 개요

M은 튜링머신용 프로그램 한 행의 실행을 시뮬레이션하는 '시뮬레이션 단계'를 $t(n)$번 반복한다. 각 시뮬레이션 단계는 그림 3.13에 나타난 바와 같이 각각의 프로그램 행에 대응하는 일련의 단계들로 나눌 수 있으며 최종 단계에서는 전체 플래그 F를 0으로 재설정한다. 시뮬레이션을 완료하려면 $\langle q_i,\ x,\ q_j,\ x',\ s \rangle$ 형식의 프로그램 행만 시뮬레이션하면 된다. 편의상 $q_i \neq q_j$로 가정하지만 $q_i = q_j$인 경우에도 비슷하게 구성하면 된다. 그 절차는 다음과 같다.

1. $\tilde{q}_i = 1$인지 확인한다. 이것은 머신의 현재 상태가 q_i임을 나타낸다.

2. 각 테이프 정사각형에 대해

    a. 전체 플래그 비트가 0으로 설정됐는지 확인한다. 이는 튜링머신이 아직 어떠한 동작도 하지 않았다는 의미다.

    b. 플래그 비트가 1로 설정됐는지 확인한다. 이는 테이프 헤드가 이 테이프 정사각형에 위치했다는 의미다.

    c. 이 시점에서 시뮬레이션되는 테이프 내용이 x인지 확인한다.

    d. 모든 조건이 확인됐으면 아래 단계를 수행한다.

        i. $\tilde{q}_i = 0$과 $\tilde{q}_j = 1$로 설정한다.

        ii. 이 테이프 정사각형에 있는 시뮬레이션되는 테이프 내용을 x'로 업데이트한다.

        iii. 이것과 인접한 '정사각형들'의 플래그 비트를 적절하게 업데이트한다. 이는 $s = +1,\ 0,\ -1$인지, 테이프의 왼쪽 끝에 위치했는지에 따라 달라진다.

        iv. 전체 플래그 비트를 1로 설정한다. 이는 이번 계산 라운드가 완료됐음을 의미한다.

이 절차는 일정한 수의 비트를 포함하는 고정된 절차이며, 3.1.2절의 보편성 결과를 통해서 일정한 수의 게이트를 포함하는 회로를 사용해 이 절차를 수행할 수 있다.

그림 3.13 회로를 사용해 튜링머신을 시뮬레이션하는 데 사용되는 시뮬레이션 단계 개요

전체 회로의 총 게이트 수는 $O(t(n)(s(n)+n))$인 것으로 쉽게 알 수 있으며, 크기 면에서 다항식이다. 회로의 끝에서 $\tilde{q}_Y = 1$이기 위한 필요충분조건은 M 머신이 (x, w)를 받아들이는 경우라는 것이 분명하다. 따라서 이 회로가 충족가능하기 위한 필요충분조건은 M 머신이 (x, w)를 받아들이게 되는 w가 존재하는 경우이고, 이렇게 L에서 CSAT로의 원하는 환산을 구했다.

CSAT를 이용하면 그 외의 많은 문제가 NP-완비하다는 것을 쉽게 증명할 수 있다. 어떤 문제가 NP-완비라는 것을 직접 증명하는 대신, 그 문제가 NP에 속하는 것을 증명할 수 있고 CSAT가 그 문제로 환산된다는 것도 증명할 수 있으면, 그 문제는 확인문제 3.22에 의해 NP-완비하게 된다. NP-완비 문제에 대한 약간의 샘플은 박스 3.3에서 언급해 놓았다. 또 다른 NP-완비 문제의 예는 부울식$^{\text{Boolean formula}}$으로 표현되는 충족가능성 문제 $^{\text{satisfiability problem}}$(SAT)다. 부울식 φ가 다음 원소들로 구성된다는 것을 상기하자. 즉, 부울변수 x_1, x_2,...의 집합; 부울연산기호$^{\text{Boolean connective}}$, 다시 말하면 ∧(AND), ∨(OR), ¬(NOT)과 같이 하나 또는 2개의 입력과 하나의 출력을 갖는 부울함수 그리고 괄호다. 주어진 부울변수 집합에 대한 부울식의 참 또는 거짓은 보통의 부울대수 법칙에 따라 결정된다. 예를 들어 $\varphi = x_1 \vee x_2$ 식은 충족시키는 할당 값으로 $x_1 = 0$과 $x_2 = 0$을 갖지만 $x_1 = 0$과 $x_2 = 1$은 충족시키는 할당 값이 아니다. 충족가능성 문제란 부울식 φ가 주어질 때 가능한 입력 집합으로 충족가능한지를 결정하는 것이다.

확인문제 3.23:   먼저 SAT가 NP에 속한다는 것을 보임으로써 SAT가 NP-완비라는 것을 증명하고 CSAT가 SAT로 환산된다는 것도 증명하여라(힌트: 환산의 경우, CSAT의 한 예를 들고 각각의 개별 도선을 부울식의 서로 다른 변수로 표현하는 것이 도움될 수 있다).

박스 3.3: NP-완비 문제의 동물원(zoo)[4]

NP 클래스가 중요한 이유는 부분적으로 봐서 NP-완비로 알려진 수많은 계산 문제 때문이다. 여기서는 이 주제를 살펴보기보다는('역사와 추가자료' 참조) 수학의 여러 영역에서 나온 다음 예를 통해 NP-완비로 알려진 문제들을 멋지게 조합하는 아이디어를 얻을 수 있다.

---

4   복잡도 클래스와 그 특성을 모아 놓은 곳을 의미한다. – 옮긴이

- 클리크(그래프 이론): 무방향 그래프 G에서 클리크clique란 각 쌍이 간선으로 연결된 정점들의 부분집합이다. 클리크의 크기란 그 클리크가 포함하고 있는 정점들의 수다. 정수 m과 그래프 G가 주어지면, G에는 크기 m의 클리크가 존재할까?

- 부분집합의 합(산술): 양의 정수로 구성된 유한모음finite collection S와 목표 t가 주어지면 그 합이 t가 되는, S의 부분집합이 존재할까?

- 0-1 정수 프로그래밍(선형 프로그래밍): 정수 $m \times n$ 행렬 A와 정수 값을 갖는 m차원 벡터 y가 주어지면, $Ax \leq y$가 되면서 $\{0, 1\}$ 집합의 성분을 갖는 n차원 벡터 x가 존재할까?

- 정점 덮개(그래프 이론): 무방향 그래프 G에 대한 정점 덮개vertex cover란 G에 있는 모든 정점 중에서 몇 개의 정점을 사용해 그 그래프의 모든 간선을 덮을 수 있는 그 정점들의 집합 V'이다. 정수 m과 그래프 G가 주어지면, G에는 m개의 정점을 포함하는 정점 덮개 V'가 존재할까?

또한 SAT의 중요한 제한적 경우는 **NP**-완비면서 3-논리곱 정규형3-conjunctive normal form의 식들과 관련된 3-충족가능성 문제(3-SAT)다. 어떤 식이 절들의 모음collection of clauses에 대해 AND 연산으로 되어 있고 각 절은 하나 이상의 리터럴에 대해 OR 연산으로 되어 있으면, 그 식을 논리곱 정규형conjunctive normal form이라고 말한다. 여기서 리터럴literal이란 표현이 x 또는 $\neg x$ 형태로 된 것이다. 예를 들어 $(x_1 \vee \neg x_2) \wedge (x_2 \vee x_3 \vee \neg x_4)$ 식은 논리곱 정규형이다. 각 절에 정확히 3개의 리터럴이 있으면 그 식은 3-논리곱 정규형 또는 3-CNF에 속한다. 또한 $(\neg x_1 \vee x_2 \vee \neg x_2) \wedge (\neg x_1 \vee x_3 \vee \neg x_4) \wedge (x_2 \vee x_3 \vee x_4)$ 식은 3-논리곱 정규형이다. 3-충족가능성 문제란 3-논리곱 정규형 식이 충족가능하는지를 결정하는 것이다.

3SAT가 NP-완비라는 증명은 간단하지만 이 개요에 포함시키기에는 너무 길다. 심지어 CSAT와 SAT보다 3SAT가 어떤 의미에서 훨씬 더 **NP**-완비 문제이며, 이외의 문제들이 **NP**-완비라는 무수히 많은 증명의 토대가 된다. 아래 문제와 같이 3SAT의 유사문제인 2SAT(모든 절이 2개의 리터럴을 가짐)가 다항시간 내에 해결될 수 있다는 놀라운 사실로 **NP**-완비성에 대한 논의를 마친다

확인문제 3.24: (2SAT는 효율적인 솔루션을 갖는다) φ는 논리곱 정규형의 부울식이며 각 절은 2개의 리터럴만 포함한다고 하자.

1. 다음과 같은 방법으로 방향 있는 간선을 갖는 (방향) 그래프 $G(\varphi)$를 구성한다. 즉, G의 정점들은 φ의 변수 x_j와 부정변수 $\neg x_j$에 대응한다. G에서 (방향) 간선 (α, β)가 존재하기 위한 필요충분조건은 φ에 $(\neg\alpha \vee \beta)$ 절이나 $(\beta \vee \neg\alpha)$ 절이 존재하는 경우다. φ가 충족가능하지 않을 필요충분조건은 $G(\varphi)$에 x에서 $\neg x$로, $\neg x$에서 x로의 경로가 있게 하는 변수 x가 존재하는 경우라는 것을 보여라.

2. n개의 정점이 있는 방향 그래프 G가 주어지면 두 정점 v_1과 v_2가 다항시간 내에 연결되는지 결정할 수 있음을 보여라.

3. 2SAT를 해결하기 위한 효율적인 알고리듬을 구하라.

$\mathbf{P} \neq \mathbf{NP}$라고 가정하면 다항자원polynomial resource으로 해결할 수 없거나 $\mathbf{NP}$-완비로도 해결할 수 없는 문제들의 비어 있지 않는 클래스 $\mathbf{NPI}$($\mathbf{NP}$ 중간클래스intermediate)가 존재하는 것을 증명할 수 있다. 당연하게도 $\mathbf{NPI}$에 속하는 것으로 알려진 문제는 없지만(그렇지 않으면 $\mathbf{P} \neq \mathbf{NP}$라는 것을 알 것이다) 가능한 후보로 간주되는 몇 가지 문제가 있다. 가장 강력한 후보 중 2개는 인수분해 문제와 다음과 같은 그래프 동형사상isomorphism 문제다.

그래프 동형사상: G와 G'이 정점 $V \equiv \{v_1, ..., v_n\}$에 대한 두 무방향 그래프라 하자. G와 G'은 동형isomorphic일까? 즉, 간선 (v_i, v_j)가 G에 포함되기 위한 필요충분조건이 $(\varphi(v_i), \varphi(v_j))$가 G'에 포함되는 경우가 되는 일대일 함수 $\varphi : V \to V$가 존재할까?

$\mathbf{NPI}$에 속한 문제는 다음의 두 가지 이유로 양자계산 및 양자정보 분야의 연구자들에게 흥미롭다. 첫째, $\mathbf{P}$에 속하지 않는 문제를 해결하기 위해서는 고속 양자 알고리듬을 구하는 것이 바람직하다. 둘째, 많은 사람들은 양자 컴퓨터가 $\mathbf{NP}$의 모든 문제를 효율적으로 해결할 수 없어 $\mathbf{NP}$-완비 문제가 배제될 거라는 의구심을 갖는다. 따라서 $\mathbf{NPI}$ 클래스에 중점을 두는 것이 당연하다. 실제로 인수분해를 위한 고속 양자 알고리듬이 발견됐으며(5장), 이것으로 말미암아 $\mathbf{NPI}$에 속한 것으로 의심되는 다른 문제들에 대해 고속 양자 알고리듬을 열심히 찾게 됐다.

3.2.4 수많은 복잡도 클래스

지금까지 몇 가지 중요한 복잡도 클래스의 기초 특성 중 일부를 살펴봤다. 복잡도 클래스에 대해 모든 신을 섬기는 진정한 신전이 존재하며, 이들 클래스 간에 알려지거나 의심스러운 비자명한 관계non-trivial relationship가 많이 있다. 양자계산 및 양자정보의 경우, 정의된 각각의 모든 복잡도 클래스를 이해할 필요는 없다. 하지만 복잡도 클래스 중 좀 더 중요한 것에 대해 어느 정도 이해하는 것이 도움이 되며, 이 가운데 많은 클래스가 양자계산 및 양자정보 연구에서 자연적으로 유사하다. 또한 양자 컴퓨터가 얼마나 강력한지를 이해하려면 양자 컴퓨터에서 해결 가능한 문제의 클래스가 고전 컴퓨터용으로 정의될 수 있는 복잡도 클래스의 동물원에 얼마나 잘 들어맞는지 알아야 한다.

복잡도 클래스의 정의에 따라 변할 수 있는 세 가지 특성이 있다. 즉, 관심 있는 자원(시간. 공간 등), 고려할 문제 유형(결정문제. 최적화 문제 등), 기반이 되는 계산모델(결정론적 튜링머신. 확률론적 튜링머신. 양자 컴퓨터 등)이다. 당연히 복잡도 클래스를 정의하는 범위는 엄청 커진다. 이 절에서는 몇 가지 더 중요한 복잡도 클래스와 일부 기초 특성을 간략하게 검토할 것이다. 관심 있는 자원을 시간에서 공간으로 변경하는 복잡도 클래스로 시작해보자.

가장 자연스러운 공간 제한 복잡도 클래스^{space-bounded complexity class}는 다항 수의 작업 비트^{working bit}들을 사용해 튜링머신에서 해결할 수 있는 결정문제의 클래스 **PSPACE**인데, 이 클래스는 그 머신에서 사용할 수 있는 시간에 제한이 없다(확인문제 3.25 참조). 당연히 **P**는 **PSPACE**에 포함된다. 그 이유는 다항시간 이후 정지하는 튜링머신이 다항적으로 많은 정사각형을 통과시킬 수 있기 때문이지만 **NP**가 **PSPACE**의 부분집합이라는 것도 사실이다. 이 점을 알아보기 위해 L을 **NP**에 속한 어떠한 언어라 하자. 크기 n의 문제는 최대 $p(n)$ 크기의 증거를 갖는다고 가정한다. 여기서 $p(n)$은 n에 대한 다항식이다. 그 문제가 솔루션을 갖는지 결정하기 위해 $2^{p(n)}$개의 모든 가능한 증거를 순차적으로 테스트할 수 있다. 각 테스트는 다항시간과 다항공간에서 실행할 수 있다. 테스트 사이의 모든 중간 작업을 없애면 다항공간을 사용해 모든 가능성을 테스트할 수 있다.

아쉽게도 현재 **P**에 속하지 않은 문제가 **PSPACE**에 포함되는지는 알려져 있지 않다! 이는 매우 놀라운 상황이다. 즉, 무제한 시간과 다항공간 자원을 갖는 것이 다항시간만을 갖는 것보다 더 강력해야 한다는 것은 아주 당연할 것이다. 하지만 상당한 노력과 독창성에도 불구하고 이것은 결코 증명되지 않았다. 나중에는 다항시간에 양자 컴퓨터에서 해결 가능한 문제의 클래스가 **PSPACE**의 부분집합이라는 것을 알게 될 것이다. 그래서 양자 컴퓨터에서 효율적으로 해결 가능한 문제가 고전 컴퓨터에서 효율적으로 해결 가능하지 않다는 것을 증명함으로써 **P** ≠ **PSPACE**를 입증할 것이며, 이렇게 컴퓨터과학의 주요 문제 하나를 해결할 것이다. 이 결과를 낙관적으로 보면 양자계산에서 나온 아이디어가

P ≠ PSPACE를 증명하는 데 유용할 수 있다는 것이다. 비관적으로 보면 양자 컴퓨터를 사용해 고전 컴퓨터에서 다루기 어려운 문제를 효율적으로 해결한다는 것을 엄밀하게 증명하기까지는 오랜 시간이 걸릴 수 있다는 것이다. 심지어 더욱 비관적으로 보면 P = PSPACE일 수 있으며, 이 경우 양자 컴퓨터는 고전 컴퓨터보다 이점이 전혀 없다! 하지만 P = PSPACE를 믿는 계산 복잡도 이론가는 (있다고 하더라도) 거의 없다.

확인문제 3.25: (PSPACE ⊆ EXP) 복잡도 클래스 **EXP**(지수시간용)는 지수시간exponential time, 즉 $O(2^{n^k})$ 시간 내에서 실행하는 튜링머신이 결정할 수 있는 모든 결정문제를 포함한다. 여기서 k는 어떠한 상수다. **PSPACE ⊆ EXP**임을 증명하여라(힌트: 튜링머신이 1개의 내부 상태와 m개 문자의 알파벳을 갖고 공간 $p(n)$을 사용한다면, 이 머신은 최대 $lm^{p(n)}$개의 서로 다른 상태 중 한 상태로 존재할 수 있음을 이용한다. 그리고 이 튜링머신이 무한 루프를 피하려면 한 상태를 다시 방문하기 전에 정지해야 하는 점도 이용한다).

확인문제 3.26: (L ⊆ P) 복잡도 클래스 **L**(로그공간용)은 로그공간logarithmic space, 즉 $O(\log(n))$ 공간에서 실행하는 튜링머신이 결정할 수 있는 모든 결정문제를 포함한다. 좀 더 정확히 말하면 **L** 클래스는 2테이프 튜링머신을 사용하여 정의된다. 첫 번째 테이프는 크기가 n인 문제 사례를 포함하고 그 테이프의 내용을 변경하지 않는 프로그램 행만 허용된다는 점에서 읽기 전용 테이프이다. 두 번째 테이프는 처음에 공백만 포함하는 작업 테이프다. 로그공간 요구사항은 두 번째인 작업 테이프에만 적용된다. **L ⊆ P**임을 보여라.

시간이나 공간을 더 많이 허용하면 계산 능력이 향상될까? 이 질문에 대한 답은 두 경우 모두 '그렇다'이다. 대략적으로 말하면, 시간계층 정리time hierarchy theorem란 **TIME**$(f(n))$이 **TIME**$(f(n)\log^2(f(n)))$의 적절한 부분집합이라는 것을 말한다. 이와 마찬가지로 공간계층 정리space hierarchy theorem란 **SPACE**$(f(n))$이 **SPACE**$(f(n)\log(f(n)))$의 적절한 부분집합이란 것을 말한다. 여기서 **SPACE**$(f(n))$은 물론 공간자원 $O(f(n))$으로 결정될 수 있는 모든 언어로 구성된 복잡도 클래스다. 이 계층 정리들은 복잡도 클래스들의 등호 성립에 관해 흥미로운 의미를 갖는다. 우리는 다음 관계를 알고 있다.

$$\text{L} \subseteq \text{P} \subseteq \text{NP} \subseteq \text{PSPACE} \subseteq \text{EXP} \tag{3.1}$$

안타깝게도 이들 포함 관계 각각은 등호가 성립되지 않는 것으로 믿어지지만, 이들 중 어느 것도 등호가 성립되지 않는다고 증명된 적은 없다. 하지만 시간계층 정리는 P가 EXP

의 진부분집합임을 의미하고 공간계층 정리는 **L**이 **PSPACE**의 진부분집합임을 의미한다! 따라서 (3.1)의 포함 관계에서 어느 것인지는 모르겠지만 적어도 하나는 등호가 성립되지 않아야 한다는 결론을 내릴 수 있다.

어떤 문제가 **NP**-완비거나 그 외의 어떤 난해 기준^{hardness criterion}이 적용된다는 것을 알게 되면 어떻게 해야 할까? 이 말은 문제 분석에서 할 일이 여전히 있다는 것을 보여준다. 가능한 공격 노선 중 하나는 공격이 용이한 문제의 특별한 경우를 식별해내는 것이다. 예를 들면 확인문제 3.24에서 SAT의 **NP**-완비성에도 불구하고 2SAT 문제가 효율적인 솔루션을 갖는다는 것을 살펴봤다.

또 다른 접근법은 고려할 문제의 유형을 변경하는 것인데, 이는 일반적으로 새로운 복잡도 클래스를 정의하는 전술이다. 예를 들어 **NP**-완비 문제에 대해 정확한 솔루션을 찾는 대신 문제에 대한 근사^{approximate} 솔루션을 찾는 좋은 알고리듬을 구하기 위해 노력할 수 있다. 이를테면 정점 덮개^{VERTEX COVER} 문제는 **NP**-완비 문제이지만 확인문제 3.27에서는 계수^{factor} 2 이내에서 올바른 최소 정점 덮개에 대한 근사값을 효율적으로 구할 수 있다는 것을 보여준다. 반면에 문제 3.6에서는 **P** = **NP**가 아니라면 어떠한 계수 이내로도 올바른 TSP 솔루션의 근사값을 구할 수 없다는 것을 보여준다!

확인문제 3.27: (정점 덮개에 대한 근사 알고리듬) $G = (V, E)$를 무방향 그래프라 하자. 다음 알고리듬이 G에 대해 계수 2 이내에서 최소 정점 덮개를 갖는 정점 덮개를 구한다는 것을 증명하라.

```
VC = ∅
E' = E
do until E' = ∅
    let (α, β) be any edge of E'
    VC = VC ∪ {α, β}
    remove from E' every edge incident on α or β
return VC.
```

왜 하나의 **NP**-완비 문제에 대한 솔루션을 근사시키는 것은 가능한데 또 다른 **NP**-완비 문제에 대해서는 그렇지 못할까? 결국 한 문제에서 또 다른 문제로 효율적으로 변환하는 것이 가능하지 않은 것일까? 이 말은 확실히 맞지만, 이 변환이 솔루션에 대한 "좋은 근사"라는 개념을 유지한다는 것은 반드시 맞는 것은 아니다. 결과적으로 NP 문제에 대한 근사 알고리듬^{approximation algorithm}의 계산 복잡도 이론은 NP의 구조를 넘어서는 구조를 갖는다. 근사 알고리듬에 대한 전체 복잡도 이론은 존재하지만 아쉽게도 이 책의 범위를 벗어난다. 하지만 기본 아이디어는 좋은 근사 개념이 유지되는 방식으로 하나의 근사 문제를 또 다른 근사 문제로 효율적으로 환산시킬 수 있는 환산 개념을 정의하는 것이다. 그러한 개념을 사용하면 NP와 비슷한 클래스에 의해 **MAXSNP**와 같은 복잡도 클래스를 정의하는 것이 가능한데, 이때 그 복잡도 클래스는 그 문제의 근사 솔루션을 효율적으로 검증할 수 있는 문제들의 집합으로 정의하게 된다. NP와 마찬가지로 **MAXSNP**에도 완비 문제가 존재하며, **MAXSNP** 클래스가 효율적 해결 가능의 근사 문제 클래스와 어떻게 비교될지 결정하는 것은 흥미로운 미해결 문제다.

우리는 기반이 되는 계산모델 자체가 변경될 때 나오는 복잡도 클래스로 마무리를 지을 것이다. 튜링머신에 동전 던지기 기능이 있다고 하고, 그 결과를 사용해 계산 중에 수행할 작업을 결정한다고 하자. 그러한 튜링머신은 특정 확률로 입력을 수락하거나 거부만 할 수 있다. 복잡도 클래스 **BPP**(경계 오류 확률론적 시간$^{\text{bounded-error probabilistic time}}$)는 다음 특성을 갖는 모든 언어 L을 포함한다. 즉, 확률론적 튜링머신 M이 존재해서 $x \in L$이면 M은 적어도 3/4의 확률로 x를 받아들이고, $x \notin L$이면 M은 적어도 3/4의 확률로 x를 거부하는 특성이다. 다음 확인문제는 상수 3/4을 선택해도 본질적으로 임의적이라는 것을 보여준다.

확인문제 3.28: (BPP 정의에서 상수의 임의성^{arbitrariness}) k를 $1/2 < k \leq 1$ 범위의 고정된 상수라 하자. 또한 L이 언어이고 튜링머신 M이 존재해서 $x \in L$이면 M은 적어도 k의 확률로 x를 받아들이고 $x \notin L$이면 M은 적어도 k의 확률로 x를 거부하는 특성을 갖는다고 하자. $L \in$ **BPP**임을 보여라.

박스 3.4에서 언급한 체르노프 경계는 한 언어가 **BPP**에 속하는지 결정하는 알고리듬을 몇 번만 반복하면 사실상 1과 같은 위치로 성공 확률이 뜰 수 있음을 의미한다. 이러한 이유로 P보다는 **BPP**가 고전 컴퓨터에서 훨씬 더 효율적으로 해결 가능한 결정문제 클래스인데, 양자 알고리듬 연구에서 가장 흥미로운 것은 **BQP**라는 **BPP**의 양자 클래스다.

박스 3.4: BPP와 체르노프 경계(Chernoff bound)

$1/2 + \epsilon$ 확률로 정답이 나오고 $1/2 - \epsilon$ 확률로 오답이 나오는 결정문제 알고리듬이 있다고 하자. 이 알고리듬을 n번 실행하면 그만큼 정답이 자주 나올 것으로 추측할 수 있다. 그런데 이 추측은 얼마나 믿을 만할까? 체르노프 경계는 기초 확률에서 나온 간단한 결과인데 이를 통해 이 질문에 대한 답을 얻을 수 있다.

정리 3.3: (체르노프 경계) $X_1, \ldots, X_n$은 독립적이고 동일하게 분포된 확률변수^{random} ^{variable}라 하고, 각 변수의 값이 1일 확률은 $1/2 + \epsilon$이고 0일 확률은 $1/2 - \epsilon$이라 하자. 그러면

$$p\left(\sum_{i=1}^{n} X_i \leq n/2 \right) \leq e^{-2\epsilon^2 n} \tag{3.2}$$

가 된다.

증명

각 값이 최대 $n/2$개가 나오는 수열 $(x_1, \ldots, x_n)$을 고려하자. 각 값이 $\lfloor n/2 \rfloor$개가 나올 때 이 수열의 확률이 최대가 되므로

$$p(X_1 = x_1, \ldots, X_n = x_n) \leq \left(\frac{1}{2} - \epsilon \right)^{\frac{n}{2}} \left(\frac{1}{2} + \epsilon \right)^{\frac{n}{2}} \tag{3.3}$$

$$= \frac{(1 - 4\epsilon^2)^{\frac{n}{2}}}{2^n} \tag{3.4}$$

가 된다. 이러한 수열은 최대 2^n개까지 존재할 수 있으므로

$$p\left(\sum_i X_i \leq n/2 \right) \leq 2^n \times \frac{(1 - 4\epsilon^2)^{\frac{n}{2}}}{2^n} = (1 - 4\epsilon^2)^{\frac{n}{2}} \tag{3.5}$$

이 된다. 마지막으로 미적분학에서 $1 - x \leq \exp(-x)$이므로

$$p\left(\sum_i X_i \leq n/2 \right) \leq e^{-4\epsilon^2 n/2} = e^{-2\epsilon^2 n} \tag{3.6}$$

가 된다. 이 식이 의미하는 것은 ϵ를 고정시킨 경우, 알고리듬을 반복할수록 오류가 발생할 확률이 지수적으로 빠르게 감소한다는 것이다. BPP의 경우 $\epsilon = 1/4$이므로 오류 확률을 10^{-20} 아래로 줄이려면 알고리듬을 수백 번만 반복하면 된다. 이 확률 값 아래이면 알고리듬의 확률적 특성에서 나오는 오류보다 컴퓨터 부품 하나에서 일어날 오류가 훨씬 더 클 것이다.

3.2.5 에너지와 계산

계산 복잡도는 계산 문제를 해결하는 데 필요한 시간과 공간의 양을 연구한다. 또 다른 중요한 계산 자원은 에너지다. 이 절에서는 계산에 필요한 에너지 요구사항을 알아본다. 놀랍게도 고전계산과 양자계산은 모두 원칙적으로 에너지를 소비하지 않고 수행될 수 있음이 밝혀졌다! 계산의 에너지 소비는 계산의 가역성^{reversibility}과 깊은 관련이 있는 것으로 밝혀졌다. NAND 게이트와 같은 게이트를 고려해보자. 이 게이트는 2비트를 입력받아 1비트를 출력으로 생성한다. 이 게이트의 출력이 주어졌을 때 입력은 단 하나로 결정되지 않기 때문에 이 게이트는 본질적으로 비가역적^{irreversible}이다. 예를 들어 NAND 게이트의 출력이 1이면 입력은 00, 01, 10 중 하나일 수 있다. 반면 NOT 게이트는 가역적 논리 게이트의 예가 되는데, 그 이유는 NOT 게이트의 출력이 주어졌을 때 입력이 무엇인지 추론할 수 있기 때문이다.

비가역성을 이해하는 또 다른 방법은 정보 삭제 측면에서 생각하는 것이다. 논리 게이트가 비가역적이면 게이트가 작용할 때 게이트에 입력된 일부 정보가 복구 불가능하게 손실된다(즉, 게이트가 일부 정보를 지워버린다). 이와는 반대로 가역적 계산에서는 항상 출력으로부터 입력을 복원할 수 있기 때문에 정보가 지워지지 않는다. 따라서 계산이 가역적이라고 말하는 것은 계산 중에 정보가 지워지지 않는다고 말하는 것과 같다.

계산에서 에너지 소비와 비가역성의 관계는 어떨까? 란다우어의 원리$^{Landauer's\ principle}$는 정보를 삭제하기 위해서는 에너지를 잃어야 한다고 언급한다. 좀 더 정확히 말해서 란다우어의 원리는 다음과 같다.

> **란다우어의 원리(첫 번째 형식):** 컴퓨터가 1비트 정보를 삭제한다고 하자. 주변으로 빠져나가는 에너지의 양은 $k_B T \ln 2$ 이상이다. 여기서 k_B는 볼츠만 상수$^{Boltzmann's\ constant}$라는 보편상수$^{universal\ constant}$이고, T는 컴퓨터 주변의 온도다.

열역학 법칙에 따르면 란다우어의 원리는 에너지 소실$^{energy\ dissipation}$ 측면이 아닌, 엔트로피 측면에서 다음과 같이 다른 형태로 제시할 수 있다.

> **란다우어의 원리(두 번째 형식):** 컴퓨터가 1비트 정보를 삭제한다고 하자. 주변의 엔트로피는 $k_B \ln 2$ 이상 증가한다. 여기서 k_B는 볼츠만 상수다.

란다우어의 원리를 증명하는 것은 이 책의 범위를 벗어난 물리학의 문제다. 란다우어의 원리가 왜 중요한지 알려면 3장의 끝에 있는 '역사와 추가자료' 절을 참조하기 바란다. 하지만 란다우어의 원리를 주어진 대로 받아들이면 흥미로운 의문이 많이 생긴다. 우선 란다우어의 원리는 정보를 삭제하기 위해 소모해야 하는 에너지의 양에 대한 하계$^{lower\ bound}$만 제공한다. 기존 컴퓨터는 이 하계에 얼마나 근접할까? 안타깝게도 거의 근접하지 않으며, 2000년경 컴퓨터는 각 기초 논리 연산에 대해 약 $500 k_B T \ln 2$의 에너지를 소모하는 것으로 밝혀졌다.

기존의 컴퓨터가 란다우어의 원리가 설정한 한계와는 거리가 멀다고 해도 에너지 소모를 얼마나 줄일 수 있는지 아는 것은 여전히 흥미로운 원리 문제다. 문제의 본질적인 관심과는 별도로 무어의 법칙으로 인해 이러한 관심이 실제로 이어졌다. 즉, 컴퓨터 성능이 계속 증가할 경우, 작업당 소모되는 에너지가 컴퓨팅 성능의 증가만큼 빠르게 떨어지지 않으면 소모되는 에너지의 양도 증가해야 한다.

모든 계산을 가역적으로 수행할 수 있다면, 가역 계산을 하는 동안 어떠한 비트도 지워지지 않기 때문에 란다우어의 원리는 컴퓨터가 소모하는 에너지 양의 하계를 의미하지 않을 것이다. 물론, 그 외 다른 물리 원리로 인해 계산 중에 에너지가 소모될 수도 있다. 다행스럽게도 이것은 사실이 아닌 것으로 밝혀졌다. 그러나 어떠한 정보도 지우지 않고 보편적 계산$^{universal\ computation}$을 수행하는 것이 가능할까? 물리학자들은 이 문제를 교묘히 처리해서 이 질문에 대한 답이 '그렇다'가 되어야 한다는 것을 미리 알 수 있다. 그 이유는 현재 우리가 알고 있기로 물리법칙은 근본적으로 가역적이기 때문이다. 즉, 닫힌 물리계의 최종 상태를 안다면 물리법칙들을 통해 그 계의 초기 상태를 알아낼 수 있다. 이들 법칙이 옳다고 믿는다면 AND 및 OR과 같은 비가역 논리 게이트에 이들 법칙이 숨어 있을 것이므로 근본적인 가역 계산이 된다는 결론이 나온다. 그러나 이렇게 숨어 있는 가역성은 어디에 있으며, 이를 사용해서 가역적 컴퓨터를 확실히 만들 수 있을까?

우리는 보편적 계산이 가능한 가역 회로 기반 모델을 제시하기 위해 두 가지 다른 기술을 사용할 것이다. 첫 번째 모델은 전적으로 당구공과 거울로 만들어진 컴퓨터로서 가역적 계산 원리를 멋지게 구현한다. 두 번째 모델은 토폴리 게이트(1.4.1절에서 처음으로 언급했다)라는 가역적 논리 게이트를 기반으로 한 것이며, 나중에 양자계산 논의에서 크게 사용될 가역적 계산에 있어서 좀 더 추상적인 관점이다. 또한 계산에 보편적인 가역적 튜링 머신을 제작하는 것도 가능하다. 하지만 가역적 회로 모델이 양자계산에 훨씬 더 유용한 것으로 밝혀졌으므로 여기서는 이들에 대해서는 다루지 않을 것이다.

당구공 컴퓨터의 기본 아이디어는 그림 3.14에 나와 있다. 당구공 '입력'은 이 컴퓨터의 왼쪽으로 들어가서 거울과 서로의 당구공에 부딪혀 튕기다가 오른쪽의 '출력'으로 나가게 된다. 입력이 가능한 쪽에서 당구공이 있는지 또는 없는지는 각각 논리 1 또는 논리 0으로 표시한다. 이 모델에서 흥미로운 점은 동작이 고전역학 법칙을 바탕으로 하기 때문에 명백히 가역적이라는 점이다. 더욱이 이 계산모델은 표준 계산 회로 모델에 있는 임의의 계산을 시뮬레이션하는 데 사용될 수 있다는 점에서 보편적인 것으로 밝혀졌다.

물론, 당구공 컴퓨터를 제작한다면 매우 불안정할 것이다. 당구를 쳐 보면 알 수 있듯이 부드러운 표면 위를 마찰 없이 구르는 당구공은 작은 요인에도 쉽게 경로를 벗어난다. 당구공 계산모델은 동작이 완벽해야 하고 열 노이즈$^{thermal noise}$와 같은 외부 요인이 없어야 한다. 정기적으로 수정을 가할 수 있지만 이때 발생한 정보는 제거해야 하고 그것 또한 일이 된다. 따라서 노이즈에 대한 이러한 민감성을 줄이기 위해 에너지가 소모되므로 실제적이고 현실적인 계산 머신에 에너지 소모는 필요하다. 우리는 이 소개의 목적상 당구공 컴퓨터에서의 노이즈 영향을 무시하고 가역적 계산의 본질적인 요소를 이해하는 데 집중할 것이다.

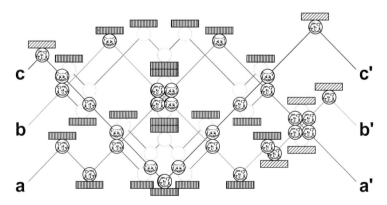

그림 3.14 3개의 입력 비트와 3개의 출력 비트가 있는 간단한 당구공 컴퓨터. 각각 왼쪽에서 들어가고 오른쪽으로 나오도록 그렸다. 당구공의 유무는 각각 1 또는 0으로 나타낸다. 빈 원은 충돌로 인한 잠재적 경로를 나타낸다. 이 특정 컴퓨터는 프레드킨 가역적 고전 논리 게이트를 구현하며 본문에서 다룬다.

당구공 컴퓨터를 이용하면 프레드킨 게이트^{Fredkin gate}라는 가역적인 보편적 논리 게이트를 멋지게 구현할 수 있다. 실제로 프레드킨 게이트의 특성을 살펴보면 가역 논리 게이트와 회로의 일반 원리에 대해 유익한 윤곽을 알게 된다. 프레드킨 게이트에는 3개의 입력 비트와 3개의 출력 비트가 있으며 각각 a, b, c와 a', b', c'라 한다. c 비트는 제어 비트^{control bit}이며, 그 값은 프레드킨 게이트가 작용해도 변경되지 않는다. 즉, $c' = c$이다. c를 제어 비트라 하는 이유는 다른 두 비트 a와 b에 대한 동작을 제어하기 때문이다. c를 0으로 설정하면 a와 b는 그대로 $a' = a$, $b' = b$이다. c를 1로 설정하면 a와 b는 서로 교환돼 $a' = b$, $b' = a$로 된다. 프레드킨 게이트의 진리표는 그림 3.15에 나와 있다. 출력 a', b', c'가 주어지면 입력 a, b, c를 알아낼 수 있기 때문에 프레드킨 게이트는 가역적이라는 것을 쉽게 알 수 있다. 사실 원래의 입력 a, b, c를 복원하려면 a', b', c'에 그냥 프레드킨 게이트를 하나 더 적용하면 된다.

입력			출력		
a	b	c	a'	b'	c'
0	0	0	0	0	0
0	0	1	0	0	1
0	1	0	0	1	0
0	1	1	1	0	1
1	0	0	1	0	0
1	0	1	0	1	1
1	1	0	1	1	0
1	1	1	1	1	1

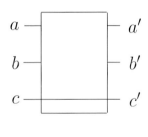

그림 3.15 프레드킨 게이트 진리표와 회로 표현. 제어 비트 c를 설정하면 비트 a와 b가 서로 교환되고, 설정하지 않으면 그대로 나온다.

확인문제 3.29: (프레드킨은 그 자체가 역함수다) 프레드킨 게이트를 연속으로 2개를 적용하면 입력과 출력이 같다는 것을 보여라.

그림 3.14에서 당구공의 경로를 살펴보면 이 당구공 컴퓨터가 프레드킨 게이트를 구현하는지 확인하는 것은 어렵지 않다.

확인문제 3.30: 그림 3.14의 당구공 컴퓨터가 프레드킨 게이트를 제대로 구현하는지 검증하라.

프레드킨 게이트에는 가역성 외에도 입력과 출력 간에 1의 개수가 보존되는 흥미로운 특성이 있다. 당구공 컴퓨터의 관점에서 이것은 프레드킨 게이트로 들어가는 당구공 개수가 나오는 당구공 개수와 같다는 것을 의미한다. 따라서 때로는 보존적^{conservative} 가역 논리 게이트라고도 한다. 이러한 가역성과 보존적 특성은 물리학자에게 흥미로운데 그 이유는 기본적인 물리원리에 의해 의미가 부여되기 때문이다. 자연법칙은 가역적인데 2.2.3절에서 논의한 양자역학의 측정 공준은 예외다. 보존적 특성은 질량 보존 또는 에너지 보존과 같은 특성과 유사하다고 생각할 수 있다. 실제로 당구공 계산모델에서 보존적 특성은 정확히 질량 보존에 해당한다.

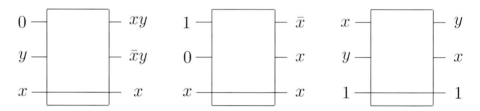

그림 3.16 프레드킨 게이트는 기초 게이트인 AND(왼쪽), NOT(중간), 진행 길을 뒤바꾸는 본래 기능인 CROSSOVER(오른쪽)를 수행하도록 구성된다. 중간에 있는 게이트는 출력에서 x의 두 복사본을 생성하기 때문에 FANOUT 연산을 수행하는 역할도 한다. 이들 각 구성에는 표준상태로 준비된 여분의 보조(ancilla) 비트(예: AND 게이트의 첫 번째 행에 0 입력)를 사용해야 하며 일반적으로 출력에는 이후의 계산에 필요하지 않는 '쓰레기'가 포함된다.

프레드킨 게이트는 가역적이고 보존적일 뿐만 아니라 보편적 논리 게이트이기도 하다! 그림 3.16에 나타난 것처럼 프레드킨 게이트는 AND, NOT, CROSSOVER, FANOUT 기능을 시뮬레이션하도록 구성할 수 있으므로 계단식으로 연결하면 어떠한 고전회로라도 시뮬레이션할 수 있다.

프레드킨 게이트로 AND와 같은 비가역 게이트를 시뮬레이션하는 데는 두 가지 아이디어를 사용했다. 첫째, 특별히 준비된 0 또는 1의 상태에 있는 '보조' 비트를 프레드킨 게이트에 입력했다. 둘째, 프레드킨 게이트의 출력에는 이후의 계산에 필요하지 않는 불필요한 '쓰레기'가 포함됐다. 이러한 보조 비트와 쓰레기 비트는 계산에 전혀 중요하지 않다. 그러나 이들 비트가 중요한 것은 계산을 가역적으로 만든다는 사실에 있다. 실제로 AND 및 OR와 같은 게이트의 비가역성은 보조 비트와 쓰레기 비트가 '숨겨진' 결과로 볼 수 있다. 요약하면 어떤 함수 $f(x)$를 계산하는 임의의 고전회로가 주어지면, 우리는 완전히 프레드킨 게이트로 구성된 가역 회로를 만들 수 있다. 이 회로는 x 입력과 더불어 표준상태 a의 보조 비트 입력으로 $f(x)$를 계산하고 여분의 '쓰레기' 산물인 $g(x)$도 계산한다.

따라서 계산 동작은 $(x, a) \to (f(x), g(x))$로 나타낸다.

이제 함수를 가역적으로 계산하는 방법을 알게 됐다. 아쉽게도 이 계산에서는 원치 않는 쓰레기 비트가 나온다. 수정을 좀 해주면 생성된 어떠한 쓰레기 비트라도 표준상태에 있도록 계산을 수행할 수 있다는 점이 입증됐다. 이렇게 만드는 것은 양자계산에 중요한데, 그 이유는 x에 따라 값이 달라지는 쓰레기 비트가 일반적으로 양자계산에 중요한 간섭 특성을 없앨 것이기 때문이다. 이것이 어떻게 되는지 알아보기 위해 우리의 가역 게이트 목록에서 NOT 게이트도 사용 가능하다고 가정하는 것이 편하다. 따라서 보조 비트들인 a가 모두 0으로 시작하고 그 보조 비트가 0에서 1로 바뀌어야 하는 곳에 NOT 게이트를 추가한다고 가정하는 편이 좋다. 고전 제어형 NOT 게이트를 사용 가능하다고 가정하는 것도 편할 것이다. 이 게이트는 1.3.2절의 양자 정의와 유사한 방식으로 정의된다. 즉, (c, t) 입력을 $(c, t \oplus c)$로 받아들이는데, 여기서 $\oplus$는 모듈러 2 덧셈을 나타낸다. $t = 0$은 $(c, 0) \to (c, c)$를 나타내므로 제어형 NOT은 가역 복사 게이트 또는 FANOUT으로 생각할 수 있으며 출력에서 어떠한 쓰레기 비트도 남기지 않는다.

회로의 시작 부분에 여분의 NOT 게이트를 추가하면 계산 동작을 $(x, 0) \to (f(x), g(x))$로 표기할 수 있다. 또한 후속 계산 중에 변경되지 않는 x의 복사본을 만들기 위해 회로의 시작 부분에 CNOT 게이트를 추가했을 수도 있다. 이렇게 수정하면 회로의 동작을

$$(x, 0, 0) \to (x, f(x), g(x)) \tag{3.7}$$

로 표기할 수 있다. (3.7) 식은 가역 회로의 동작을 표기하는 데 아주 유용한 방법이다. 그 이유는 계산해제^{uncomputation}라는 아이디어를 사용해 적은 비용으로 계산 실행 중에 쓰레기 비트를 제거할 수 있기 때문이다. 이 아이디어는 다음과 같다. $(x, 0, 0, y)$ 상태에 있는 4개의 레지스터를 갖는 컴퓨터로 시작한다고 하자. 두 번째 레지스터는 계산 결과를 저장하는 데 사용되고 세 번째 레지스터는 계산을 위한 작업 공간, 즉 쓰레기 비트 $g(x)$를 제공하는 데 사용된다. 네 번째 레지스터 사용에 대해서는 간략히 설명할 것인데 임의의 상태 y로 시작한다고 하자.

이전과 같이 f를 계산하기 위해 가역 회로를 적용하는 것으로 시작해 $(x, f(x), g(x), y)$ 상태가 된다. 다음으로는 CNOT를 사용해 결과 $f(x)$를 네 번째 레지스터에 비트별로 더하여 머신을 $(x, f(x), g(x), y \oplus f(x))$ 상태로 만든다. 하지만 $f(x)$를 계산하는 데 사용된 모든 단계는 가역적이며 네 번째 레지스터에 영향을 미치지 않으므로 f를 계산하는 데 사용된 회로의 역^{reverse}을 적용해 $(x, 0, 0, y \oplus f(x))$ 상태가 나오게 한다. 대체로 함수 산출

을 기술할 때는 보조 0을 생략해 회로의 동작을

$$(x, y) \rightarrow (x, y \oplus f(x)) \tag{3.8}$$

로 표기한다. f를 계산하는 데 사용할 수 있는 가역 회로가 이외에도 많이 있지만, 일반적으로 이렇게 수정한 회로 컴퓨팅 f를 가역 회로 컴퓨팅 f라고 한다.

가역 계산을 수행하는 데는 어떤 자원 오버헤드가 관련될까? 이 질문의 의미를 파악하려면 가역 회로에 필요한 여분의 보조 비트 수를 세어^{count} 고전 모델의 게이트 수와 비교해야 한다. 가역 회로의 게이트 수는 일정 수 내의 비가역 회로의 게이트 수(비가역 회로의 단일 요소를 시뮬레이션하는 데 필요한 프레드킨 게이트의 수)와 계산해제 용도로 2배수를 더한 것과 같아야 한다. 이때 가역 계산에 사용되는 여분의 CNOT 연산에 대한 오버헤드를 갖게 되는데, 이는 회로와 관련된 비트 수에 선형적이다. 마찬가지로 필요한 보조 비트의 수는 비가역 회로의 게이트 수에 따라 최대로 잡아도 선형적으로 커지는데, 이는 비가역 회로의 각 요소가 일정한 수의 보조 비트를 사용하여 시뮬레이션될 수 있기 때문이다. 결과적으로 **P** 및 **NP**와 같이 자연적인 복잡도 클래스는 가역 또는 비가역 계산모델 중 어느 것을 사용하는지에 관계없이 같게 된다. **PSPACE**와 같이 좀 더 정교한 복잡도 클래스의 경우에는 상황이 즉각적으로 명확하지 않다. 이러한 미묘한 점에 대한 논의는 문제 3.9와 '역사와 추가자료'를 참고하기 바란다.

확인문제 3.31: (가역 반가산기) 두 비트 x와 y가 입력될 때 $(x, y, c, x \oplus y)$를 출력하는 가역 회로를 구성하라. 여기서 c는 x와 y를 더할 때의 캐리 비트$^{carry\ bit}$다.

프레드킨 게이트 자체는 물론이고 당구공 컴퓨터를 사용해 그 게이트를 구현하는 것은 가역 계산에 대한 아름다운 패러다임을 제공한다. 또 다른 가역 논리 게이트로는 토폴리 게이트$^{Toffoli\ gate}$가 있으며 이것 또한 고전계산에 대해 보편적이다. 토폴리 게이트는 프레드킨 게이트를 당구공으로 구현한 것만큼 물리적으로 단순하지 않는 반면, 양자계산 연구에는 더 유용할 것이다. 1.4.1절에서 토폴리 게이트를 이미 언급한 적이 있지만 편의상 여기서 그 특성을 다시 살펴보자.

토폴리 게이트에는 3개의 입력 비트 a, b, c가 있다. a와 b는 첫 번째 및 두 번째 제어 비트$^{control\ bit}$라 하며 c는 대상 비트$^{target\ bit}$다. 이 게이트는 두 제어 비트를 그대로 통과시키면서 두 제어 비트가 설정됐을 때 대상 비트를 반전시키고 그렇지 않으면 대상 비트를 그대로 둔다. 토폴리 게이트의 진리표와 회로 표현은 그림 3.17에 나와 있다.

입력			출력		
a	b	c	a'	b'	c'
0	0	0	0	0	0
0	0	1	0	0	1
0	1	0	0	1	0
0	1	1	0	1	1
1	0	0	1	0	0
1	0	1	1	0	1
1	1	0	1	1	1
1	1	1	1	1	0

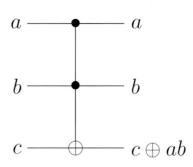

그림 3.17 토폴리 게이트의 진리표와 회로 표현

토폴리 게이트를 어떻게 보편적 계산에 사용할 수 있을까? 비트 a와 b를 NAND한다고 하자. 토폴리 게이트를 사용하여 이를 수행하기 위해서는 그림 3.18과 같이 a와 b를 제어 비트로 입력하고 대상 비트로서 1로 설정된 보조 비트를 전송한다. 그러면 a와 b의 NAND가 대상 비트로 출력된다. 프레드킨 게이트에 대한 연구로부터 예상하듯이 NAND의 토폴리 게이트 시뮬레이션에는 특수 보조 입력을 사용해야 하며 시뮬레이션의 일부 출력은 쓰레기 비트다.

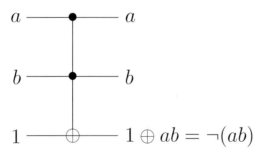

그림 3.18 토폴리 게이트를 사용하여 NAND 게이트를 구현한다. 위쪽 두 비트는 NAND에 대한 입력을 나타내고, 세 번째 비트는 표준 상태 1로 준비되며 보조상태(ancilla state)라고 부르기도 한다. NAND에서 나오는 출력은 세 번째 비트다.

토폴리 게이트는 또한 첫 번째 제어 비트에 보조 1을 입력하고 두 번째 제어 비트에 a를 입력하여 1, a, a 출력을 생성함으로써 FANOUT 동작을 구현하는 데 사용될 수 있다. 이것은 그림 3.19에 설명해놓았다. NAND와 FANOUT은 계산에 보편적이라는 점을 상기한다면 토폴리 게이트와 보조 비트만으로 구성된 가역 회로를 사용해 임의의 회로를 효율적으로 시뮬레이션할 수 있음을 알 수 있다. 그리고 프레드킨 게이트에서 했던 것과 같은 방법을 사용해 계산해제와 같은 유용한 기술을 추가적으로 달성할 수 있음도 알게 된다.

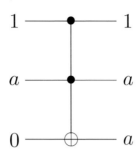

그림 3.19 토폴리 게이트를 사용한 FANOUT. 두 번째 비트는 FANOUT에 대한 입력이고 나머지 두 비트는 표준 보조 상태. FANOUT의 출력은 두 번째와 세 번째 비트에 나타난다.

우리는 계산에 대한 에너지 필요량을 이해하려고 가역 계산에 관심을 가졌었다. 당구공 계산모델은 연산을 위한 에너지가 필요 없다. 토폴리 게이트를 기반으로 한 모델은 어떨까? 이는 토폴리 게이트의 계산을 위한 특정 모델을 검사해야만 알 수 있다. 7장에서는 그러한 여러 구현을 검토할 것이며 실제로 토폴리 게이트는 에너지를 소모하지 않는 방식으로 구현될 수 있다고 밝혀졌다.

에너지 소모 없이 계산할 수 있다는 아이디어에는 상당한 주의 사항이 뒤따른다. 앞에서 언급했듯이 당구공 계산모델은 노이즈에 매우 민감하며 이는 다른 많은 가역 계산모델에서도 마찬가지다. 노이즈의 영향을 받지 않으려면 어떤 형태로든 오류정정이 필요하다. 이러한 오류정정에는 대체로 계가 예상대로 작동하는지 또는 오류가 발생했는지 알아내기 위해 그 계의 측정 성능이 관련된다. 컴퓨터의 메모리는 유한하기 때문에 오류정정에 사용된 측정 결과를 저장한 비트는 새로운 측정 결과를 위해 지워져야 한다. 란다우어의 원리에 따르면 계산의 총 에너지 비용을 계산할 때 이러한 소거에는 고려해야 할 관련 에너지 비용이 들어간다. 12.4.4절에서 오류정정과 관련된 에너지 비용을 더 자세히 분석할 것이다.

가역 계산에 대한 우리의 논의를 통해 무엇을 판단할 수 있을까? 여기에는 세 가지 핵심적인 견해가 있다. 첫째, 가역성^{reversibility}은 정보의 모든 비트를 추적하다가 알게 된 성질이다. 즉, 비가역성^{irreversibility}은 정보가 손실되거나 지워질 때만 발생한다. 둘째, 가역적으로 계산을 수행함으로써 계산 중에 에너지 소모를 피한다. 원칙적으로 모든 계산은 에너지 소모 없이 수행할 수 있다. 셋째, 가역 계산은 쓰레기 비트(값이 계산 입력에 따라 달라짐)를 생성하지 않고도 효율적으로 수행될 수 있다. 즉, 함수 f를 계산하는 비가역 회로가 존재하면 $(x, y) \rightarrow (x, y \oplus f(x))$로 동작하는 가역 회로는 이 회로를 효율적으로 시뮬레이션할 수 있다.

물리, 컴퓨터과학, 양자계산 및 양자정보에 대한 이러한 결과들의 의미는 무엇일까? 열 냉각$^{heat\ dissipation}$에 대해 신경 쓰는 물리학자나 하드웨어 엔지니어의 관점에서 볼 때, 계의 안정과 노이즈 제거를 위한 에너지 소모는 어쩔 수 없지만 계산을 가역적으로 만들면 원칙적으로 에너지 소모를 없애는 것이 가능하다는 것은 좋은 뉴스다. 심지어 더 근본적인 수준에서는 가역적 계산으로 이끈 아이디어들로 인해 맥스웰의 도깨비라는 유명한 문제이면서, 물리학 근간에 속한 한 세기 전의 문제도 해결됐다. 이 문제에 대한 이야기와 그 해결책은 다음 페이지의 박스 3.5에 요약해뒀다. 컴퓨터과학자의 관점에서 보면, 가역 계산을 이용하면 튜링머신과 같은 계산모델에서 비가역적 요소를 사용할 수 있다 (이들 요소의 사용 유무에 따라 다항적으로 동등한 모델이 나오기 때문이다). 더욱이 물리 세계는 근본적으로 가역적이므로 가역 계산모델 기반의 복잡도 클래스는 비가역 모델 기반의 복잡도 클래스보다 더 자연스럽다고 주장할 수 있다. 이 점은 문제 3.9와 '역사와 추가자료' 에서 다시 언급할 것이다. 양자계산 및 양자정보의 관점에서 가역 계산은 엄청나게 중요하다. 양자계산의 강력함을 완벽하게 활용하려면 양자계산 속에 있는 어떠한 고전 서브루틴^{subroutine}이라도 가역적으로 수행시켜 고전 입력에 의한 쓰레기 비트를 발생시키지 말아야 한다.

확인문제 3.32: (프레드킨에서 토폴리로 전환 그리고 다시 그 반대로 전환)   토폴리 게이트를 시뮬레이션하는 데 필요한 프레드킨 게이트의 최소 개수는 얼마인가? 또한 프레드킨 게이트를 시뮬레이션하는 데 필요한 토폴리 게이트의 최소 개수는 얼마인가?

박스 3.5: 맥스웰의 도깨비

열역학 법칙[laws of thermodynamics]은 열역학적 평형 상태에서 물리계가 수행할 수 있는 작업량을 지배한다. 이 법칙 중 하나인 열역학 제2법칙은 닫혀 있는 계의 엔트로피는 감소하지 않는다고 말한다. 1871년 제임스 클럭 맥스웰[James Clerk Maxwell]은 이 법칙을 위반하는 머신이 존재할 거라고 제안했다. 맥스웰은 아래 그림에 나타난 것과 같이 작은 '도깨비'가 관여하는 모형을 구상했다. 즉, 최초에 평형 상태로 있던 가스 실린더에서 빠르고 느린 분자를 각각 분리해 양쪽 방으로 넣어 엔트로피를 줄인다는 것이다. 이 도깨비는 중간 칸막이의 작은 문에 앉게 된다. 빠른 분자가 왼쪽으로 접근하면 도깨비는 칸막이 사이의 문을 열어 그 분자를 통과시키고 나서 문을 닫는다. 이 행위를 많이 반복하면 실린더의 전체 엔트로피가 감소될 것이고 열역학 제2법칙은 명백히 위반된다.

　맥스웰의 도깨비[Maxwell's demon] 역설에 대한 해결책은 도깨비가 분자의 속도를 알아내기 위해 칸막이를 이동하는 분자들을 측정해야 하는 데 있다. 이 측정 결과는 도깨비의 메모리에 저장되어야 한다. 메모리는 유한하기 때문에 새로운 측정 결과에 대한 공간을 확보하려면 도깨비는 결국 메모리에서 이전에 저장한 정보를 삭제해 나가야 한다. 란다우어의 원리에 따라 이러한 정보 삭제 행위는 결합된 계(도깨비, 가스 실린더, 환경)의 전체 엔트로피를 증가시킨다. 사실 완벽하게 분석하자면 란다우어의 원리는 도깨비의 행동이 결합된 계의 엔트로피를 감소시키지만 정보를 지우는 행위도 그만큼 엔트로피를 증가시키는 것을 의미하므로 열역학 제2법칙이 지켜진다.

3.3 컴퓨터과학에 대한 관점

3장과 같이 간단한 소개로는 컴퓨터과학만큼 풍부한 분야의 모든 훌륭한 아이디어를 자세히 다루기란 어렵다. 다만 여러분에게 컴퓨터과학자처럼 생각한다는 것이 어떤 의미인지를 알리고 계산에 들어가는 바탕 개념의 기본 어휘와 개요를 알았으면 한다. 3장을 마치는 의미로 양자계산 및 양자정보가 컴퓨터과학의 전반적인 상황에 어떻게 적용되는지에 대한 관점을 제공하기 위해 좀 더 일반적인 문제를 간략히 살펴볼 것이다.

지금까지의 논의는 튜링머신 계산모델을 중심으로 진행됐었다. 대규모 병렬 컴퓨터, DNA 컴퓨터, 아날로그 컴퓨터와 같이 기존의 방식과는 다른 계산모델의 계산 능력은 표준 튜링머신 계산모델과 어떻게 비교할까? 양자계산과의 비교는 어떨까? 병렬 컴퓨팅 아키텍처부터 따져보자. 현존하는 컴퓨터의 대부분은 직렬 컴퓨터이며 중앙처리장치에서는 한 번에 하나씩 명령을 처리한다. 이와는 반대로 병렬 컴퓨터는 한 번에 둘 이상의 명령을 처리할 수 있으므로 애플리케이션에 따라 시간과 비용을 크게 절약할 수 있다. 그럼에도 병렬 처리는 효율성 문제와 관련하여 표준 튜링머신 모델에 비해 근본적인 이점이 없다. 그 이유는 튜링머신이 다항적으로 동등한 총 물리적 자원(계산에 사용되는 총 공간과 시간)으로 병렬 컴퓨터를 시뮬레이션할 수 있기 때문이다. 병렬 컴퓨터가 시간을 절약하는 만큼 계산 수행에 필요한 총 공간 자원을 잃어버리므로 컴퓨팅 모델의 강력함에는 근본적인 변화가 없다.

대규모 병렬 컴퓨팅의 흥미로운 예는 DNA 컴퓨팅 기술이다. DNA의 한 가닥인 데 옥시리보 핵산은 네 가지 뉴클레오티드의 서열(폴리머)로 구성된 분자이며, 이 네 가지는 A(아데닌), C(시토신), G(구아닌), T(티민)이라는 문자로 표기한다. 각 염기쌍이 서로 보체complement를 형성하면(A는 G에 대응, G는 C에 대응), 특정 상황하에서 두 가닥이 어닐링anneal하여 하나의 이중 가닥을 형성할 수 있다. 그 끝도 구별되며 적절하게 일치해야 한다. 화학 기술을 사용해 특정 서열로 시작하거나 끝나는 가닥의 수를 증폭시키고(중합효소 연쇄반응polymerase chain reaction), 가닥을 크기순으로 분리하며(겔 전기영동), 이중 가닥을 단일 가닥으로 용해시키고(온도와 pH 변경), 한 가닥의 서열을 읽고 특정 위치에서 가닥을 절단하며(제한 효소), 특정 DNA 서열이 시험관에 있는지 알아낸다. 이들 메커니즘을 강력한 방식으로 사용하는 절차가 여기에 다소 관련이 되지만 한 예를 통해 기본적인 개념을 알 수 있다.

방향 해밀턴 경로 문제는 3.2.2절에서 언급한 해밀턴 순환 문제를 간단하면서도 어려운 정도는 같게 변형한 것이다. 이 변형 문제의 목표는 N개의 정점이 있는 방향 그래프 G에서 특정의 두 정점 j_1과 j_N 사이에 정확히 한 번만 들어가고 다른 방향으로 나오는 경로가 존재하는지를 알아내는 것이다. 이 문제는 다음과 같이 다섯 단계를 사용하는 DNA 컴퓨터로 해결할 수 있다. 이들 단계에서 x_j는 고유한 염기 서열(그리고 $\bar{x}_j$는 그것의 보체)로 선택되며 DNA 가닥인 $x_j x_k$는 간선을 인코딩하고, $\bar{x}_j \bar{x}_j$ 가닥은 정점을 인코딩한다. (1) 가능한 모든 정점과 선분 DNA 가닥의 혼합물을 결합하고 가닥이 어닐링되기를 기다리면서 G를 통해 무작위 경로를 생성한다. (2) $\bar{x}_{j_1}$로 시작하고 $\bar{x}_{j_N}$으로 끝나는 이중 가닥만 증폭함으로써 j_1로 시작하고 j_N으로 끝나는 경로만 남긴다. (3) 길이에 따라 가닥을 분리하여 N 길이의 경로만 선택한다. (4) DNA를 단일 가닥으로 용해시키고 가능한 모든 정점 가닥을 한 번에 하나씩 어닐링한 후, 어닐링한 가닥만 걸러내 각 정점에 적어도 한 번 들어가는 경로만 선택한다. 그리고 (5) 선택 단계들에서 어떤 가닥이 살아남았는지 탐지한다. 즉, 살아남은 게 있다면 경로가 존재하는 것이고 그렇지 않으면 존재하지 않는 것이다. 그 답이 충분히 높은 확률로 정확하다는 것을 보장하기 위해, x_j는 많은 (≈ 30) 염기를 포함하도록 선택될 수 있으며, 많은 수($\approx 10^{14}$ 이상 가능)의 가닥이 이 반응에 사용된다.

이 기본 아이디어를 개선하기 위해 휴리스틱 방법$^{\text{heuristic method}}$을 사용할 수 있다. 물론 일일이 따져보는 이와 같은 탐색 방법은 모든 가능한 경로를 효율적으로 만들어낼 수 있는 한도 내에서만 잘 먹히고, 따라서 사용되는 분자 수는 문제의 크기(위의 예에서 정점 수)로서 지수적으로 증가해야 한다. DNA 분자는 비교적 작고 쉽게 합성되며, 시험관에서 수많은 DNA 조합을 통해 한동안 지수 복잡도$^{\text{exponential complexity}}$ 비용 증가를 막을 수 있지만(수십 개의 정점은 무시) 결국 지수 비용으로 인해 이 방법의 적용이 제한된다. 따라서 DNA 컴퓨팅은 특정 문제의 해결에 매력적이고 물리적으로 실현 가능한 계산모델을 제공하지만 고전 컴퓨팅 기술이라서 튜링머신보다 원칙적으로 근본적인 개선이 이루어지지 않는다.

아날로그 컴퓨터$^{\text{analog computer}}$는 계산 수행에 있어 또 다른 패러다임을 제공한다. 어떤 컴퓨터가 계산에 사용하는 정보의 물리적 표현을 0과 1 대신 연속적인 자유도를 기반으로 한다면 그 컴퓨터는 아날로그가 된다. 예를 들어 온도계는 아날로그 컴퓨터다. 저항, 커패시터, 증폭기를 사용하는 아날로그 회로도 아날로그 계산을 수행한다고 말한다. 위치와 전압과 같은 연속변수는 무제한의 정보를 저장할 수 있기 때문에 그러한 머신은 이상적인 한계 속에서 끌어낼 수 있는 무한한 자원을 갖는다. 그러나 이것은 노이즈가 없는 경우에만 해당된다. 유한한 양의 노이즈가 존재하면 연속변수의 **구별가능상태**^{distinguishable} ^{states} 수가 유한한 수로 떨어진다(따라서 아날로그 컴퓨터는 유한한 양의 정보만 표현할 수 있다). 실제로 노이즈로 인해 아날로그 컴퓨터는 기존의 디지털 컴퓨터보다 강력하지 않게 되어 튜링머신과 엇비슷하게 된다. 큐비트 상태를 기술하는 데 연속 매개변수를 사용하기 때문에 양자 컴퓨터가 그냥 아날로그 컴퓨터라고 여길지 모른다. 하지만 양자 컴퓨터에 대한 노이즈의 영향을 효율적으로 디지털화할 수 있음이 밝혀졌다. 결과적으로 한정된 양의 노이즈가 존재하더라도 계산 이점이 있으며, 이 사항은 10장에서 알게 될 것이다.

디지털 컴퓨터에서 노이즈가 미치는 영향은 얼마나 될까? 계산의 초기 시대에는 노이즈가 컴퓨터에서 매우 심각한 문제였다. 어떤 초기 컴퓨터에서는 진공관이 몇 분마다 오작동하기도 했다. 심지어 오늘날에도 노이즈는 모뎀 및 하드 드라이브와 같은 계산 장치에 있어서 문제다. 신뢰할 수 없는 부품을 가지고 신뢰할 수 있는 컴퓨터를 어떻게 만들지를 알아내는 데 상당한 노력을 기울였다. 폰 노이만은 계산에 필요한 자원을 다항적으로 증가시키는 것만으로도 이 일이 가능하다는 것을 입증했다. 그러나 아이러니하게도 최신 컴퓨터의 부품들은 아주 신뢰할 수 있기 때문에 현대 컴퓨터는 이러한 결과를 전혀 사용하지 않는다. 요즘 전자부품은 고장율이 10^{-17} 이하인 것이 일반적이다. 따라서 오류가 거의 발생하지 않기 때문에 오류 방지를 위해 따로 노력을 들일 이유가 없다. 그러나 양자 컴퓨터는 아주 민감한 머신이므로 오류정정 기술을 본질적으로 적용해야 한다는 것을 알게 될 것이다.

아키텍처를 달리 하면 노이즈의 영향을 변화시킬 수 있다. 노이즈의 영향을 무시할 경우 많은 연산을 병렬로 수행하는 컴퓨터 아키텍처로 변경해도 수행해야 하는 연산 수를 변경시키지 않을 수 있다. 하지만 병렬 시스템은 노이즈의 영향이 누적되는 시간이 적기 때문에 노이즈에 훨씬 더 잘 견딜 수 있다. 따라서 현실적으로 분석하면 병렬 버전의 알고리듬은 직렬 구현에 비해 실질적인 이점이 있을 수 있다. 아키텍처 설계는 고전 컴퓨터용으로 잘 개발된 연구 분야다. 양자 컴퓨터용으로는 동일한 수준으로 비슷한 것조차 개발된 게 없지만 노이즈 연구를 통해 미래의 양자 컴퓨터 아키텍처를 위한 (높은 수준의 병렬성과 같은) 바람직한 특성들을 이미 알게 됐다.

네 번째 계산모델은 분산계산^{distributed computation}인데, 이 모델에서는 계산 문제를 해결하는 데 공간적으로 분리된 둘 이상의 계산장치가 이용 가능하다. 분명히 이러한 계산모델은 튜링머신에서 효율적으로 시뮬레이션할 수 있다는 점에서 튜링머신 모델보다 강력하지는 않다. 하지만 분산계산은 흥미로운 새로운 자원 문제를 야기한다. 즉, 계산장치 간의 통신communication 비용이 높을 때 여러 계산장치를 어떻게 사용하는 것이 최선인가, 라는 것이다. 컴퓨터가 고속 네트워크를 통해 연결됨에 따라 이러한 분산계산 문제는 특히 흥미로워진다. 네트워크로 연결된 모든 컴퓨터의 총 계산 용량이 극히 클 수 있지만 그 잠재력을 활용하는 것은 어렵다. 대부분의 관심사 문제들은 개별적으로 해결할 수 있는 독립적 부분들로 분리하기가 쉽지 않으며, 중간 결과를 교환하거나 상태를 동기화하기 위해서는 서로 다른 계산 하위시스템 간에 글로벌 통신이 필요할 수 있다. 이러한 문제를 해결하기 위해 문제 해결에 필요한 통신 비용을 수량화함으로써 **통신 복잡도**communication complexity 분야를 개척했다. 양자 자원이 이용 가능하고 분산 컴퓨터 간에 그 자원을 교환할 수 있으면 통신 비용을 크게 줄일 수도 있다.

이러한 결론에 이르는 사고를 통해, 아울러 이 책 전체를 통해 되풀이할 주제가 의미하는 것은 컴퓨터과학이 전통적으로 물리적 제약을 거의 거론하지 않았더라도 궁극적으로 물리법칙은 컴퓨터 제작법뿐만 아니라 컴퓨터로 풀 수 있는 문제의 클래스에도 막대한 영향을 미친다는 점이다. 양자계산 및 양자정보가 계산 문제에 대해 물리적으로 타당한 대안 모델로 성공을 거두면서 컴퓨터과학의 영역을 지키고 컴퓨터과학 개념을 최첨단 물리학 속으로 끌어들였다. 이 책에서 이후로는 서로 다른 분야의 아이디어를 한데 모아 그 결과를 즐기면 된다!

문제 3.1: (민스키 머신)   민스키 머신Minsky machine은 유한집합의 레지스터 r_1, r_2,...,r_k와 프로그램으로 구성된다. 각 레지스터는 임의의 음이 아닌 정수를 저장할 수 있고, 프로그램은 두 유형 중 한 유형의 명령들로 이루어진다. 첫 번째 유형은 다음 형태를 갖는다.

이를 해석하자면 프로그램 속의 m 지점에서 r_j 레지스터를 1 증가시키고 실행을 통해 프로그램 속의 n 지점으로 나아간다. 두 번째 명령 유형은 다음 형태를 갖는다.

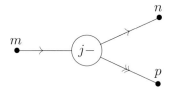

이를 해석하자면 프로그램 속의 m 지점에서 r_j 레지스터가 양의 정수이면 1 감소시키고 실행을 통해 프로그램 속의 n 지점으로 나아간다. r_j 레지스터가 0이면 실행을 통해 프로그램 속의 p 지점으로 그냥 나아갈 뿐이다. 민스키 머신용 프로그램은 그러한 명령들의 모음으로 구성되며 다음 형태와 같다.

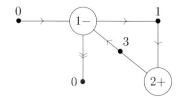

프로그램의 시작점과 모든 가능한 정지점은 일반적으로 0으로 표시한다. 이 프로그램은 r_1 레지스터의 내용을 가져와 r_2 레지스터에 더하면서 r_1을 0으로 감소시킨다.

1. 계산가능 함수 $f(\cdot)$가 주어지면 레지스터들이 $(n, 0,...,0)$ 상태에서 시작될 때 출력이 $(f(n), 0,...,0)$로 나오는 민스키 머신 프로그램이 존재한다고 하자. 민스키 머신에서 모든 (튜링) 계산가능 함수를 계산할 수 있음을 증명하라.

2. 방금 정의한 의미로 민스키 머신에서 계산할 수 있는 모든 함수를 튜링머신에서도 계산할 수 있다는 증거를 그래프로 나타내어라.

문제 3.2: (벡터 게임) 벡터 게임$^{vector\ game}$은 유한한 벡터 목록으로 되어 있으며 각 벡터는 모두 같은 차원이고 정수 좌표를 갖는다. 이 게임은 음이 아닌 정수 좌표의 x 벡터로 시작해 목록에 있는 첫 번째 벡터부터 x에 더하면서 모든 성분은 음이 아닌 성질을 유지시키는데, 더 이상 가능하지 않을 때까지 이 과정을 반복한다. 임의의 계산가능 함수 $f(\cdot)$에 대해 $(n, 0,...,0)$ 벡터로 시작할 때 $(f(n), 0,...,0)$에 도달하는 벡터 게임이 존재한다는 것을 증명하여라(힌트: $k + 2$ 차원의 벡터 게임이 k개의 레지스터를 포함하는 민스키 머신을 시뮬레이션할 수 있음을 보이면 된다).

문제 3.3: (프랙트란) 프랙트란^{Fractran} 프로그램은 양의 유리수 $q_1, \ldots, q_n$의 목록으로 정의한다. 이 목록을 양의 정수 m에 작용시켜 $q_i m$으로 대체한다. 여기서 i는 $q_i m$이 정수로 되는 제일 작은 수다. 만약 $q_i m$이 정수로 되는 i가 존재하지 않으면 실행이 정지된다. 어떠한 계산가능 함수 $f(\cdot)$에 대해서도 2^n으로 시작할 때 2의 중간 거듭제곱을 거치지 않고 $2^{f(n)}$에 도달하는 프랙트란 프로그램이 존재한다는 것을 증명하여라(힌트: 이전 문제를 이용하여라).

문제 3.4: (동역학계의 결정불가성) 프랙트란 프로그램은 본질적으로 양의 정수를 또다시 양의 정수로 바꾸는 매우 단순한 동역학계다. 이러한 동역학계가 1에 도달하는지를 결정하는 알고리듬이 존재하지 않음을 증명하라.

문제 3.5: (2비트 가역 논리의 비보편성$^{non\text{-}universality}$) 1비트 및 2비트 가역 논리 게이트와 보조 비트만 사용하여 회로를 만들려 한다고 하자. 이 방식으로 계산할 수 없는 부울함수가 존재한다는 것을 증명하라. 보조 비트의 도움을 받아도 1비트와 2비트 가역 게이트를 사용하는 토폴리 게이트는 시뮬레이션할 수 없다는 점을 이용한다.

문제 3.6: (TSP 근사의 난해함) $r \geq 1$로 설정하고 n개의 도시 중에서 계수 r 이내의 가장 짧은 여행을 찾는 TSP용 근사 알고리듬이 있다고 하자. 또한 $G = (V, E)$를 n개의 정점에 대한 그래프라 하자. 도시를 V에 있는 정점으로 여겨서 TSP의 한 사례로 정의하며 (i, j)가 G의 간선이면 도시 i와 j 사이의 거리를 1로 정의하고 그렇지 않으면 $\lceil r \rceil |V| + 1$로 정의한다. 근사 알고리듬을 TSP의 이러한 사례에 적용하면 G에 대한 해밀턴 순환이 존재하는 경우에 이 주기를 반환하고, 존재하지 않으면 $\lceil r \rceil |V|$보다 긴 길이의 여행을 반환한다는 것을 보여라. 이에 따라 HC의 **NP**-완비성으로부터 **P** = **NP**가 아닌 한, 그러한 근사 알고리듬은 존재할 수 없다는 결과가 나온다.

문제 3.7: (가역 튜링머신)

1. 보통의 튜링머신에서 계산할 수 있는 것과 같은 클래스의 함수를 계산할 수 있는 가역 튜링머신을 만드는 방법을 설명하여라(힌트: 다수 테이프 구성을 사용하는 것이 도움될 수 있다).

2. $f(x)$ 함수를 계산하기 위해 보통의 단일 테이프 튜링머신에 필요한 시간 $t(x)$ 및 공간 $s(x)$ 측면에서, 가역 튜링머신 연산을 위한 일반적 공간 및 시간 범위를 구하라.

문제 3.8: (계산하기 어려운 함수 종류 찾기(연구)) 계산하는 데 초다항수$^{super\text{-}polynomial\ number}$ 의 부울 게이트가 필요한 함수들(n개의 입력)의 자연적 클래스$^{natural\ class}$를 구하라.

문제 3.9: (가역적 PSPACE = PSPACE) '수량화된 충족가능성$^{quantified\ satisfiability}$' 문제, 또는 줄여서 QSAT 문제는 **PSPACE**-완비라고 증명할 수 있다. 즉, **PSPACE**의 다른 모든 언어를 다항시간 내에 QSAT로 환산시킬 수 있다. QSAT 언어는 다음과 같이 n개의 변수 $x_1, ..., x_n$과 논리곱 정규형$^{conjunctive\ normal\ form}$에 대한 모든 부울식 φ으로 구성되게 정의된다.

$$n \text{이 짝수인 경우} \quad \exists_{x_1} \forall_{x_2} \exists_{x_3} \dots \forall_{x_n} \ \varphi \qquad (3.9)$$

$$n \text{이 홀수인 경우} \quad \exists_{x_1} \forall_{x_2} \exists_{x_3} \dots \exists_{x_n} \ \varphi \qquad (3.10)$$

다항공간에서 연산하는 가역 튜링머신을 사용해 QSAT를 해결할 수 있음을 증명하라. 이에 따라 다항공간에서 가역적으로 연산하는 컴퓨터로 결정할 수 있는 언어 클래스는 **PSPACE**와 같다.

문제 3.10: (보조 비트와 가역 계산의 효율성) p_m을 m번째 소수$^{prime\ number}$라 하자. $n > m$ 인 m과 n을 입력할 때 곱 $p_m p_n$을 출력하는, 즉 $(m, n) \to (p_m p_n, g(m, n))$이 되는 가역 회로의 구성을 개략적으로 설명하라. 여기서 $g(m, n)$은 회로에서 사용되는 보조 비트의 최종 상태다. 회로에 필요한 보조 비트의 수를 대략적으로 구하라. $O(\log(\log n))$개의 보조 비트를 사용하는 $(\log n$의) 다항 크기의 가역 회로를 구할 수 있으면 두 소수의 곱으로 된 수를 인수분해하는 문제는 **P**에 속한다는 것을 증명하라.

역사와 추가자료

컴퓨터과학은 많은 흥미로운 하위 분야들이 있는 거대한 주제다. 짧은 지면에 컴퓨터과학을 완전히 설명하기란 불가능하다. 하지만 독자들의 탐구욕을 자극하기를 희망하면서, 널리 알려진 문서들 및 이 책에서 다루는 주제들과 관련 있는 관심 대상에 대한 연구 업적들을 소개하는 기회를 갖고자 한다. 현대 컴퓨터과학은 튜링의 훌륭한 1936년 논문 [Tur36]으로 거슬러 올라간다. 처치-튜링 논제는 1936년에 처치가 처음 언급했으며[Chu36], 그다음으로 튜링이 다른 관점에서 좀 더 완전하게 다뤘다. 다른 몇몇 연구자들은 거의 동시에 비슷한 결론에 도달했다. 이들의 많은 기여와 그 역사에 대한 논의는 데이비스가 편찬한 책[Dav65]에서 찾을 수 있다. 처치-튜링 논제와 결정불가성에 대한 자극적인 논의는 호프스태터[Hof79]와 펜로즈[Pen89]에서 찾을 수 있다.

알고리듬 디자인에 관해서는 훌륭한 책이 많다. 여기서는 세 가지만 언급한다. 첫째, 컴퓨터과학의 거대한 부분을 다루는 크누스의 고전 시리즈가 있다[Knu97, Knu98a, Knu98b]. 둘째, 코먼, 레이서손, 라이베스트의 놀라운 책[CLR90]이 있다. 이 두꺼운 책에는 알고리듬 설계의 여러 영역에 대해 잘 쓰여진 수많은 자료가 들어 있다. 마지막으로 모트와니와 라가반의 책[MR95]은 무작위 알고리듬 분야를 멋지게 들여다본 것이다.

계산 복잡도에 대한 현대 이론은 특히 쿡의 논문[Coo71]과 카프의 논문[Kar72]의 영향을 받았다. 러시아에서 레빈이 독자적으로 비슷한 아이디어[Lev73]를 냈지만 아쉽게도 서쪽으로 전파하는 데는 시간이 걸렸다. 카리와 존슨이 저술한 고전 서적[GJ79]도 이 분야에 막대한 영향을 미쳤다. 최근에 파파디미트리우는 계산 복잡도 이론의 주요 아이디어를 많이 조사한 아름다운 책[Pap94]을 썼다. 3장의 많은 자료는 파파디미트리우의 책을 기반으로 한다. 3장에서는 다항시간 감소와 같은 언어 간 환산의 한 가지 유형만 고려했다. 이외에도 언어 간의 환산 개념은 많이 있다. 래드너, 린치, 셀먼은 일찍이 이들 개념에 대해 고찰했다[LLS75]. 다른 환산 개념에 대한 연구는 나중에 **구조적 복잡도**structural complexity라는 하위 연구 분야로 발전했으며 발카자르, 디아즈, 가바로는 이 분야에 관해 집필했다[BDG88a, BDG88b].

정보, 에너지 소모, 계산 간의 관계는 오랜 역사를 갖고 있다. 란다우어가 1961년 논문[Lan61]을 발표하면서 이에 대한 현대적 지식을 갖추게 됐는데, 이 논문에서 란다우어 원리가 처음으로 언급됐다. 실라드의 논문[Szi29]과 폰 노이만의 1949년 강의[von66](66페이지)는 란다우어의 원리에 가깝게 결론을 냈지만, 정보를 삭제하는 데 에너지가 소모된다는 핵심 요점을 완전히 파악하지는 못했다.

가역 튜링머신은 레세프가 고안했지만[Lec63] 나중에 베넷도 영향력 있는 논문[Ben73]을 통해 독자적으로 고안했다. 프레드킨과 토폴리는 가역 계산 회로 모델을 발표했다[FT82]. 흥미로운 2개의 역사적 문서는 1978년 5월 MIT에 개설된 과목번호 6.895에 바톤이 제출한 과제물[Bar78]과 레슬러의 1981년 석사 논문[Res81]이다. 여기에는 가역 PDP-10을 위한 디자인이 포함돼 있다! 오늘날 가역 논리는 저전력 CMOS 회로의 구현에 있어서 잠재적으로 중요하다[YK95].

맥스웰의 도깨비는 길고 복잡한 역사를 가진 매혹적인 주제다. 맥스웰은 1871년에 맥스웰의 도깨비를 제안했다[Max71]. 실라드는 1929년 핵심 논문[Szi29]을 발표했는데, 이 논문에서 맥스웰의 도깨비 문제를 최종적으로 해결하는 세부사항들을 많이 예측했다. 1965년 파인만은 맥스웰의 도깨비에 대한 특수한 사례를 해결했다[FLS65b]. 베넷은 란다우어의 연구[Lan61]를 기반으로 문제 해결을 완료한 이 주제에 관해 아름다운 논문 두 편[Ben82a, Ben87]을 썼다. 맥스웰의 도깨비에 대한 역사와 그 해결에 관한 흥미로운 책은 레프와 렉스의 논문 모음[LR90]이다.

DNA 컴퓨팅은 애들먼이 고안했으며, 이 책에서 설명한 방향 해밀턴 경로 문제도 그가 해결했다[Adl94]. 립톤도 3SAT와 회로 충족가능성을 이 모델에서 어떻게 해결할 수 있는지 보여주었다[Lip95]. 좋은 일반적 기사는 애들먼의 사이언티픽 어메리칸 기고문이다[Adl98]. DNA 연산의 보편성을 통찰력 있게 보려면 윈프리를 참조하라[Win98]. 노이즈가 있을 때 신뢰성 있는 계산 수행에 대한 흥미로운 읽을거리로는 위노그라드와 코완이 저술한 책[WC67]이 있다. 이 주제에 대해서는 10장에서 다시 다룰 것이다. 헤네시, 골드버그, 패터슨은 컴퓨터 아키텍처에 대한 좋은 교재[HGP96]를 저술했다.

문제 3.1부터 3.4까지는 민스키가 시작하고(계산 머신에 관한 그의 아름다운 책[Min67]) 콘웨이가 발전시킨[Con72, Con86] 일련의 사고를 알아본 것이다. 프락트란 프로그래밍 언어는 PRIMEGAME[Con86]이라는 아래 예제에서 알 수 있듯이 가장 아름답고 우아한 보편적 계산모델 중 하나다. PRIMEGAME은 다음과 같이 유리수 목록으로 정의한다.

$$\frac{17}{91}, \frac{78}{85}, \frac{19}{51}, \frac{23}{38}, \frac{29}{33}, \frac{77}{29}, \frac{95}{23}, \frac{77}{19}, \frac{1}{17}, \frac{11}{13}, \frac{13}{11}, \frac{15}{2}, \frac{1}{7}, \frac{55}{1} \tag{3.11}$$

놀랍게도, PRIMEGAME에서 2로 시작하면 나타나는 2의 각 거듭제곱, 즉 2^2, 2^3, 2^5, 2^7, 2^{11}, 2^{13},....는 정확히 2의 소수 거듭제곱이며 그 지수에는 소수가 순서대로 나타난다. 문제 3.9는 좀 더 일반적인 주제의 특별한 경우로서 가역 계산을 위한 공간적 요구사항을 다룬다. 베넷의 논문[Ben89]과 리, 트롬프, 비타니이의 논문[LV96, LTV98]을 참조하기 바란다.

PART 2

양자계산

04
양자회로

계산 이론은 전통적으로 순수수학의 한 주제로서 거의 추상적으로 연구돼왔다. 이렇게 된 것은 핵심을 놓친 것이다. 컴퓨터는 물리적 대상이고 계산은 물리적 과정이다. 컴퓨터가 계산하거나 계산할 수 없는 것은 순수수학이 아니라 물리법칙에 의해 결정된다.

– 데이비드 도이치(David Deutsch)

수학과 마찬가지로 컴퓨터과학은 다른 과학과는 다소 차이가 있을 것이다. 컴퓨터과학은 확실성이 알려지지 않은 자연법칙 대신에 증명할 수 있는 인공법칙을 다룬다는 점이 그렇다.

– 도널드 크누스(Donald Knuth)

심오한 진실의 반대는 또 다른 심오한 진실일 수 있다.

– 닐스 보어(Niels Bohr)

4장은 2부의 시작으로서 양자계산에 대해 자세히 설명한다. 4장에서는 양자계산의 기본 원리를 전개하고, 정교한 양자계산을 기술하기 위한 보편적 언어인 양자회로의 기본 구성요소를 설정한다. 그다음의 두 장에서는 이들 회로를 가지고 현재까지 알려진 두 가지 기본 알고리듬을 만들어본다. 5장은 양자 푸리에 변환을 설명하고 위상 추정, 위수 구하기, 인수분해에 이 변환을 적용해본다. 6장에서는 양자탐색 알고리듬을 설명하고 이 알고리듬을 데이터베이스에 적용하며 NP-완비 문제에 대한 솔루션을 카운트하고 그 속도를 향상시킨다. 7장에서는 양자계산이 훗날 어떻게 실험으로 실현될 수 있는지를 논의하며 2부를 마무리 짓는다. 양자계산에서 큰 관심사의 두 주제인 양자 노이즈와 양자 오류 정정은 양자계산 외적으로도 광범위한 관심을 고려해서 이 책의 3부로 미룬다.

4장에서는 2개의 주요 아이디어를 소개한다. 첫째, 양자계산의 기초 모델인 양자회로 모델에 대해 자세히 설명한다. 둘째, 보편적^{universal} 게이트, 즉 어떠한 양자계산이든 표현할 수 있는 게이트들이 존재한다는 것을 보여준다. 그 과정에서 양자계산의 다른 기본 결과를 많이 설명할 기회도 갖는다. 4.1절은 양자 알고리듬의 개요로 시작하며 어떤 알고리듬이 알려져 있는지, 그리고 그 구성에 바탕이 되는 통합 기술에 초점을 맞춘다. 4.2절은 단일 큐비트 연산을 자세히 살펴본다. 단일 큐비트 연산은 단순하지만 예제 구조와 기술에 대해 풍부한 놀이터를 제공하므로 연산의 세부사항을 이해하는 것이 필수다. 4.3절은 다수 큐비트의 제어형 유니타리$^{controlled\ unitary}$ 연산을 어떻게 수행하는지를 보여주고, 4.4절에서는 양자회로 모델에서의 측정 서술^{description}에 대해 설명한다. 그러고 나서 4.5절에서는 보편성 정리$^{universality\ theorem}$에 대한 진술과 증명을 위해 이들 요소를 끌어들인다. 4.6절에서는 양자계산의 모든 기본 요소를 요약하고, 모델의 변형을 알아보며 고전 컴퓨터와 양자 컴퓨터 간의 계산 능력 관계에 있어서 중요한 의문점에 대해 논의한다. 4.7절에서는 실제 양자계에서 양자계산을 시뮬레이션해보는 것으로 4장을 마친다.

4장은 이 책의 모든 장 중에서 독자가 가장 정독할 만한 장으로서 연습 강도도 높은데 그 이유를 알아두는 것이 좋다. 양자회로 계산모델의 기본 요소가 들어간 장치를 만들기는 아주 쉽지만, 양자 알고리듬을 설계할 때 더 어려운 문제로 나아가려면 자연스러울 정도로 많은 수의 단순 결과와 기법을 받아들여야 한다. 이러한 이유로 4장에서는 예제 중심의 접근 방식을 취하고 여러분은 그러한 능력을 확보하기 위해 세부적으로 많은 것을 습득해야 한다. 양자계산의 기본 요소에 대해 강도가 좀 낮으면서 다소 표면적인 개요를 얻으려면 4.6절로 건너뛰어 읽어도 된다.

4.1 양자 알고리듬

양자 컴퓨터는 어떤 용도에 좋을까? 우리 모두는 계산 문제를 해결하는 데 컴퓨터 자원이 많이 들어가는 불편을 겪곤 한다. 실제로 고전 컴퓨터에서는 많은 흥미로운 문제를 해결할 수 없다. 그 이유는 그 문제가 원칙적으로 해결 불가능한 문제이기 때문이 아니라, 그 문제의 현실적인 사례를 해결하려면 천문학적인 자원이 필요하기 때문이다.

양자 컴퓨터가 주는 놀라운 약속은 고전 컴퓨터에서 엄청난 자원이 필요한 문제를 새 알고리듬으로 해결 가능하게 할 수 있다는 것이다. 이 글을 쓰는 시점에서 이러한 약속을 충족시키는 두 가지 클래스의 양자 알고리듬이 알려져 있다. 첫 번째 알고리듬 클래스는 쇼어Shor의 양자 푸리에 변환quantum Fourier transform을 기반으로 하고 인수분해와 이산로그 문제를 해결하는 놀라운 알고리듬이 포함되며 가장 잘 알려진 고전 알고리듬에 비해 지수적 속도 향상을 보여준다. 두 번째 알고리듬 클래스는 **양자탐색**quantum searching을 수행하는 그로버Grover 알고리듬을 기반으로 한다. 이 알고리듬은 가장 고전적인 알고리듬에 비해 그렇게 놀랍지는 않지만 여전히 2차 속도 향상quadratic speedup을 보여준다. 양자탐색 알고리듬이 중요하게 된 것은 고전 알고리듬의 탐색 기반 기술을 폭넓게 활용하기 때문이며, 많은 경우에 고전 알고리듬을 약간만 바꾸어도 고속 양자 알고리듬을 얻을 수 있다.

그림 4.1은 이 책을 쓸 당시에 양자 알고리듬에 관한 상황을 대략적으로 그린 것이다. 여기에는 이들 알고리듬의 일부 샘플 응용이 포함돼 있다. 당연히 이 다이어그램의 중심에는 양자 푸리에 변환과 양자탐색 알고리듬이 있다. 이 그림에서 특히 중요한 것은 양자 카운팅quantum counting 알고리듬이다. 이 알고리듬은 양자탐색 알고리듬과 푸리에 변환 알고리듬을 잘 조합한 것으로서 고전 컴퓨터에서 가능한 탐색 문제에 대한 솔루션 수를 빠르게 추정하는 데 사용할 수 있다.

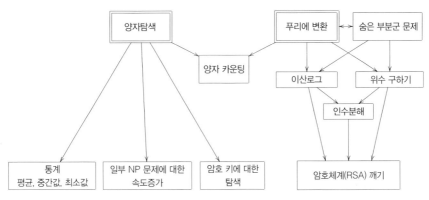

그림 4.1 주요 양자 알고리듬과 각각의 관계. 주목할 만한 응용들이 포함된다.

양자탐색 알고리듬에는 잠재적 응용 분야가 많으며 그중 몇 가지만 설명한다. 이 알고리듬을 사용하면 정렬돼 있지 않은 데이터 집합에서 최소 원소와 같은 통계를 고전 컴퓨터에서보다 빠르게 추출할 수 있다. **NP**에 속한 문제들(특히 솔루션을 구할 때 단순 탐색만이 최상의 알고리듬으로 알려진 문제들)에 대한 알고리듬 속도를 높이는 데도 사용할 수 있다. 마지막으로 널리 사용되는 데이터 암호화 표준DES, Data Encryption Standard과 같은 암호체계에 대한 키 탐색 속도를 높이는 데도 사용할 수 있다. 이러한 응용과 그 외의 응용에 대해서는 6장에서 설명할 것이다.

양자 푸리에 변환을 응용한 것 중에는 흥미로운 것들이 많다. 이 변환을 사용하면 이산로그와 인수분해 문제를 해결할 수 있다. 이러한 결과로 인해 양자 컴퓨터는 RSA 암호체계를 포함해 현재 가장 많이 사용되는 암호체계를 뚫을 수 있다. 푸리에 변환은 수학에서도 중요 문제인 숨은 부분군 찾기$^{finding\ a\ hidden\ subgroup}$(주기 함수에서 주기 구하기의 일반화)와 밀접한 관련이 있다. 양자 푸리에 변환과 그 응용(인수분해와 이산로그를 위한 고속 양자 알고리듬 포함)에 대해서는 5장에서 설명한다.

고전 알고리듬보다 나은 양자 알고리듬은 왜 거의 알려져 있지 않을까? 그 답은 좋은 양자 알고리듬을 고안하는 것이 어렵다는 것이다. 여기에는 두 가지 이유가 있다. 첫째, 알고리듬 설계는 고전이든 양자든 쉬운 일이 아니다! 알고리듬의 역사를 살펴보면, 두 수의 곱셈과 같이 아주 간단한 문제라도 최적의 알고리듬을 만들려면 상당한 독창성이 필요하다는 것을 알 수 있다. 가장 잘 알려진 고전 알고리듬보다 양자 알고리듬이 더 뛰어나야 한다는 압박까지 더해지기 때문에 좋은 양자 알고리듬을 구하는 것은 두 배로 어렵다. 좋은 양자 알고리듬을 구하기 어려운 두 번째 이유는 우리의 직관이 양자세계보다 고전세계에 훨씬 더 잘 적응돼 있기 때문이다. 원초적 직관을 사용하는 문제에 관해 생각해보면 우리가 고안한 알고리듬은 고전 알고리듬이 될 것이다. 좋은 양자 알고리듬을 만들려면 특별한 통찰력과 비결이 필요하다.

양자 알고리듬에 대한 더 이상의 언급은 5장까지 미뤄둘 것이다. 4장에서는 양자 알고리듬을 기술하기 위한 효율적이고 강력한 언어, 즉 양자회로(계산 절차를 기술하는, 이산집합에 속하는 구성요소들을 조립한 것)의 언어를 다룬다. 양자회로를 구성해보면 필요한 총 게이트 수 또는 회로 깊이$^{circuit\ depth}$와 같은 측면에서 알고리듬 비용을 알아낼 수 있다. 회로 언어$^{circuit\ language}$에는 알고리듬 설계를 단순화하고 개념을 쉽게 이해할 수 있는 툴박스^{toolbox}가 포함돼 있다.

4.2 단일 큐비트 연산

양자계산 툴킷^{toolkit}의 개발은 모든 양자계 중에서 가장 간단한 양자계(단일 큐비트)에서의 연산으로 시작한다. 단일 큐비트 게이트는 1.3.1절에서 소개했었다. 거기서 배웠던 내용을 재빨리 요약해보자. 21페이지의 명명법 및 표기법 사항을 참고하면 도움될 것이다.

단일 큐비트는 벡터 $|\psi\rangle = a|0\rangle + b|1\rangle$이며 $|a|^2 + |b|^2 = 1$을 만족시키는 두 복소수를 매개변수로 갖는다. 큐비트에 대한 연산은 이러한 노름^{norm}을 유지해야 하므로 2×2 유니타리 행렬로 기술된다. 이 가운데 가장 중요한 것은 파울리 행렬이다. 아래에 다시 나열해 놓는 것이 기억에 도움될 것이다.

$$X \equiv \begin{bmatrix} 0 & 1 \\ 1 & 0 \end{bmatrix}; \quad Y \equiv \begin{bmatrix} 0 & -i \\ i & 0 \end{bmatrix}; \quad Z \equiv \begin{bmatrix} 1 & 0 \\ 0 & -1 \end{bmatrix} \tag{4.1}$$

이외에도 다음과 같이 아다마르 게이트(H로 표시), 위상 게이트(S로 표시), $\pi/8$ 게이트(T로 표시)라는 3개의 양자 게이트가 큰 역할을 할 것이다.

$$H = \frac{1}{\sqrt{2}} \begin{bmatrix} 1 & 1 \\ 1 & -1 \end{bmatrix}; \quad S = \begin{bmatrix} 1 & 0 \\ 0 & i \end{bmatrix}; \quad T = \begin{bmatrix} 1 & 0 \\ 0 & \exp(i\pi/4) \end{bmatrix} \tag{4.2}$$

명심해야 할 유용한 두 가지 대수학 지식은 $H = (X + Z)/\sqrt{2}$이고 $S = T^2$이라는 것이다. 위의 T 게이트 정의에는 $\pi/4$가 들어가 있는데 왜 $\pi/8$ 게이트라고 부르는지 궁금할 것이다. 그 이유는

$$T = \exp(i\pi/8) \begin{bmatrix} \exp(-i\pi/8) & 0 \\ 0 & \exp(i\pi/8) \end{bmatrix} \tag{4.3}$$

로 바꾸고 중요하지 않은 전체위상을 무시하면 T의 대각 성분이 $\exp(\pm i\pi/8)$인 게이트와 같아서 역사적으로 이 게이트를 흔히 $\pi/8$ 게이트로 불렀기 때문이다. 그렇지만 이러한 명칭은 어떤 면에서 좀 잘못된 것이므로 이 책에서는 이 게이트를 T 게이트로 자주 언급할 것이다.

또한 $a|0\rangle + b|1\rangle$ 상태의 단일 큐비트는 단위 구$^{\text{unit sphere}}$ 위의 점 (θ, φ)으로 시각화할 수 있다는 점도 상기하자. 여기서 $a = \cos(\theta/2)$, $b = e^{i\varphi} \sin(\theta/2)$이고, 이 상태의 전체위상은 관측할 수 없기 때문에 a를 실수로 간주해도 된다. 이를 블로흐 구$^{\text{Bloch sphere}}$ 표현이라 하며 벡터 $(\cos\varphi \sin\theta, \sin\varphi \sin\theta, \cos\theta)$를 블로흐 벡터$^{\text{Bloch vector}}$라 한다. 앞으로 직관적으로 알기 쉽게 종종 이 표현을 언급할 것이다.

확인문제 4.1: 확인문제 2.11에서는 파울리 행렬의 고유벡터를 계산했었다(아직 그 문제를 풀어보지 않았다면 지금 풀어봐야 한다). 각 파울리 행렬의 정규화된 고유벡터에 해당하는 블로흐 구 위의 점들을 구하라.

파울리 행렬을 지수로 두면 3개의 유용한 유니타리 행렬이 만들어지는데, 이들 행렬은 $\hat{x}$, $\hat{y}$, $\hat{z}$축에 대한 회전연산자$^{\text{rotation operator}}$로서 다음과 같은 식으로 정의한다.

$$R_x(\theta) \equiv e^{-i\theta X/2} = \cos\frac{\theta}{2}I - i\sin\frac{\theta}{2}X = \begin{bmatrix} \cos\frac{\theta}{2} & -i\sin\frac{\theta}{2} \\ -i\sin\frac{\theta}{2} & \cos\frac{\theta}{2} \end{bmatrix} \tag{4.4}$$

$$R_y(\theta) \equiv e^{-i\theta Y/2} = \cos\frac{\theta}{2}I - i\sin\frac{\theta}{2}Y = \begin{bmatrix} \cos\frac{\theta}{2} & -\sin\frac{\theta}{2} \\ \sin\frac{\theta}{2} & \cos\frac{\theta}{2} \end{bmatrix} \tag{4.5}$$

$$R_z(\theta) \equiv e^{-i\theta Z/2} = \cos\frac{\theta}{2}I - i\sin\frac{\theta}{2}Z = \begin{bmatrix} e^{-i\theta/2} & 0 \\ 0 & e^{i\theta/2} \end{bmatrix} \tag{4.6}$$

확인문제 4.2: x는 실수이고 A는 $A^2 = I$가 되는 행렬이라 하자.

$$\exp(iAx) = \cos(x)I + i\sin(x)A \tag{4.7}$$

임을 보여라. 이 결과를 사용해 (4.4)부터 (4.6) 식까지 증명하라.

확인문제 4.3: 전체위상을 무시하면 $\pi/8$ 게이트가 $T = R_z(\pi/4)$를 만족시킨다는 것을 보여라.

확인문제 4.4: 아다마르 게이트 H를 R_x와 R_z 회전과 어떤 φ에 대한 $e^{i\varphi}$의 곱으로 표현하라.

$\hat{n} = (n_x, n_y, n_z)$가 3차원의 실단위벡터라 하면, $\hat{n}$ 축을 중심으로 θ만큼의 회전을 식

$$R_{\hat{n}}(\theta) \equiv \exp(-i\theta\,\hat{n}\cdot\vec{\sigma}/2) = \cos\left(\frac{\theta}{2}\right)I - i\sin\left(\frac{\theta}{2}\right)(n_x X + n_y Y + n_z Z) \tag{4.8}$$

로 정의해서 회전연산자 정의를 일반화시키게 된다. 여기서 $\vec{\sigma}$는 파울리 행렬의 세 성분 벡터 (X, Y, Z)를 나타낸다.

확인문제 4.5 : $(\hat{n}\cdot\vec{\sigma})^2 = I$를 증명하고 이를 사용해 (4.8) 식을 증명하라.

확인문제 4.6: (회전에 대한 블로흐 구 해석) $R_{\hat{n}}(\theta)$ 연산자를 회전연산자라 하는 이유는 다음과 같으며 이를 증명하라. 즉, 단일 큐비트는 블로흐 벡터 $\vec{\lambda}$로 나타내는 상태를 갖는다고 하자. 그러면 그 상태에 $R_{\hat{n}}(\theta)$ 회전을 적용했을 때 블로흐 구에서는 $\hat{n}$ 축을 중심으로 θ 각만큼 회전하는 효과를 발휘한다. 이 사실로 인해 회전 행렬의 정의에서 좀 이상하게 보이는 나누기 2의 의미를 알 수 있다.

확인문제 4.7: $XYX = -Y$임을 보이고 이를 사용해 $XR_y(\theta)X = R_y(-\theta)$임을 증명하라.

확인문제 4.8: 임의의 단일 큐비트 유니타리 연산자는

$$U = \exp(i\alpha)R_{\hat{n}}(\theta) \tag{4.9}$$

형식으로 표현할 수 있다. 여기서 α와 θ는 어떤^{some} 실수이며 $\hat{n}$는 3차원 실단위벡터 real unit vector다.

1. 이 사실을 증명하라.

2. 아다마르 게이트 H를 만들어내는 α, θ, $\hat{n}$ 값을 구하라.

3. 위상 게이트

$$S = \begin{bmatrix} 1 & 0 \\ 0 & i \end{bmatrix} \tag{4.10}$$

를 만들어내는 α, θ, $\hat{n}$ 값을 구하라.

단일 큐비트에 대한 임의의 유니타리 연산자는 전체위상이동^{global phase shift}을 덧붙인 회전들의 조합과 같이 여러 방법으로 표현할 수 있다. 다음 정리를 이용하면 임의의 단일 큐비트 회전을 표현할 수 있고, 이는 뒤에 나오는 제어형 연산^{controlled operation}에 적용할 때 특히 유용하다.

정리 4.1: (단일 큐비트에 대한 Z-Y 분해) U가 단일 큐비트에 대한 유니타리 연산이라 하자. 그러면

$$U = e^{i\alpha}R_z(\beta)R_y(\gamma)R_z(\delta) \tag{4.11}$$

가 되는 실수 α, β, γ, δ가 존재한다.

증명

U가 유니타리이기 때문에 U의 행과 열은 정규직교이고, 따라서

$$U = \begin{bmatrix} e^{i(\alpha-\beta/2-\delta/2)}\cos\frac{\gamma}{2} & -e^{i(\alpha-\beta/2+\delta/2)}\sin\frac{\gamma}{2} \\ e^{i(\alpha+\beta/2-\delta/2)}\sin\frac{\gamma}{2} & e^{i(\alpha+\beta/2+\delta/2)}\cos\frac{\gamma}{2} \end{bmatrix} \tag{4.12}$$

가 되는 실수 α, β, γ, δ가 존재한다. 이제 회전 행렬과 행렬 곱셈의 정의로부터 (4.11)식이 바로 나온다. ∎

확인문제 4.9: 어떠한 단일 큐비트 유니타리 연산자라도 (4.12) 형태로 표현할 수 있는 이유를 설명하라.

확인문제 4.10: (회전에 대한 *X–Y* 분해) 정리 4.1과 비슷하지만 R_z 대신 R_x를 사용해 분해하라.

확인문제 4.11: $\hat{m}$과 $\hat{n}$이 3차원의 비평행non-parallel 실단위벡터real unit vector라 하자. 임의의 단일 큐비트 유니타리 U는

$$U = e^{i\alpha} R_{\hat{n}}(\beta) R_{\hat{m}}(\gamma) R_{\hat{n}}(\delta) \tag{4.13}$$

로 표현될 수 있음을 보여라. 여기서 α, β, γ, δ는 적절히 선택한 것이다.

정리 4.1은 다음과 같이 신비하게 보이는 따름정리corollary에 유용한데, 이 따름정리는 제어형 다수 큐비트 유니타리 연산 구성의 핵심이며 이에 대해서는 다음 절에서 설명할 것이다.

따름정리 4.2: U를 단일 큐비트의 유니타리 게이트라 하자. 그러면 $ABC = I$이고 $U = e^{i\alpha} AXBXC$가 되는, 단일 큐비트에 대한 유니타리 연산자 A, B, C가 존재한다. 여기서 α는 어떤 전체위상 계수다.

증명

정리 4.1 표기에서 $A \equiv R_z(\beta) R_y(\gamma/2)$, $B \equiv R_y(-\gamma/2) R_z(-(\delta+\beta)/2)$, $C \equiv R_z((\delta-\beta)/2)$로 설정하자. 다음 식이 성립하는 것에 주목한다.

$$ABC = R_z(\beta) R_y\left(\frac{\gamma}{2}\right) R_y\left(-\frac{\gamma}{2}\right) R_z\left(-\frac{\delta+\beta}{2}\right) R_z\left(\frac{\delta-\beta}{2}\right) = I \tag{4.14}$$

$X^2 = I$이고 확인문제 4.7을 이용하면

$$XBX = X R_y\left(-\frac{\gamma}{2}\right) X X R_z\left(-\frac{\delta+\beta}{2}\right) X = R_y\left(\frac{\gamma}{2}\right) R_z\left(\frac{\delta+\beta}{2}\right) \tag{4.15}$$

가 된다는 것을 알 수 있다. 그러므로

$$AXBXC = R_z(\beta) R_y\left(\frac{\gamma}{2}\right) R_y\left(\frac{\gamma}{2}\right) R_z\left(\frac{\delta+\beta}{2}\right) R_z\left(\frac{\delta-\beta}{2}\right) \tag{4.16}$$

$$= R_z(\beta) R_y(\gamma) R_z(\delta) \tag{4.17}$$

가 된다. 따라서 제시된 바와 같이 $U = e^{i\alpha} AXBXC$이고 $ABC = I$이다. ▪

확인문제 4.12:   아다마르 게이트에 대해 A, B, C, α를 구하라.

확인문제 4.13: (회로 항등식^{circuit identity}**)**   조사를 통해 회로를 단순화시키는 것이 유용하며, 이때 잘 알려진 항등식을 사용한다. 다음 3개의 항등식을 증명하라.

$$HXH = Z; \quad HYH = -Y; \quad HZH = X \tag{4.18}$$

확인문제 4.14:   위의 확인문제를 사용해 $HTH = R_x(\pi/4)$임을 보여라. 전체위상은 무시한다.

확인문제 4.15: (단일 큐비트 연산들의 합성)   블로흐 표현은 두 회전을 합성한 효과를 시각화하는 데 좋다.

1. $\hat{n}_1$축에 관해 β_1각만큼 회전한 후 $\hat{n}_2$축에 관해 β_2각만큼 회전하면, 전체적 회전은 $\hat{n}_{12}$축에 관해 β_{12}각만큼 회전한 것이 되어

$$c_{12} = c_1 c_2 - s_1 s_2 \, \hat{n}_1 \cdot \hat{n}_2 \tag{4.19}$$

$$s_{12} \hat{n}_{12} = s_1 c_2 \hat{n}_1 + c_1 s_2 \hat{n}_2 + s_1 s_2 \, \hat{n}_2 \times \hat{n}_1 \tag{4.20}$$

로 주어진다는 것을 증명하라. 여기서 $c_i = \cos(\beta_i/2)$, $s_i = \sin(\beta_i/2)$, $c_{12} = \cos(\beta_{12}/2)$, $s_{12} = \sin(\beta_{12}/2)$이다.

2. 만약 $\beta_1 = \beta_2$이고 $\hat{n}_1 = z$이면, 위의 식들은

$$c_{12} = c^2 - s^2 \, \hat{z} \cdot \hat{n}_2 \tag{4.21}$$

$$s_{12} \hat{n}_{12} = sc(\hat{z} + \hat{n}_2) + s^2 \, \hat{n}_2 \times \hat{z} \tag{4.22}$$

로 단순화된다는 것을 보여라. 여기서 $c = c_1$이고 $s = s_1$이다.

일반적인 단일 큐비트 게이트에 대한 기호는 그림 4.2에 나타나 있다. 양자회로의 기본 특성을 상기해보자. 즉, 시간은 왼쪽에서 오른쪽으로 진행되고 도선은 큐비트를 나타내며 '/'는 다수의 큐비트를 하나의 표기로 나타내는 데 사용하기도 한다.

아다마르	$-\boxed{H}-$	$\dfrac{1}{\sqrt{2}}\begin{bmatrix} 1 & 1 \\ 1 & -1 \end{bmatrix}$
파울리 X	$-\boxed{X}-$	$\begin{bmatrix} 0 & 1 \\ 1 & 0 \end{bmatrix}$
파울리 Y	$-\boxed{Y}-$	$\begin{bmatrix} 0 & -i \\ i & 0 \end{bmatrix}$
파울리 Z	$-\boxed{Z}-$	$\begin{bmatrix} 1 & 0 \\ 0 & -1 \end{bmatrix}$
위상	$-\boxed{S}-$	$\begin{bmatrix} 1 & 0 \\ 0 & i \end{bmatrix}$
$\pi/8$	$-\boxed{T}-$	$\begin{bmatrix} 1 & 0 \\ 0 & e^{i\pi/4} \end{bmatrix}$

그림 4.2 일반적인 단일 큐비트 게이트에 대한 이름, 기호, 유니타리 행렬

4.3 제어형 연산

'A가 참이면 B를 수행한다.' 이러한 유형의 제어형 연산^{controlled operation}은 고전컴퓨팅과 양자 컴퓨팅 모두에 있어서 아주 유용한 연산 중 하나다. 이 절에서는 기초 연산으로 구성된 양자회로를 사용해 복잡한 제어형 연산을 어떻게 구현하는지 설명할 것이다.

가장 원형이 되는 제어형 연산은 제어형 NOT이며 1.2.1절에서 언급했었다. CNOT이라고도 하는 이 게이트는 2개의 입력 큐비트를 갖는 양자 게이트로서 두 입력은 각각 제어 큐비트^{control qubit}와 대상 큐비트^{target qubit}라 한다. 이 게이트는 그림 4.3과 같이 나타낸다. 계산기저 측면에서 CNOT은 $|c\rangle|t\rangle \rightarrow |c\rangle|t \oplus c\rangle$로 작용한다. 즉, 제어 큐비트가 $|1\rangle$로 설정되면 대상 큐비트가 반전되고, 설정되지 않으면 대상 큐비트는 그대로 유지된다. 따라서 계산기저인 |제어, 대상⟩에서 CNOT를 행렬로 표현하면 다음과 같다.

$$\begin{bmatrix} 1 & 0 & 0 & 0 \\ 0 & 1 & 0 & 0 \\ 0 & 0 & 0 & 1 \\ 0 & 0 & 1 & 0 \end{bmatrix} \tag{4.23}$$

그림 4.3 제어형 NOT 게이트의 회로 표현. 위쪽 선은 제어 큐비트를 나타내고 아래쪽 선은 대상 큐비트를 나타낸다.

좀 더 일반적으로 말하면 U가 임의의 단일 큐비트 유니타리 연산이라 하자. 제어형 U 연산$^{controlled\text{-}U\ operation}$이란 또다시 제어 큐비트와 대상 큐비트를 사용하는 두 큐비트의 연산이 된다. 제어 큐비트가 설정되면 U가 대상 큐비트에 적용되고, 설정되지 않으면 대상 큐비트는 그대로 유지된다. 즉, $|c\rangle|t\rangle \rightarrow |c\rangle U^{c}|t\rangle$이다. 제어형 U 연산은 그림 4.4의 회로에 나타나 있다.

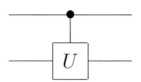

그림 4.4 제어형 U 연산. 위쪽 선은 제어 큐비트고 아래쪽 선은 대상 큐비트다. 제어 큐비트가 설정되면 U가 대상에 적용되고, 설정되지 않으면 그대로 유지된다.

확인문제 4.16: (다수 큐비트 게이트의 행렬표현)   계산기저에서 회로

$$x_2 - \boxed{H} -$$
$$x_1 \text{——}$$

에 대한 4×4 유니타리 행렬은 무엇인가? 또한 계산기저에서 회로

$$x_2 \text{——}$$
$$x_1 - \boxed{H} -$$

에 대한 유니타리 행렬은 무엇인가?

확인문제 4.17: (제어형 Z 게이트로 CNOT 구축)   계산기저에서 유니타리 행렬

$$\begin{bmatrix} 1 & 0 & 0 & 0 \\ 0 & 1 & 0 & 0 \\ 0 & 0 & 1 & 0 \\ 0 & 0 & 0 & -1 \end{bmatrix}$$

로 작용하는 제어형 Z 게이트 하나와 2개의 아다마르 게이트를 가지고 제어 비트와 대상 비트를 지정해서 CNOT 게이트를 만들어라.

확인문제 4.18:   다음이 성립함을 보여라.

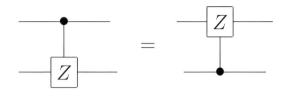

확인문제 4.19: (밀도행렬에 대한 CNOT 동작) CNOT 게이트는 밀도행렬 ρ의 성분들을 단순히 재배열시킨다. 계산기저에서 이러한 작용에 대한 행렬표현을 구하라.

확인문제 4.20: (CNOT 기저 변환) 이상적인 고전 게이트와 달리 이상적인 양자 게이트에서는 (전기공학 기술자들의 말에 따르면) '하이 임피던스^high-impedance' 입력이 없다. 실제로 '제어'와 '대상'의 역할은 무작위다(이것은 장치를 어느 기저에서 운영하는 것으로 생각하는지에 따라 달라진다). 우리는 CNOT가 계산기저에 관해 어떻게 거동하는지 기술한 적이 있었는데, 그 서술에서 제어 큐비트는 변경되지 않는다. 하지만 다른 기저에서 작업하면 제어 큐비트는 변경된다. 즉, 우리는 '대상' 큐비트의 상태에 따라 그 위상이 반전된다는 것을 보일 것이다! 다음이 성립함을 보여라.

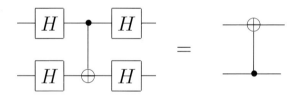

또한 기저상태 $|\pm\rangle \equiv (|0\rangle \pm |1\rangle)/\sqrt{2}$를 도입하고 위의 회로 항등식을 사용해 첫 번째 큐비트가 제어 큐비트이고 두 번째 큐비트가 대상 큐비트인 CNOT가 다음과 같은 효과를 발휘한다는 것을 보여라.

$$|+\rangle|+\rangle \rightarrow |+\rangle|+\rangle \tag{4.24}$$

$$|-\rangle|+\rangle \rightarrow |-\rangle|+\rangle \tag{4.25}$$

$$|+\rangle|-\rangle \rightarrow |-\rangle|-\rangle \tag{4.26}$$

$$|-\rangle|-\rangle \rightarrow |+\rangle|-\rangle \tag{4.27}$$

따라서 이 새로운 기저에 관해 대상 큐비트의 상태는 변경되지 않으며, 대상 큐비트가 $|-\rangle$로 시작하면 제어 큐비트의 상태가 반전되고, 그렇지 않으면 그대로 유지된다. 즉, 이 기저에서 대상 큐비트와 제어 큐비트는 본질적으로 서로의 역할을 바꿨다!

 우리의 현재 목표는 단일 큐비트 연산과 CNOT 게이트만 사용해 임의의 단일 큐비트 U에 대한 제어형 U 연산을 어떻게 구현하는지를 이해하는 것이다. 우리의 전략은 274페이지의 따름정리 4.2에 나온 $U = e^{i\alpha}AXBXC$ 분해를 기반으로 하는, 두 부분으로 구성된 절차다.

 첫 번째 단계로는 제어 큐비트에 의해 제어되는 대상 큐비트에 위상이동 $\exp(i\alpha)$를 적용시킨다. 즉, 제어 큐비트가 $|0\rangle$이면 대상 큐비트는 그대로 유지되고, 제어 큐비트가 $|1\rangle$이면 대상 큐피트에 위상이동 $\exp(i\alpha)$를 적용시킨다. 단일 큐비트 유니타리 게이트를 사용해 이 동작을 구현한 회로가 그림 4.5의 오른쪽에 나와 있다. 이 회로가 올바르게 작동하는지 확인하려면 오른쪽의 회로가

$$|00\rangle \rightarrow |00\rangle, \quad |01\rangle \rightarrow |01\rangle, \quad |10\rangle \rightarrow e^{i\alpha}|10\rangle, \quad |11\rangle \rightarrow e^{i\alpha}|11\rangle \qquad (4.28)$$

효과를 발휘한다는 점에 주목한다. 이 효과는 바로 왼쪽그림의 제어형 연산에서 일어나는 것과 정확히 같다.

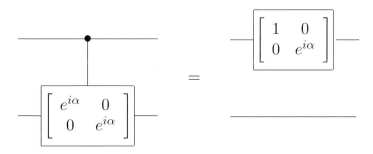

그림 4.5 두 큐비트에 대한 제어형 위상이동 게이트, 그리고 이와 동일한 회로

 이제 그림 4.6에 나타난 것처럼 제어형 U 연산의 구성을 완료할 수 있다. 이 회로가 작동하는 이유를 알려면 따름정리 4.2로부터 U는 $U = e^{i\alpha}AXBXC$ 형태로 표현될 수 있다는 점을 상기한다. 이때 A, B, C는 $ABC = I$를 만족시키는 단일 큐비트 연산들이다. 제어 큐비트가 설정됐다고 하자. 그러면 $e^{i\alpha}AXBXC = U$ 연산이 두 번째 큐비트에 적용된다. 반면 제어 큐비트가 설정되지 않으면 $ABC = I$ 연산이 두 번째 큐비트에 적용된다. 즉, 어떠한 변경도 일어나지 않는다. 이렇게 해서 이 회로는 제어형 U 연산을 구현한다.

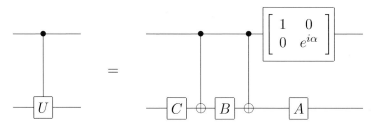

그림 4.6 단일 큐비트 U에 대해 제어형 U 연산을 구현하는 회로. α, A, B, C는 $U = \exp(i\alpha)AXBXC$, $ABC = I$를 만족시킨다.

이제 설정될 단일 큐비트에 대해 어떻게 조건을 주는지 알았다. 다수 큐비트에 대한 조건 부여는 어떨까? 이미 다수 큐비트 조건 부여의 한 예인 토폴리 게이트를 언급한 적이 있다. 토폴리 게이트에서는 제어 큐비트인 첫 번째, 두 번째 큐비트를 모두 1로 설정하면 대상 큐비트인 세 번째 큐비트가 반전된다. 일반적으로 말하면 $n + k$개의 큐비트가 있다고 하고 U는 k개 큐비트의 유니타리 연산자라 하자. 그러면 제어형 연산 $C^n(U)$는

$$C^n(U)|x_1 x_2 \ldots x_n\rangle|\psi\rangle = |x_1 x_2 \ldots x_n\rangle U^{x_1 x_2 \ldots x_n}|\psi\rangle \tag{4.29}$$

로 정의한다. 여기서 U의 지수인 $x_1 x_2 \ldots x_n$은 x_1, $x_2, \ldots, x_n$ 비트들의 곱을 의미한다. 즉, 맨 앞에서 n까지의 큐비트들이 모두 1이면 그 이후로 끝까지의 k개 큐비트들이 U 연산자에 적용되고, 그렇지 않으면 아무것도 수행되지 않는다. 이러한 조건부 연산은 매우 유용하므로 그림 4.7에 나타낸 것처럼 특별한 회로 표기법을 도입한다. 이후로는 단순하게 하기 위해 $k = 1$이라 하자. 더 큰 k에 대해서는 본질적으로 동일한 방법을 사용해 처리할 수 있지만, $k \geq 2$의 경우 k개의 큐비트에 대해 임의의 연산을 어떻게 수행할지 (아직) 알지 못하는 복잡함이 추가로 존재한다.

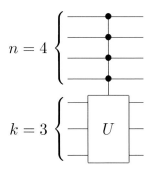

그림 4.7 $C^n(U)$ 연산에 대한 샘플 회로 표현. 여기서 U는 k개의 큐비트에 대한 유니타리 연산자인데, $n = 4$이고 $k = 3$이다.

U가 단일 큐비트 유니타리 연산자이고 V는 $V^2 = U$를 만족시키는 유니타리 연산자라 하자. 그러면 $C^2(U)$ 연산은 그림 4.8에 나타낸 회로를 사용해 구현될 수 있다.

확인문제 4.21: 그림 4.8이 $C^2(U)$ 연산을 구현한다는 것을 증명하라.

확인문제 4.22: 최대 8개의 단일 큐비트 게이트와 6개의 제어형 NOT 게이트를 사용해 (임의의 단일 큐비트 유니타리 U에 대한) $C^2(U)$ 게이트를 만들 수 있음을 증명하라.

확인문제 4.23: CNOT과 단일 큐비트 게이트만 사용해 $U = R_x(\theta)$와 $U = R_y(\theta)$에 대한 $C^1(U)$ 게이트를 만들어라. 제작에 필요한 단일 큐비트 게이트의 수를 3개에서 2개로 줄일 수 있는가?

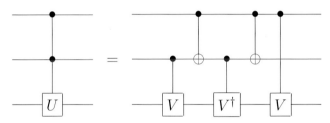

그림 4.8 $C^2(U)$ 게이트 회로. V는 $V^2 = U$를 만족시키는 임의의 유니타리 연산자다. 특수한 경우인 $V \equiv (1-i)(I+iX)/2$는 토폴리 게이트에 해당한다.

잘 알려져 있는 토폴리 게이트는 $C^2(U)$ 연산의 특히 중요한 경우인 $C^2(X)$이다. $V \equiv (1-i)(I+iX)/2$로 정의하고 $V^2 = X$에 주목한다면, 그림 4.8이 1과 2큐비트 연산의 측면에서 토폴리 게이트를 구현한다는 것을 알 수 있다. 고전적인 관점에서 이것은 놀라운 결과다. 즉, 문제 3.5에서 1비트 및 2비트 고전 가역 게이트는 토폴리 게이트를 구현하기에, 또는 좀 더 일반적으로 말하면 보편적 계산을 구현하기에는 충분하지 않다는 점을 상기하자. 이와는 반대로 양자의 경우에는 1큐비트 및 2큐비트 가역 게이트가 토폴리 게이트를 구현하기에 충분하다는 것을 알 수 있으며, 우리는 결국에 보편적 계산도 충분하다는 것을 증명할 것이다.

궁극적으로는 어떠한 연산이라도 아다마르, 위상, 제어형 NOT, $\pi/8$ 게이트를 가지고 임의의 좋은 근사치가 나올 수 있게 만들 수 있음을 보일 것이다. 토폴리 게이트는 매우 유용하기 때문에 이러한 게이트 집합으로 어떻게 게이트를 구축할 수 있는지 알아내는 일은 흥미롭다. 그림 4.9는 아다마르, 위상, 제어형 NOT, $\pi/8$ 게이트만으로 만든 토폴리 게이트의 간단한 회로를 보여준다.

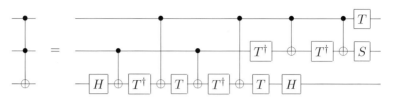

그림 4.9 아다마르, 위상, 제어형 NOT, $\pi/8$ 게이트를 사용한 토폴리 게이트 구현

확인문제 4.24:   그림 4.9가 토폴리 게이트를 구현한다는 것을 증명하라.

확인문제 4.25: (프레드킨 게이트 제작)   프레드킨(제어형 스왑controlled-swap) 게이트는 다음 변환을 수행한다.

$$
\begin{bmatrix}
1 & 0 & 0 & 0 & 0 & 0 & 0 & 0 \\
0 & 1 & 0 & 0 & 0 & 0 & 0 & 0 \\
0 & 0 & 1 & 0 & 0 & 0 & 0 & 0 \\
0 & 0 & 0 & 1 & 0 & 0 & 0 & 0 \\
0 & 0 & 0 & 0 & 1 & 0 & 0 & 0 \\
0 & 0 & 0 & 0 & 0 & 0 & 1 & 0 \\
0 & 0 & 0 & 0 & 0 & 1 & 0 & 0 \\
0 & 0 & 0 & 0 & 0 & 0 & 0 & 1
\end{bmatrix}
\tag{4.30}
$$

1. 3개의 토폴리 게이트를 사용해 프레드킨 게이트를 만드는 양자회로를 그려라(힌트: 스왑 게이트 제작을 생각하라. 각 게이트는 한 번에 하나씩 제어할 수 있다).

2. 첫 번째와 마지막 토폴리 게이트를 CNOT 게이트로 대체할 수 있음을 보여라.

3. 이제 중간 토폴리 게이트를 그림 4.8의 회로로 교체하여 6개의 2큐비트 게이트만을 사용하는 프레드킨 게이트를 만들어라.

4. 심지어 더 간단하게 5개의 2큐비트 게이트만으로 만들 수 있는가?

확인문제 4.26:   다음의 회로가 토폴리 게이트에 비해 위상만 다르다는 것을 보여라. 즉, 이 회로는 $|c_1, c_2, t\rangle$를 $e^{i\theta(c_1, c_2, t)}|c_1, c_2, t \oplus c_1 \cdot c_2\rangle$로 바꾼다. 여기서 $e^{i\theta(c_1, c_2, t)}$는 상대위상 계수다. 이 게이트는 때때로 실험 구현에 유용할 수 있으며, 이럴 때 토폴리 게이트를 직접 구현하는 것보다 상대위상 외에는 토폴리 게이트와 똑같은 게이트를 구현하는 것이 훨씬 더 쉬울 수 있다.

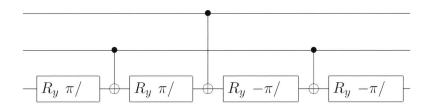

확인문제 4.27: CNOT와 토폴리 게이트만 사용해 다음 변환을 수행하는 양자회로를 만들어라. 이러한 종류의 부분순환치환$^{partial\ cyclic\ permutation}$ 연산은 뒤의 7장에서 유용할 것이다.

$$
\begin{bmatrix}
1 & 0 & 0 & 0 & 0 & 0 & 0 & 0 \\
0 & 0 & 0 & 0 & 0 & 0 & 0 & 1 \\
0 & 1 & 0 & 0 & 0 & 0 & 0 & 0 \\
0 & 0 & 1 & 0 & 0 & 0 & 0 & 0 \\
0 & 0 & 0 & 1 & 0 & 0 & 0 & 0 \\
0 & 0 & 0 & 0 & 1 & 0 & 0 & 0 \\
0 & 0 & 0 & 0 & 0 & 1 & 0 & 0 \\
0 & 0 & 0 & 0 & 0 & 0 & 1 & 0
\end{bmatrix}
\tag{4.31}
$$

지금까지 나온 게이트 조합을 사용해 $C^n(U)$ 게이트를 어떻게 구현할 수 있을까? 여기서 U는 임의의 단일 큐비트 유니타리 연산이다. 이 작업을 수행하기 위한 아주 간단한 회로가 그림 4.10에 나타나 있다. 이 회로는 세 단계로 나뉘며 적은 수인 $(n-1)$개의 작업 큐비트를 사용하는데, 이들은 모두 $|0\rangle$ 상태에서 시작하고 끝난다. 제어 큐비트는 계산기저 상태 $|c_1,...,c_n\rangle$에 있다고 하자. 이 회로의 첫 번째 단계는 모든 제어 비트 $c_1,...,c_n$을 한꺼번에 가역적으로 AND하여 곱 $c_1 \cdot c_2 ... c_n$을 생성하는 것이다. 이를 위해 회로의 첫 번째 게이트에서는 토폴리 게이트를 사용해 c_1과 c_2를 AND해서 첫 번째 작업 큐비트의 상태를 $|c_1 \cdot c_2\rangle$로 바꾼다. 그다음의 토폴리 게이트는 c_3과 곱 $c_1 \cdot c_2$를 AND해서 두 번째 작업 큐비트의 상태를 $|c_1 \cdot c_2 \cdot c_3\rangle$로 바꾼다. 최종 작업 큐비트가 $|c_1 \cdot c_2 ... c_n\rangle$ 상태로 될 때까지 이러한 방식으로 토폴리 게이트를 계속 적용한다. 다음으로, 최종 작업 큐비트가 1로 설정되는 조건에 따라 대상 큐비트에 대해 U 연산이 수행된다. 즉, c_1에서 c_n까지 모두 설정된 경우에만 U가 적용된다. 최종적으로 회로의 마지막 부분은 첫 번째 단계의 과정을 반대로 해 모든 작업 큐비트를 초기 상태인 $|0\rangle$으로 되돌린다. 따라서 원하는 대로 c_1에서 c_n까지 모든 제어 비트를 설정한 경우에만 총 결과로 유니타리 연산자 U를 대상 큐비트에 적용하는 것이다.

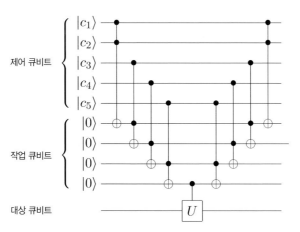

제어 큐비트

작업 큐비트

대상 큐비트

그림 4.10 $n=5$인 경우, $C^n(U)$ 연산을 구현하는 네트워크

확인문제 4.28: V가 유니타리이며 $U = V^2$의 경우, 그림 4.10과 비슷하지만 작업 큐비트를 사용하지 않는 $C^5(U)$ 게이트를 만들어라. 제어형 V 게이트와 제어형 $V^\dagger$ 게이트를 사용해도 된다.

확인문제 4.29: $O(n^2)$개의 토폴리, CNOT, 단일 큐비트 게이트를 가지고 $C^n(X)$ 게이트 $(n > 3)$를 구현하는 회로를 구하라. 이때 어떠한 작업 큐비트도 사용하지 않아야 한다.

확인문제 4.30: U가 단일 큐비트 유니타리 연산이라 하자. $O(n^2)$개의 토폴리, CNOT, 단일 큐비트 게이트를 가지고 $C^n(U)$ 게이트$(n > 3)$를 구현하는 회로를 구하라. 이 또한 어떠한 작업 큐비트도 사용하지 않아야 한다.

우리가 고려해왔던 제어형 게이트들에서는 제어 비트를 1로 설정하면 대상 큐비트에 조건부 동역학conditional dynamics이 발생한다. 물론 1에 특별한 의미는 없으며 제어 비트를 0으로 설정할 때 조건부 동역학이 발생하도록 고려하는 것도 유용할 경우가 많다. 예를 들어 첫 번째('제어') 큐비트가 0으로 설정되는 조건에 따라 두 번째('대상') 큐비트를 반전시키는 2큐비트 게이트를 구현한다고 하자. 그림 4.11에서는 이 게이트에 대한 회로 표기와 함께 이미 소개했던 게이트에 대한 등가회로equivalent circuit를 보여준다. 일반적으로 우리는 큐비트가 0으로 설정될 조건에 대해서는 흰색 원 표기를 사용하고 1로 설정될 조건에 대해서는 검은색 원 표기를 사용할 것이다.

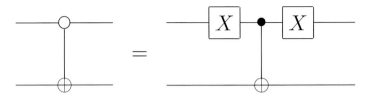

그림 4.11 첫 번째 큐비트가 0으로 설정될 때 두 번째 큐비트에 NOT 게이트가 수행되는 제어형 연산

이러한 관례에 관해 좀 더 신경 쓴 예가 그림 4.12에 나타나 있다. 여기서는 3개의 제어 큐비트를 사용했다. 제1과 제3큐비트가 0으로 설정되고 제2큐비트가 1로 설정되면 U 연산이 대상 큐비트에 적용된다. 그 그림의 오른쪽에 있는 회로가 원하는 연산을 구현하는지 검사해 쉽게 확인할 수 있다. 좀 더 일반적으로 말하면 그림 4.12에 나타난 바와 같이 적절한 위치에 X 게이트를 넣음으로써 큐비트가 1로 설정될 때의 조건을 갖는 회로와 0으로 설정될 때의 조건을 갖는 회로를 서로 쉽게 전환할 수 있다.

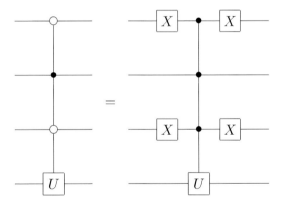

그림 4.12 제어형 U 연산, 그리고 이미 구현법을 알아봤던 회로 요소 측면에서의 동일한 연산. 첫 번째 큐비트와 세 번째 큐비트가 0으로 설정되고 두 번째 큐비트가 1로 설정되면 네 번째 큐비트에 U가 적용된다.

때때로 유용한 또 다른 관례는 그림 4.13에 나타난 것처럼 제어형 NOT 게이트의 대상을 여러 개로 하는 것이다. 이러한 자연스러운 표기는 제어 큐비트가 1일 때 ⊕로 표시된 큐비트 모두가 반전되고 1이 아닐 때 아무것도 발생하지 않음을 의미한다. 예를 들어 치환permutation과 같은 고전 기능을 만드는 데 있어서, 또는 10장에서 알게 될 양자 오류정정 회로를 위한 인코더 및 디코더에 있어서 이를 사용하면 편리하다.

그림 4.13 다수를 대상으로 하는 제어형 NOT 게이트

확인문제 4.31: (그 외의 회로 항등식) 아래 첨자는 연산자가 어느 큐비트에 작용하는지 나타낸다고 하자. 그리고 C는 제1 큐비트를 제어 큐비트로, 제2큐비트를 대상 큐비트로 갖는 CNOT라 하자. 다음 항등식을 증명하라.

$$CX_1C = X_1X_2 \tag{4.32}$$
$$CY_1C = Y_1X_2 \tag{4.33}$$
$$CZ_1C = Z_1 \tag{4.34}$$
$$CX_2C = X_2 \tag{4.35}$$
$$CY_2C = Z_1Y_2 \tag{4.36}$$
$$CZ_2C = Z_1Z_2 \tag{4.37}$$
$$R_{z,1}(\theta)C = CR_{z,1}(\theta) \tag{4.38}$$
$$R_{x,2}(\theta)C = CR_{x,2}(\theta) \tag{4.39}$$

4.4 측정

양자회로에 거의 절대적으로 사용되는 마지막 요소는 측정^{measurement}이다. 이 책의 회로에서는 그림 4.14에 표시한 것과 같이 '미터기' 기호를 사용해 사영 측정(2.2.5절)을 계산 기저로 나타낼 것이다. 양자회로 이론에서는 좀 더 일반적인 측정을 표시할 때 어떠한 특수 기호도 사용하지 않는 것이 관례다. 그 이유는 2장에서 설명한 바와 같이 보조 비트를 갖는 유니타리 변환 다음에 사영 측정이 나오는 것으로 양자회로를 항상 나타낼 수 있기 때문이다.

그림 4.14 단일 큐비트에 대한 사영 측정용 기호. 이 회로에서는 측정 결과로 더 이상의 작업이 수행되지 않지만, 좀 더 일반적인 양자회로에서는 회로의 앞 부분에서 측정한 결과에 따라 조건부로 회로의 뒷부분을 변경하는 것이 가능하다. 고전정보를 그렇게 활용할 때는 이중선(double line)으로 나타낸다(이 그림에는 나타나 있지 않다).

양자회로에 대해 염두에 두어야 할 두 가지 중요한 원리가 있다. 두 원리 모두는 좀 당연한 말이긴 하다. 하지만 그것들은 아주 크게 유용하므로 앞서서 강조할 만하다. 첫 번째 원리는 다음과 같이 고전 조건부 연산^{classically conditioned operation}이 양자 조건부 연산^{quantum conditioned operation}으로 대체될 수 있다는 것이다.

> **지연 측정 원리**^{principle of deferred measurement}: 측정은 양자회로의 중간 단계에서 회로의 끝으로 항상 이동할 수 있다. 즉, 측정 결과가 회로의 어느 단계에서나 사용된다면 고전 조건부 연산은 양자 조건부 연산으로 대체될 수 있다.

흔한 일이지만 양자회로 속에서는 양자 측정을 중간 단계로써 수행하고, 그 측정 결과를 사용해 그 다음의 양자 게이트를 조건부로 제어한다. 예를 들면 76페이지의 그림 1.13에 나타난 텔레포테이션 회로의 경우다. 하지만 그러한 측정은 항상 회로의 끝으로 이동될 수 있다. 그림 4.15는 모든 고전 조건부 연산을 이에 대응하는 양자 조건부 연산으로 대체해서 이 작업을 어떻게 수행하는지를 보여준다(물론 어떠한 고전정보도 앨리스로부터 밥에게 전송되지 않기 때문에 이 회로가 '텔레포테이션'을 수행하는 것으로 해석하는 데는 문제가 있다. 그러나 두 양자회로의 전체적인 동작이 동일하다는 것은 분명하며 이것이 핵심이다).

두 번째 원리는 훨씬 더 당연한 말이다(그리고 놀랄 정도로 유용하다)!

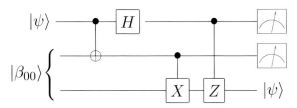

그림 4.15 회로의 중간이 아니라 끝에서 측정하는 양자 텔레포테이션 회로. 그림 1.13에서와 같이 위쪽 두 큐비트는 앨리스의 것이고 맨 아래의 큐비트는 밥의 것이다.

> **암묵적 측정 원리**^{principle of implicit measurement}: 양자회로의 끝에서 양자 도선^{quantum wire}이 끝나지 않더라도 (즉, 큐비트가 측정되지 않더라도) 그 도선은 측정되는 것으로 가정할 수 있으며 이는 일반성을 잃지 않는다.

이것이 왜 맞는 말인지 알기 위해 단 2개의 큐비트를 포함하는 양자회로가 있고 이 회로의 끝에서 첫 번째 큐비트만 측정한다고 하자. 그러면 이 시점에서 관측된 측정 통계는 첫 번째 큐비트의 밀도행렬에 의해 완전히 결정된다. 하지만 두 번째 큐비트도 측정했을 때, 이 측정으로 인해 첫 번째 큐비트의 측정 통계가 변경된다면 아주 놀랄 일이다. 확인문제 4.32에서 이 점을 증명해볼 텐데, 두 번째 큐비트를 측정해도 첫 번째 큐비트의 밀도행렬이 영향받지 않는다는 것을 증명해보기 바란다.

양자회로에서 측정의 역할을 고려할 때, 양자세계와 고전세계 간의 인터페이스 역할에 있어서 측정은 일반적으로 비가역 연산irreversible operation으로 간주돼 양자정보를 파괴하면서 고전정보로 대체된다는 점을 명심해야 한다. 하지만 신중히 설계된 경우에는 꼭 그렇지는 않은데, 텔레포테이션과 양자 오류정정(10장)이 이를 분명히 보여준다. 텔레포테이션과 양자 오류정정의 공통점은 측정 중인 양자상태의 정체에 관해서 어떠한 정보도 드러내지 않는다는 점이다. 실제로 10장에서는 이 점이 측정에 대한 좀 더 일반적인 특징이라는 것을 알아볼 것이다(측정이 가역적이기 위해서는 측정 중인 양자상태에 관해 어떠한 정보라도 드러나서는 안 된다!).

확인문제 4.32: ρ 가 2큐비트계를 기술하는 밀도행렬이라 하자. 우리는 두 번째 큐비트의 계산기저에서 사영 측정을 수행한다고 가정한다. $P_0 = |0\rangle\langle 0|$ 와 $P_1 = |1\rangle\langle 1|$ 을 각각 두 번째 큐비트의 $|0\rangle$ 과 $|1\rangle$ 상태 위로의 사영연산자라 하자. 그리고 측정 결과를 알지 못할 관측자가 측정한 후, 그 계에 지정될 밀도행렬을 ρ' 라 하자.

$$\rho' = P_0\rho P_0 + P_1\rho P_1 \tag{4.40}$$

임을 보여라. 또한 첫 번째 큐비트에 대한 환산밀도행렬이 측정에 영향받지 않음을 보여라. 즉, $\text{tr}_2(\rho) = \text{tr}_2(\rho')$ 임을 보이면 된다.

확인문제 4.33: (벨 기저에서의 측정) 지금까지 양자회로 모델용으로 지정했던 측정 모델은 계산기저에서만 측정됐다. 하지만 정규직교 상태들의 완비집합으로 정의한 다른 기저에서 측정할 경우도 많다. 이런 측정을 수행하려면 측정할 기저에서 계산기저로 유니타리 변환하고 나서 측정한다. 예를 들어 회로

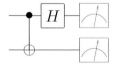

는 벨 상태의 기저에서 측정을 수행한다는 것을 보여라. 좀 더 정확히 말하면 이 회로는 벨 상태 위로의 사영연산자 4개에 대응하는 POVM 원소들로 측정하게 된다는 것을 보여라. 대응하는 측정 연산자들은 무엇인가?

확인문제 4.34: (연산자 측정) 고윳값이 ±1인 단일 큐비트 연산자 U가 있다고 하고 U가 에르미트이면서 유니타리이므로 관측가능량 및 양자 게이트로 간주될 수 있다고 가정한다. 관측가능량 U를 측정한다고 하자. 즉, 두 고윳값 중 하나를 나타내는 측정 결과를 얻고 이에 대응하는 고유벡터인 측정 후 상태를 그대로 유지시키려 한다. 이것을 양자회로로 어떻게 구현할 수 있을까? 또한 회로

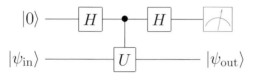

가 U 측정을 구현한다는 것을 보여라.

확인문제 4.35: (측정은 제어 큐비트와 관련해서 교환법칙이 성립함) 지연 측정 원리의 결론은 측정할 큐비트가 제어 큐비트일 때 측정과 양자 게이트는 교환법칙이 성립한다는 것이다. 즉,

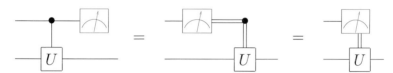

이 된다(이 다이어그램에서 이중선은 고전비트를 나타낸다는 점을 상기하자). 첫 번째 등호를 증명하라. 맨 오른쪽 회로는 측정 결과를 사용해 양자 게이트를 고전적으로 제어한다는 편의상의 표기법일 뿐이다.

4.5 보편적 양자 게이트

3.1.2절에서 봤듯이 소규모의 게이트 집합(예: AND, OR, NOT)을 사용해 임의의 고전함수를 계산할 수 있다. 우리는 그러한 게이트 집합을 고전계산에 **보편적**universal이라고 말한다. 실제로 토폴리 게이트는 고전계산에 보편적이기 때문에 양자회로는 고전회로를 수용한다. 이와 유사한 보편성 결과가 양자계산에 대해서도 적용된다. 여기서 어느 게이트 집합만 들어간 양자회로가 어떠한 유니타리 연산이라도 임의의 정확도로 근사시킬 approximate 수 있으면 그 게이트 집합을 양자계산에 보편적이라고 말한다. 이제 양자계산을 위한 3개의 보편성 구성universality construction을 설명한다. 이들 구성은 서로를 기반으로 구축되며 아다마르, 위상, CNOT, $\pi/8$ 게이트를 사용해 어떠한 유니타리 연산이라도 임

의의 정확도로 근사시킬 수 있음을 증명해 보일 것이다. 위상 게이트는 2개의 $\pi/8$ 게이트로 만들 수 있기 때문에 이 목록에 왜 위상 게이트가 올라 있는지 궁금할 것이다. 그 이유는 10장에서 설명하는 결함허용$^{\text{fault-tolerant}}$ 제작에서 자연스러운 역할을 하기 때문에 포함시킨 것이다.

첫 번째 구성은 임의의 한 유니타리 연산자는 유니타리 연산자들의 곱으로 정확히 표현될 수 있다는 것을 보여준다. 이때 곱하는 각 유니타리 연산자는 2개의 계산기저 상태에 의해 생성된 부분공간에서만 특별하게 작용한다. 두 번째 구성은 첫 번째 구성과 이전절의 결과를 결합해 임의의 한 유니타리 연산자가 단일 큐비트와 CNOT 게이트를 사용하여 정확히 표현될 수 있음을 보여준다. 세 번째 구성은 단일 큐비트 연산이 아다마르, 위상, $\pi/8$ 게이트를 사용해 임의의 정확도로 근사될 수 있다는 증명과 두 번째 구성을 결합한다. 결국 이 점은 어떠한 유니타리 연산이라도 아다마르, 위상, CNOT, $\pi/8$ 게이트를 사용하여 임의의 정확도로 근사시킬 수 있다는 뜻이다.

이들 구성에서는 효율성에 대해 거의 알 수 없다. 즉, 주어진 유니타리 변환을 생성하기 위해 얼마나 많은 (다항적으로 또는 지수적으로) 게이트를 구성해야 할 것인지를 알려주지 않는다. 4.5.4절에서는 많은 수의 게이트를 지수적으로 근사시켜야 하는 유니타리 변환이 존재한다는 것을 보일 것이다. 물론 양자계산의 목표는 효율적으로 수행될 수 있는 흥미로운 유니타리 변환 계열을 구하는 것이다.

확인문제 4.36: 모듈러 4에 관해 2개의 2비트 수 x와 y를 더하는 양자회로를 만들어라. 즉, 이 회로는 $|x, y\rangle \rightarrow |x, x+y \bmod 4\rangle$ 변환을 수행해야 한다.

4.5.1 2레벨 유니타리 게이트는 보편적이다

d차원의 힐베르트 공간에 작용하는 유니타리 행렬 U를 고려하자. 이 절에서는 U를 어떻게 2레벨 유니타리 행렬들의 곱으로 분해하는지 설명한다. 여기서 2레벨 유니타리 행렬$^{\text{two-level unitary matrix}}$이란 2개 또는 그보다 적은 벡터 성분에 대해서만 비자명하게$^{\text{non-trivially}}$ 작용하는 유니타리 행렬을 말한다. 이 말이 무슨 의미인지 3×3의 U를 고려해서 알아보자. 3×3이므로 U는

$$U = \begin{bmatrix} a & d & g \\ b & e & h \\ c & f & j \end{bmatrix} \tag{4.41}$$

형식으로 볼 수 있다. 다음 식을 만족시키는 2레벨 유니타리 행렬 $U_1, ..., U_3$을 구해보자.

$$U_3 U_2 U_1 U = I \tag{4.42}$$

위의 식으로부터 다음과 같이 된다.

$$U = U_1^\dagger U_2^\dagger U_3^\dagger \tag{4.43}$$

U_1, U_2, U_3은 모두 2레벨 유니타리 행렬이므로 그 역행렬 $U_1^\dagger$, $U_2^\dagger$, $U_3^\dagger$도 2레벨 유니타리 행렬임을 쉽게 알 수 있다. 따라서 (4.42)를 설명할 수 있다면 U를 어떻게 2레벨 유니타리 행렬의 곱으로 분해하는지를 보일 수 있다.

다음 절차를 사용해 U_1을 만들어보자. 즉, $b = 0$이면

$$U_1 \equiv \begin{bmatrix} 1 & 0 & 0 \\ 0 & 1 & 0 \\ 0 & 0 & 1 \end{bmatrix} \tag{4.44}$$

로 설정한다. $b \neq 0$이면

$$U_1 \equiv \begin{bmatrix} \frac{a^*}{\sqrt{|a|^2+|b|^2}} & \frac{b^*}{\sqrt{|a|^2+|b|^2}} & 0 \\ \frac{b}{\sqrt{|a|^2+|b|^2}} & \frac{-a}{\sqrt{|a|^2+|b|^2}} & 0 \\ 0 & 0 & 1 \end{bmatrix} \tag{4.45}$$

로 설정한다. 둘 중 어느 경우든 U_1은 2레벨 유니타리 행렬이며 행렬을 곱하면

$$U_1 U = \begin{bmatrix} a' & d' & g' \\ 0 & e' & h' \\ c' & f' & j' \end{bmatrix} \tag{4.46}$$

가 된다. 주목할 점은 왼쪽 열의 중간 성분이 0이라는 것이다. 이 행렬의 다른 성분들은 일반적인 프라임($'$) 기호로 표시했는데, 이전 값과 다를 수 있다는 것을 의미하며 그 값이 무엇인지는 중요하지 않다.

이제 비슷한 절차를 적용해 $U_2 U_1 U$의 왼쪽 맨 아래 성분이 없도록 2레벨 행렬 U_2를 구해보자. 즉, $c' = 0$이면

$$U_2 \equiv \begin{bmatrix} a'^* & 0 & 0 \\ 0 & 1 & 0 \\ 0 & 0 & 1 \end{bmatrix} \tag{4.47}$$

로 설정한다. 반면 $c' \neq 0$이면

$$U_2 \equiv \begin{bmatrix} \frac{a'^*}{\sqrt{|a'|^2+|c'|^2}} & 0 & \frac{c'^*}{\sqrt{|a'|^2+|c'|^2}} \\ 0 & 1 & 0 \\ \frac{c'}{\sqrt{|a'|^2+|c'|^2}} & 0 & \frac{-a'}{\sqrt{|a'|^2+|c'|^2}} \end{bmatrix} \qquad (4.48)$$

로 설정한다. 둘 중 어느 경우든 행렬 곱셈을 수행하면

$$U_2 U_1 U = \begin{bmatrix} 1 & d'' & g'' \\ 0 & e'' & h'' \\ 0 & f'' & j'' \end{bmatrix} \qquad (4.49)$$

가 된다. U, U_1, U_2가 유니타리이므로 $U_2 U_1 U$도 유니타리이고 $U_2 U_1 U$의 첫 번째 행의 노름^{norm}이 1이어야 하기 때문에 $d'' = g'' = 0$가 된다. 마지막으로

$$U_3 \equiv \begin{bmatrix} 1 & 0 & 0 \\ 0 & e''^* & f''^* \\ 0 & h''^* & j''^* \end{bmatrix} \qquad (4.50)$$

로 설정한다. 이제 $U_3 U_2 U_1 U = I$임을 쉽게 확인할 수 있다. 따라서 $U = U_1^\dagger U_2^\dagger U_3^\dagger$이며 U는 2레벨 유니타리 행렬들로 분해된 것이다.

좀 더 일반적으로 말해서 U가 d차원 공간에 작용한다고 하자. 그러면 3×3 경우와 마찬가지 방식으로 $U_{d-1} U_{d-2} \dots U_1 U$ 행렬의 왼쪽 맨 위 성분이 1이고 첫 번째 행과 열의 그 외 성분은 0이 되는 2레벨 유니타리 행렬 $U_1, \dots, U_{d-1}$을 구할 수 있다. 그러고 나서 $U_{d-1} U_{d-2} \dots U_1 U$에서 나머지인 $(d-1) \times (d-1)$ 유니타리 부분행렬에 대해 이 절차를 반복하면 임의의 $d \times d$ 유니타리 행렬을

$$U = V_1 \dots V_k \qquad (4.51)$$

로 표현할 수 있다. 여기서 V_i 행렬은 2레벨 유니타리 행렬이며 $k \le (d-1) + (d-2) + \dots + 1 = d(d-1)/2$이다.

확인문제 4.37: 변환

$$\frac{1}{2} \begin{bmatrix} 1 & 1 & 1 & 1 \\ 1 & i & -1 & -i \\ 1 & -1 & 1 & -1 \\ 1 & -i & -1 & i \end{bmatrix} \qquad (4.52)$$

를 분해하여 2레벨 유니타리 연산자들의 곱으로 만들어라. 이것은 양자 푸리에 변환의 특별한 경우이며 5장에서 더 자세히 알아본다.

앞의 결과의 따름정리에 따르면 n큐비트계에 관한 임의의 유니타리 행렬은 최대 $2^{n-1}(2^n-1)$개의 2레벨 유니타리 행렬들의 곱으로 표현할 수 있다. 특정 유니타리 행렬의 경우 훨씬 더 효율적인 분해를 구할 수 있지만, 이제 $d-1$보다 더 적은 수의 2레벨 유니타리 행렬들의 곱으로 분해할 수 없는 행렬이 존재한다는 것을 증명해보기 바란다!

확인문제 4.38: $d-1$보다 더 적은 수의 2레벨 유니타리 행렬들의 곱으로 분해할 수 없는 $d \times d$ 유니타리 행렬 U가 존재함을 증명하라.

4.5.2 단일 큐비트와 CNOT 게이트는 보편적이다

방금 d차원의 힐베르트 공간에 대한 임의의 유니타리 행렬이 2레벨 유니타리 행렬들의 곱으로 나타낼 수 있음을 보였다. 이제 단일 큐비트와 CNOT 게이트를 함께 사용해 n개 큐비트의 상태공간에 대한 임의의 2레벨 유니타리 연산을 구현할 수 있음을 알아볼 것이다. 이들 결과를 결합하면 단일 큐비트와 CNOT 게이트를 사용해 n개 큐비트에 대한 임의의 유니타리 연산을 구현할 수 있고, 따라서 이 게이트들이 양자계산에 보편적인 게이트라는 것을 알 수 있다.

U를 n큐비트 양자 컴퓨터에서의 2레벨 유니타리 행렬이라 하자. 특히 U가 계산기저 상태 $|s\rangle$와 $|t\rangle$에 의해 생성된 공간에서 비자명하게 작용한다고 가정한다. 여기서 $s = s_1...s_n$ 및 $t = t_1...t_n$은 s와 t에 대한 2진 전개$^{\text{binary expansion}}$다. $\tilde{U}$를 U의 비자명한 2×2 유니타리 부분행렬이라 하자. 즉, $\tilde{U}$는 단일 큐비트에 대한 유니타리 연산자로 생각할 수 있다.

우리의 현재 목표는 단일 큐비트와 CNOT 게이트를 가지고 U를 구현하는 회로를 만드는 것이다. 이를 위해서는 그레이 코드$^{\text{Gray code}}$를 사용해야 한다. 서로 다른 2진수 s와 t가 있다고 하자. s와 t를 연결하는 그레이 코드란 s로 시작해서 t로 끝나는 2진수 수열이며 그 목록에서 인접한 멤버끼리는 정확히 1비트가 다르다. 예를 들어 $s = 101001$이고 $t = 110011$이면 그레이 코드는

$$
\begin{array}{cccccc}
1 & 0 & 1 & 0 & 0 & 1 \\
1 & 0 & 1 & 0 & 1 & 1 \\
1 & 0 & 0 & 0 & 1 & 1 \\
1 & 1 & 0 & 0 & 1 & 1
\end{array}
\tag{4.53}
$$

가 된다. g_1부터 g_m까지를 s와 t를 연결하는(이때 $g_1 = s$이고 $g_m = t$) 그레이 코드의 성분이라 하자. s와 t는 최대 n개 위치에서 다를 수 있기 때문에 $m \leq n+1$를 만족시키는 그레

이 코드를 항상 구할 수 있다.

U를 구현하는 양자회로의 기본 아이디어는 일련의 게이트들을 수행해 상태 변화 $|g_1\rangle \to |g_2\rangle \to \cdots \to |g_{m-1}\rangle$을 일으키고 나서 g_{m-1}과 g_m에서 1비트가 다른 위치의 대상 큐비트를 가지고 제어형 $\tilde{U}$ 연산을 수행한 다음, $|g_{m-1}\rangle \to |g_{m-2}\rangle \to \cdots \to |g_1\rangle$로 변환해 첫 번째 단계로 되돌리는 것이다. 이들 각 단계는 4장의 앞부분에서 개발한 연산을 사용해 쉽게 구현할 수 있으며 최종 결과로 U가 구현되는 것이다.

이 구현에 대한 좀 더 정확한 설명은 다음과 같다. 첫 번째 단계에서는 $|g_1\rangle$과 $|g_2\rangle$ 상태를 서로 교환한다. g_1과 g_2에서 i 번째 수가 다르다고 하자. 그러면 그 외의 큐비트 값은 g_1과 g_2의 값과 동일하다는 조건에 따라 i 번째 큐비트의 제어형 비트를 뒤집어 스왑^{swap}을 수행한다. 그런 다음, 제어형 연산을 사용해 $|g_2\rangle$와 $|g_3\rangle$을 교환한다. $|g_{m-2}\rangle$을 $|g_{m-1}\rangle$로 교환할 때까지 이런 식으로 계속한다. 이렇게 $m-2$번 연산하면 연산

$$|g_1\rangle \to |g_{m-1}\rangle \tag{4.54}$$

$$|g_2\rangle \to |g_1\rangle \tag{4.55}$$

$$|g_3\rangle \to |g_2\rangle \tag{4.56}$$

$$\cdots\cdots\cdots$$

$$|g_{m-1}\rangle \to |g_{m-2}\rangle \tag{4.57}$$

가 달성된다. 다른 모든 계산기저 상태는 이러한 일련의 연산들로 인해 불변 상태로 남는다. 그 다음으로는 g_{m-1}과 g_m이 j 번째 비트에서 다르다고 하자. 그 외의 큐비트는 g_m과 g_{m-1}에서 동일하다는 조건에 따라 j 번째 큐비트를 대상 큐비트로 해서 제어형 $\tilde{U}$ 연산을 적용한다. 마지막으로 스왑 연산들을 이전으로 되돌려 U 연산을 완료한다. 즉, $|g_{m-1}\rangle$은 $|g_{m-2}\rangle$, 그다음에 $|g_{m-2}\rangle$은 $|g_{m-3}\rangle$로 계속하다가 끝으로 $|g_2\rangle$은 $|g_1\rangle$로 교환한다.

간단한 예를 통해 이 절차를 자세히 알아보자. 2레벨 유니타리 변환

$$U = \begin{bmatrix} a & 0 & 0 & 0 & 0 & 0 & 0 & c \\ 0 & 1 & 0 & 0 & 0 & 0 & 0 & 0 \\ 0 & 0 & 1 & 0 & 0 & 0 & 0 & 0 \\ 0 & 0 & 0 & 1 & 0 & 0 & 0 & 0 \\ 0 & 0 & 0 & 0 & 1 & 0 & 0 & 0 \\ 0 & 0 & 0 & 0 & 0 & 1 & 0 & 0 \\ 0 & 0 & 0 & 0 & 0 & 0 & 1 & 0 \\ b & 0 & 0 & 0 & 0 & 0 & 0 & d \end{bmatrix} \tag{4.58}$$

를 구현한다고 하자. 여기서 a, b, c, d는 $\tilde{U} \equiv \begin{bmatrix} a & c \\ b & d \end{bmatrix}$가 유니타리 행렬이 되는 어떠한

복소수다. U가 $|000\rangle$과 $|111\rangle$ 상태에만 비자명하게 작용한다는 점에 주목한다. 000과 111을 연결하는 그레이 코드는

$$
\begin{array}{ccc}
A & B & C \\
0 & 0 & 0 \\
0 & 0 & 1 \\
0 & 1 & 1 \\
1 & 1 & 1
\end{array} \tag{4.59}
$$

로 표현할 수 있다. 이것을 가지고 그림 4.16에 나타난 것과 같이 필요한 회로를 얻는다. 처음 2개의 게이트는 상태들을 뒤섞어 $|000\rangle$을 $|011\rangle$로 바꾼다. 다음으로, 두 번째와 세 번째 큐비트가 $|11\rangle$ 상태에 있을 조건에 따라 $|000\rangle$과 $|111\rangle$ 상태의 첫 번째 큐비트에 $\tilde{U}$ 연산을 적용한다. 마지막으로, 뒤섞인 상태들을 풀어서 $|011\rangle$가 $|000\rangle$ 상태로 되돌아가게 한다.

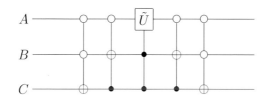

그림 4.16 (4.58)에 의해 정의된 2레벨 유니타리 연산을 구현한 회로

 일반적인 경우로 되돌아가서 2레벨 유니타리 연산 U를 구현하려면 $|g_1\rangle$을 $|g_{m-1}\rangle$로 바꿨다가 다시 되돌리기까지 최대 $2(n-1)$개의 제어형 연산이 필요하다는 것을 알 수 있다. 이들 제어형 연산의 각각은 $O(n)$개의 단일 큐비트 및 CNOT 게이트를 사용해 실현될 수 있다. 즉, 제어형 $\tilde{U}$ 연산도 $O(n)$개의 게이트가 필요하다. 따라서 U를 구현하려면 $O(n^2)$개의 단일 큐비트 및 CNOT 게이트가 필요하다. 앞 절에서는 n개 큐비트의 2^n차원 상태공간에 대한 임의의 유니타리 행렬을 $O(2^{2n}) = O(4^n)$개의 2레벨 유니타리 연산들의 곱으로 나타낼 수 있다는 것을 봤다. 이들 결과를 결합하면 $O(n^2 4^n)$개의 단일 큐비트 및 CNOT 게이트를 포함하는 회로를 사용해 n개 큐비트에 대한 임의의 유니타리 연산을 구현할 수 있음을 알 수 있다. 당연한 말이지만 이렇게 제작해서는 아주 효율적인 양자회로를 얻을 수 없다! 하지만 4.5.4절에서는 지수적인 개수의 게이트가 필요한 유니타리 연산이 존재한다는 점에서 그나마 이러한 제작이 최적에 가깝다는 것을 알게 될 것이다. 따라서 고속 양자 알고리듬을 구하려면 보편성 제작과는 다른 접근법이 분명히 필요하다.

확인문제 4.39:   단일 큐비트 연산과 CNOT를 사용해 변환

$$
\begin{bmatrix}
1 & 0 & 0 & 0 & 0 & 0 & 0 & 0 \\
0 & 1 & 0 & 0 & 0 & 0 & 0 & 0 \\
0 & 0 & a & 0 & 0 & 0 & 0 & c \\
0 & 0 & 0 & 1 & 0 & 0 & 0 & 0 \\
0 & 0 & 0 & 0 & 1 & 0 & 0 & 0 \\
0 & 0 & 0 & 0 & 0 & 1 & 0 & 0 \\
0 & 0 & 0 & 0 & 0 & 0 & 1 & 0 \\
0 & 0 & b & 0 & 0 & 0 & 0 & d
\end{bmatrix}
\tag{4.60}
$$

를 구현하는 양자회로를 구하라. 여기서 $\tilde{U} \equiv \begin{bmatrix} a & c \\ b & d \end{bmatrix}$는 임의의 2×2 유니타리 행렬이다.

4.5.3 보편적 연산들의 이산집합

앞 절에서는 CNOT와 단일 큐비트 유니타리들이 양자계산을 위한 보편적 집합을 형성한다는 것을 증명했다. 안타까운 일이지만 이들 모든 게이트를 오류에 견디는 방식으로 구현하는 간단한 방법은 알려져 있지 않다. 다행스럽게도 이 절에서는 보편적 양자계산을 수행할 수 있는 게이트들의 이산집합^{discrete set}을 구해보고, 10장에 가서 오류정정 코드를 사용해 이들 게이트를 오류에 견디는 방식^{error-resistant fashion}으로 수행하는 것을 보일 것이다.

유니타리 연산자에 대한 근사화

당연한 말이지만 유니타리 연산 집합이 연속적이기 때문에 이산집합의 게이트들을 가지고 임의의 유니타리 연산을 정확하게 구현할 수는 없다. 그렇지만 이산집합으로도 임의의 유니타리 연산을 근사시킬 수 있다는 것이 밝혀졌다. 이것이 어떻게 이루어지는지 이해하려면 먼저 유니타리 연산을 근사시키는 것이 무슨 뜻인지를 알아야 한다. U와 V를 동일한 상태공간에 있는 2개의 유니타리 연산자라 하자. U는 구현하려는 목표의 유니타리 연산자이고 V는 실제로 구현되는 유니타리 연산자다. U 대신 V를 구현할 때 오차^{error}는

$$
E(U, V) \equiv \max_{|\psi\rangle} \| (U - V)|\psi\rangle \|
\tag{4.61}
$$

로 정의한다. 여기서 최댓값은 이 상태공간에 속한 모든 정규화된 양자상태 $|\psi\rangle$에 대해서다. 박스 4.1을 보면 이 오차 측정을 통해 $E(U, V)$가 작으면, 어떠한 초기상태 $|\psi\rangle$에 대

해 그 상태에 수행된 어떠한 측정 $V|\psi\rangle$이라도 $U|\psi\rangle$ 측정과 근사적으로 동일한 측정 통계가 나온다고 해석할 수 있다. 좀 더 정확히 말해서 M이 임의의 POVM에 속한 POVM 원소이고 P_U(또는 P_V)가 시작상태 $|\psi\rangle$에 U(또는 V)를 수행할 때 결과를 얻을 확률이라면,

$$|P_U - P_V| \leq 2E(U, V) \tag{4.62}$$

가 된다. 따라서 $E(U, V)$가 작으면 U 또는 V 중 어느 것을 수행하든지 비슷한 확률로 측정 결과가 나온다. 또한 박스 4.1에서 보다시피 게이트 시퀀스 $V_1, \ldots, V_m$을 다른 게이트 시퀀스 $U_1, \ldots, U_m$과 근사적으로 만들면 오차가 가장 많아봐야 선형으로 더해진다는 점도 알 수 있다. 즉,

$$E(U_m U_{m-1} \ldots U_1, V_m V_{m-1} \ldots V_1) \leq \sum_{j=1}^{m} E(U_j, V_j) \tag{4.63}$$

가 된다. 근사 결과 (4.62)와 (4.63)은 아주 유용하다. U_1부터 U_m까지 m개의 게이트가 들어간 양자회로를 수행한다고 하자. 안타깝게도 게이트 V_j로는 게이트 U_j만을 근사시킬 수 있다. 근사 회로에서 얻은 각 측정 결과의 확률들이 올바른 확률의 허용한계 $\Delta > 0$ 내에 있게 하려면 결과 (4.62) 및 (4.63)에 의해 $E(U_j, V_j) \leq \Delta/(2m)$인 것으로 충분하다.

박스 4.1: 양자회로에 대한 근사

어떤 양자계가 $|\psi\rangle$ 상태로 시작해 유니타리 연산 U 또는 V를 수행한다고 하자. 그러고 나서 측정을 수행한다. M을 이 측정과 관련된 POVM 원소라 하고, 연산 U(또는 V)가 수행된 경우 P_U(또는 P_V)를 해당 측정 결과를 얻을 확률이라 하자. 그러면

$$|P_U - P_V| = \left| \langle\psi|U^\dagger M U|\psi\rangle - \langle\psi|V^\dagger M V|\psi\rangle \right| \tag{4.64}$$

가 된다. $|\Delta\rangle \equiv (U - V)|\psi\rangle$라 하자. 간단한 계산과 코시-슈바르츠 부등식을 적용하면

$$|P_U - P_V| = \left| \langle\psi|U^\dagger M|\Delta\rangle + \langle\Delta|M V|\psi\rangle \right| \tag{4.65}$$

$$\leq \left| \langle\psi|U^\dagger M|\Delta\rangle \right| + \left| \langle\Delta|M V|\psi\rangle \right| \tag{4.66}$$

$$\leq \||\Delta\rangle\| + \||\Delta\rangle\| \tag{4.67}$$

$$\leq 2E(U, V) \tag{4.68}$$

가 된다. 부등식 $|P_U - P_V| \leq 2E(U, V)$는 오차 $E(U, V)$가 작을 때 측정 결과 간의 확률 차이도 작다는 생각을 수치로 표현한 것이다.

다른 게이트 시퀀스 U_1, U_2,..., U_m에 근사시킬 의도로 게이트 시퀀스 V_1, V_2, ..., V_m을 수행한다고 하자. 그러면 완벽하지 않은 게이트들의 전체 시퀀스로 인한 오차는 최대로 잡아도 개별적인 게이트의 오차에 대한 합계보다 같거나 작다는 것으로 밝혀졌다. 즉,

$$E(U_m U_{m-1} \ldots U_1, V_m V_{m-1} \ldots V_1) \leq \sum_{j=1}^{m} E(U_j, V_j) \qquad (4.69)$$

가 된다. 이를 증명하기 위해 $m = 2$의 경우로 시작하자. 어떤 상태 $|\psi\rangle$에 대해

$$E(U_2 U_1, V_2 V_1) = \|(U_2 U_1 - V_2 V_1)|\psi\rangle\| \qquad (4.70)$$
$$= \|(U_2 U_1 - V_2 U_1)|\psi\rangle + (V_2 U_1 - V_2 V_1)|\psi\rangle\| \qquad (4.71)$$

가 되는 것에 주목한다. 삼각 부등식 $\||a\rangle + |b\rangle\| \leq \||a\rangle\| + \||b\rangle\|$를 사용하면

$$E(U_2 U_1, V_2 V_1) \leq \|(U_2 - V_2)U_1|\psi\rangle\| + \|V_2(U_1 - V_1)|\psi\rangle\| \qquad (4.72)$$
$$\leq E(U_2, V_2) + E(U_1, V_1) \qquad (4.73)$$

가 되며, 이는 바라던 결과다. 일반적인 m에 대한 결과는 귀납법으로 하면 나온다.

아다마르＋위상＋CNOT＋$\pi/8$ 게이트들의 보편성

이제 이산집합의 게이트들을 가지고 임의의 유니타리 연산에 대한 근사화를 학습할 수 있는 기반을 갖췄다. 서로 다른 2개의 이산 게이트 집합을 고려할 것인데 두 집합 모두는 보편적이다. 첫 번째 집합인 보편적 게이트들의 표준집합은 아다마르, 위상, 제어형 NOT, $\pi/8$ 게이트로 구성한다. 이들 게이트를 결함허용fault-tolerant하게 만드는 것은 10장에서 알아볼 것이다. 그런데 결함허용하게 만들어도 의외로 간단한 보편성을 제공한다. 우리가 고려할 두 번째 게이트 집합은 아다마르, 위상, 제어형 NOT, 토폴리 게이트로 구성한다. 이들 게이트도 모두 결함허용하게 수행할 수 있지만 이들 게이트의 보편성을 증명하거나 결함허용하게 만드는 것은 위의 표준집합보다 중요도는 떨어진다.

아다마르 게이트와 $\pi/8$ 게이트를 사용해 단일 큐비트 유니타리 연산을 임의의 정확도로 근사시킬 수 있음을 보이는 것으로 보편성 증명을 시작하자. T 게이트와 HTH 게이트를 고려한다. T는 중요하지 않은 전체위상을 무시하면 블로흐 구에서 $\hat{z}$축을 중심으로 $\pi/4$ 라디안만큼 회전하는 반면, HTH는 블로흐 구에서 $\hat{x}$축을 중심으로 $\pi/4$ 라디안만큼

회전한다(확인문제 4.14). 이 두 연산을 조합하면 전체위상을 무시하고

$$\exp\left(-i\frac{\pi}{8}Z\right)\exp\left(-i\frac{\pi}{8}X\right) = \left[\cos\frac{\pi}{8}I - i\sin\frac{\pi}{8}Z\right]\left[\cos\frac{\pi}{8}I - i\sin\frac{\pi}{8}X\right] \quad (4.74)$$

$$= \cos^2\frac{\pi}{8}I - i\left[\cos\frac{\pi}{8}(X+Z) + \sin\frac{\pi}{8}Y\right]\sin\frac{\pi}{8} \quad (4.75)$$

가 된다. 이 연산은 블로흐 구에서 $\vec{n} = (\cos\frac{\pi}{8}, \sin\frac{\pi}{8}, \cos\frac{\pi}{8})$축을 중심으로 θ 각도만큼 회전한 것인데, 이에 대한 단위벡터는 $\hat{n}$이고 θ 각도는 $\cos(\theta/2) \equiv \cos^2\frac{\pi}{8}$로 정의한다. 즉, 아다마르와 $\pi/8$ 게이트만 사용해서 $R_{\hat{n}}(\theta)$를 만들 수 있다. 더욱이 이 θ가 2π의 무리수 배수임을 보일 수 있다. 하지만 이 사실을 증명하는 것은 이 책의 범위를 벗어난다. 4장의 끝에 있는 '역사와 추가자료'를 보기 바란다.

다음으로는 $R_{\hat{n}}(\theta)$을 여러 번 반복하면 어떠한 $R_{\hat{n}}(\alpha)$ 회전이라도 임의의 정확도로 근사시킬 수 있음을 보일 수 있다. 이를 위해 $\delta > 0$를 원하는 정확도라 하고 N을 $2\pi/\delta$보다 큰 정수라 하자. 또한 $\theta_k \in [0, 2\pi)$와 $\theta_k = (k\theta)\bmod 2\pi$인 θ_k를 정의하자. 그러면 비둘기집 원리$^{\text{pigeonhole principle}}$에 의해 $1,...,N$ 범위에서 $|\theta_k - \theta_j| \leq 2\pi/N < \delta$가 되는 서로 다른 j와 k가 존재한다. 일반성을 잃지 않으면서 $k > j$라 가정하면 $|\theta_{k-j}| < \delta$가 된다. $j \neq k$이고 θ는 2π의 무리수 배수이기 때문에 $\theta_{k-j} \neq 0$이어야 한다. 따라서 $\theta_{l(k-j)}$ 수열은 l이 변함에 따라 $[0, 2\pi)$ 구간을 채우므로, 이 수열의 인접한 항은 δ만큼만 떨어져 있게 된다. 그 결과로 어떠한 $\epsilon > 0$에 대해서도

$$E(R_{\hat{n}}(\alpha), R_{\hat{n}}(\theta)^n) < \frac{\epsilon}{3} \quad (4.76)$$

이 되는 n이 존재한다.

확인문제 4.40: 임의의 α와 β에 대해

$$E(R_{\hat{n}}(\alpha), R_{\hat{n}}(\alpha + \beta)) = |1 - \exp(i\beta/2)| \quad (4.77)$$

임을 보이고, 이 식을 사용해 (4.76)을 증명하라.

이제 아다마르 게이트와 $\pi/8$ 게이트를 사용해 어떠한 단일 큐비트 연산이라도 임의의 정확도로 근사시킬 수 있다는 것을 증명했다. 약간의 계산을 거치면 어떠한 α에 대해서도

$$HR_{\hat{n}}(\alpha)H = R_{\hat{m}}(\alpha) \quad (4.78)$$

가 된다. 여기서 $\hat{m}$은 $(\cos\frac{\pi}{8}, -\sin\frac{\pi}{8}, \cos\frac{\pi}{8})$ 방향의 단위벡터이므로

$$E(R_{\hat{m}}(\alpha), R_{\hat{m}}(\theta)^n) < \frac{\epsilon}{3} \tag{4.79}$$

가 된다. 그러나 확인문제 4.11에 의해 단일 큐비트에 대한 임의의 유니타리 U는 중요하지 않은 전체위상이동을 무시하고

$$U = R_{\hat{n}}(\beta)R_{\hat{m}}(\gamma)R_{\hat{n}}(\delta) \tag{4.80}$$

로 표현할 수 있다. 그러므로 (4.76) 및 (4.79) 결과와 연쇄 부등식$^{chaining inequality}$ (4.63)을 연결해보면, 적절한 양의 정수 n_1, n_2, n_3에 대해

$$E(U, R_{\hat{n}}(\theta)^{n_1} H R_{\hat{n}}(\theta)^{n_2} H R_{\hat{n}}(\theta)^{n_3}) < \epsilon \tag{4.81}$$

가 된다. 즉, 단일 큐비트 유니타리 연산자 U와 임의의 $\epsilon > 0$이 주어지면 아다마르 게이트와 $\pi/8$ 게이트만으로 구성된 회로를 사용해 U를 ϵ 이내로 근사시킬 수 있다.

$\pi/8$ 및 아다마르 게이트는 단일 큐비트 유니타리 연산자를 근사시킬 수 있기 때문에 4.5.2절의 주장에 따라 다음과 같이 어떠한 m 게이트 양자회로라도 근사시킬 수 있다. 즉, m개의 게이트(CNOT 게이트들 또는 단일 큐비트 유니타리 게이트들 중 한쪽)를 포함하는 양자회로가 주어지면 아다마르, 제어형 NOT, $\pi/8$ 게이트를 사용해 그 m개의 게이트를 근사시킬 수 있다(나중에는 위상 게이트를 넣어 이 근사화를 결함허용하게 만들 수 있다는 것을 알아볼 것이다. 그러나 현재의 보편성 논의에서는 위상 게이트가 반드시 필요한 것은 아니다). 전체 회로에 대해 ϵ의 정확도를 원한다면 위의 절차를 사용해 각 단일 큐비트를 ϵ/m 이내로 근사시키고 연쇄 부등식 (4.63)을 적용해 전체 회로에 대한 ϵ의 정확도를 얻으면 된다.

이산집합 게이트를 사용해 양자회로를 근사시키기 위한 이 절차는 얼마나 효율적일까? 이는 중요한 질문이다. 예를 들어 거리 ϵ 이내로 임의의 단일 큐비트 유니타리를 근사시키려면 이 이산집합의 게이트가 $\Omega(2^{1/\epsilon})$개 필요하다고 가정해보자. 그러면 이전 단락에서 고려한 m개 게이트의 양자회로를 근사시키려면 $\Omega(m2^{m/\epsilon})$개의 게이트가 필요한데, 원래 회로 크기보다 지수적으로 증가했다! 다행스럽게도 수렴 속도는 이보다 훨씬 좋다. 직관적으로 보면 θ_k 각도의 수열이 대충 일정한 방식으로 $[0, 2\pi)$ 구간을 '채운다'는 것은 그럴듯하므로, 임의의 단일 큐비트 게이트를 근사시키려면 그 이산집합에서 대략 $\Theta(1/\epsilon)$개의 게이트를 택해야 한다. 임의의 단일 큐비트 게이트를 근사시키는 데 필요한 게이트 수에 이 추정 값을 사용하면 m개 게이트 회로를 정확도 ϵ으로 근사시키는 데 필요한 개수는 $\Theta(m^2/\epsilon)$가 된다. 이는 회로의 원래 크기인 m보다 2차 증가$^{quadratic increase}$한 것이어

서 많은 응용 분야에서 충분할 수 있다.

하지만 놀랍게도 훨씬 더 빠른 수렴 속도를 증명할 수 있다. 부록 3에 증명해놓은 솔로베이-키타예프$^{\text{Solovay-Kitaev}}$ 정리를 이용하면 우리 이산집합의 게이트를 $O(\log^c(1/\epsilon))$개 사용해서 임의의 단일 큐비트 게이트를 정확도 ϵ으로 근사시킬 수 있다. 여기서 c는 대략 2와 같은 상수다. 따라서 솔로베이-키타예프 정리는 m개의 CNOT 및 단일 큐비트 유니타리를 포함하는 회로를 정확도 ϵ으로 근사시키려면 그 이산집합의 게이트가 $O(m \log^c(m/\epsilon))$개 필요함을 알려주며, 원래 회로의 크기에 비해 다항로그 증가$^{\text{polylogarithmic increase}}$하는데 이는 거의 모든 응용 분야에 적합할 것이다.

요약하자면 아다마르, 위상, 제어형 NOT, $\pi/8$ 게이트가 양자계산에 보편적이라는 것을 입증했는데, 이는 CNOT와 임의의 단일 큐비트 유니타리를 포함하는 회로가 주어졌을 때, 그 이산집합의 게이트만을 사용해 이 회로를 좋은 정확도로 시뮬레이션할 수 있다는 점에서 알아본 것이다. 더욱이 이 시뮬레이션을 수행하는 데 발생하는 오버헤드가 $\log(m/\epsilon)$에 다항적이라는 점에서 그 시뮬레이션은 효율적으로 수행될 수 있다. 여기서 m은 원래 회로의 게이트 수이고, ϵ은 이 시뮬레이션에서 원하는 정확도이다.

확인문제 4.41: 이 문제와 그 다음 두 문제에서는 아다마르, 위상, 제어형 NOT, 토폴리 게이트가 보편적이라는 것을 보여주는 구성을 알아본다. 그림 4.17의 회로는 측정 결과가 모두 0인 경우 세 번째 (대상) 큐비트에 $R_z(\theta)$ 연산을 적용하고 그렇지 않은 경우에는 그 대상 큐비트에 Z를 적용한다는 것을 보여라. 여기서 $\cos \theta = 3/5$이다. 또한 두 측정 결과가 모두 0일 확률이 5/8임을 보이고, 1에 가까운 확률로 $R_z(\theta)$ 게이트를 적용하려면 이 회로를 얼마나 반복하며 $Z = S^2$ 게이트를 어떻게 사용할지를 설명하라.

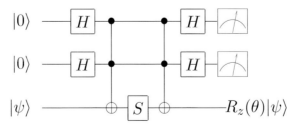

그림 4.17 이 회로에서는 두 측정 결과가 모두 0이면 대상 큐비트에 $R_z(\theta)$를 적용하는데, 여기서 $\cos \theta = 3/5$이다. 그 외의 측정 결과가 발생하면 대상 큐비트에 Z를 적용한다.

확인문제 4.42: (θ의 무리수 성질) $\cos\theta = 3/5$라 하자. θ가 2π의 무리수 배수라는 점을 귀류법proof by contradiction으로 증명한다.

1. $e^{i\theta} = (3+4i)/5$라는 사실을 사용해 θ가 유리수인 경우, $(3+4i)^m = 5^m$이 되는 양의 정수 m이 존재해야 함을 보여라.

2. 모든 $m > 0$에 대해 $(3+4i)^m = 3+4i(\mathrm{mod}\ 5)$임을 보이고, $(3+4i)^m = 5^m$이 되는 m은 존재하지 않는다는 결론이 나오게 하라.

확인문제 4.43: 이전 두 확인문제의 결과를 사용해 아다마르, 위상, 제어형 NOT, 토폴리 게이트가 양자계산에 보편적이라는 것을 보여라.

확인문제 4.44: α가 무리수일 때, 회로

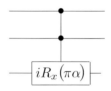

로 정의한 3큐비트 게이트 G가 양자계산에 보편적이라는 것을 보여라.

확인문제 4.45: U는 n큐비트 양자회로에 의해 구현된 유니타리 변환이라 하고 이 양자회로는 H, S, CNOT, 토폴리 게이트로 구성됐다고 하자. U가 어떤 정수 k에 대해 $2^{-k/2}M$ 형식이라는 것을 보여라. 여기서 M은 복소정수complex integer[1] 성분으로만 이루어진 $2^n \times 2^n$ 행렬이다. 토폴리 게이트를 $\pi/8$ 게이트로 교체해서 이 문제를 다시 풀어보아라.

4.5.4 임의의 유니타리 게이트를 근사시키는 것은 일반적으로 어렵다

우리는 n큐비트에 대한 어떠한 유니타리 변환이든 몇 개의 기초 게이트들을 사용해서 만들 수 있다는 것을 알았다. 그런데 이 작업을 항상 효율적으로 할 수 있을까? 즉, n큐비트에 대한 유니타리 변환 U가 주어지면 U를 근사시키는, n에 대한 다항 크기의 회로가 항상 존재할까? 이 질문에 대한 답은 '아니오'로 밝혀졌다. 실제로 대부분의 유니타리 변환은 아주 비효율적으로만 구현될 수 있다. 이를 알아보는 한 가지 방법은 다음 질문을

---

1 $a+bi$에서 a와 b가 정수인 것. – 옮긴이

고려하는 것이다. 즉, n큐비트에 대해 임의의 상태를 생성하려면 몇 개의 게이트가 필요할까? 일반적으로 말해 간단한 카운팅 인자$^{counting\ argument}$를 통해 지수적으로 많은 연산이 필요하다는 것을 보일 수 있다. 이 사실은 지수적으로 많은 연산이 필요한 유니타리 연산들이 존재함을 의미한다. 이를 확인하기 위해 g개의 서로 다른 유형의 게이트를 사용할 수 있다고 하고, 각 게이트는 최대 f개의 입력 큐비트에 작용한다고 하자. 이 숫자 f와 g는 우리가 이용하는 컴퓨팅 하드웨어에 의해 고정되며 상수로 간주될 수 있다. m개의 게이트를 포함하는 양자회로가 있다고 하고, 계산기저 상태 $|0\rangle^{\otimes n}$에서 시작한다고 하자. 그러면 이 회로의 특정 게이트에 대해 최대 $\left[\begin{array}{c} n \\ f \end{array}\right]^g = O(n^{fg})$개의 가능한 선택이 존재한다. 따라서 m개의 게이트를 사용하면 최대 $O(n^{fgm})$개의 서로 다른 상태를 계산할 수 있다.

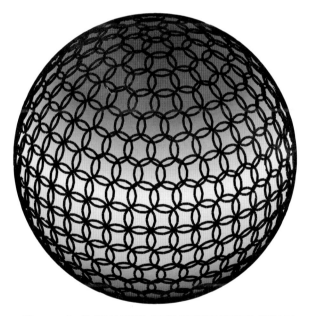

그림 4.18 가능 상태들의 집합을 일정한 반지름의 조각으로 덮은 모습

특정 상태 $|\psi\rangle$를 어떤 거리 이내로 근사시킨다고 하자. 증명에 사용할 아이디어는 모든 가능 상태들의 집합을 반지름 ϵ의 조각들로 덮고 나서(그림 4.18) 필요한 조각 수가 n에 대해 2중 지수적으로$^{doubly\ exponentially2}$ 증가한다는 것을 보이는 것이다. 즉, m개의 게이트를

---

2   지수의 지수적이라는 의미이다. 즉, a^{b^n} 형식이다. – 옮긴이

사용해 계산할 수 있는 서로 다른 상태의 지수와 비교하면 결과가 나올 것이다. 우리가 할 첫 번째 일은 n큐비트의 상태벡터 공간을 $(2^{n+1}-1)$차원의 단위 구로 간주하는 것이다. 이를 확인하기 위해 n큐비트 상태가 진폭 $\psi_j = X_j + iY_j$를 갖는다고 하자. 여기서 X_j와 Y_j는 각각 j 번째 진폭의 실수부와 허수부다. 양자상태에 대한 정규화 조건은 $\sum_j (X_j^2 + Y_j^2) = 1$로 표현할 수 있다. 이것은 2^{n+1} 실수 차원의 구, 즉 $(2^{n+1}-1)$차원의 단위 구 위에 있는 한 점에 대한 조건일 뿐이다. 마찬가지로 $|\psi\rangle$ 근처에서 반지름 ϵ의 표면적은 반지름 ϵ의 $(2^{n+1}-2)$차원 구에 대한 부피와 대략 같다. 반지름 r의 k차원 구의 표면적에 대해 $S_k(r) = 2\pi^{(k+1)/2}r^k/\Gamma((k+1)/2)$ 공식을 사용하고 반지름 r의 k차원 구의 부피에 대해 $V_k(r) = 2\pi^{(k+1)/2}r^{k+1}/[(k+1)\Gamma((k+1)/2)]$ 공식을 사용하면, 상태공간을 덮는 데 필요한 조각 수는

$$\frac{S_{2^{n+1}-1}(1)}{V_{2^{n+1}-2}(\epsilon)} = \frac{\sqrt{\pi}\,\Gamma(2^n - \frac{1}{2})(2^{n+1}-1)}{\Gamma(2^n)\epsilon^{2^{n+1}-1}} \tag{4.82}$$

이 된다. 여기서 Γ는 팩토리얼 함수$^{\text{factorial function}}$를 보통으로 일반화시킨 것이다. 그러나 $\Gamma(2^n - 1/2) \geq \Gamma(2^n)/2^n$이므로 그 공간을 덮는 데 필요한 최소한의 조각 수는

$$\Omega\left(\frac{1}{\epsilon^{2^{n+1}-1}}\right) \tag{4.83}$$

이 된다. m개의 게이트로 만들 수 있는 조각 수가 $O(n^{fgm})$개라는 것을 상기하면, 모든 ϵ조각들을 만들기 위해서는

$$O\left(n^{fgm}\right) \geq \Omega\left(\frac{1}{\epsilon^{2^{n+1}-1}}\right) \tag{4.84}$$

이 되어야 한다. 따라서

$$m = \Omega\left(\frac{2^n \log(1/\epsilon)}{\log(n)}\right) \tag{4.85}$$

이 된다. 즉, $\Omega(2^n \log(1/\epsilon)/\log(n))$번 연산하면 거리 ϵ 이내로 근사되는 n큐비트의 상태가 존재한다. 이 값은 n에 대해 지수적이므로 3장에서 소개했던 계산 복잡도의 관점에서 보면 해결하기 '어렵다'. 더욱이 이 말은 n큐비트에 대한 유니타리 변환 U를 $E(U, V) \leq \epsilon$로 근사시키는 V 연산 구현의 양자회로를 만들려면 $\Omega(2^n \log(1/\epsilon)/\log(n))$번 연산해야 한다는 뜻이다. 이 말을 거꾸로 하면, 우리의 보편성 제작과 솔로베이-키타예프 정리를 고려하고 $O(n^2 4^n \log^c(n^2 4^n/\epsilon))$개의 게이트를 사용한다면 n큐비트에 대한 임의의 유니타

리 연산 U는 거리 ϵ 이내로 근사시킬 수 있다. 따라서 다항 계수 이내로 우리가 만들었던 보편성 제작은 최적이었던 것이다. 아쉽게도 양자회로 모델에서는 유니타리 연산 중 어느 계열이 효율적으로 계산되는지 결정하는 문제를 처리하지 못한다.

4.5.5 양자계산 복잡도

3장에서는 고전 컴퓨터의 계산 문제를 해결하기 위해 자원 요구사항을 분류한 고전 컴퓨터용 '계산 복잡도' 이론을 설명했었다. 양자계산 복잡도 이론을 개발하는 것, 그리고 그것을 고전계산 복잡도 이론과 관련시키는 것에 상당한 관심이 가는 것은 당연하다. 비록 이쪽으로 첫 발만 내디딘 상태지만, 미래의 연구자들에게는 틀림없이 유익한 방향이 될 것이다. 우리는 양자복잡도 클래스 **BQP**를 고전복잡도 클래스 **PSPACE**와 관련시킴으로써 양자복잡도 클래스에 관한 하나의 논의를 제시하는 것에 그칠 것이다. 이 결과에 대한 우리의 논의는 다소 비공식적이다. 자세한 내용에 대해서는 4장 끝의 '역사와 추가자료'에서 번스타인과 바지라니 공저의 논문을 참조하기 바란다.

　PSPACE는 3장에서 결정문제 클래스로 정의했다는 점을 상기하자. 이 클래스는 튜링 머신에서 공간 다항$^{space\ polynomial}$인 문제 크기와 임의의 시간을 사용하면 해결될 수 있다. **BQP**는 본질적으로 그러한 결정문제로 구성된 양자복잡도 클래스이며 다항 크기의 양자회로를 사용하면 유계오차 확률$^{bounded\ probability\ of\ error}$로 해결할 수 있다. 좀 더 공식적으로 말하면, 언어 L을 결정하는 다항 크기의 양자회로계열$^{family\ of\ quantum\ circuits}$이 존재해 이 언어의 문자열을 적어도 3/4 확률로 허용하고 이 언어에 없는 문자열을 적어도 3/4 확률로 거부한다면 언어 L은 **BQP**에 속한다고 말한다. 한마디로 말해 양자회로는 2진 문자열을 입력을 받아 그 언어의 원소인지 결정한다. 회로는 1큐비트를 측정해서 해당 문자열이 허용됐으면 0, 거부됐으면 1의 결과를 낸다. 그 문자열을 여러 번 테스트하면 주어진 문자열이 L에 속하는지를 아주 높은 확률로 결정할 수 있다.

　물론, 양자회로는 고정된 실체이고 어떠한^{any} 주어진 양자회로라도 어떤^{some} 유한한 길이를 무시하면 문자열이 L에 속하는지 여부만 결정할 수 있다. 이러한 이유로 우리는 **BQP**의 정의 속에 있는 전체 회로계열을 사용한다. 즉, 모든 가능한 입력 길이에 대해 그 회로계열 속에는 각기 다른 회로가 존재한다. 우리는 이미 설명한 허용/거부 기준 외에 그 회로에 두 가지 제한을 둘 것이다. 첫째, $x \in L$인지 여부를 결정하기 위해 시도할 입력 문자열 x의 크기에 대해 회로의 크기는 다항적으로 커져야 한다. 둘째, 3.1.2절에서 설명한 것과 마찬가지 의미로 회로는 균등하게 생성되어야^{uniformly generated} 한다. 이 균등성 요구사항이 발생하는 이유는 실제로 어떤 길이 n의 문자열 x가 주어지면 x가 L에 속하는지를 결정할 수 있는 양자회로를 누군가 만들어야 하기 때문이다. 그렇게 하려면 그 회로를 만들기 위한 명확한 명령집합(알고리듬)이 필요하다. 이런 이유로 우리의 양자회로는 균등하게 생성되어야 한다. 즉, 양자회로의 서술^{description}을 효율적으로 출력할 수 있는 튜링머신이 존재해야 한다. 이 제한은 다소 기술적인 것처럼 보일 수 있고 실제로 거의 항상 당연하게 충족시키지만 3.1.2절에서 설명한 것과 같은 어려운 문제를 마주치지 않게 해준다(균등성 요구사항에 사용된 튜링머신이 양자 튜링머신인지 아니면 고전 튜링머신인지 여부가 문제될지 궁금할 수도 있다. 다행히도 문제가 되지 않는 것으로 밝혀졌다. '역사와 추가자료' 절을 참조하기 바란다).

양자계산 복잡도에서 가장 중요한 결과 중 하나는 **BQP** $\subseteq$ **PSPACE**이다. **BPP** $\subseteq$ **BQP**라는 것은 분명하다. 여기서 **BPP**란 고전 튜링머신에서 다항시간을 사용해 유계오차 확률로 해결할 수 있는 결정문제들의 고전복잡도 클래스다. 따라서 연쇄 포함관계^{chain of inclusion}인 **BPP** $\subseteq$ **BQP** $\subseteq$ **PSPACE**가 성립한다. 그러므로 **BQP** $\neq$ **BPP**(양자 컴퓨터가 고전 컴퓨터보다 강력하다는 직관적인 말)를 증명하는 것은 **BPP** $\neq$ **PSPACE**를 의미한다. 하지만 현재 **BPP** $\neq$ **PSPACE**인지 여부는 알려져 있지 않으며, 이를 증명하는 것이 고전 컴퓨터 과학에서 중요한 돌파구가 될 것이다! 따라서 양자 컴퓨터가 고전 컴퓨터보다 강력하다는 것을 증명하면 고전계산 복잡도에 아주 흥미로운 사건이 될 것이다! 안타까운 일이지만 그러한 증명을 내놓기가 상당히 어려울 수 있다는 의미도 된다.

왜 **BQP** $\subseteq$ **PSPACE**일까? 다음은 그 증명을 직관적으로 바라본 것이다(엄밀한 증명에 대해서는 '역사와 추가자료' 절에 해당 자료를 남겨뒀다). 우리에게는 n큐비트 양자 컴퓨터가 있다고 하고 $p(n)$개의 게이트 시퀀스를 포함하는 계산을 한다고 하자. 여기서 $p(n)$은 n의 다항식이다. 양자회로가 $|0\rangle$ 상태에서 시작한다고 가정할 때, 고전 컴퓨터의 다항공간에서 $|y\rangle$ 상태로 끝날 확률을 어떻게 산출할지를 알아볼 것이다. 양자 컴퓨터에서 실행되는 게이트가 순서대로 U_1, U_2,..., $U_{p(n)}$이라 하자. 그러면 $|y\rangle$ 상태에서 끝날 확률은

$$\langle y|U_{p(n)} \cdots U_2 U_1|0\rangle \tag{4.86}$$

의 절댓값 제곱^{modulus squared}이다. 이 양은 고전 컴퓨터의 다항공간에서 추정할 수 있다. 기본 아이디어는 (4.86)의 각 항 사이에 완비성 관계 $\sum_x |x\rangle\langle x| = I$를 끼워넣어

$$\langle y|U_{p(n)}\cdots U_2 U_1|0\rangle = \sum_{x_1,\ldots,x_{p(n)-1}} \langle y|U_{p(n)}|x_{p(n)-1}\rangle\langle x_{p(n)-1}|U_{p(n)-1}\ldots U_2|x_1\rangle\langle x_1|U_1|0\rangle$$

$$(4.87)$$

을 얻는 것이다. 이 합에 나타낸 개별 유니타리 게이트는 아다마르 게이트, CNOT 등과 같은 연산이므로 합의 각 항은 고전 컴퓨터의 다항공간만 사용해 높은 정확도로 계산할 수 있음이 분명하다. 따라서 합의 개별 항을 누적 합에 더한 후 지울 수 있기 때문에 다항공간을 사용하면 전체 합을 계산할 수 있다. 물론, 계산되면서 총합에 더해지는 항이 지수적으로^{exponentially} 많기 때문에 이 알고리듬은 다소 느리다. 하지만 다항적으로만^{polynomially} 많은 공간이 소모되므로 우리가 보이려고 한 바와 같이 **BQP ⊆ PSPACE**이 된다.

양자계산의 길이에 상관없이 고전 컴퓨터에서 임의의 양자계산을 시뮬레이션하는 데 비슷한 절차를 사용할 수 있다. 따라서 시간과 공간 자원이 제한 없는 양자 컴퓨터에서 해결할 수 있는 문제의 클래스는 고전 컴퓨터에서 해결할 수 있는 문제의 클래스보다 범위가 크지 않다. 달리 언급하면, 이 말은 어떠한 알고리듬 프로세스라도 튜링머신을 사용해 시뮬레이션할 수 있다는 처치-튜링 논제를 양자 컴퓨터가 위반하지 않는다는 뜻이다. 물론 양자 컴퓨터는 고전 컴퓨터보다 훨씬 더 효율적일 수도 있는데, 그렇다면 어떠한 알고리듬 프로세스라도 확률론적 튜링머신을 사용해 효율적으로 시뮬레이션할 수 있다는 강한^{strong} 처치-튜링 논제에 도전하게 된다.

4.6 양자회로 계산모델에 대한 요약

이 책에서 '양자 컴퓨터'라는 용어는 양자회로 계산모델과 같은 말이다. 4장에서는 지금까지 양자회로, 그 회로의 기본 요소, 보편적 게이트 계열 그리고 일부 응용에 관해 자세히 살펴봤다. 좀 더 복잡한 응용으로 넘어가기 전에 양자회로 계산모델의 핵심 요소를 다음과 같이 요약해보자.

1. 고전자원: 양자 컴퓨터는 고전부^{classical part}와 양자부^{quantum part}라는 두 부분으로 구성된다. 원칙적으로 이 컴퓨터의 고전부는 필요하지 않지만 실제로는 계산의 일부를 고전적으로 수행하면 특정 작업이 훨씬 쉬워질 수 있다. 예를 들어 많은 양자 오류정정 체계(10장)들은 효율성을 최대한 높이기 위해 고전계산을 포함한다. 양자 컴퓨터에서 고전계산을 항상 수행할 수 있다고는 해도 고전 컴퓨터에서 수행하는 것이 더 편리하기 마련이다.

2. **적절한 상태공간**: 양자회로는 어떤 수 n의 큐비트들로 작동한다. 따라서 상태공간은 2^n차원의 복소 힐베르트 공간이다. $|x_1,...,x_n\rangle$ 형식의 곱상태는 그 컴퓨터의 계산기저상태computational basis state라 한다($x_i = 0, 1$). $|x\rangle$는 계산기저상태를 나타내는데, 여기서 x는 2진 표현으로 된 $x_1...x_n$인 숫자다.

3. **계산기저로 상태를 준비하는 능력**: 어떠한 계산기저상태 $|x_1,...,x_n\rangle$이라도 최대 n단계로 준비할 수 있다고 가정한다.

4. **양자 게이트를 수행하는 능력**: 원하는 만큼 큐비트들의 부분집합에 게이트를 적용시킬 수 있으며 보편적 게이트 계열universal family of gates을 구현할 수 있다. 예를 들어 양자 컴퓨터에서는 어떠한 큐비트 쌍에라도 CNOT 게이트를 적용시킬 수 있어야 한다. 아다마르, 위상, CNOT, $\pi/8$ 게이트는 어떠한 유니타리 연산이라도 근사시킬 수 있는 게이트 계열을 형성하므로 보편적 게이트 집합이다. 그 외의 보편적 계열도 존재한다.

5. **계산기저로 측정을 수행하는 능력**: 이 컴퓨터에서는 하나 이상의 큐비트에 대해 계산기저로 측정을 수행할 수 있다.

양자계산의 양자회로 모델은 동일한 문제를 해결할 때 필요한 자원이 본질적으로 같다는 점에서 앞서 설명했던 다른 계산모델들과 대등하다. 기본 아이디어를 설명하는 간단한 예로 2준위 큐비트가 아닌 3준위 양자계 기반의 설계로 이동하면 계산상의 이점이 있는지 궁금할 것이다. 물론 2준위계에 비해 3준위 양자계(큐트리트qutrit)을 사용할 경우 약간의 이점이 있을 수 있지만 이론적으로는 차이가 거의 없다. 더 복잡한 수준에서, 고전 튜링머신 모델의 양자 일반화인 '양자 튜링머신' 계산모델은 양자회로에 기반한 모델과 동등한 것으로 입증됐다. 이 책에서는 그 계산모델을 고려하지는 않지만 양자 튜링머신에 대해 더 배우고 싶은 독자는 4장의 끝에 있는 '역사와 추가자료'에서 해당 자료를 참고할 수 있다.

양자회로 모델이 단순하고 매력적이긴 하지만 비판, 수정, 확장이 가능하다는 점을 염두에 두는 것이 좋다. 예를 들어 양자회로 모델에서 바탕이 되는 상태공간과 시작하는 조건의 기본 가정이 무조건 옳다고는 볼 수 없다. 모든 것은 유한차원 상태공간으로 표현된다. 상태공간이 무한차원인 계를 사용하면 얻을 게 있을까? 컴퓨터의 시작상태가 계산기저상태라고 가정할 필요도 없다. 즉, 우리는 자연의 많은 계가 고도로 얽힌 상태를 우선적으로 선택한다는 점을 알고 있다. 계산 능력을 추가로 얻기 위해 이러한 우선권을 이용할 수 있을까? 어떤 상태에 접근해보면 계산기저로 시작하도록 제한을 둔 경우보다 특정 계산을 훨씬 쉽게 수행할 수 있다. 마찬가지로 다수 큐비트 기반에서 얽힘 측정을 효율적으로 수행하는 능력은 얽힘 유니타리 연산을 수행하는 것만큼 유용할 수 있다. 실제로 이러한 측정을 이용해 양자회로 모델 내에서 다루기 어려운 작업을 수행하는 것이 가능할 수 있다.

양자회로 모델의 기초가 되는 물리학에 대한 세부적 조사와 시도됐던 정당성 증명은 현재 논의의 범위를 벗어나고, 현재 지식의 범위도 넘어선다! 그래도 이렇게 문제를 제기한 것은 양자회로 모델의 완비성에 관한 문제를 소개하고 정보가 물질적이라는 근본 요점을 재차 강조하고자 함이다. 정보 처리를 위한 모델을 공식으로 나타내려는 시도에 있어서는 항상 기본 물리법칙으로 돌아가려고 노력해야 한다. 이 책의 목적상, 양자회로 계산모델 내의 범위로 한정할 것이다. 이 범위만으로도 풍부하고 강력한 계산모델을 얻게 되는데, 이 계산모델은 양자역학의 특성을 활용하여 고전적인 예를 들지 않고도 놀라운 정보 처리 기술을 수행한다. 양자회로 모델을 능가하는, 물리적으로 타당한 계산모델이 존재하는지 여부는 우리에게 미해결로 남아 있는 매혹적인 의문이다.

4.7 양자계의 시뮬레이션

아마도 [...] 우리에게는 양자 오토마타의 수학적 이론이 필요하다. [...] 양자 상태공간은 고전 상태공간보다 용량이 훨씬 크다. N개 상태의 고전계의 경우, 중첩을 허용하는 양자 버전은 c^N개 상태를 수용한다. 두 고전계를 합치면 각 상태 수 N_1과 N_2를 곱하지만, 양자의 경우에서는 지수적으로 커지는 $c^{N_1 N_2}$를 얻게 된다. [...] 이러한 대략적 추정치는 그 계의 양자적 거동이 고전 시뮬레이션보다 훨씬 더 복잡할 수 있음을 보여준다.

– 유 마닌(Yu Manin)(1980)[Man80], [Man99]에서 번역함

한 분자의 메테인에 대한 양자역학적 계산에는 10^{42}개의 격자점(grid point)이 필요하다. 각 점에서 10개의 기초 연산만 수행해야 하고 매우 낮은 온도 $T = 3 \times 10^{-3} K$에서 계산을 수행한다고 가정하면, 지난 세기 동안 지구에서 생성된 모든 에너지를 사용해야 할 것이다.

– 포플라프스키(R.P. Poplavskii)(1975)[Pop75], 마닌(Manin)이 인용함

보편적 컴퓨터로 물리를 시뮬레이션할 수 있을까? [...] 물리세계는 양자역학적 세계이므로 이치에 합당한 문제는 양자물리학으로 시뮬레이션할 수 있다. [...] R개 입자[...]를 갖는 큰 계

에 대한 양자역학의 전체 서술은 변수가 너무 많으며 R에 비례하는 많은 요소를 갖는 보통 컴퓨터로는 시뮬레이션할 수 없다. […] 그러나 양자 컴퓨터 요소로는 시뮬레이션할 수 있다. [...] 고전적이면서(내가 생각하기에는 확률적이면서) 보편적인 컴퓨터는 양자계를 확률적으로 시뮬레이션할 수 있을까? [...] 컴퓨터를 내가 지금까지 설명했던 고전적인 클래스로 생각한다면 [..] 그 대답은 확실히 '아니오'다!

– 리처드 파인만(Richard P. Feynman) (1982)[Fey82]

양자회로 모델의 흥미롭고 유용한 응용을 알아보는 것으로 4장을 마무리하자. 가장 중요한 실제 계산 응용 중 하나는 물리계의 시뮬레이션이다. 예를 들어 새 건물의 공학적 설계에서는 유한요소 해석$^{finite\ element\ analysis}$과 모델링을 사용해 비용을 최소화하면서 안전을 보장한다. 자동차는 CAD$^{Computer\ Aided\ Design}$를 사용하여 가볍고 구조적으로 견고하며 매력적이고 저렴하게 제작된다. 현대 항공공학은 항공기 설계용 CFD$^{Computational\ Fluid\ Dynamics}$ 시뮬레이션에 크게 의존한다. 핵무기는 (대부분의 경우) 폭발을 억제시켜 철저한 계산모델링으로 테스트된다. 예측 시뮬레이션한 것을 실제로 엄청나게 적용해보기 때문에 예제가 풍부하다. 우리는 시뮬레이션 문제의 일부 사례를 설명하는 것으로 시작한 다음, 시뮬레이션을 위한 양자 알고리듬과 설명용 예제를 제시하고 이 응용에 대한 일부 관점으로 결론을 낼 것이다.

4.7.1 시뮬레이션 작동

시뮬레이션의 핵심은 계의 동적 거동을 지배하는 물리법칙을 알아내는 미분방정식의 해이다. 몇 가지 예가 아래에 있으며 아주 약간만 언급했다.

뉴턴법칙:

$$\frac{d}{dt}\left(m\frac{dx}{dt}\right) = F \tag{4.88}$$

푸아송 방정식:

$$-\vec{\nabla}\cdot(k\,\vec{\nabla}\vec{u}) = \vec{Q} \tag{4.89}$$

전자기 벡터 파동 방정식:

$$\vec{\nabla}\cdot\vec{\nabla}\vec{E} = \epsilon_0\mu_0\frac{\partial^2\vec{E}}{\partial t^2} \tag{4.90}$$

확산 방정식:

$$\vec{\nabla}^2 \psi = \frac{1}{a^2}\frac{\partial \psi}{\partial t} \tag{4.91}$$

알아볼 의문점은 일반적으로 '계의 초기 상태가 주어지면 다른 시간 또는 위치에서의 상태는 어떨까?'이다. 솔루션을 얻기 위해서는 일반적으로 상태를 디지털 표현으로 근사시킨 다음, 절차를 반복 적용하고 공간과 시간의 미분방정식을 이산화시켜^{discretize3} 초기상태로부터 최종조건이 나오게 한다. 중요하게도 이 절차에서 오차는 경계를 갖게 되며 반복 횟수의 어떤^{some} 작은 지수보다 빠르게 커지지 않는 것으로 알려져 있다. 더욱이 모든 역학계를 효율적으로 시뮬레이션할 수 있는 것은 아니다. 일반적으로 말하면, 효율적으로 기술할 수 있는 계만 효율적으로 시뮬레이션할 수 있다.

고전 컴퓨터로 양자계를 시뮬레이션하는 것은 가능하지만 일반적으로 아주 비효율적이다. 많은 간단한 양자계의 동적 거동은 다음의 슈뢰딩거 방정식$^{Schrödinger's\ equation}$에 의해 좌우된다.

$$i\hbar\frac{d}{dt}|\psi\rangle = H|\psi\rangle \tag{4.92}$$

$\hbar$를 H에 포함시키는 것이 편리하다는 것을 알게 될 것이며 이 절의 나머지 부분에서 이 관례를 사용할 것이다. 공간 속의 실제 입자(우리가 다루고 있었던 큐비트와 같은 추상계가 아니다)를 다루는 물리학자들이 관심을 갖는 전형적인 해밀토니안의 경우, 위의 식은 $\langle x|\psi\rangle = \psi(x)$라는 위치표현$^{position\ representation}$ 관례를 사용하여

$$i\frac{\partial}{\partial t}\psi(x) = \left[-\frac{1}{2m}\frac{\partial^2}{\partial x^2} + V(x)\right]\psi(x) \tag{4.93}$$

으로 바뀐다! 이것은 (4.91) 방정식과 아주 비슷한 타원 방정식이다. 따라서 슈뢰딩거 방정식을 시뮬레이션하는 것만으로는 양자계 시뮬레이션에서 특별한 어려움에 직면하는 것은 아니다. 그렇다면 어려움은 무엇일까?

양자계를 시뮬레이션할 때의 주요 과제는 미분방정식의 지수$^{exponential\ number}$를 해결해야 한다. 슈뢰딩거 방정식에 따라 진화하는 1큐비트의 경우, 2개의 연립 미분방정식을 풀어야 한다. 2큐비트라면 4개의 연립 미분방정식, 그리고 n큐비트라면 2^n개의 연립 미분방정식을 풀어야 한다. 때로는 관련된 방정식들의 유효 개수를 줄이는, 통찰력 있는 근

---

3   연속구간이 아닌 분리된 구간(이산구간)으로 나눈다. - 옮긴이

사화를 만들 수 있으므로 양자계의 고전 시뮬레이션이 가능하게 된다. 하지만 그러한 근사화가 알려지지 않은, 물리적으로 흥미로운 양자계가 많이 있다.

확인문제 4.46: (양자계의 지수적 복잡도 증가) ρ를 n큐비트의 상태를 기술하는 밀도행렬이라 하자. ρ를 기술하려면 $4^n - 1$개의 독립 실수가 필요하다는 것을 보여라.

물리학 지식을 갖춘 독자라면 고전 시뮬레이션으로 처리하기 어려운 중요 양자계가 많이 존재한다는 것을 알 것이다. 여기에는 페르미온 입자들의 상호작용이 해밀토니안

$$H = \sum_{k=1}^{n} V_0 n_{k\uparrow} n_{k\downarrow} + \sum_{k,j \text{ neighbors}, \sigma} t_0 c_{k\sigma}^* c_{j\sigma} \tag{4.94}$$

으로 기술되는 모델인 허바드 모델$^{\text{Hubbard model}}$이 포함된다. 위의 식은 초전도 및 자기$^{\text{superconductivity and magnetism}}$ 연구, 이징 모델$^{\text{Ising model}}$

$$H = \sum_{k=1}^{n} \vec{\sigma}_k \cdot \vec{\sigma}_{k+1} \tag{4.95}$$

과 그 외의 많은 곳에 유용하다. 이들 모델에 대한 솔루션을 통해 물질의 유전상수$^{\text{dielectric constant}}$, 전도도^{conductivity}, 자화율$^{\text{magnetic susceptibility}}$과 같은 물리특성을 많이 알게 된다. 양자전자기학$^{\text{QED, Quantum ElectroDynamics}}$과 양자색역학$^{\text{QCD, Quantum ChromoDynamics}}$과 같은 좀 더 정교한 모델을 사용하면 양성자의 질량과 같은 상수를 계산할 수 있다.

양자 컴퓨터는 효율적인 고전 시뮬레이션이 알려져 있지 않는 양자계를 효율적으로 시뮬레이션할 수 있다. 직관적으로 이것이 가능한 것은 보편적 양자 게이트 집합을 가지고 어떠한 양자회로라도 만들 수 있는 것과 같은 이유다. 더욱이 효율적으로 근사시킬 수 없는 유니타리 연산이 존재하는 것처럼, 양자 컴퓨터에서 효율적으로 시뮬레이션할 수 없는 해밀토니안의 양자계를 생각해 볼 수 있다. 물론 우리는 그러한 계가 실제로 자연에서 실현되지 않는다고 생각한다. 그렇지 않다면 그러한 계를 이용해 양자회로 모델을 넘어서는 정보를 처리할 수 있을 것이다.

4.7.2 양자 시뮬레이션 알고리듬

고전 시뮬레이션은 $dy/dt = f(y)$와 같은 간단한 미분방정식을 1차로 풀 때 $y(t + \Delta t) \approx y(t) + f(t)\Delta t$가 된다는 인식에서 출발한다. 마찬가지로 양자의 경우는 $id|\psi\rangle/dt = H|\psi\rangle$의 해와 관련이 있는데, 그 해는 시간에 독립인 H에 대해

$$|\psi(t)\rangle = e^{-iHt}|\psi(0)\rangle \qquad (4.96)$$

이다. H는 보통 거듭제곱하기가(희박한 경우지만 지수적으로 커지기도 한다) 극히 어렵기 때문에 1차 해$^{\text{first order solution}}$인 $|\psi(t + \Delta t)\rangle \approx (I - iH\Delta t)|\psi(t)\rangle$로 시작하는 게 좋다. 이렇게 하면 많은 해밀토니안 H의 경우, $I - iH\Delta t$를 효율적으로 근사시키기 위한 양자 게이트들의 구성이 간단해지기 때문에 다루기가 쉽다. 하지만 이러한 1차 해는 일반적으로 아주 만족스럽지 않다.

많은 클래스의 해밀토니안의 경우 (4.96) 방정식에 대한 해를 고차$^{\text{high order}}$에서 효율적으로 근사시키는 것이 가능하다. 예를 들어 대부분의 물리계에서는 해밀토니안을 많은 국소적 상호작용$^{\text{local interaction}}$에 대한 합으로 표현할 수 있다. 구체적으로 말하면 n개 입자들로 이루어진 어떤 계의 경우,

$$H = \sum_{k=1}^{L} H_k \qquad (4.97)$$

가 된다. 여기서 각 H_k는 최대 계의 수$^{\text{number of systems}}$인 상수 c에 대해 작용하고, L은 n에 대한 다항식이다. 예를 들어 H_k 항은 종종 $X_i X_j$와 같은 2체 상호작용$^{\text{two-body interaction}}$과 X_i와 같은 1체 상호작용의 해밀토니안일 뿐이다. 허바드 모델과 이징 모델은 모두 이러한 형식의 해밀토니안을 갖는다. 그러한 국소성^{locality}은 물리적으로 상당히 합리적이며 많은 계에 있어서 거리나 에너지 차이가 증가함에 따라 대부분의 상호작용이 줄어든다는 사실에서 비롯된다. 때때로 입자 통계와 같은 전체 대칭 제약$^{\text{global symmetry constraint}}$이 추가로 존재하는데, 곧 다룰 것이다. 중요한 점은 e^{-iHt}이 계산하기 어렵지만 $e^{-iH_k t}$은 훨씬 더 작은 부분계^{subsystem}에 작용하므로 양자회로를 사용해서 근사시키기가 쉽다는 것이다. 그러나 일반적으로 $[H_j, H_k] \neq 0$이기 때문에 $e^{-iHt} \neq \prod_k e^{-iH_k t}$가 된다! 그렇다면 $e^{-iH_k t}$는 e^{-iHt}를 구하는 데 얼마나 쓸모가 있을까?

확인문제 4.47: $H = \sum_k^L H_k$의 경우, 모든 j, k에 대해 $[H_j, H_k] = 0$이라면 모든 t에 대해 $e^{-iHt} = e^{-iH_1 t} e^{-iH_2 t} \cdots e^{-iH_L t}$임을 증명하라.

확인문제 4.48: 최대 c개의 입자를 포함하는 H_k는 합 (4.97)에서 L이 n에 대한 다항식에 의해 상계$^{\text{upper bound}}$가 정해지는 제약을 받는다는 것을 보여라.

양자 시뮬레이션 알고리듬의 핵심은 다음과 같은 점근적 근사 정리$^{\text{asymptotic approximation theorem}}$다.

정리 4.3: (트로터 공식 Trotter formula**)** A와 B를 에르미트 연산자라 하자. 그러면 어떠한 실수 t에 대해서도

$$\lim_{n \to \infty} (e^{iAt/n} e^{iBt/n})^n = e^{i(A+B)t} \tag{4.98}$$

가 된다.

A와 B가 교환법칙이 성립되지 않아도 (4.98)은 참이라는 점에 주목한다. 더욱 흥미롭게도 특정 종류의 반군semigroup의 생성원generator인 A와 B에 대해 일반화시킬 수 있으며 이는 일반적인 양자연산에 해당한다. 즉, 8장의 8.4.1절에서는 그러한 생성원(린드블라드 형식Lindblad form)를 설명할 것이다. 지금은 A와 B가 에르미트 행렬인 경우만 고려한다.

증명

정의에 의해

$$e^{iAt/n} = I + \frac{1}{n} iAt + O\left(\frac{1}{n^2}\right) \tag{4.99}$$

이 되고, 따라서

$$e^{iAt/n} e^{iBt/n} = I + \frac{1}{n} i(A + B)t + O\left(\frac{1}{n^2}\right) \tag{4.100}$$

이 된다. 위의 식을 거듭제곱하면

$$(e^{iAt/n} e^{iBt/n})^n = I + \sum_{k=1}^{n} \binom{n}{k} \frac{1}{n^k} \left[i(A + B)t\right]^k + O\left(\frac{1}{n}\right) \tag{4.101}$$

이 되고 $\binom{n}{k} \frac{1}{n^k} = \left(1 + O\left(\frac{1}{n}\right)\right) / k!$이므로

$$\lim_{n \to \infty} (e^{iAt/n} e^{iBt/n})^n = \lim_{n \to \infty} \sum_{k=0}^{n} \frac{(i(A + B)t)^k}{k!} \left(1 + O\left(\frac{1}{n}\right)\right) + O\left(\frac{1}{n}\right) = e^{i(A+B)t} \tag{4.102}$$

가 된다.   ▪

트로터 공식을 수정하면 양자 시뮬레이션을 수행하기 위해 고차 근사higher order approximation를 유도할 수 있는 방법이 나온다. 예를 들어 위의 증명과 유사한 추론을 사용하면

$$e^{i(A+B)\Delta t} = e^{iA\Delta t} e^{iB\Delta t} + O(\Delta t^2) \tag{4.103}$$

임을 보일 수 있다. 마찬가지로

$$e^{i(A+B)\Delta t} = e^{iA\Delta t/2}e^{iB\Delta t}e^{iA\Delta t/2} + O(\Delta t^3) \qquad (4.104)$$

도 보일 수 있다. 양자 시뮬레이션 알고리듬에 대한 개요는 다음 페이지에 나와 있으며, 1차원 비상대론적non-relativistic 슈뢰딩거 방정식을 시뮬레이션하는 명확한 예는 박스 4.2에 나와 있다.

박스 4.2: 슈뢰딩거 방정식의 양자 시뮬레이션

양자 시뮬레이션의 방법과 한계는 다음의 예로 설명될 수 있으며 추상적인 큐비트 모델이 아닌, 물리학자들이 그동안 연구했던 기존 모델로부터 나왔다. 1차원 퍼텐셜 $V(x)$ 속에 존재하는 단일 입자를 고려하면, 해밀토니안

$$H = \frac{p^2}{2m} + V(x) \qquad (4.108)$$

의 지배를 받는다. 여기서 p는 운동량 연산자이고 x는 위치 연산자다. x의 고윳값은 연속적이며 이 계의 상태 $|\psi\rangle$는 무한차원의 힐베르트 공간 속에 있다. 즉, x 기저로는

$$|\psi\rangle = \int_{-\infty}^{\infty} |x\rangle\langle x|\psi\rangle \, dx \qquad (4.109)$$

로 표현할 수 있다. 실제로 일부 유한 영역만 흥미로우므로 범위를 $-d \le x \le d$로 잡자. 더욱이 이 계에서 가장 짧은 파장에 비해 충분히 작은 미분 단계 크기differential step size Δx를 선택하는 게 가능해서

$$|\tilde{\psi}\rangle = \sum_{k=-d/\Delta x}^{d/\Delta x} a_k|k\Delta x\rangle \qquad (4.110)$$

을 통해 $|\psi\rangle$에 대한 좋은 물리적 근사를 얻을 수 있다. 이 상태는 $n = \lceil \log(2d/\Delta x + 1)\rceil$개의 큐비트를 사용해 나타낼 수 있다. 즉, $|k\Delta x\rangle$ 기저를 n큐비트의 계산 기저 상태인 $|k\rangle$로 바꾼다. 이 시뮬레이션에는 n큐비트만 필요하지만 고전적으로 보면 2^n개의 복소수를 추적하는 것이 되므로 양자 컴퓨터에서 시뮬레이션을 수행하면 지수적 크기의 자원을 절약할 수 있다.

$|\tilde{\psi}(t)\rangle = e^{-iHt}|\tilde{\psi}(0)\rangle$ 계산은 (4.103)부터 (4.105) 식까지의 근사 중 하나를 사용해야 하는데, 그 이유는 일반적으로 $H_1 = V(x)$가 $H_0 = p^2/2m$과 교환법칙이 성립되지 않기 때문이다. 따라서 $e^{-iH_1\Delta t}$와 $e^{-iH_0\Delta t}$를 계산할 수 있어야 한다. $|\tilde{\psi}\rangle$는 H_1의 고유기저eigenbasis로 표현되므로 $e^{-iH_1\Delta t}$는

$$|k\rangle \rightarrow e^{-iV(k\Delta x)\Delta t}|k\rangle \tag{4.111}$$

형식의 대각변환diagonal transformation이 된다. 이를 계산하기는 쉬운데, $V(k\Delta x)\Delta t$를 계산할 수 있기 때문이다(확인문제 4.1도 참조). x와 p는 양자 푸리에 변환 $U_{FFT}xU^{\dagger}_{FFT} = p$와 관련된 켤레 변수conjugate variable이므로 $e^{-iH_0\Delta t} = U_{FFT}e^{-ix^2\Delta t/2m}U^{\dagger}_{FFT}$가 된다. 즉, $e^{-iH_0\Delta t}$ 계산하려면

$$|k\rangle \rightarrow U_{FFT}e^{-ix^2/2m}U^{\dagger}_{FFT}|k\rangle \tag{4.112}$$

를 수행한다. U_{FFT}에 대한 구성은 5장에서 설명한다.

알고리듬: 양자 시뮬레이션

입력: (1) N차원 계에 작용할 해밀토니안 $H = \sum_k H_k$. 여기서 각 H_k는 N에 독립적인 작은 크기의 부분계에 작용한다. (2) $t = 0$일 때 이 계의 초기상태 $|\psi_0\rangle$. (3) 0이 아닌 양의 정확도 δ, 그리고 (4) 진화 상태로 되는 데 필요한 시간 t_f

출력: $|\langle\tilde{\psi}(t_f)|e^{-iHt_f}|\psi_0\rangle|^2 \geq 1 - \delta$가 되는 $|\tilde{\psi}(t_f)\rangle$ 상태

실행 시간: $O(\text{poly}(1/\delta))$번의 연산

절차: $n = \text{poly}(\log N)$개 큐비트의 상태 $|\tilde{\psi}\rangle$가 계를 근사시키고 $e^{-iH_k\Delta t}$ 연산자가 양자회로를 효율적으로 근사시키는 표현을 선택한다. 예상 오차가 수용 가능한 Δt(정수 j에 대해 $j\Delta t = t_f$)와 근사 방법(예: (4.103)부터 (4.105) 식까지 참조)을 선택하고 반복 단계에 해당하는 양자회로 $U_{\Delta t}$를 구성한 후, 다음을 수행한다.

1. $|\tilde{\psi}_0\rangle \leftarrow |\psi_0\rangle$; $j = 0$ 최초 상태

2. $\rightarrow |\tilde{\psi}_{j+1}\rangle = U_{\Delta t}|\tilde{\psi}_j\rangle$ 반복적인 업데이트

3. $\rightarrow j = j + 1$; goto 2 until $j\Delta t \geq t_f$ 루프

4. $\rightarrow |\tilde{\psi}(t_f)\rangle = |\tilde{\psi}_j\rangle$ 최종 결과

확인문제 4.49: (베이커-캠벨-하우스도르프 공식)   다음 식을 증명하라.

$$e^{(A+B)\Delta t} = e^{A\Delta t} e^{B\Delta t} e^{-\frac{1}{2}[A,B]\Delta t^2} + O(\Delta t^3) \qquad (4.105)$$

또한 (4.103)와 (4.104) 식도 증명하라.

확인문제 4.50: $H = \sum_k^L H_k$라 하고

$$U_{\Delta t} = \left[e^{-iH_1\Delta t} e^{-iH_2\Delta t} \dots e^{-iH_L\Delta t} \right] \left[e^{-iH_L\Delta t} e^{-iH_{L-1}\Delta t} \dots e^{-iH_1\Delta t} \right] \qquad (4.106)$$

로 정의하자.

1. $U_{\Delta t} = e^{-2iH\Delta t} + O(\Delta t^3)$임을 증명하라.

2.   박스 4.1의 결과를 사용하여 양의 정수 m과 어떤 상수 α에 대해

$$E(U_{\Delta t}^m, e^{-2miH\Delta t}) \le m\alpha\Delta t^3 \qquad (4.107)$$

가 됨을 증명하라.

4.7.3 설명 예제

양자 시뮬레이션에 대해 지금까지 기술했던 절차는 국소적 반복의 합인 해밀토니안을 시뮬레이션하는 것에 집중됐었다. 하지만 이것은 근본적인 요구사항이 아니다! 다음 예제에서 알 수 있듯이, 심지어 커다란 계의 거의 모든 부분에 비자명하게 작용하는 해밀토니안의 경우에도 효율적인 양자 시뮬레이션이 가능하다.

n큐비트 계에 작용하는 해밀토니안

$$H = Z_1 \otimes Z_2 \otimes \cdots \otimes Z_n \qquad (4.113)$$

이 있다고 하자. 이 해밀토니안은 그 계의 모든 것과 관련된 상호작용임에도, 효율적으로 시뮬레이션될 수 있다. 우리가 원하는 것은 Δt의 임의의 값에 대해 $e^{-iH\Delta t}$를 구현하는 간단한 양자회로다. $n = 3$일 때 이 해밀토니안을 정확하게 수행하는 회로가 그림 4.19에 나와 있다. 핵심적으로 알아 둘 사항은 이 해밀토니안이 그 계의 모든 큐비트를 포함한다고 하더라도 고전 방식으로 수행한다는 점이다. 즉, 계산기저에서 n큐비트의 패리티^parity가 짝수라면 그 계에 적용되는 위상이동은 $e^{-i\Delta t}$이다. 그렇지 않은 경우라면 위상이동은 $e^{i\Delta t}$이어야 한다. 따라서 먼저 고전적으로 패리티를 계산하고(결과는 보조 큐비트에 저장) 그 패리티에 대해 적절한 위상이동을 적용하고 나서 패리티를 계산 해제하면(보조 큐비트를

소거) H를 간단히 시뮬레이션하게 된다. 이 전략은 $n = 3$뿐만 아니라 임의의 n값에 대해서도 잘 먹힌다.

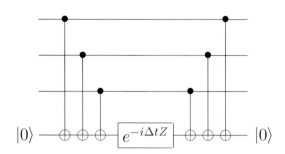

그림 4.19 Δt 시간에 대해 해밀토니안 $H = Z_1 \otimes Z_2 \otimes Z_3$을 시뮬레이션하기 위한 양자회로

더욱이 똑같은 절차를 폭넓게 적용하면 더 복잡하고 확장된 해밀토니안을 시뮬레이션할 수 있다. 특히,

$$H = \bigotimes_{k=1}^{n} \sigma_{c(k)}^k \tag{4.114}$$

형식의 어떠한 해밀토니안이라도 효율적으로 시뮬레이션할 수 있다. 여기서 $\sigma_{c(k)}^k$는 k번째 큐비트에 작용하는 파울리 행렬(또는 항등행렬)이고, $c(k) \in \{0, 1, 2, 3\}$는 $\{I, X, Y, Z\}$ 중 하나를 가리킨다. 항등연산이 수행되는 큐비트는 무시해도 되며, X 또는 Y 항은 단일 큐비트 게이트에 의해 Z 연산으로 변환시킬 수 있다. 이렇게 하면 (4.113) 형식의 해밀토니안이 나오고 위에서 설명한 것처럼 시뮬레이션된다.

확인문제 4.51: 해밀토니안

$$H = X_1 \otimes Y_2 \otimes Z_3 \tag{4.115}$$

을 시뮬레이션하는 양자회로를 만들어라. 이 해밀토니안은 어떠한 Δt에 대해서도 유니타리 변환 $e^{-i\Delta tH}$를 수행한다.

이 절차를 사용하면 국소적이 아닌 항을 포함하는 광범위한 클래스의 해밀토니안을 시뮬레이션할 수 있다. 특히 $H = \sum_{k=1}^{L} H_k$ 형식의 해밀토니안을 시뮬레이션하는 것이 가능하다. 여기서 유일한 제약은 개별 H_k가 텐서곱 구조를 가지며 L이 총 입자 수 n의 다항식이라는 점이다. 좀 더 일반적으로 말하면, 각 H_k를 개별적으로 시뮬레이션할 어떤 효율적인 회로가 반드시 존재해야 한다. 예를 들어 위의 기법을 사용하면 해밀토니안

$H = \sum_{k=1}^{n} X_k + Z^{\otimes n}$을 쉽게 시뮬레이션할 수 있다. 그러한 해밀토니안은 대체로 자연에서 발생하지 않는다. 하지만 이 해밀토니안을 통해 양자 알고리듬을 잘 구상해볼 수 있다.

4.7.4 양자 시뮬레이션에 대한 관점

양자 시뮬레이션 알고리듬은 고전 방법과 아주 비슷하지만 근본적인 방식에서 차이가 난다. 양자 알고리듬을 반복할 때마다 상태가 완전히 새로운 상태로 교체되어야만 한다. 즉, 상태가 양자상태이기 때문에 알고리듬을 크게 변경하지 않고서는 중간 단계에서 (비자명한) 정보를 얻을 방법이 없다. 더욱이 최종측정이 양자상태를 교란시키기 때문에 원하는 결과를 얻으려면 최종측정을 잘 선택해야 한다. 물론 통계를 얻기 위해 양자 시뮬레이션을 반복할 수 있지만, 최대로 다항 횟수만큼만 알고리듬을 반복하는 것이 바람직하다. 심지어 효율적으로 시뮬레이션할 수 있다고 하더라도 원하는 측정을 효율적으로 수행할 수 있는 방법이 없을 수도 있다.

또한 효율적으로 시뮬레이션할 수 없는 해밀토니안도 있다. 4.5.4절에서는 양자 컴퓨터가 효율적으로 근사시킬 수 없는 유니타리 변환이 존재한다는 것을 보기도 했다. 따름정리^{corollary}에 따르면 양자 컴퓨터에서 모든 해밀토니안 진화가 효율적으로 시뮬레이션 될 수 있는 것은 아니다. 만약 이것이 가능하다면 모든 유니타리 변환을 효율적으로 근사시킬 수 있다!

또 다른 어려운 문제(아주 흥미로운 문제)는 평형화 프로세스$^{\text{equilibration process}}$에 대한 시뮬레이션이다. 온도 T의 환경과 접촉하는 해밀토니안 H의 계는 일반적으로 깁스^{Gibbs} 상태라고 부르는 $\rho_{\text{therm}} = e^{-H/k_B T}/\mathcal{Z}$ 상태에서 열평형$^{\text{thermal equilibrium}}$을 이룬다. 여기서 k_B는 볼츠만^{Boltzmann} 상수이고 $\mathcal{Z} = \text{tr } e^{-H/k_B T}$는 보통의 분배함수 정규화$^{\text{partition function normalization}}$이며 $\text{tr}(\rho) = 1$이 된다. 이러한 평형 상태가 일어나는 프로세스는 잘 알려져 있지 않지만 특정 요구사항은 알려져 있다. 즉, 환경의 규모가 커야 하고 H의 고유상태에 맞는 에너지를 갖는 상태에서 점유도^{population}는 0이 아니어야 하며, 그 계와의 결합은 약해야 한다. 임의의 H와 T에 대해 ρ_{therm}을 구하는 것은 일반적으로 고전 컴퓨터에서 지수적으로 어려운 문제다. 양자 컴퓨터라면 이 문제를 효율적으로 해결할 수 있을까? 아직은 모른다.

한편 앞서 논의했듯이 많은 흥미로운 양자 문제를 양자 컴퓨터로 효율적으로 시뮬레이션할 수 있는데, 이런 경우 그 문제들은 여기에 제시한 간단한 알고리듬 외에도 추가적인 제약을 갖는다. 이 문제들 중 특정 클래스는 입자 통계에서 비롯된 광역대칭$^{\text{global symmetry}}$

을 포함한다. 일상 세계에서 우리는 서로 다른 입자를 식별하는 데 익숙하다. 테니스 코트에서 오고 가는 테니스 공을 바라보며 누가 칠 공인지 알아볼 수 있다. 어느 물체가 대상이 되는지 추적하는 이러한 능력은 고전적인 물체의 일반적인 특징이다(고전적인 입자의 위치를 연속적으로 측정함으로써 항상 추적할 수 있고, 따라서 그 외의 입자와 확실하게 구별해낸다). 하지만 이러한 점은 양자역학에서 해당되지 않으며, 그렇기 때문에 개별 입자의 움직임을 정확하게 따라잡을 수 없다. 두 입자가 본질적으로 다르다면, 즉 양성자와 전자라면, 전하의 부호를 측정해 어느 입자인지 구별할 수 있다. 그러나 2개의 전자와 같이 동일한 입자의 경우, 정말로 구별 불가능하다는 것이 밝혀졌다.

입자에 대한 구별불가성^{indistinguishability} 때문에 그 계의 상태 벡터에 제약이 생기는데 이는 두 가지 방식으로 나타난다. 실험적으로 말하면, 자연에 있는 입자들은 보손^{boson}과 페르미온^{fermion}이라는 2개의 독특한 종류와 관련된 것으로 밝혀졌다. 보손 계의 상태벡터는 근본적인 구별이 불가능한 두 성분을 교환해도 변하지 않고 유지된다. 이와는 반대로 페르미온 계는 임의의 두 성분을 교환하면 각 상태벡터의 부호가 변한다. 양자 컴퓨터에서는 이 두 종류의 계를 효율적으로 시뮬레이션할 수 있다. 이 작업을 어떻게 하는지에 대해 자세히 설명하는 것은 이 책의 범위를 벗어난다. 절차가 아주 간단하다고 말하는 것으로 충분하다. 잘못된 대칭의 초기상태가 주어진다면 시뮬레이션을 시작하기 전에 적절히 대칭시키면 된다. 또한 시뮬레이션에 사용되는 연산자는 원하는 대칭을 고려하여 구성할 수 있으며, 심지어 고차의 오차 항$^{error\ term}$에 대한 영향도 허용할 수 있다. 이 주제를 비롯해 그 외의 주제에 관심이 있는 독자라면 4장의 끝에 있는 '역사와 추가자료'를 참고하기 바란다.

문제 4.1: (계산 가능한 위상이동$^{phase\ shift}$**)** m과 n을 양의 정수라 하자. $f : \{0,...,2^m - 1\} \rightarrow \{0,...,2^n - 1\}$을 m비트에서 n비트로 가는 고전함수라 가정하면 3.2.5절에서 설명한 바와 같이 T개의 토폴리 게이트를 사용해 가역적으로 계산할 수 있다. 즉, 함수 $(x, y) \rightarrow (x, y \oplus f(x))$는 T개의 토폴리 게이트를 사용하여 구현할 수 있다. $2T + n$(또는 더 적은) 개수의 1, 2, 3큐비트 게이트를 사용해

$$|x\rangle \rightarrow \exp\left(\frac{-2i\pi f(x)}{2^n}\right)|x\rangle \qquad (4.116)$$

로 정의한 유니타리 연산을 구현하는 양자회로를 구하라.

문제 4.2: $C^m(X)$ 게이트에 대해 $O(\log n)$ 깊이의 구성을 구하라. (의견: 회로의 깊이^{depth}란 게이트를 적용할 때의 서로 다른 시간단계 수$^{\text{number of distinct timestep}}$이다.[4] 이 문제의 요점은 동일한 시간 단계 동안 많은 게이트를 병렬로 적용하면 $C^m(X)$ 구성을 병렬화할 수 있다는 것이다.)

문제 4.3: (대체 보편성 구성) U가 n큐비트에 대한 유니타리 행렬이라 하자. 또한 $H \equiv i \ln(U)$로 정의하자. 다음 항목들이 성립함을 보여라.

1. H는 에르미트이며, 고윳값은 0에서 2π 사이다.

2. H는 다음 식으로 표현할 수 있다.

$$H = \sum_g h_g g \tag{4.117}$$

여기서 h_g는 실수이고 그 합은 파울리 행렬 $\{I, X, Y, Z\}$의 모든 n겹 텐서곱인 g에 대해 수행한다.

3. 양의 정수 k에 대해 $\Delta = 1/k$라 하자. 유니타리 연산 $\exp(-ih_g g\Delta)$는 $O(n)$개의 1, 2큐비트 연산을 사용하여 어떻게 구현할 수 있는지 설명하라.

4. 다음 식이 성립함을 보여라.

$$\exp(-iH\Delta) = \prod_g \exp(-ih_g g\Delta) + O(4^n \Delta^2) \tag{4.118}$$

여기서 곱셈은 파울리 행렬 g의 n겹 텐서곱에 대해 어떠한 순서로도 허용된다.

5. 다음 식이 성립함을 보여라.

$$U = \left[\prod_g \exp(-ih_g g\Delta)\right]^k + O(4^n \Delta) \tag{4.119}$$

6. $O(n16^n/\epsilon)$개의 1, 2큐비트 유니타리 연산을 사용해 거리 $\epsilon > 0$ 이내에서 어떻게 U를 근사시킬지 설명하라.

문제 4.4: (최소 토폴리 구성) (연구)

1. 토폴리 게이트를 구현하는 데 사용할 수 있는 2큐비트 게이트의 최소 개수는 얼마인가?

2. 토폴리 게이트를 구현하는 데 사용할 수 있는 CNOT 게이트 및 1큐비트 게이트의 최소 개수는 얼마인가?

3. 토폴리 게이트를 구현하는 데 사용할 수 있는 제어형 Z 게이트 및 1큐비트 게이트의 최소 개수는 얼마인가?

문제 4.5: (연구) n큐비트에 대한 해밀토니안 H_n을 시뮬레이션할 때, n에 대해 초다항적 super-polynomial으로 많은 연산이 필요하도록 해밀토니안 계열family of Hamiltonians $\{H_n\}$을 구성하여라(의견: 이 문제는 상당히 어려울 듯하다).

문제 4.6: (사전 얽힘prior entanglement**과의 보편성)**   제어형 NOT 게이트와 단일 큐비트 게이트는 양자 논리 게이트의 보편적 집합을 형성한다. 이를 대체하는 자원의 보편적 집합은 단일 큐비트 유니타리, 벨 기저에서 큐비트 쌍을 측정하는 능력, 임의의 4큐비트 얽힘 상태를 준비하는 능력으로 구성된다는 것을 보여라.

4장 요약: 양자회로

- **보편성:** 단일 큐비트와 제어형 NOT 게이트를 조합하면 n큐비트에 대해 어떠한 유니타리 연산이라도 정확하게 구현할 수 있다.

- **이산집합에서의 보편성:** 아다마르 게이트, 위상 게이트, 제어형 NOT 게이트, $\pi/8$ 게이트만으로 구성한 회로를 사용하면 n큐비트에 대한 임의의 유니타리 연산을 임의의 정확도 $\epsilon > 0$로 근사시킬 수 있다는 점에서 이들 게이트는 양자계산에 보편적이다. 이 목록에서 $\pi/8$ 게이트를 토폴리 게이트로 교체해도 보편적 계열universal family에 들어간다.

- **모든 유니타리 연산을 효율적으로 구현할 수 있는 것은 아니다:** 어떠한 유한 집합의 게이트들을 사용한다고 해도 거리 ϵ 이내로 근사시키기 위해서는 $\Omega(2^n \log(1/\epsilon)/\log(n))$개의 게이트가 필요한 n큐비트 유니타리 연산이 존재하는 법이다.

- **시뮬레이션:** 해밀토니안 $H = \sum_k H_k$가 다항적으로 많은 항 H_k의 합이며 H_k에 대한 효율적인 양자회로를 만들 수 있을 때, $|\psi(0)\rangle$가 주어지면 양자 컴퓨터는 진화evolution e^{-iHt}를 효율적으로 시뮬레이션해서 $|\psi(t)\rangle = e^{-iHt}|\psi(0)\rangle$를 근사시킬 수 있다.

역사와 추가자료

4장의 게이트 구성은 다양한 출처로부터 가져온 것이다. 바렌코, 베넷, 클레브, 디빈센조, 마골러스, 쇼어, 슬리터, 스몰린, 바인푸르터의 논문[BBC+95]은 4장에 나온 많은 회로 구성의 출처이고 단일 큐비트 및 제어형 NOT 게이트의 보편적 증명에 대한 출처이기도 하다. 양자회로에 대한 통찰을 얻을 수 있는 또 다른 유용한 출처는 베크만, 차리, 데바학튜니, 프레스킬의 논문[BCDP96]이다. 부드럽고 접근하기 쉬운 도입부는 디빈센조[DiV98]에서 가져온 것이다. 측정과 제어형 큐비트 터미널이 교환법칙이 성립된다는 사실은 그리피스와 뉴[GN96]가 지적한 것이다.

2레벨 유니타리의 보편성 증명에 대한 기원은 렉, 차일링거, 번스타인, 베르타니[RZBB94]이다. 제어형 NOT 및 단일 큐비트 게이트의 보편성은 디빈센조[DiV95b]에 의해 입증됐다. 확인문제 4.44의 보편적 게이트 G는 도이치 게이트[Deu89]라고도 한다. 도이치, 바렌코, 에커트[DBE95], 로이드[Llo95]는 거의 모든 2큐비트 양자 논리 게이트가 보편적이라는 것을 독자적으로 증명했다. 일련의 게이트로 인한 오류는 각 게이트 오류의 합이라는 것을 번스타인과 바지라니[BV97]가 증명했다. 우리가 중점을 둔 특정한 보편적 게이트 집합(아다마르, 위상, 제어형 NOT, $\pi/8$ 게이트)은 보이킨, 모어, 풀버, 로이코드허리, 바탄[BMP+99]에서 보편적이라고 증명된 것이다. 이 논문에는 $\cos(\theta/2) \equiv \cos^2(\pi/8)$로 정의한 θ가 π의 무리수 배수라는 증명도 포함돼 있다. 4.5.4절에 나온 경계bound는 닐[Kni95]의 논문을 기반으로 하는데, 이 논문에서는 양자회로를 사용하여 임의의 유니타리 연산을 근사시키는 데 대한 어려움에 대해 훨씬 자세하게 조사한다. 특히 닐은 우리보다 더 엄밀하고도 더 일반적인 범위를 얻었으며, 그의 분석은 우리가 고려했던 유한집합만이 아닌 게이트의 연속체인 경우에도 적용된다.

양자회로 계산모델의 시초는 도이치[Deu89]이며, 야오[Yao93]에 의해 더욱 발전됐다. 후자의 논문에서는 양자회로 모델이 양자 튜링머신 모델과 동일하다는 것을 입증했다. 양자 튜링머신은 1980년에 베니오프[Ben80]가 도입했고 도이치[Deu85]와 야오[Yao93]가 더욱 발전시켰으며 번스타인과 바지라니[BV97]가 현대적으로 정의했다. 후자의 두 논문은 고전 계산 복잡도 이론과 비슷한 양자계산 복잡도 이론을 정립하는 데 첫 걸음을 내딛은 것으로도 평가된다. 특히, 번스타인과 바지라니는 **BQP ⊆ PSPACE** 포함관계와 좀 더 강력한 결과를 증명했다. 닐과 라플램[KL99]은 양자계산 복잡도와 고전계산 복잡도 간의 매혹적인 관계를 개발했다. 양자계산 복잡도에 대한 그 외의 흥미로운 연구로는 애들먼, 드마

레, 후앙의 논문[ADH97]과 와트로우스의 논문[Wat99]이 있다. 후자의 논문에서는 '상호작용적 증명 시스템' 정립에 있어서 양자 컴퓨터가 고전 컴퓨터보다 강력하다는 흥미로운 증거를 제시했다.

다니엘 고테스만과 마이클 닐슨은 비계산기저$^{non\text{-}computational\ basis}$ 시작상태를 사용하면 양자회로 모델을 넘어서는 계산 능력을 얻을 수 있다고 제안했다.

1980년 마닌[Man80]은 양자 컴퓨터가 고전 컴퓨터보다 양자계를 더 효율적으로 시뮬레이션할 수 있다고 발표했으며, 1982년 파인만[Fey82]은 독자적으로 이 점을 좀 더 세부적으로 발전시켰다. 그 후 애브람스와 로이드[AL97], 보그호시안과 테일러[BT97], 소른보르거와 스튜어트[SS99], 위즈너[Wie96], 잘카[Zal98]가 훨씬 더 자세히 조사했다. 트로터 공식은 트로터[Tro59]에 나와 있으며 체르노프[Che68]에 의해서도 증명됐지만, 사실 유니타리 연산자의 단순한 형태는 훨씬 오래됐고 소푸스 리$^{Sophus\ Lie5}$ 시절로까지 거슬러 올라간다. 베이커-캠벨-하우스도르프 공식의 세 번째 버전인 (4.104) 식은 소른보르거와 스튜어트[SS99]가 제시했다. 애브람스와 로이드[AL97]는 양자 컴퓨터에서 다체$^{many\text{-}body}$ 페르미 계를 시뮬레이션하는 프로시저를 제시했다. 테럴과 디빈센조는 양자계의 평형상태를 시뮬레이션하는 문제를 깁스^{Gibbs} 상태로 다뤘다[TD98]. 박스 4.2에서 슈뢰딩거 방정식을 시뮬레이션하는 데 사용된 방법의 기원은 잘카[Zal98]와 위즈너[Wie96]이다.

확인문제 4.25는 반델시펜^{Vandersypen}이 기원이며 차우와 빌체크[CW95]의 논문과 연관돼 있다. 확인문제 4.45의 기원은 보이킨, 모어, 풀버, 로이코드허리, 바탄[BMP^{+}99]이다. 문제 4.2의 기원은 고테스만이다. 문제 4.6의 기원은 고테스만과 추앙[GC99]이다.

---

5   노르웨이 수학자(1842∼1899년) – 옮긴이

05
양자 푸리에 변환과 그 응용

당신이 만든 컴퓨터가 양자로 된 것이라면,

모든 곳의 스파이들은 그 컴퓨터를 노릴 것이다.

그렇게 되면 우리 코드는 모두 뚫리게 될 것이고,

그들은 우리의 이메일을 들여다볼 것이다.

양자로 암호화를 해서 그들의 기세를 꺾기 전에는 말이다.

– 제니퍼(Jennifer)와 피터 쇼어(Peter Shor)

우리의 이메일을 엿보기 위해

스파이들과 그들의 양자 머신은 얼마나 교묘할까.

그러나 안심하라.

그들은 아직 12 또는 15를

어떻게 소인수분해하는지 모른다.

– 폴커 슈트라센(Volker Strassen)

컴퓨터 프로그래밍은 시 또는 음악 창작과 같은 예술 형식이다.

– 도널드 크누스(Donald Knuth)

현재까지 양자 컴퓨팅에서 가장 눈에 띄는 발견은 고전 컴퓨터에서는 불가능했던 일부 작업을 양자 컴퓨터가 효율적으로 수행할 수 있다는 것이다. 이를테면 n비트 정수를 소인수분해하는 것은 소위 수체 체$^{number\ field\ sieve}$라는, 당시 알려진 최고의 고전 알고리듬을 사용할 때 $\exp(\Theta(n^{1/3} \log^{2/3} n))$번의 연산이 필요한 것으로 여겨졌다. 이것은 인수분해할 숫자의 크기에 대해 지수적이므로, 인수분해는 일반적으로 고전 컴퓨터에서 다루기 어려운 문제로 간주된다. 심지어 얼마 안되는 숫자도 재빨리 인수분해하는 것은 불가능하다. 이에 비해 양자 알고리듬은 $O(n^2 \log n \log \log n)$번의 연산을 사용해 동일한 작업을 수행할 수 있다. 즉, 양자 컴퓨터는 가장 잘 알려진 고전 알고리듬보다 지수적으로 빠르게 숫자를 인수분해할 수 있다. 이 결과는 그 자체로도 중요하지만 가장 흥미로운 측면은 그것이 제기하는 다음 의문일 것이다. 고전 컴퓨터에서는 불가능한 그 외의 어떤 다른 문제도 양자 컴퓨터에서 효율적으로 수행할 수 있지 않을까라는 의문이다.

5장에서는 양자 푸리에 변환quantum Fourier transform을 알아본다. 이는 양자 인수분해와 그외의 많은 흥미로운 양자 알고리듬의 핵심 요소가 된다. 5.1절에서 시작하는 양자 푸리에 변환은 양자역학적 진폭을 푸리에 변환하기 위한 효율적인 양자 알고리듬이다. 이 알고리듬 자체는 고전 데이터의 푸리에 변환 속도를 향상시키는 것이 아님에 주의한다. 그러나 이를 가능케 하는 한 가지 중요한 작업은 특정 상황에서 유니타리 연산자의 고윳값을 근사시키는 위상추정phase estimation인데, 이는 5.2절에서 설명한다. 이를 통해 5.3절에서 다루는 위수 구하기 문제the order-finding problem 및 인수분해 문제factoring problem를 포함한 몇 가지 다른 흥미로운 문제를 해결할 수 있다. 위상추정은 양자탐색 알고리듬과 결합돼 카운팅 솔루션counting solution 문제를 탐색 문제로 해결할 수 있는데, 이는 6장에서 설명한다. 5.4절은 숨은 부분군 문제hidden subgroup problem를 해결하기 위해 양자 푸리에 변환을 사용하는 방법 그리고 위상추정에 대한 일반화와 이산로그discrete logarithm 문제에 대해 특수 경우들 간에 효율적인 양자 알고리듬을 갖는 위수 구하기 문제, 고전 컴퓨터에서는 다루기 힘들 것으로 생각되는 또 다른 문제로 5장을 마무리한다.

5.1 양자 푸리에 변환

좋은 아이디어란 의도한 것 이상으로 문제를 더 단순화시켜 해결하는 방법을 갖춘 것이다.

– 로버트 타잔(Robert Tarjan)

수학 또는 컴퓨터과학에서 문제를 해결하는 가장 유용한 방법은 해가 알려진 다른 문제로 변환하는 것이다. 이런 종류의 변환 중 어떤 것들은 아주 흔하고 여러 다양한 상황에서 나타나므로 그 자체로 연구된다. 양자계산 분야에서는 그러한 일부 변환이 고전 컴퓨터보다 양자 컴퓨터에서 훨씬 빠르게 계산될 수 있다는 커다란 발견을 얻었으며, 이 발견으로 양자 컴퓨터용의 고속 알고리듬을 제작할 수 있었다.

그러한 변환 중 하나가 이산 푸리에 변환$^{\text{discrete Fourier transform}}$이다. 보통의 수학적 표기법으로 하면, 이산 푸리에 변환은 복소수 $x_0,...,x_{N-1}$로 이루어진 벡터를 입력으로 받는다. 여기서 벡터의 길이 N은 고정된 매개변수다. 그리고 복소수 $y_0,...,y_{N-1}$로 이루어진 벡터를 출력하는데 이들 복소수는

$$y_k \equiv \frac{1}{\sqrt{N}} \sum_{j=0}^{N-1} x_j e^{2\pi ijk/N} \tag{5.1}$$

로 정의한다. 양자 푸리에 변환은 이산 푸리에 변환과 정확히 동일한 변환이지만 관례적 표기법이 약간 다르다. 정규직교 기저 $|0\rangle,...,|N-1\rangle$에 대한 양자 푸리에 변환은 그 기저 상태에

$$|j\rangle \longrightarrow \frac{1}{\sqrt{N}} \sum_{k=0}^{N-1} e^{2\pi ijk/N} |k\rangle \tag{5.2}$$

로 작용하는 선형연산자인 것으로 정의한다. 마찬가지로 임의의 상태에 대한 작용은

$$\sum_{j=0}^{N-1} x_j |j\rangle \longrightarrow \sum_{k=0}^{N-1} y_k |k\rangle \tag{5.3}$$

로 표현할 수 있다. 여기서 진폭 y_k는 진폭 x_j의 이산 푸리에 변환이다. 정의에서는 드러나 있지 않지만 이 변환은 유니타리 변환이고, 따라서 양자 컴퓨터용 동역학으로 구현될 수 있다. 이 책에서는 푸리에 변환을 계산하는 유니타리 양자회로를 잘 만들어서 푸리에 변환의 유니타리성^{unitarity}을 설명할 것이다. 아래 문제를 통해 푸리에 변환이 유니타리라는 것을 직접 증명해보는 것도 쉽다.

확인문제 5.1: (5.2) 식이 정의한 선형변환이 유니타리라는 것을 직접 증명하라.

확인문제 5.2: n큐비트 상태 $|00...0\rangle$의 푸리에 변환을 명시적으로 계산하라.

그다음으로는 $N = 2^n$이라 하자. 여기서 n은 정수다. 또한 $|0\rangle,...,|2^n-1\rangle$ 기저는 n큐비트 양자 컴퓨터의 계산기저라고 하자. $|j\rangle$ 상태를 나타낼 때는 2진 표현 $j = j_1 j_2...j_n$을 사용하는 것이 좋다. 더 공식적으로 말하면 $j = j_1 2^{n-1} + j_2 2^{n-2} + \cdots + j_n 2^0$가 된다. 또한 2진 분수 $j_l/2 + j_{l+1}/4 + \cdots + j_m/2^{m-l+1}$를 나타낼 때는 $0.j_l j_{l+1}...j_m$ 표기법을 채택하는 것이 편리하다.

약간의 계산을 거치면 양자 푸리에 변환은 유용한 곱 표현^{product representation} 을 바꿀 수 있다.

약간의 계산을 거치면 양자 푸리에 변환은 유용한 곱 표현^{product representation}

$$|j_1, \ldots, j_n\rangle \to \frac{\left(|0\rangle + e^{2\pi i 0.j_n}|1\rangle\right)\left(|0\rangle + e^{2\pi i 0.j_{n-1}j_n}|1\rangle\right)\cdots\left(|0\rangle + e^{2\pi i 0.j_1 j_2 \cdots j_n}|1\rangle\right)}{2^{n/2}}$$

(5.4)

으로 바꿀 수 있다. 이 곱 표현은 아주 유용해서 이를 양자 푸리에 변환의 정의로 간주해도 된다. 간략히 설명하자면 이 표현을 통해 양자 푸리에 변환이 유니타리라는 증거이자 푸리에 변환을 계산하는 효율적인 양자회로를 만들 수 있고 양자 푸리에 변환에 기반한 알고리듬에 대한 통찰력을 얻을 수 있다. 부수적인 보너스로서 확인문제에서는 고전적인 고속 푸리에 변환을 구해볼 것이다!

곱 표현 (5.4)와 정의 (5.2)가 동일하다는 것은 기초적인 계산을 통해 확인할 수 있다. 즉,

$$|j\rangle \to \frac{1}{2^{n/2}} \sum_{k=0}^{2^n-1} e^{2\pi i jk/2^n} |k\rangle \tag{5.5}$$

$$= \frac{1}{2^{n/2}} \sum_{k_1=0}^{1} \cdots \sum_{k_n=0}^{1} e^{2\pi i j\left(\sum_{l=1}^{n} k_l 2^{-l}\right)} |k_1 \ldots k_n\rangle \tag{5.6}$$

$$= \frac{1}{2^{n/2}} \sum_{k_1=0}^{1} \cdots \sum_{k_n=0}^{1} \bigotimes_{l=1}^{n} e^{2\pi i jk_l 2^{-l}} |k_l\rangle \tag{5.7}$$

$$= \frac{1}{2^{n/2}} \bigotimes_{l=1}^{n} \left[\sum_{k_l=0}^{1} e^{2\pi i jk_l 2^{-l}} |k_l\rangle\right] \tag{5.8}$$

$$= \frac{1}{2^{n/2}} \bigotimes_{l=1}^{n} \left[|0\rangle + e^{2\pi i j 2^{-l}} |1\rangle\right] \tag{5.9}$$

$$= \frac{\left(|0\rangle + e^{2\pi i 0.j_n}|1\rangle\right)\left(|0\rangle + e^{2\pi i 0.j_{n-1}j_n}|1\rangle\right)\cdots\left(|0\rangle + e^{2\pi i 0.j_1 j_2 \cdots j_n}|1\rangle\right)}{2^{n/2}} \tag{5.10}$$

가 된다. 곱 표현 (5.4)를 통해 양자 푸리에 변환을 위한 효율적 회로를 쉽게 유도해낼 수 있다. 이러한 회로는 그림 5.1에 나와 있다. 게이트 R_k는 유니타리 변환

$$R_k \equiv \begin{bmatrix} 1 & 0 \\ 0 & e^{2\pi i/2^k} \end{bmatrix} \tag{5.11}$$

을 나타낸다. 이 그림의 회로가 양자 푸리에 변환을 계산한다는 것을 확인하기 위해 $|j_1 \ldots j_n\rangle$ 상태가 입력될 때 어떤 일이 발생하는지 알아보자. 아다마르 게이트를 첫 번째

비트에 적용하면 $j_1 = 1$일 때 $e^{2\pi i 0.j_1} = -1$이고 그 외의 경우일 때 $+1$이므로 상태

$$\frac{1}{2^{1/2}} \left(|0\rangle + e^{2\pi i 0.j_1} |1\rangle \right) |j_2 \dots j_n\rangle \tag{5.12}$$

가 생성된다.

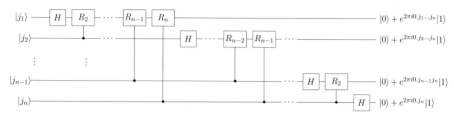

그림 5.1 양자 푸리에 변환을 위한 효율적 회로. 이 회로는 양자 푸리에 변환에 대한 곱 표현 (5.4)에서 쉽게 유도된다. 큐비트들의 순서를 반대로 하는 스왑 게이트나 출력에서의 $1/\sqrt{2}$ 정규화 배수는 회로 끝에 나타내지 않았다.

제어형 R_2 게이트를 적용하면 상태

$$\frac{1}{2^{1/2}} \left(|0\rangle + e^{2\pi i 0.j_1 j_2} |1\rangle \right) |j_2 \dots j_n\rangle \tag{5.13}$$

가 생성된다. 제어형 R_3, R_4에 이어 R_n 게이트까지 계속 적용하면 각 게이트는 첫 번째 $|1\rangle$의 위상계수에 여분의 비트를 더한다. 이 절차가 끝나면 상태

$$\frac{1}{2^{1/2}} \left(|0\rangle + e^{2\pi i 0.j_1 j_2 \dots j_n} |1\rangle \right) |j_2 \dots j_n\rangle \tag{5.14}$$

가 된다. 다음으로는 두 번째 큐비트에 대해 마찬가지의 절차를 수행한다. 아다마르 게이트는 상태

$$\frac{1}{2^{2/2}} \left(|0\rangle + e^{2\pi i 0.j_1 j_2 \dots j_n} |1\rangle \right) \left(|0\rangle + e^{2\pi i 0.j_2} |1\rangle \right) |j_3 \dots j_n\rangle \tag{5.15}$$

로 만든다. 그리고 제어형 R_2부터 R_{n-1}까지의 게이트를 적용하면 상태

$$\frac{1}{2^{2/2}} \left(|0\rangle + e^{2\pi i 0.j_1 j_2 \dots j_n} |1\rangle \right) \left(|0\rangle + e^{2\pi i 0.j_2 \dots j_n} |1\rangle \right) |j_3 \dots j_n\rangle \tag{5.16}$$

가 된다. 각 큐비트마다 이런 방식으로 계속하면 최종 상태는

$$\frac{1}{2^{n/2}} \left(|0\rangle + e^{2\pi i 0.j_1 j_2 \dots j_n} |1\rangle \right) \left(|0\rangle + e^{2\pi i 0.j_2 \dots j_n} |1\rangle \right) \dots \left(|0\rangle + e^{2\pi i 0.j_n} |1\rangle \right) \tag{5.17}$$

가 된다. 분명하게 하기 위해 그림 5.1에서 빠진 스왑 연산(회로 설명에 대해서는 1.3.4절 참조)을 사용하여 큐비트의 순서를 반대로 만든다. 스왑 연산 후, 큐비트의 상태는

$$\frac{1}{2^{n/2}} \left(|0\rangle + e^{2\pi i 0.j_n}|1\rangle \right) \left(|0\rangle + e^{2\pi i 0.j_{n-1}j_n}|1\rangle \right) \ldots \left(|0\rangle + e^{2\pi i 0.j_1 j_2 \cdots j_n}|1\rangle \right) \quad (5.18)$$

가 된다. (5.4) 식과 비교하면 이것이 양자 푸리에 변환에서 원하는 출력이라는 것을 알 수 있다. 회로의 각 게이트가 유니타리이기 때문에 이렇게 만든 것은 양자 푸리에 변환이 유니타리라는 것도 증명해준다. 3큐비트 양자 푸리에 변환용 회로를 보여주는 명확한 예는 박스 5.1에 나와 있다.

박스 5.1: 3큐비트 양자 푸리에 변환

확실히 알려면 3큐비트 양자 푸리에 변환용 회로

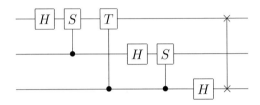

를 보는 것이 도움될 것이다. S와 T는 각각 위상 게이트와 $\pi/8$ 게이트라는 것을 상기하자(23페이지 참조). 이 경우 양자 푸리에 변환은 $\omega = e^{2\pi i/8} = \sqrt{i}$를 사용하여

$$\frac{1}{\sqrt{8}} \begin{bmatrix}
1 & 1 & 1 & 1 & 1 & 1 & 1 & 1 \\
1 & \omega & \omega^2 & \omega^3 & \omega^4 & \omega^5 & \omega^6 & \omega^7 \\
1 & \omega^2 & \omega^4 & \omega^6 & 1 & \omega^2 & \omega^4 & \omega^6 \\
1 & \omega^3 & \omega^6 & \omega^1 & \omega^4 & \omega^7 & \omega^2 & \omega^5 \\
1 & \omega^4 & 1 & \omega^4 & 1 & \omega^4 & 1 & \omega^4 \\
1 & \omega^5 & \omega^2 & \omega^7 & \omega^4 & \omega^1 & \omega^6 & \omega^3 \\
1 & \omega^6 & \omega^4 & \omega^2 & 1 & \omega^6 & \omega^4 & \omega^2 \\
1 & \omega^7 & \omega^6 & \omega^5 & \omega^4 & \omega^3 & \omega^2 & \omega^1
\end{bmatrix} \quad (5.19)$$

로서 명시적으로 표현할 수 있다.

이 회로는 얼마나 많은 게이트를 사용할까? 첫 번째 큐비트에 대해서는 아다마르 게이트와 $n-1$개의 조건부 회전(총 n개의 게이트)을 수행하는 것으로 시작한다. 다음으로 두 번째 큐비트에 대해서는 아다마르 게이트와 $n-2$개의 조건부 회전이 이어지며 이때까지 총 $n + (n-1)$ 게이트가 사용된다. 이런 식으로 계속하면 $n + (n-1) + \cdots + 1 = n(n+1)/2$ 게이트가 필요하고, 여기에 덧붙여 스왑과 관련된 게이트도 필요하다. 최대 $n/2$번의 스왑이 필요하며 각 스왑에는 3개의 제어형 NOT 게이트를 사용해 수행할 수

있다. 따라서 이 회로는 양자 푸리에 변환을 수행하기 위해 $\Theta(n^2)$ 알고리듬을 제공한다.

이와는 반대로, 2^n개의 원소에 대해 이산 푸리에 변환을 계산하기 위한 최선의 고전 알고리듬은 고속 푸리에 변환$^{FFT, Fast Fourier Transform}$과 같은 알고리듬이다. 이 FFT는 $\Theta(n2^n)$개의 게이트를 사용하여 이산 푸리에 변환을 계산한다. 즉, 양자 컴퓨터에서 양자 푸리에 변환을 구현하는 것에 비해 고전 컴퓨터에서 푸리에 변환을 계산하는 것이 지수적으로 더 많은 연산이 필요하다.

언뜻 보기에 이것은 양자 컴퓨터에게 아주 좋은 일이다. 그 이유는 푸리에 변환이 실제로 많은 데이터 처리 응용에 있어서 중요한 단계이기 때문이다. 예를 들면 컴퓨터 음성 인식에서 음소 인식의 첫 번째 단계가 디지털 데이터로 변환된 소리를 푸리에 변환하는 것이다. 양자 푸리에 변환을 사용한다면 이 푸리에 변환의 계산 속도를 높일 수 있지 않을까? 하지만 안타깝게도 이렇게 할 수 있는 방법은 알려져 있지 않다. 문제는 측정을 통해 양자 컴퓨터의 진폭에 직접 접근할 수 없다는 것이다. 따라서 원래 상태로부터 푸리에 변환시킨 진폭을 알아낼 방법이 없다. 더 심각한 점은 일반적으로 푸리에 변환될 원래 상태를 효율적으로 준비할 수 있는 방법이 없다는 것이다. 그러므로 양자 푸리에 변환에 대한 용도를 찾는 것은 우리가 예상했던 것보다 더 애매하다. 5장과 6장에서는 양자 푸리에 변환의 애매한 적용에 바탕을 둔 여러 알고리듬을 알아볼 것이다.

확인문제 5.3: (고전적인 고속 푸리에 변환) 고전 컴퓨터에서 2^n개의 복소수를 포함하는 벡터를 푸리에 변환한다고 하자. (5.1) 식의 직접적인 산출에 바탕을 둔 푸리에 변환을 수행할 때 $\Theta(2^{2n})$번의 기초 산술 연산이 필요하다는 것을 증명하라. (5.4) 식에 따라 이 방법을 $\Theta(n2^n)$번의 연산으로 줄이는 방법을 구하라.

확인문제 5.4: 제어형 R_k 게이트를 단일 큐비트와 CNOT 게이트로 분해하라.

확인문제 5.5: 역양자 푸리에 변환$^{inverse\ quantum\ Fourier\ transform}$을 수행하기 위한 양자회로를 구하라.

확인문제 5.6: (양자 푸리에 변환의 근사화) 양자 푸리에 변환의 양자회로를 만들려면 사용할 큐비트의 수에 대해 지수 정밀도$^{exponential\ precision}$의 게이트가 필요하다. 하지만 다항 크기의 양자회로에서는 그러한 정밀도는 전혀 필요치 않다. 예를 들어 U를 n큐비트에 대한 이상적인 양자 푸리에 변환이라 하고, V를 제어형 R_k 게이트가 어떤 다항식 $p(n)$의 정밀도 $\Delta = 1/p(n)$로 수행될 때 발생하는 변환이라 하자. 오차 $E(U, V) \equiv$

$\max_{|\psi\rangle} \|(U - V)|\psi\rangle\|$는 $\Theta(n^2/p(n))$으로 커지고, 따라서 각 게이트의 다항 정밀도 polynomial precision는 출력 상태의 다항 정확도 polynomial accuracy를 보장하기에 충분하다는 것을 보여라.

5.2 위상추정

푸리에 변환은 위상추정 phase estimation이라는 일반적 절차의 핵심이며, 위상추정 역시 많은 양자 알고리듬에서 핵심 역할을 한다. 유니타리 연산자 U는 고윳값 $e^{2\pi i \varphi}$의 고유벡터 $|u\rangle$를 갖는다고 하고, 여기서 φ값은 모른다고 하자. 위상추정 알고리듬의 목표는 φ를 추정하는 것이다. 추정하기 위해 $|u\rangle$ 상태를 준비하고 음이 아닌 적절한 정수 j에 대해 제어형 U^{2j} 연산을 수행할 수 있는 블랙박스 black box(오라클 oracle이라고도 함)가 있다고 하자. 블랙박스를 사용한다는 것은 위상추정 절차 자체가 완전한 양자 알고리듬이 아니라는 뜻이다. 그보다는 위상추정을 다른 서브루틴과 결합시켜 흥미로운 계산 작업을 수행하기 위한 일종의 '서브루틴' 또는 '모듈'로 생각해야 한다. 위상추정 절차의 특정 응용에 있어서 이 책에서는 위상추정 절차를 정확히 수행하고 이들 블랙박스 연산이 어떻게 수행되는지를 설명하며, 위상추정 절차와 이들 연산을 결합하여 정말로 유용한 작업을 수행할 것이다. 하지만 당분간은 이러한 연산을 블랙박스로 간주하기로 한다.

양자 위상추정 절차는 2개의 레지스터를 사용한다. 첫 번째 레지스터에는 최초에 $|0\rangle$ 상태의 t개 큐비트가 포함된다. 우리가 t를 선택하는 방법은 두 가지에 따라 달라진다. 하나는 φ에 대한 추정에 있어서 우리가 갖고자 하는 정확도 자릿수이고 다른 하나는 위상추정 절차가 성공하기를 원하는 확률이다. 이들 수치에 따라 t가 달라지는 의존성은 다음 분석에서 자연스럽게 나온다.

두 번째 레지스터에는 $|u\rangle$ 상태로 시작하며 $|u\rangle$를 저장하는 데 필요한 만큼의 큐비트들이 포함된다. 위상추정은 두 단계로 수행된다. 먼저 그림 5.2에 나와 있는 회로를 적용한다. 이 회로는 첫 번째 레지스터에 아다마르 변환을 적용하고 나서 두 번째 레지스터에 제어형 U 연산을 적용하는데, U는 2의 거듭제곱으로 커진다. 첫 번째 레지스터의 최종 상태는

$$\frac{1}{2^{t/2}} \left(|0\rangle + e^{2\pi i 2^{t-1}\varphi}|1\rangle\right) \left(|0\rangle + e^{2\pi i 2^{t-2}\varphi}|1\rangle\right) \ldots \left(|0\rangle + e^{2\pi i 2^{0}\varphi}|1\rangle\right)$$

$$= \frac{1}{2^{t/2}} \sum_{k=0}^{2^t-1} e^{2\pi i \varphi k} |k\rangle \qquad (5.20)$$

가 된다는 것을 쉽게 알 수 있다. 두 번째 레지스터는 계산 처음부터 끝까지 $|u\rangle$ 상태 그 대로 있기 때문에 따로 설명하지 않는다.

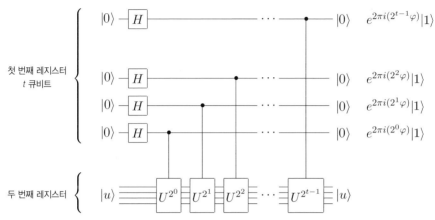

그림 5.2 위상추정 절차의 첫 단계. 오른쪽에는 $1/\sqrt{2}$이라는 정규화 계수를 생략했다.

확인문제 5.7: 그림 5.2와 같이 일련의 제어형 U 연산들의 효과로 인해 $|j\rangle|u\rangle$ 상태가 $|j\rangle$

$U^j|u\rangle$로 된다는 것을 보여라(이것이 U의 고유상태인 $|u\rangle$에 의존하지 않는 것에 유의한다). 이

문제를 풀면 그림 5.2 회로에 대해 추가적인 통찰력을 얻을 수 있다.

위상추정의 두 번째 단계는 첫 번째 레지스터에 역 양자 푸리에 변환을 적용하는 것이

다. 이것은 앞 절(확인문제 5.5)의 양자 푸리에 변환용 회로를 반대로 하면 되며 $\Theta(t^2)$개의

단계로 수행할 수 있다. 위상추정의 세 번째이자 마지막 단계는 계산기저로 측정하여 첫

번째 레지스터의 상태를 읽어내는 것이다. 이렇게 하면 φ를 아주 좋게 추정할 수 있다는

것을 알게 될 것이다. 이 알고리듬의 전체 개략도가 그림 5.3에 나와 있다.

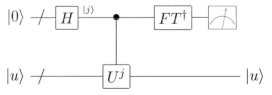

그림 5.3 전체위상추정 절차의 개략도. 위쪽 t개의 큐비트들('/'는 평소와 같이 여러 선을 하나로 묶어서 나타냄)
은 첫 번째 레지스터이고 아래쪽 큐비트들은 두 번째 레지스터이며 U를 수행하는 데 필요한 만큼 번호가 매겨진다.
$|u\rangle$는 U의 고유상태이며 고윳값은 $e^{2\pi i \varphi}$이다. 이 측정을 통해 $t - \left\lceil \log\left(2 + \frac{1}{2\epsilon}\right)\right\rceil$비트의 정확도로 φ의 근사값이 나오
며 성공 확률은 적어도 $1 - \epsilon$이다.

위상추정이 이렇게 작동하는 이유를 바로 알아보기 위해 $\varphi = 0.\varphi_1...\varphi_t$와 같이 φ를 t비트로 정확하게 표현할 수 있다고 하자. 그러면 위상추정의 첫 번째 단계에서 결과로 나오는 (5.20) 상태는

$$\frac{1}{2^{t/2}} \left(|0\rangle + e^{2\pi i 0.\varphi_t}|1\rangle \right) \left(|0\rangle + e^{2\pi i 0.\varphi_{t-1}\varphi_t}|1\rangle \right) \cdots \left(|0\rangle + e^{2\pi i 0.\varphi_1\varphi_2\cdots\varphi_t}|1\rangle \right) \quad (5.21)$$

로 다시 표현할 수 있다. 위상추정의 두 번째 단계는 역 양자 푸리에 변환을 적용하는 것이다. 그러나 위의 식을 푸리에 변환 식 (5.4)의 곱 형식과 비교해보면 두 번째 단계의 출력상태가 곱상태 $|\varphi_1...\varphi_t\rangle$임을 알 수 있다. 따라서 계산기저로 측정하면 정확하게 φ를 얻게 된다!

요약하면 유니타리 연산자 U에 대응하는 고유벡터 $|u\rangle$가 주어졌을 때 위상추정 알고리듬으로 고윳값의 위상 φ을 추정할 수 있다. 이 절차의 핵심은 변환

$$\frac{1}{2^{t/2}} \sum_{j=0}^{2^t-1} e^{2\pi i \varphi j}|j\rangle|u\rangle \rightarrow |\tilde{\varphi}\rangle|u\rangle \quad (5.22)$$

을 수행하는 역 푸리에 변환 능력이다. 여기서 $|\tilde{\varphi}\rangle$는 측정 시 φ에 대해 좋은 추정 상태를 나타낸다.

5.2.1 성능 및 요구사항

위의 분석은 이상적인 경우에 적용되며, 여기서 φ는 t비트 2진법 전개로 정확하게 표현할 수 있다. 이상적이지 않은 경우라면 어떻게 될까? (5.22)에서 사용한 표기가 보여주듯이, 앞서 기술했던 절차를 사용하면 높은 확률로 φ에 대한 아주 좋은 근사값이 나올 거라는 점이 밝혀졌다. 이 사실을 증명하려면 다소 신중한 수학적 조작이 요구된다.

b를 0에서 $2^t - 1$까지 범위의 정수로 설정하여 $b/2^t = 0.b_1...b_t$가 φ보다 작으면서 φ에 대한 최상의 t비트 근사값이 된다고 하자. 즉, φ와 $b/2^t$의 차 $\delta \equiv \varphi - b/2^t$는 $0 \le \delta \le 2^{-t}$를 만족시킨다고 하자. 위상추정 절차의 끝에서 관측하면 b에 가까운 결과가 나오므로 높은 확률로 φ를 정확하게 추정할 수 있다. 역 양자 푸리에 변환을 (5.20) 상태에 적용하면, 상태

$$\frac{1}{2^t} \sum_{k,l=0}^{2^t-1} e^{\frac{-2\pi i k l}{2^t}} e^{2\pi i \varphi k}|l\rangle \quad (5.23)$$

가 나온다. α_l을 $|(b+l)(\bmod\ 2^t)\rangle$의 진폭이라 하자. 즉,

$$\alpha_l \equiv \frac{1}{2^t} \sum_{k=0}^{2^t-1} \left(e^{2\pi i(\varphi - (b+l)/2^t)} \right)^k \tag{5.24}$$

이다. 이 식은 등비급수이므로

$$\alpha_l = \frac{1}{2^t} \left(\frac{1 - e^{2\pi i(2^t \varphi - (b+l))}}{1 - e^{2\pi i(\varphi - (b+l)/2^t)}} \right) \tag{5.25}$$

$$= \frac{1}{2^t} \left(\frac{1 - e^{2\pi i(2^t \delta - l)}}{1 - e^{2\pi i(\delta - l/2^t)}} \right) \tag{5.26}$$

가 된다. 최종 측정 결과를 m이라 하자. 우리의 목표는 $|m - b| > e$가 되도록 m 값을 얻을 확률에 대한 범위를 정하는 것이다. 여기서 e는 원하는 오차 허용을 나타내는 양의 정수다. 그러한 m을 관측할 확률은

$$p(|m - b| > e) = \sum_{-2^{t-1} < l \leq -(e+1)} |\alpha_l|^2 + \sum_{e+1 \leq l \leq 2^{t-1}} |\alpha_l|^2 \tag{5.27}$$

가 된다. 그러나 임의의 실수 θ에 대해서 $|1 - \exp(i\theta)| \leq 2$이므로

$$|\alpha_l| \leq \frac{2}{2^t |1 - e^{2\pi i(\delta - l/2^t)}|} \tag{5.28}$$

이다. 기초 기하학 또는 미적분학에 따르면 $-\pi \leq \theta \leq \pi$일 때 $|1 - \exp(i\theta)| \geq 2|\theta|/\pi$가 된다. 그러나 $-2^{t-1} < l \leq 2^{t-1}$일 때는 $-\pi \leq 2\pi(\delta - l/2^t) \leq \pi$가 된다. 따라서

$$|\alpha_l| \leq \frac{1}{2^{t+1}(\delta - l/2^t)} \tag{5.29}$$

이 된다. (5.27)과 (5.29)를 결합하면

$$p(|m - b| > e) \leq \frac{1}{4} \left[\sum_{l=-2^{t-1}+1}^{-(e+1)} \frac{1}{(l - 2^t \delta)^2} + \sum_{l=e+1}^{2^{t-1}} \frac{1}{(l - 2^t \delta)^2} \right] \tag{5.30}$$

이 된다. $0 \leq 2^t \delta \leq 1$임을 상기하면

$$p(|m - b| > e) \leq \frac{1}{4} \left[\sum_{l=-2^{t-1}+1}^{-(e+1)} \frac{1}{l^2} + \sum_{l=e+1}^{2^{t-1}} \frac{1}{(l - 1)^2} \right] \tag{5.31}$$

$$\leq \frac{1}{2} \sum_{l=e}^{2^{t-1}-1} \frac{1}{l^2} \qquad (5.32)$$

$$\leq \frac{1}{2} \int_{e-1}^{2^{t-1}-1} dl \frac{1}{l^2} \qquad (5.33)$$

$$= \frac{1}{2(e-1)} \qquad (5.34)$$

이 된다. φ를 정확도 2^{-n}로 근사시킨다고 하자. 즉, $e = 2^{t-n} - 1$로 한다. 위상추정 알고리듬에서 $t = n + p$개의 큐비트를 사용하면 (5.34)로부터 이 정확도로 근사값을 얻을 확률이 적어도 $1 - 1/2(2^p - 2)$이라는 것을 알게 된다. 따라서 적어도 $1 - \epsilon$의 성공 확률로 n비트까지 정확한 φ을 성공적으로 얻기 위해서

$$t = n + \left\lceil \log \left(2 + \frac{1}{2\epsilon} \right) \right\rceil \qquad (5.35)$$

로 잡는다.

위상추정 알고리듬을 이용하기 위해서는 U의 고유상태 $|u\rangle$를 준비할 수 있어야 한다. 그러한 고유상태를 준비하는 방법을 모른다면 어떻게 할까? $|u\rangle$ 대신 어떤 다른 상태 $|\psi\rangle$를 준비한다고 해보자. 이 상태를 U의 고유상태 $|u\rangle$로 전개하면 $|\psi\rangle = \sum_u c_u |u\rangle$가 된다. 고유상태 $|u\rangle$가 고윳값 $e^{2\pi i \varphi_u}$을 갖는다고 하자. 직관적으로 보면 위상추정 알고리듬을 실행했을 때 결과로 $\sum_u c_u |\widetilde{\varphi_u}\rangle |u\rangle$에 가까운 상태가 나올 것이다. 여기서 $\widetilde{\varphi_u}$는 φ_u에 대해 아주 좋은 근사값이다. 그러므로 첫 번째 레지스터를 읽으면 u에 대해 좋은 근사값이 나올 것으로 기대되는데, 여기서 u는 $|c_u|^2$ 확률로 무작위 선택된다. 이 주장을 엄밀하게 하는 것은 확인문제 5.8에 남겨놓았다. 이런 절차를 이용하면 알고리듬에 무작위성이 추가로 들어가긴 하지만 그대신 (알지도 못하는) 고유상태를 준비하지 않아도 된다.

확인문제 5.8:   위상추정 알고리듬이 $|0\rangle |u\rangle$ 상태를 $|\widetilde{\varphi_u}\rangle |u\rangle$ 상태로 만들어 $|0\rangle (\sum_u c_u |u\rangle)$을 입력하면 $\sum_u c_u |\widetilde{\varphi_u}\rangle |u\rangle$를 출력한다고 하자. (5.35)에 따라 t를 선택한다면, 위상추정 알고리듬의 결론으로 n비트까지 정확한 φ_u를 측정할 확률은 적어도 $|c_u|^2 (1 - \epsilon)$이라는 것을 보여라.

위상추정이 흥미로운 이유는 무엇일까? 그 자체로 보자면 위상추정은 물리적 관점에서 비자명하면서도 흥미로운 문제를 해결한다. 즉, 유니타리 연산자의 주어진 고유벡터와 관련된 고윳값을 어떻게 추정할지를 알아내는 것이다. 그러나 이러한 추정을 실제로

사용하는 곳은 다른 흥미로운 문제를 위상추정으로 줄일 수 있는 곳이며, 이후로 나오는 절들에서 알아볼 것이다. 위상추정 알고리듬을 요약하면 아래와 같다.

알고리듬: 양자 위상추정

입력: (1) 정수 j에 대해 제어형 U^j 연산을 수행하는 블랙박스, (2) 고윳값 $e^{2\pi i \varphi_u}$를 갖는 U의 고유상태 $|u\rangle$, (3) $|0\rangle$으로 초기화된 $t = n + \lceil \log(2 + \frac{1}{2\epsilon}) \rceil$개의 큐비트.

출력: φ_u에 대한 n비트 근사 $\widetilde{\varphi_u}$

실행 시간: $O(t^2)$번의 연산과 제어형 U^j 블랙박스에 대한 한 번의 호출. 적어도 $1 - \epsilon$의 확률로 성공한다.

절차:

1. $|0\rangle|u\rangle$ 초기 상태

2. $\rightarrow \dfrac{1}{\sqrt{2^t}} \displaystyle\sum_{j=0}^{2^t - 1} |j\rangle|u\rangle$ 중첩 생성

3. $\rightarrow \dfrac{1}{\sqrt{2^t}} \displaystyle\sum_{j=0}^{2^t - 1} |j\rangle U^j |u\rangle$ 블랙박스 적용

    $= \dfrac{1}{\sqrt{2^t}} \displaystyle\sum_{j=0}^{2^t - 1} e^{2\pi i j \varphi_u} |j\rangle|u\rangle$ 블랙박스 결과

4. $\rightarrow |\widetilde{\varphi_u}\rangle|u\rangle$ 역 푸리에 변환 적용

5. $\rightarrow \widetilde{\varphi_u}$ 첫 번째 레지스터 측정

확인문제 5.9: U를 고윳값 ± 1을 갖는 유니타리 변환이라 하고 $|\psi\rangle$ 상태에 작용시킨다고 하자. 위상추정 절차를 사용하여 $|\psi\rangle$를 U의 두 고유공간 중 어느 한쪽으로 붕괴하는 양자회로를 만들어라. 또한 최종상태가 어느 공간에 있는지에 대해 고전적으로 표기하라. 그 결과를 확인문제 4.34와 비교하라.

5.3 응용: 위수 구하기와 인수분해

위상추정 절차는 여러 가지 흥미로운 문제를 해결하는 데 사용할 수 있다. 이제 이들 문제 중 가장 흥미로운 두 가지인 위수 구하기 문제order-finding problem와 인수분해 문제factoring problem를 알아보자. 이 두 문제는 사실상 서로 동일하므로 5.3.1절에서 위수 구하기 문제

해결용 양자 알고리듬을 알아보고 5.3.2절에서는 위수 구하기 문제가 어떻게 인수분해 문제가 되는지를 설명한다.

인수분해용과 위수 구하기용 양자 알고리듬을 이해하려면 정수론$^{number\ theory}$을 알아야 한다. 여기에 필요한 모든 자료는 부록 4에 정리해놓았다. 다음 두 절에서의 설명은 해당 문제에 대해 양자 측면에 중점을 두고 있으며, 모듈러 산술$^{modular\ arithmetic}$에 대해 약간만 알고 있어도 알아들을 수 있다. 여기서 인용한 정수론 결과의 자세한 증명은 부록 4에 있다.

위수 구하기용과 인수분해용 고속 양자 알고리듬은 적어도 세 가지 이유로 흥미롭다. 첫 번째는 우리의 견해로 가장 중요한 이유인데, 이들 알고리듬은 양자 컴퓨터가 본질적으로 고전 컴퓨터보다 강력할 수 있다는 생각을 뒷받침하는 증거를 제공하므로 강한 처치-튜링 논제에 강력하게 이의를 제기한다. 두 번째, 두 문제 모두는 고전적이든 양자적이든 새 알고리듬에 관심을 가질 만한 충분한 본질적 가치가 있다. 세 번째이자 실제 관점에서 가장 중요한 이유인데, 위수 구하기용과 인수분해용의 효율적 알고리듬은 RSA 공개 키 암호체계를 뚫는 데 사용할 수 있다(부록 5).

5.3.1 응용: 위수 구하기

공약수가 없고 $x < N$인 양의 정수 x와 N에 대해, 모듈러 N에 관한 x의 위수^{order}는 $x^r = 1(\mathrm{mod}\ N)$이 되는 가장 작은 양의 정수 r로 정의한다. 위수 구하기 문제란 특정 x의 위수와 N을 결정하는 것이다. 위수 구하기는 고전 컴퓨터에서 난해한 문제로 여겨지는데, 그 이유는 $O(L)$개 비트의 다항 자원을 사용해서 문제를 해결하는 알고리듬이 알려져 있지 않기 때문이다. 여기서 $L \equiv \lceil \log(N) \rceil$는 N을 지정하는 데 필요한 비트 수다. 이 절에서는 위수 구하기에 있어서 효율적인 양자 알고리듬을 얻기 위해 위상추정을 어떻게 사용하는지 설명할 것이다.

확인문제 5.10: 모듈러 $N = 21$에 관한 $x = 5$의 위수가 6임을 보여라.

확인문제 5.11: x의 위수가 $r \leq N$을 만족시킨다는 것을 보여라.

위수 구하기용 양자 알고리듬은 유니타리 연산자

$$U|y\rangle \equiv |xy(\mathrm{mod}\ N)\rangle \qquad (5.36)$$

에 적용하는 위상추정 알고리듬일 뿐이다. 이때 $y \in \{0, 1\}^L$이다(이후로는 $N \leq y \leq 2^L - 1$일 때 $xy(\mathrm{mod}\ N)$을 그냥 y로 표기하는 관례를 사용한다는 것에 유의한다). 즉, $0 \le y \le N-1$일 때는 U가 오직 비자명하게 작용한다). 약간의 계산을 거치면 정수 $0 \le s \le r-1$에 대해

$$|u_s\rangle \equiv \frac{1}{\sqrt{r}} \sum_{k=0}^{r-1} \exp\left[\frac{-2\pi isk}{r}\right] |x^k \bmod N\rangle \tag{5.37}$$

으로 정의한 상태가 U의 고유상태라는 것을 알 수 있다. 그 이유는

$$U|u_s\rangle = \frac{1}{\sqrt{r}} \sum_{k=0}^{r-1} \exp\left[\frac{-2\pi isk}{r}\right] |x^{k+1} \bmod N\rangle \tag{5.38}$$

$$= \exp\left[\frac{2\pi is}{r}\right] |u_s\rangle \tag{5.39}$$

가 되기 때문이다. 위상추정 절차를 사용하면 이에 대응하는 고윳값 $\exp(2\pi is/r)$를 높은 정확도로 얻을 수 있고, 좀 더 작업하면 위수 r을 얻을 수 있다.

확인문제 5.12: U가 유니타리임을 보여라(힌트: x는 N과 서로소$^{\text{co-prime}}$이고, 따라서 모듈러 N에 관한 역원을 갖는다).

위상추정 절차를 사용하려면 두 가지 중요한 요구사항이 있다. 즉, 어떠한 정수 j에 대해서라도 제어형 U^{2^j} 연산을 구현하기 위한 효율적인 절차가 있어야 하고, 비자명한 고윳값의 고유상태 $|u_s\rangle$를 효율적으로 준비할 수 있어야 한다. 아니면 적어도 그러한 고유상태의 중첩이라도 준비할 수 있어야 한다. 첫 번째 요구사항은 모듈러 거듭제곱^{modular} ^{exponentiation}이라는 절차를 사용하면 충족되는데, 아래 박스 5.2에서 설명하는 대로 $O(L^3)$개의 게이트를 사용해 위상추정 절차에 의해 적용되는 제어형 U^{2^j} 연산들의 전체 시퀀스를 구현할 수 있다.

박스 5.2: 모듈러 거듭제곱

위수 구하기 알고리듬에서 부분적으로 위상추정 절차에 의해 사용되는 제어형 U^{2^j} 연산 시퀀스는 어떻게 계산할 수 있을까? 즉, 변환

$$|z\rangle|y\rangle \to |z\rangle U^{z_t 2^{t-1}} \dots U^{z_1 2^0}|y\rangle \tag{5.40}$$

$$= |z\rangle|x^{z_t 2^{t-1}} \times \cdots \times x^{z_1 2^0} y(\bmod N)\rangle \tag{5.41}$$

$$= |z\rangle|x^z y(\bmod N)\rangle \tag{5.42}$$

을 계산하려고 한다. 따라서 위상추정에 사용되는 제어형 U^{2^j} 연산 시퀀스는 두 번째 레지스터의 내용에 모듈러 거듭제곱$^{modular\ exponentiation}$ $x^z (mod\ N)$를 곱하는 것과 같다. 여기서 z는 첫 번째 레지스터의 내용이다. 이 작업은 가역 계산 기술을 사용하여 쉽게 수행할 수 있다. 기본 아이디어는 세 번째 레지스터에서 z에 대한 함수 $x^z (mod\ N)$을 가역적으로 계산한 다음, 가역적이 되도록 두 번째 레지스터의 내용에 $x^z (mod\ N)$를 곱하고 계산해제^{uncomputation} 기술을 사용하여 완료된 세 번째 레지스터의 내용을 없앤다. 모듈러 거듭제곱 계산 알고리듬은 두 단계로 구성된다. 첫 번째 단계는 모듈러 곱셈$^{modular\ multiplication}$을 사용하여 모듈러 N에 관한 x를 제곱해 $x^2 (mod\ N)$을 계산한 다음, 또 $x^2 (mod\ N)$을 제곱하여 $x^4 (mod\ N)$을 계산하는 식으로 계속 진행해 $t-1$까지 모든 j에 대해 $x^{2^j} (mod\ N)$을 계산한다. $t = 2L + 1 + \lceil \log(2 + 1(2\epsilon) \rceil = O(L)$를 사용하므로 총 $t - 1 = O(L)$번의 제곱 연산이 각각 $O(L^2)$ 비용으로 수행되는데(이 비용은 제곱 수행에 사용되는 회로가 우리의 초등학생 시절에 배운 곱셈 알고리듬을 구현한다고 가정한 것이다), 첫 번째 단계에서 총 비용은 $O(L^3)$이 된다. 알고리듬의 두 번째 단계는 이미 알고 있는 지식에 바탕을 둔다. 즉,

$$x^z(mod\ N) = \left(x^{z_t 2^{t-1}}(mod\ N) \right) \left(x^{z_{t-1} 2^{t-2}}(mod\ N) \right) \ldots \left(x^{z_1 2^0}(mod\ N) \right) \quad (5.43)$$

이 된다. 각각 $O(L^2)$ 비용으로 $t-1$번의 모듈러 곱셈을 수행하면 이 곱셈이 $O(L^3)$개의 게이트를 사용하여 계산될 수 있다는 것을 알 수 있다. 이것은 우리의 목적에는 충분히 효율적이지만 좀 더 효율적인 곱셈 알고리듬을 바탕으로 하면 더 효율적인 알고리듬이 가능하다('역사와 추가자료' 참조). 이제 3.2.5절의 기술을 사용하면 t비트 레지스터와 L비트 레지스터의 가역 회로를 만드는 것은 쉬운 일이다. 이 회로는 (z, y) 상태로 시작해서 $O(L^3)$개의 게이트를 사용하여 $(z, x^z y(mod\ N))$을 출력하는데, 이는 $O(L^3)$개의 게이트를 사용하여 변환 $|z\rangle|y\rangle \rightarrow |z\rangle|x^z y(mod\ N)\rangle$을 계산하는 양자회로로 해석할 수 있다.

두 번째 요구사항에 대해서는 약간의 트릭을 써야 한다. 즉, $|u_s\rangle$를 준비하려면 r을 알아야 하는데, 이는 말이 안 된다. 다행히도 $|u_s\rangle$ 준비 문제를 우회할 수 있는 좋은 의견이 존재하는데, 그것은 바로

$$\frac{1}{\sqrt{r}} \sum_{s=0}^{r-1} |u_s\rangle = |1\rangle \qquad (5.44)$$

이다. 위상추정 절차를 수행할 때 첫 번째 레지스터에서 $t = 2L + 1 + \lceil \log(2 + \frac{1}{2\epsilon}) \rceil$개의 큐비트를 사용하고(그림 5.3 참조) 두 번째 레지스터를 $|1\rangle$ 상태로 준비한다면(구성하기가 자명하다) 0부터 $r - 1$까지 범위의 각 s에 대해 최소 $(1 - \epsilon)/r$ 확률과 $2L + 1$ 비트의 정확도로 위상추정 $\varphi \approx s/r$을 얻게 될 것이다. 위수 구하기 알고리듬은 그림 5.4에 대략적으로 나타나 있다.

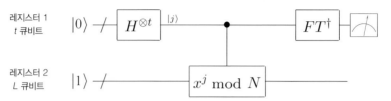

그림 5.4 위수 구하기 알고리듬용 양자회로. 두 번째 레지스터가 $|1\rangle$ 상태로 초기화돼 있지만 확인문제 5.14의 방법을 사용하면 $|0\rangle$으로 초기화해도 된다. 5.3.2절에서 주어지는 환산을 이용하면 이 회로를 인수분해용으로 사용할 수도 있다.

확인문제 5.13: (5.44)를 증명하여라(힌트: $\sum_{s=0}^{r-1} \exp(-2\pi i s k)/r = r\delta_{r0}$). 사실,

$$\frac{1}{\sqrt{r}} \sum_{s=0}^{r-1} e^{2\pi i s k / r} |u_s\rangle = |x^k \bmod N\rangle \tag{5.45}$$

를 증명하면 된다.

확인문제 5.14: 역 푸리에 변환에 앞서, 두 번째 레지스터를 $|1\rangle$으로 초기화하면 위수 구하기 알고리듬에서 생성된 양자상태는

$$|\psi\rangle = \sum_{j=0}^{2^t - 1} |j\rangle U^j |1\rangle = \sum_{j=0}^{2^t - 1} |j\rangle |x^j \bmod N\rangle \tag{5.46}$$

이 된다. U^j를

$$V|j\rangle|k\rangle = |j\rangle|k + x^j \bmod N\rangle \tag{5.47}$$

로 계산하는 다른 유니타리 변환 V로 바꾸고 두 번째 레지스터를 $|0\rangle$ 상태로 시작해도, 동일한 상태가 나온다는 것을 보여라. 또한 $O(L^3)$개의 게이트를 사용하여 V를 만드는 방법을 보여라.

연분수 전개

위수 구하기 문제를 위상추정 문제로 바꾸면서 마지막으로 할 일은 위상추정 알고리듬의

결과, 즉 $\varphi \approx s/r$로부터 원하는 답 r을 알아내는 것이다. 우리는 φ를 $2L + 1$비트로만 알고 있으나 이전에 유리수(두 유계정수$^{\text{bounded integer}}$의 비)로 잡아놓았으므로, φ에 가장 가까운 분수를 계산할 수 있다면 r을 얻을 수 있다.

놀랍게도 이 작업을 효율적으로 수행하는 알고리듬(연분수 알고리듬$^{\text{continued fractions algorithm}}$)이 존재한다. 이 알고리듬의 동작 방식에 대한 예는 박스 5.3에 설명해놓았다. 이 알고리듬에서 우리에게 필요한 사항은 다음 정리이며, 이에 대한 증명은 부록 4에 있다.

정리 5.1: s/r는 유리수이며

$$\left| \frac{s}{r} - \varphi \right| \le \frac{1}{2r^2} \tag{5.48}$$

을 만족시킨다고 하자. 그러면 s/r는 φ에 대한 연분수의 근사분수^{convergent}이고, 따라서 연분수 알고리듬을 사용하면 $O(L^3)$번의 연산으로 계산할 수 있다.

φ는 $2L + 1$비트의 정확도를 갖는 s/r의 근사값이고 $r \le N \le 2^L$이므로 $|s/r - \varphi| \le 2^{-2L-1} \le 1/2r^2$가 된다. 따라서 이 정리가 적용된다.

요약하면, φ가 주어질 때 연분수 알고리듬은 어떠한 공약수 없이 숫자 s'와 r'을 효율적으로 생성하며 $s'/r' = s/r$를 만족시킨다. 숫자 r'은 위수의 후보가 된다. $x^{r'} \bmod N$을 계산하고 결과가 1인지 확인하여 위수인지 여부를 알아볼 수 있다. 1이 나오면 r'은 모듈러 N에 관한 x의 위수가 되어 이 일이 끝난다!

박스 5.3: 연분수 알고리듬

연분수 알고리듬의 아이디어는 형식

$$[a_0, \ldots, a_M] \equiv a_0 + \cfrac{1}{a_1 + \cfrac{1}{a_2 + \cfrac{1}{\cdots + \cfrac{1}{a_M}}}} \tag{5.49}$$

을 사용해 실수를 정수만으로 기술하는 것이다. 여기서 $a_0, \ldots, a_M$은 양의 정수다(양자 컴퓨팅에 적용할 때는 $a_0 = 0$도 허용하는 것이 편리하다). 제m근사분수$^{\text{mth convergent}}$란 이러한 연분수에서 m번째까지 끊은 $[a_0, \ldots, a_m]$으로 정의한다. 즉, 연분수 알고리듬이란 임의의 실수를 연분수로 전개하는 방식인 것이다. 예를 들어보면 쉽게 알 수 있다. 31/13을 연분수로 분해한다고 하자. 연분수 알고리듬의 첫 번째 단계는 31/13을 정수부와 분수부로 분할하는 것이다. 즉,

$$\frac{31}{13} = 2 + \frac{5}{13} \tag{5.50}$$

가 된다. 다음으로 분수부를 뒤집으면

$$\frac{31}{13} = 2 + \frac{1}{\frac{13}{5}} \tag{5.51}$$

이 된다. 13/5에 위의 단계들(분할 후 뒤집음)을 적용하면

$$\frac{31}{13} = 2 + \frac{1}{2 + \frac{3}{5}} = 2 + \frac{1}{2 + \frac{1}{\frac{5}{3}}} \tag{5.52}$$

이 된다. 다음으로 5/3를 분할하고 뒤집으면

$$\frac{31}{13} = 2 + \frac{1}{2 + \frac{1}{1 + \frac{2}{3}}} = 2 + \frac{1}{2 + \frac{1}{1 + \frac{1}{2}}} \tag{5.53}$$

이 된다. 마지막으로

$$\frac{3}{2} = 1 + \frac{1}{2} \tag{5.54}$$

이 되고 분자 1은 더 이상 뒤집을 필요가 없으므로 연분수로의 분해가 끝난다. 31/13에 대한 최종 연분수는

$$\frac{31}{13} = 2 + \frac{1}{2 + \frac{1}{1 + \frac{1}{1 + \frac{1}{2}}}} \tag{5.55}$$

이 된다. 임의의 유리수에 대해 '분할과 뒤집음' 단계를 무한히 수행해 나가면 분자가 완전히 줄어들기 때문에(이 예에서는 31, 5, 3, 2, 1) 연분수 알고리듬이 종료되는 것은 분명하다. 그렇다면 얼마나 빨리 종료될까? $\varphi = s/r$이 유리수이고 s와 r이 L 비트 정수라면, $O(L^3)$번의 연산을 사용하면 φ에 대한 연분수 전개를 계산할 수 있다('분할과 뒤집음'에 $O(L)$개의 단계를 사용하고, 각 단계마다 기초 산술$^{\text{elementary arithmetic}}$을 위해 $O(L^2)$개의 게이트를 사용한다).

성능

위수 구하기 알고리듬은 어떻게 실패하게 될까? 두 가지 가능성이 있다. 첫째, 위상추정 절차에서 s/r에 대한 나쁜 추정 값이 나올 수 있다. 이것은 최대 ϵ 확률로 발생하며 회로

크기를 무시할 정도로 약간 증가시켜 정확률을 낮출 수 있다. 더 심각하게 말하면 s와 r에 공약수가 있을 수 있으며, 이 경우 연분수 알고리듬이 반환하는 숫자 r'는 r 자체가 아니라 r의 약수다. 다행히 이 문제를 해결하는 데는 적어도 세 가지 방법이 존재한다.

아마도 가장 간단한 방법은 0에서 $r-1$까지의 범위에서 무작위로 s를 선택했을 때 s와 r이 거의 서로소일 거라는 점에 주목하는 것이다. 이 경우, 연분수 알고리듬은 r을 반환하면 된다. 정말 그런지 알아보려면 확인문제 4.1을 보기 바란다. 그 문제에 따르면 r보다 작은 소수의 개수는 적어도 $r/2 \log r$이므로 s가 소수(따라서 r은 서로소)일 가능성은 적어도 $1/2 \log(r) > 1/2 \log(N)$이다. 따라서 알고리듬을 $2 \log(N)$번 반복하면, 높은 확률로 s와 r이 서로소가 되는 위상 s/r을 구하므로 연분수 알고리듬은 원하던 대로 r을 출력한다.

두 번째 방법은 $r' \neq r$인 경우 $s=0$이 아니면 r'은 r의 배수가 된다는 점에 주목하는 것이다. 이 가능성은 확률 $1/r \leq 1/2$로 발생하며 몇 번 반복하면 더 낮출 수 있다. a를 $a' \equiv a^{r'} \pmod{N}$으로 대체하자. 그러면 a'의 위수는 r/r'이다. 이제 알고리듬을 반복해서 a의 위수를 계산하면 된다. 성공하면 $r = r' \times r/r'$이기 때문에 a의 위수를 계산할 수 있다. 실패하면 r/r'의 배수인 r을 얻게 된다. 이제 $a'' \equiv (a')^{r'} \pmod{N}$의 위수를 계산해보자. a의 위수를 결정할 때까지 이 절차를 반복한다. 반복할 때마다 현재 후보 $a^{''\cdots}$의 위수가 적어도 $1/2$로 줄어들기 때문에 최대 $\log(r) = O(L)$번 반복해야 한다.

세 번째 방법은 앞선 두 방법보다 좋으며 $O(L)$번 반복이 아닌 일정한 수의 시도만 하면 된다. 그 아이디어는 위상추정 연분수 절차를 두 번 반복하며 첫 번째에서 r'_1, s'_1을 얻고 두 번째에서 r'_2, s'_2를 얻는 것이다. s'_1와 s'_2에 공약수가 없으면 r_1과 r_2의 최소공배수를 구하여 r을 뽑아낼 수 있다. s'_1와 s'_2에 공약수가 존재하지 않을 확률은

$$1 - \sum_q p(q|s'_1)p(q|s'_2) \tag{5.56}$$

이다. 여기서 합은 모든 소수 q에 대해서이며, $p(x|y)$란 x가 y를 나누어 떨어뜨릴 확률을 의미한다. q가 s'_1을 나누어 떨어뜨리면 첫 번째 반복에서 s의 참^{true} 값인 s_1도 나누어 떨어뜨리므로 상계$^{\text{upper bound}}$는 $p(q|s'_1)$ 대신에 $p(q|s_1)$로도 충분하다. 여기서 s_1은 0에서 $r-1$까지 무작위로 균등하게 선택된다. $p(q|s_1) \leq 1/q$이고, 따라서 $p(q|s'_1) \leq 1/q$라는 것을 쉽게 알 수 있다. 마찬가지로 $p(q|s'_2) \leq 1/q$이므로 s'_1와 s'_2에 공약수가 존재하지 않을 확률은

$$1 - \sum_q p(q|s'_1)p(q|s'_2) \geq 1 - \sum_q \frac{1}{q^2} \tag{5.57}$$

가 된다. 우변은 여러 방법으로 상계를 정할 수 있다. 이에 대한 간단한 기술이 확인문제 5.16에 나오며, 이를 통해

$$1 - \sum_q p(q|s'_1)p(q|s'_2) \geq \frac{1}{4} \tag{5.58}$$

이 된다. 따라서 올바른 r을 얻을 확률은 적어도 1/4이다.

확인문제 5.15:   양의 정수 x와 y의 최소공배수는 $xy/\gcd(x, y)$이므로 x와 y가 L비트 수이면 $O(L^2)$번의 연산으로 계산될 수 있음을 보여라.

확인문제 5.16:   모든 $x \geq 2$에 대해 $\int_x^{x+1} 1/y^2 \, dy \geq 2/3x^2$임을 증명하라. 또한

$$\sum_q \frac{1}{q^2} \leq \frac{3}{2} \int_2^\infty \frac{1}{y^2} dy = \frac{3}{4} \tag{5.59}$$

도 보여라. 이로써 (5.58)이 된다.

이 알고리듬에는 얼마의 자원이 들어갈까? 아다마르 변환에는 $O(L)$개의 게이트가 필요하고 역 푸리에 변환에는 $O(L^2)$개의 게이트가 필요하다. 적당한 양자회로의 주요 비용은 사실상 모듈러 거듭제곱에서 비롯되는데, 이는 $O(L^3)$개의 게이트를 사용하므로 적당한 양자회로의 총 게이트 수는 $O(L^3)$다. 연분수 알고리듬에는 $O(L^3)$개의 게이트가 더 들어가며, 총 $O(L^3)$개의 게이트로 r'을 얻는다. r'으로부터 r을 얻는 데 세 번째 방법을 사용하면, 이 절차를 일정 횟수만 반복할 때 위수 r이 나오므로 총 비용은 $O(L^3)$이다. 이 알고리듬에 대해서는 다음에 요약해놓았다.

알고리듬: 양자 위수 구하기

입력: (1) L비트의 수 N과는 서로소인 x에 대해 $|j\rangle|k\rangle \rightarrow |j\rangle|x^j k \bmod N\rangle$ 변환을 수행하는 블랙박스 $U_{x,N}$, (2) $|0\rangle$로 초기화한 $t = 2L + 1 + \lceil \log (2 + \frac{1}{2\epsilon}) \rceil$개의 큐비트, (3) $|1\rangle$로 초기화한 L개의 큐비트

출력: $x^r = 1 \pmod{N}$이 되는 최소 정수 $r > 0$

실행 시간: $O(L^3)$번의 연산. $O(1)$ 확률로 성공한다.

절차:

1. $|0\rangle|1\rangle$ 초기상태

2. $\rightarrow \dfrac{1}{\sqrt{2^t}} \displaystyle\sum_{j=0}^{2^t-1} |j\rangle|1\rangle$ 중첩 생성

3. $\rightarrow \dfrac{1}{\sqrt{2^t}} \displaystyle\sum_{j=0}^{2^t-1} |j\rangle|x^j \bmod N\rangle$ $U_{x,N}$ 적용

   $\approx \dfrac{1}{\sqrt{r2^t}} \displaystyle\sum_{s=0}^{r-1}\sum_{j=0}^{2^t-1} e^{2\pi i s j/r}|j\rangle|u_s\rangle$

4. $\rightarrow \dfrac{1}{\sqrt{r}} \displaystyle\sum_{s=0}^{r-1} |\widetilde{s/r}\rangle|u_s\rangle$ 첫 번째 레지스터에 역 푸리에 변환 적용

5. $\rightarrow \widetilde{s/r}$ 첫 번째 레지스터 측정

6. $\rightarrow r$ 연분수 알고리듬 적용

5.3.2 응용: 인수분해

> 합성수와 소수를 구별하는 문제 그리고 합성수를 소인수로 분해하는 문제는 모든 산술에 있어서 가장 중요하고 유용하다. […] 과학이 큰 영향력을 발휘하려면 이렇게 우아하고 유명한 문제를 해결하는 데 모두들 열광적으로 나서야 할 것이다.
>
> – 칼 프리드리히 가우스(Carl Friedrich Gauss), 도널드 크누스 인용

양의 정수인 합성수 N이 주어지면, 어떤 소수들의 곱이 그 수와 같을까? 이러한 인수분해 문제[factoring problem]는 위수 구하기용 고속 알고리듬이 인수분해용 고속 알고리듬으로 쉽게 전환될 수 있다는 점에서 바로 전에 학습한 위수 구하기 문제와 동일한 것으로 밝혀졌다. 이 절에서는 인수분해 문제를 위수 구하기 문제로 환산[reduction]하는 데 사용하는 방법을 설명하고 이러한 환산의 간단한 예를 알아본다.

인수분해 문제를 위수 구하기 문제로 환산하는 것은 2개의 기본 단계로 진행된다. 첫 번째 단계는 $x^2 = 1(\bmod\ N)$ 방정식에 대한 비자명한 해[non-trivial solution] $x \neq \pm 1(\bmod\ N)$을 구할 수 있으면 N의 배수를 계산할 수 있음을 보이는 것이다. 두 번째 단계는 N과 서로소이면서 무작위로 선택한 y가 짝수 위수 r을 가질 가능성이 매우 높아 $y^{r/2} \neq \pm 1 (\bmod\ N)$을 만족시키므로 $x \equiv y^{r/2}(\bmod\ N)$가 $x^2 = 1(\bmod\ N)$에 대한 비자명한 해라는

것을 보이는 것이다. 이 두 단계는 다음 정리로 구체화했으며, 그 증명은 부록 4의 A4.3 절에 있다.

정리 5.2: N이 L비트 합성수이고 x가 $1 \leq x \leq N$ 범위에서 방정식 $x^2 = 1 (\text{mod } N)$에 대한 비자명한 해라 하자. 즉, $x = 1 (\text{mod } N)$이 아니고 $x = N-1 = -1 (\text{mod } N)$도 아닌 것이다. 그러면 $\gcd(x-1, N)$과 $\gcd(x+1, N)$ 중 적어도 하나는 $O(L^3)$번 연산을 사용하여 계산할 수 있는, N의 비자명한 약수다.

정리 5.3: $N = p_1^{\alpha_1} \ldots p_m^{\alpha_m}$이 홀수인 양의 합성수에 대한 소인수분해라 가정한다. x는 $1 \leq x \leq N-1$ 범위에서 N과 서로소이며 무작위로 균등하게 선택한 정수라 하자. 또한 r을 모듈러 N에 관한 x의 위수라 하자. 그러면

$$p(r\text{이 짝수이고 } x^{r/2} \neq -1 (\text{mod } N)) \geq 1 - \frac{1}{2^{m-1}} \qquad (5.60)$$

이 된다.

정리 5.2와 5.3을 결합하면 어떠한 합성수 N에 대해서도 높은 확률로 비자명한 약수를 반환하는 알고리듬을 만들 수 있다. 그 알고리듬에서 위수 구하기 '서브루틴'을 제외한 모든 단계는 (오늘날 알려진 바에 의하면) 고전 컴퓨터에서 효율적으로 수행할 수 있다. 그 절차를 반복하면 N의 완전한 소인수분해를 구하게 된다. 그 알고리듬은 다음에 요약해 놓았다.

알고리듬: 인수분해를 위수 구하기로 환산하기

입력: 합성수 N

출력: N의 비자명한 약수

실행 시간: $O((\log N)^3)$번의 연산. $O(1)$ 확률로 성공한다.

절차:

1. N이 짝수이면 약수 2를 반환한다.

2.   정수 $a \geq 1$와 $b \geq 2$에 대해 $N = a^b$인지 확인하고, 그렇다면 약수 a를 반환한다 (확인문제 5.17의 고전 알고리듬 사용).

3.   1에서 $N-1$까지의 범위에서 x를 무작위로 선택한다. $\gcd(x, N) > 1$이면 약수 $\gcd(x, N)$을 반환한다.

4. 위수 구하기 서브루틴을 사용하여 모듈러 N에 관한 x의 위수 r을 구한다.

5. r이 짝수이고 $x^{r/2} \neq -1 (\text{mod } N)$이면 $\gcd(x^{r/2} - 1, N)$과 $\gcd(x^{r/2} + 1, N)$을 계산하고 그 중 하나가 비자명한 약수인지 검사한다. 비자명한 약수라면 그 약수를 반환한다. 그렇지 않은 경우라면 이 알고리듬은 실패한 것이다.

이 알고리듬의 1단계와 2단계에서는 약수를 반환하거나 N이 둘 이상의 소인수를 갖는 홀수 정수인지 확인한다. 이들 단계는 각각 $O(1)$과 $O(L^3)$번의 연산을 사용하여 수행될 수 있다. 3단계는 약수를 반환하거나 $\{0, 1, 2, ..., N-1\}$ 중에서 임의로 선택된 원소 x를 내놓는다. 4단계는 위수 구하기 서브루틴을 호출하여 모듈러 N에 관한 x의 위수 r을 계산한다. 5단계는 이 알고리듬의 끝으로서 정리 5.3에 따라 최소 1/2 확률로 r이 짝수이고 $x^{r/2} \neq -1 (\text{mod } N)$인지 확인하고, 그다음으로 정리 5.2에 따라 $\gcd(x^{r/2} - 1, N)$과 $\gcd(x^{r/2} + 1, N)$의 둘 중 하나가 N의 비자명한 약수인지 확인한다. 양자 위수 구하기 서브루틴을 갖는 이 알고리듬을 사용하는 예는 박스 5.4에 나와 있다.

박스 5.4: 15를 양자역학적으로 인수분해하기

양자 인수분해 알고리듬에서 위수 구하기, 위상추정, 연분수 전개의 사용을 설명하기 위해 $N = 15$의 인수분해에 이를 적용해보자. 먼저 N과는 공약수가 없는 무작위 수를 선택한다. 여기서는 $x = 7$을 선택했다고 하자. 그다음으로 양자 위수 구하기 알고리듬을 사용하여 N에 대해 x의 위수 r을 계산한다. 즉, $|0\rangle|0\rangle$ 상태로 시작해서 첫 번째 레지스터에 $t = 11$번의 아다마르 변환을 적용하여 상태

$$\frac{1}{\sqrt{2^t}} \sum_{k=0}^{2^t-1} |k\rangle|0\rangle = \frac{1}{\sqrt{2^t}} \left[|0\rangle + |1\rangle + |2\rangle + \cdots + |2^t - 1\rangle \right] |0\rangle \qquad (5.61)$$

을 만든다. 이 t값을 선택하면 최대 1/4의 오차 확률 ϵ이 보장된다. 그다음으로 $f(k) = x^k \text{ mod } N$을 계산하고 그 결과를 두 번째 레지스터에 남겨둔다. 즉,

$$\frac{1}{\sqrt{2^t}} \sum_{k=0}^{2^t-1} |k\rangle|x^k \text{ mod } N\rangle \qquad (5.62)$$

$$= \frac{1}{\sqrt{2^t}} \left[|0\rangle|1\rangle + |1\rangle|7\rangle + |2\rangle|4\rangle + |3\rangle|13\rangle + |4\rangle|1\rangle + |5\rangle|7\rangle + |6\rangle|4\rangle + \cdots \right]$$

가 된다. 이제 역 푸리에 변환 $FT^\dagger$를 첫 번째 레지스터에 적용하고 측정한다. 얻은 결과의 분포를 분석하는 한 가지 방법은 첫 번째 레지스터에 대한 환산밀도행렬을 계산하고 여기에 $FT^\dagger$를 적용한 후 측정 통계를 계산하는 것이다. 그러나 두 번째 레지스터에 더 이상의 연산이 적용되지 않기 때문에 대신 암묵적 측정 원리^{principle} of implicit measurement(4.4절)를 적용하고 두 번째 레지스터가 측정됐다고 가정하여 1, 7, 4, 13에서 무작위 결과를 얻는다. 여기서는 4가 나왔다고 하자(어떠한 결과라도 괜찮다). 이 결과는 $FT^\dagger$에 입력된 상태가 $\sqrt{\frac{4}{2^t}}\left[|2\rangle + |6\rangle + |10\rangle + |14\rangle + \cdots\right]$일거라는 점을 뜻한다. $FT^\dagger$를 적용한 후에는 $2^t = 2048$일 때의 확률분포

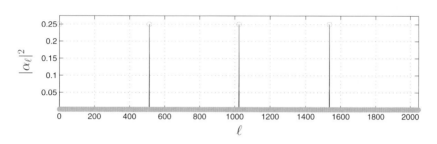

를 보여주는 어떤 상태 $\sum_\ell \alpha_\ell |\ell\rangle$를 얻는다. 최종 측정에서는 0, 512, 1024, 1536이 나오며 각 확률은 거의 1/4이다. 이 측정에서 $\ell = 1536$이 나왔다고 하자. 연분수 전개를 계산하면 $1536/2048 = 1/(1 + (1/3))$이 되므로 3/4이 근사분수로 나와 $x = 7$의 위수로서 $r = 4$가 된다. 우연한 경우지만 r은 짝수이고 더욱이 $x^{r/2} \bmod N = 7^2 \bmod 15 = 4 \neq -1 \bmod 15$이므로 이 알고리듬은 제대로 작동했다. 즉, 최대공약수 $\gcd(x^2 - 1, 15) = 3$과 $\gcd(x^2 + 1, 15) = 5$를 계산하면 $15 = 3 \times 5$가 된다.

확인문제 5.17: N이 L비트 길이를 갖는다고 하자. 이 확인문제의 목적은 어떤 정수 $a \geq 1$와 $b \geq 2$에 대해 $N = a^b$인지를 결정하는 효율적인 고전 알고리듬을 구하는 것이다. 이는 다음과 같이 수행할 수 있다.

1. b가 존재하면 $b \leq L$을 만족시킨다는 것을 보여라.

2. $\log_2 N$ 계산, $b \leq L$인 경우의 $x = y/b$ 계산 그리고 2^x에 가장 가까운 두 정수 u_1과 u_2의 계산에 최대 $O(L^2)$번의 연산이 필요하다는 것을 보여라.

3. u_1^b와 u_2^b를 계산하고(반복 제곱법^{repeated squaring} 사용) 둘 중 어느 것이 N인지 확인하는 데 최대 $O(L^2)$번의 연산이 필요하다는 것을 보여라.

4. 위의 결과들을 결합해서 정수 a와 b에 대해 $N = a^b$인지를 결정하는 $O(L^3)$번의 연산 알고리듬을 만들어라.

확인문제 5.18: (91 인수분해하기) $N = 91$을 인수분해한다고 하자. 단계 1과 2를 통과하는지 확인하라. 3단계에서는 91과 서로소인 $x = 4$를 선택한다고 하자. 모듈러 N에 관한 x의 위수 r을 계산하고, $x^{r/2} \bmod 91 = 64 \neq -1 \pmod{91}$이 되어 이 알고리듬은 성공하면서 $\gcd(64 - 1, 91) = 7$이 되는 것을 보여라.

이것이 91의 인수분해에 대해 가장 효율적 방법일 것 같지는 않다. 실제로 모든 계산을 고전 컴퓨터에서 수행해야 한다면, 이렇게 환산해도 효율적인 인수분해 알고리듬이 나오지 않을 것이다. 그 이유는 고전 컴퓨터에서 위수 구하기 문제를 풀기 위한 어떠한 효율적 방법이 알려진 바 없기 때문이다.

확인문제 5.19: $N = 15$가 위수 구하기 서브루틴에 요구되는 가장 작은 수라는 것을 보여라. 즉, 이 수가 짝수가 아닌 가장 작은 합성수 또는 더 작은 정수의 거듭제곱 수가 아닌 가장 작은 합성수라는 것을 보이면 된다.

5.4 양자 푸리에 변환의 일반적인 응용

5장에서 지금까지 설명한 양자 푸리에 변환의 주요 응용은 위상추정과 위수 구하기였다. 이러한 기술로 해결할 수 있는 다른 문제는 무엇일까? 이 절에서는 숨은 부분군 문제[hidden subgroup problem]라는 매우 일반적인 문제를 정의하고 이를 해결하기 위한 효율적 양자 알고리듬을 설명한다. 이 문제는 양자 푸리에 변환의 '지수적으로 빠르다'고 알려져 있는 모든 응용을 포괄하며, 함수의 정의역과 치역의 구조가 아주 복잡한 상황에서 주기함수의 알려지지 않은 주기를 구하는 작업을 일반화시킨 것으로 생각할 수 있다. 이 문제를 가장 접근하기 쉬운 방식으로 보여주기 위해 구체적인 응용 두 가지인 주기(1차원 함수) 구하기와 이산로그를 먼저 알아본다. 그리고 나서 일반적인 숨은 부분군 문제로 되돌아갈 것이다. 이 절의 내용은 5장의 이전 절보다 훨씬 개략적이고 개념적이라는 점에 유의한다. 당연히 이 말은 모든 세부사항을 알고 싶은 독자라면 각고의 노력이 필요하다는 뜻이다!

5.4.1 주기 구하기

다음 문제를 고려해보자. f가 단일 비트를 출력하며 알려지지 않은 $0 < r < 2^L$에 대해

$f(x + r) = f(x)$가 되는 주기함수라 하자. 여기서 $x, r \in \{0, 1, 2, ...\}$이다. 유니타리 변환 $U|x\rangle|y\rangle \rightarrow |x\rangle|y \oplus f(x)\rangle$를 수행하는(여기서 $\oplus$는 모듈러 2 덧셈을 나타낸다) 양자 블랙박스 U가 주어지면 r을 결정하기 위해 얼마나 많은 블랙박스 쿼리와 그 외의 연산이 필요할까? 실제로 U는 유한 정의역에서 동작하며, 그 크기는 r에 대해 원하는 정확도로 결정된다는 점에 주목한다. 다음은 하나의 쿼리와 $O(L^2)$번의 다른 연산을 사용하여 이 문제를 해결하는 양자 알고리듬이다.

알고리듬: 주기 구하기

입력: (1) $U|x\rangle|y\rangle = |x\rangle|y \oplus f(x)\rangle$ 연산을 수행하는 블랙박스, (2) 함수 값을 저장할 상태이며 $|0\rangle$으로 초기화됨, (3) $|0\rangle$로 초기화된 $t = O(L + \log(1/\epsilon))$개의 큐비트

출력: $f(x + r) = f(x)$가 되는 최소 정수 $r > 0$

실행 시간: U를 한 번 사용하고 $O(L^2)$번의 연산. $O(1)$ 확률로 성공한다.

절차:

1. $|0\rangle|0\rangle$ 　　　　　　　　　　　　초기상태

2. $\rightarrow \dfrac{1}{\sqrt{2^t}} \displaystyle\sum_{x=0}^{2^t-1} |x\rangle |0\rangle$ 　　　　　　중첩 생성

3. $\rightarrow \dfrac{1}{\sqrt{2^t}} \displaystyle\sum_{x=0}^{2^t-1} |x\rangle |f(x)\rangle$ 　　　　　U를 적용

$\approx \dfrac{1}{\sqrt{r2^t}} \displaystyle\sum_{\ell=0}^{r-1} \sum_{x=0}^{2^t-1} e^{2\pi i \ell x/r} |x\rangle |\hat{f}(\ell)\rangle$

4. $\rightarrow \dfrac{1}{\sqrt{r}} \displaystyle\sum_{\ell=0}^{r-1} |\widetilde{\ell/r}\rangle |\hat{f}(\ell)\rangle$ 　　　첫 번째 레지스터에 역 푸리에 변환 적용

5. $\rightarrow \widetilde{\ell/r}$ 　　　　　　　　　　첫 번째 레지스터 측정

6. $\rightarrow r$ 　　　　　　　　　　　　연분수 알고리듬 적용

이 알고리듬은 위상추정을 기반으로 하고 양자 위수 구하기 알고리듬과 거의 동일한데, 이 알고리듬을 이해하는 열쇠는 3단계에 있다. 이 단계에서 상태

$$|\hat{f}(\ell)\rangle \equiv \frac{1}{\sqrt{r}} \sum_{x=0}^{r-1} e^{-2\pi i \ell x/r} |f(x)\rangle \tag{5.63}$$

를 도입하며, 이는 $|f(x)\rangle$의 푸리에 변환이다. 3단계에서 사용하는 이 설정은 식

$$|f(x)\rangle = \frac{1}{\sqrt{r}} \sum_{\ell=0}^{r-1} e^{2\pi i \ell x / r} |\hat{f}(\ell)\rangle \tag{5.64}$$

에 바탕을 둔다. r의 정수배 x인 경우에 $\sum_{\ell=0}^{r-1} e^{2\pi i \ell x / r} = r$이고 그렇지 않은 경우에는 0이라는 점에 주목하면 이 식을 쉽게 검증할 수 있다. 2^t은 일반적으로 r의 정수배가 아닐 수 있기 때문에 단계 3에서는 근사적 상등^{approximate equality}[1]을 사용해야 한다(반드시 그럴 필요는 없다. 즉, 위상추정 경계에서 고려한다). 4단계에서 식 (5.22)에 의해 역 푸리에 변환을 첫 번째 레지스터에 적용하면 위상 ℓ/r의 추정 값이 나오는데, 여기서 ℓ은 무작위로 선택된다. r은 연분수 전개를 사용하여 최종 단계에서 효율적으로 얻을 수 있다.

왜 이렇게 될까? 이를 이해하기 위해서는 (5.63)이 $|f(x)\rangle$의 $\{0, 1, ..., 2^L - 1\}$에 대해 근사적 푸리에 변환이고(확인문제 5.20 참조), 이 푸리에 변환에는 이동불변이라는 흥미롭고 아주 유용한 특성이 있는 것으로 생각하면 되는데, 이에 대해서는 박스 5.5에 설명해놓았다. 또 다른 방법은 위수 구하기 알고리듬이 수행하는 일이 $f(x) = x^k \bmod N$ 함수의 주기를 구하는 것이므로 일반 주기함수의 주기를 구하는 능력은 당연히 갖게 된다는 점을 이용하는 것이다. 좀 더 다른 방법은 블랙박스 U의 구현이 특정 유니타리 연산자를 사용하여 자연적으로 수행된다는 점을 이용하는 것이다. 확인문제 5.21에 설명한 바와 같이 그 유니타리 연산자의 고유벡터는 정확히 $|\hat{f}(\ell)\rangle$이므로 5.2절의 위상추정 절차를 적용할 수 있다.

박스 5.5: 푸리에 변환의 이동불변 특성

푸리에 변환인 식 (5.1)에는 이동불변^{shift invariance}이라는 흥미롭고 아주 유용한 특성이 있다. 이 특성의 일반적인 적용을 기술할 때는 유용한 표기법을 사용해서 양자 푸리에 변환을

$$\sum_{h \in H} \alpha_h |h\rangle \rightarrow \sum_{g \in G} \tilde{\alpha}_g |g\rangle \tag{5.65}$$

---

1   두 수의 값이 거의 비슷하여 실질적으로 그 차이가 중요하지 않을 때 근사적 상등이라 한다. 이런 경우 근사적 등호인 ≈로 표현한다. 예를 들면 $\sqrt{2} \approx 1.414$이다. 이에 비해 =은 엄밀한 등호라 한다. – 옮긴이

로 기술하자. 여기서 $\tilde{\alpha}_g = \sum_{h \in H} \alpha_h \exp(2\pi igh/|G|)$이고 H는 G의 부분집합이며, G는 힐베르트 공간의 정규직교 기저로 상태들에 인덱스를 붙인다. 예를 들어 n큐비트 계의 경우, G는 0에서 $2n-1$까지의 수 집합$^{\text{set of numbers}}$일 수 있다. $|G|$는 G에 속한 원소의 개수를 나타낸다. 유니타리 변환

$$U_k|g\rangle = |g + k\rangle \tag{5.66}$$

을 수행하는 연산자 U_k를 초기상태에 적용하자. 그리고 나서 푸리에 변환을 적용한다. 결과는

$$U_k \sum_{h \in H} \alpha_h |h\rangle = \sum_{h \in H} \alpha_h |h + k\rangle \rightarrow \sum_{g \in G} e^{2\pi igk/|G|} \tilde{\alpha}_g |g\rangle \tag{5.67}$$

가 된다. 이 결과는 k에 상관없이 $|g\rangle$에 대한 진폭의 크기가 변하지 않는 특성을 갖는다. 즉, $|\exp(2\pi igk/|G|)\tilde{\alpha}_g| = |\tilde{\alpha}_g|$가 된다.

군론$^{\text{group theory}}$의 언어로 말하자면 G는 군, H는 G의 부분군이다. 그리고 G의 함수 f가 H의 잉여류^{coset}에 대해 상수함수이면 f의 푸리에 변환은 H의 잉여류에 대해 불변이다.

확인문제 5.20: r의 정수배 N에 대해 $f(x+r) = f(x)$이고 $0 \le x < N$이라 하자.

$$\hat{f}(\ell) \equiv \frac{1}{\sqrt{N}} \sum_{x=0}^{N-1} e^{-2\pi i\ell x/N} f(x) \tag{5.68}$$

을 계산하고 그 결과를 (5.63)과 관련해서 설명해보아라. 이때,

$$\sum_{k \in \{0, r, 2r, \ldots, N-r\}} e^{2\pi ik\ell/N} = \begin{cases} N/r & (\ell \text{이 } N/r\text{의 정수배인 경우}) \\ 0 & (\text{그 외의 경우}) \end{cases} \tag{5.69}$$

을 사용해야 할 것이다.

확인문제 5.21: (주기 구하기와 위상추정) 위에서 설명한 주기함수에 대해 $U_y|f(x)\rangle = |f(x+y)\rangle$ 변환을 수행하는 유니타리 연산자 U_y가 주어진다고 하자.

1. U_y의 고유벡터가 $|f(\ell)\rangle$임을 보이고 그 고윳값을 계산하라.

2. 어떤 x_0에 대해 $|f(x_0)\rangle$가 주어지면, 주기 구하기 문제를 풀 때 U_y를 사용하여 U만큼 유용한 블랙박스를 만들 수 있음을 보여라.

5.4.2 이산로그

방금 고려한 주기 구하기 문제는 주기함수의 정의역과 치역이 정수라는 점에서 단순한 함수다. 이 함수가 더 복잡하면 어떻게 될까? 함수 $f(x_1, x_2) = a^{sx_1+x_2} \bmod N$를 고려해보자. 여기서 모든 변수는 정수이고 r은 $a^r \bmod N = 1$이 되는 가장 작은, 양의 정수다. 이 함수는 $f(x_1+\ell, x_2-\ell s) = f(x_1, x_2)$이므로 주기를 갖지만 이제 그 주기는 정수 ℓ에 대해 2짝²⁻tuple인 $(\ell, -\ell s)$이다. 이것은 이상한 함수처럼 보이지만, s를 결정하면 이산로그discrete logarithm 문제로 알려진 것을 해결할 수 있기 때문에 암호학에 아주 유용하다. 즉, a와 $b = a^s$가 주어지면 s는 무엇일까? 다음은 유니타리 변환 $U|x_1\rangle|x_2\rangle|y\rangle \to |x_1\rangle|x_2\rangle|y \oplus f(x)\rangle$를 수행하는 양자 블랙박스 U의 쿼리 하나와 $O(\lceil \log r \rceil^2)$번의 다른 연산을 사용하여 이 문제를 해결하는 양자 알고리듬이다(여기서 ⊕는 모듈러 2 비트별bitwise 덧셈을 나타낸다). $a^r \bmod N = 1$이 되는 최소 $r > 0$이 존재한다면 앞서 설명한 위수 구하기 알고리듬을 사용하여 구할 수 있다.

알고리듬: 이산로그

입력: (1) $f(x_1, x_2) = b^{x_1}a^{x_2}$에 대해 $U|x_1\rangle|x_2\rangle|y\rangle = |x_1\rangle|x_2\rangle|y \oplus f(x_1, x_2)\rangle$ 연산을 수행하는 블랙박스, (2) 함수 값을 저장할 상태, $|0\rangle$으로 초기화됨, (3) $|0\rangle$으로 초기화된 $t = O(\lceil \log r \rceil + \log(1/\epsilon))$개 큐비트의 레지스터 2개

출력: $a^s = b$가 되는 가장 작은 양의 정수

실행 시간: U를 한 번 사용, 그리고 $O(\lceil \log r \rceil^2)$번의 연산 사용. $O(1)$ 확률로 성공한다.

절차:

1. $|0\rangle|0\rangle|0\rangle$ 초기상태

2. $\to \dfrac{1}{2^t} \displaystyle\sum_{x_1=0}^{2^t-1}\sum_{x_2=0}^{2^t-1} |x_1\rangle|x_2\rangle|0\rangle$ 중첩 생성

3. $\to \dfrac{1}{2^t} \displaystyle\sum_{x_1=0}^{2^t-1}\sum_{x_2=0}^{2^t-1} |x_1\rangle|x_2\rangle|f(x_1, x_2)\rangle$ U 적용

$$\approx \frac{1}{2^t\sqrt{r}} \sum_{\ell_2=0}^{r-1}\sum_{x_1=0}^{2^t-1}\sum_{x_2=0}^{2^t-1} e^{2\pi i(s\ell_2 x_1 + \ell_2 x_2)/r} |x_1\rangle|x_2\rangle|\hat{f}(s\ell_2, \ell_2)\rangle$$

$$= \frac{1}{2^t\sqrt{r}} \sum_{\ell_2=0}^{r-1} \left[\sum_{x_1=0}^{2^t-1} e^{2\pi i(s\ell_2 x_1)/r} |x_1\rangle\right] \left[\sum_{x_2=0}^{2^t-1} e^{2\pi i(\ell_2 x_2)/r} |x_2\rangle\right] |\hat{f}(s\ell_2, \ell_2)\rangle$$

4. $\rightarrow \dfrac{1}{\sqrt{r}} \displaystyle\sum_{\ell_2=0}^{r-1} |\widetilde{s\ell_2/r}\rangle|\widetilde{\ell_2/r}\rangle|\hat{f}(s\ell_2, \ell_2)\rangle$ 처음 두 레지스터에 역 푸리에 변환 적용

5. $\rightarrow \left(\widetilde{s\ell_2/r},\ \widetilde{\ell_2/r}\right)$ 처음 두 레지스터를 측정

6. $\rightarrow s$ 일반화된 연분수 알고리듬 적용

또다시 이 알고리듬을 이해하는 열쇠는 3단계이며, 이 단계에서 상태

$$|\hat{f}(\ell_1, \ell_2)\rangle = \frac{1}{\sqrt{r}} \sum_{j=0}^{r-1} e^{-2\pi i\ell_2 j/r}|f(0, j)\rangle \tag{5.70}$$

를 도입하는데 이는 $|f(x_1, x_2)\rangle$의 푸리에 변환이다(확인문제 5.22 참조). 이 식에서 ℓ_1과 ℓ_2의 값은

$$\sum_{k=0}^{r-1} e^{2\pi ik(\ell_1/s-\ell_2)/r} = r \tag{5.71}$$

을 만족시켜야 한다. 그렇지 않으면 $|f(\ell_1, \ell_2)\rangle$의 진폭은 거의 0이 된다. s를 결정하기 위해 마지막 단계에서 사용하는 일반화된 연분수 전개는 5.3.1절에서 사용한 절차와 비슷하며 여러분이 직접 해볼 수 있도록 간단한 확인문제로 남겨둔다.

확인문제 5.22:

$$|\hat{f}(\ell_1, \ell_2)\rangle = \sum_{x_1=0}^{r-1}\sum_{x_2=0}^{r-1} e^{-2\pi i(\ell_1 x_1+\ell_2 x_2)/r}|f(x_1, x_2)\rangle = \frac{1}{\sqrt{r}}\sum_{j=0}^{r-1} e^{-2\pi i\ell_2 j/r}|f(0, j)\rangle \tag{5.72}$$

임을 보여라. 그리고 이 식이 0이 아닌 경우 $\ell_1/s - \ell_2$가 r의 정수배로 제한된다는 것도 보여라.

확인문제 5.23: (5.70)을 사용하여

$$\frac{1}{r}\sum_{\ell_1=0}^{r-1}\sum_{\ell_2=0}^{r-1} e^{-2\pi i(\ell_1 x_1+\ell_2 x_2)/r}|\hat{f}(\ell_1, \ell_2)\rangle \tag{5.73}$$

를 계산하고 그 결과가 $f(x_1, x_2)$임을 보여라.

확인문제 5.24: 이산로그 알고리듬의 6단계에서 필요한 일반화된 연분수 알고리듬을 만들어 $s\ell_2/r$와 ℓ_2/r의 추정값으로부터 s를 결정하라.

확인문제 5.25: 양자 이산로그 알고리듬에 사용되는 블랙박스 U에 대한 양자회로를 만들어라. 이 알고리듬은 a와 b를 매개변수로 사용하고 유니타리 변환 $|x_1\rangle|x_2\rangle|y\rangle \rightarrow |x_1\rangle|x_2\rangle|y \oplus b^{x_1} a^{x_2}\rangle$를 수행한다. 기초 연산은 얼마나 많이 필요한가?

5.4.3 숨은 부분군 문제

지금쯤이면 어느 정도 감이 잡힐 것이다. 즉, 주기함수가 주어졌을 때 주기 구조가 아주 복잡해도 양자 알고리듬을 사용하면 주기를 효율적으로 결정할 수 있다. 하지만 중요한 점은 주기함수들의 모든 주기를 결정할 수 있는 것은 아니라는 점이다. 이러한 의문에 대해 폭넓은 프레임워크를 정의하는 일반적 문제는 다음과 같이 군론의 언어로 간결하게 표현할 수 있다(재빨리 알아보려면 부록 2를 참조하라).

유한하게 생성된 G 집합에서 유한집합 X로 가는 함수를 f라 하자. 또한 f는 부분군 K의 잉여류에 대해 상수함수이며 각 잉여류에 대해서는 서로 다른 값을 갖는다고 하자. $g \in G$, $h \in X$, 그리고 $\oplus$가 X에 대해 적절히 선택한 2항 연산일 경우, 유니타리 변환 $U|g\rangle|h\rangle = |g\rangle|h \oplus f(g)\rangle$를 수행하기 위한 양자 블랙박스가 주어졌을 때 K에 대한 생성집합$^{\text{generating set}}$을 구하라.

위수 구하기, 주기 구하기, 이산로그, 그 외 많은 문제가 이러한 숨은 부분군 문제$^{\text{hidden subgroup problem}}$의 예다. 몇 가지 흥미로운 것들은 그림 5.5에 나열해놓았다.

이름	G	X	K	함수
도이치	$\{0, 1\}$, $\oplus$	$\{0, 1\}$	$\{0\}$ or $\{0, 1\}$	$K = \{0, 1\} : \begin{cases} f(x) = 0 \\ f(x) = 1 \end{cases}$
				$K = \{0\} : \begin{cases} f(x) = x \\ f(x) = 1 - x \end{cases}$
사이먼	$\{0, 1\}^n$, $\oplus$	임의의 유한집합	$\{0, s\}$ $s \in \{0, 1\}^n$	$f(x \oplus s) = f(x)$
주기 구하기	Z, +	임의의 유한집합	$\{0, r, 2r,....\}$ $r \in G$	$f(x + r) = f(x)$
위수 구하기	Z, +	$\{a^j\}$ $j \in Z_r$ $a^r = 1$	$\{0, r, 2r,....\}$ $r \in G$	$f(x) = a^x$ $f(x + r) = f(x)$
이산로그	$Z_r \times Z_r$ + (mod r)	$\{a^j\}$ $j \in Z_r$ $a^r = 1$	$(\ell, -\ell s)$ $\ell, s \in Z_r$	$f(x_1, x_2) = a^{kx_1 + x_2}$ $f(x_1 + \ell, x_2 - \ell s) = f(x_1, x_2)$

치환 위수	$Z_{2^m} \times Z_{2^n}$ $+ \pmod{2^m}$	Z_{2^n}	$\{0, r, 2r,...\}$ $r \in X$	$f(x, y) = \pi^x(y)$ $f(x+r, y) = f(x, y)$ $\pi = X$에 대한 치환
숨은 선형함수	$Z \times Z$, +	Z_N	$(\ell, -\ell s)$ $\ell, s \in X$	$f(x_1, x_2) = \pi(sx_1 + x_2 \bmod N)$ $\pi = X$에 대한 치환
아벨 안정자	(H, X) $H = $ 임의의 아벨군	임의의 유한집합	$\{s \in H|$ $f(s, x) = x,$ $\forall x \in X\}$	$f(gh, x) = f(g, f(h, x))$ $f(gs, x) = f(g, x)$

그림 5.5 숨은 부분군 문제. f 함수는 G 군에서 X 유한집합으로 사상시키고, 숨은 부분군 $K \subseteq G$의 잉여류에 대해 상수함수가 되는 것으로 약속한다. 이 표에서 Z_n은 $\{0, 1,..., N-1\}$ 집합을 나타내고 Z는 정수다. 문제는 f에 대한 블랙박스가 주어졌을 때 K(또는 이것에 대한 생성집합)를 구하는 것이다.

G가 유한 아벨군finite Abelian group이면 양자 컴퓨터는 $\log |G|$에 다항적 연산 여러 번 사용, 블랙박스 함수 산출 한 번 사용, 이 절에 있는 다른 알고리듬과 아주 비슷한 알고리듬 사용을 통해 숨은 부분군 문제를 해결할 수 있다(사실 이와 비슷한 단계를 따르면 유한하게 생성된finitely generated 아벨군에 대한 솔루션도 가능하지만 여기서는 그냥 유한한 경우finite case를 고수할 것이다). 알고리듬의 세부 스펙specification은 확인문제로 남겨두는데, 기본 아이디어에 대한 설명을 읽은 후에는 쉬울 것이다. 유한 아벨군은 모듈러 산술에 있어서 정수로 하는 덧셈군additive group의 곱에 대해 동형isomorphic이 나오기 때문에 많은 것들이 본질적으로 동일하다. 이 말은 G에 대해 f의 양자 푸리에 변환이 잘 정의돼 있어(A2.3절 참조) 여전히 효율적으로 수행될 수 있음을 뜻한다. 이 알고리듬의 첫 번째 비자명한 단계에서는 푸리에 변환(아다마르 연산을 일반화시킨 것)을 사용하여 군 원소들group elements을 중첩시킨다. 그리고 나서 그다음 단계에서는 f에 대한 양자 블랙박스를 적용하여 이들을 변환시키면

$$\frac{1}{\sqrt{|G|}} \sum_{g \in G} |g\rangle |f(g)\rangle \tag{5.74}$$

가 된다. 이전과 마찬가지로 이제 푸리에 기저로 $|f(g)\rangle$를 다시 표현할 것이다. 다음 상태로 시작하자.

$$|f(g)\rangle = \frac{1}{\sqrt{|G|}} \sum_{\ell=0}^{|G|-1} e^{2\pi i \ell g / |G|} |\hat{f}(\ell)\rangle \tag{5.75}$$

여기서는 $g \in G$에 대한 표현(확인문제 A2.13 참조)으로서 ℓ 인덱스를 붙여 $\exp[-2\pi i \ell g / |G|]$를 나타냈다(푸리에 변환을 통하면 군 원소와 표현을 서로 오갈 수 있다. 확인문제 A2.23 참조). 핵

심은 f가 부분군 K의 잉여류들에 대해 상수함수이면서 서로 다른 값을 갖기 때문에 이 표현을 단순화시킬 수 있다는 점을 이용하는 것이다. 따라서

$$|\hat{f}(\ell)\rangle = \frac{1}{\sqrt{|G|}} \sum_{g \in G} e^{-2\pi i \ell g/|G|} |f(g)\rangle \tag{5.76}$$

는 ℓ의 모든 값에 대해 진폭이 거의 0이 된다. 단,

$$\sum_{h \in K} e^{-2\pi i \ell h/|G|} = |K| \tag{5.77}$$

를 만족시키는 ℓ 값은 제외한다. 만약 ℓ을 결정할 수 있다면 이 표현으로 주어진 선형제약[linear constraint2]을 사용하여 K의 원소를 결정할 수 있고, K가 아벨리안[Abelian]이기 때문에 결국 숨은 부분군 전체에 대한 생성집합을 결정해서 문제를 해결할 수 있다.

하지만 실제로는 그렇게 간단치 않다. 주기 구하기와 이산로그 알고리듬이 잘 적용되는 중요한 이유는 $\ell/|G|$에서 ℓ을 구할 때 연분수 전개가 성공했기 때문이다. 이들 문제에서는 ℓ과 $|G|$가 높은 확률로 어떠한 공약수를 갖지 않게 정해진다. 그러나 일반적인 경우에는 $|G|$가 많은 약수를 가진 합성수일 수 있으므로 ℓ에 대해 유용한 정보를 미리 알 수 없다.

다행스럽게도 이 문제는 다음과 같이 해결할 수 있다. 위에서 언급한 바와 같이 어떠한 유한 아벨군 G라도 소수 거듭제곱 위수를 갖는 순환군[cyclic group]들의 곱, 즉 $G = \mathbf{Z}_{p_1} \times \mathbf{Z}_{p_2} \times \cdots \times \mathbf{Z}_{p_M}$과 동형[isomorphic]이다. 여기서 p_i는 소수이고 $\mathbf{Z}_{p_i}$는 정수 $\{0, 1, ..., p_i - 1\}$에 대한 군이며 모듈러 p_i에 관한 덧셈이 이 군의 연산이다. 따라서 $g_i \in \mathbf{Z}_{p_i}$의 경우, (5.75)에 나타난 위상은

$$e^{2\pi i \ell g/|G|} = \prod_{i=1}^{M} e^{2\pi i \ell'_i g_i/p_i} \tag{5.78}$$

로 다시 표현할 수 있다. 이제 위상추정 절차를 거치면 ℓ'_i이 나오며 이로부터 ℓ을 결정하고, 이어서 위에서 기술했던 표본 K도 결정하여 숨은 부분군 문제를 해결한다.

확인문제 5.26: K는 G의 부분군이므로 G를 소수 거듭제곱 위수를 갖는 순환군들의 곱으로 분해할 때 K도 분해된다. (5.77)를 다시 표현해 ℓ'_i을 결정하면 K의 해당 순환 부분군 K_{p_i}로부터 표본을 추출할 수 있음을 보여라.

---

2   조건변수들이 1차식일 경우를 말한다. – 옮긴이

확인문제 5.27: 물론 일반적인 유한 아벨군 G를 소수 거듭제곱 위수를 갖는 순환군들의 곱으로 분해하는 것은 일반적으로 어려운 문제다(예를 들면 적어도 정수 인수분해만큼 어렵다). 여기서 다시 양자 알고리듬이 구원투수로 등장한다. 즉, 5장의 알고리듬을 사용하여 바라는 대로 G를 효율적으로 분해할 수 있는 방법을 설명하라.

확인문제 5.28: 유한 아벨군에 대해 숨은 부분군 문제를 해결하기 위한 양자 알고리듬의 세부 스펙을 작성하고 실행 시간 및 성공 확률 추정으로 마무리하라.

확인문제 5.29: 숨은 부분군 문제의 프레임워크framework를 사용하여 그림 5.5에 나열된 도이치 및 사이먼 문제를 해결하기 위한 양자 알고리듬을 만들어라.

5.4.4 그 외의 양자 알고리듬?

숨은 부분군 문제에 관해 양자 알고리듬을 기술하기 위한 이번 프레임워크의 가장 흥미로운 측면은 다양한 G 군과 f 함수를 고려하면 더 어려운 문제를 해결할 수도 있다는 점이다. 우리는 이 문제의 해를 아벨군에 대해서만 기술했었다. 비아벨군non-Abelian group은 어떨까? 이 군은 아주 흥미롭다(비아벨군에 대한 일반적 푸리에 변환 논의는 부록 2 참조). 예를 들어 그래프 동형사상graph isomorphism 문제는 주어진 두 그래프가 n개의 정점에 대한 레이블을 어느 정도 치환permutation시키면 동일한지를 결정하는 것이다(3.2.3절). 이들 치환은 대칭군 S_n에서의 변환으로 기술할 수 있고, 이들 군에 대해 고속 푸리에 변환을 수행하기 위한 알고리듬도 존재한다. 하지만 그래프 동형사상 문제를 효율적으로 해결하기 위한 양자 알고리듬은 알려져 있지 않다.

숨은 부분군 문제의 좀 더 일반적 경우들을 양자 컴퓨터로 해결될 수 없더라도 한계를 벗어날 수 있는 방법을 모색할 수 있기 때문에 이렇게 하나의 프레임워크로 처리하는 것은 유용하다. 모든 고속 양자 알고리듬을 발견해내는 것만이 숨은 부분군 문제를 해결하는 길이라고는 믿기 어렵다. 이런 문제를 푸리에 변환의 잉여류 불변coset invariance 특성을 기반으로 생각한다면, 새 알고리듬을 탐색할 때 다른 불변을 갖는 그 외의 변환을 조사해봐야 한다. 또 다른 방향으로 가면, 어떤 이는 다음과 같이 물을지도 모른다. 임의의(그러나 그 문제와는 별개로 지정된) 양자상태가 도우미로 주어진다면, 어떤 어려운 숨은 부분군 문제를 효율적으로 해결할 수 있을까? 결국 4장에서 논의한 것처럼 대부분의 양자상태는 실제로 만들기가 지수적으로 어렵다. 어려운 문제를 해결하는 데 활용할 양자 알고리듬이 존재한다면, 그러한 상태는 유용한 자원(진정한 '양자 오라클')이 될 수도 있다!

숨은 부분군 문제는 (알려진) 고전 알고리듬보다 지수적으로 더 빠른 양자 알고리듬들에 근본적으로 존재하는 중요한 제약도 알게 해준다. 숨은 부분군 문제는 약속 문제 promise problem인데, 약속 문제는 '$F(X)$가 이러이러한such and such 특성을 갖는 것으로 약속한다. 그러니 그 특성을 대표적인 것으로 내세워라' 형식임을 뜻한다. 좀 실망스럽겠지만 6장 말미에서는 어떤 종류의 약속 없이 문제를 해결할 때 양자 컴퓨터는 고전 컴퓨터에 비해서 지수적으로 빠른 속도향상을 얻을 수 없다는 점을 보일 것이다. 즉, 기껏해야 다항적인 속도향상이 가능할 뿐이다. 반면 이 점은 양자 컴퓨터가 어떤 종류의 문제에 좋은지에 대해 중요한 단서를 제공한다. 돌이켜보면 숨은 부분군 문제는 양자계산의 자연스러운 후보로 생각할 수 있다. 그 외의 자연스러운 문제는 무엇이 있을까? 이에 관해 생각해보기 바란다!

문제 5.1:   양자 푸리에 변환

$$|j\rangle \longrightarrow \frac{1}{\sqrt{p}} \sum_{k=0}^{p-1} e^{2\pi ijk/p} |k\rangle \tag{5.79}$$

를 수행하는 양자회로를 만들어라. 여기서 p는 소수다.

문제 5.2: (측정되는 양자 푸리에 변환)   양자 푸리에 변환이 양자계산의 마지막 단계로 수행되고, 그 다음에 계산기저로 측정한다고 하자. 양자 푸리에 변환과 측정을 조합하면, 고전적 제어를 갖는 1큐비트 게이트(2큐비트 게이트는 전혀 포함 안됨)와 측정으로 전체가 구성된 회로와 동일하다는 것을 보여라. 4.4절의 논의가 유용하다는 것을 발견할 수도 있다.

문제 5.3: (키타예프의 알고리듬)   양자회로

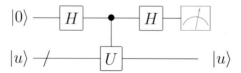

를 고려하자. 여기서 $|u\rangle$는 U의 고유상태이며 고윳값은 $e^{2\pi i\varphi}$이다. 위쪽 큐비트가 $p \equiv \cos^2(\pi\varphi)$ 확률로 0으로 측정됨을 보여라. $|u\rangle$ 상태는 이 회로에 의해 영향을 받지 않으므로 재사용할 수 있다. 즉, U를 U^k로 대체할 수 있다면(여기서 k는 제어에 있어

서 임의의 정수), 이 회로를 반복하여 k를 적절하게 증가시킴으로써 원하는 만큼 p의 비트와 그에 따른 φ의 비트를 효율적으로 얻을 수 있음을 보여라. 이것은 위상추정 알고리듬의 대안이다.

문제 5.4: 인수분해 알고리듬에 대해 주어진 실행 시간 경계 $O(L^3)$는 엄밀하지 않다. $O(L^2 \log L \log \log L)$번 연산이라는 더 나은 상계를 달성할 수 있음을 보여라.

문제 5.5: (비아벨리안$^{\text{non-Abelian}}$ **숨은 부분군−연구)** f를 임의의 유한치역 X로 향하는 유한 군 G의 함수라 하자. 이때 f는 부분군 K의 서로 다른 좌잉여류에 대해 상수함수이면서 서로 다른 값을 갖는 것으로 약속한다. 상태

$$\frac{1}{\sqrt{|G|^m}} \sum_{g_1, \ldots, g_m} |g_1, \ldots, g_m\rangle |f(g_1), \ldots, f(g_m)\rangle \tag{5.80}$$

으로 시작해서 $m = 4 \log|G| + 2$을 선택하면 적어도 $1 - 1/|G|$의 확률로 K를 식별할 수 있음을 증명하라. G가 반드시 아벨리안^{Abelian}일 필요는 없으며 G에 대해 푸리에 변환을 수행할 필요도 없다는 점에 주목한다. 이 결과는 누군가가 $(O(\log|G|)$번의 오라클 호출만 사용하여) 최종결과를 낼 수 있다는 점을 보여주는데, 그 최종결과에서는 각 숨은 부분군에 해당하는 순수상태 결과들이 거의 직교한다. 하지만 POVM이 존재하는지, 또는 어느 것이 이 최종상태로부터 숨은 부분군을 효율적으로$(즉, \text{poly}(\log|G|)$ 연산을 사용하여) 식별할 수 있게 해주는지는 알려져 있지 않다.

문제 5.6: (푸리에 변환에 의한 덧셈) $|x\rangle \rightarrow |x + y \bmod 2^n\rangle$를 계산하는 양자회로를 만드는 작업을 고려하자. 여기서 y는 고정 상수이고 $0 \leq x < 2^n$이다. 1과 같은 y 값에 대해 이를 수행하는 효율적인 방법 중 하나는 먼저 양자 푸리에 변환을 수행하고 나서 단일 큐비트 위상이동을 적용한 다음, 역 푸리에 변환을 수행하는 것이라는 점을 보여라. 이때 어떤 y 값을 쉽게 더할 수 있으며 얼마나 많은 연산이 필요한가?

5장 요약: 양자 푸리에 변환과 그 응용

- $N = 2^n$일 때 양자 푸리에 변환

$$|j\rangle = |j_1, \ldots, j_n\rangle \longrightarrow \frac{1}{\sqrt{N}} \sum_{k=0}^{N-1} e^{2\pi i \frac{jk}{N}} |k\rangle \tag{5.81}$$

는 형식

$$|j\rangle \to \frac{1}{2^{n/2}} \left(|0\rangle + e^{2\pi i 0.j_n}|1\rangle\right) \left(|0\rangle + e^{2\pi i 0.j_{n-1}j_n}|1\rangle\right) \dots \left(|0\rangle + e^{2\pi i 0.j_1 j_2 \dots j_n}|1\rangle\right)$$
(5.82)

로 표현할 수 있고 $\Theta(n^2)$개의 게이트를 사용하여 구현할 수 있다.

- 위상추정: $|u\rangle$를 U 연산자의 고유상태라 하고 고윳값을 $e^{2\pi i\varphi}$라 하자. 초기 상태 $|0\rangle^{\otimes t}|u\rangle$에서 시작해서 정수 k에 대해 U^{2^k}를 효율적으로 수행하는 능력이 주어지면, 이 알고리듬(그림 5.3 참조)을 사용하여 $|\tilde{\varphi}\rangle|u\rangle$ 상태를 효율적으로 얻을 수 있다. 여기서 $\tilde{\varphi}$는 적어도 $1-\epsilon$의 확률로 φ를 $t - \lceil\log\left(2+\frac{1}{2\epsilon}\right)\rceil$비트까지 정확하게 근사시킨다.

- 위수 구하기: 모듈러 N에 관한 x의 위수는 $x^r \bmod N = 1$이 되는 가장 작은 양의 정수 r이다. 이 수는 L비트 정수 x와 N에 대해 양자 위상추정 알고리듬을 사용하면 $O(L^3)$번의 연산으로 계산할 수 있다.

- 인수분해: L비트 정수 N의 소인수는 $O(L^3)$번의 연산으로 결정할 수 있는데, 이때 이 문제는 N과 서로소인 무작위 수 x의 위수 구하기 문제로 환산시켜 푼다.

- 숨은 부분군 문제: 알려진 모든 고속 양자 알고리듬은 다음과 같은 문제를 해결하는 것으로 기술할 수 있다. 즉, 유한하게 생성된 G 군에서 유한집합 X로 가는 함수를 f라 하자. 또한 f는 부분군 K의 잉여류에 대해 상수함수이며 각 잉여류에 대해서는 서로 다른 값을 갖는다고 하자. $g \in G$와 $h \in X$일 경우, 유니타리 변환 $U|g\rangle|h\rangle = |g\rangle|h \oplus f(g)\rangle$를 수행하기 위한 양자 블랙박스가 주어졌을 때 K에 대한 생성집합을 구하라.

역사와 추가자료

푸리에 변환의 정의는 5장에서 고려한 것 이상으로 일반화시킬 수 있다. 일반적인 시나리오에서 푸리에 변환은 α_g 복소수들의 집합 위에서 정의되는데, 여기서 인덱스 g는 어떤 군 G로부터 선택된다. 5장에서 G는 모듈러 2^n에 관한 정수의 덧셈군($\mathbb{Z}_{2^n}$으로 표기하기도 한다)이 되도록 선택했었다. 도이치[Deu85]는 $\mathbb{Z}_2^n$ 군에 대한 푸리에 변환이 양자 컴퓨터에서 효율적으로 구현될 수 있음을 보였다(이것은 이전 장들의 아다마르 변환이다). 쇼어[Sho94]는 어떤 특수 값 m의 Z_m 군에 대한 양자 푸리에 변환을 양자 컴퓨터가 효율적으로 구현할 수 있다는 놀라운 효과를 실현했다. 이 결과에서 영감을 얻은 코퍼스미스[Cop94], 도이치(미공개), 클리브(미공개)는 Z_{2^n}에 대해 양자 푸리에 변환을 계산하기 위한 간단한 양자회로를 제시했는데 5장에서 사용하기도 했다. 클리브, 에커트, 마키아벨로, 모스카[CEMM98] 그리고 그리피스와 뉴[GN96]는 독자적으로 곱 공식 (5.4)를 발견했다. 실제로 이 결과는 다니엘슨과 랑크조스에 의해 훨씬 일찍 실현됐다. (5.5) 식으로 시작하는 단순화된 증명은 저우[Zhou]가 제안한 것이다. 문제 5.2에 나오는 측정되는 양자 푸리에 변환의 기원은 그리피스와 뉴[GN96]이다.

Z_{2^n}에 대한 푸리에 변환은 키타예프[Kit95]가 임의의 유한 아벨군에 대한 푸리에 변환을 얻기 위해 일반화시킨 것인데, 그는 문제 5.3에서 주어진 형식으로 위상추정 절차도 도입했다. 클리브, 에커트, 마키아벨로, 모스카[CEMM98]도 쇼어와 키타예프의 여러 기술을 하나의 멋진 묘사로 통합했으며, 5.2절은 그 묘사를 기반으로 한다. 위상추정 알고리듬에 대한 자세한 서술은 모스카의 박사 논문[Mos99]에서 볼 수 있다.

쇼어는 1994년 새 시대의 획을 긋는 논문[Sho94]에서 양자 위수 구하기 알고리듬을 발표했으며, 이산로그 및 인수분해 수행 문제를 위수 구하기 문제로 환산시킬 수 있다고 언급했다. 폭넓은 논의와 참고자료를 포함한 최종 논문은 1997년 출판됐다[Sho97]. 이 논문에는 비교적 단순한 곱셈 기법을 사용한 이 책의 설명보다 알고리듬 속도를 높이는 데 사용할 수 있는 영리한 곱셈 방법에 대한 논의도 포함돼 있다. 이러한 빠른 곱셈 방법을 사용하면 5장의 도입부에서 주장한 것처럼 합성 정수 n을 인수분해하는 데 필요한 자원은 $O(n^2 \log n \log \log n)$만큼 늘어난다. 1995년 키타예프[Kit95]는 일반적인 아벨군의 안정자stabilizer를 구하는 알고리듬을 발표했는데, 이 알고리듬을 사용해서 이산로그를 풀고 특수한 경우일 때 인수분해할 수 있음을 보였다. 게다가 이 알고리듬에는 쇼어 알고리듬에 없는 몇 가지 요소가 들어 있다. 에커트와 조사[EJ96]는 이 인수분해 알고리듬에 대해 좋은 논평을 썼다. 디빈센조[DiV95a]도 참조하기 바란다. 연분수에 대한 논의는 하디와 라이트[HW60]의 10장에 바탕을 두었다. 이 글을 쓰는 시점에서 고전 컴퓨터로 인수분해하기 위한 가장 효율적인 고전 알고리듬은 수체 체number field sieve 알고리듬이다. 이것은 A.K. 렌스트라와 H.W. 렌스트라 주니어[LL93]가 편집한 모음집에 기술돼 있다.

숨은 부분군 문제를 해결하기 위한 양자 알고리듬의 일반화는 많은 저자들이 고려했었

다. 역사적으로 사이먼은 양자 컴퓨터가 $f(x \oplus s) = f(x)$를 만족시키는 함수의 숨은 주기를 구할 수 있다는 사실에 최초로 주목했다[Sim94, Sim97]. 실제로 쇼어는 사이먼의 결과를 일반화시키고 사이먼의 아다마르 변환($\mathbf{Z}_2^k$에 대한 푸리에 변환)대신 $\mathbf{Z}_N$에 푸리에 변환을 적용시켜 자신의 결과를 구했다. 그 당시 보네와 립톤은 숨은 부분군 문제와의 연관성에 주목하고 숨은 선형함수 문제를 해결하기 위한 양자 알고리듬을 기술했다[BL95]. 조사는 숨은 부분군 문제 측면에서 도이치-조사 알고리듬, 사이먼 알고리듬, 쇼어 알고리듬에 대해 균등하게 기술한 최초의 사람이었다[Joz97]. 양자 알고리듬의 속도 향상에 있어 아벨리안과 비아벨리안 고속 푸리에 변환 알고리듬의 역할을 연구하는 데 있어서 에커트와 조사의 연구도 통찰력이 있었다[EJ98]. 5.4절에 있는 숨은 부분군 문제에 대한 서술은 모스카와 에커트의 프레임워크를 따른다[ME99, Mos99]. 클리브는 치환 위수order of a permutation를 구하는 문제를 풀려면 유계오류 확률적bounded-error probabilistic 고전 컴퓨터에서 지수적인 쿼리가 필요하다는 것을 증명했다[Cle99]. 아벨군을 넘어서까지 이 방법을 일반화하려고 시도한 이들은 에팅거와 호야Høyer[EH99], 로틀러와 베스[RB98], 푸에셀, 로틀러, 베스[PRB98], 빌스(대칭군에 대한 양자 푸리에 변환의 구성도 설명함)[BBC⁺98], 에팅거, 호야, 닐[EHK99]이다. 이들의 결과로 $O(\log |G|)$번의 오라클 호출만 사용해서 비아벨군에 대해 숨은 부분군 문제를 해결하기 위한 양자 알고리듬이 존재한다는 것이 지금까지 입증돼 왔지만, 이 알고리듬을 다항시간 내에 실현시킬 수 있는지는 알려져 있지 않다(문제 5.5).

양자탐색 알고리듬

많은 도시를 나타낸 지도가 있고 그 지도의 모든 도시를 통과하는 최단 경로를 정한다고 하자. 그 경로를 구하는 간단한 알고리듬은 가능한 모든 경로를 찾으면서 어느 경로가 가장 짧은지 계속 재보는 것이다. N개의 가능한 경로가 있다면 고전 컴퓨터에서는 이 방법을 사용하여 가장 짧은 경로를 정하는 데 $O(N)$번의 연산이 걸린다. 놀랍게도 그로버 알고리듬$^{Grover's\ algorithm}$이라는 양자탐색 알고리듬$^{quantum\ search\ algorithm}$이 존재하며, 이를 이용하면 탐색 속도를 높여 $O(\sqrt{N})$번의 연산만 하면 된다. 더욱이 방금 언급한 경로 찾기 예제를 훨씬 뛰어넘어 이 양자탐색 알고리듬을 폭넓게 적용하면 직관적 탐색 기법을 사용하는 많은(전부는 아니다) 고전 알고리듬의 속도를 높일 수 있다는 점에서 이 양자탐색 알고리듬은 일반적인 알고리듬이라고 할 수 있다.

6장에서는 고속 양자탐색 알고리듬에 대해 설명한다. 기본 알고리듬은 6.1절에 기술해놓았다. 6.2절에서는 4.7절의 양자 시뮬레이션 알고리듬을 기반으로 다른 관점에서 알고리듬을 유도해낸다. 이 알고리듬의 세 가지 중요한 응용도 설명한다. 즉, 6.3절에서 양자 카운팅, 6.4절에서 **NP-완비** 문제의 해결 속도 높임, 6.5절에서 비정형 데이터베이스$^{unstructured\ database}$ 탐색을 다룬다. 탐색 알고리듬을 개선하여 제곱근 속도 향상보다 더 나은 속도 향상을 얻고 싶을 수도 있지만, 6.6절에서 볼 수 있듯이 이것이 불가능하다는 것이 밝혀졌다. 6.7절에서는 이 속도 한계가 대부분의 비정형 문제에 적용됨을 보여주는 것으로 마무리 짓는다.

6.1 양자탐색 알고리듬

먼저 3.1.1절에서 했던 것처럼 오라클의 측면에서 탐색 알고리듬을 위한 무대를 설정해 보자. 이렇게 하면 탐색 절차를 아주 일반적으로 기술할 수 있고, 그 동작을 시각화해서 수행 방식을 확인하는 기하학적 방법이 나올 수 있다.

6.1.1 오라클

N개 원소의 탐색 공간을 일일이 탐색한다고 하자. 이때 원소를 직접 탐색하기보다는 0에서 $N-1$까지의 숫자인 해당 원소의 인덱스에 집중하자. 편의상 $N = 2^n$으로 가정하면 인덱스를 n비트로 저장할 수 있으며 탐색 문제는 $1 \leq M \leq N$일 때 M개의 해를 갖게 된다. 탐색 문제의 특정 사례는 함수 f로 편리하게 나타낼 수 있으며 이 함수는 0에서 $N-1$까지 범위의 정수 x를 입력으로 사용한다. 정의에 따라 x가 탐색 문제에 대한 해이면 $f(x) = 1$이고 해가 아니면 $f(x) = 0$이다.

탐색 문제에 대한 해를 인식하는 기능을 갖춘 양자 오라클(나중에 내부 작업을 논하겠지만 지금 단계에서는 중요하지 않은 블랙박스다)이 제공된다고 하자. 해를 인식하게 되면 오라클 큐비트$^{oracle\ qubit}$를 사용하여 신호로 알린다. 더 정확하게 말하면, 오라클^{oracle}이란 유니타리 연산자 O이며 다음과 같이 계산기저에 작용하는 것으로 정의한다.

$$|x\rangle|q\rangle \xrightarrow{O} |x\rangle|q \oplus f(x)\rangle \tag{6.1}$$

여기서 $|x\rangle$는 인덱스 레지스터이고 $\oplus$는 모듈러 2 덧셈을 나타내며 오라클 큐비트 $|q\rangle$는 $f(x) = 1$일 때 반전되고 그렇지 않으면 그대로 유지되는 단일 큐비트다. $|x\rangle|0\rangle$을 준비하고 오라클을 적용해서 그 오라클 큐비트가 $|1\rangle$로 반전됐는지 검사하는 것으로 x가 탐색 문제의 해인지 확인할 수 있다.

양자탐색 알고리듬에서는 1.4.4절의 도이치-조사 알고리듬에서 했던 것처럼 최초 $(|0\rangle - |1\rangle)/\sqrt{2}$ 상태의 오라클 큐비트를 가지고 오라클을 적용하는 것이 유용하다. x가 이 탐색 문제에 대한 해가 아니라면 $|x\rangle(|0\rangle - |1\rangle)/\sqrt{2}$ 상태에 오라클을 적용해도 상태가 바뀌지 않는다. 반면에 x가 탐색 문제에 대한 해라면 오라클의 동작에 의해 $|0\rangle$과 $|1\rangle$이 서로 바뀌어 최종상태 $-|x\rangle(|0\rangle - |1\rangle)/\sqrt{2}$가 된다. 따라서 오라클의 작용은

$$|x\rangle \left(\frac{|0\rangle - |1\rangle}{\sqrt{2}} \right) \xrightarrow{O} (-1)^{f(x)}|x\rangle \left(\frac{|0\rangle - |1\rangle}{\sqrt{2}} \right) \tag{6.2}$$

이 된다. 오라클 큐비트의 상태가 변경되지 않는다는 점에 주목한다. 양자탐색 알고리듬의 처음부터 끝까지 $(|0\rangle - |1\rangle)/\sqrt{2}$는 변함없는 것으로 밝혀졌으므로, 앞으로 이 알고리듬을 논할 때는 이를 생략해서 서술을 간단하게 한다.

이 관례에 따라 오라클의 작용은

$$|x\rangle \xrightarrow{\;O\;} (-1)^{f(x)}|x\rangle \tag{6.3}$$

로 다시 표현할 수 있다. 우리는 오라클이 해의 위상을 이동시켜 탐색 문제의 해에 표시 mark를 한다고 말한다. M개의 해를 갖는 N 항목 탐색 문제의 경우, 양자 컴퓨터에서 해를 얻기 위해서는 탐색 오라클을 $O(\sqrt{N/M})$번만 적용하면 되는 것으로 밝혀졌다.

실제로 오라클이 어떻게 작동하는지 기술하지 않고 이렇게 논하는 것은 다소 추상적이며 당혹스럽기까지 하다. 마치 오라클이 이미 탐색 문제에 대한 답을 알고 있는 것처럼 말이다. 그렇다면 그러한 오라클 진단oracle consultation에 바탕을 둔 양자탐색 알고리듬을 갖는 것이 무슨 소용이 있을까?! 이에 대한 답은 탐색 문제에 대한 해를 아는 것과 해의 존재를 인식할 수 있는 것은 엄연히 다르다는 것이다. 중요한 점은 해가 무엇인지는 몰라도 해가 존재하는지는 알아낼 수 있다는 것이다.

이를 설명하는 간단한 예는 인수분해 문제다. 큰 수 m이 주어졌고, 이 수가 두 소수인 p와 q의 곱이라 하자. 즉, RSA 공개 키 암호체계를 깨려고 할 때와 같은 상황을 가정한다(부록 5). p와 q를 알아내려면 고전 컴퓨터에서 확실한 방법은 두 소인수 중 작은 수를 찾기 위해 2에서 $m^{1/2}$까지의 모든 수를 탐색하는 것이다. 즉, 작은 소인수를 찾을 때까지 2부터 $m^{1/2}$까지 범위의 각 숫자로 m을 계속해서 나누어 본다. 큰 소인수는 m을 작은 소인수로 나누면 구할 수 있다. 당연한 말이지만 고전 컴퓨터에서 이 탐색 기반 방법으로 인수를 찾으려면 대략 $m^{1/2}$번의 나누기를 시도해야 한다.

양자탐색 알고리듬을 사용하면 이 과정의 속도를 높일 수 있다. 정의에 따르면 $|x\rangle$ 상태를 입력할 때 오라클의 작용은 m을 x로 나누어 떨어지는지 검사한 후, 나누어 떨어지면 오라클 큐비트를 반전시킨다. 이 오라클과 함께 양자탐색 알고리듬을 적용하면 높은 확률로 두 소인수 중 작은 수가 나온다. 그러나 이 알고리듬이 작동하려면 오라클을 구현하는 효율적 회로를 만들어야 한다. 그 방법은 가역 계산 기술을 발휘하는 것이다. m이 x로 나누어 떨어지면 $f(x) \equiv 1$로 정의하고, 나누어 떨어지지 않으면 $f(x) = 0$으로 정의한다. 즉, $f(x)$는 나누기 시도의 성공 여부를 알려준다. 3.2.5절에서 논의한 가역 계산 기술을 사용하고, 나누기를 시도하기 위해 보통의 (비가역) 고전회로를 수정해서 (x, q)를

$(x, q \oplus f(x))$로 변환하는 고전 가역 회로를 만든다((x, q)란 초기에 x로 설정한 입력 레지스터와 초기에 q로 설정한 1비트 출력 레지스터를 나타낸다). 이 가역 회로의 자원 비용은 나누기 시도에 사용되는 비가역 고전회로의 2배 이내와 같으므로 두 회로는 본질적으로 동일한 자원을 소비하는 것으로 간주한다. 더욱이 오라클이 필요하면 고전 가역 회로를 $|x\rangle|q\rangle$에서 $|x\rangle$ $|q \oplus f(x)\rangle$로 만드는 양자회로로 즉시 바꿀 수 있다. 요점은 m의 소인수를 모르더라도 탐색 문제를 마주할 때 해를 인식하는 오라클을 분명히 만들 수 있다는 것이다. 이 오라클과 양자탐색 알고리듬을 사용하면 $O(m^{1/4})$번의 오라클 진단으로 2에서 $m^{1/2}$까지의 범위를 탐색할 수 있다. 즉, 고전 알고리듬에서와 같은 $m^{1/2}$ 횟수가 아니라 대략 $m^{1/4}$ 횟수만으로 나누기를 시도하면 된다!

이 인수분해 예제는 개념적으로 흥미롭지만 실용적이지 않다. 모든 가능한 약수를 탐색하는 것보다 훨씬 빠른 인수분해용 고전 알고리듬이 존재하기 때문이다. 하지만 이 예제는 양자탐색 알고리듬이 적용될 수 있는 일반적인 방법을 보여준다. 즉, 탐색 기반 기술에 의존하는 고전 알고리듬이 양자탐색 알고리듬을 사용하면 속도를 높일 수 있다. 6장의 후반부에서는 양자탐색 알고리듬이 **NP**-완비 문제의 해결 속도를 높이는 상황을 살펴볼 것이다.

6.1.2 절차

대략적으로 볼 때, 탐색 알고리듬은 그림 6.1과 같이 작동한다. 적당한 알고리듬은 하나의 n큐비트 레지스터를 사용한다. 여분의 작업 큐비트가 필요할 가능성을 포함해서 오라클의 내부 작업은 양자탐색 알고리듬의 서술에 있어서 중요하지 않다. 이 알고리듬의 목표는 최소한의 오라클을 적용해 탐색 문제에 대한 해를 구하는 것이다.

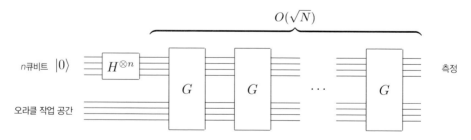

그림 6.1 양자탐색 알고리듬용 회로도. 오라클은 그 구현을 위해 작업 큐비트를 사용할 수 있지만, 양자탐색 알고리듬의 분석에는 n큐비트 레지스터만 포함시킨다.

이 알고리듬은 $|0\rangle^{\otimes n}$ 상태의 컴퓨터에서 시작한다. 그리고 아다마르 변환을 사용하여 그 컴퓨터를 중첩상태

$$|\psi\rangle = \frac{1}{N^{1/2}} \sum_{x=0}^{N-1} |x\rangle \qquad (6.4)$$

로 만든다. 그다음으로 양자탐색 알고리듬은 양자 서브루틴을 반복 적용하는 것으로 구성되는데, 이를 그로버 반복$^{Grover\ iteration}$ 또는 그로버 연산자$^{Grover\ operator}$라 하며 G로 표기한다. 그로버 반복은 다음과 같이 4단계로 나누며 이러한 반복의 양자회로는 그림 6.2에 나타나 있다.

1. 오라클 O를 적용한다.
2. 아다마르 변환 $H^{\otimes n}$를 적용한다.
3. 컴퓨터에서 조건부 위상이동을 수행하는데, $|0\rangle$을 제외한 모든 계산기저 상태는 -1의 위상이동을 받게 된다. 즉,

$$|\psi\rangle = \frac{1}{N^{1/2}} \sum_{x=0}^{N-1} |x\rangle \qquad (6.5)$$

   이다.
4. 아다마르 변환 $H^{\otimes n}$를 적용한다.

확인문제 6.1: 그로버 반복에서 위상이동에 해당하는 유니타리 연산자가 $2|0\rangle\langle 0| - I$ 임을 보여라.

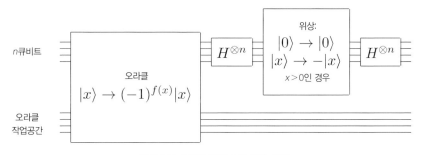

그림 6.2 그로버 반복 G에 대한 회로

그로버 반복에서의 각 연산은 양자 컴퓨터에서 효율적으로 구현될 수 있다. 2단계와 4단계인 아다마르 변환에는 각각 $n = \log(N)$번의 연산이 필요하다. 3단계인 조건부 위상

이동은 4.3절의 기술을 사용하여 $O(n)$개의 게이트로 구현될 수 있다. 오라클 호출 비용은 특정 적용에 따라 다르다. 지금은 그로버 반복에 하나의 오라클 호출만 필요하다는 점에 주목한다. 2, 3, 4단계를 결합한 효과는

$$H^{\otimes n}(2|0\rangle\langle 0| - I)H^{\otimes n} = 2|\psi\rangle\langle\psi| - I \tag{6.6}$$

가 된다. 여기서 $|\psi\rangle$는 동일하게 가중치가 부여된 상태의 중첩인 (6.4)이다. 따라서 그로버 반복 G는 $G = (2|\psi\rangle\langle\psi| - I)O$로 표현할 수 있다.

확인문제 6.2: 일반 상태 $\sum_k \alpha_k|k\rangle$에 $(2|\psi\rangle\langle\psi| - I)$ 연산을 적용하면

$$\sum_k \left[-\alpha_k + 2\langle\alpha\rangle\right]|k\rangle \tag{6.7}$$

가 됨을 보여라. 여기서 $\langle\alpha\rangle \equiv \sum_k \alpha_k/N$은 α_k의 평균값이다. 이런 이유로 $(2|\psi\rangle\langle\psi| - I)$를 평균에 관한 역^{inversion about mean} 연산이라고도 부른다.

6.1.3 기하학적 시각화

그로버 반복은 어떤 일을 할까? 앞 절에서 $G = (2|\psi\rangle\langle\psi| - I)O$라고 했었다. 사실, 우리는 그로버 반복을 시작 벡터 $|\psi\rangle$에 의해 생성된 2차원 공간에서의 회전으로 여길 수 있고 탐색 문제에 대한 해의 균등한 중첩으로 구성된 상태로도 여길 수 있음을 보일 것이다. 이를 알아보기 위해 $\sum'_x$는 탐색 문제의 해인 모든 x에 대한 합을 나타내고, $\sum''_x$는 해가 아닌 모든 x에 대한 합을 나타내는 관례를 사용할 것이다. 먼저 정규화된 상태

$$|\alpha\rangle \equiv \frac{1}{\sqrt{N-M}} \sum_x{''} |x\rangle \tag{6.8}$$

$$|\beta\rangle \equiv \frac{1}{\sqrt{M}} \sum_x{'} |x\rangle \tag{6.9}$$

를 정의하자. 약간의 계산을 거치면 초기상태 $|\psi\rangle$는

$$|\psi\rangle = \sqrt{\frac{N-M}{N}}|\alpha\rangle + \sqrt{\frac{M}{N}}|\beta\rangle \tag{6.10}$$

로 다시 표현할 수 있다. 따라서 양자 컴퓨터의 초기상태는 $|\alpha\rangle$와 $|\beta\rangle$가 생성한 공간 속에 있게 된다.

오라클 연산 O가 $|\alpha\rangle$와 $|\beta\rangle$에 의해 정의된 평면에서 $|\alpha\rangle$ 벡터에 관한 반사를 수행한다는 점에서 G의 효과를 아름다운 방식으로 이해할 수 있다. 즉, $O(a|\alpha\rangle + b|\beta\rangle) = a|\alpha\rangle - b|\beta\rangle$가 된다. 마찬가지로 $2|\psi\rangle\langle\psi| - I$도 $|\alpha\rangle$와 $|\beta\rangle$에 의해 정의된 평면에서 $|\psi\rangle$ 벡터에 관한 반사를 수행한다. 그리고 두 반사의 곱은 회전이 된다! 이것은 $G^k|\psi\rangle$ 상태가 모든 k에 대해 $|\alpha\rangle$와 $|\beta\rangle$에 의해 생성된 공간 속에 있다는 것을 말해준다. 또한 회전각도 알려준다. $\cos\theta/2 = \sqrt{(N-M)/N}$라 하자. 그러면 $|\psi\rangle = \cos\theta/2|\alpha\rangle + \sin\theta/2|\beta\rangle$가 된다. 그림 6.3에서 볼 수 있듯이, G를 구성하는 2개의 반사는 $|\psi\rangle$를

$$G|\psi\rangle = \cos\frac{3\theta}{2}|\alpha\rangle + \sin\frac{3\theta}{2}|\beta\rangle \tag{6.11}$$

로 만든다. 따라서 회전각은 실제로 θ이다. 이어서 G를 계속 적용하면 그 상태는

$$G^k|\psi\rangle = \cos\left(\frac{2k+1}{2}\theta\right)|\alpha\rangle + \sin\left(\frac{2k+1}{2}\theta\right)|\beta\rangle \tag{6.12}$$

로 된다. 요약하면, G는 $|\alpha\rangle$와 $|\beta\rangle$에 의해 생성된 2차원 공간 속에서의 회전이며 G를 적용할 때마다 그 공간 속에서 θ 라디안씩 회전한다. 그로버 반복을 반복해서 적용하면 그 상태 벡터는 $|\beta\rangle$에 근접하게 회전한다. 이런 일이 일어날 때 계산기저로 관측하면 $|\beta\rangle$에 중첩된 결과 중 하나, 즉 탐색 문제에 대한 해가 높은 확률로 나온다! $N = 4$인 경우의 탐색 알고리듬을 설명하는 예가 박스 6.1에 나와 있다.

확인문제 6.3: $|\alpha\rangle$, $|b\rangle$ 기저에서 그로버 반복은

$$G = \begin{bmatrix} \cos\theta & -\sin\theta \\ \sin\theta & \cos\theta \end{bmatrix} \tag{6.13}$$

로 표현할 수 있음을 보여라. 여기서 θ는 0에서 $\pi/2$까지 범위의 실수이며(단순하게 하기 위해 $M \leq N/2$인 경우로 가정한다. 이 제한은 곧 해제할 것이다)

$$\sin\theta = \frac{2\sqrt{M(N-M)}}{N} \tag{6.14}$$

로 잡는다.

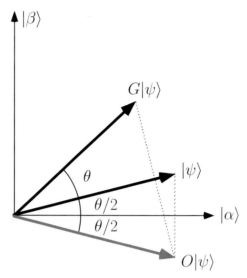

그림 6.3 단일 그로버 반복 G의 동작: 상태벡터는 탐색 문제에 대한 모든 솔루션의 중첩인 $|\beta\rangle$ 쪽으로 θ만큼 회전한다. 처음에 상태벡터는 $|\beta\rangle$의 직교 상태인 $|\alpha\rangle$에서 $\theta/2$ 각도만큼 기울어져 있다. 오라클 연산 O는 이 상태를 $|\alpha\rangle$ 상태에 관해 반사시키고, 그다음의 $2|\psi\rangle\langle\psi| - I$ 연산은 그 상태를 $|\psi\rangle$에 관해 반사시킨다. 이 그림에서는 혼동되지 않도록 $|\alpha\rangle$와 $|\beta\rangle$를 약간 길게 했다(모든 상태는 단위벡터여야 한다). 그로버 반복을 반복하면 상태벡터는 $|\beta\rangle$에 근접하며, 이때 계산기저로 관측하면 높은 확률로 탐색 문제의 해가 나온다. θ가 $\Omega(\sqrt{M/N})$처럼 동작하기 때문에 알고리듬의 효율이 뛰어나며, 따라서 상태벡터를 $|\beta\rangle$에 근접하게 회전시키기 위해서는 G를 $O(\sqrt{N/M})$번만 적용하면 된다.

6.1.4 성능

$|\psi\rangle$를 회전시켜 $|\beta\rangle$에 가깝게 하려면 그로버 반복을 얼마나 반복해야 할까? 계의 초기상태는 $|\psi\rangle = = \sqrt{(N-M)/N}|\alpha\rangle + \sqrt{M/N}|\beta\rangle$이므로 $\arccos\sqrt{M/N}$ 라디안만큼 회전하면 그 계는 $|\beta\rangle$에 도달한다. CI(x)가 실수 x에 가장 가까운 정수를 나타낸다고 하자. 이때 관례에 따라 반올림하는데 예를 들면 CI$(3.5) = 3$이다. 그리고 나서 그로버 반복을 횟수

$$R = \mathrm{CI}\left(\frac{\arccos\sqrt{M/N}}{\theta}\right) \tag{6.15}$$

만큼 반복하여 $|\psi\rangle$에 대해 각도 $\cos\theta/2 \leq \pi/4$ 이내로 $|\psi\rangle$를 회전시킨다. 그리고 나서 계산기저로 그 상태를 관측하면 적어도 $1/2$의 확률로 탐색 문제에 대한 해를 얻을 수 있다. 실제로 M과 N의 특정 값에 대해서는 훨씬 높은 성공 확률을 달성할 수 있다. 예를 들어 $M \ll N$일 때 $\theta \approx \sin\theta \approx 2\sqrt{M/N}$이 되고, 따라서 최종상태에서의 각도 오차는 최대 $\theta/2 \approx \sqrt{M/N}$이고 오차 확률은 최대 M/N이다. R은 해의 개수 M에 따라 달라질 뿐, 그

해의 값과는 무관하므로 M을 알면 기술한 대로 양자탐색 알고리듬을 적용할 수 있다. 6.3절에서는 탐색 알고리듬을 적용할 때 심지어 M을 알지 않아도 되는 방법을 설명할 것이다.

(6.15) 형식은 양자탐색 알고리듬을 수행할 때 오라클 호출 수에 대한 정확한 표현으로 유용하지만, R의 본질적 거동을 대략 살펴볼 때는 간단한 표현이 좋다. 이를 위해서는 (6.15)로부터 $R \leq \lceil \pi/2\theta \rceil$가 된다는 점에 주목하는데, 그러면 θ의 하계는 R의 상계가 될 것이다. 이때 $M \leq N/2$로 가정하면

$$\frac{\theta}{2} \geq \sin\frac{\theta}{2} = \sqrt{\frac{M}{N}} \tag{6.16}$$

가 된다. 이로부터 필요한 반복 횟수에 대해 정밀한 상계를 얻게 된다. 즉,

$$R \leq \left\lceil \frac{\pi}{4}\sqrt{\frac{N}{M}} \right\rceil \tag{6.17}$$

가 된다. 말하자면 고전적으로 요구되는 $O(N/M)$번의 오라클 호출에 대해 2차 향상 quadratic improvement인 높은 확률로 탐색 문제에 대한 해를 얻기 위해서는 $R = O(\sqrt{N/M})$번의 그로버 반복(따라서 오라클 호출)을 수행해야 한다. $M=1$인 경우의 양자탐색 알고리듬은 다음에 요약해놓았다.

알고리듬: 양자탐색

입력: (1) 변환 $O|x\rangle|q\rangle = |x\rangle|q \oplus f(x)\rangle$를 수행하는 블랙박스 오라클 O. 여기서 x_0을 제외한 모든 $0 \leq x < 2^n$에 대해 $f(x) = 0$이고, $f(x_0) = 1$이다. (2) $|0\rangle$ 상태의 $n+1$개 큐비트

출력: x_0

실행 시간: $O(\sqrt{2^n})$번의 연산. $O(1)$ 확률로 성공한다.

절차:

1. $|0\rangle^{\otimes n}|0\rangle$ 초기 상태

2. $\rightarrow \dfrac{1}{\sqrt{2^n}} \displaystyle\sum_{x=0}^{2^n-1} |x\rangle \left[\dfrac{|0\rangle - |1\rangle}{\sqrt{2}} \right]$ 앞에서 n큐비트까지 $H^{\otimes n}$을 적용하고 마지막 큐비트에 HX를 적용

3. $\to \left[(2|\psi\rangle\langle\psi| - I)O\right]^R \dfrac{1}{\sqrt{2^n}} \displaystyle\sum_{x=0}^{2^n-1} |x\rangle \left[\dfrac{|0\rangle - |1\rangle}{\sqrt{2}}\right]$ 그로버 반복 $R \approx \lceil \pi\sqrt{2^n}/4 \rceil$

$\approx |x_0\rangle \left[\dfrac{|0\rangle - |1\rangle}{\sqrt{2}}\right]$ 번 적용

4. $\to x_0$ 앞에서 n큐비트까지 측정

확인문제 6.4: 해가 여러 개일 경우($1 < M < N/2$), 위와 같이 양자탐색 알고리듬의 단계를 나타내어라.

항목의 절반 이상이 탐색 문제에 대한 해일 때, 즉 $M \geq N/2$인 경우에는 어떻게 될까? $\theta = \arcsin((2\sqrt{M(N-M)}/N)$ 식에서(6.14와 비교) M이 $N/2$에서 N으로 변해감에 따라 θ 각이 작아지는 것을 알 수 있다. 그 결과로 $M \geq N/2$인 경우, 탐색 알고리듬에 필요한 반복 횟수는 M에 따라 증가한다. 직관적으로 보면, 이것은 탐색 알고리듬이 갖는 어이없는 특성이다. 즉, 해의 개수가 많아지면 문제에 대한 해를 찾기가 더 수월해야 마땅하다. 이 문제를 해결하는 데는 여러 방법이 있다. M이 사전에 $N/2$보다 큰 것으로 알려진다면, 탐색 공간에서 무작위로 한 항목을 선택하고 나서 오라클을 사용하여 해인지 검사할 수 있다. 이 방법은 성공 확률이 절반 이상이며 오라클로 한 번만 진단하면 된다. 단점이라면 해의 개수 M을 미리 알 수 없다는 것이다.

$M \geq N/2$인지 알 수 없는 경우, 다른 방법을 사용할 수 있다. 이 접근법은 그 자체로 흥미로우며 6.3절에 나온 것처럼 잘 적용하면 탐색 문제에 대한 해의 개수를 계산할 때 양자 알고리듬의 분석이 단순해진다. 이것의 아이디어는 탐색 공간에 해가 아닌 여분의 N개 항목을 추가해서 탐색 공간의 원소 수를 두 배로 늘리는 것이다. 그러니까 새로운 탐색 공간에 있는 항목 중 절반 미만이 해가 된다. 이를 위해 탐색 인덱스에 단일 큐비트 $|q\rangle$를 추가해 탐색할 항목 수를 $2N$개로 두 배 늘린다. 어떤 항목이 탐색 문제에 대한 해이면서 여분 비트가 0으로 설정된 경우에만 그 항목에 표시를 하는 새 증강 오라클 ^{augmented oracle} O'을 만든다. 확인문제 6.5에서는 O를 한 번만 호출하는 오라클 O'을 만드는 방법을 알아내어 보기 바란다. 새로운 탐색 문제에는 $2N$개의 엔트리 중 M개의 해만 있으므로 새로운 오라클 O'로 탐색 알고리듬을 실행하면 O'에 대해 최대 $R = \pi/4\sqrt{2N/M}$개의 호출이 필요하다는 것을 알 수 있다. 그러면 O에 대해서는 $O(\sqrt{N/M})$개의 호출이 탐색을 수행하는 데 필요하다.

확인문제 6.5: 여분의 큐비트 $|q\rangle$와 기초 양자 게이트를 사용하고 O를 한 번 적용하여 증강 오라클 O'를 만들 수 있음을 보여라.

양자탐색 알고리듬은 다양한 방식으로 사용될 수 있으며, 그중 일부는 다음 절에서 살펴볼 것이다. 우리는 수행할 탐색 문제에 대해 특정 구조를 가정하지 않기 때문에 이 알고리듬을 폭넓게 활용할 수 있다. 이는 아주 큰 장점이 되어 '블랙박스'인 오라클 측면에서 문제를 나타낼 수 있으며, 6장의 나머지 부분에서 편의상 필요할 때마다 이러한 관점을 채택할 것이다. 물론 실제 적용에서는 오라클을 어떻게 구현할지 알아야 하므로, 각각의 실전 문제에서 구현돼 있는 오라클의 명확한 서술에 관심을 기울일 것이다.

확인문제 6.6: 박스 6.1의 두 번째 그림에서 중요하지 않은 전체위상 계수를 무시하면 점선으로 표시한 상자의 게이트들이 조건부 위상이동 연산인 $2|00\rangle\langle00| - I$를 수행한다는 것을 증명하라.

박스 6.1: 양자탐색: 2비트 예

다음은 양자탐색 알고리듬이 $N = 4$ 크기의 탐색 공간에서 작동하는 방법을 보여주는 명백한 예다. $x = x_0$일 때 $f(x_0) = 1$이고 그 외의 모든 x에 대해 $f(x) = 0$인 오라클은 4개의 회로

중에서 하나가 될 수 있다. 이 회로들은 왼쪽에서 오른쪽으로 $x_0 = 0, 1, 2, 3$에 해당한다. 여기서 위쪽 두 큐비트는 쿼리 x를 운반하고 맨 아래쪽 큐비트는 오라클의 응답을 운반한다. 처음에 아다마르 변환들과 한 번의 그로버 반복 G를 수행하는 양자회로는

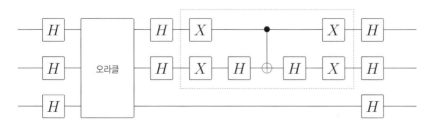

이다. 최초 위쪽 두 큐비트는 $|0\rangle$ 상태로 준비하고 맨 아래의 큐비트는 $|1\rangle$로 준비한다. 점선 상자 속의 게이트들은 조건부 위상이동 연산 $2|00\rangle\langle00| - I$를 수행한다. x_0을 얻으려면 G를 몇 번 반복해야 할까? (6.15) 식에서 $M = 1$을 사용하면 한 번의 반복이 필요하다는 것을 알 수 있다. (6.14)에서 $\theta = \pi/3$이기 때문에 이 특수한 경우에 정확히 한 번만 반복하면 x_0을 완벽히 얻게 된다. 그림 6.3의 기하학적 그림에서 초기상태 $|\psi\rangle = (|00\rangle + |01\rangle + |10\rangle + |11\rangle)/2$는 $|\alpha\rangle$에서 $30°$이므로 $\theta = 60°$만큼 한 번 회전하면 $|\psi\rangle$가 $|\beta\rangle$로 이동된다. 이 양자회로를 사용하면 직접 확인할 수 있는데, 오라클을 한 번만 사용한 후 위쪽 두 큐비트를 측정하면 x_0가 나온다. 이와는 대조적으로 고전 컴퓨터(또는 고전회로)에서 4개의 오라클을 구별하려면 평균 2.25번의 오라클 쿼리가 필요할 것이다!

6.2 양자 시뮬레이션으로서의 양자탐색

양자탐색 알고리듬의 정확성은 쉽게 증명할 수 있지만, 아무것도 모르는 상태에서 그러한 알고리듬을 어떻게 생각해낼지는 암담하다. 이 절에서는 까다로운 양자 알고리듬 설계 작업에 대한 직관력을 얻기 위해 양자탐색 알고리듬을 '이끌어' 낼 수 있는 경험적 수단을 대략적으로 알아볼 것이다. 유용한 부수적인 효과로서 결정론적^{deterministic} 양자탐색 알고리듬도 얻을 수 있다. 우리의 목표는 일반성보다는 통찰력을 얻는 것이므로 단순하게 하기 위해 탐색 문제는 정확히 하나의 해를 가지며 그 해에는 x라는 레이블을 붙이는 것으로 가정한다.

우리의 방법에는 두 단계가 있다. 첫째, 탐색 문제를 해결하는 해밀토니안에 관해 추측한다. 좀 더 정확히 말해서 해 x와 초기상태 $|\psi\rangle$에 의존하는 해밀토니안 H를 표현해놓으면, H에 따라 진화하는 양자계는 어떤 지정된 시간 후에 $|\psi\rangle$에서 $|x\rangle$로 변할 것이다. 일단 그러한 해밀토니안과 초기상태를 잡아놓았으면, 두 번째 단계로 넘어가서 양자회로를 사용하여 그 해밀토니안의 작용을 시뮬레이션하면 된다. 놀랍게도 이 절차를 따르면 아주 빠르게 양자탐색 알고리듬이 나온다! 우리는 문제 4.3에서 양자회로의 보편성을 알아보는 동안, 이미 이 두 부분으로 된 절차를 다룬 바 있으며 그 절차는 양자탐색 연구에서도 잘 먹힌다.

이 알고리듬은 양자 컴퓨터에서 $|\psi\rangle$ 상태로 시작한다고 하자. $|\psi\rangle$의 정체에 대해서는

나중에 밝히기로 하고, 이 알고리듬의 동역학을 이해할 때까지는 $|\psi\rangle$를 결정하지 않은 채로 두는 것이 편리하다. 양자탐색의 목표는 $|\psi\rangle$를 $|x\rangle$ 또는 그 근사로 바꾸는 것이다. 어떤 해밀토니안이 그렇게 잘 진화시킬까? 단순히 생각해보면, 해밀토니안은 전적으로 $|\psi\rangle$와 $|x\rangle$라는 항으로 구성된다고 추측해야 한다. 따라서 해밀토니안은 $|\psi\rangle\langle\psi|$, $|x\rangle\langle x|$, $|\psi\rangle\langle x|$, $|x\rangle\langle\psi|$와 같은 항의 합이어야 한다. 이 추측에서 가장 간단한 선택은 해밀토니안

$$H = |x\rangle\langle x| + |\psi\rangle\langle\psi| \tag{6.18}$$

$$H = |x\rangle\langle\psi| + |\psi\rangle\langle x| \tag{6.19}$$

일 것이다. 이 두 해밀토니안 모두는 양자탐색 알고리듬에 적합한 것으로 밝혀졌다! 하지만 지금은 (6.18) 식의 해밀토니안만 분석하는 것으로 하자. 최초 $|\psi\rangle$ 상태에서 t시간 후, 해밀토니안 H에 따라 진화하는 양자계의 상태는

$$\exp(-iHt)|\psi\rangle \tag{6.20}$$

이다. 직관적으로는 아주 괜찮아 보인다. 이를테면 작은 t에 대해 진화의 효과로 인해 $|\psi\rangle$는 $(I - itH)|\psi\rangle = (1 - it)|\psi\rangle - it\langle x|\psi\rangle|x\rangle$로 되니까 말이다. 즉, $|\psi\rangle$ 벡터는 $|x\rangle$ 방향으로 약간 회전한다. $\exp(-iHt)|\psi\rangle = |x\rangle$가 되는 t가 존재하는지 결정하는 것을 목표로 잡고 완전히 분석해보자. 당연한 말이지만 $|x\rangle$와 $|\psi\rangle$에 의해 생성된 2차원 공간으로 분석을 제한해도 된다. 그람-슈미트 절차를 수행하면 $|x\rangle$, $|y\rangle$가 이 공간에 대해 정규직교 기저를 형성하도록 $|y\rangle$를 구할 수 있으며 $\alpha^2 + \beta^2 = 1$이 되는 α, β에 대해 $|\psi\rangle = \alpha|x\rangle + \beta|y\rangle$도 구할 수 있다. 이때 편의상 α와 β는 실수이면서 음수가 아니도록 $|x\rangle$와 $|y\rangle$의 위상을 선택한다. $|x\rangle$, $|y\rangle$ 기저로 하면

$$H = \begin{bmatrix} 1 & 0 \\ 0 & 0 \end{bmatrix} + \begin{bmatrix} \alpha^2 & \alpha\beta \\ \alpha\beta & \beta^2 \end{bmatrix} = \begin{bmatrix} 1 + \alpha^2 & \alpha\beta \\ \alpha\beta & 1 - \alpha^2 \end{bmatrix} = I + \alpha(\beta X + \alpha Z) \tag{6.21}$$

가 된다. 따라서

$$\exp(-iHt)|\psi\rangle = \exp(-it)\left[\cos(\alpha t)|\psi\rangle - i\sin(\alpha t)\left(\beta X + \alpha Z\right)|\psi\rangle\right] \tag{6.22}$$

가 된다. 전체위상 계수 $\exp(-it)$는 무시해도 되므로 약간의 계산을 거치면 $(\beta X + \alpha Z)|\psi\rangle = |x\rangle$가 된다. 그러므로 t시간 후, 계의 상태는

$$\cos(\alpha t)|\psi\rangle - i\sin(\alpha t)|x\rangle \tag{6.23}$$

가 된다. 따라서, $t = \pi/2\alpha$ 시간에 계를 관측하면 1의 확률로 결과 $|x\rangle$가 나온다. 즉, 탐색 문제에 대한 해를 구했다! 아쉽게도, 관측 시간은 α에 의존하는데 $|\psi\rangle$의 성분은 $|x\rangle$ 방향

이므로 결국 x에 의존하게 된다. 그런데 x는 우리가 구하려고 하는 것이다. 확실한 해결책은 모든 $|x\rangle$에 대해 α를 동일하게 배열하는 것이다. 즉, $|\psi\rangle$를 균등한 중첩상태

$$|\psi\rangle = \frac{\sum_x |x\rangle}{\sqrt{N}} \tag{6.24}$$

로 잡는다. 이렇게 선택해놓으면 모든 x에 대해 $\alpha = 1/\sqrt{N}$이 되므로 관측 시간 $t = \pi\sqrt{N}/2$은 x 값에 의존하지 않게 된다. 더욱이 상태 (6.24)에는 우리가 아다마르 변환을 수행하여 이 상태를 어떻게 준비할지를 이미 알고 있다는 명백한 이점이 있다.

이제 해밀토니안 (6.18)이 $|\psi\rangle$ 벡터를 $|x\rangle$에게로 회전시킨다는 것을 알게 됐다. 그렇다면 해밀토니안 (6.18)을 시뮬레이션할 양자회로를 구하여 탐색 알고리듬을 얻을 수 있을까? 4.7절의 방법을 적용하면, H를 시뮬레이션하는 자연스러운 방법은 짧은 시간의 증가분 Δt에 대해 해밀토니안 $H_1 \equiv |x\rangle\langle x|$와 $H_2 \equiv |\psi\rangle\langle\psi|$를 교대로 시뮬레이션하는 것이다. 그림 6.4와 6.5에 나타낸 것과 같이 4장의 방법을 사용하면 이들 해밀토니안을 쉽게 시뮬레이션할 수 있다.

확인문제 6.7: 그림 6.4와 6.5에 나타난 회로가 (6.24)에서와 같은 $|\psi\rangle$를 가지고 각각 $\exp(-i|x\rangle\langle x|\Delta t)$와 $\exp(-i|\psi\rangle\langle\psi|\Delta t)$ 연산을 구현한다는 것을 증명하라.

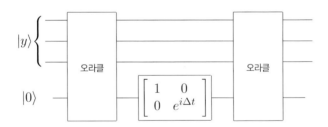

그림 6.4 두 번의 오라클 호출을 사용하여 $\exp(-i|x\rangle\langle x|\Delta t)$ 연산을 구현하는 회로

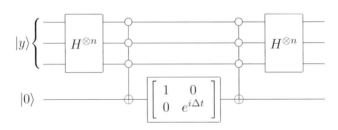

그림 6.5 (6.24)에서와 같은 $|\psi\rangle$에 대해 $\exp(-i|\psi\rangle\langle\psi|\Delta t)$ 연산을 구현하는 회로

양자 시뮬레이션에 필요한 오라클 호출 수는 합리적으로 정확한 결과를 얻기 위해 시간 단계가 얼마나 필요한지에 따라 결정된다. $O(\Delta t^2)$의 정확도를 갖는 Δt 길이의 시뮬레이션 단계를 사용한다고 하자. 필요한 총 단계 수는 $t/\Delta t = \Theta(\sqrt{N}/\Delta t)$이므로 누적 오차는 $O(\Delta t^2 \times \sqrt{N}/\Delta t) = O(\Delta t\sqrt{N})$이다. 합리적으로 높은 성공 확률을 얻으려면 오차가 $O(1)$이어야 한다. 즉, $\Delta t = \Theta(1/\sqrt{N})$로 잡아야 한다. 이 값은 $O(N)$과 같은 스케일을 가진 많은 오라클 호출이 된다(고전적인 해보다 낫다!). 좀 더 정확한 양자 시뮬레이션 방법을 사용한다면, 이른바 $O(\Delta t^3)$의 정확도를 갖는 방법이라면 어떨까? 이 경우, 누적 오차는 $O(\Delta t^2\sqrt{N})$이므로 적당한 성공 확률을 달성하려면 $\Delta t = \Theta(N^{-1/4})$로 잡아야 한다. 결과적으로 총 오라클 호출 수는 $O(N^{3/4})$이며 이는 6.1절의 양자탐색 알고리듬에 의해 달성한 것만큼 여전히 좋지는 않지만 고전적인 상황에 비하면 개선은 뚜렷하다! 일반적으로 좀 더 정확한 양자 시뮬레이션 기법을 사용하면, 다음 확인문제에서 보듯이 시뮬레이션 수행에 필요한 오라클 호출 수는 줄어든다.

확인문제 6.8: 시뮬레이션 단계가 정확도 $O(\Delta t^r)$로 수행된다고 하자. 적당한 정확도로 H를 시뮬레이션하는 데 필요한 오라클 호출 수는 $O(N^{r/2(r-1)})$임을 보여라. r이 커질수록 N의 지수는 1/2에 가까워진다는 점에 주목한다.

지금까지 4.7절의 양자 시뮬레이션에 대한 일반적인 결과를 사용하여 해밀토니안 (6.18)의 양자 시뮬레이션에 대한 정확도를 분석했다. 물론 이 사례에서는 일반적인 경우가 아닌 특정 해밀토니안을 다뤘는데, 이렇게 하면 일반적인 분석에 의존하기보다는 시뮬레이션 시간 단계 Δt의 효과를 확실히 계산하는 것이 흥미롭게 된다. 어떠한 특정 시뮬레이션 방법이라도 이렇게 작업하면 된다(시뮬레이션 단계의 효과를 알아내는 일이 좀 늘어지긴 하지만 본질적으로 계산은 간단해진다). 분명한 출발점은 최하위 시뮬레이션 기법의 작용을 명시적으로 계산하는 것이다. 즉, $\exp(-i|x\rangle\langle x|\Delta t) \exp(-i|\psi\rangle\langle\psi|\Delta t)$와 $\exp(-i|\psi\rangle\langle\psi|\Delta t)$ $\exp(-i|x\rangle\langle x|\Delta t)$ 중에서 하나 또는 둘 모두를 계산하는 것이다. 그 결과는 두 경우 모두 본질적으로 동일하다. 우리는 $U(\Delta t) = \exp(-i|\psi\rangle\langle\psi|\Delta t) \exp(-i|x\rangle\langle x|\Delta t)$의 연구에 중점을 둘 것이다. $U(\Delta t)$는 $|x\rangle\langle x|$와 $|\psi\rangle\langle\psi|$에 의해 생성된 공간에서만 비자명하게 동작하므로 우리는 그 공간으로 제한하며 $|x\rangle$, $|y\rangle$ 기저로 작업한다. 여기서 $|y\rangle$는 이전 정의와 같다. 이 표현에서는 $|x\rangle\langle x| = (I + Z)/2 = (I + \hat{z}\cdot\vec{\sigma})/2$이고 $|\psi\rangle\langle\psi| = (I + \vec{\psi}\cdot\vec{\sigma})/2$이란 점에 주목한다. 여기서 $\hat{z} \equiv (0, 0, 1)$은 z 방향의 단위벡터이며 $\vec{\psi} = (2\alpha\beta, 0, (\alpha^2 - \beta^2))$이다(이것은

블로흐 벡터 표현이라는 것을 상기하자. 4.2절 참조). **중요하지 않은 전체위상 계수를 무시하고** 간단한 계산을 거치면

$$U(\Delta t) = \left(\cos^2 \left(\frac{\Delta t}{2} \right) - \sin^2 \left(\frac{\Delta t}{2} \right) \vec{\psi} \cdot \hat{z} \right) I$$
$$- 2i \sin \left(\frac{\Delta t}{2} \right) \left(\cos \left(\frac{\Delta t}{2} \right) \frac{\vec{\psi} + \hat{z}}{2} + \sin \left(\frac{\Delta t}{2} \right) \frac{\vec{\psi} \times \hat{z}}{2} \right) \cdot \vec{\sigma} \quad (6.25)$$

가 된다.

확인문제 6.9: (6.25) 식을 증명하여라(힌트: 확인문제 4.15 참조).

(6.25) 식은 $U(\Delta t)$가 블로흐 구에서

$$\vec{r} = \cos \left(\frac{\Delta t}{2} \right) \frac{\vec{\psi} + \hat{z}}{2} + \sin \left(\frac{\Delta t}{2} \right) \frac{\vec{\psi} \times \hat{z}}{2} \quad (6.26)$$

로 정의한 회전축 $\vec{r}$을 중심으로 θ 각만큼의 회전임을 의미한다. 이때 θ는

$$\cos \left(\frac{\theta}{2} \right) = \cos^2 \left(\frac{\Delta t}{2} \right) - \sin^2 \left(\frac{\Delta t}{2} \right) \vec{\psi} \cdot \hat{z} \quad (6.27)$$

로 정의하는데, $\vec{\psi} \cdot \hat{z} = \alpha^2 - \beta^2 = (2/N - 1)$을 적용하면

$$\cos \left(\frac{\theta}{2} \right) = 1 - \frac{2}{N} \sin^2 \left(\frac{\Delta t}{2} \right) \quad (6.28)$$

로 간단하게 된다. $\vec{\psi} \cdot \vec{r} = \hat{z} \cdot \vec{r}$이므로, $|\psi\rangle\langle\psi|$와 $|x\rangle\langle x|$ 둘 다 블로흐 구의 r 축에 대해 동일하게 회전한 원 위에 놓인다. 요약해서 말하면 $U(\Delta t)$의 작용은 r 축에 대해 $|\psi\rangle\langle\psi|$를 회전시키는데 그림 6.6과 같이 $U(\Delta t)$를 적용할 때마다 θ 각씩 회전시킨다. $|\psi\rangle\langle\psi|$를 해 ^solution $|x\rangle\langle x|$ 근처로 충분히 회전시키면 이 절차를 종료한다. 처음에 이 양자 시뮬레이션의 사례를 고려했을 때부터 Δt가 작다고 생각했지만, (6.28) 식을 보면 회전각 θ를 최대로 하기 위해서는 $\Delta t = \pi$로 잡아야 한다. 이렇게 하면 $\cos(\theta/2) = 1 = 2/N$이 되고, 이것은 큰 수 N의 경우 $\theta \approx 4/\sqrt{N}$에 해당하며 해 $|x\rangle$를 구하는 데 필요한 오라클 호출 수는 원래 양자탐색 알고리듬과 마찬가지로 $O(\sqrt{N})$이 된다.

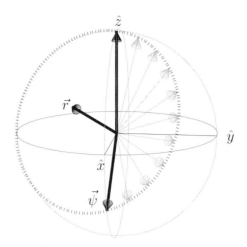

그림 6.6 회전축 $\hat{r}$에 대해 초기상태 $\vec{\psi}$를 최종상태 $\hat{z}$쪽으로 회전시키는 것을 보여주는 블로흐 구 다이어그램

실제로 $\Delta t = \pi$로 선택하면 이 '양자 시뮬레이션'은 사실상 원래의 양자탐색 알고리듬과 같게 된다. 그 이유는 양자 시뮬레이션에서 적용된 연산자가 $\exp(-i\pi|\psi\rangle\langle\psi|) = I - 2|\psi\rangle\langle\psi|$와 $\exp(-i\pi|x\rangle\langle x|) = I - 2|x\rangle\langle x|$이고 전체위상이동을 무시하면 이것들이 그로버 반복을 구성하는 단계와 동일하기 때문이다. 이렇게 볼 때 양자탐색 알고리듬에 대한 그림 6.2와 6.3에 나타난 회로는 $\Delta t = \pi$라는 특별한 경우의 시뮬레이션에 대한 그림 6.4와 6.5에 나타난 회로를 단순화시킨 것이 된다!

확인문제 6.10: Δt를 적절히 선택하면 $O(\sqrt{N})$번의 쿼리를 사용하고 최종상태가 정확히 $|x\rangle$인 양자탐색 알고리듬을 얻을 수 있음을 보여라. 즉, 이 알고리듬은 확률 1로 작동하며 확률이 이보다 떨어지지 않는다.

우리는 다른 관점인 양자 시뮬레이션의 관점에서 양자탐색 알고리듬을 다시 유도해냈다. 이 접근법은 왜 제대로 통했을까? 이 접근법으로 다른 고속 양자 알고리듬을 구할 수 있을까? 이들 질문에 확실하게 대답할 수 없지만 다음의 생각들은 흥미로울 수 있다. 사용할 기본 절차는 다음과 같이 네 단계다. (1) 해결할 문제를 명시하고 양자 알고리듬에서 원하는 입력과 출력에 대한 서술을 포함시킨다. (2) 문제를 해결할 해밀토니안을 추측하고 실제로 잘 먹히는지 증명한다. (3) 그 해밀토니안을 시뮬레이션할 절차를 구한다. (4) 시뮬레이션의 자원 비용을 분석한다. 이것은 두 가지 측면에서 좀 더 일반적인 접근법과 다르다. 즉, 양자회로가 아닌 해밀토니안을 알아내는 것이고 기존 접근법의 시뮬레이선 단계와는 유사점이 없다는 것이다. 이 두 가지 차이점 중 더 중요한 것은 첫 번째다. 문제를 해결할 양자회로를 구체적으로 명시하기에는 범위가 아주 넓다. 이러한 자유도는 부분적으로 양자계산에 큰 힘이 되지만 좋은 회로 구하기는 좀 어렵게 만든다. 이와는 대조적으로 해밀토니안을 명시해 버리면 훨씬 더 제한적인 문제로 만드므로 문제의 해에 대한 자유도가 줄어들기는 하지만, 그 제약으로 인해 문제 해결을 위한 효율적인 양자 알고리듬을 구하는 것은 훨씬 쉬워질 수 있다. 이번 양자탐색 알고리듬에 대해 이러한 일이 일어나는 것을 알게 됐으며, 다른 양자 알고리듬도 이러한 방법으로 발견될 것으로 본다. 즉, 앞으로의 일은 모른다. 확실한 것은 이 '양자 시뮬레이션으로서의 양자 알고리듬' 관점으로 인해 양자 알고리듬의 개발이 촉진된다는 점이다.

확인문제 6.11: (복수 해의 연속 양자탐색)   탐색 문제가 M개의 해를 갖는 경우, 연속시간 탐색 문제를 해결할 수 있는 해밀토니안을 구하라.

확인문제 6.12: (양자탐색을 위한 대체 해밀토니안)

$$H = |x\rangle\langle\psi| + |\psi\rangle\langle x| \tag{6.29}$$

를 고려하자.

1. 해밀토니안 H에 따라 진화할 때 $|\psi\rangle$ 상태에서 $|x\rangle$ 상태로 회전하는 데 $O(1)$시간이 걸린다는 것을 보여라.

2. 해밀토니안 H의 양자 시뮬레이션이 어떻게 수행되는지를 설명하고, 여러분의 시뮬레이션 기술에서 높은 확률로 해를 얻는 데 필요한 오라클 호출 수를 결정하라.

6.3 양자 카운팅

M이 사전에 알려지지 않은 경우 N 항목의 탐색 문제에 대해 얼마나 빨리 해의 개수 M을 구할 수 있을까? 당연한 말이지만 고전 컴퓨터에서는 오라클을 사용하여 $\Theta(N)$개의 진단을 받아 M을 결정한다. 양자 컴퓨터에서는 양자 푸리에 변환(5장)에 바탕을 둔 위상 추정 기법과 그로버 반복을 결합하면 고전 컴퓨터보다 훨씬 빨리 해의 개수를 추정할 수 있다. 여기에는 중요하게 적용된 것들이 있다. 첫째, 해의 개수를 빠르게 추정할 수 있다면 해를 재빨리 구하는 것도 가능하다. 그 이유는 해의 개수를 몰라도 먼저 해의 개수를

카운팅하고 나서 양자탐색 알고리듬을 적용하여 해를 구하면 되기 때문이다. 둘째, 양자 카운팅을 통해 해의 개수가 0인지에 따라 해의 존재 유무를 따질 수 있다. 예를 들어 이 방법을 NP-완비 문제의 해에 적용할 수 있는데, 그러면 NP-완비 문제를 탐색 문제에 대한 해의 존재로 표현할 수 있다.

확인문제 6.13:   다음과 같은 카운팅 문제를 위한 고전 알고리듬을 고려하자. 이 카운팅 문제는 탐색공간에서 균등하면서도 독립적으로 k 횟수만큼 표본을 추출한다. 이때 $X_1,\dots,X_k$를 오라클 호출의 결과라 하자. 즉, j번째 오라클 호출이 이 문제의 해로 드러났다면 $X_j = 1$이고 해가 아닌 것으로 나타났다면 $X_j = 0$이다. 이 알고리듬은 탐색 문제에 대한 해의 개수의 추정값 $S \equiv N \times \sum_j X_j/k$를 반환한다. S의 표준편차가 $\Delta S = \sqrt{M(N-M)/k}$임을 보여라. 또한 M의 모든 값에 대해 정확도 $\sqrt{M}$ 이내에서 적어도 3/4의 확률로 M을 추정하려면 $k = \Omega(N)$이어야 함을 증명하라.

확인문제 6.14:   임의의 고전 카운팅 알고리듬이 어떤 상수 c와 M의 모든 값에 대해 정확도 $c\sqrt{M}$ 이내에서 적어도 3/4의 확률로 M을 추정하려면 $\Omega(N)$번의 오라클 호출을 해야 함을 증명하라.

양자 카운팅은 5.2절의 위상추정 절차를 응용한 것이며 그로버 반복 G의 고윳값을 추정하여 탐색 문제에 대한 해의 개수 M을 결정할 수 있다. $|a\rangle$와 $|b\rangle$를 $|\alpha\rangle$와 $|\beta\rangle$에 의해 생성된 공간 속에 있는 그로버 반복의 두 고유벡터라 하자. 또한 θ를 그로버 반복에 의해 결정되는 회전각이라 하자. (6.13) 식으로부터 이에 해당하는 고윳값은 $e^{i\theta}$와 $e^{i(2\pi-\theta)}$이 된다. 분석을 쉽게 하기 위해 오라클의 크기를 늘린 것으로 가정하는 것이 편리하다. 즉, 6.1절에서 설명한 대로 탐색 공간의 크기를 $2N$으로 확대시키고 $\sin^2(\theta/2) = M/2N$을 적용한다.

양자 카운팅에 사용되는 위상추정 회로는 그림 6.7에 나와 있다. 이 회로의 기능은 최소 $1 - \epsilon$의 성공 확률과 m비트의 정확도로 θ를 추정하는 것이다. 첫 번째 레지스터는 위상추정 알고리듬에 따라 $t \equiv m + \lceil \log(2 + 1/2\epsilon) \rceil$개의 비트를 포함하고, 두 번째 레지스터는 $n + 1$큐비트를 포함하므로 크기를 늘린 탐색공간에서 그로버 반복을 구현하기에 충분하다. 두 번째 레지스터의 상태는 한 번의 아다마르 변환에 의해 모든 가능한 입력 $\sum_x |x\rangle$이 똑같은 중첩으로 초기화된다. 6.1절에서 보았듯이 이 상태는 고유상태 $|a\rangle$와 $|b\rangle$의 중첩이므로, 5.2절의 결과에 의해 그림 6.7의 회로에서는 정확도 $|\Delta\theta| \le 2^{-m}$ 이내에

서 적어도 $1 - \epsilon$의 확률로 θ 또는 $2\pi - \theta$의 추정치가 나온다. 더욱이 $2\pi - \theta$의 추정치는 동일한 정확도 수준으로 θ 추정치와 같으므로 위상추정 알고리듬은 $1 - \epsilon$ 확률과 정확도 2^{-m}으로 θ를 사실상 결정한다.

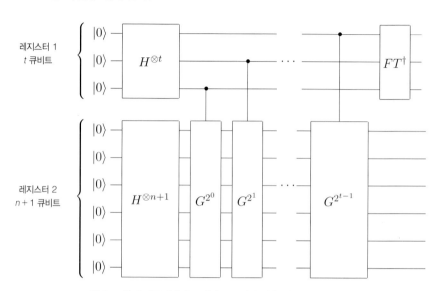

그림 6.7 양자 컴퓨터에서 근사적으로 양자 카운팅을 하기 위한 회로

$\sin^2(\theta/2) = M/2N$ 식과 θ에 대한 추정치를 사용하여 해의 개수 M의 추정치를 구한다. 이 추정치에 오차 ΔM은 얼마나 클까?

$$\frac{|\Delta M|}{2N} = \left| \sin^2 \left(\frac{\theta + \Delta\theta}{2} \right) - \sin^2 \left(\frac{\theta}{2} \right) \right| \tag{6.30}$$

$$= \left(\sin \left(\frac{\theta + \Delta\theta}{2} \right) + \sin \left(\frac{\theta}{2} \right) \right) \left| \sin \left(\frac{\theta + \Delta\theta}{2} \right) - \sin \left(\frac{\theta}{2} \right) \right| \tag{6.31}$$

미적분학을 사용하면 $|\sin((\theta + \Delta\theta)/2) - \sin(\theta/2)| \le |\Delta\theta|/2$가 되고 기초 삼각법을 사용하면 $|\sin((\theta + \Delta\theta)/2)| < \sin(\theta/2) + |\Delta\theta|/2$가 된다. 따라서

$$\frac{|\Delta M|}{2N} < \left(2 \sin \left(\frac{\theta}{2} \right) + \frac{|\Delta\theta|}{2} \right) \frac{|\Delta\theta|}{2} \tag{6.32}$$

가 된다. $\sin^2/(\theta/2) = M/2N$과 $|\Delta\theta| \le 2^{-m}$를 적용하고 M 추정에 대한 오차를 최종적으로 어림잡으면

$$|\Delta M| < \left(\sqrt{2MN} + \frac{N}{2^{m+1}} \right) 2^{-m} \tag{6.33}$$

가 된다. 예를 들어 $m = \lceil n/2 \rceil + 1$과 $\epsilon = 1/6$로 잡아보자. 그러면 $t = \lceil n/2 \rceil + 3$이므로 이 알고리듬에서 $\Theta(\sqrt{N})$번의 그로버 반복이 필요하고, 따라서 $\Theta(\sqrt{N})$번의 오라클 호출이 필요하다. (6.33)에 의해 정확도는 $|\Delta M| < \sqrt{M/2} + 1/4 = O(\sqrt{M})$이 된다. 이것을 확인 문제 6.14와 비교해보면 고전 컴퓨터에서는 비슷한 정확도를 얻기 위해 $O(N)$번의 오라클 호출이 필요했을 것이다.

실제로 방금 설명한 예는 탐색 문제에 대한 해가 존재하는지 결정하는, 즉 $M = 0$ 또는 $M \neq 0$인지를 결정하는 알고리듬으로서 두 가지 일을 한다. $M = 0$이면 $|\Delta M| < 1/4$이므로 이 알고리듬은 적어도 5/6의 확률로 추정치 0을 생성해야 한다. 반대로 $M \neq 0$이면 적어도 5/6의 확률로 M의 추정치가 0과 같지 않다는 것을 쉽게 증명해낸다.

양자 카운팅의 또 다른 적용은 해의 개수 M을 알 수 없을 때 탐색 문제에 대한 해를 구하는 것이다. 6.1절에서 설명했듯이 양자탐색 알고리듬을 적용할 때의 어려운 점은 그로버 반복의 횟수인 (6.15) 식이 해의 개수 M을 알아야 풀린다는 것이다. 이 문제는 양자 카운팅 알고리듬을 사용하면 쉽게 풀 수 있다. 먼저 위상추정을 사용하여 θ와 M을 높은 정확도로 추정하고 나서 6.1절에서와 같이 양자탐색 알고리듬을 적용한다. 이때 θ와 M 의 추정치를 가지고 (6.15)에 의해 결정된 횟수만큼 그로버 반복을 반복시킨다. 이 경우, 각도 오차는 최대 $\pi/4(1 + |\Delta\theta|/\theta)$이므로 $m = \lceil n/2 \rceil + 1$로 잡으면 최대 $\pi/4 \times 3/2 = 3\pi/8$의 각도 오차가 발생한다. 이 값은 탐색 알고리듬에 대해 적어도 $\cos^2(3\pi/8) = 1/2 - 1/2\sqrt{2} \approx 0.15$의 성공 확률에 해당한다. 앞의 예에서와 같이 이 정확도로 θ의 추정치를 얻을 확률이 5/6이면 탐색 문제에 대한 해를 구할 수 있는 총 확률은 $5/6 \times \cos^2(3\pi/8) \approx 0.12$가 된다. 이 확률은 카운팅-탐색 절차를 잘 결합하면 약간의 반복으로도 재빨리 1에 가깝게 도달할 수도 있다.

6.4 NP-완비 문제 해결 속도 향상

복잡도 클래스 NP에 속한 문제(3.2.3절)의 해를 구할 때 양자탐색을 사용하면 해를 구하는 속도를 높일 수 있다. 인수분해를 할 때 어떻게 속도를 높일 수 있었는지는 6.1.1절에서 이미 살펴봤었다. 여기서는 해밀턴 순환 문제(HC)의 해를 돕기 위해 양자탐색을 적용하는 방법을 설명한다. 그래프에서 해밀턴 순환이란 그래프의 모든 정점을 지나는 단순한 순환이라는 것을 상기하자. HC 문제는 주어진 그래프에서 해밀턴 순환이 존재하는지 여부를 결정하는 것이다. 이 문제는 NP-완비 문제 클래스에 속하며 고전 컴퓨터에서 다루기 어려운 것으로 널리 알려져 있다(그러나 아직 증명되지는 않았다).

HC를 해결하는 간단한 알고리듬은 다음과 같이 정점들에 대해 모든 가능한 순서로 탐색을 수행하는 것이다.

1. 그래프의 정점들에 대해 각 가능한 순서$(v_1,...,v_n)$를 생성한다. 본래의 결과에 영향을 주지 않으면서 분석을 쉽게 한다면, 반복해서 생성하는 것도 허용한다.

2. 그래프의 각 순서에 대해 해밀턴 순환인지 검사한다. 해밀턴 순환이 아니면 순서 검사를 계속한다.

탐색해야 하는 정점에 대해 $n^n = 2^{n \log n}$개의 가능한 순서가 존재하기 때문에 최악의 경우 이 알고리듬은 해밀턴 순환 특성을 알아내기 위해 $2^{n \log n}$번 검사해야 한다. 실제로 NP의 어떠한 문제라도 비슷한 방식으로 해결할 수 있다. 즉, 크기 n의 문제가 $w(n)$비트를 사용하여 지정할 수 있는 증거^{witness}를 갖고 있다면, 모두 $2^{w(n)}$개의 가능한 증거를 통해 탐색할 때 그 문제에 대한 해가 나올 것이다(해가 존재할 경우). 여기서 $w(n)$은 n에 대한 다항식이다.

양자탐색 알고리듬을 사용하면 탐색 속도를 증가시키기 때문에 이 알고리듬의 속도를 높일 수 있다. 특히 우리는 6.3절에서 설명한 알고리듬을 사용하여 탐색 문제의 해가 존재하는지 알아본다. $m \equiv \lceil \log n \rceil$이라 하자. 알고리듬의 탐색 공간은 mn큐비트의 문자열로 나타낼 것이며, m큐비트의 각 블록은 한 정점에 대한 인덱스를 저장하는 데 사용할 것이다. 따라서 계산기저 상태는 $|v_1,...,v_n\rangle$으로 표현할 수 있다. 여기서 각 $|v_i\rangle$는 총 nm큐비트에 대해 적절한 m큐비트 문자열로 나타난다. 이 탐색 알고리듬에 대한 오라클은 변환

$$O|v_1,\ldots,v_n\rangle = \begin{cases} |v_1,\ldots,v_n\rangle & v_1,...,v_n\text{이 해밀턴 순환이 아닌 경우} \\ -|v_1,\ldots,v_n\rangle & v_1,...,v_n\text{이 해밀턴 순환인 경우} \end{cases} \qquad (6.34)$$

을 적용시켜야 한다. 그 그래프에 대한 서술^{description}을 갖추고 있다면 이러한 오라클은 설계해서 구현하기가 쉽다. 그래프에서 해밀턴 순환을 인식하는 다항 크기의 고전회로를 구하고 그 회로를 또한 다항 크기의 가역 회로로 전환시켜 $(v_1,...,v_n, q) \rightarrow (v_1,...,v_n, q \oplus f(v_1,...,v_n))$ 변환을 계산한다. 여기서 $v_1,...,v_n$이 해밀턴 순환이라면 $f(v_1,...,v_n) = 1$이고 그렇지 않으면 0이다. 양자 컴퓨터에서 이에 대응하는 회로를 구현하고 맨 끝의 큐비트를 $(|0\rangle - |1\rangle)/\sqrt{2}$ 상태로 시작하면, 원하는 변환이 나온다. 여기서는 세부사항을 명확하게 설명하지 않을 것이며 다음의 핵심사항만 알아두면 된다. 즉, 오라클은 n에 다항적인

게이트 수가 필요하다는 것이다. 그 이유는 고전적으로 다항 크기의 많은 게이트를 사용해야만 해밀턴 순환인지 알아낼 수 있기 때문이다. 탐색 문제에 대한 해가 존재하는지 결정하는 탐색 알고리듬의 변형을 적용하면(6.3절), 해밀턴 순환이 존재하는지 알기 위해서 $O(2^{mn/2}) = O(2^{n\lceil\log n\rceil/2})$번의 오라클을 적용해야 한다는 것을 알 수 있다. 해밀턴 순환이 존재하면, 결합시킨 카운팅-탐색 알고리듬을 적용하기가 쉬워 그러한 순환의 예를 찾아서 그 문제의 증거로 제시할 수 있다.

이를 요약하면 다음과 같다.

- 고전 알고리듬은 해밀턴 순환이 존재하는지 결정하기 위해 $O(p(n)\ 2^{n\lceil\log n\rceil})$번의 연산을 필요로 한다. 여기서 다항식 계수 $p(n)$은 오라클의 구현 때문에 발생하는, 다시 말해 후보 경로가 해밀토니안인지 검사하는 게이트로 인해 발생하는 주요 오버헤드다. 필요한 자원을 결정하는 주된 영향은 $2^{n\lceil\log n\rceil}$의 지수 부분이 일으킨다. 고전 알고리듬은 결정론적[1]deterministic이다. 즉, 1의 확률로 성공한다.
- 양자 알고리듬은 해밀턴 순환이 존재하는지 결정하기 위해 $O(p(n)\ 2^{n\lceil\log n\rceil/2})$번의 연산을 필요로 한다. 또다시 다항식 $p(n)$은 오라클의 구현으로 인해 발생하는 주요 오버헤드다. 필요한 자원을 결정하는 주된 영향은 $2^{n\lceil\log n\rceil/2}$의 지수 부분이 일으킨다. 이 알고리듬의 오차에는 일정한 확률(예를 들어 1/6)이 존재해서 알고리듬을 r번 반복하면 $1/6^r$로 줄어들 수 있다.
- 근사적으로 말하면, 양자 알고리듬은 고전 알고리듬에 필요한 연산 수의 제곱근을 필요로 한다.

6.5 비정형 데이터베이스의 양자탐색

누군가가 여러분에게 1,000개의 꽃 이름이 있는 목록을 주며 그 목록에서 퍼스 로즈Perth Rose가 어디에 써 있는지 묻는다고 하자. 목록 속에 그 꽃 이름이 하나만 있고 명확한 방식으로 정렬돼 있지 않다면, 평균적으로 500개의 이름을 검사해야만 퍼스 로즈를 찾을 수 있을 것이다. 양자탐색 알고리듬을 사용하면 이런 종류의 데이터베이스 탐색database searching 속도를 높일 수 있을까? 그렇다. 양자탐색 알고리듬은 데이터베이스 탐색 알고리듬으로 부르기도 한다. 그러나 적용할 때의 유용성은 제한적이고 특정 가정을 바탕으로

1　같은 입력에 대해 항상 같은 출력이 나온다는 접근법. 이에 반대되는 접근법은 통계적, 확률론적이다. - 옮긴이

한다. 이 절에서는 전통적인 컴퓨터에서와 같은 설정으로 비정형 데이터베이스^{unstructured} ^{database}를 탐색하려면 양자탐색 알고리듬을 개념적으로 어떻게 사용하는지를 살펴본다. 이번 절에서 보여주는 묘사를 통해 양자 컴퓨터가 고전 데이터베이스를 탐색할 때 어떤 자원이 필요한지를 명확히 알게 될 것이다.

길이가 l비트인 항목이 $N \equiv 2^n$개 들어 있는 데이터베이스가 있다고 하자. 이 항목들에 $d_1, ..., d_N$이라는 레이블을 붙일 것이다. 이 데이터베이스에서 특정한 l비트 문자열 s가 어디에 있는지 알아보려고 한다. 이 문제를 해결하는 데 사용할 고전 컴퓨터는 일반적으로 두 부분으로 나뉘는데 그림 6.8에 그 부분이 나타나 있다. 첫 번째 부분은 데이터 조작이 이루어지는 중앙처리장치$^{\text{Central Processing Unit}}$ 또는 CPU이며 소량의 임시 메모리를 사용한다. 두 번째 부분은 커다란 메모리이며 데이터베이스를 l비트 셀^{cell}로 구성된 2^n개의 문자열 블록으로 저장한다. 이 메모리는 자체적으로 데이터를 처리할 수 없다는 점에서 수동적인 것으로 가정한다. 여기서 가능한 일이란 메모리의 데이터를 CPU로 로드하고 CPU의 데이터를 메모리에 저장하며 CPU에 임시로 저장된 데이터를 조작하는 것이다. 물론 고전 컴퓨터는 다르게 설계될 수도 있지만 이러한 CPU-메모리 분리는 널리 사용되는 일반적 구조다.

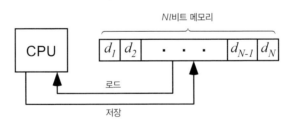

그림 6.8 중앙처리장치(CPU)와 메모리가 분리돼 있는 컴퓨터에서 탐색을 하는 고전적인 데이터베이스. 메모리에 대해서는 두 연산만 직접 수행할 수 있다. 즉, 메모리 요소를 CPU로 로드하거나 CPU의 항목을 메모리에 저장할 수 있다.

주어진 문자열 s가 비정형 데이터베이스 속에서 어디에 있는지 알아보려면 가장 효율적인 고전 알고리듬은 다음과 같다. 먼저 데이터베이스 요소들에 대한 n비트 인덱스가 CPU에 설정된다. CPU는 $n \equiv \lceil \log N \rceil$비트 인덱스를 저장하기에 충분히 크다고 가정한다. 인덱스는 0에서 시작하며 알고리듬이 반복될 때마다 1씩 증가한다. 각 반복마다 그 인덱스에 해당하는 데이터베이스 엔트리가 CPU에 로드되고 탐색할 문자열과 비교된다. 그것들이 서로 같으면, 알고리듬은 인덱스의 값을 출력하고 정지한다. 서로 같지 않으면 알고리듬은 인덱스를 증가시키고 계속한다. 당연한 말이지만 이 알고리듬을 사용하면 최악의 경우 메모리에서 항목을 2^n번 로드해야 한다. 이러한 계산모델의 문제를 해결하는 데는 이 알고리듬이 가장 효율적이라는 점도 분명하다.

양자 컴퓨터에서는 이와 유사한 알고리듬을 얼마나 효율적으로 구현할 수 있을까? 그리고 양자 속도 향상이 가능하더라도 그러한 알고리듬은 얼마나 유용할까? 먼저 속도 향상이 가능하다는 것을 살펴본 다음, 그러한 알고리듬의 유용성을 알아볼 것이다. 양자 컴퓨터도 고전 컴퓨터와 마찬가지로 CPU와 메모리라는 두 부분으로 구성돼 있다고 하자. CPU에는 다음과 같이 4개의 레지스터가 있다고 가정한다. (1) $|0\rangle$으로 초기화한 n큐비트 '인덱스' 레지스터 (2) $|s\rangle$로 초기화하고 전체 계산 중에도 그 상태를 유지하는 l큐비트 레지스터 (3) $|0\rangle$으로 초기화한 l큐비트 '데이터' 레지스터 (4) $(|0\rangle-|1\rangle)/\sqrt{2}$로 초기화한 1큐비트 레지스터.

메모리 부분은 두 가지 방식 중 하나로 구현할 수 있다. 가장 간단한 방식은 양자 메모리 방식으로 메모리에 $N=2^n$개의 l큐비트 셀이 들어간 데이터베이스를 저장하며 각 셀에는 $|d_x\rangle$ 엔트리가 들어간다. 두 번째 구현은 메모리를 $N=2^n$개의 l비트 셀이 들어가는 고전 메모리로 구현하는 것이며 각 셀에는 데이터베이스 엔트리 d_x를 넣는다. 하지만 기존의 고전 메모리와 달리 여러 값을 중첩시켜 놓을 수 있는 인덱스 x로 d_x 엔트리를 다룰 수 있다. 이러한 양자 인덱스를 사용하면 메모리에서 셀 값들을 중첩시켜 로드할 수 있다. 메모리 접근은 다음과 같은 방식으로 작동한다. 즉, CPU의 인덱스 레지스터가 $|x\rangle$ 상태로 있고 데이터 레지스터가 $|d\rangle$ 상태로 있다면, $|d\rangle \rightarrow |d \oplus d_x\rangle$와 같이 x 번째 메모리 셀의 내용 d_x가 데이터에 더해진다. 여기서 덧셈은 모듈러 2 비트별로 수행된다. 먼저, 이 기능을 어떻게 사용하여 양자탐색을 수행하는지를 살펴보고 나서 그러한 메모리를 물리적으로 어떻게 만들지 논의하자.

양자탐색 알고리듬을 구현하는 핵심 부분은 오라클을 실현하는 것인데, 이 오라클의 역할은 메모리 속의 s를 가리키는 인덱스의 위상을 반전시키는 것이다. CPU는 상태

$$|x\rangle|s\rangle|0\rangle\frac{|0\rangle-|1\rangle}{\sqrt{2}} \tag{6.35}$$

로 있다고 하자. LOAD 연산을 적용하면 이 컴퓨터는 상태

$$|x\rangle|s\rangle|d_x\rangle\frac{|0\rangle-|1\rangle}{\sqrt{2}} \tag{6.36}$$

가 된다. 이제 두 번째와 세 번째 레지스터를 비교해 그 둘이 똑같으면 레지스터 4에 비트반전$^{\text{bit flip}}$을 적용시킨다. 그 둘이 서로 같지 않으면 아무것도 변경하지 않는다. 이 연산의 효과는

$$|x\rangle|s\rangle|d_x\rangle \frac{|0\rangle - |1\rangle}{\sqrt{2}} \rightarrow \begin{cases} -|x\rangle|s\rangle|d_x\rangle \dfrac{|0\rangle - |1\rangle}{\sqrt{2}} & (d_x = s \text{인 경우}) \\ |x\rangle|s\rangle|d_x\rangle \dfrac{|0\rangle - |1\rangle}{\sqrt{2}} & (d_x \neq s \text{인 경우}) \end{cases} \tag{6.37}$$

이다. 그러고 나서 LOAD 연산을 다시 수행하여 데이터 레지스터의 상태를 $|0\rangle$로 복원시킨다. 이렇게 오라클의 전체 작용은 레지스터 2, 3, 4에 영향을 주지 않고 레지스터 1과 얽히지 않게 한다. 따라서 전체로 나타나는 효과는 $d_x = s$인 경우, 레지스터 1의 상태를 $|x\rangle$에서 $-|x\rangle$로 변경하고 그렇지 않은 경우 그 레지스터를 그대로 둔다. 이런 방식으로 구현된 오라클을 사용하면 양자탐색 알고리듬을 적용하여 데이터베이스 속에 있는 s의 위치를 알아낼 수 있으며, 고전적으로 N번의 LOAD 연산이 필요한 것에 비해 $O(\sqrt{N})$번의 LOAD 연산만 사용하면 된다.

오라클이 중첩상태에서 올바르게 기능을 발휘하기 위해서는 언뜻 보기에 메모리가 양자역학적으로 동작해야 할 것 같다. 사실 위에서 언급한 바와 같이 몇 가지 사항만 주의하면 메모리를 고전적으로 구현해도 되며, 그렇게 하는 것이 노이즈의 영향에 훨씬 잘 견딜 듯하다. 그러나 양자 주소지정 체계$^{\text{addressing scheme}}$는 여전히 필요하다. 이 작업을 수행하는 방법을 보여주는 개념이 그림 6.9에 나와 있다. 연산원리는 양자 인덱스의 2진 인코딩 상태(n개의 큐비트가 0에서 $2^n - 1$까지를 나타냄)가 고전 데이터베이스를 다루는 유니타리 인코딩(2^n개의 가능한 위치 내에 있는 단 하나의 탐침이 0에서 $2^n - 1$까지를 나타냄)으로 바뀌는 방식이다. 데이터베이스는 탐침^{probe} 자체의 위치와 무관한 탐침 내부의 자유도의 변경에 영향을 준다. 그러고 나서 유니타리 인코딩을 2진 데이터로 역전시켜 원하는 내용을 데이터 레지스터에 남긴다.

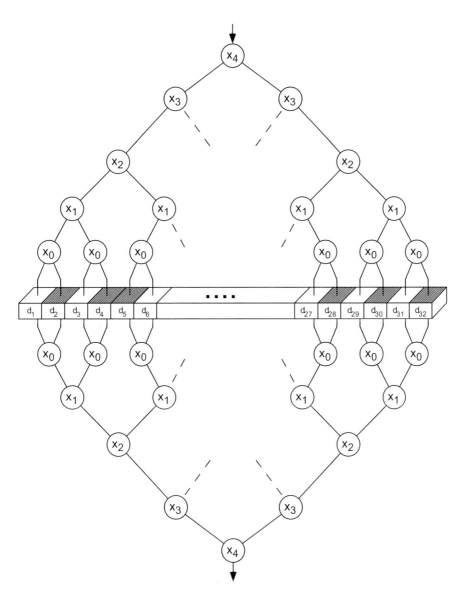

그림 6.9 5큐비트 양자 주소지정 체계를 갖는 32셀 고전 메모리의 개념도. 각 원은 스위치를 나타내며 원 안에 표시된 큐비트는 스위치를 다룬다. 예를 들어 $|x_4\rangle = |0\rangle$이면 해당 스위치는 입력 큐비트를 왼쪽으로 내려 보내고 $|x_4\rangle = |1\rangle$이면 입력 큐비트를 오른쪽으로 내려 보낸다. $|x_4\rangle = (|0\rangle + |1\rangle)/\sqrt{2}$이면 두 경로를 동일하게 중첩시킨 중간으로 내려간다. 데이터 레지스터 큐비트는 이 트리의 맨 위쪽에서 들어가 데이터베이스를 향해 아래로 내려가는데, 이렇게 해서 그 메모리의 내용에 따라 상태를 변경시킨다. 그런 다음, 큐비트는 일정한 위치로 방향을 되돌려 반환된 정보를 남긴다. 물리적으로 말하면, 예를 들어 데이터 레지스터 큐비트용으로 단일 광자를 사용하여 이를 실현시킬 수 있으며 광자는 비선형 간섭계(nonlinear interferometer)(7장)로 조종한다. 고전 데이터베이스는 단순한 필름 형태일 수 있으며, '0'(흰색 사각형으로 표시)이면 빛을 그대로 통과시키고 '1'(음영 사각형)이면 입사광을 90°만큼 편광시킨다.

양자탐색 알고리듬이 고전 데이터베이스 탐색에 유용할 수 있는 실제 경우가 있을까? 2개의 명백한 경우가 있을 수 있다. 첫째, 데이터베이스는 일반적으로 정형화돼 있지 않다. 이 절의 도입부에서 거론한 꽃 이름이 들어간 데이터베이스와 같이 단순 데이터베이스는 알파벳순으로 유지할 수 있으므로 N개 요소의 데이터베이스에서 2진 탐색을 사용하면 $O(\log(N))$ 시간 내에 해당 항목을 찾을 수 있다. 하지만 어떤 데이터베이스는 훨씬 더 복잡한 구조를 필요로 할 수 있고, 최적화시키는 정교한 기술이 존재하더라도 아주 복잡하거나 예상치 못한 성격의 쿼리를 고려할 때 미리 결정된 구조는 도움이 되지 않을 수 있다. 따라서 그 문제는 본질적으로 우리가 논의한 비정형 데이터베이스 탐색 문제로 간주할 수 있다

둘째, 양자 컴퓨터가 고전 데이터베이스를 탐색할 수 있으려면 양자 주소지정 체계가 필요하다. 우리가 기술한 방식에는 $O(N \log N)$개의 양자 스위치가 필요하다(데이터베이스 자체를 저장하는 데 필요한 하드웨어와 거의 같은 양이다). 이들 스위치는 언젠가 고전 메모리 소자^{memory element}만큼 간단하고 저렴해질지 모르지만, 그렇지 않은 경우 그 메모리 소자가 들어간 고전 컴퓨팅 하드웨어를 사용하는 것과 비교하면 양자 컴퓨터를 만들어 양자 탐색을 수행하는 것은 경제적으로 유리하지 않을 것이다.

이들 사항을 고려하면 양자탐색 알고리듬의 주된 용도는 고전 데이터베이스 탐색에 있지 않을 듯하다. 그보다는 해밀턴 순환, 외판원, 충족도 문제와 같이 난해한 문제의 해를 찾는 데 사용할 듯하며, 이는 마지막 절에서 설명할 것이다.

6.6 탐색 알고리듬의 최적성

지금까지 양자 컴퓨터가 $O(\sqrt{N})$번의 탐색만으로 N개의 항목을 탐색할 수 있음을 알아보았다. 이제 어떠한 양자 알고리듬이라도 탐색 오라클을 $\Omega(\sqrt{N})$번보다 적게 사용하면 이러한 작업을 수행할 수 없다는 것을 증명할 것이다. 따라서 우리가 설명했던 알고리듬이 최적의 알고리듬이 된다.

알고리듬이 $|\psi\rangle$ 상태로 시작한다고 하자. 간단히 하기 위해 탐색 문제가 단 하나의 해 x를 가질 경우에 대한 하계를 증명한다. x를 결정하기 위해 $|x\rangle$ 해를 -1만큼 위상을 이동시키는 오라클 O_x를 적용하고 그 외의 모든 상태는 변하지 않게 둔다. 즉, $O_x = I - 2|x\rangle\langle x|$이다. $|\psi\rangle$ 상태로 시작한 알고리듬은 O_x를 정확히 k번 적용하고 각 오라클 연산 사이에는 유니타리 연산 $U_1, U_2, ..., U_k$를 넣는다고 하자. 그리고

$$|\psi_k^x\rangle \equiv U_k O_x U_{k-1} O_x \ldots U_1 O_x |\psi\rangle \tag{6.38}$$

$$|\psi_k\rangle \equiv U_k U_{k-1} \ldots U_1 |\psi\rangle \tag{6.39}$$

로 정의하자. 즉, $|\psi_k\rangle$란 오라클 연산 없이 일련의 유니타리 연산 U_1, U_2,..., U_k가 수행될 때 발생하는 상태다. $|\psi_0\rangle = |\psi\rangle$라고도 하자. 우리의 목표는

$$D_k \equiv \sum_x \| \psi_k^x - \psi_k \|^2 \tag{6.40}$$

의 경계를 정하는 것이다. 여기서는 식을 단순화하기 위해 편의상 $|\psi\rangle$를 ψ로 표기했다. 직관적으로 보면 D_k란 해당 오라클에 의해 발생되거나 아니면 계속해서 일어났을 진화로부터 발생된 k 단계 후의 편차에 대한 측도다. 이 양이 작으면 모든 $|\psi_k^x\rangle$ 상태는 거의 같아서 높은 확률로 x를 정확히 식별하는 것이 가능하지 않다. 증명에 대한 전략은 다음 두 가지를 입증하는 것이다. (a) D_k가 $O(k^2)$보다 빠르게 커질 수 없음을 보여주는 경계 (b) N개의 대안alternative을 구별할 수 있는 경우 D_k가 $\Omega(N)$이어야 한다는 증거. 이 두 결과를 결합하면 원하는 하계를 얻을 수 있다.

먼저 $D_k \leq 4k^2$을 귀납법으로 증명하자. $k = 0$일 때 $D_k = 0$이므로 이 부등식은 성립한다. 다음 식이 되는 것에 주목하자.

$$D_{k+1} = \sum_x \| O_x \psi_k^x - \psi_k \|^2 \tag{6.41}$$

$$= \sum_x \| O_x(\psi_k^x - \psi_k) + (O_x - I)\psi_k \|^2 \tag{6.42}$$

위의 식에서 $b \equiv O_x(\psi_k^x - \psi_k)$와 $c \equiv (O_x - I)\psi_k = -2\langle x|\psi_k\rangle|x\rangle$라 하고 $\|b + c\|^2 \leq \|b\|^2 + 2\|b\|\|c\| + \|c\|^2$을 적용하면

$$D_{k+1} \leq \sum_x \left(\|\psi_k^x - \psi_k\|^2 + 4\|\psi_k^x - \psi_k\| \, |\langle x|\psi_k\rangle| + 4|\langle\psi_k|x\rangle|^2 \right) \tag{6.43}$$

가 된다. 우변의 두 번째 항에 코시-슈바르츠 부등식을 적용하고 $\sum_x |\langle x|\psi_k\rangle|^2 = 1$이 되는 것에 주목하면

$$D_{k+1} \leq D_k + 4 \left(\sum_x \|\psi_k^x - \psi_k\|^2 \right)^{\frac{1}{2}} \left(\sum_{x'} |\langle\psi_k|x'\rangle|^2 \right)^{\frac{1}{2}} + 4 \tag{6.44}$$

$$\leq D_k + 4\sqrt{D_k} + 4 \tag{6.45}$$

가 된다. 귀납법에서 $D_k \leq 4k^2$가 성립한다고 가정하면

$$D_{k+1} \leq 4k^2 + 8k + 4 = 4(k+1)^2 \tag{6.46}$$

이 되어 귀납법이 완료된다.

증명을 끝내려면 D_k가 $\Omega(N)$인 경우에만 성공 확률이 높을 수 있음을 보여야 한다. 모든 x에 대해 $|\langle x|\psi_k^x\rangle|^2 \geq 1/2$로 가정하면 관측을 통해 적어도 1/2의 확률로 탐색 문제의 해를 얻을 수 있다. $|x\rangle$을 $e^{i\theta}|x\rangle$로 바꾸어도 성공 확률이 변하지 않으므로 일반성을 훼손하지 않으면서 $\langle x|\psi_k^x\rangle = |\langle x|\psi_k^x\rangle|$으로 가정해도 된다. 따라서

$$\|\psi_k^x - x\|^2 = 2 - 2|\langle x|\psi_k^x\rangle| \leq 2 - \sqrt{2} \tag{6.47}$$

가 된다. $E_k \equiv \sum_x \|\psi_x^k - x\|^2$로 정의하면 $E_k \leq (2-\sqrt{2})N$임을 알 수 있다. 이제 D_k가 $\Omega(N)$인 것을 증명할 때가 됐다. $F_k \equiv \sum_x \|x - \psi_k\|^2$로 정의하면

$$D_k = \sum \|(\psi_k^x - x) + (x - \psi_k)\|^2 \tag{6.48}$$

$$\geq \sum_x \|\psi_k^x - x\|^2 - 2\sum_x \|\psi_k^x - x\|\,\|x - \psi_k\| + \sum_x \|x - \psi_k\|^2 \tag{6.49}$$

$$= E_k + F_k - 2\sum_x \|\psi_k^x - x\|\,\|x - \psi_k\| \tag{6.50}$$

가 된다. 코시-슈바르츠 부등식을 적용하면 $\sum_x \|\psi_x^k - x\|\|x - \psi_k\| \leq \sqrt{E_k F_k}$가 되므로

$$D_k \geq E_k + F_k - 2\sqrt{E_k F_k} = (\sqrt{F_k} - \sqrt{E_k})^2 \tag{6.51}$$

이 된다. 확인문제 6.15에서는 $F_k \geq 2N - 2\sqrt{N}$임을 보일 것이다. 이 식을 $E_k \geq (2-\sqrt{2})N$ 결과와 결합하면 충분히 큰 N에 대해 $D_k \geq cN$이 된다. 여기서 c는 $(\sqrt{2} - \sqrt{2-\sqrt{2}})^2 \approx 0.42$보다 작은 임의의 상수다. $D_k \leq 4k^2$이므로

$$k \geq \sqrt{cN/4} \tag{6.52}$$

이 된다. 요약하면 탐색 문제의 해를 구할 때 적어도 절반의 성공 확률을 달성하려면 오라클을 $\Omega(\sqrt{N})$번 호출해야 한다.

확인문제 6.15: 코시-슈바르츠 부등식을 사용하여 정규화된 상태벡터 $|\psi\rangle$와 N개의 정규 직교 기저벡터 $|x\rangle$ 집합에 대해

$$\sum_x \|\psi - x\|^2 \geq 2N - 2\sqrt{N} \tag{6.53}$$

임을 보여라.

확인문제 6.16: x의 모든 값이 아닌 x의 가능한 값에 대해 균등하게 평균화시킨다고 할 때 오차가 발생할 확률을 1/2보다 작게 하길 원한다고 하자. 탐색 문제를 해결하려면 여전히 $O(\sqrt{N})$번의 오라클 호출이 필요함을 보여라.

이 양자탐색 알고리듬이 본질적으로 최적이라는 이러한 결과는 흥미롭기도 하지만 실망스럽다. 흥미롭다고 한 것은 이 문제에 대해 적어도 양자역학의 깊이를 완전히 알게 됐기 때문이다. 즉, 더 이상 개선시킬 수 없다. 실망이라고 한 이유는 양자탐색 알고리듬이 제공하는 제곱근 속도 향상보다 훨씬 더 좋게 되기를 바랐기 때문이다. 미리 희망을 품었던 꿈의 결과는 $O(\log N)$번의 오라클 호출을 사용하여 N개 항목의 탐색공간을 탐색할 수 있을 거라는 것이다. 이러한 알고리듬이 존재하면, 대략 $w(n)$번의 오라클 호출을 사용하여 모든 가능한 $2^{w(n)}$개의 증거를 탐색할 수 있기 때문에 양자 컴퓨터에서 **NP-완비** 문제를 효율적으로 해결할 수 있다. 여기서 다항식 $w(n)$은 증거의 길이length of a witness다(단위는 비트). 안타깝게도 이러한 알고리듬은 불가능하다. 이는 **NP-완비** 문제를 공략하는 데 있어서 단순한 탐색 기반 방법이 실패했음을 나타내기 때문에 알고리듬 설계자가 되려는 사람들에게 유용한 정보다.

의견이 분분한 가운데 많은 연구자들은 **NP-완비** 문제가 어려운 근본적 이유가 탐색 공간이 본질적으로 구조를 갖지 않기 때문인 것으로 믿고 있으며, (다항 계수를 무시하면) 그러한 문제를 해결하기 위한 가장 좋은 방법은 탐색 방법을 골라잡는 것이라 생각한다. 이러한 관점에서 볼 때 양자 컴퓨터에게는 나쁜 소식이 되는데 이는 양자 컴퓨터에서 효율적으로 풀 수 있는 문제 클래스인 **BQP**가 **NP-완비** 문제를 포함하지 않는다는 것을 뜻한다. 물론 이것은 단순히 의견일 뿐이며, **NP-완비** 문제에는 양자 컴퓨터나 심지어 고전 컴퓨터에서도 효율적으로 해결될 수 있는 알려지지 않은 구조가 포함될 가능성이 있다. 이 점을 보여주는 좋은 예는 인수분해 문제이며, 이는 난이도에 있어서 **P**와 **NP-완비** 문제 간의 중간급 문제 클래스인 **NPI**로 널리 알려져 있다. 인수분해 문제를 양자역학적이고도 효율적으로 해결할 때의 핵심은 문제 내에 '숨은' 구조(위수 구하기로 환산했을 때 드러나는 구조)를 이용하는 것이었다. 이 놀라운 구조가 밝혀졌어도 인수분해를 위한 효율적 고전 알고리듬을 개발하는 데는 그 구조를 이용할 수 없었다. 하지만 당연하게도 그 구조를 양자역학적으로 활용하면 효율적인 인수분해 알고리듬을 얻을 수 있다! 아마도 비슷한 구조가 그 외의 문제 내에 숨어 있을지도 모르는데, 그래프 동형 문제와 같이 **NPI**에 속할 것 같은 문제나 심지어 **NP-완비** 문제 자체에 속할 것 같은 문제 내에 말이다.

확인문제 6.17: (여러 해에 대한 최적성) 탐색 문제가 M개의 해를 갖는다고 하자. 하나의 해를 구하기 위해서는 $O(\sqrt{N/M})$번의 오라클을 적용해야 함을 보여라.

6.7 블랙박스 알고리듬 한계

6장은 양자탐색 알고리듬을 일반화시키는 것으로 마무리를 할 텐데, 그 일반화를 통해 양자계산의 강력함에 대한 통찰력 있는 경계를 얻을 것이다. 6장의 시작 부분에서는 탐색 문제를 $f: \{0,1\}^n \rightarrow \{0,1\}$ 함수가 $f(x)=1$로 산출되는 n비트 정수 x를 구하는 것으로 설명했었다. 이와 관련된 것은 $f(x)=1$이 되는 x가 존재하는지에 대한 결정^{decision} 문제다. 이 결정문제를 푸는 것은 동등하게 어려우므로, 부울함수 $F(X) = X_0 \vee X_1 \vee \cdots \vee X_{N-1}$를 계산하는 것으로 표현할 수 있다. 여기서 $\vee$는 2진 OR 연산인 $X_k \equiv f(k)$을 나타내고 X는 $\{X_0, X_1, ..., X_{N-1}\}$ 집합을 나타낸다. 좀 더 일반적으로는 OR 이외의 함수도 계산할 수 있다. 예를 들어 $F(X)$가 AND, PARITY(모듈러 2 덧셈), MAJORITY($F(X)=1$이기 위한 필요충분조건은 $x_k=1$인 개수가 그렇지 않은 개수보다 더 많을 경우임) 함수일 수 있다. 일반적으로 말하면 F를 임의의 부울함수로 간주할 수 있다. f를 위한 오라클이 주어지면 고전 컴퓨터 또는 양자 컴퓨터가 이들 함수를 얼마나 빨리(쿼리 수로 측정) 계산할 수 있을까?

f 함수에 대해 전혀 알지 못한다면 그러한 질문에 답하기 어려울 수 있지만 사실 이 '블랙박스' 모델로도 많은 것을 알아낼 수 있다. 이때 오라클이 작업을 달성하는 수단에 대해서는 당연한 것으로 받아들이며 복잡도는 필요한 오라클 쿼리의 수로만 측정된다. 이전 절들에서 했던 탐색 알고리듬 분석은 그러한 문제에 접근하는 하나의 방법을 보여주었을 뿐이며, 쿼리 복잡도를 얻기 위한 좀 더 강력한 접근법으로는 다항식 방법$^{method\ of\ polynomials}$이 있다. 이제 간단히 알아볼 것이다.

유용한 정의를 내리는 것으로 시작하자. 결정론적 쿼리 복잡도$^{deterministic\ query\ complexity}$ $D(F)$는 고전 컴퓨터가 확실하게 F를 계산하기 위해 수행해야 하는 오라클 쿼리의 최소 수다. 양자에서는 $Q_E(F)$라 하며 양자 컴퓨터가 확실하게 F를 계산하는 데 필요한 오라클 쿼리의 최소 수다. 양자 컴퓨터는 본래 확률적 출력을 생성하기 때문에 좀 더 흥미로운 양은 유계오차 복잡도$^{bounded\ error\ complexity}$ $Q_2(F)$이다. 이 복잡도는 양자 컴퓨터가 적어도 2/3의 확률로 F와 동일한 출력을 생성하는 데 필요한 오라클 쿼리의 최소 수다(2/3는 임의의 수다. 이러한 확률은 여러 번 반복하면 1에 가까워지도록 1/2과 거리를 띄우면서 어느 정도 경계를 둬야 한다). 이와 관련된 측도는 0 오차 복잡도인 $Q_0(F)$이며 이는 양자 컴퓨터가 확실히 F와 동일한 출력을 생성하는 데 필요하거나, 결론이 나지 않는 것으로 인정하는 1/2 미만의 확률로 F와 동일한 출력을 생성하는 데 필요한 오라클 쿼리의 최소 수다. 이 모든 경계는 어떠한 오라클 함수 f에 대해서도 (다른 말로 하면 F에 들어가는 어떠한 입력 X에 대해서도) 유지되어야 한다. $Q_2(F) \leq Q_0(F) \leq Q_E(F) \leq D(F) \leq N$이라는 점에 주목한다.

다항식 방법은 부울함수를 나타내는 최소 차수의 다중선형multilinear 다항식(실수 대상)의 특성을 기반으로 한다. 다음에서 고려할 모든 다항식은 $X_k \in \{0, 1\}$의 함수이며 $X_k^2 = X_k$이므로 다중선형이다. 모든 $X \in \{0, 1\}^N$에 대해 $p(X) = F(X)$이면 다항식 $p : \mathbf{R}^N \rightarrow \mathbf{R}$은 F를 나타낸다(여기서 R은 실수를 의미함). 이러한 다항식 p는 항상 존재하는데, 그 이유는 알맞은 후보를 확실히 만들 수 있기 때문이다. 즉,

$$p(X) = \sum_{Y \in \{0,1\}^N} F(Y) \prod_{k=0}^{N-1} \left[1 - (Y_k - X_k)^2 \right] \tag{6.54}$$

이 된다. 최소 차수 p가 유일하다는 것은 확인문제 6.18로 독자에게 남겨둔다. F에 대한 이러한 표현의 최소 차수는 $\deg(F)$로 표기하며 F의 복잡도에 대한 유용한 측도measure가 된다. 예를 들어 $\deg(\text{OR})$, $\deg(\text{AND})$, $\deg(\text{PARITY})$는 모두 N과 동일한 것으로 알려졌다. 사실 대부분 함수의 차수는 N이라는 것이 알려져 있다. 더욱이

$$D(F) \leq 2 \deg(F)^4 \tag{6.55}$$

라는 것도 증명됐다. 이 결과로 인하여 대부분의 부울함수를 계산할 때 결정론적 고전계산의 성능에 대해 상계가 정해진다. 이 개념을 확장하면, 어떤 다항식이 모든 $X \in \{0, 1\}^N$에 대해 $|p(X) - F(X)| \leq 1/3$을 만족시킬 때 p는 F를 근사시킨다approximate라고 말하며 그러한 근사 다항식approximating polynomial의 최소 차수를 $\widetilde{\deg}(F)$로 나타낸다. 이 측도는 무작위 고전계산에서 중요하며, 앞으로 언급하겠지만 양자 사례를 기술하는 데도 중요하다. $\widetilde{\deg}(\text{PARITY}) = N$이고

$$\widetilde{\deg}(\text{OR}) \in \Theta(\sqrt{N}) \quad \text{그리고} \quad \widetilde{\deg}(\text{AND}) \in \Theta(\sqrt{N}) \tag{6.56}$$

이며

$$D(F) \leq 216 \, \widetilde{\deg}(F)^6 \tag{6.57}$$

이라는 것이 알려져 있다. (6.55)와 (6.57) 식의 경계는 이 글을 쓰는 시점에서 가장 잘 알려진 값이다. 이에 대한 증거는 이 책의 범위를 벗어나지만 '역사와 추가자료'에서 이에

대해 많은 정보를 찾을 수 있다. 더 엄밀한 경계가 가능하겠지만 이 정도로도 우리의 목적에 충분할 것이다.

확인문제 6.18: 부울함수 $F(X)$를 나타내는 최소 차수의 다항식이 유일하다는 것을 증명하라.

확인문제 6.19: $P(X) = 1 - (1 - X_0)(1 - X_1)...(1 - X_{N-1})$가 OR을 나타낸다는 것을 보여라.

양자 알고리듬의 결과를 기술할 때 자연스럽게 다항식이 나온다. 오라클 O에 대해 T개의 쿼리를 수행하는 양자 알고리듬 Q의 출력을

$$\sum_{k=0}^{2^n-1} c_k |k\rangle \tag{6.58}$$

로 표현하자. 진폭 c_k가 변수 $X_0, X_1,...,X_{N-1}$에 대한 최대 차수 T의 다항식임을 보일 것이다. 그림 6.10에 나타낸 양자회로를 사용하면 어떠한 Q라도 실현시킬 수 있다. 첫 번째 오라클 쿼리 직전의 상태 $|\psi_0\rangle$는

$$|\psi_0\rangle = \sum_{ij} \left(a_{i0j} |i\rangle |0\rangle + a_{i1j} |i\rangle |1\rangle \right) |j\rangle \tag{6.59}$$

로 표현할 수 있다. 여기서 첫 번째 레이블은 n큐비트 오라클 쿼리에 대응하고, 그다음 레이블은 오라클이 결과를 남기는 1큐비트에 대응하며, 마지막 레이블은 Q가 사용하는 $m - n - 1$개의 작업 큐비트에 대응한다. 이 오라클 쿼리 후에는 상태

$$|\psi_1\rangle = \sum_{ij} \left(a_{i0j} |i\rangle |X_i\rangle + a_{i1j} |i\rangle |X_i \oplus 1\rangle \right) |j\rangle \tag{6.60}$$

가 된다. 그러나 X_i가 0 또는 1이므로 위의 식은

$$|\psi_1\rangle = \sum_{ij} \left[\left((1 - X_i)a_{i0j} + X_i a_{i1j} \right) |i0\rangle + \left((1 - X_i)a_{i1j} + X_i a_{i0j} \right) |i1\rangle \right] |j\rangle \tag{6.61}$$

로 다시 표현할 수 있다. $|\psi_0\rangle$에서는 계산기저 상태의 진폭이 X에 대해 0차이고, $|\psi_1\rangle$에서의 진폭은 1차인(X에 대해 선형) 점에 주목한다. 중요한 관측 사항은 오라클 쿼리 전후에 Q가 수행하는 어떠한 유니타리 연산이라도 이러한 다항식의 차수를 변경시킬 수 없지만 오라클을 호출할 때마다 최대 1만큼 차수를 증가시킬 수 있다는 것이다. 따라서 T개의 쿼리 후 진폭은 최대 T 차수의 다항식이 된다. 더욱이 계산기저로 최종 출력 (6.58)을 측

정하면 $P_k(X) = |c_k|^2$ 확률로 결과 k가 나오는데, 이는 최대 $2T$ 차수의 실수 값을 갖는 X 다항식이다.

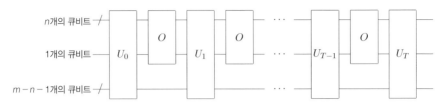

그림 6.10 양자 알고리듬을 위한 일반 양자회로. 오라클 O에 대해 T개의 쿼리를 수행한다. U_0, U_1,....,U_T는 m개의 큐비트에 대한 임의의 유니타리 변환이며, 오라클은 $n + 1$개의 큐비트에 작용한다.

이 알고리듬의 출력으로 1을 얻을 총 확률 $P(X)$는 다항식들의 부분집합 $P_k(X)$에 대한 합이고, 따라서 최대 $2T$ 차수를 갖는다. Q가 확실하게 올바른 답을 생성할 경우 $P(X) = F(X)$이어야 하므로 $\deg(F) \leq 2T$이 되며, 이로부터

$$Q_E(F) \geq \frac{\deg(F)}{2} \tag{6.62}$$

가 된다. Q가 오차에 대한 유계확률$^{\text{bounded probability of error}}$로 답을 생성하는 경우, $P(X)$는 $F(X)$에 가까워지므로 $\widetilde{\deg}(F) \leq 2T$가 되며, 이로부터

$$Q_2(F) \geq \frac{\widetilde{\deg}(F)}{2} \tag{6.63}$$

이 된다. (6.55)와 (6.62)를 결합하면

$$Q_E(F) \geq \left[\frac{D(F)}{32}\right]^{1/4} \tag{6.64}$$

이 된다. 마찬가지로 (6.57)과 (6.63)을 결합하면

$$Q_2(F) \geq \left[\frac{D(F)}{13\,824}\right]^{1/6} \tag{6.65}$$

이 된다. 이 식의 의미는 양자 알고리듬에서 블랙박스를 사용하여 부울함수를 계산하면 고전 알고리듬보다 기껏해야 다항 속도만큼만 향상시킬 수 있고 심지어 일반적으로는 가능하지도 않다는 것이다(deg(F)가 대부분 함수에 대해 $\Omega(N)$이기 때문). 한편 $F = \text{OR}$에 대해 $D(F) = N$이고 무작위 고전 쿼리 복잡도 $R(F) \in \Theta(N)$으로 알려진 반면, (6.63)과 (6.56)을 결합하고 양자탐색 알고리듬의 알려진 성능을 통해서는 $Q_2(F) \in \Theta(\sqrt{N})$임을 알 수

있다. 이러한 제곱근의 속도 향상은 단지 양자탐색 알고리듬으로 달성하는 것뿐이며 다항식 방법은 그 결과를 다소 더 광범위한 문제로 일반화시킬 수 있다는 것을 나타낸다. 그러나 블랙박스 오라클 함수 f의 구조structure에 대한 추가 정보가 없으면 고전 알고리듬에 비해 어떠한 지수적 속도 향상도 가능하지 않다.

확인문제 6.20: 오차 0으로 OR을 계산하는 양자회로의 출력을 가지고 OR 함수를 나타내는 다항식을 만들어 $Q_0(\text{OR}) \geq N$임을 보여라.

문제 6.1: (최솟값 찾기) 6.5절에서와 같이 $x_1, \ldots, x_N$은 메모리에 저장된 숫자들의 데이터베이스라 하자. 양자 컴퓨터에서 적어도 1/2의 확률로 그 목록에서 가장 작은 원소를 찾기 위해서는 단지 $O(\log(N)\sqrt{N})$번 메모리에 접근하면 됨을 보여라.

문제 6.2: (일반화시킨 양자탐색) $|\psi\rangle$를 양자상태라 하고 $U_{|\psi\rangle} \equiv I - 2|\psi\rangle\langle\psi|$로 정의하자. 즉, $U_{|\psi\rangle}$는 $|\psi\rangle$ 상태에게 -1 위상을 부여하고 $|\psi\rangle$에 직교하는 상태라면 변함 없이 그대로 둔다.

1. $U|0\rangle^{\otimes n} = |\psi\rangle$가 되는 유니타리 연산자 U를 구현하는 양자회로가 있다고 하자. $U_{|\psi\rangle}$를 어떻게 구현할지 설명하라.

2. $|\psi_1\rangle = |1\rangle$, $|\psi_2\rangle = (|0\rangle - |1\rangle)/\sqrt{2}$, $|\psi_3\rangle = (|0\rangle - i|1\rangle)/\sqrt{2}$라 하자. 집합 $U_{|\psi_1\rangle}$, $U_{|\psi_2\rangle}$, $U_{|\psi_3\rangle}$에서 알려지지 않은 오라클 O를 선택한다고 가정한다. 오라클을 한 번만 적용해서 그 오라클의 정체를 알아내는 양자 알고리듬을 구하여라(힌트: 초고밀도 코딩을 고려하여라).

3. 연구: 더 일반적으로 말해서 k개의 상태 $|\psi_1\rangle, \ldots, |\psi_k\rangle$가 주어지고 집합 $U_{|\psi_1\rangle}, \ldots, U_{|\psi_k\rangle}$에서 알려지지 않은 오라클 O를 선택한다면 높은 확률로 그 오라클의 정체를 알아내기 위해서는 오라클을 얼마나 많이 적용해야 하는가?

문제 6.3: (데이터베이스 탐색) n큐비트 쿼리(그리고 하나의 보조 메모리용scratchpad 큐비트) $|k, y\rangle$가 주어지면 $|k, y \oplus X_k\rangle$를 반환하는 양자 오라클이 있다고 하자. $N/2 + \sqrt{N}$개의 쿼리만 사용하면 높은 확률로 X의 $N = 2^n$비트 모두를 얻을 수 있음을 보여라. 이는 어떠한 F에 대해서도 일반적인 상계 $Q_2(F) \leq N/2 + \sqrt{N}$이라는 것을 의미한다.

문제 6.4: (양자탐색과 암호학) 암호 키를 찾는 속도를 높이는 데 양자탐색을 사용할 수도 있을 것이다. 그 아이디어는 암호화에 대해 모든 가능한 키의 공간을 탐색하고, 각

경우에 키를 시도해서 해독한 메시지가 '말'이 되는지 확인하는 것이다. 이 아이디어
가 버냄 암호$^{Vernam\ cipher}$(12.6절)에는 효과가 없는 이유를 설명하라. DES와 같은 암호
체계는 언제 효과가 있을까? (DES에 대한 설명에 관해서는 [MvOV96] 또는 [Sch96a]를 참
조한다)

6장 요약: 양자탐색 알고리듬

- 양자탐색 알고리듬: $N = 2^n$개 중에서 M개의 해를 갖는 탐색 문제를 위해
  $\sum_x |x\rangle$를 준비하고 나서 $G \equiv H^{\otimes n} U H^{\otimes n} O$를 총 $O(\sqrt{N/M})$번 반복한다.
  여기서 O는 탐색 오라클이며, x가 해이면 $|x\rangle \to -|x\rangle$이고 해가 아니면 어
  떠한 변화도 없다. U는 $|0\rangle \to -|0\rangle$로 만들며 그 외의 모든 계산기저 상태
  라면 그대로 둔다. 측정을 통해 높은 확률로 탐색 문제에 대한 해를 얻는다.

- 양자 카운팅 알고리듬: 탐색 문제가 알려지지 않은 개수의 해를 갖는다고 하
  자. G는 고윳값 $\exp(\pm i\theta)$를 갖는데, 여기서 $\sin^2(\theta/2) = M/N$이다. 푸리
  에 변환을 바탕으로 하는 위상추정 절차를 통해 높은 정확도로 M을 추정
  할 수 있는데, 이때 $O(\sqrt{N})$개의 오라클을 적용한다. 이어서 양자 카운팅
  을 통해 주어진 탐색 문제가 해를 갖는지 결정하고, 해가 존재하면 사전에
  해의 개수를 모르더라도 그 해를 구할 수 있다.

- 다항식 경계: 부분함수$^{partial\ functions}$ 또는 '약속' 문제와는 달리 총함수^{total}
  ^{functions} F의 산출로 기술되는 문제의 경우, 양자 알고리듬은 고전 알고리듬
  에 비해 다항 속도만큼만 향상시킬 수 있다. 구체적으로 말하면 $Q_2(F) \geq$
  $[D(F)/13824]^{1/6}$이다. 더욱이 이러한 양자탐색의 성능이 최선이다. 즉,
  $\Theta(\sqrt{N})$이다.

역사와 추가자료

양자탐색 알고리듬을 처음으로 만들어내고 다듬은 이는 그로버$^{[Gro96,\ Gro97]}$다. 보이어,
브라사르, 회예르, 탭$^{[BBHT98]}$은 해의 개수 M이 1보다 큰 경우에 대해 양자탐색 알고리듬
을 개발하는 영향력 있는 논문을 집필했고 양자 카운팅 알고리듬의 초안을 잡았으며 이
후에 브라사르, 회예르, 탭$^{[BHT98]}$은 모스카$^{[Mos98]}$가 제기한 위상추정 관점에서 양자 카운
팅 알고리듬을 더 세부적으로 개발했다. 그로버 반복이 두 반사$^{two\ reflections}$의 곱으로 이해

될 수 있다는 점은 아로노프[Aha99b]의 리뷰에서 처음으로 제기됐다. 연속시간[continuous-time]
해밀토니안(6.18)은 6.2절에서 다룬 것과는 다른 관점에서 파히와 구트만[FG98]에 의해 처음으로 조사됐다. 그로버 알고리듬은 오라클을 바탕으로 하는 최상의 탐색 알고리듬이라는 것이 베넷, 번스타인, 브라사르, 바지라니[BBBV97]에 의해 증명됐다. 이 책에 나온 이증명 버전은 보이어, 브라사르, 회예르, 탭[BBHT98]이 제공한 것을 바탕으로 한다. 잘카[Zal99]는 이 증명을 다듬어 그 양자탐색 알고리듬이 점근적이면서도 틀림없이 최선이라는 것을 입증했다.

양자 알고리듬의 강력함에 경계를 긋는 다항식 방법은 빌스, 버만, 클리브, 모스카, 데울프[BBC+98]에 의해 양자 컴퓨팅에 도입됐다. 이에 대한 훌륭한 논의가 모스카의 논문[Mos99]에 실려 있으며, 6.7절의 많은 논의가 여기에 바탕이 두고 있다. 그 절에서는 많은 결과를 증명없이 인용했으며 인용은 다음과 같다. (6.55) 식은 [BBC+98]에서 니산과 스몰렌스키가 증명한 것으로 언급됐지만, 현재까지 논문으로 발행된 바 없다. (6.56) 식은 파투리[Pat92]에 의한 정리에서 유도한 것이고 (6.57) 식은 [BBC+98]에서 유도한 것이다. (6.65)보다 나은 범위는 [BBC+98]에 나와 있지만 이 책의 범위를 벗어난 **블록 감도**[block sensitivity]와 같은 개념을 알아야 한다. 얽힘에 바탕을 둔 인수를 사용하여 양자 블랙박스 알고리듬에 경계를 긋는 완전히 다른 접근법이 암바이니스[Amb00]에 의해 제시됐다.

문제 6.1의 기원은 듀어와 회예르[DH96]이다. 문제 6.3의 기원은 반 담[van98a]이다.

양자 컴퓨터: 물리적 실현

미래의 컴퓨터는 무게가 1.5톤을 넘지 않을 것이다.

– 잡지 〈Popular Mechanics〉 1949년판, 과학의 끊임없는 행진을 예측하기 기사

아마도 다섯 대의 컴퓨터를 위한 세계 시장은 존재하리라 본다.

– 토머스 왓슨(Thomas J. Watson), 1943년 IBM 회장

우리는 자연 속에서 양자정보 처리 머신을 실현할 수 있다고 믿기 때문에 양자계산 및 양자정보는 기본적인 관심 분야가 된다. 그런 믿음이 없다면 그 분야는 단지 수학적 호기심일 뿐이다! 이렇게 관심사가 되기는 하지만 실험을 통해 양자회로, 알고리듬, 통신 시스템을 실현하기란 극히 어렵다. 7장에서는 양자정보 처리장치와 시스템의 물리적 구현을 위해 몇 가지 기본 원칙과 모델계를 살펴본다.

　7.1절에서는 양자 컴퓨터의 물리적 실현을 선택할 때의 장단점을 언급하는 것으로 시작한다. 이 논의를 통해 7.2절에서는 양자계산의 실험적 실현을 위한 조건들을 다듬는 관점을 얻게 된다. 이들 조건은 7.3절부터 7.7절에 걸쳐 일련의 사례 연구를 통해 설명한다. 이때 단순 조화진동자, 광자와 비선형광학매질, 공진기^{cavity} 양자전기역학 장치, 이온트랩, 분자와의 핵자기공명이라는 5개의 각기 다른 물리계를 알아본다. 각 계에 대해서는 물리장치, 그 장치의 동역학을 지배하는 해밀토니안, 양자계산을 수행하기 위해 계를 제어하는 수단, 그 장치의 주요 단점을 간략하게 설명한다. 이들 계의 물리학을 설명할 때는 깊이 다루지 않을 것이다. 이들 각각은 그 자체로 완전한 분야이므로 깊이 들어가는 것은 이 책의 범위를 벗어난다! 그대신 실험 도전 과제와 이론적 잠재량$^{theoretical\ potential}$을

모두 이해할 수 있도록 양자계산 및 양자정보와 관련된 개념만 요약해서 언급할 것이다. 반면 양자정보의 관점에서 이들 계를 분석하면 통찰력과 유용성을 찾을 수 있는 새로운 관점도 얻게 된다. 그 이유는 일부 중요 물리학을 놀라울 정도로 간단하게 유도할 수 있기 때문이다. 7.8절에서는 관심이 가는 그 외의 다른 물리계들(양자점, 초전도 게이트, 반도체 스핀)의 측면을 논하는 것으로 7장을 마무리할 것이다. 각 구현의 주요 내용만 파악하고 싶은 독자를 위해 각 절의 끝에 요약문을 두었다.

7.1 기본 원칙

양자 컴퓨터를 만들기 위한 실험 요건은 무엇일까? 이를 위한 이론의 기본 단위는 양자 비트(2준위 양자계)다. 앞서 1.5절에서는 왜 큐비트가 자연 속에 존재한다고 믿고 있는지, 그리고 큐비트가 어떤 물리 형태를 취할 수 있는지를 간략히 살펴봤다. 양자 컴퓨터를 실현하기 위해서는 큐비트에게 강력한 물리적 표현(양자 특성 지정)을 부여할 뿐만 아니라 원하는 대로 진화시킬 수 있는 계를 선택해야 한다. 더욱이 지정한 초기상태 집합으로 큐비트를 준비하고 계의 최종 출력상태를 측정할 수 있어야 한다.

실험으로 실현하는 데 있어서 문제점은 이러한 기본 요건을 부분적으로만 충족시키는 경우가 많다는 것이다. 동전은 두 상태를 가지며 비트로 사용하기에 좋지만, 아주 오랫동안 ('앞면'과 '뒷면'의) 중첩상태로 있을 수 없기 때문에 큐비트로 사용하기에는 적합하지 않다. 단일 핵스핀nuclear spin은 외부 자기장 방향이나 그 반대 방향으로 정렬하는 중첩이 오래 (심지어 수일 동안) 지속될 수 있기 때문에 아주 좋은 큐비트가 될 수 있다. 그러나 핵스핀을 가지고 양자 컴퓨터를 만드는 것은 어려울 수 있다. 그 이유는 핵스핀이 외부 세계와 결합하는 것이 너무 적어서 단일 핵의 방향을 측정하기가 힘들기 때문이다. 이들 제약 조건 때문에 관측이 어려운 것이 일반적이다. 즉, 양자 특성을 유지하려면 양자 컴퓨터를 잘 고립시켜야 하지만 동시에 그 컴퓨터의 큐비트를 조작하여 계산하고 결과를 판독하기 위해서는 그 고립을 뚫고 큐비트에 접근할 수 있어야 한다. 현실적 구현에 있어서는 이러한 제약 조건 사이에서 균형을 잘 잡아야 하므로, 양자 컴퓨터를 어떻게 만드느냐가 아니라 양자 컴퓨터를 얼마나 잘 만드느냐가 적절한 질문이 된다.

어떤 물리계가 양자정보를 처리하기에 적합할까? 우선 특정 양자 컴퓨터 실현의 장점을 거론할 때 핵심은 양자 노이즈quantum noise(결잃음decoherence이라고도 부른다) 개념인데, 이는 '원하는 계의 진화를 손상시키는 프로세스'라는 8장의 주제이기도 하다. 이 개념이 중요한 이유는 가장 긴 가능한 양자계산의 길이가 대략 τ_{op}에 대한 τ_Q의 비율로 주어지기 때문이다. 여기서 τ_{op}란 어떤 계가 기초적인 유니타리 변환(적어도 2개의 큐비트를 포함)을 수행하는 데 걸리는 시간이고, τ_Q란 양자역학적으로 결맞음을 유지하는 시간이다. 이들 두 시간은 해당 계와 외부세계를 결합시키는 세기에 따라 결정되므로 많은 계에서 서로 관련된다. 그럼에도 그림 7.1에 나타나 있듯이 $\lambda^{-1} = \tau_Q/\tau_{op}$는 아주 넓은 범위로 변한다.

계	τ_Q	τ_{op}	$n_{op} = \lambda^{-1}$
핵스핀	$10^{-2} - 10^8$	$10^{-3} - 10^{-6}$	$10^5 - 10^{14}$
전자스핀	10^{-3}	10^{-7}	10^4
이온트랩(In$^+$)	10^{-1}	10^{-14}	10^{13}
전자 – Au	10^{-8}	10^{-14}	10^6
전자 – GaAs	10^{-10}	10^{-13}	10^3
양자점	10^{-6}	10^{-9}	10^3
광학 공진기	10^{-5}	10^{-14}	10^9
전자파 공진기	10^0	10^{-4}	10^4

그림 7.1 양자비트 계로 사용할 다양한 물리적 실현 후보에 대한 값들. τ_Q(초)는 결맞음 시간, τ_{op}(초)는 연산 시간, $n_{op} = \lambda^{-1} = \tau_Q/\tau_{op}$는 최대 연산 수를 보정 없는 추정치로 나타냈다. 이 표에는 여러 항목이 나열돼 있지만 큐비트 표현은 근본적으로 스핀, 전하, 광자라는 세 가지의 각기 다른 표현으로만 주어진다. 이온트랩은 포획된 원자의 미세 전이 또는 초미세 전이(hyperfine transition)를 사용하는데(7.6절), 이는 전자스핀 반전(flip)과 핵스핀 반전에 대응한다. 금(gold)과 GaAs의 전자에 대한 추정치와 양자점의 전자에 대한 추정치는 전하 표현으로 주어지는데, 이때 전극 또는 일부 한정된 영역에는 전자가 있을 수도 있고 없을 수도 있다. 광학 공진기와 전자파 공진기에 있어서 이들 공진기의 각 모드를 채우는 (기가헤르츠부터 수백 테라헤르츠까지의 주파수의) 광자는 큐비트를 나타낸다. 이들 추정치는 광범위한 가능성에 대한 일부 관점만을 제공하기 때문에 잘 해석해야 한다.

이들 추정치를 통해 양자정보 처리 머신을 물리적으로 각기 다르게 실현시키는 것에 대한 장점을 잘 알 수 있지만, 실제 구현에서는 노이즈와 결함을 일으키는 기타 중요 요인이 많이 생긴다. 예를 들어 한 원자의 두 전자 준위로 표현되는 큐비트를 빛으로 준위 간의 전이 조작을 하면 약간의 확률로 아예 다른 전자 준위로 전이되기도 한다. 그 계에서 큐비트로 정의한 두 상태를 벗어나기 때문에 이러한 전이를 노이즈 프로세스^{noise} ^{process}로도 간주할 수 있다. 일반적으로 말하면 (양자) 정보의 손실을 유발하는 어떠한 것이라도 노이즈 프로세스가 된다. 뒤쪽인 8장에서 양자 노이즈의 이론을 더 깊이 논할 것이다.

7.2 양자계산을 위한 조건

다시 되돌아가서 앞 절의 시작 부분에서 언급한 양자계산을 위한 기본 요건 네 가지를 자세히 논의하자. 이들 요건은 다음과 같은 능력을 갖추는 것이다.

1. 양자정보를 강력하게 표현한다.
2. 보편적 계열$^{universal family}$의 유니타리 변환을 수행한다.
3. 기준이 되는 초기상태를 준비한다.
4. 출력 결과를 측정한다.

7.2.1 양자정보의 표현

양자계산은 양자상태의 변환을 바탕으로 한다. 양자비트는 2준위 양자계이며 양자 컴퓨터의 가장 간단한 기본 성분으로서 상태 쌍과 물리적 실현물에 레이블 붙이기가 편리하다. 예를 들어 스핀-3/2 입자의 4개 상태인 $|m = +3/2\rangle$, $|m = +1/2\rangle$, $|m = -1/2\rangle$, $|m = -3/2\rangle$은 두 큐비트를 나타내는 데 사용할 수 있다.

계산 목적상 알아야 할 점은 접근 가능한 상태집합이 유한해야 한다는 것이다. 1차원 선을 따라 움직이는 입자의 위치 x는 일반적으로 계산용 상태집합으로는 적합하지 않은데, 설사 그 입자가 양자상태 $|x\rangle$ 또는 심지어 어떤 중첩 $\sum_x c_x|x\rangle$으로 있을지라도 말이다. 그 이유는 x가 연속 범위를 가질 수 있어서 힐베르트 공간은 무한 크기가 되므로, 노이즈가 없는 상황에서 정보 용량이 무한하기 때문이다. 예를 들어 이상적 세계에서 셰익스피어의 전체 텍스트는 2진 소수 $x = 0.010111011001\ldots$라는 무한 자릿수로 저장하고 검색할 수 있다. 이는 분명 비현실적이다. 현실에서는 노이즈 때문에 식별 가능한 상태의 수가 유한한 수로 줄어든다.

사실 결잃음을 최소화하기 위해서는 대칭 측면에서 상태공간의 유한성을 바라보는 것이 바람직하다. 예를 들어 스핀-1/2 입자는 $|{\uparrow}\rangle$와 $|{\downarrow}\rangle$ 상태로 생성된 힐베르트 공간 속에 존재한다. 그 스핀 상태는 이러한 2차원 공간을 벗어나면 존재할 수 없고, 따라서 잘 고립시키면 거의 이상적인 양자비트가 된다.

표현물의 선택이 좋지 않으면 결잃음이 발생할 것이다. 예를 들어 박스 7.1에 설명한 바와 같이 유한한 사각형 우물이 아주 깊어서 2개의 속박상태$^{bound\ state}$가 만들어질 때, 이 우물 안의 입자를 양자비트로 잡으면 유용성이 떨어질 것이다. 그 이유는 속박상태라고

는 하지만 속박되지 않은 상태로도 전이될 수 있기 때문이다. 그렇게 전이되면 큐비트 중첩상태를 파괴할 수 있으므로 결잃음이 된다. 단일 큐비트의 경우, 유의미한 값인 성능지수$^{\text{figure of merit}}$는 임의의 중첩상태에 대한 최소 수명으로 따진다. 즉, 스핀 상태와 원자계에 사용되는 좋은 측도는 $(|0\rangle+|1\rangle)/\sqrt{2}$와 같은 상태의 ('횡'^{transverse}) 완화시간$^{\text{relaxation time}}$인 T_2이다. 더 높은 에너지 $|1\rangle$ 상태의 ('종'^{longitudinal}) 완화시간인 T_1은 고전적 상태 수명일 뿐이며 일반적으로 T_2보다 길다는 점에 주목한다.

박스 7.1: 사각형 우물과 큐비트

양자계의 원형^{prototype}은 '사각형 우물'이라고 부르는 1차원 상자 속에 들어 있는 입자이며, 이 입자는 슈뢰딩거 방정식 (2.86)에 따라 움직인다. 이 계의 해밀토니안은 $H = p^2/2m + V(x)$인데, 이때 $0 < x < L$의 경우에 $V(x) = 0$이고, 그 외의 경우는 $V(x) = \infty$이다. 위치 기저의 파동함수로 표현한 에너지 고유상태는

$$|\psi_n\rangle = \sqrt{\frac{2}{L}} \sin\left(\frac{n\pi}{L}x\right) \tag{7.1}$$

이다. 여기서 n은 정수이고 $|\psi_n(t)\rangle = e^{-iE_n t}|\psi_n\rangle$이며 $E_n = n^2\pi^2/2mL^2$이다. 이들 상태는 불연속 범위를 갖는다. 특히 실험에서 2개의 가장 낮은 에너지 준위만 고려할 수 있도록 물질을 배열한다고 하자. 또한 관심 있는 임의의 파동함수를 $|\psi\rangle = a|\psi_1\rangle + b|\psi_2\rangle$로 정의하자. 그러면

$$|\psi(t)\rangle = e^{-i(E_1+E_2)/2t}\left[ae^{-i\omega t}|\psi_1\rangle + be^{i\omega t}|\psi_2\rangle\right] \tag{7.2}$$

가 되는데, 여기서 $\omega = (E_1 - E_2)/2$이다. a와 b를 제외하고는 알 필요가 없으므로 이 상태를 두 성분을 갖는 벡터 $|\psi\rangle = \begin{bmatrix} a \\ b \end{bmatrix}$로 추상적으로 표현할 수 있다. 이러한 2준위계는 하나의 큐비트를 나타낸다! 그렇다면 우리의 2준위계는 큐비트처럼 변환될까? 시간이 지남에 따라 이 큐비트는 사실상의 해밀토니안 $H = \hbar\omega Z$에 따라 진화하는데, 회전 측면에서 보면 이 해밀토니안을 무시해도 된다. 이 큐비트에 연산을 수행하려면 H를 섭동시키면 된다. $V(x)$에 추가적인 항

$$\delta V(x) = -V_0(t)\frac{9\pi^2}{16L}\left(\frac{x}{L} - \frac{1}{2}\right) \tag{7.3}$$

을 더하는 효과를 고려해보자. 2준위계를 기준으로 행렬성분을 $V_{nm} = \langle \psi_n | \delta V(\mathrm{x}) | \psi_m \rangle$ 로 잡고 $V_{11} = V_{22} = 0$ 및 $V_{12} = V_{21} = V_0$를 적용해 이 식을 다시 표현할 수 있다. 그러면 V_0의 가장 낮은 차수에 대해 H에 대한 섭동^{perturbation}은 $H_1 = V_0(t)X$가 된다. 이는 $\hat{x}$ 축에 관한 회전에 해당한다. 퍼텐셜 함수를 조작하면, 비슷한 기법을 사용하여 다른 단일 큐비트 연산을 수행할 수 있다.

이를 통해 단일 큐비트를 어떻게 사각형 우물 퍼텐셜 안의 가장 낮은 두 준위로 표현할 수 있는지를 알 수 있으며, 퍼텐셜의 단순한 섭동이 어떻게 그 큐비트에 대한 계산 연산에 영향을 주는지도 알 수 있다. 하지만 섭동으로 인해 고차$^{higher\ order}$ 효과가 일어나고 실제 물리계 상자는 무한히 깊지 않아 다른 준위가 끼어들기 때문에 2준위 근사화는 실패하게 된다. 또한 실제로 제어 시스템은 또 다른 양자계일 뿐이므로 양자계산을 할 양자계와 결합된다. 이러한 문제로 인해 결잃음이 발생한다.

7.2.2 유니타리 변환의 성능

닫힌 양자계는 그 계의 해밀토니안이 결정하는 대로 유니타리하게 진화하지만, 양자계산을 수행하려면 해밀토니안을 제어하여 보편적 계열의 유니타리 변환(4.5절에서 설명했음)들 중에서 임의로 선택할 수 있어야 한다. 예를 들어 단일 스핀은 해밀토니안 $H = P_x(t)X + P_y(t)Y$에 의해 진화할 것이다. 여기서 $P_{\{x,y\}}$는 고전적으로 제어 가능한 매개변수다. 확인문제 4.10으로부터 P_x와 P_y를 적절히 조작하면 임의의 단일 스핀 회전을 수행할 수 있음을 알 것이다.

4.5절의 정리에 따르면 단일 스핀 연산과 제어형 NOT 게이트로 어떠한 유니타리 변환이라도 구성할 수 있으므로 이 두 종류의 양자 논리 게이트를 실현하는 것은 실험적 양자계산을 위한 자연스러운 목표가 된다. 하지만 개별 큐비트를 처리하고 이들 게이트를 적용하여 큐비트 또는 큐비트 쌍을 선택하는 기능도 은연 중에 필요하다. 많은 물리계에서 이를 달성하기는 간단치 않다. 예를 들어 이온트랩에서 많은 개별 이온 중 하나의 이온에 레이저를 쏴서 선택적으로 들뜬 상태로 만들 수 있지만, 이는 이온들이 공간 속에서 한 파장 이상으로 떨어져 있는 경우에만 가능하다.

유니타리 변환에서 기록되지 않는 결함이 있으면 결잃음이 발생할 수 있다. 8장에서는 랜덤 킥$^{random\ kick}$(단일 스핀에 대해 $\hat{z}$축에 관한 작은 회전)의 평균 효과로 인해 양자상태에서 상대위상으로 표시되는 양자정보가 어떻게 손실되는지를 알아볼 것이다. 이와 비슷하게 규칙적인 오차가 누적되면 결잃음이 일어나고, 가역 정보가 손실된다. 뿐만 아니라 해밀토니안의 제어 매개변수는 근사적으로 고전 제어일 뿐이다. 실제로 제어 시스템은 또 다른 양자계이며, 진정한 해밀토니안이라면 양자 컴퓨터에서 제어 시스템의 역작용 back-action 을 포함해야 한다. 위의 예에 있는 $P_x(t)$ 대신에 실제로 제인스-커밍스 Jaynes-Cummings 유형의 원자-광자 상호작용 해밀토니안(7.5.2절)을 갖게 되는데, 이때 $P_x(t) = \sum_k \omega_k(t)(a_k + a_k^\dagger)$ 이거나 공진기 광자 장 cavity photon field 의 것과 유사한 식을 갖는다. 광자는 큐비트와 상호작용한 후 큐비트의 상태에 관한 정보를 가져가 버리는데, 이것이 결잃음 프로세스다.

유니타리 변환에 대한 중요한 두 성능지수는 달성 가능한 최소 충실도 $\mathcal{F}$(9장) 그리고 단일 스핀 회전 또는 제어형 NOT 게이트와 같은 기초연산을 수행하는 데 필요한 최대시간 t_{op}이다.

7.2.3 기준이 되는 초기상태에 대한 준비

유용한 계산을 수행할 수 있는 아주 중요한 요건 중 하나는 원하는 입력을 준비할 수 있게 하는 것이다. 심지어 고전적으로 말이다. 완벽한 계산을 수행할 수 있는 상자가 있는데, 숫자를 입력할 수 없다면 무슨 소용이 있겠는가? 고전 머신에서는 명확한 입력상태를 설정하는 것이 어려운 일이 아니다. 그저 원하는 구성으로 스위치들을 놓고 입력상태를 정의하기만 하면 된다. 하지만 양자계에서는 이렇게 하는 것이 아주 어려우며 큐비트의 실현에 따라 달라진다.

유니타리 변환을 이용하면 특정 양자상태를 원하는 어떠한 입력상태로도 바꿀 수 있기 때문에 그 특정 양자상태를 높은 충실도로 (반복적으로) 생성해낼 수 있는 것만 필요하다. 예를 들어 n개의 스핀을 $|00...0\rangle$ 상태로 만들기만 하면 된다. 열 발생으로 인해 오랫동안 그 상태로 머무를 수 없다면 표현할 큐비트의 선택을 바꾸어서 해결할 문제다.

입력상태 준비는 대부분의 물리계에서 중요한 문제다. 일례로 이온을 물리적으로 바닥 상태 ground state (7.6절)로 식혀서 좋은 입력상태를 준비할 수 있지만 이는 어려운 일이다. 더욱이 양자 컴퓨터들의 앙상블 ensemble of quantum computers[1] 여러 개가 관련된 물리계의 경우, 신경 쓸 거리가 추가로 발생한다. 핵자기공명 nuclear magnetic resonance (7.7절)에서는 각 분자를 단일 양자 컴퓨터로 생각할 수 있으며, 측정 가능한 신호 세기를 얻으려면 많은 수의 분자가 필요하다. 큐비트가 비교적 오랜 시간 동안 임의의 중첩상태로 있을 수 있지

---

1 다수의 양자 컴퓨터들의 모임. 앙상블 양자 컴퓨터, 또는 간단히 EQC라고도 한다. – 옮긴이

만, $|0\rangle$와 $|1\rangle$의 에너지 차이 ω가 $k_B T$보다 훨씬 더 작기 때문에 모든 분자 속의 큐비트 전부를 동일한 상태로 만드는 것은 어렵다. 반면에, 계를 그냥 평형이 되게 놔두면 아주 잘 알려진 상태인 열평형상태가 만들어진다. 이때 밀도행렬은 $\rho \approx e^{-\mathcal{H}/k_B T}/\mathcal{Z}$가 되는데, 여기서 $\mathcal{Z}$는 $\text{tr}(\rho) = 1$를 유지하는 데 필요한 정규화 계수$^{\text{normalization factor}}$다.

두 성능지수는 입력상태 준비와 관련이 있다. 그 두 가지란 초기상태를 주어진 상태 ρ_{in}로 준비할 수 있는 최소 충실도 그리고 ρ_{in}의 엔트로피다. 이 엔트로피는 중요한데 그 이유는 예를 들자면 높은 충실도로 $\rho_{\text{in}} = I/2^n$ 상태를 준비하는 것이 아주 쉽기 때문이지만, 이 상태는 유니타리 변환을 해도 변하지 않으므로 양자계산에서는 쓸모없는 상태! 이상적으로 보면 입력상태는 엔트로피가 0인 순수상태다. 일반적으로 말하면 엔트로피가 0이 아닌 입력상태를 사용하면 출력 결과로부터 답을 구하기 어려워진다.

7.2.4 출력 결과 측정

양자계산을 위해서는 어떤 측정 기능이 필요할까? 현재 논의의 목적상, 측정을 하나 이상의 큐비트를 고전계에 연결하는 프로세스로 생각하자. 그러면 일정 시간 간격 후에 고전계의 상태가 큐비트의 상태를 나타낼 것이다. 예를 들어 2준위 원자의 바닥 상태와 들뜬 상태를 나타내는 큐비트 상태 $a|0\rangle + b|1\rangle$는 들뜬 상태를 유도해서 형광을 조사하는 것으로 측정할 수 있다. 광전자증배관$^{\text{photomultiplier tube}}$이 형광을 검출했다고 전위계^{electrometer}가 표시하면 큐비트는 $|1\rangle$ 상태로 붕괴할 것이다. 이것은 $|b|^2$ 확률로 발생할 것이다. 형광이 검출되지 않으면 전위계는 어떠한 전하도 검출하지 못하므로 큐비트는 $|0\rangle$ 상태로 붕괴할 것이다.

양자계산을 위한 측정 프로세스의 중요한 특성은 사영측정$^{\text{projective measurement}}$을 수행할 때(2.2.5절) 발생하는 현상을 기술하는 파동함수 붕괴다. 우수한 양자 알고리듬에서 나온 출력은 측정 시 높은 확률로 유용한 답을 제공하는 중첩상태다. 예를 들어 쇼어의 양자 인수분해 알고리듬의 중요 단계는 측정 결과로부터 정수 r을 구하는 것인데, 측정 결과는 qc/r에 가까운 정수다. 여기서 q는 힐베르트 공간의 차원이다. 출력상태는 실제로 가능한 모든 c 값에 대해 거의 균등한 중첩으로 있지만, 측정을 하면 하나의 무작위 정수로 축소되므로 높은 확률로 r을 결정할 수 있다(5장에서 설명한 바와 같이 연분수 전개를 사용함).

측정에는 많은 어려움이 있을 수 있다. 비효율적인 광자 카운터와 증폭기 열 노이즈 때문에 방금 설명한 방식으로 측정한 큐비트 상태에 관해 얻은 정보가 줄어들 수 있다.

또한 사영측정('강한' 측정이라고도 함)은 구현하기 어려운 경우가 많다. 이러한 측정을 위해서는 양자계와 고전계 간의 결합이 크고 전환 가능해야 한다. 원치 않을 때는 측정이 일어나서는 안 된다. 그렇지 않으면 그 측정은 결잃음 프로세스가 될 수 있다.

하지만 놀랍게도 강한 측정strong measurement은 필요하지 않다. 지속적으로 수행되고 절대로 전환이 중단되지 않는 약한 측정weak measurement을 양자계산에 사용할 수 있다. 이는 측정 결합measurement coupling에 비해 짧은 시간 내에 계산을 완료함으로써 그리고 큰 규모의 앙상블 양자 컴퓨터를 사용함으로써 가능하다. 이들 앙상블을 함께 이용하면 거시적으로 관측할 수 있고 양자상태를 나타내는 집합 신호aggregate signal를 얻을 수 있다. 그러나 앙상블을 사용하면 추가적인 문제가 생긴다. 인수분해 알고리듬에서 측정 출력이 $q\langle c\rangle/r$ 이라면 c의 평균값인 $\langle c\rangle$가 반드시 정수만은 아니기 때문에(따라서 연분수 전개는 가능하지 않으므로) 알고리듬이 실패할 것이다. 다행스럽게도 양자 알고리듬을 수정해 앙상블의 평균적 정보로 가동시키는 것은 가능하다. 이 점에 대해서는 7.7절에서 더 논의할 것이다.

측정 기능을 위한 좋은 성능지수는 신호 대 노이즈 비율SNR, Signal to Noise Ratio이다. 이는 측정 비효율성을 알려줄 뿐만 아니라 측정장치를 양자계에 결합했을 때 이용 가능한 고유 신호 강도inherent signal strength도 알려준다.

7.3 조화진동자 양자 컴퓨터

실현 가능한 양자 컴퓨터의 완전한 물리적 모델을 계속 설명하기 전에, 잠시 멈춰서 아주 기초적인 계(단순 조화진동자)를 고려해보고 이것이 왜 좋은 양자 컴퓨터 역할을 하는지 논의해보자. 이 예제에서 사용한 형식은 다른 물리계를 연구하기 위한 기초 역할도 한다.

7.3.1 물리장치

단순 조화진동자의 예는 포물선 퍼텐셜 우물 $V(x) = m\omega^2 x^2/2$ 안에 있는 하나의 입자다. 고전세계에서는 스프링에 달린 물체일 수 있으며, 이는 스프링의 퍼텐셜 에너지와 물체의 운동 에너지 간에 에너지를 전달하면 앞뒤로 진동한다. 공명 전기회로도 해당될 수 있는데, 여기서 인덕터와 커패시터 간에 에너지가 앞뒤로 흐른다. 이들 계에서 계의 총 에너지는 연속 매개변수continuous parameter[2]다.

---

2 특정 구간에서 어떠한 값이라도 해당될 수 있는 매개변수. 그렇지 않은 경우의 매개변수는 이산 매개변수(discrete parameter)라 한다. – 옮긴이

외부세계와의 결합이 아주 작아질 때 도달하는 양자 영역에서 계의 총 에너지는 이산집합의 값만 될 수 있다. 이것의 예는 높은 Q 공진기에 갇혀 있는 단일 모드의 전자기 복사electromagnetic radiation다. 총 에너지 양(고정된 오프셋은 무시한다)은 $\hbar\omega$의 정수배만 가능한데, 이는 기본 상수 $\hbar$와 갇힌 복사의 주파수 ω에 의해 결정되는 에너지 크기다.

단순 조화진동자의 이산 에너지 고유상태 집합은 $|n\rangle$로 표시할 수 있는데, 여기서 $n = 0, 1, ..., \infty$이다. 양자계산과 관련된 부분은 이들 상태의 유한 부분집합을 갖고 큐비트를 표현하는 것이다. 이들 큐비트는 공진기 양호도quality factor Q와 같은 물리적 매개변수에 의해 결정되는 수명을 가질 것인데, 이 인자는 공진기 벽의 반사율을 증가시킴으로써 아주 크게 만들 수 있다. 더욱이 계를 시간에 따라 진화하게 하면 유니타리 변환을 적용할 수 있다. 하지만 이 체계에는 문제가 존재하며 다음에서 명확해질 것이다. 먼저 계의 해밀토니안을 연구하는 것으로 시작한 다음, 제어형 NOT과 같은 간단한 양자 논리 게이트를 어떻게 구현하는지 논의할 것이다.

7.3.2 해밀토니안

1차원 포물선 퍼텐셜 속의 입자에 대한 해밀토니안은

$$H = \frac{p^2}{2m} + \frac{1}{2}m\omega^2 x^2 \tag{7.4}$$

이다. 여기서 p는 입자 운동량 연산자, m은 질량, x는 위치 연산자이고 ω는 퍼텐셜 깊이와 관련이 있다. 이 식에서 x와 p는 연산자라는 점을 상기하면(박스 7.2 참조)

$$H = \hbar\omega \left(a^\dagger a + \frac{1}{2} \right) \tag{7.5}$$

로 다시 표현할 수 있다. 여기서 $a^\dagger$와 a는 생성연산자creation operator와 소멸연산자annihilation operator이며

$$a = \frac{1}{\sqrt{2m\hbar\omega}} \left(m\omega x + ip \right) \tag{7.6}$$

$$a^\dagger = \frac{1}{\sqrt{2m\hbar\omega}} \left(m\omega x - ip \right) \tag{7.7}$$

로 정의한다. 영점 에너지zero point energy $\hbar\omega/2$는 관측 가능하지 않는 전체위상 계수에 기여하는데, 이는 현재 목적상 무시해도 된다.

박스 7.2: 양자 조화진동자

조화진동자는 물리세계의 양자 서술에 있어서 아주 중요하고 유용한 개념이며, 그 특성을 이해하는 좋은 방법은 해밀토니안(7.4)의 에너지 고유상태를 알아내는 것이다. 그렇게 하려면 슈뢰딩거 방정식

$$\frac{\hbar^2}{2m}\frac{d^2\psi_n(x)}{dx^2} + \frac{1}{2}m\omega^2 x^2 \psi_n(x) = E\psi_n(x)\,dx \qquad (7.8)$$

을 풀기만 하면 된다. 이 방정식은 $\psi_n(x)$와 고유에너지 E에 대한 식이며 $x = \pm\infty$에서 $\psi(x) \to 0$과 $\int|\psi(x)|^2 = 1$이라는 조건이 있다. 처음 5개의 해는 다음 그림과 같다.

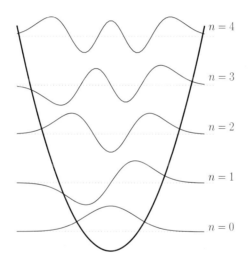

이 파동함수들은 조화진동자의 입자가 퍼텐셜 내의 각 위치에서 발견될 확률 진폭 probability amplitude을 기술한다.

이 그림을 통해 물리계가 좌표공간에서 무엇을 하고 있는지를 금방 알 수도 있지만, 일반적으로 그 상태의 추상적이고도 대수학적 특성에 더 관심을 둘 것이다. 구체적으로 들어가서 $|\psi\rangle$가 에너지 E에서 (7.8)을 만족시킨다고 하자. 그다음으로 (7.6) 및 (7.7)과 같이 연산자 a와 $a^\dagger$를 정의하면 $[H, a^\dagger] = \hbar\omega a^\dagger$이므로

$$Ha^\dagger|\psi\rangle = \left([H, a^\dagger] + a^\dagger H\right)|\psi\rangle = (\hbar\omega + E)a^\dagger|\psi\rangle \qquad (7.9)$$

가 된다. 즉, $a^\dagger|\psi\rangle$는 에너지 $E + \hbar\omega$를 갖는 H의 고유상태다! 마찬가지로 $a|\psi\rangle$는 에너지 $E - \hbar\omega$를 갖는 고유상태다. 이 때문에 $a^\dagger$와 a를 올림연산자$^{\text{raising operator}}$와 내림연산자$^{\text{lowering operator}}$라고도 한다. $a^{\dagger n}|\psi\rangle$는 임의의 정수 n에 대해 에너지가 $E + n\hbar\omega$인 고유상태가 된다. 따라서 무한한 수의 에너지 고유상태가 존재하며, 그 에너지들은 $\hbar\omega$만큼 균등하게 떨어져 있게 된다. 또한, H는 양 확정$^{\text{positive definite}}$이 기 때문에, $a|\psi_0\rangle = 0$에 대해 $|\psi_0\rangle$가 존재해야 한다. 즉, 이것이 바닥 상태다(에너지 가 가장 낮은 H의 고유상태다). 이들 결과를 통해 양자 조화진동자의 핵심을 효과적으 로 알아낼 수 있고 고유상태에 대해 간결한 표기법인 $|n\rangle$을 사용할 수 있다. 여기서 n은 정수이고 $H|n\rangle = \hbar\omega(n + 1/2)|n\rangle$이다. 조화진동자가 각기 다른 여러 물리계의 모습으로 나타나기 때문에 7장에서는 $|n\rangle$, a, $a^\dagger$을 자주 사용할 것이다.

H의 고유상태 $|n\rangle$은 특성

$$a^\dagger a|n\rangle = n|n\rangle \qquad (7.10)$$
$$a^\dagger|n\rangle = \sqrt{n+1}\,|n+1\rangle \qquad (7.11)$$
$$a|n\rangle = \sqrt{n}\,|n-1\rangle \qquad (7.12)$$

을 갖는다. 이때 $n = 0, 1, \ldots$이다. 나중에는 a와 $a^\dagger$가 들어간 항을 도입하면 단순 조화진 동자와의 상호작용을 표현하기가 편리하다는 것 그리고 $a_1^\dagger a_2 + a_1 a_2^\dagger$와 같은 항을 도입하 면 진동자 간의 상호작용을 표현하기가 편리하다는 것을 알게 될 것이다. 하지만 현재로 서는 하나의 진동자에만 주의를 기울이자.

확인문제 7.1: x와 p가 교환법칙이 성립되지 않는다는 점, 즉 $[x, p] = i\hbar$라는 사실을 이 용하여 $a^\dagger a = H/\hbar\omega - 1/2$임을 명시적으로 보여라.

확인문제 7.2: $[x, p] = i\hbar$일 때 $[a, a^\dagger]$를 계산하라.

확인문제 7.3: $[H, a]$를 계산하고 그 결과를 사용하여 $|\psi\rangle$가 에너지 $E \geq n\hbar\omega$를 갖는 H 의 고유상태이면 $a^n|\psi\rangle$는 에너지 $E - n\hbar\omega$를 갖는 고유상태임을 보여라.

확인문제 7.4: $|n\rangle = \frac{(a^\dagger)^n}{\sqrt{n!}}|0\rangle$임을 보여라.

확인문제 7.5: (7.11) 및 (7.12) 식이 (7.10) 및 정규화 조건 $\langle n|n \rangle = 1$과 일치한다는 것을 증명하라.

고유상태의 시간에 따른 진화는 슈뢰딩거 방정식 (2.86)을 풀어서 구한다. 이 방정식을 통해 $|\psi(0)\rangle = \sum_n c_n(0)|n\rangle$ 상태는 시간에 따라 진화하여

$$|\psi(t)\rangle = e^{-iHt/\hbar}|\psi(0)\rangle = \sum_n c_n e^{-in\omega t}|n\rangle \tag{7.13}$$

가 된다. 논의의 목적상 임의의 상태를 완벽히 준비할 수 있고 계의 상태를 사영 측정 (2.2.3절)할 수 있는 반면, 그 외의 경우에는 외부세계와의 상호작용이 없어서 계가 완전히 닫혀 있는 것으로 가정할 것이다.

7.3.3 양자계산

위에서 설명한 단 하나의 단순 조화진동자로 양자계산을 수행하고 싶다고 하자. 어떻게 할까? 큐비트를 표현하기 위한 가장 자연스러운 선택은 에너지 고유상태 $|n\rangle$이다. 이렇게 잡으면 다음 방식으로 제어형 NOT 게이트를 수행할 수 있다. 이 게이트는 두 큐비트의 상태에 대해

$$
\begin{array}{rcl}
|00\rangle_L & \rightarrow & |00\rangle_L \\
|01\rangle_L & \rightarrow & |01\rangle_L \\
|10\rangle_L & \rightarrow & |11\rangle_L \\
|11\rangle_L & \rightarrow & |10\rangle_L
\end{array}
\tag{7.14}
$$

로 변화시킨다(여기서 아래첨자 L은 조화진동자의 기저상태가 아니라 '논리' 상태란 것을 명확히 구분하기 위해 붙인 것이다). 이들 상태를

$$
\begin{array}{rcl}
|00\rangle_L & = & |0\rangle \\
|01\rangle_L & = & |2\rangle \\
|10\rangle_L & = & (|4\rangle + |1\rangle)/\sqrt{2} \\
|11\rangle_L & = & (|4\rangle - |1\rangle)/\sqrt{2}
\end{array}
\tag{7.15}
$$

로 인코딩하자. 이제 $t = 0$일 때 이들 기저상태에 의해 생성된 상태로 계를 시작해 $t = \pi/\omega$ 시간까지 그냥 진화시킨다고 하자. 그러면 에너지 고유상태는 $|n\rangle \rightarrow \exp(-i\pi a^\dagger a)|n\rangle = (-1)^n|n\rangle$ 변환을 따르게 되어 $|0\rangle$, $|2\rangle$, $|4\rangle$는 변함이 없는 반면 $|1\rangle \rightarrow -|1\rangle$이 된다. 그 결과 원하는 제어형 NOT 게이트 변환을 얻게 된다.

일반적으로 물리계가 유니타리 변환 U를 수행할 수 있는 필요충분조건은 해밀토니안

H로 정의된 계의 시간 진화 연산자 $T = \exp(-iHt)$가 U와 동일한 고윳값 스펙트럼을 갖는 것이다. 위의 경우, 제어형 NOT 게이트는 고윳값 $+1$과 -1만 갖기 때문에 구현이 간단했다. 즉, 조화진동자에 대한 시간 진화 연산자로부터 동일한 고윳값을 얻도록 인코딩을 배열하는 것은 간단했다. 진동자에 대한 해밀토니안을 섭동시키면 어떠한 고윳값 스펙트럼이라도 거의 실현할 수 있으며, 이 스펙트럼들을 계에 대한 무한한 수의 고유상태로 대응시키면 어떠한 수의 큐비트라도 표현해낼 수 있다. 이렇게 하면 하나의 단순 조화진동자로 양자 컴퓨터 전체를 실현할 수 있을지도 모른다!

7.3.4 단점

물론 앞서 언급한 시나리오에는 많은 문제가 있다. 기초 게이트로부터 연산자를 만드는 방법을 알더라도 특정 양자계산을 위한 유니타리 연산자의 고윳값 스펙트럼을 항상 알 수 있는 것은 아니다. 사실 양자 알고리듬으로 처리하는 대부분의 문제에 있어서 고윳값 스펙트럼에 대한 지식은 해에 대한 지식과도 같다!

또 다른 명백한 문제는 위에서 사용한 기술로 하나의 계산을 또 다른 계산과 조합할 수 없다는 것이다. 그 이유는 일반적으로 2개의 유니타리 변환을 조합하면 엉뚱한 고윳값을 갖는 새로운 변환이 나오기 때문이다.

마지막으로, 단순 조화진동자를 사용하여 양자계산을 수행한다는 아이디어는 정보의 디지털 표현 원리를 무시하기 때문에 결함이 있다. 단순 조화진동자의 상태공간으로 대응시킨 2^n 크기의 힐베르트 공간에서는 에너지가 $2^n \hbar\omega$인 상태가 존재해야 한다. 그에 비해 최대 $n\hbar\omega$의 에너지를 갖는 n개의 2준위 양자계를 사용하면 동일한 힐베르트 공간을 얻을 수 있다. 이와 비슷하게 2^n개의 설정을 갖는 고전 다이얼^{classical dial}과 n개의 고전 비트 레지스터를 서로 비교할 수 있다. 양자계산은 아날로그 계산이 아닌 디지털 계산을 기반으로 한다.

조화진동자 양자 컴퓨터의 주요 특징은 아래에 요약해놓았다(우리가 고려하는 각 계에 대해서도 해당 절의 끝에 마찬가지로 요약해놓을 것이다). 이것으로 단일 진동자에 대한 논의를 끝내고 광자와 원자로 만들어진 조화진동자 계로 시선을 돌리자.

조화진동자 양자 컴퓨터

- **큐비트 표현:** 단일 양자 진동자의 에너지 준위 $|0\rangle$, $|1\rangle$,...,$|2^n\rangle$는 n큐비트를 나타낸다.

- 유니타리 진화: 임의의 변환 U를 실현하려면 이 변환의 고윳값 스펙트럼을 해밀 토니안 $H = a^\dagger a$에 의해 주어지는 고윳값 스펙트럼에 일치시키면 된다.

- 초기상태 준비: 고려하지 않는다.

- 판독 값: 고려하지 않는다.

- 단점: 디지털 표현이 아니다! 또한 고윳값을 일치시켜 변환을 실현하는 것은 일 반적으로 알려지지 않은 고윳값을 갖는 임의의 U에는 적합하지 않다.

7.4 광학 광자 양자 컴퓨터

양자비트를 나타내기 위한 매력적인 물리계는 광학 광자$^{optical\ photon}$다. 광자는 전하가 없는 입자이며 서로 아주 강하게 상호작용하지 않고 심지어 대부분의 물질과도 상호작용하지 않는다. 광섬유를 통해 손실이 적으면서 장거리 전송이 가능하며 위상이동기$^{phase\ shifter}$를 사용하여 효율적으로 지연시키고 광분할기^{beamsplitter}를 사용하여 쉽게 결합시킬 수 있다. 광자는 2중 슬릿 실험에서 나오는 간섭과 같은 고유한 양자 현상을 나타낸다. 더욱이 상호작용을 매개하는 비선형광학 매질을 사용하면 이론상으로 광자끼리 상호작용시킬 수 있다. 그러나 이 이상적인 시나리오에는 문제가 있다. 그럼에도 이 절에서 알게 되겠지만 광학 광자 양자정보 프로세서의 구성요소, 아키텍처, 단점을 연구하면 많은 것들을 배울 수 있다.

7.4.1 물리장치

단일 광자들이 무엇인지, 이것들이 양자상태를 어떻게 표현할 수 있는지, 광자들을 조작하는 데 유용한 실험 구성요소는 무엇인지 고려하는 것으로 시작하자. 위상이동기, 광분할기, 비선형광학 커 매질$^{nonlinear\ optical\ Kerr\ media}$의 고전적 거동을 기술할 것이다.

광자는 다음과 같은 방식으로 큐비트를 표현할 수 있다. 단순 조화진동자의 논의에서 봤듯이 전자기 공진기$^{electromagnetic\ cavity}$의 에너지는 $\hbar\omega$ 단위로 양자화된다. 이러한 각 양자를 광자라 부른다. 하나의 공진기는 0 또는 1 광자의 중첩을 포함하는 것이 가능한데, 이는 하나의 큐비트로 표현할 수 있는 상태 $c_0|0\rangle + c_1||1\rangle$에 해당하지만 이와 다르게 해볼 것이다. 총 에너지가 $\hbar\omega$인 2개의 공진기를 고려하고 광자가 한 공진기($|01\rangle$)에 있는지 아니면 다른 공진기($|10\rangle$)에 있는지를 큐비트의 두 상태로 잡아보자. 그러면 물리적 중첩 상태는 $c_0|01\rangle + c_1|10\rangle$로 표현할 수 있다. 앞으로 이를 듀얼레일$^{dual\text{-}rail}$ 표현이라 부를 것

이다. 우리는 공진기 내부가 아닌 자유공간$^{\text{free space3}}$을 통해 파동묶음$^{\text{wavepacket4}}$으로 이동하는 단일 광자들에 중점을 둘 것이다. 즉, 파동묶음과 함께 공진기가 움직이는 것으로 생각할 수 있다. 따라서 큐비트 상태에 있는 각 공진기는 서로 다른 공간 모드에 대응한다.

실험실에서 단일 광자를 얻는 방법 중 하나는 레이저의 출력을 감쇠시키는^{attenuate} 것이다. 레이저는 결맞음 상태$^{\text{coherent state}}$라 하는 $|\alpha\rangle$ 상태를 출력하며

$$|\alpha\rangle = e^{-|\alpha|^2/2} \sum_{n=0}^{\infty} \frac{\alpha^n}{\sqrt{n!}} |n\rangle \tag{7.16}$$

로 정의한다. 여기서 $|n\rangle$은 n개의 광자 에너지 고유상태다. 양자광학 분야에 대한 철저한 연구의 대상이었던 이 상태는 여기서 다루지 않는 아름다운 특성을 많이 가지고 있다. 레이저와 같은 구동형 진동자$^{\text{driven oscillator}}$를 임계값보다 높게 쏠 때 그 진동자에서 결맞음 상태가 자연적으로 방사된다는 것을 이해하는 것으로 충분하다. 평균 에너지는 $\langle\alpha|n|\alpha\rangle = |\alpha|^2$이라는 점에 주목한다. 결맞음 상태를 감쇠시키면 그냥 약한 결맞음 상태가 되고, 약한 결맞음 상태에서는 높은 확률로 단 하나의 광자를 얻을 수 있다.

확인문제 7.6: (광자 소멸의 고유상태)   결맞음 상태가 광자 소멸$^{\text{photon annihilation}}$ 연산자의 고유상태임을 증명하라. 즉, 어떤 상수 λ에 대해 $a|\alpha\rangle = \lambda|\alpha\rangle$임을 보이면 된다.

예를 들어 $\alpha = \sqrt{0.1}$의 경우, $\sqrt{0.90}|0\rangle + \sqrt{0.09}|1\rangle + \sqrt{0.002}|2\rangle + \cdots$ 상태를 얻는다. 따라서 빛이 감쇠기^{attenuator}를 통과해 이 상태를 만들면, 그 빛은 95 % 이상의 확률을 갖는 단일 광자임을 알게 된다. 즉, 실패 확률은 5% 정도다. 또한 그 시간 중에서 90%의 시간에는 어떠한 광자도 나오지 않는다는 점에 주목한다. 그러므로 이 소스는 단위 시간당 0.1 광자의 비율을 갖는다. 최종적으로 말하면 이 소스는 (어떤 고전 판독을 통해) 광자가 언제 출력됐는지 여부를 나타내지 않는다. 즉, 이러한 소스 2개를 가지고 싱크^{synchronicity}를 맞출 수 없다.

매개하향변환$^{\text{parametric down-conversion}}$을 사용하면 더 좋은 싱크를 얻을 수 있다. 이 방식은 진동수 ω_0의 광자들을 KH_2PO_4와 같은 비선형광학 매질 속을 통과시켜 진동수 $\omega_1 + \omega_2 = \omega_0$의 광자 쌍들을 생성시킨다. 운동량도 보존돼 $\vec{k}_1 + \vec{k}_2 = \vec{k}_3$를 만족하므로 ω_2 단일 광자가 (소거식으로) 감지되면 ω_1 단일 광자도 존재하는 것을 알 수 있다(그림 7.2). 이

---

3   대체로 진공을 의미한다. 더 엄밀히 말하면 도파로(waveguide)와 같은 공간적 경계조건이 없이 무제한으로 퍼져 나갈 수 있는 공간이다. – 옮긴이

4   파속이라고도 한다. – 옮긴이

것을 하나의 광자(2개 이상이 아님)가 감지될 때만 열리는 게이트에 연결시키고 여러 개의 하향변환 소스에 대한 출력을 적절히 지연시킴으로써 원칙적으로 검출기와 게이트의 시간 분해능$^{\text{time resolution}}$[5] 내에서 동시에 전파하는 여러 개의 단일 광자를 얻을 수 있다.

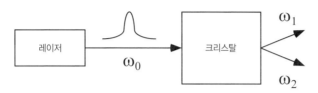

그림 7.2 단일 광자 발생을 위한 매개하향변환 방식

단일 광자는 다양한 기술을 사용하여 광범위한 파장에서 높은 양자 효율로 검출할 수 있다. 우리의 목적상 검출기의 가장 중요한 특징은 특정 공간 모드에서 0 또는 1 광자가 존재하는지를 높은 확률로 결정하는 능력이다. 듀얼레일 표현의 경우, 이것은 계산기저의 사영 측정으로 바뀐다. 실제로는 결합 때문에 단일 광자를 검출할 수 있는 가능성이 줄어든다. 즉, 광검출기^{photodetector}의 양자 효율 $\eta(0 \leq \eta \leq 1)$이란 검출기에 단일 광자가 도달했을 때 검출기 전류를 변화시킬 정도의 광 담체 쌍$^{\text{photocarrier pair}}$이 만들어질 확률이다. 검출기에 있어서 그 외의 중요한 특징들은 대역폭(시간 반응도$^{\text{time responsivity}}$), 노이즈 그리고 광자가 도달하지 않았을 때도 광 담체가 발생하는 '암흑의 카운트$^{\text{dark count}}$'다.

실험실에서 광자 상태를 조작할 때 가장 쓸 만한 세 가지 장치는 거울, 위상이동기, 광분할기다. 반사율이 높은 거울은 광자를 반사하여 공간 속에서 전파되는 방향을 변경한다. 손실이 0.01% 되는 거울은 드물지 않다. 우리 시나리오에서는 이러한 거울을 당연한 것으로 간주할 것이다. 위상이동기$^{\text{phase shifter}}$란 자유공간의 굴절률 n_0와는 다른 굴절률 n을 갖는 투명체 조각일 뿐이다. 예를 들어 보통 붕규산 유리$^{\text{borosilicate glass}}$는 광 파장$^{\text{optical wavelength}}$으로 $n \approx 1.5 n_0$이다. 그러한 매질 속을 L 거리만큼 전파시키면 광자의 위상은 e^{ikL}만큼 변한다. 여기서 $k = n\omega/c_0$이고 c_0는 진공에서 빛의 속력이다. 따라서 위상이동기를 통해 전파되는 광자는 자유공간에서 동일한 거리를 이동하는 광자에 비해 위상이 $e^{i(n-n_0)L\omega/c_0}$만큼 변할 것이다.

5 　신호를 판별할 수 있는 최소 시간 − 옮긴이

또 다른 유용한 구성요소인 광분할기는 은^{silver}으로 부분 코팅한 유리조각인데, 입사광을 R만큼 반사하고 $1 - R$만큼 투과시킨다. 실험실에서는 일반적으로 2개의 프리즘으로 광분할기를 제작하며 그 사이에 얇은 금속층을 넣는데, 이를 대략적으로 그린 것이 그림 7.3에 나타나 있다. 광분할기의 각도 θ는 $\cos\theta = R$로 정의하는 것이 편리하다. 이 각도는 부분 반사$^{partial\ reflection}$의 양을 매개변수로 한 것이지만 광분할기의 물리적 방향과 반드시 관련이 있는 것은 아니다. 이 장치에서 두 입력과 두 출력은

$$a_{out} = a_{in}\cos\theta + b_{in}\sin\theta \tag{7.17}$$

$$b_{out} = -a_{in}\sin\theta + b_{in}\cos\theta \tag{7.18}$$

로 관련된다. 여기서 a와 b를 고전적으로 보면 2개의 포트^{port}에서 나오는 빛의 전자기장으로 생각할 수 있다. 이 정의에서는 우리의 목적에 편하도록 비표준 위상 표기$^{non\text{-}standard}$ $^{phase\ convention}$를 택했다. 50/50 광분할기의 경우에는 $\theta = 45°$이다.

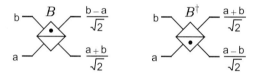

그림 7.3 2개의 입력 포트, 2개의 출력 포트 그리고 50/50 광분할기($\theta = \pi/4$)의 위상 표기를 보여주는 광학적 광분할기의 개략도. 오른쪽의 광분할기는 왼쪽의 광분할기를 뒤집은 것이다(내부에 그려진 점으로 2개를 구분함). 이 그림에서 모드 연산자(mode operator) a와 b의 입력-출력 관계는 $\theta = \pi/4$인 경우다.

비선형광학$^{nonlinear\ optics}$에서는 이러한 실습에 아주 유용한 소자^{component}가 하나 있다. 즉, 다음 식과 같이 빛의 총 세기 I에 비례하는 굴절률 n을 갖는 물질이다.

$$n(I) = n + n_2 I \tag{7.19}$$

이 식을 광학 커 효과$^{optical\ Kerr\ effect}$라 부르며 유리 및 설탕물과 같은 평범한 재료에서 (아주 약하게) 발생한다. 도핑 처리한 유리$^{doped\ glass}$에서는 n_2의 범위가 10^{-14}부터 $10^{-7}\mathrm{cm^2/W}$까지이고, 반도체에서는 10^{-10}부터 10^2까지이다. 실험으로 따지면 동일한 강도의 두 광선 빔이 거의 평행하게 커 매질 속을 진행할 때 각 빔은 단일 빔 경우에 비해 $e^{in_2 IL\omega/c_0}$ 만큼의 위상이동이 발생한다. 길이 L을 무작정 늘려도 될 것 같지만 아쉽게도 대부분의 커 매질은 흡수율이 높거나 원하는 공간 모드에서 빛을 산란시키기 때문에 그렇게 하면 안 된다. 이 점은 단일 광자 양자 컴퓨터가 비실용적인 주된 이유이며 7.4.3절에서 논의할 것이다. 다음으로는 이들 광학 소자에 대한 양자 서술로 넘어가보자.

7.4.2 양자계산

임의의 유니타리 변환은 양자정보에 적용시킬 수 있다. 이때 양자정보란 위상이동기, 광분할기, 비선형광학 커 매질을 사용하여 단일 광자를 $c_0|01\rangle + c_1|10\rangle$이라는 듀얼레일 표현으로 인코딩시켜놓은 것이다. 유니타리 변환이 어떻게 돌아가는지는 이들 각 장치의 양자역학적 해밀토니안 서술을 통해 아래와 같은 방식으로 이해할 수 있다.

7.3.2절에서 보았듯이 조화진동자는 전자기 복사에 대한 공진기 모드$^{\text{cavity mode}}$의 시간 진화를 양자역학적으로 모델링한다. $|0\rangle$는 진공 상태이고 $|1\rangle = a^\dagger|0\rangle$은 단일 광자 상태이며, 일반적으로 $|n\rangle = \frac{a^{\dagger n}}{\sqrt{n!}}|0\rangle$는 n개의 광자 상태다. 여기서 $a^\dagger$는 이 모드의 생성연산자다. 자유공간 진화는 해밀토니안

$$H = \hbar\omega a^\dagger a \tag{7.20}$$

로 기술하고 (7.13)을 적용하면 $|\psi\rangle = c_0|0\rangle + c_1|1\rangle$ 상태는 시간에 따라 $|\psi(t)\rangle = c_0|0\rangle + c_1 e^{-i\omega t}|1\rangle$로 된다는 것을 알 수 있다. 자유진화$^{\text{free evolution}}$가 $|\varphi\rangle = c_0|01\rangle + c_1|10\rangle$에서 검출 불가능한 전체위상만 변화시키기 때문에 듀얼레일 표현이 편리하다는 점에 주목한다. 따라서 상태들의 그 다양체^{manifold}에 대해 진화 해밀토니안은 0이다.

위상이동기$^{\text{Phase shifter}}$ 위상이동기 P는 보통의 시간 진화처럼 작동하지만 비율이 다르며 통과하는 모드에만 국한된다. 그 이유는 굴절률이 더 큰 매질에서 빛이 느려지기 때문이다. 구체적으로 말하면, 진공에서보다 굴절률 n의 매질에서 L 거리를 전파하는 데 $\Delta \equiv (n - n_0)L/c_0$ 시간이 더 걸린다. 예를 들어 진공상태에서 P는 아무 것도 작용하지 않으므로 $P|0\rangle = |0\rangle$이지만 단일 광자 상태에서는 $P|1\rangle = e^{i\Delta}|1\rangle$가 된다.

P는 듀얼레일 상태에서 유용한 논리 연산을 수행한다. 하나의 모드에서 위상이동기를 배치하면, 그 이동기 통과 없이 동일한 거리를 가는 모드에 비해 위상 진화가 지연된다. 듀얼레일 상태의 경우, 관련 없는 전체위상을 무시하면 이것은 $c_0|01\rangle + c_1|10\rangle$을 $c_0 e^{-i\Delta/2}|01\rangle + c_1 e^{i\Delta/2}|10\rangle$로 변환시킨다. 4.2절을 상기해보면, 이 연산은 회전

$$R_z(\Delta) = e^{-iZ\Delta/2} \tag{7.21}$$

에 해당한다. 여기서 Z는 보통의 파울리 연산자이며 $|0_L\rangle = |01\rangle$을 논리 0으로 잡고 $|1_L\rangle = |10\rangle$을 논리 1로 잡자. 따라서 P는 해밀토니안

$$H = (n_0 - n)Z \tag{7.22}$$

에서 시간 진화의 결과로 생각할 수 있다. 여기서 $P = \exp(-iHL/c_0)$이다.

확인문제 7.7: 아래의 회로가 듀얼레일 상태를

$$|\psi_{out}\rangle = \begin{bmatrix} e^{i\pi} & 0 \\ 0 & 1 \end{bmatrix} |\psi_{in}\rangle \tag{7.23}$$

로 변환시킨다는 것을 보여라. 이때 회로의 위쪽 도선은 $|01\rangle$ 모드를 나타내고 아래쪽 도선은 $|10\rangle$ 모드를 나타내며 사각형 π는 π만큼의 위상이동을 나타낸다.

$$|\psi_{in}\rangle \quad \boxed{\pi} \quad |\psi_{out}\rangle$$

이러한 '광학회로'에서는 위상 진화를 나타내기 위해 위와 같이 한 덩어리로 만든 회로 요소들을 넣어 공간에서의 전파를 분명하게 표현한다. 듀얼레일 표현에서 (7.20)에 따른 진화는 관측 불가능한 전체위상만큼만 논리적 상태를 변화시키므로 이를 무시하고 상대위상이동만 유지해도 된다.

확인문제 7.8: $P|\alpha\rangle = |\alpha e^{i\Delta}\rangle$임을 보여라. 여기서 $|\alpha\rangle$는 결맞음 상태다(일반적으로 α가 복소수라는 점에 유의한다!).

광분할기 광분할기에 대해서도 비슷한 해밀토니안 서술이 존재하지만, 일일이 따져서 해밀토니안을 구하지 말고 해밀토니안으로 바로 시작하자. 그리고 예상되는 고전적 거동인 (7.17)과 (7.18) 식이 그 해밀토니안으로부터 어떻게 나오는지 알아보자. 광분할기는 두 가지 모드로 작동하며, 이는 생성 (소멸) 연산자 $a^\dagger(a)$와 $b^\dagger(b)$로 기술한다는 점을 상기한다. 그 해밀토니안은

$$H_{bs} = i\theta \left(ab^\dagger - a^\dagger b\right) \tag{7.24}$$

이고 광분할기는 유니타리 연산

$$B = \exp\left[\theta\left(a^\dagger b - ab^\dagger\right)\right] \tag{7.25}$$

을 수행한다. B가 a와 b에 효과를 발휘하는 변환은

$$BaB^\dagger = a\cos\theta + b\sin\theta \quad \text{그리고} \quad BbB^\dagger = -a\sin\theta + b\cos\theta \tag{7.26}$$

이며 나중에 유용할 것이다. 베이커-캠벨-하우스도르프 공식

$$e^{\lambda G}Ae^{-\lambda G} = \sum_{n=0}^{\infty} \frac{\lambda^n}{n!} C_n \tag{7.27}$$

을 사용하여(확인문제 4.49 참조) 위의 관계식을 증명해보자. 여기서 λ는 복소수이고 A, G, C_n은 연산자이며 C_n은 $C_0 = A$, $C_1 = [G, C_0]$, $C_2 = [G, C_1]$, $C_3 = [G, C_2]$,...,$C_n = [G, C_{n-1}]$ 라는 교환자^{commutator} 수열로서 재귀적으로 정의된다. $G \equiv ab^{\dagger} - a^{\dagger}b$라 하면 $[a, a^{\dagger}] = 1$과 $[b, b^{\dagger}] = 1$로부터 $[G, a] = b$와 $[G, b] = -a$가 되므로 $BaB^{\dagger}$를 전개하면 이 급수의 계수 는 $C_0 = a$, $C_1 = [G, a] = b$, $C_2 = [G, C_1] = -a$, $C_3 = [G, C_2] = -[G, C_0] = -b$가 된다. 따라서 이 계수의 일반항은

$$C_{n \text{ even}} = i^n a \tag{7.28}$$

$$C_{n \text{ odd}} = -i^{n+1} b \tag{7.29}$$

가 된다. 이로부터 우리가 원하는 결과가 바로 나온다. 즉,

$$BaB^{\dagger} = e^{\theta G} a e^{-\theta G} \tag{7.30}$$

$$= \sum_{n=0}^{\infty} \frac{\theta^n}{n!} C_n \tag{7.31}$$

$$= \sum_{n \text{ even}} \frac{(i\theta)^n}{n!} a - i \sum_{n \text{ odd}} \frac{(i\theta)^n}{n!} b \tag{7.32}$$

$$= a \cos\theta + b \sin\theta \tag{7.33}$$

가 된다. 위의 해에서 a와 b를 서로 바꾸면 $BbB^{\dagger}$ 변환을 쉽게 구할 수 있다. 박스 7.3에 서 설명한 것과 같이 광분할기와 $SU(2)$ 연산 간의 깊은 관계로부터 광분할기 연산자가 나온다는 점에 주목한다.

박스 7.3: $SU(2)$ 대칭과 양자 광분할기

리군$^{\text{Lie group}}$ $SU(2)$와 결합된 두 조화진동자들의 연산 간에는 흥미로운 연관성이 존 재하며, 이는 양자 광분할기 변환을 이해하는 데 유용하다. 다음 변환을 보자.

$$a^{\dagger}a - b^{\dagger}b \rightarrow Z \tag{7.36}$$

$$a^{\dagger}b \rightarrow \sigma_+ \tag{7.37}$$

$$ab^{\dagger} \rightarrow \sigma_- \tag{7.38}$$

여기서 Z는 파울리 연산자이고 $\sigma_\pm = (X \pm iY)/2$는 파울리 X와 Y로 정의한 올림 연산자와 내림연산자다. a, $a^\dagger$, b, $b^\dagger$의 교환관계를 이용하면 이들 정의가 파울리 연산자의 일반적인 교환관계(2.40)를 만족시키는지 쉽게 확인할 수 있다. 또한 총수 연산자$^{\text{total number operator}}$6 $a^\dagger a + b^\dagger b$와 σ_z, σ_+, σ_-는 교환법칙이 성립하는데 그 이유 는 $SU(2)$ 공간 속에서 회전해도 변하지 않는 양이기 때문이다. 전통적인 $SU(2)$ 회 전 연산자

$$R(\hat{n}, \theta) = e^{-i\theta \vec{\sigma} \cdot \hat{n}/2} \qquad (7.39)$$

에서 $X = a^\dagger b + ab^\dagger$와 $Y = -i(a^\dagger b - ab^\dagger)$를 사용하면, 원하는 광분할기 연산자가 나오는데 이때 $\hat{n}$을 $-\hat{y}$축으로 잡는다.

양자 논리 게이트의 관점에서 B는 유용한 연산을 수행한다. 먼저 $B|00\rangle = |00\rangle$이라는 것에 유의한다. 즉, 어느 입력 모드에 광자가 존재하지 않으면 어느 출력 모드에도 광자 가 존재하지 않는다. 하나의 광자가 모드 a에 존재할 때, $|1\rangle = a^\dagger|0\rangle$을 상기하면

$$B|01\rangle = Ba^\dagger|00\rangle = Ba^\dagger B^\dagger B|00\rangle = (a^\dagger \cos\theta + b^\dagger \sin\theta)|00\rangle = \cos\theta|01\rangle + \sin\theta|10\rangle$$
$$(7.34)$$

임을 알 수 있다. 마찬가지로 $B|10\rangle = \cos\theta|10\rangle - \sin\theta|01\rangle$가 나온다. 따라서 다양한 상 태 $|0_L\rangle$과 $|1_L\rangle$에 대해 B를

$$B = \begin{bmatrix} \cos\theta & -\sin\theta \\ \sin\theta & \cos\theta \end{bmatrix} = e^{i\theta Y} \qquad (7.35)$$

로 표현할 수 있다.

위상이동기와 광분할기를 함께 사용하면 광학 큐비트에 임의의 단일 큐비트 연산들을 수행할 수 있다. 이것이 273페이지의 정리 4.1의 결과이며 $\hat{z}$축 회전 $R_z(\alpha) = \exp(-i\alpha Z/2)$ 와 $\hat{y}$축 회전 $R_y(\alpha) = \exp(-i\alpha Y/2)$로부터 모든 단일 큐비트 연산을 발생시킬 수 있음을 나타낸다. 위상이동기는 R_z 회전을 수행하고 광분할기는 R_y 회전을 수행한다.

확인문제 7.9: (광학 아다마르 게이트) 다음 회로가 듀얼레일 단일 광자 상태에서 아다마르 게이트 역할을 한다는 것을 보여라. 즉, 전체위상을 무시하고 $|01\rangle \rightarrow (|01\rangle + |10\rangle)/\sqrt{2}$ 과 $|10\rangle \rightarrow (|01\rangle - |10\rangle)/\sqrt{2}$임을 보여라.

---

6   수 연산자(number operator)는 $N_i = a^\dagger a$로 정의하고, 총수 연산자는 $N = \Sigma_i N_i = \Sigma_i a_i^\dagger a_i$로 정의한다. – 옮긴이

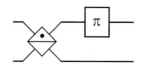

확인문제 7.10: (마흐-젠더 Mach-Zehnder **간섭계)** 간섭계interferometer란 작은 위상이동을 측정하는 데 사용되는 광학 도구이며 2개의 광분할기로 구성된다. 기본적인 작동 원리는 이 간단한 확인문제로 이해할 수 있다.

1. 다음 회로가 항등 연산을 수행함을 보여라.

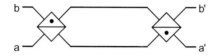

2. 위상이동 φ의 함수로, 이 회로가 수행하는 (듀얼레일 상태에서의) 회전 연산을 계산하라.

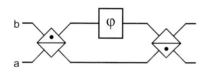

확인문제 7.11: $\theta = \pi/4$일 때 $B|2, 0\rangle$을 연산하면?

확인문제 7.12: (고전 입력을 갖는 양자 광분할기) $|\alpha\rangle$와 $|\beta\rangle$가 (7.16) 식에서와 같이 2개의 결맞음 상태일 때 $B|\alpha\rangle|\beta\rangle$을 연산하면?(힌트: $|n\rangle = \frac{(a^\dagger)^n}{\sqrt{n!}}|0\rangle$를 상기해보라)

비선형 커 매질 커 매질의 가장 중요한 효과는 이 매질이 빛의 두 모드 간에 제공하는 교차 위상 변조cross phase modulation다. 이는 (7.19)의 n_2항에 의해 고전적으로 기술되며 광자 간의 상호작용을 효과적으로 나타내는데, 커 매질의 원자들이 이러한 작용을 중개한다. 양자역학적으로 이 효과는 해밀토니안

$$H_{xpm} = -\chi a^\dagger a b^\dagger b \tag{7.40}$$

으로 기술한다. 여기서 a와 b는 이 매질을 통과하여 전파되는 두 가지 모드를 기술하는데, L 길이의 크리스털 유리에 대해서는 유니타리 변환

$$K = e^{i\chi L a^\dagger a b^\dagger b} \tag{7.41}$$

이 나온다. χ는 n_2에 관련된 계수이고, 3차 비선형 감응도 계수^susceptibility coefficient는 보통 $\chi^{(3)}$으로 표시한다. 이 해밀토니안으로부터 기대되는 고전적 거동이 발생하는 것은 독자를 위해 확인문제 7.14로 남겨둔다.

커 매질과 광분할기를 결합하면 다음과 같은 방식으로 제어형 NOT 게이트를 만들 수 있다. 단일 광자 상태들에 대해서는

$$K|00\rangle = |00\rangle \tag{7.42}$$
$$K|01\rangle = |01\rangle \tag{7.43}$$
$$K|10\rangle = |10\rangle \tag{7.44}$$
$$K|11\rangle = e^{i\chi L}|11\rangle \tag{7.45}$$

가 되고, $\chi L = \pi$로 잡아서 $K|11\rangle = -|11\rangle$가 되게 하자. 이제 2개의 듀얼레일 상태, 즉 4개의 빛 모드를 고려한다. 이들은 4개의 기저 상태인 $|e_{00}\rangle = |1001\rangle$, $|e_{01}\rangle = |1010\rangle$, $|e_{10}\rangle = |0101\rangle$, $|e_{11}\rangle = |0110\rangle$가 생성한 공간 속에 존재한다. 편의상 첫 번째 쌍에 대해 두 모드의 일반적인 순서를 뒤집었다(물리적으로 두 모드는 거울을 사용하여 쉽게 전환시킬 수 있다). 이제 커 매질을 적용하여 2개의 중간 모드에 작용시키면, $K|e_{11}\rangle = -|e_{11}\rangle$을 제외한 모든 i에 대해 $K|e_i\rangle = |e_i\rangle$가 된다. 이것이 유용한 이유는 제어형 NOT 연산을

$$\underbrace{\begin{bmatrix} 1 & 0 & 0 & 0 \\ 0 & 1 & 0 & 0 \\ 0 & 0 & 0 & 1 \\ 0 & 0 & 1 & 0 \end{bmatrix}}_{U_{CN}} = \underbrace{\frac{1}{\sqrt{2}}\begin{bmatrix} 1 & 1 & 0 & 0 \\ 1 & -1 & 0 & 0 \\ 0 & 0 & 1 & 1 \\ 0 & 0 & 1 & -1 \end{bmatrix}}_{I \otimes H} \underbrace{\begin{bmatrix} 1 & 0 & 0 & 0 \\ 0 & 1 & 0 & 0 \\ 0 & 0 & 1 & 0 \\ 0 & 0 & 0 & -1 \end{bmatrix}}_{K} \underbrace{\frac{1}{\sqrt{2}}\begin{bmatrix} 1 & 1 & 0 & 0 \\ 1 & -1 & 0 & 0 \\ 0 & 0 & 1 & 1 \\ 0 & 0 & 1 & -1 \end{bmatrix}}_{I \otimes H} \tag{7.46}$$

로 분해할 수 있기 때문이다. 여기서 H는 단일 큐비트 아다마르 변환(광분할기와 위상이동기로 간단히 구현됨)이고 K는 방금 고려한 $\chi L = \pi$ 경우의 커 상호작용^Kerr interaction이다. 박스 7.4에 설명한 것과 같이 이러한 장치는 이미 가역 고전광학 논리 게이트를 만들 때 고려한 적 있다. 즉, 단일 광자 영역에서 이 장치는 양자 논리 게이트로서의 기능도 한다.

요약하면 커 매질을 가지고 CNOT를 만들 수 있으며, 이때 광분할기와 위상이동기로 임의의 단일 큐비트 연산을 실현시켜 사용한다. 단일 광자는 감쇠시킨 레이저를 사용하여 생성하고 광검출기^photodetector로 감지할 수 있다. 따라서 이들 광학 구성요소를 사용하면 이론적으로 양자 컴퓨터를 구현할 수 있다!

박스 7.4: 양자광학 프레드킨 게이트

다음의 구성도에 나타난 것처럼 2개의 광분할기와 비선형 커 매질을 사용하면 광학 프레드킨 게이트를 만들 수 있다.

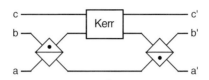

이것은 유니타리 변환 $U = B^\dagger K B$를 수행한다. 여기서 B는 50/50 광분할기, K는 커 교차 위상 변조 연산자인 $K = e^{i\xi b^\dagger b c^\dagger c}$이며 $\xi = \chi L$은 결합상수$^{\text{coupling constant}}$와 상호작용 거리의 곱이다. 이를 단순화시키면

$$U = \exp\left[i\xi c^\dagger c \left(\frac{b^\dagger - a^\dagger}{2} \right) \left(\frac{b - a}{2} \right) \right] \tag{7.47}$$

$$= e^{i\frac{\pi}{2} b^\dagger b}\, e^{\frac{\xi}{2} c^\dagger c (a^\dagger b - b^\dagger a)}\, e^{-i\frac{\pi}{2} b^\dagger b}\, e^{i\frac{\xi}{2} a^\dagger a c^\dagger c}\, e^{i\frac{\xi}{2} b^\dagger b c^\dagger c} \tag{7.48}$$

가 된다. 첫 번째와 세 번째 지수는 일정한 위상이동이며 마지막 2개의 위상이동은 위상 변조에서 나온다. 이러한 모든 효과는 기본적인 것이 아니며 보충될 수 있다. 흥미로운 항은 두 번째 지수이며 양자 프레드킨 연산자

$$F(\xi) = \exp\left[\frac{\xi}{2} c^\dagger c (a^\dagger b - b^\dagger a) \right] \tag{7.49}$$

로 정의한다. 보통의 (고전적인) 프레드킨 게이트 연산은 $\xi = \pi$로 잡아서 구한다. 이 경우, c에 광자가 입력되지 않으면 $a' = a$와 $b' = b$가 되지만 c에 단일 광자가 입력되면 $a' = b$와 $b' = a$가 된다. 이것은 $F(\chi)$가 제어형 광분할기$^{\text{controlled-beamsplitter}}$ 연산자와 같으며 이때 회전각이 $\xi c^\dagger c$라는 것을 알면 이해할 수 있다. 이 서술은 듀얼레일 표현을 사용하지 않는다. 듀얼레일 표현으로 하면 이 프레드킨 게이트는 제어형 NOT 게이트에 해당된다.

확인문제 7.13: (광학 도이치-조사 양자회로) 1.4.4절에서는 1비트 도이치-조사 문제를 해결하기 위한 양자회로를 기술했었다. 다음은 그 회로의 단일 광자 상태(듀얼레일 표현)용 버전이며 광분할기, 위상이동기, 비선형 커 매질을 사용한다.

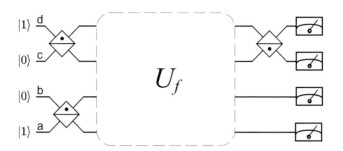

1. 프레드킨 게이트와 광분할기를 사용하여 가능한 4개의 고전함수 U_f에 대한 회로를 만들어라.

2. 이 제작에서는 왜 위상이동기가 필요하지 않는가?

3. 각 U_f에 대해 양자 알고리듬의 작동 방식을 설명할 때 간섭을 어떻게 사용하는지를 확실히 보여라.

4. 단일 광자 상태가 결맞음 상태로 바뀌면 이 구현이 작동할까?

확인문제 7.14: (고전적인 교차 위상 변조) K의 정의인 (7.41) 식으로부터 커 매질의 기대되는 고전적 거동을 알 수 있다는 점을 확인하기 위해 이 식에 결맞음 상태의 모드와 $|n\rangle$ 상태에 있는 모드라는 두 가지 모드를 적용해보아라. 즉,

$$K|\alpha\rangle|n\rangle = |\alpha e^{i\chi Ln}\rangle|n\rangle \tag{7.50}$$

임을 보여라. 이 식을 사용하여

$$\rho_a = \mathrm{Tr}_b\left[K|\alpha\rangle|\beta\rangle\langle\beta|\langle\alpha|K^\dagger\right] \tag{7.51}$$

$$= e^{-|\beta|^2}\sum_m \frac{|\beta|^{2m}}{m!}|\alpha e^{i\chi Lm}\rangle\langle\alpha e^{i\chi Lm}| \tag{7.52}$$

을 계산하고 이 합에 주된 영향을 끼치는 경우가 $m = |\beta|^2$일 때라는 것을 보여라.

7.4.3 단점

단일 광자를 큐비트로 표현하는 것은 매력적이다. 단일 광자는 생성과 측정이 비교적 간단하며 듀얼레일 표현으로 임의의 단일 큐비트 연산이 가능하다. 아쉽게도 광자들이 상호작용하면 이런 일이 어렵게 된다. 즉, 가장 좋은 비선형 커 매질이라고 해도 아주 약해서 단일 광자 상태들 사이에서는 π의 교차 위상 변조를 할 수 없다. 사실 비선형 굴절률

은 일반적으로 광학공명 근처의 매질을 사용하면 얻어지기 때문에 비선형성^{nonlinearity}과 관련된 흡수는 항상 존재한다. 그리고 이론적으로 그러한 최적의 배열에서 π 교차 위상 변조를 겪는 각 광자에 대해 대략 50개의 광자가 흡수되는 것으로 추정할 수 있다. 따라서 전통적인 비선형광학 부품으로 양자 컴퓨터를 만들 수 있는 전망은 아주 어둡다.

그럼에도 이러한 광학 양자 컴퓨터를 연구함으로써 양자 컴퓨터의 아키텍처와 시스템 설계의 본질에 대한 귀중한 통찰력을 얻었다. 이제는 실험실에서 실제 양자 컴퓨터가 어떤 형태를 갖출지 알 수 있으며(제작하는 데 충분히 우수한 부품을 이용할 수 있을 때만 해당된다) 두드러진 특징은 광학 간섭계로 거의 완벽하게 제작된다는 점이다. 이 장치에서 정보는 광자 수 및 광자 위상으로 인코딩되고, 간섭계는 두 표현 간을 변환하는 데 사용된다. 안정적인 광학 간섭계를 만드는 것이 가능하지만, 그 대안으로 대규모의 큐비트 표현을 선택한 경우 전형적인 드브로이^{de Broglie} 파장이 짧기 때문에 안정적인 간섭계를 만들기 어려워질 수 있다. 심지어 광학 표현이 존재해도 커다란 양자 알고리듬을 실현하는 데 필요한 다중 연동 간섭계^{multiple interlocked interferometer}는 실험실에서 안정화시키기 어려울 것이다.

역사적으로 광학 고전 컴퓨터는 한때 전자 머신의 유망한 대체물로 여겨졌지만, 충분한 비선형광학 재료가 발견되지 않았고 그 속도와 병렬 처리 장점이 배치와 전력 단점을 충분히 능가하지 않다보니 궁극적으로 기대에 부응하지 못했다. 반면에 광통신^{optical communication}은 아주 필요하고 중요한 분야다. 그 이유 중 하나는 1cm보다 긴 거리에서 광섬유를 통해 광자를 사용하여 비트를 전송하는 데 필요한 에너지가 동일한 거리의 일반적인 50옴^{ohm} 전기선을 이용하는 데 필요한 에너지보다 작기 때문이다. 마찬가지로 광학 큐비트는 계산보다는 양자 암호학과 같은 양자정보 통신에서 자연스레 자리를 잡을지도 모른다.

광학 양자 컴퓨터 실현에 직면한 단점에도 불구하고, 이 실현을 기술하는 이론적 형식 체계^{theoretical formalism}는 7장의 나머지 부분에서 우리가 공부해야 할 다른 모든 실현에 있어서 절대적으로 기본이 된다. 사실 여러분은 다음에 살펴볼 것이 단순하게 또 다른 종류의 광학 양자 컴퓨터로 생각할지 모르지만, 아예 다른 (그리고 더 나은!) 종류의 비선형 매질을 갖는 것이다.

광학 광자 양자 컴퓨터

- **큐비트 표현**: 두 모드 간에 단일 광자의 존재 유무, $|01\rangle$와 $|10\rangle$, 또는 편광

- 유니타리 진화: 위상이동기(R_z 회전), 광분할기(R_y 회전), 비선형 커 매질을 사용하여 임의의 변환을 만들며, 이 변환에서 2개의 단일 광자가 교차 위상 변조를 일으켜 $\exp[i\chi L|11\rangle\langle11|]$를 수행하게 한다.

- 초기상태 준비: 단일 광자 상태를 생성한다(예: 레이저 빛을 감쇠시킴).

- 판독 값: 단일 광자를 검출한다(예: 광전자증배관 사용).

- 단점: 흡수 손실에 대한 교차 위상 변조 세기의 비가 큰 비선형 커 매질은 실현하기 어렵다.

7.5 광학 공진기 양자전기역학

공진기 양자전기역학quantum electrodynamics(QED)은 소수의 광학 모드로 단일 원자들을 결합시키는 등의 중요한 영역을 다루는 연구 분야다. 실험실에서는 아주 높은 Q의 광학 공진기 내에 단일 원자들을 넣으면 이 연구를 할 수 있다. 즉, 공진기 내에 하나 또는 2개의 전자기 모드만 존재하고 이들 각 모드에서의 전기장 세기가 아주 높기 때문에 원자와 그 전기장 간의 쌍극자 결합은 매우 높다. 높은 Q로 인해 공진기 내의 광자들은 탈출하기 전에 원자들과 여러 번 상호작용할 기회를 갖는다. 이론적으로 이 기술은 단일 양자계를 제어하고 연구할 수 있는 독특한 기회를 제공하고 양자 카오스quantum chaos, 양자 피드백 제어, 양자계산에 있어서 많은 기회를 열어준다.

특히 단일 원자 공진기 QED 방법은 앞 절에서 설명한 광학 양자 컴퓨터의 딜레마에 대해 잠재적인 해결책을 제공한다. 그러한 매질은 양자정보의 운반체로서 좋을 수 있지만 상호작용시키려면 다른 매질이 필요하다. 그러한 매질은 벌크 물질bulk material[7]이기 때문에 전통적인 비선형광학 커 매질은 이러한 요구를 충족시키기에 불충분하다. 하지만 단일 원자를 잘 고립시키기만 하면 결잃음 효과를 피할 수 있고 더욱이 광자 간에 교차 위상 변조를 시킬 수도 있다. 사실, 단일 광자들의 상태가 단일 원자들에 효율적으로 전달되거나 단일 원자들로부터 전달받을 수 있고 그 상호작용을 제어할 수 있다면 어떻게 될까? 이 잠재적 시나리오가 바로 이 절의 주제다.

---

7   유한한 부피와 표면적을 갖는 물질에서 그 물리적 특성이 표면적에 영향을 받지 않는 물질. 즉, 무한한 물질이 가질 만한 특성이다. 이와 반대로 나노 입자의 경우에는 표면적에 영향을 받는다. – 옮긴이

7.5.1 물리장치

공진기 QED 시스템의 주요 실험 구성요소 두 가지는 전자기 공진기와 원자다. 먼저 공진기 모드의 기본 물리를 알아보고 그 다음으로 원자구조 및 빛에 대한 원자들의 상호작용에 있어서 기본 아이디어를 요약해서 언급할 것이다.

패브리-페로 공진기

공진기 QED와 관련된 주요 상호작용은 전기쌍극자 모멘트 $\vec{d}$와 전기장 $\vec{E}$ 간의 쌍극자 상호작용 $\vec{d} \cdot \vec{E}$이다. 이 상호작용은 얼마나 크게 할 수 있을까? 실제로 $\vec{d}$의 크기를 변경하는 것은 어렵다. 하지만 $|\vec{E}|$는 실험으로 다룰 수 있는데, 좁은 주파수 대역과 작은 공간 속에서 아주 큰 전기장을 실현하기 위한 아주 중요한 도구가 패브리-페로 공진기Fabry-Perot cavity다.

전기장이 단일 파장이면서 단일 공간 모드single spatial mode를 차지하는 근사화에 있어서는 아주 간단하게 양자역학적으로 기술할 수 있다. 즉,

$$\vec{E}(r) = i\vec{\epsilon} E_0 \left[a e^{ikr} - a^\dagger e^{-ikr} \right] \tag{7.56}$$

가 된다. 박스 7.5에 설명한 바와 같이 이러한 근사화는 패브리-페로 공진기의 전기장에 적합하다. 여기서 $k = \omega/c$는 빛의 공간주파수spatial frequency, E_0는 전기장 세기, $\vec{\epsilon}$는 편광, r은 전기장이 필요한 위치다. a와 $a^\dagger$는 이 모드의 광자에 대한 소멸연산자와 생성연산자이며 7.4.2절에서 설명한 대로 동작한다. 공진기에서 전기장의 진화를 지배하는 해밀토니안은 단순히

$$H_{\text{field}} = \hbar\omega a^\dagger a \tag{7.57}$$

이고 이것은 에너지가 공진기에서 $|\vec{E}|^2$의 부피 적분이라는 준고전적 개념semiclassical notion과 일치한다.

박스 7.5: 패브리-페로 공진기

패브리-페로 공진기의 기본 부품은 은silver으로 부분 코팅한 거울이며 이를 통해 입사광 E_a와 E_b의 일부가 반사되거나 투과되어 출력 장output field E_a과 E_b를 생성한다. 이것들은 유니타리 변환

$$\begin{bmatrix} E_{a'} \\ E_{b'} \end{bmatrix} = \begin{bmatrix} \sqrt{R} & \sqrt{1-R} \\ \sqrt{1-R} & -\sqrt{R} \end{bmatrix} \begin{bmatrix} E_a \\ E_b \end{bmatrix} \tag{7.53}$$

의 관계를 갖는다. 여기서 R은 거울의 반사율이고, '−' 부호를 붙인 규칙은 다음 그림에 나타난 것과 같이 편의상 선택한 것이다.

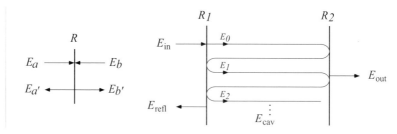

패브리-페로 공진기에는 반사율 R_1과 R_2인 두 평면거울이 평행으로 구성돼 있으며, 그림에 나타난 것과 같이 외부에서 거울에 빛 E_{in}을 비춘다. 공진기 내에서는 빛이 두 거울 사이를 오가며 반사되는데 이때 빛이 한 번 왕복할 때마다 위상이동 $e^{i\varphi}$가 발생한다. φ는 경로 길이와 빛의 진동수에 대한 함수다. 따라서 (7.53)을 사용하면 공진기 내부 장field은

$$E_{cav} = \sum_k E_k = \frac{\sqrt{1-R_1}E_{in}}{1 + e^{i\varphi}\sqrt{R_1 R_2}} \tag{7.54}$$

가 된다. 여기서 $E_0 = \sqrt{1-R_1}E_{in}$이고 $E_k = -e^{i\varphi}\sqrt{R_1 R_2}E_{k-1}$이다. 마찬가지로 $E_{out} = e^{i\varphi/2}\sqrt{1-R_2}$이고 $E_{refl} = \sqrt{R_1}E_{in} + \sqrt{1-R_1}\sqrt{R_2}e^{i\varphi}E_{cav}$임을 구할 수 있다.

우리의 목적상 패브리-페로 공진기의 가장 중요한 특성 중 하나는 입력 세기에 대한 공진기 내부 장 세기의 비가 장 주파수field frequency의 함수로 나온다는 것이다. 즉,

$$\frac{P_{cav}}{P_{in}} = \left| \frac{E_{cav}}{E_{in}} \right|^2 = \frac{1-R_1}{|1 + e^{i\varphi}\sqrt{R_1 R_2}|^2} \tag{7.55}$$

이다. 여기서 두 가지 측면이 주목할 만하다. 첫째, 주파수 선택성frequency selectivity은 $\varphi = \omega d/c$라는 사실로 주어지는데, 여기서 d는 거울 사이의 간격, c는 광속, ω는 장의 주파수다. 물리적으로 이런 식이 나오는 것은 공진기 장과 앞쪽 거울면의 반사광 간에 간섭이 일어나 생성과 소멸이 발생하기 때문이다. 그리고 두 번째로 공명resonance에 있어서 공진기 장의 최댓값은 입사 장의 대략 $1/(1-R)$배가 된다. 이 특성은 공진기 QED에 있어서 매우 중요하다.

확인문제 7.15: $R_1 = R_2 = 0.9$인 경우, 필드 디튜닝field detuning φ의 함수로서 (7.55)를 그 래프로 그려라.

2준위 원자

7장에서 이 절에 이르기까지 광자만 논의하거나 준고전적 매질에 의해 매개된 광자 간의 교차 위상 변조와 같은 상호작용에 대해서만 논의했었다. 이제 원자, 원자의 전자 구조, 광자에 대한 원자의 상호작용으로 주의를 돌리자. 물론 이 분야는 아주 깊고 잘 발달돼 있다. 여기서는 양자계산과 맞닿는 작은 부분만 다룰 것이다.

원자의 전자 에너지 고유상태는 아주 복잡할 수 있지만(박스 7.6 참조), 우리의 목적상 두 상태만 갖는 원자를 모델로 잡는 것이 근사시키기에 좋다. 우리는 단색광monochromatic light과의 상호작용에 관심이 있기 때문에 이러한 2준위 원자two-level atom 근사화가 적절할 수 있는데, 이 경우 유일하게 관련된 에너지 준위는 다음 두 조건을 만족시킨다. 즉, 이들의 에너지 차energy difference는 입사하는 광자들의 에너지와 일치하고, 대칭('선택 규칙selection rule8')은 전이를 금하지 않는다. 이 조건들은 에너지, 각운동량angular momentum, 패리티에 대한 기본 보존법칙에서 비롯된다. 에너지 보존이란 조건

$$\hbar\omega = E_2 - E_1 \tag{7.58}$$

일 뿐이다. 여기서 E_2와 E_1은 원자의 두 고유에너지eigenenergy다. 각운동량과 패리티 보존 요구사항은 두 궤도 파동함수orbital wavefunction 간의 $\hat{r}$에 대한 행렬성분 $\langle l_1, m_1|\hat{r}|l_2, m_2\rangle$를 고려해서 기술할 수 있다. 일반성을 잃지 않으면서 $\hat{r}$을 $\hat{x} - \hat{y}$ 평면에 있게 잡고 구면 조화함수spherical harmonics(박스 7.6) 측면에서

$$\hat{r} = \sqrt{\frac{3}{8\pi}}\left[(-r_x + ir_y)Y_{1,+1} + (r_x + ir_y)Y_{1,-1}\right] \tag{7.59}$$

로 표현할 수 있다. 이를 바탕으로 $\langle l, m_1|\hat{r}|l, m_2\rangle$에서 관련 항은

$$\int Y^*_{l_1 m_1} Y_{1m} Y_{l_2 m_2}\, d\Omega \tag{7.60}$$

이다. $m = \pm 1$이라는 점을 상기하자. 위 식의 적분은 $m_2 - m_1 = \pm 1$과 $\Delta l = \pm 1$인 경우에만 0이 아니다. 첫 번째 조건은 각운동량 보존이고 두 번째 조건은 $\langle l_1, m_1|\hat{r}|l_2, m_2\rangle$와

---

8 전이가 일어나는 조건 – 옮긴이

관련된 쌍극자 근사화에서의 패리티 보존이다. 이들 조건은 2준위 원자 근사화에서 중요한 선택규칙이다.

확인문제 7.16: (전기 쌍극자 선택규칙) $m_2 - m_1 = \pm 1$과 $\Delta l = \pm 1$인 경우에만 (7.60)이 0이 아님을 보여라.

박스 7.6: 원자의 에너지 준위

원자의 전자는 3차원 상자 속의 입자처럼 거동하며 해밀토니안

$$H_A = \sum_k \frac{|\vec{p}_k|^2}{2m} - \frac{Ze^2}{r_k} + H_{rel} + H_{ee} + H_{so} + H_{hf} \tag{7.61}$$

를 갖는다. 여기서 처음 두 항은 음으로 하전된 전자가 양으로 하전된 핵으로 향하는 쿨롱 인력Coulomb attraction과 전자의 운동에너지에 대한 균형을 기술한다. H_{rel}은 상대론적 보정relativistic correction 항이고, H_{ee}는 전자의 페르미온 입자 특성에 의한 기여와 전자-전자 결합을 기술한다. H_{so}는 스핀 궤도 상호작용인데, 이는 원자 주위의 궤도에 의해 생성된 자기장과 상호작용하는 전자의 스핀으로 해석할 수 있다. 그리고 H_{hf}는 초미세 상호작용hyperfine interaction이다. 즉, 전자스핀은 핵에 의해 생성된 자기장과도 상호작용한다. H_A의 에너지 고유상태는 일반적으로 다음 3개의 정수 또는 반정수half-integer(양자수)에 따라 아주 잘 분류된다. 즉, n은 주양자수, l은 궤도 각운동량, m은 그것의 $\hat{z}$ 성분이다. 총 전자스핀 S와 핵스핀 I도 중요할 경우가 많다. H_A의 고윳값은 n에 의한 차수 α^2, H_{ee}에 의한 약간 더 작은 차수, H_{rel}과 H_{so}에 의한 차수 α^4 그리고 H_{hf}에 의한 차수 $\approx 10^{-3}\alpha^4$으로 결정된다. 여기서 $\alpha = 1/137$은 차원이 없는 미세구조 상수fine structure constant다.

쿨롱 구속 전위Coulomb confining potential는 방사상 거리에만 의존하기 때문에, n의 유도는 단순하며 상자 속의 입자에 대한 보통의 1차원 슈뢰딩거 방정식 해를 따른다. 하지만 궤도 각운동량은 설명할 만한 3차원 존재의 특징이다. 본질적인 특성은 H_A의 좌표 표현의 각도 의존성으로부터 발생한다. 이때 p는 라플라스 연산자 $\vec{\nabla}^2$가 되어 슈뢰딩거 방정식

$$\frac{\Phi(\varphi)}{\sin\theta}\frac{d}{d\theta}\left(\sin\theta\frac{d\Theta}{d\theta}\right) + \frac{\Theta(\theta)}{\sin^2\theta}\frac{d\Phi(\varphi)}{d\varphi^2} + l(l+1)\Theta(\theta)\Phi(\varphi) = 0 \tag{7.62}$$

이 나온다. 여기서 θ와 φ는 보통의 구면좌표이고, Φ와 Θ는 우리가 원하는 고유함수다. 해 $Y_{lm}(\theta, \varphi) = \Theta_{lm}(\theta)\Phi_m(\varphi)$는 구면 조화함수

$$Y_{lm}(\theta, \varphi) \equiv (-1)^m \sqrt{\frac{2l+1}{4\pi} \frac{(l-m)!}{(l+m)!}} P_{lm}(\cos\theta)e^{im\varphi} \tag{7.63}$$

이며, 여기서 P_{lm}은 보통의 르장드르^{Legendre}함수

$$P_{lm}(x) = \frac{(1-x^2)^{m/2}}{2^l l!} \frac{d^{m+l}}{dx^{m+l}}(x^2-1)^l \tag{7.64}$$

이다. 이 방정식에서 $-l \leq m \leq l$이며 m과 l은 정수 또는 반정수이어야 함을 알 수 있다. l은 궤도 각운동량으로 알려져 있으며, m은 그것의 $\hat{z}$축에 관한 성분이다. 마찬가지로 전자스핀 S와 핵스핀 I은 m_s와 m_i 성분을 갖는다. 알다시피 원자의 에너지 상태에 대한 서술은 아주 복잡할 수 있다! 요약하면 우리의 목적상 원자의 고유 에너지는 n, l, m, S, m_s, I, m_i라는 7개의 수로 결정되는 것으로 생각해도 된다.

실제로 빛은 완전히 단색광^{monochromatic}이 아니다. 단색광은 레이저와 같은 일부 소스로부터 생성되는데 그러한 소스의 종모드$^{longitudinal\ modes}$, 펌프 노이즈 그리고 그 외의 소스는 유한 선폭$^{finite\ linewidth}$을 발생시킨다. 또한 외부 세계와 결합된 원자는 절대적으로 에너지 고유상태의 특성을 나타낸 적이 없다. 즉, 근처의 변동하는 전위$^{electric\ potential}$ 또는 진공과의 상호작용과 같은 작은 섭동 때문에 각 에너지 준위는 흐려져 유한 폭의 분포가 된다.

그럼에도 원자와 들뜸 에너지$^{excitation\ energy}$를 신중하게 선택하고 선택규칙을 활용하면 2준위 원자를 최상으로 근사시킬 환경을 마련할 수 있다. 이 절차의 요점은 이러한 근사화에서 $|\psi_1\rangle$과 $|\psi_2\rangle$가 선택된 두 준위라면 $\hat{r}$의 행렬성분은

$$r_{ij} = \langle \psi_i | \hat{r} | \psi_j \rangle \approx r_0 Y \tag{7.65}$$

가 된다는 것이다. 여기서 r_0은 어떤 상수이고 Y는 파울리 연산자다(2.1.3절 참조. X가 아닌 Y를 얻는 것은 실제로 중요치 않다. 이는 나중에 계산할 때 관례와 편의상의 문제다). 이것은 원자와 입사^{incident} 전기장 사이의 상호작용을 기술하는 데 관련이 있다. 이 2준위 부분공간$^{two-level\ subspace}$에서 원자 자체의 해밀토니안은

$$H_{\text{atom}} = \frac{\hbar\omega_0}{2} Z \tag{7.66}$$

이다. 여기서 두 상태가 에너지 고유상태이기 때문에 $\hbar\omega_0$은 두 준위의 에너지 차가 된다.

7.5.2 해밀토니안

원자를 2준위로 근사화시킨 아주 단순한 모델로는 원자와 공진기 전기장 간의 상호작용 $\vec{d}\cdot\vec{E}$를 아주 잘 추정할 수 있다. 이때 공진기의 전기장 양자화, 그리고 그 전기장의 파장과 비교되는 전자의 미세한 크기를 사용한다. $\vec{d}\propto\hat{r}$(전기쌍극자 크기는 전하량 곱하기 거리)라는 사실을 사용하고 (7.56)과 (7.65)를 결합하면 상호작용 식

$$H_I = -igY(a - a^\dagger) \tag{7.67}$$

을 얻을 수 있다. 여기서는 원자를 놓는(따라서 $\vec{E}$를 산출하는) 지점을 $r=0$으로 잡고, $\hat{r}$은 전기장 벡터와 적절하게 정렬되도록 원자의 방향을 정했다. g는 상호작용의 세기를 기술하는 상수다(여기서는 특정 값에 대해서 신경 쓸 필요가 없다. 그 형식만 신경 쓴다). H_I가 에르미트이어야 하기 때문에 g를 실수로 만들기 위해 i가 존재한다. H_I에는 일반적으로 적은 개수의 항이 포함된다는 점을 염두에 두면 H_I를 더 단순화시킬 수 있다. 이를 알아보기 위해 파울리 올림연산자와 내림연산자

$$\sigma_\pm = \frac{X \pm iY}{2} \tag{7.68}$$

를 정의해서 H_I를

$$H_I = g(\sigma_+ - \sigma_-)(a - a^\dagger) \tag{7.69}$$

로 다시 표현하는 것이 좋다. $\sigma_+ a^\dagger$와 $\sigma_- a$를 포함하는 항은 관심 있는 진동수인 ω와 ω_0를 두 배로 진동시키는데, 이를 제거하면 아주 좋은 근사화(회전파 근사화rotating wave approximation)인 총 해밀턴 $H = H_{\text{atom}} + H_{\text{field}} + H_I$가 나온다. 즉,

$$H = \frac{\hbar\omega_0}{2}Z + \hbar\omega a^\dagger a + g(a^\dagger\sigma_- + a\sigma_+) \tag{7.70}$$

가 된다. 여기서 다시 요약하면, 파울리 연산자는 2준위 원자에 작용하고 $a^\dagger$, a는 단일 모드 장single mode field에서의 올림연산자와 내림연산자다. 그리고 ω는 장의 진동수, ω_0은 원자의 진동수, g는 원자와 장 간의 상호작용에 대한 결합상수coupling constant다. 이 식은 공진기 QED 연구에서 기본 이론 도구인 제인스-커밍스Jaynes-Cummings 해밀토니안이며 2준위 원자와 전자기장 간의 상호작용을 기술한다.

$N = a^\dagger a + Z/2$가 운동상수라는 점, 즉 $[H, N] = 0$이라는 점에 주목하면 이 해밀토니안은 또 다른 편리한 형식으로 표현할 수 있다. 즉,

$$H = \hbar\omega N + \delta Z + g(a^\dagger \sigma_- + a\sigma_+) \tag{7.71}$$

가 되며, 여기서 $\delta = (\omega_0 - \omega)/2$를 디튜닝^{detuning}(장과 원자 공명 간의 진동수 차이)이라 한다. 이 또한 제인스-커밍스 해밀토니안으로서 아주 중요하므로, 7장의 나머지 거의 모든 부분을 할애해서 다른 물리계에서의 이 해밀토니안에 대한 특성과 모양을 학습할 것이다.

확인문제 7.17: (제인스-커밍스 해밀토니안의 고유상태) $\omega = \delta = 0$인 경우,

$$|\chi_n\rangle = \frac{1}{\sqrt{2}}\left[|n, 1\rangle + |n + 1, 0\rangle\right] \tag{7.72}$$

$$|\overline{\chi}_n\rangle = \frac{1}{\sqrt{2}}\left[|n, 1\rangle - |n + 1, 0\rangle\right] \tag{7.73}$$

이 제인스-커밍스 해밀토니안(7.71)의 고유상태이고

$$H|\chi_n\rangle = g\sqrt{n + 1}|\chi_n\rangle \tag{7.74}$$

$$H|\overline{\chi}_n\rangle = -g\sqrt{n + 1}|\overline{\chi}_n\rangle \tag{7.75}$$

은 고윳값임을 보여라. 여기서 켓^{ket}의 레이블은 |장, 원자⟩를 의미한다.

7.5.3 단일광자 단일원자 흡수 및 굴절

우리 목적상 공진기 QED에서 가장 흥미로운 부분은 단일 광자들이 단일 원자들과 상호작용하는 것이다. 이것은 전자기파의 고전 이론에서 전통적 개념(굴절률과 유전율 등)이 깨지는 색다른 부분이다. 특히, 우리는 단일 원자를 사용하여 광자들 간의 비선형 상호작용을 얻으려 한다.

먼저 라비 진동$^{\text{Rabi oscillation}}$이라는 원자-장 계$^{\text{atom-field system}}$의 두드러지면서도 일반적인 특징을 알아보는 것으로 시작하자. N이 고정된 위상에만 기여하기 때문에 N을 무시해도 되는데, 이는 일반성을 잃지 않는다. 시간 진화가 $U = e^{-iHt}$(여기와 다음 절에서 $\hbar$를 생략하는 게 편리하기도 해서 자유롭게 생략할 것이다)로 주어진다는 점을 상기하고 장 모드에서 단일 들뜸$^{\text{single excitation}}$의 경우에 중점을 두자. 여기서

$$H = -\begin{bmatrix} \delta & 0 & 0 \\ 0 & \delta & g \\ 0 & g & -\delta \end{bmatrix} \tag{7.76}$$

이므로(기저 상태는 왼쪽에서 오른쪽으로, 위에서 아래로 $|00\rangle$, $|01\rangle$, $|10\rangle$인데, 여기서 왼쪽 레이블은 장에 해당하고 오른쪽 레이블은 원자에 해당한다)

$$
\begin{aligned}
U = {} & e^{-i\delta t}|00\rangle\langle 00| \\
& + (\cos\Omega t + i\frac{\delta}{\Omega}\sin\Omega t)|01\rangle\langle 01| \\
& + (\cos\Omega t - i\frac{\delta}{\Omega}\sin\Omega t)|10\rangle\langle 10| \\
& - i\frac{g}{\Omega}\sin\Omega t\left(|01\rangle\langle 10| + |10\rangle\langle 01|\right)
\end{aligned}
\tag{7.77}
$$

이 된다. 흥미로운 거동은 이 식의 마지막 행에 있으며, 이는 원자와 장이 라비 주파수^{Rabi} ^{frequency} $\Omega = \sqrt{g^2 + \delta^2}$에서 양자의 에너지를 교환하면서 앞뒤로 진동한다는 것을 보여준다.

확인문제 7.18: (라비 진동) 다음 식을 사용하여 H를 지수로 두면 (7.77)이 맞다는 것을 보여라.

$$
e^{i\vec{n}\cdot\vec{\sigma}} = \cos|n| + i\hat{n}\cdot\vec{\sigma}\sin|n|
\tag{7.78}
$$

이 식은 라비 진동$^{\text{Rabi oscillation}}$과 라비 주파수를 아주 단순하게 유도한 것이다. 즉, 보통 때는 연립 미분방정식$^{\text{coupled differential equation}}$을 풀어서 Ω를 얻지만, 여기서는 단일 원자, 단일광자 부분공간에 초점을 맞춤으로써 본질적인 동역학을 얻는다!

단일 원자와 상호작용에서 광자의 변환을 얻으려면 그 원자의 상태를 대각합하면 된다 (2.4.3절). 초기 광자 $|1\rangle$이 원자에 흡수될 확률(바닥 상태 $|0\rangle$에서 시작한다고 가정함)은 단순히

$$
\chi_r = \sum_k |\langle 0k|U|10\rangle|^2 = \frac{g^2}{g^2 + \delta^2}\sin^2\Omega t
\tag{7.79}
$$

이다. 이 식은 공명의 디튜닝 δ에 대한 함수로서 흡수에 대해 예상되는 보통의 로렌츠 프로파일$^{\text{Lorentzian profile}}$을 갖는다.

굴절률(단일 원자에 대한 것!)은 원자가 바닥 상태에 있을 때 U의 행렬성분으로 주어진다. 광자가 겪는 위상이동은 장의 $|1\rangle$와 $|0\rangle$ 상태가 겪는 회전각의 차이며 원자에 대해 대각합하면 된다. 이는

$$
\chi_i = \arg\left[e^{i\delta t}\left(\cos\Omega t - i\frac{\delta}{\Omega}\sin\Omega t\right)\right]
\tag{7.80}
$$

가 된다. 0이 아닌 고정된 δ의 경우, 결합 g가 감소함에 따라 흡수 확률 χ_r은 g^2만큼 감소하지만 위상이동 χ_i는 거의 일정하게 유지된다. 따라서 많은 빛을 산란시키지 않고 위상

이동을 수행할 수 있는 재료로 사용할 수 있다.

확인문제 7.19: (로렌츠 흡수 프로파일) $t = 1$이고 $g = 1.2$일 때 디튜닝 δ에 대한 함수로서 (7.79)의 그래프를 그려라. 그리고 (δ를 알고 있는 경우) 이에 대응하는 고전 결과도 그려라. 진동은 무엇 때문에 일어나는가?

확인문제 7.20: (단일 광자 위상이동) U에서 (7.80)을 유도하고 $t = 1$이고 $g = 1.2$일 때 디튜닝 δ의 함수로서 (7.80)의 그래프를 그려라. 그리고 δ/Ω^2와 비교하라.

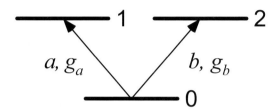

그림 7.4 연산자 a와 b에 의해 기술되는 3준위의 원자(준위 0, 1, 2를 가짐)는 2개의 직교 편광과 상호작용한다. 원자-광자 결합은 각각 g_a와 g_b이다. 0과 1 사이, 0과 2 사이의 에너지 차는 거의 같은 것으로 가정한다.

원자-광자 상호작용을 자연스럽게 응용하려면 2개의 서로 다른 광자 모드(각각 최대 하나의 광자를 포함)가 동일한 원자와 상호작용할 때 발생하는 현상을 연구하면 된다. 이 연구에서 두 모드 간에 비선형 상호작용이 발생할 수 있다. 7.4.2절에서 비선형 커 매질을 현상학적으로 $H = \chi a^\dagger a b^\dagger b$ 형식의 해밀토니안을 갖는 교차 위상 변조를 유도하는 매질로 기술할 수 있음을 상기하자. 거기서는 기본적인 상호작용에서 그 효과가 어떻게 나타나는지 알지 못했다. 현재의 형식체계를 사용하면 커 효과$^{Kerr\ effect}$의 기원을 간단한 모델로 설명할 수 있는데, 그 모델에서는 그림 7.4에서와 같이 빛의 두 편광이 3준위 원자와 상호작용한다. 이는 제인스-커밍스 해밀토니안의 수정 버전으로 기술된다. 즉,

$$H = \delta \begin{bmatrix} -1 & 0 & 0 \\ 0 & 1 & 0 \\ 0 & 0 & 1 \end{bmatrix} + g_a \left(a \begin{bmatrix} 0 & 0 & 0 \\ 1 & 0 & 0 \\ 0 & 0 & 0 \end{bmatrix} + a^\dagger \begin{bmatrix} 0 & 1 & 0 \\ 0 & 0 & 0 \\ 0 & 0 & 0 \end{bmatrix} \right)$$
$$+ g_b \left(b \begin{bmatrix} 0 & 0 & 0 \\ 0 & 0 & 0 \\ 1 & 0 & 0 \end{bmatrix} + b^\dagger \begin{bmatrix} 0 & 0 & 1 \\ 0 & 0 & 0 \\ 0 & 0 & 0 \end{bmatrix} \right) \tag{7.81}$$

이며, 이때 3×3 원자 연산자들의 기저 성분은 $|0\rangle$, $|1\rangle$, $|2\rangle$이다. 행렬 형식에서 H의 관련 항들은 블록 대각 행렬$^{block\text{-}diagonal\ matrix}$

$$H = \begin{bmatrix} H_0 & 0 & 0 \\ 0 & H_1 & 0 \\ 0 & 0 & H_2 \end{bmatrix} \tag{7.82}$$

이 된다. 여기서 각 성분은

$$H_0 = -\delta \tag{7.83}$$

$$H_1 = \begin{bmatrix} -\delta & g_a & 0 & 0 \\ g_a & \delta & 0 & 0 \\ 0 & 0 & -\delta & g_b \\ 0 & 0 & g_b & \delta \end{bmatrix} \tag{7.84}$$

$$H_2 = \begin{bmatrix} -\delta & g_a & g_b \\ g_a & \delta & 0 \\ g_b & 0 & \delta \end{bmatrix} \tag{7.85}$$

이며, 기저는 왼쪽에서 오른쪽으로, 위에서 아래 방향으로 H_0의 경우 $|a, b, \text{atom}\rangle$ $= |000\rangle$이고 H_1의 경우는 $|100\rangle$, $|001\rangle$, $|010\rangle$, $|002\rangle$이며 H_2의 경우는 $|110\rangle$, $|011\rangle$, $|102\rangle$이다. 이를 지수함수로 만들어^{exponentiate} $U = \exp(iHt)$로 하면 단일 광자 위상이동 $\varphi_a = \arg(\langle 100|U|100\rangle) - \arg(\langle 000|U|000\rangle)$과 $\varphi_b = \arg(\langle 010|U|010\rangle) - \arg(\langle 000 |U|000\rangle)$, 두 광자 위상이동 $\varphi_{ab} = \arg(\langle 110|U|110\rangle) - \arg(\langle 000|U|000\rangle)$를 구할 수 있다. 선형 매질의 경우 $\varphi_{ab} = \varphi_a + \varphi_b$를 예상할 수 있다. 즉, 두 광자 상태는 단일 광자 상태에 대한 위상이동의 두 배가 될 것으로 예상하는데, 그 이유는 $\exp[-i\omega(a^\dagger a + b^\dagger b)]|11\rangle =$ $\exp(-2i\omega)|11\rangle$이기 때문이다. 하지만 이 계는 비선형으로 거동하므로 그림 7.5와 같이 $\chi_3 \equiv \varphi_{ab} - \varphi_a - \varphi_b$가 된다. 이 물리계에서는 원자가 두 광학 모드 간에 양자를 교환하는 미세한 진폭으로 인해 이러한 커 효과$^{\text{Kerr effect}}$가 발생한다.

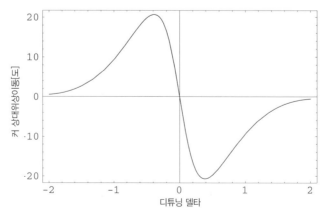

그림 7.5 $t = 0.980$이고 $g_a = g_b = 1$인 경우, 도(degree) 단위의 커 위상이동 χ_3 그래프. 단일 3준위 원자와 상호작용하는 단일 광자에 대해 (7.82)로 계산하는 디튜닝 δ의 함수로 그렸다.

확인문제 7.21: (7.82)를 지수함수로 만들면

$$\varphi_{ab} = \arg\left[e^{i\delta t}\left(\cos\Omega't - i\frac{\delta}{\Omega'}\sin\Omega't\right)\right] \tag{7.86}$$

가 되는 것을 보여라. 여기서 $\Omega' = \sqrt{\delta^2 + g_a^2 + g_b^2}$이다. 이 식을 사용하여 비선형 커 위상이동 χ_3을 계산하라. 이것은 커 상호작용을 모델링하고 이해하는 아주 간단한 방법이며 대체로 고전 비선형광학에 관련된 복잡함을 많이 피할 수 있게 해준다.

확인문제 7.22: 교차 위상 변조와 관련된 특정 양의 손실은 광자가 원자에 흡수될 확률에 의해 주어진다. 이 확률인 $1 - \langle 110|U|110\rangle$을 계산하라. 이때 (7.82)에서와 같이 H에 대해 $U = \exp(-iHt)$이다. 또한 δ, g_a, g_b, t의 함수로서 $1 - \langle 100|U|100\rangle$와 비교하라.

7.5.4 양자계산

폭넓게 말하면 공진기 QED 기술은 여러 방식을 사용해서 양자계산을 수행할 수 있으며, 그중 두 가지 방식은 다음과 같다. 첫 번째 방식은 양자정보를 광자 상태로 표현하며, 이때 원자가 들어 있는 공진기를 사용하여 광자들 간에 비선형 상호작용을 일으킨다. 두 번째 방식은 양자정보를 원자를 사용하여 표현하며, 이 경우는 원자들 간의 통신에 광자들을 사용한다. 이제 이들 중 첫 번째 방식의 실험을 기술하여 양자 논리 게이트를 실현하는 것으로 이 주제를 마무리하자.

7.4.2절에서 봤듯이 단일 광자 상태, 위상이동기, 광분할기, 비선형 커 매질을 사용하여 양자 컴퓨터를 만들 수 있지만 제어형 NOT 게이트를 만드는 데 필요한 π 교차 위상 변조는 표준 벌크 비선형광학 기술로는 거의 불가능하다. 공진기 QED를 사용하면 7.5.3절에 나타낸 것처럼 커 상호작용을 구현할 수 있다. 벌크 매질^{bulk media}과는 달리 단일 광자 수준에서도 아주 강력한 효과를 얻을 수 있는데, 이는 패브리-페로 유형의 공진기에서 강한 장을 얻을 수 있기 때문이다.

그림 7.6은 공진기 QED 실험을 보여주는데(7장의 끝에 있는 '역사와 추가자료' 참조), 이 실험을 통해 유니타리 변환

$$\begin{bmatrix} 1 & 0 & 0 & 0 \\ 0 & e^{i\varphi_a} & 0 & 0 \\ 0 & 0 & e^{i\varphi_b} & 0 \\ 0 & 0 & 0 & e^{i(\varphi_a+\varphi_b+\Delta)} \end{bmatrix} \tag{7.87}$$

의 논리 게이트를 실현하기 위한 퍼텐셜을 알 수 있다. 여기서 $\Delta = 16°$이고 단일 광자를 사용한다. 이 실험에서는 공진기에 대한 입력으로서 약한 결맞음 상태의 두 빛 모드(매우 작은 주파수 차이로 구별됨)를 준비하는데, 하나는 선형 편광 모드(프로브probe)이고 다른 하나는 원형 편광 모드(펌프pump)다. 이 상태는

$$|\psi_{\text{in}}\rangle = |\beta^+\rangle \left[\frac{|\alpha^+\rangle + |\alpha^-\rangle}{\sqrt{2}} \right] \tag{7.88}$$

로 표현할 수 있다. 여기서 선형으로 편광시킨 빛은 2개의 가능한 원형 편광 상태인 +와 −의 중첩과 동일하다는 것을 상기하자. 약한 결맞음 상태를 $|\alpha\rangle \approx |0\rangle + \alpha|1\rangle$로 근사시키고 $|\beta\rangle$에 대해서도 마찬가지로 근사시키면(지금은 정규화 생략함)

$$|\psi_{\text{in}}\rangle \approx \left[|0^+\rangle + \beta|1^+\rangle \right] \left[|0^+\rangle + \alpha|1^+\rangle + |0^-\rangle + \alpha|1^-\rangle \right] \tag{7.89}$$

가 된다. 이들 광자는 광학 공진기를 통과하면서 원자와 상호작용하는데, 이를 모델링하면 각 편광에서 다른 위상이동이 일어나 총 광자 수에 따라 달라지는(광자가 어떤 모드에 있는지는 관계없는) 상태가 만들어지는 것이다. 특히 $|1^+\rangle$ 상태의 광자가 프로브 광선 속에 있으면 $e^{i\varphi_a}$ 위상이동이 발생하고 펌프 광선 속에 있으면 $e^{i\varphi_b}$ 위상이동이 발생하는 것으로 가정한다. 이러한 단일 광자 위상이동 외에도 $|1^+1^+\rangle$ 상태에서는 추가로 커Kerr 위상이동 Δ가 발생하므로 $e^{i(\varphi_a+\varphi_b+\Delta)}|1^+1^+\rangle$가 된다. 그 외의 상태(그리고 특히 그 외의 편광)는 변경되지 않는다. 이 거동으로 이끄는 물리학은 7.5.3절에서 설명한 것과 비슷하며 최종 효과는 동일하다. 즉, 펌프와 프로브 빛 간의 교차 위상 변조는 동일하다. 따라서 공진기의 출력은

$$|\psi_{\text{out}}\rangle \approx |0^+\rangle \left[|0^+\rangle + \alpha e^{i\varphi_a}|1^+\rangle + |0^-\rangle + \alpha|1^-\rangle \right]$$
$$+ e^{i\varphi_b}\beta|1^+\rangle \left[|0^+\rangle + \alpha e^{i(\varphi_a+\Delta)}|1^+\rangle + |0^-\rangle + \alpha|1^-\rangle \right] \tag{7.90}$$

$$\approx |0^+\rangle|\alpha, \varphi_a/2\rangle + e^{i\varphi_b}\beta|1^+\rangle|\alpha, (\varphi_a + \Delta)/2\rangle \tag{7.91}$$

가 된다. 여기서 $|\alpha, \varphi_a/2\rangle$는 수직에서 $\varphi_a/2$만큼 회전된 선형 편광 프로브 장을 나타낸다. 장 편광field polarization은 검출기로 측정하여 $\varphi_a \approx 17.5°$, $\varphi_b \approx 12.5°$, $\Delta \approx 16°$가 나온다. Δ가 비자명한 값이기 때문에 이 결과는 단일 광자들과 그 광자들을 상호작용시키기 위한 비선형광학 커 매질로서 단일 원자를 사용하면 보편적인 2큐비트 논리 게이트(확인문제 7.23)가 가능함을 시사한다.

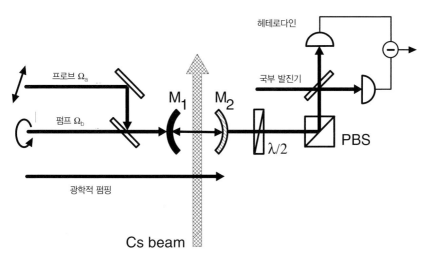

그림 7.6 단일 원자를 가지고 단일 광자들 간에 교차 위상 변조를 얻어 기초적인 양자 논리 게이트로 사용할 수 있는지를 보여주는 실험 장치의 개략도. 선형 편광의 약한 프로브 광선 Ω_a와 좀 더 강한 원형 편광의 펌프 광선 Ω_b를 준비해서 높은 반사율의 거울인 M_1과 M_2가 들어 있는 광학 공진기에 비춘다. 세슘 원자는 공진기 속에서 평균 원자 수가 약 1이 되도록 광학적 펌핑 하강(optical pumping fall)(이 그림은 원자를 거꾸로 보여줌)에 의해 $6S_{1/2}$, $F = 4$, $m = 4$의 전자 상태로 준비했다. 빛은 공진기를 통과하며 원자와 상호작용한다. 이때 σ_+ 편광된 빛은 $6P_{3/2}$, $F' = 5$, $m' = 5$ 상태로 강한 전이를 일으키고 직교 σ_- 편광된 빛은 $6P_{3/2}$, $F' = 5$, $m' = 3$ 상태로 약한 전이를 일으킨다. 그러고 나서 $\lambda/2$ 위상 변조기(half wave plate), PBS(편광 적용한 광분기), 민감 균형 헤테로다인 검출기(sensitive balanced heterodyne detector)(국부 발진기(local oscillator)에 의해 결정된 특정 주파수에서 빛을 선택적으로 검출함)를 사용하여 출력 빛의 편광을 측정한다. 그림 제공자: Q. 투르체트(Turchette)

이들 실험 결과를 해석할 때 몇 가지 중요한 사항을 명심해야 한다. 입사 광자들은 공진기와 원자를 통과할 때 적지 않는 확률로 흡수되므로, 수행된 실제 양자 연산은 유니타리가 아니다. 즉, 여러 게이트를 중첩시켜 놓으면 이 문제는 더욱 심해질 것이다. 예를 들어 제어형 NOT 게이트($\Delta = \pi$ 필요)를 실현할 때 이러한 게이트 중첩이 필요할 것이다. 사실, 이 실험에 사용되는 공진기 정렬에 따른 반사 손실 때문에 중첩하기가 크게 꺼려질 것이다. 이 문제의 해결법을 구하려면 적절한 시간 종속 모델을 개발하고 연구해야 한다. 또한 교차 위상 변조 모델이 측정된 데이터와 맞게 떨어지더라도, 사용한 그 광자-원자 상호작용 모델은 가설풀이[ansatz9]이며 그 외의 모델도 실험에 의해 기각되지 않는다. 사실 실험에서 단일 광자 상태(감쇠시킨 결맞음 상태와는 반대로)를 사용하는 것이 원칙적으로 가능하며 결과로 나온 $|\psi_{out}\rangle$라는 두 모드의 얽힘을 측정하는 것은 좋은 테스트가 될 것이다.

---

9   독일어 발음으로 안자츠이다. 가설풀이란 문제를 풀 때 가설을 세워 해를 얻는 것을 말한다. 즉, 어떤 상황이나 효과를 무시할 만하다고 가설을 세우고 해를 얻을 수 있는데 이것이 가설풀이에 해당한다. – 옮긴이

이 실험을 수행할 당시에는 양자연산의 특성은 물론이고 양자연산이 양자 논리 게이트로 적합한지를 보여주는 일반적인 절차가 알려져 있지 않았다. 하지만 이제 **프로세스 단층촬영**process tomography이라는, 이를 수행하는 방법이 잘 알려져(8장) 손실과 그 외의 비유니터리 거동non-unitary behavior에 대한 특징을 완전히 규명할 수 있다. 이러한 테스트를 수행하면 여기에 기술한 실험이 실제로 양자계산을 잘 반영하는지를 명확하게 알 수 있다.

이 실험은 이러한 단점에도 양자정보 처리에 필요한 근본적인 개념을 알려준다. 커 상호작용과 같은 비선형광학적 거동이 실제로 단일 광자 수준에서 발생하므로 이를 통해 제인스-커밍스 모델의 본질을 확인한다. 또한 이 실험은 소위 **나쁜 공진기 영역**bad cavity regime 속에서 수행되는데, 이 체계에서는 공진기 모드에 대한 원자의 결맞음 결합율 g^2/κ이 자유공간으로의 결잃음 방출율 γ를 압도한다. 그러나 이 결합은 입력 광자가 공진기로 들어가서 나오는 κ 비율보다 약하다. 대안으로서 $g > \kappa > \gamma$인 강한 결합 작동 영역 strong coupling operating regime을 사용하면 더 큰 조건부 위상이동 Δ를 얻을 수 있다.

이 절의 마무리 측면에서 가장 중요한 말인 듯한데, 공진기 QED를 이용하면 양자정보 처리에 가치 있는 많은 추가적 상호작용을 알 수 있다. 또한 양자정보 관점(단일 광자와 단일 원자에 중점을 둠)을 통해서는 어떻게 기본 공진기 QED 상호작용인 제인스-커밍스 해밀토니안을 얻어 그로부터 전자기파와 물질의 상호작용에 대한 가장 기본적인 물리학을 구성할 수 있는지 살펴봤다. 이제 공진기 QED 주제를 끝내지만, 다음으로 이온트랩과 그 다음의 자기 공명을 다룰 때 광자-원자 상호작용, 단일 원자들과 단일 광자들, 그리고 제인스-커밍스 해밀토니안에 대한 이들 개념을 떠올리게 될 것이다.

확인문제 7.23: 임의의 ψ_a와 ψ_b, $\Delta = \pi$에 대해 (7.87)의 2큐비트 게이트가 임의의 단일 큐비트 연산으로 보강될 때, 이 게이트를 사용하여 제어형 NOT 게이트를 실현할 수 있음을 보여라. 거의 모든 Δ값에 대해 이 게이트는 단일 큐비트 유니타리로 보강될 때 보편적이라는 것이 밝혀졌다.

광학 공진기 양자전기역학

- 큐비트 표현: 두 모드 간에 단일 광자의 위치, $|01\rangle$과 $|10\rangle$, 또는 편광
- 유니타리 진화: 임의의 변환은 위상이동기(R_z 회전), 광분할기(R_y 회전), 공진기 QED 시스템으로 만든다. 공진기 QED 시스템에는 패브리-페로 공진기가 있어 약간의 원자를 넣고 광학 장optical field을 걸어 결합시킨다.

- 초기상태 준비: 단일 광자 상태를 만든다(예: 레이저 빛을 감쇠시킴).
- 판독 값: 단일 광자를 검출한다(예: 광전자증배관 사용).
- 단점: 하나의 원자가 두 광자의 결합을 매개하므로 원자-장 결합을 증가시키는 것이 바람직하다. 하지만 그렇게 하면 공진기 내외부에서의 광자 결합은 어려워지며 연속 배치 가능성cascadibility을 제한한다.

7.6 이온트랩

지금까지 7장에서는 광자를 사용해 큐비트를 표현하는 데 중점을 두었다. 이제 원자와 핵 상태를 사용하는 표현으로 넘어가보자. 특히 7.1절에서 봤듯이 전자와 핵스핀은 큐비트로 잘 표현될 것이다. 스핀은 이상한(그러나 아주 현실적인!) 개념이지만(박스 7.7), 각 스핀 상태 간의 에너지 차이가 다른 에너지 규모(실내 온도에서 전형적인 원자의 운동 에너지 등)에 비해 아주 작기 때문에 원자의 스핀 상태는 보통 관측하기가 어렵고 심지어 제어하기는 더 어렵다. 하지만 정교하게 제작된 환경에서는 절묘한 제어가 가능하다. 그러한 상황을 만들려면 전자기 트랩에서 적은 수의 하전된 원자를 분리하여 포획하고 나서 운동 에너지가 스핀 에너지보다 훨씬 낮을 때까지 원자를 냉각시키면 된다. 그렇게 한 후 입사 단색광을 조정하면 각 스핀 상태에 따라 특정 스핀 상태를 변화시키는 전이를 선택적으로 유발할 수 있다. 이것이 포획한 이온으로 양자계산을 수행할 수 있는 방법의 본질이며 이 절에서 설명할 것이다. 먼저 실험 장치와 그 주요 구성요소에 대한 개요로 시작하고 나서 계를 모델링하는 해밀토니안을 제시할 것이다. 그 다음으로는 포획한 ^{9}Be 이온을 가지고 제어형 NOT 게이트를 보여주기 위한 실험을 설명하고 난 다음 그 방법의 잠재력과 한계에 대한 의견들로 마무리할 것이다.

박스 7.7: 스핀

스핀은 이상한 개념이다. 입자가 스핀을 갖게 되면 마치 그 속에서 전류가 회전하는 합성 입자composite particle인 것처럼 자기 모멘트magnetic moment를 갖는다. 그러나 전자는 소립자elementary particle이며, 핵자nucleon를 구성하는 쿼크quark가 궤도 운동을 통해 스핀을 생성하는지는 알려져 있지 않다. 더욱이 입자의 스핀은 정수 또는 반정수half-integer뿐이다.

그럼에도 스핀은 아주 현실적이며 일상의 물리학에서 중요한 부분이다. 정수 스핀 입자는 보손boson이라고 부르며 광자가 여기에 속한다. 질량이 없기 때문에 좀 특별하며 스핀 ±1 성분만 있다(그리고 스핀 0은 없음). 즉, 이들 스핀은 익숙한 두 직교 편광 상태에 대응된다. 저렴한 플라스틱 편광판으로 만든 선글라스는 운전할 때 도움되는데, 그 이유는 햇빛이 도로와 같은 표면에서 반사된 후 반대 방향으로 부분적으로 편광되기 때문이다(접촉면을 가로지르는 전기장의 편광 빛은 입사각에 관계없이 항상 부분적으로 반사하고, 이와는 반대로 자기장의 편광 빛은 입사각이 브루스터 각Brewster's angle일 때 반사하지 않는다). 반정수 스핀 입자는 페르미온fermion이라 부르며 전자, 양성자, 중성자가 여기에 속한다. 이들은 스핀 성분이 +1/2(스핀 '업') 또는 −1/2(스핀 '다운')이므로 '스핀 1/2' 입자라고도 한다. '스핀'이라고 말할 때는 보통 스핀 1/2 입자를 의미한다.

원자의 에너지 고유상태에는 스핀과 여러 스핀의 조합이 밀접하게 관련된다. 예를 들어 ^{9}Be의 핵은 스핀 3/2를 갖는다. 스핀은 자기 모멘트처럼 자기장과 상호작용한다. 즉, 자기장 $\vec{B}$에서 스핀 $\vec{S}$를 갖는 전자는 에너지 $g_e\vec{S}\cdot\vec{B}$를 가지며, 마찬가지로 핵 I는 에너지 $g_n\vec{I}\cdot\vec{B}$를 갖는다. 예를 들어 원자의 에너지 준위에 대한 스핀 기여도는 다음과 같이 나타낼 수 있다.

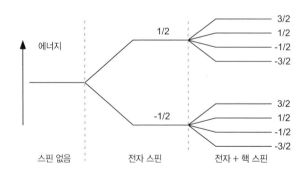

여기서는 스핀 1/2 전자와 스핀 3/2 핵을 가정했다. 입사 레이저의 주파수를 조정하기만 하면, 보존법칙(7.5.1절)이 충족되는 한에서 이들 전이 중 어떠한 전이라도 선택할 수 있다. 특히 각 운동량 보존으로 인해 광자가 원자에 의해 흡수되면 초기 상태와 최종상태 간에 각 운동량 또는 스핀의 한 단위만큼 바뀌어야 한다. 따라서 이들 상태는 각 운동량에 대해 명확한 값을 갖게 된다. 즉, 이 점이 고려 대상이 된다.

위치와 운동량과 같은 연속변수 그리고 그 외의 무한 힐베르트 공간계를 가지고
양자비트를 표현하려면 인위적으로 잘라내 줄여야 하지만, 스핀 상태는 본질적으
로 유한상태 공간에 존재하기 때문에 양자정보를 잘 표현할 수 있다.

확인문제 7.24: 자기장에서 핵스핀의 에너지는 대략 $\mu_N B$인데, 여기서 $\mu_N = eh/4\pi m_p$
$\approx 5 \times 10^{-27}$(주울/테슬라)는 핵 보어 마그네톤$^{nuclear\ Bohr\ magneton}$이다. $B = 10$ 테슬라
장에서 핵스핀의 에너지를 계산하고 $T = 300$ K일 때의 열 에너지 $k_B T$와 비교하라.

7.6.1 물리장치

이온트랩 양자 컴퓨터는 레이저와 광검출기의 전자기 트랩$^{electromagnetic\ trap}$과 이온을 주요
구성요소로 한다.

트랩 외형과 레이저

4개의 원통형 전극으로 구성된 전자기 트랩인 주요 실험 장치가 그림 7.7에 나타나 있다.
전극의 끝 부분은 중간과는 다른 전압 U_0로 차이를 두므로 이온은 $\hat{z}$ 축의 정적 전위
$\Phi_{dc} = \kappa U_0 \left[z^2 - (x^2 + y^2)/2\right]$에 의해 축 방향으로 제한된다(κ는 기하학적 계수다). 하지만
언쇼 정리$^{Earnshaw's\ theorem}$에 의해 정적 전위가 존재하면 3차원 속의 전하는 가만히 있지 않
는다. 따라서 전하를 가둬두려면 2개의 전극을 접지시키고 다른 2개는 고속으로 진동하
는 전압$^{fast\ oscillating\ voltage}$을 걸어줘야 한다. 이때 이 전압은 고주파$^{RF,\ radiofrequency}$ 전위
$\Phi_{rf} = (V_0 \cos \Omega_T t + U_r)(1 + (x^2 - y^2)/R^2)/2$를 생성하는데, 여기서 R은 기하학적 계수
다. 이 전극 세그먼트들은 용량성 결합$^{capacitive\ coupling}$이 되므로 이들 간의 RF 전위는 일정
하다. Φ_{dc}와 Φ_{rf}를 조합하면 (Ω_T에 대해) 평균적으로 x, y, z에서 조화 퍼텐셜^{harmonic}
^{potential}을 생성한다. 이온의 쿨롱 반발$^{Coulomb\ repulsion}$과 함께 이로부터 트랩에서 N개 이온
의 움직임을 지배하는 해밀토니안을 얻는다. 즉,

$$H = \sum_{i=1}^{N} \frac{M}{2} \left(\omega_x^2 x_i^2 + \omega_y^2 y_i^2 + \omega_z^2 z_i^2 + \frac{|\vec{p}_i|^2}{M^2} \right) + \sum_{i=1}^{N} \sum_{j>i} \frac{e^2}{4\pi\epsilon_0 |\vec{r}_i - \vec{r}_j|} \tag{7.92}$$

이 된다. 여기서 M은 각 이온의 질량이다. 대체로 설계상 $\omega_x, \omega_y \gg \omega_z$이므로 이온들이
모두 $\hat{z}$축을 따라 놓인다. 이온의 수가 증가함에 따라 이온들의 기하학적 구성이 상당히

복잡해지며 지그재그 혹은 그 외의 패턴을 형성할 수 있지만, 여기서는 끈 형태의 구성으로 몇 개의 이온만 포획되는 간단한 경우에 중점을 둘 것이다.

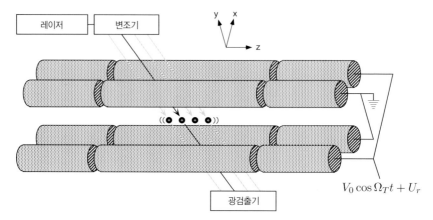

그림 7.7 이온트랩 양자 컴퓨터의 개략도(일부분 그림). 4개의 원통형 전극이 생성한 전위의 중심에 4개의 이온이 갇힌 것으로 나타나 있다. 이 장치는 일반적으로 고진공(high vacuum)($\approx 10^{-8}$ Pa) 속에 있으며 이온들은 근처 오븐에서 나온다. 진공 챔버의 창문을 통해 변조된 레이저 광을 이온에 입사시켜 연산을 수행하고 원자 상태를 판독한다.

스프링에 연결된 물체가 외부세계와의 결합이 충분히 작을 때 양자계처럼 거동할 수 있는 것처럼, 전자기적으로 가둔 이온의 운동은 충분히 잘 고립시켰을 때 양자화된다. 먼저 이 양자화가 무엇을 의미하는지 이해하고 나서 격리 기준을 고려해보자. 7.3절에서 봤듯이 조화진동자의 에너지 준위는 $\hbar \omega_z$ 단위로 동일하게 간격을 두고 있다. 우리가 관심을 두는 체계인 이온트랩에서 이들 에너지 고유상태는 이온들의 전체 선형 사슬에서 각 진동 모드$^{vibrational\ mode}$를 나타내며 이 사슬은 질량 NM을 갖는 하나의 덩어리로서 함께 움직인다. 이들 모드를 **질량 중심**$^{center\ of\ mass}$ 모드라 한다. 진동 에너지의 각 $\hbar \omega_z$ 양자를 **포논**^{phonon}이라고 하며, 공진기 내에서 전자기 복사의 양자가 광자^{photon}인 것과 마찬가지로 이 양자를 입자로 생각할 수 있다.

위의 포논 서술이 인정되려면 특정 기준이 있어야 한다. 첫째, 환경에 대한 결합이 아주 작아서 계의 상태가 열화^{thermalization}[10]로 인해 무작위로 되지 말아야 한다(따라서 고전적으로 거동하게 해야 한다). 물리적으로 말하면, 부근의 요동치는 전기장과 자기장은 이온을 밀어내며 그러한 이온의 운동상태로 인해 에너지 고유상태 간에 무작위로 전이되는 일이 발생할 수 있다. 이러한 노이즈 소스는 기술적인 관점에서 거의 불가피하다. 그 이유는

---

10 열 접촉으로 인해 열 평형으로 가는 과정 – 옮긴이

예를 들어 완벽한 전압 소스가 있다고 해도 가두는 전극을 구동할 수 없기 때문이다. 즉, 소스에는 항상 유한한 저항이 있을 것이고 이런 저항은 존슨 노이즈$^{Johnson\ noise}$를 발생시키는데, 이로 인해 시간 척도$^{time\ scale}$로 요동이 존재하여 이온을 민감하게 만든다. 전극의 일부분에서 전기장도 요동쳐서 이온을 무작위로 움직이게 할 수 있다. 무작위성이 증가함에 따라, 이온 상태의 양자 특성이 상실되고 이온들의 거동은 고전적인 통계 평균에 의해 잘 설명된다. 예를 들어 운동량과 위치 양쪽 모두가 잘 정의되는데, 양자계에서는 동시에 그럴 수 없다. 그럼에도 실제로 대부분의 기술적 노이즈 소스는 상당히 잘 제어될 수 있는데, 대부분 실험의 시간 척도에서 포획된 이온을 너무 많이 가열하거나 탈위상^{dephase}하지 않는 범위 내에서 그렇다. 부분적으로 볼 때 이것이 가능한 중요 이유는 조화 근사$^{harmonic\ approximation}$가 유지되는 한, 포획된 이온이 민감해하는 노이즈의 주파수에 관해 아주 선택적으로 반응하기 때문이다. 즉, 올바른 주파수로만 조정된 복사에 의해 원자 준위 간의 전이를 선택할 수 있는 것처럼, ω_z 부근의 높은 스펙트럼 진폭 밀도$^{spectral\ power\ density}$를 갖는 요동만이 이온에 영향을 미친다.

또한 1차원 조화 근사가 잘 되게 하기 위해 이온을 충분히 냉각시키는 것도 아주 중요하다. 트랩 중앙에서 멀어지는 방향을 따라 큰 변위에 대해 실제 전위는 2차식이 아니다. 그리고 이온들이 (함께 이동하는 대신) 서로에 대해 상대적으로 이동하는 고차 진동 모드$^{higher\ order\ vibrational\ mode}$는 질량 중심 모드보다 훨씬 높은 에너지를 가져야 한다. 이것이 유지되고 이온이 운동 바닥 상태$^{motional\ ground\ state}$로 냉각될 때, 그다음의 높은 에너지 상태로 전이하려면 질량 중심 포논을 흡수해야 한다. 이 과정은 뫼스바우어 효과$^{Mössbauer\ effect}$와 관련이 있는데, 전체 결정이 한꺼번에 반작용하기 때문에 광자는 국소 포논$^{local\ phonon}$을 생성하지 않고 결정 내의 원자에 의해 흡수된다.

이온은 어떻게 운동 바닥 상태로 냉각될까? $k_B T \ll \hbar\omega_z$를 만족시키면 된다. 여기서 T는 이온의 운동 에너지를 반영하는 온도다. 본질적으로 말해서 광자가 에너지뿐만 아니라 운동량 $p = h/\lambda$를 운반한다는 사실을 이용하면 그렇게 할 수 있는데, 여기서 λ는 빛의 파장이다. 다가오는 열차의 기적 소리가 멀어지는 열차보다 크게 들리듯이, 레이저 빔을 향해 다가오는 원자는 멀어지는 원자보다 에너지가 약간 더 높은 전이 주파수$^{transition\ frequency}$를 갖는다. 접근하는 원자만 레이저를 흡수하도록 레이저를 조정하면, 광자가 원자를 반대 방향으로 걷어차기 때문에 원자는 느려진다. 이 방법을 도플러 냉각$^{Doppler\ cooling}$이라 한다. 포획된 원자에 적절히 조정한 레이저(각 축을 따라 운동량 벡터 성분을 가짐)

를 비추면 원자를 $k_B T \approx \hbar\Gamma/2$ 한계까지 냉각시킬 수 있다. 여기서 Γ는 냉각에 사용되는 전이의 복사 폭$^{radiative\ width}$이다. 이 한계를 넘어서 냉각시키려면 그림 7.8과 같이 사이드밴드 냉각$^{sideband\ cooling}$이라는 다른 방법을 적용한다. 그러면 $k_B T \ll \hbar\omega_z$ 한계에 도달할 수 있다.

충족되어야 하는 또 하나의 기준은 트랩 전위에서 이온 진동의 폭이 입사광의 파장에 비해 작아야 한다는 것이다. 이 램-디키 기준$^{Lamb\text{-}Dicke\ criterion}$은 편의상 $\eta \equiv 2\pi z_0/\lambda$라는 램-디키 매개변수로 표현한다. 여기서 λ는 파장이고 $z_0 = \sqrt{\hbar/2NM\omega}$는 트랩에서 이온 사이 간격의 특성길이$^{characteristic\ length}$[11] 척도다. 램-디키 기준은 $\eta \ll 1$이다. 이온트랩이 양자계산에 유용하기 위해서는 이 기준을 반드시 충족시킬 필요는 없지만, 상이한 레이저 빔으로 개별 이온을 분해시키려면 적어도 $\eta \approx 1$인 것이 바람직하다. 그러나 이때 논리 연산을 수행하기 위해서는 이온들의 운동상태를 너무 어렵게 해서 광학적으로 들뜰 수 없게 하는 점은 피해야 한다.

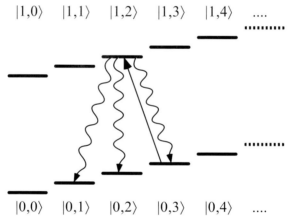

그림 7.8 사이드밴드 냉각 방법. $|0, n\rangle$과 $|1, m\rangle$ 간의 전이가 나타나 있다. 여기서 0과 1은 전자의 두 준위고 n과 m은 이온의 운동상태를 나타내는 포논 준위다. 레이저 빛을 조정해서 전자 전이보다 포논 하나 낮은 에너지를 갖게 하는데, 예를 들면 그림과 같이 $|0, 3\rangle$ 상태가 $|1, 2\rangle$ 상태로 전이되게 한다. 그러면 원자는 더 낮은 에너지 0 상태로 자연스럽게 붕괴하여(파동 모양의 선) 무작위로 $|0, 1\rangle$, $|0, 2\rangle$, $|0, 3\rangle$으로 간다(각 확률은 거의 동일함). $|0, n\rangle$과 $|1, n-1\rangle$은 해당 준위에서 모두 동일한 에너지를 갖기 때문에 레이저 빛으로 이들 간에 모든 가능한 전이를 일으킬 수 있다는 점에 주목한다. 하지만 이 과정에서 $|0, 0\rangle$ 상태는 건들지 못하는데, 이는 그 원자가 최종적으로 머무를 상태가 된다.

---

11 유동 특성이나 열전달 특성에 가장 큰 영향을 미치는 길이 – 옮긴이

원자 구조

위에서 기술한 트랩 장치의 목적은 이온의 진동상태가 계산을 위한 적절한 초기상태인 제로 포논($|0\rangle$)에 충분히 근접하도록 이온을 냉각시키는 것이다. 마찬가지로 이온의 내부 상태도 적절히 초기화되어야 하며, 그래야 양자정보를 저장하는 데 사용할 수 있다. 이제 이들 내부상태가 어떤지 고려해보자. 그리고 결맞음 수명$^{coherent\ lifetime}$을 추정함으로써 그 상태가 왜 큐비트 표현으로 좋은지도 알아보자.

우리가 고려할 포획 이온과 관련해서 내부 원자 상태는 전자스핀 S와 핵스핀 I의 조합 F로 결정되며 $F = S + I$이다. 이를 기술하는 이론의 공식적 부분(각운동량의 덧셈$^{addition\ of}$ $^{angular\ momenta}$이라고 함)은 원자구조를 이해하기 위한 중요 물리학을 기술할 뿐만 아니라 양자정보에 대한 흥미로운 메커니즘이기도 하다. 7.5.1절에서 보듯이 원자와 상호작용하는 단일 광자는 한 단위의 각운동량을 제공하거나 빼앗아갈 수 있다. 그러나 원자에는 궤도, 전자스핀, 핵스핀과 같은 각운동량 소스가 많이 있다. 각운동량이 어디에서 오는지는 광자의 에너지에 의해 선택된 에너지 준위가 부분적으로 결정한다. 그러나 그 이상으로는 광자가 각 소스 간을 구별할 수 없으며, 무슨 일이 발생하는지 기술하기 위해서는 총 각운동량만이 유일한 상태 특성으로 되는 기저를 선택해야 한다.

예를 들어 2개의 1/2 스핀을 고려하자. 이 2큐비트 공간에 대한 '계산' 기저는 $|00\rangle$, $|01\rangle$, $|10\rangle$, $|11\rangle$이지만, 상태공간을 생성하는 데는 이와 동등하게 기저

$$|0, 0\rangle_J = \frac{|01\rangle - |10\rangle}{\sqrt{2}} \tag{7.93}$$

$$|1, -1\rangle_J = |00\rangle \tag{7.94}$$

$$|1, 0\rangle_J = \frac{|01\rangle + |10\rangle}{\sqrt{2}} \tag{7.95}$$

$$|1, 1\rangle_J = |11\rangle \tag{7.96}$$

를 선택하는 게 좋다. 이들 기저상태는 총 운동량 연산자의 고유상태이기 때문에 특별하다. 총 운동량 연산자는 $j_x = (X_1 + X_2)/2$, $j_y = (Y_1 + Y_2)/2$, $j_z = (Z_1 + Z_2)/2$로 정의하며

$$J^2 = j_x^2 + j_y^2 + j_z^2 \tag{7.97}$$

를 만족시킨다. $|j, m_j\rangle_J$ 상태는 고윳값 $j(j+1)$를 갖는 J^2의 고유상태이며, 동시에 고윳값 m_j를 갖는 j_z의 고유상태이기도 하다. 이들 상태는 많은 물리적 상호작용에 의해 선택된 자연스러운 상태다. 예를 들어 $\hat{z}$ 방향의 자기장에서 해밀토니안 μB_z의 자기 모멘트 μ는

$\hat{z}$ 방향의 총 각운동량의 성분인 m_j에 비례한다.

각운동량 덧셈 이론은 잘 정립돼 있지만 여기서는 겉만 핥는 정도다(관심 있는 독자를 위해 다음에 관련 확인문제를 두었으며 문헌에 대해서는 7장의 끝에 있는 '역사와 추가자료' 절에 제시했다). 그럼에도 양자정보에 관한 몇 가지 흥미로운 관측은 위의 예를 통해 미리 그려볼 수 있다. 일반적으로 벨 상태(1.3.6절)와 같은 얽힘 상태는 이상한 비국소 특성$^{non-local\ property}$을 갖기 때문에 물질의 부자연스러운 상태라고 생각한다. 하지만 $|0,0\rangle_J$ 상태는 벨 상태다! 자연은 여기서 왜 이 상태를 선호할까? 그 이유는 자기 모멘트와 관련된 상호작용이 두 스핀의 상호교환에서 변하지 않는 대칭^{symmetry} 때문이다. 이러한 대칭은 실제로 자연에서 광범위하게 발생하며 얽힘 측정과 연산을 수행하는 데 잠재적으로 아주 유용하다.

확인문제 7.25:   총 각운동량 연산자가 $SU(2)$에 대한 교환관계, 즉 $[j_i, j_k] = i\epsilon_{ikl}j_l$을 준수한다는 것을 보여라.

확인문제 7.26: 4×4 행렬인 J^2과 j_z를 $|j, m_j\rangle_J$로 정의된 기저로 표현함으로써 $|j, m_j\rangle_J$의 특성을 증명하라.

확인문제 7.27: (3개의 스핀 각운동량 상태)   3개의 1/2 스핀을 서로 결합하여 $j = 1/2$과 $j = 3/2$인 총 각운동량 상태를 만들 수 있다. 다음 상태들이 공간에 대한 기저를 형성함을 보여라.

$$|3/2, 3/2\rangle = |111\rangle \tag{7.98}$$

$$|3/2, 1/2\rangle = \frac{1}{\sqrt{3}}\left[|011\rangle + |101\rangle + |110\rangle\right] \tag{7.99}$$

$$|3/2, -1/2\rangle = \frac{1}{\sqrt{3}}\left[|100\rangle + |010\rangle + |001\rangle\right] \tag{7.100}$$

$$|3/2, -3/2\rangle = |000\rangle \tag{7.101}$$

$$|1/2, 1/2\rangle_1 = \frac{1}{\sqrt{2}}\left[-|001\rangle + |100\rangle\right] \tag{7.102}$$

$$|1/2, -1/2\rangle_1 = \frac{1}{\sqrt{2}}\left[|110\rangle - |011\rangle\right] \tag{7.103}$$

$$|1/2, 1/2\rangle_2 = \frac{1}{\sqrt{6}}\left[|001\rangle - 2|010\rangle + |100\rangle\right] \tag{7.104}$$

$$|1/2, -1/2\rangle_2 = \frac{1}{\sqrt{6}}\left[-|110\rangle + 2|101\rangle - |011\rangle\right] \tag{7.105}$$

이때 위의 상태는 $j_z = (Z_1 + Z_2 + Z_3)/2$($j_x$와 j_y에 대해서도 마찬가지) 및 $J^2 = j_x^2 + j_y^2 + j_z^2$인 경우에 $J^2|j, m_j\rangle = j(j+1)|j, m_j\rangle$와 $j_z|j, m_j\rangle = m_j|j, m_j\rangle$을 만족시킨다. 이들 상태를 얻는 정교한 방법이 존재하지만, 무작정 대입 방법으로는 그냥 8×8 행렬인 J^2과 j_z를 동시에 대각화하면 된다.

확인문제 7.28: (초미세 상태) 7.6.4절에서는 베릴륨^{beryllium}을 살펴볼 것이다. 이와 관련된 총 각운동량 상태는 전자스핀 $S = 1/2$과 핵스핀 $I = 3/2$이 결합하여 $F = 2$ 또는 $F = 1$이 된다. 스핀 3/2 입자의 경우, 각운동량 연산자는 다음과 같다.

$$i_x = \frac{1}{2} \begin{bmatrix} 0 & \sqrt{3} & 0 & 0 \\ \sqrt{3} & 0 & 2 & 0 \\ 0 & 2 & 0 & \sqrt{3} \\ 0 & 0 & \sqrt{3} & 0 \end{bmatrix} \tag{7.106}$$

$$i_y = \frac{1}{2} \begin{bmatrix} 0 & i\sqrt{3} & 0 & 0 \\ -i\sqrt{3} & 0 & 2i & 0 \\ 0 & -2i & 0 & i\sqrt{3} \\ 0 & 0 & -i\sqrt{3} & 0 \end{bmatrix} \tag{7.107}$$

$$i_z = \frac{1}{2} \begin{bmatrix} -3 & 0 & 0 & 0 \\ 0 & -1 & 0 & 0 \\ 0 & 0 & 1 & 0 \\ 0 & 0 & 0 & 3 \end{bmatrix} \tag{7.108}$$

1. i_x, i_y, i_z가 $SU(2)$ 교환 규칙을 만족시킨다는 것을 보여라.

2. $f_z = i_z \otimes I + I \otimes Z/2$를 8×8 행렬로 표현하여라(여기서 I는 적당한 부분공간의 항등 연산자를 나타냄). 마찬가지로 f_x, f_y, $F^2 = f_x^2 + f_y^2 + f_z^2$도 행렬로 표현하라. 동시에 f_z와 F^2를 대각화하여 $F^2|F, m_F\rangle = F(F+1)|F, m_F\rangle$, $f_z|F, m_F\rangle = m_F|F, m_F\rangle$를 만족시키는 기저상태 $|F, m_F\rangle$를 구하라.

다른 스핀 상태의 중첩은 얼마나 오래 존재할 수 있을까? **자발적 방출**^{spontaneous emission}이라는 극한 프로세스는 원자가 광자를 방출하여 들뜬 상태에서 바닥 상태로 전이할 때 발생한다. 이것은 임의의 시간에 우리가 추정할 비율로 발생한다.

원자가 겉보기에는 전혀 방해받지 않는 자유공간 속에 그냥 있는 것이라면 광자를 자발적으로 방출하는 것은 이상하게 보일지도 모른다. 그러나 이 프로세스는 실제로 전자기장과 원자가 결합하는 아주 자연스러운 결과이며 단순히 제인스-커밍스 상호작용

$$H_I = g(a^\dagger \sigma_- + a\sigma_+) \tag{7.109}$$

으로 기술되는데, 이는 7.5.2절을 상기하게 된다. 이전에는 이 모델을 사용하여 레이저가 어떻게 원자와 상호작용하는지를 기술했지만, 이 모델은 심지어 광학 장$^{\text{optical field}}$이 없는 경우에도 원자에 어떤 일이 발생하는지를 기술한다! 광자를 포함하지 않는 단일 모드에 결합된 들뜬 상태인 $|01\rangle$ 상태(⟨장, 원자⟩ 사용)로 있는 원자를 고려해보자. 이것은 H_I의 고유상태가 아니므로 시간이 지나면 정상^{stationary} 상태를 유지할 수 없다. 무슨 일이 발생하는지는 (7.77)의 유니타리 연산자 U에 의해 기술되며, 이로써 원자가 바닥 상태로 붕괴하여 광자를 방출할 확률이 $p_{\text{decay}} = |\langle 10|U|01\rangle^2$가 된다는 것을 알게 된다. 여기서 p_{decay}를 원자-장 결합인 g의 가장 낮은 차수로 표현하면

$$p_{\text{decay}} = g^2 \frac{4\sin^2 \frac{1}{2}(\omega - \omega_0)t}{(\omega - \omega_0)^2} \tag{7.110}$$

이다. ω는 광자의 주파수이고 $\hbar\omega_0$는 원자에서 두 준위 간의 에너지 차다. 자유공간에 놓여 있는 원자는 다양한 광학 모드와 상호작용한다. 즉, 결합

$$g^2 = \frac{\omega_0^2}{2\hbar\omega\epsilon_0 c^2} |\langle 0|\vec{\mu}|1\rangle|^2 \tag{7.111}$$

이 끼어드는데, 여기서 $\vec{\mu}$는 원자 쌍극자 연산자다. 위의 식을 모든 광학 모드에 대해 적분하고(확인문제 7.29) 시간으로 미분하면 초당 붕괴 확률

$$\gamma_{\text{rad}} = \frac{\omega_0^3 |\langle 0|\vec{\mu}|1\rangle|^2}{3\pi\hbar\epsilon_0 c^5} \tag{7.112}$$

이 나온다. 보어 마그네톤$^{\text{Bohr magneton}}$인 $|\langle 0|\vec{\mu}|1\rangle| \approx \mu_B \approx 9 \times 10^{-24}$ J/T로 근사시키고 $\omega_0/2\pi \approx 10$ GHz로 가정하면 $\gamma_{\text{rad}} \approx 10^{-15}$ sec^{-1}이 되는데 이것은 3000000년마다 1회 미만의 자발적 방출율이다. 이 계산은 원자 상태의 수명을 추정하기 위해 수행된 것을 나타낸다. 보다시피 초미세 상태는 이론적으로 상당히 긴 결맞음 시간을 가질 수 있으며, 이는 일반적으로 수십 초에서 수십 시간의 수명이 관측된 실험과 일치한다.

확인문제 7.29: (자발적 방출) 자발적 방출율 (7.112)는 다음 단계를 따라 (7.110)과 (7.111)로부터 유도할 수 있다.

1. 다음을 적분하라.

$$\frac{1}{(2\pi c)^3} \frac{8\pi}{3} \int_0^\infty \omega^2 p_{\text{decay}} d\omega \tag{7.113}$$

여기서 $8\pi/3$는 편광에 대해 합하고 입체각^solid angle $d\Omega$에 대해 적분해서 나온 것이며 $\omega^2/(2\pi c)^3$은 3차원 공간의 모드 밀도^mode density로부터 나온 것이다(힌트: 적분의 하한^lower limit을 $-\infty$로 확장시켜도 된다).

2. 그 결과를 t에 관해 미분하여 γ_{rad}를 구하라.

g^2의 형식은 양자전기역학의 결과다. 즉, 이것을 당연한 것으로 여기고 여기에 제시된 나머지 계산은 실제로 제인스-커밍스 상호작용에서 비롯된다. 단일 원자, 단일 광자 체계에서의 특성을 고려하면 섭동 이론에 의지하지 않고 어떻게 원자의 기본 특성을 파악하는지 또다시 알게 된다.

확인문제 7.30: (전자 상태 수명)   전자 전이에 예상되는 수명, 즉 에너지 준위 변화 $\Delta n \neq 0$을 포함하는 수명을 추정하기 위해 γ_{red}와 비슷한 계산을 수행할 수 있다. 이러한 전이의 경우, 관련 상호작용으로 인해 원자의 전기 쌍극자 모멘트가 전자기장에 결합되어

$$g_{\mathrm{ed}}^2 = \frac{\omega_0^2}{2\hbar\omega\epsilon_0}|\langle 0|\vec{\mu}_{\mathrm{ed}}|1\rangle|^2 \tag{7.114}$$

가 된다. 이 식을 통해 자발적 방출율

$$\gamma_{\mathrm{red}}^{\mathrm{ed}} = \frac{\omega_0^3|\langle 0|\vec{\mu}_{\mathrm{ed}}|1\rangle|^2}{3\pi\hbar\epsilon_0 c^3} \tag{7.115}$$

이 나온다. $|\langle 0|\vec{\mu}_{\mathrm{ed}}|1\rangle| \approx qa_0$로 잡아서 $\gamma_{\mathrm{red}}^{\mathrm{ed}}$ 값을 구하라. 여기서 q는 전하, a_0은 보어 반지름, $\omega_0/2\pi \approx 10^{15}$ Hz이다. 이 결과는 초미세 상태에 비해 전자 상태가 얼마나 빨리 붕괴될 수 있는지를 보여준다.

7.6.2 해밀토니안

조화 전자기 트랩과 원자구조에 대해 앞 절에서 제시한 단순화시킨 모델들을 결합하면 다음과 같이 이온트랩 양자정보 프로세서를 위한 단순화시킨 단순 모델이 나온다. 일반적인 자기 쌍극자 상호작용 $H_I = -\vec{\mu}\cdot\vec{B}$을 통해 전자기장과 상호작용하는 단일 2준위 스핀을 상상하자. 여기서 쌍극자 모멘트 $\vec{\mu} = \mu_m\vec{S}$는 회전 연산자 S에 비례하며 자기장은 $\vec{B} = B_1\hat{x}\cos(kz - \omega t + \varphi)$이고, B_1은 장의 세기, k는 $\hat{z}$ 방향 운동량, ω는 주파수, φ는 위상이다. 이 절에서는 스핀 연산자로 $S_x = X/2$, $S_y = Y/2$, $S_z = Z/2$를 사용한다. 이들 연산자에 2를 곱하면 파울리 연산자가 된다.

보통의 전자기 상호작용에 더해서 진동 모드와의 상호작용도 있다. 스핀은 에너지 척도 $\hbar\omega_z$의 조화 퍼텐셜 내에서 물리적으로 제한되어 있으며(그림 7.9), 그 위치는 양자화되는데 우리는 이를 연산자 $z = z_0(a^\dagger + a)$로 기술해야 한다. 여기서 $a^\dagger$, a는 입자의 진동 모드에 대한 올림연산자와 내림연산자이며 포논의 생성과 소멸을 나타낸다.

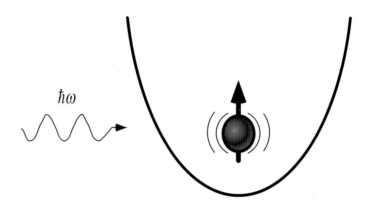

그림 7.9 포획된 이온의 단순 모델: 단일 입자는 두 내부상태를 갖는 조화 퍼텐셜 내에 있으며 전자기 복사와 상호작용한다.

우물 안에서의 진동 폭이 입사광의 파장에 비해 작도록, 즉 램-디키^{Lamb-Dicke} 매개변수 $\eta \equiv kz_0$가 작도록 입자가 가장 낮은 진동 모드 근처로 냉각됐다고 가정하자. 스핀의 라비 주파수를 $\Omega = \mu_m B_1/2\hbar$로 정의하고 $S_x = (S_+ + S_-)/2$를 상기한다면, η이 충분히 작을 때 상호작용 해밀토니안은

$$H_I = -\vec{\mu} \cdot \vec{B} \tag{7.116}$$
$$\approx \left[\frac{\hbar\Omega}{2} \left(S_+ e^{i(\varphi-\omega t)} + S_- e^{-i(\varphi-\omega t)} \right) \right]$$
$$+ \left[i\frac{\eta\hbar\Omega}{2} \{ S_+ a + S_- a^\dagger + S_+ a^\dagger + S_- a \} \left(e^{i(\varphi-\omega t)} - e^{-i(\varphi-\omega t)} \right) \right] \tag{7.117}$$

가 된다. 첫 번째 대괄호 항은 7.5.2절에서 보았듯이 보통의 제인스-커밍스 해밀토니안에서 나온 것이며 스핀의 z 위치가 일정할 때 발생한다. 하지만 이 항은 단순화되고 광자 연산자를 포함하지 않는다. 그 이유는 B_1이 강한 결맞음 상태로 있는 한, 이것의 양자 특성을 무시하고 내부 원자 상태의 진화만을 기술하는 해밀토니안으로 표현할 수 있기 때문이다. 사실 장의 결맞음 상태가 (우수한 근사화를 통해) 원자와 상호작용한 후 그 원자와 얽히지 않는다는 것은 아주 주목할 만하다. 이것은 7장의 끝에 있는 문제 7.3에서 더 자세히 살펴보게 될 심층적 결과다. 7.7.2절에서 공명을 설명할 때 이 사실을 또 다룰 것이다.

두 번째 대괄호 항은 자기장이 이온의 위치에 의존한다는 점에서 이온의 운동상태와 스핀 상태의 결합을 기술한다. 중괄호 안에 있는 4개 항은 빨간색 및 파란색[12]의 운동 사이드밴드$^{motional\ sideband}$로 알려진 4개의 전이(2개는 위쪽이고 2개는 아래쪽)에 해당하며 그림 7.10에 나타나 있다.

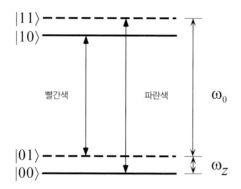

그림 7.10 이온을 포획하는 단순 모델의 에너지 준위들. 빨간색 및 파란색의 운동 사이드밴드 전이가 나타나 있으며, 이들 전이는 단일 포논의 생성 또는 소멸에 해당한다. 보통 관련되지 않는 추가적인 운동상태의 무한 사다리가 존재한다. 상태는 $|n, m\rangle$으로 표시하는데, 여기서 n은 스핀 상태를 나타내고 m은 포논 수를 나타낸다.

이러한 사이드밴드 전이에서 주파수가 $\omega_0 \pm \omega_z$인 이유는 자유입자 해밀토니안

$$H_0 = \hbar\omega_0 S_z + \hbar\omega_z a^\dagger a \tag{7.118}$$

을 포함시키면 쉽게 알 수 있는데, 이 해밀토니안은 스핀과 포논 연산자를

$$S_+(t) = S_+ e^{i\omega_0 t} \qquad S_-(t) = S_- e^{-i\omega_0 t} \tag{7.119}$$

$$a^\dagger(t) = a^\dagger e^{i\omega_z t} \qquad a(t) = a e^{-i\omega_z t} \tag{7.120}$$

로 진화시킨다. 그러므로 H_0의 기준틀$^{frame\ of\ reference13}$ 안에서 $H_I' = e^{iH_0 t/\hbar} H_I e^{-iH_0 t/\hbar}$의 우세한 항들은

$$H_I' = \begin{cases} i\frac{\eta\hbar\Omega}{2}\left(S_+ a^\dagger e^{i\varphi} - S_- a e^{-i\varphi}\right) & \omega = \omega_0 + \omega_z \\ i\frac{\eta\hbar\Omega}{2}\left(S_+ a e^{i\varphi} - S_- a^\dagger e^{-i\varphi}\right) & \omega = \omega_0 - \omega_z \end{cases} \tag{7.121}$$

가 되는데, 여기서 전자기장의 주파수 ω는 오른쪽에 나타나 있다.

위의 모델을 동일한 조화 퍼텐셜 안에 가둬 놓은 하나의 스핀에서 N 스핀으로 확장시

---

12 여기서 빨간색과 파란색은 공진진동수 ω_0에 대해서 상대적으로 진동수가 큰가, 작은가에 따라 달라지는 표현이며 가시광선의 빨간색, 파란색과 구분된다. – 옮긴이

13 기준계, 기준 프레임, 참조 프레임이라고도 한다. 관성 좌표계 등 여러 좌표계가 이에 속한다. – 옮긴이

킬 때, 이들 스핀이 단일 질량 중심 진동 모드를 공유한다고 가정하면 그 확장이 수월하게 되고, 이 모드의 에너지는 이 계의 어떠한 다른 진동 모드보다도 훨씬 낮다. 이 이론을 간단히 확장해보면 모든 N개의 입자가 함께 움직이기 때문에 Ω을 $\Omega/\sqrt{N}$로 수정하면 된다는 것을 알 수 있다.

7.6.3 양자계산

포획된 이온을 이용한 양자계산에서는 원자의 내부상태에 대해 임의의 유니타리 변환을 만들 수 있어야 한다. 이제 이 작업을 어떻게 하는지 다음과 같이 3단계로 알아볼 것이다. (1) 내부 원자 (스핀) 상태에 대해 임의의 단일 큐비트 연산을 수행하는 방법 (2) 스핀 상태와 포논 상태 간에 제어형 2큐비트 게이트를 수행하는 방법 (3) 스핀과 포논 간에 양자정보를 교환하는 방법으로 설명할 것이다. 이들의 구성요소가 주어지면 제어형 NOT 게이트를 보여주기 위해 수행됐던 실험을 기술하고 상태 준비와 판독으로 마무리한다.

단일 큐비트 연산

ω_0 주파수로 조정된 전자기장을 적용하면 내부 해밀토니안 항

$$H_I^{\text{internal}} = \frac{\hbar\Omega}{2}\left(S_+ e^{i\varphi} + S_- e^{-i\varphi}\right) \tag{7.122}$$

이 가동된다$^{\text{turn on}}$. φ와 상호작용 지속시간을 적절하게 선택하면 이 해밀토니안으로 회전 연산 $R_x(\theta) = \exp(-i\theta S_x)$, $R_y(\theta) = \exp(-i\theta S_y)$를 수행할 수 있다. 이어서 273페이지의 정리 4.1에 의해 그 스핀 상태에 대한 단일 큐비트 연산을 수행할 수 있다. j번째 이온의 회전에 대해서는 아래첨자로 표시하는데, 예를 들면 $R_{xj}(\theta)$ 형식이다.

확인문제 7.31: R_y와 R_x 회전으로 아다마르 게이트를 만들어라.

제어형 위상반전 게이트

한 큐비트가 원자의 내부 스핀 상태로 저장되고 또 다른 큐비트는 $|0\rangle$과 $|1\rangle$ 포논 상태로 저장됐다고 하자. 이 경우 유니타리 변환

$$\begin{bmatrix} 1 & 0 & 0 & 0 \\ 0 & 1 & 0 & 0 \\ 0 & 0 & 1 & 0 \\ 0 & 0 & 0 & -1 \end{bmatrix} \tag{7.123}$$

으로 제어형 위상반전 게이트를 수행할 수 있다. 그림 7.11과 같이 세 번째 에너지 준위를 갖는 원자를 가지고 이를 어떻게 하는지 설명하는 것이 가장 쉽다(여분의 준위가 반드시 필요한 것은 아니다. 문제 7.4 참조). 레이저를 $\omega_{aux} + \omega_z$ 주파수로 조정하여 $|20\rangle$과 $|11\rangle$ 상태 간에 전이를 일으킨다. 그러면 다음 형식의 해밀토니안이 가동된다.

$$H_{aux} = i \frac{\eta \hbar \Omega'}{2} \left(S'_+ e^{i\varphi} + S'_- e^{-i\varphi} \right) \tag{7.124}$$

여기서 S'_+와 S'_-는 $|20\rangle$와 $|11\rangle$ 간의 전이를 나타내고, 고차 운동상태$^{higher\ order\ motional\ state}$는 점유하지 않는 것으로 가정한다. 이 주파수의 유일성으로 인해 이외의 어떠한 전이도 들뜨지 않는 점에 주목한다. 위상 및 지속 시간을 갖는 레이저를 적용하여 $|11\rangle$과 $|20\rangle$에 의해 생성된 공간에서 2π 펄스, 즉 $R_x(2\pi)$ 회전을 수행하는데 이로 인해 유니타리 변환 $|11\rangle \rightarrow -|11\rangle$이 된다. 그 외의 모든 상태는 변경되지 않으며, $|1, 2\rangle$와 같이 원치 않는 상태는 확률 진폭을 갖지 않는다고 가정한다. 그러면 원하는 바와 같이 (7.123)의 변환이 실현된다. 우리는 이 게이트를 $C_j(Z)$(제어형 Z 연산을 나타냄)로 표기할 것이다. 여기서 j는 이 게이트가 어느 이온에 적용되는지 나타낸다. 포논이 질량 중심 포논이기 때문에 모든 이온은 동일한 포논을 공유한다는 점에 주목한다. 이 때문에 문헌에서는 공학 용어를 채택하여 포논 '버스' 큐비트라고 불렀다.

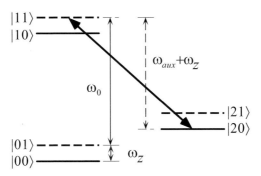

그림 7.11 각각 2개의 포논 상태를 갖는 이온트랩에서 3준위 원자의 에너지 준위. $|n, m\rangle$ 레이블은 원자의 상태 n과 포논 상태 m을 나타낸다. $|20\rangle \leftrightarrow |11\rangle$ 전이는 제어형 위상반전 게이트를 수행하는 데 사용된다.

스왑 게이트

마지막으로 원자의 내부 스핀 상태와 포논 상태 간에 큐비트를 교환할 수 있는 방법이 필요하다. 이를 위해 레이저를 주파수 $\omega_0 - \omega_z$로 조정하고 위상을 정렬시켜 $|01\rangle$와 $|10\rangle$에

의해 생성된 부분공간에 대해 $R_y(\pi)$ 회전을 수행하면 된다. 이 회전은 $|00\rangle$, $|01\rangle$, $|10\rangle$, $|11\rangle$ 공간에 대한 유니타리 변환

$$\begin{bmatrix} 1 & 0 & 0 & 0 \\ 0 & 0 & 1 & 0 \\ 0 & -1 & 0 & 0 \\ 0 & 0 & 0 & 1 \end{bmatrix} \tag{7.125}$$

이다. 초기상태가 $a|00\rangle + b|10\rangle$이면(즉, 포논이 초기에 $|0\rangle$이면) 스왑 후의 상태는 $a|00\rangle + b|01\rangle$이므로 이는 원하는 스왑 연산$^{\text{swap operation}}$이 된다. 이온 j에 작용할 때 SWAP_j로 표기하자. 역 연산 $\overline{\text{SWAP}}_j$는 $R_y(-\pi)$에 해당한다. 기술적으로 말하면 $R_y(\pi)$의 $|10\rangle\langle 01|$ 엔트리에 있는 마이너스 기호 때문에 이는 완벽한 스왑 연산이 아니라 상대위상을 바꾼 것과 같다(확인문제 4.26 참조). 따라서 이를 스왑 대신에 '매핑 연산$^{\text{mapping operation}}$' 이라고도 한다.

제어형 NOT 게이트

이들 게이트를 배치하고 일련의 연산들을 사용하면 이온 j(제어)와 k(대상)에 작용하는 CNOT 게이트

$$\text{CNOT}_{jk} = H_k \, \overline{\text{SWAP}}_k \, C_j(Z) \, \text{SWAP}_k \, H_k \tag{7.126}$$

를 만들 수 있다(시간은 오른쪽에서 왼쪽으로 흐르며, 이는 평소의 행렬 연산과 같다). 여기서 H_k 는 아다마르 게이트다(이온 k에 대해 R_y 및 R_x 회전으로 만든다). 이것은 (7.46) 식에서와 같이 광분할기와 광학 커 매질을 사용하여 제어형 NOT 게이트를 만든 방법과 아주 비슷하다.

7.6.4 실험

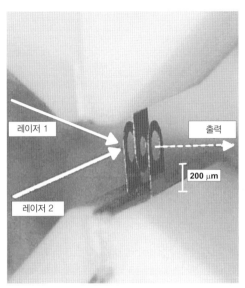

그림 7.12 미세 가공된 타원형 전극 이온트랩의 사진. 이곳에 이온을 가둔다. 이 트랩 안의 이온은 베릴륨이 아닌 바륨 이온이지만 기본 원리는 본문에 설명한 것과 같다. IBM 알마덴 연구소의 데보이(R. Devoe)와 쿠르트시퍼(C. Kurtsiefer) 제공

포획한 단일 이온을 사용하는 제어형 NOT 게이트가 시연된 적이 있다(7장의 끝에 있는 '역 사와 추가자료' 참조). 엄밀히 말하면 이 실험이 어떻게 진행되는지에 대해서는 통찰력이 필 요하다. 이 실험에서 $^9\text{Be}^+$의 단일 이온은 동축 공명기 RF 이온트랩coaxial resonator RF ion trap 에 포획된다. 이 장치는 그림 7.7의 선형 이온트랩과 기하학적 구조가 다르지만 기능적 으로 동일하며 그림 7.12에 나타낸 실제 이온트랩의 사진과 비슷하다. 편리한 초미세 전 자 준위 구조를 위해 베릴륨을 선택했으며, 이는 그림 7.13에 나와 있다. $^2\text{S}_{1/2}(1, 1)$와 $^2\text{S}_{1/2}(2, 2)$ 에너지 준위(확인문제 7.28)는 원자의 내부 큐비트 상태로 사용되며, $|0\rangle$와 $|1\rangle$ 포논 상태는 또 다른 큐비트로 사용된다(그림에서는 $n = 0$과 $n = 1$로 표시함). $^2\text{S}_{1/2}(1, 1)$와 $^2\text{S}_{1/2}(2, 2)$ 준위 간의 ≈ 313 nm 전이는 단일 레이저를 전이 주파수에 맞추는 것이 아니 라 2개의 레이저를 가지고 그 주파수 차이가 전이 주파수에 해당하도록 조정하여 수행된 다. 이러한 라만 전이Raman transition 방법은 레이저 위상 안정성에 대한 요구사항을 단순화 시킨다. $^2\text{S}_{1/2}(2, 0)$ 상태는 보조 준위로 사용된다. 즉, $^2\text{S}_{1/2}$ 상태는 계에 적용되는 0.18 밀리테슬라millitesla 자기장에 의해 다른 에너지를 갖는다. 포획된 이온은 트랩 안에서 진 동 주파수 $(\omega_x, \omega_y, \omega_z)/2\pi = (11.2, 18.2, 29.8)$ MHz를 갖고, 바닥 상태 $n_x = 0$의 파동함수

는 약 7 nm로 퍼지며, 램-디케 매개변수는 약 $\eta_x = 0.2$이다. 공명 전이 $^{\text{on-resonance transition}}$ 의 라비 주파수는 $\Omega/2\pi = 140$ kHz, 두 운동 사이드밴드는 $\eta_x\Omega/2\pi = 30$ kHz 그리고 보조 전이는 $\eta_x\Omega'/2\pi = 12$ kHz이다.

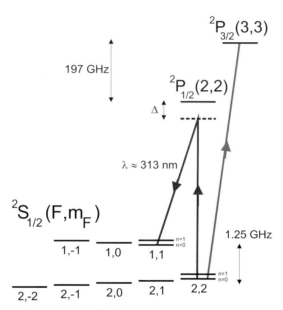

그림 7.13 이온트랩 실험에 사용된 ^{9}Be$^+$의 에너지 준위. NIST의 먼로(C. Monroe) 그림 제공

대략 95% 확률로 $|00\rangle = |^2S_{1/2}(2, 2)\rangle|n_x = 0\rangle$ 상태를 얻기 위해 도플러 냉각과 사이드 밴드 냉각을 사용하여 이온 상태를 초기화한다. 그리고 나서 단일 큐비트 연산을 사용해 이온의 내부상태와 운동상태를 4개의 기저 상태인 $|00\rangle$, $|01\rangle$, $|10\rangle$, $|11\rangle$ 중 하나로 준비한다. 그다음으로 3개의 펄스를 사용하여 제어형 NOT 게이트를 수행하는데 이들 펄스는 내부상태 큐비트에 대해 $R_y(\pi/2)$ 회전, 두 큐비트 간에 제어형 Z 연산, 그리고 나서 내부상태 큐비트에 대해 $R_y(-\pi/2)$ 회전을 구현한다. 그림 7.14에 나타낸 이 회로가 제어형 NOT 게이트를 실현한다는 것은 쉽게 보일 수 있다(확인문제 7.32).

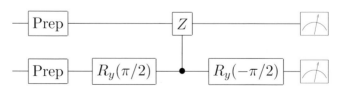

그림 7.14 이온트랩 제어형 NOT 실험을 모델링한 양자회로. 위쪽 선은 포논 상태를 나타내고 아래쪽 선은 이온의 내부 초미세 상태를 나타낸다.

계산 출력의 판독은 두 측정으로 수행된다. 첫 번째는 $^2S_{1/2}(2, 2)$부터 $^2P_{3/2}(3, 3)$까지로 '순환하는' 전이에 맞춰진 +원형 편광을 적용했을 때 발생하는 이온으로부터 형광을 수집한다. 그 빛은 감지할 정도로 $^2S_{1/2}(1, 1)$ 상태와 결합하지 않으므로, 관측된 형광의 세기는 내부상태 큐비트가 $|0\rangle$ 상태에 있을 확률에 비례한다. 즉, 이는 사영 측정projective measurement인 것이다. 이 측정 기술은 전이 주기가 여러 번 반복되기 때문에 강력하다. 즉, 이온은 광자를 흡수하여 $^2P_{3/2}(3, 3)$ 상태로 점프한 다음, 광자를 방출하여 시작 시의 $^2S_{1/2}(2, 2)$ 상태로 되돌아간다. 수천 번 이상의 순환이 가능하므로 축적된 결과로 우수한 통계를 낼 수 있다. 두 번째 측정은 첫 번째 측정과 비슷하지만 스왑 펄스를 먼저 적용하여 운동상태 큐비트와 내부상태 큐비트를 교환시킨다. 이렇게 하면 운동상태 큐비트를 사영적으로 측정한다.

이렇게 수행한 실험은 제어형 NOT 연산의 고전적 진리표를 증명하는데, 원론적으로는 중첩 입력상태를 준비하고 출력 밀도행렬을 측정하면 유니타리 변환의 특성을 완전하게 표현해낼 수 있다. 이때 프로세스 단층촬영process tomography(8장)을 사용한다. 실험에 사용된 광출력optical power으로 수행하기 위해서는 제어형 NOT 게이트에게 약 50마이크로초microsecond가 필요하다. 한편 결맞음 시간coherence time[14]은 대략 수백에서 수천 마이크로초 정도인 것으로 측정됐다. 지배적인 결잃음 메커니즘에는 레이저 빔 출력laser beam power의 불안정성, RF 이온트랩 구동 주파수, 전압 진폭 그리고 요동하는 외부 자기장이 포함됐다. 또한 이 실험에는 단일 이온과 2큐비트만 포함되므로 계산에는 유용하지 않았다. 계산에 유용하려면 일반적으로 제어형 NOT 게이트를 단일 이온과 운동상태 간에 적용할 게 아니라 서로 다른 이온 간에 적용해야 한다.

하지만 기술적 한계는 극복될 수 있으며, 단기간 지속되는 운동상태를 간헐적으로만 사용하고 내부 원자 상태의 훨씬 긴 결맞음 시간을 활용하면 수명을 연장할 수 있다. 그리고 더 많은 수의 이온으로 규모를 늘리는 것은 개념상 가능하다. 그림 7.15에는 포획된 40개의 수은 이온이 띠 모양으로 나타나 있다. 이들 계를 유용한 양자정보 처리 머신으로 거동하게 하는 데는 많은 장애물이 있지만 기술적으로 충분히 극복하리라 본다. 언젠가 이와 같이 포획된 이온들은 양자 컴퓨터에서 큐비트의 레지스터가 될지도 모른다.

---

14 가간섭성 시간이라도 한다. – 옮긴이

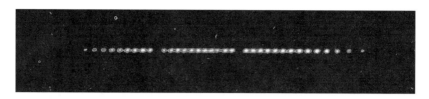

그림 7.15   약 40개의 포획된 수은(^{199}Hg$^+$) 원자 이온으로부터 나온 형광 이미지. 이 이온은 약 15마이크로미터의 공간을 차지하며, 뚜렷이 보이는 2개의 틈은 프로브 레이저에 반응하지 않는 수은의 다른 동위 원소들이다. NIST의 와인랜드(D. Wineland) 재판본(reprinted) 그림 제공

확인문제 7.32:   그림 7.14의 회로가 포논 상태를 제어 큐비트로 갖는 제어형 NOT 게이트와 동등하다(상대위상은 무시)는 것을 보여라.

이온트랩 양자 컴퓨터

- 큐비트 표현: 원자의 초미세 (핵스핀) 상태와 포획된 원자의 가장 낮은 준위 진동 모드(포논)

- 유니타리 진화: 임의의 변환은 레이저 펄스를 적용해서 만드는데, 이 펄스는 제인스-커밍스 상호작용을 통해 외부에서 원자 상태를 조작한다. 큐비트는 공유된 포논 상태를 통해 상호작용한다.

- 초기상태 준비: 원자를 운동 바닥 상태와 초미세 바닥 상태로 냉각시킨다(포획하고 광펌핑$^{optical\ pumping}$을 사용함).

- 판독 값: 초미세 상태의 점유도^{population}를 측정한다.

- 단점: 포논의 수명이 짧고 이온을 운동 바닥 상태로 준비시키기가 어렵다.

7.7 핵자기공명

스핀-스핀 결합만 크고 제어할 수 있다면 핵스핀계$^{nuclear\ spin\ systems}$는 양자계산에 거의 이상적이다. 이 점은 바로 이전 절의 이온트랩 연구에서 중요 사항이다. 이온트랩 양자 컴퓨터의 주요 단점은 포논이 매개하는 스핀-스핀 결합 기술의 약점과 결잃음에 대한 이 기술의 취약성이다. 이 제한을 피할 수 있는 한 가지 방법은 단일 원자 대신 분자를 포획하는 것이다. 즉, 이웃하는 핵들 간에 자기 쌍극자와 전자가 매개하는 페르미 접촉 상호작용$^{Fermi\ contact\ interaction}$을 통해 강력하고도 자연스럽게 결합시킬 수 있다. 하지만 많은 진동 모드에서 단일 분자는 포획 및 냉각이 어려워 특별한 환경을 제외하고는 포획된 분자에서 핵스핀의 광학적 조작과 검출이 실현 가능하지 않았다.

한편 RF 전자기파를 이용한 핵스핀 상태의 직접적인 조작 및 검출은 핵자기공명^{NMR,} Nuclear Magnetic Resonance이라고 하는 잘 발달된 분야다. 이들 기술은 화학에서 널리 사용되는데 액체, 고체, 가스의 특성을 측정하고 분자의 구조를 결정하며, 물질 및 심지어 생물학적 시스템을 이미지화하는 데 사용된다. 이렇게 많은 응용을 통해 NMR 기술이 상당히 정교하게 발전해 실험에서 수십에서 수백, 수천 개의 핵을 제어하고 관측할 수 있다.

하지만 NMR을 양자계산용으로 사용할 때는 두 가지 문제가 발생한다. 첫째, 핵자기 모멘트가 작기 때문에 측정 가능한 유도 신호를 생성하려면 많은 수($\approx 10^8$개 이상)의 분자가 존재해야 한다. 개념상 단일 분자는 하나의 훌륭한 양자 컴퓨터일 수 있지만 분자들의 앙상블이라도 괜찮을까? 특히, NMR 측정의 출력은 모든 분자 신호에 대한 평균이다. 즉, 양자 컴퓨터 앙상블의 평균 출력이 의미가 있을까? 둘째, NMR은 대체로 실온에서 평형상태의 물리계에 적용되는데, 여기서 스핀 에너지 $\hbar\omega$는 $k_B T$보다 훨씬 적다. 이 말은 스핀의 초기상태가 거의 완전히 무작위라는 뜻이다. 전통적인 양자계산은 계를 순수상태로 준비해야 한다. 즉, 계가 높은 엔트로피의 혼합상태라면 양자계산을 어떻게 수행할 수 있을까?

이러한 두 가지 문제가 해결되면서 NMR은 양자계산 구현을 위한 특히 매력적이고 통찰력 있는 방법이 됐는데, 비록 전형적인 계의 열 성질 때문에 발생하는 엄격한 제한이 있지만 말이다. NMR을 통해서는 많이 배울 수 있는데, 예를 들면 현실적 해밀토니안을 제어하여 임의의 유니타리 변환을 수행하는 기술, 결잃음(그리고 체계적인 오류)의 특성을 나타내고 우회하는 방법, 전체 계에서 양자 알고리듬을 완전하게 구현함에 있어서 구성 요소를 조립할 때 일어나는 고려 사항 등이다. 우리는 관련된 주요 해밀토니안과 물리장치에 대한 설명으로 시작한 다음, 열 입력상태 및 앙상블 문제에도 불구하고 NMR을 이용한 양자정보 처리가 어떻게 가능한지 논의하고 나서 양자 알고리듬을 보여주는 실험과 이 방법의 단점으로 마무리지을 것이다.

7.7.1 물리장치

장치에 대한 일반적인 설명으로 시작하자. 이 작업은 나중에 수학적으로 모델링할 것이다. 액체 샘플을 위한 펄스 NMR 시스템의 두 가지 주요 부분은 샘플과 NMR 분광계이며 이 절에서 집중할 부분이다. 사용할 전형적 분자는 스핀 1/2를 갖는 양성자 n개를 함유하며(다른 가능한 핵으로는 ^{13}C, ^{19}F, ^{15}N, ^{31}P 등이 있음), 약 11.7 테슬라의 자기장에 배치될 때 약 500MHz에서 NMR 신호를 생성한다. 분자 내에서 다른 핵의 주파수는 화학적 환경 차폐 효과로 인한 국소 자기장의 차이 때문에 수 kHz에서 수백 kHz까지 다를 수 있다. 분자는 대체로 용매에 용해시켜 분자 간 상호작용이 무시될 정도로 농도를 낮추면, n큐비트 양자 '컴퓨터들'의 앙상블로 기술할 수 있는 계가 된다.

분광계^{spectrometer} 자체는 그림 7.16과 같이 고주파(RF) 전자장치와 큰 초전도 자석으로 구성되며, 유리관 속의 샘플이 그 자기장 안에 놓인다. 거기에서 정적 $\hat{z}$ 방향 자기장 B_0은 1cm^3 안에 10^{9}분의 1 이상 차이가 나지 않게 그보다 더 균일하도록(좋도록) 조심스럽게 조정된다. 횡단면에 놓인 직교 안장 코일$^{saddle\ coil}$ 또는 헬름홀츠 코일$^{Helmholtz\ coil}$은 $\hat{x}$ 및 $\hat{y}$ 방향을 따라 작으면서 진동하는 자기장을 걸 수 있다. 이러한 장은 재빨리 펄스를 켜고 꺼서 핵스핀 상태를 조작할 수 있다. 또한 동일한 코일들은 튜닝 회로의 한 부분이 되어 세차 운동하는 핵$^{precessing\ nuclei}$이 발생시킨 RF 신호를 잡아내는 데에도 사용된다(회전 자석이 근처 코일에 교류를 유도하는 방식과 유사함).

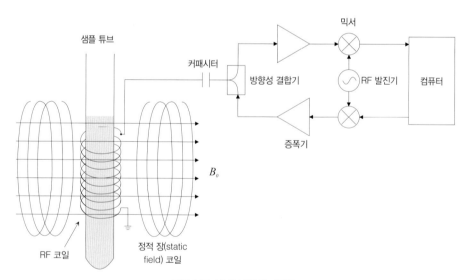

그림 7.16 NMR 장치의 개략도

전형적인 실험은 핵이 평형상태로 열화^{thermalize}하도록 얼마 동안 기다리는 것으로 시작한다. 이때 잘 준비된 액체 샘플을 얻기 위해 몇 분 정도 필요할 수 있다. 그리고 나서 (고전) 컴퓨터 제어로 RF 펄스를 적용하여 핵 상태에 대해 원하는 변환을 수행한다. 그런 다음, 고출력 펄스 증폭기가 신속하게 꺼지고 민감한 프리 앰프가 활성화되어 스핀의 최종상태를 측정한다. 자유 유도 붕괴^{free induction decay}라는 이 출력은 푸리에 변환되어 피크를 갖는 주파수 스펙트럼을 얻는데, 그 스펙트럼 영역은 스핀 상태의 함수다(그림 7.17).

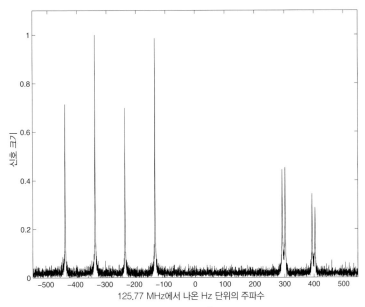

125.77 MHz에서 나온 Hz 단위의 주파수

그림 7.17 트리클로로에틸렌(trichloroethylene)으로 분류되는 ^{13}C의 탄소 스펙트럼. 왼쪽의 4개 선은 양성자와 직접 연결된 탄소 핵에서 나온다. 즉, 이 4개의 선은 양성자와 두 번째 탄소 핵과의 결합으로 인해 나타나며, 그 자신의 신호는 오른쪽에 좁은 간격의 4개 선으로 나타난다. 두 번째 탄소 핵은 첫 번째 탄소 핵보다 양성자로부터 더 멀리 떨어져 있으므로 훨씬 작은 결합을 갖는다.

중요한 현실적 문제가 많이 존재하다 보니 결함이 관측되기도 한다. 이를테면 정적 자기장이 공간 속에서 균일하지 못해 장 속의 각 부분에 있는 핵마다 다른 주파수로 세차운동을 한다. 그러면 스펙트럼에 있는 선들의 폭이 넓어진다. 더욱 어려운 문제는 RF 장의 균일성^{homogeneity}인데, 이는 B_0 자석과 직교해야 하는 코일이 발생시킨다. 즉, 이러한 기하학적 제약사항과 동시에 높은 B_0 균일성을 유지하기 위한 요구사항 때문에 일반적으로 RF 장이 불균일하고 작은 코일로 생성할 수밖에 없어 핵 계를 완벽하게 제어할 수 없다. 또한 펄스 타이밍과 출력, 위상, 주파수의 안정성이 중요한 문제다. 하지만 이온트랩과 달리 주파수가 낮기 때문에 이들 매개변수를 잘 제어하기는 더 쉽다. 우리는 계의 기본적인 수학적 서술과 NMR로 양자정보 처리를 수행하는 방법론을 이해한 후 7.7.4절에서 결함에 대해 되짚어볼 것이다.

7.7.2 해밀토니안

NMR의 기본 이론은 여기서 기술하는 1과 2 스핀의 이상적인 모델로 이해할 수 있다. 첫 번째 단계는 전자기 복사가 단일 자기 스핀과 어떻게 상호작용하는지를 기술하는 것이다. 그런 다음 분자에서 발생하는 스핀 간의 결합에 대한 물리 성질을 고려한다. 이들 도구를 사용하면 열 평형상태인 초기상태의 변환으로부터 나오는 자화 판독 값readout of the magnetization을 모델링할 수 있다. 마지막으로는 결잃음의 현상학적 모델을 기술하고 T_1 및 T_2 매개변수를 실험적으로 어떻게 결정할 수 있는지 설명한다.

단일 스핀 역학

고전 전자기장과 2-상태 스핀의 자기 상호작용magnetic interaction은 해밀토니안 $H = -\vec{\mu} \cdot \vec{B}$ 로 기술한다. 여기서 $\vec{\mu}$는 스핀이고 $\vec{B} = B_0 \hat{z} + B_1 (\hat{x} \cos \omega t + \hat{y} \sin \omega t)$는 전형적으로 적용되는 자기장이다. B_0은 정적이고 매우 크며, B_1은 보통 시간에 따라 변하고 세기가 B_0 보다 몇 배나 작으므로, 이 계를 연구하는 데는 전통적으로 섭동이론perturbation theory을 사용한다. 하지만 이 계에 대한 슈뢰딩거 방정식은 섭동이론 없이 간단하게 풀 수 있는데, 이때 2장의 파울리 행렬 기법을 사용하며 해밀토니안은

$$H = \frac{\omega_0}{2} Z + g(X \cos \omega t + Y \sin \omega t) \tag{7.127}$$

로 표현할 수 있다. 여기서 g는 B_1 장의 세기와 관련이 있고 ω_0는 B_0와 관련이 있다. X, Y, Z는 평소와 같이 파울리 행렬이다. $|\varphi(t)\rangle = e^{i\omega tZ/2}|\chi(t)\rangle$로 정의하면 슈뢰딩거 방정식

$$i\partial_t |\chi(t)\rangle = H|\chi(t)\rangle \tag{7.128}$$

는

$$i\partial_t |\varphi(t)\rangle = \left[e^{i\omega Zt/2} H e^{-i\omega Zt/2} - \frac{\omega}{2} Z \right] |\varphi(t)\rangle \tag{7.129}$$

로 다시 표현할 수 있다.

$$e^{i\omega Zt/2} X e^{-i\omega Zt/2} = (X \cos \omega t - Y \sin \omega t) \tag{7.130}$$

이므로 (7.129)는 단순하게

$$i\partial_t |\varphi(t)\rangle = \left[\frac{\omega_0 - \omega}{2} Z + gX \right] |\varphi(t)\rangle \tag{7.131}$$

가 된다. 여기서 상태를 곱한 오른쪽 항은 실제 '회전 프레임' 해밀토니안으로 인식할 수 있다. 이 방정식의 해는 다음과 같다.

$$|\varphi(t)\rangle = e^{i\left[\frac{\omega_0 - \omega}{2}Z + gX\right]t}|\varphi(0)\rangle \tag{7.132}$$

공명^resonance 개념은 이 해의 동작에서 나오며, (4.8)을 사용하면 이 동작을 축

$$\hat{n} = \frac{\hat{z} + \frac{2g}{\omega_0 - \omega}\hat{x}}{\sqrt{1 + \left(\frac{2g}{\omega_0 - \omega}\right)^2}} \tag{7.133}$$

에 관한 각도

$$|\vec{n}| = t\sqrt{\left(\frac{\omega_0 - \omega}{2}\right)^2 + g^2} \tag{7.134}$$

의 단일 큐비트 회전으로 이해할 수 있다. ω가 ω_0에서 멀어지면 스핀에 대한 B_1 장의 영향은 무시할 만하다. 즉, 회전축은 $\hat{z}$와 거의 평행하며, 시간 진화는 자유 B_0 해밀토니안의 것과 거의 동일하다. 반면 $\omega_0 \approx \omega$이면 B_0 영향은 무시할 수 있게 되고 작은 B_1 장은 그 상태에 큰 변화를 일으킬 수 있는데, 그 변화란 $\hat{x}$에 관한 회전에 해당한다. 적절한 주파수로 조정하면 작은 섭동이 스핀계에 막대한 영향을 끼쳐 핵자기공명에서 '공명^resonance'이 발생한다. 물론 동일한 효과는 특별히 조정된 레이저 장에 대한 2준위 원자의 선택성에 있어서도 핵심인데, 이러한 레이저 장은 7.5.1절에서 사용했었다(그러나 설명하지는 않았다).

일반적으로 $\omega = \omega_0$일 때, 단일 스핀 회전 프레임 해밀토니안은

$$H = g_1(t)X + g_2(t)Y \tag{7.135}$$

로 표현할 수 있으며, 여기서 g_1과 g_2는 적용된 횡단 RF 장의 함수다.

확인문제 7.33: (자기 공명) (7.128)가 (7.129)로 단순하게 되는 것을 보여라. 어떤 실험실 프레임 해밀토니안이 회전 프레임 해밀토니안 (7.135)를 일으키는가?

확인문제 7.34: (NMR 주파수) 핵 보어 마그네톤으로 따질 때, 11.8 테슬라의 자기장에서 양성자의 세차주파수^precession frequency를 계산하라. B_1이 10 마이크로초 내에 90도 회전시키려면 얼마의 가우스가 필요한가?

스핀-스핀 결합

관심을 가질 만한 계에는 일반적으로 둘 이상의 스핀이 존재한다. 즉 ^1H, ^{13}C, ^{19}F, ^{15}N 은 모두 핵스핀 1/2을 갖는다. 이 스핀들은 직접 쌍극 결합direct dipolar coupling과 간접 스루 본드 전자 매개 상호작용indirect through-bond electron mediated interaction이라는 2개의 우세한 메커니즘을 통해 상호작용한다. 스루 스페이스 쌍극 결합Through-space dipolar coupling은 상호작용 해밀토니안 형식

$$H_{1,2}^{\mathrm{D}} = \frac{\gamma_1 \gamma_2 \hbar}{4r^3} \left[\vec{\sigma}_1 \cdot \vec{\sigma}_2 - 3(\vec{\sigma}_1 \cdot \hat{n})(\vec{\sigma}_2 \cdot \hat{n}) \right] \tag{7.136}$$

으로 기술하는데, 여기서 $\hat{n}$은 두 핵을 연결하는 방향의 단위벡터이고 $\vec{\sigma}$는 자기 모멘트 벡터(곱하기 2)이다. 저점도 액체low viscosity liquid에서 쌍극자 상호작용은 빠르게 평균화된다average. 수학적으로 말하면, 이것의 계산은 쌍극자 결합 에너지 척도에 비해 평균화가 빨라짐에 따라 $\hat{n}$에 대한 $H_{1,2}^{\mathrm{D}}$의 구면 평균spherical average이 0에 가까워진다는 것을 보임으로써 계산된다.

단순히 'J-결합'이라고도 하는 스루 본드 상호작용은 케미컬 본드chemical bond를 통해 공유되는 전자가 매개하는 간접적인 상호작용이다. 즉, 하나의 핵이 바라보는 자기장은 전자 구름의 상태에 의해 섭동되는데, 전자 구름의 상태는 핵과 전자 파동함수의 중첩을 통해 다른 핵과 상호작용한다(페르미 접촉 상호작용). 이 결합의 형식은

$$H_{1,2}^{J} = \frac{\hbar J}{4} \vec{\sigma}_1 \cdot \vec{\sigma}_2 = \frac{\hbar J}{4} Z_1 Z_2 + \frac{\hbar J}{8} \left[\sigma_+ \sigma_- + \sigma_- \sigma_+ \right] \tag{7.137}$$

이다. 우리는 J가 스칼라인 경우(일반적으로 텐서일 수 있음)에 관심을 둘 것이다. 이 경우는 액체에 대한 근사화가 우수하고 결합이 약할 때, 또는 상호작용하는 핵종nuclear species이 크게 다른 세차주파수를 가질 때다. 또한 이 경우는

$$H_{12}^{J} \approx \frac{\hbar}{4} J Z_1 Z_2 \tag{7.138}$$

로 기술한다.

확인문제 7.35: (운동 좁힘) $\hat{n}$에 대한 $H_{1,2}^{\mathrm{D}}$의 구면 평균spherical average이 0임을 보여라.

열 평형

NMR은 계 앙상블ensemble of systems을 사용한다는 점에서 7장에서 앞서 살펴본 다른 물리

계와 크게 다르며 기본 측정은 앙상블 평균이다. 또한, 바닥 상태와 같은 특수 상태로 초기상태를 준비하는 데 광범위한 절차를 사용하지 않는다. 사실 그렇게 하는 것은 현재의 기술로 어려운 일이다.

오히려 초기상태는 열 평형상태

$$\rho = \frac{e^{-\beta H}}{\mathcal{Z}} \tag{7.139}$$

이다. 여기서 $\beta = 1/k_B T$, 그리고 $\mathcal{Z} = \mathrm{tr}\ e^{-\beta H}$는 일반적인 분배함수$^{partition\ function}$ 정규화이며 $\mathrm{tr}(\rho) = 1$를 만족시킨다. 실온에서 전형적인 핵의 경우, 적당한 장에서 $\beta \approx 10^{-4}$이므로 고온 근사화

$$\rho \approx 2^{-n} \left[1 - \beta H \right] \tag{7.140}$$

는 n 스핀계에 적합하다.

스핀-스핀 결합은 세차주파수에 비해 매우 작기 때문에 열 상태 밀도행렬$^{thermal\ state}$ $^{density\ matrix}$은 Z 기저로 거의 대각이므로 순수상태 $|00...0\rangle$, $|00...01\rangle$,..., $|11...1\rangle$의 혼합으로 해석할 수 있다.

각 앙상블 멤버의 실제 물리 상태가 무엇인지는 논쟁의 대상인데, 그 이유는 주어진 밀도행렬에 대해 무한한 수의 풀림^{unraveling}이 존재하기 때문이다. 앙상블 멤버(개별 분자)에 접근할 수 있으면 원칙적으로 NMR을 사용하여 실제 물리 상태를 측정할 수 있지만 이는 실험적으로 어렵다.

확인문제 7.36: (열 평형 NMR 상태) $n = 1$일 때 열 평형상태는

$$\rho \approx 1 - \frac{\hbar\omega}{2k_B T} \begin{bmatrix} 1 & 0 \\ 0 & -1 \end{bmatrix} \tag{7.141}$$

임을 보여라. 또한 $n = 2$(그리고 $\omega_A \approx 4\omega_B$)일 때는

$$\rho \approx 1 - \frac{\hbar\omega_B}{4k_B T} \begin{bmatrix} 5 & 0 & 0 & 0 \\ 0 & 3 & 0 & 0 \\ 0 & 0 & -3 & 0 \\ 0 & 0 & 0 & -5 \end{bmatrix} \tag{7.142}$$

임을 보여라.

자화 판독 값

실험의 주요 출력은 자유 유도 붕괴 신호$^{free\ induction\ decay\ signal}$이며 수학적으로는

$$V(t) = V_0 \mathrm{tr}\left[e^{-iHt}\rho e^{iHt}(iX_k + Y_k)\right] \tag{7.143}$$

로 주어진다. 여기서 X_k와 Y_k는 k 번째 스핀에 대해서만 연산하고 V_0는 코일 기하학, 품질 계수, 샘플 볼륨의 최대 자속$^{magnetic\ flux}$에 독립적인 상수 계수다. 이 신호는 $\hat{x} - \hat{y}$ 평면에서 샘플의 자화를 감지하는 픽업 코일에서 발생한다. 실험실 프레임에서 이 신호는 핵의 세차주파수 ω_0와 동일한 주파수에서 진동할 것이다. 하지만 $V(t)$는 보통 ω_0로 고정시킨 발진기로 혼합되고 나서 푸리에 변환되어 최종 신호는 그림 7.17과 같이 나타난다.

확인문제 7.37: (결합된 스핀의 NMR 스펙트럼) $H = JZ_1Z_2$이고 $\rho = e^{i\pi Y_1/4}\frac{1}{4}[1 - \beta\hbar\omega_0 (Z_1 + Z_2)]e^{-i\pi Y_1/4}$에 대해 $V(t)$를 계산하라. 해밀토니안이 $H = JZ_1(Z_2 + Z_3 + Z_4)$인 경우(초기 밀도행렬은 비슷함) 첫 번째 스핀의 스펙트럼에 얼마나 많은 선이 존재하고 그 상대 크기는 얼마인가?

결잃음

NMR에 대해 지금까지 제시한 간단한 모델로 기술할 수 없는 자유 유도 붕괴의 두드러진 특징은 자화 신호의 지수적 붕괴$^{exponential\ decay}$다. 이것의 한 가지 원인은 정적 자기장의 불균일성^{inhomogeneity}이며 이로 인해 샘플에서 한 부분의 세차운동 스핀이 다른 부분의 세차운동 스핀과 위상이 다르게 된다. 불균일성으로 인한 영향은 원칙적으로 가역적이지만, 스핀-스핀 결합에서 비롯된 것과 같이 근본적으로 비가역적인, 그 외의 위상 무작위 소스가 있다. 비가역적인 또 다른 메커니즘은 환경 온도에서 평형에 이르는 스핀들의 열 중성자화인데, 이 과정에는 에너지 교환이 들어간다. 단일 큐비트 상태의 경우 이러한 효과는 현상에 의거하여 밀도행렬 변환 모델

$$\begin{bmatrix} a & b \\ b^* & 1-a \end{bmatrix} \rightarrow \begin{bmatrix} (a-a_0)e^{-t/T_1} + a_0 & be^{-t/T_2} \\ b^*e^{-t/T_2} & (a_0-a)e^{-t/T_1} + 1 - a_0 \end{bmatrix} \tag{7.144}$$

로 나타낼 수 있다. 여기서 T_1과 T_2는 각각 스핀-격자(또는 '종')와 스핀-스핀(또는 '횡') 완화율$^{relaxation\ rate}$이라 하고, a_0은 열 평형상태의 특징을 나타낸다. 이것들은 비평형 고전 상태와 양자 중첩의 수명에 대해 중요한 시간 척도를 정의한다. NMR 시스템에서 T_1과 T_2를 계산하기 위한 이론적 도구는 잘 개발돼 있으며 실제로 이들 비율의 측정은 NMR

을 사용하여 다른 화학 종을 구별하는 데 중요한 역할을 한다.

NMR에서 T_1과 T_2를 측정하기 위한 실험 방법은 잘 알려져 있다. $R_x = e^{-i\pi X/4}$를 $\hat{x}$ 축에 대한 90° 펄스라 하자. T_1을 측정하려면 R_x^2를 적용하고 τ 시간 대기한 후 R_x를 적용한다. 첫 번째 펄스는 스핀을 180° 뒤집고, 그 후 τ 시간 동안 다시 평형 쪽으로 완화된다 (이를 블로흐 벡터로 시각화하면 이 벡터는 바닥 상태인 블로흐 구의 맨 위쪽으로 다시 되돌아간다). 그리고 마지막 90° 펄스로 인해 자화는 $\hat{x} - \hat{y}$ 평면에 놓이며 여기서 자화를 검출한다. 이러한 반전 회복$^{\text{inversion recovery}}$ 실험에서 측정된 자화 M은 $M = M_0[1 - 2\exp(-\tau/T_1)]$와 같이 τ에 대해 지수적으로 붕괴하는 것으로 밝혀졌다. T_2를 측정하려면 우선 순위로 그냥 피크의 선폭을 재면 된다. 더 좋은 방법인 카-퍼셀-메이붐-길$^{\text{Carr-Purcell-Meiboom-Gill}}$ 기법은 R_x 연산을 적용하고 나서 '$\tau/2$ 시간 대기, R_x^2 적용, $\tau/2$ 시간 대기, R_x^2 적용'을 k번 반복하는 것이다. 180° 펄스의 이러한 절차는 결합을 '다시 맞추고'(7.7.3절) B_0 장의 불균일성을 부분적으로 없애므로 계의 실제 T_2를 더 잘 추정할 수 있다. 관측된 자화는 $M = M_0 e^{-k\tau/T_2}$로 붕괴한다.

다중 회전 해밀토니안

NMR 해밀토니안에 대한 논의를 요약하면, n 스핀 결합계에 대한 H는

$$H = \sum_k \omega_k Z_k + \sum_{j,k} H_{j,k}^J + H^{\text{RF}} + \sum_{j,k} H_{j,k}^{\text{D}} + H^{\text{env}} \tag{7.145}$$

로 표현할 수 있다. 여기서 첫 번째 항은 주변 자기장에서 스핀의 자유 세차운동이고, H^{D}는 (7.136)의 자기 쌍극자 결합이며, H^J는 (7.137)의 'J' 결합이고, H^{RF}는 (7.135)에서와 같이 외부에서 적용되는 고주파 자기장의 영향을 기술한다. H^{env}는 (7.144)에서와 같이 결잃음으로 이끄는 환경과의 상호작용을 기술한다.

이 해밀토니안을 어떻게 조작하는지에 대한 기본 원리를 이해하기 위해, 이후 논의의 대부분에서는 단순화시킨 해밀토니안

$$H = \sum_k \omega_k Z_k + \sum_{j,k} Z_j \otimes Z_k + \sum_k g_k^x(t) X_k + g_k^y(t) Y_k \tag{7.146}$$

를 고려할 것인데 이렇게 해도 충분하다는 것을 알게 될 것이다. 좀 더 일반적인 (7.145)를 취급할 때도 동일한 아이디어를 적용하면 된다.

7.7.3 양자계산

양자정보 처리에서는 적절한 초기상태로 준비된 계에 대해 유니타리 변환을 수행해야 한다. 그렇게 존재하는 계에 대해 다음과 같이 세 가지 의문이 생긴다. 첫째, (7.146)의 해밀토니안에 의해 기술되는 n개 결합된 스핀들의 계에서 임의의 유니타리 변환은 어떻게 구현할 수 있을까? 둘째, NMR 계의 열 상태$^{thermal\ state}$인 (7.140)을 어떻게 계산용의 적절한 초기상태로 사용할 수 있을까? 셋째, 최근의 3개 장에서 연구했던 양자 알고리듬은 출력 결과를 얻기 위해 사영 측정이 필요한 반면, NMR을 사용하면 앙상블 평균 측정만 확실히 수행하면 된다. 이때 앙상블 판독 문제를 어떻게 처리할 수 있을까? 이 절에서는 이들 의문의 답을 알아볼 것이다.

재초점

아마도 (7.146)의 해밀토니안을 사용하여 임의의 유니타리 변환을 수행할 때 우리에게 가장 흥미로운 기술 중 하나는 NMR의 기술로 알려진 재초점^{refocusing}일 것이다. 간단한 2 스핀 해밀토니안 $H = H^{sys} + H^{RF}$를 고려하자. 여기서 H^{sys}는

$$H^{sys} = aZ_1 + bZ_2 + cZ_1Z_2 \qquad (7.147)$$

이다. 7.7.2절에서 봤듯이 커다란 RF 장을 적절한 주파수로 적용시키면,

$$e^{-iHt/\hbar} \approx e^{-iH^{RF}t/\hbar} \qquad (7.148)$$

로 근사시킬 수 있다. 이 근사화를 이용하면 임의의 단일 큐비트 연산을 우수한 충실도로 수행할 수 있다. 스핀 1에 대해 $\hat{x}$에 관한 90° 회전을

$$R_{x1} = e^{-i\pi X_1/4} \qquad (7.149)$$

로 정의하고, 스핀 2에 대해서도 마찬가지로 정의하자. 180° 회전 R_{x1}^2은

$$R_{x1}^2 e^{-iaZ_1t} R_{x1}^2 = e^{iaZ_1t} \qquad (7.150)$$

라는 특별한 성질을 갖는데, 이는 쉽게 증명할 수 있다. 이 식을 재초점^{refocusing}이라 하며, 이렇게 부르는 이유는 블로흐 구 위의 어떤 지점에서 함께 출발하는 서로 다른 주파수 스핀들이 동일한 지점으로 되돌아오도록 시간 진화를 역전시키는 방식 때문이다. 이런 방식으로 적용된 180° 펄스를 재초점 펄스$^{refocusing\ pulse}$라 한다. 위의 표현식에서 a는 연산자뿐만 아니라 상수일 수도 있고(스핀 1에 작용하는 연산자가 없는 경우), 따라서

$$e^{-iH^{\text{sys}}t/\hbar}R_{x1}^2 e^{-iH^{\text{sys}}t/\hbar}R_{x1}^2 = e^{-2ibZ_2 t/\hbar} \tag{7.151}$$

가 된다. 스핀 2에 적용된 또 다른 집합의 재초점 펄스를 사용하면 이것의 나머지 항을 제거할 수 있다. 재초점은 스핀 간의 결합된 진화를 제거할 뿐 아니라 모든 진화를 완전히 제거하는 데 유용한 기술이다.

확인문제 7.38: (재초점) (7.150)이 성립함을 보여라(파울리 행렬의 반교환성$^{\text{anti-commutativity}}$을 사용하여라).

확인문제 7.39: (3차원 재초점) 임의의 단일 스핀 해밀토니안 $H^{\text{sys}} = \sum_k c_k \sigma_k$하에서 진화를 재초점시키려면 어떤 집합의 펄스를 사용할 수 있는가?

확인문제 7.40: (쌍극자 상호작용의 재초점) 2 스핀 쌍극자 결합 $H_{1,2}^{\text{D}}$를 (7.138)의 훨씬 간단한 형태로 바꿀 수 있는 펄스 시퀀스를 구하라.

제어형 NOT 게이트

재초점 펄스와 단일 큐비트 펄스를 사용하면 제어형 NOT 게이트를 쉽게 구현할 수 있다. (7.147)의 해밀토니안을 갖는 2 스핀계에 대해 이 일을 어떻게 할지 알아보자. (7.46)의 구성으로부터 우리는 유니타리 변환

$$U_{CZ} = \begin{bmatrix} 1 & 0 & 0 & 0 \\ 0 & 1 & 0 & 0 \\ 0 & 0 & 1 & 0 \\ 0 & 0 & 0 & -1 \end{bmatrix} \tag{7.152}$$

을 충분히 실현할 수 있다는 것을 안다. $\sqrt{i}e^{iZ_1 Z_2 \pi/4} e^{-iZ_1 \pi/4} e^{-iZ_2 \pi/4} = U_{CZ}$이므로 몇 개의 단일 큐비트 펄스를 사용하면 한 주기진화 시간 $\hbar\omega/4c$으로부터 제어형 NOT을 만들어 내기란 쉽다.

확인문제 7.41: (NMR 제어형 NOT) (7.147)의 해밀토니안하에서 진화하는 2 스핀 간에 제어형 NOT를 실현하는 단일 큐비트 회전의 시퀀스를 구하라. (7.46)으로 시작할 수 있지만 단일 큐비트 회전 수를 줄이기 위해 그 결과를 단순화시켜도 된다.

시간, 공간, 논리 레이블링

RF 펄스를 사용하여 스핀계에서 임의의 유니타리 변환을 좋은 충실도로 실현할 수 있다

는 것은 양자계산을 위한 NMR의 가장 매력적인 측면 중 하나다. 하지만 주요 단점은 초기상태가 일반적으로 열 상태 (7.140)이라는 사실이다. 이 상태의 높은 엔트로피에도 불구하고 약간의 비용으로 양자계산을 수행할 수 있다. 이를 달성하기 위한 두 가지 기술을 시간 레이블링$^{temporal\ labeling}$과 논리 레이블링$^{logical\ labeling}$이라고 한다.

시간 평균화$^{temporal\ averaging}$라고도 하는 시간 레이블링은 두 가지 중요한 사실을 기반으로 한다. 즉, 양자연산은 선형이라는 것 그리고 NMR에서 측정된 관측가능량은 대각합이 0이라는^{traceless} 것이다(양자 측정의 배경에 대해서는 2.2.5절 참조). 2 스핀계가 밀도행렬

$$\rho_1 = \begin{bmatrix} a & 0 & 0 & 0 \\ 0 & b & 0 & 0 \\ 0 & 0 & c & 0 \\ 0 & 0 & 0 & d \end{bmatrix} \tag{7.153}$$

로 시작한다고 하자. 여기서 a, b, c, d는 $a + b + c + d = 1$을 만족시키는 임의의 양수다. 제어형 NOT 게이트를 가지고 만든 회로 P를 사용하면 치환된 성분군$^{permuted\ population}$

$$\rho_2 = P\rho_1 P^\dagger = \begin{bmatrix} a & 0 & 0 & 0 \\ 0 & c & 0 & 0 \\ 0 & 0 & d & 0 \\ 0 & 0 & 0 & b \end{bmatrix} \tag{7.154}$$

을 갖는 상태를 얻을 수 있고, 마찬가지로

$$\rho_3 = P^\dagger\rho_1 P = \begin{bmatrix} a & 0 & 0 & 0 \\ 0 & d & 0 & 0 \\ 0 & 0 & b & 0 \\ 0 & 0 & 0 & c \end{bmatrix} \tag{7.155}$$

도 얻을 수 있다. 이들 상태 각각에 유니타리 양자계산 U를 적용하면 (서로 다른 시간에 수행할 수 있는 3개의 개별 실험으로) $C_k = U\rho_k U^\dagger$를 얻는다. 선형성^{linearity}에 의해

$$\sum_{k=1,2,3} C_k = \sum_k U\rho_k U^\dagger \tag{7.156}$$

$$= U\left[\sum_k \rho_k\right] U^\dagger \tag{7.157}$$

$$= (4a - 1)U \begin{bmatrix} 1 & 0 & 0 & 0 \\ 0 & 0 & 0 & 0 \\ 0 & 0 & 0 & 0 \\ 0 & 0 & 0 & 0 \end{bmatrix} U^\dagger + (1 - a) \begin{bmatrix} 1 & 0 & 0 & 0 \\ 0 & 1 & 0 & 0 \\ 0 & 0 & 1 & 0 \\ 0 & 0 & 0 & 1 \end{bmatrix} \tag{7.158}$$

가 된다. NMR에서 $\text{tr}(M) = 0$인 관측가능량 M(파울리 X와 Y 등)은 지금까지 측정된 유일

한 것들이다. 따라서

$$\text{tr}\left(\sum_k C_k M\right) = \sum_k \text{tr}\left(C_k M\right) \tag{7.159}$$

$$= (4a - 1)\,\text{tr}\left(U \begin{bmatrix} 1 & 0 & 0 & 0 \\ 0 & 0 & 0 & 0 \\ 0 & 0 & 0 & 0 \\ 0 & 0 & 0 & 0 \end{bmatrix} U^\dagger M\right) \tag{7.160}$$

$$= (4a - 1)\,\text{tr}\left(U |00\rangle\langle 00| U^\dagger\right) \tag{7.161}$$

가 된다. 3개의 실험에서 측정된 신호들을 합하면 원래 계가 (7.153)의 임의의 상태가 아닌 순수상태 $|00\rangle\langle 00|$로 준비됐을 때 구한 값에 비례하는 결과를 얻는다. 이 점은 임의로 준비한 어떠한 크기의 계에 대해서도 항상 해당될 수 있는데, 합산하기에 충분한 실험들이 주어지고 결잃음이 시작되기 전에 유니타리 연산을 수행할 충분히 긴 결맞음 시간이 주어진다면 그렇다는 말이다. 각 C_k 실험은 실제로 3개의 다른 계에서, 또는 단일 계의 각 부분에서 동시에 수행할 수 있다는 점에 주목한다. 즉, 이는 단일 샘플에 대해 체계적으로 변하는 경사 자기장$^{\text{gradient magnetic field}}$들을 걸어주면 실험적으로 실현 가능하며, 이 기술을 변형한 것은 공간 레이블링$^{\text{spatial labeling}}$이라 한다.

확인문제 7.42: (시간 레이블링을 위한 치환) (7.153)의 ρ_1을 (7.154)의 ρ_2로 변환하는 데 필요한 치환 P와 $P^\dagger$를 달성하는 양자회로를 구하라.

논리 레이블링은 이와 비슷한 관측을 기반으로 하지만 여러 실험을 수행할 필요는 없다. 거의 동일한 3개 스핀을 갖는 계가 상태

$$\rho = \delta I + \alpha \begin{bmatrix} 6 & 0 & 0 & 0 & 0 & 0 & 0 & 0 \\ 0 & 2 & 0 & 0 & 0 & 0 & 0 & 0 \\ 0 & 0 & 2 & 0 & 0 & 0 & 0 & 0 \\ 0 & 0 & 0 & -2 & 0 & 0 & 0 & 0 \\ 0 & 0 & 0 & 0 & 2 & 0 & 0 & 0 \\ 0 & 0 & 0 & 0 & 0 & -2 & 0 & 0 \\ 0 & 0 & 0 & 0 & 0 & 0 & -2 & 0 \\ 0 & 0 & 0 & 0 & 0 & 0 & 0 & -6 \end{bmatrix} \tag{7.162}$$

$$\approx \left(\delta' I + \alpha' \begin{bmatrix} 2 & 0 \\ 0 & -2 \end{bmatrix}\right)^{\otimes 3} \tag{7.163}$$

에 있다고 하자. 여기서 δI는 (대각합 0인 측정 관측가능량 때문) 관측불가량^{unobservable}인 배경 성분군$^{\text{background population}}$을 나타내고 $\alpha \ll \delta$는 작은 상수다. 그다음으로 치환 $\tilde{P}$를 수행하

는 유니타리 연산을 적용하면

$$\rho' = \tilde{P}\rho\tilde{P}^\dagger = \delta I + \alpha \begin{bmatrix} 6 & 0 & 0 & 0 & 0 & 0 & 0 & 0 \\ 0 & -2 & 0 & 0 & 0 & 0 & 0 & 0 \\ 0 & 0 & -2 & 0 & 0 & 0 & 0 & 0 \\ 0 & 0 & 0 & -2 & 0 & 0 & 0 & 0 \\ 0 & 0 & 0 & 0 & -6 & 0 & 0 & 0 \\ 0 & 0 & 0 & 0 & 0 & 2 & 0 & 0 \\ 0 & 0 & 0 & 0 & 0 & 0 & 2 & 0 \\ 0 & 0 & 0 & 0 & 0 & 0 & 0 & 2 \end{bmatrix} \tag{7.164}$$

가 된다. 이 행렬의 위쪽 4×4 블록은 형식

$$\begin{bmatrix} 6 & 0 & 0 & 0 \\ 0 & -2 & 0 & 0 \\ 0 & 0 & -2 & 0 \\ 0 & 0 & 0 & -2 \end{bmatrix} = 8|00\rangle\langle00| - 2I \tag{7.165}$$

를 갖는다는 점에 주목한다. 여기서 I는 4×4 항등 행렬을 나타낸다. 임시 레이블링과 마찬가지로 이러한 상태에 대해 이 경우는 $|000\rangle$, $|001\rangle$, $|010\rangle$, $|011\rangle$ 다양체에 대해 계산이 수행된다면 우리가 얻은 것에 비례하는 결과가 나오는데 원래 계를 순수상태 $|00\rangle\langle00|$로 준비했을 경우 그렇다는 것이다. 실험적으로 말하면 $\tilde{P}$를 수행하는 것이 가능하며 이러한 상태 다양체로부터 신호를 고립시키는 것도 가능하다.

$\rho = 2^{-n}(1 - \epsilon)I + \epsilon U|00\ldots0\rangle\langle00\ldots0|U^\dagger$ 형식(여기서 U는 임의의 유니타리 연산자)의 상태는 '유효순수상태effective pure state' 또는 '의사순수상태pseudo pure state'라 한다. n은 큐비트의 개수이지만 힐베르트 공간의 크기는 일반적으로 2의 거듭제곱일 필요는 없다. 그러한 상태를 준비하기 위한 전략이 많이 있으며 일반적으로 그 전략 모두에게는 비용이 발생한다. 이 점에 대해서는 7.7.4절에서 되짚어볼 것이다. 유효순수상태를 사용하면 고온 상태로 평형을 이루는 계에서 절대 0도 역학을 관측할 수 있는데, 이때 고온 환경에 대한 계의 결합이 충분히 작아야 한다. 이것이 NMR 양자계산에 사용되는 방식이다.

확인문제 7.43: (논리 레이블링을 위한 치환) (7.163)의 ρ를 (7.165)의 ρ'로 변환하는 데 필요한 치환 $\tilde{P}$를 달성하는 양자회로를 구하라.

확인문제 7.44: (n 스핀에 대한 논리 레이블링) 상태 ρ를 가지며 온도 T에서 열 평형을 이루는, 지만Zeeman 주파수 $\hbar\omega$와 거의 동일한 n 스핀계가 있다고 하자. 논리 레이블링을 사용하여 ρ로부터 만들 수 있는 가장 유효한 순수상태는 무엇인가?(힌트: 레이블의 해밍 가중치가 $n/2$인 상태를 활용하여라)

양자 알고리듬 결과의 앙상블 판독 값

지금까지 해밀토니안 (7.146)의 n 스핀계에서 임의의 유니타리 변환을 어떻게 수행하는지 보았으며, 낮은 엔트로피 바닥 상태로 동작하는 잘 정의된 입력을 어떻게 열 상태에서 준비하는지를 배웠다. 하지만 양자계산에 대한 요구사항을 끝맺으려면 계에 대해 측정을 수행하여 계산 결과를 판독하는 방법이 있어야 한다. 이것의 어려움은 전형적인 양자 알고리듬의 출력이 무작위 수라서 그 분포를 따져봐야 문제를 해결할 수 있는 정보가 나온다는 것이다. 안타깝게도 확률변수$^{random\ variable}$의 평균값이 반드시 관련 정보를 대변하는 것은 아니다. 양자 알고리듬이 NMR 양자 컴퓨터에서 수정 없이 실행되는 경우라면, 단일 n 스핀 분자가 아니라 대규모의 분자 앙상블을 사용하여 양자 알고리듬을 수행하기 때문에 평균값이 출력될 것이다.

이것의 어려움은 다음 예로 설명된다. 양자 인수분해 알고리듬은 무작위 유리수 c/r를 출력으로 생성하는데, 여기서 c는 알려지지 않은 정수이고 r은 원하는 결과다(또한 정수다). 보통은 사영 측정을 사용하여 c/r을 얻은 다음, 고전적인 연분수 알고리듬을 수행하여 높은 확률로 c를 얻는다(5.3.1절). 그리고 나서 그 결과를 원래 문제에 끼워넣어 답을 확인하고 실패할 경우에는 전체 알고리듬을 반복한다. 하지만 아쉽게도 앙상블 평균만 사용 가능하다면 c는 거의 균일하게 분포되므로 평균값 $\langle c/r \rangle$은 의미 있는 정보가 되지 않는다.

이 문제는 숨은 부분군 문제(5장)를 바탕으로 하는 모든 양자 알고리듬에 해당되는데, 이 문제에 대한 간단한 해결책은 그저 필요한 고전적인 사후처리 단계를 양자계산에 추가하는 것이다. 양자계산은 고전계산을 포함하기 때문에 이 일은 항상 가능하다. 위에서 주어진 예에서는 단순히 각 개별 양자 컴퓨터(각 분자)에 연분수 알고리듬을 수행하도록 요청한다. 그리고 나서 각 양자 컴퓨터에서 결과를 검사한 다음, 검증에 성공한 컴퓨터만 출력을 낸다. 이렇게 해서 최종 앙상블 평균 측정은 $\langle r \rangle$이 된다.

7.7.4 실험

NMR 접근법의 가장 흥미로운 측면 중 하나는 작은 양의 양자계산 및 양자정보 작업을 즉시 실험으로 구현하는 것이다. NMR에 대한 이 마무리 절에서는 상태 단층촬영, 기초 논리 게이트, 양자 검색 알고리듬을 보여주는 세 가지 실험에 대해 간략하게 설명한다. 또한 이 방법의 단점을 요약해서 언급한다.

상태 단층촬영

양자 컴퓨터를 어떻게 디버깅할까? 고전 컴퓨터의 경우에는 그 내부상태를 각기 다른 시점에서 측정하여 분석한다. 이와 비슷하게 양자 컴퓨터의 경우, 필수 기술은 밀도행렬을 측정하는 기능이다(이를 상태 단층촬영^{state tomography}이라 한다).

단일 큐비트의 밀도행렬은

$$\rho = \frac{1}{2}\left[1 + \sum_k r_k \sigma_k\right] \tag{7.166}$$

로 표현할 수 있는데, 여기서 σ_k는 파울리 행렬이고 r_b는 실수이며 3개 성분의 벡터다. 파울리 행렬의 대각합 직교성^{trace orthogonality}은

$$\mathrm{tr}(\sigma_k \sigma_j) = 2\delta_{kj} \tag{7.167}$$

이다. 위 특성 때문에 3개의 측정 결과

$$r_k = \langle \sigma_k \rangle = \mathrm{tr}(\rho \sigma_k) \tag{7.168}$$

로부터 ρ를 재구성할 수 있다. 적절한 단일 큐비트 펄스 이후, NMR 안에 있는 보통의 관측가능량에 대한 측정인 (7.143)을 통해 $\langle \sigma_k \rangle$를 결정함으로써 ρ를 얻을 수 있다. 더 많은 수의 스핀에 대해서도 비슷한 결과가 나온다. 실제로 항등 행렬을 가지고 ρ에 대한 대각합 0의 편차 행렬^{traceless deviation matrix}만 측정하는 것이 편리하다. 이를 편차 밀도행렬^{deviation density matrix}이라 한다. 2 스핀계와 3 스핀계에 대한 예제 결과는 그림 7.18에 나와 있다.

확인문제 7.45: (NMR을 사용한 상태 단층촬영) 전압 측정 $V_k(k) = V_0 \mathrm{tr}[e^{-iHt} M_k \rho M_k^\dagger e^{iHt} (iX_k + Y_k)]$가 실험 k의 결과라고 하자. 2 스핀에 대해 $M_0 = I$, $M_1 = R_{x1}$, $M_2 = R_{y1}$, $M_3 = R_{x2}$, $M_4 = R_{x2}R_{x1}$, $M_5 = R_{x2}R_{y1}$ 등을 사용한 9개의 실험은 ρ를 재구성할 수 있는 충분한 데이터를 제공한다는 것을 보여라.

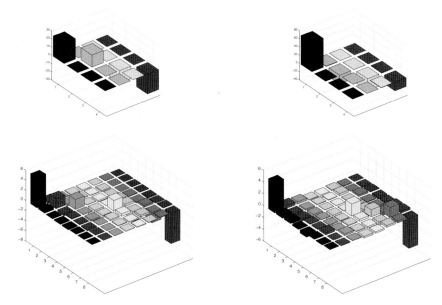

그림 7.18 실험으로 측정된 편차 밀도행렬. 수직 눈금은 임의로 그은 것이며 실수부만 표시했다. 허수부 성분들은 모두 상대적으로 작다. (왼쪽 위) 11.78 테슬라 자기장에서 클로로포름 분자($^{13}CHCl_3$)에 대한 양성자와 탄소 핵의 2큐비트 열 평형상태 0.5밀리리터, 200밀리몰(millimole)의 샘플을 아세톤-d_6로 희석하고 가스를 제거해서 얇은 벽의 5mm 유리관 속에 넣고 불로 밀봉했다. (오른쪽 위) (7.161) 식에서와 같이 클로로포름으로 임시 레이블링을 사용하여 생성한 2큐비트의 유효순수상태. (왼쪽 아래) 트리플루오로에틸렌(trifluoroethylene)에서 3개 불소 핵의 3큐비트 열 평형상태. (오른쪽 아래) (7.164) 식에서와 같이 논리 레이블링을 사용해 3 스핀계로 생성한 유효순수상태

확인문제 7.46: 3 스핀에 대해서는 몇 번의 실험이면 충분한가? 반드시 그러한가?

양자 논리 게이트

클로로포름의 2큐비트 양성자-탄소 계는 여러 가지 이유로 단일 큐비트 및 2큐비트 게이트를 시연하기 위한 탁월한 계를 보여준다. ≈ 11.8 테슬라 장 속의 ≈ 500과 ≈ 125 MHz에서 2 스핀의 주파수는 잘 분리되어 쉽게 처리된다. 두 핵의 215 Hz인 J 결합 주파수도 편리하다. 즉, 단일 큐비트 RF 펄스에 필요한 시간 척도보다 훨씬 느리지만 완화 시간 척도보다 훨씬 빠르다. 전형적인 실험에서 양성자와 탄소의 T_1은 각각 약 18초와 25초인 반면, T_2는 7초와 0.3초다. 탄소 T_2는 3개의 4극 염소 핵과의 상호작용 때문에 짧다. 그러나 가장 짧은 T_2 수명을 갖는 J 결합의 생산물을 얻으려면 양자 결맞음을 잃기 전에 약 60개의 게이트를 여전히 실현할 수 있어야 한다.

2 스핀계의 해밀토니안은 (7.147)의 식으로 아주 잘 근사되지만 실험에서 기교를 좀 부리면 크게 단순화시킬 수 있다. 2개의 발진기^{oscillator}를 양성자와 탄소의 회전 주파수로 정확히 조정하면 발진기가 정의한 회전 프레임에서 단순화된 해밀토니안

$$H = 2\pi\hbar J Z_1 Z_2 \tag{7.169}$$

을 얻게 되는데, 여기서 $J = 215$ Hz이다. 이 해밀토니안은 제어형 NOT 게이트의 구현을 아주 단순하게 만든다. 단일 큐비트 위상은 무시하고 CNOT 변환을 수행하는 회로와 벨 상태를 생성하는 회로가 그림 7.19에 나타나 있는데, 실험으로 측정된 출력도 함께 나와 있다.

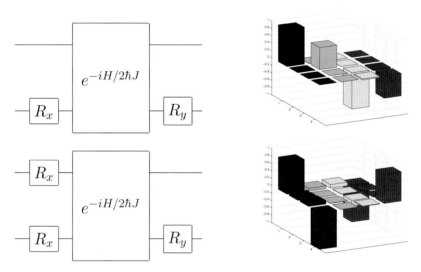

그림 7.19 NMR로 구현된 양자회로 및 실험으로 측정된 출력 편차 밀도행렬의 실수부. 이들 회로에서 R_x와 R_y는 x와 y에 대해 90° 회전을 수행하는 단일 큐비트 게이트를 나타내는데, 이 회전은 약 10마이크로초(microsecond) 길이의 RF 펄스로 구현됐다. 그리고 $e^{-iH/2\hbar J}$의 큐비트 상자 2개는 1/2 $J \approx$ 2.3밀리초(millisecond) 시간의 자유 진화 주기(free evolution period)를 갖는다. (위) 제어형 NOT 회로 및 열 상태 입력에 대해 측정된 출력. CNOT 게이트에 대한 고전 진리표로부터 예상하듯이 $|10\rangle$와 $|11\rangle$ 대각성분의 교환을 보여준다. (아래) 벨 상태 $(|00\rangle - |11\rangle)/\sqrt{2}$와 그 출력을 생성하기 위한 회로. 이때 유효순수상태 $|00\rangle$를 입력으로 준비한다.

확인문제 7.47: (NMR 제어형 NOT 게이트)   그림 7.19에서 왼쪽 위의 회로가 제어형 NOT 게이트를 수행한다는 것을 증명하여라(단일 큐비트 위상은 무시). 즉, 이 회로는 고전 입력상태에 대해 올바르게 작동하고, 더욱이 단일 큐비트 R_z 회전을 추가로 적용하면 적당한 제어형 NOT 게이트로 전환시킬 수 있다. 동일한 구성요소를 사용하여 적당한 CNOT 게이트를 실현하는 또 다른 회로를 구하라.

확인문제 7.48: 그림 7.19에서 언급한 바와 같이 왼쪽 아래의 회로가 벨 상태 $(|00\rangle -$ $|11\rangle)/\sqrt{2}$를 생성한다는 것을 증명하라.

확인문제 7.49: (NMR 스왑 게이트) NMR을 화학에 중요하게 적용한 부분은 스핀의 연결성에 대한 측정, 즉 분자에서 어떤 양성자, 탄소, 인 원자$^{\text{phosphorus atom}}$가 가장 가까운 이웃인지를 측정하는 것이다. 이를 위한 하나의 펄스 시퀀스를 INADEQUATE라 한다. 이는 Incredible Natural Abundance Double Quantum Transfer Experiment(믿을 수 없는 자연적 풍요의 2중 양자 전송 실험)의 약어인데, NMR 기술에는 재치 넘치게 쓴 약어도 많다. 양자계산 측면에서는 임의의 두 공명 사이에 CNOT를 그냥 적용시키는 것으로 이해하면 된다. CNOT가 제대로 동작하면 두 핵은 인접해 있는 것이다. TOCSY$^{\text{total correlation spectroscopy}}$(총 상호관계 분광학)와 같은 시퀀스에서 사용되는 또 다른 구성요소는 스왑 연산이지만 양자 게이트로 간단히 기술할 수 있는 완벽한 형태는 아니다! $e^{-iH/2\hbar J}$, R_x, R_y 연산만을 사용하여 스왑 게이트를 구현하는 양자회로를 만들어라(그림 1.7의 회로를 가지고 시작해도 된다).

양자 알고리듬

그로버의 양자탐색 알고리듬은 NMR 양자계산에 대해 또 하나의 간단한 예를 제공한다. 4개 원소($n = 2$큐비트)를 가진 문제에서 $\{0, 1, 2, 3\}$ 집합이 주어졌을 때 어떤 하나의 값 x_0에 대해 $f(x_0) = 1$이고 나머지 값에 대해서는 $f(x) = 0$이라 하자. 목표는 x_0을 구하는 것인데 고전적으로는 $f(x)$를 평균 2.25번 산출하면 달성할 수 있다. 이에 비해 양자 알고리듬은 $f(x)$를 한 번만 산출하는 것으로 x_0을 구한다(6장, 특히 박스 6.1 참조).

3개의 연산자가 필요하다. 즉, 오라클 연산자 O($f(x)$ 함수를 기반으로 위상반전을 수행함), 2큐비트에 대한 아다마르 연산자인 $H^{\otimes 2}$, 조건부 위상이동 연산자 P가 해당된다. 오라클 O는 x_0에 대응하는 기저 원소의 부호를 반전시킨다. 즉, $x_0 = 3$인 경우,

$$O = \begin{bmatrix} 1 & 0 & 0 & 0 \\ 0 & 1 & 0 & 0 \\ 0 & 0 & 1 & 0 \\ 0 & 0 & 0 & -1 \end{bmatrix} \tag{7.170}$$

가 된다. $t = 1/2\ J$(클로로포름의 경우 2.3밀리초) 주기 진화 $e^{-iH/2\hbar J}$를 τ로 표시하면 $x_0 = 3$일 때 $O = R_{y1}\bar{R}_{x1}\bar{R}_{y1}R_{y2}\bar{R}_{x2}\bar{R}_{y2}\ \tau$(관련 없는 전체위상 계수는 무시)가 된다. $H^{\otimes 2}$는 그냥 2개의 단일 큐비트 아다마르 연산자인 $H_1 \otimes H_2$이며, 여기서 $H_k = R_{xk}^2\bar{R}_{yk}$이다. 그리고

연산자

$$P = \begin{bmatrix} 1 & 0 & 0 & 0 \\ 0 & -1 & 0 & 0 \\ 0 & 0 & -1 & 0 \\ 0 & 0 & 0 & -1 \end{bmatrix} \tag{7.171}$$

는 $P = R_{y1}R_{x1}\bar{R}_{y1}R_{y2}R_{x2}\bar{R}_{y2}\tau$ 로 실현된다. 이것들을 가지고 그로버 반복 $G = H^{\otimes 2}PH^{\otimes 2}O$ 를 만든다. 취소할 불필요한 연산을 제거하면 이 연산자를 단순화시킬 수 있다(확인문제 7.51 참조). 초기상태에 그로버 반복을 k번 적용한 후의 상태를 $|\psi_k\rangle = G^k|00\rangle$ 라 하자. 그 진폭은 $\langle x_0|\psi_k\rangle \approx \sin((2k+1)\theta)$ 가 된다는 것을 알 수 있는데, 여기서 $\theta = \arcsin(1/\sqrt{2})$ 이다. 즉, 이 주기성^{periodicity}은 양자탐색 알고리듬의 기본 성질이며 실험으로 검사할 수 있는 자연적 특징이다. 2큐비트 경우, $x_0 = 3$일 때 $|11\rangle = |\psi_1\rangle = -|\psi_4\rangle = |\psi_7\rangle = -|\psi_{10}\rangle$ 가 될 것이고, 전체 부호를 무시하면 주기는 3이 된다.

확인문제 7.50: $x_0 = 0, 1, 2$일 때, 단일 큐비트 회전과 $e^{-iH/2\hbar J}$만 사용하여 오라클 O를 구현하는 양자회로를 구하라.

확인문제 7.51: x_0의 가능한 4개 경우에 대해 인접한 단일 큐비트 회전을 적절히 취소해서 그로버 반복을 단순화시키면

$$G = \begin{cases} \bar{R}_{x1}\bar{R}_{y1}\bar{R}_{x2}\bar{R}_{y2}\,\tau\,R_{x1}\bar{R}_{y1}R_{x2}\bar{R}_{y2}\,\tau & (x_0 = 3) \\ \bar{R}_{x1}\bar{R}_{y1}\bar{R}_{x2}\bar{R}_{y2}\,\tau\,R_{x1}\bar{R}_{y1}\bar{R}_{x2}\bar{R}_{y2}\,\tau & (x_0 = 2) \\ \bar{R}_{x1}\bar{R}_{y1}\bar{R}_{x2}\bar{R}_{y2}\,\tau\,\bar{R}_{x1}\bar{R}_{y1}R_{x2}\bar{R}_{y2}\,\tau & (x_0 = 1) \\ \bar{R}_{x1}\bar{R}_{y1}\bar{R}_{x2}\bar{R}_{y2}\,\tau\,\bar{R}_{x1}\bar{R}_{y1}\bar{R}_{x2}\bar{R}_{y2}\,\tau & (x_0 = 0) \end{cases} \tag{7.172}$$

을 얻을 수 있음을 보여라.

그림 7.20은 U를 최초 7번 반복했을 때 이론과 측정의 편차 밀도행렬 $\rho_{\Delta n} = |\psi_n\rangle\langle\psi_n| - \mathrm{tr}(|\psi_n\rangle\langle\psi_n|)/4$을 보여준다. 예상한 바와 같이 $\rho_{\Delta 1}$은 $x_0 = 3$에 해당하는 $|11\rangle$ 상태를 명확하게 나타낸다. x_0의 그 외 가능한 값에 대해 실험을 반복했을 때는 서로 비슷한 결과가 나왔다. 각 밀도행렬을 측정하려면 실험을 $9 \times 3 = 27$번 반복해야 하는데, 단층촬영 재구성에 9번이고 순수상태 준비에는 3번 해야 한다.

$n = 7$인 경우, 가장 긴 계산은 35 밀리초 미만이 걸렸는데, 이 시간은 결맞음 시간 내에 잘 들어갔다. 그로버 알고리듬의 주기성은 그림 7.20에 잘 나타나 있으며 이론과 실험이 서로 잘 일치한다는 것을 보여준다. 단발 신호 측정$^{single-shot\ measurement}$만으로 커다란

신호대잡음비^{signal-to-noise}(대체로 10^4 대 1보다 큼)를 얻을 수 있다. 수치 시뮬레이션에서는 주로 자기장의 불균일성, 측정 중 자화 붕괴, 회전의 불완전한 교정 때문에(중요도순으로 언급함) 7%부터 44%까지의 오차가 발생하는 것으로 나타난다.

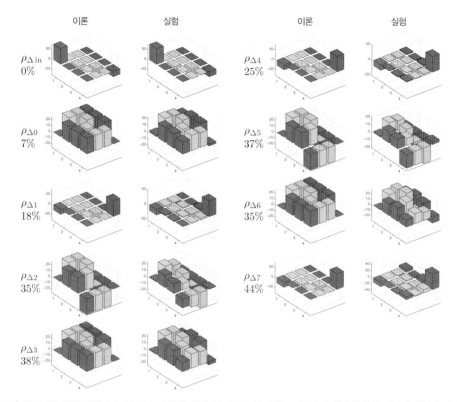

그림 7.20 클로로포름의 수소 및 탄소 스핀에 대해 7단계의 그로버 알고리듬을 수행해서 구한 이론과 실험의 편차 밀도행렬(단위는 임의로 정함). 4번 반복할 때마다 전체 주기는 3으로 나타난다. 실수 성분만 나타냈다(허수부는 이론적으로 0이며 실험 결과에 12% 미만으로 기여하는 것으로 밝혀졌다). 상대오차 $\|\rho_{theory} - \rho_{expt}\|/\|\rho_{theory}\|$로 나타냈다.

단점

양자계산의 벌크 앙상블^{bulk-ensemble} NMR 구현은 최대 7큐비트까지의 계로 양자 알고리듬 및 양자정보 작업을 시연하는 데 성공했으며, 이는 매우 인상적이다. 하지만 이 방법의 핵심인 시간, 공간, 논리 레이블링 기술로부터 발생하는 중요한 한계가 존재한다.

이들 레이블링 기술의 본질적 목적은 열 평형상태의 $|00...0\rangle$ 성분(또는 어떠한 다른 표준, 높은 확률 상태)에 있을 수 있는 스핀의 부분집합으로부터 신호를 분리해내는 것이다. 임시 및 공간 레이블링은 신호를 추가해 원하는 상태만 취소시켜 이 작업을 수행한다. 논리 레이블링은 힐베르트 공간과 순수성 간에 균형을 잡는다. 하지만 어느 방법을 사용하든 열

상태의 $|00\ldots0\rangle$ 성분에 대한 확률을 증가시키지는 못한다. 즉,

$$p_{00\ldots0} = \frac{1}{\mathcal{Z}} \langle 00\ldots0|e^{-\beta H}|00\ldots0\rangle \tag{7.173}$$

이다. $H = \sum_k \omega Z_k$로 정하면 n 스핀 분자에 대해 $p_{00\ldots0}$이 $n2^{-n}$에 비례한다는 것을 알 수 있다. 이 말은 일정한 초기상태 온도에 대해 레이블링 기법을 사용하면 큐비트 수가 유효 순수상태로 '증류됨^{distilled}'에 따라 총 신호가 지수적으로 감소한다는 것을 뜻한다.

또 다른 한계는 분자를 양자 컴퓨터로 사용하는 데 있다. 분자 구조^{structure}는 컴퓨터 아키텍처 역할을 하는데, 이 구조에 따라 큐비트의 쌍(또는 그룹)이 서로 상호작용하는 것이 결정된다(이와 비슷하게 RF 펄스는 소프트웨어 역할을 함). 그런데 모든 큐비트가 반드시 잘 연결되는 것은 아니다! 재초점을 수행하는 경우를 제외하고는 상호작용을 끌 수 없기 때문에 이 점은 아주 중요하다. 더욱이 큐비트는 주파수를 구별하여 처리되는데, 핵의 수가 증가함에 따라 이런 일은 급속히 어려워진다. 이를 해결하려면 1차원 사슬 $X - A - B - C - A - B - C - \cdots - A - B - C - Y$와 같은 세포 자동자$^{\text{cellular automata}}$ 스타일 아키텍처를 사용하면 된다. 이러한 사슬은 끝만 다를 뿐 중간은 규칙적으로 반복되는 순서로 구성된다. 이 아키텍처에서는 독특한 문자만 처리 가능하므로 마치 아주 제한적인 계산 모델처럼 보일 수 있다. 하지만 실제로는 다항 감속$^{\text{polynomial slowdown}}$만을 가진 보편적인 것으로 밝혀졌다. 물론 양자탐색 알고리듬과 같은 작업을 수행할 때 필요한 정확한 양의 감속은 중요할 것인데, 그러한 알고리듬은 제곱근 속도 증가만 얻게 된다.

레이블링 기술의 한계를 회피하는 방법도 존재한다. 하나의 가능성은 물리 메커니즘을 통해 핵을 분극화^{polarization}하는 것이다. 이 일은 광 펌핑(그림 7.8과 같이 이온을 냉각시키는 방식과 유사함)을 사용하여 루비듐 원자의 전자 상태를 분극화하고, 그다음으로 짧은 수명의 반데르발스$^{\text{van der Waals}}$ 분자의 형성을 통해 그 분극을 제논 원자의 핵으로 옮긴다. 이 일은 헬륨에 대해서도 수행됐다. 분자에 대해 비슷하게 수행하는 것을 생각할 수 있지만 기술적으로는 어렵다. 또 다른 가능성은 다른 레이블링 체계를 사용하는 것이다. 즉, 논리 레이블링은 본질적으로 압축 알고리듬이며, 앙상블 멤버를 버림으로써 앙상블에서 한 상태의 상대 확률을 증가시킨다. 이 방법을 개선한 버전이 개발되어 엔트로피 한계를 달성했고, 이 버전을 통해 온도 T의 초기 n 스핀 분자로부터 $nH(p)$개의 순수 큐비트를 얻어 $p = (1 - e^{-\Delta E/k_B T})/2$가 된다. 여기서 ΔE는 스핀 플립 에너지다. 이 체계에서는 지수적 비용이 들지 않는다. 즉, 다항 수의 기본 연산만 사용하여 압축할 수 있다. 하지만 p가 상

대적으로 작지 않으면 비효율적인데, 오늘날 양호한 솔레노이드 자석 시스템에서는 $p \approx 0.4999$이다.

이러한 단점에도 불구하고 NMR은 양자 알고리듬을 위한 시험대를 제공하고 양자계산을 수행하기 위해 그 밖의 실현이 구현해야 하는 기본 기술을 보여준다. 양자계산 및 양자정보 작업을 시연하는 데 사용된 일부 분자가 그림 7.21에 나와 있다. NMR 아이디어는 혁신을 위한 아주 기름진 영역이기도 해서 화학, 물리, 공학, 수학을 아우르고 의심할 여지없이 분야 간의 지속적인 혁신으로 이 기술은 더욱 발전할 것이다.

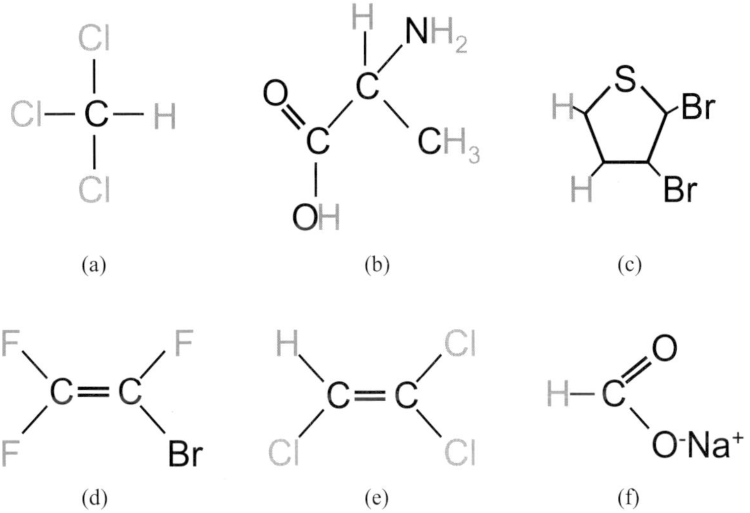

그림 7.21 NMR로 다양한 양자계산 및 양자정보 작업을 시연하는 데 사용된 간단한 분자들. (a) 클로로포름: 양성자와 탄소로 구성된 2큐비트를 사용하여 도이치-조사 알고리듬 및 2큐비트 양자탐색을 구현했다. (b) 알라닌: 탄소 골격으로 구성된 3큐비트를 사용하여 오류정정을 시연했다. 주변의 화학적 환경이 다르기 때문에 3개의 탄소 핵이 어떻게 구별되는 주파수를 갖는지 주목한다(예를 들어 산소의 전기음성도(electronegativity)로 인해 근처의 많은 전자가 주변 탄소로부터 멀어진다). (c) 2,3-디브로모티오펜: 2개의 양성자로 구성된 2큐비트를 사용하여 4개 레벨의 절단 단순 조화진동자(truncated simple harmonic oscillator)[15]를 시뮬레이션했다. 여기서 2개의 양성자는 황 원자(sulphur atom)와 다른 거리에 있으며, 따라서 구별 가능한 주파수를 갖는다. (d) 트리플루오로브로모에틸렌: 3개의 큐비트, 3개의 불소로 구성된 3큐비트를 사용하여 논리 레이블링 및 $(|000\rangle + |111\rangle)/\sqrt{2}$ 중첩상태 생성을 시연했다. (e) 트리클로로에틸렌: 양성자와 2개의 탄소로 구성된 3큐비트를 사용하여 텔레포테이션을 시연했는데, 이때 양성자의 상태는 오른쪽 탄소로 텔레포테이션됐다. (f) 포름산나트륨: 양성자와 탄소로 구성된 2큐비트를 사용하여 2큐비트 양자 오류정정 검출 코드를 시연했다. 이 분자에서 나트륨 라디칼(radical)[16]은 주위 온도를 변화시켜 용매와의 교환 비율을 수정함으로써 두 큐비트의 T_2 시간을 거의 동일하게 조정하는 데 사용된다.

---

15 무한 포텐셜 장벽을 갖는 단순 조화진동자. 예를 들면 다음 조건을 만족시키는 단순 조화진동자다. − 옮긴이

$$f(x) = \begin{cases} -kx & (-d \le x \le d) \\ 0 & (x < -d \text{ 또는 } x > d) \end{cases}$$

16 화학 변화가 일어날 때 분해되지 않고 다른 분자로 이동하는 원자의 무리 − 옮긴이

NMR 양자 컴퓨터

- 큐비트 표현: 원자핵의 스핀
- 유니타리 진화: 강한 자기장 속에서 스핀에 자기장 펄스를 걸어 임의의 변환을 만든다. 이웃한 원자들 간의 화학결합chemical bond으로 인해 스핀 간에 결합된다.
- 초기상태 준비: 강한 자기장 속에 스핀을 넣어 분극화시킨 후 '유효순수상태' 준비 기술을 사용한다.
- 판독 값: 세차운동 자기 모멘트에 의해 유도된 전압 신호를 측정한다.
- 단점: 초기 분극화가 충분히 높지 않으면, 유효순수상태 준비 체계에 의해 큐비트 수에 따라 지수적으로 신호가 줄어든다.

7.8 그 외의 구현 체계

지금까지 양자 컴퓨터의 구현을 위해 사람들이 고려했던 많은 아이디어들 중에서 일부만을 설명했다. 어떤 방식을 선택하든 공통적으로 적용되는 기본 요건과 과제가 있다. 양자정보의 강력한 표현, 유니타리 변환의 적용, 기준 입력 상태의 준비, 출력 측정 등이 그것이다.

단순 조화진동자 예제는 디지털 표현이 얼마나 중요한지를 강조한다. 양자정보의 각 단위(큐비트, 큐트리트, 큐디트 등)는 물리적으로 분리된 자유도 속에 있어야 한다. 그렇지 않으면 일부 자원(에너지 등)이 비효율적으로 사용된다. 또한 이 예제를 통해 이후로 큐비트 표현을 학습하기 위한 수학적 기초도 얻을 수 있다. 단일 광자는 거의 이상적인 큐비트이지만, 이들 광자끼리 상호작용시키는 데 필요한 비선형광학 재료는 결맞음 손실을 일으키지 않고서는 실현하기가 어렵다. 공진기 QED 기술로 단일 원자를 사용하여 광자들을 상호작용시키면 이 문제를 처리할 수 있지만, 더 중요한 것은 2준위 원자의 개념과 큐비트 표현을 보호하는 아이디어를 도입하는 것이다. 이때 이 아이디어에서는 쌍극자 선택과 같은 물리적 대칭에 의해 부과되는 선택 규칙을 사용한다.

이 아이디어를 자연스럽게 확장하면 본질적으로 두 상태만 갖는 스핀-1/2 입자를 사용하여 큐비트를 표현할 수 있다. 이것은 전자와 핵스핀에 큐비트를 저장하는 포획 이온을 가지고 취하는 방법이다. 하지만 이 방법의 어려움은 스핀 간의 상호작용을 중재하는 데 사용되는, 질량 중심에 대해 진동하는 것(포논)들이 짧은 결맞음 시간을 갖는다는 것이다. 핵스핀이 화학결합에 의해 강하게 결합될 수 있는 분자는 이러한 어려움을 해결할 수 있지만, 단일 분자로부터의 스핀 공명 신호는 너무 작아서 현재 기술로는 검출할 수 없다. NMR 양자 컴퓨팅은 $O(10^{18})$ 분자의 벌크 앙상블로 '유효순수상태'를 만들어 실험실에서 간단한 양자 알고리듬을 보여줌으로써 이를 해결한다. 그러나 초기에 분극시키지 않으면 이러한 해결 능력은 신호 세기의 대가를 치러야 하는데, 신호 세기는 큐비트 수에 따라 지수적으로 감소한다.

이들 예제에서 알 수 있듯이 양자 컴퓨터를 물리적으로 좋게 실현시키는 일은 까다로우며 균형을 잡기가 어렵다. 위의 체계 모두는 만족스럽지 못한데, 그 이유는 어떤 체계로도 가까운 미래에 대규모 양자 컴퓨터를 실현할 수 없기 때문이다. 하지만 가능성이 없는 것도 아니며, 실제로 그 외의 구현 체계가 많이 제안됐고 그중 일부는 여기 마지막 절에서 간략하게 다룰 것이다.

실현 방식을 분류하는 좋은 방법은 큐비트를 나타내는 데 사용되는 물리적 자유도 측면에서 바라보는 것이다. 그림 7.1을 상기해보자. 양자 단위로 나오는 것은 무엇이든 큐비트가 될 수 있지만, 우리가 알아본 바와 같이 특히 광자와 스핀 등의 근본적인 물리적 양자들을 선택하는 것이 좋다.

큐비트 표현의 역할을 할 수 있는 또 다른 기본 양자 단위는 전하^{charge}다. 최신 전자장치는 단일 전자 수준에서도 전하를 생성, 제어, 측정할 수 있는 뛰어난 기술을 갖추었다. 예를 들어 반도체 재료, 금속, 심지어 작은 분자로 만든 양자점^{quantum dot}은 3차원 상자의 역할을 할 수 있는데, 이 상자는 전하 양자들^{charge quanta}을 제한하는 정전기 포텐셜을 갖는다. 이는 쿨롱 봉쇄^{Coulomb blockade} 효과의 관측으로 입증됐다. 이 효과에서 커패시턴스 C의 점들을 통한 전기전도도^{electrical conductance}는 그 점들을 가로지르는 바이어스 전압의 함수로서 이산 단계^{discrete step}로 증가하는 것으로 밝혀졌으며, 전자를 추가할 때마다 $e^2/2C$ 에너지가 필요하다는 점을 반영한다. 광자와는 달리 (순)전하^{(net) charge}는 소멸될 수 없다. 즉, 전하는 주위로 이동할 수만 있기 때문에 충전 상태 큐비트는 7.4.2절의 듀얼레일 표현과 같은 것을 사용해야 한다. 따라서 $|0\rangle$와 $|1\rangle$ 상태는 두 점 중 하나 또는 단일 점 내의 두 상태 중 하나에 해당한다.

단일 광자와 마찬가지로, 전하 상태 큐비트에 대한 단일 큐비트 연산은 정전기 게이트(광학 위상이동기 유사품)와 거기에 더해 전자 이동을 위한 단일 모드 도파관 결합기(광분할기 유사품), 또는 양자점에 대한 터널 접합을 사용하여 수행할 수 있다. 전하는 다른 전하와의 장거리 쿨롱 상호작용$^{\text{Coulomb interaction}}$을 겪으므로(거리 r에서 단일 전하에 의해 생성된 전위는 $V(r) = e/4\pi\epsilon r$임) 멀리 떨어진 전하는 광자 사이의 커 상호작용과 아주 흡사하게 국소 전하의 위상을 변조시킬 수 있다. 따라서 제어형 쿨롱 상호작용을 사용하여 2큐비트 연산들을 수행할 수 있다. 마지막으로 단일 전하는 측정하기가 쉽다. 즉, 최근의 전계효과 트랜지스터$^{\text{field effect transistor}}$는 채널에서 단일 전하들의 이동을 쉽게 검출할 수 있으며, ≈ 100밀리켈빈^{millikelvin} 온도에서 작동하는 단일 전자 트랜지스터는 200 MHz 이상의 주파수에서 10^{-4} $e/\sqrt{\text{Hz}}$ 이상의 전하를 검출할 수 있다. 안타까운 일이지만 제어되지 않는 원거리의 전하 운동은 탈위상^{dephasing}으로 이어진다. 즉, 이것과 그 외의 산란 메커니즘 (포논 상호작용으로 인한 것 등) 때문에 약 수백 펨토초^{femtosecond}[17]에서 수백 피코초^{picosecond}[18] 까지 충전 상태에 대한 간섭 시간이 비교적 짧아진다.

초전도체의 전하 운반체$^{\text{Charge carrier}}$도 큐비트 표현으로 제안됐다. 저온에서 특정 금속의 두 전자는 포논 상호작용을 통해 서로 결합하여 전하 $2e$를 갖는 쿠퍼 쌍$^{\text{Cooper pair}}$을 형성할 수 있다. 그리고 전자를 양자점 내부로 제한할 수 있듯이 쿠퍼 쌍을 정전기 상자 내부로 제한할 수 있다. 따라서 그 상자 내에 있는 쿠퍼 쌍의 수는 좋은 양자 수가 되고 양자정보를 나타내는 데 사용할 수 있다. 단일 큐비트 연산은 정전기 게이트를 사용하여 상자 전위를 변조하고 결합된 상자들 간의 조셉슨 접합$^{\text{Josephson junction}}$을 통해 실현될 수 있다. 이 접합은 큐비트를 결합하는 데에도 사용할 수 있으며 초전도 간섭 루프$^{\text{superconducting interferometric loop}}$에 적절히 결합함으로써 외부 자기장을 사용하여 세기를 변조시킬 수 있다. 마지막으로 전하를 측정함으로 간단하게 큐비트를 측정할 수 있다. 쿠퍼 쌍의 상대적 견고성 때문에 이 초전도체 큐비트 표현은 흥미롭다. 즉, 주요 결잃음 메커니즘은 전자기 광자의 자발적 방출로 추정되며, 이는 수백 피코초의 전형적인 동적 시간 척도에 비해 1마이크로초를 초과하는 결맞음 시간을 허용할 수 있다. 아쉽게도 전하 표현과 마찬가지로 무관한 전하(준입자^{quasiparticle})의 변동 배경은 큐비트 결맞음에 아주 해롭다. 초전도체 기술을 사용하여 이 문제를 해결하는 한 가지 방법은 자속$^{\text{magnetic flux}}$ 큐비트 표현을 대신 선택하는 것인데, 이때 큐비트 상태는 초전도 루프 장치를 통해 국한된 플럭스의 왼손 방향과 오른손 방향에 대응한다. 여기서 결잃음은 배경 자기 요동$^{\text{background magnetic fluctuation}}$에 의해 발생하며, 이는 정전기 경우보다 훨씬 더 드물 것으로 예상된다.

---

17   100조 분의 1초 – 옮긴이
18   1조 분의 1초 – 옮긴이

자기 상호작용^{magnetic interaction}의 국소성은 큐비트 표현을 위한 좋은 특징이 되고, 따라서 스핀 체계가 제안되어 고체 기술^{solid state technology}을 활용했다. 상당히 큰 양자점, 심지어 많은 전자를 포함하는 것조차도 스핀-1/2 물체로 거동할 수 있으며, 여기서 스핀은 하나의 초과 전자에 의해 운반된다. 이 스핀 상태는 스핀 플립 에너지 ΔE가 $k_B T$보다 훨씬 더 크도록 저온의 강한 자기장 속에서 평형화해서^{equilibrate} 준비할 수 있다. 7.7절에서 살펴보았듯이 단일 스핀 조작은 펄스 국소 자기장^{pulsed local magnetic field}을 적용하여 수행할 수 있으며 결합된 큐비트 연산은 제어형 하이젠베르크 결합^{controlled Heisenberg coupling}으로 구현할 수 있다. 즉,

$$H(t) = J(t)\vec{S}_1 \cdot \vec{S}_2 = \frac{1}{4}\left[X_1 X_2 + Y_1 Y_2 + Z_1 Z_2\right] \tag{7.174}$$

가 된다. 여기서 $\vec{S}$는 스핀 연산자(파울리 연산자를 2로 나눈 것)이고 $J(t) = 4\tau_0^2(t)/u$이며, u는 그 양자점의 충전 에너지이고 $\tau_0(t)$는 점들 사이에 놓인 국소 정전기 게이트에 의해 제어된 터널링 행렬 성분이다. 이 상호작용은 제어형 NOT 게이트와 동등하다는 점에서 보편적이다(아래의 확인문제 참조). 이론적으로 스핀 상태는 스핀 운반 전자가 판독 상자성^{paramagnetic}(常磁性) 양자점^{dot}으로 터널링하거나 '스핀 밸브'를 통해 판독 전위계로 스핀 의존적 터널링함으로써 측정될 수 있다. 문제는 실제로 그러한 측정을 실현하는 것이다. 즉, 반도체에서 높은 충실도의 단일 스핀 측정은 현재 기술로는 달성되지 않았다.

확인문제 7.52: (하이젠베르크 해밀토니안의 보편성) (7.174)의 하이젠베르크 결합 해밀토니안으로 적절한 시간 동안 $J(t)$를 일으킴으로써 스왑 연산 U를 구현하여 $U = \exp(-i\pi\vec{S}_1 \cdot \vec{S}_2)$를 구할 수 있음을 보여라. 이번에 절반 동안 그 상호작용을 일으켜 얻은 '$\sqrt{\text{SWAP}}$' 게이트는 보편적이다. 즉, 이 변환을 계산하고, 이를 단일 큐비트 연산으로 구성함으로써 제어형 NOT 게이트를 어떻게 얻는지를 보여라.

결국 충분히 진보된 기술로 반도체에서 단일 핵스핀을 배치, 제어, 측정하는 것이 가능하며, 다음과 같은 비전이 가능하다. ²⁸Si(핵스핀 0)의 결정 웨이퍼 내에 단일인 원자^{phosphorus atom}(핵스핀-1/2)를 정확하게 놓고, 리소그래피^{lithography} 패턴의 정전기 게이트 아래에 위치시킨다고 상상해보자. 이들 게이트는 ³¹P 불순물^{dopant}로 둘러싼 전자 구름의 조작을 허용하여 ³¹P 핵에 의해 보여지는 자기장의 변조를 통해 단일 큐비트 연산을 수행한다. ³¹P 불순물을 분리하는 영역 위에 게이트를 추가해서 화학적 결합과 매우 유사하게

인접한 ^{31}P를 연결하는 전자 분포를 인위적으로 생성하여 2큐비트 연산이 수행될 수 있게 한다. 이러한 체계의 구성 제약은 매우 까다롭지만(이를테면 게이트들은 100Å 이하로 분리해야 하며, ^{31}P 불순물은 정확하고 정렬된 배열로 등록해야 한다) 적어도 이러한 비전은 좀 더 일반적인 컴퓨팅 기술과 양자 컴퓨팅을 결합할 수 있는 가능성을 분명히 보여준다.

양자 컴퓨터를 실현하기 위해 설명했던 체계 중 기술자들의 관심을 가장 많이 끌었던 것은 고체 기술에 기반을 둔 것이다. 물론 원자, 분자, 광학 양자 컴퓨팅 체계는 광학 격자(광선에 의해 구속된 원자로 만든 인공 결정) 및 해당 분야의 최전선에 있는 보스 응축$^{Bose\ condensate}$과 같은 시스템을 사용하여 계속 제안되고 있다. 언젠가는 중간자^{meson}, 쿼크^{quark}, 글루온^{gluon}, 심지어 블랙홀을 이용한 양자 컴퓨팅 제안을 마주할지도 모른다. 그러나 몇 가지 종류의 고체 양자 컴퓨터를 기대하게 하는 동기 유발은 엄청나다. 세계는 1940년대 후반 트랜지스터가 발명된 이래 실리콘 기술에 1조 달러 이상을 투자한 것으로 추정된다. 응축 물질계는 초전도성, 양자 홀 효과, 쿨롱 봉쇄(고전 물리학의 모든 것이 파악됐다고 여긴지 한참만에 발견한 고전 효과!)와 같은 새로운 물리학에서도 많이 다루고 있었다.

7장은 주로 양자 컴퓨팅 머신의 구현에 중점을 두었지만 제시한 기본 구성요소는 그 외의 많은 양자 응용에도 유용하다. 양자 암호학과 이 기법의 실험 구현은 12.6절에 설명해놓았다. 양자 텔레포테이션 및 초고밀도 코딩에 관한 실험 작업에 대한 정보는 7장의 끝 부분에 있는 '역사와 추가자료'에 나와 있다. 양자통신과 계산 간의 일반적인 인터페이스는 분산형 양자계산$^{distributed\ quantum\ computation}$과 같은 문제를 포함한다. 즉, 새로운 알고리듬의 개발과 그러한 계의 실험 구현은 앞으로도 계속해서 풍부한 연구 분야가 될 것이다.

양자 컴퓨팅과 양자 통신 시스템의 커다란 매력은 새로운 정보 기술로서 은연중에 경제적 파급 효과를 가져온다는 것이다. 그러나 7장에서 살펴본 바와 같이 양자계산 및 양자정보는 물리계에 대한 새로운 의문도 불러일으키고 그 성질을 이해하는 다양한 방법을 제공한다. 이러한 새로운 아이디어는 원자계에서부터 응축 물질계에 이르기까지 물리계에 대한 전통적인 다체$^{many-body}$, 통계, 열역학 연구로부터 벗어나야 할 필요성을 구체적으로 보여준다. 결국 이들 아이디어로 인해 단일 양자 수준에서 물리계의 역학적 특성에 초점을 맞출 수 있는 새로운 기회를 갖게 된다. 바라건대 이러한 접근법이 훌륭하다는 점을 맛보았으니 7장이 물리학을 꾸준히 '알고리듬 방식으로 생각하는' 계기가 됐으면 좋겠다.

문제 7.1: (효율적인 임시 레이블링) $|0^n\rangle\langle 0^n|$ 항을 제외하고 $2^n \times 2^n$ 대각 밀도행렬에서 모든 대각 성분을 주기적으로 치환하는 효율적인 회로($O(\text{poly}(n))$개의 게이트만 필요한 회로)를 만들 수 있는가?

문제 7.2: (선형광학을 사용한 컴퓨팅) 단일 광자로 양자계산을 수행할 때, 7.4.1절의 듀얼 레일 표현 대신에 상태의 단항 표현^{unary representation}를 사용한다고 하자. 즉, $|00\ldots01\rangle$ 은 0, $|00\ldots010\rangle$은 1, $|00\ldots0100\rangle$는 2로 나아가 마지막에 $|10\ldots0\rangle$는 $2^n - 1$이 된다.

1. 이러한 상태에 대한 임의의 유니타리 변환은 광분할기와 위상이동기만 가지고 (비선형 매질은 없음) 완벽하게 만들 수 있음을 보여라.

2. 광분할기와 위상이동기를 가지고 1큐비트 도이치-조사 알고리듬을 수행하기 위한 회로를 만들어라.

3. 광분할기와 위상이동기를 가지고 2큐비트 양자탐색 알고리듬을 수행하기 위한 회로를 만들어라.

4. 임의의 유니타리 변환을 실현하려면 일반적으로 (n에 대한) 지수만큼의 구성요소가 필요하다는 것을 증명하라.

문제 7.3: (제인스-커밍스 상호작용을 통한 제어) 작은 양자계의 (외부의 고전적인 자유도를 통한) 강력하고 정확한 제어는 양자계산을 수행하는 능력에 중요하다. 원자 상태의 중첩을 크게 걸어긋나게 하지 않으면서 광학 펄스를 적용하여 원자 상태를 제어할 수 있는 점은 아주 놀랍다! 이 문제에서는 이 경우에 어떤 근사화가 필요한지 알아본다. 전자기장의 단일 모드에 결합된 단일 원자에 대한 제인스-커밍스 해밀토니안

$$H = a^\dagger \sigma_- + a\sigma_+ \tag{7.175}$$

으로 시작하자. 여기서 $\sigma_\pm$는 원자에 작용하고 a, $a^\dagger$는 전자기장에 작용한다.

1. $U = e^{i\theta H}$일 때,

$$A_n = \langle n|U|\alpha\rangle \tag{7.176}$$

를 계산하라. 여기서 $|\alpha\rangle$와 $|n\rangle$는 각각 전자기장의 결맞음 상태와 고유상태 수이다. 즉, A_n은 원자 상태에 대한 연산자이므로

$$A_n = e^{-|\alpha|^2}\frac{|\alpha|^2}{n!}\begin{bmatrix} \cos(\theta\sqrt{n}) & \frac{i\sqrt{n}}{\alpha}\sin(\theta\sqrt{n}) \\ \frac{i\alpha}{\sqrt{n+1}}\sin(\theta\sqrt{n+1}) & \cos(\theta\sqrt{n+1}) \end{bmatrix} \tag{7.177}$$

가 나와야 한다. 확인문제 7.17의 결과가 도움이 될 수 있다.

2. α를 크게 근사화시키는 것이 유용하다(일반성을 잃지 않으면서 α를 실수로 선택해도 된다). 확률 분포

$$p_n = e^{-x}\frac{x^n}{n!} \tag{7.178}$$

를 고려하자. 이것의 평균은 $\langle n \rangle = x$이고 표준편차는 $\sqrt{\langle n^2 \rangle - \langle n^2 \rangle} = \sqrt{x}$이다. 이 제 변수를 $n = x - L\sqrt{x}$로 변경하고 스털링 근사$^{\text{Stirling's approximation}}$

$$n! \approx \sqrt{2\pi n}\, n^n e^{-n} \tag{7.179}$$

를 사용하여

$$p_L \approx \frac{e^{-L^2/2}}{\sqrt{2\pi}} \tag{7.180}$$

가 되는 것을 보여라.

3. 가장 중요한 항은 $n = |\alpha|^2$일 때의 A_n이다. $n = \alpha^2 + L\alpha$로 정의하고

$$a = y\sqrt{\frac{1}{y^2} + \frac{L}{y}} \quad \text{그리고} \quad b = y\sqrt{\frac{1}{y^2} + \frac{L}{y} + 1} \tag{7.181}$$

를 고려하자. 여기서 $y = 1/\alpha$이다. $\theta = \varphi/\alpha$를 사용하여

$$A_L \approx \frac{e^{-L^2/4}}{(2\pi)^{1/4}} \begin{bmatrix} \cos a\varphi & ia\sin a\varphi \\ (i/b)\sin b\varphi & \cos b\varphi \end{bmatrix} \tag{7.182}$$

가 되는 것을 보여라. 또한 예상한 바와 같이

$$\int_{-\infty}^{\infty} A_L^\dagger A_L\, dL = I \tag{7.183}$$

가 되는 것도 증명하라.

4. 이 원자에 발생하는 이상적인 유니타리 변환은

$$U = \begin{bmatrix} \cos\alpha\theta & i\sin\alpha\theta \\ i\sin\alpha\theta & \cos\alpha\theta \end{bmatrix} \tag{7.184}$$

이다. A_L은 U에 얼마나 근접한가? y에 대한 테일러 급수로 충실도

$$\mathcal{F} = \min_{|\psi\rangle} \int_{-\infty}^{\infty} |\langle\psi|U^\dagger A_L|\psi\rangle|^2\, dL \tag{7.185}$$

를 구할 수 있는지 확인하라.

문제 7.4: (2준위 원자를 갖는 이온트랩 로직) 7.6.3절에서 설명한 제어형 NOT 게이트는 단순하게 하기 위해 3준위 원자를 사용했다. 세 번째 준위가 없으면 좀 복잡해지겠지만 그래도 가능하며 이 문제를 통해 알 수 있다.

$\Upsilon_{\hat{n}}^{\mathrm{blue},j}(\theta)$는 $\theta\sqrt{N}/\eta\Omega$시간 동안 j번째 입자의 파란색 사이드밴드 주파수 $\omega = \Omega + \omega_z$로 빛을 펄스화시켜 달성하는 연산을 나타내며, 빨간색 사이드밴드에 대해서도 이와 비슷하게 나타낸다. $\hat{n}$는 $\hat{x} - \hat{y}$ 평면에서의 회전축을 나타내며, 입사광의 위상을 설정하여 제어한다. 어떤 이온이 처리되고 있는지 명확하면 위첨자 j는 생략할 수 있다. 특히,

$$\Upsilon_{\hat{n}}^{\mathrm{blue}}(\theta) = \exp\left[\left(e^{i\varphi}|00\rangle\langle 11| + e^{-i\varphi}|11\rangle\langle 00|\right.\right.$$
$$\left.\left. + e^{i\varphi}\sqrt{2}|01\rangle\langle 12| + e^{-i\varphi}\sqrt{2}|12\rangle\langle 01| + \cdots\right)\frac{i\theta}{2}\right] \quad (7.186)$$

가 되는데, 여기서 $\hat{n} = \hat{x}\cos\varphi + \hat{y}\sin\varphi$이고, 켓^{ket}의 두 레이블은 왼쪽에서 오른쪽으로 각각 내부상태와 운동상태를 나타낸다. $\sqrt{2}$ 계수는 보손 상태에 대해 $a^\dagger|n\rangle = \sqrt{n+1}|n+1\rangle$이라는 사실에서 비롯된다.

1. $S^j = \Upsilon_{\hat{y}}^{\mathrm{red},j}(\pi)$는 운동상태가 초기에 $|0\rangle$일 때 j 이온의 내부상태와 운동상태 간에 스왑을 수행함을 보여라.

2. $|00\rangle$, $|01\rangle$, $|10\rangle$, $|11\rangle$에 의해 생성된 계산 부분공간 속에서 아무 상태에 작용하는 $\Upsilon_{\hat{n}}^{\mathrm{blue}}(\theta)$가 그 부분공간 속에서 상태를 변함없이 놓아두는 θ값을 구하라. 이 값은 어떠한 축 $\hat{n}$에 대해서도 잘 적용된다.

3. $\Upsilon_{\hat{n}}^{\mathrm{blue}}(\varphi)$가 계산 부분공간 내에 머무르면 $U = \Upsilon_{\alpha}^{\mathrm{blue}}(-\beta)\Upsilon_{\hat{n}}^{\mathrm{blue}}(\theta)\Upsilon_{\alpha}^{\mathrm{blue}}(\beta)$도 어떠한 β각과 α축에 대해서도 계산 부분공간 내에 머문다는 것을 보여라.

4. U가 대각이 되는 α와 β의 값을 구하라. 특히 연산자

$$\begin{bmatrix} e^{-i\pi/\sqrt{2}} & 0 & 0 & 0 \\ 0 & -1 & 0 & 0 \\ 0 & 0 & 1 & 0 \\ 0 & 0 & 0 & e^{i\pi/\sqrt{2}} \end{bmatrix} \quad (7.187)$$

를 구하는 것이 유용하다.

5. (7.187)과 단일 큐비트 연산으로부터 두 이온의 내부상태 사이에 제어형 NOT 게이트를 만들 수 있다는 점에서 (7.187)이 비자명한 게이트를 기술한다는 것을 보여라. 운동상태가 초기에 $|0\rangle$이 될 필요 없이 CNOT를 수행하기 위한 복합 펄스 시퀀스composite pulse sequence를 생각해낼 수 있는가?

7장 요약: 양자 컴퓨터: 물리적 실현

- 양자계산을 구현하기 위해서는 다음과 같은 기본 요건 네 가지가 있다: (1) 큐비트 표현 (2) 제어 가능한 유니타리 진화 (3) 초기 큐비트 상태의 준비 (4) 최종 큐비트 상태의 측정

- 단일 광자는 $|01\rangle$과 $|10\rangle$을 논리 0과 1로 사용하는 좋은 큐비트 역할을 하지만, 단일 광자들을 상호작용시키기에 충분히 강한 전통적 비선형광학 재료는 불가피하게 광자를 흡수하거나 산란시킨다.

- 공진기 QED는 단일 원자를 단일 광자와 강하게 상호작용시킬 수 있는 기술이다. 이 기술은 단일 광자 간의 상호작용을 매개하기 위해 원자를 사용하는 메커니즘을 제공한다.

- 포획한 이온에 레이저 펄스를 적용하면 전자 및 핵스핀 상태를 제어할 정도로 냉각시킬 수 있다. 질량 중심 포논center-of-mass phonon을 통해 스핀 상태들을 결합시키면 서로 다른 이온들 간에 논리 게이트를 수행할 수 있다.

- 핵스핀은 거의 이상적인 큐비트이며, 단일 분자의 스핀 상태만 제어하고 측정할 수 있다면 단일 분자는 거의 이상적인 양자 컴퓨터가 될 것이다. 실온에서 대규모 분자 앙상블을 사용하면 핵자기공명을 통해 이러한 일이 가능하지만, 비효율적인 준비 절차로 인해 신호 손실이라는 대가를 치른다.

역사와 추가자료

양자 컴퓨터를 만드는 것이 어려운 이유에 관한 훌륭한 논의는 그림 7.1의 바탕이 된 디빈센조의 기고문[DiV95a]을 참조한다. 디빈센조는 양자 컴퓨터를 구현하기 위한 5가지 기준도 제시하는데, 이는 7.2절에서 논의한 것과 비슷하다.

7.3절의 양자 단순 조화진동자는 양자역학의 필수 요소이며 [Sak95]와 같은 표준 교재에서 다루어진다. 7.3.3절에 나온 양자계산을 위한 일반적 필요충분조건은 로이드[Llo94]

에 의해 논의됐다.

7.4절의 광학 양자 컴퓨터는 주요 이론 도구로서 양자광학의 형식체계를 사용하는데, 이러한 형식체계는 많은 교재에 설명돼 있다. 이들 중 2개의 훌륭한 교재는 [Lou73, Gar91]이다. 편광기, 광분할기, 광검출기 등과 같은 기본 광학 및 광학 기술에 대한 자세한 내용은 [ST91] 교재를 참조한다. 단일 광자 영역에서의 광분할기에 대해서는 캄포스, 살레, 타이히[CST89]가 연구했으며, 이러한 맥락과 관련하여 $SU(2)$와 커플링된 두 조화진동자 간의 우아한 연결에 대해서는 슈윙거Schwinger[Sak95]가 처음으로 기술했다. 큐비트에 대한 '듀얼레일' 표현 개념은 유르케Yurke가 제안했으며 추앙과 야마모토[CY95]는 이 개념을 사용하여 도이치-조사 알고리듬을 수행하는 완전한 양자 컴퓨터(비선형 커 매질 사용)를 기술했다(확인문제 7.13 참조). 양자광학 프레드킨 게이트에 대해서는 야마모토, 키타가와, 이게타[YKI88] 그리고 밀번[Mil89a]이 최초로 기술했다. 광학 양자 컴퓨터에 필요한 단일 광자 생성 및 검출 기술에 대해서는 이마모글루와 야마모토[IY94] 그리고 퀴어트, 스테인버그, 챠오, 에버하르트, 페트로프[KSC+94]가 논의했다. 커 상호작용 대신에 전자광학 및 쿨롱 상호작용을 이용한 유사 메커니즘에 대해서는 키타가와와 우에다[KU91]가 논의했다. 와타나베와 야마모토[WY90]는 단일 양자 수준에서 전통적인 이탈공명off-resonance 비선형광학 물질의 근본적 한계를 연구했다. 세르, 아다미, 퀴어트[CAK98]는 (지수적으로 많은) 선형광학 구성요소를 사용하여 양자논리에 대한 시뮬레이션을 연구했다. 렉, 차일링거, 번스타인, 베르타니[RZBB94]의 영향력 있는 초기 논문은 유사한 구성을 기술했지만 양자계산에 명확히 연결시키지 않았다. 퀴어트, 미첼, 슈빈트, 화이트[KMSW99]는 선형광학을 사용하는 그로버의 양자탐색 알고리듬에 대한 광학 시뮬레이션을 만들었지만 규모를 늘리면 지수적으로 자원을 소비하는 것으로 나타났다. 각 거리에 따른 광통신 에너지에 대한 논의는 밀러[Mil89b]를 참조한다.

알렌과 에벌린[AE75]은 2준위 원자와 광학공명에 관한 아름다운 논문을 집필했다. 7.5.4절에서 설명한 실험은 1995년 칼텍의 투르체트, 후드, 랑게, 마부치, 킴블[THL+95]이 수행했다. 자세한 설명은 투르체트의 박사 학위 논문[Tur97]에도 나와 있다. 이 실험에서 사용한 단일 광자는 '비행 큐비트flying qubits'라 불렀다. 원자 상태를 큐비트로 사용하고 원자가 광학 공진기를 통해 이동하는 다른 접근법은 도모코스, 레이몬드, 브룅, 아로슈[DRBH95]가 제안했다. 이 접근법은 단일 원자를 사용하여 결맞음 상태를 공진기로 전환시키는 아이디어에 바탕을 두는데 다비도비치, 말리, 브룅, 레이몬드, 아로슈[DRBH87, DMB+93]가 기술했다.

이온트랩 양자계산에 대한 아이디어는 시랙과 졸러[CZ95]가 제안했다. 7.6.1절에서 이 아이디어에 대한 논의는 스티니의 논문[Ste97]과 와인랜드, 몬로, 이타노, 라이프프리드, 킹, 미코프의 논문[WMI+98]으로부터 크게 도움을 받았다. 언쇼 정리는 라플라스 방정식으로부터 유도했으며 언쇼의 원본 논문[Ear42]이나 라모, 위너리, 반 두저[RWvD84]와 같은 최신 전자기 교재에 나와 있다. 그림 7.8은 [Ste97]의 그림 6을 참고해서 그렸다. 그림 7.7은 [WMI+98]을 참고해서 그렸다. 7.6.4절에서 기술한 실험은 미국 콜로라도 주, 볼더 시에 있는 국립 표준 기술 연구소의 몬로, 미코프, 킹, 이타노, 와인랜드[MMK+95]가 수행했다. 그림 7.15는 와인랜드[WMI+98]의 승인을 받고 실은 것이다. 브루어, 데보, 칼렌바흐는 확장 가능한 양자 컴퓨터로서 평면 이온 마이크로 트랩[BDK92]의 커다란 배열을 사용하는 것을 구상했다. 즉, 이것은 그림 7.12에 나타낸 트랩이다. 제임스는 이온트랩[Jam98]에서 열 이론과 기타 결잃음 메커니즘에 대해 광범위하게 연구했다. 이온트랩 양자계산에 대한 결잃음의 영향에 대해서도 플레니오와 나이트가 심도 있게 연구했는데, 2준위 근사화의 실패와 같은 영향도 고려했다[PK96].

디빈센조는 양자계산에 핵스핀 사용을 처음으로 제안했으며[DiV95b], 잘 알려지고 아주 오래된 ENDOR[Electron Nucleon DOuble Resonance](전자 핵 이중 공명) 펄스 시퀀스가 본질적으로 제어형 NOT 게이트의 예라고 언급했다. 하지만 양자계산에 대해 실온에서 핵의 앙상블을 어떻게 사용할지에 대한 문제는 코리, 파흐미, 하벨[CFH97] 그리고 거센펠트와 추앙[GC97]이 유효순수상태를 준비할 수 있다는 것을 알아내고서야 해결됐다. 또한 양자 알고리듬을 수정하여 앙상블 판독을 허용하게 하는 것도 알아내야 했다. 이 문제에 대한 해결책은 [GC97]에 나와 있으며 7.7.3절에서 다루었다. 에른스트, 보든하우즌, 보카운[EBW87] 그리고 슬리처[Sli96]는 NMR에 관한 훌륭한 교재들을 집필했다. 워렌은 NMR 양자계산에 대한 비판 논문을 발표했다[War97]. 흥미롭게도 그는 같은 논문에서 전자스핀 공명[ESR]을 사용한 양자계산을 옹호했다. 시간 레이블링은 닐, 추앙, 라플램[KCL98]이 제안했다. 7.7.4절의 NMR 논리 게이트와 벨 상태 준비 회로는 추앙, 거센펠트, 쿠비넥, 레웅[CGKL98]이 논의했다. 7.7.4절의 그로버 알고리듬은 추앙, 거센펠트, 쿠비넥[CGK98]이 실현했다. 그림 7.20의 출처가 바로 이 논문이다. 린든, 쿰체, 프리먼은 스왑 게이트가 NMR에 대한 양자 컴퓨팅에 유용하게 쓰일 수 있으며 펄스 시퀀스를 제공한다는 점에 주목했다[LKF99]. 논리 레이블링을 보여주는 그림 7.18의 세 가지 스핀 데이터는 반델시펜, 얀노니, 셔우드, 추앙의 논문[VYSC99]에 나온 것이다. 야마구치와 야마모토[YY99]는 NMR 아이디어를 창의적으로 확장하여 결정 격자를 사용했다. 그림 7.21에 나타낸 분자들은 (a) 추앙, 반델시펜, 저우, 레웅, 로이드[CVZ+98] (b) 코리, 마스, 프라이스, 닐, 라플램, 쥬렉, 하벨[CMP+98] (c) 소마루, 챙, 하벨, 라플램, 코리[STH+99] (d) 반델시펜, 얀노니, 셔우드[VYSC99] (e) 닐슨, 닐, 라플램[NKL98] (f) 레웅, 반델시펜, 저우, 셔우드, 얀노니, 쿠비넥, 추앙[LVZ+99]의 연구로 나온 것이다. 존스, 모스카, 한센[JM98, JMH98]도 소분자small molecule에 대해 다양한 양자 알고리듬을 실현했다. 엔트로피 한계를 달성하는 최적의 레이블링 체계는 슐만과 바지라니[SV99]가 고안했다.

양자정보 처리에 대한 NMR 접근법은 다양한 비판을 받았다. 아마도 가장 포괄적인 논의는 샤크와 케이브스[SC99]가 했을 것이다. 이는 브라운슈타인, 케이브스, 조사, 린든, 포페스쿠, 샤크[BCJ+99]의 초기 작업에 바탕을 두었다. 이에 대해 주요 기술적 결론에 도달한 것은 비달과 타라크[Vid99]이었고 취즈코프스키, 호로데키, 산페라, 레벤슈타인[ZHSL99]도 마찬가지 결론을 얻었다. 또한 린든과 포페스쿠[LP99]의 논의도 참고하기를 바란다.

양자 컴퓨터 구현에 대한 제안이 너무 많아 여기서 모두 언급할 수 없으므로 몇 개만 제시했다. 내용 중의 참조 표시를 따라가보면 더 많은 자료를 보게 될 것이다. 로이드[Llo93]는 폴리머 시스템 등의 양자 컴퓨터 구현을 많이 구상했다. 나카무라, 파시킨, 차이[NPT99]는 단일 쿠퍼 쌍 큐비트의 제어와 라비 진동의 관측을 시연했다. 무이, 올랜도, 레비토프, 티앙, 반 데르 발, 로이드[MOL+99]는 초전도 플럭스 표현을 사용하여 큐비트의 표현을 연구했다. 플래츠먼과 딕먼[PD99]은 액체 헬륨의 표면에 속박된 전자를 큐비트로 사용하는 것을 창의적으로 제안했다. 7.8절에서 스핀 기반 양자점 큐비트 구현에 대한 서술은 로스와 디빈센조[LD98]가 제안했다. 확인문제 7.52는 그들에게서 나왔다. 양자점의 결맞음 시간에 관한 연구 속으로 흥미롭게 이끈 것은 휴버스, 스윗케즈, 마커스, 캠프먼, 고사드[HSM+98]의 논문이다. 이마모글루, 오스칼롬, 버카드, 디빈센조, 로스, 셔윈, 스몰[IAB+99]은 공진기 QED 기술로 조작한 양자점에서 전자스핀을 사용한 양자 컴퓨터 구현을 제안했다. ^{31}P 불순물이 들어간 실리콘 기반의 핵스핀 양자 컴퓨터는 케인[Kan98]이 제안했고 브리엔, 야블로노비치, 왕, 지앙, 발란딘, 로이코드허리, 모르, 디빈센조[VYW+99]가 이를 확장해 실리콘-게르마늄 이종구조 속에 묻힌 전자스핀을 사용했다. 마지막으로 브레넌, 케이브스, 제슨과 도이치[BCJD99]는 먼 이탈공명 광학 격자far off-resonance optical lattice 속에 가둔 중성 원자를 이용한 양자계산 구현을 제안했다.

양자 텔레포테이션은 단일 광자와 핵스핀을 큐비트로 사용하여 실험으로 실현했는데, 1장 끝의 '역사와 추가자료'에서 언급했었다. 이러한 구현 중 하나는 후루사와, 쇠렌센, 브라운슈타인, 푹스, 킴블, 폴지크[FSB+98]가 수행했으며 7장과 관련하여 특히 주목할 만하다. 그 이유는 이것이 양자정보에 대해 (큐비트와 같은) 유한 힐베르트 공간 표현을 사용하지 않기 때문이다! 대신 무한 차원 힐베르트 공간을 활용하는데, 여기서 연속변수 continuous variable(7.3.2절에서 다루었던 위치 및 운동량 등)는 양자상태를 매개변수화한다. 텔레포테이션에 대한 이러한 접근법은 원래 배이드먼[Vai94]이 제안했고, 이후로 브라운슈타인과 킴블[BK98a]이 개발했다. 브라운슈타인과 킴블[BK99]도 초고밀도 코딩에 연속변수 표현을 사용했다. 브라운슈타인[Bra98] 그리고 로이드와 슬로틴[LS98]는 서로 독자적으로 이 표현을 양자 오류정정에 사용했으며 로이드와 브라운슈타인[LB99]은 계산에까지 이 표현을 확대했다.

PART 3

양자정보

08
양자 노이즈와 양자연산

지금까지는 닫힌 양자계의 동역학, 즉 외부세계와 상호작용을 겪지 않는 양자계를 전적으로 다루었다. 그러한 이상적인 계에서는 원론적으로 가능한 정보 처리 작업에 대해 매혹적인 결론이 나올 수 있지만, 우주 전체를 제외하고는 현실세계에서 완벽하게 닫힌 계가 없으므로 이들 지식의 가치는 떨어질 수밖에 없다. 실제 계에서는 외부세계와의 원치 않는 상호작용으로 인해 난감한 문제가 생긴다. 이러한 원치 않는 상호작용은 양자정보 처리계에서 노이즈noise로 나타난다. 쓸모 있는 양자정보 처리계를 만들려면 이러한 노이즈 프로세스를 이해하고 제어해야 한다. 이것이 3부의 중심 주제이며, 8장에서는 양자연산 형식체계quantum operations formalism에 대한 설명과 함께 양자 노이즈와 열린 양자계의 거동을 기술할 수 있는 강력한 도구 집합으로 시작한다.

열린 계와 닫힌 계의 차이점은 무엇일까? 일부 기계식 시계에 들어 있는 진동 진자는 거의 이상적인 열린 계일 것이다. 진자는 주로 마찰을 통해 다른 세계(그 세계의 환경)와 아주 미세하게 상호작용한다. 하지만 진자의 완전한 동역학과 결국 진자운동이 멈추게 되는 이유를 적절히 설명하려면 공기 마찰의 감쇠 효과와 진자의 서스펜션suspension 메커니즘의 불완전함을 고려해야 한다. 마찬가지로 어떤 양자계도 완벽하게 닫혀 있지 않는데, 특히 양자 컴퓨터가 그렇다. 양자 컴퓨터는 외부 계에 의해 섬세하게 프로그래밍되어 원하는 연산 집합을 수행해야 한다. 예를 들어 큐비트의 상태를 전자의 두 위치로 표현한다면, 그 전자는 다른 하전 입자와 상호작용할 것이고 이는 통제되지 않는 노이즈 소스로 작용하여 큐비트의 상태에 영향을 미친다. 열린 계는 다른 환경계와 상호작용하는 계에 지나지 않는데, 우리는 그러한 환경계의 동역학을 무시하거나 평균화하기를 원한다.

양자연산의 수학적 형식체계는 열린 양자계의 동역학을 기술하기 위한 핵심 도구다. 이 도구는 광범위한 물리 시나리오를 동시에 처리한다는 점에서 아주 강력하다. 환경에 약하게 결합된 닫힌 계뿐만 아니라 환경에 강하게 결합된 계와 갑자기 개방이 되면서 측정대상이 된 닫힌 계를 기술하는 데에도 이 도구를 사용할 수 있다. 양자계산 및 양자정보를 적용할 때 양자연산의 또 다른 장점은 특히 양자연산이 잘 조정되어 시간 경과를 명시하지 않고도 초기상태 ρ와 최종상태 ρ' 간의 변환인 이산상태변화^{discrete state change}를 기술한다는 점이다. 이러한 이산시간 분석^{discrete-time analysis}은 물리학자들이 열린 양자계를 기술하기 위해 전통적으로 사용하는 도구들('지배방정식^{master equation}', '랑주뱅 방정식^{Langevin equation}', '확률미분방정식^{stochastic differential equation}' 등)과는 다소 다른데, 열린 양자계는 연속시간으로 기술하는 경향이 있다.

8장은 다음과 같이 구성했다. 8.1절에서는 고전계에서 노이즈를 어떻게 기술하는지에 대한 논의로 시작한다. 고전 노이즈를 이해함으로써 얻은 직관은 양자연산과 양자 노이즈에 대한 사고방식을 배우는 데 아주 중요하다. 8.2절에서는 세 가지 관점에서 양자연산 형식체계를 소개하는데, 이를 통해 양자연산의 기본 이론에 완전히 익숙해질 수 있다. 8.3절에서는 양자연산을 사용하는 몇 가지 중요한 노이즈 예제들을 보여준다. 여기에는 탈분극, 진폭감쇠, 위상감쇠와 같은 예가 포함된다. 단일 큐비트의 양자 노이즈를 이해하기 위해 기하학적 접근법도 설명하는데, 이때 블로흐 구를 사용한다. 8.4절에서는 양자연산의 몇 가지 자잘한 응용을 설명한다. 즉, 양자 노이즈를 기술하기 위해 지배방정식과 같이 물리학자들이 통상적으로 사용하는 도구와 양자연산 간의 연결, 양자 프로세스 단층촬영이라는 절차를 사용하여 양자계가 겪는 동역학을 실험으로 결정하는 방법과 우리 주변의 세계가 고전물리 법칙을 따르는 것처럼 보이지만 실제로는 양자역학 법칙을 따른다는 사실을 이해하기 위해 어떻게 양자연산을 사용할 수 있는지에 대한 설명이 이에 해당한다. 8.5절에서는 양자계의 노이즈 서술에 대한 일반적인 접근법으로서 양자연산 형식체계가 갖는 한계에 대해 논의하는 것으로 8장을 마무리한다.

8.1 고전 노이즈와 마르코프 과정

양자계의 노이즈를 이해하려면 고전계의 노이즈를 이해하여 직관력을 갖는 게 도움이 된다. 고전계에서는 노이즈를 어떻게 모델링할까? 이를 수행하는 방법과 양자계의 노이즈에 대해 알려주는 간단한 예를 살펴보자.

일반 고전 컴퓨터에 장착된 하드디스크 드라이브에 1비트가 저장돼 있다고 하자. 그 비트는 0 또는 1 상태로 시작하지만, 오랜 시간이 지나면 불명확한 자기장이 발생하여 비트가 영향을 받아 상태가 반전될 수 있다. 비트가 반전될 확률 p와 비트가 그대로 유지될 확률 $1 - p$로 이를 모델링할 수 있다. 이 과정은 그림 8.1에 나타나 있다.

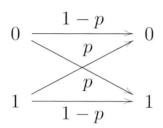

그림 8.1 오랜 시간이 지나면 하드디스크 드라이브의 비트가 확률 p로 반전될 수 있다.

물론 실제로 진행되려면 그 환경 속에 비트를 반전시킬 수 있는 자기장이 있어야 한다. 비트가 뒤집힐 확률 p를 알아내기 위해서는 다음 두 가지를 이해해야 한다. 먼저 그 환경 속에 있는 자기장의 분포에 대한 모델이 필요하다. 하드디스크 드라이브 사용자가 디스크 드라이브 근처에 강한 자석을 갖다 대는 등의 어리석은 행동을 하지 않는다고 가정하면, 드라이브가 작동할 곳과 유사한 환경에서 자기장을 표본으로 조사해 현실적인 모델을 만들 수 있다. 둘째, 그 환경 속의 자기장이 디스크의 비트와 어떻게 상호작용할 것인지에 대한 모델이 필요하다. 다행히 그러한 모델은 이미 물리학자에게 잘 알려져 있으며 '맥스웰 방정식'이라는 이름으로 사용된다. 이 두 가지 요소를 사용하면 정해진 시간 동안 드라이브에서 비트 반전이 발생할 확률 p를 원칙적으로 계산할 수 있다.

환경에 대한 모델이면서 계-환경 상호작용system-environment interaction에 대한 모델을 구하는 이러한 기본 절차는 고전 및 양자 모두에 대한 노이즈 연구에서 반복적으로 따르는 절차다. 환경과의 상호작용은 고전계와 양자계 모두에 있어서 노이즈의 근원이 된다. 환경에 대해서나 계-환경 상호작용에 대해서 정확한 모델을 찾는 것은 쉽지 않은 경우가 많다. 하지만 모델링에 신중하고 계의 관측된 특성이 모델에 부합하는지 알아보기 위해 그 특성을 면밀히 연구한다면 현실적인 물리계의 노이즈 모델링에 있어서 높은 정확도를 달성할 수 있다.

하드디스크에서 비트의 거동은 하나의 식으로 간결하게 요약할 수 있다. 그 비트가 각각 상태 0과 1에 있을 초기 확률을 p_0과 p_1이라 하자. 노이즈가 발생한 후의 확률은 q_0와 q_1이라 하자. 또한 비트의 초기상태를 X, 최종상태를 Y라 하자. 그러면 전체 확률의 법

칙$^{\text{law of total probability}}$(부록 1)에 따라

$$p(Y = y) = \sum_x p(Y = y | X = x)p(X = x) \tag{8.1}$$

가 된다. 조건부 확률 $p(Y=y|X=x)$는 전이확률$^{\text{transition probability}}$이라 하는데, 그 이유는 계 안에서 발생할 수 있는 변화를 요약해주기 때문이다. 하드디스크의 비트에 대한 위의 식을 명시적으로 표현하면

$$\begin{bmatrix} q_0 \\ q_1 \end{bmatrix} = \begin{bmatrix} 1-p & p \\ p & 1-p \end{bmatrix} \begin{bmatrix} p_0 \\ p_1 \end{bmatrix} \tag{8.2}$$

가 된다. 고전계의 노이즈에 대해 좀 더 복잡한 예제를 살펴보자. 계산 작업을 수행하기 위해 고전회로를 만든다고 하자. 불행히도 불량 부품을 받아서 회로를 만들었다고 하자. 이 모의회로$^{\text{artificial circuit}}$에는 단일 입력 비트 X가 들어가 연속으로 2개의 (불량) NOT 게이트가 적용되어 중간 비트 Y와 최종 비트 Z가 생성된다. 두 번째 NOT 게이트의 올바른 작동 여부는 첫 번째 NOT 게이트의 올바른 작동 여부에 독립적이라 가정하는 것이 당연할 것이다. 이러한 가정(연속 노이즈 과정이 독립적으로 작동함)은 많은 상황에서 하는 물리적으로 합리적인 가정이다. 결과적으로 마르코프 과정$^{\text{Markov process}}$이라는 특수 유형의 확률 과정$^{\text{stochastic process}}$ $X \rightarrow Y \rightarrow Z$가 나온다. 물리적으로 말하면 마르코프성^{Markovicity}의 이러한 가정은 첫 번째 NOT 게이트의 노이즈 발생 환경이 두 번째 NOT 게이트의 노이즈 발생 환경에 독립적으로 작용한다고 가정하는 것에 해당한다. 이는 그 게이트들이 우주 속에서 상당히 멀리 떨어져 있는 것으로 생각할 수도 있으므로 괜찮은 가정이다.

요약하면 확률과정 이론으로 고전계의 노이즈를 기술할 수 있는 것이다. 흔히 다단계 과정의 분석에서는 마르코프 과정을 사용하는 것이 좋다. 단 하나의 단계 과정이라면 출력 확률 $\vec{q}$는 식

$$\vec{q} = E\vec{p} \tag{8.3}$$

로 입력 확률 $\vec{p}$와 관련된다. 여기서 E는 전이확률 행렬인데, 우리는 진화행렬$^{\text{evolution matrix}}$이라 부를 것이다. 따라서 계의 최종상태는 시작상태와 선형적으로 관련된다. 이러한 선형성 특징은 양자 노이즈의 서술에 반영되는데, 이때 확률분포를 밀도행렬로 대체한다.

진화행렬 E는 어떤 특성을 가져야 할까? 우리에게는 p가 타당한 확률분포이면 $E\vec{p}$도 타당한 확률분포이어야 하는 점이 필요하다. 이 조건을 만족시키는 것은 E의 다음 두 조건을 만족시키는 것과 같은 것으로 밝혀졌다. 첫째, E의 모든 성분은 음이 아니어야 하는

데, 이는 양성^{positivity} 요구사항이라는 조건이다. 그렇지 않으면 $E\vec{p}$에서 음의 확률이 나올 수 있다. 둘째, E의 열에 대한 모든 합이 1이어야 하는데, 이는 완비성^{completeness} 요구사항이라는 조건이다. 이것이 사실이 아니라 하자. 예를 들어 첫 번째 열의 합이 1이 아니라 하자. p가 첫 번째 성분에 1을 포함하고 그 외의 성분은 0이라 하면, 이 경우에 $E\vec{p}$가 타당한 확률분포가 아님을 알 수 있다.

요약하면 고전 노이즈의 주요 특징은 다음과 같다. 입력 확률과 출력 확률 사이에는 선형 관계가 있으며, 이 관계는 음이 아닌 성분(양성)과 열의 합이 1(완비성)인 전이행렬로 기술된다. 독립적인 환경에 의해 노이즈가 발생하면 다단계를 포함하는 고전 노이즈 과정은 마르코프 과정으로 기술된다. 이러한 각각의 주요 특징들은 양자 노이즈 이론에서 중요한 유사성을 가지고 있다. 물론 양자 노이즈에 대해서는 놀라운 새 특징들도 있다!

8.2 양자연산

8.2.1 개요

양자연산 형식체계란 다양한 상황에서 양자계의 진화를 기술하기 위한 일반적 도구이며 양자상태에 대한 확률변화를 포함한다. 마르코프 과정이 고전상태에 대한 확률변화를 기술하는 것처럼 말이다. 고전상태를 확률벡터로 기술하듯이 양자상태를 밀도연산자(밀도 행렬) ρ로 기술해야 하는데 8장을 계속 읽기 전에 2.4절을 다시 읽어서 그 특성을 복습하기 바란다. 그리고 (8.3)으로 기술한 것처럼 고전상태가 변하는 방법과 유사하게 양자상태는

$$\rho' = \mathcal{E}(\rho) \qquad\qquad (8.4)$$

로 변한다. 이 식에서 $\mathcal{E}$ 함수는 양자연산^{quantum operation}이다. 2장에서 살펴본 양자연산의 두 가지 간단한 예는 유니타리 변환과 측정이며, 각각 $\mathcal{E}(\rho) = U\rho U^{\dagger}$와 $\mathcal{E}_m(\rho) = M_m \rho M_m^{\dagger}$에 해당한다(다음 페이지의 확인문제 8.1과 8.2 참조). 양자연산은 어떤 물리 과정의 결과로 상태가 변했을 때 그 변화를 잡아낸다. 즉, ρ는 과정 전의 초기상태이며 $\mathcal{E}(\rho)$는 그 과정이 발생한 후의 최종상태인데, 이때 정규화 계수는 무시할 수도 있다.

이후의 몇 개 절에서는 유니타리 진화, 측정, 심지어 더 일반적인 과정을 통합하여 일반 이론을 전개한다! 그림 8.2에 나타냈듯이 양자연산을 이해하는 세 가지 별도의 방법을 전개할 것인데, 이들 방법은 모두 결과가 같은 것으로 밝혀졌다. 첫 번째 방법은 계와

환경이 상호작용한 결과로 동역학을 연구한다는 아이디어를 기반으로 하는데, 8.1절에서 고전 노이즈를 설명한 것처럼 말이다. 이 방법은 구체적이며 현실세계와 관련이 있다. 안타깝게도 수학적으로 편하지 않다는 단점이 있다. 양자연산을 이해하는 두 번째 방법은 첫 번째와 완전히 동일하며, **연산자-합 표현**operator-sum representation이라는 양자연산에 대한 강력한 수학 표현을 제공해 이러한 수학적 불편을 극복한다. 이 방법은 다소 추상적이지만 계산 및 이론 작업에 아주 유용하다. 양자연산에 대한 우리의 세 번째 접근법은 다른 두 가지와 결과가 같으며, 물리적으로 나온 공리 집합을 통해 양자역학의 동적 사상dynamical map이 만족할 것으로 기대하는 것이다. 이 접근법의 장점은 매우 일반적이라는 것이다. 즉, 이는 매우 다양한 상황에서 양자연산이 양자역학을 기술할 것임을 보여준다. 하지만 이 방법은 두 번째 방법의 계산 편의성을 제공하지 않으며 첫 번째 방법의 구체적인 특성도 제공하지 않는다. 종합하자면 양자연산에 관한 이 세 가지 접근법은 양자 노이즈와 그 영향을 이해할 수 있는 강력한 도구를 제공한다.

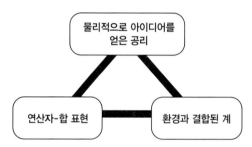

그림 8.2 양자연산에 대한 세 가지 접근법은 결과가 동일하지만 어떻게 적용하는지에 따라 장점이 달라진다.

확인문제 8.1: (양자연산으로서의 유니타리 진화) 순수상태는 $|\psi\rangle \rightarrow U|\psi\rangle$와 같이 유니타리 변환을 통해 진화한다. 마찬가지로 $\rho = |\psi\rangle\langle\psi|$에 대해 $\rho \rightarrow \mathcal{E}(\rho) \equiv U\rho U^\dagger$로 표현할 수 있음을 보여라.

확인문제 8.2: (양자연산으로서의 측정) 2.2.3절에서 결과 m을 갖는 양자 측정은 $\sum_m M_m^\dagger M_m = I$가 되는 측정 연산자 M_m의 집합으로 기술된다고 했었다. 측정 직전 계의 상태를 ρ라 하자. $\mathcal{E}_m(\rho) = M_m \rho M_m^\dagger$의 경우, 측정 직후 계의 상태는

$$\frac{\mathcal{E}_m(\rho)}{\mathrm{tr}(\mathcal{E}_m(\rho))} \tag{8.5}$$

가 됨을 보여라. 이 측정 결과를 얻을 확률은 $p(m) = \mathrm{tr}(\mathcal{E}m(\rho))$라는 것도 보여라.

8.2.2 환경과 양자연산

닫힌 양자계의 동역학은 유니타리 변환으로 기술된다. 개념적으로 말하면 유니타리 변환은 그림 8.3의 왼쪽에 나타난 것처럼 입력상태가 들어가고 출력이 나가는 상자로 생각할 수 있다. 우리의 목적상, 상자의 내부 작업에는 관심이 없다. 즉, 그 내부 작업은 양자회로, 또는 일부 해밀토니안 계 또는 다른 어떤 것에 의해 구현될 수 있다.

그림 8.3 닫힌 양자계 모델(왼쪽)과 열린 양자계 모델(오른쪽). 열린 양자계는 주 계와 환경이라는 두 부분으로 구성된다.

열린 양자계의 동역학을 기술하는 자연스러운 방법은 이 계를 그림 8.3의 오른쪽에 나타낸 것과 같이 주 계^{principal system}라 하는 관심계와 닫힌 양자계를 형성하는 환경^{environment} 간의 상호작용에서 발생하는 것으로 간주하는 것이다. 다르게 말하면 ρ 상태의 계가 있다고 하자. 이 계는 환경과 결합된 상자로 보내진다. 일반적으로 계의 최종상태 $\mathcal{E}(\rho)$는 초기상태 ρ에 대한 유니타리 변환에 관련되지 않을 수 있다. 계-환경 입력상태는 곱상태 $\rho \otimes \rho_{\mathrm{env}}$라 가정하자(당분간 그렇게 하자). 상자의 변환 U 이후의 계는 더 이상 환경과 상호작용하지 않으므로 환경을 부분적으로 대각합하면 단독으로 계의 환산상태^{reduced state}

$$\mathcal{E}(\rho) = \mathrm{tr_{env}} \left[U \left(\rho \otimes \rho_{\mathrm{env}} \right) U^{\dagger} \right] \tag{8.6}$$

를 얻게 된다. 물론 U가 환경과의 상호작용을 포함하지 않으면 $\mathcal{E}(\rho) = \tilde{U}\rho\tilde{U}^{\dagger}$가 되는데, 여기서 $\tilde{U}$는 그 계에만 작용하는 U의 일부분이다. (8.6) 식은 양자연산에 대한 3개의 동등한 정의 중 첫 번째다.

이 정의에서는 중요한 가정을 한다. 즉, 계와 환경이 곱상태로 시작한다고 가정한다. 일반적으로 이는 사실과 다르다. 양자계는 환경과 지속적으로 상호작용하며 상관관계를 구축한다. 이것이 표현하는 한 가지 방식은 계와 환경 간에 열 교환을 통하는 것이다. 양자계 자체는 환경과 동일한 온도로 이완되며 이로 인해 둘 간에 상관관계가 존재한다. 하지만 실제 관심사 중 많은 경우에는 계와 환경이 곱상태로 시작한다고 가정하는 것이 합리적이다. 실험자는 특정 상태에서 양자계를 준비할 때 해당 계와 환경 간의 모든 상관관계를 없앤다. 이상적으로 말하면 상관관계를 완전히 파괴시켜 계를 순수상태로 둔다. 비록 이렇지 않고 계와 환경이 곱상태에서 시작하지 않더라도 양자연산 형식체계가 양자역학을 기술할 수 있음을 나중에 보게 될 것이다.

또 다른 문제는 환경이 거의 무한한 자유도$^{\text{degree of freedom}}$[1]를 갖는 경우 U를 어떻게 지정할 수 있을까다. 아주 흥미롭게도 이 모델이 가능한 변환 $\rho \rightarrow \mathcal{E}(\rho)$를 적절히 기술하려면 주 계가 d차원의 힐베르트 공간을 갖는 경우, 오직 d^2차원의 힐베르트 공간에 있는 환경을 모델링하는 것이 충분하다. 또한 환경이 혼합상태에서 시작될 필요가 없다는 것이 밝혀졌다. 즉, 순수상태로 시작해도 된다. 이 부분에 대해서는 8.2.3절에서 다시 다룰 것이다.

(8.6) 식의 사용에 대한 명백한 예로서 그림 8.4에 나타난 2큐비트 양자회로를 고려해보자. 여기서 U는 제어형 NOT 게이트이고 주 계는 제어 큐비트이며, 환경은 대상 큐비트로서 초기에 $\rho_{\text{env}} = |0\rangle\langle 0|$ 상태로 있다. (8.6) 식에 이 상태를 삽입하면

$$\mathcal{E}(\rho) = P_0 \rho P_0 + P_1 \rho P_1 \qquad (8.7)$$

가 된다는 것을 쉽게 알 수 있다. 여기서 $P_0 = |0\rangle\langle 0|$ 와 $P_1 = |1\rangle\langle 1|$은 사영연산자다. 직관적으로 보면, 이 동역학이 발생하는 이유는 계가 $|0\rangle$일 때만 환경이 $|0\rangle$ 상태에 있기 때문이다. 그렇지 않으면 환경이 $|1\rangle$ 상태로 반전된다. 다음 절에서는 연산자-합 표현의 예로서 이 식을 유도할 것이다.

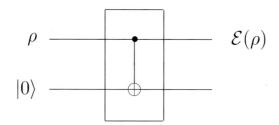

그림 8.4 단일 큐비트 양자연산의 기초 예제인 제어형 NOT 게이트

양자계는 환경과 주 계의 상호작용으로 발생한다고 설명했었다. 하지만 다른 입력 및 출력공간을 허용하도록 정의를 다소 일반화하는 것이 편리하다. 예를 들어 A 레이블을 붙인 단일 큐비트가 알려지지 않은 상태 ρ로 준비됐다고 상상해보자. B 레이블의 3준위 양자계($큐트리트^{\text{qutrit}}$)는 표준상태 $|0\rangle$로 준비한 다음, 유니타리 상호작용 U를 통해 A계와 상

---

1   정의할 때 필요한 독립변수의 개수 – 옮긴이

호작용하고, 이로 인해 공동계$^{\text{joint system}}$는 $U(\rho \otimes |0\rangle\langle 0|)U^\dagger$ 상태로 진화한다. 그리고 나서 A계를 버리고 B계를 최종상태 ρ'로 둔다. 정의에 의해 이 과정을 기술하는 양자연산 $\mathcal{E}$는

$$\mathcal{E}(\rho) = \rho' = \text{tr}_A(U(\rho \otimes |0\rangle\langle 0|)U^\dagger) \tag{8.8}$$

가 된다. $\mathcal{E}$는 입력계 A의 밀도연산자를 출력계 B의 밀도연산자에 대응시킨다. 아래의 양자연산에 관한 대부분의 논의는 어떤 계 A에 '대한' 양자연산에 관심을 둔다. 즉, 양자연산은 A계의 밀도연산자를 동일한 계인 A계의 밀도연산자에 대응시킨다. 하지만 좀 더 일반적인 정의를 허용하는 것이 응용에 있어서 유용할 때도 있다. 이러한 정의는 양자연산을 사상 클래스$^{\text{class of maps}}$로 정의하면 나오게 되는데, 사상 클래스는 다음 과정의 결과로 발생한다. 즉, 일부 초기 계는 알려지지 않은 양자상태 ρ로 준비한 후 표준상태로 준비한 다른 계와 접촉하게 하고 일부 유니타리 상호작용에 따라 상호작용하도록 허용한다. 그리고 나서 결합계$^{\text{combined system}}$의 일부를 폐기하고 일부 상태 ρ의 최종 계만 남겨둔다. 이 과정을 정의하는 양자연산 $\mathcal{E}$는 단순히 ρ를 ρ'에 대응시킨다. 서로 다른 입력과 출력공간을 허용하는 이러한 확장이 연산자-합 표현을 통한 양자연산 처리와 동시에 공리연구$^{\text{axiomatic study}}$로 자연스럽게 구체화되는 것을 보게 될 것이다. 그럼에도 양자연산의 입력공간과 출력공간이 동일하다고 가정하면 대체로 논의가 단순해진다. 이때 일반적인 경우에는 없는 '주 계'와 '환경' 간의 편리한 구분을 사용하고, 입력공간과 출력공간이 다를 때 필요한 확장을 나타내기 위해 가끔 확인문제가 주어질 것이다.

8.2.3 연산자-합 표현

양자연산은 연산자-합 표현$^{\text{operator-sum representation}}$이라는 우아한 형식으로 표현할 수 있다. 이는 본래 주 계의 힐베르트 공간에 대한 연산자 측면에서 (8.6) 식을 명시적으로 다시 표현한 것이다. 주요 결과는 다음과 같이 간단한 계산을 통해 나온다. $|e_k\rangle$를 환경의 (유한 차원의) 상태 공간에 대한 정규직교 기저라 하자. 그리고 $\rho_{\text{env}} = |e_0\rangle\langle e_0|$는 환경의 초기상태라 하자. 환경이 순수상태로 시작한다고 가정해도 일반성이 훼손되지 않는데, 그 이유는 혼합상태로 시작하면 어차피 환경을 정화하는 여분의 계를 도입해야 하기 때문이다(2.5절). 이러한 여분의 계는 '가상적'이지만 주 계가 겪는 동역학에는 영향을 미치지 않으므로 계산의 중간 단계로 사용할 수 있다. 따라서 (8.6) 식은

$$\mathcal{E}(\rho) = \sum_k \langle e_k | U \left[\rho \otimes |e_0\rangle\langle e_0| \right] U^\dagger | e_k \rangle \tag{8.9}$$

$$= \sum_k E_k \rho E_k^\dagger \qquad (8.10)$$

로 다시 표현할 수 있다. 여기서 $E_k \equiv \langle e_k | U | e_0 \rangle$는 주 계의 상태 공간에 대한 연산자다.
(8.10) 식은 $\mathcal{E}$의 연산자-합 표현이라 한다. 연산자들 $\{E_k\}$는 양자연산 $\mathcal{E}$의 연산원소들
operation elements이라 한다. 연산자-합 표현은 중요하므로 이 책의 나머지 부분에서 반복적
으로 사용된다.

연산원소들은 완비성 관계completeness relation라는 중요한 제약을 만족시키는데, 이 관계는
고전 노이즈의 서술에서 진화행렬에 대한 완비성 관계와 비슷하다. 고전의 경우 완비성
관계는 확률분포가 1로 정규화되어야 한다는 요구사항으로부터 생겨났다. 양자의 경우
완비성 관계는 $\mathcal{E}(\rho)$의 대각합이 1과 같아야 한다는 비슷한 요구사항에서 나온다. 즉,

$$1 = \text{tr}(\mathcal{E}(\rho)) \qquad (8.11)$$

$$= \text{tr}\left(\sum_k E_k \rho E_k^\dagger \right) \qquad (8.12)$$

$$= \text{tr}\left(\sum_k E_k^\dagger E_k \rho \right) \qquad (8.13)$$

가 된다. 이 관계는 모든 ρ에 대해 참이기 때문에

$$\sum_k E_k^\dagger E_k = I \qquad (8.14)$$

가 되어야 한다. 대각합-보존trace-preserving인 양자연산은 이 식을 만족시킨다.
$\sum_k E_k^\dagger E_k \le I$인 비대각합-보존non-trace-preserving 양자연산도 있지만, 이 연산은 프로세스
를 기술하며 그 프로세스에서 발생한 것에 관한 여분의 정보는 측정으로 얻어진다. 이에
대해서는 곧 자세히 설명할 것이다. $\sum_k E_k^\dagger E_k \le I$인 (8.10) 형식의 사상map $\mathcal{E}$는 양자연
산의 두 번째 정의를 제공한다. 이 정의는 본질적으로 첫 번째 (8.6) 식과 동일하며 실제
로는 약간 더 일반적이라는 것을 다음에 보일 것인데, 그 이유는 비대각합-보존 연산을
고려하기 때문이다. 이 책에서는 이러한 두 정의를 섞어 쓰기도 한다. 주어진 순간에 어
느 정의를 쓴 것인지는 문맥을 보면 알 것이다.

확인문제 8.3: 연산자-합 표현의 유도는 연산을 위한 입력공간과 출력공간이 동일하다
고 암묵적으로 가정했었다. 최초 알려지지 않은 양자상태 ρ의 복합계 AB를 최초 표
준상태 $|0\rangle$의 복합계 CD에 접촉시켜 두 계가 유니타리 상호작용 U에 따라 상호작용

한다고 하자. 상호작용 후에 A와 D계를 버리고 BC계의 ρ 상태는 그대로 둔다. 사상 $\mathcal{E}(\rho) = \rho'$가

$$\mathcal{E}(\rho) = \sum_k E_k \rho E_k^\dagger \tag{8.15}$$

를 만족시킨다는 것을 보여라. 이 식은 AB계의 상태공간에서 BC계의 상태공간으로 가는 선형연산자 E_k의 집합에 대한 것이며 $\sum_k E_k^\dagger E_k = I$가 된다.

연산자-합 표현은 주 계의 동역학을 특징짓는 본질적 수단을 제공하기 때문에 중요하다. 연산자-합 표현은 환경의 특성을 명확히 고려할 필요 없이 주 계의 동역학을 기술한다. 즉, 주 계에 단독으로 작용하는 E_k 연산자만 주목하면 된다. 그러면 계산이 단순해지고 종종 이론적으로 상당한 통찰력을 얻게 된다. 더욱이 많은 다른 환경의 상호작용은 주 계상에서 동일한 동역학을 일으킬지도 모른다. 관심을 둔 것이 주 계의 동역학만이라면, 다른 계에 관해서는 중요한 정보만 포함한 동역학을 표현하는 것이 합리적이다.

이 절의 나머지 부분에서는 연산자-합 표현의 특성들^{properties}, 특히 세 가지 특징^{feature}에 대해 살펴본다. 첫째, 연산원소 E_k 측면에서 물리적 해석을 부여한다. 이로부터 발생하는 자연스러운 의문은 임의의 열린 양자계(예를 들어 계-환경 상호작용 또는 그 외의 스펙이 주어짐)에 대해 연산자-합 표현을 어떻게 결정할 수 있는가다. 이에 대해서는 다음에서 다루는 두 번째 주제에서 답을 얻을 것이며, 세 번째로는 그 반대인 임의의 연산자-합 표현에 대한 열린 양자계 모델을 어떻게 만들 것인가로 결론을 맺는다.

확인문제 8.4: (측정) 단일 큐비트 주 계가 있고, 변환

$$U = P_0 \otimes I + P_1 \otimes X \tag{8.16}$$

를 통해 단일 큐비트 환경과 상호작용한다고 하자. 여기서 X는 보통의 파울리 행렬(환경에 작용함)이며 $P_0 \equiv |0\rangle\langle 0|$, $P_1 \equiv |1\rangle\langle 1|$은 사영연산자(그 계에 작용함)다. 환경이 $|0\rangle$ 상태로 시작한다고 가정하면 이 과정에 대한 양자연산을 연산자-합 표현으로 구하라.

확인문제 8.5: (스핀반전) 이전 확인문제와 같지만 변환은

$$U = \frac{X}{\sqrt{2}} \otimes I + \frac{Y}{\sqrt{2}} \otimes X \tag{8.17}$$

라 하자. 연산자-합 표현으로 이 과정에 대한 양자연산을 구하라.

확인문제 8.6: (양자연산의 합성) $\mathcal{E}$와 $\mathcal{F}$가 동일한 양자계의 양자연산이라 하자. 합성연산 $\mathcal{F} \circ \mathcal{E}$가 연산자-합 표현을 갖는다는 점에서 양자연산이라는 것을 보여라. $\mathcal{E}$와 $\mathcal{F}$가 반드시 동일한 입력공간과 출력공간을 가질 필요가 없는 경우로 이 결과를 확장하고 그 확장을 증명하라.

연산자-합 표현의 물리적 해석

연산자-합 표현에 대해 좋은 해석이 있다. 유니타리 변환 U가 적용된 후에 환경 측정이 $|e_k\rangle$ 기저로 수행된다고 하자. 암묵적 측정 원리를 적용하면 그러한 측정은 환경의 상태에만 영향을 미치며 주 계의 상태는 변경되지 않는다는 것을 이미 알고 있을 것이다. k 결과가 발생할 때 ρ_k를 주 계의 상태라 하자. 그러면

$$\rho_k \propto \text{tr}_E(|e_k\rangle\langle e_k|U(\rho \otimes |e_0\rangle\langle e_0|)U^\dagger|e_k\rangle\langle e_k|) = \langle e_k|U(\rho \otimes |e_0\rangle\langle e_0|)U^\dagger|e_k\rangle \quad (8.18)$$

$$= E_k\rho E_k^\dagger \quad (8.19)$$

가 된다. ρ_k를 정규화하면

$$\rho_k = \frac{E_k\rho E_k^\dagger}{\text{tr}(E_k\rho E_k^\dagger)} \quad (8.20)$$

가 되고 결과 k의 확률은

$$p(k) = \text{tr}(|e_k\rangle\langle e_k|U(\rho \otimes |e_0\rangle\langle e_0|)U^\dagger|e_k\rangle\langle e_k|) \quad (8.21)$$

$$= \text{tr}(E_k\rho E_k^\dagger) \quad 8.22)$$

가 된다는 것을 알 수 있다. 따라서

$$\mathcal{E}(\rho) = \sum_k p(k)\rho_k = \sum_k E_k\rho E_k^\dagger \quad (8.23)$$

가 된다.

이 식은 연산원소들 $\{E_k\}$를 갖는 양자연산에서 무슨 일이 일어나는지에 대해 아름다운 물리적 해석을 부여한다. 즉, 양자연산의 동작은 ρ 상태를 받아 $\text{tr}(E_k\rho E_k^\dagger)$ 확률로 ρ 상태를 무작위로 $(E_k\rho E_k^\dagger)/\text{tr}(E_k\rho E_k^\dagger)$로 대체하는 것과 같다. 이런 점에서 보면, 고전정보이론에서 사용하는 노이즈 통신채널[noisy communication channel]의 개념과 아주 비슷하다. 이런 맥락에서 우리는 때때로 양자 노이즈 과정을 노이즈 양자채널[noisy quantum channel]의 존재로 기술하는 특정 양자연산을 언급할 것이다.

그림 8.4에 바탕을 둔 간단한 예는 연산자-합 표현에 대해 이러한 해석을 보여준다. $|e_k\rangle = |0_E\rangle$ 및 $|1_E\rangle$ 상태로 잡자. 여기서 환경의 상태라는 것을 분명히 하기 위해 E 첨자를 붙였다. 이는 그림 8.5와 같이 환경 큐비트의 계산기저로 측정하는 것으로 해석할 수 있다. 물론 이러한 측정을 수행해도 주 계의 상태는 변하지 않는다. 주 계를 나타내기 위해 아래첨자 P를 사용하면 제어형 NOT은

$$U = |0_P 0_E\rangle\langle 0_P 0_E| + |0_P 1_E\rangle\langle 0_P 1_E| + |1_P 1_E\rangle\langle 1_P 0_E| + |1_P 0_E\rangle\langle 1_P 1_E| \qquad (8.24)$$

로 전개할 수 있다. 따라서

$$E_0 = \langle 0_E|U|0_E\rangle = |0_P\rangle\langle 0_P| \qquad (8.25)$$

$$E_1 = \langle 1_E|U|0_E\rangle = |1_P\rangle\langle 1_P| \qquad (8.26)$$

가 되므로

$$\mathcal{E}(\rho) = E_0 \rho E_0 + E_1 \rho E_1 \qquad (8.27)$$

가 되는데 이는 (8.7) 식과 일치한다.

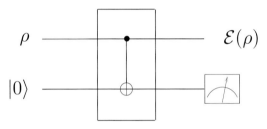

그림 8.5 단일 큐비트 측정에 대한 기초 모델로서의 제어형 NOT 게이트

측정 및 연산자-합 표현

열린 양자계에 대한 서술이 주어지면 동역학에 대한 연산자-합 표현은 어떻게 결정할 수 있을까? 이미 하나의 답을 찾은 적이 있다. 즉, 유니타리 계-환경 변환 연산 U와 환경에 대한 상태들의 기저 $|e_k\rangle$를 고려하면, 연산원소는

$$E_k \equiv \langle e_k|U|e_0\rangle \qquad (8.28)$$

이다. 유니타리 상호작용 후 결합된 계-환경에서 측정을 수행할 수 있게 해서 양자상태에 관한 정보를 얻을 수 있으면 이 결과를 더욱 확장시킬 수 있다. 이러한 물리적 가능성은 자연스럽게 비대각합-보존 양자연산인 사상 $\mathcal{E}(\rho) = \sum_k E_k \rho E_k^\dagger$에 연결되어 있는 것으로 밝혀졌는데, 이 사상은 $\sum_k E_k^\dagger E_k \leq I$를 만족시킨다.

주 계는 초기에 ρ 상태에 있다고 하자. 편의상 주 계를 Q 문자로 표시한다. Q에 인접한 것은 환경계 E이다. Q와 E는 초기에 독립적인 계이고 E는 어떤 표준상태 ρ로 시작한다고 가정한다. 따라서 계의 공동상태$^{\text{joint state}}$는 초기에

$$\rho^{QE} = \rho \otimes \sigma \tag{8.29}$$

이다. 계가 어떤 유니타리 상호작용 U에 따라 상호작용한다고 하자. 유니타리 상호작용 후 사영 측정은 공동계$^{\text{joint system}}$에 수행되며 사영연산자 P_m에 의해 기술된다. 측정이 수행되지 않은 경우는 단일 측정 결과$^{\text{single measurement outcome}}$인 $m = 0$만 있는 특수한 경우에 해당하며, 이는 사영연산자 $P_0 \equiv I$에 해당한다.

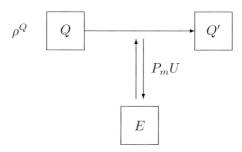

그림 8.6 양자연산을 위한 환경 모델

이 상황은 그림 8.6에 요약돼 있다. 우리의 목표는 초기상태 ρ의 함수로서 Q의 최종상태를 결정하는 것이다. 측정 결과 m이 발생했을 때 QE의 최종상태는

$$\frac{P_m U(\rho \otimes \sigma)U^\dagger P_m}{\text{tr}(P_m U(\rho \otimes \sigma)U^\dagger P_m)} \tag{8.30}$$

가 된다. E를 대각합하면 단독으로 Q의 최종상태는

$$\frac{\text{tr}_E(P_m U(\rho \otimes \sigma)U^\dagger P_m)}{\text{tr}(P_m U(\rho \otimes \sigma)U^\dagger P_m)} \tag{8.31}$$

가 된다. 최종상태에 대한 이 표현에는 환경의 초기상태 σ, 상호작용 U, 측정 연산자 P_m이 포함돼 있다. 사상

$$\mathcal{E}_m(\rho) \equiv \text{tr}_E(P_m U(\rho \otimes \sigma)U^\dagger P_m) \tag{8.32}$$

로 정의한다. 따라서 Q의 최종상태는 $\mathcal{E}_m(\rho)/\text{tr}(\mathcal{E}m(\rho))$ 이 된다. $\text{tr}[\mathcal{E}_m(\rho)]$는 측정 결과 m의 확률이라는 점에 주목한다. $\sigma = \sum_j q_j |j\rangle\langle j|$을 σ에 대한 앙상블 분해$^{\text{ensemble decomposition}}$라 하자. 또한 계 E에 대한 정규직교 기저 $|e_k\rangle$를 도입하자. 그러면

$$\mathcal{E}_m(\rho) = \sum_{jk} q_j \mathrm{tr}_E(|e_k\rangle\langle e_k|P_mU(\rho \otimes |j\rangle\langle j|)U^\dagger P_m|e_k\rangle\langle e_k|) \tag{8.33}$$

$$= \sum_{jk} E_{jk}\rho E_{jk}^\dagger \tag{8.34}$$

가 되는데, 여기서

$$E_{jk} \equiv \sqrt{q_j}\langle e_k|P_mU|j\rangle \tag{8.35}$$

이다. 이 식은 (8.10) 식을 일반화한 것이며 $\mathcal{E}_m$에 대한 연산자-합 표현에 나타나는 연산자들을 계산하기 위한 명시적 수단을 제공하는데, 이때 E의 초기상태 σ가 알려져 있고 Q와 E 간의 동역학이 알려진 경우에 그렇다. 양자연산 $\mathcal{E}_m$은 2장에서 제시한 측정 서술을 일반화시킨 일종의 측정 과정을 정의하는 것으로 생각할 수 있다.

확인문제 8.7: 결합된 주 계와 환경에 대해 사영 측정을 수행하는 대신 측정 연산자 $\{M_m\}$에 의해 기술된 일반 측정을 수행했다고 하자. 주 계에서 해당 양자연산 $\mathcal{E}_m$에 대한 연산자-합 표현을 구하고 각 측정 확률이 $\mathrm{tr}[\mathcal{E}(\rho)]$임을 보여라.

임의의 연산자-합 표현에 대한 계-환경 모델

지금까지 상호작용하는 양자계가 양자연산을 위한 연산자-합 표현을 자연스럽게 발생시킨다는 것을 보았다. 역으로의 문제는 어떨까? 연산자 집합 $\{E_k\}$가 주어지면 이러한 연산원소들로 양자연산을 발생시키는 합리적인 모델 환경계와 동역학이 존재할까? '합리적'이란 동역학이 유니타리 진화 또는 사영 측정이어야 함을 뜻한다. 여기서는 그러한 모델을 어떻게 만드는지를 보여준다. 비록 좀 더 일반적인 경우로 제작을 일반화하는 것이 주로 표기법의 문제일지라도 우리는 입력공간을 동일한 출력공간으로 대응시키는 양자연산에 대해 이 작업을 수행하는 방법만 보여줄 것이다. 특히 우리는 연산원소들 $\{E_k\}$를 갖는 임의의 대각합-보존 또는 비대각합-보존 양자연산 $\mathcal{E}$에 대해 순수상태 $|e_0\rangle$로 시작하는 모델 환경 E가 존재하고, 다음 식을 만족시키는 E에 대한 유니타리 연산자 U와 사영연산자 P에 의해 지정되는 모델 역학도 존재한다는 것을 보일 것이다.

$$\mathcal{E}(\rho) = \mathrm{tr}_E(PU(\rho \otimes |e_0\rangle\langle e_0|)U^\dagger P) \tag{8.36}$$

이를 확인하기 위해 먼저 $\mathcal{E}$가 대각합-보존 양자연산이라 가정하고, 완비성 관계 $\sum_k E_k^\dagger E_k = I$를 만족시키는 연산원소들 $\{E_k\}$에 의해 생성된 연산자-합 표현을 가지므로, 우리는 역학을 모델링하기 위해 그저 적절한 유니타리 연산자 U를 구하면 될 것이다.

$|e_k\rangle$를 E에 대해 설정된 정규직교 기저라 하자. 이것은 연산자 E_k의 인덱스 k와 일대일 대응 관계에 있다. 정의에 의해 E는 그러한 기저를 갖는다는 점에 주목한다. 즉, 우리는 연산원소들 $\{E_k\}$에 의해 기술되는 동역학을 발생시키는 모델 환경을 구할 것이다. $|\psi\rangle|e_0\rangle$ 형식의 상태에 작용하는 연산자 U를

$$\mathcal{E}(\rho) = \mathrm{tr}_E(PU(\rho \otimes |e_0\rangle\langle e_0|)U^\dagger P) \tag{8.37}$$

로 정의하자. 여기서 $|e_0\rangle$은 모델 환경의 어떤 표준상태일 뿐이다. 주 계의 임의 상태 $|\psi\rangle$ 및 $|\varphi\rangle$에 대해 완비성 관계에 따라

$$U|\psi\rangle|e_0\rangle \equiv \sum_k E_k|\psi\rangle|e_k\rangle \tag{8.38}$$

가 된다는 점에 주목한다. 따라서 연산자 U는 공동계의 전체 상태공간에 작용하는 유니타리 연산자로 확장할 수 있다. 다음 식을 증명하기란 쉽다.

$$\langle\psi|\langle e_0|U^\dagger U|\varphi\rangle|e_0\rangle = \sum_k \langle\psi|E_k^\dagger E_k|\varphi\rangle = \langle\psi|\varphi\rangle \tag{8.39}$$

따라서 이 모델은 연산원소들 $\{E_k\}$를 갖는 양자연산 $\mathcal{E}$를 실현시킨다. 이 결과는 박스 8.1에 설명해놓았다.

박스 8.1: 양자연산 모방하기(mocking up)

연산자-합 표현 $\mathcal{E}(\rho) = \sum_k E_k \rho E_k^\dagger$으로 표현된 대각합-보존 양자연산이 주어지면, 다음과 같은 방법으로 물리 모델을 만들 수 있다. (8.10)에서 U는

$$E_k = \langle e_k|U|e_0\rangle \tag{8.41}$$

를 만족시켜야 하는데, 여기서 U는 어떤 유니타리 연산자이고 $|e_k\rangle$는 환경계에 대한 정규직교 기저 벡터다. 그러한 U는 $|e_k\rangle$ 기저에 대해 블록 행렬^{block matrix}

$$U = \begin{bmatrix} [E_1] & \cdot & \cdot & \cdot & \cdots \\ [E_2] & \cdot & \cdot & \cdot & \cdots \\ [E_3] & \cdot & \cdot & \cdot & \cdots \\ [E_4] & \cdot & \cdot & \cdot & \cdots \\ \vdots & \vdots & \vdots & \vdots & \end{bmatrix} \tag{8.42}$$

로 편리하게 표현된다. 연산원소 E_k는 이 행렬의 첫 번째 블록 열만 결정한다는 점에 주목한다(다른 곳과 달리 상태의 첫 번째 레이블을 환경, 두 번째 레이블은 주 계로 두는 것이 편리하다). 행렬의 나머지 부분에 대한 결정은 여러분의 몫으로 남겨두었다. 성분을 선택할 때 U가 유니타리로 되도록 잡으면 된다. 4장의 결과에 의해 U는 양자회로로 구현될 수 있다는 점에 유의한다.

비대각합-보존 양자연산은 동일한 단계의 구성을 사용해 쉽게 모델링할 수 있다(확인문제 8.8). 이 제작의 더 흥미로운 일반화는 측정으로부터 가능한 결과에 해당하는 양자연산 집합 $\{\mathcal{E}_m\}$의 경우다. 따라서 양자연산 $\sum_m \mathcal{E}_m$은 대각합-보존인데, 그 이유는 모든 가능한 입력 ρ에 대해 개별 결과의 확률 합이 1인 $1 = \sum_m p(m) = \mathrm{tr}\big[(\sum_m \mathcal{E}_m)(\rho)\big]$가 성립하기 때문이다. 다음의 확인문제 8.9를 참고하기 바란다.

확인문제 8.8: (비대각합-보존 양자연산) 연산원소 E_k의 집합에 여분의 연산자 E_∞를 도입함으로써 비대각합-보존 양자연산의 계-환경 모델을 위한 유니타리 연산자를 어떻게 만드는지 설명하라. 이때 $k = \infty$를 포함한 k의 완비집합에 대해 합하면 $\sum_k E_k^\dagger E_k = I$가 나오도록 E_k를 선택한다.

확인문제 8.9: (측정 모델) $\sum_m \mathcal{E}_m$이 대각합-보존이 되는 양자연산 집합 $\{\mathcal{E}_m\}$이 주어지면, 다음과 같이 이 양자연산 집합을 발생시키는 측정 모델measurement model을 만드는 것이 가능하다. 즉, 각 m에 대해서 E_{mk}를 $\mathcal{E}_m$에 대한 연산원소들의 집합이라 하자. 또한 정규직교 기저 $|m, k\rangle$를 갖는 환경계 E를 도입하자. 이 기저는 연산원소들에 대한 인덱스의 집합과는 일대일 대응 관계에 있게 된다. 앞서 만들 때와 비슷하게

$$U|\psi\rangle|e_0\rangle = \sum_{mk} E_{mk}|\psi\rangle|m, k\rangle \tag{8.40}$$

가 되는 연산자 U를 정의하자. 그다음 이 환경계 E에 대한 사영연산자 $P_m \equiv \sum_k |m, k\rangle\langle m, k|$를 정의하자. 이제 $\rho \otimes |e_0\rangle\langle e_0|$에 대해 U를 수행하고 나서 P_m을 측정하면 $\mathrm{tr}(\mathcal{E}_m(\rho))$ 확률로 m이 나오고, 주 계의 해당 측정 후 상태는 $\mathcal{E}_m(\rho)/\mathrm{tr}(\mathcal{E}_m(\rho))$가 된다는 것을 보여라.

8.2.4 양자연산에 대한 공리적 접근법

지금까지 양자연산 학습에서 주요 동기는 환경과 상호작용하는 계를 연구할 때 양자연산이 우아한 방법을 제공한다는 것이었다. 이제 다른 관점으로 전환해보자. 거기서는 양자연산이 준수할 것으로 기대되는, 물리적으로 나온 공리를 작성할 것이다. 이 관점은 명시적 계-환경 모델을 기반으로 하는 이전의 접근법보다 더 추상적이지만 그러한 추상화 때문에 아주 강력하기도 하다.

진행할 방법은 다음과 같다. 먼저 양자연산에 대해 지금까지 배웠던 모든 것을 잊고 물리적 배경 위에서 타당성 있을 공리 집합에 따라 양자연산을 정의하는 것으로 시작할 것이다. 그렇게 해서 우리는 사상 $\mathcal{E}$가 이들 공리를 만족시킬 필요충분조건이 연산자-합 표현을 갖고 있을 경우라는 것을 증명할 것이고, 그러면 추상적인 공리 공식화^{axiomatic} ^{formulation}와 이전 논의 사이에 단절돼 있던 연결고리가 만들어진다.

양자연산 $\mathcal{E}$는 입력공간 Q_1의 밀도연산자 집합에서 출력공간 Q_2의 밀도연산자 집합으로 가는 사상으로 정의하자. 게다가 다음과 같은 세 가지 공리적 특성도 갖는다고 하자 (증명에서 표기를 단순하게 하기 위해 $Q_1 = Q_2 = Q$로 한다).

- **A1**: 첫째, $\text{tr}[\mathcal{E}(\rho)]$는 ρ가 초기상태일 때 $\mathcal{E}$로 표현되는 과정이 발생할 확률이다. 따라서 모든 상태 ρ에 대해 $0 \leq \text{tr}[\mathcal{E}(\rho)] \leq 1$이다.

- **A2**: 둘째, $\mathcal{E}$는 밀도행렬 집합의 볼록선형 사상^{convex-linear map}이다. 즉, 확률 $\{p_i\}$에 대해

$$\mathcal{E}\left(\sum_i p_i \rho_i\right) = \sum_i p_i \mathcal{E}(\rho_i) \tag{8.43}$$

가 된다.

- **A3**: 셋째, $\mathcal{E}$는 완전히 양의 사상^{completely positive map}이다. 즉, $\mathcal{E}$가 Q_1계의 밀도연산자를 Q_2계의 밀도연산자에 대응시킨다면 $\mathcal{E}(A)$는 어떠한 양의 연산자 A에 대해서도 양이어야 한다. 더욱이 임의의 차원을 갖는 여분의 R계를 도입한다면 $(\mathcal{I} \otimes \mathcal{E})(A)$는 결합계 RQ_1의 어떠한 양의 연산자 A에 대해서도 양이어야 한다. 여기서 $\mathcal{I}$는 R계의 항등사상^{identity map}을 나타낸다.

첫 번째 특성은 수학적 편의성 중의 하나다. 측정 경우에 대처하기 위해 $\mathcal{E}$가 밀도행렬의 대각합 특성 $\text{tr}(\rho) = 1$을 반드시 보존할 필요가 없다는 관례를 만들어 놓는 것이 아주 편리한 것으로 밝혀졌다. 하지만 이보다는 $\text{tr}[\mathcal{E}(\rho)]$가 $\mathcal{E}$에 의해 기술된 측정 결과의 확률

과 같다는 식으로 $\mathcal{E}$를 정의하는 관례를 만들자. 예를 들어 단일 큐비트의 계산기저로 사영 측정을 수행한다고 하자. 그리고 나서 이 과정을 기술하기 위해 두 양자연산을 사용하는데, $\mathcal{E}_0(\rho) \equiv |0\rangle\langle 0|\rho|0\rangle\langle 0|$과 $\mathcal{E}_1(\rho) \equiv |1\rangle\langle 1|\rho|1\rangle\langle 1|$로 정의한다. 각 결과의 확률은 $\text{tr}[\mathcal{E}_0(\rho)]$와 $\text{tr}[\mathcal{E}_1(\rho)]$로 올바르게 주어진다는 점에 주목한다. 따라서 이 관례로 올바르게 정규화된 최종 양자상태는

$$\frac{\mathcal{E}(\rho)}{\text{tr}[\mathcal{E}(\rho)]} \tag{8.44}$$

이다. 그 과정이 결정론적일 경우, 즉 어떠한 측정도 일어나지 않는 경우, 요구사항은 모든 ρ에 대해 $\text{tr}[\mathcal{E}(\rho)] = 1 = \text{tr}(\rho)$로 축소된다. 앞서 논의한 바와 같이 이 경우에 양자연산은 대각합-보존 양자연산이라 한다. 그 이유는 그 자체로 $\mathcal{E}$가 양자 과정을 완전히 기술하기 때문이다. 다른 한편으로 $\text{tr}[\mathcal{E}(\rho)] < 1$이 되는 ρ가 존재한다면, 양자연산은 비대각합-보존이다. 그 이유는 그 자체로 $\mathcal{E}$가 그 계에서 발생할 수 있는 과정을 완전히 기술하지 않기 때문이다(즉, 어떤 확률로 다른 측정 결과가 나올 수 있다). 물리적 양자연산physical quantum operation이란 확률이 절대로 1을 초과하지 않는, 즉 $\text{tr}[\mathcal{E}(\rho)] \leq 1$이라는 요구사항을 충족시키는 연산이다.

두 번째 특성은 양자연산에 대한 물리적 요구사항에서 비롯된다. 양자연산에 대한 입력 ρ는 양자상태들의 앙상블 $\{p_i, \rho_i\}$에서 무작위로 상태를 선택해서 구한다고 하자. 즉, $\rho = \sum_i p_i \rho_i$인 것이다. 그러면 결과 상태 $\mathcal{E}(\rho)/\text{tr}[\mathcal{E}(\rho)] = \mathcal{E}(\rho)/p(\mathcal{E})$는 앙상블 $\{p(i|\mathcal{E}), \mathcal{E}(\rho_i)/\text{tr}[\mathcal{E}(\rho_i)]\}$에서 무작위로 선택한 것에 대응한다고 예상할 수 있다. 여기서 $p(i|\mathcal{E})$는 $\mathcal{E}$에 의해 표현된 과정이 발생할 때 준비된 상태가 ρ_i였을 확률이다. 따라서

$$\mathcal{E}(\rho) = p(\mathcal{E})\sum_i p(i|\mathcal{E})\frac{\mathcal{E}(\rho_i)}{\text{tr}[\mathcal{E}(\rho_i)]} \tag{8.45}$$

가 된다. 여기서 $p(\mathcal{E}) = \text{tr}[\mathcal{E}(\rho)]$는 $\mathcal{E}$에 의해 기술된 과정이 ρ의 입력 시 발생할 확률이다. 베이즈 정리Bayes' rule(부록 1)에 의해

$$p(i|\mathcal{E}) = p(\mathcal{E}|i)\frac{p_i}{p(\mathcal{E})} = \frac{\text{tr}[\mathcal{E}(\rho_i)]p_i}{p(\mathcal{E})} \tag{8.46}$$

가 되므로 (8.45)는 (8.43)으로 줄어든다.

세 번째 특성도 중요한 물리적 요구사항에서 비롯된다. 그 요구사항이란 ρ가 잘 들어맞는 한, $\mathcal{E}(\rho)$도 타당한 밀도행렬(정규화는 무시)이어야 할 뿐만 아니라, $\rho = \rho_{RQ}$가 R과 Q

의 어떤 공동계$^{joint\ system}$에 대한 밀도행렬이고 $\mathcal{E}$가 Q에만 작용한다면 $\mathcal{E}(\rho_{RQ})$는 여전히 그 공동계의 유효한 밀도행렬(정규화는 무시)이어야 한다는 것이다. 박스 8.2에 그 예가 있다. 공식적으로 말하면 제2의 (유한 차원의) R계를 도입하자. 또한 $\mathcal{I}$가 R로의 항등사상을 나타낸다고 하자. 그러면 사상 $\mathcal{I} \otimes \mathcal{E}$는 양의 연산자를 양의 연산자로 가게 한다.

박스 8.2: 완전양성 대 양성

단일 큐비트에 대한 전치연산$^{transpose\ operation}$을 통해 완전양성$^{complete\ positivity}$이 왜 양자연산의 중요한 요구사항인지를 알아보자. 먼저, 전치 정의에 따라 계산기저의 밀도연산자를 전치시킨다. 즉,

$$\begin{bmatrix} a & b \\ c & d \end{bmatrix} \xrightarrow{\ T\ } \begin{bmatrix} a & c \\ b & d \end{bmatrix} \tag{8.47}$$

가 된다. 이렇게 해도 단일 큐비트의 양성은 유지된다. 하지만 초기에 큐비트가 얽힘 상태

$$\frac{|00\rangle + |11\rangle}{\sqrt{2}} \tag{8.48}$$

로 있는 2큐비트 계의 한 부분이라고 해보자. 그리고 두 큐비트 중 첫 번째 큐비트에 전치연산을 적용한 반면, 두 번째 큐비트는 자명한 동역학$^{trivial\ dynamics}$의 지배를 받는다고 하자. 그러면 그 동역학이 적용된 후 계의 밀도연산자는

$$\frac{1}{2}\begin{bmatrix} 1 & 0 & 0 & 0 \\ 0 & 0 & 1 & 0 \\ 0 & 1 & 0 & 0 \\ 0 & 0 & 0 & 1 \end{bmatrix} \tag{8.49}$$

가 된다. 계산하면 이 연산자의 고윳값은 $1/2$, $1/2$, $1/2$, $-1/2$이므로 타당한 밀도연산자가 아니다. 따라서 전치연산은 완전양성이 아닌 양의 사상$^{positive\ map}$에 대한 예가 된다. 즉, 주 계에 전치연산을 적용하면 연산자의 양성이 유지되지만, 주 계가 부분계로 포함되는 계에 전치연산을 적용하면 양성을 계속 유지하지는 않는다.

이 세 가지 공리가 양자연산을 정의하기에 충분하다는 점은 놀랄 만하다. 하지만 다음 정리는 연산자-합 표현 측면에서 이전의 계-환경 모델 및 그 정의와 동일하다는 것을 보여준다.

정리 8.1: 사상 $\mathcal{E}$가 공리 **A1, A2, A3**을 만족시키기 위한 필요충분조건은 어떤 연산자 집합 $\{E_i\}$에 대해

$$\mathcal{E}(\rho) = \sum_i E_i \rho E_i^\dagger \tag{8.50}$$

가 되는 것이며, 이때 $\{E_i\}$는 입력 힐베르트 공간을 출력 힐베르트 공간으로 사상시키고 $\sum_i E_i^\dagger E_i \le I$도 만족시킨다.

증명

$\mathcal{E}(\rho) = \sum_i E_i \rho E_i^\dagger$라 하자. $\mathcal{E}$는 분명히 선형이므로, $\mathcal{E}$가 양자연산이라는 것을 확인하기 위해서는 $\mathcal{E}$가 완전히 양이라는 것만 증명하면 된다. A를 확장계$^{\text{extended system}}$ RQ의 상태 공간에 작용하는 어떠한 양의 연산자라 하자. 그리고 $|\psi\rangle$를 RQ의 어떤 상태라 하자. $|\varphi_i\rangle \equiv (I_R \otimes E_i^\dagger)|\psi\rangle$로 정의하면 연산자 A의 양성^{positivity}에 의해

$$\langle\psi|(I_R \otimes E_i)A(I_R \otimes E_i^\dagger)|\psi\rangle = \langle\varphi_i|A|\varphi_i\rangle \tag{8.51}$$
$$\ge 0 \tag{8.52}$$

가 된다. 따라서

$$\langle\psi|(\mathcal{I} \otimes \mathcal{E})(A)|\psi\rangle = \sum_i \langle\varphi_i|A|\varphi_i\rangle \ge 0 \tag{8.53}$$

가 되어 어떠한 양의 연산자 A에 대해서도 연산자 $(\mathcal{I} \otimes \mathcal{E})(A)$는 요구된 바와 같이 양이 된다. 요구사항 $\sum_i E_i^\dagger E_i \le I$는 확률이 1보다 작거나 같아야 한다는 점을 뜻한다. 이로써 증명의 첫 부분은 완료했다.

다음으로는 $\mathcal{E}$가 공리 **A1, A2, A3**를 만족시킨다고 하자. 우리의 목표는 $\mathcal{E}$에 대한 연산자-합 표현을 구하는 것이다. 원본 양자계 Q와 동일한 차원을 갖는 R계를 도입하자. 또한 $|i_R\rangle$과 $|i_Q\rangle$를 R과 Q에 대한 정규직교 기저라 하자. 이 두 기저에 대해 동일한 인덱스 i를 사용하는 것이 편리하며, R과 Q가 동일한 차원을 가지므로 그렇게 해도 된다. RQ의 공동상태 $|\alpha\rangle$는

$$|\alpha\rangle \equiv \sum_i |i_R\rangle|i_Q\rangle \tag{8.54}$$

로 정의하자. 정규화 계수를 무시하면 $|\alpha\rangle$ 상태는 R과 Q계의 최대 얽힘 상태가 된다. $|\alpha\rangle$를 이렇게 최대 얽힘 상태로 해석하면 이후의 구성을 이해하는 데 도움될 수 있다. 다음으로는 RQ의 상태공간에 대한 연산자 σ를

$$\sigma \equiv (\mathcal{I}_R \otimes \mathcal{E})(|\alpha\rangle\langle\alpha|) \tag{8.55}$$

로 정의하자. 이 정의는 RQ계의 최대 얽힘 상태의 절반에 양자연산 $\mathcal{E}$를 적용한 결과로 생각할 수 있다. 바로 설명할 것이지만, 연산자 σ가 양자연산 $\mathcal{E}$를 완전히 지정한다는 것은 아주 주목할 만한 사실이다. 즉, $\mathcal{E}$이 Q의 임의 상태에 어떻게 작용하는지 알기 위해서는 또 다른 계에서 $\mathcal{E}$이 Q의 단일 최대 얽힌 상태에 어떻게 작용하는지 알면 된다!

σ로부터 $\mathcal{E}$를 복원할 수 있는 요령은 다음과 같다. $|\psi\rangle = \sum_j \psi_j |j_Q\rangle$를 Q계의 어떠한 상태라 하자. 또한 R계에서 이에 대응하는 상태 $|\tilde{\psi}\rangle$를

$$|\tilde{\psi}\rangle \equiv \sum_j \psi_j^* |j_R\rangle \tag{8.56}$$

로 정의하자. 그러면

$$\langle\tilde{\psi}|\sigma|\tilde{\psi}\rangle = \langle\tilde{\psi}| \left(\sum_{ij} |i_R\rangle\langle j_R| \otimes \mathcal{E}(|i_Q\rangle\langle j_Q|) \right) |\tilde{\psi}\rangle \tag{8.57}$$

$$= \sum_{ij} \psi_i \psi_j^* \mathcal{E}(|i_Q\rangle\langle j_Q|) \tag{8.58}$$

$$= \mathcal{E}(|\psi\rangle\langle\psi|) \tag{8.59}$$

가 되는 것에 주목한다. $\sigma = \sum_i |s_i\rangle\langle s_i|$를 σ의 어떤 분해라 하자. 여기서 $|s_i\rangle$ 벡터는 정규화할 필요가 없다. 사상

$$E_i(|\psi\rangle) \equiv \langle\tilde{\psi}|s_i\rangle \tag{8.60}$$

도 정의하자. 조금만 생각해보면 이 사상은 선형사상이므로 E_i는 Q의 상태공간에 대한 선형연산자다. 더욱이

$$\sum_i E_i |\psi\rangle\langle\psi| E_i^\dagger = \sum_i \langle\tilde{\psi}|s_i\rangle\langle s_i|\tilde{\psi}\rangle \tag{8.61}$$

$$= \langle\tilde{\psi}|\sigma|\tilde{\psi}\rangle \tag{8.62}$$

$$= \mathcal{E}(|\psi\rangle\langle\psi|) \tag{8.63}$$

가 된다. 따라서 Q의 모든 순수상태인 $|\psi\rangle$에 대해

$$\mathcal{E}(|\psi\rangle\langle\psi|) = \sum_i E_i |\psi\rangle\langle\psi| E_i^\dagger \tag{8.64}$$

가 된다. 그러면 볼록 선형성$^{\text{convex-linearity}}$에 의해 일반적으로

$$\mathcal{E}(\rho) = \sum_i E_i \rho E_i^\dagger \tag{8.65}$$

가 된다. $\sum_i E_i^\dagger E_i \leq I$ 조건은 $\mathcal{E}(\rho)$의 대각합을 확률로 정하는 공리 **A1**에서 바로 나온다.

연산자-합 표현에서의 자유

지금까지 연산자-합 표현이 열린 양자계의 동역학을 아주 일반적으로 기술한다는 것을 알아보았다. 그런데 이 표현만이 유일하게 기술하는 것일까?

단일 큐비트에 작용하는 양자연산 $\mathcal{E}$와 $\mathcal{F}$를 고려하고 연산자-합 표현은 $\mathcal{E}(\rho) = \sum_k E_k \rho E_k^\dagger$와 $\mathcal{F}(\rho) = \sum_k F_k \rho F_k^\dagger$라 하자. 여기서 $\mathcal{E}$와 $\mathcal{F}$에 대한 연산원소는

$$E_1 = \frac{I}{\sqrt{2}} = \frac{1}{\sqrt{2}} \begin{bmatrix} 1 & 0 \\ 0 & 1 \end{bmatrix} \qquad E_2 = \frac{Z}{\sqrt{2}} = \frac{1}{\sqrt{2}} \begin{bmatrix} 1 & 0 \\ 0 & -1 \end{bmatrix} \tag{8.66}$$

그리고

$$F_1 = |0\rangle\langle 0| = \begin{bmatrix} 1 & 0 \\ 0 & 0 \end{bmatrix} \qquad F_2 = |1\rangle\langle 1| = \begin{bmatrix} 0 & 0 \\ 0 & 1 \end{bmatrix} \tag{8.67}$$

로 정의하자. 이들은 아주 다른 양자연산으로 보인다. 흥미로운 점은 $\mathcal{E}$와 $\mathcal{F}$가 실제로 동일한 양자연산이라는 것이다. 이를 알아보기 위해 $F_1 = (E_1 + E_2)/\sqrt{2}$와 $F_2 = (E_1 - E_2)/\sqrt{2}$이라는 점에 주목한다. 따라서

$$\mathcal{F}(\rho) = \frac{(E_1 + E_2)\rho(E_1^\dagger + E_2^\dagger) + (E_1 - E_2)\rho(E_1^\dagger - E_2^\dagger)}{2} \tag{8.68}$$

$$= E_1\rho E_1^\dagger + E_2\rho E_2^\dagger \tag{8.69}$$

$$= \mathcal{E}(\rho) \tag{8.70}$$

가 된다. 이 예는 양자연산에 대해 연산자-합 표현에 나타나는 연산원소들이 유일하지 않음을 보여준다.

표현에 자유가 있다는 것은 아주 흥미롭다. 동전 던지기를 해서 앞, 뒷면 결과에 따라 유니타리 연산자 I 또는 Z를 양자계에 적용했다고 하자. 이 과정은 $\mathcal{E}$에 대한 첫 번째 연산자-합 표현에 대응한다. $\mathcal{E}$에 대한 두 번째 연산자-합 표현(위에서 $\mathcal{F}$로 표시)은 $\{|0\rangle, |1\rangle\}$ 기저로 사영 측정을 수행하는 것에 대응하며 측정 결과는 구별할 수 없다. 겉으로 보기에 아주 다른 이 2개의 물리 과정은 주 계에 대해 정확히 동일한 동역학을 발생시킨다.

연산원소들의 두 집합이 언제 동일한 양자연산을 발생시킬까? 이 질문을 이해하는 것은 적어도 두 가지 이유 때문에 중요하다. 첫째, 물리 관점에서 표현의 자유를 이해하면 다양한 물리 과정이 어떻게 동일한 계 동역학$^{\text{system dynamics}}$을 일으킬 수 있는지에 대해 더 많은 통찰력을 발휘하게 된다. 둘째, 연산자-합 표현의 자유를 이해하는 것은 양자 오류 정정을 잘 이해하는 데 중요하다.

직관적으로 보면 연산자 표현에 많은 자유가 있어야 한다는 것은 분명하다. 그림 8.3과 같이 어떤 계의 동역학을 기술하는 대각합-보존의 양자연산 $\mathcal{E}$을 고려해보자. $\mathcal{E}$에 대한 연산원소 $E_k = \langle e_k|U|e_0\rangle$는 환경에 대한 정규직교 기저 $|e_k\rangle$와 연관될 수 있음을 보였던 적이 있다. 그림 8.7과 같이 상호작용 U를 보완해서 환경에만 작용하는 유니타리 U'을 추가하자. 당연한 말이지만 이렇게 해도 주 계의 상태를 변경시키지 않는다. 이 새로운 과정인 $(I \otimes U')U$에 대응하는 연산원소들은 무엇일까? 계산해보면

$$F_k = \langle e_k|(I \otimes U')U|e_0\rangle \tag{8.71}$$

$$= \sum_j \left[I \otimes \langle e_k|U'|e_j\rangle \right] \langle e_j|U|e_0\rangle \tag{8.72}$$

$$= \sum_j U'_{kj} E_j \tag{8.73}$$

가 된다. 여기서는 $\sum_j |e_j\rangle\langle e_j| = I$라는 점을 사용했고 U'_{kj}는 $|e_k\rangle$에 대한 U'의 행렬성분이다. 이렇게 물리적으로 나온 묘사가 만들어낸 연산자-합 표현의 자유 때문에 연산자-합 표현에서 이용 가능한 완전자유$^{\text{complete freedom}}$의 본질이 파악된다는 것이 밝혀졌고, 다음 정리로 증명된다.

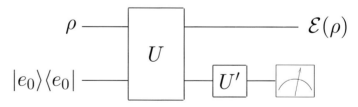

그림 8.7 연산자-합 표현에서 유니타리 자유의 출발점

정리 8.2: (연산자-합 표현의 유니타리 자유) $\{E_1,...,E_m\}$과 $\{F_1,...,F_n\}$이 각각 양자연산 $\mathcal{E}$와 $\mathcal{F}$를 생성하는 연산원소들이라 하자. 이 두 가지 연산원소들 중에서 작은 연산원소들 목록에는 영 연산자들을 추가해서 $m = n$이 되게 한다. 그러면 $\mathcal{E} = \mathcal{F}$이기 위한 필요충분조건은 $E_i = \sum_j u_{ij} F_j$가 되는 복소수 u_{ij}가 존재하는 것이고, 이때 u_{ij}는 $m \times m$

유니타리 행렬이다.

증명

이 증명의 열쇠는 177페이지의 정리 2.6이다. 이 정리를 상기해보면 $|\psi_i\rangle$와 $|\varphi_j\rangle$ 벡터의 두 집합이 동일한 연산자를 생성할 필요충분조건은

$$|\psi_i\rangle = \sum_j u_{ij}|\varphi_j\rangle \tag{8.74}$$

라는 것이다. 여기서 u_{ij}는 복소수의 유니타리 행렬이며, $|\psi_i\rangle$ 또는 $|\varphi_j\rangle$ 상태의 집합 중에서 더 작은 집합에 0 상태들을 추가하여 두 집합이 동일한 수의 원소를 갖게 한다. 이 결과를 통해 연산자-합 표현의 자유를 특징지을 수 있다. 즉, $\{E_i\}$와 $\{E_j\}$가 동일한 양자연산에 대한 2개의 연산원소 집합이고 모든 ρ에 대해 $\sum_i E_i \rho E_i^\dagger = \sum_j F_j \rho F_j^\dagger$라 하자. 또한

$$|e_i\rangle \equiv \sum_k |k_R\rangle\, (E_i|k_Q\rangle) \tag{8.75}$$

$$|f_j\rangle \equiv \sum_k |k_R\rangle\, (F_j|k_Q\rangle) \tag{8.76}$$

도 정의하자. (8.55) 식의 σ 정의를 상기하면, 이로부터 $\sigma = \sum_i |e_i\rangle\langle e_i| = \sum_j |f_j\rangle\langle f_j|$가 나온다. 따라서

$$|e_i\rangle = \sum_j u_{ij}|f_j\rangle \tag{8.77}$$

가 되는 유니타리 u_{ij}가 존재한다. 그러나 임의의 $|\psi\rangle$에 대해

$$E_i|\psi\rangle = \langle\tilde{\psi}|e_i\rangle \tag{8.78}$$

$$= \sum_j u_{ij}\langle\tilde{\psi}|f_j\rangle \tag{8.79}$$

$$= \sum_k u_{ij}F_j|\psi\rangle \tag{8.80}$$

가 된다. 따라서

$$E_i = \sum_j u_{ij}F_j \tag{8.81}$$

이다. 역으로 따져서 E_i와 F_j가 $E_i = \sum_j u_{ij}F_j$ 형식의 유니타리 변환과 관련이 있다고 가정하면, 간단한 계산을 통해 연산원소들 $\{E_i\}$를 사용한 양자연산이 연산원소들 $\{F_j\}$를 사용한 양자연산과 같다는 것을 알 수 있다. ∎

정리 8.2를 사용하면 주어진 양자연산를 모방하는 데 필요한 환경의 최대 크기는 얼마일까라는 또 다른 흥미로운 질문에 답할 수 있다.

정리 8.3: 힐베르트 공간 차원 d의 계에 대한 모든 양자연산 $\mathcal{E}$는 최대 d^2개의 원소를 포함하는 연산자-합 표현에 의해 생성될 수 있다. 즉,

$$\mathcal{E}(\rho) = \sum_{k=1}^{M} E_k \rho E_k^\dagger \qquad (8.82)$$

가 되는데, 여기서 $1 \leq M \leq d^2$이다.

이 정리의 증명은 간단하므로 확인문제로 남겨둔다.

확인문제 8.10: 다음 지시에 따라 연산자-합 표현의 자유를 바탕으로 하는 정리 8.3을 증명하라. 즉, $\{E_j\}$를 $\mathcal{E}$에 대한 연산원소 집합이라 하자. 또한 행렬 $W_{jk} \equiv \mathrm{tr}(E_j^\dagger E_k)$를 정의하자. W 행렬이 에르미트이고 최대 d^2의 계수rank를 갖는다는 것을 보여라. 따라서 $uWu^\dagger$가 최대 d^2개의 0이 아닌 성분들로 대각diagonal이 되게 만드는 유니타리 행렬 u가 존재함을 보여라. u를 사용하여 $\mathcal{E}$에 대해 최대 d^2개의 0이 아닌 연산원소들의 새 집합 $\{F_j\}$을 정의하라.

확인문제 8.11: $\mathcal{E}$는 d차원 입력공간을 d'차원 출력공간으로 사상시키는 양자연산이라 하자. $\mathcal{E}$는 최대 dd'개 연산원소들의 집합 $\{E_k\}$를 사용하여 기술될 수 있음을 보여라.

연산자-합 표현의 자유는 놀랄 정도로 유용하다. 예를 들어 10장에서는 양자 오류정정 연구에 이를 사용한다. 10장에서는 연산자-합 표현의 특정 연산자 집합이 양자 오류정정 과정에 대해 좀 더 유용한 정보를 제공한다는 것을 알게 될 것이고, 우리는 그 관점에서 양자 오류정정을 학습해야 한다. 늘 그렇듯이 어떤 과정을 이해함에 있어서 여러 방법을 사용하면 진행 상황에 대해 훨씬 더 많은 통찰력을 얻을 수 있다.

8.3 양자 노이즈 및 양자연산의 예

이 절에서는 양자 노이즈와 양자연산의 구체적인 예를 살펴본다. 이들 모델은 우리가 전개하고 있던 양자연산 형식체계의 강력함을 보여준다. 또한 양자계에 대한 노이즈의 실제 영향을 알아내고, 오류정정과 같은 기법으로 노이즈를 어떻게 제어할 수 있는지 이해

하는 데 중요하다.

8.3.1절에서는 측정을 양자연산으로 어떻게 기술할 수 있는지 고려하는 것으로 시작한다. 특히 대각합과 부분대각합 연산을 고려한다. 그 후 노이즈 과정으로 넘어가는데, 8.3.2절에서는 단일 큐비트에 대한 양자연산을 이해하기 위해 그래픽 방법의 표현으로 시작한다. 이 절의 나머지 부분에서는 이 방법을 사용하여 기초적인 비트반전과 위상반전 오류 과정(8.3.3절), 탈분극 채널(8.3.4절), 진폭감쇠(8.3.5절), 위상감쇠(8.3.6절)를 설명한다. 진폭감쇠와 위상감쇠는 이상적인 노이즈 모델로서 양자역학계에서 발생하는 노이즈의 가장 중요한 특징을 잡아내므로, 우리는 그 추상적인 수학공식에서뿐만 아니라 현실세계의 양자계에서 그 과정이 어떻게 발생하는지도 고려해야 한다.

8.3.1 대각합과 부분대각합

양자연산 형식체계의 주요 용도 중 하나는 측정 효과를 기술하는 것이다. 양자연산은 양자계의 측정에서 특정 결과를 얻을 확률뿐만 아니라 그 측정의 영향을 받는 계의 상태 변화도 기술하는 데 사용할 수 있다.

측정과 관련된 가장 간단한 연산은 대각합 사상$^{\text{trace map}}$ $\rho \to \mathrm{tr}(\rho)$이다. 즉, 우리가 보여줄 수 있는 것은 다음과 같은 방식의 양자연산이다. H_Q를 정규직교 기저 $|1\rangle \dots |d\rangle$로 생성된 어떠한 입력 힐베르트 공간이라 하자. 그리고 H'_Q는 $|0\rangle$ 상태에 의해 생성된 1차원 출력 공간이라 하자. 또한

$$\mathcal{E}(\rho) \equiv \sum_{i=1}^{d} |0\rangle \langle i|\rho|i\rangle \langle 0| \tag{8.83}$$

도 정의하자. 그러면 정리 8.1에 의해 $\mathcal{E}$는 양자연산이다. $\mathcal{E}(\rho) = \mathrm{tr}(\rho)|0\rangle\langle 0|$이므로 중요하지 않은 $|0\rangle\langle 0|$ 곱셈을 무시하면 이 양자연산은 대각합 함수와 동일하다.

심지어 더 유용한 결과는 부분대각합$^{\text{partial trace}}$이 양자연산이라는 점이다. 공동계 QR이 있고 R계를 대각합하려 한다고 하자. 또한 $|j\rangle$를 R계에 대한 기저라 하자. 선형연산자 $E_i : H_{QR} \to H_Q$는

$$E_i \left(\sum_j \lambda_j |q_j\rangle |j\rangle \right) \equiv \lambda_i |q_i\rangle \tag{8.84}$$

로 정의하며, 여기서 λ_j는 복소수이고 $|q_j\rangle$는 Q계의 임의 상태이다. $\mathcal{E}$는 다음과 같이 연산

원소들 $\{E_i\}$를 갖는 양자연산으로 정의하자. 즉,

$$\mathcal{E}(\rho) \equiv \sum_i E_i \rho E_i^\dagger \tag{8.85}$$

이다. 정리 8.1에 의해 위의 식은 QR계에서 Q계로 가는 양자연산이다. 다음과 같이 된다는 점에 주목하자.

$$\mathcal{E}(\rho \otimes |j\rangle\langle j'|) = \rho\delta_{j,j'} = \mathrm{tr}_R(\rho \otimes |j\rangle\langle j'|) \tag{8.86}$$

여기서 ρ는 Q계의 상태공간에 대한 임의의 에르미트 연산자이고, $|j\rangle$와 $|j'\rangle$는 R계에 대한 정규직교 기저의 멤버다. 그러므로 $\mathcal{E}$와 tr_R의 선형성에 따라 $\mathcal{E} = \mathrm{tr}_R$이 된다.

8.3.2 단일 큐비트 양자연산의 기하학적 그림

단일 큐비트에 대한 양자연산을 표현할 때 우아한 기하학적 방법이 존재한다. 이 방법을 사용하면 블로흐 구에서의 양자연산 영향을 지켜볼 수 있으므로 양자연산의 거동에 대해 직관적 느낌을 얻을 수 있다. 179페이지의 확인문제 2.72에서 단일 큐비트의 상태는 항상 블로흐 표현

$$\rho = \frac{I + \vec{r} \cdot \vec{\sigma}}{2} \tag{8.87}$$

로 나타낼 수 있었다는 점을 상기하자. 여기서 $\vec{r}$은 3개 성분의 실벡터다. 따라서

$$\rho = \frac{1}{2} \begin{bmatrix} 1 + r_z & r_x - ir_y \\ r_x + ir_y & 1 - r_z \end{bmatrix} \tag{8.88}$$

가 된다.

이 표현에서 임의의 대각합-보존 양자연산은 형식

$$\vec{r} \overset{\mathcal{E}}{\to} \vec{r}' = M\vec{r} + \vec{c} \tag{8.89}$$

의 사상과 동치라는 것이 밝혀졌다. 여기서 M은 3×3 실행렬이고 $\vec{c}$는 상수 벡터다. 이것은 어파인 사상$^{\text{affine map}}$이며 블로흐 구를 그 자신에게로 사상시킨다. 이를 확인하기 위해 $\mathcal{E}$에 대한 연산자-합 표현을 생성하는 연산자 E_i는 형식

$$E_i = \alpha_i I + \sum_{k=1}^{3} a_{ik}\sigma_k \tag{8.90}$$

로 표현된다고 하자. 그러면

$$M_{jk} = \sum_l \left[a_{lj}a_{lk}^* + a_{lj}^*a_{lk} + \left(|\alpha_l|^2 - \sum_p a_{lp}a_{lp}^* \right) \delta_{jk} + i \sum_p \epsilon_{jkp}(\alpha_l a_{lp}^* - \alpha_l^* a_{lp}) \right] \tag{8.91}$$

$$c_k = 2i \sum_l \sum_{jp} \epsilon_{jpk} a_{lj}a_{lp}^* \tag{8.92}$$

가 되는 것을 확인하기란 어렵지 않다. 여기서는 완비성 관계 $\sum_i E_i^\dagger E_i = I$를 사용하여 $\vec{c}$의 표현을 단순화시켰다.

M 행렬의 극 분해인 $M = U|M|$를 고려하면 어파인 사상인 (8.89) 식의 의미가 더 명확해지는데, 여기서 U는 유니타리다. M이 실수이기 때문에 $|M|$도 실수이며 에르미트다. 즉, $|M|$은 대칭행렬인 것이다. 더욱이 M이 실수이기 때문에 U는 실수이고, 따라서 직교행렬이라 가정할 수 있다. 즉, $U^T U = I$가 되는데, 여기서 T는 전치연산이다. 따라서

$$M = OS \tag{8.93}$$

로 표현할 수 있다. 여기서 O는 행렬식^{determinant} 값 1을 갖는 실수 직교행렬로서 적절한 회전을 나타내고, S는 실수 대칭행렬이다. 이렇게 볼 때 (8.89) 식은 S에 의해 결정된 주축$^{\text{principal axe}}$에 관한 블로흐 구의 변형일 뿐이고, 따라서 O에 의해 적절히 회전한 후 $\vec{c}$에 의해 이동한 것이 된다.

확인문제 8.12: 분해식 (8.93)에서 O가 행렬식 값 1을 갖는다고 가정할 수 있는 이유는 무엇인가?

확인문제 8.13: 유니타리 변환은 블로흐 구의 회전에 대응함을 보여라.

확인문제 8.14: $\det(S)$는 양수일 필요가 없음을 보여라.

8.3.3 비트반전 채널과 위상반전 채널

위에서 기술한 기하학적 그림은 단일 큐비트에 대해 중요한 양자연산을 시각화하는 데 사용할 수 있으며, 나중에 오류정정 이론에도 사용할 것이다. 비트반전$^{\text{bit flip}}$ 채널은 큐비트의 상태를 $1 - p$ 확률로 $|0\rangle$에서 $|1\rangle$로 (또는 그 반대로) 뒤집는다. 이 채널은 연산원소

$$E_0 = \sqrt{p}\, I = \sqrt{p} \begin{bmatrix} 1 & 0 \\ 0 & 1 \end{bmatrix} \quad E_1 = \sqrt{1-p}\, X = \sqrt{1-p} \begin{bmatrix} 0 & 1 \\ 1 & 0 \end{bmatrix} \tag{8.94}$$

를 갖는다. 비트반전 채널의 효과는 그림 8.8에 설명돼 있다.

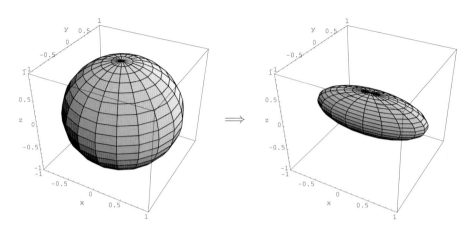

그림 8.8 $p = 0.3$일 때, 블로흐 구에 대한 비트반전 채널의 효과. 왼쪽의 구는 모든 순수상태의 집합을 나타내고 오른쪽의 변형된 구는 채널을 통과한 후의 상태를 나타낸다. $\hat{x}$축에서의 상태만 그대로 유지되는 반면 $\hat{y}$-$\hat{z}$ 평면은 $1 - 2p$ 계수만큼 균일하게 수축된다.

이 기하학적 그림을 통해 이러한 양자연산에 관한 특정 사실을 아주 쉽게 확인할 수 있다. 예를 들어 단일 큐비트의 값 $\mathrm{tr}(\rho^2)$이 $(1 + |\vec{r}|^2)/2$와 같은지 쉽게 증명할 수 있다. 여기서 $|\vec{r}|$은 블로흐 벡터의 노름^{norm}이다. 그림 8.8에 나타난 블로흐 구의 수축은 블로흐 벡터의 노름을 증가시킬 수 없다. 그러므로 $\mathrm{tr}(\rho^2)$이 비트반전 채널에 대해서만 감소할 수 있다고 바로 결론을 내릴 수 있다. 이것은 기하학적 그림을 사용하는 한 예일 뿐이다. 일단 이러한 그림에 충분히 익숙해지면, 그림을 통해 단일 큐비트에 대한 양자연산의 특성을 직관적으로 잘 알게 될 것이다.

위상반전$^{\mathrm{phase\ flip}}$ 채널은 연산원소

$$E_0 = \sqrt{p}\, I = \sqrt{p} \begin{bmatrix} 1 & 0 \\ 0 & 1 \end{bmatrix} \qquad E_1 = \sqrt{1-p}\, Z = \sqrt{1-p} \begin{bmatrix} 1 & 0 \\ 0 & -1 \end{bmatrix} \qquad (8.95)$$

를 갖는다. 위상반전 채널의 효과는 그림 8.9에 나와 있다. 위상반전 채널의 특별한 경우로서 $p = 1/2$로 선택할 때 일어나는 양자연산을 고려하자. 연산자-합 표현의 자유를 이용하면 이 연산을

$$\rho \rightarrow \mathcal{E}(\rho) = P_0 \rho P_0 + P_1 \rho P_1 \qquad (8.96)$$

로 표현할 수 있는데, 여기서 $P_0 = |0\rangle\langle 0|$, $P_1 = |1\rangle\langle 1|$이다. 위 식은 $|0\rangle$, $|1\rangle$ 기저로 큐비트를 측정한 것에 해당하며 측정 결과는 구별할 수 없다. 이 처리 방법을 사용하면 블로흐

구에서 대응하는 사상이

$$(r_x, r_y, r_z) \rightarrow (0, 0, r_z) \tag{8.97}$$

로 주어진다는 것을 쉽게 알 수 있다. 기하학적으로 블로흐 벡터는 z축을 따라 사영되며 블로흐 벡터의 x와 y 성분은 사라진다.

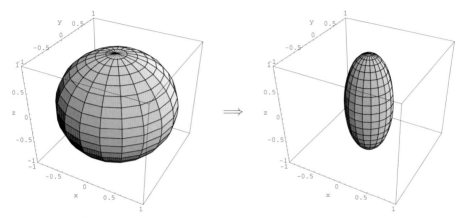

그림 8.9 $p = 0.3$일 때, 블로흐 구에 대한 위상반전 채널의 효과. $\hat{z}$축에 대한 상태는 그대로 유지되는 반면, $\hat{x}$-$\hat{y}$ 평면은 $1 - 2p$ 계수만큼 균일하게 수축된다.

비트-위상반전$^{bit\text{-}phase\ flip}$ 채널은 연산원소

$$E_0 = \sqrt{p}\, I = \sqrt{p} \begin{bmatrix} 1 & 0 \\ 0 & 1 \end{bmatrix} \qquad E_1 = \sqrt{1-p}\, Y = \sqrt{1-p} \begin{bmatrix} 0 & -i \\ i & 0 \end{bmatrix} \tag{8.98}$$

를 갖는다. 이름이 의미하듯이 이것은 위상반전과 비트반전을 결합한 것인데, 그 이유는 $Y = iXZ$이기 때문이다. 비트-위상반전 채널의 작용은 그림 8.10에 나타나 있다.

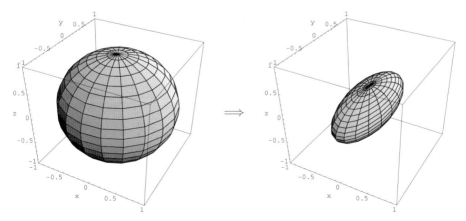

그림 8.10 $p = 0.3$일 때, 블로흐 구에 대한 비트-위상반전 채널의 효과. $\hat{y}$축의 상태는 그대로 유지되는 반면, $\hat{x}$-$\hat{z}$ 평면은 $1 - 2p$ 계수만큼 균일하게 수축된다.

확인문제 8.15: 단일 큐비트에 대해 사영 측정이 $|+\rangle$, $|-\rangle$ 기저로 수행된다고 하자. 여기서 $|\pm\rangle \equiv (|0\rangle \pm |1\rangle)/\sqrt{2}$이다. 측정 결과를 알 수 없는 사건에서 밀도행렬은 식

$$\rho \to \mathcal{E}(\rho) = |+\rangle\langle+|\rho|+\rangle\langle+| \quad + \quad |-\rangle\langle-|\rho|-\rangle\langle-| \tag{8.99}$$

에 따라 진화한다. 블로흐 구로 이 변환을 설명하라.

확인문제 8.16: 단일 큐비트 양자연산을 이해하기 위한 그래픽 방법은 대각합-보존 양자연산을 위해 나왔다. 블로흐 구의 변형과 회전 및 이동으로 설명할 수 없는 비대각합-보존 양자연산의 명시적 예를 구하라.

8.3.4 탈분극 채널

탈분극 채널$^{\text{depolarizing channel}}$은 중요한 유형의 양자 노이즈다. 어떤 단일 큐비트가 존재하고, 그 큐비트는 p 확률로 탈분극된다고 하자. 즉, 완전히 혼합된 상태인 $I/2$로 대체된다. $1 - p$ 확률로는 큐비트가 그대로 유지된다. 이 노이즈 후, 양자계의 상태는

$$\mathcal{E}(\rho) = \frac{pI}{2} + (1 - p)\rho \tag{8.100}$$

가 된다. 블로흐 구에 대한 탈분극 채널의 효과는 그림 8.11에 나타나 있다.

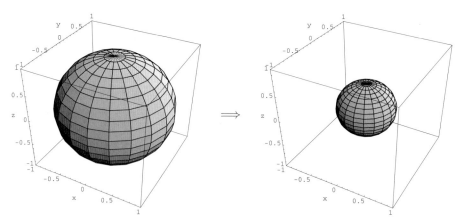

그림 8.11 $p = 0.5$일 때, 블로흐 구에 대한 탈분극 채널의 효과. p의 함수로서 전체 구가 어떻게 균일하게 수축되는지 주목한다.

탈분극 채널을 시뮬레이션하는 양자회로는 그림 8.12에 나타나 있다. 그 회로의 맨 위 선은 탈분극 채널에 대한 입력이고, 그 아래 2개의 선은 그 채널을 시뮬레이션하는 '환경'

이다. 2개의 혼합상태 입력을 갖는 환경을 사용했던 적이 있다. 지금 아이디어는 세 번째 큐비트를 제어용으로 사용해 두 번째 큐비트에 저장된 상태를 첫 번째 큐비트로 옮기는 것이다. 처음에 세 번째 큐비트는 $1 - p$ 확률의 $|0\rangle$ 상태와 p 확률의 $|1\rangle$ 상태를 혼합시켜 놓고 두 번째 큐비트에는 완전 혼합상태인 $I/2$를 저장해놓는다.

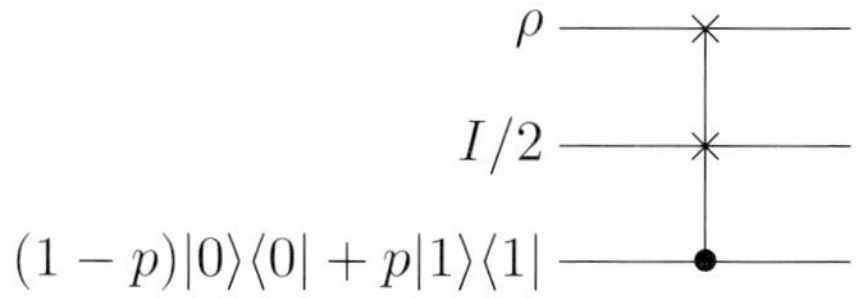

$$\rho \underline{\times}$$
$$I/2 \underline{\times}$$
$$(1 - p)|0\rangle\langle 0| + p|1\rangle\langle 1| \underline{\bullet}$$

그림 8.12 탈분극 채널의 회로 구현

(8.100) 형식은 연산자-합 표현이 아니다. 하지만 임의의 ρ에 대해

$$\frac{I}{2} = \frac{\rho + X\rho X + Y\rho Y + Z\rho Z}{4} \tag{8.101}$$

가 되는 것으로 관측된다면 (8.100)의 $I/2$에 이 식을 대입해서

$$\mathcal{E}(\rho) = \left(1 - \frac{3p}{4}\right)\rho + \frac{p}{4}(X\rho X + Y\rho Y + Z\rho Z) \tag{8.102}$$

가 된다. 이는 이 탈분극 채널이 연산원소들 $\{\sqrt{1 - 3p/4}\, I, \sqrt{p}\, X/2, \sqrt{p}\, Y/2, \sqrt{p}\, Z/2\}$를 갖는다는 것을 보여준다. 덧붙여 말하면, 탈분극 채널을 다음과 같이 다른 방식으로 매개변수화하는 것이 편리한 경우가 많다.

$$\mathcal{E}(\rho) = (1 - p)\rho + \frac{p}{3}(X\rho X + Y\rho Y + Z\rho Z) \tag{8.103}$$

이 식은 $1 - p$ 확률로 ρ 상태 그대로 있고 각각 $p/3$ 확률로 연산자 X, Y, Z가 ρ 상태에 적용되는 것으로 해석할 수 있다.

확인문제 8.17: 다음에 따라 (8.101)을 증명하라. 먼저

$$\mathcal{E}(A) \equiv \frac{A + XAX + YAY + ZAZ}{4} \tag{8.104}$$

로 정의한다. 그리고

$$\mathcal{E}(I) = I; \quad \mathcal{E}(X) = \mathcal{E}(Y) = \mathcal{E}(Z) = 0 \tag{8.105}$$

임을 보여라. 이제 단일 큐비트 밀도행렬에 대해 블로흐 구 표현을 사용하여 (8.101)을 증명하라.

물론 탈분극 채널은 2보다 더 큰 차원의 양자계로 일반화시킬 수 있다. d차원 양자계의 경우 탈분극 채널은 또다시 p 확률로 그 양자계를 완전 혼합상태 I/d로 만들어버리고, 그 외의 확률로 상태를 건드리지 않고 그대로 둔다. 이에 대응하는 양자연산은

$$\mathcal{E}(\rho) = \frac{pI}{d} + (1 - p)\rho \tag{8.106}$$

이다.

확인문제 8.18: $k \geq 1$인 경우 탈분극 채널의 작용에 의해 $\text{tr}(\rho^k)$가 결코 증가하지 않음을 보여라.

확인문제 8.19: d차원 힐베르트 공간에 작용하는 일반화된 탈분극 채널에 대해 연산자-합 표현을 구하라.

8.3.5 진폭감쇠

양자연산의 중요한 응용은 에너지 흩어짐^{energy dissipation}(양자계의 에너지 손실로 인한 효과)에 대한 서술이다. 자발적으로 광자를 방출하는 원자의 동역학은 무엇일까? 고온의 스핀계는 어떻게 환경과 평형에 접근할까? 간섭계 또는 공진기에서 산란과 감쇠가 이뤄질 때의 광자 상태는 무엇일까?

이들 각 과정은 자신만의 유일한 기능을 갖지만 그 과정들 모두의 일반적 거동은 **진폭감쇠**^{amplitude damping}라는 양자연산에 의해 잘 특징지어진다. 여기서 진폭감쇠는 다음 시나리오를 고려하면 얻을 수 있다. 0 또는 1 광자의 중첩인 $a|0\rangle + b|1\rangle$ 양자상태를 포함하는 단일 광학 모드가 있다고 하자. 이 모드에서 광자의 산란은 광자의 길목에 은을 부분적으로 코팅한 거울, 광분할기를 놓는 것을 고려하여 모델링할 수 있다. 7.4.2절에서 보았듯이 이 광분할기는 유니타리 변환 $B = \exp[\theta(a^\dagger b - ab^\dagger)]$에 따라 광자가 또 다른 단일 광학 모드(환경을 나타냄)에 결합^{coupling}될 수 있게 한다. 여기서 a, $a^\dagger$와 b, $b^\dagger$는 두 모드에서 광자의 소멸연산자와 생성연산자다. 환경이 광자 없이 시작한다고 가정하면 광분할기 후의 출력은 (7.34)을 사용하여 단순히 $B|0\rangle(a|0\rangle + b|1\rangle) = a|00\rangle + b(\cos\theta|01\rangle + \sin\theta|10\rangle)$가 된다. 환경을 대각합하면 양자연산은

$$\mathcal{E}_{\text{AD}}(\rho) = E_0 \rho E_0^\dagger + E_1 \rho E_1^\dagger \tag{8.107}$$

가 된다. 여기서 $E_k = \langle k|B|0\rangle$은 진폭감쇠에 대한 연산원소

$$E_0 = \begin{bmatrix} 1 & 0 \\ 0 & \sqrt{1-\gamma} \end{bmatrix}$$

$$E_1 = \begin{bmatrix} 0 & \sqrt{\gamma} \\ 0 & 0 \end{bmatrix} \tag{8.108}$$

이다. $\gamma = \sin^2\theta$는 광자를 잃을 확률로 생각할 수 있다.

E_0과 E_1을 선형조합해도 항등연산자에 비례하는 연산원소가 나오지 않는다는 점에 유의한다(확인문제 8.23과 비교된다). E_1 연산은 $|1\rangle$ 상태를 $|0\rangle$ 상태로 바꾸는데, 이는 환경으로의 양자 에너지 손실에 대한 물리적 과정에 해당한다. E_0은 $|0\rangle$을 그대로 두지만 $|1\rangle$ 상태의 진폭을 줄인다. 물리적으로 이렇게 되는 이유는 양자 에너지가 환경으로 빠져나가지 않기 때문이고, 따라서 환경 측에서 바라보면 이제 그 계가 $|1\rangle$ 상태가 아닌 $|0\rangle$ 상태에 있을 가능성이 더 크게 된다.

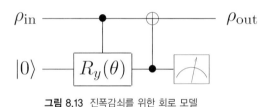

그림 8.13 진폭감쇠를 위한 회로 모델

확인문제 8.20: (진폭감쇠를 위한 회로 모델)   그림 8.13의 회로가 $\sin^2(\theta/2) = \gamma$인 진폭감쇠 양자연산을 모델링함을 보여라.

확인문제 8.21: (조화진동자의 진폭감쇠)   주 계인 조화진동자가 해밀토니안

$$H = \chi(a^\dagger b + b^\dagger a) \tag{8.109}$$

을 통해 또 다른 조화진동자로 모델링된 환경과 상호작용한다고 하자. 여기서 a와 b는 7.3절에 정의된 대로 각 조화진동자에 대한 소멸연산자다.

1. $U = \exp(-iH\Delta t)$를 사용하고 $b^\dagger b$의 고유상태를 $|k_b\rangle$로 나타내며 진공상태 $|0_b\rangle$를 환경의 초기상태로 잡으면, 연산원소들 $E_k = \langle k_b|U|0_b\rangle$가

$$E_k = \sum_n \sqrt{\binom{n}{k}} \sqrt{(1-\gamma)^{n-k}\gamma^k} \, |n-k\rangle\langle n| \tag{8.110}$$

로 된다는 것을 보여라. 여기서 $\gamma = 1 - \cos^2(\chi\Delta t)$는 단일 양자 에너지를 잃을 확률이고 $|n\rangle$과 같은 상태는 $a^\dagger a$의 고유상태다.

2. 연산원소 E_k가 대각합-보존 양자연산을 정의한다는 것을 보여라.

확인문제 8.22: (단일 큐비트 밀도행렬의 진폭감쇠) 일반적인 단일 큐비트 상태는

$$\rho = \begin{bmatrix} a & b \\ b^* & c \end{bmatrix} \tag{8.111}$$

이다. 이에 대해 진폭감쇠가

$$\mathcal{E}_{\text{AD}}(\rho) = \begin{bmatrix} 1 - (1-\gamma)(1-a) & b\sqrt{1-\gamma} \\ b^*\sqrt{1-\gamma} & c(1-\gamma) \end{bmatrix} \tag{8.112}$$

라는 것을 보여라.

확인문제 8.23: (듀얼레일 큐비트의 진폭감쇠) 2큐비트를 사용하여 단일 큐비트 상태를 표현한다고 하자. 즉,

$$|\psi\rangle = a|01\rangle + b|10\rangle \tag{8.113}$$

이다. 이 상태에 $\mathcal{E}_{\text{AD}} \otimes \mathcal{E}_{\text{AD}}$를 적용하면 연산원소

$$E_0^{\text{dr}} = \sqrt{1-\gamma}\, I \tag{8.114}$$

$$E_1^{\text{dr}} = \sqrt{\gamma}\left[|00\rangle\langle01| + |00\rangle\langle10|\right] \tag{8.115}$$

로 기술할 수 있는 과정이 만들어진다는 것을 보여라. 즉, 큐비트에 아무것도 발생되지 않거나(E_0^{dr}) 큐비트가 $|00\rangle$ 상태로 변환(E_1^{dr})되어 $|\psi\rangle$에 직교한다. 이것은 간단한 오류 검출 코드이며 7.4절에서 논의한 '듀얼레일' 큐비트를 강력하게 만드는 기반도 된다.

확인문제 8.24: (자발적 방출은 진폭감쇠다) 7.6.1절에서 설명했듯이 전자기 복사의 단일 모드에 결합된 단일 원자는 자발적 방출을 겪는다. 이 과정이 단지 진폭감쇠임을 확인하기 위해 재니스-커밍스 상호작용인 (7.77) 식에서 디튜닝^{detuning} $\delta = 0$으로 유니타리 연산을 수행하고 전자기장을 대각합하여 양자연산을 수행하라.

양자연산의 일반적 특징은 연산을 해도 변하지 않는 상태들의 집합이다. 예를 들어 위상반전 채널이 블로흐 구의 $\hat{z}$ 축을 어떻게 그대로 두는지 본 적 있다. 즉, 이것은 임의의 확률 p에 대해 $p|0\rangle\langle0| + (1-p)|1\rangle\langle1|$ 형식의 상태에 해당한다. 진폭감쇠의 경우, 바닥 상태 $|0\rangle$만 변하지 않는다. 이는 마치 온도가 0에 있는 것처럼 $|0\rangle$ 상태에서 시작하는 것으

로 환경을 모델링한 자연스러운 결과다.

제한 온도$^{\text{finite temperature}}$에서 환경으로의 흩어짐 효과를 기술하는 양자연산은 무엇일까? 이 과정인 $\mathcal{E}_{\text{GAD}}$을 일반진폭감쇠$^{\text{generalized amplitude damping}}$라 부르며 단일 큐비트의 경우, $\mathcal{E}_{\text{GAD}}$을 연산원소

$$E_0 = \sqrt{p} \begin{bmatrix} 1 & 0 \\ 0 & \sqrt{1-\gamma} \end{bmatrix} \tag{8.116}$$

$$E_1 = \sqrt{p} \begin{bmatrix} 0 & \sqrt{\gamma} \\ 0 & 0 \end{bmatrix} \tag{8.117}$$

$$E_2 = \sqrt{1-p} \begin{bmatrix} \sqrt{1-\gamma} & 0 \\ 0 & 1 \end{bmatrix} \tag{8.118}$$

$$E_3 = \sqrt{1-p} \begin{bmatrix} 0 & 0 \\ \sqrt{\gamma} & 0 \end{bmatrix} \tag{8.119}$$

로 정의한다. 여기서 정상상태$^{\text{stationary state}}$

$$\rho_\infty = \begin{bmatrix} p & 0 \\ 0 & 1-p \end{bmatrix} \tag{8.120}$$

는 $\mathcal{E}_{\text{GAD}}(\rho_\infty) = \rho_\infty$을 만족시킨다. 일반진폭감쇠는 주변 격자와 스핀의 결합^{coupling}으로 인한 'T_1' 이완 과정을 기술한다. 이때 주변 격자는 종종 스핀 온도보다 훨씬 높은 온도에서 열 평형상태에 있는 커다란 계가 된다. 이는 NMR 양자계산과 관련되는데, 여기서 $\mathcal{E}_{\text{GAD}}$의 특성 중 몇몇은 중요하며 박스 8.3에 설명해놓았다.

박스 8.3: 일반진폭감쇠와 유효순수상태

7.7절에서 소개한 '유효순수상태'라는 개념은 양자 컴퓨터의 NMR 구현에 유용한 것으로 밝혀졌다. 이러한 상태는 대각합 0인 관측가능량$^{\text{traceless observable}}$의 유니타리 진화 및 측정하에서 순수상태처럼 동작한다. 그 상태는 양자연산하에서 어떻게 거동할까? 일반적으로 비유니타리$^{\text{non-unitary}}$ 양자연산은 이러한 상태의 효율성을 떨어뜨리지만 놀랍게도 일반진폭감쇠하에서는 제대로 거동할 수 있다.

단일 큐비트의 유효순수상태 $\rho = (1-p)I + (2p-1)|0\rangle\langle0|$을 고려하자. 명백하게도 $U\rho U^\dagger$에 작용하는 대각합 0인 측정 관측가능량은 순수상태 $U|0\rangle\langle0|U^\dagger$에 비례하는 결과를 생성한다. ρ가 $\mathcal{E}_{\text{GAD}}$의 정상상태라 하자. 흥미롭게도 이 경우에는

$$\mathcal{E}_{\text{GAD}}(U\rho U^\dagger) = (1-p)I + (2p-1)\mathcal{E}_{\text{AD}}(U\rho U^\dagger) \tag{8.121}$$

가 된다. 즉, 일반진폭감쇠하에서 유효순수상태는 그대로 유지될 수 있고, 더욱이 ρ의 '순수' 성분은 마치 0도 온도의 저장소에 진폭감쇠를 진행시키는 것처럼 거동한다!

확인문제 8.25: 큐비트의 온도 T를 정의할 때, 평형상태에서 $|0\rangle$과 $|1\rangle$ 상태에 있을 확률이 볼츠만 분포, 즉 $p_0 = e^{-E_0/k_{\mathrm{B}}T}/\mathcal{Z}$와 $p_1 = e^{-E_1/k_{\mathrm{B}}T}/\mathcal{Z}$를 만족시킨다고 하자. 여기서 E_0는 상태 $|0\rangle$의 에너지이고, E_1은 상태 $|1\rangle$의 에너지이며, $\mathcal{Z} = e^{-E_0/k_{\mathrm{B}}T} + e^{-E_1/k_{\mathrm{B}}T}$이다. 그러면 ρ_∞ 상태를 나타내는 온도는 얼마인가?

진폭감쇠의 효과를 블로흐 표현으로 시각화하려면, 블로흐 벡터 변환

$$(r_x, r_y, r_z) \rightarrow \left(r_x\sqrt{1-\gamma}, r_y\sqrt{1-\gamma}, \gamma + r_z(1-\gamma) \right) \tag{8.122}$$

을 사용하면 된다. γ를 $1 - e^{-t/T_1}$과 같은 시변함수^time-varying function(t는 시간이고 T_1은 그 과정의 속도를 특징짓는 어떤 상수)로 대체하면, 실제 물리 과정의 경우와 마찬가지로 블로흐 구의 흐름^flow으로 진폭감쇠의 효과를 시각화할 수 있다. 이때 이 단위 공의 모든 점은 $|0\rangle$가 위치한 북극의 고정된 점 쪽으로 이동한다. 이는 그림 8.14에 나타나 있다.

마찬가지로 일반진폭감쇠는 변환

$$(r_x, r_y, r_z) \rightarrow \left(r_x\sqrt{1-\gamma}, r_y\sqrt{1-\gamma}, \gamma(2p-1) + r_z(1-\gamma) \right) \tag{8.123}$$

을 수행한다. (8.122)와 (8.123)을 비교하면 진폭감쇠와 일반진폭감쇠는 흐름의 고정점 위치에서만 다르다는 것이 분명하다. 즉, 최종상태는 $\hat{z}$축을 따라 $(2p-1)$ 지점에 있으며, 이는 혼합상태다.

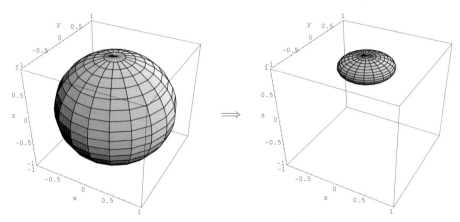

그림 8.14 $p = 0.8$일 때, 블로흐 구에서 진폭감쇠 채널의 효과. 구 전체가 $|0\rangle$ 상태인 북극 쪽으로 움츠러드는 모양에 주목한다.

8.3.6 위상감쇠

에너지 손실 없이 양자정보의 손실을 기술하는, 유일하게 양자역학적인 노이즈 과정은 위상감쇠phase damping다. 물리적으로 말하면 위상감쇠는 예를 들어 양자가 도파관waveguide 을 통과하며 무작위로 산란될 때 발생하는 것을 기술하거나 원자의 전자상태가 간격을 두고 떨어져 있는 전하와 상호작용할 때 어떻게 요동치는지를 기술한다. 양자계의 에너 지 고유상태는 시간의 함수로 변하지 않지만 고윳값에 비례하는 위상을 축적한다. 정확 히 알려져 있지 않은 시간 동안 계가 진화하면, 이 양자 위상(에너지 고유상태 간의 상대적 위 상)에 관한 부분 정보가 손실된다.

이러한 종류의 양자 노이즈에 대한 아주 간단한 모델은 다음과 같다. 큐비트 $|\psi\rangle = a|0\rangle + b|1\rangle$에 회전연산 $R_z(\theta)$를 적용한다고 하자. 여기서 회전각 θ는 무작위다. 무 작위성randomness이란 환경과의 결정론적 상호작용에서 나올 수 있으며, 계와는 또다시 상 호작용하지 않으므로 암묵적으로 측정된다(4.4절 참조). 우리는 이러한 무작위 R_z 연산을 페이즈 킥phase kick이라 부를 것이다. 페이즈 킥 각도 θ가 평균 0과 분산 2λ의 가우스 분포 Gaussian distribution를 갖는 확률변수로 잘 표현된다고 하자.

이 과정의 출력상태는 θ에 대한 평균으로 구한 밀도행렬로 나온다. 즉,

$$\rho = \frac{1}{\sqrt{4\pi\lambda}} \int_{-\infty}^{\infty} R_z(\theta)|\psi\rangle\langle\psi|R_z^\dagger(\theta)e^{-\theta^2/4\lambda}\, d\theta \tag{8.124}$$

$$= \begin{bmatrix} |a|^2 & ab^* e^{-\lambda} \\ a^*b\, e^{-\lambda} & |b|^2 \end{bmatrix} \tag{8.125}$$

가 된다. 무작위의 페이즈 킥을 수행하면 밀도행렬의 비대각 성분들에 대한 기댓값이 시 간에 따라 지수적으로 0으로 감소하게 된다. 이는 위상감쇠의 특징적 결과다.

위상감쇠 양자연산을 유도하는 또 다른 방법은 바로 이전 절에서 진폭감쇠를 유도한 것과 비슷한 방식으로 두 조화진동자 간의 상호작용을 고려하는 것이다. 그러나 이번에 는 상호작용 해밀토니안이

$$H = \chi\, a^\dagger a(b + b^\dagger) \tag{8.126}$$

이다. $U = \exp(-iH\Delta t)$이라 하고 진동자의 $|0\rangle$과 $|1\rangle$ 상태만 계로서 고려하며 환경 진동 자를 초기에 $|0\rangle$으로 설정하자. 그러면 환경에 대해 대각합하면 연산원소 $E_k = \langle k_b|U|0_b\rangle$ 가 나오는데, 이는

$$E_0 = \begin{bmatrix} 1 & 0 \\ 0 & \sqrt{1-\lambda} \end{bmatrix} \tag{8.127}$$

$$E_1 = \begin{bmatrix} 0 & 0 \\ 0 & \sqrt{\lambda} \end{bmatrix} \tag{8.128}$$

이다. 여기서 $\lambda = 1 - \cos^2(\chi \Delta t)$는 계의 광자가 (에너지 손실없이) 흩어질 확률로 해석할 수 있다. 진폭감쇠의 경우와 마찬가지로 E_0는 $|0\rangle$을 변화시키지 않고 $|1\rangle$ 상태의 진폭을 줄인다. 하지만 진폭감쇠와 달리 E_1 연산은 $|0\rangle$을 붕괴시키며 $|1\rangle$ 상태의 진폭을 줄이고는 $|0\rangle$으로 변화시키지 않는다.

양자연산의 유니타리 자유인 정리 8.2를 적용하면, E_0와 E_1의 유니타리 재결합^{unitary recombination}으로 위상감쇠를 위한 새로운 연산원소 집합이 나온다. 즉,

$$\tilde{E}_0 = \sqrt{\alpha} \begin{bmatrix} 1 & 0 \\ 0 & 1 \end{bmatrix} \tag{8.129}$$

$$\tilde{E}_1 = \sqrt{1 - \alpha} \begin{bmatrix} 1 & 0 \\ 0 & -1 \end{bmatrix} \tag{8.130}$$

이며, 여기서 $\alpha = (1 + \sqrt{1 - \lambda})/2$이다. 따라서 위상감쇠 양자연산은 8.3.3절에 나오는 위상반전 채널과 정확히 같다!

위상감쇠가 위상반전 채널과 같으므로 우리는 블로흐 구에서 어떻게 시각화되는지를 이미 알고 있다. 바로 그림 8.9에서였다. 이는 블로흐 벡터 변환

$$(r_x, r_y, r_z) \to \left(r_x\sqrt{1 - \lambda}, r_y\sqrt{1 - \lambda}, r_z \right) \tag{8.131}$$

에 해당한다. 이 변환은 구를 타원체로 축소시키는 효과를 발휘한다. 위상감쇠는 역사적 이유로 'T_2' (또는 '스핀-스핀') 완화 과정이라고도 하는데, 여기서 $e^{-t/2T_2} = \sqrt{1 - \lambda}$이다. 시간의 함수로서 감쇠의 양은 증가하는데, 이는 단위 공의 모든 지점에 대한 내부 흐름이 $\hat{z}$축을 향하는 것에 해당한다. $\hat{z}$축을 따르는 상태는 변하지 않는다는 점에 주목한다.

역사적으로 말하면, 위상감쇠는 물리적으로 무작위의 페이즈 킥 또는 산란 과정^{scattering process}으로 발생한다고 거의 생각됐었다. 위상오류 채널과의 연관성이 발견된 후에야 양자 오류정정이 개발됐는데, 그 이유는 위상오류가 연속적^{continuous}이어서 이산 과정으로 기술될 수 없다고 생각했기 때문이다! 사실, 단일 큐비트 위상오류는 항상 큐비트에 α 확률로 아무 것도 발생하지 않는 과정, 또는 $1 - \alpha$ 확률로 Z 파울리 연산에 의해 큐비트가 반전되는 과정에서 나오는 것으로 생각할 수 있다. 이것은 실제 미시적 물리과정^{microscopic physical process}이 아닐 수도 있지만, 바탕이 되는 무작위 과정에 비해 커다란 이산

시간 구간에 걸쳐 큐비트에 발생하는 변환의 관점에서 보면 미시적이든 거시적이든 전혀 차이가 없다.

위상감쇠는 양자계산 및 양자정보 연구에서 가장 미묘하고 중요한 과정 중 하나다. 이는 엄청난 양의 연구와 추측의 주제였는데, 특히 우리 주변의 세계가 왜 그렇게 고전적인 것으로 보이고 중첩상태는 왜 우리의 일상에서 경험하지 못하는지에 관한 주제였다! 아마도 일상에서 이렇게 중첩상태로 존재하지 않는 이유는 바로 위상감쇠 때문일까?(확인문제 8.31) 앞서갔던 양자물리학자 슈뢰딩거는 이 문제를 제기한 최초의 사람이었을 것이다. 그는 아주 극단적 형태로 이 문제를 언급했는데, 박스 8.4에서 이를 설명해놓았다.

박스 8.4: 슈뢰딩거의 고양이

누군가 슈뢰딩거의 고양이 얘기를 꺼내면 총으로 쏴 버리고 싶은 기분이 든다.
– 스티븐 호킹(Stephen Hawking)

슈뢰딩거의 악명 높은 고양이는 어떤 자동장치에 의해 삶과 죽음에 직면한다. 그 자동장치는 다음 그림과 같이 들뜬 원자상태가 붕괴되는 것으로 관측되면 독이 든 병을 깨뜨려 고양이를 죽인다.

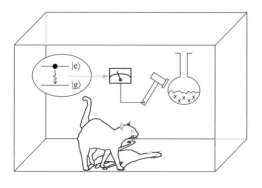

슈뢰딩거는 원자가 중첩상태에 있을 때 어떻게 될지 의문을 제기했다. 고양이는 살까 아니면 죽을까? 이와 같은 중첩상태가 일상세계에서 발생하지 않는 이유는 무엇일까? 이 수수께끼는 다음과 같이 인식한다면 해결된다. 즉, 거시적 중첩상태가 결잃음에 매우 민감하기 때문에 실제 생활에서는 이런 일이 일어날 가능성이 거의 없다는 것이다. 원자를 단일 큐비트로 잡자. 공동계의 초기상태는 $|alive\rangle|1\rangle$이다. 원자의 반감기가 한 번 지나면 상태는 $|alive\rangle(|0\rangle + |1\rangle)/\sqrt{2}$로 중첩된다(이 표기는 실제 물리학을 단순하게 나타낸 것인데, 여기서 세부적으로 다루기에는 너무 복잡하다). 원자가 $|0\rangle$ 상태로 떨어지는 경우에 그 장치는 고양이를 죽인다. 그렇지 않은 경우라면 고양이는 산다. 따라서 상태는 $|\psi\rangle = [|dead\rangle|0\rangle + |alive\rangle|1\rangle]/\sqrt{2}$로 표현할 수 있다. 그러면 고양이의 상태는 원자의 상태와 얽히게 된다. 이 상황은 고양이가 살아 있으면서 동시에 죽은 것처럼 보이지만 이 상태의 밀도행렬

$$\rho = |\psi\rangle\langle\psi| \tag{8.132}$$

$$= \frac{1}{2}\Big[|alive, 1\rangle\langle alive, 1| + |dead, 0\rangle\langle dead, 0|$$

$$+ |alive, 1\rangle\langle dead, 0| + |dead, 0\rangle\langle alive, 1|\Big] \tag{8.133}$$

을 고려해보자. 현실적으로 상자 속의 고양이와 원자를 완벽하게 고립시키기란 불가능하므로 이 중첩상태에 관한 정보는 외부세계로 유출될 것이다. 예를 들면 고양이 몸에서 나오는 열이 벽에 스며들어 그 상태가 외부로 알려질 수 있다. 이러한 효과는 위상감쇠로 모델링할 수 있으며, 이는 ρ의 뒤쪽 두 (비대각off-diagonal) 항을 지수적으로 감쇠시킨다. 첫 번째 근사화를 위해 고양이-원자 계를 간단한 조화진동자로 모델링할 수 있다. 그러한 계의 결잃음에 대한 중요한 결과를 보면, 에너지 차가 높은 상태들 간의 결맞음이 에너지 차가 더욱 낮은 상태 간의 결맞음보다 더 빨리 붕괴된다는 것을 알게 된다(확인문제 8.31). 따라서 ρ는 거의 대각상태diagonal state로 빠르게 변환될 것인데, 이는 죽거나 살아 있는 상태에 해당하는 고양이-원자 상태들의 앙상블을 나타내는 것이지 두 상태의 중첩으로 있는 것은 아니다.

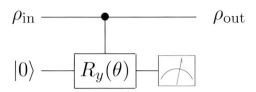

그림 8.15 위상감쇠를 위한 회로 모델. 위쪽 선은 알려지지 않은 상태의 입력 큐비트를 전달하고 아래쪽 선은 환경을 모델링하는 데 사용되는 보조 큐비트에 해당한다.

확인문제 8.26: (위상감쇠를 위한 회로 모델) 그림 8.15의 회로는 θ를 적절히 잡으면 위상감쇠 양자연산을 모델링하는 데 사용할 수 있음을 보여라.

확인문제 8.27: (위상감쇠 = 위상반전 채널) (8.127)과 (8.128)의 연산원소와 (8.129)와 (8.130)의 연산원소를 연관시키는 유니타리 변환을 구하라. 즉, $\tilde{E}_k = \sum_j u_{kj} E_j$를 만족시키는 u를 구하라.

확인문제 8.28: (한 개의 CNOT 위상감쇠 모델 회로) 환경의 초기상태를 혼합상태로 한다면 제어형 NOT 게이트 한 개를 위상감쇠 모델로 사용할 수 있음을 보여라. 여기서 감쇠량은 혼합상태 속에 있는 상태들의 확률에 의해 결정된다.

확인문제 8.29: (항등보존성unitality**)** 양자 프로세스 $\mathcal{E}$는 $\mathcal{E}(I) = I$일 때 항등보존된다고unital 말한다. 탈분극 채널과 위상감쇠 채널은 항등보존되지만, 진폭감쇠는 항등보존되지 않음을 보여라.

확인문제 8.30: ($T_2 \leq T_1/2$) T_2 위상 결맞음 완화율phase coherence relaxation rate이란 큐비트 밀도행렬에서 대각 이외 성분의 지수적 붕괴율exponential decay rate이고, 반면에 T_1은 대각성분의 붕괴율이다(7.144) 식 참조). 진폭감쇠는 둘 모두 0이 아닌 T_1과 T_2 비율을 갖는다. 진폭감쇠의 경우 $T_2 = T_1/2$임을 보여라. 또한 진폭감쇠와 위상감쇠가 모두 적용된다면 $T_2 \leq T_1/2$임을 보여라.

확인문제 8.31: (위상감쇠에 대한 지수적 민감도) (8.126)을 사용하여 조화진동자의 밀도행렬에서 $\rho_{nm} = \langle n|\rho|m \rangle$ 성분이 위상감쇠 효과를 받아 어떤 상수 λ에 대해 $e^{-\lambda(n-m)^2}$에 따라 지수적으로 붕괴한다는 것을 보여라.

8.4 양자연산의 응용

양자연산 형식체계는 강력한 도구에 적합하기 때문에 수많은 응용이 있다. 이 절에서는 이러한 응용 중 두 가지에 대해 설명한다. 8.4.1절에서는 양자연산 형식체계와 상호보완 적으로 양자 노이즈를 기술하는 지배방정식master equation 이론을 설명한다. 지배방정식 접 근법은 미분방정식을 사용하여 연속시간으로 양자 노이즈를 기술하는데, 물리학자가 가장 자주 사용하는 양자 노이즈에 대한 접근법이다. 8.4.2절에서는 양자계의 동역학을 실험 적으로 결정하는 절차인 양자 프로세스 단층촬영quantum process tomography에 대해 설명한다.

8.4.1 지배방정식

열린 양자계는 광범위한 분야에서 발생하며, 양자연산 이외의 많은 도구가 연구에 사용 될 수 있다. 이 절에서는 이러한 도구 중 하나인 지배방정식의 접근법에 대해 간략하게 설명한다.

열린 양자계의 동역학은 양자광학 분야에서 광범위하게 연구됐다. 이러한 상황에서 주된 목표는 비유니타리non-unitary 거동을 올바로 기술하는 미분방정식으로 열린 계의 시 간 진화를 기술하는 것이다. 이러한 서술은 지배방정식으로 하며, 가장 일반적인 린드블 라드 형식Lindblad form

$$\frac{d\rho}{dt} = -\frac{i}{\hbar}[H, \rho] + \sum_j \left[2L_j \rho L_j^\dagger - \{L_j^\dagger L_j, \rho\} \right] \tag{8.134}$$

로 표현될 수 있다. 여기서 $\{x, y\} = xy + yx$는 반교환자anticommutator를 나타낸다. H는 에 르미트 연산자인 계 해밀토니안이며 동역학의 결맞음 부분을 나타낸다. 그리고 L_j는 린 드블라드 연산자이며 계와 환경의 결합coupling을 나타낸다. 미분방정식은 양자연산에 대 해 이전에 설명한 것과 비슷한 의미에서 그 과정이 완전히 양positive이 되도록 위의 형식 을 취한다. 일반적으로 계와 환경은 곱상태product state로 시작한다고 가정한다. 더욱이 과 정에 대한 지배방정식을 유도하기 위해 보통으로 계-환경 모델 해밀토니안으로 시작하 고 나서 L_j를 결정하기 위해 보른Born과 마르코프Markov 근사화를 한다. 지배방정식 접근 법에서는 항상 $\mathrm{tr}[\rho(t)] = 1$이란 점에 주목한다.

린드블라드 방정식의 예로서 진공과 결합한 2준위 원자가 자발적으로 방출한다고 하 자. 원자 진화의 결맞음 부분은 해밀토니안 $H = -\hbar\omega\sigma_z/2$로 기술된다. $\hbar\omega$는 원자 수준 의 에너지 차다. 자발적 방출은 들뜸($|1\rangle$) 상태의 원자가 바닥($|0\rangle$) 상태로 떨어지면서 그

과정에서 광자를 방출한다. 이 방출은 린드블라드 연산자 $\sqrt{\gamma}\sigma_-$에 의해 기술되는데, 여기서 $\sigma_- \equiv |0\rangle\langle1|$는 원자의 내림연산자lowering operator이고, γ는 자발적 방출율이다. 이 과정을 기술하는 지배방정식은

$$\frac{d\rho}{dt} = -\frac{i}{\hbar}[H, \rho] + \gamma \left[2\sigma_-\rho\sigma_+ - \sigma_+\sigma_-\rho - \rho\sigma_+\sigma_-\right] \tag{8.135}$$

이다. 여기서 $\sigma_+ \equiv \sigma_-^\dagger$는 원자의 올림연산자raising operator다.

이 방정식을 풀려면 상호작용 묘사interaction picture[2]로 전환하는 것이 도움된다. 즉, 다음과 같이 변수를 변경한다.

$$\tilde{\rho}(t) \equiv e^{iHt}\rho(t)e^{-iHt} \tag{8.136}$$

$\tilde{\rho}$에 대한 운동방정식은

$$\frac{d\tilde{\rho}}{dt} = \gamma \left[2\tilde{\sigma}_-\tilde{\rho}\tilde{\sigma}_+ - \tilde{\sigma}_+\tilde{\sigma}_-\tilde{\rho} - \tilde{\rho}\tilde{\sigma}_+\tilde{\sigma}_-\right] \tag{8.137}$$

가 되는 것을 쉽게 알 수 있는데, 여기서

$$\tilde{\sigma}_- \equiv e^{iHt}\sigma_-e^{-iHt} = e^{-i\omega t}\sigma_- \tag{8.138}$$

$$\tilde{\sigma}_+ \equiv e^{iHt}\sigma_+e^{-iHt} = e^{i\omega t}\sigma_+ \tag{8.139}$$

이다. 최종 운동방정식은

$$\frac{d\tilde{\rho}}{dt} = \gamma \left[2\sigma_-\tilde{\rho}\sigma_+ - \sigma_+\sigma_-\tilde{\rho} - \tilde{\rho}\sigma_+\sigma_-\right] \tag{8.140}$$

가 된다. 이 운동방정식은 $\tilde{\rho}$에 대한 블로흐 벡터 표현을 사용하면 쉽게 풀어진다. 해는

$$\lambda_x = \lambda_x(0)e^{-\gamma t} \tag{8.141}$$

$$\lambda_y = \lambda_y(0)e^{-\gamma t} \tag{8.142}$$

$$\lambda_z = \lambda_z(0)e^{-2\gamma t} + 1 - e^{-2\gamma t} \tag{8.143}$$

이다. $\gamma' = 1 - \exp(-2t\gamma)$로 정의하면 이 진화는

$$\tilde{\rho}(t) = \mathcal{E}(\tilde{\rho}(0)) \equiv E_0\tilde{\rho}(0)E_0^\dagger + E_1\tilde{\rho}(0)E_1^\dagger \tag{8.144}$$

와 동치라는 것을 쉽게 확인할 수 있는데, 여기서

---

2   폴 디랙의 사후에 디랙 묘사라고도 한다. 슈뢰딩거 묘사와 하이젠베르크 묘사를 이어주는 매개적 표현이다. 상호작용으로 인한 파동함수와 관측가능량의 변화를 취급할 때 도움된다. – 옮긴이

$$E_0 \equiv \begin{bmatrix} 1 & 0 \\ 0 & \sqrt{1-\gamma'} \end{bmatrix} \tag{8.145}$$

$$E_1 \equiv \begin{bmatrix} 0 & \sqrt{\gamma'} \\ 0 & 0 \end{bmatrix} \tag{8.146}$$

는 양자연산 $\mathcal{E}$를 정의하는 연산원소들이다. $\mathcal{E}$의 효과는 진폭감쇠라는 점에 주목한다. 즉, (8.108) 식과 비교해보라. 우리가 고려했던 예는 스핀-보손 모델의 예인데, 이 예에서 작은 유한차원 양자계는 다수의 단순 조화진동자와 상호작용한다. 물리적으로 말하면 공진기 QED에서와 같이 원자와 전자기 복사의 상호작용 또는 원자와 이온트랩과의 상호작용을 기술하는 것이 중요하다.

지배방정식 접근법은 양자연산 형식체계보다 덜 일반적이다. 지배방정식을 풀면 밀도행렬의 시간 종속성을 결정할 수 있다. 이를 알면 결과를 연산자-합 표현의 양자연산으로 표현할 수 있다. 즉,

$$\rho(t) = \sum_k E_k(t)\rho(0)E_k^\dagger(t) \tag{8.147}$$

이다. 여기서 $E_k(t)$는 시간종속 연산원소이며 지배방정식의 해로부터 결정된다. 하지만 연산자-합 표현으로 기술된 양자 프로세스는 반드시 지배방정식으로 표현될 수 있는 것은 아니다. 예를 들어 양자연산은 비마르코프 동역학^{non-Markovian dynamic}을 기술할 수 있는데, 이는 지속적인 시간 진화가 아니라 단순히 상태변화만 기술하기 때문이다. 그럼에도 각 접근법에는 자기 나름대로의 위치가 있다. 사실 양자연산조차도 가장 일반적인 서술을 제공하지는 않는다. 양자연산에 의해 기술되지 않는 일부 과정에 대해서는 8.5절에서 고려한다.

8.4.2 양자 프로세스 단층촬영

양자연산은 열린 양자계에 대해 훌륭한 수학적 모델을 제공하며 (적어도 큐비트의 경우) 편리하게 시각화된다. 하지만 실험적으로 측정 가능한 양과 어떤 관계가 있을까? 실험자가 양자계의 동역학을 특징지으려면 어떤 측정을 해야 할까? 고전계의 경우, 이러한 기초 작업을 계 식별^{system identification}이라 한다. 여기서 우리는 계 식별과 유사한 양자 프로세스 단층촬영^{quantum process tomography}을 유한차원의 양자계에 어떻게 수행할 수 있는지 보일 것이다.

프로세스 단층촬영을 이해하려면 먼저 양자상태 단층촬영^{quantum state tomography}이라는 또 다른 절차를 이해해야 한다. 상태 단층촬영은 알려져 있지 않은 양자상태를 실험적으로

결정하는 절차다. 단일 큐비트의 상태 ρ가 알려지지 않았다고 하자. ρ의 상태가 어떤지 실험적으로 어떻게 결정할 수 있을까?

ρ를 하나만 복사해서는 ρ를 특징짓는 것이 불가능한 것으로 밝혀졌다. 기본적인 문제는 $|0\rangle$와 $(|0\rangle + |1\rangle)/\sqrt{2}$ 같은 비직교 양자상태를 확실히 구별할 수 있는 양자측정이 존재하지 않는다는 것이다. 하지만 ρ의 복사본이 많으면 ρ를 추정하는 것이 가능하다. 예를 들어 ρ가 어떤 실험에 의해 생성된 양자상태라면, 실험을 여러 번 반복해서 ρ 상태의 복사본을 많이 생성하면 된다.

단일 큐비트 밀도행렬 ρ의 복사본이 여러 개 있다고 하자. $I/\sqrt{2}$, $X/\sqrt{2}$, $Y/\sqrt{2}$, $Z/\sqrt{2}$ 집합은 힐베르트-슈미트 내적$^{\text{inner product}}$에 관해 정규직교 행렬 집합을 형성하므로 ρ는

$$\rho = \frac{\text{tr}(\rho)I + \text{tr}(X\rho)X + \text{tr}(Y\rho)Y + \text{tr}(Z\rho)Z}{2} \tag{8.148}$$

로 확장될 수 있다. 하지만 $\text{tr}(A\rho)$와 같은 표현식은 관측가능량의 평균값으로 해석된다는 점을 상기하자. 예를 들어 $\text{tr}(Z\rho)$를 추정하기 위해 관측가능량 Z를 큰 수인 m번 측정하고 각 결과값이 $+1$ 또는 -1인 $z_1, z_2, ..., z_m$을 얻는다고 하자. 이 수량의 경험적 평균인 $\sum_i z_i/m$은 $\text{tr}(Z\rho)$의 실제 값에 대한 추정값이다. 중심극한정리$^{\text{central limit theorem}}$를 사용하면 이 추정값이 큰 수 m에 대해 얼마나 잘 근사되는지 알 수 있다. 이 값은 근사적으로 가우스 곡선을 따르며 평균은 $\text{tr}(Z\rho)$이고 표준편차는 $\Delta(Z)/\sqrt{m}$이다. 여기서 $\Delta(Z)$는 Z의 단일 측정에 대한 표준편차이고 상계가 1이므로 추정값 $\sum_i z_i/m$의 표준편차는 최대 $1/\sqrt{m}$이다.

비슷한 방법으로 큰 표본 크기에 극한을 취하면 높은 신뢰도로 $\text{tr}(X\rho)$와 $\text{tr}(Y\rho)$ 수량을 추정할 수 있으므로 ρ에 대한 적절한 추정값을 얻을 수 있다. 둘 이상의 큐비트 경우에 이 절차를 일반화하는 것은 원론적으로 어렵지 않다! 단일 큐비트의 경우와 비슷하게 n큐비트의 임의 밀도행렬은

$$\rho = \sum_{\vec{v}} \frac{\text{tr}\left(\sigma_{v_1} \otimes \sigma_{v_2} \otimes \cdots \otimes \sigma_{v_n} \rho\right) \sigma_{v_1} \otimes \sigma_{v_2} \otimes \cdots \otimes \sigma_{v_n}}{2^n} \tag{8.149}$$

로 확장될 수 있다. 여기서 합은 벡터 $\vec{v} = (v_1, ..., v_n)$에 대한 것이며, v_i 성분은 0, 1, 2, 3 집합에서 선택한다. 파울리 행렬의 곱인 관측량을 측정하면 이 합의 각 항을 추정할 수 있으므로 ρ에 대한 추정값을 얻을 수 있다.

지금까지 큐비트로 구성된 계에 대한 상태 단층촬영을 어떻게 수행하는지를 설명했다. 비큐비트 계$^{\text{non-qubit system}}$가 관련된다면 어떻게 될까? 놀랍지도 않게 위의 처리 방법을 그러한 계에 일반화시키는 것은 쉽다. 여기서는 그렇게 하지 않을 것이고 대신 8장의 끝 부분에 있는 '역사와 추가자료'를 참조하기 바란다.

이제 양자상태 단층촬영을 수행하는 방법을 알게 됐는데, 그렇다면 양자 프로세스 단층촬영을 수행하는 데 이 방법을 어떻게 사용할 수 있을까? 실험 절차는 다음과 같이 요약할 수 있다. 계의 상태공간이 d차원을 갖는다고 하자. 예를 들어 단일 큐비트의 경우 $d = 2$이다. d^2개의 순수 양자상태 $|\psi_1\rangle, \ldots, |\psi_{d^2}\rangle$를 잡고 이에 대응하는 밀도행렬 $|\psi_1\rangle\langle\psi_1|, \ldots, |\psi_{d^2}\rangle\langle\psi_{d^2}|$이 행렬공간에 대한 기저집합$^{\text{basis set}}$을 형성하게 한다.

다음에서 이러한 집합을 선택하는 방법을 자세히 설명할 것이다. 각 상태 $|\psi_j\rangle$에 대해 해당 상태로 양자계를 준비하고 나서 특징지으려는 과정에 적용한다. 과정이 완료된 후 양자상태 단층촬영을 사용하여 그 과정에서 출력된 상태 $\mathcal{E}(|\psi_j\rangle\langle\psi_j|)$를 결정한다. 순수주의자의 관점에서 보면, 원론적으로 양자연산 $\mathcal{E}$를 모든 상태로 선형 확장시키면 $\mathcal{E}$가 결정되기 때문에 이것으로 끝난다.

물론 실제로는 실험적으로 이용 가능한 데이터를 가지고 $\mathcal{E}$의 유용한 표현을 결정하는 방법이 있어야 한다. 그렇게 하는 일반적인 절차를 설명할 것인데, 단일 큐비트의 경우에는 해결한 바 있다. 우리의 목표는 $\mathcal{E}$에 대한 연산원소 집합 $\{E_i\}$를 결정하는 것이다. 즉,

$$\mathcal{E}(\rho) = \sum_i E_i \rho E_i^\dagger \tag{8.150}$$

이다. 하지만 실험 결과는 이론적 개념인 연산자로 나오는 것이 아니라 수치로 나온다. 측정가능한 매개변수로부터 E_i를 결정하려면 연산자 $\tilde{E}_i$의 고정된 집합$^{\text{fixed set}}$을 사용하여 동등한 $\mathcal{E}$ 서술을 고려하는 것이 편리하며, 이는 상태공간에서 연산자 $\tilde{E}_i$의 집합에 대한 기저를 형성하므로 복소수 e_{im}의 어떤 집합에 대해

$$E_i = \sum_m e_{im} \tilde{E}_m \tag{8.151}$$

가 된다. 따라서 (8.150) 식은

$$\mathcal{E}(\rho) = \sum_{mn} \tilde{E}_m \rho \tilde{E}_n^\dagger \chi_{mn} \tag{8.152}$$

로 다시 표현할 수 있다. 여기서 $\chi_{mn} \equiv \sum_i e_{im} e_{in}^*$은 정의에 의해 양의 에르미트인 행렬성분이다. 이 표현은 카이 **행렬표현**$^{\text{chi matrix representation}}$이라 부르며 일단 연산자 $\tilde{E}_i$의 집합이

고정됐을 때 $\mathcal{E}$가 복소행렬 χ로 완전히 기술될 수 있음을 보여준다.

일반적으로 χ는 $d^4 - d^2$개의 독립 실수 매개변수를 포함한다. 그 이유는 $d \times d$ 복소행렬에서 $d \times d$ 행렬로의 일반적인 선형사상이 d^4 독립 매개변수에 의해 기술되지만, ρ가 대각합 1을 갖는 에르미트로 된다는 사실로 인해 d^2개의 제약이 추가로 생기기 때문이다. 즉, 완비성 관계

$$\sum_i E_i^\dagger E_i = I \tag{8.153}$$

가 충족되고 이 관계로 d^2개의 실제 제약이 생긴다. 우리는 χ를 실험으로 어떻게 결정하는지를 보여준 다음, χ 행렬을 알았을 때 (8.150) 식의 연산자-합 표현이 어떻게 복원될 수 있는지 보여줄 것이다.

ρ_j를 $d \times d$ 행렬의 공간에 대해 선형독립의 고정된 기저라 하자($1 \le j \le d^2$). 즉, 어떠한 $d \times d$ 행렬이라도 ρ_j의 유일한 선형조합으로 표현할 수 있다. $|n\rangle\langle m|$을 연산자 집합으로 잡는 것이 편리하다. 실험적으로 말하면 입력상태 $|n\rangle$, $|m\rangle$, $|+\rangle = (|0\rangle + |1\rangle)/\sqrt{2}$, $|-\rangle = (|0\rangle + i|1\rangle)/\sqrt{2}$을 준비해서 $\mathcal{E}(|n\rangle\langle n|)$, $\mathcal{E}(|m\rangle\langle m|)$, $\mathcal{E}(|+\rangle\langle +|)$, $\mathcal{E}(|-\rangle\langle -|)$의 선형조합을 형성시키면 다음과 같이 출력상태 $\mathcal{E}(|n\rangle\langle m|)$를 얻을 수 있다.

$$\mathcal{E}(|n\rangle\langle m|) = \mathcal{E}(|+\rangle\langle +|) + i\mathcal{E}(|-\rangle\langle -|) - \frac{1+i}{2}\mathcal{E}(|n\rangle\langle n|) - \frac{1+i}{2}\mathcal{E}(|m\rangle\langle m|) \tag{8.154}$$

따라서 각 ρ_j마다 상태 단층촬영에 의해 $\mathcal{E}(\rho_j)$를 결정하는 것이 가능하다.

더욱이 각 $\mathcal{E}(\rho_j)$는 기저상태들의 선형조합

$$\mathcal{E}(\rho_j) = \sum_k \lambda_{jk}\rho_k \tag{8.155}$$

로 표현할 수 있고 상태 단층촬영을 통해 $\mathcal{E}(\rho_j)$을 알기 때문에 λ_{jk}는 표준 선형대수 알고리듬에 의해 결정될 수 있다. 계속 진행하기 위해서는

$$\tilde{E}_m \rho_j \tilde{E}_n^\dagger = \sum_k \beta_{jk}^{mn}\rho_k \tag{8.156}$$

로 표현하는 게 좋다. 여기서 β_{jk}^{mn}은 복소수이고 $\tilde{E}_m$ 연산자와 ρ_j 연산자가 주어지면 선형대수의 표준 알고리듬으로 결정될 수 있다. 위의 두 식과 (8.152)를 결합하면

$$\sum_k \sum_{mn} \chi_{mn}\beta_{jk}^{mn}\rho_k = \sum_k \lambda_{jk}\rho_k \tag{8.157}$$

가 된다. ρ_k가 선형독립이므로 각 k에 대해

$$\sum_{mn} \beta_{jk}^{mn} \chi_{mn} = \lambda_{jk} \tag{8.158}$$

가 된다. 이러한 관계는 행렬 χ가 올바른 양자연산 $\mathcal{E}$를 제공하기 위한 필요충분조건이 된다. χ와 λ를 벡터로, β를 mn 열과 jk 행을 갖는 $d^4 \times d^4$ 행렬로 생각할 수 있다. χ를 어떻게 얻을 수 있는지를 보이기 위해, κ는 행렬 β에 대한 일반화 역행렬^{generalized inverse}이라 하고 관계

$$\beta_{jk}^{mn} = \sum_{st,xy} \beta_{jk}^{st} \kappa_{st}^{xy} \beta_{xy}^{mn} \tag{8.159}$$

을 만족시킨다고 하자. 행렬 조작을 위한 대부분의 컴퓨터 패키지는 이러한 일반화 역행렬을 구할 수 있다. 우리는 이제

$$\chi_{mn} \equiv \sum_{jk} \kappa_{jk}^{mn} \lambda_{jk} \tag{8.160}$$

로 정의한 χ가 (8.158) 관계를 만족시킨다는 것을 증명할 것이다.

(8.160)으로 정의한 χ가 (8.158)을 만족시키는 것을 증명할 때 어려운 점은 일반적으로 χ가 (8.158) 식으로 유일하게 결정되지 않는다는 것이다. 편의상, 행렬 형식의 이들 식을

$$\beta \vec{\chi} = \vec{\lambda} \tag{8.161}$$

$$\vec{\chi} \equiv \kappa \vec{\lambda} \tag{8.162}$$

로 다시 표현하자. (8.152) 식이 나온 배경을 보면 (8.161) 식에 대해 적어도 하나의 해가 존재한다는 것을 알게 되는데, 이 해를 $\vec{\chi}'$이라 부르자. 그러면 $\vec{\lambda} = \beta \vec{\chi}'$이 된다. 일반화 역행렬은 $\beta \kappa \beta = \beta$를 만족시킨다. $\vec{\chi}$ 정의에 β를 곱하면

$$\beta \vec{\chi} = \beta \kappa \vec{\lambda} \tag{8.163}$$

$$= \beta \kappa \beta \vec{\chi}' \tag{8.164}$$

$$= \beta \vec{\chi}' \tag{8.165}$$

$$= \vec{\lambda} \tag{8.166}$$

가 된다. 따라서 (8.162)로 정의한 χ는 (8.161) 식을 만족시키며 이는 우리가 증명하려고 했던 것이다.

χ를 결정하면 다음과 같은 방식으로 $\mathcal{E}$에 대한 연산자-합 표현이 바로 나온다. 유니타리 행렬 $U^\dagger$가 χ를 대각화시킨다고 하자. 즉,

$$\chi_{mn} = \sum_{xy} U_{mx} d_x \delta_{xy} U_{ny}^* \qquad (8.167)$$

이다. 이로부터

$$E_i = \sqrt{d_i} \sum_j U_{ji} \tilde{E}_j \qquad (8.168)$$

가 $\mathcal{E}$에 대한 연산원소라는 것을 쉽게 증명할 수 있다. 우리의 알고리듬은 다음과 같이 요약할 수 있다. 즉, 상태 단층촬영을 사용하여 실험적으로 $\vec{\lambda}$를 결정하고, 이어서 $\vec{\chi} = \kappa \vec{\lambda}$ 식을 통해 χ를 결정하는데, 이렇게 연산원소 E_i의 집합을 포함해서 $\mathcal{E}$를 완전히 기술하게 된다.

단일 큐비트 양자 프로세스의 경우 12개의 매개변수만 결정하면 된다(박스 8.5). 2큐비트 양자 블랙박스 $\mathcal{E}_2$의 동역학은 이해하기에 훨씬 더 큰 문제가 있다. 이 경우, 그 양자계에 작용하는 양자연산을 완전히 지정하려면 결정해야 할 매개변수가 240개나 존재한다! 이들을 결정하려면 분명히 상당한 일이 될 것이다. 하지만 단일 큐비트 사례의 경우, 실험적 상태 단층촬영과 상태 준비 절차가 실험실에서 이용 가능하다면 계산을 자동화하는 수치 루틴^{numerical routine}을 구현하는 것은 비교적 간단할 것이다.

박스 8.5: 단일 큐비트에 대한 프로세스 단층촬영

1큐비트 연산의 경우에는 프로세스 단층촬영의 일반적 방법을 단순화시켜 실험 상황에서 유용할 수 있는 명시적 공식을 얻을 수 있다. 이 단순화가 가능하기 위해 $\tilde{E}_i$를 고정된 연산자로 잡으면, 편리하게도 χ 행렬은 간단한 행렬곱셈으로 결정될 수 있는 교환 특성^{commutation property}을 갖게 된다. 1큐비트 경우,

$$\tilde{E}_0 = I \qquad (8.169)$$
$$\tilde{E}_1 = X \qquad (8.170)$$
$$\tilde{E}_2 = -iY \qquad (8.171)$$
$$\tilde{E}_3 = Z \qquad (8.172)$$

를 사용한다. χ에 의해 지정되는 12개의 매개변수가 존재하며, 이들 매개변수는 임의의 단일 큐비트 양자연산 $\mathcal{E}$를 결정한다. 실험의 4개 집합을 사용하면 이들 매개변수를 측정할 수도 있다. 특정 예로서 입력상태 $|0\rangle$, $|1\rangle$, $|+\rangle = (|0\rangle + |1\rangle)/\sqrt{2}$, $|-\rangle = (|0\rangle + i|1\rangle)/\sqrt{2}$가 준비되고 4개의 행렬

$$\rho_1' = \mathcal{E}(|0\rangle\langle 0|) \tag{8.173}$$

$$\rho_4' = \mathcal{E}(|1\rangle\langle 1|) \tag{8.174}$$

$$\rho_2' = \mathcal{E}(|+\rangle\langle +|) - i\mathcal{E}(|-\rangle\langle -|) - (1-i)(\rho_1' + \rho_4')/2 \tag{8.175}$$

$$\rho_3' = \mathcal{E}(|+\rangle\langle +|) + i\mathcal{E}(|-\rangle\langle -|) - (1+i)(\rho_1' + \rho_4')/2 \tag{8.176}$$

은 상태 단층촬영을 사용해서 결정된다고 하자. 이들 행렬은 $\rho_j' = \mathcal{E}(\rho_j)$에 대응하는데, 여기서

$$\rho_1 = \begin{bmatrix} 1 & 0 \\ 0 & 0 \end{bmatrix} \tag{8.177}$$

이고 $\rho_2 = \rho_1 X$, $\rho_3 = X\rho_1$, $\rho_4 = X\rho_1 X$이다. (8.156)과 (8.169)부터 (8.172)까지의 식으로부터 β를 결정할 수 있고, 마찬가지로 ρ_j'는 λ를 결정한다. 하지만 특정 기저를 선택하고 $\tilde{E}_i$의 파울리 행렬표현을 사용하면, β 행렬을 크로네커 곱$^{\text{Kronecker product}}$ $\beta = \Lambda \otimes \Lambda$로 표현할 수도 있다. 여기서

$$\Lambda = \frac{1}{2}\begin{bmatrix} I & X \\ X & -I \end{bmatrix} \tag{8.178}$$

이므로 χ는 블록행렬 측면에서 편리하게

$$\chi = \Lambda \begin{bmatrix} \rho_1' & \rho_2' \\ \rho_3' & \rho_4' \end{bmatrix} \Lambda \tag{8.179}$$

로 표현할 수 있다.

지금까지 체계적인 절차를 사용해 양자계의 동역학에 대한 유용한 표현이 실험적으로 어떻게 결정될 수 있는지 알아보았다. 이러한 양자 프로세스 단층촬영의 절차는 고전 제어 이론$^{\text{classical control theory}}$에서 수행되는 계 식별 단계와 유사하며, 노이즈가 있는 양자계를 이해하고 제어하는 데 있어서도 비슷한 역할을 한다.

확인문제 8.32: 양자 프로세스 단층촬영을 비대각합-보존$^{\text{non-trace-preserving}}$ 양자연산의 경우로 어떻게 확장하는지 설명하라. 이는 측정을 연구하다보면 발생한다.

확인문제 8.33: (양자 프로세스 지정) 블로흐 구 위의 점 집합 $\{\vec{r}_k\}$이 단일 큐비트 연산 $\mathcal{E}$에 의해 어떻게 변환되는지 기술함으로써 임의의 $\mathcal{E}$를 완전히 지정하려 한다고 하자. 그 점 집합이 최소 4개의 점을 포함해야 한다는 것을 증명하라.

확인문제 8.34: (2큐비트에 대한 프로세스 단층촬영) 2큐비트에 대한 블랙박스 연산을 기술하는 χ_2는

$$\chi_2 = \Lambda_2 \overline{\rho}' \Lambda_2 \tag{8.180}$$

로 표현할 수 있음을 보여라. 여기서 $\Lambda_2 = \Lambda \otimes \Lambda$이고 Λ는 박스 8.5에서 정의한 바와 같으며, $\overline{\rho}'$는 측정된 16개의 밀도행렬로 이루어진 블록행렬이다. 즉,

$$\overline{\rho}' = P^T \begin{bmatrix} \rho'_{11} & \rho'_{12} & \rho'_{13} & \rho'_{14} \\ \rho'_{21} & \rho'_{22} & \rho'_{23} & \rho'_{24} \\ \rho'_{31} & \rho'_{32} & \rho'_{33} & \rho'_{34} \\ \rho'_{41} & \rho'_{42} & \rho'_{43} & \rho'_{44} \end{bmatrix} P \tag{8.181}$$

이다. 여기서 $\rho'_{nm} = \mathcal{E}(\rho_{nm})$, $\rho_{nm} = T_n |00\rangle\langle 00| T_m$, $T_1 = I \otimes I$, $T_2 = I \otimes X$, $T_3 = X \otimes I$, $T_4 = X \otimes X$이고, $P = I \otimes [(\rho_{00} + \rho_{12} + \rho_{21} + \rho_{33}) \otimes I]$는 치환행렬$^{\text{permutation matrix}}$이다.

확인문제 8.35: (프로세스 단층촬영 예) 알려져 있지 않은 동역학의 1큐비트 블랙박스 $\mathcal{E}_1$을 고려하자. 다음의 4개 밀도행렬은 (8.173)부터 (8.176)까지의 식에 따라 수행된 실험 측정으로 얻어진다고 가정한다.

$$\rho'_1 = \begin{bmatrix} 1 & 0 \\ 0 & 0 \end{bmatrix} \tag{8.182}$$

$$\rho'_2 = \begin{bmatrix} 0 & \sqrt{1-\gamma} \\ 0 & 0 \end{bmatrix} \tag{8.183}$$

$$\rho'_3 = \begin{bmatrix} 0 & 0 \\ \sqrt{1-\gamma} & 0 \end{bmatrix} \tag{8.184}$$

$$\rho'_4 = \begin{bmatrix} \gamma & 0 \\ 0 & 1-\gamma \end{bmatrix} \tag{8.185}$$

여기서 γ는 수치 매개변수$^{\text{numerical parameter}}$다. 이러한 각 입력-출력 관계에 대해 독자적으로 연구해보면 몇 가지 중요한 점을 알 수 있다. 즉, 바닥 상태 $|0\rangle$는 $\mathcal{E}_1$에 의해 변하지 않고 들뜬 상태 $|1\rangle$은 부분적으로 바닥 상태로 붕괴하며 중첩상태는 감쇠된다. 이 과정에 대한 χ 행렬을 결정하라.

8.5 양자연산 형식체계의 한계

계의 동역학이 양자연산으로 기술되지 않는 흥미로운 양자계가 있을까? 이 절에서는 양자연산에 의해 진화가 기술되지 않는 계를 인위적으로 만들어보고 이것이 일어날 수 있

는 상황을 알아볼 것이다.

단일 큐비트가 미지의 양자상태로 준비된다고 하고 이 상태를 ρ로 표기하자. 실험실에서 이 큐비트를 준비하기 위해서는 특정 절차가 들어간다. 실험실 자유도의 한 가운데에 단일 큐비트가 있다고 하자. 이 단일 큐비트는 상태 준비 절차의 부작용으로 인해 ρ가 블로흐 구의 아래쪽 절반에 있는 상태이면 $|0\rangle$ 상태에 있다고 하고 위쪽 절반에 있는 상태이면 $|1\rangle$ 상태에 있다고 하자. 즉, ρ가 블로흐 구의 아래쪽 절반에 있는 상태라면 준비 후 계의 상태는

$$\rho \otimes |0\rangle\langle 0| \otimes (\text{그 외의 자유도}) \tag{8.186}$$

이고 ρ가 블로흐 구의 위쪽 절반에 있는 상태라면 준비 후 계의 상태는

$$\rho \otimes |1\rangle\langle 1| \otimes (\text{그 외의 자유도}) \tag{8.187}$$

이다. 상태 준비가 완료되면 그 계는 환경과 상호작용하기 시작하는데, 이때 환경은 모든 실험실 자유도에 해당한다. 상호작용이란 실험실 계 안에서 주 계와 여분의 큐비트 간에 제어형 NOT을 수행하는 것으로 하자. 따라서 계의 블로흐 벡터가 초기에 블로흐 구의 아래쪽 절반에 있으면 이 과정에 의해서는 변하지 않는 반면, 블로흐 구의 위쪽 절반에 있으면 블로흐 구의 아래쪽 절반으로 회전한다.

분명히 말하자면, 이 과정은 블로흐 구에 작용하는 어파인 사상$^{\text{affine map}}$이 아니기 때문에 8.3.2절의 결과에 의해 양자연산이 될 수 없다. 이 논의로부터 배워야 할 점은 양자계가 준비를 완료한 후에도 그 계를 준비할 때 사용된 자유도와 상호작용한다면, 그 양자계는 일반적으로 양자연산 형식체계 내에서 적절하게 기술되지 않는 동역학을 겪게 된다는 것이다. 이는 중요한 결론이다. 그 이유는 양자연산 형식체계가 양자계에서 일어나는 과정을 적절하게 기술하지 못하는 물리적으로 합당한 상황이 존재한다는 것을 나타내기 때문이다. 이 점을 명심해야 하는데, 예를 들어 앞 절에서 논의한 양자 프로세스 단층촬영 절차의 적용에서 그렇다.

하지만 이 책의 나머지 부분에서는 양자연산 형식체계 내에서 작업할 것이다. 이 체계는 양자계가 겪는 동역학을 기술하는 데 강력하면서도 합리적으로 일반적인 도구를 제공한다. 무엇보다도 양자정보 처리와 관련된 문제에 대해 구체적인 진전을 이룰 수 있는 수단을 제공한다. 양자연산 형식체계를 넘어서서 양자정보 처리를 연구하는 것은 더욱 더 전진하기 위한 흥미로운 과제가 된다.

문제 8.1: (양자연산에 대한 린드블라드 형식) 8.4.1절의 표기법에서 $\rho(t)$에 대해 명시적 단계를 밟아 미분방정식

$$\dot{\rho} = -\frac{\lambda}{2}\left(\sigma_+\sigma_-\rho + \rho\sigma_+\sigma_- - 2\sigma_-\rho\sigma_+\right) \tag{8.188}$$

를 풀어라. 또한 사상 $\rho(0) \to \rho(t)$를 $\rho(t) = \sum_k E_k(t)\rho(0)E_k^\dagger(t)$로 표현하라.

문제 8.2: (양자연산으로서의 텔레포테이션) 앨리스는 계 1로 표시되는 단일 큐비트를 갖고 있으며 밥에게 이를 텔레포테이션하려 한다고 하자. 안타깝게도 그녀와 밥은 불완전하게 얽힌 큐비트 쌍만 공유한다. 이 쌍 중 하나는 앨리스 소유이며 계 2로 표시하고 다른 하나는 밥의 소유이며 계 3으로 표시한다. 앨리스가 계 1과 2에 대해 측정을 수행하는데, 이 측정은 결과 m을 갖는 양자연산 $\mathcal{E}_m$의 집합으로 기술된다고 하자. 그러면 계 1의 초기상태를 계 3의 최종상태에 관련시키는 연산 $\tilde{\mathcal{E}}_m$이 발생한다는 것을 보이고, 밥이 대각합-보존 양자연산 $\mathcal{R}_m$을 사용하여 그 연산을 역으로 할 때

$$\mathcal{R}_m\left(\frac{\tilde{\mathcal{E}}_m(\rho)}{\mathrm{tr}[\tilde{\mathcal{E}}_m(\rho)]}\right) = \rho \tag{8.189}$$

을 얻을 수 있다면 텔레포테이션이 달성된다는 것을 보여라. 여기서 ρ는 계 1의 초기상태다.

문제 8.3: (무작위 유니타리 채널) 모든 항등보존 채널, 즉 $\mathcal{E}(I) = I$인 채널들은 무작위 유니타리 연산들, 즉 $\mathcal{E}(\rho) = \sum_k p_k U_k \rho U_k^\dagger$ 연산에 대한 평균의 결과라 믿는 경향이 있다. 여기서 U_k는 유니타리 연산자이고 p_k는 확률분포를 형성한다. 단일 큐비트에서는 이것이 참이지만, 커다란 계에서는 참이 아니라는 것을 보여라.

8장 요약: 양자 노이즈와 양자연산

- 연산자-합 표현: 열린 양자계의 거동은

$$\mathcal{E}(\rho) = \sum_k E_k \rho E_k^\dagger \tag{8.190}$$

로 모델링할 수 있다. 여기서 E_k는 연산원소이고, 만약 양자연산이 대각합-보존이면 $\sum_k E_k^\dagger E_k = I$를 만족시킨다.

- 양자연산을 위한 환경 모델: 대각합-보존 양자연산은 초기에 어떤 계가 상관관계 없는 환경과 유니타리 상호작용할 때 발생하는 것으로 항상 간주할 수 있으며 그 반대도 마찬가지다. 비대각합-보존 양자연산도 이와 비슷하게 다룰 수 있는데(계와 환경의 복합계에 대해 추가로 사영 측정하는 경우는 제외), 다른 비대각합-보존 양자연산을 하면 결과도 달라진다.

- 양자 프로세스 단층촬영: d^2개의 순수상태 입력으로 생성된 출력 밀도행렬을 실험적으로 측정하면, d차원 양자계에 대한 양자연산을 완전히 결정할 수 있다.

- 중요한 단일 큐비트 양자연산을 위한 연산원소:

탈분극 채널
$$\sqrt{1-\frac{3p}{4}}\begin{bmatrix} 1 & 0 \\ 0 & 1 \end{bmatrix}, \qquad \sqrt{\frac{p}{4}}\begin{bmatrix} 0 & 1 \\ 1 & 0 \end{bmatrix},$$
$$\sqrt{\frac{p}{4}}\begin{bmatrix} 0 & -i \\ i & 0 \end{bmatrix}, \qquad \sqrt{\frac{p}{4}}\begin{bmatrix} 1 & 0 \\ 0 & -1 \end{bmatrix}$$

진폭감쇠
$$\begin{bmatrix} 1 & 0 \\ 0 & \sqrt{1-\gamma} \end{bmatrix}, \qquad \begin{bmatrix} 0 & \sqrt{\gamma} \\ 0 & 0 \end{bmatrix}$$

위상감쇠
$$\begin{bmatrix} 1 & 0 \\ 0 & \sqrt{1-\gamma} \end{bmatrix}, \qquad \begin{bmatrix} 0 & 0 \\ 0 & \sqrt{\gamma} \end{bmatrix}$$

위상반전
$$\sqrt{p}\begin{bmatrix} 1 & 0 \\ 0 & 1 \end{bmatrix}, \qquad \sqrt{1-p}\begin{bmatrix} 1 & 0 \\ 0 & -1 \end{bmatrix}$$

비트반전
$$\sqrt{p}\begin{bmatrix} 1 & 0 \\ 0 & 1 \end{bmatrix}, \qquad \sqrt{1-p}\begin{bmatrix} 0 & 1 \\ 1 & 0 \end{bmatrix}$$

비트-위상반전
$$\sqrt{p}\begin{bmatrix} 1 & 0 \\ 0 & 1 \end{bmatrix}, \qquad \sqrt{1-p}\begin{bmatrix} 0 & -i \\ i & 0 \end{bmatrix}$$

역사와 추가자료

양자 노이즈는 여러 분야에서 중요한 주제이며, 그 주제에 관해서는 많은 문헌이 있다. 여기서는 그 주제에서 이용 가능한 소스 중 작은 샘플만 인용하는 것으로 제한할 것이다. 다소 수학적인 관점에서 양자 노이즈에 대한 초기 논문은 데이비스[Dav76]가 발표했다. 칼데이라와 레겟[CL83]은 스핀-보손 모델이라는 중요한 모델에 대해 최초로 가장 완전한 연구를 수행했는데, 이때 파인만 경로 적분$^{\text{Feynman path integral}}$에 바탕을 둔 접근법을 사용했다. 가디너[Gar91]는 양자광학의 관점에서 양자 노이즈를 연구했다. 좀 더 최근에 양자광학 커뮤니티는 양자 노이즈에 대한 **양자궤적**$^{\text{quantum trajectories}}$ 접근법이라는 것을 개발했다. 이 주제에 대한 리뷰는 졸러와 가디너[ZG97], 플레니오와 나이트[PK98]의 논문에서 찾을 수 있다.

양자연산 주제에 관해서도 많은 문헌이 존재한다. 우리는 몇 가지 핵심 참고문헌, 주로 크라우스의 저서[Kra83]에 대해 언급하는데 여기에는 이 주제에 대해 훨씬 초기 작업에 대한 참고자료가 들어 있다. 이 주제에 대한 영향력 있는 초기 논문으로는 헬위그와 크라우스[HK69, HK70]와 최[Cho75]의 논문들이 있다. 린드블라드[Lin76]는 양자연산 형식체계를 연속시간 양자진화 이론과 연결하고, 이제는 린드블라드 형식이라고 부르는 것을 도입했다. 슈마허[Sch96b]와 케이브즈[Cav99]는 양자 오류정정의 관점에서 양자연산 형식체계에 대해 훌륭한 요약문을 작성했다.

양자상태 단층촬영은 보겔과 리스킨[VR89]이 제안했다. 레온하르트[Leo97]는 다른 연구에 대한 언급을 포함하는 최근 리뷰를 작성했다. 양자 프로세스 단층촬영의 필요성은 투르체트, 후드, 랑게, 마부치, 킴블의 논문[THL$^+$95]에서 지적했다. 그 이론은 추앙과 닐슨[CN97], 포야토스, 시랙, 졸러[PCZ97]에 의해 독자적으로 개발됐다. 존스[Jon94]는 앞서 양자 프로세스 단층촬영의 주요 아이디어에 대한 윤곽을 잡았다.

안타깝게도 '결잃음' 용어에 대해 혼동이 일어났다. 역사적으로는 위상감쇠 과정에 대해서만 이 용어를 사용했었는데, 특히 쥬렉[Zur91]이 사용했었다. 쥬렉과 그 외의 연구자들은 위상감쇠가 양자물리학에서 고전물리학으로의 전환에 독특한 역할을 한다고 인식했다. 즉, 특정 환경 결합^{coupling}의 경우, 이는 임의의 진폭감쇠 과정보다 훨씬 빠른 시간 척도로 발생하므로 양자 결맞음의 손실을 결정하는 데 훨씬 더 중요할 수 있다. 이 연구의 주요 요점은 환경과 상호작용하면 고전적 성질^{classicality}이 나타난다는 것이었다. 하지만 양자계산 및 양자정보에서 결잃음 사용은 대체로 양자 프로세스에 있어서 어떠한 노이즈 프로세스를 지칭하는 것이다. 이 책에서는 좀 더 일반적인 용어인 '양자 노이즈'를 선호해서 이를 사용하는 경향이 있지만, 가끔 문맥 속에서 결잃음을 적절한 위치에 쓰기도 한다.

양자연산 형식체계의 한계(그리고 특히 곱상태의 계와 환경에 대한 가정)에 대한 좀 더 자세한 논의는 로이어[Roy96]를 참고한다.

문제 8.2의 기원은 닐슨과 케이브즈[NC97]다. 문제 8.3은 이중 확률론적 양자연산^{doubly} stochastic quantum operation의 볼록집합convex set의 극한점에 대한 심층적인 연구의 일부이며 그 기원은 란다우와 스트리터[LS93]이다.

양자정보에 대한 거리측도

2개의 정보가 비슷하다고 말하는 것은 무슨 뜻일까? 정보가 어떤 과정에 의해 보존된다고 말하는 것은 무슨 뜻일까? 이 질문이 양자정보 처리 이론의 핵심이며, 9장의 목적은 바로 이 질문에 수치로 답을 주는 거리측도^{distance measure}를 개발하는 것이다. 우리는 이 두 질문에 대응해서 거리측도의 광범위한 두 클래스인 정적측도^{static measure}와 동적측도^{dynamic measure}에 관심을 가질 것이다. 정적측도는 두 양자상태가 얼마나 가까운지를 값으로 매기는 반면, 동적측도는 동적과정 중에 정보가 얼마나 잘 보존되는지를 값으로 매긴다. 우리가 취할 전략은 먼저 양호한 정적거리측도를 개발하고, 그다음으로 정적거리측도를 기초로 삼아 동적거리측도를 개발하는 것이다.

거리측도를 고전역학적으로나 양자역학적으로 정의하는 방식은 경우에 따라 달라지며, 양자계산 및 양자정보를 연구하는 사람들의 커뮤니티는 수년에 걸쳐 다양한 거리측도를 사용하는 것이 편리하다는 것을 알게 됐다. 이러한 측도 중 두 가지인 대각합 거리^{trace distance}와 충실도^{fidelity}는 오늘날 특히 널리 사용되므로 9장에서는 이 두 가지 측도 모두에 대해 자세히 설명한다. 대부분의 경우 이 두 가지 특성은 아주 비슷하지만 특정 응용의 경우에는 다른 응용보다 처리하기가 더 쉽다. 이러한 이유로 양자계산 및 양자정보 커뮤니티 내에서는 두 측도 모두를 널리 사용하므로 이 모두를 여기서 다룬다.

9.1 고전정보에 대한 거리측도

확률분포들을 구별하는 개념은 감을 잡기 어렵다.

– 크리스토퍼 푹스(Christopher Fuchs)

직관(고전정보에 대한 거리측도)을 쉽게 적용할 수 있는 곳에서 시작해보자. 고전정보이론에서 비교할 대상에는 어떤 것이 있을까? 00010 및 10011과 같은 비트 문자열strings of bits을 비교하는 것을 고려할 수 있다. 이들 간의 거리를 값으로 매기는 한 방법은 해밍 거리Hamming distance인데, 이는 두 비트 문자열이 같지 않은 위치의 개수로 정의한다. 예를 들어 비트 문자열 00010과 10011은 처음과 마지막 위치가 다르기 때문에 이들의 해밍 거리는 2이다. 안타까운 일이지만 두 객체 간의 해밍 거리는 단순히 레이블링 문제가 되는데, 선험적으로 볼 때 양자역학의 힐베르트 공간에서는 어떠한 레이블도 존재하지 않는다!

양자정보에 대한 거리측도 학습을 시작하려면 고전 확률분포들을 비교해보는 게 좋다. 사실, 고전정보이론에서 정보 소스는 일반적으로 확률변수로 모델링된다. 즉, 어떤 소스 알파벳source alphabet에 대한 확률분포로 모델링되는 것이다. 이를테면 알려지지 않은 영어 텍스트 소스는 로마자 알파벳에 대한 일련의 확률변수들로 모델링될 수 있다. 텍스트를 읽지 않아도 텍스트에 나타나는 글자의 상대적 빈도와 그 빈도 간에 특정 상관관계를 공정하게 추측할 수 있다. 여기에는 영문 텍스트에서 문자 쌍 'th'가 'zx'보다 훨씬 자주 나온다는 사실 등을 엿볼 수 있다. 이렇게 알파벳을 확률분포로 따지는 정보 소스 특징 때문에 거리측도를 알아볼 때는 확률분포를 비교하게 된다.

동일한 인덱스 집합 x에 대한 두 확률분포 $\{p_x\}$와 $\{q_x\}$가 서로 비슷하다는 것은 무슨 의미일까? 이 질문에 대해 하나로 완벽하게 '올바른' 답을 내기 어렵기 때문에 양자계산 및 양자정보 커뮤니티에서 널리 사용되는 서로 다른 2개의 답을 제시한다. 첫 번째 측도는 대각합 거리trace distance이며

$$D(p_x, q_x) \equiv \frac{1}{2} \sum_x |p_x - q_x| \tag{9.1}$$

로 정의한다. 이 값을 L_1 거리 또는 **콜모고로프 거리**Kolmogorov distance라고도 한다. 우리는 대각합 거리라는 용어를 선호하는데, 그 이유는 나중에 대각합 함수trace function를 사용하여 정의하는, 이와 비슷한 양자역학적 값이 나오기 때문이다. 대각합 거리는 확률분포에 대한 거리함수metric인 것으로 밝혀졌고(거리함수 $D(x, y)$는 대칭, 즉 $D(x, y) = D(y, x)$이어야 하고 삼각부등식triangle inequality $D(x, z) \le D(x, y) + D(y, z)$도 만족시켜야 함), 따라서 '거리'라는 용어를 사용하는 것이 적절하다.

확인문제 9.1: 확률분포 (1, 0)와 확률분포 (1/2, 1/2)의 대각합 거리는 얼마인가? 또한 (1/2, 1/3, 1/6)과 (3/4, 1/8, 1/8)의 대각합 거리는?

확인문제 9.2: 확률분포 $(p, 1-p)$와 $(q, 1-q)$의 대각합 거리가 $|p-q|$임을 보여라.

확률분포들의 거리에 대한 두 번째 측도, 즉 확률분포 $\{p_x\}$와 $\{q_x\}$의 충실도^{fidelity}는

$$F(p_x, q_x) \equiv \sum_x \sqrt{p_x q_x} \tag{9.2}$$

로 정의한다. 충실도는 확률분포들의 거리를 측정하기는 하지만 대각합 거리와는 아주 다른 방법이다. 일단 충실도는 거리함수가 아니며, 나중에 충실도로부터 유도한 거리함수에 대해 설명할 것이다. 충실도가 거리함수가 아님을 알려면 $\{p_x\}$와 $\{q_x\}$ 분포가 같을 때 $F(p_x, q_x) = \sum_x p_x = 1$이 된다는 점에 주목한다. 충실도에 대해 기하학적으로 잘 이해하려면 그림 9.1을 보면 된다. 즉, 충실도란 단위 구 위에 놓인, $\sqrt{p_x}$와 $\sqrt{q_x}$ 성분을 갖는 벡터들의 내적일 뿐이다.

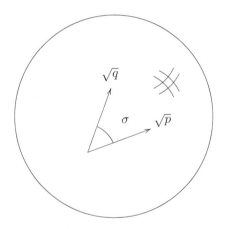

$$F(p, q) = \sqrt{p} \cdot \sqrt{q} = \cos(\sigma)$$

그림 9.1 단위 구 위에 놓인 벡터 $\sqrt{p_x}$와 $\sqrt{q_x}$의 내적으로서의 충실도에 대한 기하학적 해석($1 = \sum_x (\sqrt{p_x})^2 = \sum_x (\sqrt{q_x})^2$인 점에 주목한다)

확인문제 9.3: 확률분포 $(1, 0)$와 $(1/2, 1/2)$의 충실도는 얼마인가? 또한 $(1/2, 1/3, 1/6)$과 $(3/4, 1/8, 1/8)$의 충실도는?

대각합 거리와 충실도는 두 확률분포의 거리 개념을 정의하는 데 있어서 수학적으로 유용한 수단이다. 그런데 이들 측도는 물리적으로 나온 연산 의미를 가질까? 대각합 거리의 경우, 이 질문에 대한 대답은 '예'이다. 특히,

$$D(p_x, q_x) = \max_S |p(S) - q(S)| = \max_S \left| \sum_{x \in S} p_x - \sum_{x \in S} q_x \right| \tag{9.3}$$

을 증명하기란 쉽다. 여기서 최대화는 모든 부분집합에 대해서다. 최대화되는 양은 $\{p_x\}$ 분포에 따라 S 사건이 발생할 확률과 $\{q_x\}$ 분포에 따라 S 사건이 발생할 확률 간의 차다. 따라서 $\{p_x\}$와 $\{q_x\}$ 분포를 구별하려고 할 때 어떤 의미에서 S 사건은 조사할 최적의 사건 이며, 이때 대각합 거리를 통해 이 차를 얼마나 잘 구할 수 있는지를 결정한다.

아쉽게도 충실도에 대해서는 이 정도의 명확한 해석이 나와 있지 않다. 하지만 다음 절에서는 충실도가 수학적 용도로 충분히 유용한 값이라서 명확한 물리적 해석 없이도 학습할 만하다는 것을 보일 것이다. 더욱이 미래에 충실도에 대한 명확한 해석이 나올 가 능성도 배제할 수 없다. 마지막으로, 충실도와 대각합 거리 간에는 밀접한 관련이 있는 것으로 밝혀져 한쪽 값의 특성을 사용하면 다른 쪽 값의 특성을 추론할 수 있다. 이 점은 놀랍게도 유용할 경우가 많다.

확인문제 9.4: (9.3)을 증명하라.

확인문제 9.5: (9.3) 식에서 절댓값 기호가 없어도 된다는 것을 보여라. 즉,

$$D(p_x, q_x) = \max_S (p(S) - q(S)) = \max_S \left(\sum_{x \in S} p_x - \sum_{x \in S} q_x \right) \tag{9.4}$$

가 된다는 것을 보여라.

대각합 거리와 충실도는 고정된 두 확률분포를 비교하기 위한 **정적거리측도**static measure of distance다. 또한 거리의 세 번째 개념이 존재하는데, 이는 물리 과정에 의해 정보가 얼마 나 잘 보존되는지 측정한다는 의미에서 **동적거리측도**dynamic measure of distance라 한다. 확률변 수 X가 노이즈 채널을 통해 전송되고 또 다른 확률변수 Y가 출력으로 나와서 마르코프 과정 $X \to Y$를 형성한다고 하자. 편의상 X와 Y가 x로 표시되는 동일한 범위의 값을 갖 는다고 하자. 그러면 Y가 X와 같지 않을 확률 $p(X \neq Y)$는 그 과정이 정보를 얼마나 보 존하는지에 대한 명확하고도 중요한 측도가 된다.

놀랍게도 이 동적거리측도는 정적 대각합 거리의 특별한 경우로 이해할 수 있다! 확률 변수 X가 주어지고 X의 복사본을 만들어 새로운 확률변수 $\tilde{X} = X$를 생성한다고 하자. 확률변수 X는 이제 노이즈 채널을 통과하여 그림 9.2와 같이 확률변수 Y를 출력으로 남 긴다. 초기에 완벽히 상관관계를 맺은 쌍 $(\tilde{X}, X)$가 최종 쌍 $(\tilde{X}, Y)$에 얼마나 가까울까? 대각합 거리를 '근접성closeness'의 측도로 사용하고 약간의 계산을 거치면

$$D((\tilde{X}, X), (X, Y)) = \frac{1}{2} \sum_{xx'} |\delta_{xx'} p(X = x) - p(\tilde{X} = x, Y = x')| \tag{9.5}$$

$$= \frac{1}{2} \sum_{x \neq x'} p(\tilde{X} = x, Y = x') + \frac{1}{2} \sum_{x} |p(X = x) - p(\tilde{X} = x, Y = x)| \tag{9.6}$$

$$= \frac{1}{2} \sum_{x \neq x'} p(\tilde{X} = x, Y = x') + \frac{1}{2} \sum_{x} \left(p(X = x) - p(\tilde{X} = x, Y = x) \right) \tag{9.7}$$

$$= \frac{p(\tilde{X} \neq Y) + 1 - p(\tilde{X} = Y)}{2} \tag{9.8}$$

$$= \frac{p(X \neq Y) + p(\tilde{X} \neq Y)}{2} \tag{9.9}$$

$$= p(X \neq Y) \tag{9.10}$$

가 된다. 따라서 그림 9.3에도 나타냈듯이 채널에서의 오류확률$^{\text{probability of error}}$은 $(\tilde{X}, X)$와 $(\tilde{X}, Y)$에 대한 확률분포 간의 대각합 거리와 같다. 이 점은 양자구성을 이와 비슷하게 할 때 기초가 되므로 중요하다. 오류확률이 필요한 이유는 확률 $p(X \neq Y)$에 대해 직접적으로 대응하는 양자 유사물$^{\text{quantum analogue}}$이 존재하지 않기 때문이고, 또한 양자역학에서 서로 다른 시간에 존재하는 변수 X와 Y에 대한 공동확률분포$^{\text{joint probability distribution}}$와 비슷한 개념도 없기 때문이다. 하지만 양자 거리의 동적측도를 정의하기 위해 우리는 방금 주어진 구성과 비슷한 접근법을 사용할 것이다. 이 접근법은 고전 상관관계보다는 양자 얽힘^{entanglement}이라는 아이디어에 바탕을 두는데 얽힘은 양자 채널의 동역학이 지배하는 동안 보존되는 중요한 것이다.

그림 9.2 마르코프 과정 $X \to Y$가 주어지면, X를 Y로 변화시키는 노이즈에 적용하기에 앞서 먼저 X의 복사본인 $\tilde{X}$를 만들어야 할 것이다.

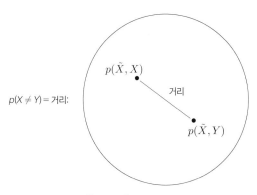

그림 9.3 채널에서의 오류확률은 $(\tilde{X}, X)$와 $(\tilde{X}, Y)$에 대한 확률분포 간의 대각합 거리와 같다.

9.2 두 양자상태는 얼마나 가까울까?

두 양자상태는 얼마나 가까울까? 다음 몇 개의 절에서는 대각합 거리와 충실도에 대한 고전개념을 양자로 일반화시킨 것을 설명하고 이러한 값의 특성에 대해 자세히 논의한다.

9.2.1 대각합 거리

먼저 양자상태 ρ와 σ 간의 대각합 거리

$$D(\rho, \sigma) \equiv \frac{1}{2}\mathrm{tr}|\rho - \sigma| \tag{9.11}$$

를 정의하는 것으로 시작하자. 여기서는 으레 그렇듯 $|A| \equiv \sqrt{A^\dagger A}$를 정의하여 $A^\dagger A$에 양의 제곱근을 씌운 것이 된다. ρ와 σ가 교환법칙이 성립한다면, ρ와 σ 간의 (양자) 대각합 거리가 ρ와 σ의 고윳값 간의 고전 대각합 거리와 같다는 점에서 양자 대각합 거리란 고전 대각합 거리를 일반화시킨 것이 된다. 좀 더 명확하게 말해서 ρ와 σ가 교환법칙이 성립한다면, 이들은 동일한 기저에서 대각이 된다. 즉, 어떤 정규직교 기저 $|i\rangle$에 대해

$$\rho = \sum_i r_i |i\rangle\langle i|; \quad \sigma = \sum_i s_i |i\rangle\langle i| \tag{9.12}$$

가 된다. 따라서

$$D(\rho, \sigma) = \frac{1}{2}\mathrm{tr}\left|\sum_i (r_i - s_i)|i\rangle\langle i|\right| \tag{9.13}$$

$$= D(r_i, s_i) \tag{9.14}$$

가 된다.

확인문제 9.6: 다음 두 밀도연산자 간의 대각합 거리는 얼마인가?

$$\frac{3}{4}|0\rangle\langle 0| + \frac{1}{4}|1\rangle\langle 1|; \quad \frac{2}{3}|0\rangle\langle 0| + \frac{1}{3}|1\rangle\langle 1| \tag{9.15}$$

또한 다음의 대각화 거리는 얼마인가?($|\pm\rangle \equiv (|0\rangle \pm |1\rangle)/\sqrt{2}$임을 상기하자)

$$\frac{3}{4}|0\rangle\langle 0| + \frac{1}{4}|1\rangle\langle 1|; \quad \frac{2}{3}|+\rangle\langle +| + \frac{1}{3}|-\rangle\langle -| \tag{9.16}$$

대각합 거리에 대한 감을 잡는 좋은 방법은 블로흐 구 표현에서 큐비트의 특수한 사례를 이해해보는 것이다. ρ와 σ는 다음과 같이 각각 블로흐 벡터 $\vec{r}$과 $\vec{s}$를 갖는다고 하자.

$$\rho = \frac{I + \vec{r} \cdot \vec{\sigma}}{2} \; ; \quad \sigma = \frac{I + \vec{s} \cdot \vec{\sigma}}{2} \tag{9.17}$$

($\vec{\sigma}$는 파울리 행렬의 벡터를 나타낸다는 점을 상기하자. 즉, 상태 σ와 혼동해서는 안 된다) ρ와 σ의 대각합 거리는 다음과 같이 쉽게 계산된다.

$$D(\rho, \sigma) = \frac{1}{2}\text{tr}|\rho - \sigma| \tag{9.18}$$

$$= \frac{1}{4}\text{tr}\,|(\vec{r} - \vec{s}) \cdot \vec{\sigma}| \tag{9.19}$$

$(\vec{r} - \vec{s}) \cdot \vec{\sigma}$는 고윳값 $\pm|\vec{r} - \vec{s}|$를 가지므로 $|(\vec{r} - \vec{s}) \cdot \vec{\sigma}|$는 $2|\vec{r} - \vec{s}|$이 되어

$$D(\rho, \sigma) = \frac{|\vec{r} - \vec{s}|}{2} \tag{9.20}$$

가 된다는 것을 알 수 있다. 즉, 두 단일 큐비트 상태 간의 거리는 블로흐 구에서 그들 간의 일반적인 유클리드 거리의 절반과 같다!

큐비트의 대각합 거리에 대한 이러한 직관적인 기하학적 묘사는 대각합 거리의 일반적인 특성을 이해하려고 할 때 종종 유용하다. 블로흐 구에 대한 간단한 예를 통해 추측한 특성을 제안, 반박하거나 타당성을 얻을 수 있다. 예를 들어 블로흐 구의 회전은 유클리드 거리를 변경시키지 않는다. 이는 일반적으로 유니타리 변환을 수행해도 대각합 거리가 유지될 수 있음을 시사한다. 즉,

$$D(U\rho U^\dagger, U\sigma U^\dagger) = D(\rho, \sigma) \tag{9.21}$$

가 된다. 이러한 추측은 얼핏 생각해 봐도 쉽게 확인할 수 있다. 따라서 거리측도에 대해

조사할 때면 자주 블로흐 구를 따져볼 것이다.

대각합 거리의 특성을 잘 이해하려면 고전 대각합 거리 식 (9.3)을 일반화시킨 대각합 거리 식

$$D(\rho, \sigma) = \max_P \text{tr}(P(\rho - \sigma)) \tag{9.22}$$

을 증명해보면 된다. 여기서 모든 사영연산자 P에 대해, 또는 모든 양의 연산자 $P \leq I$에 대해 최대화가 교대로 일어날 수 있다. 그러므로 이 식은 두 경우 중 어느 경우에나 유효하다. 이 식을 이용하면 대각합 거리에 대해 매력적인 해석이 가능하다. 즉, POVM 원소가 양의 연산자 $P \leq I$인 점을 상기하면 대각합 거리는 POVM 원소 P를 사용한 측정 결과가 발생할 확률의 차와 같고, 그 측정 결과는 ρ 또는 σ인지에 따라 달라지며 대각합 거리는 모든 가능한 POVM 원소 P에 대해 최대화된다.

최대화가 사영연산자에 대해 이루어지는 경우에 (9.22) 식을 증명해보자. 양의 연산자 $P \leq I$의 경우에도 동일하게 하면 된다. 이 증명은 $\rho - \sigma$를 $\rho - \sigma = Q - S$로 표현할 수 있다는 점에 바탕을 둔다. 여기서 Q와 S는 직교 서포트$^{\text{orthogonal support}}$[1]를 갖는 양의 연산자다(확인문제 9.7 참조). 이 말은 $|\rho - \sigma| = Q + S$이므로 $D(\rho, \sigma) = (\text{tr}(Q)+\text{tr}(S))/2$라는 뜻이다. 그러나 $\text{tr}(Q-S) = \text{tr}(\rho - \sigma) = 0$이므로 $\text{tr}(Q) = \text{tr}(S)$이고, 따라서 $D(\rho, \sigma) = \text{tr}(Q)$가 된다. P를 Q에 대한 서포트 위로의 사영연산자라 하자. 그러면 $\text{tr}(P(\rho - \sigma)) = \text{tr}(P(Q-S)) = \text{tr}(Q) = D(\rho, \sigma)$이 된다. 역으로 P를 어떠한 사영연산자라 하자. 그러면 $\text{tr}(P(\rho - \sigma)) = \text{tr}(P(Q-S)) \leq \text{tr}(PQ) \leq \text{tr}(Q) = D(\rho, \sigma)$이 된다. 이것으로 증명이 완료된다.

확인문제 9.7: 어떠한 상태 ρ와 σ에 대해서도 $\rho - \sigma = Q - S$로 표현할 수 있음을 보여라. 여기서 Q와 S는 직교 벡터공간에 대한 서포트를 갖는 양의 연산자다(힌트: 스펙트럼 분해 $\rho - \sigma = UDU^\dagger$를 사용하고 대각행렬 D를 양수부와 음수부로 나눈다. 이 방법은 나중에도 계속 유용할 것이다).

양자 대각합 거리를 조사할 때 밀접하게 관련된 방법이 존재하는데, 양자 대각합 거리는 다음과 같이 고전 대각합 거리와 더 밀접하게 관련돼 있다.

정리 9.1: $\{E_m\}$을 POVM이라 하자. 또한 m 레이블을 붙인 측정 결과를 얻을 확률은 $p_m \equiv \text{tr}(\rho E_m)$과 $q_m \equiv \text{tr}(\sigma E_m)$이라 하자. 그러면

---

1   서포트에 대한 설명은 179페이지의 확인문제 2.73을 참조한다. - 옮긴이

$$D(\rho, \sigma) = \max_{\{E_m\}} D(p_m, q_m) \tag{9.23}$$

가 되는데, 여기서 최대화는 모든 POVM $\{E_m\}$에 대해서다.

증명

다음 식에 주목하자.

$$D(p_m, q_m) = \frac{1}{2} \sum_m |\mathrm{tr}(E_m(\rho - \sigma))| \tag{9.24}$$

스펙트럼 분해를 사용해 $\rho - \sigma = Q - S$로 표현할 수 있다. 여기서 Q와 S는 직교 서포트를 갖는 양의 연산자다. 그러므로 $|\rho - \sigma| = Q + S$이고

$$|\mathrm{tr}(E_m(\rho - \sigma))| = |\mathrm{tr}(E_m(Q - S))| \tag{9.25}$$
$$\leq \mathrm{tr}(E_m(Q + S)) \tag{9.26}$$
$$\leq \mathrm{tr}(E_m|\rho - \sigma|) \tag{9.27}$$

가 된다. 따라서

$$D(p_m, q_m) \leq \frac{1}{2} \sum_m \mathrm{tr}(E_m|\rho - \sigma|) \tag{9.28}$$

$$= \frac{1}{2}\mathrm{tr}(|\rho - \sigma|) \tag{9.29}$$

$$= D(\rho, \sigma) \tag{9.30}$$

가 된다. 여기서 POVM 원소에 대한 완비성 관계 $\sum_m E_m = I$를 적용했다.

역으로, POVM 원소가 Q와 S의 서포트 위로의 사영연산자를 포함하는 측정을 선택하면, $D(p_m, q_m) = D(\rho, \sigma)$가 되는 확률분포를 발생시키는 측정이 존재함을 알 수 있다. ∎

따라서 대각합 거리로 두 밀도연산자가 가깝다면, 그 양자상태들에 아무 측정을 수행해도 대각합 거리의 고전적 의미에서 서로 가까운 확률분포가 나올 것이다. 여기서 대각합 거리에 대한 두 번째 해석이 나온다. 즉, 두 양자상태 간의 대각합 거리는 그 확률분포 간의 대각합 거리에 대해 달성 가능한 상계로 해석할 수 있다.

대각합 거리를 그냥 '거리'라 부르고, 이 거리는 밀도연산자의 공간에 대해 거리함수 metric가 되는 특성을 갖는지 확인해야 한다. 단일 큐비트에 대한 우리의 기하학적 묘사에서 보면, 단일 큐비트에 대해 확실히 거리함수가 되는 특성을 갖는다. 그런데 좀 더 일반

적으로 봐도 그렇다는 걸까? $\rho = \sigma$인 경우에만 $D(\rho, \sigma) = 0$이고, $D(\cdot, \cdot)$는 입력의 대칭함수라는 것이 분명하다. 확인해야 할 것은 다음의 삼각부등식이 성립하는 것뿐이다.

$$D(\rho, \tau) \leq D(\rho, \sigma) + D(\sigma, \tau) \tag{9.31}$$

이를 확인하기 위해 (9.22) 식으로부터

$$D(\rho, \tau) = \mathrm{tr}(P(\rho - \tau)) \tag{9.32}$$
$$= \mathrm{tr}(P(\rho - \sigma)) + \mathrm{tr}(P(\sigma - \tau)) \tag{9.33}$$
$$\leq D(\rho, \sigma) + D(\sigma, \tau) \tag{9.34}$$

가 되는 사영연산자 P가 존재하는 점에 주목한다. 이는 대각합 거리가 거리함수임을 입증한다.

지금 단계에서는 대각합 거리에 대해 많이 알지 못한다. 하지만 다양한 맥락에서 유용하고도 정말 멋진 결과를 증명할 수 있는 좋은 위치에 있다. 가장 흥미로운 결과는 물리과정이 두 양자상태 간의 거리를 증가시키지 않는다는 것이며 그림 9.4에 설명돼 있다. 이를 다음과 같이 좀 더 공식적인 정리로 언급해보자.

정리 9.2: (대각합-보존 양자연산은 수축적이다contractive**)** $\mathcal{E}$가 대각합-보존 양자연산이라 하자. 또한 ρ와 σ를 밀도연산자라 하자. 그러면

$$D(\mathcal{E}(\rho), \mathcal{E}(\sigma)) \leq D(\rho, \sigma) \tag{9.35}$$

가 된다.

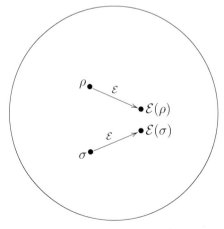

그림 9.4 대각합-보존 양자연산은 밀도연산자의 공간에 수축을 일으킨다.

증명

스펙트럼 분해를 사용하여 $\rho - \sigma = Q - S$로 표현하자. 여기서 Q와 S는 직교 서포트를 갖는 양의 행렬이다. 그리고 P는 $D(\mathcal{E}(\rho), \mathcal{E}(\sigma)) = \mathrm{tr}[P(\mathcal{E}(\rho) - \mathcal{E}(\sigma))]$가 되는 사영연산자라 하자. $\mathrm{tr}(Q) - \mathrm{tr}(S) = \mathrm{tr}(\rho) - \mathrm{tr}(\sigma) = 0$이라서 $\mathrm{tr}(Q) = \mathrm{tr}(S)$이므로 $\mathrm{tr}(\mathcal{E}(Q)) = \mathrm{tr}(\mathcal{E}(S))$가 된다는 점에 주목한다. 이 사항을 이용하면

$$D(\rho, \sigma) = \frac{1}{2}\mathrm{tr}|\rho - \sigma| \tag{9.36}$$

$$= \frac{1}{2}\mathrm{tr}|Q - S| \tag{9.37}$$

$$= \frac{1}{2}\mathrm{tr}(Q) + \frac{1}{2}\mathrm{tr}(S) \tag{9.38}$$

$$= \frac{1}{2}\mathrm{tr}(\mathcal{E}(Q)) + \frac{1}{2}\mathrm{tr}(\mathcal{E}(S)) \tag{9.39}$$

$$= \mathrm{tr}(\mathcal{E}(Q)) \tag{9.40}$$

$$\geq \mathrm{tr}(P\mathcal{E}(Q)) \tag{9.41}$$

$$\geq \mathrm{tr}(P(\mathcal{E}(Q) - \mathcal{E}(S))) \tag{9.42}$$

$$= \mathrm{tr}(P(\mathcal{E}(\rho) - \mathcal{E}(\sigma))) \tag{9.43}$$

$$= D(\mathcal{E}(\rho), \mathcal{E}(\sigma)) \tag{9.44}$$

가 되며 증명이 끝났다. ◾

이 정리에는 다음과 같이 생각해볼 수 있는 중요한 특수 사례가 있다. 누군가가 전시회에서 서로 다른 두 그림을 보여준다고 하자. 시력이 좋다면 구별하는 데 어려움이 없을 것이다. 하지만 그림 9.5에 나타난 것처럼 누군가가 두 그림의 일부를 덮으면, 두 그림을 구별하기가 어려워질 수 있다. 구분이 안 간다는 것은 두 그림의 관계(거리)가 그만큼 가까운 것으로 해석할 수 있다. 이와 비슷하게 두 양자상태의 일부를 '덮으면' 그 두 상태 간의 거리가 결코 증가하지 않는다는 것을 증명할 수 있다. 이를 증명하기 위해 529페이지에서 부분대각합이 대각합-보존 양자연산이라고 한 것을 상기하자. 복합 양자계 AB의 두 양자상태 ρ^{AB}와 σ^{AB}가 존재한다고 하면, 정리 9.2에 의해 $\rho^A = \mathrm{tr}_B(\rho^{AB})$와 $\sigma^A = \mathrm{tr}_B(\sigma^{AB})$ 간의 거리는 결코 ρ^{AB}와 σ^{AB} 간의 거리보다 크지 않다. 즉,

$$D(\rho^A, \sigma^A) \leq D(\rho^{AB}, \sigma^{AB}) \tag{9.45}$$

이다.

그림 9.5 부분정보만 사용 가능하면 사물을 구별하기 어렵다.

많은 응용에 있어서 입력이 혼합물이므로 이러한 입력 혼합물에 대해 대각합 거리를 추정해 내야 한다. 다음 정리는 그러한 추정에 크게 도움을 준다.

정리 9.3: (대각합 거리의 강볼록성strong convexity**)** $\{p_i\}$와 $\{q_i\}$를 동일한 인덱스 집합에 대한 확률분포라 하자. 그리고 ρ_i와 σ_i를 밀도연산자라 하자. 이들 역시 동일한 인덱스 집합에 속한 인덱스를 갖는다. 그러면

$$D\left(\sum_i p_i \rho_i, \sum_i q_i \sigma_i\right) \leq D(p_i, q_i) + \sum_i p_i D(\rho_i, \sigma_i) \qquad (9.46)$$

가 되며, 여기서 $D(p_i, q_i)$는 확률분포 $\{p_i\}$와 $\{q_i\}$ 간의 고전 대각합 거리다.

이 결과는 대각합 거리에 대한 볼록성 결과들을 증명하는 데 사용할 수 있으므로, 이 특성을 대각합 거리에 대한 **강볼록성**strong convexity 특성으로 부르자.

증명

(9.22) 식에 의해 어떤 사영연산자 P가 존재해서

$$D\left(\sum_i p_i \rho_i, \sum_i q_i \sigma_i\right) = \sum_i p_i \mathrm{tr}(P\rho_i) - \sum_i q_i \mathrm{tr}(P\sigma_i) \qquad (9.47)$$

$$= \sum_i p_i \mathrm{tr}(P(\rho_i - \sigma_i)) + \sum_i (p_i - q_i)\mathrm{tr}(P\sigma_i) \qquad (9.48)$$

$$\leq \sum_i p_i D(\rho_i, \sigma_i) + D(p_i, q_i) \qquad (9.49)$$

가 된다. 여기서 $D(p_i, q_i)$는 확률분포 $\{p_i\}$와 $\{q_i\}$ 간의 대각합 거리이며 마지막 행에서는 (9.22) 식을 사용했다.

이 결과의 특수한 경우로서, 대각합 거리가 그 입력에 대해 **공동으로 볼록한**jointly convex 점을 들 수 있다. 즉,

$$D\left(\sum_i p_i\rho_i, \sum_i p_i\sigma_i\right) \leq \sum_i p_i D(\rho_i, \sigma_i) \tag{9.50}$$

이다.

확인문제 9.8: (대각합 거리의 볼록성) 첫 번째 입력에 대해 대각합 거리가 볼록함을 보여라. 즉,

$$D\left(\sum_i p_i\rho_i, \sigma\right) \leq \sum_i p_i D(\rho_i, \sigma) \tag{9.51}$$

가 된다는 것을 보이면 된다. 첫 번째 입력에 대해 볼록성이면, 대칭에 의해 두 번째 입력에 대해서도 볼록성을 갖는다.

확인문제 9.9: (고정점의 존재) 샤우더^{Schauder}의 고정점 정리$^{fixed\ point\ theorem}$란 힐베르트 공간의 볼록하고 콤팩트한 부분집합에 대해서는 어떠한 연속사상$^{continuous\ map}$이라도 고정점을 갖는다는 고전적 수학의 결과다. 샤우더의 고정점 정리를 사용해 어떠한 대각합-보존 양자연산 $\mathcal{E}$이라도 고정점을 갖는다는 것을 증명하라. 즉, $\mathcal{E}(\rho) = \rho$인 ρ가 존재한다는 것을 증명하면 된다.

확인문제 9.10: $\mathcal{E}$가 엄밀히 축소적인$^{strictly\ contractive}$ 대각합-보존 양자연산이라 하자. 즉, ρ와 σ에 대해 $D(\mathcal{E}(\rho), \mathcal{E}(\sigma)) < D(\rho, \sigma)$라 하자. $\mathcal{E}$가 고정점을 하나만 갖는다는 것을 보여라.

확인문제 9.11: $\mathcal{E}$가 대각합-보존 양자연산이라 하고, $0 < p \leq 1$인 어떤 p에 대해

$$\mathcal{E}(\rho) = p\rho_0 + (1-p)\mathcal{E}'(\rho) \tag{9.52}$$

가 되는 밀도연산자 ρ_0와 대각합-보존 양자연산 $\mathcal{E}'$가 존재한다고 하자. 물리적으로 말하면, 이 식은 p 확률로 입력상태를 버리면서 고정된 상태 ρ_0로 대체하고, $1-p$ 확률로 $\mathcal{E}'$ 연산이 발생한다는 것을 의미한다. 공동 볼록성$^{joint\ convexity}$을 사용해 $\mathcal{E}$가 엄밀히 축소적인 양자연산이고, 따라서 고정점을 하나만 갖는다는 것을 보여라.

확인문제 9.12: 8.3.4절에서 소개한 탈분극 채널 $\mathcal{E}(\rho) = pI/2 + (1-p)\rho$를 고려하자. 임의의 ρ와 σ에 대해 블로흐 표현을 사용하여 $D(\mathcal{E}(\rho), \mathcal{E}(\sigma))$를 구하라. 그리고 사상 $\mathcal{E}$가 엄밀히 축소적임을 명시적으로 증명하라. 즉, $D(\mathcal{E}(\rho), \mathcal{E}(\sigma)) < D(\rho, \sigma)$을 증명하면 된다.

확인문제 9.13: 비트반전 채널(8.3.3 단원)이 축소적이기는 하지만 엄밀히 축소적은 아님을 보여라. 또한 비트반전 채널에 대한 고정점 집합을 구하라.

9.2.2 충실도

양자상태 간의 거리에 대한 두 번째 측도는 **충실도**^{fidelity}다. 충실도는 밀도연산자에 대한 거리함수가 아니지만 쓸 만한 거리함수^{metric}를 생성함을 알게 될 것이다. 이 절에서는 충실도의 정의와 기본 특성을 알아보자. 상태 ρ와 σ의 충실도는

$$F(\rho, \sigma) \equiv \mathrm{tr}\sqrt{\rho^{1/2}\sigma\rho^{1/2}} \tag{9.53}$$

로 정의한다. 이 식이 ρ와 σ 간의 거리에 대한 유용한 측도라는 점은 지금 당장은 확실치 않다. 심지어 대칭으로 보이지도 않는다! 그러나 충실도가 입력에 대해 대칭이고 좋은 거리측도에 기대되는 다른 많은 특성을 갖는다는 것을 알게 될 것이다.

충실도에 대한 좀 더 명시적 공식을 제공하는, 중요하고도 특별한 두 경우가 있다. 첫 번째는 ρ와 σ가 교환법칙이 성립할 때, 즉 다음과 같이 ρ와 σ가 어떤 정규직교 기저 $|i\rangle$에 대해 동일한 기저로 대각일 때다.

$$\rho = \sum_i r_i |i\rangle\langle i|; \quad \sigma = \sum_i s_i |i\rangle\langle i| \tag{9.54}$$

이 경우에

$$F(\rho, \sigma) = \mathrm{tr}\sqrt{\sum_i r_i s_i |i\rangle\langle i|} \tag{9.55}$$

$$= \mathrm{tr}\left(\sum_i \sqrt{r_i s_i}|i\rangle\langle i|\right) \tag{9.56}$$

$$= \sum_i \sqrt{r_i s_i} \tag{9.57}$$

$$= F(r_i, s_i) \tag{9.58}$$

가 된다. 즉, ρ와 σ가 교환법칙이 성립하면 양자 충실도 $F(\rho, \sigma)$는 ρ와 σ의 고윳값 분포 r_i와 s_i 간의 고전 충실도 $F(r_i, s_i)$로 환산된다.

두 번째 예는 순수상태 $|\psi\rangle$와 임의의 상태 ρ 간의 충실도를 계산하는 것이다. (9.53) 식으로부터

$$F(|\psi\rangle, \rho) = \mathrm{tr}\sqrt{\langle\psi|\rho|\psi\rangle\,|\psi\rangle\langle\psi|} \tag{9.59}$$

$$= \sqrt{\langle\psi|\rho|\psi\rangle} \tag{9.60}$$

가 된다. 즉, 충실도는 $|\psi\rangle$와 ρ 간의 겹침^{overlap}에 대한 제곱근과 같다. 이 식은 우리가 자주 사용할 중요한 결과다.

큐비트의 경우, 두 상태 간의 대각합 거리는 명확히 계산할 수 있었고 그 대각합 거리가 블로흐 구 위의 두 점에 대한 유클리드 거리의 절반이라는 간단한 기하학적 해석을 내릴 수 있었다. 아쉽게도 큐비트의 두 상태 간에 대한 충실도는 이와 비슷하거나 명확한 기하학적 해석이 나와 있지 않다.

하지만 충실도는 대각합 거리와 같은 여러 특성을 충족시킨다. 예를 들어 유니타리 변환을 해도 변하지 않는다. 즉,

$$F(U\rho U^{\dagger}, U\sigma U^{\dagger}) = F(\rho, \sigma) \tag{9.61}$$

이다.

확인문제 9.14: (유니타리 변환에서 충실도의 불변) 양의 연산자 A의 경우, $\sqrt{UAU^{\dagger}} = U\sqrt{A}\,U^{\dagger}$라는 점을 이용하여 (9.61)을 증명하라.

대각합 거리에 대해 특성을 나타내는 (9.22) 식이 있듯이 충실도에도 특성을 나타내는 유용한 식이 존재한다.

정리 9.4: (울만^{Uhlmann} 정리) ρ와 σ가 양자계 Q의 상태들이라 하자. 또한 Q의 복사본인 두 번째 양자계 R을 도입하자. 그러면 ρ를 RQ로 정화한 상태를 $|\psi\rangle$라 하고 σ를 RQ로 정화한 상태를 $|\varphi\rangle$라 할 때,

$$F(\rho, \sigma) = \max_{|\psi\rangle, |\varphi\rangle} |\langle\psi|\varphi\rangle| \tag{9.62}$$

가 된다. 여기서 최대화는 ρ와 σ의 모든 정화에 대해서다. 울만 정리를 증명하기에 앞서, 쉽게 증명되는 다음의 보조정리가 필요하다.

보조정리 9.5: A를 임의의 연산자라 하고 U를 유니타리라 하자. 그러면

$$|\mathrm{tr}(AU)| \le \mathrm{tr}|A| \tag{9.63}$$

가 된다. 등호는 $U = V^{\dagger}$로 잡으면 성립하며, 여기서 $A = |A|V$는 A의 극분해이다.

증명

등호는 언급한 조건에서 당연히 성립한다. 이제

$$|\mathrm{tr}(AU)| = |\mathrm{tr}(|A|VU)| = \left|\mathrm{tr}(|A|^{1/2}|A|^{1/2}VU)\right| \tag{9.64}$$

에 주목하자. 힐베르트-슈미트$^{\text{Hilbert-Schmidt}}$ 내적에 대한 코시-슈바르츠$^{\text{Cauchy-Schwarz}}$ 부등식을 적용하면

$$|\mathrm{tr}(AU)| \leq \sqrt{\mathrm{tr}|A|\,\mathrm{tr}\left(U^{\dagger}V^{\dagger}|A|VU\right)} = \mathrm{tr}|A| \tag{9.65}$$

가 되어 증명이 끝난다.   ■

증명

(울만 정리)

R계와 Q계의 직교정규 기저를 각각 $|i_R\rangle$과 $|i_Q\rangle$로 잡자. R과 Q의 차원이 같으므로 인덱스 i의 값은 동일한 집합에서 선택하는 것으로 가정해도 된다. $|m\rangle \equiv \sum_i |i_R\rangle|i_Q\rangle$로 정의하자. 또한 $|\psi\rangle$를 ρ의 정화^{purification}라 하자. 그러면 슈미트 분해를 적용하고 약간의 생각을 거치면 R계와 Q계에 대한 어떤 유니타리 연산자 U_R과 U_Q에 대해

$$|\psi\rangle = \left(U_R \otimes \sqrt{\rho}\,U_Q\right)|m\rangle \tag{9.66}$$

가 된다는 것을 알 수 있다. 마찬가지로 $|\varphi\rangle$가 ρ의 정화라고 하면, 유니타리 연산자 V_R과 V_Q가 존재해서

$$|\varphi\rangle = \left(V_R \otimes \sqrt{\sigma}\,V_Q\right)|m\rangle \tag{9.67}$$

가 된다. 이 둘을 내적하면

$$|\langle\psi|\varphi\rangle| = \left|\langle m|\left(U_R^{\dagger}V_R \otimes U_Q^{\dagger}\sqrt{\rho}\sqrt{\sigma}V_Q\right)|m\rangle\right| \tag{9.68}$$

가 된다. 577페이지의 확인문제 9.16을 사용하면

$$|(\langle\psi|\varphi\rangle)| = |\mathrm{tr}(V_R^T U_R^* U_Q^{\dagger}\sqrt{\rho}\sqrt{\sigma}\,V_Q)| \tag{9.69}$$

가 된다는 것을 알 수 있다. $U \equiv V_Q V_R^T U_R^* U_Q^{\dagger}$로 잡으면

$$|\langle\psi|\varphi\rangle| = \left|\mathrm{tr}\left(\sqrt{\rho}\sqrt{\sigma}U\right)\right| \tag{9.70}$$

가 된다. 보조정리 9.5에 의해

$$|\langle\psi|\varphi\rangle| \le \mathrm{tr}\left|\sqrt{\rho}\sqrt{\sigma}\right| = \mathrm{tr}\sqrt{\rho^{1/2}\sigma\rho^{1/2}} \tag{9.71}$$

가 된다. 등호가 성립하는지 알아보기 위해 $\sqrt{\rho}\sqrt{\sigma} = |\sqrt{\rho}\sqrt{\sigma}|V$가 $\sqrt{\rho}\sqrt{\sigma}$의 극분해라 하자. $U_Q = U_R = V_R = I$ 및 $V_Q = V^\dagger$로 잡으면 등호가 성립한다.　■

확인문제 9.15: 다음 식이 나오는 것을 보여라.

$$F(\rho, \sigma) = \max_{|\varphi\rangle} |\langle\psi|\varphi\rangle| \tag{9.72}$$

여기서 $|\psi\rangle$는 ρ의 어떠한 고정된 정화며, 최대화는 σ의 모든 정화에 대해서다.

확인문제 9.16: (힐베르트-슈미트 내적과 얽힘) R과 Q가 동일한 힐베르트 공간을 갖는 두 양자계라 하자. 또한 $|i_R\rangle$과 $|i_Q\rangle$를 R과 Q에 대한 정규직교 기저 집합이라 하자. 그리고 A를 R의 연산자, B를 Q의 연산자라 하자. $|m\rangle = \sum_i |i_R\rangle|i_Q\rangle$도 정의하자. 그렇다면

$$\mathrm{tr}(A^T B) = \langle m|(A \otimes B)|m\rangle \tag{9.73}$$

가 되는 것을 보여라. 여기서 좌변의 곱셈은 행렬 곱셈인데, A의 행렬성분은 $|i_R\rangle$ 기저와 관련된 것이고 B의 행렬성분은 $|i_Q\rangle$ 기저와 관련된 것으로 이해하면 된다.

울만 공식 (9.62)는 (9.53) 식과 같이 충실도를 산출하기 위한 계산 도구를 제공하지 않는다. 하지만 많은 경우에 (9.53) 식보다 울만 공식을 사용하면 충실도의 특성이 더 쉽게 증명된다. 예를 들어 울만 공식은 충실도가 입력에 대해 대칭, 즉 $F(\rho, \sigma) = F(\sigma, \rho)$임을 확실하게 하고 충실도를 0과 1 사이로 제한시켜 $0 \le F(\rho, \sigma) \le 1$임도 확실하게 한다. $\rho = \sigma$이면 울만 공식으로부터 $F(\rho, \sigma) = 1$임을 알 수 있다. $\rho \ne \sigma$이면 각각 ρ와 σ의 어떠한 정화 $|\psi\rangle$와 $|\varphi\rangle$에 대해서도 $|\psi\rangle \ne |\varphi\rangle$이므로 $F(\rho, \sigma) < 1$이 된다. 한편, (9.53) 식은 충실도의 특성을 이해하기 위한 수단으로서 유용할 경우도 더러 있다. 예를 들어 $F(\rho, \sigma) = 0$이기 위한 필요충분조건이 ρ와 σ가 직교부분공간에 대한 서포트를 갖는 경우임을 알 수 있다. 직관적으로 말하면, ρ와 σ가 직교부분공간에 대한 서포트를 가질 때 서로 완벽하게 구별될 수 있으므로, 이 시점에서 충실도가 최소화될 것으로 기대해야 한다. 요약하면, 충실도는 입력에 대해 대칭이고 $0 \le F(\rho, \sigma) \le 1$인데, 앞쪽 부등식에서 등호가 성립할 필요충분조건은 ρ와 σ가 직교 서포트를 갖는 경우고 뒤쪽 부등식에서 등호가 성립할 필요충분조건은 $\rho = \sigma$ 경우다.

우리는 측정으로 발생된 확률분포를 고려하면 양자 대각합 거리가 고전 대각합 거리와 관련될 수 있음을 알고 있다. 비슷한 방식으로

$$F(\rho, \sigma) = \min_{\{E_m\}} F(p_m, q_m) \tag{9.74}$$

임을 보일 수 있다. 여기서 최솟값은 모든 POVM인 $\{E_m\}$에 대해서고 $p_m \equiv \mathrm{tr}(\rho E_m)$, $q_m \equiv \mathrm{tr}(\sigma E_m)$은 POVM $\{E_m\}$에 대응하는 ρ와 σ의 확률분포다. 이것이 맞는지 확인하려면 극분해 $\sqrt{\rho^{1/2}\sigma^{1/2}} = \sqrt{\rho}\sqrt{\sigma}U$를 적용해서

$$F(\rho, \sigma) = \mathrm{tr}(\sqrt{\rho}\sqrt{\sigma}U) \tag{9.75}$$

$$= \sum_m \mathrm{tr}(\sqrt{\rho}\sqrt{E_m}\sqrt{E_m}\sqrt{\sigma}U) \tag{9.76}$$

가 된다는 것에 주목한다. 코시-슈바르츠 부등식과 간단한 계산을 적용하면

$$F(\rho, \sigma) \leq \sum_m \sqrt{\mathrm{tr}(\rho E_m)\mathrm{tr}(\sigma E_m)} \tag{9.77}$$

$$= F(p_m, q_m) \tag{9.78}$$

가 되므로

$$F(\rho, \sigma) \leq \min_{\{E_m\}} F(p_m, q_m) \tag{9.79}$$

가 된다. 이 부등식에서 등호가 성립함을 알아보려면, 코시-슈바르츠 부등식에서 합의 각 항에 대해 등호가 성립하게 하는 POVM $\{E_m\}$을 구해야 한다. 즉, 복소수 α_m의 어떤 집합에 대해 $\sqrt{E_m}\sqrt{\rho} = \alpha_m\sqrt{E_m}\sqrt{\sigma}U$이어야 한다. 그러나 $\sqrt{\rho}\sqrt{\sigma}U = \sqrt{\rho^{1/2}\sigma\rho^{1/2}}$이므로 역행렬이 존재하는 ρ에 대해

$$\sqrt{\sigma}U = \rho^{-1/2}\sqrt{\rho^{1/2}\sigma\rho^{1/2}} \tag{9.80}$$

가 된다. 이것으로 대체하면 등호 조건이

$$\sqrt{E_m}(I - \alpha_m M) = 0, \tag{9.81}$$

가 된다는 것을 알게 되는데, 여기서 $M \equiv \rho^{-1/2}\sqrt{\rho^{1/2}\sigma\rho^{1/2}}\,\rho^{-1/2}$이다. $M = \sum_m \beta_m|m\rangle\langle m|$가 M에 대한 스펙트럼 분해라면 $E_m = |m\rangle\langle m|$이고 $\alpha_m = 1/\beta_m$가 된다. 연속성으로부터 역행렬이 존재하지 않는 ρ의 사례가 나온다.

우리는 대각합 거리의 세 가지 중요한 특성(거리함수 특성, 축소성, 강볼록성)을 증명했다. 좀 놀라운 일이지만, 충실도에도 이와 비슷한 특성들이 있다. 더욱이 충실도에 사용되는

증명 기술은 대각합 거리에 사용되는 기술과 상당히 다르다. 따라서 이러한 결과를 자세히 살펴볼 가치가 있다.

충실도는 거리함수가 아니다. 하지만 충실도를 거리함수로 변환하는 간단한 방법이 있다. 구 위에 있는 두 점 간의 각도가 거리함수라는 것을 알고 있다면 그림 9.6에서 기본 아이디어를 얻을 수 있다. 양자의 경우, 울만 정리는 두 상태 간의 충실도가 그 상태들의 정화 간의 최대 내적과 같다는 점을 알려준다. 이 점을 고려해서 상태 ρ와 α 간의 각도를

$$A(\rho, \sigma) \equiv \arccos F(\rho, \sigma) \tag{9.82}$$

로 정의하자. 확실히 말하면 이 각도는 음수가 아니고 입력에 대해 대칭이며 각도가 0이 되기 위한 필요충분조건은 $\rho = \sigma$인 경우다. 각도가 삼각부등식을 따른다는 것을 입증할 수 있다면, 그 각도는 거리함수라는 것이 증명될 것이다.

울만 정리와 3차원 벡터에 관한 지식을 이용하여 삼각부등식을 증명해보자. $|\varphi\rangle$를 σ의 정화, $|\psi\rangle$를 ρ의 정화, $|\gamma\rangle$를 τ의 정화라 할 때

$$F(\rho, \sigma) = \langle \psi | \varphi \rangle \tag{9.83}$$
$$F(\sigma, \tau) = \langle \varphi | \gamma \rangle \tag{9.84}$$

가 된다고 하고 $\langle \psi | \gamma \rangle$는 양의 실수가 된다고 하자(필요하다면 $|\psi\rangle$, $|\varphi\rangle$, $|\gamma\rangle$에 적절한 위상계수를 곱해서 양의 실수로 만들어도 된다). 그림 9.6으로부터

$$\arccos(\langle \psi | \gamma \rangle) \leq A(\rho, \sigma) + A(\sigma, \tau) \tag{9.85}$$

가 된다. 그러나 울만 정리에 의해 $F(\rho, \tau) \geq \langle \psi | \gamma \rangle$이므로 $A(\rho, \tau) \leq \arccos(\langle \psi | \gamma \rangle)$가 된다. 이를 위의 부등식과 결합시키면 삼각부등식

$$A(\rho, \tau) \leq A(\rho, \sigma) + A(\sigma, \tau) \tag{9.86}$$

가 나온다.

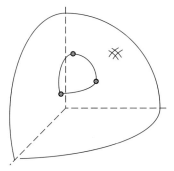

그림 9.6 단위 구 위에 있는 점들 간의 각도가 거리함수다.

확인문제 9.17: $0 \leq A(\rho, \sigma) \leq \pi/2$임을 보여라. 또한 앞쪽 부등식에서 등호가 성립하기 위한 필요충분조건이 $\rho = \sigma$라는 것도 보여라.

성질을 말하면, 충실도는 대각합 거리의 '반대' 버전처럼 거동해서 두 상태가 더욱 구별 가능할수록 충실도가 감소하고 덜 구별 가능할수록 충실도는 증가한다. 그러므로 대각합 거리의 축소성^{contractivity} 또는 비증가$^{\text{non-increasing}}$ 특성이 충실도에도 있을 거라고 생각하면 안 된다. 대신 비감소$^{\text{non-decreasing}}$라는 유사 특성이 충실도에 있다. 이 특성을 양자연산에 대한 충실도의 단조성^{monotonicity}이라 부르자.

정리 9.6: (충실도의 단조성) $\mathcal{E}$가 대각합-보존 양자연산이라 하자. ρ와 σ를 밀도연산자라 하면

$$F(\mathcal{E}(\rho), \mathcal{E}(\sigma)) \geq F(\rho, \sigma) \tag{9.87}$$

가 된다.

증명

공동계 RQ로 ρ와 σ를 정화한 것을 각각 $|\psi\rangle$와 $|\varphi\rangle$라 하고 $F(\rho, \sigma) = |\langle\psi|\varphi\rangle|$라 하자. 양자연산 $\mathcal{E}$를 위해 모델 환경 E를 도입하는데, 환경은 순수상태 $|0\rangle$로 시작해서 유니타리 상호작용 U를 통해 양자계 Q와 상호작용한다. $U|\psi\rangle|0\rangle$는 $\mathcal{E}(\rho)$의 정화이고, $|\varphi\rangle|0\rangle$는 $\mathcal{E}(\sigma)$의 정화라는 점에 주목하자. 울만 정리에 의해

$$F(\mathcal{E}(\rho), \mathcal{E}(\sigma)) \geq |\langle\psi|\langle 0|U^\dagger U|\varphi\rangle|0\rangle| \tag{9.88}$$

$$= |\langle\psi|\varphi\rangle| \tag{9.89}$$

$$= F(\rho, \sigma) \tag{9.90}$$

가 되어 증명이 끝난다. ∎

확인문제 9.18: (각도의 축소성) $\mathcal{E}$를 대각합-보존 양자연산이라 하자. 다음 식이 성립함을 보여라.

$$A(\mathcal{E}(\rho), \mathcal{E}(\sigma)) \leq A(\rho, \sigma) \tag{9.91}$$

이제 대각합 거리의 강볼록성과 유사한 충실도 특성에 대한 정리를 증명하는 것으로 충실도의 기초 특성에 대한 학습을 마무리하자. 여기서도 울만 정리를 사용한다.

정리 9.7: (충실도의 강오목성strong concavity**)** p_i와 q_i를 동일한 인덱스 집합에 대한 확률분포라 하자. 또한 ρ_i와 σ_i를 동일한 인덱스 집합에 의해 인덱스 번호가 붙는 밀도연산자라 하자. 그러면

$$F\left(\sum_i p_i\rho_i, \sum_i q_i\sigma_i\right) \geq \sum_i \sqrt{p_iq_i}F(\rho_i, \sigma_i) \tag{9.92}$$

가 된다.

당연히 이 정리를 사용해 충실도에 대한 오목성 결과를 증명할 수 있다. 이런 이유로 위의 식을 충실도에 대한 강오목성 특성strong concavity property이라 부른다. 이 특성은 대각합 거리의 강볼록성과 엄밀하게는 비슷하지 않다. 하지만 개념상 유사하기 때문에 관련 지어 부르는 것이다.

증명

$|\psi_i\rangle$와 $|\varphi_i\rangle$를 ρ_i와 σ_i의 정화라 하면 $F(\rho_i, \sigma_i) = \langle\psi_i|\varphi_i\rangle$가 된다. 또한 확률분포에 대한 인덱스 집합 i에 대응하는, 정규직교 기저상태 $|i\rangle$를 갖는 보조계를 도입하자. 그리고

$$|\psi\rangle \equiv \sum_i \sqrt{p_i}|\psi_i\rangle|i\rangle; \quad |\varphi\rangle \equiv \sum_i \sqrt{q_i}|\varphi_i\rangle|i\rangle \tag{9.93}$$

로 정의하자. $|\psi\rangle$는 $\sum_i p_i\rho_i$의 정화이고 $|\varphi\rangle$는 $\sum_i q_i\sigma_i$의 정화라는 점에 주목한다. 그러면 울만 공식에 의해

$$F\left(\sum_i p_i\rho_i, \sum_i q_i\sigma_i\right) \geq |\langle\psi|\varphi\rangle| = \sum_i \sqrt{p_iq_i}\langle\psi_i|\varphi_i\rangle = \sum_i \sqrt{p_iq_i}F(\rho_i, \sigma_i) \tag{9.94}$$

가 되어 증명이 끝난다. ▨

확인문제 9.19: (충실도의 공동 오목성 Joint concavity**)** 충실도가 공동으로 오목함을 증명하라. 즉,

$$F\left(\sum_i p_i\rho_i, \sum_i p_i\sigma_i\right) \geq \sum_i p_iF(\rho_i, \sigma_i) \tag{9.95}$$

가 되는 것을 증명하면 된다.

확인문제 9.20: (충실도의 오목성) 충실도가 첫 번째 입력에 대해 오목하다는 것을 증명하라. 즉,

$$F\left(\sum_i p_i\rho_i, \sigma\right) \geq \sum_i p_iF(\rho_i, \sigma) \tag{9.96}$$

가 됨을 증명하면 된다. 입력의 대칭성에 의해 두 번째 입력에 대해서도 충실도는 오목하게 된다.

9.2.3 거리측도 간의 관계

대각합 거리와 충실도는 서로 형식이 아주 다르지만 밀접한 관련이 있다. 성질로 말하면, 많은 응용에 있어서 동등한 거리측도로 간주할 수 있다. 이 절에서는 대각합 거리와 충실도 간의 관계를 좀 더 정확하게 따져볼 것이다.

순수상태의 경우, 대각합 거리와 충실도는 서로 완전히 같다. 이를 확인하기 위해 두 순수상태인 $|a\rangle$와 $|b\rangle$ 간의 대각합 거리를 고려하자. 그람-슈미트 절차를 사용하면 $|a\rangle = |0\rangle$과 $|b\rangle = \cos\theta|0\rangle + \sin\theta|1\rangle$이 되는 정규직교 상태 $|0\rangle$과 $|1\rangle$를 구할 수 있다. 더욱이

$$D(|a\rangle, |b\rangle) = \frac{1}{2}\text{tr}\left|\begin{bmatrix} 1 - \cos^2\theta & -\cos\theta\sin\theta \\ -\cos\theta\sin\theta & -\sin^2\theta \end{bmatrix}\right| \tag{9.97}$$

$$= |\sin\theta| \tag{9.98}$$

$$= \sqrt{1 - F(|a\rangle, |b\rangle)^2} \tag{9.99}$$

이 된다. 따라서 두 순수상태 간의 대각합 거리는 그 상태들에 대한 충실도의 함수가 되며, 그 반대로 해도 마찬가지다. 순수상태 수준에서의 이 관계를 사용하면 혼합상태 수준에서의 관계를 추론할 수 있다. ρ와 σ를 어떠한 두 양자상태라 하고 $|\psi\rangle$와 $|\varphi\rangle$는 $F(\rho, \sigma) = |\langle\psi|\varphi\rangle| = F(|\psi\rangle, |\varphi\rangle)$가 되는 정화들이라 하자. 부분대각합에서는 대각합 거리가 비증가적$^{\text{non-increasing}}$이라는 점을 상기하면

$$D(\rho, \sigma) \leq D(|\psi\rangle, |\varphi\rangle) \tag{9.100}$$

$$= \sqrt{1 - F(\rho, \sigma)^2} \tag{9.101}$$

가 된다는 것을 알 수 있다. 따라서, 두 상태 간의 충실도가 1에 가까우면, 그 상태들은 대각합 거리로 아주 가깝게 된다. 그 역^{converse}도 마찬가지다. 이를 확인하기 위해 $\{E_m\}$을 POVM이라 하면

$$F(\rho, \sigma) = \sum_m \sqrt{p_m q_m} \tag{9.102}$$

가 된다. 여기서 $p_m \equiv \mathrm{tr}(\rho E_m)$, $q_m \equiv \mathrm{tr}(\sigma E_m)$은 각각 상태 ρ와 σ에 대해 결과 m을 얻을 확률이다. 먼저

$$\sum_m (\sqrt{p_m} - \sqrt{q_m})^2 = \sum_m p_m + \sum_m q_m - 2F(\rho, \sigma) \tag{9.103}$$

$$= 2(1 - F(\rho, \sigma)) \tag{9.104}$$

가 된다는 점에 주목한다. 하지만 $|\sqrt{p_m} - \sqrt{q_m}| \leq |\sqrt{p_m} + \sqrt{q_m}|$도 되기 때문에

$$\sum_m (\sqrt{p_m} - \sqrt{q_m})^2 \leq \sum_m |\sqrt{p_m} - \sqrt{q_m}| \, |\sqrt{p_m} + \sqrt{q_m}| \tag{9.105}$$

$$= \sum_m |p_m - q_m| \tag{9.106}$$

$$= 2D(p_m, q_m) \tag{9.107}$$

$$\leq 2D(\rho, \sigma) \tag{9.108}$$

가 된다. (9.104)와 (9.108)을 비교하면

$$1 - F(\rho, \sigma) \leq D(\rho, \sigma) \tag{9.109}$$

가 된다는 것을 알 수 있다. 요약하면

$$1 - F(\rho, \sigma) \leq D(\rho, \sigma) \leq \sqrt{1 - F(\rho, \sigma)^2} \tag{9.110}$$

가 된다. 이는 대각합 거리와 충실도가 성질면에서 양자상태들에 대한 근접성을 동등하게 평가할 수 있는 측도라는 뜻이다. 또한 여러 목적상, 거리를 따질 때 대각합 거리나 충실도 중에서 어느 것을 사용할지는 중요치 않다. 그 이유는 한쪽의 결과가 나오면 다른 쪽의 결과를 동등하게 이끌어낼 수 있기 때문이다.

확인문제 9.21: 순수상태와 혼합상태를 비교할 때 대각합 거리와 충실도의 관계에 관해 (9.110)보다 더 강력한 식을 구할 수 있다. 즉, 다음을 증명하라.

$$1 - F(|\psi\rangle, \sigma)^2 \leq D(|\psi\rangle, \sigma) \tag{9.111}$$

9.3 양자채널은 정보를 얼마나 잘 보존할까?

친구는 있다가도 없고, 없다가도 있는 법이지만, 적은 계속 늘어난다.

– 토마스 존스(Thomas Jones)의 존스 법칙

양자채널은 정보를 얼마나 잘 보존할까? 좀 더 정확히 말해서, 양자계가 $|\psi\rangle$ 상태에 있는데 어떤 물리과정이 발생해 그 양자계를 $\mathcal{E}(|\psi\rangle\langle\psi|)$ 상태로 변경한다고 하자. 채널 $\mathcal{E}$는 양자계의 $|\psi\rangle$ 상태를 얼마나 잘 보존할까? 이 절에서는 앞 절들에서 논의했던 정적거리측도를 사용해 양자채널이 정보를 얼마나 잘 보존하는지에 대한 측도를 개발할 것이다.

이러한 유형의 시나리오는 양자계산 및 양자정보에서 종종 발생한다. 예를 들어 양자 컴퓨터의 메모리에서 $|\psi\rangle$는 메모리의 초기상태이고 $\mathcal{E}$는 메모리에서 발생하는 동역학을 나타내는데, 환경과의 상호작용으로 발생하는 노이즈 과정이 여기에 포함된다. 두 번째 예는 한 위치에서 다른 위치로 $|\psi\rangle$ 상태를 전송하기 위한 양자통신 채널에서 나온다. 어떠한 채널도 완벽하지 않으므로 채널의 작용은 양자연산 $\mathcal{E}$로 기술된다.

채널이 $|\psi\rangle$ 상태를 얼마나 잘 보존하는지 값으로 매기는 확실한 방법은 이전 절에서 소개한 정적거리측도를 사용하는 것이다. 예를 들어 시작상태 $|\psi\rangle$와 끝상태 $\mathcal{E}(|\psi\rangle\langle\psi|)$ 간의 충실도를 계산할 수 있다. 탈분극 채널의 경우,

$$F(|\psi\rangle, \mathcal{E}(|\psi\rangle\langle\psi|)) = \sqrt{\langle\psi|\left(p\frac{I}{2} + (1-p)|\psi\rangle\langle\psi|\right)|\psi\rangle} \tag{9.112}$$

$$= \sqrt{1 - \frac{p}{2}} \tag{9.113}$$

가 된다. 이 결과는 예상한 대로다(탈분극 확률 p가 높을수록 초기상태에서 최종상태의 충실도는 낮아진다). p가 아주 작으면 충실도는 1에 가까우며 상태 $\mathcal{E}(\rho)$는 초기상태 $|\psi\rangle$와 실질적으로 구분할 수 없다.

위의 표현에서는 충실도 사용에 관해 특별한 것은 없다. 대각합 거리를 사용해도 되니까 말이다. 하지만 9장의 나머지 부분에서는 충실도와 이와 관련된 값에 바탕을 둔 거리 측도로 제한할 것이다. 이 마지막 절에서 확립되는 대각합 거리의 특성을 사용하면 대체로 대각합 거리를 바탕으로 병렬 개발을 수행하는 것은 어렵지 않다. 하지만 충실도는 계산하기가 더 쉬운 도구인 것으로 밝혀졌으니 충실도에 바탕을 두고 고려하는 것으로 제한하는 것이다.

정보보존에 대한 우리의 원형 측도인 충실도 $F(|\psi\rangle, \mathcal{E}(|\psi\rangle\langle\psi|))$에는 고쳐야 할 단점들이 있다. 실제 양자 메모리 또는 양자통신 채널에서는 계의 초기상태 $|\psi\rangle$가 무엇인지 미리 알 수 없다. 하지만 가능한 모든 초기상태를 최소화하면 가장 안 좋을 때의 계에 대한 거동을 값으로 매길 수 있다. 즉,

$$F_{\min}(\mathcal{E}) \equiv \min_{|\psi\rangle} F(|\psi\rangle, \mathcal{E}(|\psi\rangle\langle\psi|)) \tag{9.114}$$

가 된다. 예를 들어 p-분극화 채널의 경우, 채널의 충실도는 모든 입력상태 $|\psi\rangle$에 대해 동일하기 때문에 $F_{\min} = \sqrt{1 - p/2}$가 된다. 더 흥미로운 예는 위상감쇠 채널

$$\mathcal{E}(\rho) = p\rho + (1 - p)Z\rho Z \tag{9.115}$$

이다. 위상감쇠 채널의 경우 충실도는

$$F(|\psi\rangle, \mathcal{E}(|\psi\rangle\langle\psi|)) = \sqrt{\langle\psi| \left(p|\psi\rangle\langle\psi| + (1 - p)Z|\psi\rangle\langle\psi|Z \right) |\psi\rangle} \tag{9.116}$$

$$= \sqrt{p + (1 - p)\langle\psi|Z|\psi\rangle^2} \tag{9.117}$$

가 된다. 제곱근 기호 안의 두 번째 항은 음수가 아니며, $|\psi\rangle = (|0\rangle + |1\rangle)/\sqrt{2}$일 때 0이 된다. 따라서 위상감쇠 채널의 최소 충실도는

$$F_{\min}(\mathcal{E}) = \sqrt{p} \tag{9.118}$$

가 된다.

$F_{\min}$ 정의에서 왜 순수상태들에 대해 최소화했는지 궁금할 것이다. 그럴 바에는 관심 있는 양자계가 혼합상태 ρ에서 시작하면 안 될까? 예를 들어 양자 메모리는 그 양자 컴퓨터의 나머지 부분과 얽혀서 혼합 상태로 시작할지도 모른다. 다행스럽게도 충실도의 공동 오목성을 사용하면 혼합상태를 허용해도 $F_{\min}$이 변하지 않음을 보일 수 있다. 이를 확인하기 위해 $\rho = \sum_i \lambda_i|i\rangle\langle i|$는 양자계의 초기상태라 하자. 그러면

$$F(\rho, \mathcal{E}(\rho)) = F\left(\sum_i \lambda_i|i\rangle\langle i|, \sum_i \lambda_i\mathcal{E}(|i\rangle\langle i|) \right) \tag{9.119}$$

$$\geq \sum_i \lambda_i F(|i\rangle, \mathcal{E}(|i\rangle\langle i|)) \tag{9.120}$$

가 된다. 그러므로 $|i\rangle$ 상태 중 적어도 하나에 대해

$$F(\rho, \mathcal{E}(\rho)) \geq F(|i\rangle, \mathcal{E}(|i\rangle\langle i|)) \tag{9.121}$$

가 되고, 따라서 $F(\rho, \mathcal{E}(\rho)) \geq F_{\min}$가 된다.

물론 양자통신 채널을 통해 양자상태를 전송할 때 우리는 그 상태를 보호하는 것뿐만 아니라 동적으로 계산을 수행하는 것에도 관심이 있다. 예를 들어 양자계산의 일부로서 유니타리 연산자 U에 의해 기술되는 양자 게이트를 구현하려 한다고 하자. 바로 앞 장에서 설명했듯이 그렇게 시도하면 필연적으로 (바라건대 너무 심각하지 않은) 노이즈가 생길

것이므로 게이트를 올바로 기술하려면 대각합-보존 양자연산 $\mathcal{E}$을 사용해야 한다. 게이트가 얼마나 성공적이었는지에 대한 측도는 당연히 게이트 **충실도**^{gate fidelity}

$$F(U, \mathcal{E}) \equiv \min_{|\psi\rangle} F(U|\psi\rangle, \mathcal{E}(|\psi\rangle\langle\psi|)) \tag{9.122}$$

이다. 예를 들어 단일 큐비트에 대한 NOT 게이트를 구현할 때 작은 노이즈 매개변수 p에 대한 노이즈 연산 $\mathcal{E}(\rho) = (1-p)X\rho X + pZ\rho Z$도 구현한다고 하자. 그러면 이 연산에 대한 게이트 충실도는

$$F(X, \mathcal{E}) = \min_{|\psi\rangle} \sqrt{\langle\psi|X\left((1-p)X|\psi\rangle\langle\psi|X + pZ|\psi\rangle\langle\psi|Z\right)X|\psi\rangle} \tag{9.123}$$

$$= \min_{|\psi\rangle} \sqrt{(1-p) + p\langle\psi|Y|\psi\rangle^2} \tag{9.124}$$

$$= \sqrt{(1-p)} \tag{9.125}$$

가 된다. 확인문제 9.22에서는 전체 연산이 높은 충실도를 보이려면 높은 충실도를 갖는 각 게이트들로 시퀀스를 구성하면 되고, 따라서 양자계산의 목적을 위해서는 각 게이트가 각자 높은 충실도의 계산을 수행하면 된다는 것을 보일 것이다(양자회로의 근사화에 있어서 4장에서 했던, 비슷하지만 덜 일반적인 주장과도 비교해보라).

확인문제 9.22: (충실도 측도의 연쇄 특성^{chaining property}**)** U와 V가 유니타리 연산자이고 $\mathcal{E}$와 $\mathcal{F}$가 U와 V를 근사시키는 대각합-보존 양자연산이라 하자. 또한 $d(\cdot, \cdot)$를 밀도행렬의 공간에서의 어떠한 거리함수라 하고, 모든 밀도행렬 ρ와 σ 및 유니타리 U에 대해 ($\arccos(F(\rho, \sigma))$ 각도처럼) $d(U\rho U^{\dagger}, U\sigma U^{\dagger}) = d(\rho, \sigma)$를 만족시킨다고 하자. 그리고 이에 대응하는 오차 $E(U, \mathcal{E})$를

$$E(U, \mathcal{E}) \equiv \max_{\rho} d(U\rho U^{\dagger}, \mathcal{E}(\rho)) \tag{9.126}$$

로 정의하자. 그러면 $E(VU, \mathcal{F} \circ \mathcal{E}) \leq E(U, \mathcal{E}) + E(V, \mathcal{F})$임을 보여라. 따라서 높은 충실도로 양자계산을 수행하려면 계산의 각 단계마다 높은 충실도로 끝나면 된다.

양자정보 소스와 얽힘 충실도

지금까지는 우리가 의미하는 바를 양자정보 소스로 정확히 정의하지 않고 정보보존의 동적측도들에 대해 이야기했었다. 이제 이 소스 개념에 대해 2개의 가능한 정의를 설명하고, 이들 정의를 사용해 정보보존의 동적측도를 도입해보자. 우선, 양자정보 소스의 개념

을 정의하는 최선의 길은 명확하지 않다. 고전적으로 말하면 이 정의 문제에 대한 최선의 해결책은 전혀 명백하지 않아 서로 다른 정의가 나오는 게 가능하며, 이러한 각 정의들로 인해 풍부하면서도 유용한 정보이론이 나오게 된다. 양자정보는 하위 분야로서 고전정보를 포함하기 때문에 정보 소스의 개념을 양자역학적으로 정의하는 방법이 훨씬 많은 경우는 놀라운 일이 아니다! 9장을 마무리하기 위해 정보 소스 개념에 대한 2개의 양자 정의를 소개하고 이들 정의가 정보보존에 대한 해당 거리측도를 어떻게 만들어내는지를 설명하며 이들 거리측도의 기초적 특성을 증명할 것이다. 양자정보 소스에 대한 추가 논의는 12장에 가서야 언급한다.

양자 소스에 대한 하나의 매력적인 정의는 어떤 물리 과정에 의해 생성된 동일한 양자계 (말하자면 큐비트)들의 스트림으로 생각하는 것이다. 여기서 각 계의 상태는 ρ_{X_1}, ρ_{X_2},...로 주어진다. X_j는 독립적이면서 동일하게 분포된 확률변수이고, ρ_j는 밀도연산자들의 고정된 집합이다. 예를 들어 큐비트 스트림을 상상할 수 있는데, 각 큐비트는 1/2 확률의 $|0\rangle$ 상태, 또는 1/2 확률의 $(|0\rangle + |1\rangle)/\sqrt{2}$ 상태로 준비된다.

양자 소스의 이러한 앙상블^{ensemble} 개념은 자연스럽게 앙상블 평균 충실도$^{\text{ensemble average}}$ ^{fidelity} 개념으로 이어지는데, 이러한 충실도는 대각합-보존 양자연산 $\mathcal{E}$에 의해 기술된 노이즈 채널의 동작 속에서도 소스가 잘 보존된다는 생각을 떠올리게 만든다. 다시 말하면, 앙상블 평균 충실도는

$$\bar{F} = \sum_j p_j F(\rho_j, \mathcal{E}(\rho_j))^2 \tag{9.127}$$

가 되며, 여기서 p_j는 그 계의 가능한 각 준비물 ρ_j에 대한 각각의 확률이다. 당연히 $0 \leq \bar{F} \leq 1$이고, $\bar{F} \approx 1$이라면 평균적으로 채널 $\mathcal{E}$는 소스가 방출한 상태를 높은 정확도로 보존하는 것이다. 위 정의의 우변에 있는 충실도가 왜 제곱인지 궁금할 것이다. 이 질문에 대한 답은 2개가 있는데, 하나는 간단하고 또 하나는 복잡하다. 간단한 답이란 이렇게 제곱 항을 포함하면 아래에서 얽힘 충실도를 정의할 때 앙상블 충실도가 얽힘 충실도와 좀 더 자연스럽게 관련시킬 수 있다는 것이다. 복잡한 답이란 현재 양자정보가 유아기 상태라서 정보보존과 같은 개념에 대해 '정확한' 정의가 자리 잡혀 있지 않다는 것이다! 그럼에도 12장에서 보게 되겠지만 앙상블 평균 충실도와 얽힘 충실도는 풍부한 양자정보이론들을 낳았으며, 이로 인해 양자정보에 대한 완전한 이론이 아직 개발되지 않았더라도 이들 측도로도 괜찮다고 믿게 된 것이다.

확인문제 9.23: $\bar{F} = 1$ 이 되기 위한 필요충분조건이 $p_j > 0$ 가 되는 모든 j에 대해 $\mathcal{E}(\rho_j) = \rho_j$ 임을 보여라.

우리가 고려할 수 있는 양자 소스의 두 번째 개념이 존재하는데, 이 개념은 정보를 잘 보존하는 채널이 얽힘^{entanglement}을 잘 보존하는 채널이라는 인식에서 나왔다. 기본적인 아이디어는 9.1절의 고전 오류확률에 대한 논의에서 비롯된다. 거기서 언급한 바와 같이 양자과정의 경우, 두 번 정의되는 확률분포에 대해 바로 해당하는 양자 유사물이 존재하지 않기 때문에 오류확률 $p(X \neq Y)$에 대해서도 바로 해당하는 유사물을 정의할 수 없다. 그대신 그림 9.7에 나타낸 아이디어에 대해 양자 유사물을 사용할 것이다. 이 아이디어란 먼저 확률변수 X를 $\tilde{X}$로 복사하고 나서 X를 노이즈로 처리해 Y를 얻고, $(\tilde{X}, X)$와 $(\tilde{X}', Y)$에 대한 공동분포^{joint distribution} 간의 거리함수량^{metric quantity} $D[(\tilde{X}, X), (\tilde{X}', Y)]$를 거리측도로 사용한다면 동적거리측도를 정의할 수 있다는 것이다.

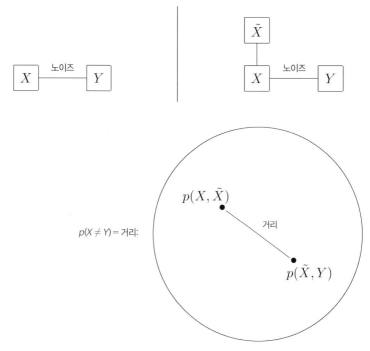

그림 9.7 채널의 오류확률은 $(\tilde{X}, X)$와 $(\tilde{X}, Y)$에 대한 확률분포 간의 대각합 거리와 같다.

이 모델과 비슷하게 양자 모델을 만들면 다음과 같다. 양자계 Q는 ρ 상태로 준비한다. Q의 상태는 외부세계와 어떤 방식으로 얽혀 있다고 하자. 이 얽힘은 고전 모델에서 X와 $\tilde{X}$의 상관관계를 대신한다. 가상계 R을 도입하여 얽힘을 표현하면 RQ의 공동상태는 순

수상태가 된다. 모든 결과를 증명해보니 그 결과가 이러한 정화를 어떻게 수행하는지에
상관없는 것으로 밝혀졌으므로 외부세계와 아무렇게 얽힌다고 가정하는 게 좋다. 그러면
Q계는 양자연산 $\mathcal{E}$에 의해 기술된 동역학에 영향을 받는다. 기본적인 상황은 그림 9.8에
나타나 있다.

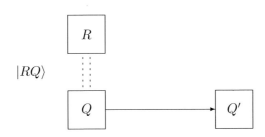

그림 9.8 양자채널의 RQ 그림. RQ의 초기상태는 순수상태다.

양자연산 $\mathcal{E}$은 R과 Q의 얽힘을 얼마나 잘 보존할까? 이것은 얽힘 **충실도**^{entanglement fidelity}
$F(\rho, \mathcal{E})$로 값을 매기는데, 얽힘 충실도란 대각합-보존 양자연산 $\mathcal{E}$에 대해

$$F(\rho, \mathcal{E}) \equiv F(RQ, R'Q')^2 \tag{9.128}$$

$$= \langle RQ| \left[(\mathcal{I}_R \otimes \mathcal{E})(|RQ\rangle\langle RQ|) \right] |RQ\rangle \tag{9.129}$$

로 정의하는 ρ와 $\mathcal{E}$의 함수다. 여기서 프라임 기호를 붙인 것은 양자연산이 적용된 후 계
의 상태를 나타내고, 프라임 기호를 붙이지 않은 것은 양자연산이 적용되기 전 계의 상태
를 나타낸다. 이 정의에서 우변은 RQ의 초기상태와 최종상태 간에 대한 정적 충실도의
제곱이다. 정적 충실도에 제곱을 하면 충실도의 특정 특성을 단순화시켜서 아주 편리하
다. 얽힘 충실도는 ρ와 $\mathcal{E}$에만 의존할 뿐, (나타난 바와 같이) 정화 $|RQ\rangle$의 세부사항에는 의
존하지 않는다는 점에 주목한다. 이를 확인하려면 확인문제 2.81에서 증명한 ρ의 두 정
화인 $|R_1Q_1\rangle$과 $|R_2Q_2\rangle$가 유니타리 연산 U와 관련돼 있다는 사실을 사용한다. 따라서

$$F(|R_2Q_2\rangle, \rho^{R_2'Q_2'}) = F(|R_1Q_1\rangle, \rho^{R_1'Q_2'}) \tag{9.130}$$

가 되어 결과가 나온다. 얽힘 충실도는 과정 $\mathcal{E}$가 R과 Q 간의 얽힘을 얼마나 잘 보존하는
지에 대한 측도를 제공한다. 그 값이 1에 가까우면 얽힘이 잘 보존됐다는 것을 나타내고
0에 가까우면 얽힘의 대부분이 붕괴됐다는 것을 나타낸다. 정적 충실도의 제곱을 사용할
지, 아니면 그냥 정적 충실도 그대로 사용할지는 편의에 따라 선택한다. 그나마 현재의
정의로 했을 때가 좀 더 매력적인 수학적 특성을 보인다.

얽힘 충실도의 매력적인 특성 중 하나는 정확하게 계산할 수 있는 아주 간단한 공식이 있다는 것이다. E_i가 양자연산 $\mathcal{E}$를 위한 연산 요소들의 집합이라 하자. 그러면

$$F(\rho, \mathcal{E}) = \langle RQ | \rho^{R'Q'} | RQ \rangle = \sum_i |\langle RQ | E_i | RQ \rangle|^2 \tag{9.131}$$

이 된다. $|RQ\rangle = \sum_j \sqrt{p_j} |j\rangle\langle j|$로 표현하는데, 여기서 $\rho = \sum_j p_j |j\rangle\langle j|$이다. 그러면

$$\langle RQ | E_i | RQ \rangle = \sum_{jk} \sqrt{p_j p_k} \langle j | k \rangle \langle j | E_i | k \rangle \tag{9.132}$$

$$= \sum_j p_j \langle j | E_i | j \rangle \tag{9.133}$$

$$= \mathrm{tr}(E_i \rho) \tag{9.134}$$

가 된다. 이 식을 (9.131) 식에 대입하면 유용한 계산식

$$F(\rho, \mathcal{E}) = \sum_i |\mathrm{tr}(\rho E_i)|^2 \tag{9.135}$$

을 얻을 수 있다. 따라서 예를 들면 위상감쇠 채널 $\mathcal{E}(\rho) = p\rho + (1-p)Z\rho Z$에 대한 얽힘 충실도는

$$F(\rho, \mathcal{E}) = p |\mathrm{tr}(\rho)|^2 + (1-p) |\mathrm{tr}(\rho Z)|^2 = p + (1-p)\mathrm{tr}(\rho Z)^2 \tag{9.136}$$

이 된다. 따라서 p가 감소함에 따라 얽힘 충실도도 감소한다는 것을 알 수 있는데, 이는 직관적으로 예상한 바와 같다.

지금까지 양자정보 소스의 2개념과 이와 관련된 거리측도들을 정의했다. 하나는 높은 평균 충실도를 가진 양자상태의 앙상블을 보존하고자 하는 생각에 기반을 두었고, 다른 하나는 보존하고자 하는 것이 참조계와 소스 간의 얽힘이라는 생각에 기반을 두었다. 놀랍게도 이 두 정의는 서로 밀접한 관련이 있는 것으로 밝혀졌다! 그 이유로는 얽힘 충실도의 유용한 특성 두 가지를 꼽는다. 첫째, 얽힘 충실도는 그 과정에 대한 입력과 출력 간의 정적 충실도의 제곱에게는 하계가 된다. 즉,

$$F(\rho, \mathcal{E}) \leq \left[F(\rho, \mathcal{E}(\rho)) \right]^2 \tag{9.137}$$

이다. 직관적으로 보면, 이 결과는 그냥 그 상태만 보존하는 것보다 상태와 함께 외부세계와의 얽힘도 보존하는 것이 더 어렵다는 것을 말해준다. 이를 증명하려면 부분대각합에서 정적 충실도의 단조성을 적용하면 된다. 즉, $F(\rho, \mathcal{E}) = F(|RQ\rangle, \rho^{R'Q'})^2 \leq F(\rho^Q, \rho^{Q'})^2$이다.

앙상블 평균 정의와 관련시킬 얽힘 충실도의 두 번째 특성이란 얽힘 충실도가 ρ의 볼록함수$^{\text{convex function}}$라는 것이다. 이를 확인하기 위해 $f(x) \equiv F(x\rho_1 + (1-x)\rho_2, \mathcal{E})$를 정의하고 (9.135) 식과 기초적인 미적분학을 사용하자. 그러면

$$f''(x) = \sum_i |\text{tr}((\rho_1 - \rho_2)E_i)|^2 \tag{9.138}$$

이므로 $f''(x) \geq 0$가 되는데, 이는 바라는 대로 얽힘 충실도의 볼록함을 의미한다.

이 두 결과를 결합하면

$$F\left(\sum_j p_j \rho_j , \mathcal{E}\right) \leq \sum_j p_j F(\rho_j, \mathcal{E}) \tag{9.139}$$

$$\leq \sum_j p_j F(\rho_j, \mathcal{E}(\rho_j))^2 \tag{9.140}$$

이 되므로

$$F\left(\sum_j p_j \rho_j , \mathcal{E}\right) \leq \bar{F} \tag{9.141}$$

가 된다! 따라서 밀도연산자 ρ에 의해 기술된 소스와 참조계 간의 얽힘 보존이라는 좋은 일을 하는 어떠한 양자채널 $\mathcal{E}$은 $\rho = \sum_j p_j \rho_j$가 되는 p_j 확률과 ρ_j 상태에 의해 기술되는 앙상블 소스를 보존하는 좋은 일도 자동으로 한다. 이런 의미에서 얽힘 충실도에 기반을 둔 양자 소스의 개념은 앙상블 정의보다 더 엄밀한 개념이며, 이러한 이유로 12장의 양자정보이론 연구에서는 얽힘 충실도 기반의 정의를 선호할 것이다.

얽힘 충실도에 대해 쉽게 입증된 특성들을 짧게 나열하는 것으로 9장을 마무리하는데, 다음 목록은 이후의 장에서 유용할 것이다.

1. $0 \leq F(\rho, \mathcal{E}) \leq 1$. 이것은 정적 충실도의 특성에서 바로 나온다.

2. 얽힘 충실도는 양자연산 입력에 있어서 선형^{linear}이다. 이것은 얽힘 충실도의 정의에서 바로 알 수 있다.

3. 순수상태 입력의 경우, 얽힘 충실도는 입력과 출력 간의 정적 충실도의 제곱이다. 즉,

$$F(|\psi\rangle, \mathcal{E}) = F(|\psi\rangle, \mathcal{E}(|\psi\rangle\langle\psi|))^2 \tag{9.142}$$

이다. 이것은 상태 $|\psi\rangle$가 그 자체의 정화라는 사실과 얽힘 충실도의 정의로부터 바로 알 수 있다.

4. $F(\rho, \mathcal{E}) = 1$이기 위한 필요충분조건은 ρ의 서포트에 속한 모든 순수상태 $|\psi\rangle$에 대해

$$\mathcal{E}(|\psi\rangle\langle\psi|) = |\psi\rangle\langle\psi| \tag{9.143}$$

인 경우다. 이를 증명하기 위해 $F(\rho, \mathcal{E}) = 1$라 하고 $|\psi\rangle$가 ρ의 서포트에 속한 순수상태라 하자. 또한 $p \equiv 1/\langle\psi|\rho^{-1}|\psi\rangle > 0$로 정의하고(179페이지의 확인문제 2.73과 비교) σ가 $(1-p)\sigma = \rho - p|\psi\rangle\langle\psi|$가 되는 밀도연산자라 하자. 그러면 볼록성 convexity에 의해

$$1 = F(\rho, \mathcal{E}) \leq p\sqrt{F(|\psi\rangle, \mathcal{E})} + (1-p) \tag{9.144}$$

가 된다. 따라서 $F(|\psi\rangle, \mathcal{E}) = 1$가 되어 결과가 나온다. 이것의 역은 얽힘 충실도의 정의를 바로 적용하면 된다.

5. ρ의 서포트에 속하는 모든 $|\psi\rangle$에 대해 그리고 어떤 η에 대해 $\langle\psi|\mathcal{E}(|\psi\rangle\langle\psi|)|\psi\rangle \geq 1 - \eta$라고 하자. 그러면 $F(\rho, \mathcal{E}) \geq 1 - (3\eta/2)$가 된다(문제 9.3 참조).

문제 9.1: (충실도의 다른 특성) 다음 식이 나오는 것을 보여라.

$$F(\rho, \sigma) = \inf_P \text{tr}(\rho P)\text{tr}(\sigma P^{-1}) \tag{9.145}$$

여기서 최대 하한infimum은 모든 가역적 양의 행렬 P에 대해서다.

문제 9.2: $\mathcal{E}$를 대각합-보존 양자연산이라 하자. 각 ρ에 대해

$$F(\rho, \mathcal{E}) = |\text{tr}(\rho E_1)|^2 \tag{9.146}$$

가 되는 $\mathcal{E}$에 대한 연산원소들의 집합 $\{E_i\}$가 존재함을 보여라.

문제 9.3: 이 페이지의 (5)번 항목을 증명하라.

9장 요약: 양자정보의 거리측도

- 대각합 거리: $D(\rho, \sigma) \equiv \frac{1}{2}\operatorname{tr}|\rho - \sigma|$. 양자연산에서 축소시키는 밀도연산자에 대한 이중 볼록$^{doubly\ convex}$ 거리함수

- 충실도:

$$F(\rho, \sigma) \equiv \operatorname{tr}\sqrt{\rho^{1/2}\sigma\rho^{1/2}} = \max_{|\psi\rangle, |\varphi\rangle} |\langle\psi|\varphi\rangle|$$

급격히 오목하면 $F(\sum_i p_i\rho_i, \sum_i q_i\sigma_i) \geq \sum_i \sqrt{p_i q_i}\, F(\rho_i, \sigma_i)$이 된다.

- 얽힘 충실도: $F(\rho, \mathcal{E})$. 양자역학적 과정 동안 얽힘이 얼마나 잘 보존되는지 측정한다. Q계의 ρ 상태로 시작하는데, 이때 또 다른 양자계 R과 얽혀 있다고 가정하고 양자연산 $\mathcal{E}$를 Q계에 적용한다.

역사와 추가자료

양자정보의 거리측도에 대해 더 자세히 알고 싶은 독자는 푹스의 1996년 박사 논문[Fuc96]으로 시작하는 것이 좋다. 그 논문에는 양자정보의 거리측도에 대한 풍부한 자료가 포함되어 있으며, 관련 주제에 따라 528개의 참조 목록이 들어 있고 주제 영역별로 묶어 놓았다. 특히 (9.74) 식의 증명뿐만 아니라 그 밖의 관심 가질 만한 것들을 많이 발견할 것이다. 푹스와 반 데 그라프의 논문[FvdG99]도 참조하기 바란다. 이 논문은 부등식 (9.110)의 기원이며 양자정보의 거리측도에 대한 좋은 개요를 보여주는데, 특히 양자 암호학의 맥락에서 그렇다. 대각합 거리의 축소성은 루스카이가 증명했다[Rus94]. 충실도의 단조성은 바넘, 케이브즈, 푹스, 조사, 슈마허가 증명했다[BCF+96]. 그 문헌에서는 충실도라고 부르는 양과 그 충실도의 제곱을 모두 충실도로 언급했다. 자신 이름의 정리를 증명한 울만의 논문[Uhl76]도 충실도의 기초적 특성에 대해 광범위한 논의를 담고 있다. 이 책에 나온 울만 정리의 증명은 조사[Joz94]가 기원이다. 노이즈가 있는 양자계산과의 관계 및 충실도 척도를 위한 연쇄 특성은 아로노프, 키타예프, 니산[AKN98]이 자세히 논의했다. 슈마허[Sch96b]는 얽힘 충실도를 도입했으며 많은 기초적 특성을 증명했다. 닐과 라플램[KL97]은 문제 9.3에 나온 부분공간 충실도와 얽힘 충실도 간의 연결을 확립했다. 이 사항에 대한 더 자세한 증명은 바넘, 닐, 닐슨[BKN98]에 나와 있다. 문제 9.1의 기원은 알베르티[Alb83]다.

10
양자 오류정정

우리는 얽힘을 가지고 얽힘과 싸우는 것이 가능하다는 것을 배웠다.

– 존 프레스킬(John Preskill)

오류가 나오고 퇴치되는 것은 신의 섭리다.

– 윌리엄 블레이크(William Blake)

10장에서는 노이즈가 있을 때 양자정보 처리를 어떻게 안정적으로 하는지 설명한다. 즉, 10장에서는 양자 오류정정 코드의 기본이론, 결함허용 양자계산$^{fault-tolerant\ quantum\ computation}$, 임계값 정리$^{threshold\ theorem}$라는 3개의 폭넓은 주제를 다룬다. 우리는 양자정보를 노이즈로부터 보호하는 양자 오류정정 코드의 기본 이론을 전개하는 것으로 시작한다. 이 코드가 하는 일은 노이즈의 영향을 무산시키는 특별한 방식으로 양자상태를 인코딩한 다음, 원래 상태로 복원하고 싶을 때 디코딩하는 것이다. 10.1절에서는 고전 오류정정의 기본 개념과 양자 오류정정을 가능케 하기 위해 극복해야 하는 개념적 문제들을 설명한다. 10.2절에서는 양자 오류정정 코드의 간단한 예를 설명한 다음, 10.3절에서 이를 양자 오류정정 코드 이론으로 일반화시킨다. 10.4절에서는 선형 코드의 고전 이론에서 나온 아이디어들을 설명하고, 이러한 아이디어들이 어떻게 칼더뱅크-쇼어-스테인$^{Calderbank-Shor-}$ ^{Steane}(CSS) 코드라는 흥미로운 클래스의 양자 코드를 탄생시켰는지 언급한다. 10.5절에서는 안정자^{stabilizer} 코드를 논의하며 양자 오류정정 코드에 대한 개요 조사를 마무리하는데, 이 안정자 코드는 고전 오류정정 코드와 밀접한 관련이 있는 풍부한 구조의 코드 클래스다.

우리가 양자 오류정정에 대해 논할 때는 양자상태의 인코딩과 디코딩을 오류 없이 완벽하게 수행할 수 있다고 가정한다. 이러한 가정은 예를 들어 노이즈가 있는 통신 채널을 통해 양자상태를 보내려 하고 채널의 각 끝에서는 거의 노이즈가 없는 양자 컴퓨터를 사용해 상태를 아주 잘 인코딩하고 디코딩할 수 있는 경우에 유용하다. 하지만 인코딩과 디코딩을 수행하는 데 사용하는 양자 게이트 자체에 노이즈가 있으면 이러한 가정은 쓸모가 없다. 다행스럽게도 10.6절에서 전개하는 결함허용 양자계산 이론을 이용하면, 인코딩과 디코딩을 완벽하게 해야 한다는 가정을 하지 않아도 된다. 심지어 결함허용 기법을 이용하면 인코딩된 양자상태에 대해 논리 연산을 수행해도 되며 그 방식에서는 밑바탕을 이루는 게이트 연산에서 결함을 허용하게 된다. 10장은 10.6.4절에서 양자계산을 위한 임계값 정리를 다루면서 마무리한다. 이 정리란 개별 양자 게이트의 노이즈가 어떤 일정한 임계값보다 낮으면 임의의 큰 양자계산을 효율적으로 수행하는 것이 가능하다는 것이다. 물론 이 결과에는 주의할 점이 있으며 이에 대해서는 시간을 들여 논할 것이다. 그럼에도 임계값 정리는 놀라운 결과이며 노이즈가 대규모 양자계산의 성능에 근본적인 장애물이 되지 않음을 나타낸다

10.1 소개

노이즈는 정보 처리 시스템의 큰 단점이다. 가능하다면 노이즈를 완벽히 피할 시스템을 만들고, 그렇지 않다면 노이즈의 영향으로부터 보호하도록 노력한다. 예를 들어 최신 컴퓨터의 부품들은 대체로 10^{17}번 연산에서 1번 미만의 오류가 날 정도로 아주 안정적이다. 대부분의 실사용 측면에서도 컴퓨터 부품에 노이즈가 있을 거라고는 생각지 않고 다룬다. 하지만 널리 사용되는 많은 시스템은 실질적인 노이즈 문제를 겪고 있다. 모뎀과 CD 플레이어는 모두 오류정정 코드를 사용하여 노이즈에 영향받지 않게 한다. 실제로 노이즈를 방지하는 데 사용하는 기술의 세부적인 면이 좀 복잡하기는 하지만 기본 원리는 이해하기 쉽다. 핵심 아이디어는 노이즈의 영향으로부터 메시지를 보호하기 위해 메시지에 중복 정보를 추가해서 그 메시지를 인코딩하는 것이다. 이렇게 하면 인코딩한 메시지 안에 있는 일부 정보가 노이즈에 의해 손상되더라도 중복된 내용이 충분히 존재해 그 메시지를 복구하거나 디코딩하는 것이 가능해서 원본 메시지의 모든 정보를 살릴 수 있다.

노이즈가 있는 고전통신 채널을 통해 한 위치에서 다른 위치로 1비트를 보낸다고 하자. 채널 속에서는 노이즈의 영향으로 인해 $p > 0$ 확률로 비트가 반전되어 전송되거나, $1 - p$ 확률로 비트가 오류없이 전송된다. 이러한 채널을 2진 대칭 채널^{binary symmetric channel}

이라 하며 그림 10.1에 설명돼 있다. 2진 대칭 채널에서 노이즈의 영향으로부터 비트를
보호하는 간단한 방법은 보호할 비트를 다음과 같이 3개씩 복사해서 보내는 것이다.

$$0 \to 000 \tag{10.1}$$

$$1 \to 111 \tag{10.2}$$

비트 문자열 000과 111은 각각 0과 1의 역할을 하기 때문에 논리 0과 논리 1이라고도 한
다. 이제 채널을 통해 모두 3비트를 보낸다고 하자. 채널 수신기의 끝에서 3비트가 출력
되면 수신기는 원래 비트 값이 무엇인지 결정해야 한다. 채널에서 001이 출력됐다고 하
자. 비트가 반전될 확률 p가 너무 높지 않다면, 채널에 의해 세 번째 비트가 반전된 것이
고 0이 전송된 비트일 가능성이 크다.

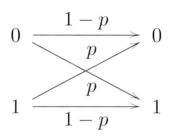

그림 10.1 2진 대칭 채널

이러한 유형의 디코딩을 다수결^{majority voting}이라고 한다. 실제 채널 출력에서 0 또는 1
중에서 더 많이 나타나는 것을 채널의 디코딩 출력으로 채택하기 때문이다. 채널을 통해
전송된 비트 중에서 둘 이상이 반전되면 다수결이 실패한 것이고 그렇지 않으면 성공한
것이다. 둘 이상의 비트가 반전될 확률은 $3p^2(1-p) + p^3$이므로 오류확률은
$p_e = 3p^2 - 2p^3$이다. 인코딩 없이 그냥 보내면 오류확률은 p이므로 $p_e < p$ 경우에 이 코
드는 신뢰성 있게 전송되는데, 이 경우는 $p < 1/2$에 해당한다.

방금 설명한 코드 유형은 전송할 메시지를 여러 번 반복해서 인코딩하기 때문이 반복
코드^{repetition code}라 부른다. 이와 비슷한 기술이 수천 년 동안 일상 대화 속에서 사용됐다.
즉, 외국어 억양이 있는 누군가의 말을 잘 알아들을 수 없을 때 다시 말해줄 것을 요청하
곤 한다. 한 번에 모든 단어를 알아들을 수는 없지만 반복해서 들으면 일관된 메시지를
이해할 수 있다. 고전 오류정정 코드 이론 속에서는 이렇게 영리한 기술이 많이 개발됐
다. 하지만 핵심 아이디어는 인코딩한 메시지에 노이즈가 발생했을 때 원본 메시지를 복
구할 수 있도록 항상 충분한 중복성을 추가하여 메시지를 인코딩하는 것이다. 그리고 채

널의 노이즈 심각도에 따라 중복할 양을 추가하면 된다.

10.1.1 3큐비트 비트반전 코드

노이즈의 영향으로부터 양자상태를 보호하기 위해 앞서 언급한 것과 비슷한 원리에 따라 양자 오류정정 코드quantum error-correcting code를 전개할 것이다. 양자정보와 고전정보 간에는 몇 가지 중요한 차이점이 존재해 그러한 양자 오류정정 코드를 가능케 하려면 새 아이디어를 도입해야 한다. 특히 언뜻 보기에 다음과 같이 다루기가 만만찮은 세 가지 어려움이 있다.

- 복제불가: 양자상태를 세 번 이상 복제해 양자역학적으로 반복 코드를 구현하려고 할지 모른다. 이 행위는 박스 12.1에서 논의한 복제불가 정리no-cloning theorem에 의해 금지된다. 복제가 가능하더라도 채널에서 출력된 3개의 양자상태를 측정해서 비교하는 것은 가능하지 않을 수도 있다.

- 오류는 연속적이다: 단일 큐비트에서 다른 오류가 연속해서 발생할 수 있다. 오류를 정정하기 위해 어떤 오류가 발생했는지 확인하려면 무한한 정밀도가 필요하며, 따라서 자원도 무한히 필요하다.

- 측정을 하면 양자정보가 파괴된다: 고전 오류정정에서는 채널의 출력을 관측해서 어떤 디코딩 절차를 채택할지 결정한다. 양자역학에서는 일반적으로 관측된 양자상태는 파괴되며 복구가 불가능하다.

다행스럽게도 위의 문제들 중 어느 것도 심각하지 않으며, 이에 대해서는 뒤에서 설명할 것이다. 어떤 채널을 통해 큐비트들을 전송한다고 하자. 이때 그대로 전달될 확률은 $1 - p$이고 반전될 확률은 p로 가정한다. 즉, $|\psi\rangle$ 상태는 p 확률로 $X|\psi\rangle$ 상태가 되는데, 여기서 X는 보통의 파울리 시그마 x 연산자 또는 비트반전 연산자bit flip operator다. 이 채널을 비트반전 채널이라 하며, 이제 이 채널의 노이즈 영향으로부터 큐비트들을 보호하는 데 사용할 수 있는 비트반전 코드에 대해 설명한다.

단일 큐비트 상태 $a|0\rangle + b|1\rangle$를 큐비트 3개의 $a|000\rangle + b|111\rangle$로 인코딩한다고 하자. 이 인코딩을 표현하는 편리한 방식은

$$|0\rangle \to |0_L\rangle \equiv |000\rangle \tag{10.3}$$

$$|1\rangle \to |1_L\rangle \equiv |111\rangle \tag{10.4}$$

이다. 여기서 기저상태의 중첩은 이에 대응하는 인코딩 상태의 중첩으로 이해하면 된다.

$|0_L\rangle$과 $|1_L\rangle$ 표기는 물리적인 0과 1 상태가 아니라 논리 $|0\rangle$과 논리 $|1\rangle$ 상태를 나타낸다. 이 인코딩을 수행하는 회로는 그림 10.2에 나와 있다.

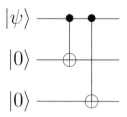

그림 10.2 3큐비트 비트반전 코드를 위한 인코딩 회로. 인코딩할 데이터는 회로의 맨 위쪽 선으로 들어간다.

확인문제 10.1: 그림 10.2의 인코딩 회로가 제대로 작동한다는 것을 증명하라.

초기상태 $a|0\rangle + b|1\rangle$가 $a|000\rangle + b|111\rangle$로 완벽하게 인코딩됐다고 하자. 비트반전 채널을 독립적으로 복제해놓고 큐비트 3개를 각각 그 채널로 통과시킨다. 하나 이하의 큐비트에서 비트반전이 발생했다고 하자. 이 경우, 다음과 같이 간단한 두 단계의 오류정정 절차가 존재하며 이 절차를 사용해 양자상태를 올바로 복구할 수 있다.

1. 오류검출 또는 증후군 진단^{syndrome diagnosis} : 양자상태에 어떤 오류가 있는지 알려주는 측정을 수행한다. 그 측정 결과를 오류 증후군^{error syndrome}이라 한다. 비트반전 채널의 경우, 네 가지 오류 증후군이 있는데 이는 4개의 사영연산자

$$P_0 \equiv |000\rangle\langle000| + |111\rangle\langle111| \quad \text{오류 없음} \tag{10.5}$$
$$P_1 \equiv |100\rangle\langle100| + |011\rangle\langle011| \quad \text{큐비트 1이 비트반전됨} \tag{10.6}$$
$$P_2 \equiv |010\rangle\langle010| + |101\rangle\langle101| \quad \text{큐비트 2가 비트반전됨} \tag{10.7}$$
$$P_3 \equiv |001\rangle\langle001| + |110\rangle\langle110| \quad \text{큐비트 3이 비트반전됨} \tag{10.8}$$

에 대응한다. 예를 들어 비트반전이 큐비트 1에서 발생한다고 가정하면 손상된 상태는 $a|100\rangle + b|011\rangle$이 된다. 이 경우 $\langle\psi|P_1|\psi\rangle = 1$이므로 측정 결과(오류 증후군)의 출력은 확실히 1이다. 더욱이 증후군을 측정해도 상태는 변하지 않는다. 즉, 증후군 측정 전후에 모두 $a|100\rangle + b|011\rangle$인 것이다. 이 증후군에는 어떤 오류가 발생했는지에 대한 정보만 포함되어 있으며 a 또는 b 값에 대한 정보는 유추할 수 없다. 즉, 보호 중인 상태에 대한 어떠한 정보도 포함되지 않는다. 이는 증후군 측정의 일반적 특징이 되는데, 그 이유는 양자상태의 정체에 관한 정보를 얻기 위해서는 일반적으로 그 상태를 교란시킬 수밖에 없기 때문이다.

2. **복구**: 오류 증후군의 값을 사용하면 초기상태를 복구할 때 어떤 절차를 사용해야 하는지 알 수 있다. 예를 들면 오류 증후군이 1이고 첫 번째 큐비트에서 비트반전이 나타나면 그 큐비트를 다시 반전시켜 완벽한 정확도로 원래 상태 $a|000\rangle + b|111\rangle$을 복구한다. 네 가지 가능한 오류 증후군과 각 경우의 복구 절차는 다음과 같다. 0(오류 없음) – 아무것도 하지 않는다. 1(첫 번째 큐비트에서 비트반전) – 첫 번째 큐비트를 다시 반전시킨다. 2(두 번째 큐비트에서 비트반전) – 두 번째 큐비트를 다시 반전시킨다. 3(세 번째 큐비트에서 비트반전) – 세 번째 큐비트를 다시 반전시킨다. 오류 증후군의 각 값에 대해 해당 오류가 발생하면 원래 상태가 완벽한 정확도로 복구되는 것을 쉽게 알 수 있다.

이러한 오류정정 절차는 3개의 큐비트 중 하나 이하로 비트반전이 발생할 때 완벽하게 작동한다. 이런 경우는 $(1 - p)^3 + 3p(1 - p)^2 = 1 - 3p^2 + 2p^3$ 확률로 발생한다. 따라서 오류가 정정되지 않을 확률은 앞서 살펴본 고전 반복 코드와 마찬가지로 $3p^2 - 2p^3$이다. 또다시 $p < 1/2$일 때, 인코딩과 디코딩을 하면 양자상태의 저장에 대한 신뢰성이 향상된다.

오류 분석 개선

이 오류 분석은 완전하지 않다. 문제는 양자역학에서 모든 오류와 상태가 동일하게 생성되는 것은 아니라는 것이다. 즉, 양자상태는 연속적인 공간에 존재하므로 어떤 오류는 상태를 약간 손상시키기도 하고 또 어떤 오류는 완전히 엉망으로 만들기도 한다. 극단적인 예가 비트반전 '오류' X에서 나오는데, 이 오류는 $(|0\rangle + |1\rangle)/\sqrt{2}$ 상태에 전혀 영향을 주지 않지만 $|0\rangle$ 상태라면 반전시켜 $|1\rangle$로 만든다. 전자의 경우는 비트반전 오류가 발생하는 것에 대해 신경 쓸 필요가 없지만 후자의 경우에는 분명히 신경 써야 한다.

이 문제를 해결하기 위해 9장에서 소개한 충실도라는 수량을 사용하자. 순수상태와 혼합상태 간의 충실도는 $F(|\psi\rangle, \rho) = \sqrt{\langle\psi|\rho|\psi\rangle}$라는 점을 상기하자. 양자 오류정정의 목적은 충실도를 높여 1이라는 최대 가능의 충실도에 가깝게 양자정보를 저장하는(또는 전달하는) 것이다. 오류정정을 수행하지 않을 때의 최소 충실도 그리고 3큐비트 비트반전 코드에 의해 달성되는 최소 충실도를 서로 비교해보자. 관심이 있는 양자상태가 $|\psi\rangle$라 하자. 오류정정 코드를 사용하지 않으면 채널을 통해 전송한 후 큐비트의 상태는

$$\rho = (1 - p)|\psi\rangle\langle\psi| + pX|\psi\rangle\langle\psi|X \qquad (10.9)$$

가 된다. 충실도는

$$F = \sqrt{\langle\psi|\rho|\psi\rangle} = \sqrt{(1-p) + p\langle\psi|X|\psi\rangle\langle\psi|X|\psi\rangle} \qquad (10.10)$$

이다. 제곱근 속의 두 번째 항은 음수가 아니며 $|\psi\rangle = |0\rangle$일 때 0이다. 따라서 최소 충실도는 $F = \sqrt{1-p}$이다. $|\psi\rangle = a|0_L\rangle + b|1_L\rangle$ 상태를 보호하기 위해 3큐비트 오류정정 코드를 사용한다고 하자. 노이즈와 오류정정을 거친 후 양자상태는

$$\rho = \left[(1-p)^3 + 3p(1-p)^2\right]|\psi\rangle\langle\psi| + \cdots \qquad (10.11)$$

가 된다. 생략한 항들은 두 번째와 세 번째 큐비트에 대한 비트반전 기여를 나타낸다. 생략한 모든 항은 양의 연산자이므로 계산할 충실도가 실제 충실도의 하계가 된다. $F = \sqrt{\langle\psi|\rho|\psi\rangle} \geq \sqrt{(1-p)^3 + 3p(1-p)^2}$가 되는 것이다. 즉, 충실도는 적어도 $\sqrt{1 - 3p^2 + 2p^3}$이므로 양자상태에 대한 저장의 충실도는 $p < 1/2$일 때 향상된다. 이는 이전에 대략적으로 분석했을 때의 결론과 같다.

확인문제 10.2: 비트반전 채널의 동작은 양자연산 $\mathcal{E}(\rho) = (1-p)\rho + pX\rho X$로 기술할 수 있다. 이것을 $\mathcal{E}(\rho) = (1-2p)\rho + 2pP_+\rho P_+ + 2pP_-\rho P_-$와 같이 다른 연산자-합 표현으로 할 수 있음을 보여라. 여기서 P_+와 P_-는 X의 $+1$과 -1 고유상태에 대한 사영연산자이며 각각 $(|0\rangle + |1\rangle)/\sqrt{2}$와 $(|0\rangle - |1\rangle)/\sqrt{2}$이다. 후자의 표현은 큐비트가 $1 - 2p$ 확률로 그대로 있고 $2p$ 확률로 $|+\rangle$, $|-\rangle$ 기저에서 환경에 의해 '측정'되는 모델로 이해할 수 있다.

3큐비트 코드를 일반화시킬 때 유용한 증후군 측정을 이해하는 다른 방법이 있다. 4개의 사영연산자 P_0, P_1, P_2, P_3를 측정하는 대신 다음과 같이 두 번의 측정을 수행했다고 하자. 첫 번째 측정은 관측가능량 Z_1Z_2에 대해서고 두 번째 측정은 관측가능량 Z_2Z_3에 대해서다. 이들 관측가능량 각각은 고윳값 ±1을 가지므로 각 측정마다 1비트 정보를 알게 되어 총 2비트 정보(일찍이 설명한 바와 같이 4개의 가능한 증후군)를 알 수 있다. Z_1Z_2의 첫 번째 측정은 첫 번째 큐비트와 두 번째 큐비트를 비교해 동일한지 확인하는 것으로 생각할 수 있다. 이것이 왜 그런지 알아보기 위해 Z_1Z_2가 스펙트럼 분해

$$Z_1Z_2 = (|00\rangle\langle00| + |11\rangle\langle11|) \otimes I - (|01\rangle\langle01| + |10\rangle\langle10|) \otimes I \qquad (10.12)$$

를 갖는다는 것에 주목한다. 이는 사영연산자 $(|00\rangle\langle00| + |11\rangle\langle11|) \otimes I$와 $(|01\rangle\langle01| + |10\rangle\langle10|) \otimes I$를 사용한 사영 측정에 해당한다. 따라서 Z_1Z_2를 측정하는 것은 첫 번째와

두 번째 큐비트의 값을 비교하여 같으면 +1이 나오고, 다르면 −1이 나오는 것으로 생각할 수 있다. 마찬가지로 $Z_2 Z_3$을 측정하면 두 번째와 세 번째 큐비트의 값을 비교하여 같으면 +1, 다르면 −1이 나온다. 이 2개의 측정 결과를 결합하면 큐비트 중 하나에서 비트반전이 발생했는지 알 수 있으며, 발생했다면 어느 것인지도 알 수 있다. 즉, 두 측정 결과가 모두 +1이면 비트반전이 발생하지 않았을 확률이 높다. $Z_1 Z_2$ 측정에서 +1이 나오고 $Z_2 Z_3$ 측정에서 −1이 나오면, 세 번째 큐비트만 반전됐을 확률이 높다. $Z_1 Z_2$ 측정에서 −1이 나오고 $Z_2 Z_3$ 측정에서 +1이 나오면 첫 번째 큐비트만 반전됐을 확률이 높다. 마지막으로 두 측정에서 모두 −1이 나오면 두 번째 큐비트만 반전됐을 확률이 높다. 이러한 측정의 성공에 결정적인 점은 어느 측정도 인코딩된 양자상태의 진폭 a와 b에 대한 정보를 제공하지 않는 것이고, 따라서 어느 측정도 이 코드를 사용할 때 보존하려는 양자상태의 중첩을 파괴하지 않는다는 것이다.

확인문제 10.3: $Z_1 Z_2$를 측정하고 나서 $Z_2 Z_3$을 측정하는 것은 (10.5)부터 (10.8)까지로 정의된 4개의 사영연산자를 측정하는 것과 동일함을 명시적인 계산으로 보여라(측정 결과에 레이블을 붙이는 것은 무시함). 이 말은 양쪽 절차에서 동일한 측정 통계와 측정 후 상태가 나온다는 뜻이다.

10.1.2 3큐비트 위상반전 코드

비트반전 코드는 흥미롭지만 고전 오류정정 코드에 비해 크게 혁신적으로 보이지 않으며 많은 문제가 미해결로 남아 있다(예를 들어 큐비트에 대해 비트반전 이외의 많은 종류의 오류가 발생할 수 있다). 좀 더 흥미로운 노이즈 양자채널은 단일 큐비트에 대한 위상반전$^{phase flip}$ 오류 모델이다. 이 오류 모델에서 큐비트는 $1 − p$ 확률로 그대로 있고 p 확률로 $|0\rangle$과 $|1\rangle$ 상태의 상대위상이 반전된다. 정확히 말하면 위상반전 연산자 Z가 $p > 0$ 확률로 큐비트에 적용되므로 위상반전 영향으로 $a|0\rangle + b|1\rangle$ 상태는 $a|0\rangle − b|1\rangle$ 상태로 된다. 고전채널에서는 위상과 동등한 특성이 없기 때문에 위상반전 채널에 해당하는 고전적인 것은 없다. 하지만 위상반전 채널을 비트반전 채널로 전환하는 쉬운 방법이 있다. 큐비트 기저 $|+\rangle \equiv (|0\rangle + |1\rangle)/\sqrt{2},\ |−\rangle \equiv (|0\rangle − |1\rangle)/\sqrt{2}$로 작업한다고 하자. 이 기저에 관해 연산자 Z는 $|+\rangle$를 $|−\rangle$로 만들고, 그 반대의 경우도 마찬가지 식이다. 즉, +와 − 레이블에 관해 비트반전처럼 동작한다! 따라서 위상반전 오류 방지용으로는 상태 $|0_L\rangle \equiv |+++\rangle$와 $|1_L\rangle \equiv |−−−\rangle$를 논리 0 상태와 논리 1 상태로 사용하는 것이 좋다. 오류정정에 필요한

모든 연산(인코딩, 오류검출, 복구)은 비트반전 채널에서와 같이 수행되지만 $|0\rangle$, $|1\rangle$ 기저 대신 $|+\rangle$, $|-\rangle$ 기저로 수행된다. 이렇게 기저를 변경하려면 이전 절차의 적절한 지점에 그냥 아다마르 게이트와 그 역^{inverse}(이 또한 아다마르 게이트)을 적용하면 된다. 그 이유는 아다마르 게이트가 $|0\rangle$, $|1\rangle$ 기저와 $|+\rangle$, $|-\rangle$ 기저 간을 서로 전환시켜 주기 때문이다.

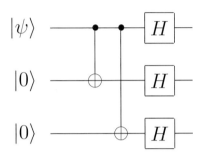

그림 10.3 위상반전 코드를 위한 인코딩 회로

좀 더 명확히 말하면, 위상반전 채널에 대한 인코딩은 두 단계로 수행된다. 첫째, 비트반전 채널을 통해 3개의 큐비트로 정확히 인코딩한다. 둘째, 각 큐비트에 아다마르 게이트를 적용한다(그림 10.3). 오류정정은 이전과 같이 사영 측정을 적용해서 달성되지만, 아다마르 게이트로 켤레화시킨다. 즉, $P_j \rightarrow P'_j \equiv H^{\otimes 3} P_j H^{\otimes 3}$가 된다. 이와 동등하게 관측가능량 $H^{\otimes 3} Z_1 Z_2 H^{\otimes 3} = X_1 X_2$와 $H^{\otimes 3} Z_2 Z_3 H^{\otimes 3} = X_2 X_3$을 측정하면 증후군 측정을 수행할 수 있다. 비트반전 코드에 대해 $Z_1 Z_2$와 $Z_2 Z_3$의 측정과 비슷한 단계를 따라 이들 측정을 해석하는 것은 흥미롭다. 관측가능량 $X_1 X_2$와 $X_2 X_3$의 측정이란 각각 큐비트 1과 2, 큐비트 2와 3의 부호를 비교하는 것과 같은데, 예를 들면 $X_1 X_2$의 측정에서 $|+\rangle|+\rangle \otimes (\cdot)$ 또는 $|-\rangle|-\rangle \otimes (\cdot)$와 같은 상태에 대해서는 $+1$이 나오고 $|+\rangle|-\rangle \otimes (\cdot)$ 또는 $|-\rangle|+\rangle \otimes (\cdot)$와 같은 상태에 대해서는 -1이 나온다는 점에서 그렇다. 마지막으로 오류정정은 복구연산으로 완료되는데, 이는 비트반전 코드에 아다마르-켤레를 적용시킨 복구연산이다. 예를 들면 첫 번째 큐비트 부호가 $|+\rangle$에서 $|-\rangle$로 반전된 것을 검출했다고 하자. 그러면 첫 번째 큐비트에 $HX_1H = Z_1$을 적용시켜 복구한다. 다른 오류 증후군에도 비슷한 절차를 적용시킨다.

당연한 말이지만 위상반전 채널용의 이 코드는 비트반전 채널용 코드와 동일한 특성을 갖는다. 특히 위상반전 코드에 대한 최소 충실도는 비트반전 코드에 대한 최소 충실도와 동일하며, 오류정정이 없을 때 향상된 결과를 내는 코드에 대해 동일한 기준을 갖는다. 한 채널의 작용을 다른 채널의 작용과 동일하게 만들어주는 유니타리 연산자 U(이 경우에는 아다마르 게이트)가 존재하기 때문에 이 두 채널은 유니타리하게 동등하다^{unitarily equivalent}
라고 말한다. 이때 채널 앞에 연산자 U를 놓고 그 채널 뒤에 $U^{\dagger}$를 놓는다. 이들 연산은
인코딩 및 오류정정 연산에 간단히 통합될 수 있다. 일반 유니타리 연산자에 대한 이 아
이디어는 문제 10.1에서 다룬다.

확인문제 10.4: 3큐비트 비트반전 코드를 고려하자. 8개의 계산기저상태 위로의 사영에
대응하는 8개의 직교 사영연산자를 측정함으로써 오류 증후군 측정을 수행했다고
하자.

1. 이 측정에 대응하는 사영연산자를 표현하고, 오류 증후군을 진단(비트반전 없음 또
는 비트 번호 j가 반전됨)하기 위해 그 측정 결과를 어떻게 사용하는지 설명하라. 여
기서 j는 1부터 3까지의 범위를 갖는다.

2. 복구 절차가 계산기저상태에서만 작동함을 보여라.

3. 오류정정 절차에 대한 최소 충실도는 얼마인가?

10.2 쇼어 코드

단일 큐비트에 대해서는 임의^{arbitrary} 오류의 영향으로부터 보호할 수 있는 간단한 양자 코
드가 존재한다! 이 코드는 쇼어 코드^{Shor code}라 하며 고안자 사후에 명명됐다. 이 코드는 3큐
비트 위상반전 코드와 비트반전 코드를 결합시킨 것이다. 먼저 위상반전 코드를 사용하
여 큐비트를 인코딩한다. 즉, $|0\rangle \rightarrow |+++\rangle$, $|1\rangle \rightarrow |---\rangle$이 된다. 다음으로 3큐비트
비트반전 코드를 사용해 각 큐비트를 인코딩한다. 즉, $|+\rangle$은 $(|000\rangle + |111\rangle)/\sqrt{2}$로 인코
딩되고 $|-\rangle$은 $(|000\rangle - |111\rangle)/\sqrt{2}$로 인코딩된다. 결과는 9개의 큐비트 코드이며 다음과
같은 코드워드^{codeword}를 갖는다.

$$|0\rangle \rightarrow |0_L\rangle \equiv \frac{(|000\rangle + |111\rangle)(|000\rangle + |111\rangle)(|000\rangle + |111\rangle)}{2\sqrt{2}}$$

$$|1\rangle \rightarrow |1_L\rangle \equiv \frac{(|000\rangle - |111\rangle)(|000\rangle - |111\rangle)(|000\rangle - |111\rangle)}{2\sqrt{2}} \tag{10.13}$$

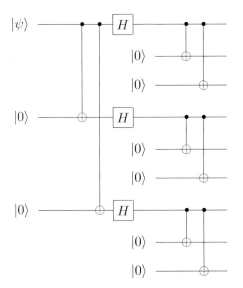

그림 10.4 쇼어 9큐비트 코드를 위한 인코딩 회로. |0⟩ 상태 중 일부는 단순히 인코딩의 연접 성질(concatenated nature)을 강조하기 위해 들여쓰기로 나타냈다.

쇼어 코드를 인코딩하는 양자회로는 그림 10.4에 나와 있다. 앞서 기술한 바와 같이 회로의 첫 번째 부분은 3큐비트 위상반전 코드를 사용하여 큐비트를 인코딩한다. 그림 10.3과 비교하면 회로가 동일하다는 것을 알 수 있다. 회로의 두 번째 부분은 비트반전 코드를 사용하여 이 3큐비트를 각각 인코딩하는데, 이때 비트반전 코드로 인코딩하는 회로를 3개 복사해서 사용한다(그림 10.2). 이렇게 레벨 계층hierarchy of levels을 사용하여 인코딩하는 방법을 **연접**concatenation이라 한다. 구형 코드에서 새 코드를 얻는 데 유용한 기술이며, 나중에 이 기술을 다시 사용해 양자 오류정정에 대한 중요 결과를 증명할 것이다.

쇼어 코드를 사용하면 어떠한 큐비트라도 위상반전과 비트반전 오류로부터 보호할 수 있다. 이를 확인하기 위해 첫 번째 큐비트에서 비트반전이 발생한다고 하자. 비트반전 코드는 처음 두 큐비트를 비교하는 $Z_1 Z_2$ 측정을 수행하고 서로 다르다는 것을 발견한다. 그러면 첫 번째 또는 두 번째 큐비트에서 비트반전 오류가 발생했다는 결론이 나온다. 다음으로 $Z_2 Z_3$ 측정을 수행하여 두 번째와 세 번째 큐비트를 비교한다. 그것들이 서로 동일하다는 것을 알게 되어 두 번째 큐비트는 반전됐을 리 없다. 첫 번째 큐비트가 반전됐다고 결론을 내리고 첫 번째 큐비트를 다시 반전시켜 원래 상태로 복구한다. 비슷한 방식으로 이 코드의 9개 큐비트 중 어느 것에서도 비트반전 오류의 영향을 검출하고 복구할 수 있다.

큐비트의 위상반전에 대해서도 비슷한 방식으로 대처한다. 첫 번째 큐비트에서 위상 반전이 발생한다고 하자. 이러한 위상반전으로 인해 큐비트들의 첫 번째 블록의 부호가 반전되어 $|000\rangle + |111\rangle$이 $|000\rangle - |111\rangle$로 바뀌는데, 그 반대의 경우도 마찬가지 식이다. 실제로 첫 번째 3큐비트 중 어느 것에 대한 위상반전이라도 이러한 영향을 미치며, 우리 가 기술한 오류정정 절차는 이 3개의 가능한 오류 중 어느 오류에 대해서도 잘 먹힌다. 증후군 측정은 3큐비트들의 첫 번째와 두 번째 블록의 부호를 비교하는 것으로 시작하는 데, 이는 위상반전 코드에 대한 증후군 측정이 첫 번째와 두 번째 큐비트의 부호를 비교 하는 것으로 시작하는 것과 비슷하다. 예를 들면 $(|000\rangle - |111\rangle)(|000\rangle - |111\rangle)$은 큐비트 들의 양쪽 블록에서 동일한 부호($-$)를 갖지만 $(|000\rangle - |111\rangle)(|000\rangle + |111\rangle)$은 서로 다른 부호를 갖는다. 첫 번째 3큐비트 중 어느 것에서 위상반전이 발생할 때 첫 번째 블록과 두 번째 블록의 부호가 다르다는 것을 발견한다. 증후군 측정의 두 번째이자 마지막 단계 는 큐비트들의 두 번째와 세 번째 블록의 부호를 비교하는 것이다. 이것들이 같다고 발견 하면 위상이 3큐비트들의 첫 번째 블록에서 반전됐다고 결론을 내린다. 이로부터 3큐 비트들의 첫 번째 블록의 부호를 원래 값으로 반전시켜 복구한다. 비슷한 방식으로 9개 큐비트 중 어느 것에서도 위상반전을 복구할 수 있다.

확인문제 10.5: 쇼어 코드에서 위상 반전 오류를 검출하기 위한 증후군 측정 값은 관측 가능량 $X_1X_2X_3X_4X_5X_6$과 $X_4X_5X_6X_7X_8X_9$ 측정에 대응함을 보여라.

확인문제 10.6: $Z_1Z_2Z_3$ 연산자를 적용하면 첫 번째 3큐비트 중 어느 것이라도 위상반전 된 것을 복구할 수 있음을 보여라.

비트반전 오류와 위상반전 오류 모두가 첫 번째 큐비트에서 발생한다고 하자. 즉, 그 큐비트에 Z_1X_1 연산자를 적용한다. 그러면 비트반전 오류를 검출하기 위한 절차를 통해 첫 번째 큐비트에서 비트반전을 검출하고 정정할 거라는 점을 쉽게 알 수 있다. 그러므로 위상반전 오류를 검출하기 위한 절차도 3큐비트들의 첫 번째 블록에서 위상반전을 검출 하고 정정할 것이다. 따라서 쇼어 코드는 단일 큐비트에 대해서도 결합비트 오류와 위상 반전 오류을 정정할 수 있다.

실제로 쇼어 코드는 단일 큐비트의 단순한 비트 오류와 위상반전 오류보다 훨씬 많은 것을 방지한다. 이제 완전히 임의의 오류가 단일 큐비트에만 영향을 미칠 경우 쇼어 코드 가 이러한 오류를 막아내는 것을 알아보자! 오류가 작거나(말하자면 블로흐 구의 z축을 중심으로 $\pi/263$ 라디안만큼의 회전) 또는 큐비트를 완전히 없애버리고 쓰레기로 바꿔버리는 것과 같이 아주 심각한 오류일 수 있다. 흥미로운 점은 임의의 오류로부터 보호하기 위해 어떠한 추가적인 일도 할 필요가 없다는 것이다(이미 기술한 절차만으로도 잘 먹힌다). 이것은 단일 큐비트에서 발생하는 명백한 오류 연속체$^{continuum\ of\ errors}$ 중에서 이산 부분집합 $^{discrete\ subset}$만 수정하면 이들 오류가 모두 정정될 수 있다는 특별한 사실의 예다. 즉, 그 외의 모든 가능한 오류는 이 절차에 의해 자동으로 수정된다! 이러한 오류 이산화 $^{discretization\ of\ errors}$는 양자 오류정정이 잘 먹히는 이유의 중심이 되고, 그러한 오류 이산화가 불가능한 아날로그 시스템에 대한 고전 오류정정과는 다르게 여겨야 한다.

분석을 단순하게 하기 위해 임의 유형의 노이즈가 첫 번째 큐비트에서만 발생한다고 하자. 노이즈가 다른 큐비트에도 영향을 줄 때 무슨 일이 발생하는지에 대해서는 다시 거론할 것이다. 8장에 따라 노이즈를 대각합-보존 양자연산 $\mathcal{E}$로 기술하자. 오류정정을 분석할 때는 연산자-합 표현의 $\mathcal{E}$를 연산원소들$^{operation\ elements}$ $\{E_i\}$로 전개하는 것이 가장 편리하다. 노이즈가 작용하기 전에 인코딩된 큐비트의 상태가 $|\psi\rangle = \alpha|0_L\rangle + \beta|1_L\rangle$이라 하고, 노이즈가 작용한 후의 상태는 $\mathcal{E}(|\psi\rangle\langle\psi|) = \sum_i E_i |\psi\rangle\langle\psi|E_i^\dagger$라 하자. 오류정정의 효과를 분석하려면 오류정정이 이 합(말하자면 $E_i|\psi\rangle\langle\psi|E_i^\dagger$)에서 단일 항에 미치는 영향에 초점을 맞추는 것이 가장 쉽다. 첫 번째 큐비트 하나에 대한 연산자로서 E_i는 항등연산자 I, 비트반전 X_1, 위상반전 Z_1, 비트반전과 위상반전의 결합 X_1Z_1의 선형조합으로 전개할 수 있다. 즉,

$$E_i = e_{i0}I + e_{i1}X_1 + e_{i2}Z_1 + e_{i3}X_1Z_1 \tag{10.14}$$

이다. 따라서 (정규화하지 않은) 양자상태 $E_i|\psi\rangle$는 $|\psi\rangle$, $X_1|\psi\rangle$, $Z_1|\psi\rangle$, $X_1Z_1|\psi\rangle$인 4개 항의 중첩으로 표현할 수 있다. 오류 증후군을 측정하면 이 중첩이 $|\psi\rangle$, $X_1|\psi\rangle$, $Z_1|\psi\rangle$, $X_1Z_1|\psi\rangle$인 4개 상태 중 하나의 상태로 붕괴되는데, 그러고 나서 이 상태에 적절한 역 연산^{inversion} ^{operation}을 적용하면 복구가 수행되어 최종상태 $|\psi\rangle$가 나온다. 다른 모든 연산원소 E_i에 대해서도 동일하다. 따라서 첫 번째 큐비트의 오류가 무작위라 하더라도 오류정정을 통해 원래 상태 $|\psi\rangle$가 복구된다. 이것은 양자 오류정정에 관한 근본적이고도 심층적 사실이다. 그러므로 양자 오류정정 코드가 오류의 이산집합(이 예에서는 비트 오류, 위상반전, 비트-위상반전 결합)만 정정하면 훨씬 더 큰 (연속적인) 오류 클래스가 자동으로 수정될 수 있다.

노이즈가 첫 번째 큐비트를 넘어서 영향을 미치면 어떤 일이 일어날까? 이 상황을 처리하기 위해서는 다음과 같이 두 가지 기본 아이디어를 사용한다. 첫째, 많은 상황에 있

어서 노이즈가 큐비트들에 독립적으로 작용한다고 가정하면 근사시키기에 좋다. 하나의 큐비트에 대한 노이즈의 영향이 상당히 작다면 큐비트가 없는 경우, 단일 큐비트의 경우, 두 큐비트의 경우 등에 대해 오류를 포함하는 항들의 합으로 노이즈의 총 영향을 전개할 수 있다. 이때 큐비트가 없는 경우와 단일 큐비트에 대해 오류를 갖는 항들은 고차 항들보다 우세하다. 오류정정을 수행하면 0차항과 1차항은 올바르게 정정되고 훨씬 더 작은 2차와 고차 오류만 남게 되어 순오류억제net suppression of error를 달성한다. 이 아이디어에 대한 자세한 분석은 나중에 할 것이다. 물론 노이즈가 큐비트들에 독립적으로 작용한다고 가정하는 것이 맞지 않은 경우도 있다. 이런 경우라면 다른 아이디어(둘 이상의 큐비트에 대해 오류를 정정할 수 있는 오류정정 코드)를 사용한다. 이 코드는 쇼어 코드와 비슷한 단계를 따라서 만들 수 있으며 10장의 뒷부분에서 이를 수행할 수 있는 기본 아이디어를 설명할 것이다.

10.3 양자 오류정정 이론

양자 오류정정 코드의 일반 이론을 만들 수 있을까? 이 절에서는 양자 오류정정을 연구하기 위한 일반적 프레임워크를 알아본다. 여기에는 양자 오류정정 조건quantum error-correction conditions이 포함되는데, 이는 양자 오류정정이 가능하려면 만족시켜야 하는 방정식들의 집합이다. 물론 그러한 프레임워크를 갖췄다고 해서 양자 오류정정 코드가 우수하다는 보장은 없다(그 주제는 10.4절에서 다룬다!). 그러나 그 프레임워크를 통해 좋은 양자 오류정정 코드를 구할 수 있는 배경을 얻게 된다.

양자 오류정정 이론의 기본 아이디어는 쇼어 코드에 의해 도입된 아이디어를 자연스럽게 일반화시킨다. 양자상태는 유니타리 연산에 의해 양자 오류정정 코드quantum error-correcting code로 인코딩되는데, 양자 오류정정 코드는 공식적으로 더 큰 힐베르트 공간의 부분공간 C로 정의된다. 이때 그 코드공간 C 위로의 사영연산자를 따로 표기하는 게 유용하므로 P 표기를 사용하자. 즉, 3큐비트에 대한 비트반전 코드는 $P = |000\rangle\langle000| + |111\rangle\langle111|$이다. 인코딩 후, 그 코드는 노이즈에 노출되고, 이어서 증후군 측정을 수행해 발생된 오류의 유형, 즉 오류 증후군error syndrome을 진단한다. 이것이 결정되면 복구연산을 수행해 양자계를 그 코드의 원래 상태로 되돌린다. 기본 묘사는 그림 10.5에 나와 있다. 여기서 각 오류 증후군은 전체 힐베르트 공간에서 변형되지 않으면서 직교인 부분공간에 대응한다. 그 부분공간들은 서로 직교해야 하는데, 그렇지 않으면 증후군 측정으로 확실하게 구별

할 수 없다. 게다가 각 부분공간들은 원래 코드공간의 변형되지 않은 버전이어야 한다. 이 말은 오류로부터 복구할 수 있기 위해 각 부분공간으로 사상시키는^{mapping} 오류들은 (직교) 코드워드를 직교상태로 만들 게 뻔하다는 뜻이다. 이 직관적인 그림은 본질적으로 다음에 논의하는 양자 오류정정 조건의 내용이 된다.

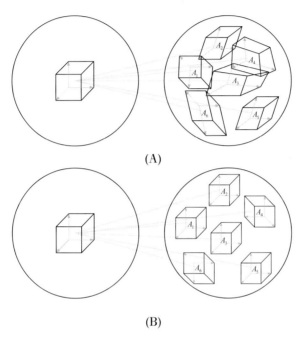

(A)

(B)

그림 10.5 양자 코딩에서 힐베르트 공간들의 모음: (A) 나쁜 코드. 비직교이며 일그러진 공간이 나옴 (B) 좋은 코드. 직교(구별 가능)이며 반듯한 공간이 나옴

양자 오류정정에 대한 일반 이론을 개발하기 위해서는 노이즈의 특성과 오류정정에 사용되는 절차에 대해 가능한 한 가정을 적게 해야 한다. 즉, 오류정정을 두 단계의 검출-복구 방법을 통해 수행한다고 가정할 필요는 없으며 큐비트 계에서 발생한 노이즈나 약한 노이즈에 대해서도 어떠한 가정을 하지 않을 것이다. 대신 두 가지의 아주 폭넓은 가정만 한다. 하나는 노이즈가 양자연산 $\mathcal{E}$로 기술되는 것이고, 다른 하나는 완전한 오류정정 절차가 대각합-보존 양자연산 $\mathcal{R}$에 의해 영향을 받는 것인데 이 연산을 오류정정 연산 ^{error-correction operation}이라 한다. 이 오류정정 연산은 위에서 언급한 오류검출과 복구라는 두 단계를 하나로 묶는다. 오류정정이 성공한 것으로 간주되려면, 코드 C에 해당 서포트가 속하는 어떠한 상태 ρ에 대해서도

$$(\mathcal{R} \circ \mathcal{E})(\rho) \propto \rho \tag{10.15}$$

가 되어야 한다. 위의 식에서 =이 아니라 α을 쓴 이유가 궁금할 것이다. 만약 $\mathcal{E}$가 대각합-보존 양자연산이라면 식의 양변에 대각합을 취함으로써 α는 =가 될 것이다. 하지만 때로는 오류정정하는 비대각합-보존 연산 $\mathcal{E}$에도 관심이 있을 수 있는데, 이런 경우의 측정은 α가 적절하다. 물론 오류정정 단계 $\mathcal{R}$이 대각합-보존이어야 하기 때문에 $\mathcal{R}$은 1의 확률로 성공해야 한다.

양자 오류정정 조건^{quantum error-correction condition}이란 양자 오류정정 코드가 특정 유형의 노이즈 $\mathcal{E}$를 잘 막아내는지 알아보는 방정식들의 간단한 집합이다. 이 조건을 사용해 수많은 양자 코드를 만들 것이며, 양자 오류정정 코드의 일반적 특성 중 일부도 조사할 것이다.

정리 10.1: (양자 오류정정 조건) C를 양자 코드라 하고, P를 C 위로의 사영연산자라 하자. 또한 $\mathcal{E}$가 연산원소들 $\{E_i\}$를 갖는 양자연산이라 하자. 그러면 C에서 $\mathcal{E}$를 정정하는 오류정정 연산 $\mathcal{R}$이 존재하기 위한 필요충분조건은

$$PE_i^\dagger E_j P = \alpha_{ij} P \tag{10.16}$$

이다. 여기서 α는 복소수의 에르미트 행렬이다.

노이즈 $\mathcal{E}$에 대한 연산원소들 $\{E_i\}$를 오류^{errors}라 부르며, 그러한 $\mathcal{R}$이 존재하면 $\{E_i\}$는 정정가능 오류집합^{correctable set of errors}을 구성한다고 말한다.

증명

먼저 충분조건을 증명하자. (10.16)이 만족될 때 명시적인 오류정정 연산 $\mathcal{R}$을 만들면 된다. 우리가 사용할 구성은 쇼어 코드에서 사용했던 2부 형식^{two-part form}이다(오류검출하고 나서 복구). 그러므로 증명도 이러한 2부 절차를 사용해 항상 오류정정을 달성할 수 있음을 보일 것이다. $\{E_i\}$가 양자 오류정정 조건 (10.16)을 만족시키는 연산원소 집합이라 하자. 가정에 의해 α는 에르미트 행렬이고, 따라서 대각화될 수 있다. 즉, $d = u^\dagger \alpha u$이 된다. 여기서 u는 유니타리 행렬이고 d는 대각행렬이다. 연산자 $F_k \equiv \sum_i u_{ik} E_i$로 정의하자. 정리 8.2를 상기하면 $\{F_k\}$도 $\mathcal{E}$에 대한 연산원소 집합임을 알 수 있다. 이를 바로 적용하면

$$PF_k^\dagger F_l P = \sum_{ij} u_{ki}^\dagger u_{jl} PE_i^\dagger E_j P \tag{10.17}$$

가 된다. 이 식에 (10.16)을 대입하면 $PF_k^\dagger F_l P = \sum_{ij} u_{ki}^\dagger \alpha_{ij} u_{jl} P$로 단순화되고, $d = u^\dagger \alpha u$이므로

$$PF_k^\dagger F_l P = d_{kl} P \qquad (10.18)$$

가 된다. d_{kl}이 대각이기 때문에 이 식은 양자 오류정정 조건 (10.16)을 단순화시킨 것으로 생각할 수 있다.

증후군 측정을 정의하기 위해 단순화시킨 조건 (10.18)과 극분해(2.1.10절)를 사용하자. 극분해에서 어떤 유니타리 U_k에 대해 $F_k P = U_k \sqrt{PF_k^\dagger F_k P} = \sqrt{d_{kk}} U_k P$임을 알 수 있다. 그러므로 F_k의 효과로 인해 코딩 부분공간은 사영연산자 $P_k \equiv U_k P U_k^\dagger = F_k P U_k^\dagger / \sqrt{d_{kk}}$에 의해 정의된 부분공간으로 회전된다. (10.18) 식은 이 부분공간들이 직교함을 의미하는데, 그 이유는 $k \neq l$일 때

$$P_l P_k = P_l^\dagger P_k = \frac{U_l P F_l^\dagger F_k P U_k^\dagger}{\sqrt{d_{ll} d_{kk}}} = 0 \qquad (10.19)$$

이 되기 때문이다. 증후군 측정은 사영연산자 P_k에 의해 정의된 사영 측정이며, 완비성 관계 $\sum_k P_k = I$를 만족시키기 위해 필요한 경우 사영연산자 수를 늘린다. 복구는 $U_k^\dagger$를 적용하기만 하면 된다. 이 오류정정 절차가 잘 먹히는지 확인하려면 결합된 검출-복구 단계가 양자연산 $\mathcal{R}(\sigma) = \sum_k U_k^\dagger P_k \sigma P_k U_k$에 대응한다는 점에 주목한다. 이 코드의 상태 ρ에 대해 간단한 계산과 정의를 적용하면

$$U_k^\dagger P_k F_l \sqrt{\rho} = U_k^\dagger P_k^\dagger F_l P \sqrt{\rho} \qquad (10.20)$$

$$= \frac{U_k^\dagger U_k P F_k^\dagger F_l P \sqrt{\rho}}{\sqrt{d_{kk}}} \qquad (10.21)$$

$$= \delta_{kl} \sqrt{d_{kk}} P \sqrt{\rho} \qquad (10.22)$$

$$= \delta_{kl} \sqrt{d_{kk}} \sqrt{\rho} \qquad (10.23)$$

가 된다. 따라서

$$\mathcal{R}(\mathcal{E}(\rho)) = \sum_{kl} U_k^\dagger P_k F_l \rho F_l^\dagger P_k U_k \qquad (10.24)$$

$$= \sum_{kl} \delta_{kl} d_{kk} \rho \qquad (10.25)$$

$$\propto \rho \qquad (10.26)$$

가 되어 원하던 대로 나왔다.

이제 양자 오류정정 조건 (10.16)의 필요조건을 증명하기 위해 $\{E_i\}$는 연산원소들 $\{R_j\}$를 갖는 오류정정 연산 $\mathcal{R}$에 의해 완벽히 정정가능한 오류집합이라 하자. 양자연산 $\mathcal{E}_C$는

$\mathcal{E}_C(\rho) \equiv \mathcal{E}(P\rho P)$로 정의하자. $P\rho P$는 모든 ρ에 대해 코드공간 속에 있기 때문에 모든 상태 ρ에 대해

$$\mathcal{R}(\mathcal{E}_C(\rho)) \propto P\rho P \tag{10.27}$$

가 된다. 더욱이 우변과 좌변이 모두 선형이라면 비례 계수$^{\text{proportionality factor}}$는 ρ에 의존하지 않고 상수 c이어야 한다. 연산원소와 관련하여 위의 식을 명시적으로 다시 표현하면

$$\sum_{ij} R_j E_i P\rho P E_i^\dagger R_j^\dagger = cP\rho P \tag{10.28}$$

가 된다. 이 식은 모든 ρ에 적용된다. 따라서 연산원소들 $\{R_j E_i\}$를 갖는 양자연산은 단일 연산원소 $\sqrt{c}P$를 갖는 양자연산과 동일하다. 정리 8.2는

$$R_k E_i P = c_{ki} P \tag{10.29}$$

가 되는 복소수 c_{ki}가 존재한다는 것을 의미한다. 이 식의 수반^{adjoint}은 $PE_i^\dagger R_k^\dagger = c_{ki}^* P$이고, 따라서 $PE_i^\dagger R_k^\dagger R_k E_j P = c_{ki}^* c_{kj} P$가 된다. 그러나 $\mathcal{R}$은 대각합-보존 연산이므로 $\sum_k R_k^\dagger R_k = I$이다. k에 대해 $PE_i^\dagger R_k^\dagger R_k E_j P = c_{ki}^* c_{kj} P$ 식을 합하면

$$PE_i^\dagger E_j P = \alpha_{ij} P \tag{10.30}$$

가 되는데, 여기서 $\alpha_{ij} \equiv \sum_k c_{ki}^* c_{kj}$는 복소수의 에르미트 행렬이다. 이로써 양자 오류정정 조건에 대한 증명이 끝난다. ▮

양자 오류정정 조건을 직접 검증하는 것은 쉽지만 시간이 많이 걸리는 작업이다. 10.4와 10.5절에서는 이론적 형식체계를 기술하는데 이 체계는 많은 흥미로운 코드 클래스의 구축을 위한 시작점으로서 양자 오류정정 조건을 사용하고, 양자 오류정정 조건을 직접 검증할 때 겪게 되는 많은 어려움을 피할 수 있게 해준다. 지금은 다음 예제를 통해 단계적으로 처리할 텐데, 이는 양자 오류정정 조건이 작용하는 것을 보여준다.

확인문제 10.7:   10.1.1절의 3큐비트 비트반전 코드를 고려하자. 이에 대응하는 사영연산자는 $P \equiv |000\rangle\langle000| + |111\rangle\langle111|$이다. 이 코드가 막아내는 노이즈 과정에는 연산원소들 $\{\sqrt{(1-p)^3}I, \sqrt{p(1-p)^2}X_1, \sqrt{p(1-p)^2}X_2, \sqrt{p(1-p)^2}X_3\}$가 포함된다. 여기서 p는 비트가 반전될 확률이다. 이 양자연산은 대각합-보존이 아니라는 점에 유의하는데, 그 이유는 2와 3큐비트의 비트반전에 해당하는 연산원소들을 생략했기 때문이다. 이 코드와 노이즈 과정에 대해 양자 오류정정 조건을 검증하라.

박스 10.1: 측정 없이 하는 양자 오류정정

본문에서는 양자 오류정정을 두 단계 과정으로 설명했다. 즉, 양자 측정을 사용하여 오류검출 단계를 수행한 다음, 조건부 유니타리 연산을 사용하여 복구 단계를 수행했다. 표준상태로 준비된 보조계와 유니타리 연산만 사용해도 양자 오류정정을 수행하는 것이 가능하다. 이를 어떻게 수행하는지 알아두는 게 좋은 이유는 일부 실제 양자계의 경우, 양자 오류정정에 필요한 양자 측정을 수행하기가 아주 어려워서 대체 절차가 필요하기 때문이다. 그렇게 하는 데 사용할 기술은 본질적으로 임의의 양자연산을 모방하기 위해 8장에서 설명한 것과 같은 기술이다. 이제 양자 오류정정의 맥락에서 기본 아이디어의 요점을 되풀이해보자.

주 계^principal system에서의 증후군 측정(오류정정)은 측정 연산자 M_i에 의해 기술된다고 하고, 이에 해당하는 조건부 유니타리 연산은 U_i라 하자. 가능한 오류 증후군에 대응하는 기저상태 $|i\rangle$의 보조계를 도입한다. 보조계는 오류정정 전에 표준 순수상태 $|0\rangle$로 시작한다. 보조계와 주 계에 대한 유니타리 연산자 U는

$$U|\psi\rangle|0\rangle \equiv \sum_i (U_i M_i |\psi\rangle)|i\rangle \tag{10.31}$$

로 정의한다. 위의 식을 전체 공간에 작용하는 유니타리 연산자로 확장시키면

$$\langle\varphi|\langle 0|U^\dagger U|\psi\rangle|0\rangle = \sum_{ij} \langle\varphi|M_i^\dagger M_j|\psi\rangle \delta_{ij} \tag{10.32}$$

$$= \sum_i \langle\varphi|M_i^\dagger M_i|\psi\rangle \tag{10.33}$$

$$= \langle\varphi|\psi\rangle \tag{10.34}$$

가 된다. 즉, U는 내적^inner product을 보존하므로 전체 상태공간에 대한 유니타리 연산자로 확장될 수 있다. U의 효과는 오류정정 중인 계에서 변환 $\mathcal{R}(\sigma) = \sum_i U_i M_i \sigma M_i^\dagger U_i^\dagger$을 달성하는 것이며, 이는 양자 오류정정의 수행에 대해 본문에서 기술한 것과 정확히 같은 양자연산이다. 이 오류정정 절차가 잘 운영되려면 오류정정이 수행될 때마다 새로운 보조계를 사용해야 한다.

10.3.1 오류 이산화

지금까지 특정 노이즈 과정 $\mathcal{E}$로부터 양자정보를 보호하는 것에 대해 논의했었다. 하지만 일반적으로는 어떤 노이즈가 양자계에 영향을 미치는지 정확히 알지 못한다. 특정 코드 C와 오류정정 연산 $\mathcal{R}$을 사용하여 전체 클래스의 노이즈 과정으로부터 보호할 수 있다면 유용할 것이다. 다행스럽게도 양자 오류정정 조건은 쉽게 조정되어 이러한 종류의 보호를 정확히 수행한다.

정리 10.2: C는 양자 코드이고 $\mathcal{R}$은 오류정정 연산이라 하자. 이것들은 연산원소들 $\{E_i\}$를 갖는 노이즈 과정 $\mathcal{E}$로부터 복구하기 위해 정리 10.1의 증명에서 구성했었다. $\mathcal{F}$는 E_i의 선형조합^{linear combinations}인 연산원소들 $\{F_j\}$를 갖는 양자연산이라 하자. 즉, 복소수의 어떤 행렬 m_{ji}에 대해 $F_j = \sum_i m_{ji} E_i$이다. 그러면 오류정정 연산 $\mathcal{R}$은 코드 C에 대한 노이즈 과정 $\mathcal{F}$의 영향도 정정한다.

증명

정리 10.1에 의해 연산원소들 $\{E_i\}$는 양자 오류정정 조건인 $PE_iE_j^\dagger P = \alpha_{ij}P$를 만족시켜야 한다. 정리 10.1의 증명에서 보인 바와 같이, $\mathcal{E}$에 대한 연산원소를 잘 선택하면 $\alpha_{ij} = d_{ij}$가 실수 성분의 대각이 되는 것으로 가정할 수 있는데 이는 일반성을 잃지 않는다. 오류정정 연산 $\mathcal{R}$은 연산원소 $U_k^\dagger P_k$를 갖는데, 여기서 (10.23) 식에 의해 코드공간에서 어떠한 ρ에 대해서도

$$U_k^\dagger P_k E_i \sqrt{\rho} = \delta_{ki}\sqrt{d_{kk}}\sqrt{\rho} \tag{10.35}$$

가 되는 U_k와 P_k를 선택한다. $F_j = \sum_i m_{ji} E_i$을 적용하면

$$U_k^\dagger P_k F_j \sqrt{\rho} = \sum_i m_{ji}\delta_{ki}\sqrt{d_{kk}}\sqrt{\rho} \tag{10.36}$$

$$= m_{jk}\sqrt{d_{kk}}\sqrt{\rho} \tag{10.37}$$

되고, 따라서

$$\mathcal{R}(\mathcal{F}(\rho)) = \sum_{kj} U_k^\dagger P_k F_j \rho F_j^\dagger P_k U_k \tag{10.38}$$

$$= \sum_{kj} |m_{jk}|^2 d_{kk}\rho \tag{10.39}$$

$$\propto \rho \tag{10.40}$$

가 되어 증명이 끝난다.

이 결과를 통해 좀 더 강력한 언어를 도입하여 양자 오류정정 코드를 기술할 수 있다. 코드 C와 오류정정 연산 $\mathcal{R}$로 정정 가능한 오류 과정 $\mathcal{E}$의 클래스에 대해 언급하는 대신 정정 가능한 오류 연산자(또는 단순히 오류)의 집합 $\{E_i\}$에 대해 언급하는 것이 낫다. 이 말은 양자 오류정정 조건이 이들 연산자에 대해 유지됨을 의미한다. 즉,

$$PE_i E_j^\dagger P = \alpha_{ij} P \tag{10.41}$$

이다. 정리 10.1과 10.2를 합쳐 보면 오류 연산자들 $\{E_i\}$의 선형조합으로 만들어진 어떠한 노이즈 과정 $\mathcal{E}$라도 복구연산 $\mathcal{R}$에 의해 정정될 거라는 뜻이 된다!

이러한 강력하고 새로운 관점의 예를 살펴보자. $\mathcal{E}$는 단일 큐비트에 작용하는 양자연산이라 하자. 그러면 그 연산원소들 $\{E_i\}$는 각각 파울리 행렬 σ_0, σ_1, σ_2, σ_3의 선형조합으로 표현할 수 있다. 그러므로 쇼어 코드가 첫 번째 큐비트에서 임의의 단일 큐비트 오류를 정정하는지 확인하려면, 식

$$P\sigma_i^1 \sigma_j^1 P = \alpha_{ij} P \tag{10.42}$$

을 만족시킨다는 것을 증명하면 된다. 여기서, σ_i^1은 첫 번째 큐비트에 작용하는 파울리 행렬(I, X, Y, Z)이다. 이 일이 완료되면 첫 번째 큐비트의 오류 과정이 정정될 수 있다(실제 계산은 아주 간단하며 확인문제 10.10에서 일부 적용된다). 실제로 이 예는 양자 오류정정에 관한 문헌을 처음 접했을 때 다소 신비로울 수 있는 점을 보여준다. 즉, 많은 저자들은 탈분극 채널 $\mathcal{E}(\rho) = (1-p)\rho + \frac{p}{3}(X\rho X + Y\rho Y + Z\rho Z)$에 대해 미심쩍은 호감을 갖고 있다. 이것이 오류정정 모델의 유효성을 크게 제한한다고 가정하고 싶지만, 그렇게 제한하지는 않는다. 지금 논의에서 암시하는 것처럼 탈분극 채널을 오류정정하는 능력은 임의의 단일 큐비트 양자연산을 오류정정하는 능력을 자동으로 내포하고 있기 때문이다.

요약하면 양자 오류를 이산시키는^{discretize} 것이 가능하다는 사실을 알게 됐으니 단일 큐비트에서 가능한 오류 연속체와 싸우기 위해서는 단순히 오류의 유한집합인 4개의 파울리 행렬과의 전쟁에서 승리하는 것으로 충분하다. 더 높은 차원의 양자계에서도 비슷한 결과가 나온다. 이는 아날로그 고전계의 오류정정 이론과 현저한 대조를 이룬다. 그러한 계에서의 오류정정은 원칙적으로 무한한 수의 다른 오류 증후군이 존재하기 때문에 아주 어렵다.

고전정보 처리를 위한 디지털 오류정정은 유한한 수의 오류 증후군만 포함하므로 훨씬 더 성공적이다. 우리가 배운 놀라운 사실은 양자 오류정정이 고전 아날로그 오류정정보다는 고전 디지털 오류정정에 훨씬 가까워 보인다는 것이다.

확인문제 10.8: 3큐비트 위상반전 코드 $|0_L\rangle = |+++\rangle$, $|1_L\rangle = |---\rangle$가 오류 연산자 집합 $\{I, Z_1, Z_2, Z_3\}$에 대해 양자 오류정정 조건을 만족시킨다는 것을 증명하라.

확인문제 10.9: 또다시 3큐비트 위상반전 코드를 고려한다. P_i와 Q_i를 i 번째 큐비트에 있어서 각각 $|0\rangle$와 $|1\rangle$ 상태로의 사영연산자라 하자. 3큐비트 위상반전 코드가 오류 집합 $\{I, P_1, Q_1, P_2, Q_2, P_3, Q_3\}$로부터 보호한다는 것을 증명하라.

확인문제 10.10: $j = 1$에서 9까지일 때, I와 오류 연산자 X_j, Y_j, Z_j를 포함하는 오류집합에 대해 쇼어 코드에 대한 양자 오류정정 조건을 명시적으로 증명하라.

확인문제 10.11: 어떠한 상태 ρ를 입력하면 그 상태를 완전히 무작위화된 상태 $I/2$로 대체하는, 단일 큐비트 양자연산 $\mathcal{E}$에 대한 연산원소들을 구하라. 이러한 노이즈 모델조차 쇼어 코드 같은 코드로 정정될 수 있다는 것은 놀라운 일이다!

10.3.2 독립적 오류 모델

양자 오류정정과 9장에서 소개한 신뢰성 있는 양자정보 처리를 수행하기 위한 기준을 어떻게 서로 연결시킬 수 있을까? 이 절에서는 각 큐비트에서의 오류가 서로 독립적이라고 가정하여 이를 어떻게 수행하는지에 대한 기본 아이디어를 설명한다. 직관적으로 볼 때 노이즈 과정이 코드 속의 서로 다른 큐비트에 독립적으로 작용한다면, 노이즈가 충분히 약할 경우 오류정정은 인코딩되지 않은 상태보다 인코딩된 상태의 저장소 충실도를 향상시킬 것이다. 이를 설명하기 위해, 기본 아이디어에 대해 특별히 간단한 예시를 제공하는 탈분극 채널의 예로 시작하고 나서 그 아이디어를 확장해서 다른 중요 채널을 포함시킬 것이다.

탈분극 채널은 단일 매개변수인 p 확률로 기술될 수 있음을 상기하자. 단일 큐비트에서 탈분극 채널의 작용은 $\mathcal{E}(\rho) = (1 - p)\rho + p/3[X\rho X + Y\rho Y + Z\rho Z]$ 식으로 정의한다. 이 식은 $1 - p$ 확률로 큐비트에 아무 일이 일어나지 않고 $p/3$ 확률로 X, Y, Z 연산자 각각이 큐비트에 적용되는 것으로 해석할 수 있다. 탈분극 채널은 양자 오류정정의 맥락에서 분석하기가 특히 쉬운데, 그 이유는 양자 코드의 분석에 가장 공통적으로 사용되는 4개의 기본 오류인 I, X, Y, Z의 측면에서 해석이 아주 잘 되기 때문이다. 어떻게 이 분석을 수행하는지를 설명하고 나서 I, X, Y, Z 연산 측면에서 간단히 해석되지 않는 과정을 고려할 때 어떤 일이 발생하는지에 대한 질문으로 되돌아갈 것이다. 간단한 계산을 통해 탈분극 채널로 전송된 상태에 대한 최소 충실도가 $F - \sqrt{1 - 2p/3} = 1 - p/3 + O(p^2)$라는 것을 알 수 있다.

확인문제 10.12:   상태 $|0\rangle$와 $\mathcal{E}(|0\rangle\langle 0|)$ 간의 충실도가 $\sqrt{1 - 2p/3}$임을 보여라. 그리고 이를 사용해 탈분극 채널에 대해 최소 충실도가 $\sqrt{1 - 2p/3}$임을 입증하라.

어떤 단일 큐비트의 오류를 정정하는 n큐비트 양자 코드로 단일 큐비트 정보를 인코딩한다고 하자. 매개변수 p를 갖는 탈분극 채널이 각각의 큐비트에 독립적으로 작용하여 모든 n큐비트에 대해 공동 작용$^{joint\ action}$을 일으킨다고 하자. 즉,

$$\mathcal{E}^{\otimes n}(\rho) = (1 - p)^n \rho + \sum_{j=1}^{n} \sum_{k=1}^{3} (1 - p)^{n-1} \frac{p}{3} \sigma_k^j \rho \, \sigma_k^j + \cdots \qquad (10.43)$$

가 되는데, 여기서 '...'은 양의 고차 항을 나타내며 분석은 생략할 것이다. 오류정정이 수행된 후, ρ가 원래 코드 속에 있었다면 이 합에 나타난 모든 항은 ρ 상태로 되돌려져

$$\left(\mathcal{R} \otimes \mathcal{E}^{\otimes n} \right) (\rho) = \left[(1 - p)^n + n(1 - p)^{n-1} p \right] \rho + \cdots \qquad (10.44)$$

가 될 것이므로 충실도는

$$F \geq \sqrt{(1 - p)^{n-1}(1 - p + np)} = 1 - \binom{n}{2} \frac{p^2}{2} + O(p^3) \qquad (10.45)$$

를 만족시킨다. 따라서 오류확률 p가 충분히 작을 때, 양자 오류정정 코드를 사용하면 그 코드가 보호하는 양자상태의 충실도가 향상된다.

노이즈가 있는 모든 채널은 오류 없음, 비트반전, 위상반전, 이들의 결합으로 쉽게 해석할 수 있는 것은 아니다. 자연적으로 발생하는 많은 양자채널은 그렇게 해석하지 않는다. 연산원소 E_0와 E_1을 갖는 진폭감쇠(8.3.5절)의 예를 고려해보자. 즉,

$$E_0 = \begin{bmatrix} 1 & 0 \\ 0 & \sqrt{1 - \gamma} \end{bmatrix}; \quad E_1 = \begin{bmatrix} 0 & \sqrt{\gamma} \\ 0 & 0 \end{bmatrix} \qquad (10.46)$$

이다. γ 매개변수는 진폭감쇠 과정의 강도를 특징으로 하는 양의^{positive} 작은 매개변수다. γ가 0에 가까워질수록 강도는 감소하다가 궁극적으로 노이즈가 없는 양자채널이 된다. 진폭감쇠 채널은 항등원에 비례하는 항을 포함하는 연산원소 집합과 동일하게 $\{f(\gamma)I, E_1', E_2', ...\}$을 가질 것으로 추측할 수 있다. 여기서 $\gamma \rightarrow 0$일 때 $f(\gamma) \rightarrow 1$이다. 이 경우에 여러 큐비트에 독립적으로 작용하는 진폭감쇠 채널에 대한 오류정정 분석은 탈분극 채널

에 대한 오류정정 분석과 비슷하게 수행할 수 있다. 놀랍게도 그러한 서술은 불가능한 것으로 밝혀졌다! 이것은 정리 8.2로부터 간단히 나오는데, 그 이유는 $\gamma > 0$의 경우 E_0와 E_1의 선형조합이 항등원에 비례할 수 없기 때문이다. 따라서 진폭감쇠 채널에 대한 연산원소 집합에는 항등원에 비례하는 항이 포함될 수 없다.

마찬가지로 양자역학의 다른 많은 노이즈 과정은 물리적 의미에서 항등원에 가깝지만, 그 과정에 대한 연산자-합 표현에는 큰 항등원 성분이 포함되지 않는다. 직관적으로 볼 때, 노이즈가 충분히 약하다면 그러한 상황에서 오류정정은 양자정보에 대한 저장소 충실도에서 순 이득을 올릴 것이다. 이제 구체적으로 진폭감쇠 채널의 특정 예를 사용하여 이것이 사실임을 알아보자. 약간의 계산을 거치면 단일 큐비트에 적용된 진폭감쇠 채널의 최소 충실도는 $\sqrt{1-\gamma}$로 나온다. 단일 큐비트에 대한 임의의 오류를 정정할 수 있는 n큐비트 양자 코드로 큐비트를 인코딩한다고 하자. 또한 매개변수 γ의 진폭감쇠 채널은 각 큐비트에 독립적으로 작용한다고 하자. 우리는 양자 오류정정의 효과로 인해 저장소의 충실도가 $1 - O(\gamma^2)$로 변하는 것임을 보여주는 기본 아이디어의 윤곽을 잡을 것이다. 그러므로 작은 γ에 대해 양자 코드로 큐비트를 인코딩하면 순오류억제net suppression of error가 된다.

확인문제 10.13: $\mathcal{E}$가 γ 매개변수를 갖는 진폭감쇠 채널일 때 최소 충실도 $F(|\psi\rangle, \mathcal{E}(|\psi\rangle\langle\psi|))$는 $\sqrt{1-\gamma}$임을 보여라.

k 번째 큐비트에 대한 E_j의 작용을 나타내는 $E_{j,k}$를 사용하면, 인코딩된 큐비트에 대한 노이즈의 영향을 표현할 수 있다. 즉,

$$
\begin{aligned}
\mathcal{E}^{\otimes n}(\rho) = {} & \left(E_{0,1} \otimes E_{0,2} \otimes \cdots \otimes E_{0,n} \right) \rho \left(E_{0,1}^\dagger \otimes E_{0,2}^\dagger \otimes \cdots \otimes E_{0,n}^\dagger \right) \\
& + \sum_{j=1}^{n} \left[E_{1,j} \otimes \left(\bigotimes_{k \neq j} E_{0,k} \right) \right] \rho \left[E_{1,j}^\dagger \otimes \left(\bigotimes_{k \neq j} E_{0,k}^\dagger \right) \right] \\
& + O(\gamma^2)
\end{aligned}
\tag{10.47}
$$

가 된다. $E_0 = (1 - \gamma/4)I + \gamma Z/4 + O(\gamma^2)$, 그리고 $E_1 = \sqrt{\gamma}(X + iY)/2$로 표현하자. 이 식을 (10.47)에 대입하면

$$\mathcal{E}^{\otimes n}(\rho) = \left(1 - \frac{\gamma}{4}\right)^{2n} \rho + \frac{\gamma}{4}\left(1 - \frac{\gamma}{4}\right)^{2n-1} \sum_{j=1}^{n} \left(Z_j\rho + \rho Z_j\right)$$

$$+ \frac{\gamma}{4}\left(1 - \frac{\gamma}{4}\right)^{2n-2} \sum_{j=1}^{n} \left(X_j + iY_j\right)\rho\left(X_j - iY_j\right) + O(\gamma^2) \quad (10.48)$$

가 된다. ρ가 코드의 상태라 하자. 당연한 말이지만 오류정정이 ρ에 효과를 주어도 변하지 않고 그대로 있는다! $Z_j|\psi\rangle\langle\psi|$에 대한 효과를 고려한다면 $Z_j\rho$와 ρZ_j와 같은 항에 대한 오류정정의 효과는 아주 쉽게 알 수 있다. 여기서 $|\psi\rangle$는 코드의 상태다. Z_j 오류는 $|\psi\rangle$를 이 코드와 직교하는 부분공간으로 가게 한다고 하자. 그러므로 증후군 측정을 수행하면 $Z_j|\psi\rangle\langle\psi|$와 같은 항들은 사라진다(이 직교성 가정을 하지 않더라도 코드를 직교 부분공간으로 가게 하는 오류 연산자 측면에서 작업하면 여전히 비슷한 분석을 할 수 있다는 점에 주목한다). 따라서 $Z_j\rho$와 같은 항은 오류정정 후에 사라지며 ρZ_j, $X_j\rho Y_j$, $Y_j\rho Xj$ 같은 항도 마찬가지다. 더욱이 오류정정을 하면 $X_j\rho X_j$와 $Y_j\rho Y_j$는 다시 ρ로 되는데, 그 이유는 이 코드가 하나의 큐비트에 있는 오류를 정정할 수 있기 때문이다. 그러므로 오류정정 후, 계의 상태는

$$\left(1 - \frac{\gamma}{4}\right)^{2n} \rho + 2n\frac{\gamma}{4}\left(1 - \frac{\gamma}{4}\right)^{2n-2} \rho + O(\gamma^2) = \rho + O(\gamma^2) \quad (10.49)$$

가 된다. 따라서 γ^2 오류정정을 지시하면 양자계를 원래 상태 γ로 되돌리고, 약한 노이즈(작은 γ)에 대해 오류를 정정하면 탈분극 채널에서와 같이 순오류억제가 된다. 여기서는 진폭감쇠 노이즈 모델을 분석했지만, 이 논의를 일반화시켜 다른 노이즈 모델에 대해서도 유사한 결론을 얻는 것은 어렵지 않다. 하지만 일반적으로 10장의 나머지 부분에서는 탈분극 채널과 유사한 파울리 행렬에 대응하는 오류를 확률적으로 적용해야 이해할 수 있는 노이즈 모델을 주로 다루는데, 이렇게 오류확률을 적용하면 고전 확률의 익숙한 개념을 사용해서 분석을 수행할 수 있다. 우리가 기술한 아이디어는 이 간단한 오류 모델을 넘어서서 방금 설명한 것과 유사한 원리를 사용해 훨씬 광범위한 오류 모델에 적용할 수 있다.

10.3.3 퇴화 코드

양자 오류정정 코드는 많은 면에서 고전 코드와 아주 비슷하다. 즉, 오류 증후군을 측정해 오류를 식별한 다음, 고전 경우와 마찬가지로 적절하게 정정한다. 하지만 **퇴화 코드**^{degenerate code}라는 흥미로운 클래스의 양자 코드가 있는데, 이는 고전 코드에서는 알려지

지 않은 현저한 특성을 갖는다. 이 아이디어는 쇼어 코드의 경우에 가장 쉽게 설명된다. 쇼어 코드의 코드워드에 대해 오류 Z_1과 Z_2의 영향을 고려해보자. 이미 언급했듯이 이러한 오류의 영향은 두 코드워드에서 동일하다. 고전 오류정정 코드의 경우라면, 서로 다른 비트에 대한 오류는 반드시 서로 다른 손상된 코드워드로 이어진다. 이 퇴화 양자 코드degenerate quantum code 현상은 양자 코드에게는 일종의 좋은 뉴스이면서도 나쁜 뉴스 상황이다. 나쁜 뉴스란 오류정정에 대한 경계를 증명하기 위해 고전적으로 사용한 일부 증명 기술이 퇴화 코드에 적용될 수 없기 때문에 쓸모가 없다는 것이다. 다음 절에서 이에 대한 예와 양자 해밍경계를 알게 될 것이다. 좋은 뉴스란 퇴화 양자 코드가 가장 흥미로운 양자 코드일 것이라는 점이다! 어떤 의미에서 이 코드는 고전 코드보다 '더 많은 정보를 담을' 수 있다. 그 이유는 서로 별개의 오류라고 해도 코드공간을 반드시 직교 공간으로 가게 하는 것은 아니기 때문이다. 그리고 이 추가 능력으로 인해 어떠한 비퇴화 코드non-degenerate code보다도 양자정보를 좀 더 효율적으로 저장할 수 있는 퇴화 코드가 나올 수 있다(아직 입증된 바는 없다).

10.3.4 양자 해밍경계

응용 분야에서는 가능한 '최상의' 양자 코드를 사용하려고 한다. 주어진 상황에서 '최상의'라는 의미는 응용에 따라 달라진다. 이러한 이유로 특별한 특징을 갖는 코드가 존재하는지를 결정하는 기준을 세울 것이다. 이 절에서는 양자 코드의 일반적 특성에 대한 통찰력을 제공하는 간단한 경계인 양자 해밍경계quantum Hamming bound를 알아본다. 아쉽게도 양자 해밍경계는 비퇴화 코드에만 적용될 뿐이지만, 이를 활용하면 좀 더 일반적인 경계가 어떤 모양일지에 대한 아이디어를 얻을 수 있다. t개 이하의 큐비트 부분집합에 대한 오류를 정정할 수 있도록 k큐비트를 n큐비트로 인코딩하는 데 비퇴화 코드를 사용한다고 하자. 또한 $j \le t$인 j개의 오류가 발생한다고 하자. 오류가 발생할 수 있는 위치에 대해 $\binom{n}{j}$ 집합이 존재한다. 그러한 각 위치 집합에는 총 3^j개의 오류에 대해 각 큐비트에서 발생할 수 있는 3개의 가능한 오류(3개의 파울리 행렬 X, Y, Z)가 존재한다. 그러므로 t개 이하의 큐비트에서 발생할 수 있는 총 오류 수는

$$\sum_{j=0}^{t} \binom{n}{j} 3^j \tag{10.50}$$

가 된다($j = 0$은 어떠한 큐비트에서도 오류가 없는 경우에 대응함, 즉 '오류' I에 대응함에 주목한다).

k큐비트를 비퇴화 방식으로 인코딩하려면 이러한 오류 각각이 직교 2^k차원 부분공간에 대응해야 한다. 이들 부분공간은 모두 n큐비트가 사용할 수 있는 총 2^n차원 공간에 들어 맞아야 하며, 따라서 부등식

$$\sum_{j=0}^{t} \binom{n}{j} 3^j 2^k \leq 2^n \tag{10.51}$$

가 되는데, 이를 양자 해밍경계라고 한다. 예를 들어 한 큐비트에서의 오류가 허용되는 방식으로 하나의 큐비트를 n큐비트로 인코딩하려는 경우를 고려하자. 이 경우 양자 해밍 경계는

$$2(1 + 3n) \leq 2^n \tag{10.52}$$

가 된다. 수를 대입해보면 이 부등식은 $n \leq 4$가 아닌 $n \geq 5$ 값에 대해서 만족된다는 것을 알 수 있다. 그러므로 단일 큐비트에 대한 모든 가능한 오류로부터 보호하려고 할 때 5큐비트보다 적은 1큐비트를 인코딩하는 비퇴화 코드는 존재하지 않는다.

물론 모든 양자 코드가 비퇴화적인 것은 아니므로 양자 해밍경계는 양자 코드의 존재에 대한 어떤 경우에도 변치 않는 경계로서보다는 경험법칙으로서 더 유용하다(특히 이 글을 쓰는 당시에 양자 해밍경계를 위반하는 코드는 물론이고, 심지어 퇴화 코드를 허용하는 코드도 알려져 있지 않다). 나중에 비퇴화 코드만이 아닌 모든 양자 코드에 적용되는, 양자 코드의 일부 경계를 알아볼 것이다. 예를 들어 12.4.3절에서는 양자 싱글톤 경계$^{\text{quantum Singleton bound}}$를 증명하는데, 이 경계는 k큐비트를 n큐비트로 인코딩하고 어떠한 t큐비트에서의 오류라도 정정할 수 있는 양자 코드라면 $n \geq 4t + k$를 만족시켜야 한다는 것을 뜻한다. 따라서 단일 큐비트를 인코딩하면서 단일 큐비트에 대한 임의의 오류를 정정할 수 있는 가장 작은 코드는 $n \geq 4 + 1 = 5$를 만족시켜야 하는데, 실제로 그러한 5큐비트 코드를 곧 알아볼 것이다.

10.4 양자 코드 제작

이제 양자 오류정정 코드를 연구하기 위한 이론적 프레임워크를 갖게 됐지만 아직 그러한 코드의 예를 많이 보지는 않았다! 10.4.1절에서는 고전 선형 코드 이론에 대해 간략히 살펴봄으로써 오류정정 코드의 예제를 충분히 접한 뒤에, 그다음으로 10.4.2절에서는 고전 선형 코드의 아이디어를 사용해 칼더뱅크-쇼어-스테인^{CSS} 코드라는 커다란 클래스의

양자 코드를 어떻게 만드는지를 설명한다. 이 작업은 안정자 코드$^{stabilizer\ code}$를 개발해 보는 10.5절에서 끝나는데, 안정자 코드는 다양한 양자 코드를 만들기 위한 강력한 수단을 제공하는 CSS 코드보다 훨씬 일반적인 코드 클래스다.

10.4.1 고전 선형 코드

고전 오류정정 코드는 다양하고 중요한 기술 응용이 많으므로 그러한 코드에 대해 강력한 이론이 개발된 것은 놀라운 일이 아니다. 고전 오류정정 기술에 대한 우리의 관심은 이들 기술 중 많은 것들이 양자 오류정정, 특히 고전 선형 코드$^{classical\ linear\ code}$ 이론에 대해 중요한 의미를 갖는다는 것인데, 이 코드 이론을 사용하면 다양하고 좋은 양자 오류정정 코드를 개발할 수 있다. 이 절에서는 고전 선형 코드를 검토하는데, 특히 양자 오류정정에 중요한 아이디어를 강조할 것이다.

k비트의 정보를 n비트 코드공간으로 인코딩하는 선형 코드 C는 $n \times k$ 생성원 행렬 G에 의해 지정되는데, 그 성분은 $\mathbf{Z}_2$의 모든 원소인 0과 1이다. 행렬 G는 메시지를 해당 인코딩 항목으로 사상시킨다^{map}. 따라서 k비트 메시지 x는 Gx로 인코딩되는데, 여기서 메시지 x는 명백한 방식으로 열 벡터로 취급된다. 더욱이 곱셈 연산과 이 절의 다른 모든 산술 연산은 모듈러 2에 관해 수행된다. 간단한 예로서 단일 비트에 세 번 반복으로 사상시키는 반복 코드는 생성원 행렬$^{generator\ matrix}$

$$G = \begin{bmatrix} 1 \\ 1 \\ 1 \end{bmatrix} \tag{10.53}$$

에 의해 지정된다. 이 행렬이 나오게 된 이유는 G가 가능 메시지 0과 1을 인코딩 형식인 $G[0] = (0, 0, 0)$과 $G[1] = (1, 1, 1)$로 사상시켰기 때문이다($(a, b, ..., z)$는 열 벡터를 가로로 표기한 것임을 상기하자). n비트를 사용해 k비트의 정보를 인코딩하는 코드는 $[n, k]$ 코드라 한다. 그러므로 이 예제는 $[3, 1]$ 코드다. 약간 더 복잡한 예는 각 비트를 세 번 반복하여 2비트를 인코딩하는 것이다($[6, 2]$ 코드). 이것은 생성원 행렬

$$G = \begin{bmatrix} 1 & 0 \\ 1 & 0 \\ 1 & 0 \\ 0 & 1 \\ 0 & 1 \\ 0 & 1 \end{bmatrix} \tag{10.54}$$

을 갖는다. 이로부터 예상하듯이

$$G(0,0) = (0,0,0,0,0,0), \quad G(0,1) = (0,0,0,1,1,1) \tag{10.55}$$

$$G(1,0) = (1,1,1,0,0,0), \quad G(1,1) = (1,1,1,1,1,1) \tag{10.56}$$

임을 알 수 있다. 이 코드에 대해 가능한 코드워드 집합은 G의 열에 의해 생성된 벡터공
간에 대응하므로 모든 메시지를 유일하게 인코딩하려면 G의 열이 선형독립이어야 한다.
그렇지 않으면 G에 어떠한 제한도 없다.

확인문제 10.14: 각 비트마다 r번 반복을 사용하여 k비트를 인코딩하는 생성원 행렬에
대한 표현식을 작성하라. 이것은 $[rk, k]$ 선형 코드이며 $rk \times k$ 생성원 행렬을 가져야
한다.

확인문제 10.15: G의 한 열을 다른 열에 더하면 생성원 행렬이 동일한 코드를 생성함을
보여라.

일반적인 오류정정 코드에 비해 선형 코드의 큰 장점은 간결한 지정이다. n비트로 k비
트를 인코딩하는 일반 코드에서 인코딩을 지정하려면 각각 n 길이의 2^k개 코드워드가 필
요하고, 코드의 디스크립션^{description}을 지정하려면 총 $n2^k$비트가 필요하다. 선형 코드를
사용하면 생성원 행렬의 kn개 비트만 지정하면 되므로 필요한 메모리 양을 지수적으로
절약할 수 있다! 이렇게 간결한 디스크립션 덕분에 효율적인 인코딩과 디코딩을 수행할
수 있다. 이러한 효율적인 인코딩과 디코딩은 고전 선형 코드가 양자 사촌인 안정자 코드
와 공유하는 중요한 특징이 된다. 이제 고전 선형 코드의 효율적인 인코딩을 어떻게 수행
하는지 완전히 알 수 있다. 즉, k비트 메시지에 $n \times k$ 생성원 행렬 G를 그냥 곱하면 n비
트 인코딩된 메시지를 얻게 된다. 이 절차는 $O(nk)$번 연산을 사용하여 수행할 수 있다.

선형 코드에 대한 생성원 행렬 정의의 매력적 특징 중 하나는 인코딩할 메시지와 메시
지 인코딩 방법 간의 투명한 연결이다. 오류정정을 수행하는 방법은 명확치 않다. 그러나
선형 코드에 대한 오류정정은 패리티 검사행렬과 관련하여 선형 코드의 대안적인 (그러나
동등한) 공식을 도입하면 가장 쉽게 이해할 수 있다. 이 정의에서 $[n, k]$ 코드란

$$Hx = 0 \tag{10.57}$$

를 만족시키며 Z_2의 원소로 n개 성분을 갖는 모든 벡터 x로 정의한다. 여기서 H는 패리
티 검사행렬^{parity check matrix}이라는 $(n-k) \times n$ 행렬이며 성분은 모두 0과 1이다. 똑같은
말이지만 좀 더 간결하게 말하면, 이 코드는 H의 핵^{kernel}인 것으로 정의된다. k비트를 인

코딩하는 코드는 2^k개의 가능한 코드워드를 가지므로 H의 핵은 k차원이어야 하고, 따라서 H는 선형독립인 행을 가져야 한다.

확인문제 10.16: 패리티 검사행렬의 한 행을 다른 행에 더해도 코드가 변경되지 않음을 보여라. 따라서 가우시안 제거와 비트 교환을 사용할 때 패리티 검사행렬이 표준형 $[A|I_{n-k}]$를 갖는 것으로 가정할 수 있다. 여기서 A는 $(n-k) \times k$ 행렬이다.

선형 코드의 패리티 검사 그림을 생성원 행렬 그림과 연결하려면 패리티 검사행렬 H와 생성원 행렬 G 간을 서로 변환할 수 있는 절차를 개발해야 한다. 패리티 검사행렬에서 생성원 행렬로 이동하려면, H의 핵에 생성하는 k개의 선형독립 벡터 $y_1, \ldots, y_k$를 선택해서 G의 열이 y_1에서 y_k까지 되게 설정한다. 생성원 행렬에서 패리티 검사행렬로 이동하려면, G 열에 직교하는 $n-k$개의 선형독립 벡터 $y_1, \ldots, y_{n-k}$를 선택해 H의 행이 $y^T_1, \ldots, y^T_{n-k}$로 되게 설정한다(직교이므로 내적을 했을 때 모듈러 2에 관해 0이어야 한다). 예를 들어 생성원 행렬 (10.53)에 의해 정의된 [3, 1] 반복 코드를 고려하자. H를 만들기 위해서는 $(1, 1, 0)$ 및 $(0, 1, 1)$과 같이 G의 열에 직교하는 $3 - 1 = 2$개의 선형독립 벡터를 선택하고 패리티 검사행렬을

$$H \equiv \begin{bmatrix} 1 & 1 & 0 \\ 0 & 1 & 1 \end{bmatrix} \tag{10.58}$$

로 정의한다. 코드워드 $x = (0, 0, 0)$과 $x = (1, 1, 1)$에 대해서만 $Hx = 0$이 된다는 것은 쉽게 알아볼 수 있다.

확인문제 10.17: (10.54)에서 생성원 행렬에 의해 정의된 [6, 2] 반복 코드에 대한 패리티 검사행렬을 구하라.

확인문제 10.18: 동일한 선형 코드에 대해 패리티 검사행렬 H와 생성원 행렬 G가 $HG = 0$을 만족시킨다는 것을 보여라.

확인문제 10.19: $[n, k]$ 선형 코드 C가 어떤 $(n-k) \times k$ 행렬 A에 대해 $H = [A|I_{n-k}]$ 형식의 패리티 검사행렬을 갖는다고 하자. 이에 해당하는 생성원 행렬이

$$G = \begin{bmatrix} I_k \\ \hline -A \end{bmatrix} \tag{10.59}$$

라는 것을 보여라(모듈러 2에 관해 따지기 때문에 $-A = A$라는 점에 주목한다. 하지만 이 식은 Z_2보다 더 일반적인 분야의 선형 코드에 대해서도 만족한다).

패리티 검사행렬을 사용하면 오류검출과 복구가 아주 투명해진다. 메시지 x를 $y = Gx$로 인코딩한다고 하자. 그러나 노이즈로 인한 오류 e 때문에 y가 영향받아 손상된 코드워드 $y' = y + e$가 나온다고 하자(여기서 $+$는 모듈러 2 비트별 덧셈을 나타낸다). 모든 코드워드에 대해 $Hy = 0$이므로 $Hy' = He$가 된다. Hy'을 오류 증후군error syndrome이라고 부르며, 양자 오류정정에서 오류 증후군이 하는 것과 비슷한 역할을 한다. 즉, 손상된 양자상태를 측정함으로써 양자 오류 증후군이 결정되는 것처럼, 이것은 손상된 상태 y'의 함수 Hy'이다. 그리고 $Hy' = He$ 관계로 인해 오류 증후군에는 발생된 오류에 관한 정보가 포함되는데, 이 정보를 가지고 원래 코드워드 y로 복구를 시도한다. 이 일이 어떻게 가능한지 알아보기 위해 오류가 없거나 하나의 오류만 발생했다고 하자. 그러면 오류 증후군 Hy'은 오류가 없으면 0이고 j 번째 비트에서 오류가 발생하면 He_j가 된다. 여기서 e_j는 j 번째 성분이 1인 단위벡터다. 오류가 최대 1비트에서 발생한다고 가정하면, 오류 증후군 Hy'을 계산하고 이를 He_j의 다른 가능한 값과 비교하여 (정정할 비트가 있을 경우) 어느 비트를 정정할지 결정함으로써 오류정정을 수행할 수 있다.

좀 더 일반적으로 말해서 거리distance 개념을 사용하면 선형 코드로 어떻게 오류정정을 수행할 수 있는지에 대한 통찰력을 얻을 수 있다. x와 y가 각각 n비트의 워드word라 하자. x와 y 간의 (해밍) 거리 $d(x, y)$란 x와 y가 서로 다른 곳의 수로 정의한다. 따라서 예를 들면 $d((1, 1, 0, 0), (0, 1, 0, 1)) = 2$이다. 워드 x의 (해밍) 가중치weight란 성분이 모두 0인 것으로부터의 거리 $wt(x) \equiv d(x, 0)$, 즉 x가 0이 아닌 성분의 수로 정의한다. $d(x, y) = wt(x + y)$라는 점에 주목한다. 오류정정과의 연결을 이해하기 위해 선형 오류정정 코드를 사용하여 x를 $y = Gx$로 인코딩한다고 하자. 노이즈는 인코딩된 비트 무리를 손상시켜 $y' = y + e$를 생성한다. 비트반전 확률이 1/2 미만인 경우 인코딩될 가능성이 가장 높은 코드워드는 y에서 y'에 도달하는 데 필요한 비트반전 수를 최소화하는 코드워드 y이다. 즉, $wt(e) = d(y, y')$을 최소화한다. 원칙적으로 선형 코드를 사용하면 오류정정은 그냥 y'을 그러한 y로 대체하게 된다. 실제로 이것은 다소 비효율적일 수 있는데, 그 이유는 최소 거리 $d(y, y')$을 결정하려면 일반적으로 가능한 모든 2^k개의 코드워드 y를 탐색해야 하기 때문이다. 고전 코딩 이론에서의 많은 노력이 오류정정을 좀 더 효율적으로 수행할 수 있는 특수 구조의 코드 제작에 투여됐는데, 이러한 제작은 이 책의 범위를 벗어난다.

코드의 전체 특성$^{\text{global property}}$도 해밍 거리를 사용해서 이해할 수 있다. 코드의 거리는 두 코드워드 간의 최소 거리

$$d(C) \equiv \min_{x,y \in C, x \neq y} d(x, y) \tag{10.60}$$

로 정의한다. 그러나 $d(x, y) = wt(x + y)$이다. 코드가 선형이기 때문에 x와 y가 코드워드 이면 $x + y$도 코드워드가 된다. 그러므로

$$d(C) = \min_{x \in C, x \neq 0} \text{wt}(x) \tag{10.61}$$

가 된다는 것을 알 수 있다. $d \equiv d(C)$로 설정하면 C는 $[n, k, d]$ 코드라고 말한다. 거리의 중요성이란 어떤 정수 t에 대해 최소 $2t + 1$ 거리를 갖는 코드가 t비트까지 오류를 정정할 수 있다는 데 있는데, 이때 손상된 인코딩 메시지 y'을 $d(y, y') \leq t$인 유일한 코드워드 y로 디코딩하기만 하면 된다.

확인문제 10.20: H를 다음 문장을 만족시키는 패리티 검사행렬이라 하자. 즉, 이 행렬은 $d - 1$개의 열이 선형독립이지만 d개의 선형종속 열에 대한 집합이 존재한다는 것이 다. H로 정의된 코드의 거리가 d임을 보여라.

확인문제 10.21: (싱글톤 경계) $[n, k, d]$ 코드가 $n - k \geq d - 1$을 만족시켜야 함을 보여라.

선형 오류정정 코드에 대해 잘 설명해주는 클래스가 해밍 코드다. $r \geq 2$가 정수이고 H 는 열이 모두 r 길이의 $2^r - 1$개 비트 문자열을 갖는 행렬이라 하자. 이 패리티 검사행렬 은 해밍 코드$^{\text{Hamming code}}$라는 $[2^r - 1, 2^r - r - 1]$ 선형 코드를 정의한다. 양자 오류정정에 있어서 특히 중요한 예는 $r = 3$인데, 이는 패리티 검사행렬

$$H = \begin{bmatrix} 0 & 0 & 0 & 1 & 1 & 1 & 1 \\ 0 & 1 & 1 & 0 & 0 & 1 & 1 \\ 1 & 0 & 1 & 0 & 1 & 0 & 1 \end{bmatrix} \tag{10.62}$$

을 갖는 $[7, 4]$ 코드다. H의 어떠한 두 열도 서로 다르므로 선형독립이다. 처음 3개의 열 은 선형으로 종속되어 있으므로 확인문제 10.20에 의해 코드의 거리는 3이다. 그러므로 이 코드는 어떠한 단일 비트의 오류라도 정정할 수 있다. 실제로 오류정정 방법은 아주 간단하다. j 번째 비트에서 오류가 발생한다고 하자. (10.62)의 조사를 통해 증후군 He_j 가 j에 대한 2진 표현일 뿐이란 점이 드러나며, 오류를 정정하기 위해서는 어느 비트를 반전시킬지를 알려준다.

확인문제 10.22: 모든 해밍 코드는 거리가 3임을 보이고, 따라서 단일 비트의 오류를 정정할 수 있음도 보여라. 그러므로 해밍 코드는 $[2^r - 1, 2^r - r - 1, 3]$ 코드가 된다.

선형 코드의 특성에 관해 좀 더 일반적으로 무엇을 말할 수 있을까? 특별히 특정 코드 매개변수를 갖는 코드가 존재하는지를 알려주는 조건을 꼽을 수 있다. 당연히 그러한 조건을 증명하기 위한 많은 기술이 존재한다. 그러한 조건 집합 중 하나는 길버트-바르샤모프 경계^{Gilbert-Varshamov bound}로 알려져 있는데, 이 경계란 큰 n에 대해 어떤 k비트에서 t비트의 오류를 방지하는 $[n, k]$ 오류정정 코드가 존재하면

$$\frac{k}{n} \geq 1 - H\left(\frac{2t}{n}\right) \tag{10.63}$$

가 된다는 것을 말한다. 여기서 $H(x) \equiv -x \log(x) - (1-x) \log(1-x)$는 2진 섀넌 엔트로피^{binary Shannon entropy}이며, 11장에서 자세히 알아본다. 길버트-바르샤모프 경계의 중요성은 너무 많은 비트(k)를 너무 적은 비트 수(n)로 인코딩하지 않는 것이 좋은 코드라는 것이다. 길버트-바르샤모프 경계에 대한 증명은 아주 간단하므로 확인문제로 남겨둔다.

확인문제 10.23: 길버트-바르샤모프 경계를 증명하라.

쌍대 구성^{dual construction}이라는 코드의 중요한 구성을 설명하는 것으로 고전 오류정정에 대한 고찰을 마무리 지을 것이다. C가 생성원 행렬 G와 패리티 검사행렬 H를 갖는 $[n, k]$ 코드라 하자. 그러면 C의 쌍대^{dual}인 또 하나의 코드를 정의할 수 있는데, 이 쌍대는 $C^\perp$로 표기하며 생성원 행렬 G^T와 패리티 검사행렬 H^T를 갖는 코드로 정의한다. 같은 말이지만 C의 쌍대는 C의 모든 코드워드에 직교하는 모든 코드워드 y로 구성된다. $C \subseteq C^\perp$이면 그 코드는 약하게 자기쌍대적^{weakly self-dual}이고 $C = C^\perp$이면 엄밀하게 자기쌍대적^{strictly self-dual}이라고 말한다. 놀랍게도 고전 선형 코드에 대한 쌍대 구성은 양자 오류정정 연구에서 자연스럽게 발생하며 CSS 코드라는 중요한 양자 코드 클래스를 구성하는 데 있어서 핵심이다.

확인문제 10.24: 생성원 행렬 G를 갖는 코드가 약하게 자기쌍대적이기 위한 필요충분조건은 $G^T G = 0$임을 보여라.

확인문제 10.25: C를 선형 코드라 하자. $x \in C^\perp$이면 $\sum_{y \in C}(-1)^{x \cdot y} = |C|$가 되는 반면, $x \notin C^\perp$이면 $\sum_{y \in C}(-1)^{x \cdot y} = 0$이 되는 것을 보여라.

10.4.2 칼더뱅크-쇼어-스테인 코드

양자 오류정정 코드의 커다란 클래스의 첫 번째 예는 칼더뱅크-쇼어-스테인$^{\text{Calderbank-}}$ $^{\text{Shor-Steane}}$ 코드다. 보통 이 코드 클래스의 발명자들 이름에서 첫 글자를 따서 CSS 코드라 부른다. CSS 코드는 안정자 코드의 좀 더 일반적인 클래스 중에서 중요한 하위 클래스다.

$C_2 \subset C_1$인 C_1과 C_2가 각각 $[n, k_1]$와 $[n, k_2]$ 고전 선형 코드이고 C_1과 $C_2^\perp$ 모두는 t개의 오류를 정정한다고 하자. t큐비트의 오류를 정정할 수 있는 $[n, k_1 - k_2]$ 양자 코드 CSS(C_1, C_2)를 정의할 것인데, 즉 다음 구성을 통해 C_2에 대한 C_1의 CSS 코드를 정의할 것이다. $x \in C_1$는 코드 C_1에 속하는 어떠한 코드워드라 하자. 그러면 양자상태 $|x + C_2\rangle$는

$$|x + C_2\rangle \equiv \frac{1}{\sqrt{|C_2|}} \sum_{y \in C_2} |x + y\rangle \tag{10.64}$$

로 정의한다. 여기서 +는 모듈러 2 비트별 덧셈이다. x'을 $x - x' \in C_2$가 되는 C_1의 원소라 하자. 그러면 $|x + C_2\rangle = |x' + C_2\rangle$임을 쉽게 알 수 있고, 따라서 $|x + C_2\rangle$ 상태는 x가 속한 C_1/C_2의 잉여류^{coset}에만 의존하는데, 이는 위 식에서 $|x + C_2\rangle$에 대해 잉여류 표기를 사용한 이유가 된다. 더욱이 x와 x'이 C_2의 서로 다른 잉여류에 속한다면, 어떠한 $y, y' \in C_2$에 대해서도 $x + y = x' + y'$이 되지 않으므로 $|x + C_2\rangle$과 $|x' + C_2\rangle$는 정규직교 상태가 된다. 양자 코드 CSS(C_1, C_2)는 모든 $x \in C_1$에 대해 $|x + C_2\rangle$ 상태가 생성하는 벡터공간으로 정의된다. C_1에서 C_2의 잉여류 수는 $|C_1|/|C_2|$이므로 CSS(C_1, C_2)의 차원은 $|C_1|/|C_2| = 2^{k_1 - k_2}$이다. 따라서 CSS$(C_1, C_2)$는 $[n, k_1 - k_2]$ 양자 코드다.

양자 오류를 검출하고 정정하려면 C_1와 $C_2^\perp$의 고전 오류정정 특성을 활용하면 된다. 실제로 C_1과 $C_2^\perp$의 오류정정 특성을 각각 사용하여 CSS(C_1, C_2)에서 최대 t개의 비트반전과 위상반전 오류를 정정하는 것이 가능하다. 비트반전 오류를 n비트 벡터 e_1로 기술하자. 이는 비트반전이 발생한 위치가 1이고 그 외에는 0인 벡터다. 그리고 위상반전 오류를 n비트 벡터 e_2로 기술하자. 이것도 위상반전이 발생한 위치는 1이고 그 외에는 0인 벡터다. $|x + C_2\rangle$가 원래 상태라면 손상된 상태는

$$\frac{1}{\sqrt{|C_2|}} \sum_{y \in C_2} (-1)^{(x+y) \cdot e_2} |x + y + e_1\rangle \tag{10.65}$$

이 된다. 비트반전 발생 위치를 검출하려면 보조물^{ancilla}을 도입하는 것이 편리한데, 이 보조물은 C_1 코드에 대한 증후군을 저장하기에 충분한 큐비트를 포함하고 초기에는 모두 0 상태인 $|0\rangle$에 있게 된다. 가역 계산$^{\text{reversible computation}}$을 사용해 C_1 코드에 패리티 행

렬 H_1을 적용하면 $|x + y + e_1\rangle\langle 0|$는 $|x + y + e_1\rangle\langle H_1|(x + y + e_1)\rangle = |x + y + e_1\rangle|H_1 e_1\rangle$이 되는데, 그 이유는 $(x + y) \in C_1$가 패리티 검사행렬에 의해 사라지기 때문이다. 이 연산으로 인해

$$\frac{1}{\sqrt{|C_2|}} \sum_{y \in C_2} (-1)^{(x+y)\cdot e_2} |x + y + e_1\rangle|H_1 e_1\rangle \tag{10.66}$$

이 된다.

확인문제 10.26: H가 패리티 검사행렬이라 하자. 제어형 NOT로 완전히 구성된 회로를 사용해 $|x\rangle|0\rangle \to |x\rangle|Hx\rangle$ 변환을 어떻게 계산하는지를 설명하라.

비트반전 오류에 대한 오류검출은 보조물을 측정하여 결과 $H_1 e_1$을 얻고 그 보조물을 폐기하는 것으로 완료되는데, 그러면 상태는

$$\frac{1}{\sqrt{|C_2|}} \sum_{y \in C_2} (-1)^{(x+y)\cdot e_2} |x + y + e_1\rangle \tag{10.67}$$

이 된다. C_1이 최대 t개의 오류를 정정할 수 있기 때문에 오류 증후군 $H_1 e_1$을 알면 오류 e_1을 유추할 수 있으며, 그렇게 오류검출이 완료된다. 복구를 수행할 때는 단순히 오류 e_1에서 비트반전이 발생한 위치의 큐비트에 NOT 게이트를 적용하는데, 그러면 모든 비트반전 오류가 제거되고 상태는

$$\frac{1}{\sqrt{|C_2|}} \sum_{y \in C_2} (-1)^{(x+y)\cdot e_2} |x + y\rangle \tag{10.68}$$

가 된다. 위상반전 오류를 검출하기 위해 각 큐비트에 아다마르 게이트를 적용하면 상태는

$$\frac{1}{\sqrt{|C_2|2^n}} \sum_z \sum_{y \in C_2} (-1)^{(x+y)\cdot(e_2+z)} |z\rangle \tag{10.69}$$

가 된다. 여기서 합은 n비트 z개의 가능한 모든 값에 대해서다. $z' \equiv z + e_2$로 설정하면 이 상태는

$$\frac{1}{\sqrt{|C_2|2^n}} \sum_{z'} \sum_{y \in C_2} (-1)^{(x+y)\cdot z'} |z' + e_2\rangle \tag{10.70}$$

로 다시 표현할 수 있다(다음 단계는 확인문제 10.25에 나온다). $z' \in C_2^{\perp}$이라고 가정하면 $\sum_{y \in C_2} (-1)^{y \cdot z'} = |C_2|$라는 것을 쉽게 알 수 있다. 반면에 $z' \notin C_2^{\perp}$이면 $\sum_{y \in C_2} (-1)^{y \cdot z'} = 0$

이 된다. 따라서 상태는

$$\frac{1}{\sqrt{2^n/|C_2|}} \sum_{z' \in C_2^\perp} (-1)^{x \cdot z'} |z' + e_2\rangle \qquad (10.71)$$

로 다시 표현할 수 있다. 이것은 벡터 e_2에 의해 기술된 비트반전 오류 모습처럼 보인다! 그러므로 이 오류를 비트반전 오류로 여겨서 오류검출에 대해 보조물을 도입하고 $C_2^\perp$에 대한 패리티 검사행렬 H_2를 가역적으로 적용하여 $H_2 e_2$를 획득한 후, '비트반전 오류' e_2를 정정하여 상태

$$\frac{1}{\sqrt{2^n/|C_2|}} \sum_{z' \in C_2^\perp} (-1)^{x \cdot z'} |z'\rangle \qquad (10.72)$$

을 얻는다. 각각의 큐비트에 아다마르 게이트들을 다시 적용하는 것으로 오류정정을 완료한다. 즉, 우리는 이들 게이트의 결과를 바로 계산하든지, 아니면 $e_2 = 0$일 때의 (10.71) 상태에 아다마르 게이트를 적용해서 효과를 얻을 수 있다는 점에 주목한다. 아다마르 게이트 자체가 역 게이트이기 때문에 또 적용하면 $e_2 = 0$일 때의 (10.68)의 상태

$$\frac{1}{\sqrt{|C_2|}} \sum_{y \in C_2} |x + y\rangle \qquad (10.73)$$

로 되돌아간다. 이것은 원래 인코딩했던 상태다!

CSS 코드의 중요한 응용 중 하나는 길버트-바르샤모프 경계의 양자 버전을 증명해서 좋은 양자 코드라는 것을 보장하는 것이다. 이 말은 n이 커질 때의 극한에서 최대 t개 큐비트의 오류를 방지하는 $[n, k]$ 양자 코드가 어떤 k에 대해 존재하면

$$\frac{k}{n} \geq 1 - 2H\left(\frac{2t}{n}\right) \qquad (10.74)$$

가 된다는 뜻이다. 따라서 너무 많은 큐비트 k개를 n큐비트 코드로 묶지 않는다면 좋은 양자 오류정정 코드는 존재한다. CSS 코드에 대한 길버트-바르샤모프 경계의 증명은 고전 코드 C_1과 C_2의 제약으로 인해 고전 길버트-바르샤모프 경계의 증명보다 다소 복잡하며 10장의 끝에 문제로 남겨둔다.

요약하면 $C_2 \subset C_1$인 C_1과 C_2가 각각 $[n, k_1]$와 $[n, k_2]$ 고전 선형 코드이고 C_1과 $C_2^\perp$ 모두는 최대 t비트의 오류를 정정할 수 있다고 하자. 그러면 CSS(C_1, C_2)는 $[n, k_1 - k_2]$ 양자 오류정정 코드이며, 최대 t큐비트까지 임의의 오류를 수정할 수 있다. 더욱이 오류 검출과 정정 단계에서는 아다마르 게이트와 제어형 NOT 게이트만 적용하면 되는데, 각

경우에 게이트 수는 코드 크기에 따라 선형적으로 늘어난다. 인코딩과 디코딩은 코드 크기에 따라 선형적으로 많은 게이트를 사용하여 수행할 수도 있지만 지금은 논하지 않을 것이다. 즉, 좀 더 일반적인 것에 대해서는 10.5.8절에서 논한다.

확인문제 10.27: 코드가

$$|x + C_2\rangle \equiv \frac{1}{\sqrt{|C_2|}} \sum_{y \in C_2} (-1)^{u \cdot y} |x + y + v\rangle \tag{10.75}$$

로 정의되면서 u와 v의 매개변수를 갖는다면, 그 코드가 $\mathrm{CSS}(C_1, C_2)$와 서로 같은 오류정정 특성을 갖는다는 의미에서 $\mathrm{CSS}(C_1, C_2)$와 동일하다는 것을 보여라. 향후 이들 코드를 $\mathrm{CSS}_{u,v}(C_1, C_2)$로 언급할 텐데, 이는 나중에 12.6.5절의 양자 키 분배에 대한 연구에서 유용할 것이다.

스테인 코드

중요한 견본 CSS 코드는 [7, 4, 3] 해밍 코드를 사용하여 만들 수 있는데, 그 해밍 코드의 패리티 검사행렬은

$$H = \begin{bmatrix} 0 & 0 & 0 & 1 & 1 & 1 & 1 \\ 0 & 1 & 1 & 0 & 0 & 1 & 1 \\ 1 & 0 & 1 & 0 & 1 & 0 & 1 \end{bmatrix} \tag{10.76}$$

임을 상기하자. 이 코드를 C라 하고 $C_1 \equiv C$와 $C_2 \equiv C^{\perp}$로 정의하자. 이들 코드를 사용해 CSS 코드를 정의하려면 먼저 $C_2 \subset C_1$인지 확인해야 한다. 정의에 의해 $C_2 = C^{\perp}$의 패리티 검사행렬은 $C_1 = C$를 전치시킨^{transposed} 생성원 행렬과 같다. 즉,

$$H[C_2] = G[C_1]^T = \begin{bmatrix} 1 & 0 & 0 & 0 & 0 & 1 & 1 \\ 0 & 1 & 0 & 0 & 1 & 0 & 1 \\ 0 & 0 & 1 & 0 & 1 & 1 & 0 \\ 0 & 0 & 0 & 1 & 1 & 1 & 1 \end{bmatrix} \tag{10.77}$$

가 된다.

확인문제 10.28: (10.77)에서 이 행렬의 전치^{transpose}가 [7, 4, 3] 해밍 코드의 생성원이라는 것을 증명하라.

(10.76)과 비교하면 엄밀히 말해 $H[C_2]$의 행 범위는 $H[C_1]$의 행 범위를 포함하며 이에 해당하는 코드는 $H[C_2]$와 $H[C_1]$의 핵이므로 $C_2 \subset C_1$이라는 결론이 나온다. 더욱이

$C_2^\perp = (C^\perp)^\perp = C$이므로 C_1과 $C_2^\perp$는 1비트의 오류를 정정할 수 있는 거리 3 코드다. C_1은 [7, 4] 코드이고 C_2는 [7, 3] 코드이므로 CSS(C_1, C_2)는 단일 큐비트의 오류를 정정할 수 있는 [7, 1] 양자 코드가 된다.

이러한 [7, 1] 양자 코드에는 작업을 쉽게 하는 멋진 특성이 있으며 10장의 나머지 부분에 있는 많은 예제에서 이 코드를 사용할 것이다. 이 코드는 고안자의 이름을 따서 스테인^Steane 코드라 한다. C_2의 코드워드는 (10.77)과 확인문제 10.28에서 쉽게 결정된다. 그 코드워드를 명시적으로 표현하기보다는 스테인 코드 $|0 + C_2\rangle$에 대해 논리 $|0_L\rangle$의 성분으로서 암시적으로 표현한다. 즉,

$$|0_L\rangle = \frac{1}{\sqrt{8}}\Big[|0000000\rangle + |1010101\rangle + |0110011\rangle + |1100110\rangle$$
$$+|0001111\rangle + |1011010\rangle + |0111100\rangle + |1101001\rangle\Big] \qquad (10.78)$$

이 된다. 다른 논리 코드워드를 결정하려면 C_2에 속하지 않는 C_1 원소를 구해야 한다. 이러한 원소의 예는 $(1, 1, 1, 1, 1, 1, 1)$이며

$$|1_L\rangle = \frac{1}{\sqrt{8}}\Big[|1111111\rangle + |0101010\rangle + |1001100\rangle + |0011001\rangle$$
$$+|1110000\rangle + |0100101\rangle + |1000011\rangle + |0010110\rangle\Big] \qquad (10.78)$$

이 된다.

10.5 안정자 코드

복제할 수 없어. 그건 필연적.
그대신 잘못된 것에서 결맞음을 떼어 놓는다.
잘못된 것은 소중한 양자비트를 파괴할 거고
계산을 너무 오래 걸리게 하니까.

반전오류와 위상오류를 정정해. 그걸로 충분할 거야.
하지만 코드 속에 또 다른 오류가 발생하고
그걸 그냥 측정해버리면 신은 주사위를 굴려
그 오류를 X, Y, Z로 붕괴시켜버린다.

노이즈가 있는 7, 9, 5로 시작해서

깔끔한 1로 끝나는 거야.

피해야 할 결함을 더 잘 파악하려면

먼저 교환관계에 있는 것과 아닌 걸 찾아야 해.

우리는 그룹과 고유상태 그리고 양자 트릭을 사용해서

너의 양자 오류를 고치는 법을 배운 거야.

– 다니엘 고테스만(Daniel Gottesman)의

   '양자 오류정정 소네트(Quantum Error Correction Sonnet)'

안정자^{Stabilizer} 코드는 가법적 양자 코드$^{additive\ quantum\ code}$라고도 부르며 고전 선형 코드와 구조가 비슷한 중요 클래스의 양자 코드다. 안정자 코드를 이해하려면 먼저 양자역학의 광범위한 연산을 이해하는 강력한 방법인 **안정자 형식체계**$^{stabilizer\ formalism}$를 아는 것이 좋다. 안정자 형식체계를 적용하는 것은 양자 오류정정의 범위를 훨씬 넘어선다. 하지만 이 책에서 우리의 주요 관심사는 이것의 특정 응용에 관한 것이다. 안정자 형식체계를 정의한 후, 이를 사용하여 유니타리 게이트와 측정을 어떻게 기술하는지, 그리고 안정자 연산의 한계를 값으로 매기는 중요한 정리를 설명한다. 그리고 나서 명확한 예제, 유용한 표준형 그리고 인코딩, 디코딩, 정정을 위한 회로와 함께 안정자 코드를 위한 안정자 구성을 제시한다.

10.5.1 안정자 형식체계

안정자 형식체계의 핵심은 예제로 잘 설명된다. 2큐비트의 EPR 상태

$$|\psi\rangle = \frac{|00\rangle + |11\rangle}{\sqrt{2}} \tag{10.80}$$

를 고려하자. 이 상태가 항등식 $X_1X_2|\psi\rangle = |\psi\rangle$와 $Z_1Z_2|\psi\rangle = |\psi\rangle$를 만족시킨다는 것은 쉽게 증명할 수 있다. 이럴 때 $|\psi\rangle$ 상태는 X_1X_2와 Z_1Z_2 연산자에 의해 안정화된다고 말한다. 약간 어렵게 말하면, $|\psi\rangle$ 상태는 이들 연산자 X_1X_2와 Z_1Z_2에 의해 안정화되는 유일한 양자상태다(전체위상은 무시함). 안정자 형식체계의 기본 개념은 상태 자체를 가지고 작업하는 것보다 그 상태를 안정화시키는 연산자를 가지고 작업하면 많은 양자상태를 더 쉽게 기술할 수 있다는 것이다. 이 주장은 언뜻 보기에는 좀 놀랍다. 그럼에도 이것은 사

실이다. 많은 양자 코드(CSS 코드와 쇼어 코드 포함)는 상태벡터로 기술하는 것보다 안정자를 사용하는 것이 훨씬 더 간결하게 기술할 수 있다. 더 중요한 것은 아다마르 게이트, 위상 게이트, 심지어 제어형 NOT 게이트 등의 연산과 큐비트에서의 오류와 계산기저에서의 측정은 모두 안정자 형식체계를 사용하면 쉽게 기술할 수 있다!

안정자 형식체계의 강력함을 느끼려면 군론group theory을 얼마나 잘 이용하느냐에 달려 있는데, 군론의 기본 요소에 대해서는 부록 2에서 다뤘다. 주요 관심사의 군은 n큐비트에 대한 파울리 군 G_n이다. 단일 큐비트의 경우 파울리 군Pauli group은 다음과 같이 모든 파울리 행렬에 곱셈 계수 ± 1, $\pm i$를 붙인 것으로 구성된다.

$$G_1 \equiv \{\pm I, \pm iI, \pm X, \pm iX, \pm Y, \pm iY, \pm Z, \pm iZ\} \qquad (10.81)$$

이 행렬 집합은 행렬 곱셈 연산에 대해 군을 형성한다. 곱셈 계수 ± 1과 $\pm i$를 왜 생략하지 않는지 궁금할 것이다. 이것들이 포함된 이유는 곱셈에 대해 G_1이 닫히게 해서 합당한 군을 형성하기 위해서다. n큐비트에 대한 일반 파울리 군은 파울리 행렬의 모든 n겹 텐서곱으로 구성되도록 정의되며 또다시 곱셈 계수 ± 1, $\pm i$가 붙는다.

이제 안정자를 좀 더 정확하게 정의할 수 있다. S가 G_n의 부분군이라 하고 V_S를 S의 모든 원소에 의해 고정되는 n큐비트 상태의 집합으로 정의하자. V_S는 S에 의해 안정화된 벡터공간이고, S의 원소들을 작용시켰을 때 V_S의 모든 원소가 안정적이기 때문에 S를 V_S 공간의 안정자stabilizer라고 말한다. 다음의 간단한 확인문제를 통해 확인해보자.

확인문제 10.29: V_S의 어떠한 두 원소에 대한 임의의 선형조합은 V_S에도 속함을 보여라. 이에 따라 V_S는 n큐비트 상태공간의 부분공간이 된다. 또한 V_S는 S의 각 연산자 (즉, S 원소의 고유공간에 대한 고윳값)에 의해 고정된 부분공간의 교집합임을 보여라.

안정자 형식체계의 간단한 예를 보자. 즉, $n = 3$큐비트와 $S \equiv \{I, Z_1Z_2, Z_2Z_3, Z_1Z_3\}$의 경우다. Z_1Z_2에 의해 고정된 부분공간은 $|000\rangle$, $|001\rangle$, $|110\rangle$, $|111\rangle$에 의해 생성되고 Z_2Z_3에 의해 고정된 부분공간은 $|000\rangle$, $|100\rangle$, $|011\rangle$, $|111\rangle$에 의해 생성된다. $|000\rangle$와 $|111\rangle$ 원소는 이 두 목록에서 공통이다. 이러한 관측과 약간의 생각을 거치면 V_S는 $|000\rangle$와 $|111\rangle$ 상태에 의해 생성된 부분공간이어야 함을 알 수 있다.

이 예에서는 단순히 S의 두 연산자에 의해 안정화된 부분공간을 알아보고 V_S를 결정했다. 이것은 중요한 일반 현상의 표현(군을 생성원generator으로 기술함)이다. 부록 2에서 설명했듯이 G 군의 모든 원소를 $g_1, ..., g_l$ 목록에 있는 원소들의 곱으로 표현할 수 있다면 G

군에 있는 원소 $g_1,...,g_l$의 집합은 G 군을 생성한다고 말하고 $G = \langle g_1,...,g_l \rangle$로 표현한다. 이 예에서는 $Z_1Z_3 = (Z_1Z_2)(Z_2Z_3)$와 $I = (Z_1Z_2)^2$이므로 $S = \langle Z_1Z_2, Z_2Z_3 \rangle$이다. 군을 기술하는 데 있어서 생성원을 사용하는 가장 큰 장점은 군을 기술할 때 간결한 수단을 제공한다는 것이다. 실제로 부록 2에서는 $|G|$ 크기의 G 군이 최대 $\log(|G|)$개 생성원들의 집합을 갖는다는 것을 보였다. 더욱이 특정 벡터가 S 군에 의해 안정화된다는 것을 알아보려면 벡터가 생성원에 의해 안정화되는 것을 확인하면 된다. 그 이유는 벡터가 생성원의 곱에 의해 자동으로 안정화되고 이것이 가장 편리한 표현이 되기 때문이다(군 생성원에 대해 사용하는 … 표기는 2.2.5절에서 도입한 관측가능량의 평균에 대한 표기와 혼동할 수 있다. 하지만 실제로 그 표기가 어떻게 사용됐는지는 문맥을 보면 항상 알 수 있다).

파울리 군의 어떠한 부분군 S만이 비자명한 벡터공간$^{non\text{-}trivial\ vector\ space}$[1]의 안정자로 사용할 수 있는 것은 아니다. 예를 들어 $\{\pm I, \pm X\}$로 구성된 G_1의 부분군을 고려하자. 분명히 $(-I)|\psi\rangle = |\psi\rangle$에 대한 유일한 해는 $|\psi\rangle = 0$이므로, $\{\pm I, \pm X\}$는 자명한 벡터공간^{trivial} $^{vector\ space}$에 대한 안정자다. 비자명한 벡터공간인 V_S를 안정화시키려면 S는 어떤 조건을 만족시켜야 할까? 쉽게 알 수 있는 두 가지 조건은 (a) S의 원소들은 교환법칙이 성립한다, 그리고 (b) $-I$는 S의 원소가 아니다, 이다. 이를 증명할 도구를 아직 모두 갖춘 것은 아니지만, V_S가 비자명인 것에 대해서도 이들 두 가지 조건으로 충분하다는 것을 나중에 보일 것이다.

확인문제 10.30: $-I \notin S$가 $\pm iI \notin S$를 의미함을 보여라.

이 두 가지 조건이 필요한지 확인하기 위해 V_S가 비자명하다고 하자. 그러면 0이 아닌 벡터 $|\psi\rangle$를 포함한다. M과 N을 S의 원소라 하자. 그러면 M과 N은 파울리 행렬의 텐서 곱이며 전체적으로 곱셈 계수를 갖는 것이 가능하다. 파울리 행렬 모두가 교환법칙 또는 반교환법칙이 성립해야 하기 때문에 M과 N은 교환법칙 또는 반교환법칙이 성립해야 한다. 이들이 교환법칙 성립한다는 (a) 조건을 입증하기 위해, M과 N이 반교환법칙 성립한다고 가정하고 이 가정이 모순됨을 보이자. 가정에 의해 $-NM = MN$이므로 $-|\psi\rangle = -NM|\psi\rangle = MN|\psi\rangle = |\psi\rangle$가 된다. 여기서 첫 번째와 마지막 등식은 M과 N이 $|\psi\rangle$을 안정화시킨다는 사실로부터 나온 것이다. 따라서 $-|\psi\rangle = |\psi\rangle$가 되는데, 이는 $|\psi\rangle$가 영벡터란 뜻이며 바라던 대로 모순이란 결과가 나왔다. $-I \notin S$라는 (b) 조건을 입증하기 위해, $-I$

---

1   영벡터공간이 아닌 벡터공간 – 옮긴이

가 S의 원소라면 $-I|\psi\rangle = |\psi\rangle$가 된다는 점에 주목하자. 이는 또다시 모순을 초래한다.

확인문제 10.31: S가 원소 $g_1,\ldots,g_l$에 의해 생성된 G_n의 부분군이라 하자. S의 모든 원소가 교환법칙이 성립할 필요충분조건은 g_i와 g_j가 각 쌍 i, j에 대해 교환법칙이 성립하는 경우라는 것을 보여라.

이름	연산자
g_1	$I\,I\,I\,X\,X\,X\,X$
g_2	$I\,X\,X\,I\,I\,X\,X$
g_3	$X\,I\,X\,I\,X\,I\,X$
g_4	$I\,I\,I\,Z\,Z\,Z\,Z$
g_5	$I\,Z\,Z\,I\,I\,Z\,Z$
g_6	$Z\,I\,Z\,I\,Z\,I\,Z$

그림 10.6 스테인 7큐비트 코드에 대한 안정자 생성원들(stabilizer generators). 항목들은 각 큐비트의 텐서곱을 나타낸다. 예를 들어 $ZIZIZIZ = Z\otimes I\otimes Z\otimes I\otimes Z\otimes I\otimes Z = Z_1Z_3Z_5Z_7$이다.

안정자 형식체계의 아름다운 예는 7큐비트 스테인 코드에 나온다. 그림 10.6에 나열된 6개의 생성원 g_1부터 g_6까지는 스테인 코드의 코드공간에 대한 안정자를 생성하는 것으로 밝혀졌다. 상태벡터 (10.78)과 (10.79)와 관련하여 다소 지저분한 스펙과 비교할 때 이 서술이 얼마나 분명하고 간결한지 주목한다. 이 관점에서 양자 오류정정을 검토하면 더 많은 이점이 나타날 것이다. 스테인 코드 제작에 사용된 고전 선형 코드 C_1과 $C_2^{\perp}$에 대한 패리티 검사행렬의 구조와 그림 10.6의 생성원의 유사성에도 주목한다(스테인 코드에 대해 $C_1 = C_2^{\perp}$는 패리티 검사행렬 (10.76)을 갖는 해밍 [7, 4, 3] 코드임을 상기한다). 안정자 중에서 처음 3개의 생성원의 경우 C_1에 대한 패리티 검사행렬에서 1의 위치에 X가 있다. 반면에 끝에서 3개의 생성원인 g_4에서 g_6까지의 경우 $C_2^{\perp}$에 대한 패리티 검사행렬에서 1의 위치에 Z가 있다. 이러한 관측 결과를 바탕으로 하면 다음 확인문제는 쉽게 해결할 수 있다.

확인문제 10.32: 10.4.2절에서 기술한 것과 같이 그림 10.6의 생성원이 스테인 코드의 코드워드를 안정화시킨다는 것을 입증하라.

양자 코드를 기술할 때 이렇게 안정자 형식체계를 사용하면 나중에 광범위한 클래스의 양자 코드를 기술할 때도 안정자를 사용할 수 있다. 그러나 지금은 스테인 코드를 평범한 양자 코드로 생각하는 것이 중요하다(그냥 안정자를 사용하여 기술하는 벡터공간의 부분공간일 뿐이다).

실제로 어떠한 생성원 g_i를 제거하면 군이 더 작게 생성된다는 점에서 $g_1, \ldots, g_l$ 생성원들은 서로 독립적이어야 한다. 즉,

$$\langle g_1, \ldots, g_{i-1}, g_{i+1}, \ldots, g_l \rangle \neq \langle g_1, \ldots, g_l \rangle \tag{10.82}$$

가 된다. 생성원의 특정 집합이 독립적인지 아닌지를 결정하려면 우리의 현재 지식으로는 시간이 많이 걸린다. 다행히도 이른바 검사행렬이라 부르는 아이디어에 기초하여 이를 수행할 수 있는 간단한 방법이 있다. 그렇게 부르는 이유는 안정자 코드 이론에서 고전 선형 코드의 패리티 검사행렬과 유사한 역할을 하기 때문이다.

$S = \langle g_1, \ldots, g_l \rangle$이라 하자. 검사행렬$^{\text{check matrix}}$을 사용하면 S의 생성원 $g_1, \ldots, g_l$을 나타낼 때 아주 유용한 방법이 존재한다. 이 검사행렬은 $l \times 2n$ 행렬이며 각 행은 g_1부터 g_l까지의 생성원에 해당된다. 즉, 행렬의 절반 왼쪽편에 1이 있는 것은 생성원에 X가 있다는 의미이고 절반 오른쪽편에 1이 있는 것은 생성원에 Z가 있다는 의미다. 행렬의 절반 양쪽에 1이 있으면 생성원에 Y가 있다는 뜻이다. 좀 더 구체적으로 말하면, i 번째 행은 다음과 같이 만든다. g_i에서 j 번째 큐비트에 I가 있으면 j 번째와 $n+j$ 번째 열 성분^{column} ^{element}은 0이다. j 번째 큐비트에 X가 있으면 j 번째 열 성분은 1이고 $n+j$ 번째 열 성분은 0이다. j 번째 큐비트에 Z가 있으면 j 번째 열 성분은 0이고 $n+j$ 번째 열 성분은 1이다. j 번째 큐비트에 Y가 있으면 j 번째와 $n+j$ 번째 열은 모두 1이다. 스테인 7큐비트 코드의 경우, 그림 10.6을 가지고 검사행렬을 만들 수 있다. 즉,

$$\left[\begin{array}{ccccccc|ccccccc} 0 & 0 & 0 & 1 & 1 & 1 & 1 & 0 & 0 & 0 & 0 & 0 & 0 & 0 \\ 0 & 1 & 1 & 0 & 0 & 1 & 1 & 0 & 0 & 0 & 0 & 0 & 0 & 0 \\ 1 & 0 & 1 & 0 & 1 & 0 & 1 & 0 & 0 & 0 & 0 & 0 & 0 & 0 \\ 0 & 0 & 0 & 0 & 0 & 0 & 0 & 0 & 0 & 0 & 1 & 1 & 1 & 1 \\ 0 & 0 & 0 & 0 & 0 & 0 & 0 & 0 & 1 & 1 & 0 & 0 & 1 & 1 \\ 0 & 0 & 0 & 0 & 0 & 0 & 0 & 1 & 0 & 1 & 0 & 1 & 0 & 1 \end{array} \right] \tag{10.83}$$

이 된다. 검사행렬에는 생성원 앞에 붙는 곱셈 계수에 대한 정보가 포함되어 있지 않다. 그러나 파울리 군의 원소 g에 대한 $2n$차원 행 벡터 표현을 나타내기 위해 $r(g)$를 사용할 정도로 다른 유용한 정보가 많이 들어간다. $2n \times 2n$ 행렬 Λ를

$$\Lambda = \left[\begin{array}{cc} 0 & I \\ I & 0 \end{array} \right] \tag{10.84}$$

로 정의하자. 여기서 비대각$^{\text{off-diagonal}}$ 자리에 있는 I 행렬은 $n \times n$이다. 파울리 군의 원소 g와 g'이 교환법칙 성립하기 위한 필요충분조건은 $r(g)\Lambda r(g')^T = 0$이라는 것을 쉽게 알 수

있다. $x\Lambda y^T$ 식은 행 행렬row matrices x와 y 간에 일종의 '꼬인' 내적'twisted' inner product을 정의하며 x와 y에 대응하는 파울리 군의 원소들이 교환법칙이 성립하는지 여부를 표현한다.

확인문제 10.33: g와 g'이 교환법칙이 성립하기 위한 필요충분조건은 $r(g)\Lambda r(g')^T = 0$이라는 것을 보여라(검사행렬표현에서 산술 계산은 모듈러 2에 관해 수행된다).

확인문제 10.34: $S = \langle g_1,...,g_l \rangle$이라 하자. $-I$가 S의 원소가 아니기 위한 필요충분조건은 모든 j에 대해 $g_j^2 = I$ 그리고 모든 j에 대해 $g_j \neq -I$라는 것을 보여라.

확인문제 10.35: S를 G_n의 부분군이라 하고 $-I$는 S의 원소가 아니라 하자. 모든 $g \in S$에 대해 $g^2 = I$임을 보여라. 이에 따라 $g^\dagger = g$임도 보여라.

생성원의 독립성과 검사행렬은 다음과 같은 명제를 통해 서로 유용하게 연결된다.

명제 10.3: $S = \langle g_1,...,g_l \rangle$에서 $-I$가 S의 원소가 아니라 하자. g_1부터 g_l까지의 생성원들이 서로 독립이기 위한 필요충분조건은 대응하는 검사행렬의 행들이 선형독립인 경우다.

증명

대우contrapositive를 증명하자. 먼저 확인문제 10.35에 의해 g_i^2은 모든 i에 대해 I이어야 한다는 점에 주목한다. $r(g) + r(g') = r(gg')$를 살펴보면 행 벡터 표현의 덧셈은 군 원소의 곱셈에 대응한다. 따라서 검사행렬의 행이 선형종속이기 위한 필요충분조건, 즉 어떤 j에 대해 $\sum_i a_i r(g_i) = 0$이고 $a_j \neq 0$이기 위한 필요충분조건은 전체 곱셈 계수를 무시했을 때 $\prod_i g_i^{a_i}$가 항등연산자인 경우다. 그러나 $-I \notin S$이므로 곱셈 계수는 1이어야 하고 마지막 조건은 $g_j = g_j^{-1} = \prod_{i \neq j} g_i^{a_i}$ 조건에 대응한다. 따라서 $g_1,...,g_l$은 독립적 생성원이 아니다. ∎

별 흥미 없게 보이는 다음의 명제는 놀랍게도 유용하며, S가 $l = n - k$개의 독립적이면서 교환법칙이 성립하는 생성원에 의해 생성되고 $-I \notin S$일 때 V_S의 차원은 2^k이 된다는 증명에 즉시 활용할 수 있다. 이 명제는 10장의 나머지 부분에서 반복해서 사용할 것이다. 또다시 증명에서 선택하는 도구는 검사행렬표현이다.

명제 10.4: $S = \langle g_1,...,g_l \rangle$는 독립적 생성원에 의해 생성되고 $-I \notin S$를 만족시킨다고 하자. 또한 i를 $1,...,l$ 범위로 고정하자. 그러면 모든 $j \neq i$에 대해 $gg_ig^\dagger = -g_i$이고 $gg_jg^\dagger = -g_j$가 되는 $g \in G_n$이 존재한다.

증명

G를 $g_1,...,g_l$과 관련된 검사행렬이라 하자. G의 행은 명제 10.3에 의해 선형독립이므로 $G\Lambda x = e_i$가 되는 $2n$차원 벡터 x가 존재한다. 여기서 e_i는 i번째 위치가 1이고 그 외의 위치는 0인 l차원 벡터다. g가 $r(g) = x^T$를 만족시킨다고 하자. x의 정의에 따라 $j \neq i$에 대해 $r(g_j)\Lambda r(g)^T = 0$이고 $r(g_j)\Lambda r(g)^T = 1$이다. 따라서 $j \neq i$에 대해 $gg_ig^\dagger = -g_i$이고 $gg_jg^\dagger = -g_i$이다.

만약 S가 독립적이면서 교환법칙이 성립하는 생성원에 의해 생성되고 $-I \notin S$이면, V_S가 비자명하다는 이전의 약속을 충족시킴으로써 안정자 형식체계의 가장 기본적인 요소들에 대한 우리의 관점을 결론짓는다. 실제로 $l = n - k$개의 생성원이 존재한다면, V_S가 2^k차원이라는 점은 그럴 듯하다(그래서 증명해볼 것이다). 이러한 점은 안정자에 대한 각각의 추가적인 생성원이 1/2 계수로 V_S의 차원을 자른다는 직관적인 주장에 바탕을 두고 있다. 파울리 행렬의 텐서곱에 대한 +1과 −1 고유공간이 전체 힐베르트 공간을 동일한 차원의 두 부분공간으로 나누기 때문에 이런 점을 순수하게 기대할 수 있다.

명제 10.5: $S = \langle g_1,...,g_{n-k} \rangle$는 G_n에서 $n - k$개의 독립적이면서 교환법칙이 성립하는 원소들에 의해 생성되고 $-I \notin S$가 된다고 하자. 그러면 V_S는 2^k차원 벡터공간이다.

안정자 형식체계에 대한 이후의 모든 논의에서는 안정자가 $-I \notin S$가 되는 독립적이면서 교환법칙이 성립하는 생성원의 관점에서 항상 기술된다는 관례를 사용할 것이다.

증명

$x = (x_1,...,x_{n-k})$를 Z_2의 $n - k$개의 원소에 대한 벡터라 하자. 또한

$$P_S^x \equiv \frac{\prod_{j=1}^{n-k}(I + (-1)^{x_j}g_j)}{2^{n-k}} \tag{10.85}$$

로 정의하자. $(I + g_j)/2$가 g_j의 +1 고유공간 위로의 사영연산자이기 때문에 $P_S^{(0,...,0)}$는 V_S 위로의 사영연산자이어야 한다는 것을 쉽게 알 수 있다. 명제 10.4에 의해 각 x에 대해 G_n에서 $g_x P_S^{(0,...,0)}(g_x)^\dagger = P_S^x$를 만족시키는 g_x가 존재하므로, P_S^x의 차원은 V_S의 차원과 동일하다. 더욱이 각 x에 대해 P_S^x가 직교한다는 것을 쉽게 알 수 있다. 계산을 거치면

$$I = \sum_x P_S^x \tag{10.86}$$

가 되므로 증명이 끝난다. 이 식의 좌변은 2^n차원 공간 위로의 사영연산자인 반면, 우변은 V_S와 동일한 차원의 2^{n-k} 직교 사영연산자에 대한 합이다. 따라서 V_S의 차원은 2^k이어야 한다. ▪

10.5.2 유니타리 게이트와 안정자 형식체계

지금까지 벡터공간을 기술하기 위해 안정자 형식체계를 사용하는 것에 대해 논의했었다. 이 형식체계는 또한 다양한 흥미로운 양자연산하에서 더 큰 상태공간 속에 있는 벡터공간의 동역학을 기술하는 데에도 사용할 수 있다. 양자역학 연산 이해에 대한 본질적인 관심과는 별도로 이 목표는 특히 관련이 있는데, 그 이유는 우리가 안정자 형식체계를 사용하여 양자 오류정정 코드를 기술할 것이고 그러한 코드에서의 노이즈 영향과 기타 동역학 과정을 이해하는 우아한 수단을 원하기 때문이다. S군에 의해 안정화된 벡터공간 V_S에 유니타리 연산 U를 적용한다고 하자. $|\psi\rangle$는 V_S의 어떠한 원소라 하자. 그러면 S의 어떠한 요소 g에 대해서도

$$U|\psi\rangle = Ug|\psi\rangle = UgU^\dagger U|\psi\rangle \tag{10.87}$$

가 되므로 상태 $U|\psi\rangle$는 $UgU^\dagger$에 의해 안정화되며, 이로부터 벡터공간 UV_S가 $USU^\dagger \equiv \{UgU^\dagger | g \in S\}$ 군에 의해 안정화된다는 것이 나온다. 더욱이 $g_1, ..., g_l$이 S를 생성하면 $Ug_1U^\dagger, ..., Ug_lU^\dagger$는 $USU^\dagger$를 생성하므로 안정자의 변화를 계산하려면 그것이 안정자의 생성원에 얼마나 영향을 미치는지만 계산하면 된다.

동역학에 대한 이러한 접근법의 가장 큰 장점은 어떤 특별한 유니타리 연산 U에 대해 생성원의 이러한 변환이 특히 매력적인 형태를 취한다는 것이다. 예를 들면 단일 큐비트에 아다마르 게이트를 적용해보자. 다음과 같이 된다는 것에 주목한다.

$$HXH^\dagger = Z; \quad HYH^\dagger = -Y; \quad HZH^\dagger = X \tag{10.88}$$

결과적으로 아다마르 게이트가 $Z(|0\rangle)$에 의해 안정화된 양자상태에 적용된 후, 그 결과로 나온 상태는 $X(|+\rangle)$에 의해 안정화될 거라고 정확히 추측된다.

그렇게 인상적이 아니지만 그냥 그렇게 생각하자! 안정자가 $\langle Z_1, Z_2, ..., Z_n \rangle$인 상태의 n 큐비트가 있다고 하자. 이 상태는 $|0\rangle^{\otimes n}$ 상태라는 것을 쉽게 알 수 있다. n큐비트의 각각에 아다마르 게이트를 적용하면 이후의 상태가 안정자 $\langle X_1, X_2, ..., X_n \rangle$를 갖는다는 것을 알 수 있다. 또다시 이 상태는 모든 계산기저상태를 동일하게 중첩시킨 친숙한 상태일 뿐이

라는 점을 쉽게 알 수 있다. 이 예에서 주목할 만한 점은 최종상태의 보통 (상태벡터) 디스크립션이 지정되려면 생성원에 의해 제공된 디스크립션에 비해 2^n 진폭이 필요하다. 그런데 $\langle X_1, X_2, ..., X_n \rangle$는 n에 대해 선형이다! 그럼에도 불구하고 아다마르 게이트를 n큐비트의 각각에 적용한 후에는 양자 컴퓨터에 얽힘이 존재하지 않는다고 말할 수 있다. 그러므로 간결한 디스크립션을 얻을 수 있다는 것은 놀라운 일이 아니다. 그러나 안정자 형식체계 내에서 훨씬 더 많은 것이 가능하며 여기에는 제어형 NOT에 대한 효율적인 디스크립션이 포함되는데, 이 게이트는 아다마르 게이트와 함께 하면 얽힘을 발생시킬 수 있다. 이것이 어떻게 돌아가는지 알기 위해 X_1, X_2, Z_1, Z_2 연산자가 제어형 NOT에 의해 컬레화^{conjugation}되면 어떻게 거동하는지 고려해보자. 제어형 NOT 게이트를 U로 표기하며 큐비트 1을 제어용으로 하고 큐비트 2를 대상용으로 하면

$$
\begin{aligned}
U X_1 U^\dagger &= \begin{bmatrix} 1 & 0 & 0 & 0 \\ 0 & 1 & 0 & 0 \\ 0 & 0 & 0 & 1 \\ 0 & 0 & 1 & 0 \end{bmatrix} \begin{bmatrix} 0 & 0 & 1 & 0 \\ 0 & 0 & 0 & 1 \\ 1 & 0 & 0 & 0 \\ 0 & 1 & 0 & 0 \end{bmatrix} \begin{bmatrix} 1 & 0 & 0 & 0 \\ 0 & 1 & 0 & 0 \\ 0 & 0 & 0 & 1 \\ 0 & 0 & 1 & 0 \end{bmatrix} \\
&= \begin{bmatrix} 0 & 0 & 0 & 1 \\ 0 & 0 & 1 & 0 \\ 0 & 1 & 0 & 0 \\ 1 & 0 & 0 & 0 \end{bmatrix} \\
&= X_1 X_2
\end{aligned}
\tag{10.89}
$$

가 된다. 비슷하게 계산하면 $U X_2 U^\dagger = X_2$, $U Z_1 U^\dagger = Z_1$, $U Z_2 U^\dagger = Z_1 Z_2$가 된다. U가 2큐비트 파울리 군에 있는 그 외의 연산자를 어떻게 컬레화시키는지 확인하려면 이미 알고 있는 사실의 결과만 가져오면 된다. 예를 들어 $U X_1 X_2 U^\dagger$를 계산하려면 $U X_1 X_2 U^\dagger = U X_1 U^\dagger U X_2 U^\dagger = (X_1 X_2) X_2 = X_1$임을 알 수 있다. Y 파울리 행렬은 비슷하게 처리할 수 있는데, 예를 들면 $U Y_2 U^\dagger = i U X_2 Z_2 U^\dagger = i U X_2 U^\dagger U Z_2 U^\dagger = i X_2 (Z_1 Z_2) = Z_1 Y_2$가 된다.

확인문제 10.36: $U X_1 U^\dagger = X_1 X_2$, $U X_2 U^\dagger = X_2$, $U Z_1 U^\dagger = Z_1$, $U Z_2 U^\dagger = Z_1 Z_2$라는 것을 명시적으로 증명하라. 아다마르, 위상, 파울리 게이트에 대해 이것들과 그 외의 유용한 컬레화 관계는 그림 10.7에 요약해놓았다.

연산	입력	출력
제어형 NOT	X_1	$X_1 X_2$
	X_2	X_2
	Z_1	Z_1
	Z_2	$Z_1 Z_2$
H	X	Z
	Z	X
S	X	Y
	Z	Z
X	X	X
	Z	$-Z$
Y	X	$-X$
	Z	$-Z$
Z	X	$-X$
	Z	Z

그림 10.7 파울리 군 원소를 다양한 일반 연산으로 켤레화시켰을 때의 변환 특성. 제어형 NOT에서는 큐비트 1을 제어용, 큐비트 2를 대상용으로 사용한다.

확인문제 10.37: $UY_1 U^\dagger$의 결과는 무엇인가?

유니타리 동역학을 이해하기 위해 안정자 형식체계를 사용하는 예로서 1.3.4절에 소개한 스왑 회로를 고려하자. 편의상, 회로는 그림 10.8에 나와 있다. 연산자 Z_1과 Z_2가 회로의 게이트에 의한 켤레화에 의해 변환되는 방식을 고려해보자. Z_1 연산자는 시퀀스 $Z_1 \rightarrow Z_1 \rightarrow Z_1 Z_2 \rightarrow Z_2$를 통해 변환하고 Z_2 연산자는 시퀀스 $Z_2 \rightarrow Z_1 Z_2 \rightarrow Z_1 \rightarrow Z_1$을 통해 변환한다. 마찬가지로 회로에서 $X_1 \rightarrow X_2$와 $X_2 \rightarrow X_1$으로 변환한다. 물론 U를 스왑 연산자로 사용하면 그림 10.8의 회로에 대해 마찬가지로 $UZ_1 U^\dagger = Z_2$와 $UZ_2 U^\dagger = Z_1$이 된다는 것은 분명하며, X_1과 X_2에 대해서도 비슷하게 하면 된다. 이것이 그 회로가 U를 구현한다는 의미라는 점을 증명하는 것은 다음의 확인문제로 남겨둔다.

그림 10.8 두 큐비트를 서로 교환하는 회로

확인문제 10.38: U와 V가 2큐비트에 대한 유니타리 연산자이며 동일한 방식의 켤레화에 의해 Z_1, Z_2, X_1, X_2를 변환시킨다고 하자. 이 말은 $U = V$를 의미한다는 것을 보여라.

스왑 회로의 예는 흥미롭지만 아주 유용한 안정자 형식체계의 특징(특정 유형의 양자 얽힘을 묘사하는 능력)을 제대로 보여주지 않는다. 안정자 형식체계가 아다마르 게이트와 제어형 NOT 게이트를 기술하는 데 사용될 수 있다는 점을 우리는 이미 알고 있는데, 물론 이 게이트들을 함께 얽힌 상태를 만드는 데에도 사용할 수 있다(1.3.6절과 비교해보라). 실제로 많은 양자 오류정정 코드를 포함하여 다양한 클래스의 얽힌 상태를 기술하는 데 안정자 형식을 사용할 수 있음을 알아볼 것이다.

아다마르와 제어형 NOT 게이트 이외에 어떤 게이트가 안정자 형식체계 내에서 기술될 수 있을까? 이 집합에 추가할 가장 중요한 원소는 위상 게이트인데, 이는 단일 큐비트 게이트로서 그 정의가

$$S = \begin{bmatrix} 1 & 0 \\ 0 & i \end{bmatrix} \tag{10.90}$$

임을 상기하자. 파울리 행렬에 위상 게이트 컬레화를 작용시킬 때, 쉽게 계산된다. 즉,

$$SXS^\dagger = Y; \qquad SZS^\dagger = Z \tag{10.91}$$

가 된다.

확인문제 10.39: (10.91) 식을 증명하라.

실제로 아다마르, 위상, 제어형 NOT 게이트의 컬레화 작용을 이용하면, G_n의 원소에서 G_n의 원소로 가는 어떠한 유니타리 연산이라도 만들어낼 수 있음이 밝혀졌다. 정의에 의해 $UG_n U^\dagger = G_n$을 만족시키는 U의 집합이 G_n의 정규자^{normalizer}라고 부르며 $N(G_n)$으로 표기한다. 그러므로 G_n의 정규자는 아다마르, 위상, 제어형 NOT 게이트에 의해 생성된다고 말할 수 있다. 이러한 관점에서 아다마르, 위상, 제어형 NOT 게이트는 정규자 게이트$^{normalizer\ gate}$라고도 한다. 이 결과의 증명은 간단하지만 학습에 도움이 되므로 확인문제 10.40에서 풀게 될 것이다.

정리 10.6: U는 n큐비트의 유니타리 연산자이며 $g \in G_n$일 때 $UgU^\dagger \in G_n$이라는 특성이 있다고 하자. 그러면 전체위상을 무시하고 U는 $O(n^2)$개의 아다마르, 위상, 제어형 NOT 게이트로 구성될 수 있다.

확인문제 10.40: 다음과 같이 정리 10.6을 귀납법으로 증명하라.

1. 아다마르와 위상 게이트를 사용하여 단일 큐비트에 대해 어떠한 정규자 연산이라도 수행할 수 있음을 증명하라.

2. U가 $N(G_{n+1})$에 속한 $n+1$큐비트 게이트라 하고, 어떤 $g, g' \in G_n$에 대해 $UZ_1U^\dagger = X_1 \otimes g$와 $X_1U^\dagger = Z_1 \otimes g'$을 만족시킨다고 하자. n비트에 대한 U'를 $U'|\psi\rangle \equiv \sqrt{2}\langle 0|U(|0\rangle \otimes |\psi\rangle)$로 정의하자. 귀납적 가설$^{\text{inductive hypothesis}}$을 사용하여 그림 10.9의 U 구조는 $O(n^2)$개의 아다마르, 위상, 제어형 NOT 게이트로 구현할 수 있음을 보여라.

3. $U \in N(G_{n+1})$인 어떠한 게이트라도 $O(n^2)$개의 아다마르, 위상, 제어형 NOT 게이트로 구현할 수 있음을 보여라.

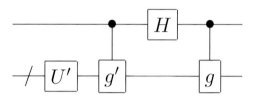

그림 10.9 아다마르, 위상, 제어형 NOT 게이트가 정규자 $N(G_n)$을 생성한다는 것을 증명하기 위해 사용한 구조

지금까지 흥미로운 양자 게이트가 정규자 $N(G_n)$ 속에 많이 있다는 것을 보았다. 그렇지 않은 게이트가 있을까? 사실 대부분의 양자 게이트는 정규자 바깥에 있는 것으로 밝혀졌다. 정규자 속에 없는 특히 관심 있는 2개의 게이트는 $\pi/8$와 토폴리 게이트다. 큐비트 1과 2를 제어용, 큐비트 3을 대상용으로 갖는 토폴리 게이트를 U로 표기하자. 그리고 T는 $\pi/8$ 게이트를 나타낸다는 것을 상기하자. 그러면 파울리 행렬에 $\pi/8$와 토폴리 게이트의 켤레화를 작용시켰을 때

$$TZT^\dagger = Z \qquad\qquad TXT^\dagger = \frac{X + Y}{\sqrt{2}} \qquad\qquad (10.92)$$

그리고

$$UZ_1U^\dagger = Z_1 \qquad\qquad UX_1U^\dagger = X_1 \otimes \frac{I + Z_2 + X_3 - Z_2X_3}{2} \qquad (10.93)$$

$$UZ_2U^\dagger = Z_2 \qquad\qquad UX_2U^\dagger = X_2 \otimes \frac{I + Z_1 + X_3 - Z_1X_3}{2} \qquad (10.94)$$

$$UX_3U^\dagger = X_3 \qquad\qquad UZ_3U^\dagger = Z_3 \otimes \frac{I + Z_1 + Z_2 - Z_1Z_2}{2} \qquad (10.95)$$

로 쉽게 계산할 수 있다. 안타깝게도 이러한 계산으로는 안정자 형식체계를 통해 $\pi/8$와 토폴리 게이트를 포함한 양자회로를 분석할 때 아다마르, 위상, 제어형 NOT 게이트만을 포함하는 회로보다 훨씬 불편하다. 다행스럽게도 안정자 양자 코드에 대한 인코딩, 디코딩, 오류검출과 복구는 모두 이러한 정규자 게이트만 사용하여 수행할 수 있으므로 안정자 형식체계는 그러한 코드의 분석에 매우 편리하다!

확인문제 10.41:   (10.92)부터 (10.95)까지의 식을 증명하라.

10.5.3 안정자 형식체계에서의 측정

지금까지 제한된 클래스의 유니타리 게이트가 안정자 형식체계 내에서 어떻게 편리하게 기술되는지를 설명했지만 훨씬 더 많은 클래스가 있는 게 사실이다! 계산기저에서의 측정도 안정자 형식체계 내에서 쉽게 기술될 수 있다. 이것이 어떻게 이루어지는지 알아보기 위해 $g \in G_n$을 측정한다고 하자(g는 에르미트 연산자이므로 2.2.5절의 의미로 보면 관측가능량으로 간주할 수 있다). 편의상, g는 전면에 -1 또는 $\pm i$의 곱셈 계수가 없는 파울리 행렬의 곱이라고 가정하는데 이는 일반성을 잃지 않는다. 이 시스템은 안정자 $\langle g_1, \ldots, g_n \rangle$를 가진 $|\psi\rangle$ 상태에 있다고 가정한다. 이 측정에서 상태의 안정자가 어떻게 변환될까? 다음과 같이 두 가지 가능성이 있다.

- g와 안정자의 모든 생성원은 교환법칙이 성립한다.
- g와 안정자의 생성원 중 하나 이상은 반교환법칙이 성립한다. 안정자가 생성원 $g_1, \ldots, g_n$을 갖는다고 하고, g와 g_1이 반교환법칙이 성립한다고도 하자. g와 $g_2, \ldots, g_n$은 교환법칙이 성립한다고 가정할 수 있는데 이는 일반성을 잃지 않는다. 그 이유는 g와 이들 원소 중 하나(이를테면 g_2)가 교환법칙이 성립하지 않으면 g와 $g_1 g_2$가 교환법칙 성립하는 것을 증명하기가 쉽고, 따라서 안정자용 생성원 목록에서 g_2 생성원을 $g_1 g_2$로 그냥 교체하면 되기 때문이다.

첫 번째 경우에 g 또는 $-g$ 중에서 어느 하나는 다음 인자[argument]에 의해 안정자의 원소가 된다. 각 안정자 생성원에 대해 $g_j g |\psi\rangle = g g_j |\psi\rangle = g |\psi\rangle$이기 때문에 $g|\psi\rangle$는 V_S에 속하므로 $|\psi\rangle$의 배수가 된다. $g^2 = I$이기 때문에 $g|\psi\rangle = \pm|\psi\rangle$이므로, g 또는 $-g$ 중에서 어느 하나는 안정자 속에 있어야 한다. g가 안정자 속에 있다고 가정하고 $-g$에 대한 논의도 이와 비슷하게 진행한다. 이 경우, $g|\psi\rangle = |\psi\rangle$이므로 g를 측정하면 1의 확률로 $+1$이 나오고, 이 측정은 계의 상태를 교란시키지 않으므로 안정자를 변화시키지 않는다.

g와 g_1이 반교환법칙 성립하고 g와 안정자에 속한 그 외의 모든 생성원이 교환법칙 성립할 때 두 번째 경우는 어떻게 될까? g는 고윳값 ± 1을 가지므로 측정 결과 ± 1의 사영 연산자들은 각각 $(I \pm g)/2$로 주어지며, 따라서 측정 확률은

$$p(+1) = \mathrm{tr}\left(\frac{I+g}{2}|\psi\rangle\langle\psi|\right) \tag{10.96}$$

$$p(-1) = \mathrm{tr}\left(\frac{I-g}{2}|\psi\rangle\langle\psi|\right) \tag{10.97}$$

가 된다. $g_1|\psi\rangle = |\psi\rangle$와 $gg_1 = -g_1 g$라는 사실을 사용하면

$$p(+1) = \mathrm{tr}\left(\frac{I+g}{2}g_1|\psi\rangle\langle\psi|\right) \tag{10.98}$$

$$= \mathrm{tr}\left(g_1 \frac{I-g}{2}|\psi\rangle\langle\psi|\right) \tag{10.99}$$

가 된다. 대각합의 순환 특성$^{\text{cyclic property}}$을 적용하면 g_1을 대각합의 오른쪽 끝으로 돌리고 $g_1 = g_1^\dagger$를 사용하여 $\langle\psi|$에 흡수시킬 수 있다(확인문제 10.35). 그러면

$$p(+1) = \mathrm{tr}\left(\frac{I-g}{2}|\psi\rangle\langle\psi|\right) = p(-1) \tag{10.100}$$

가 된다. $p(+1) + p(-1) = 1$이므로 $p(+1) = p(-1) = 1/2$라고 추정한다. $+1$ 결과가 나온다고 하자. 이 경우, 계의 새로운 상태는 $|\psi\rangle \equiv (I+g)|\psi\rangle/\sqrt{2}$이며 안정자 $\langle g, g_2, \ldots, g_n\rangle$을 갖는다. 마찬가지로 -1 결과가 나오면 사후 상태는 $\langle -g, g_2, \ldots, g_n\rangle$에 의해 안정화된다.

10.5.4 고테스만-닐 정리

안정자를 사용하여 유니타리 동역학과 측정을 기술할 때 그 결과는 다음과 같이 놀라운 고테스만-닐$^{\text{Gottesman-Knill}}$ 정리로 요약할 수 있다.

정리 10.7: (고테스만-닐 정리) 다음 요소만을 가지고 양자계산을 수행한다고 하자. 즉, 계산기저로 상태 준비, 아다마르 게이트, 위상 게이트, 제어형 NOT 게이트, 파울리 게이트, 파울리 군에 속한 관측가능량의 측정(특별한 경우로서 계산기저로 측정하는 것 포함) 그리고 이러한 측정 결과에 대해 조건부 고전 제어의 가능성도 들어간다. 이러한 계산은 고전 컴퓨터에서 효율적으로 시뮬레이션할 수 있다.

우리는 이미 고테스만-닐 정리를 은연 중에 증명한 적이 있다. 고전 컴퓨터가 시뮬레이션을 수행하는 방식은 다양한 연산이 계산 속에서 수행될 때 단순히 안정자의 생성원을 추적하는 것이다. 예를 들어 아다마르 게이트를 시뮬레이션하기 위해 단순히 양자상태를 기술하는 n개 생성원의 각각을 업데이트한다. 마찬가지로 상태 준비, 위상 게이트, 제어형 NOT 게이트, 파울리 게이트, 파울리 군에서의 관측가능량 측정에 대한 시뮬레이션은 모두 고전 컴퓨터에서 $O(n^2)$번의 단계를 사용하여 수행할 수 있다. 그러므로 이 집합에서 뽑은 m번의 연산이 들어간 양자계산은 고전 컴퓨터에서 $O(n^2 m)$번의 연산으로 시뮬레이션할 수 있다.

고테스만-닐 정리는 양자계산의 강력함이 얼마나 애매한지를 보여준다. 그것은 고도로 얽힌 상태를 포함하는 일부 양자계산이 고전 컴퓨터에서 효율적으로 시뮬레이션될 수 있음을 보여준다. 물론 모든 양자계산이(그에 따른 모든 유형의 얽힘이) 안정자 형식체계 내에서 효율적으로 기술할 수는 없지만 인상적인 다양성이 있을 수 있다. 양자 텔레포테이션(1.3.7절)과 초고밀도 코딩(2.3절)과 같은 흥미로운 양자정보 처리 작업은 아다마르 게이트, 제어형 NOT 게이트, 계산기저에서의 측정만을 사용하여 수행할 수 있으므로, 고테스만-닐 정의에 의해 고전 컴퓨터에서 이 작업을 효율적으로 수행할 수 있다. 더욱이 다양한 양자 오류정정 코드가 안정자 형식체계 내에서 기술될 수 있음을 곧 알게 될 것이다. 양자계산에는 양자 얽힘에 의해 부여된 강력함보다 더 많은 것이 존재한다!

확인문제 10.42: 안정자 형식체계를 사용하여 그림 1.13의 회로가 요구된 대로 큐비트를 텔레포테이션한다는 것을 증명하라. 안정자 형식체계는 텔레포테이션되는 상태의 클래스를 제한한다는 점에 주목한다. 그러므로 어떤 의미에서 이것은 텔레포테이션에 대한 완전한 서술은 아니지만 그럼에도 이것으로 텔레포테이션의 동역학을 이해할 수 있다.

10.5.5 안정자 코드 제작

안정자 형식체계는 양자 코드의 서술에 이상적이다. 이 절에서는 이 서술이 어떻게 이루어지는지 기술하고 이를 사용하여 쇼어의 9큐비트 코드, CSS 코드, 5큐비트 코드와 같은 몇 가지 중요한 코드를 설명한다. 여기서 5큐비트 코드는 단일 큐비트에서 임의의 오류를 방지하는 데 사용할 수 있는 가장 작은 코드다. 기본 아이디어는 아주 간단하다. 즉, $[n, k]$ 안정자 코드stabilizer code는 다음 조건을 만족시키는 G_n의 부분군 S에 의해 안정화되는 V_S 벡터공간으로 정의한다. 그 조건이란 $-I \notin S$이고 S가 $n-k$개의 독립적이면서 교환법칙이 성립하는 생성원을 가져서 $S = \langle g_1, \ldots, g_{n-k} \rangle$가 됨을 말한다. 이 코드는 $C(S)$로 표기한다.

$C(S)$ 코드의 논리 기저상태^{logical basis state}는 무엇일까? 원론적으로 말하면, 안정자 S에 대한 $n-k$개의 생성원들이 주어지면 우리는 $C(S)$ 코드에서 2^k개의 정규직교 벡터들을 선택해서 논리 계산기저상태로 동작시킬 수 있다. 실제로는 좀 더 체계적인 방식으로 상태를 선택하는 것이 훨씬 더 합리적이다. 한 가지 방법은 다음과 같다. 먼저 연산자 $\bar{Z}_1, \ldots, \bar{Z}_k \in G_n$을 선택하여 $g_1, \ldots, g_{n-k}, \bar{Z}_1, \ldots, \bar{Z}_k$가 독립적이면서 교환법칙이 성립하는 집합을 형성하게 한다(어떻게 이 집합을 형성하는지에 대해서는 나중에 자세히 설명할 것이다). $\bar{Z}_j$ 연산자는 논리 큐비트 번호 j에 대해 논리 파울리 시그마 z 연산자의 역할을 한다. 따라서 $|x_1, \ldots, x_k\rangle_L$이란 안정자

$$\langle g_1, \ldots, g_{n-k}, (-1)^{x_1} \bar{Z}_1, \ldots, (-1)^{x_k} \bar{Z}_k \rangle \qquad (10.101)$$

를 갖는 상태로 정의한다. 마찬가지로 $\bar{X}_j$란 이것의 켤레화를 작용시켰을 때 $\bar{Z}_j$가 $-\bar{Z}_j$로 되고 그 외의 모든 $\bar{Z}_i$와 g_i가 그대로 있는 파울리 행렬들의 곱으로 정의한다. 쉽게 말하면 $\bar{X}_j$는 j 번째 인코딩된 큐비트에 작용하는 양자 NOT 게이트의 효과를 준다. $\bar{X}_j$ 연산자는 $\bar{X}_j g_k \bar{X}_j^\dagger = g_k$를 만족시키므로 안정자의 모든 생성원과 교환법칙이 성립한다. $\bar{X}_j$가 $\bar{Z}_j$를 제외한 모든 $\bar{Z}_i$와 교환법칙이 성립하는지 그리고 반교환법칙이 성립하는지 확인하는 것도 쉽다.

안정자 코드의 오류정정 특성은 안정자의 생성원들과 어떻게 관련이 있을까? 안정자 $S = \langle g_1, \ldots, g_{n-k} \rangle$를 갖는 $[n, k]$ 안정자 코드 $C(S)$를 사용하여 상태를 인코딩한다고 하고, E 오류가 발생하여 데이터를 손상시킨다고 하자. 3단계 분석을 통해 $C(S)$로 어떤 오류유형을 검출할 수 있으며 복구를 언제 수행할 수 있는지를 결정할 것이다. 첫째, 코드공간에서 다양한 유형의 오류가 미치는 영향을 살펴보고 단순히 어떤 유형의 오류를 검출하고 정정할 수 있는지에 관한 직관력을 얻을 것이다. 이 단계는 단순히 직관력을 얻기 위한 것이기 때문에 어떠한 증명도 하지 않을 것이다. 두 번째 단계는 양자 오류정정 조건에 따라 안정자 코드로 어떤 종류의 오류를 검출하고 정정할 수 있는지를 알려주는 일반적 정리를 진술하고 증명하는 것이다. 분석의 세 번째 단계는 오류검출과 복구를 수행하기 위한 실질적인 처방을 내리는 것이며, 이때 오류 증후군과 같은 개념을 사용한다.

$C(S)$가 오류 $E \in G_n$에 의해 손상된 안정자 코드라 하자. E와 안정자의 원소가 반교환

법칙이 성립할 때 코드공간은 어떻게 될까? 이 경우, E로 인해 $C(S)$가 직교 부분공간 orthogonal subspace으로 되고, 원칙적으로 적절한 사영 측정을 수행하면 오류를 검출(그리고 검출 후 정정)할 수 있다. $E \in S$이면 '오류' E가 그 공간을 전혀 손상시키지 않기 때문에 신경 쓸 필요가 없다. 실제 위험은 E가 S의 모든 원소와 교환법칙이 성립하지만, 즉 모든 $g \in S$에 대해 $Eg = gE$이지만 실제로 S에 속해 있지 않을 때 발생한다. 모든 $g \in S$에 대해 $Eg = gE$가 되는 집합 $E \in G_n$은 G_n에 속한 S의 집중자centralizer라고 부르며 $Z(S)$로 표기한다. 사실 우리에게 관심 있는 안정자 군stabilizer group S의 경우에 집중자는 좀 더 친숙한 군인 S의 정규자normalizer와 동일한데, 이는 $N(S)$로 표기한다. 이 정규자는 모든 $g \in S$에 대해 $EgE^{\dagger} \in S$가 되는 G_n의 모든 원소 E로 구성되는 것으로 정의한다.

확인문제 10.43: G_n의 어떠한 부분군 S에 대해서도 $S \subseteq N(S)$를 보여라.

확인문제 10.44: $-I$를 포함하지 않는 G_n의 어떠한 부분군 S에 대해서도 $N(S) = Z(S)$임을 보여라.

다양한 유형의 오류 연산자 E의 영향에 관한 이러한 관측으로 인해 다음 정리의 진술과 증명이 나오게 된다. 이 정리는 본질적으로 양자 오류정정 조건(정리 10.1)을 안정자 코드 용어로 번역한 것에 불과하다.

정리 10.8: (안정자 코드의 오류정정 조건) S를 안정자 코드 $C(S)$에 대한 안정자라 하자. 또한 $\{E_j\}$는 모든 j와 k에 대해 $E_j^{\dagger}E_k \notin N(S) - S$가 되는 G_n에 속한 연산자들의 집합이라 하자. 그러면 $\{E_j\}$는 코드 $C(S)$에 대해 정정 가능한 오류집합이 된다.

G_n에 속한 오류 E_j를 고려할 때 $E_j^{\dagger} = E_j$가 되는 것으로 제한할 수 있는데, 이는 일반성을 잃지 않는다. 그러면 안정자 코드의 오류정정 조건이 줄어들어 모든 j와 k에 대해 $E_j^{\dagger}E_k \notin N(S) - S$가 된다.

증명

P를 코드공간 $C(S)$ 위로의 사영연산자라 하자. 주어진 j와 k에 대해 두 가지 가능성이 있다. 즉, S에 속한 $E_j^{\dagger}E_k$ 또는 $G_n - N(S)$에 속한 $E_j^{\dagger}E_k$이다. 첫 번째 경우를 고려하자. 그러면 P는 S의 원소와의 곱셈에도 변하지 않기 때문에 $PE_j^{\dagger}E_kP = P$가 된다. 두 번째 경우인 $E_j^{\dagger}E_k \in G_n - N(S)$를 고려하자. 그러면 $E_j^{\dagger}E_k$는 S의 어떤 원소 g_1과 반교환법칙이 성립해야 한다. $\langle g_1, \ldots, g_{n-k} \rangle$를 S의 생성원 집합이라 하면

$$P = \frac{\prod_{l=1}^{n-k}(I + g_l)}{2^{n-k}} \tag{10.102}$$

이 된다. 반교환법칙성^{anti-commutativity}을 사용하면

이 된다. 반교환법칙성[anti-commutativity]을 사용하면

$$E_j^\dagger E_k P = (I - g_1)E_j^\dagger E_k \frac{\prod_{l=2}^{n-k}(I + g_l)}{2^{n-k}} \tag{10.103}$$

가 된다. 그러나 $(I + g_1)(I - g_1) = 0$이므로 $P(I - g_1) = 0$이 된다. 따라서 $E_j^\dagger E_k \in Gn - N(S)$일 때 $E_j^\dagger E_k P = 0$이다. 오류집합 $\{E_j\}$는 양자 오류정정 조건을 만족시키므로 정정 가능한 오류집합을 형성한다. ▪

정리 10.8의 진술과 증명은 훌륭한 이론적 결과이지만 실제로 가능한 경우 오류정정 연산을 어떻게 수행하는지는 명확히 알려주지 않는다! 이것이 어떻게 이루어지는지 이해 하기 위해 $g_1, ..., g_{n-k}$가 $[n, k]$ 안정자 코드의 안정자에 대한 생성원 집합이라 하고 $\{E_j\}$ 는 그 코드에 대해 정정 가능한 오류집합이라 하자. 오류검출은 안정자의 생성원인 g_1에 서 g_{n-k}까지 차례로 측정하여 오류 증후군을 얻으면 된다. 이때 오류 증후군은 측정 결과 인 β_1에서 β_{n-k}까지로 구성된다. 오류 E_j가 발생했으면 오류 증후군은 $E_j g_l E_j^\dagger = \beta_l g_l$가 되는 β_l에 의해 주어진다. E_j가 이러한 증후군을 갖는 유일한 오류 연산자인 경우, 단순 히 $E_j^\dagger$를 적용하면 복구가 될 수 있다. 동일한 오류 증후군을 일으키는 2개의 서로 다른 오류 E_j와 $E_{j'}$가 존재하면 $E_j P E_j^\dagger = E_{j'} P E_{j'}^\dagger$가 된다. 여기서 P는 그 코드공간 위로의 사영 연산자다. 그러므로 $E_j^\dagger E_{j'} P E_{j'}^\dagger E_j = P$이 되는데, 이때 $E_j^\dagger E_{j'} \in S$이다. 따라서 $E_{j'}$ 오류가 발생한 후에 $E_j^\dagger$를 적용하면 복구에 성공한다. 이렇게 해서 각각의 가능한 오류 증후군에 대해 그 증후군이 관측될 때 단순히 그 증후군을 갖는 단일 오류 E_j를 골라내고 $E_j^\dagger$를 적 용하여 복구를 달성한다.

정리 10.8로 인해 고전 코드의 거리와 비슷하게 양자 코드의 거리^{distance} 개념을 정의하

정리 10.8로 인해 고전 코드의 거리와 비슷하게 양자 코드의 거리[distance] 개념을 정의하 게 된다. 오류 $E \in G_n$의 가중치^{weight}는 텐서곱에서 항등원과 같지 않은 항의 수로 정의한 다. 예를 들어 $X_1 Z_4 Y_8$의 가중치는 3이다. 안정자 코드 $C(S)$의 거리는 $N(S) - S$ 원소의 최소 가중치로 정의하며, $C(S)$가 거리 d를 갖는 $[n, k]$ 코드라면 $C(S)$는 $[n, k, d]$ 안정자 코드라고 말한다. 정리 10.8에 의해 최소 $2t + 1$의 거리를 갖는 코드는 고전적인 경우와 같이 어떠한 t큐비트에 있는 임의의 오류를 정정할 수 있다.

확인문제 10.45: (파악된 오류^{located error}의 정정) $C(S)$가 $[n, k, d]$ 안정자 코드라 하자. 또한 이 코드를 사용하여 k큐비트를 n큐비트로 인코딩하고 나서 노이즈가 발생한다고 하

자. 하지만 다행스럽게도 큐비트 중에서 $d-1$개의 큐비트만이 노이즈에 의해 영향을 받는다고 알려졌다. 더 정확히 말하면 $d-1$개의 큐비트가 영향을 받았다는 것이다. 이렇게 파악된 오류의 영향을 정정할 수 있음을 보여라.

10.5.6 예제

이제 안정자 코드의 몇 가지 간단한 예를 살펴볼 것이다. 여기에는 쇼어 9큐비트 코드와 CSS 코드와 같이 이미 친숙한 코드가 포함되지만 안정자 형식체계의 새로운 관점으로 바라볼 것이다. 각각의 경우, 정리 10.8을 안정자의 생성원에 적용하면 코드의 특성이 쉽게 나온다. 이전에 다루었던 예제를 가지고 인코딩 및 디코딩을 수행할 양자회로를 구하는 데 관심을 기울일 것이다.

3큐비트 비트반전 코드

친숙한 3큐비트 비트반전 코드를 고려하자. 이 코드는 $|000\rangle$과 $|111\rangle$ 상태에 의해 만들어지며 Z_1Z_2와 Z_2Z_3가 생성한 안정자를 갖는다. 검사를 통해 오류집합 $\{I, X_1, X_2, X_3\}$에서 두 원소끼리 가능한 모든 곱셈($I, X_1, X_2, X_3, X_1X_2, X_1X_3, X_2X_3$)은 안정자의 생성원 중 적어도 하나와 반교환법칙이 성립한다(S에 속한 I는 제외). 따라서 정리 10.8에 의해 $\{I, X_1, X_2, X_3\}$ 집합은 3큐비트 비트반전 코드에 대해 $\langle Z_1Z_2, Z_2Z_3 \rangle$ 안정자를 갖는 정정 가능한 오류집합을 형성한다.

비트반전 코드의 오류검출은 안정자 생성원 Z_1Z_2와 Z_2Z_3을 측정하는 것으로 수행된다. 예를 들어 X_1 오류가 발생하면 안정자가 $\langle -Z_1Z_2, Z_2Z_3 \rangle$로 변환되므로 증후군 측정 결과 -1과 $+1$이 나온다. 마찬가지로 X_2 오류에서는 오류 증후군 -1과 -1이 나오고, X_3 오류에서는 오류 증후군 $+1$과 -1이 나오며, 자명한 오류trivial error I에서는 오류 증후군 $+1$과 $+1$이 나온다. 각각의 경우에 복구는 단순히 오류 증후군이 나타낸 오류에 역연산inverse operation을 적용함으로써 명백한 방식으로 수행된다. 비트반전 코드에 대한 오류정정 연산은 그림 10.10에 요약해놓았다.

물론 이렇게 설명한 절차는 이전에 3큐비트 비트반전 코드에 대해 설명한 절차와 동일하다! 그런데 이것이 끝이라면 굳이 번거롭게 군론적 분석group-theoretic analysis까지 할 필요가 없을 것이다. 안정자 형식체계의 실질적 유용성은 더 복잡한 예제를 다루게 될 때 확연히 드러난다.

확인문제 10.46:   3큐비트 위상반전 코드에 대한 안정자는 $X_1 X_2$와 $X_2 X_3$에 의해 생성됨을 보여라.

$Z_1 Z_2$	$Z_2 Z_3$	오류 종류	동작
$+1$	$+1$	오류 없음	동작 없음
$+1$	-1	비트 3이 반전됨	비트 3을 반전시킴
-1	$+1$	비트 1이 반전됨	비트 1을 반전시킴
-1	-1	비트 2가 반전됨	비트 2를 반전시킴

그림 10.10 안정자 코드 언어로 된 3큐비트 비트반전 코드에 대한 오류정정

이름	연산자
g_1	$Z\,Z\,I\,I\,I\,I\,I\,I\,I$
g_2	$I\,Z\,Z\,I\,I\,I\,I\,I\,I$
g_3	$I\,I\,I\,Z\,Z\,I\,I\,I\,I$
g_4	$I\,I\,I\,I\,Z\,Z\,I\,I\,I$
g_5	$I\,I\,I\,I\,I\,I\,Z\,Z\,I$
g_6	$I\,I\,I\,I\,I\,I\,I\,Z\,Z$
g_7	$X\,X\,X\,X\,X\,X\,I\,I\,I$
g_8	$I\,I\,I\,X\,X\,X\,X\,X\,X$
$\bar{Z}$	$X\,X\,X\,X\,X\,X\,X\,X\,X$
$\bar{X}$	$Z\,Z\,Z\,Z\,Z\,Z\,Z\,Z\,Z$

그림 10.11 쇼어 9큐비트 코드에 대한 8개의 생성원. 그리고 논리 Z와 논리 X 연산.(그렇다. 이것들은 보통 예상하는 것과 반대다!)

9큐비트 쇼어 코드

그림 10.11에서 보다시피 쇼어 코드의 안정자는 8개의 생성원을 갖는다. I와 모든 단일 큐비트 오류를 포함하는 오류집합에 대해 정리 10.8의 조건을 검사하는 것은 쉽다. 예를 들면 X_1과 Y_4와 같은 단일 큐비트 오류를 고려하자. 곱 $X_1 Y_4$은 $Z_1 Z_2$와 반교환법칙이 성립하므로 $N(S)$에 속하지 않는다. 마찬가지로 이 오류집합에서 그 외의 모든 두 오류의 곱은 S에 속하거나, 또는 적어도 하나의 원소와 반교환법칙이 성립하므로 $N(S)$에 속하지 않는다. 이 말은 쇼어 코드를 사용하면 임의의 단일 큐비트 오류를 정정할 수 있다는 뜻이다.

확인문제 10.47:   그림 10.11의 생성원들이 (10.13) 식의 두 코드워드를 생성한다는 것을 증명하라.

확인문제 10.48: $\bar{Z} = X_1 X_2 X_3 X_4 X_5 X_6 X_7 X_8 X_9$ 과 $\bar{X} = Z_1 Z_2 Z_3 Z_4 Z_5 Z_6 Z_7 Z_8 Z_9$ 연산이 쇼어 코드 인코딩 큐비트에 대해 논리 Z와 X 연산으로 작용한다는 것을 보여라. 즉, 이 $\bar{Z}$는 쇼어 코드의 생성원과 독립적이면서 교환법칙이 성립함을 보이고, $\bar{X}$도 쇼어 코드의 생성원과 독립적이면서 교환법칙이 성립하지만 $\bar{Z}$와는 반교환법칙이 성립함을 보이면 된다.

5큐비트 코드

인코딩된 상태에서 단일 큐비트의 오류를 검출하고 정정할 수 있도록 단일 큐비트를 인코딩하는 양자 코드의 최소 크기는 얼마일까? 이 질문에 대한 답은 5큐비트다(12.4.3절 참조). 5큐비트 코드에 대한 안정자는 그림 10.12에 나온 생성원들을 갖는다. 5큐비트 코드는 단일 오류를 방지할 수 있는 최소 코드이므로 가장 유용한 코드라고 생각할 수 있다. 하지만 많은 응용 분야의 경우에는 스테인 7큐비트 코드를 사용하는 것이 좀 더 확실하다.

이름	연산자
g_1	$X Z Z X I$
g_2	$I X Z Z X$
g_3	$X I X Z Z$
g_4	$Z X I X Z$
$\bar{Z}$	$Z Z Z Z Z$
$\bar{X}$	$X X X X X$

그림 10.12 5큐비트 코드에 대한 4개의 생성원 및 논리 Z와 논리 X 연산. 첫 번째 이후 3개의 생성원은 첫 번째 생성원을 오른쪽으로 이동(shift)시켜 얻을 수 있다.

확인문제 10.49: 정리 10.8을 사용하여 5큐비트 코드가 임의의 단일 큐비트 오류를 방지할 수 있다는 것을 증명하라.

5큐비트 코드에 대한 논리 코드워드는 다음과 같다.

$$
\begin{aligned}
|0_L\rangle = \frac{1}{4} \Big[& |00000\rangle + |10010\rangle + |01001\rangle + |10100\rangle \\
& + |01010\rangle - |11011\rangle - |00110\rangle - |11000\rangle \\
& - |11101\rangle - |00011\rangle - |11110\rangle - |01111\rangle \\
& - |10001\rangle - |01100\rangle - |10111\rangle + |00101\rangle \Big]
\end{aligned}
\tag{10.104}
$$

$$|1_L\rangle = \frac{1}{4}\Big[|11111\rangle + |01101\rangle + |10110\rangle + |01011\rangle$$
$$+|10101\rangle - |00100\rangle - |11001\rangle - |00111\rangle$$
$$-|00010\rangle - |11100\rangle - |00001\rangle - |10000\rangle$$
$$-|01110\rangle - |10011\rangle - |01000\rangle + |11010\rangle\Big] \tag{10.105}$$

확인문제 10.50: 5큐비트 코드가 양자 해밍경계를 포화시킨다^{saturate}는 것을 보여라. 즉, (10.51)의 부등식에서 등식을 만족시킨다는 것을 보이면 된다.

CSS 코드와 7큐비트 코드

CSS 코드는 안정자 코드 클래스의 훌륭한 예이며, 안정자 형식체계를 통해 양자 코드 구성을 이해하기가 얼마나 쉬운지 잘 보여준다. C_1과 C_2가 $[n, k_1]$과 $[n, k_2]$ 고전 선형 코드이며 $C_2 \subset C_1$이면서 C_1과 $C_2^\perp$가 모두 t개의 오류를 정정한다고 하자. 또한 검사행렬을 형식

$$\begin{bmatrix} H(C_2^\perp) & 0 \\ 0 & H(C_1) \end{bmatrix} \tag{10.106}$$

로 정의하자. 이 행렬이 안정자 코드를 정의한다는 것을 알려면 교환법칙성 조건 $H(C_2^\perp)H(C_1)^T = 0$을 만족시키는 검사행렬이 필요하다. 그러나 $C_2 \subset C_1$이라는 가정때문에 $H(C_2^\perp)H(C_1)^T = [H(C_1)G(C_2)]^T = 0$이 된다. 실제로 이 코드가 정확히 $\mathrm{CSS}(C_1, C_2)$라는 것을 아는 것은 쉬운 문제이고, 어떠한 t큐비트에 대한 임의의 오류를 정정할 수 있다는 것도 쉽게 알 수 있다.

7큐비트 스테인 코드는 CSS 코드의 한 예이며, 이 코드의 검사행렬은 (10.83) 식에서 이미 본 적이 있다. 스테인 코드의 경우, 인코딩된 Z와 X 연산자는

$$\bar{Z} \equiv Z_1 Z_2 Z_3 Z_4 Z_5 Z_6 Z_7; \quad \bar{X} \equiv X_1 X_2 X_3 X_4 X_5 X_6 X_7 \tag{10.107}$$

로 정의할 수 있다.

확인문제 10.51: (10.106)에 정의한 검사행렬이 CSS 코드인 $\mathrm{CSS}(C_1, C_2)$의 안정자에 대응한다는 것을 증명하라. 그리고 정리 10.8을 사용하여 최대 t큐비트의 임의 오류가 이 코드로 정정될 수 있음을 보여라.

확인문제 10.52: (10.107)의 연산자가 논리 Z와 X로서 적절하게 작용한다는 것을 코드 워드에 직접 연산해서 증명하라.

10.5.7 안정자 코드의 표준형

안정자 코드를 표준형$^{standard\ form}$으로 만들면 그 코드에 대한 논리 Z와 X 연산자의 구성을 훨씬 쉽게 이해할 수 있다. 표준형이 무엇인지 알기 위해 $[n, k]$ 안정자 코드 C의 검사행렬이

$$G = [G_1|G_2] \tag{10.108}$$

라 하자. 이 행렬은 $n - k$개의 행을 갖는다. 이 행렬의 행을 서로 교환하는 것은 생성원의 레이블을 다시 매기는 것에 대응하고, 행렬 양쪽의 서로 대응하는 열을 교환하는 것은 큐비트의 레이블을 다시 매기는 것에 대응하며, 2개의 행을 추가하는 것은 생성원들을 곱하는 것에 대응한다. 즉, $i \neq j$일 때 생성원 g_i를 g_ig_j로 항상 대체할 수 있음을 쉽게 알 수있다. 따라서 해당 검사행렬이 행렬 G에 대응하는 다른 생성원 집합을 갖는 동등한 코드가 존재한다. 이때 G_1에서는 가우스 소거법$^{Gaussian\ elimination}$을 수행하고 필요에 따라 큐비트를 교환한다. 즉,

$$\begin{matrix} & \overbrace{}^{r} & \overbrace{}^{n-r} & \overbrace{}^{r} & \overbrace{}^{n-r} & \\ r\{ & \begin{bmatrix} I & A & | & B & C \\ 0 & 0 & | & D & E \end{bmatrix} & & & & \end{matrix} \tag{10.109}$$

가 된다. 여기서 r은 G_1의 계수^{rank}다. 다음으로, 필요에 따라 큐비트를 교환하고 E에서 가우스 소거법을 수행하면

$$\begin{matrix} & \overbrace{}^{r} & \overbrace{}^{n-k-r-s} & \overbrace{}^{k+s} & \overbrace{}^{r} & \overbrace{}^{n-k-r-s} & \overbrace{}^{k+s} \\ r\{ & I & A_1 & A_2 & | & B & C_1 & C_2 \\ n-k-r-s\{ & 0 & 0 & 0 & | & D_1 & I & E_2 \\ s\{ & 0 & 0 & 0 & | & D_2 & 0 & 0 \end{matrix} \tag{10.110}$$

가 된다. $D_2 = 0$이 아니라면 끝 쪽의 s개 생성원은 앞쪽의 r개 생성원과 교환법칙이 성립할 수 없고, 따라서 $s = 0$이라고 가정할 수 있다. 더욱이 행들을 적절히 선형조합하면 $C_1 = 0$으로 설정할 수도 있으므로 검사행렬의 형식은

$$\begin{matrix} & \overbrace{}^{r} & \overbrace{}^{n-k-r} & \overbrace{}^{k} & \overbrace{}^{r} & \overbrace{}^{n-k-r} & \overbrace{}^{k} \\ r\{ & I & A_1 & A_2 & | & B & 0 & C \\ n-k-r\{ & 0 & 0 & 0 & | & D & I & E \end{matrix} \tag{10.111}$$

가 된다. 여기서 E_2는 E로, D_1은 D로 명칭을 바꾸었다. 이 절차가 유일하지 않다는 것을 알아보는 것은 어렵지 않다. 어쨌든 우리는 (10.111) 형식의 검사행렬을 갖는 코드가 표준형에 속한다고 부를 것이다.

양자 코드에 대한 표준형이 주어지면 그 코드에 대해 인코딩된 Z 연산을 정의하기가 쉽다. 즉, k개의 연산자를 선택해야 하는데, 이 연산자는 안정자의 생성원과 독립이면서 서로끼리도 독립이지만, 서로 교환법칙이 성립하고 안정자의 생성원과도 교환법칙이 성립한다. 이러한 k개의 인코딩된 Z 연산자의 검사행렬은 $G_z = [F_1 F_2 F_3 | F_4 F_5 F_6]$ 형식으로 작성한다. 여기서 모든 행렬에는 k개의 행이 있고 각 열의 크기는 r, $n-k-r$, k, r, $n-k-r$, k이다. $G_z = [000 | A_2^T 0 I]$가 되게 이 행렬을 선택한다. 이러한 인코딩된 Z 연산과 안정자의 원소의 교환법칙 성립은 방정식 $I \times (A_2^T)^T + A_2 = 0$에서 나오며, 인코딩된 Z 연산은 Z 연산자들의 곱만 포함하기 때문에 서로 교환법칙이 성립한다는 것은 분명하다. 안정자의 첫 번째 r 생성원에서 인코딩된 Z 연산자의 독립성은 인코딩된 Z 연산자의 정의에 어떠한 X 항도 없다는 사실에서 비롯된다. $n-k-r$ 생성원 집합의 독립성은 그러한 생성원에 대해 검사행렬 속에 나타나는 $(n-k-r) \times (n-k-r)$ 항등행렬에서 비롯되고, 인코딩된 Z 연산자에 대해 검사행렬 속에 어떠한 대응 항도 없다는 점에서도 비롯된다. 비슷한 방식으로 $k \times 2n$ 검사행렬 $[0E^T I | C^T 00]$를 갖는 인코딩된 X 연산자를 선택할 수 있다.

확인문제 10.53: 인코딩된 Z 연산자들이 서로 독립임을 증명하라.

확인문제 10.54: 위와 같이 정의한 인코딩된 X 연산자에 대한 검사행렬을 사용하여 인코딩된 X 연산자들은 서로 독립이고 생성원과도 독립이며, 안정자의 생성원과 교환법칙이 성립하고, X 연산자끼리도 교환법칙이 성립한다는 것을 증명하라. 또한 $\bar{X}_j$는 $\bar{Z}_j$를 제외한 모든 $\bar{Z}_k$와 교환법칙이 성립하고 $\bar{Z}_j$와는 반교환법칙이 성립한다는 것을 증명하라.

예를 들어 스테인 코드의 검사행렬(10.83 식)을 표준형으로 만들어보자. 이 코드에 대해서는 $n=7$과 $k=1$이며, 검사행렬을 조사하면 σ_x 부분의 계수가 $r=3$임을 알 수 있다. 그 행렬은 큐비트 1과 4, 3과 4, 6과 7을 서로 교환하고 6행을 5행과 교환한 후 마지막으로 4행과 5행을 6행에 더하면 표준형으로 만들 수 있다. 그 결과로 나온 표준형은

$$\begin{bmatrix} 1 & 0 & 0 & 0 & 1 & 1 & 1 & 0 & 0 & 0 & 0 & 0 & 0 & 0 \\ 0 & 1 & 0 & 1 & 0 & 1 & 1 & 0 & 0 & 0 & 0 & 0 & 0 & 0 \\ 0 & 0 & 1 & 1 & 1 & 1 & 0 & 0 & 0 & 0 & 0 & 0 & 0 & 0 \\ 0 & 0 & 0 & 0 & 0 & 0 & 0 & 1 & 0 & 1 & 1 & 0 & 0 & 1 \\ 0 & 0 & 0 & 0 & 0 & 0 & 0 & 0 & 1 & 1 & 0 & 1 & 0 & 1 \\ 0 & 0 & 0 & 0 & 0 & 0 & 0 & 1 & 1 & 1 & 0 & 0 & 1 & 0 \end{bmatrix} \qquad (10.112)$$

이 된다. $A_2 = (1, 1, 0)$이면 인코딩된 Z는 검사행렬 $[0000000|1100001]$을 가지며, 이는 $\bar{Z} = Z_1 Z_2 Z_7$에 대응한다. 큐비트 1과 4, 3과 4, 6과 7이 교환됐다는 것을 상기하면, 이것은 원래 코드에서 $\bar{Z} = Z_2 Z_4 Z_6$의 인코딩된 Z에 대응한다. 이는 인코딩된 Z가 $\bar{Z} = Z_1 Z_2 Z_3 Z_4 Z_5 Z_6 Z_7$인 (10.107) 식을 고려할 때 다소 수수께끼처럼 보일 수 있다. 하지만 2개의 '다른' 인코딩된 Z 연산자들은 스테인 코드의 안정자 원소인 $Z_1 Z_3 Z_5 Z_7$ 계수만큼만 다르고, 따라서 둘 모두가 스테인 코드 상태에 동일한 영향을 미친다는 점에 주목하면 이 수수께끼는 해결된다.

확인문제 10.55: 스테인 코드의 표준형에 대한 $\bar{X}$ 연산자를 구하라.

확인문제 10.56: 인코딩된 X 또는 Z 연산자에 g를 곱하는 것으로 이들 연산자를 대신해도 코드에서 연산자의 작용이 변하지 않음을 보여라. 여기서 g는 안정자의 원소다.

확인문제 10.57: 5와 9큐비트 코드에 대한 검사행렬을 표준형으로 구하라.

10.5.8 인코딩, 디코딩, 정정을 위한 양자회로

안정자 코드의 특징 중 하나는 해당 구조가 인코딩, 디코딩, 오류정정 절차를 체계적으로 구성할 수 있다는 것이다. 우리는 일반적인 방법을 먼저 기술한 다음, 명시적인 회로 구성을 예로 제시할 것이다. 일반적인 경우로 시작하자. 즉, 생성원 $g_1,...,g_{n-k}$와 논리 Z 연산자 $\bar{Z}_1,...,\bar{Z}_k$를 갖는 $[n, k]$ 안정자 코드의 경우다.

인코딩된 $|0\rangle^{\otimes n}$ 상태는 양자계산을 시작하기 위한 표준상태인데, 이 상태를 준비하는 것은 아주 간단하다. 이를 위해 쉽게 준비된 상태(말하자면 $|0\rangle^{\otimes n}$ 상태)로 시작하여 각각의 관측가능량 $g_1,...,g_{n-k}$, $\bar{Z}_1,...,\bar{Z}_k$를 차례로 측정할 수 있다. 측정 결과에 따라 결과로 나온 양자상태는 안정자 $\langle \pm g_1,...,\pm g_{n-k}, \pm\bar{Z}_1,...,\bar{Z}_k \rangle$를 가질 것인데, 이때 여러 부호는 각 측정 결과에 의해 결정된다. 그리고 나서 명제 10.4의 증명에서 기술한 대로 파울리 연산자들의 곱을 적용함으로써 모든 안정자 생성원과 $\bar{Z}_j$의 부호를 고정시켜 안정자

$\langle g_1,...,g_{n-k}, \bar{Z}_1,...,\bar{Z}_k \rangle$를 갖는 상태, 즉 인코딩된 $|0\rangle^{\otimes n}$가 나오게 한다. 이 상태가 준비되면 $\bar{X}_1,...,\bar{X}_k$ 집합의 적절한 연산자를 적용하여 임의의 인코딩된 계산기저상태 $|x_1,...,x_k\rangle$로 변환시킬 수 있다. 물론 이러한 인코딩 방식은 유니타리가 아니라는 단점이 있다. 완전한 유니타리 인코딩을 얻으려면 검사행렬의 표준형에 바탕을 둔 다른 접근법을 사용하면 된다. 이 접근법은 문제 10.3에서 간략히 다루었다. 또한 알려지지 않은 상태를 인코딩하려는 경우, 문제 10.4에 기술했듯이 인코딩된 $|0\rangle^{\otimes n}$ 상태에서 시작하여 체계적으로 수행할 수도 있다. 우리의 목적상 인코딩된 $|0\rangle^{\otimes n}$ 상태를 준비하는 것으로 충분하다.

양자 코드를 디코딩하는 것도 아주 간단하지만, 여러 목적상 완전한 디코딩을 할 필요가 없는 이유도 알아둘 만하다. 결함허용$^{\text{fault-tolerant}}$ 양자계산 기술을 사용하면 데이터를 디코딩할 필요 없이 인코딩된 데이터에 직접 논리 연산을 수행할 수 있다는 것이 밝혀졌다. 게다가 이러한 방식으로 수행된 계산의 출력은 계산기저로 디코딩하고 측정할 필요 없이 논리 Z 연산자를 측정하는 것만으로 바로 결정할 수 있다. 따라서 인코딩된 양자정보를 보존하는 완전한 유니타리 디코딩을 수행하는 것은 우리 목적상 그렇게 중요하지 않다. 만약 어떤 이유(이를 테면 노이즈가 있는 통신 채널로 정보를 전송하기 위해 양자 오류정정 코드를 사용할 경우)로 그러한 디코딩 절차가 요구된다면, 문제 10.3에서 구한 유니타리 인코딩 회로를 거꾸로 실행하면 된다.

안정자 코드의 오류정정 절차에 대해서는 이미 10.5.5절에 기술한 적 있으며 인코딩 절차와 아주 비슷하다. 즉, 각 생성원 $g_1,...,g_{n-k}$를 차례로 측정하여 오류 증후군 $\beta_1,...,\beta_{n-k}$을 얻는다. 그러고 나서 고전계산을 사용하여 β_j로부터 필요한 복구연산 $E_j^{\dagger}$를 결정한다.

위의 각 설명에서 인코딩, 디코딩, 오류정정 회로를 만들기 위한 핵심은 연산자를 어떻게 측정하는지 이해하는 것이다. 이것은 우리가 널리 사용한 보통의 사영 측정에 대한 일반화인데, 이 측정에서 목표는 연산자의 고유상태 속으로 상태를 사영시키고 사영된 상태와 고윳값의 지표^{indicator}를 얻는 것이란 점을 상기하자. 이것으로 5장의 위상 추정 알고리듬이 기억난다면 우연의 일치가 아니다! 제어형 M 연산을 수행하는 게이트가 주어진다면, 5장과 확인문제 4.34를 가지고 그림 10.13에 나타난 회로를 사용하여 단일 큐비트 연산자 M(고윳값은 ± 1)을 측정할 수 있다. 이 회로의 유용한 두 버전(X와 Z를 측정)이 그림 10.14와 10.15에 나와 있다.

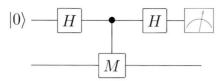

그림 10.13 고윳값 ±1의 단일 큐비트 연산자 M을 측정하기 위한 양자회로. 위쪽 큐비트는 측정에 사용되는 보조물이고 아래쪽 큐비트가 측정될 대상이다.

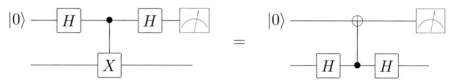

그림 10.14 X 연산자를 측정하기 위한 양자회로. 2개의 등가 회로가 나타나 있다. 왼쪽 회로는 보통 구성이고(그림 10.13의 회로와 같음) 오른쪽 회로는 유용한 등가 회로다.

그림 10.15 Z 연산자를 측정하기 위한 양자회로. 2개의 등가 회로가 나타나 있다. 왼쪽 회로는 보통 구성이고(그림 10.13의 회로와 같음) 오른쪽 회로는 유용한 단순 회로다.

물론 M이 단일 큐비트 연산자라는 사실에 관해서는 특별한 점이 없다. 즉, 그림 10.13의 회로는 두 번째 큐비트를 큐비트 번들로 바꾸는 경우에도 동일하게 작동하고 M은 고윳값 ±1인 임의의 에르미트 연산자다. 이러한 연산자에 포함되는 것들이 있는데, 예를 들면 안정자 코드에 대해 인코딩, 디코딩, 오류정정 절차 동안에 측정해야 하는 파울리 연산자의 곱이 포함된다.

구체적인 예로 7큐비트 스테인 코드에 대한 증후군 측정 및 인코딩 절차를 고려하자. 이 코드에 대한 검사행렬의 표준형인 (10.112)로 시작하는 게 좋은데, 그 이유는 이 행렬로부터 바로 측정해야 하는 생성원을 즉시 읽어낼 수 있기 때문이다. 특히 왼쪽 블록은 X 생성원에 대응하고 오른쪽 블록은 Z 생성원에 대응한다는 점을 상기하면 그림 10.16에 나타낸 양자회로가 바로 나온다. 그 행렬에서 0과 1의 위치가 왼쪽 절반에 있는 게이트의 대상(X 측정) 위치와 오른쪽 절반에 있는 게이트의 대상(Z 측정) 위치에 어떻게 대응하는지를 주목한다. 이 회로를 사용하면 오류정정을 수행할 수 있는데, 오류를 정정할 코드 큐비트에 대해 파울리 연산자의 곱을 통한 측정 결과를 따르면 된다. 또는 앞서 기술한 바와

같이 $\bar{Z}$의 추가 측정을 더하고 안정자의 생성원에 대한 부호를 고정함으로써 인코딩된 논리 상태 $|0_L\rangle$를 준비하는 데 이 회로를 사용할 수 있다.

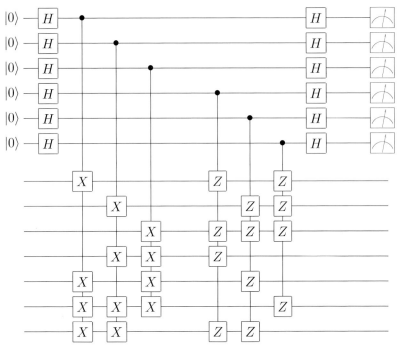

그림 10.16 스테인 코드의 생성원을 측정해서 오류 증후군을 얻기 위한 양자회로. 위쪽 6개 큐비트는 측정에 사용되는 보조물이고 아래쪽 7개는 코드 큐비트다.

확인문제 10.58: 그림 10.13부터 10.15까지의 회로가 설명한 대로 작동하는지 증명하고, 제시한 등가 회로도 검사하라.

확인문제 10.59: 그림 10.14와 10.15가 같다는 점을 사용하여 그림 10.16의 증후군 회로가 그림 10.17의 회로로 대체될 수 있음을 보여라.

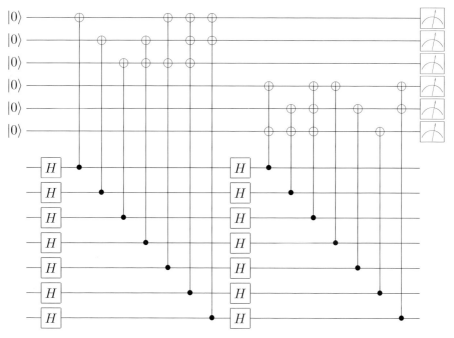

그림 10.17 그림 10.16의 회로와 동등한 양자회로

확인문제 10.60: 9와 5큐비트 코드에 대한 증후군 측정 회로를 그림 10.16과 비슷하게 구성하라.

확인문제 10.61: 그림 10.16의 회로를 사용하여 측정할 수 있는 다른 가능한 오류 증후군이 있을 때 이 증후군에 대응하는 명시적 복구연산 $E_j^\dagger$을 기술하라.

10.6 결함허용 양자계산

양자 오류정정을 가장 강력하게 적용하는 것 중 하나는 양자정보를 저장하거나 전송할 때 보호하는 것뿐만 아니라, 양자정보를 동적으로 계산할 때 양자정보를 보호하는 것이다. 놀랍게도 게이트당 오류확률이 특정 상수 임계값 미만인 경우, 결함이 있는 논리 게이트에서도 임의의 양자계산을 괜찮게 달성할 수 있음이 밝혀졌다. 이후의 몇 개 절에서는 이 놀라운 결과를 달성하는 데 사용되는 결함허용 양자계산 기술을 설명한다. 먼저 10.6.1절에서 전체적인 윤곽을 잡아본 후, 10.6.2와 10.6.3절에서 결함허용 양자계산의 다양한 요소를 자세히 검토하고, 10.6.4절에서 결함허용 구성의 한계와 가능한 확장들을 논하는 것으로 마무리한다. 결함허용 양자계산에는 미묘한 점이 많이 존재하며 이에 대해 엄밀히 논하는 것은 이 책의 범위를 벗어난다. 관심 있는 독자는 10장의 끝에 있는 '역사와 추가자료' 절을 참조하기 바란다.

10.6.1 결함허용: 전체 윤곽

결함허용 양자계산 이론에는 임계 조건에 대한 여러 가지 아이디어가 통합돼 있다. 이제 이러한 각 아이디어를 차례로 설명할 것이다. 인코딩된 데이터에 대한 계산 개념으로 시작해 오류 전파 및 오류 누적의 근본적 문제로 인해 인코딩된 데이터에 대한 계산 회로가 특정 결함허용 기준을 어떻게 충족시켜야 하는지 알아볼 것이다. 그리고 나서 양자회로에 대한 기본 노이즈 모델을 도입하는데, 이 모델을 사용하면 결함허용 작동 개념을 좀 더 정확하게 정의할 수 있다. 결함허용 연산의 특정 예(결함허용 제어형 NOT)를 통해 오류의 전파 및 축적을 방지하는 데 이 연산을 어떻게 사용하는지 설명한다. 양자계산을 위한 임계값 정리를 얻고 임계값에 대한 간단한 추정치를 제시하기 위해서는 결함허용 연산을 어떻게 연접^{concatenation}이라는 절차와 결합하는지 설명하는 것으로 마무리한다.

근본적 문제

결함허용 양자계산의 기본 아이디어는 디코딩이 필요하지 않게 만들어 인코딩된 양자상태에서 바로 계산하는 것이다. 그림 10.18과 같은 간단한 양자회로가 있다고 하자. 안타깝게도 이 회로를 만드는 데 사용하는 각 요소(상태 준비 절차, 양자 논리 게이트, 출력 측정, 심지어 양자 도선$^{\text{quantum wire}}$을 통한 양자정보의 간단한 전송)에 노이즈가 영향을 미친다고 한다. 이 노이즈의 영향을 방지하기 위해 원래 회로의 각 큐비트를 인코딩한 큐비트 블록으로 대신한다. 이때 7큐비트 스테인 코드와 같은 오류정정 코드를 사용하고, 원래 회로의 각 게이트는 인코딩된 게이트(인코딩된 상태에 작용함)를 수행하기 위한 **프로시저**^{procedure}로 대신하는데 이는 그림 10.19에 나타나 있다. 인코딩된 상태에서 주기적으로 오류정정을 수행하여 그 상태에서 오류가 누적되는 것을 방지한다. 물론 오류정정을 주기적으로 수행하는 것만으로는 오류 형성을 방지하기에 충분치 않다. 비록 인코딩된 모든 게이트 뒤에 오류정정을 적용하더라도 말이다. 그 이유는 두 가지다. 첫째이자 가장 중요한 것은 인코딩된 게이트가 오류를 전파할 수 있다는 것이다. 예를 들어 그림 10.20에 나타난 인코딩된 제어형 NOT는 인코딩된 제어 큐비트에 오류를 일으켜 인코딩된 대상 큐비트로 전파시킬 수 있다. 따라서 인코딩된 제어 큐비트를 형성하는 큐비트에서의 오류가 전파되어 인코딩된 대상 큐비트에서의 오류가 될 수 있다. 그러므로 인코딩된 게이트를 수행하기 위한 프로시저 중에서 어느 곳에서나 인코딩된 데이터의 각 블록 속에 있는 적은 수의 큐비트로만 실패가 전파될 수 있도록 인코딩된 게이트를 아주 신중하게 설계해야 한다. 그러면 오류정정을 통해 오류를 효과적으로 제거할 수 있다. 인코딩된 게이트를 수행하기 위한 프로시저를 결함허용 프로시저fault-tolerant procedure라 하는데, 결함허용 프로시저를 사용해도 논리 연산의 보편적 집합(아다마르, 위상, 제어형 NOT, $\pi/8$ 게이트)을 수행할 수 있음을 증명할 것이다. 처리해야 할 두 번째 문제는 오류정정 자체가 인코딩된 큐비트에 오류를 일으킬 수 있으므로 인코딩된 데이터에 너무 많은 오류가 발생하지 않게 오류정정 프로시저를 신중하게 설계해야 한다는 것이다. 그러려면 인코딩된 게이트가 오류를 전파하지 않게 하는 것과 비슷한 기술을 사용하고, 인코딩된 데이터에 너무 많은 오류가 쌓여 오류정정 프로시저 안에서 실패가 전파되지 않도록 주의하면 된다.

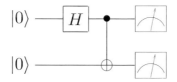

그림 10.18 간단한 양자회로. 회로의 각 구성요소가 p 확률로 실패하면 출력에서의 오류확률은 $O(p)$이 된다.

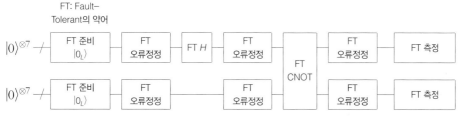

그림 10.19 인코딩된 큐비트와 인코딩된 논리 연산을 사용하는 그림 10.18의 회로 시뮬레이션. 결함허용 프로시저를 사용하여 모든 연산을 수행하면 출력에서의 오류확률은 $O(p^2)$이다. 여기서 p는 회로의 개별 구성요소가 실패할 확률이다. 흥미로운 특징은 두 번째 큐비트에서 수행된 두 번째 오류정정 단계다. 이 단계에서 오류를 정정한 '연산'은 괜한 것으로 보인다. 즉, 그 사이에 큐비트에는 아무런 변화가 없으니까 말이다! 그럼에도 일정 시간 동안 큐비트들을 저장한 것만으로도 큐비트에 오류가 끼어듦으로 오류가 누적되지 않도록 주기적으로 오류를 정정해줘야 한다.

그림 10.20 제어형 NOT 게이트에서는 하나의 오류가 전파되면 하나가 아닌 2개의 큐비트가 영향받을 수 있다. 이 점은 인코딩된 큐비트가 사용될 때도 해당되며, 본문에서 언급한 바와 같이 인코딩된 제어형 NOT가 구현될 때도 마찬가지다.

결함허용 연산: 정의

인코딩된 양자 게이트를 구현하는 특정 프로시저가 결함허용한다[fault-tolerant]라는 말은 무슨 뜻인지 좀 더 정확히 알아보자. 어떤 프로시저의 결함허용성[fault-tolerance]이란 그 프로시저에서 구성요소 하나만 실패하더라도 그 프로시저에서 출력된 큐비트들의 각 인코딩된 블록에서 하나 이하의 오류가 발생하는 특성으로 정의한다. 예를 들면 양자 오류정정에 대한 결함허용 복구 프로시저 내의 단일 구성요소가 실패하더라도 출력으로 나온 단일 큐비트의 오류에 대해 그 복구 프로시저는 문제없이 수행하는 것이다. '구성요소[component]'란 인코딩된 게이트에서 사용되는 기초 연산 중 아무것을 의미하는데, 여기에는 노이즈가 있는 게이트, 노이즈가 있는 측정, 노이즈가 있는 양자 도선, 노이즈가 있는 상태 준비가 포함될 수 있다. 문헌 속에서는 때때로 결함허용 계산 이론에서 발생하는 미묘한 문제에 대처하기 위해 양자 게이트에 대한 결함허용 프로시저의 이러한 정의를 일반화시켜 언급하지만, 우리의 세부 수준에서는 이 정의로 충분하다.

물론 인코딩된 양자 게이트들만이 양자계산 중에 수행하는 것은 아니다. 결함허용 측정 프로시저의 개념과 결함허용 상태 준비를 정의하는 것도 유용하다. 인코딩된 큐비트 집합에서의 관측가능량을 측정하기 위한 프로시저에서 어떠한 구성요소 하나가 실패하더라도 그 프로시저에서 출력된 큐비트들의 각 인코딩된 블록에서 하나 이하의 큐비트에 오류가 있다면 그 프로시저는 결함허용한다고 말한다. 게다가 구성요소 하나만 실패할 때 보고된 측정 결과는 $O(p^2)$의 오류확률을 가져야 한다. 여기서 p는 측정 프로시저를 구현하는 구성요소들 중 하나에서 발생할 오류의 최대 확률이다. 고정된 인코딩된 상태를 준비하기 위한 프로시저 중에 단일 구성요소가 실패한 경우, 그 프로시저로부터 출력된 큐비트들의 각 인코딩된 블록 속에 최대 단일 큐비트 오류가 있다면 그 프로시저는 결함허용한다고 말한다.

이러한 결함허용 개념을 좀 더 정확하게 하려면 오류 모델에 대해 좀 더 구체적이어야 한다. 분석에서 해야 할 주요 단순화 중 하나는 큐비트의 오류를 I, X, Y, Z의 4개 유형 중 하나로 기술하는 것인데, 이들 유형은 적절한 확률로 발생한다. 우리는 제어형 NOT와 같은 게이트를 수행할 때 두 큐비트에서 발생하는 오류가 서로 관련돼 있다고 했지만, 또다시 이들 큐비트는 어떤 확률로 발생하는 파울리 행렬들의 텐서곱 형식으로 된다고 가정할 것이다. 이렇게 확률론적 분석을 가능하게 만들면 고전 확률 이론의 친숙한 개념을 사용해 회로의 출력이 정확한지 전체 확률로 결정할 수 있다. 결함허용의 좀 더 정교한 표현에 있어서는('역사와 추가자료' 절 참조) 훨씬 일반적인 오류 모델을 고려할 수 있다. 예를 들면 여러 큐비트에 걸쳐 임의 유형의 오류들이 서로 관련돼 있는 것이다. 그렇지만 좀 더 정교한 분석에 사용된 기술이라고 해도 어차피 우리가 서술한 기술을 일반화시킨 것이며, 여기에는 오류의 연속체를 오류정정할 때 오류의 이산집합$^{\text{discrete set}}$을 정정하는 것으로 충분하다는, 10장의 앞부분에서 얻은 깊은 통찰력도 들어간다.

노이즈 모델을 사용하면 회로를 통해 오류가 '전파된다'고 말할 때 의미하는 바를 좀 더 정확하게 파악할 수 있다. 예를 들어 그림 10.20의 CNOT 게이트를 다시 보자. CNOT가 적용되기 직전에 첫 번째 큐비트에서 X 오류가 발생한다고 생각해보라. CNOT 게이트에 대한 유니타리 연산자를 U로 표기한다면 이 회로의 실제 동작은 $UX_1 = UX_1 U^\dagger U = X_1 X_2 U$가 된다. 즉, 제어형 NOT가 올바로 적용된 것처럼 보이지만 CNOT 이후에는 두 큐비트 모두에서 X 오류가 발생했다. 10장의 나머지 부분에서는 게이트를 통과하는 오류를 켤레화시키는 이 기법을 반복해서 사용하여 오류가 회로를 통해 어떻게 전파되는지 연구할 것이다. 오류 전파의 좀 더 어려운 예는 CNOT 게이트 자체가 실패한다고 가정하는 것이다. 그러면 어떻게 될까? 노이즈가 있는 CNOT 게이트가 양자연산 $\mathcal{E}$를 구현한다고 하자. 그러면 이 연산은 $\mathcal{E} = \mathcal{E} \circ \mathcal{U}^{-1} \circ \mathcal{U}$로 다시 표현할 수 있다. 여기서 $\mathcal{U}$는 완벽한 CNOT 게이트를 구현하는 양자연산이다. 따라서 노이즈가 있는 CNOT 게이트는 완벽한 CNOT를 적용한 후 $\mathcal{E} \circ \mathcal{U}^{-1}$ 연산을 수행하는 것과 같다. 노이즈가 있는 CNOT가 그런대로 쓸 만하면 $\mathcal{E} \circ \mathcal{U}^{-1}$는 근사적으로 항등연산자와 동일하며, 어떤 작은 확률 p로 두 큐비트에서 발생하는 $X \otimes Z$와 같은 텐서곱의 일반적 오류 모델로 이해할 수 있다.

이후의 몇 개 절에서는 우리가 설명한 결함허용 연산의 각 클래스(게이트의 보편적 집합을 갖는 결함허용 양자 논리, 결함허용 측정, 결함허용 상태 준비)를 수행하기 위한 프로시저를 자세히 설명할 것이다. 우리가 기술하는 실제 구성은 스테인 코드를 위한 것이지만, 좀 더 일반적인 안정자 코드 쪽으로 아주 쉽게 일반화된다. 하지만 현재로서는 이들 프로시저 모두를 마음대로 사용할 수 있다고 생각하자. 그렇다면 양자계산을 수행하기 위해 그것들을 어떻게 조합하면 될까?

예: 결함허용 제어형 NOT

그림 10.21에 설명한 바와 같이 결함허용 제어형 NOT 게이트를 구현하는 프로시저와 결함허용 오류정정 단계를 살펴보자. 이 회로에 대한 분석은 4개 스텝^{step}으로 진행한다.

스텝 1은 회로의 진입점이고, 스텝 2는 인코딩된 CNOT가 수행된 후, 스텝 3는 증후군 측정 후, 스텝 4는 복구연산이 적용된 후이다. 우리의 목표는 이 회로의 첫 번째 인코딩된 블록에서 2개 이상의 오류를 일으킬 확률이 $O(p^2)$로 된다는 것을 보이는 것이다. 여기서 p는 이 회로에서 개별 구성요소들에 대한 실패 확률이다. 첫 번째 큐비트 블록에서 2개 이상의 오류가 존재하면 이 블록의 (가설적으로) 완벽한 디코딩이 실패하기 때문에, 완벽하게 디코딩된 상태에 오류가 있을 확률은 이 회로의 작용 후가 이전보다 최대 $O(p^2)$만큼 더 크다.

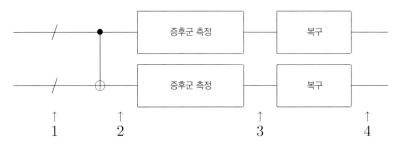

그림 10.21 결함허용 프로시저 구성의 블록 다이어그램. 오류정정이 포함돼 있다.

이 프로시저가 $O(p^2)$ 확률로 첫 번째 인코딩된 블록에 2개의 오류를 일으킨다는 것을 보이기 위해, 다음과 같이 이 회로가 출력의 첫 번째 인코딩된 큐비트 블록에 2개 이상의 오류를 일으킬 수 있는 모든 가능한 길을 알아보자.

1. 스텝 1에서는 회로에 들어갈 각각의 인코딩된 큐비트 블록에는 단일 기존 오류 single pre-existing error가 존재한다. 이로 인해 첫 번째 블록으로부터 나온 출력에는 2개의 오류가 있을 수 있는데, 예를 들면 두 번째 블록의 오류가 인코딩된 CNOT 회로를 통해 전파되어 첫 번째 큐비트 블록에 오류를 일으킬 수 있기 때문이다. 이 단계stage까지 연산자가 결함허용했다고 하면 첫 번째 블록에 들어갈 그러한 오류의 확률은 어떤 상수 c_0에 대해 최대 $c_0 p$라고 주장할 수 있다. 그 이유는 그러한 오류가 양자회로의 이전 단계에 있었던 증후군 측정 또는 복구 단계 중 하나에서 발생했어야 하기 때문이다. c_0는 회로의 이전 단계에 있었던 증후군 측정 또는 복구 중에 오류가 발생할 수 있는 총 위치 수다. 단순하게 하기 위해 스텝 1에서 두 번째 블록에 들어가는 단일 기존 오류에 대한 확률도 $c_0 p$이고 이 두 오류가 독립적으로 발생한다고 가정하면 이 사건의 확률은 최대 $c_0^2 p^2$가 된다. 다음에 설명하는 스테인 코드 구성의 경우, 6개의 개별적인 증후군 측정에서 c_0에 대한 기여가 존재한다. 각 증후군 측정에는 실패가 발생할 위치가 대략

10^1개 포함되며, 7개의 구성요소를 포함하는 복구연산도 함께 들어가므로 전체적으로 약 $c_0 \approx 70$이 된다.

2. 스텝 1에서 단일 기존 오류가 첫 번째 또는 두 번째 큐비트 블록 중 하나에 들어가고, 결함허용 제어형 NOT 수행 중에 단일 오류가 발생한다. 이것의 확률은 $c_1 p^2$인데, 여기서 c_1은 실패가 발생할 수 있는 위치 쌍$^{pair\ of\ point}$의 개수로 정의된 상수다. 아래에 설명한 스테인 코드 구성의 경우, 앞서 주장하기를 회로에 오류를 발생시켜 실패가 발생할 대략 70개의 위치 곱하기 2개 블록으로 총 140개 위치가 존재한다고 했었다. 회로 작동 중에 실패가 발생할 수 있는 위치는 7개가 더 있는데, 따라서 한 쌍의 실패가 발생할 수 있는 위치는 총 $c_1 \approx 7 \times 140 \approx 10^3$개가 된다.

3. 결함허용 CNOT 수행 중에 2개의 실패가 발생한다. 이는 최대 $c_2 p^2$ 확률로 발생하는데, 여기서 c_2는 실패가 발생할 수 있는 위치 쌍의 개수다. 스테인 코드의 경우 $c_2 \approx 10^2$이다.

4. CNOT와 증후군 측정 중에 실패 하나가 발생한다. 출력에서 둘 이상의 오류가 발생할 수 있는 유일한 길은 증후군 측정에서 잘못된 결과가 나오는 경우인데, 이는 어떤 상수 c_3에 대해 $c_3 p^2$ 확률로 발생한다(스테인 코드의 경우 $c_3 \approx 10^2$). 관심을 가질 만한 것처럼 보이지만 실제로는 중요하지 않은 또 다른 경우는 증후군 측정에서 올바른 결과가 나올 경우다. 이 경우는 CNOT에 의해 발생한 오류가 복구에 의해 올바르게 진단되고 정정되며, 출력에서 단일 오류만 남는데 이는 증후군 측정 중에 끼어든 오류다.

5. 증후군 측정 중에 둘 이상의 실패가 발생한다. 이는 최대 $c_4 p^2$ 확률로 발생하는데, 여기서 c_4는 실패가 발생할 수 있는 위치 쌍의 개수다. 스테인 코드의 경우 $c_4 \approx 70^2 \approx 5 \times 10^3$이다.

6. 증후군 측정 중에 실패 하나, 복구 중에 실패 하나가 발생한다. 이는 최대 $c_5 p^2$ 확률로 발생하는데, 여기서 c_5는 실패가 발생할 수 있는 위치 쌍의 개수다. 스테인 코드의 경우 $c_5 \approx 70 \times 7 \approx 500$이다.

7. 복구 중에 둘 이상의 실패가 발생한다. 이는 최대 $c_6 p^2$ 확률로 발생하는데, 여기서 c_6는 실패가 발생할 수 있는 위치 쌍의 개수다. 스테인 코드의 경우 $c_6 \approx 7^2 \approx 50$이다.

따라서 이 회로에서 큐비트의 인코딩된 첫 번째 블록에 2개 이상의 오류가 발생할 확률은 어떤 상수 $c = c_0^2 + c_1 + c_2 + c_3 + c_4 + c_5 + c_6$에 대해 최대 cp^2이며, 스테인 코드의 경우 c는 대략 10^4과 같다. 회로의 끝에서 완벽한 디코딩이 수행된다면, 오류확률은 최대 cp^2이 될 것이다. 이것은 정말 놀라운 결과이다. 즉, 개별 구성요소가 p 확률로 실패할 수 있지만 인코딩된 프로시저는 $1 - cp^2$ 확률로 성공하는 특성을 갖는 CNOT에 대한 구현을 가까스로 구현했다. 따라서 p가 충분히 작으면, 즉 이 예에서는 $p < 10^{-4}$이라면 인코딩된 프로시저를 사용하여 얻을 수 있는 순이득[net gain]이 존재하게 된다! 양자계산 동안에 수행하고자 하는 다른 모든 연산에 대해 비슷한 결론을 낼 수 있으므로, 연산 중 어느 것이라도 결함허용적으로 수행하면 어떤 상수 c에 대해 연산 실패 가능성을 p에서 cp^2으로 줄일 수 있다. CNOT에 대해 c를 추정했지만 다른 결함허용 연산에 대한 추정도 크게 다르지 않으므로 우리의 수치 추정에서는 계속해서 $c \approx 10^4$를 사용할 것이다.

연접코드와 임계값 정리

연접코드[concatenated code]를 기반으로 한 아름다운 구성이 존재하는데, 이러한 연접코드를 사용하면 계산할 때 나오는 유효 오류율을 더욱 줄일 수 있다! 그 아이디어란 인코딩된 회로를 사용하여 회로를 시뮬레이션하기 위한, 위에서 기술했던 체계를 재귀적으로 적용해서 양자회로 C_0(시뮬레이션할 원본 회로), C_1, C_2...을 계층구조로 만드는 것이다. 그림 10.22에 나타낸 바와 같이 이 구성의 첫 번째 단계[stage]에서는 원본 회로의 각 큐비트가 한 양자 코드로 인코딩되고 그 코드에서 나온 큐비트가 또 그 양자 코드로 인코딩되며 계속 그렇게 해서 무한대로 인코딩된다. 이 구성의 두 번째 단계에서는 아다마르 게이트와 같이 원본 회로 C_0에서 어떠한 주어진 게이트가 인코딩된 아다마르 게이트 및 오류정정을 구현하는 결함허용 프로시저에 의한 회로 C_1로 대체된다. 그리고 나서 C_1 회로에서 사용된 각각의 구성요소는 해당 구성요소의 인코딩된 버전 및 오류정정을 구현하는 결함허용 프로시저에 의한 C_2 회로로 대체된다. 그리고 이런 식으로 무한히 계속한다. 설명했던 바와 같이 두 레벨을 연접[concatenation]한다고 하자. 코드의 최하위 레벨에 있는 구성요소의 실패 확률(실제 물리적 큐비트)이 p이면 중간 레벨(1레벨 인코딩)의 실패 확률은 최대 cp^2이고 최상위 레벨(2레벨 인코딩)에서는, 즉 계산이 올바른 출력을 생성한다면 회로가 올바르게 작동해야 하는 레벨에서는 $c(cp^2)^2$이다. 따라서 k번 연접하면 최상위 레벨의 프로시저에 대한 실패 확률은 $(cp)^{2^k}/c$인 반면, 시뮬레이션 회로의 크기는 원본 회로 크기의 d^k배가 된다. 여기서 d는 인코딩된 게이트 및 오류정정을 수행하기 위해 결함허용 프로시저에 사용되는 최대 연산 수를 나타내는 상수다.

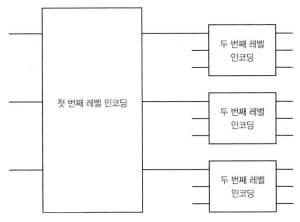

그림 10.22 단일 큐비트를 9큐비트로 인코딩하는 두 레벨 연접코드. 그림을 단순하게 하기 위해 3큐비트 코드를 사용했다. 실제로는 하나 이상의 큐비트에 있는 임의의 오류를 정정할 수 있는 스테인 코드와 같은 코드가 사용될 것이다.

$p(n)$개의 게이트를 포함하는 회로를 시뮬레이션하고 싶다고 하자. 여기서 n은 어떤 문제의 크기이고 $p(n)$은 n에 대한 다항함수다. 예를 들면 이 회로는 양자 인수분해 알고리듬을 위한 회로일 수 있다. 우리는 이 알고리듬의 시뮬레이션에서 ϵ의 최종 정확도를 달성하려 한다고 하자. 이를 위해서는 알고리듬의 각 게이트 시뮬레이션이 $\epsilon/p(n)$에 이르기까지 정확해야 하므로

$$\frac{(cp)^{2^k}}{c} \leq \frac{\epsilon}{p(n)} \tag{10.113}$$

가 되는 k만큼 많은 수로 연접해야 한다. $p < p_{\text{th}} \equiv 1/c$이라면 그러한 k를 구할 수 있다. 이 조건($p < p_{\text{th}}$)은 양자계산을 위한 임계 조건$^{\text{threshold condition}}$이라고 부르는데, 그 이유는 이 조건을 만족시키면 양자계산에서 임의의 정확도를 달성할 수 있기 때문이다. 이 수준의 정확도를 달성하려면 얼마나 큰 시뮬레이션 회로가 필요할까? (10.113)을 만족시키는 가장 작은 k를 선택해서 (10.113)의 부등식이 포화되는[2] 것에 가깝게 하고 (10.113)를 재정렬하면

$$d^k \approx \left(\frac{\log(p(n)/c\epsilon)}{\log(1/pc)} \right)^{\log d} = O\left(\text{poly}(\log p(n)/\epsilon) \right) \tag{10.114}$$

---

2   포화의 의미는 654페이지의 확인문제 10.50을 참고한다. - 옮긴이

가 된다. 여기서 poly는 고정된 차수의 다항식을 나타내고, 따라서 시뮬레이션 회로에는

$$O(\text{poly}(\log p(n)/\epsilon)p(n)) \tag{10.115}$$

개의 게이트가 포함되는데, 이 값은 원본 회로의 크기에 비해 폴리로그^{polylogarithm} 함수적으로만 커진다. 요약하면, 다음과 같이 양자계산을 위한 임계값 정리로 말할 수 있다.

양자계산을 위한 임계값 정리: $p(n)$개의 게이트를 포함하는 양자회로는 최대 p 확률로 구성요소가 실패하는 하드웨어에서

$$O(\text{poly}(\log p(n)/\epsilon)p(n)) \tag{10.116}$$

개의 게이트들을 사용하면 최대 ϵ 오류확률로 시뮬레이션할 수 있다. 이때 p는 어떤 상수 임계값보다 작은데, 즉 $p < p_{\text{th}}$이고 바탕이 되는 하드웨어에서는 노이즈에 관해 합당한 가정이 주어진 경우로 한다.

p_{th}의 값은 얼마일까? 스테인 코드의 경우를 따져보니 $c \approx 10^4$이므로 아주 대략적인 추정치는 $p_{\text{th}} \approx 10^{-4}$이다. 우리의 추정치가 정밀한 것과는 (아주) 거리가 멀지만, 임계값에 대해 훨씬 더 정교한 계산에서는 일반적으로 10^{-5}부터 10^{-6}까지 범위의 값이 나온다. 임계값의 정확한 값은 계산 능력에 대한 가정에 따라 크게 달라진다! 예를 들어 병렬 연산이 가능하지 않으면 회로에 오류가 너무 빨리 누적되어 오류정정을 처리할 수 없기 때문에 임계값 조건을 달성할 수 없다. 측정된 증후군을 처리하고 오류를 정정하기 위해 어떤 양자 게이트를 적용할지 결정하려면 양자연산 외에 고전계산도 필요하다. 임계값 추정치의 제한사항에 대해서는 10.6.4절에서 논의한다.

확인문제 10.62: 안정자의 생성원을 명시적으로 구성함으로써 $[n_1, 1]$ 안정자 코드와 $[n_2, 1]$ 안정자 코드를 연접하면 $[n_1 n_2, 1]$ 안정자 코드가 나온다는 것을 보여라.

10.6.2 결함허용 양자 논리

결함허용 양자회로의 구성에서 핵심 기술은 인코딩된 상태에서 논리를 수행하는 결함허용 연산$^{\text{fault-tolerant operation}}$을 구성하는 방법이다. 4장의 4.5.3절에서는 아다마르, 위상, 제어형 NOT, $\pi/8$ 게이트가 어떠한 양자계산이라도 표현할 수 있는 보편적 집합을 형성한다는 것을 배웠다. 이제 각 게이트가 어떻게 결함허용을 구현할 수 있는지 설명할 것이다.

정규자 연산

스테인 코드의 특정 사례에 대해 정규자 연산(아다마르, 위상, 제어형 NOT 게이트)을 위한 결함허용 구성으로 시작해보자. 이 구체적인 예제의 구성에 대한 기본 원칙을 이해하면 그 구성을 어떠한 안정화 코드로 일반화시키는 것이 쉽다. 스테인 코드의 경우 (10.107) 식을 되돌아보고 인코딩된 상태에 대한 파울리 $\bar{Z}$와 $\bar{X}$ 연산자는 인코딩되지 않은 큐비트에 대한 연산자 측면에서 다음과 같이 표현할 수 있다는 점을 상기하자.

$$\bar{Z} = Z_1 Z_2 Z_3 Z_4 Z_5 Z_6 Z_7; \quad \bar{X} = X_1 X_2 X_3 X_4 X_5 X_6 X_7 \tag{10.117}$$

아다마르 게이트의 켤레화를 적용하면 Z와 X가 교환되듯이, 인코딩된 아다마르 게이트($\bar{H}$)의 켤레화를 적용하면 $\bar{Z}$와 $\bar{X}$가 교환될 것이다. $\bar{H} = H_1 H_2 H_3 H_4 H_5 H_6 H_7$가 이 작업을 수행하므로 그림 10.23과 같이 인코딩된 큐비트에 대한 아다마르를 구현할 수 있다.

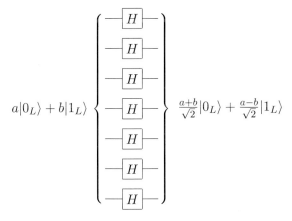

그림 10.23 스테인 코드로 인코딩된 큐비트에 대한 횡단 아다마르 게이트

확인문제 10.63: U가 스테인 코드를 그 자신으로 대응시키고 $U\bar{Z}U^\dagger = \bar{X}$ 및 $U\bar{X}U^\dagger = \bar{Z}$를 만족시키는 유니타리 연산이라 하자. 인코딩된 상태 $|0_L\rangle$과 $|1_L\rangle$에 대한 U의 작용이 전체위상을 무시하면 $|0_L\rangle \rightarrow (|0_L\rangle + |1_L\rangle)/\sqrt{2}$이고 $|1_L\rangle \rightarrow (|0_L\rangle - |1_L\rangle)/\sqrt{2}$가 된다는 것을 증명하라.

이것은 첫 번째 단계로서 좋지만, 인코딩된 상태에서 논리를 수행하는 것만으로는 이 연산을 결함허용하게 하기에는 충분치 않다! 또한 오류가 어떻게 전파되는지 이해해야 한다. $\bar{H} = H^{\otimes 7}$을 구현하는 회로는 상호작용에서 인코딩된 블록에 둘 이상의 큐비트를 포함하지 않기 때문에 회로에서 단일 구성요소가 실패했을 때 그 프로시저로부터 출력된 큐비트들의 블록에는 최대 한 개의 오류가 발생할 수 있다고 가정하는 것은 물리적으로 합당하다. 이것이 사실인지 알아보기 위해, 인코딩된 H 게이트가 적용되기 직전에 첫 번째 큐비트에서 오류가 발생했다고 하자. 명확하게 하기 위해 오류가 Z 오류라고 가정하면 큐비트에 대한 결합 연산combined operation은 HZ이다. CNOT 게이트에 대한 오류 전파의 이전 분석에서와 같이 항등연산자 $H^\dagger H = I$를 삽입하면 $HZ = HZH^\dagger H = XH$가 되므로 이러한 오류는 먼저 H를 적용한 후에 오류 X가 발생하는 것과 같다. 마찬가지로 게이트 연산 자체 중에 발생하는 실패는 완벽한 게이트라 하더라도 그 큐비트에 소량의 노이즈가 작용한 것과 같다. 이는 어떤 작은 확률로 발생하는 보통의 X, Y, Z 모델로 생각할 수 있다. 따라서 그림 10.23의 회로는 실제로 결합허용 연산이 되는데, 그 이유는 그 프로시저 속의 어느 곳에서나 발생하는 단일 실패가 다른 큐비트에 영향을 미치지 않으므로 그 프로시저에서 출력되는 큐비트들의 블록에 최대 한 개의 오류를 발생시키기 때문이다.

그림 10.23의 회로로부터 얻을 수 있는 일반적인 원리가 있을까? 한 가지 유용한 관측은 인코딩된 게이트가 비트별 방식bitwise fashion으로 구현될 수 있다면 인코딩된 게이트는 자동으로 결함허용한다는 것이다. 그 이유는 이 특성이 인코딩된 게이트 속의 어느 위치에서든 단일 실패가 발생할 때 코드 블록 당 최대 하나의 오류가 발생하게 하므로 오류확률은 오류정정 코드의 제어 범위 내에 있게 되기 때문이다. 인코딩된 게이트를 비트별 방식으로 구현할 수 있는 이 특성은 인코딩된 양자 게이트의 횡단성 특성transversality property이라 한다. 횡단성은 흥미로운데, 그 이유는 이를 통해 결함허용 양자회로를 구하는 일반적인 설계 원리를 알 수 있기 때문이다. 아래에서는 아다마르 게이트 이외의 많은 게이트가 횡단transversal 구현이 가능하다는 것을 알게 된다. 그렇지만 횡단이 아닌 결함허용 구성을 구하는 것이 가능하다는 점을 명심하기 바란다. 이에 대해서는 다음에서 결함허용 $\pi/8$ 게이트의 예를 통해 알아볼 것이다.

스테인 코드를 사용하면 아다마르 게이트 이외의 많은 게이트에도 횡단 (따라서 결함허용) 구현을 쉽게 할 수 있다. 아다마르 게이트와 더불어 가장 흥미로운 3개의 게이트는 위상 게이트와 파울리 X와 Z 게이트다. 스테인 코드의 7큐비트 각각에 X 게이트를 비트별로 적용한다고 하자. 그러면 켤레화를 적용시켰을 때 각 Z 연산자는 $-Z$로 변환되므로 $\bar{Z} \to (-1)^7 \bar{Z} = -\bar{Z}$가 되고, X에 비트별로 켤레화를 적용하면 $\bar{X} \to \bar{X}$로 변환된다. 따라서 이 회로는 스테인 코드의 상태들에 대해 인코딩된 X 연산을 달성한다. 이 회로는 횡단이므로 자동으로 결함허용이 된다. 비슷한 방식으로 스테인 코드의 상태에 Z를 비트별로 적용하면 인코딩된 Z에 결함허용이 구현된다. 위상 게이트의 횡단 구현은 약간 더 어렵다. $\bar{S}$의 컬레화를 적용하면 $\bar{Z}$는 $\bar{Z}$로, $\bar{X}$는 $\bar{Y} = -i\bar{X}\bar{Z}$로 되어야 한다. 하지만 $\bar{S} = S_1S_2S_3S_4S_5S_6S_7$로 잡고 컬레화를 적용하면 $\bar{Z}$가 $\bar{Z}$로, $\bar{X}$는 $-\bar{Y}$로 된다. $-\bar{Y}$ 앞의 마이너스 부호는 $\bar{Z}$를 적용하면 바로잡을 수 있다. 따라서 이 코드에서 각각의 큐비트에 ZS 연산을 적용하면 인코딩된 위상 게이트를 실행한 것이 되며, 이는 횡단이므로 결함허용이 된다.

아다마르, 파울리, 위상 게이트와 달리 제어형 NOT를 결함허용이 되게 구현하는 것은 처음에는 문제가 있는 것으로 보인다. 그 이유는 이 게이트에는 7큐비트에 대해 2개의 분리된 코드 블록이 포함되기 때문이다. 코드 블록당 둘 이상의 오류가 발생하지 않는 CNOT를 어떻게 실현할 수 있을까? 다행스럽게도 그림 10.24에 나와 있는 것처럼 스테인 코드를 사용하면 아주 간단하다. 즉, 두 블록 속의 7개 큐비트들을 각자 쌍으로 7개 CNOT 게이트를 적용하면 된다는 것을 쉽게 알 수 있다! 이 횡단 구성이 우리의 자체 규칙을 위반한다고 걱정할 수도 있다. 결국 수행할 제어형 NOT 게이트는 단일 큐비트를 벗어나 오류를 전파할 수 없을까? 그럴 수 있지만, 오류 전파가 다른 블록에 있는 최대 하나의 큐비트에만 영향을 미치기 때문에 아무 문제가 없다. 즉, 동일한 블록 내의 큐비트에는 악영향을 미치지 않는다. 각 블록이 단일 큐비트의 오류를 처리할 수 있으므로 다른 블록에 있는 큐비트에 영향을 주는 것은 괜찮다는 점을 기억하자!

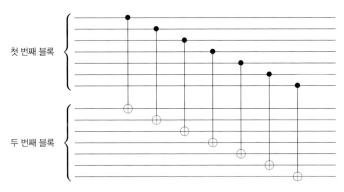

그림 10.24 스테인 코드의 분리된 블록들로 인코딩되는 두 큐비트 간의 횡단 제어형 NOT 게이트

좀 더 정확히 말하면, 각 블록의 첫 번째 큐비트들을 연결하는 제어형 NOT 게이트 직전에 첫 번째 큐비트에서 X 오류가 발생한다고 하자. 각 블록의 첫 번째 큐비트들은 큐비트 1과 8이라고 명명하자. 이 제어형 NOT 게이트를 U로 표기하면 효과적인 동작은

$UX_1 = UX_1 U^\dagger U = X_1 X_8 U$가 된다. 즉, 제어형 NOT가 올바로 적용된 듯하지만 인코딩된 큐비트들에 대한 양쪽 블록의 첫 번째 큐비트에서 X 오류가 발생한 것이다! 약간 더 어려운 문제를 들면 CNOT 게이트 중 하나가 실패했다고 하자. 그러면 어떻게 될까? 노이즈가 있는 CNOT 게이트가 양자연산 $\mathcal{E}$를 구현한다고 하자. 그러면 이 연산은 $\mathcal{E} = \mathcal{E} \circ \mathcal{U}^{-1} \circ \mathcal{U}$로 다시 표현할 수 있다. 여기서 $\mathcal{U}$는 완벽한 CNOT 게이트를 구현하는 양자연산이다. 따라서 노이즈가 있는 CNOT 게이트는 완벽한 CNOT를 적용한 후 $\mathcal{E} \circ \mathcal{U}^{-1}$ 연산을 수행하는 것과 같다. 이는 노이즈가 있는 CNOT가 그런대로 괜찮다면 완벽한 CNOT에 가까우며, 어떤 작은 확률로 두 큐비트에 발생하는 $X \otimes Z$ 같은 일반적인 텐서곱 오류 모델로 이해할 수 있다. 다행히도 이러한 오류는 두 큐비트에 일어나지만, 인코딩된 큐비트들의 각 블록에서 보면 단일 큐비트에만 일어날 뿐이다. 이 외의 위치에서 발생하는 오류에 대해서도 오류 전파에 관한 비슷한 결론을 적용할 수 있다. 이에 따라 지금까지 기술했던 프로시저 내의 어디에서나 단일 구성요소가 실패해도 인코딩된 큐비트의 각 블록에는 하나 이하의 오류만 발생되고, 따라서 인코딩된 제어형 NOT의 이러한 구현은 결함허용이 된다.

아마다르, 위상, 제어형 NOT 게이트의 결함허용 구현을 구했다면, 정리 10.6을 통해 정규자에 속한 어떠한 연산이라도 결함허용을 실현시킬 수 있다. 물론 정규자 연산은 양자계산에 필요한 유니타리 게이트의 완비집합을 모두 사용하지는 않지만, 이 집합으로 시작하는 것이 아주 좋다!

확인문제 10.64: (오류의 역전파[back propagation]**)** CNOT 게이트의 제어 큐비트에서의 X 오류가 대상 큐비트로 전파된다는 것은 분명하다. 또한 대상 큐비트에서의 Z 오류가 다시 제어 큐비트로 전파되는 것으로 밝혀졌다. 안정자 형식체계를 사용하고, 양자회로 항등성도 직접 사용하여 이 현상을 증명하라. 확인문제 4.20이 유용할 수 있다.

결함허용 $\pi/8$ 게이트

보편적 양자계산을 위한 표준 게이트 집합을 완성하는 데 필요한 나머지 게이트는 $\pi/8$ 게이트다. 또는 4.5.3절에서 언급한 것처럼 현재 결함허용 아다마르, 위상, 제어형 NOT 게이트의 집합에 결함허용 토폴리 게이트를 추가해도 보편적 집합이 되며, 이 집합으로 양자 컴퓨터가 결함허용 방식에 필요한 모든 게이트를 수행할 수 있다. 결함허용 $\pi/8$ 게이트는 실현하기가 아주 간단한데, 결함허용 토폴리 게이트를 실현할 때와 비슷하지만 더 정교한 구성을 사용한다.

결함허용 $\pi/8$ 게이트를 구성하는 데 있어서 기본 전략은 그 구성을 세 부분으로 나누는 것이다. 구성의 첫 번째 부분은 제어형 NOT, 위상, X 게이트와 같이 결함허용 방식을 이미 알고 있는 원소를 사용하여 $\pi/8$ 게이트를 시뮬레이션하는 간단한 회로다. 하지만 이 회로에는 어떻게 결함허용을 만드는지 아직 모르는 두 부분이 있다. 첫 번째는 회로에 입력하기 위한 보조상태ancilla state의 준비다. 이 보조상태가 적절하기 위해서는 보조상태 준비 중에 어느 구성요소가 실패하더라도 보조상태를 구성하는 큐비트 블록에서 하나 이하의 오류가 발생해야 한다. 그러한 결함허용 보조상태 준비를 어떻게 할 수 있는지에 대해서는 이 절 뒷부분에서 설명할 것이다. 두 번째는 측정이다. 측정이 결함허용되게 하려면 측정을 위한 프로시저 중에 단일 구성요소가 실패해도 측정 결과에 영향을 미치지 않아야 한다. 만약 영향을 미친다면, 그 측정 결과가 인코딩된 SX 연산의 수행 여부를 결정하기 때문에 오류는 전파되어 첫 번째 블록의 많은 큐비트에 오류를 일으킬 것이다. 그러한 결함허용 측정을 수행하는 방법은 다음 절에서 다룰 것이다(엄밀히 말해서 결함허용 측정 프로시저의 경우, 측정 결과가 $O(p^2)$ 확률로 틀릴 수 있다고 기술하는데, 여기서 p는 단일 구성요소의 실패 확률이다. 현재 논의 목적상 이 점은 무시할 것이다. 비슷한 라인을 따라 약간 더 정교한 분석을 사용하면 이 점은 쉽게 처리된다).

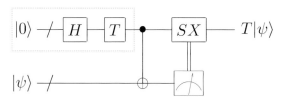

그림 10.25 $\pi/8$ 게이트를 결함허용하게 구현한 양자회로. 점선 상자는 보조상태$(|0\rangle + \exp(i\pi/4)|1\rangle)/\sqrt{2}$에 대한 (결함허용이 없는) 준비 프로시저를 나타낸다. 이 준비를 결함허용하게 수행하는 방법은 본문에서 설명한다. 도선의 슬래시는 7큐비트의 묶음을 나타내고 2중 도선은 측정에서 나온 고전 비트를 나타낸다. 최종 SX 연산은 측정 결과에 의해 제어된다는 점에 주목한다.

그림 10.25에는 $\pi/8$ 게이트를 구현하는 회로가 나타나 있다. 점선 상자 안에 들은 것과 측정을 제외한 회로의 모든 요소는 결함허용이 되게 수행될 수 있다. 이 회로는 2개의 인코딩된 큐비트로 시작하는데, 그중 하나는 우리가 연산하려는 큐비트 $|\psi\rangle = a|0\rangle + b|1\rangle$이다(여기서 $|0\rangle$과 $|1\rangle$은 논리 상태를 나타낸다고 하자). 다른 큐비트는 상태

$$|\Theta\rangle = \frac{|0\rangle + \exp(i\pi/4)|1\rangle}{\sqrt{2}} \tag{10.118}$$

로 준비한다. 이것은 그림에서 점선 상자 안의 회로가 생성한 상태다. 이 보조 준비 단계가 어떻게 결함허용되게 수행될 수 있는지 잠시 후에 설명할 것이다. 그 다음으로, 결함허용 제어형 NOT 연산을 수행하면

$$
\frac{1}{\sqrt{2}} \left[|0\rangle \left(a|0\rangle + b|1\rangle \right) + \exp(i\pi/4) |1\rangle \left(a|1\rangle + b|0\rangle \right) \right]
$$
$$
= \frac{1}{\sqrt{2}} \left[\left(a|0\rangle + b\exp(i\pi/4)|1\rangle \right) |0\rangle + \left(b|0\rangle + a\exp(i\pi/4)|1\rangle \right) |1\rangle \right]
$$

(10.119)

이 된다. 마지막으로 두 번째 큐비트를 측정하고 결과가 0으로 나오면 완료한다. 그렇지 않으면 남은 큐비트에 대해 연산

$$
SX = \begin{bmatrix} 1 & 0 \\ 0 & i \end{bmatrix} \begin{bmatrix} 0 & 1 \\ 1 & 0 \end{bmatrix}
$$

(10.120)

을 수행한다. 어느 쪽이든 $\pi/8$ 게이트에 요구되는 바와 같이, 관련 없는 전체위상을 무시하면 $a|0\rangle + b\exp(i\pi/4)|1\rangle$ 상태가 된다. 이 훌륭한 결과는 갑자기 나온 것 같지만 실제로 다음 확인문제에서 설명하는 체계적인 구성의 결과다. 확인문제 10.68에 나타난 것과 같이 결함허용 토폴리 게이트를 구현하는 데 동일한 구성이 사용된다.

결함허용 $\pi/8$ 게이트를 구성하려면 보조상태 $|\Theta\rangle$를 생성하기 위한 결함허용 방법이 필요하다. 다음 절에서 자세히 설명하겠지만 결함허용 측정 기술을 사용하면 이 준비를 해낼 수 있다. 지금은 결함허용 측정과의 연결에 대해 설명한다. 그림 10.25에서 볼 수 있듯이 $|0\rangle$ 상태에 아다마르 게이트를 적용하고 나서 $\pi/8$ 게이트를 적용하면 $|\Theta\rangle$를 생성할 수 있다. $|0\rangle$ 상태는 Z의 $+1$ 고유상태이므로 $|\Theta\rangle$는 $THZHT^\dagger = TXT^\dagger = e^{-i\pi/4}SX$의 $+1$ 고유상태가 된다. 따라서 먼저 인코딩된 $|0\rangle$을 준비하고 나서 $e^{-i\pi/4}SX$를 결함허용하게 측정하면 $|\Theta\rangle$을 준비할 수 있다. $+1$ 결과가 나오면 상태가 올바로 준비됐다는 결론을 내린다. -1 결과가 나오면 두 옵션 중 하나를 선택해야 한다. 한 옵션이란, 다시 시작하여 $e^{-i\pi/4}SX$의 결함허용 측정에서 $+1$ 결과가 나올 때까지 프로시저를 반복하는 것이다. 또 하나의 옵션이란, $ZSXZ = -SX$이므로 결함허용 Z 연산을 적용하면 $e^{-i\pi/4}SX$의 -1 고유상태로부터 나온 상태가 $e^{-i\pi/4}SX$의 $+1$ 고유상태인 $|\Theta\rangle$로 변경되는, 좀 더 우아하고 효율적인 관측을 사용할 수 있다는 것이다. 어떤 프로시저를 사용하든 그 프로시저 속의 어느 곳에서나 단일 실패가 발생해도 보조상태 $|\Theta\rangle$에 있는 최대 하나의 큐비트에 오류가 발생한다.

우리가 설명한 프로시저가 전체적으로 결함허용이 된다는 것을 알아내기란 어렵지 않다. 하지만 이를 알아내기 위해서는 명확한 예를 살펴보는 것이 좋겠다. 보조상태 구성 중에 단일 구성요소 오류가 발생하여 보조상태에 있는 단일 큐비트에 오류가 발생했다고 하자. 이 오류는 인코딩된 제어형 NOT 게이트를 통해 전파되어 큐비트의 첫 번째와 두 번째 블록 각각에서 하나의 오류를 일으킨다. 다행히도 두 번째로 인코딩된 큐비트에 있는 단일 큐비트의 오류는 결함허용 측정 프로시저의 결과에 영향을 미치지 않으므로 SX 가 적절하게 적용되거나 적용되지 않는다. 따라서 큐비트들 중에서 첫 번째 큐비트 블록의 오류가 전파되어 인코딩된 게이트의 출력에서 단일 오류가 발생한다. 마찬가지로 인코딩된 $\pi/8$ 게이트의 경우, 이 프로시저 속의 어느 곳에서든 단일 실패가 발생하면 인코딩된 큐비트의 출력 블록에 있는 단일 큐비트에만 오류가 발생한다는 사실은 어렵지 않게 알 수 있다.

확인문제 10.65:   다음 회로와 같이 2개의 제어형 NOT 게이트를 사용하면 알려지지 않은 $|\psi\rangle$ 상태의 큐비트를 $|0\rangle$ 상태로 준비된 두 번째 큐비트와 서로 교환할 수 있다.

$$|0\rangle \quad\quad |\psi\rangle$$
$$|\psi\rangle \quad\quad |0\rangle$$

아래의 두 회로가 동일한 작업을 수행한다는 것을 보여라. 이 회로들은 단일 CNOT 게이트만을 사용하며 측정과 고전적 제어의 단일 큐비트 연산을 수행하는데, 서로 동일한 작업을 한다.

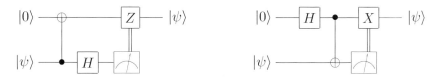

확인문제 10.66: (결함허용 $\pi/8$ 게이트 구성) $\pi/8$ 게이트를 구현하는 한 가지 방법은 먼저 변환할 큐비트 상태 $|\psi\rangle$를 어떤 알려진 상태 $|0\rangle$와 서로 교환시킨 후, 그 결과로 나온 큐비트에 $\pi/8$ 게이트를 적용하는 것이다. 이를 수행하는 양자회로는 다음과 같다.

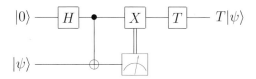

이 작업을 수행하는 것은 특별히 유용한 것 같지는 않지만 실제로는 무언가 도움이 된다! $TXT^{\dagger} = \exp(-i\pi/4)SX$와 $TU = UT$ 관계를 사용하여(U는 제어형 NOT 게이트이고 T는 제어 큐비트에 작용함) 그림 10.25의 회로를 얻을 수 있음을 보여라.

확인문제 10.67:   다음의 회로 항등성이 성립함을 보여라.

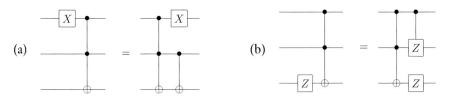

확인문제 10.68: (결함허용 토폴리 게이트 구성)   위에 나온 $\pi/8$ 게이트에 대한 확인문제들과 비슷하게 프로시저를 만들면 결함허용 토폴리 게이트가 된다.

1. 먼저 변환할 3큐비트 상태 $|xyz\rangle$를 어떤 알려진 상태 $|000\rangle$와 서로 교환한 다음, 그 결과로 나온 큐비트에 토폴리 게이트를 적용한다. 다음 회로가 이 작업을 수행함을 보여라.

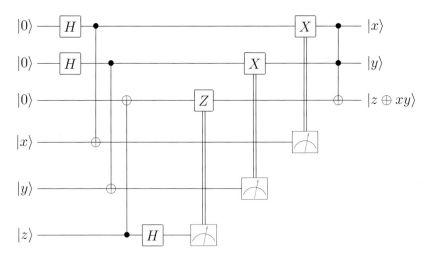

2. 확인문제 10.67의 교환법칙을 사용하여 마지막 토폴리 게이트를 왼쪽으로 이동시키면 다음 회로가 된다는 것을 보여라.

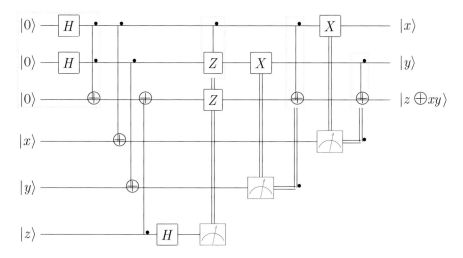

3. 가장 왼쪽의 점선 상자로 표시한 보조상태 준비가 결함허용이 된다고 가정하면, 이 회로에서 스테인 코드를 사용하여 토폴리 게이트의 결함허용을 구현할 수 있음을 보여라.

10.6.3 결함허용 측정

결함허용 회로를 구성하는 데 매우 유용하고 중요한 도구는 연산자 M을 측정하는 기능이다. 측정의 용도는 인코딩 수행, 양자계산 결과 읽기, 오류정정에 있어서 증후군을 진단하기, 결함허용되는 $\pi/8$ 및 토폴리 게이트를 구성할 때 보조상태 준비를 수행하기이다. 따라서 측정은 결함허용 양자계산에 절대적으로 중요하다. 인코딩된 측정을 수행하기 위한 프로시저가 결함허용하는 것으로 간주하려면 오류의 전파를 막기 위해서라도 두가지 사항이 필요하다. 첫째, 프로시저 속의 어느 곳에서나 단일 실패가 발생하면 프로시저 종료 시 큐비트 블록에서 최대 하나의 오류가 발생해야 한다. 둘째, 프로시저 중에 단일 실패가 발생하더라도 측정 결과는 $1 - O(p^2)$ 확률로 정확해야 한다. 후자의 이 요구사항은 아주 중요한데, 그 이유는 측정 결과가 양자 컴퓨터의 다른 연산을 제어하는 데 사용될 수 있기 때문이다. 측정 결과가 올바르지 않으면 그 결과가 전파되어 다른 인코딩된 큐비트 블록에 있는 많은 큐비트에 영향을 미칠 수 있다.

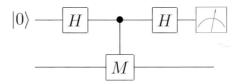

그림 10.26 고윳값 ±1의 단일 큐비트 연산자 M을 측정하기 위한 양자회로. 위쪽 큐비트는 측정에 사용되는 보조물이며 아래쪽 큐비트가 측정될 것이다.

단일 큐비트 관측가능량 M의 측정은 그림 10.26에 나타난 회로를 사용하여 수행될 수 있다. M에 대해 양자 코드에서 횡단 인코딩된 구현을 할 수 있다고 하자. 이때 그 코드의 각 큐비트에 M 게이트를 비트별로 적용한다. 스테인 코드의 경우 $M = H$는 $M' = H$을 비트별로 적용하여 횡단 구현을 할 수 있는 반면, $M = S$의 횡단 구현은 $M' = ZS$의 비트별 적용을 사용한다. 이런 점으로 인해 그림 10.27에 개략적으로 나타낸 것처럼 인코딩된 데이터에 있어서 인코딩된 M을 측정하기 위한 가능한 회로가 나온다. 스테인 코드와 같은 실제 양자 코드에는 더 많은 큐비트가 필요할 것이다. 안타깝게도 그림 10.27의 회로는 결함허용이 되지 않는다. 이를 알아보기 위해, 회로의 맨 앞에 있는 보조 큐비트에서 단일 실패가 발생한다고 하자. 그러면 이 실패가 전파되어 모든 인코딩된 큐비트에 영향을 미칠 것이므로 이 회로는 결함허용이 되지 않는 것이다.

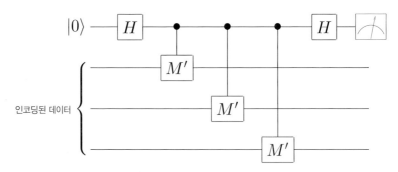

그림 10.27 M을 비트별 적용함으로써 횡단 구현을 했으며 인코딩된 관측가능량 M을 측정하기 위한 회로도. 이 회로는 결함허용되지 않는다. 실제 코드에서는 3큐비트 이상이 필요하다.

측정 회로를 결함허용되게 만드는 좋은 방법은 그림 10.28에 개략적으로 설명해놓았다. 간단히 하기 위해 이 그림은 3큐비트만으로 인코딩되고 측정될 데이터를 보여준다. 실제로는 7큐비트 스테인 코드와 같이 더 많은 큐비트가 사용될 것이며, 구체적으로 여기서 사용되는 것이 스테인 코드라고 생각하자. 이 회로는 인코딩된 데이터 외에 각 데이터 큐비트(초기에 $|0\rangle$ 상태로 있음)를 위해 하나의 보조 큐비트를 도입한다. 첫 번째 단계는

그 보조물을 '고양이' 상태$^{\text{'cat' state3}}$인 $|00...0\rangle + |11...1\rangle$로 준비하는 것이다(고양이 상태는 어떠한 코드로도 인코딩되지 않는다는 점에 주목한다). 이 준비를 수행하는 데 사용된 회로 자체는 결함허용이 되지 않는데, 그 이유는 회로 속의 단일 실패로 인해 고양이 상태로 있는 여러 큐비트에 오류가 발생할 수 있기 때문이다. 그럼에도 보조물 준비 후에 여러 검증 ^{verification} 단계를 거치기 때문에 이런 점은 전체 프로시저의 결함허용에 영향을 미치지 않는다(그림에서는 단일 검증 단계만 표시함).

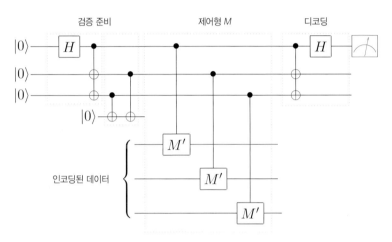

그림 10.28 인코딩된 데이터에 대해 수행되는, 관측가능량 M의 결함허용 측정을 위한 회로 프로시저. 이 프로시저를 3회 반복해서 측정 결과의 과반수를 따져 $O(p^2)$ 확률로 그 측정 결과가 잘못됐다는 결과를 얻는다. 이 회로 내의 어느 곳에서나 단일 오류가 발생하면 데이터에는 최대 하나의 오류가 발생한다.

검증은 다음과 같이 이루어진다. 기본 아이디어는 그 상태가 고양이 상태임을 검증하기 위해 고양이 상태의 모든 큐비트 쌍 i와 j에 대해 Z_iZ_j를 측정할 때 1이 나오는 것을 입증하면 된다는 것이다. 즉, 고양이 상태의 어떠한 큐비트 쌍의 패리티는 짝수가 된다. 특정 쌍 Z_iZ_j(이 예에서는 Z_2Z_3)에 대해 이를 확인하기 위해 추가 큐비트를 도입하는데, 초기 상태는 $|0\rangle$로 한다. 추가 큐비트를 측정하기에 앞서 보조 큐비트를 제어용으로 하고 추가 큐비트를 대상용으로 하여 2개의 제어형 NOT를 구현함으로써 보조물^{ancilla}에 속한 두 큐비트의 패리티를 계산한다. 측정된 패리티가 1이면 보조물이 고양이 상태에 있지 않는 것이므로 그것을 버리고 다시 시작한다. 이러한 일련의 패리티 검사 중에 단일 구성요소 실패가 발생한다고 하자. 그러면 보조물 상태에 두 번 이상의 위상반전이 일어나는 것을

---

3   슈뢰딩거의 고양이에서 따온 말이며 2개의 상태가 동시에 존재할 수 있는 양자상태를 뜻한다. – 옮긴이

쉽게 입증할 수 있기 때문에 이 프로시저는 결함허용하지 않는다. 예를 들어 CNOT 게이트들 사이에서 추가 큐비트에 Z 오류가 존재하면, 이 오류가 진행 방향으로 전파되어 2개의 보조 큐비트에 Z 오류를 발생시킨다. 다행히도 보조 큐비트에 있는 여러 Z 오류가 최종 측정 결과를 틀리게 할 수 있지만, 인코딩된 데이터에게로 전파되지 않음을 쉽게 입증할 수 있다. 이 문제에 대처하기 위해 아래에 자세히 설명한 바와 같이 이 측정 프로시저를 세 번 반복해서 과반수를 얻으면 그 측정이 이러한 방식으로 두 번 이상 잘못될 확률은 최대 $O(p^2)$가 된다. 여기서 p는 단일 구성요소의 실패 확률이다. X 또는 Y 오류는 어떨까? 이들 오류는 인코딩된 데이터에 오류를 일으키지만, 고양이 상태 준비 및 검증 동안의 단일 실패로 인해 검증 후에 보조상태에서 최대 하나의 X 또는 Y 오류가 발생할 수 있다는 것은 다행스러운 사실이다. 따라서 인코딩된 데이터에서는 최대 하나의 오류가 발생할 수 있으므로 결함허용이 보장된다!

확인문제 10.69: 보조상태 준비 및 검증 내의 어느 곳에서의 단일 실패가 보조물 출력에서 최대 하나의 X 또는 Y 오류로 이어질 수 있음을 보여라.

확인문제 10.70: 보조물의 Z 오류는 전파되지 않아 인코딩된 데이터에 영향을 미치지 않지만 잘못된 측정 결과가 관측된다는 것을 보여라.

　고양이 상태를 확인했으면 보조 큐비트와 데이터 큐비트 쌍 간에 제어형 M' 게이트를 수행하는데, 이때 보조 큐비트는 두 번 이상 사용하지 않는다. 따라서 보조 큐비트가 $|00...0\rangle$ 상태에 있으면 인코딩된 데이터에 아무 작업도 수행되지 않는 반면, $|11...1\rangle$ 상태에 있으면 그 데이터에 인코딩된 M 연산이 적용된다. 고양이 상태의 값을 따져서 오류가 하나의 제어형 M' 게이트에서 다른 게이트로 전파되지 않게 한다. 그러므로 검증 단계 또는 일련의 제어형 M' 게이트에서의 단일 오류는 인코딩된 데이터에서 최대 하나의 오류를 발생시킨다. 마지막으로는 일련의 CNOT 게이트와 아다마르 게이트로 고양이 상태를 디코딩하여 측정 결과를 얻는다. 결과로 나온 큐비트는 데이터 상태의 고윳값에 따라 0 또는 1이 된다. 이들 최종 게이트에는 데이터가 포함되지 않으므로 이들 게이트의 오류가 전파되지 않아 데이터에 전혀 영향을 주지 않는다. 그러나 이러한 일련의 최종 게이트들의 오류로 인해 잘못된 측정 결과가 나오면 어떻게 될까? 이럴 경우를 위해 측정 프로시저를 세 번 반복하여 결과의 과반수를 채택함으로써 측정 결과의 오류확률이 $O(p^2)$임을 확실하게 하면 된다. 여기서 p는 개별 구성요소의 실패 확률이다.

지금까지 측정에서 잘못된 결과가 $O(p^2)$ 확률로 나오도록 결함허용 측정을 수행하는 방법을 설명했다. 여기서 p는 개별 구성요소에 대한 실패 확률이고 프로시저 속의 어느 곳에서나 단일 실패는 인코딩된 데이터에서 최대 하나의 큐비트에 오류를 일으킨다. 이 구성은 횡단 방식으로 구현될 수 있는 단일 큐비트 관측가능량 M에 적용될 수 있다. 스테인 코드의 경우 이 구성에는 아다마르, 위상, 파울리 게이트가 포함되며, 이때 관측가능량은 약간 수정하여 $M = e^{-i\pi/4}SX$가 된다. 이러한 M 선택에 대해 스테인 코드에서 제어형 M 연산을 수행하려면 보조물 및 그 코드에 속한 각 큐비트 쌍에 대해 제어형 ZSX 게이트를 횡단으로 적용하고 나서 7개의 T 게이트를 보조 큐비트들에 횡단으로 적용한다. 10.6.2절에 설명한 바와 같이 이 관측가능량의 결함허용 측정은 $\pi/8$ 게이트의 결함 허용 회로에 사용되는 보조물을 생성하는 데 사용할 수 있다.

확인문제 10.71: $M = e^{-i\pi/4}SX$일 때 지금까지 설명한 프로시저가 M 측정을 위한 결함 허용 방법을 제공한다는 것을 증명하라.

확인문제 10.72: (결함허용 토폴리 보조물 상태 구성)   확인문제 10.68에서 점선 상자의 회로 가 생성하는 상태, 즉 상태

$$\frac{|000\rangle + |010\rangle + |100\rangle + |111\rangle}{2} \tag{10.121}$$

를 어떻게 결함허용이 되게 준비하는지를 보여라. 이 상태에 대한 안정자 생성원을 먼저 구하는 것이 도움될 수 있다.

안정자 생성원 측정

지금까지는 M이 단일 큐비트의 인코딩된 관측가능량인 경우에 대한 측정 프로시저를 설명했지만, 그 기술들은 즉시 다른 경우로도 일반화된다. 우리의 목적상 안정자 생성원을 측정할 수 있는 것으로 충분한데, 이때 생성원들은 파울리 행렬의 텐서곱 형식을 갖는다. 그러한 측정을 통해 결함허용 오류정정과 양자 컴퓨터를 위한 초기 인코딩을 수행할 수 있고, 계산의 최종 판독 단계를 위해 인코딩된 Z 연산자를 측정할 수도 있다.

간단한 예로서 스테인 코드를 사용하여 인코딩된 7큐비트 블록의 처음 3개 큐비트에 대해 $X_1X_2X_3$와 같은 연산자를 측정한다고 하자. 그림 10.29에 나타낸 것처럼 이 측정을 수행하는 데 그림 10.28의 명확한 일반화를 사용할 수 있다. 또다시 인코딩된 데이터에 횡단 제어형 연산을 적용하기에 앞서 검증된 고양이 상태 준비를 수행하여 연산자

$X_1X_2X_3$에 대한 결함허용 측정 프로시저를 달성한다. 그러한 관측 값을 결함허용이 되게 측정하는 능력을 통해 인코딩 단계들, 그리고 양자계산을 수행하는 데 필요한 (논리) 계산 기저에서의 측정과 증후군 측정을 수행하는 능력을 자동으로 얻게 된다. 인코딩 목적상 양자계산에서는 인코딩된 $|0\rangle$ 상태를 준비하는 것으로 충분하다. 스테인 코드와 같은 안정자 코드의 경우, 모든 안정자 생성원과 인코딩된 $\bar{Z}$ 연산자를 결함허용하게 측정하고 나서 적절한 결함허용 연산을 적용하여 안정자 생성원과 인코딩된 $\bar{Z}$의 부호를 수정하는 것으로 그러한 준비를 할 수 있다. 이때, 10.5.1절의 명제 10.4에서 증명할 때 사용한 처리를 따른다. 스테인 코드로 인코딩된 $|0\rangle$ 상태를 어떻게 결함허용하게 준비하는지 보여주는 예는 확인문제 10.73에 설명해놓았다. 이와 비슷한 방식으로 증후군 측정을 결함허용하게 실현하는데, 그 증후군 측정은 양자 컴퓨터의 인코딩된 계산기저로 오류정정과 최종 판독을 하기 위한 것이다.

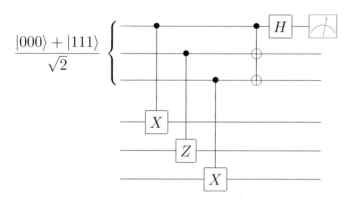

그림 10.29 3큐비트에 대해 연산자 XZX의 결함허용 측정을 수행하기 위한 회로 프로시저

확인문제 10.73: (결함허용 인코딩된 상태 구성) $|0\rangle$ 상태로 인코딩된 스테인 코드가 다음과 같은 방식으로 결함허용하게 구성될 수 있음을 보여라.

1. 그림 10.16의 회로로 시작하여 그림 10.30에 나타낸 바와 같이 각 생성원의 측정을 각 보조 큐비트와 연산들로 대체한다. 이때 각 보조 큐비트는 고양이 상태 $|00...0\rangle + |11...1\rangle$로 되고 연산들은 재배열되어 오류는 코드 블록 안으로 전파되지 않는다.

2. $\bar{Z}$를 결함허용되게 측정하는 단계를 추가한다.

3. 이 회로의 오류확률을 계산하는데, 생성원 측정을 3번 반복하고 과반수를 획득했을 때 회로의 오류확률을 계산한다.

4. 측정 결과에 따라 조건부로 수행해야 하는 연산을 열거하고, 그러한 연산들이 결함허용하게 수행될 수 있음을 보여라.

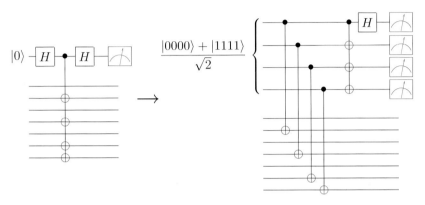

그림 10.30 $|0\rangle$ 상태로 인코딩된 스테인 코드를 결함허용하게 만드는 한 단계

확인문제 10.74: 5큐비트 코드(10.5.6절)에 대해 인코딩된 $|0\rangle$ 상태를 결함허용하게 생성하는 양자회로를 구성하라.

10.6.4 탄력적인 양자계산의 요소

양자 오류정정 코드의 가장 큰 성공(양자계산의 임계값)은 개별 양자 게이트의 노이즈가 어떤 일정한 임계값 미만이면 임의적으로 큰 양자계산을 효율적으로 수행할 수 있다는 것이다. 달리 말하면, 노이즈는 원칙적으로 양자계산에서 심각한 문제가 아니다. 10.6.1절에 설명한 바와 같이 임계값 증명의 기본 아이디어는 오류정정 단계들을 사이 사이에 배치하고 인코딩된 상태에서 바로 결함허용 연산을 수행하여 오류확률을 p에서 $O(p^2)$으로 줄이는 것이다. 코드를 여러 번 연접해서 계층적 결함허용 프로시저를 만들면 오류확률을 $O(p^4)$, $O(p^8)$ 등으로 더 줄일 수 있고, 원래 오류 p가 어떤 임계값 p_{th}보다 작다면 오류확률을 궁극적으로 원하는 만큼 낮은 수준으로 줄일 수 있다. 우리가 설명한 프로시저를 사용하면 임계값은 대략 $p_{\text{th}} \sim 10^{-5}$–$10^{-6}$로 추정한다.

임계값 정리와 같은 대담한 주장에는 분명히 그 주장을 뒷받침할 것이 필요하다. 거기에는 완전히 임의적인 노이즈의 영향으로부터 양자계산을 보호할 수 있는 경우는 들어가지 않는다. 임계값 정리는 그 역할에 있어서 양자 컴퓨터에서 발생하는 노이즈의 유형에 관해 물리적으로 합리적인 몇 가지 가정과 강력한 결론에 도달하기 위해 사용할 수 있는 양자 컴퓨터 아키텍처에 의존한다. 우리가 고려한 오류 모델은 다소 단순하며, 실제 양자 컴퓨터가 여기서 고려한 것보다 더 다양한 유형의 노이즈를 경험할 것이란 점은 확실하다. 그럼에도 여기서 소개한 기술이 좀 더 정교한 양자 오류정정 코드 및 분석 도구와 결합될 때 우리가 고려한 것보다 훨씬 더 다양한 상황에서 적용 가능한 양자계산의 임계값을 낼 수 있다는 것은 그럴듯해 보인다.

여기서는 좀 더 정교한 분석을 할 공간이 없지만 주목해야 할 점들은 있다. 첫째, 임계값 결과를 내려면 회로에서 높은 수준의 병렬 처리가 필요하다는 점이 흥미롭다. 우리가 할 일은 양자 메모리에 양자정보를 저장하는 것뿐이지만 이 작업에는 높은 수준의 병렬 처리를 요구하는 주기적인 오류정정이 필요하다. 따라서 양자 컴퓨터 설계자가 될 사람의 바람직한 목표는 결함허용 양자계산 기술을 적용할 수 있도록 병렬화 가능한 아키텍처를 개발하는 것이다. 둘째, 임계값에 대한 우리의 표현에서 상태 준비, 증후군 측정, 복구 동안에 수행되는 고전적인 계산과 통신에 대한 비용이 완전히 무시됐다는 점에 주목한다. 이들 비용은 잠재적으로 상당히 높을 수 있다. 예를 들면 연접코드의 최상위 레벨에서 복구를 수행하려면 양자계의 모든 부분 간에 통신이 필요하다. 이 통신이 계에서 오류가 발생하는 시간 측도보다 훨씬 빠르게 완료될 수 없으면 오류가 다시 슬슬 생기기 시작하여 오류정정의 효과가 사라져 버릴 것이다. 좀 더 정교한 분석을 통해 이 문제를 처리할 수 있다. 하지만 다른 복잡함과 마찬가지로 양자계산을 위한 좀 더 엄밀한 임계값의 형식에는 비용이 더 들어가기 마련이다. 셋째, 측정과 $\pi/8$ 게이트에 대한 우리의 결함허용 구성에서는 $|0\rangle$ 상태의 보조 큐비트를 사용했는데, 여기에 약간의 노이즈가 끼어들 수 있다. 실제로 이 신선한 보조 큐비트의 지속적인 공급은 임계값 정리를 적용하는 데 필요하고, 따라서 양자 컴퓨터 설계자는 병렬화가 가능할 뿐만 아니라 신선한 보조 큐비트를 정기적으로 공급할 수 있는 아키텍처를 제공해야 한다.

우리의 표현은 사용된 방법을 최적화하는 것에 초점을 맞춘 것이 아닌, 기본 원칙에 중점을 두었는데 실제로는 훨씬 더 간소화된 버전의 구성을 사용할 가능성이 높다. 간단하지만 중요한 가이드 원칙은 코드를 잘 선택하는 것이다. 우리는 스테인 코드가 작업하기 쉽고 모든 근본 원리를 보여주기 때문에 스테인 코드에 집중했다. 하지만 실제로는 다른 코드가 훨씬 좋게 작동할지도 모른다. 예를 들면 구현에 사용되는 특정 물리계에서 노이즈가 발생할 때, 그 노이즈 유형으로부터 보호하기 위해 연접의 첫 번째 레벨에서 상당한 비용을 들여 최적화된 코드를 사용할 수 있다.

비록 임계값 정리 이면에 놓인 이론적 아이디어는 특정 양자계산 구현에서 널리 퍼진 노이즈에 따라 다양한 방식으로 적용될 수 있지만, 어떤 회의론자는 여전히 임계값을 증명할 수 있는 모든 노이즈 모델이 지나치게 제한적이며 실제 물리계 내에서는 실현되지 않을 거라고 주장할지도 모른다. 이러한 회의론에 대해서는 결국 대규모 결함허용 양자계산의 시연을 하는 실험실에서 오직 그 답을 낼 수 있다. 현재의 놀라운 결과를 보면 어떠한 물리학 원리도 양자 컴퓨터가 언젠가 실현되는 것을 억누르지 못한다고 예측할 수 있다.

요약하면, 10장에서는 양자계산의 특정 예를 중심으로 양자정보 처리가 탄력적인 방식으로 수행될 수 있는 기본 원리를 개괄적으로 설명했다. 이와 동일한 기본 기술은 양자정보 처리를 수행할 수 있는 임의의 다른 계에도 적용되는데, 이러한 다른 계에는 양자 암호학과 같은 작업을 수행하는 양자통신 채널 등이 해당된다. 알려진 모든 계에서는 양자정보가 극도로 취약하기 때문에 어떠한 실제 양자정보 처리 시스템에서도 어떤 형식의 양자 오류정정을 사용해야만 할 것이다. 그러나 놀랍게도 이들 기술은 아주 잘 먹혀서 구성요소의 오류확률이 어떤 일정한 임계값보다 작기만 하면 그러한 구성요소를 사용해서도 임의적으로 신뢰성 있는 양자계산을 수행할 수 있다.

문제 10.1: 채널 $\mathcal{E}_1$과 $\mathcal{E}_2$는 $\mathcal{E}_2 = \mathcal{U} \circ \mathcal{E}_1 \circ \mathcal{V}$가 되는 유니타리 채널 $\mathcal{U}$와 $\mathcal{V}$가 존재하면 서로 동등하다equivalent고 말한다.

1. 채널 동등성의 관계relation of channel equivalence가 동등관계equivalence relation임을 보여라.

2. $\mathcal{E}_1$에 대한 오류정정 코드를 $\mathcal{E}_2$에 대한 오류정정 코드로 어떻게 바꾸는지를 보여라. $\mathcal{E}_1$에 대한 오류정정 프로시저가 사영 측정 후에 조건부 유니타리 연산을 수행한다고 가정하면, 동일한 방식으로 $\mathcal{E}_2$에 대한 오류정정 프로시저를 어떻게 수행하는지 설명하라.

문제 10.2: (길버트-바르샤모프 경계) CSS 코드에 대한 길버트-바르샤모프 경계를 증명하라. 즉, 어떤 k에 대해 t개 오류를 정정하는 $[n, k]$ CSS 코드가 존재하면

$$\frac{k}{n} \geq 1 - 2H\left(\frac{2t}{n}\right) \tag{10.122}$$

가 된다는 것을 증명하면 된다. 도전하는 의미로 일반 안정자 코드에 대한 길버트-바르샤모프 경계도 증명해보아라. 즉, t큐비트의 오류를 정정하는 $[n, k]$ 안정자 코드가 존재하면

$$\frac{k}{n} \geq 1 - \frac{2\log(3)t}{n} - H\left(\frac{2t}{n}\right) \tag{10.123}$$

가 된다는 것을 증명하면 된다.

문제 10.3: (안정자 코드의 인코딩) 코드 생성원이 표준형이고 인코딩된 Z와 X 연산자가 표준형으로 구성됐다고 하자. 인코딩된 Z 연산과 함께 코드에 대한 모든 생성원 목록에 대응하는 $n \times 2n$ 검사행렬이 (10.124)에서 표준형인 (10.125)로 만드는 회로를 구하라.

$$G = \begin{bmatrix} 0 & 0 & 0 & I & 0 & 0 \\ 0 & 0 & 0 & 0 & I & 0 \\ 0 & 0 & 0 & 0 & 0 & I \end{bmatrix} \tag{10.124}$$

$$\begin{bmatrix} I & A_1 & A_2 & B & 0 & C_2 \\ 0 & 0 & 0 & D & I & E \\ 0 & 0 & 0 & A_2^T & 0 & I \end{bmatrix} \tag{10.125}$$

문제 10.4: (텔레포테이션에 의한 인코딩) 안정자 코드로 인코딩하기 위해 큐비트 $|\psi\rangle$를 받았지만 $|\psi\rangle$가 어떻게 만들었는지에 대해서는 아무 말도 듣지 못했다고 하자. 즉, $|\psi\rangle$은 알려지지 않은 상태다. 다음과 같은 방식으로 인코딩을 수행하는 회로를 만들어라.

1. 부분적으로 인코딩된 상태

$$\frac{|0\rangle|0_L\rangle + |1\rangle|1_L\rangle}{\sqrt{2}} \tag{10.126}$$

   를 어떻게 결함허용하게 만드는지를 설명하라. 이때 이 상태를 안정자 상태로 표현하라. 그러면 안정자 생성원을 측정해서 그 상태를 준비할 수 있다.

2. 이 상태의 인코딩되지 않은 큐비트와 $|\psi\rangle$를 가지고 어떻게 벨 기반 측정을 결함허용하게 수행하는지를 보여라.

3. 이 측정 후 나머지 인코딩된 큐비트를 고쳐서 보통의 양자 텔레포테이션 방식에서와 같이 $|\psi\rangle$로 되게 하는 데 필요한 파울리 연산을 구하라.

이 회로의 오류확률을 계산하라. 또한 결함허용 디코딩을 수행하기 위해 회로를 어떻게 수정하는지를 보여라.

문제 10.5: $C(S)$가 단일 큐비트에서 오류를 정정할 수 있는 $[n, 1]$ 안정자 코드라 하자. 이 코드를 사용하여 인코딩된 두 논리 큐비트 간에 어떻게 결함허용이 되는 제어형 NOT 게이트를 구현할 수 있는지 설명하라. 이때 결함허용 안정자 상태 준비, 안정자 요소의 결함허용 측정, 횡단으로 적용된 정규자 게이트만을 사용한다.

10장 요약: 양자 오류정정

- 양자 오류정정 코드: $[n, k, d]$ 양자 오류정정 코드는 n큐비트를 사용하여 거리 d의 k큐비트를 인코딩한다.

- 양자 오류정정 조건: C를 양자 오류정정 코드라 하고 P를 C의 사영연산자라 하자. 그러면 이 코드가 오류집합 $\{E_i\}$를 정정할 수 있기 위한 필요충분 조건은 복소수의 어떤 에르미트 행렬 α에 대해

$$PE_i^\dagger E_j P = \alpha_{ij} P \qquad (10.127)$$

가 되는 경우다.

- 안정자 코드: S를 안정자 코드 $C(S)$의 안정자라 하고 $\{E_j\}$가 모든 j와 k에 대해 $E_j^\dagger E_k \notin N(S) - S$가 되는 파울리 군의 오류집합이라 하자. 그러면 $\{E_j\}$는 코드 $C(S)$를 위한 정정 가능한 오류집합이 된다.

- 결함허용 양자계산: 인코딩된 양자상태에 대한 보편적 집합의 논리 연산은 인코딩된 상태의 유효 실패 확률이 $O(p^2)$와 같이 되도록 수행할 수 있다. 여기서 p는 그 바탕을 이루는 게이트의 실패 확률이다.

- 임계값 정리: 개별 양자 게이트의 노이즈가 어떤 일정한 임계값보다 낮고 물리적으로 합당한 가정을 따른다면, 신뢰성을 보장하는 데 필요한 회로 크기에서 작은 오버헤드만을 가지고 임의의 긴 양자계산을 신뢰성 있게 수행하는 것이 가능하다.

역사와 추가자료

고전정보이론에는 오류정정 코드에 대해 훌륭한 책이 많이 있다. 특히 맥윌리엄스와 슬론의 멋진 책[MS77]을 추천한다. 이 책은 초급 수준에서 시작하지만 고급 주제로 빠르면서도 부드럽게 넘어가며 방대한 범위의 자료를 다룬다. 웰시가 저술한 교재[Wel88]는 좀 더

최신 입문서이면서 내용도 아주 좋다.

양자 오류정정은 쇼어[Sho95]와 스테인[Ste96a]이 독자적으로 알아낸 것이다. 쇼어는 10.2절에서 제시한 9큐비트 코드를 구했고, 다른 방식을 사용한 스테인은 다입자 얽힌 상태^{multiple particle entangled state}의 간섭^{interference} 특성을 연구했다. 양자 오류정정 조건은 베넷, 디빈센조, 스몰린, 우터스[BDSW96] 그리고 닐, 라플램[KL97]이 독자적으로 증명했는데 에커트와 마키아벨로[EM96]의 초기 작업을 기반으로 한다. 5큐비트 코드는 베넷, 디빈센조, 스몰린, 우터스[BDSW96]가 알아냈으며 라플램, 미구엘, 파즈, 쥬렉[LMPZ96]도 독자적으로 발견했다.

칼더뱅크와 쇼어[CS96] 그리고 스테인[Ste96b]은 고전 오류정정 아이디어를 사용하여 CSS^{Calderbank-Shor-Steane} 코드를 개발했다. 칼더뱅크와 쇼어는 또한 CSS 코드에 대한 길버트-바르샤모프 경계도 언급하고 증명했다. 고테스만[Got96]은 안정자 형식을 고안하여 안정자 코드를 정의하고 특정 코드의 일부 속성을 조사했다. 이와는 별개로 칼더뱅크, 레인즈, 쇼어, 슬론[CRSS97]은 고전 코딩 이론의 아이디어를 바탕으로 양자 오류정정에 대해 본질적으로 동등한 접근법을 고안했다. 그들은 $GF(4)$ 직교 기하학 접근법[CRSS98]을 사용하여 알려진 거의 모든 양자 코드를 분류할 수 있었고, 또한 이전에 에커트와 마키아벨로가 언급했던 일반 안정자 코드에 대한 양자 길버트-바르샤모프 경계를 처음으로 증명했다[EM96]. 고테스만-닐 정리는 [Got97]에서 고테스만이 처음 언급한 것으로 보이는데, 이 논문에서 고테스만은 자신이 도입한 안정자 형식체계에 기반하여 증명했으며 그 결과를 얻은 것은 닐 덕분이라고 공을 돌렸다. 고테스만은 상당한 성공을 거두면서 다양한 문제에 안정자 형식체계를 적용했다. 예를 들면 샘플과 추가적인 참고자료용으로 [Got97]을 보기 바란다. 안정자 형식체계에 대한 우리의 표현은 주로 [Got97]을 바탕으로 하는데, 이 논문에서는 아다마르, 위상, 제어형 NOT가 정규자 $N(G_n)$을 생성한다는 결과를 비롯해서 우리가 설명한 대부분의 결과를 발견할 수 있다.

양자 코드의 특정 클래스에 대해서는 많은 구성이 알려져 있다. 여기서는 몇 가지만 거론한다. 레인즈, 하딘, 쇼어, 슬론[RHSS97]은 우리가 고려한 안정자 코드를 벗어나 흥미로운 양자 코드 예제를 만들었다. 많은 사람이 큐비트 이외의 계에 기반한 양자 코드를 고려했다. 특히 고테스만[Got98a]과 레인즈[Rai99b]의 업적을 언급하는데, 이들은 비2진 코드^{non-binary code}를 만들고 그러한 코드로 결함허용 계산을 고려했다. 아로노프와 벤오[ABO99]는 유한체^{finite field}에 대한 다항식을 기반으로 하는 흥미로운 기술을 사용하여 비2진 코드를 만들고 그러한 코드를 사용하여 결함허용 계산을 조사했다. 근사 양자 오류정정 Approximate quantum error-correction은 우리가 다루지 않은 또 다른 주제다. 근사 양자 오류정정이 코드 개선으로 이어질 수 있다는 사실은 레옹, 닐슨, 추앙, 야마모토[LNCY97]가 입증했다.

크고 흥미로운 양자 오류정정 코드(10장의 범위를 벗어남)는 무노이즈 양자 코드noiseless quantum code와 결잃음 자유 부분공간decoherence free subspace이라는 이름으로 다양하게 알려져 있다. 이러한 주제들에 있어서 상당한 업적이 존재한다(그리고 이들 업적은 주제 간의 연결을 명확히 한다). 이에 대한 자료에 있어서는 자나르디와 라세티[ZR98, Zan99] 그리고 라이다, 추앙, 웨일리[LCW98] 그리고 베이컨, 켐페, 라이다, 웨일리[BKLW99, LBW99] 그리고 닐, 라플램, 비올라[KLV99]의 논문을 참고한다.

양자 오류정정 코드에 대한 경계는 많이 알려져 있는데, 비슷한 고전 경계에서 따오는 경우가 종종 있다. 에커트와 마키아벨로[EM96]는 해밍 경계의 양자 유사성을 증명할 수 있다고 언급했다. 이 구성과 '퇴화' 양자 코드의 역할은 이후 고테스만[Got96]에 의해 명확해졌다. 쇼어와 라플램[SL97]은 고전 코딩 이론의 결과인 맥밀리엄스 항등식의 양자 유사성을 증명했다. 이로 인해 아시크민[Ash97] 그리고 아시크민과 라이트신[AL99]은 양자 코드(가중 열거자weight enumerator)와 관련된 특정 다항식의 특성을 연구한 작업을 많이 한 것은 물론이고 양자 코드에 대한 경계 문제에 있어서 더 많은 일반적인 작업을 할 수 있었고, 레인즈는 그 주제에 관한 논문들[Rai98, Rai99c, Rai99a]을 발표했다.

고전 컴퓨터의 결함허용 계산 이론에 대해서는 폰 노이만[von56]이 연구했으며 위노그라드와 코완의 논문[WC67]에서 논의됐다. 쇼어[Sho96]는 결함허용의 개념을 양자계산에 도입했고 모든 기본 결함허용 단계(상태 준비, 양자 논리, 오류정정, 측정)를 어떻게 수행하는지를 보여주었다. 키타예프[Kit97b, Kit97c]는 많은 유사 아이디어를 독자적으로 개발했는데, 그 아이디어에는 많은 기본 양자 논리 게이트에 대한 결함허용 구성이 들어간다. 시랙, 펠리자리, 졸러[CPZ96] 그리고 쥬렉과 라플램[ZL96]도 일찍이 결함허용 양자계산 쪽으로 관심을 기울였다. 디빈센조와 쇼어[DS96]는 쇼어의 최초 구성을 일반화시켜 안정화 코드에 대한 증후군의 결함허용 측정을 어떻게 수행하는지를 보여주었고, 고테스만[Got98b]은 모든 결함허용 구성을 일반화시켜 어떠한 안정자 코드로도 결함허용 계산을 어떻게 수행하는지를 보여주었다. 이 업적에 대한 일반적인 리뷰와 다른 많은 조사 자료는 [Got97]에서 찾을 수 있다. 이 논문에는 문제 10.5를 해결하는 구성이 들어 있다. 결함허용 π/8와 토폴리 게이트 구성은 고테스만과 추앙[GC99] 그리고 저우와 추앙[ZLC00]이 개발한 여러 의

견을 바탕으로 한다. 확인문제 10.68에 나타낸 결함허용 토폴리 회로는 실제로 쇼어[Sho96]가 만든 원본이다. 스테인[Ste99]은 결함허용 프로시저를 위한 독창적인 구성을 많이 개발했다.

키타예프[Kit97a, Kit97b]는 결함허용을 구현하기 위해 멋진 아이디어들을 도입했고, 양자 오류정정의 성능을 지원하기 위해 토폴로지 방법topological method을 사용했다. 그 기본 아이디어는 정보가 계의 토폴로지로 저장되면 해당 정보가 자연스럽게 노이즈의 영향에 맞서 아주 강해진다는 것이다. 추가적으로 브라비와 키타예프[BK98b] 그리고 프리드만과 마이어[FM98]의 논문을 통해 이러한 아이디어와 그 외의 많은 우아한 아이디어가 개발됐다. 프레스킬은 전체적으로 양자 오류정정 분야에 대해 훌륭한 리뷰[Pre97]를 냈다. 이 논문에는 특히 토폴로지 양자 오류정정에 대한 아름다운 설명은 물론이고 블랙홀과 양자 중력에 대한 근본적 의문에 있어서 통찰력을 얻기 위해 토폴로지 오류정정을 사용할 수 있는지에 대한 도발적인 논의가 들어 있다!

많은 다른 그룹은 양자계산에 대한 임계값 결과를 증명했다. 이들 결과는 다양한 가정을 유지하며 본질적으로 다른 임계값 정리를 제공한다. 아로노프와 벤오[ABO97, ABO99] 그리고 키타예프[Kit97c, Kit97b]의 임계값 증명에는 빠르고 신뢰성 있는 고전계산이 필요치 않다. 아로노프와 벤오[ABO97]는 임계값 결과를 유지하기 위해 각 시간단계timestep에서 양자 컴퓨터에 일정한 병렬성이 있어야 한다는 것을 보여주었다. 임계값 증명에 있어서 고테스만[Got97] 그리고 프레스킬[Pre98c, GP10]은 임계값에 대해 특히 세부적인 최적화를 제공했다. 닐, 라플램, 쥬렉[KLZ98a, KLZ98b]의 결과는 오류 모델의 광범위한 클래스에 대한 임계값 정리를 증명하는 데 중점을 두었다. 아로노프, 벤오, 임팔리아조, 니산[ABOIN96]은 임계값에 대해 신선한 큐비트 공급이 필요함을 보여주었다. 더 많은 참고문헌과 역사적 자료는 지금까지 인용한 저작물 속에서 찾을 수 있다. 특히 각 그룹은 결함허용 양자계산에 대한 쇼어의 선구적인 작업[Sho96]을 바탕으로 만들어졌다.

결함허용 양자계산에 대해 훌륭한 리뷰들이 아주 많이 작성되어 다양한 관점에서 이 책에 나온 것보다 훨씬 더 세부적으로 기본 아이디어를 개발했다. 아로노프의 논문[Aha99a]에서는 임계값 정리와 관련된 많은 자료를 독자적인 방식으로 개발했다. 고테스만의 논문[Got97]에서도 양자 코드의 특성에 더 중점을 두고 결함허용 양자계산에 대한 리뷰를 제공하고 다양한 코드에 대한 결함허용 구성을 개발했다. 닐, 라플램, 쥬렉[KLZ98a]은 임계값 결과에 대해 약간 쉬운 개요를 작성했다. 마지막으로 프레스킬은 양자 오류정정 및 결함허용 양자계산을 설명하는 2개의 훌륭한 논문[Pre98c, Pre98a]을 작성했다.

11
엔트로피와 정보

엔트로피^{entropy}는 양자정보이론의 핵심 개념이다. 그것은 물리계의 상태에 얼마나 많은 불확실성이 존재하는지를 측정한다. 11장에서는 고전정보이론과 양자정보이론 모두에서 엔트로피의 기본 정의와 특성을 검토한다. 아울러 다소 상세하고 긴 수학적 논증이 포함돼 있다. 11장을 처음 대할 때는 가볍게 읽고 이후에는 참고할 목적으로 다시 읽어보는 게 좋다.

11.1 섀넌 엔트로피

고전정보이론의 핵심 개념은 섀넌 엔트로피$^{Shannon\ entropy}$다. 확률변수 X의 값을 알아본다고 하자. X의 엔트로피는 X의 값을 학습할 때 평균적으로 얻는 정보의 양을 값으로 나타낸다. 다른 관점으로 보면 X의 엔트로피는 우리가 X의 값을 알게 되기 전의 X에 대한 불확실성의 양을 측정한 것이다. 이 두 가지 견해는 상호보완적이다. 즉, 엔트로피를 X의 값을 학습하기 전에 불확실성의 측도^{measure}로 볼 수도 있고, X의 값을 학습한 후에 얼마나 많은 정보를 얻었는지에 대한 측도로 볼 수도 있다.

직관적으로 보면, 확률변수의 정보내용은 그 확률변수가 갖는 값에 어떠한 레이블을 붙이더라도 달라져서는 안 된다. 예를 들면 각 확률이 1/4과 3/4인 '앞'과 '뒤' 값을 갖는 확률변수는 각 확률이 1/4과 3/4인 0과 1 값을 갖는 확률변수와 동일한 양의 정보를 포함하는 것으로 기대되어야 한다. 이러한 이유로 확률변수의 엔트로피는 확률변수가 가질 수 있는 다양한 값의 확률함수로 정의되며 해당 값에 사용되는 레이블의 영향을 받지 않는다. 엔트로피는 확률분포 $p_1, \ldots, p_n$의 함수로 표현하는 경우가 많다. 이 확률분포와 관

련된 섀넌 엔트로피는

$$H(X) \equiv H(p_1, \ldots, p_n) \equiv -\sum_x p_x \log p_x \tag{11.1}$$

로 정의한다. 이 정의에 대해서는 곧 검증할 것이다. 이 정의에서(그리고 이 책 전체에서)
'log'로 표시한 로그는 밑이 2인 반면, 'ln'은 자연 로그를 나타낸다는 점을 알아두자. 관례
상, 이 로그 규칙을 사용해서 엔트로피를 '비트'로 측정한다고 말한다. $\log 0$이 정의되지
않기 때문에 $p_x = 0$일 때 어떻게 될지 궁금할 것이다. 직관적으로 보면, 절대 발생할 수
없는 사건은 엔트로피에 기여해서는 안 되므로 관례에 따라 $\log 0 \equiv 0$으로 정한다. 좀 더
형식을 갖춰 말하면 $\lim_{x \to 0} x \log x = 0$이 되는데, 이렇게 표현하는 것이 관례적으로 더
낫다.

  엔트로피를 이렇게 정의한 이유는 무엇일까? 이 절의 끝 부분에 있는 확인문제 11.2에
서는 이 엔트로피 정의에 대해 직관적으로 옳다는 것을 입증해볼 텐데, 이것은 정보측도
에 대해 기대할 수 있는 어떤 '합리적인' 공리를 바탕으로 한다. 이 직관적 정당화는 괜찮
긴 하지만 전체적으로 그렇다는 말은 아니다. 이 엔트로피 정의가 가장 좋은 이유는 정보
를 저장하는 데 필요한 자원을 값으로 매기는 데 사용할 수 있기 때문이다. 좀 더 구체적
으로 말하자면, 비트 문자열^{bit string}과 같은 어떤 종류의 정보를 생성하는 소스(이를 테면 라
디오 안테나)가 있다고 하자. 또한 그 소스에 대해 아주 간단한 모델을 고려해보자. 즉, 독
립적이면서 동일하게 분포된 확률변수들의 문자열 X_1, X_2,…를 생성하는 것으로 이 소
스를 모델링한다. 대부분의 실제 정보 소스는 이러한 방식으로 동작하지 않지만, 현실에
대해 이렇게 근사시켜도 괜찮은 경우가 많다. 섀넌은 소스가 만들어내는 정보를 저장하는
데 필요한 최소의 물리자원이 무엇인지 의문을 제기했는데, 그것도 나중에 정보를 재생
산할 수 있는 방식으로 저장할 때를 말한다. 이 의문에 대한 답은 엔트로피라는 것으로
밝혀졌다. 즉, 소스 기호당 $H(X)$ 비트가 필요하다. 여기서 $H(X) \equiv H(X_1) = H(X_2) = \ldots$는
소스를 모델링하는 각 확률변수의 엔트로피다. 이 결과를 섀넌의 무노이즈 코딩 정리
Shannon's noiseless coding theorem라 하며, 12장에서 고전 버전과 양자 버전을 모두 증명할 것
이다.

  섀넌의 무노이즈 채널 코딩 정리의 구체적인 예를 알아보기 위해 정보 소스가 1, 2, 3,
4라는 4개 기호 중 하나를 생성한다고 하자. 압축하지 않으면 소스를 사용할 때마다 4개
의 가능한 출력에 대해 저장 공간이 2비트씩 소비된다. 이때 소스는 기호 1을 확률 1/2로

생성하고, 기호 2를 1/4 확률로, 기호 3과 4를 각각 1/8 확률로 생성한다고 하자. 소스 출력 간에 편향^{bias}을 적용하면 소스를 압축할 수 있다. 즉, 1과 같이 일반적으로 발생하는 기호를 저장할 때는 비트를 적게 사용하고 3과 4와 같이 드물게 발생하는 기호를 저장할 때는 비트를 많이 사용하는 것이다. 가능한 압축방식 한 가지를 예로 들면, 1은 비트 문자열 0으로, 2는 비트 문자열 10으로, 3은 비트 문자열 110으로, 4는 비트 문자열 111로 인코딩한다. 압축된 문자열의 평균 길이는 소스 사용당 $\frac{1}{2}\cdot 1 + \frac{1}{4}\cdot 2 + \frac{1}{8}\cdot 3 + \frac{1}{8}\cdot 3 = 7/4$ 비트 정보가 된다. 이 값은 그 소스를 그냥 저장하는 방법보다 더 적다! 놀랍게도 이 값은 그 소스의 엔트로피인 $H(X) = -1/2 \log(1/2) - 1/4 \log(1/4) - 1/8 \log(1/8) - 1/8 \log(1/8) = 7/4$와 일치한다! 더욱이 소스를 이보다 더 압축하려고 하면 데이터가 복구 불가능하게 손실되는 것으로 나타났다. 즉, 엔트로피는 달성될 수 있는 최적의 압축을 값으로 나타낸다.

데이터 압축 면에서 엔트로피 정의가 이렇게 연산으로 들어맞는 것을 보면 양자와 고전 양쪽 모두의 정보이론에 대한 핵심 철학을 엿볼 수 있다. 즉, 정보 처리 문제를 해결하는 데 어떤 물리자원이 필요한지 의문을 갖다가 그 답으로서 기본 정보측도를 만들어낸 것이다.

확인문제 11.1: (엔트로피의 간단한 계산) 공정한(각 면이 나올 확률이 같은) 동전 던지기와 관련된 엔트로피는 무엇인가? 공정한 주사위의 경우에는? 동전이나 주사위가 불공정하다면 엔트로피는 어떻게 작동할까?

확인문제 11.2: (엔트로피 정의에 대한 직관적인 정당화) 확률적 실험에서 발생할 수 있는 사건 E에서 나오는 정보의 양을 값으로 매긴다고 하자. E 사건에 의해 값이 결정되는 '정보함수' $I(E)$를 사용하여 이를 수행한다. 이 함수에 대해서는 다음과 같이 가정하자.

1. $I(E)$는 E 사건의 확률만을 나타내는 함수이므로 $I = I(p)$로 표현할 수 있다. 여기서 p는 0부터 1까지 범위의 확률이다.

2. I는 확률에 대해 매끈한 함수$^{smooth\ function}$[1]다.

3. $p, q > 0$일 때 $I(pq) = I(p) + I(q)$이다(해석: 각각 p와 q 확률의 두 독립사건이 발생했을 때 얻은 정보는 각 사건 하나씩으로부터 얻은 정보의 합과 같다).

---

1 어떤 함수가 무한 번 미분 가능할 때 그 함수를 매끈한 함수라 한다. - 옮긴이

어떤 상수 k에 대해 $I(p) = k \log p$임을 보여라. 이로 인해 확률이 $p_1,\ldots,p_n$인 배반사건 집합 중 한 사건이 발생할 때 평균 정보 이득[average information gain]은 $k\sum_i p_i \log p_i$인데, 이는 상수 계수를 무시하면 섀넌 엔트로피가 된다.

박스 11.1: 엔트로피 양자 불확정성 원리

양자역학의 불확정성 원리를 재구성하는 우아한 엔트로피 방법이 있다. 박스 2.4의 하이젠베르크 불확정성 원리를 상기하자. 이 원리는 $|\psi\rangle$ 상태의 양자계에 있어서 관측가능량 C와 D에 대한 표준편차 $\Delta(C)$와 $\Delta(D)$가 관계식

$$\Delta(C)\Delta(D) \geq \frac{|\langle\psi|[C, D]|\psi\rangle|}{2} \tag{11.2}$$

을 만족시켜야 한다고 말한다. $C = \sum_c c|c\rangle\langle c|$와 $D = \sum_d d|d\rangle\langle d|$는 C와 D에 대한 스펙트럼 분해라 하자. 또한 $f(C, D) \equiv \max_{c, d} |\langle c|d\rangle|$는 $|c\rangle$와 $|d\rangle$의 두 고유벡터 간의 최대 충실도로 정의하자. 예를 들어 파울리 행렬 X와 Z의 경우 $f(X, Z) = 1/\sqrt{2}$가 된다.

양자계가 $|\psi\rangle$ 상태로 준비됐다고 가정하고 $p(c)$는 C의 측정과 관련된 확률분포, 이와 관련된 엔트로피는 $H(C)$ 그리고 $q(d)$는 D의 측정과 관련된 확률분포, 이와 관련된 엔트로피는 $H(D)$라 하자. 엔트로피 불확정성 원리란

$$H(C) + H(D) \geq 2\log\left(\frac{1}{f(C, D)}\right) \tag{11.3}$$

가 된다는 것을 의미한다. 이 결과에 대해 완벽하게 증명하려면 이 책의 범위를 벗어난다(알아보고 싶다면 '역사와 추가자료'를 보기 바란다). 하지만 좀 느슨한 결과[weaker result]인

$$H(C) + H(D) \geq -2\log\frac{1 + f(C, D)}{2} \tag{11.4}$$

에 대해서는 쉽게 증명할 수 있다. 이를 증명하기 위해

$$H(C) + H(D) = -\sum_{cd} p(c)q(d)\log(p(c)q(d)) \tag{11.5}$$

가 되는 것에 주목하자. 위 식에서 $p(c)q(d) = |\langle c|\psi\rangle\langle\psi|d\rangle|^2$로 만드는 것을 목표로 한다. 그러기 위해서 $|\tilde{\psi}\rangle$는 $|c\rangle$과 $|d\rangle$가 생성하는 평면 위로 $|\psi\rangle$를 사영시킨 것이라 하자. 그러면 $|\tilde{\psi}\rangle$은 1과 같거나 작은 노름^{norm} λ를 갖는다. $|d\rangle$이 이 평면에 있는 $|c\rangle$과 θ 각을 이루고 $|\tilde{\psi}\rangle$이 $|d\rangle$과 φ 각을 이루면 $p(c)q(d) = |\langle c|\tilde{\psi}\rangle\langle\tilde{\psi}|d\rangle|^2 = \lambda^2 \cos^2(\theta - \varphi)\cos^2(\varphi)$가 된다는 것을 알 수 있다. 미적분을 통해 $\lambda = 1$과 $\varphi = \theta/2$일 때 최댓값이 나오는데, 이때 $p(c)q(d) = \cos^4(\theta/2)$가 되며 형식

$$p(c)q(d) = \left(\frac{1 + |\langle c|d\rangle|}{2}\right)^2 \tag{11.6}$$

로 바꿀 수 있다. 이 식을 (11.5) 식과 결합하면

$$H(C) + H(D) \geq -2\log\frac{1 + f(C, D)}{2} \tag{11.7}$$

가 나오며 증명이 끝난다.

11.2 엔트로피의 기본 특성

11.2.1 2진 엔트로피

2진수 결과의 확률변수에 대한 엔트로피는 아주 유용해서 2진 엔트로피$^{\text{binary entropy}}$라는 특별한 이름이 붙으며

$$H_{\text{bin}}(p) \equiv -p\log p - (1 - p)\log(1 - p) \tag{11.8}$$

로 정의한다. 여기서 p와 $1 - p$는 2진수 결과의 확률이다. 문맥상 의미를 명확히 알 수 있으면 $H_{\text{bin}}(p)$보다 $H(p)$를 쓴다. 2진 엔트로피 함수는 그림 11.1에 그려져 있다. $H(p) = H(1 - p)$가 성립하며 $H(p)$는 $p = 1/2$에서 최댓값 1을 갖는다.

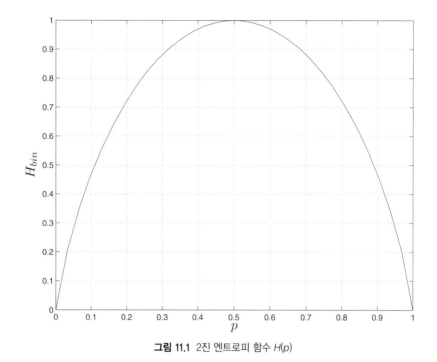

그림 11.1 2진 엔트로피 함수 $H(p)$

2진 엔트로피를 보면 엔트로피의 일반적인 특성을 이해하기 좋다. 특히 흥미로운 특성 중 하나는 2개 이상의 확률분포를 혼합할 때 엔트로피가 거동하는 방식이다. 예를 들어 앨리스가 25센트짜리 미국 동전 하나, 1달러짜리 호주 동전 하나, 이렇게 2개의 동전을 갖고 있다고 하자. 두 동전 모두 한쪽으로 쏠리도록 모양을 찌그러뜨려 미국 동전의 앞면 확률은 p_U가 되고 호주 동전의 앞면 확률은 p_A가 됐다. 앨리스가 q 확률로 미국 동전을 던지고 $1 - q$ 확률로 호주 동전을 던져 밥^{Bob}에게 그 결과가 앞면인지 뒷면인지를 알린다고 하자. 밥은 평균적으로 얼마나 많은 정보를 얻을까? 직관적으로 보면 밥은 미국 동전 던지기 또는 호주 동전 던지기에서 얻은 정보의 평균만큼 최소한의 정보를 얻어야 한다. 이러한 직관적 생각을 식으로 나타내면

$$H(qp_U + (1 - q)p_A) \geq qH(p_U) + (1 - q)H(p_A) \tag{11.9}$$

가 된다. 때로는 이 부등식은 근사식이 아닌 정확한 식일 수 있는데, 그 이유는 밥이 동전의 값(앞면 또는 뒷면)에 관한 정보뿐만 아니라 동전 식별에 관한 추가 정보도 얻기 때문이다. $p_U = 1/3$이고 $p_A = 5/6$이며 앞면이 나오면 밥은 그 동전이 호주 동전이라는 꽤 좋은 지표를 받은 것이다.

(11.9) 식은 확실히 올바른 것으로 보인다. 이 식은 좀 더 넓은 개념의 예인데, 거리측도를 논할 때인 9장에서 마주쳤던 **오목성**^{concavity}의 예인 것이다. 0부터 1까지 범위의 어떠한 p에 대해서도

$$f(px + (1 - p)y) \geq pf(x) + (1 - p)f(y) \tag{11.10}$$

이면, 실수 값 함수 f는 오목하다고 말한다는 점을 상기하자. 이러한 2진 엔트로피는 확실히 오목한 것으로 보이는데, 그림 11.1을 눈으로 봐도 알 수 있고 그 그래프를 어떠한 직선으로 가로질렀을 때 위쪽으로 그래프가 드러나는 것으로도 파악할 수 있기 때문이다. 우리는 고전 엔트로피와 양자 엔트로피의 오목 특성에 많은 관심을 기울일 것이다. 위의 직관적인 주장이 단순하기 때문에 그냥 그렇다는 잘못된 안주에 빠지지는 말자. 즉, 양자정보에서 아주 깊이 있는 결과의 대부분은 고전 또는 양자 엔트로피의 오목 특성을 능숙하게 적용하는 데 뿌리를 두고 있다.

더욱이 양자 엔트로피의 경우, 엔트로피가 오목 특성을 가질 것인지에 관한 직관적 생각이 옳은지 입증하는 것은 가끔 어려울 때가 있다.

확인문제 11.3: 2진 엔트로피 $H_{\mathrm{bin}}(p)$는 $p = 1/2$에서 최댓값 1이 나온다는 것을 증명하라.

확인문제 11.4: (2진 엔트로피의 오목성) 그림 11.1에서 2진 엔트로피는 오목함수인 것으로 나타난다. 이것이 사실임을 증명하라. 즉,

$$H_{\mathrm{bin}}(px_1 + (1 - p)x_2) \geq pH_{\mathrm{bin}}(x_1) + (1 - p)H_{\mathrm{bin}}(x_2) \tag{11.11}$$

가 됨을 증명하면 되는데, 여기서 $0 \leq p, x_1, x_2 \leq 1$이다. 또한 2진 엔트로피가 엄밀하게 오목하다는 것도 증명하라. 즉, 위의 부등식에서 등호가 성립하기 위한 필요충분조건은 자명한 경우인 $x_1 = x_2$ 또는 $p = 0$ 또는 $p = 1$이라는 것을 증명하면 된다.

11.2.2 상대 엔트로피

상대 엔트로피^{relative entropy}란 엔트로피와 비슷하지만 동일한 인덱스 집합 x에 대해 두 확률분포 $p(x)$와 $q(x)$가 얼마나 차이 나는지를 따지는 아주 유용한 측도다. $p(x)$와 $q(x)$가 동일한 인덱스 집합 x에 대한 두 확률분포라 하자. $q(x)$에 대한 $p(x)$의 상대 엔트로피는

$$H(p(x)\|q(x)) \equiv \sum_x p(x) \log \frac{p(x)}{q(x)} \equiv -H(X) - \sum_x p(x) \log q(x) \tag{11.12}$$

로 정의한다. 여기서 $-0 \log 0 \equiv 0$로 정의하고 $p(x) > 0$인 경우에는 $-p(x) \log 0 \equiv +\infty$ 로 정의한다.

상대 엔트로피가 무엇에 좋은지, 이것이 왜 두 분포 간의 거리를 측정하는 좋은 측도 가 되는지는 지금 바로 알지 못할 것이다. 다음 정리를 통해 상대 엔트로피가 거리측도 같은 것으로 간주되는 이유를 알아보자.

정리 11.1: (상대 엔트로피가 음이 아닌 성질)   상대 엔트로피는 음이 아니다. 즉, $H(p(x) \| q(x))$ ≥ 0인데 등호가 성립하기 위한 필요충분조건은 모든 x에 대해 $p(x) = q(x)$이다.

증명

정보이론에서 매우 유용한 부등식은 $\log x \ln 2 = \ln x \leq x - 1$이다. 이때, x는 양수이며 등호가 성립하기 위한 필요충분조건은 $x = 1$이다. 여기서 이 식을 $-\log x \geq (1 - x)/\ln 2$ 로 약간 바꾸어 적용하면

$$H(p(x) \| q(x)) = -\sum_x p(x) \log \frac{q(x)}{p(x)} \tag{11.13}$$

$$\geq \frac{1}{\ln 2} \sum_x p(x) \left(1 - \frac{q(x)}{p(x)} \right) \tag{11.14}$$

$$= \frac{1}{\ln 2} \sum_x (p(x) - q(x)) \tag{11.15}$$

$$= \frac{1}{\ln 2}(1 - 1) = 0 \tag{11.16}$$

이 되어 원하던 부등식이 나온다. 등호 조건은 쉽게 알 수 있는데, 두 번째 줄에서 등호가 성립하기 위한 필요충분조건은 모든 x에 대해 $q(x)/p(x) = 1$이다. 즉, 분포가 동일한 경우 라는 점에 주목한다. ∎

상대 엔트로피는 유용할 경우가 많은데, 그 자체가 아니라 다른 엔트로피 양이 상대 엔트로피의 특별한 경우로 간주될 수 있기 때문이다. 그러므로 상대 엔트로피에 관한 결 과는 다른 엔트로피 양에 대한 특별한 경우의 결과가 된다. 예를 들면 엔트로피의 음이 아닌 성질을 사용하여 엔트로피에 대해 다음과 같은 근본적인 사실을 증명할 수 있다. 즉, $p(x)$가 d개의 결과에 대한 X의 확률분포라 하자. 또한 $q(x) \equiv 1/d$은 이러한 결과에 대해 균일한 확률분포라 하자. 그러면

$$H(p(x) \| q(x)) = H(p(x) \| 1/d) = -H(X) - \sum_x p(x) \log(1/d) = \log d - H(X) \tag{11.17}$$

가 된다. 상대 엔트로피의 음이 아닌 성질(정리 11.1)로부터 $\log d - H(X) \geq 0$임을 알 수 있다. 이때, 등호가 성립하기 위한 필요충분조건은 X가 균일하게 분포되는 것이다. 이것은 기초적 사실이지만, 아주 중요하므로 다음과 같이 공식적으로 하나의 정리로서 다시 언급한다.

정리 11.2: X가 d개의 결과를 갖는 확률변수라 하자. 그러면 $H(X) \leq \log d$가 되며, 여기서 등호가 성립하기 위한 필요충분조건은 X가 d개의 결과에 대해 균일하게 분포되는 것이다.

우리는 고전 및 양자 엔트로피 연구에서 이 기법(상대 엔트로피 측면에서 엔트로피 양에 대한 표현을 구하기)을 종종 사용한다.

확인문제 11.5: (섀넌 엔트로피의 준가법성 Subadditivity[2]**)** $H(p(x, y)\|p(x)p(y)) \geq H(p(x)) + H(p(y)) - H(p(x, y))$임을 보여라. $H(X, Y) \leq H(X) + H(Y)$가 되며, 여기서 등호가 성립하기 위한 필요충분조건은 X와 Y가 서로 독립인 확률변수라는 점을 이용한다.

11.2.3 조건부 엔트로피와 상호정보

X와 Y가 두 확률변수라 하자. X의 정보내용은 Y의 정보내용과 어떤 관련이 있을까? 이 절에서는 이 질문에 답하는 데 도움이 되는 두 개념(조건부 엔트로피와 상호정보[3])을 소개한다. 이들 개념에 대해 이 책에 나온 정의는 좀 형식적이라서 때로는 특정 양(말하자면 조건부 엔트로피)을 왜 이 책에서 언급하는 방식으로 해석해야 하는지에 대해 혼란스러울 수 있다. 이러한 정의들이 궁극적으로 옳다는 것을 입증하려면 자원 질문에 답하는 것이며(12장에서 자세히 알아볼 것이다) 그 양을 어떻게 해석할지는 답변할 자원 질문의 성질에 따라 달라진다는 것을 명심하자.

우리는 앞 절에서 은연 중에 한 쌍의 확률변수에 대한 결합 엔트로피joint entropy를 이미 마주친 적이 있다. 명확하게 하기 위해 이제 이 정의를 있는 그대로 나타낼 것이다. X와 Y의 결합 엔트로피는

$$H(X, Y) \equiv - \sum_{x,y} p(x, y) \log p(x, y) \tag{11.18}$$

---

2   정의역의 원소 x_1, x_2에 대해 $f(x_1 + x_2) \leq f(x_1) + f(x_2)$를 만족시키는 함수 $f(x)$의 성질을 의미한다. – 옮긴이

3   상호정보량이라고도 한다. – 옮긴이

라는 확실한 방식으로 정의한다. 또한 명백한 방식으로 확률변수의 어떠한 벡터로도 확장시킬 수 있다. 결합 엔트로피는 (X, Y) 쌍에 관한 총 불확실성을 측정한다. Y의 값을 알고 있어서 (X, Y) 쌍에 관한 $H(Y)$ 비트 정보를 획득했다고 하자. (X, Y) 쌍에 관해 남아 있는 불확실성이란 우리가 Y를 안다고 해도 X에 관해 잘 모르는 것과 관련이 있다. 그러므로 Y를 알고 있다는 조건이 주어질 때 X의 엔트로피는

$$H(X|Y) \equiv H(X, Y) - H(Y) \tag{11.19}$$

로 정의한다. 이 조건부 엔트로피conditional entropy란 Y 값을 알고 있을 때 X 값이 평균적으로 얼마나 불확실한지에 대한 측도인 것이다.

두 번째 값인, X와 Y의 상호정보내용mutual information content은 X와 Y가 얼마나 많은 정보를 공통으로 갖고 있는지를 측정한다. Y의 정보내용에 X의 정보내용인 $H(X)$를 더한다고 하자. X와 Y에 공통으로 들어간 정보는 이 합계에서 두 번 계산되고, 공통이 아닌 정보는 정확히 한 번 계산된다. (X, Y)의 결합정보인 $H(X, Y)$를 빼면 X와 Y의 공통정보common information 또는 상호정보mutual information를 얻게 된다. 즉,

$$H(X : Y) \equiv H(X) + H(Y) - H(X, Y) \tag{11.20}$$

이다. 조건부 엔트로피와 상호정보를 결합하면 $H(X : Y) = H(X) - H(X|Y)$라는 유용한 등식이 나온다는 점에 주목한다.

섀넌 엔트로피가 어떻게 동작하는지 감을 잡기 위해 이제 각 엔트로피 간의 간단한 관계를 알아보자.

정리 11.3: (섀넌 엔트로피의 기본 특성)

1. $H(X, Y) = H(Y, X)$, $H(X : Y) = H(Y : X)$.

2. $H(Y|X) \geq 0$이고, 따라서 $H(X : Y) \leq H(Y)$가 된다. 이때 등호가 성립하기 위한 필요충분조건은 Y가 X의 함수, 즉 $Y = f(X)$인 경우다.

3. $H(X) \leq H(X, Y)$. 이때 등호가 성립하기 위한 필요충분조건은 Y가 X의 함수인 경우다.

4. 준가법성: $H(X, Y) \leq H(X) + H(Y)$. 이때 등호가 성립하기 위한 필요충분조건은 X와 Y가 무작위 독립변수인 경우다.

5. $H(Y|X) \leq H(Y)$이고, 따라서 $H(X : Y) \geq 0$가 된다. 이때 각각 등호가 성립하기 위한 필요충분조건은 X와 Y가 무작위 독립변수인 경우다.

6. 강한 준가법성: $H(X, Y, Z) + H(Y) \leq H(X, Y) + H(Y, Z)$. 이때 등호가 성립하기 위한 필요충분조건은 $Z \to Y \to X$가 마르코프 연쇄^{Markov chain}를 형성하는 것이다.

7. 조건을 추가하면 엔트로피가 줄어든다: $H(X \mid Y, Z) \leq H(X \mid Y)$

대부분의 증명은 뻔하거나 쉬운 문제다. 다음에 약간의 힌트를 제시했다.

증명

1. 관련 정의를 보면 바로 알 수 있다.

2. $p(x, y) = p(x)p(y \mid x)$이므로

$$H(X, Y) = - \sum_{xy} p(x, y) \log p(x)p(y \mid x) \tag{11.21}$$

$$= - \sum_{x} p(x) \log p(x) - \sum_{xy} p(x, y) \log p(y \mid x) \tag{11.22}$$

$$= H(X) - \sum_{xy} p(x, y) \log p(y \mid x) \tag{11.23}$$

가 된다. 따라서 $H(Y \mid X) = -\sum_{xy} p(x, y) \log p(y \mid x)$가 된다. 그런데 $-\log p(y \mid x) \geq 0$이므로 $H(Y \mid X) \geq 0$이 되며 등호가 성립하기 위한 필요충분조건은 Y가 X의 결정적 함수^{deterministic function4}인 경우다.

3. 위의 결과를 보면 알 수 있다.

4. 준가법성과 그 아래의 강한 준가법성을 증명하기 위해 또다시 모든 양수 x에 대해 $\log x \leq (x - 1)/\ln 2$라는 사실을 사용하며 등호가 성립하기 위한 필요충분조건은 $x = 1$이다. 그러면

$$\sum_{x,y} p(x, y) \log \frac{p(x)p(y)}{p(x, y)} \leq \frac{1}{\ln 2} \sum_{x,y} p(x, y) \left(\frac{p(x)p(y)}{p(x, y)} - 1 \right) \tag{11.24}$$

$$= \frac{1}{\ln 2} \sum_{x,y} p(x)p(y) - p(x, y) = \frac{1 - 1}{\ln 2} = 0 \tag{11.25}$$

가 된다. 이렇게 준가법성을 따른다는 것을 알 수 있다. 등호가 성립하기 위한 필요충분조건은 모든 x와 y에 대해 $p(x, y) = p(x)p(y)$이다. 즉, 이 준가법성 등식이 포화[5]되기 위한 필요충분조건은 X와 Y가 서로 독립인 경우다.

---

4   동일한 상태(또는 입력 값)에 대해 같은 결과를 출력하는 함수. 동일한 상태라도 확률에 따라 다른 결과를 출력하는 함수는 비결정적 함수이다. – 옮긴이

5   포화의 의미는 654페이지의 확인문제 10.50을 참조한다. – 옮긴이

5. 준가법성과 관련 정의를 보면 알 수 있다.

6. 섀넌 엔트로피의 강한 준가법성에 대해서는 준가법성을 증명할 때와 같은 기법을 사용하면 된다. 그 증명보다 난이도가 약간 더 높을 뿐이다. 이 증명은 확인문제 11.6로 주어질 것이다.

7. 직관적으로 보면 Y만 알고 있을 경우의 X에 관한 불확실성보다 Y와 Z의 값을 알고 있을 경우의 X에 관한 불확실성이 작을 것으로 기대된다. 좀 더 형식적으로 말해, 관련 정의들을 삽입해보면 조건을 부여했을 때 엔트로피를 줄인 결과는

$$H(X, Y, Z) - H(Y, Z) \leq H(X, Y) - H(Y) \qquad (11.26)$$

와 동치다. 이 식은 강한 준가법성 부등식에서 항의 위치를 바꾼 버전이다.　■

확인문제 11.6: (고전적 강한 준가법성의 증명) $H(X, Y, Z) + H(Y) \leq H(X, Y) + H(Y, Z)$를 증명하라. 또한 등호가 성립하기 위한 필요충분조건은 $Z \to Y \to X$가 마르코프 연쇄를 형성하는 경우인 것도 증명하라.

확인문제 11.7: 확인문제 11.5에서는 상호정보 $H(X:Y)$가 두 확률분포의 상대 엔트로피로 표현될 수 있음을 은연 중에 보였다. 즉, $H(X:Y) = H(p(x, y) \| p(x)p(y))$가 됐다. 조건부 엔트로피 $H(Y|X)$에 대한 표현식을 두 확률분포 간의 상대 엔트로피로 나타내어라. 이 식을 사용하여 $H(Y|X) \geq 0$임을 보이고 등호 성립 조건도 구하라.

엔트로피 간의 다양한 관계는 대부분 그림 11.2에 나타낸 '엔트로피 벤 다이어그램'을 통해 알아낼 수 있다. 이러한 그림은 엔트로피의 특성에 대한 가이드로서 완벽한 것은 아니지만 엔트로피의 다양한 정의와 특성을 기억하기에 편하다.

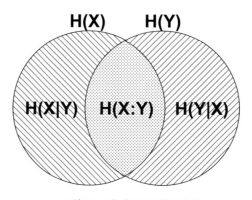

그림 11.2 각 엔트로피 간의 관계

조건부 엔트로피의 기초 특성과 상호정보에 대한 연구는 간단하고 유용한 조건부 엔트
로피의 연쇄법칙^{chaining rule}으로 마무리할 것이다.

정리 11.4: (조건부 엔트로피의 연쇄법칙) $X_1, \ldots, X_n$과 Y를 어떤 집합의 확률변수들이라
하자. 그러면

$$H(X_1, \ldots, X_n | Y) = \sum_{i=1}^{n} H(X_i | Y, X_1, \ldots, X_{i-1}) \tag{11.27}$$

이 된다.

증명

$n = 2$일 때의 결과를 증명하고 나서 일반적인 n에 대해 귀납법으로 처리하자. 정의와 간
단한 계산을 적용하면

$$H(X_1, X_2 | Y) = H(X_1, X_2, Y) - H(Y) \tag{11.28}$$
$$= H(X_1, X_2, Y) - H(X_1, Y) + H(X_1, Y) - H(Y) \tag{11.29}$$
$$= H(X_2 | Y, X_1) + H(X_1 | Y) \tag{11.30}$$

가 되어 $n = 2$일 때 성립한다. 이제 일반적인 n일 때의 결과를 가정하고 $n + 1$일 때의 결
과를 증명하자. 앞서 구한 $n = 2$의 경우를 이용하면

$$H(X_1, \ldots, X_{n+1} | Y) = H(X_2, \ldots, X_{n+1} | Y, X_1) + H(X_1 | Y) \tag{11.31}$$

가 된다. n일 때의 귀납적 가설을 우변의 첫 번째 항에 적용하면

$$H(X_1, \ldots, X_{n+1} | Y) = \sum_{i=2}^{n+1} H(X_i | Y, X_1, \ldots, X_{i-1}) + H(X_1 | Y) \tag{11.32}$$

$$= \sum_{i=1}^{n+1} H(X_i | Y, X_1, \ldots, X_{i-1}) \tag{11.33}$$

이 되어 귀납법 증명이 끝난다.   ■

확인문제 11.8: (상호정보가 항상 준가법적인 것은 아니다) X와 Y는 동일하게 분포된 무작
위 독립변수로서 1/2 확률로 0 또는 1 값을 갖는다고 하자. 또한 $Z \equiv X \oplus Y$라 하자.
여기서 $\oplus$는 모듈러 2 덧셈을 나타낸다. 이 경우, 다음과 같이 상호정보가 준가법적
이지 않음을 보여라.

$$H(X, Y : Z) \nleq H(X : Z) + H(Y : Z) \tag{11.34}$$

확인문제 11.9: (상호정보가 항상 초가법적superadditive6**인 것은 아니다)** X_1은 확률변수로서 각각 1/2 확률로 0 또는 1 값을 가지며 $X_2 \equiv Y_1 \equiv Y_2 \equiv X_1$라 하자. 이 경우, 다음과 같이 상호정보가 초가법적이지 않음을 보여라.

$$H(X_1 : Y_1) + H(X_2 : Y_2) \nleq H(X_1, X_2 : Y_1, Y_2) \tag{11.35}$$

11.2.4 데이터 처리 부등식

많은 관심 분야에서는 이용 가능한 정보에 대해 계산을 수행하지만, 그 정보는 우리가 이용하기도 전에 노이즈에 노출되므로 불완비하다. 정보이론의 기본 부등식인 데이터 처리 부등식은 소스의 출력에 관한 정보가 시간이 지남에 따라 감소할 수만 있음을 말해준다. 일단 정보가 손실되면 영원히 사라진다. 이 진술을 더 정확하게 하는 것이 이 절의 목표다.

정보 처리information processing의 직관적 개념은 확률변수의 마르코프 연쇄라는 아이디어에서 나왔다. 마르코프 연쇄란 X_n이 주어졌을 때 X_{n+1}은 X_n에만 종속되고 $X_1, ..., X_{n-1}$에는 독립이 되는 확률변수들의 변화 시퀀스 $X_1 \rightarrow X_2 \rightarrow \cdots$을 말한다. 좀 더 형식적으로 말하면

$$p(X_{n+1} = x_{n+1} | X_n = x_n, ..., X_1 = x_1) = p(X_{n+1} = x_{n+1} | X_n = x_n) \tag{11.36}$$

이다. 그렇다면 마르코프 연쇄는 어떤 조건에서 시간이 지남에 따라 앞선 값들에 대한 정보를 잃어버릴까? 다음의 데이터 처리 부등식을 보면 이 질문에 답하는 정보이론적 방법을 알 수 있다.

정리 11.5: (데이터 처리 부등식data processing inequality**)** $X \rightarrow Y \rightarrow Z$가 마르코프 연쇄라 하자. 그러면

$$H(X) \geq H(X : Y) \geq H(X : Z) \tag{11.37}$$

가 된다. 더욱이 첫 번째 부등식이 포화되기 위한 필요충분조건은 Y가 주어졌을 때 X를 다시 만들어내는 것이 가능한 경우다.

직관적으로 보면 이 결과는 그럴 듯하다. 즉, 확률변수 X가 노이즈에 노출되어 Y가 만들어지면 처리의 출력과 원본 정보 X 간에 상호정보의 양을 늘리려 해도 우리 측에서 추

---

6 정의역의 원소 x_1, x_2에 대해 $f(x_1 + x_2) \geq f(x_1) + f(x_2)$를 만족시키는 함수 $f(x)$의 성질을 의미한다. – 옮긴이

가적인 작업('데이터 처리')을 사용할 수 없다는 말이다.

증명

첫 번째 부등식은 702페이지의 정리 11.3에서 증명했다. 이 정의로부터 $H(X:Z) \leq$ $H(X:Y)$는 $H(X|Y) \leq H(X|Z)$와 동일하다는 것을 알 수 있다. $X \rightarrow Y \rightarrow Z$가 마르코프 연쇄라는 사실로부터 $Z \rightarrow Y \rightarrow X$도 마르코프 연쇄이므로 $H(X|Y) = H(X|Y, Z)$가 된다는 것은 증명하기 쉽다(확인문제 11.10). 따라서 이 문제는 $H(X, Y, Z) - H(Y, Z) =$ $H(X|Y, Z) \leq H(X|Z) = H(X, Z) - H(Z)$을 증명하는 것으로 줄어든다. 이것은 이미 증명했던 강한 준가법성 부등식이다.

$H(X:Y) < H(X)$라 하자. 그러면 Y로부터 X를 다시 만들어낼 수 없다. 그 이유는 Z가 Y의 지식만을 기반으로 시도한 재구성이라면 $X \rightarrow Y \rightarrow Z$가 마르코프 연쇄이어야 하므로 데이터 처리 부등식에 의해 $H(X) > H(X:Z)$가 되기 때문이다. 따라서 $Z \neq X$가 된다. 반면에 $H(X:Y) = H(X)$이면 $H(X|Y) = 0$이므로 $p(X=x, Y=y) > 0$일 때 $p(X=x|Y=y)$ $= 1$이 된다. 즉, $Y=y$이면 X가 x와 같았다고 확실하게 판단되므로 X를 다시 만들어낼 수 있다. ∎

위에서 언급했듯이 $X \rightarrow Y \rightarrow Z$가 마르코프 연쇄이면 $Z \rightarrow Y \rightarrow X$도 마르코프 연쇄다. 따라서 데이터 처리 부등식에 따라 $X \rightarrow Y \rightarrow Z$가 마르코프 연쇄이면

$$H(Z:Y) \geq H(Z:X) \tag{11.38}$$

가 된다. 이 결과를 데이터 파이프라이닝 부등식data pipelining inequality이라 한다. 직관적으로 말하면, Z가 X와 공유하는 정보라면 Z가 Y와도 공유하는 정보라는 뜻이다. 즉, 정보는 X에서 Y를 거쳐 Z까지 '파이프를 통해 전송'된다.

확인문제 11.10: $X \rightarrow Y \rightarrow Z$가 마르코프 연쇄이면 $Z \rightarrow Y \rightarrow X$도 마르코프 연쇄임을 보여라.

11.3 폰 노이만 엔트로피

섀넌 엔트로피는 고전 확률분포와 관련된 불확실성을 측정한다. 양자상태는 확률분포를 대체하는 밀도연산자를 사용하여 비슷한 방식으로 기술한다. 이 절에서는 섀넌 엔트로피의 정의를 양자상태로 일반화시킬 것이다.

폰 노이만$^{Von\ Neumann}$은 양자상태 ρ의 엔트로피를 식

$$S(\rho) \equiv -\text{tr}(\rho \log \rho) \tag{11.39}$$

로 정의했다. 이 식에서 로그는 평소와 같이 2를 밑으로 한다. λ_x가 ρ의 고윳값이면 폰 노이만의 정의는

$$S(\rho) = -\sum_x \lambda_x \log \lambda_x \tag{11.40}$$

로 다시 표현할 수 있다. 여기서도 섀넌 엔트로피와 마찬가지로 $0 \log 0 \equiv 0$으로 정의한 다. 계산할 때는 일반적으로 바로 위의 공식이 가장 유용하다. 예를 들어 d차원 공간에서 완전히 혼합된 밀도연산자 I/d는 엔트로피 $\log d$를 갖는다.

이제부터 엔트로피를 언급할 때 섀넌 엔트로피를 의미하는지 아니면 폰 노이만 엔트로 피를 의미하는지는 문맥을 보면 명확히 알 것이다.

확인문제 11.11: (엔트로피 계산의 예) 다음에 대해 $S(\rho)$를 계산하라.

$$\rho = \begin{bmatrix} 1 & 0 \\ 0 & 0 \end{bmatrix} \tag{11.41}$$

$$\rho = \frac{1}{2} \begin{bmatrix} 1 & 1 \\ 1 & 1 \end{bmatrix} \tag{11.42}$$

$$\rho = \frac{1}{3} \begin{bmatrix} 2 & 1 \\ 1 & 1 \end{bmatrix} \tag{11.43}$$

확인문제 11.12: (양자와 고전 엔트로피의 비교) $\rho = p|0\rangle\langle 0| + (1-p)\frac{(|0\rangle+|1\rangle)(\langle 0|+\langle 1|)}{2}$라 하자. $S(\rho)$를 계산하라. 그리고 $S(\rho)$의 값을 $H(p, 1-p)$와 비교하라.

박스 11.2: 엔트로피의 연속성

ρ를 조금씩 변경시킨다고 하자. $S(\rho)$는 얼마나 변할까? 파네스 부등식$^{Fannes'\ inequality}$ 을 이용하면 그 답이 '약간'이고 심지어 그 변경이 얼마나 작은지에 대한 경계도 알 수 있다.

정리 11.6: (파네스 부등식) ρ와 σ가 밀도행렬이라 하고 그 둘 간의 대각합 거리가 $T(\rho, \sigma) \leq 1/e$를 만족시킨다고 하자. 그러면

$$|S(\rho) - S(\sigma)| \leq T(\rho, \sigma) \log d + \eta(T(\rho, \sigma)) \tag{11.44}$$

가 되는데, 여기서 d는 힐베르트 공간의 차원이고 $\eta(x) \equiv -x \log x$이다. $T(\rho, \sigma) \leq 1/e$이라는 제한을 없애면 좀 더 느슨한 부등식

$$|S(\rho) - S(\sigma)| \leq T(\rho, \sigma) \log d + \frac{1}{e} \qquad (11.45)$$

을 증명할 수 있다.

증명

파네스 부등식을 증명하려면 두 연산자 간의 대각합 거리를 그것들의 고윳값과 관련시키는 간단한 결과가 필요하다. $r_1 \geq r_2 \geq \cdots \geq r_d$를 ρ의 고윳값(내림차순), $s_1 \geq s_2 \geq \cdots \geq s_d$를 σ의 고윳값(내림차순)이라 하자. 스펙트럼 분해에 의해 $\rho - \sigma = Q - R$로 분해할 수 있는데, 여기서 Q와 R은 직교 서포트를 갖는 양의 연산자이므로 $T(\rho, \sigma) = \text{tr}(R) + \text{tr}(Q)$가 된다. $V \equiv R + \rho = Q + \sigma$로 정의하면 $T(\rho, \sigma) = \text{tr}(R) + \text{tr}(Q) = \text{tr}(2V) - \text{tr}(\rho) - \text{tr}(\sigma)$가 된다. $t_1 \geq t_2 \geq \cdots \geq t_d$를 T의 고윳값이라 하자. $t_i \geq \max(r_i, s_i)$이므로 $2t_i \geq r_i + s_i + |r_i - s_i|$가 된다는 점에 주목한다. 그러면

$$T(\rho, \sigma) \geq \sum_i |r_i - s_i| \qquad (11.46)$$

가 된다. 미적분에 의해 $|r - s| \leq 1/2$이면 $|\eta(r) - \eta(s)| \leq \eta(|r - s|)$가 된다. 약간의 시간을 들이면 모든 i에 대해 $|r_i - s_i| \leq 1/2$임을 보일 수 있고, 따라서

$$|S(\rho) - S(\sigma)| = \left| \sum_i (\eta(r_i) - \eta(s_i)) \right| \leq \sum_i \eta(|r_i - s_i|) \qquad (11.47)$$

가 된다. $\Delta \equiv \sum_i |r_i - s_i|$로 설정하고 $\eta(|r_i - s_i|) = \Delta\eta(|r_i - s_i|/\Delta) - |r_i - s_i| \log(\Delta)$임을 알면

$$|S(\rho) - S(\sigma)| \leq \Delta \sum \eta(|r_i - s_i|/\Delta) + \eta(\Delta) \leq \Delta \log d + \eta(\Delta) \qquad (11.48)$$

가 된다는 것을 알 수 있는데, 여기서 두 번째 부등식을 얻기 위해 정리 11.2를 적용했다. 그러나 (11.46)에 의해 $\Delta \leq T(\rho, \sigma)$이므로 $T(\rho, \sigma) \leq 1/e$일 때 $[0, 1/e]$ 구간에서 $\eta(\cdot)$의 단조성^{monotonicity}에 의해

$$|S(\rho) - S(\sigma)| \leq T(\rho, \sigma) \log d + \eta(T(\rho, \sigma)) \qquad (11.49)$$

가 되어 파네스 부등식이 나온다. 일반적인 $T(\rho, \sigma)$에 대한 파네스 부등식의 좀 더 느슨한 형식은 이 부등식을 약간 수정하면 된다.

11.3.1 양자 상대 엔트로피

섀넌 엔트로피의 경우, 상대 엔트로피의 양자 버전을 정의하는 것이 아주 유용하다. ρ와 σ가 밀도연산자라 하자. ρ에 대한 σ의 상대 엔트로피$^{\text{relative entropy}}$는

$$S(\rho||\sigma) \equiv \text{tr}(\rho \log \rho) - \text{tr}(\rho \log \sigma) \tag{11.50}$$

로 정의한다. 고전 상대 엔트로피와 마찬가지로 양자 상대 엔트로피는 때때로 무한할 수 있다. 특히 σ의 핵^{kernel}(고윳값이 0인 σ의 고유벡터가 생성하는 벡터공간)이 ρ의 서포트(고윳값이 0이 아닌 ρ의 고유벡터가 생성하는 벡터공간)와 비자명한 공통 부분을 갖는다면 상대 엔트로피는 $+\infty$가 되고, 그렇지 않으면 유한한 것으로 정의한다. 양자 상대 엔트로피는 음이 아니며 그러한 결과를 다음과 같이 클라인 부등식이라 한다.

정리 11.7: (클라인 부등식$^{\text{Klein's inequality}}$**)**   양자 상대 엔트로피는 음이 아니다. 즉,

$$S(\rho||\sigma) \geq 0 \tag{11.51}$$

인데, 등호가 성립하기 위한 필요충분조건은 $\rho = \sigma$이다.

증명

$\rho = \sum_i p_i |i\rangle\langle i|$와 $\sigma = \sum_j q_j |j\rangle\langle j|$가 ρ와 σ에 대한 정규직교 분해라 하자. 상대 엔트로피의 정의로부터

$$S(\rho||\sigma) = \sum_i p_i \log p_i - \sum_i \langle i|\rho \log \sigma|i\rangle \tag{11.52}$$

가 된다. 이 식에서 $\langle i|\rho = p_i \langle i|$로 대체하면

$$\langle i| \log \sigma|i\rangle = \langle i| \left(\sum_j \log(q_j)|j\rangle\langle j| \right) |i\rangle = \sum_j \log(q_j)P_{ij} \tag{11.53}$$

가 되는데, 여기서 $P_{ij} \equiv \langle i|j\rangle\langle j|i\rangle \geq 0$이므로

$$S(\rho||\sigma) = \sum_i p_i \left(\log p_i - \sum_j P_{ij} \log(q_j) \right) \tag{11.54}$$

가 된다. P_{ij}는 $P_{ij} \geq 0$, $\sum_i P_{ij} = 1$, $\sum_j P_{ij} = 1$ 식을 만족시킨다(P_{ij}를 행렬로 간주하면 이 특성을 2중 확률성$^{\text{double stochasticity}}$이라 한다). $\log(\cdot)$는 엄밀하게 오목함수이므로 $\sum_i P_{ij} \log q_j$ $\leq \log r_i$가 되는데, 여기서 $r_i \equiv \sum_j P_{ij} q_j$이며 등호가 성립하기 위한 필요충분조건은

$P_{ij} = 1$에 대해 j의 값이 존재하는 경우다. 따라서

$$S(\rho\|\sigma) \geq \sum_i p_i \log \frac{p_i}{r_i} \tag{11.55}$$

가 되며 등호가 성립하기 위한 필요충분조건은 각 i에 대해 $P_{ij} = 1$이 되는 j 값이 존재하는 경우, 즉 P_{ij}가 치환행렬permutation matrix인 경우다. 이것은 고전 상대 엔트로피의 형식이다. 고전 상대 엔트로피가 음이 아닌 특성을 갖는다는 정리 11.1로부터

$$S(\rho\|\sigma) \geq 0 \tag{11.56}$$

가 된다는 것을 알 수 있으며 등호가 성립하기 위한 필요충분조건은 모든 i에 대해 $p_i = r_i$이고 P_{ij}가 치환행렬인 경우다. 등호 조건을 더 단순화시키기 위해 필요한 경우 σ의 고유상태에 다시 레이블을 붙여 P_{ij}가 단위행렬이라 가정할 수 있고, 따라서 ρ와 σ가 동일한 기저에서 대각이 된다고도 가정할 수 있다. $p_i = r_i$ 조건을 보면 ρ와 σ의 해당 고윳값이 동일하므로 $\rho = \sigma$가 등호 조건임을 알 수 있다.

11.3.2 엔트로피의 기본 특성

폰 노이만 엔트로피에는 다음과 같이 흥미롭고 유용한 특성이 많이 있다.

정리 11.8: (폰 노이만 엔트로피의 기본 특성)

1. 이 엔트로피는 음이 아니다. 엔트로피가 0이기 위한 필요충분조건은 상태가 순수한 경우다.

2. d차원 힐베르트 공간에서 엔트로피가 최대 $\log d$이다. 엔트로피가 $\log d$와 같아지기 위한 필요충분조건은 그 계가 완전히 혼합된 상태 I/d에 있는 경우다.

3. 복합계 AB가 순수상태에 있다고 하자. 그러면 $S(A) = S(B)$이다.

4. p_i가 확률이고 상태 ρ_i가 직교 부분공간에 대한 서포트를 갖는다고 하자. 그러면

$$S\left(\sum_i p_i \rho_i\right) = H(p_i) + \sum_i p_i S(\rho_i) \tag{11.57}$$

가 된다.

5. 결합 엔트로피 정리joint entropy theorem: p_i가 확률이고 $|i\rangle$가 A계에 대한 직교 상태이며 ρ_i가 또 다른 B계에 대한 밀도연산자 집합이라 하자. 그러면

$$S\left(\sum_i p_i|i\rangle\langle i| \otimes \rho_i\right) = H(p_i) + \sum_i p_i S(\rho_i) \tag{11.58}$$

가 된다.

증명

1. 정의로부터 그냥 나온다.

2. 상대 엔트로피의 음이 아닌 성질인 $0 \leq S(\rho\|I/d) = -S(\rho) + \log d$로부터 결과가 바로 나온다.

3. 슈미트 분해로부터 A와 B계에 대한 밀도연산자의 고윳값이 서로 같다는 것을 알 것이다(정리 2.7 다음에 나오는 논의를 상기하라). 엔트로피는 고윳값에 의해 완전히 결정되므로 $S(A) = S(B)$가 된다.

4. λ_i^j와 $|e_i^j\rangle$를 ρ_i의 고윳값과 이에 대응하는 고유벡터라 하자. $p_i\lambda_i^j$와 $|e_i^j\rangle$는 $\sum_j p_i\rho_i$의 고윳값과 고유벡터이므로

$$S\left(\sum_i p_i\rho_i\right) = -\sum_{ij} p_i\lambda_i^j \log p_i\lambda_i^j \tag{11.59}$$

$$= -\sum_i p_i \log p_i - \sum_i p_i \sum_j \lambda_i^j \log \lambda_i^j \tag{11.60}$$

$$= H(p_i) + \sum_i p_i S(\rho_i) \tag{11.61}$$

가 되어 원하던 식이 나온다.

5. 위의 결과에서 바로 증명된다. ∎

확인문제 11.13: (텐서곱의 엔트로피) 결합 엔트로피 정리를 사용하여 $S(\rho \otimes \sigma) = S(\rho) + S(\sigma)$임을 보여라. 엔트로피 정의로부터 이 결과를 바로 증명하라.

섀넌 엔트로피와 유사하게 복합 양자계에 대해 양자 결합 엔트로피, 조건부 엔트로피, 양자 상호정보를 정의할 수 있다. 두 성분 A와 B를 갖는 복합계에 대한 결합 엔트로피 $S(A, B)$는 $S(A, B) \equiv -\text{tr}(\rho^{AB} \log(\rho^{AB}))$라는 명백한 방식으로 정의하는데, 여기서 ρ^{AB}는 AB계의 밀도행렬이다. 조건부 엔트로피와 상호정보는

$$S(A|B) \equiv S(A, B) - S(B) \tag{11.62}$$

$$S(A:B) \equiv S(A) + S(B) - S(A, B) \tag{11.63}$$

$$= S(A) - S(A|B) = S(B) - S(B|A) \tag{11.64}$$

로 정의한다. 섀넌 엔트로피의 일부 특성은 폰 노이만 엔트로피에는 없으며, 이로 인해 양자정보이론에서 많은 흥미로운 결과가 나온다. 예를 들어 확률변수 X와 Y의 경우 $H(X) \leq H(X, Y)$ 부등식은 그대로 유지된다. 이것은 직관적인 의미가 있다. 당연하게 들리겠지만 X와 Y의 결합 상태보다 X의 상태가 더 불확실할 수는 없다. 하지만 양자상태에서는 이 직감이 맞지 않는다. 얽힘 상태 $(|00\rangle + |11\rangle)/\sqrt{2}$로 있는 두 큐비트의 AB계를 고려하자. 이것은 순수상태이므로 $S(A, B) = 0$이다. 반면에 A계는 밀도연산자 $I/2$를 가지므로 엔트로피가 1이다. 이 결과를 다르게 말하면 이 계의 경우 $S(B|A) = S(A, B) - S(A)$가 음이라는 것이다.

확인문제 11.14: (얽힘과 음의 조건부 엔트로피) $|AB\rangle$가 앨리스와 밥이 갖는 복합계의 순수상태라 하자. $|AB\rangle$가 얽히기 위한 필요충분조건이 $S(B|A) < 0$임을 보여라.

11.3.3 측정과 엔트로피

양자계에서 측정을 수행할 때 그 양자계의 엔트로피는 어떻게 거동할까? 당연히 이 질문에 대한 답은 우리가 수행하는 측정 유형에 따라 달라진다. 그럼에도 엔트로피가 어떻게 거동하는지에 관해서는 의외로 일반적인 주장들이 있다.

예를 들어 사영연산자 P_i에 의해 기술되는 사영측정이 어떤 양자계에 수행되지만 그 측정 결과를 알아내지 못한다고 하자. 측정 전, 그 계의 상태가 ρ이면 이후 상태는

$$\rho' = \sum_i P_i \rho P_i \tag{11.65}$$

가 된다. 다음 결과는 측정으로 상태가 변하지 말아야만 엔트로피가 이 프로시저에 의해 감소되지 않고 일정하게 유지됨을 보여준다.

정리 11.9: (사영측정은 엔트로피를 증가시킨다) P_i가 직교 사영연산자들의 완비집합이고 ρ는 밀도연산자라 하자. 그러면 측정 후, 계의 상태 $\rho' \equiv \sum_i P_i \rho P_i$의 엔트로피는 적어도 원래 엔트로피만큼 크므로

$$S(\rho') \geq S(\rho) \tag{11.66}$$

가 되며 등호가 성립하기 위한 필요충분조건은 $\rho = \rho'$이다.

증명

증명은 ρ와 ρ'에 클라인 부등식을 적용시키면 된다. 즉,

$$0 \leq S(\rho'||\rho) = -S(\rho) - \text{tr}(\rho \log \rho') \tag{11.67}$$

이다. $-\text{tr}(\rho \log \rho') = S(\rho')$를 증명할 수 있다면 정리를 증명한 것이 된다. 이를 위해 완비성 관계 $\sum_i P_i = I$와 $P_i^2 = P_i$ 관계, 그리고 대각합의 순환 특성을 적용하면

$$-\text{tr}(\rho \log \rho') = -\text{tr}\left(\sum_i P_i \rho \log \rho'\right) \tag{11.68}$$

$$= -\text{tr}\left(\sum_i P_i \rho \log \rho' P_i\right) \tag{11.69}$$

가 된다. $\rho' P_i = P_i \rho P_i = P_i \rho'$이라는 점에 주목한다. 즉, P_i는 ρ'와 교환법칙이 성립하므로 $\log \rho'$와도 교환법칙이 성립한다. 따라서

$$-\text{tr}(\rho \log \rho') = -\text{tr}\left(\sum_i P_i \rho P_i \log \rho'\right) \tag{11.70}$$

$$= -\text{tr}(\rho' \log \rho') = S(\rho') \tag{11.71}$$

이 된다. 이것으로 증명이 끝난다. ∎

확인문제 11.15: (일반화된 측정은 엔트로피를 감소시킬 수 있다) 측정 연산자 $M_1 = |0\rangle\langle 0|$과 $M_2 = |0\rangle\langle 1|$를 사용하여 ρ 상태의 큐비트를 측정한다고 하자. 측정 결과가 우리에게 알려지지 않는 경우, 이후 계의 상태는 $M_1 \rho M_1^\dagger + M_2 \rho M_2^\dagger$가 된다. 이 절차가 큐비트의 엔트로피를 감소시킬 수 있음을 보여라.

11.3.4 준가법성

별개의 양자계 A와 B가 공동상태joint state ρ^{AB}를 갖는다고 하자. 그러면 두 계에 대한 결합 엔트로피는 부등식

$$S(A, B) \leq S(A) + S(B) \tag{11.72}$$

$$S(A, B) \geq |S(A) - S(B)| \tag{11.73}$$

을 만족시킨다. 위의 첫 번째 부등식은 폰 노이만 엔트로피에 대한 준가법성 부등식이라 하며 등호가 성립하기 위한 필요충분조건은 A와 B계가 상관관계가 없는 경우, 즉 $\rho^{AB} = \rho^A \otimes \rho^B$인 경우다. 위의 두 번째 부등식은 삼각 부등식triangle inequality이라 하는데,

때로는 아라키-리브 부등식^{Araki-Lieb inequality}이라고도 한다. 즉, 섀넌 엔트로피에 대한 부등식 $H(X, Y) \geq H(X)$와 비슷한 양자 버전이다.

준가법성을 증명하려면 그냥 클라인 부등식을 적용하면 되는데, 즉 $S(\rho) \leq -\text{tr}(\rho \log \sigma)$이다. $\rho \equiv \rho^{AB}$와 $\sigma \equiv \rho^A \otimes \rho^B$로 설정하면

$$-\text{tr}(\rho \log \sigma) = -\text{tr}(\rho^{AB}(\log \rho^A + \log \rho^B)) \tag{11.74}$$

$$= -\text{tr}(\rho^A \log \rho^A) - \text{tr}(\rho^B \log \rho^B) \tag{11.75}$$

$$= S(A) + S(B) \tag{11.76}$$

가 된다는 점에 주목한다. 그러므로 클라인 부등식에서 원하던 대로 $S(A, B) \leq S(A) + S(B)$가 나온다. 클라인 부등식의 등호 조건 $\rho = \sigma$을 적용하면 준가법성의 등호 조건 $\rho^{AB} = \rho^A \otimes \rho^B$가 나온다.

삼각 부등식을 증명하기 위해 2.5절에서와 같이 A와 B계를 정화하는 R계를 도입하자. 준가법성을 적용하면

$$S(R) + S(A) \geq S(A, R) \tag{11.77}$$

가 된다. ABR은 순수상태이므로 $S(A, R) = S(B)$과 $S(R) = S(A, B)$이 된다. 위의 부등식에서 항의 위치를 바꾸면

$$S(A, B) \geq S(B) - S(A) \tag{11.78}$$

가 된다. 이 부등식의 등호 조건은 준가법성의 등호 조건만큼 쉽게 설명되지 않는다. 공식으로 말하면, 등호 조건은 $\rho^{AR} = \rho^A \otimes \rho^R$이다. 직관적으로 이것이 의미하는 것은 A계가 B계와의 기존 상관관계를 고려할 때 가능한 한 외부 세계와 이미 얽혀 있다는 것이다. 등호 조건에 대해 좀 더 자세한 수학적 설명은 이 페이지의 확인문제 11.16에 나와 있다.

A와 B계 간의 대칭에 의해 $S(A, B) \geq S(A) - S(B)$도 된다. 이것을 $S(A, B) \geq S(B) - S(A)$와 결합하면 삼각 부등식이 된다.

확인문제 11.16: ($S(A, B) \geq S(B) - S(A)$의 등호 조건) $\rho^{AB} = \sum_i \lambda_i |i\rangle\langle i|$가 ρ^{AB}에 대한 스펙트럼 분해라 하자. $S(A, B) = S(B) - S(A)$이기 위한 필요충분조건은 연산자 $\rho_i^A \equiv \text{tr}_B(|i\rangle\langle i|)$가 공통 고유기저를 갖고 $\rho_i^B \equiv \text{tr}_A(|i\rangle\langle i|)$가 직교 서포트를 갖는 경우임을 보여라.

확인문제 11.17: $S(A, B) = S(B) - S(A)$를 만족시키는 AB에 대한 혼합상태 ρ의 명시적 비자명한 예를 구하라.

11.3.5 엔트로피의 오목성

엔트로피는 입력에 대해 오목함수$^{\text{concave function}}$다. 즉, 확률 p_i와 (이 확률은 $\sum_i p_i = 1$를 만족시키는 음이 아닌 실수) 이에 대응하는 밀도연산자 ρ_i가 주어지면 엔트로피는 부등식

$$S\left(\sum_i p_i \rho_i\right) \geq \sum_i p_i S(\rho_i) \tag{11.79}$$

를 만족시킨다. 직관적으로 보면 $\sum_i p_i \rho_i$는 양자계의 상태를 표현하는데, 이때 ρ_i는 알려져 있지 않은 상태이며 p_i 확률을 갖는다. 이러한 상태의 혼합에 관한 불확실성은 ρ_i 상태들의 평균 불확실성보다 높아야 한다. 그 이유는 $\sum_i p_i \rho_i$ 상태에서 ρ_i 상태들을 모를 뿐만 아니라 인덱스 i 값이 무엇인지도 모르기 때문이다.

ρ_i가 A계의 상태라 하자. 또한 상태 공간이 밀도연산자 ρ_i의 인덱스 i에 해당하는 정규직교기저 $|i\rangle$을 갖는 보조계$^{\text{auxiliary system}}$ B를 도입하자. 이때 AB의 공동상태$^{\text{joint state}}$는

$$\rho^{AB} \equiv \sum_i p_i \rho_i \otimes |i\rangle\langle i| \tag{11.80}$$

로 정의하자. 오목성^{concavity}을 증명하기 위해 엔트로피의 준가법성을 사용할 것이다. 밀도행렬 ρ^{AB}에 대해서는

$$S(A) = S\left(\sum_i p_i \rho_i\right) \tag{11.81}$$

$$S(B) = S\left(\sum_i p_i |i\rangle\langle i|\right) = H(p_i) \tag{11.82}$$

$$S(A, B) = H(p_i) + \sum_i p_i S(\rho_i) \tag{11.83}$$

가 된다. 준가법성 부등식 $S(A, B) \leq S(A) + S(B)$를 적용하면

$$\sum_i p_i S(\rho_i) \leq S\left(\sum_i p_i \rho_i\right) \tag{11.84}$$

가 되어 오목성이 나온다! 등호가 성립하기 위한 필요충분조건은 $p_i > 0$인 상태 ρ_i가 모두 같은 경우라는 점에 주목한다. 이런 경우는 나오기 어렵기 때문에 엔트로피는 입력에 대해 엄밀하게 오목한 함수$^{\text{strictly concave function}}$가 된다.

잠시 멈춰서 오목성 증명에 사용했던 전략에 관해 생각해보는 것이 좋겠다. 이 전략은 삼각 부등식을 증명하는 데 사용한 전략과 비슷하다. A계에 대한 결과를 증명하기 위해

보조계 B를 도입했다. 보조계를 도입하는 것은 양자정보이론에서 자주 있는 일이며 이 기법을 계속해서 보게 될 것이다. 특정 사례에서 B를 도입한 이면에 숨어 있는 직관은 다음과 같다. 즉, $\sum_i p_i \rho_i$ 상태로 있는 어떤 부분의 계를 구하려 한다. 여기서 i의 값은 알려져 있지 않다. B계는 i의 '참' 값을 효과적으로 저장한다. A가 '정말로' ρ_i 상태에 있다면, B계는 $|i\rangle\langle i|$ 상태일 것이고 $|i\rangle$ 기저로 B계를 관측하면 이 사실이 드러날 것이다. 우리의 직관을 엄밀한 방법으로 인코딩하기 위해 보조계를 사용하는 것은 일종의 기법이지만 양자정보이론의 많은 증명에서 필수적인 부분이기도 하다.

확인문제 11.18: 모든 ρ_i가 동일한 경우에만 오목 부등식 (11.79)에서 등호가 성립한다는 것을 증명하라.

확인문제 11.19: 어떤 행렬 A에 대해

$$\sum_i p_i U_i A U_i^\dagger = \text{tr}(A)\frac{I}{d} \tag{11.85}$$

가 되는 일련의 유니타리 행렬 U_j와 확률분포 p_j가 존재함을 보여라. 여기서 d는 힐베르트 공간 A가 거주하는 차원이다. 이 관측과 엔트로피의 엄밀한 오목성을 사용하면 d차원 공간에서 완전히 혼합된 상태 I/d가 최대 엔트로피의 유일한 상태라는 또 다른 증명을 할 수 있다.

확인문제 11.20: P를 사영연산자라 하고, $Q = I - P$를 여사영연산자complementary projector라 하자. 모든 ρ에 대해 $P\rho P + Q\rho Q = pU_1\rho U_1^\dagger + (1-p)U_2\rho U_2^\dagger$가 되는 유니타리 연산자 U_1과 U_2와 확률 p가 존재함을 증명하라. 이 점을 사용하여 오목성 기반의 정리 11.9를 다르게 증명하라.

확인문제 11.21: (섀넌 엔트로피의 오목성) 폰 노이만 엔트로피의 오목성을 사용하여 섀넌 엔트로피가 확률분포에서 오목하다는 것을 보여라.

확인문제 11.22: (오목성의 또다른 증명) $f(p) \equiv S(p\rho + (1-p)\sigma)$로 정의하자. 또한 오목성을 보이기 위해서는 $f''(p) \le 0$을 증명하는 것으로 충분하다고 하자. 먼저 ρ와 σ가 가역적인 경우에 대해 $f''(p) \le 0$임을 증명하고 나서 그렇지 않은 경우에 대해서도 증명하라.

11.3.6 양자상태 혼합의 엔트로피

오목성의 이면에는 다음에 나타낸 유용한 정리가 있어 양자상태의 혼합에 대한 엔트로피 상계를 알 수 있다. 오목성과 다음 정리를 종합하면 양자상태 ρ_i의 혼합 $\sum_i p_i \rho_i$에 대해

$$\sum_i p_i S(\rho_i) \leq S\left(\sum_i p_i \rho_i\right) \leq \sum_i p_i S(\rho_i) + H(p_i) \tag{11.86}$$

가 된다. 우변의 상계를 보면 $\sum_i p_i \rho_i$ 상태에 관한 불확실성이 ρ_i 상태에 관한 평균 불확실성에 $H(p_i)$를 더한 것을 초과하지 않는 것을 알 수 있다. 여기서 $H(p_i)$란 인덱스 i에 관한 불확실성이 전체 불확실성에 미치는 최대 가능 기여를 나타낸다. 이제 이 상계를 증명해볼 것이다.

정리 11.10: $\rho = \sum_i p_i \rho_i$라 하자. 여기서 p_i는 어떤 확률 집합이고 ρ_i는 밀도연산자다. 그러면

$$S(\rho) \leq \sum_i p_i S(\rho_i) + H(p_i) \tag{11.87}$$

가 되는데, 등호가 성립하기 위한 필요충분조건은 ρ_i 상태가 직교 부분공간에 대한 서포트를 갖는 것이다.

증명

$\rho_i = |\psi_i\rangle\langle\psi_i|$라는 순수상태의 경우로 시작한다. ρ_i가 A계의 상태라 가정하고, 확률 p_i의 인덱스 i에 대응하는 정규직교기저 $|i\rangle$를 갖는 보조계 B를 도입하자. 또한

$$|AB\rangle \equiv \sum_i \sqrt{p_i} |\psi_i\rangle |i\rangle \tag{11.88}$$

로 정의하자. $|AB\rangle$가 순수상태이므로

$$S(B) = S(A) = S\left(\sum_i p_i |\psi_i\rangle\langle\psi_i|\right) = S(\rho) \tag{11.89}$$

가 된다. B계에 대해 $|i\rangle$ 기저로 사영측정을 수행한다고 하자. 측정 후, B계의 상태는

$$\rho^{B'} = \sum_i p_i |i\rangle\langle i| \tag{11.90}$$

가 된다. 그러나 정리 11.9에 따르면 사영측정을 해도 엔트로피가 결코 감소되는 법은 없으므로 $S(\rho) = S(B) \leq S(B') = H(p_i)$가 된다. 순수상태의 경우 $S(\rho_i) = 0$이라는 것을 알

수 있으므로, ρ_i 상태가 순수상태일 때

$$S(\rho) \leq H(p_i) + \sum_i p_i S(\rho_i) \tag{11.91}$$

가 된다. 게다가 등호가 성립하기 위한 필요충분조건은 $B = B'$인데, 이것이 발생하기 위한 필요충분조건은 $|\psi_i\rangle$ 상태들이 서로 직교할 경우다.

혼합상태 경우는 이제 쉬워졌다. $\rho_i = \sum_j p_j^i |e_j^i\rangle\langle e_j^i|$가 상태 ρ_i에 대한 정규직교 분해라 하자. 그러면 $\rho = \sum_{ij} p_i p_j^i |e_j^i\rangle\langle e_j^i|$가 된다. 순수상태 결과와 각 i에 대해 $\sum_j p_j^i = 1$이라는 점을 적용하면

$$S(\rho) \leq -\sum_{ij} p_i p_j^i \log(p_i p_j^i) \tag{11.92}$$

$$= -\sum_i p_i \log p_i - \sum_i p_i \sum_j p_j^i \log p_j^i \tag{11.93}$$

$$= H(p_i) + \sum_i p_i S(\rho_i) \tag{11.94}$$

가 되며 증명이 끝난다. 혼합상태 경우의 등호 조건은 순수상태 경우의 등호 조건에서 바로 나온다. ▪

11.4 강한 준가법성

두 양자계에 대한 준가법성과 삼각 부등식은 3개의 계로 확장시킬 수 있다. 그렇게 나온 기본적 결과를 강한 준가법성strong subadditivity 부등식이라 하며, 양자정보이론에서 가장 중요하고 유용한 결과 중 하나다. 이 부등식이란 세 양자계인 A, B, C에 대해

$$S(A, B, C) + S(B) \leq S(A, B) + S(B, C) \tag{11.95}$$

가 됨을 말한다. 안타깝게도 고전의 경우와는 달리, 양자의 강한 준가법성 부등식에 대해 지금껏 알려진 모든 증명은 아주 어렵다. 하지만 양자정보이론에서는 매우 유용해서 이 결과를 완벽하게 증명할 것이다. 이 증명의 기본 구조는 11.4.1절에 나타냈으며 증명의 세부사항 중 일부는 부록 6에 남겨놓았다.

11.4.1 강한 준가법성의 증명

여기서 언급하는 강한 준가법성 부등식의 증명은 리브 정리Lieb's theorem라는 깊이 있는 수학적 결과를 바탕으로 둔다. 먼저 리브 정리를 거론할 수 있는 정의로 시작해 보자.

$f(A, B)$가 두 행렬 A와 B의 실수 값 함수라 하자. 그러면 모든 $0 \leq \lambda \leq 1$에 대해

$$f(\lambda A_1 + (1 - \lambda)A_2, \lambda B_1 + (1 - \lambda)B_2) \geq \lambda f(A_1, B_1) + (1 - \lambda)f(A_2, B_2) \quad (11.96)$$

가 되면 f는 A와 B에 대해 공동으로 오목jointly concave하다고 말한다.

확인문제 11.23: (공동 오목성이란 각 입력에 대한 오목성을 의미한다) $f(A, B)$를 공동으로 오목한 함수라 하자. $f(A, B)$가 B를 고정한 채로 A에 대해 오목하다는 것을 보여라. 각 입력에 대해 오목하지만 공동으로 오목하지 않는, 두 변수의 함수를 구하라.

정리 11.11: (리브 정리) X는 행렬이고 $0 \leq t \leq 1$이라 하자. 그러면 함수

$$f(A, B) \equiv \mathrm{tr}(X^\dagger A^t X B^{1-t}) \quad (11.97)$$

는 양의 행렬 A와 B에 대해 공동으로 오목하다.

증명

리브 정리에 대한 증명은 부록 6을 참조한다.   ■

리브 정리에는 일련의 결과들이 포함돼 있는데, 각 결과는 그 자체로 흥미로우며 강한 준가법성의 증명에서 최고조에 달한다. 상대 엔트로피의 볼록성으로 시작하자.

정리 11.12: (상대 엔트로피의 볼록성convexity) 상대 엔트로피 $S(\rho\|\sigma)$는 그 인자들arguments에 대해 공동으로 볼록하다.

증명

동일한 공간에 작용하는 임의의 행렬 A와 X에 대해

$$I_t(A, X) \equiv \mathrm{tr}(X^\dagger A^t X A^{1-t}) - \mathrm{tr}(X^\dagger X A) \quad (11.98)$$

로 정의하자. 이 식의 첫째 항은 리브 정리에 의해 A에 대해 오목하고 둘째 항은 A에 대해 선형이다. 따라서 $I_t(A, X)$는 A에 대해 오목하다. 다음과 같이 정의하자.

$$I(A, X) \equiv \left. \frac{d}{dt} \right|_{t=0} I_t(A, X) = \mathrm{tr}(X^\dagger (\log A) X A) - \mathrm{tr}(X^\dagger X (\log A) A) \quad (11.99)$$

$I_0(A, X) = 0$이고 A에 대한 $I_t(A, X)$의 오목성을 사용하면

$$I(\lambda A_1 + (1 - \lambda)A_2, X) = \lim_{\Delta \to 0} \frac{I_\Delta(\lambda A_1 + (1 - \lambda)A_2, X)}{\Delta} \quad (11.100)$$

$$\geq \lambda \lim_{\Delta \to 0} \frac{I_\Delta(A_1, X)}{\Delta} + (1 - \lambda) \lim_{\Delta \to 0} \frac{I_\Delta(A_2, X)}{\Delta} \quad (11.101)$$

$$= \lambda I(A_1, X) + (1 - \lambda)I(A_2, X) \quad (11.102)$$

가 된다. 즉, $I(A, X)$는 A에 대해 오목함수다. 블록행렬$^{\text{block matrix}}$

$$A \equiv \begin{bmatrix} \rho & 0 \\ 0 & \sigma \end{bmatrix}, \quad X \equiv \begin{bmatrix} 0 & 0 \\ I & 0 \end{bmatrix} \quad (11.103)$$

을 정의하면 $I(A, X) = -S(\rho\|\sigma)$임을 쉽게 증명할 수 있다. A에 대한 $I(A, X)$의 오목성으로부터 $S(\rho\|\sigma)$의 공동 볼록성이 나온다. ∎

따름정리 11.13: (양자 조건부 엔트로피의 오목성) AB를 A와 B 성분을 갖는 복합 양자계라 하자. 그러면 조건부 엔트로피 $S(A|B)$는 AB의 상태 ρ^{AB}에 대해 오목하다.

증명

d를 A계의 차원이라 하자. 다음과 같이 되는 것에 주목한다.

$$S\left(\rho^{AB} \left\| \frac{I}{d} \otimes \rho^B \right. \right) = -S(A, B) - \text{tr}\left(\rho^{AB} \log \left(\frac{I}{d} \otimes \rho^B \right) \right) \quad (11.104)$$

$$= -S(A, B) - \text{tr}(\rho^B \log \rho^B) + \log d \quad (11.105)$$

$$= -S(A|B) + \log d \quad (11.106)$$

따라서 $S(A|B) = \log d - S(\rho^{AB}\|I/d \otimes \rho^B)$가 된다. $S(A|B)$의 오목성은 상대 엔트로피의 공동 볼록성으로부터 나온다. ∎

정리 11.14: (강한 준가법성) 어떠한 세 양자계 A, B, C에 대해서도 다음 부등식이 성립한다.

$$S(A) + S(B) \leq S(A, C) + S(B, C) \quad (11.107)$$

$$S(A, B, C) + S(B) \leq S(A, B) + S(B, C) \quad (11.108)$$

증명

두 부등식은 실제로 동치다. 조건부 엔트로피의 오목성을 사용하여 첫 번째를 증명할 것이고 이어서 두 번째가 성립한다는 것을 보일 것이다. ABC계에 대한 밀도연산자의 함수 $T(\rho^{ABC})$를

$$T(\rho^{ABC}) \equiv S(A) + S(B) - S(A, C) - S(B, C) = -S(C|A) - S(C|B) \quad (11.109)$$

로 정의하자. 조건부 엔트로피의 오목성으로부터 $T(\rho^{ABC})$가 ρ^{ABC}의 볼록함수임을 알 수 있다. $\rho^{ABC} = \sum_i p_i |i\rangle\langle i|$가 ρ^{ABC}의 스펙트럼 분해라 하자. T의 볼록성으로부터 $T(\rho^{ABC}) \leq \sum_i p_i T(|i\rangle\langle i|)$가 된다. 그러나 순수상태 $S(A, C) = S(B)$와 $S(B, C) = S(A)$에 관해 $T(|i\rangle\langle i|) = 0$가 된다. $T(\rho^{ABC}) \leq 0$이므로

$$S(A) + S(B) - S(A, C) - S(B, C) \leq 0 \qquad (11.110)$$

가 되어 첫 번째 부등식이 증명됐다.

두 번째 부등식을 얻기 위해 ABC계를 정화하는 보조계 R을 도입하자. 그리고 나서 방금 증명한 부등식을 사용하면

$$S(R) + S(B) \leq S(R, C) + S(B, C) \qquad (11.111)$$

가 된다. $ABCR$은 순수상태이기 때문에 $S(R) = S(A, B, C)$와 $S(R, C) = S(A, B)$가 되므로 (11.111)은

$$S(A, B, C) + S(B) \leq S(A, B) + S(B, C) \qquad (11.112)$$

가 되어 증명이 끝난다. ▪

확인문제 11.24: 우리는 부등식 $S(A) + S(B) \leq S(A, C) + S(B, C)$의 결과를 가지고 강한 준가법성을 얻었다. 이와는 반대로, 강한 준가법성의 결과를 가지고 이 부등식을 얻을 수 있음을 보여라.

확인문제 11.25: 우리는 조건부 엔트로피 $S(A|B)$의 오목성 결과를 가지고 강한 준가법성을 얻었다. 강한 준가법성으로부터 조건부 엔트로피의 오목성이 나올 수 있음을 보여라(힌트: 문제에 보조계를 도입할 필요도 있다).

11.4.2 강한 준가법성: 기초 응용

강한 준가법성 및 관련 결과는 양자정보이론에 유용한 영향을 많이 미친다. 이들 결과의 기초적인 결론 몇 가지를 살펴보자.

첫째, 부등식 $S(A) + S(B) \leq S(A, C) + S(B, C)$가 성립한다는 것은 아주 멋진 일이다. 이에 대응하는 부등식은 섀넌 엔트로피에 대해서도 성립되지만 그 이유는 다르다. 섀넌 엔트로피의 경우 $H(A) \leq H(A, C)$ 그리고 $H(B) \leq H(B, C)$가 성립하므로 두 부등식의 합은 반드시 성립해야 한다. 양자의 경우는 $S(A) > S(A, C)$ 또는 $S(B) > S(B, C)$ 중에서

어느 하나가 성립할 수 있지만, 자연은 조건 $S(A) + S(B) \leq S(A, C) + S(B, C)$를 항상 만족시키기 위해 어떡하든 이러한 두 가지 가능성 모두가 동시에 성립하지 않는 쪽으로 몰고 있다. 조건부 엔트로피와 상호정보의 관점에서 이것을 다르게 표현하면

$$0 \leq S(C|A) + S(C|B) \tag{11.113}$$

$$S(A:B) + S(A:C) \leq 2S(A) \tag{11.114}$$

가 된다. 위의 두 식 모두는 또한 비슷한 이유로 놀라운 부등식이다. 하지만 (11.114)를 바탕으로 보면 성립할 것 같은 부등식 $0 \leq S(A|C) + S(B|C)$가 성립하지 않는다는 점에 유의한다. 그 이유는 A에 대한 순수상태와 BC에 대한 EPR 상태가 곱이 되게 ABC를 선택하면 성립하지 않는다는 것을 알 수 있기 때문이다.

확인문제 11.26: $S(A:B) + S(A:C) \leq 2S(A)$임을 증명하라. 섀넌 엔트로피의 경우, 이에 대응하는 부등식이 $H(A:B) \leq H(A)$로 인해 성립한다는 점에 유의한다. 또한 $S(A:B) > S(A)$인 예를 구하라.

　실제 적용의 경우, 조건부 또는 상호정보 측면에서 표현을 바꾸어 사용하면 강한 준가법성이 가장 쉽게 적용되기도 한다. 다음의 정리는 강한 준가법성을 3개의 아주 간단한 공식으로 다시 표현하는데, 이것들은 양자 엔트로피의 특성에 대해 강력하고 직관적인 가이드를 제공한다.

정리 11.15:

1. 조건을 주면 엔트로피가 줄어든다: ABC가 복합 양자계라 하자. 그러면 $S(A|B, C) \leq S(A|B)$가 된다.

2. 양자계를 버려도 상호정보를 증가시키지 않는다: ABC가 복합 양자계라 하자. 그러면 $S(A:B) \leq S(A:B, C)$가 된다.

3. 양자연산은 상호정보를 증가시키지 않는다: AB가 복합 양자계고 $\mathcal{E}$가 B계에 대한 대각합보존 양자연산이라 하자. $S(A:B)$는 $\mathcal{E}$가 B계에 적용되기 전의 A와 B계 간의 상호정보를 나타내고 $S(A':B')$는 $\mathcal{E}$가 B계에 적용된 후의 상호정보라 하자. 그러면 $S(A':B') \leq S(A:B)$이다.

증명

1. 이 증명은 고전적 증명과 동일한데(정리 11.3의 일부), 이는 편의상 재현한 것이다:

$S(A|B, C) \leq S(A|B)$는 부등식 $S(A, B, C) - S(B, C) \leq S(A, B) - S(B)$와 동일하고 이는 강한 준가법성인 $S(A, B, C) + S(B) \leq S(A, B) + S(B, C)$와 동일하다.

2. $S(A:B) \leq S(A:B, C)$는 $S(A) + S(B) - S(A, B) \leq S(A) + S(B, C) - S(A, B, C)$ 부등식과 동일하고 이는 강한 준가법성인 $S(A, B, C) + S(B) \leq S(A, B) + S(B, C)$와 동일하다.

3. 8장의 구성에 의해 B에 대한 $\mathcal{E}$의 작용은 최초 순수상태 $|0\rangle$로 있는 세 번째 계 C를 도입하여 B와 C 간에 유니타리 상호작용 U를 적용하는 것으로 시뮬레이션할 수 있다. B에 대한 $\mathcal{E}$의 작용은 U가 작용한 후에 C계를 버리는 것과 같다. U가 작용한 후 계의 상태 표기에 프라임을 붙이면, C가 AB와 곱상태로 시작하기 때문에 $S(A:B) = S(A:B, C)$가 되고 당연히 $S(A:B, C) = S(A':B', C')$도 된다. 계를 버려도 상호정보를 증가시킬 수 없으므로 $S(A':B') \leq S((A':B', C')$이다. 이들을 종합하면 원하던 대로 $S(A':B') \leq S(A:B)$가 나온다. ∎

양자 조건부 엔트로피의 준가법성 특성과 관련해서 흥미로운 의문들이 있다. 우리는 앞서 섀넌 상호정보가 준가법적이지 않고, 따라서 양자 상호정보도 준가법적이지 않다는 것을 알았다. 조건부 엔트로피의 준가법성은 어떨까? 즉, 어떠한 네 양자계 A_1, A_2, B_1, B_2에 대해서도

$$S(A_1, A_2|B_1, B_2) \leq S(A_1|B_1) + S(A_2|B_2) \tag{11.115}$$

가 될까? 이 부등식은 성립하는 것으로 밝혀졌다. 더욱이 이 조건부 엔트로피도 입력의 첫 번째 항목과 두 번째 항목에 대해 준가법적이다. 이러한 사실을 증명하는 것은 강한 준가법성의 적용에 있어서 좋은 연습이 된다.

정리 11.16: (조건부 엔트로피의 준가법성) $ABCD$를 네 양자계의 합성^{composite}이라 하자. 그러면 조건부 엔트로피는 첫 번째와 두 번째 입력 항목에 대해 공동으로 준가법적 $^{jointly\ subadditive}$이다. 즉,

$$S(A, B|C, D) \leq S(A|C) + S(B|D) \tag{11.116}$$

이다. ABC를 세 양자계의 합성이라 하자. 그러면 조건부 엔트로피는 첫 번째와 두 번째 입력 항목 각각에 대해 준가법적이다. 즉,

$$S(A, B|C) \leq S(A|C) + S(B|C) \tag{11.117}$$

$$S(A|B, C) \leq S(A|B) + S(A|C) \tag{11.118}$$

이다.

증명

두 항목 모두에 대해 공동 준가법성$^{\text{joint subadditivity}}$을 증명하려면, 강한 준가법성에 의해

$$S(A, B, C, D) + S(C) \leq S(A, C) + S(B, C, D) \tag{11.119}$$

가 되는 것에 주목한다. 이 부등식의 양변에 $S(D)$를 더하면

$$S(A, B, C, D) + S(C) + S(D) \leq S(A, C) + S(B, C, D) + S(D) \tag{11.120}$$

가 된다. 우변 끝의 두 항에 강한 준가법성을 적용하면

$$S(A, B, C, D) + S(C) + S(D) \leq S(A, C) + S(B, D) + S(C, D) \tag{11.121}$$

가 된다. 이 부등식을 다시 정리하면

$$S(A, B|C, D) \leq S(A|C) + S(B|D) \tag{11.122}$$

가 되는데 이 식이 조건부 엔트로피의 공동 준가법성이다.

입력의 첫 번째 항목에 대한 조건부 엔트로피의 준가법성 $S(A, B|C) \leq S(A|C) + S(B|C)$는 강한 준가법성와 동등한 것으로 보인다. 입력 두 번째 항목의 준가법성은 약간 더 어렵다. 우리는 $S(A|B, C) \leq S(A|B) + S(A|C)$가 됨을 보여야 한다. 이는 부등식

$$S(A, B, C) + S(B) + S(C) \leq S(A, B) + S(B, C) + S(A, C) \tag{11.123}$$

을 증명하는 것과 같음에 주목한다. 이를 증명하려면 부등식 $S(C) \leq S(A, C)$ 또는 $S(B) \leq S(A, B)$ 중 하나 이상이 성립해야 한다. 그 이유는 정리 11.14의 첫 번째 부등식에 의해 $S(A|B) + S(A|C) \geq 0$가 되기 때문이다.

$S(C) \leq S(A, C)$라 하자. 이 부등식에 강한 준가법성 부등식 $S(A, B, C) + S(B) \leq S(A, B) + S(B, C)$를 더하면 결과가 나온다. $S(B) \leq S(A, B)$인 경우에도 이와 비슷하게 증명하면 된다. ▪

상대 엔트로피를 도입했을 때 상대 엔트로피란 확률분포들 사이 또는 밀도연산자들 사이의 거리 측정 값과 같은 것으로 설명했었다. 어떤 양자계가 A와 B라는 두 부분으로 구성되어 있고 두 밀도연산자 ρ^{AB}와 σ^{AB}가 주어진다고 하자. 이것의 거리 같은 약속^{promise}을 충족시키려면 $S(\cdot\|\cdot)$의 아주 바람직한 특성은 계의 일부를 무시할 때 감소한다는 점이

다. 즉,

$$S(\rho^A \| \sigma^A) \leq S(\rho^{AB} \| \sigma^{AB}) \tag{11.124}$$

가 된다. 이 결과를 상대 엔트로피의 단조성^{monotonicity}이라 한다. 직관적으로 보면 이것은 거리 측정의 경우에 아주 합당한 특성이다. 즉, 물리계의 일부를 무시하면 그 계의 두 상태를 구별하기가 더 어려워지고(9.2.1절과 비교해보라), 따라서 두 상태 간의 거리에 대한 합당한 측도를 감소시킬 것으로 예상된다.

정리 11.17: (상대 엔트로피의 단조성) ρ^{AB}와 σ^{AB}를 복합계 AB의 두 밀도행렬이라 하자. 그러면

$$S(\rho^A \| \sigma^A) \leq S(\rho^{AB} \| \sigma^{AB}) \tag{11.125}$$

가 된다.

증명

확인문제 11.19는 모든 ρ^{AB}에 대해

$$\rho^A \otimes \frac{I}{d} = \sum_j p_j U_j \rho^{AB} U_j^\dagger \tag{11.126}$$

가 되는, 공간 B에 대한 유니타리 변환 U_j와 확률 p_j가 존재한다는 것을 의미한다. 상대 엔트로피의 볼록성으로부터

$$S\left(\rho^A \otimes \frac{I}{d} \,\Big\| \, \sigma^A \otimes \frac{I}{d}\right) \leq \sum_j p_j S\left(U_j \, \rho^{AB} U_j^\dagger \,\Big\| \, U_j \sigma^{AB} U_j^\dagger\right) \tag{11.127}$$

가 된다. 그러나 상대 엔트로피는 유니타리 켤레를 적용해도 변하지 않으므로

$$S\left(\rho^A \otimes \frac{I}{d} \,\Big\| \, \sigma^A \otimes \frac{I}{d}\right) \leq \sum_j p_j S\left(\rho^{AB} \| \sigma^{AB}\right) = S\left(\rho^{AB} \| \sigma^{AB}\right) \tag{11.128}$$

가 된다. 이 식을, 쉽게 증명되는 식

$$S\left(\rho^A \otimes \frac{I}{d} \,\Big\| \, \sigma^A \otimes \frac{I}{d}\right) = S(\rho^A \| \sigma^A) \tag{11.129}$$

와 결합하면 상대 엔트로피의 단조성이 나온다. ∎

문제 11.1: (일반화시킨 클라인 부등식) $f(\cdot)$가 실수에서 실수로의 볼록함수라 하자. 그러면 2.1.8절에서 설명했듯이 f는 자연적으로 에르미트 연산자의 함수 $f(\cdot)$가 된다. 다음 식이 성립함을 증명하라.

$$\mathrm{tr}(f(A) - f(B)) \geq \mathrm{tr}((A - B)f'(B)) \tag{11.130}$$

이 결과를 사용하여 상대 엔트로피가 음이 아님을 보여라.

문제 11.2: (일반화시킨 상대 엔트로피) 상대 엔트로피의 정의를 어떠한 2개의 양의 연산자 r과 s에 적용하면 그 정의를

$$S(r\|s) \equiv \mathrm{tr}(r \log r) - \mathrm{tr}(r \log s) \tag{11.131}$$

로 확장시킬 수 있다. 상대 엔트로피의 공동 볼록성을 증명했던 이전의 주장은 이렇게 일반화시킨 정의에 대해 바로 다음 사항들로 연결된다.

1. $\alpha, \beta > 0$에 대해

$$S(\alpha r\|\beta s) = \alpha S(r\|s) + \alpha \, \mathrm{tr}(r) \log(\alpha/\beta) \tag{11.132}$$

   임을 보여라.

2. 상대 엔트로피의 공동 볼록성은 상대 엔트로피의 준가법성

$$S(r_1 + r_2\|s_1 + s_2) \leq S(r_1\|s_1) + S(r_2\|s_2) \tag{11.133}$$

   을 의미한다는 것을 증명하라.

3. 상대 엔트로피의 준가법성은 상대 엔트로피의 공동 볼록성을 의미한다는 것을 증명하라.

4. p_i와 q_i를 동일한 인덱스 집합에 대한 확률분포라 하자. 그러면

$$S\left(\sum_i p_i r_i \,\middle\|\, \sum_i q_i s_i\right) \leq \sum_i p_i S(r_i\|s_i) + \sum_i p_i \mathrm{tr}(r_i) \log(p_i/q_i) \tag{11.134}$$

   가 됨을 보여라. r_i가 밀도연산자이므로 $\mathrm{tr}(r_i) = 1$인 경우, 이 식은 깔끔한 식

$$S\left(\sum_i p_i r_i \,\middle\|\, \sum_i q_i s_i\right) \leq \sum_i p_i S(r_i\|s_i) + H(p_i\|q_i) \tag{11.135}$$

   로 줄어든다. 여기서 $H(\cdot\|\cdot)$는 섀넌 상대 엔트로피이다.

문제 11.3: (조건부 엔트로피에 대한 삼각 부등식과 비슷한 식)

1. $H(X, Y|Z) \geq H(X|Z)$가 됨을 보여라.

2. $S(A, B|C) \geq S(A|C)$가 항상 성립하는 것은 아님을 보여라.

3. 삼각 부등식의 조건부 버전

$$S(A, B|C) \geq S(A|C) - S(B|C) \tag{11.136}$$

를 증명하라.

문제 11.4: (강한 준가법성의 조건부 형식)

1. $S(A, B, C|D) + S(B|D) \leq S(A, B|D) + S(B, C|D)$가 됨을 증명하라.

2. $H(D|A, B, C) + H(D|B) \leq H(D|A, B) + H(D|B, C)$가 항상 성립하지는 않는다는 것을 명시적인 예를 통해 보여라.

문제 11.5: (강한 준가법성 – 연구) 양자 엔트로피에 대한 강한 준가법성 부등식을 단순하게 증명하라.

11장 요약: 엔트로피와 정보

- 정보 처리 문제를 해결하는 데 필요한 물리적 자원의 양에 대한 질문에 관한 답변으로서 정보의 근본 측도가 발생한다.

- 기본 정의:

(엔트로피)	$S(A) = -\text{tr}(\rho^A \log \rho^A)$
(상대 엔트로피)	$S(\rho \| \sigma) = -S(\rho) - \text{tr}(\rho \log \sigma)$
(조건부 엔트로피)	$S(A|B) = S(A, B) - S(B)$
(상호정보)	$S(A : B) = S(A) + S(B) - S(A, B)$

- 강한 준가법성: $S(A, B, C) + S(B) \leq S(A, B) + S(B, C)$. 우리가 논의한 이 외의 엔트로피 부등식들은 이 식의 따름정리이거나 상대 엔트로피의 공동 볼록성에 대한 따름정리다.

- 상대 엔트로피는 인자들에 대해 공동으로 볼록하다.

- 상대 엔트로피는 단조적이다: $S(\rho^A \| \sigma^A) \leq S(\rho^{AB} \| \sigma^{AB})$.

역사와 추가자료

역사적으로 엔트로피 개념은 처음에 열역학 및 통계역학 연구에서 나왔다. 그러나 엔트로피 연구를 위한 현대 정보이론적 기초는 정보이론에 관한 섀넌의 훌륭한 논문[Sha48]에서 나왔다. 섀넌 엔트로피의 특성(그리고 정보이론에 있어서 그 외의 많은 것)에 대한 좋은 일반 참고자료는 커버와 토마스[CT91]의 2장과 16장이다. 폰 노이만 엔트로피에 대한 일반 참고자료는 베얼의 리뷰 논문[Weh78]과 오야와 페츠의 책[OP93]이다.

우리가 증명한 엔트로피 불확실성 원리에 대한 기원은 도이치[Deu83]다. 다른 많은 사람들이 엔트로피 불확실성 관계에 대해 연구했었는데, 우리는 관심 있는 다른 두 논문만을 언급했다. 크라우스[Kra87]는 특정 등급의 측정에 대해 도이치 업적을 강화하는 엔트로피 불확실성 관계를 추측했으며 마센과 우핑크[MU88]는 크라우스의 추측을 증명했다. 상대 엔트로피는 쿨백과 라이블러[KL51]가 도입했으며 양자 일반화는 우메가키[Ume62]에서 유래됐다. 파네스 부등식은 [Fan73]에서 유래됐다. 클라인 부등식은 [Kle31]에 증명돼 있다. 삼각 부등식은 아라키와 리브[AL70]에서 유래됐다. 강한 준가법성은 흥미로운 역사를 갖고 있다. 로빈슨과 루엘[RR67]은 통계 물리학statistical physics에서 고전적인 강한 준가법성의 중요성을 처음으로 지적했다. 그리고 나서 양자 버전은 랜포드와 로빈슨[LR68]이 1968년에 추측했다. 하지만 그 결과를 증명하는 것은 다소 어려웠다. 마침내 1973년 두 논문에서 그 정리를 증명했다. 하나는 [Lie73]에서 이름과 동일한 명칭의 리브 정리였고 다른 하나는 리브와 루스타이[LR73b]에서 강한 준가법성에 대한 놀라운 연관성을 개발했다. 또한 [LR73a]도 참조하라. 리브 정리는 위그너와 야나세[WY63]가 1963년에 만든 위그너-야나세-다이슨 추측을 일반화시킨 것인데, 그 후에 다이슨(미발표)이 확장시켰다. 1973년 이전에는 위그너-야나세-다이슨 추측과 강한 준가법성이 서로 관련돼 있다는 사실이 알려져 있지 않았다! 위그너-야나세-다이슨 추측에 대한 논의는 베얼[Weh78]을 참조하라. 우리가 제시한 리브 정리의 증명에 대한 기원은 사이먼[Sim79]이며 울만[Uhl77]의 증명을 변형한 것이다. 리브 정리에 대한 그 외의 증명도 알려져 있다. 예를 들어 엡스타인[Eps73], 안도[And79], 페츠[Pet86]를 참조하기 바란다. 입력의 첫 번째와 두 번째 항목에서 상대 엔트로피의 준가법성은 리브[Lie75]가 증명했다. 양자 조건부 엔트로피의 공동 준가법성은 닐슨[Nie98]이 증명했다. 상대 엔트로피의 단조성은 린드블라드[Lin75]가 처음으로 알아냈다. 문제 11.2의 기원은 루스카이[Rus94]다.

12
양자정보이론

고전정보이론은 대부분 고전물리학 법칙을 따르는 **통신채널**^{communications channel}을 통해 고전정보(알파벳, 음성, 비트 문자열)를 보내는 문제와 관련이 있다. 양자역학적 통신채널을 구축할 수 있다면 이 상황은 어떻게 변할까? 즉, 정보를 더 효율적으로 전송할 수 있을까? 양자역학을 사용하면 도청당하지 않고 비밀정보를 전송할 수 있을까? 통신채널이 양자역학적으로 허용될 때 의문이 드는 것은 이렇게 두 가지다. 채널의 본질을 다시 정의함으로써 우리는 고전정보이론이 나오게 된 원인이었던 근본적 의문들을 재검토할 수 있다. 12장에서는 양자통신채널에 의해 가능해진 놀랍고 흥미로운 가능성 등의 양자정보이론에 대해 알려진 것들을 살펴볼 것이다.

양자정보이론은 통신채널 연구에서 나오지만 훨씬 더 광범위한 응용 영역을 갖고 있으며, 따라서 그 분야의 목표를 몇 마디 말로 요약하는 것은 쉽게 생각할 수 없는 과제다. 1.6절에서 설명했듯이 우리는 양자정보이론상의 일을 하나로 묶는 세 가지 근본적 목표를 알아낼 수 있다. 즉, 양자역학에 속한 정적 자원의 기초 클래스를 알아내기('정보' 유형으로 식별), 양자역학에 속한 동적 과정의 기초 클래스를 알아내기('정보 처리' 유형으로 식별), 기초 동적 과정을 수행할 때 발생하는 자원 균형을 값으로 매기기가 그 목표다. 양자정보이론은 근본적으로 고전정보이론보다 더 풍부한데, 그 이유는 양자역학에는 아주 많은 기초 클래스의 정적 및 동적 자원이 포함되기 때문이다(양자역학은 모든 익숙한 고전 유형을 지원할 뿐만 아니라 얽힘의 정적 자원과 같은 완전히 새로운 클래스가 존재해서 삶을 고전보다 훨씬 더 재미있게 만든다).

12장의 제목은 '양자정보이론'인데, 양자정보이론의 모든 측면을 하나의 장에서 다루려는 것에 의구심이 들 것이다. 사실, 양자정보이론에는 양자연산 연구, 충실도 측도의 정의와 연구, 양자 오류정정 코드, 다양한 엔트로피 개념 등(이전 장들에서 자세히 설명했던 모든 주제)을 포함해서 여기에 설명한 것 외에 많은 측면이 들어간다. 현재 장의 목적은 양자정보이론을 '가장 순수한' 형식으로 설명하는 것이다. 즉, 다른 장들은 특정 도구를 개발하는 데 초점을 맞춘 반면, 여기서는 양자정보의 특성에 관해 할 수 있는 가장 일반적인 진술과 함께 사물의 전체적인 면에 관심을 둔다.

12.1절에서는 정보이론의 언어로 고전상태와 비교할 때 양자상태의 유일한 특성들을 언급하는 것으로 시작한다. 양자상태는 일반적으로 복사가 불가능할 뿐만 아니라 완벽하게 구별할 수도 없다! 이는 홀레보 경계$^{\text{Holevo bound}}$에 의해 값으로 매겨진다. 그리고 나서 12.2절에서는 기초 정보이론 작업인 데이터 압축을 고려하고 고전상태 압축만큼 어떻게 양자상태를 압축할 수 있는지를 보여준다. 이 일은 전형적 시퀀스 정리$^{\text{theorem of typical sequences}}$를 일반적인 부분공간 정리와 병행하는 것으로 수행해서 섀넌의 무노이즈 채널 코딩 정리$^{\text{noiseless channel coding theorem}}$와 유사한 슈마허의 양자 무노이즈 채널 코딩 정리를 증명한다. 이 문제를 자연스럽게 일반화시킨 것은 고전정보에 대한 노이즈 채널의 용량이며, 12.3절에서는 섀넌의 노이즈 채널 코딩 정리와 유사한 홀레보-슈마허-웨스트모어랜드 정리$^{\text{Holevo-Schumacher-Westmoreland theorem}}$를 언급하고 증명한다. 가장 어려운 과제는 양자정보에 대한 노이즈 양자채널의 용량이다. 이것이 12.4절의 주제인데 이 절에서는 엔트로피 교환, 양자 파노 부등식, 양자 데이터 처리 부등식을 정의하지만 용량에 대한 미해결 의문점은 처리하지 않은 채로 남겨둔다. 노이즈 채널 관계$^{\text{noisy channel relations}}$의 두 가지 응용인 양자 싱글톤 경계와 맥스웰의 도깨비에 대한 퇴치를 제시하고 12장의 전반부를 요약한다. 이렇게 양자정보를 알아볼 때 반복되는 두 주제는 얽힘과 비직교성인데, 이들 주제가 12장에서 마지막 두 절의 초점이 된다. 12.5절에서는 얽힘을 물리적 자원으로 어떻게 생각할 수 있는지 기술하고 그것을 어떻게 변형, 증류, 희석시킬 수 있는지 설명한다. 마지막으로 12.6절에서는 입증 가능한 안전 통신 수단인 양자 암호학$^{\text{quantum cryptography}}$을 언급하는데, 12장에서 고려한 양자정보의 많은 특성으로 인해 이 기법이 성공했다.

12.1 양자상태 구별과 접근가능 정보

양자정보와 고전정보의 주목할 만한 차이점을 알아보기 위해 간단한 게임을 해보자. 이 게임은 가상의 주인공인 앨리스와 밥을 등장시켜 설명할 것이다. 물론 결과는 좀 더 추상적인 언어로 다시 표현하겠지만, 인간 중심적인 언어를 사용하면 그 결과를 쉽게 생각할 수 있다(그리고 쉽게 표기할 수도 있다!).

앨리스가 확률분포 $p_0, \ldots, p_n$에 따라 기호 $X = 0, \ldots, n$을 생성하는 고전정보 소스를 갖고 있다고 하자. 이 게임의 목표는 밥이 최선을 다해 X의 값을 알아내는 것이다. 이 목표를 달성하기 위해 앨리스는 고정된 집합 $\rho_0, \ldots, \rho_n$에서 선택한 양자상태 ρ_X를 준비해서 밥에게 그 상태를 건네준다. 밥은 건네받은 상태를 양자 측정하고 나서 측정 결과 Y를 바탕으로 X의 정체에 관해 최선의 추측을 시도한다.

측정을 통해 밥이 X에 대해 얼마나 많은 정보를 얻었는지에 대한 좋은 측도는 X와 측정 결과 Y 간의 상호정보 $H(X:Y)$인데, 이는 11장에서 정의했었다. 데이터 처리 부등식에 의하면 밥이 Y로부터 X를 추측해낼 수 있기 위한 필요충분조건은 $H(X:Y) = H(X)$임을 알 수 있는데, 일반적으로는 $H(X:Y) \leq H(X)$이다. 즉, 나중에 다루겠지만 $H(X:Y)$가 $H(X)$에 가까운 정도를 따지면 밥이 X를 얼마나 잘 결정하는지에 대한 양적 측도quantitative measure를 만들어낼 수 있다. 밥의 목표는 $H(X:Y)$를 최대화시키는 측정을 선택해서 가능한 한 $H(X)$에 가깝게 하는 것이다. 이를 위해 밥의 **접근가능 정보**accessible information를 모든 가능한 측정 방식에 대한 상호정보 $H(X:Y)$의 최댓값으로 정의하자. 이 접근가능 정보는 앨리스가 준비한 상태를 밥이 추측할 때 얼마나 잘 할 수 있는지에 대한 측도가 된다.

고전정보이론에서 접근가능 정보는 그다지 흥미롭지 않다. 실제로 두 고전상태를 구별하는 것은 어려울 수 있지만(손글씨가 안 좋으면 읽기가 어렵긴 함) 원칙적으로 전후관계를 따지면 항상 구별가능하다. 이와는 대조적으로 양자역학에서는 서로 다른 상태를 구별하는 것이 항상 가능한 것은 아닌데, 심지어 원리적으로도 그렇다. 예를 들어 박스 2.3에서는 2개의 비직교 양자상태를 신뢰성 있게 구별할 수 있는 양자역학적 절차가 존재하지 않음을 보인 바 있다. 접근가능 정보의 관점에서 말하면, 앨리스가 p 확률의 상태 $|\psi\rangle$와 $1 - p$ 확률의 또 다른 비직교 상태 $|\varphi\rangle$를 준비할 경우, 밥이 완전한 신뢰성으로 그 상태의 정체를 결정할 수 없기 때문에 이러한 준비의 접근가능 정보는 $H(p)$보다 엄밀히 작다. 고전적으로는 앨리스가 두 고전상태 중 하나(말하자면 p 확률의 0 상태 또는 $1-p$ 확률의 1 상태)를 준비할 경우, 밥이 이 두 상태를 구별할 수 없을 아무런 이유가 없다. 따라서 이 접근가능 정보는 준비할 때의 엔트로피 $H(p)$와 동일하다.

이 논의에는 중요한 주의사항이 있는데, 그것은 접근가능 정보의 개념이 고전적으로 들어맞는 상황이다. 그 상황은 확률분포들이 서로 구별되는 상황이다. 앨리스가 두 확률분포인 $(p, 1-p)$ 또는 $(q, 1-q)$ 중 하나에 따라 0 또는 1 상태를 준비한다고 하자. 상태가 주어지면 밥의 목표는 앨리스가 상태를 준비할 때 어느 확률분포를 사용했는지를 알아내는 것이다. 당연한 말이지만, 밥이 이 완전한 신뢰성으로 알아내는 것은 항상 가능한 것은 아니다! 그럼에도 이 예제(한 집합의 혼합상태들 중 하나로 준비된 양자계에서의 접근가능 정보와 비슷함)는 부연설명용으로 중요하다. 가장 중요하고 주목할 만한 것은 양자역학의 근본 객체(순수 양자상태)가 구별 특성을 갖긴 하지만 '0' 또는 '1'과 같은 고전정보이론의 근본 객체가 갖는 구별 특성과는 아주 다르고 훨씬 더 풍부하다는 사실이다.

복제불가 정리$^{\text{no-cloning theorem}}$는 고전정보에 비해 양자정보의 접근가능성이 떨어진다는 점에 또 다른 관점을 제공한다. 물론 고전정보는 복사할 수 있다. 이런 일은 이 책을 만들 때 사용한 다수의 백업용 LaTeX 파일, 또는 이 책의 각 페이지에 나타나는 아날로그 이미지(인쇄기로 복사된 후 배포됨)와 같은 디지털 정보로 정확하게 수행할 수 있다. 놀랍게도 복제불가 정리란 양자역학으로 인해 알려지지 않은 양자상태를 정확하게 복사할 수 없으며 대략적인 복사도 아주 제한된다는 것을 말한다. 복제불가 정리는 박스 12.1에서 증명해 놓았다.

박스 12.1: 복제불가 정리

알려지지 않은 양자상태의 복사본을 만들 수 있을까? 놀랍게도 이 질문에 대한 대답은 '아니오'라는 것이 밝혀졌다. 이 박스에서는 이러한 사실에 대한 기초적인 증명을 기술하여 이것이 불가능한 본질적 이유를 알아본다.

A와 B라는 두 슬롯이 있는 양자 머신이 있다고 하자. 데이터 슬롯$^{\text{data slot}}$인 A 슬롯에서는 알려져 있지 않지만 순수양자상태인 $|\psi\rangle$로 시작한다. 이 상태는 대상 슬롯$^{\text{target slot}}$인 B 슬롯에 복사할 상태다. 대상 슬롯은 표준 순수상태인 $|s\rangle$로 시작한다고 하자. 따라서 복사 머신의 초기상태는

$$|\psi\rangle \otimes |s\rangle \tag{12.1}$$

가 된다. 어떤 유니타리 진화 U는 이제 복사 절차에 영향을 주는데, 이상적으로 말하면

$$|\psi\rangle \otimes |s\rangle \xrightarrow{U} U\left(|\psi\rangle \otimes |s\rangle\right) = |\psi\rangle \otimes |\psi\rangle \tag{12.2}$$

가 된다. 이 복사 절차가 두 특정 순수상태인 $|\psi\rangle$와 $|\varphi\rangle$에 수행된다고 하자. 그러면

$$U\left(|\psi\rangle \otimes |s\rangle\right) = |\psi\rangle \otimes |\psi\rangle \tag{12.3}$$

$$U\left(|\varphi\rangle \otimes |s\rangle\right) = |\varphi\rangle \otimes |\varphi\rangle \tag{12.4}$$

가 된다. 이 두 식에 대해 내적을 수행하면

$$\langle\psi|\varphi\rangle = (\langle\psi|\varphi\rangle)^2 \tag{12.5}$$

가 된다. 그러나 $x = x^2$은 $x = 0$과 $x = 1$이라는 2개의 해만 가지므로 $|\psi\rangle = |\varphi\rangle$이거나 $|\psi\rangle$와 $|\varphi\rangle$는 직교한다. 따라서 복제 장치는 서로 직교하는 상태만 복제할 수 있으므로 일반적인 양자복제 장치는 불가능하다. 예를 들면 양자복제기$^{quantum\ cloner}$가 가능하더라도 큐비트 상태 $|\psi\rangle = |0\rangle$와 $|\varphi\rangle = (|0\rangle + |1\rangle)/\sqrt{2}$를 복제할 수 없다. 이들 상태는 서로 직교하지 않기 때문이다.

방금 알아본 것은 유니타리 진화를 사용할 때 알려지지 않은 양자상태를 완벽하게 복제하는 것이 불가능하다는 점이다. 그렇다면 자연스레 몇 가지 의문이 떠오를 것이다. 혼합상태를 복사하려고 하면 어떨까? 유니타리가 아닌 복제 장치를 허용하면 어떨까? 불완전 복사본을 허용하지만 그럼에도 충실도의 어떤 흥미로운 측도에 따라 '괜찮은' 불완전 복사본이 나온다면 어떨까? 이것들은 모두 좋은 질문들로서 많은 조사의 주제가 됐는데, 12장의 끝에 있는 '역사와 추가자료'에서 알게 될 것이다. 이번 일을 짧게 요약하면, 비유니타리$^{non-unitary}$ 복제 장치를 허용하더라도 상태를 복사할 때 어느 정도의 충실도 손실을 감수하지 않으면 비직교 순수상태의 복제는 불가능하다. 혼합상태의 경우에도 비슷한 결론이 나오지만 혼합상태 복제 개념이 의미하는 바를 정의하기 위해서는 다소 정교한 접근이 필요하다.

언뜻 보기에 복제불가 정리는 좀 독특하게 보인다. 결국 고전물리학은 양자역학의 특수한 경우가 아닐까? 양자상태를 복사할 수 없다면 어떻게 고전정보를 복사할 수 있을까? 그 답은 복제불가 정리가 양자상태가 복사되는 것을 모두 막지는 않는다는 것인데, 단순히 말해서 비직교 양자상태라면 복사할 수 없다는 것이다. 좀 더 정확히 언급하기 위해 $|\psi\rangle$와 $|\varphi\rangle$가 두 비직교 양자상태라 하자. 그러면 복제불가 정리란 $|\psi\rangle$ 또는 $|\varphi\rangle$로 입력할 때 그 입력상태를 2개 복사해서 $|\psi\rangle|\psi\rangle$ 또는 $|\varphi\rangle|\varphi\rangle$로 출력하는 양자장치를 만들 수 없다는 뜻이다. 반면에 $|\psi\rangle$와 $|\varphi\rangle$가 직교하면 복제불가 정리는 복제를 막지 않는다. 사실 그러한 상태를 복사하는 양자회로를 설계하는 것은 다소 쉽다! 이것으로 복제불가 정리와 고전정보를 복사하는 능력 간에 존재하는 모순이 해결된다. 그 이유는 고전정보의 각 상

태를 그냥 직교 양자상태로 생각하면 되기 때문이다.

확인문제 12.1: $|\psi\rangle$와 $|\varphi\rangle$는 단일 큐비트가 가질 수 있는 두 직교 양자상태라 하자. 두 입
력 큐비트('데이터' 큐비트와 '대상' 큐비트)를 가지고 다음 사항을 따르는 양자회로를 설
계하라. 즉, 데이터 큐비트는 $|\psi\rangle$ 또는 $|\varphi\rangle$ 상태로 있고 대상 큐비트는 표준상태 $|0\rangle$
로 준비한다. 출력은 데이터 큐비트에다가 $|\psi\rangle$ 또는 $|\varphi\rangle$를 넣는지에 따라 $|\psi\rangle|\psi\rangle$ 또는
$|\varphi\rangle|\varphi\rangle$를 생성한다.

복제와 접근가능 정보 간에는 어떤 관련성이 있을까? 앨리스가 각각의 확률이 p와
$1 - p$인 두 비직교 양자상태 $|\psi\rangle$와 $|\varphi\rangle$ 중 하나를 준비한다고 하자. 또한 이들 상태에 관
한 밥의 접근가능 정보를 $H(p)$라 하자. 즉, 양자역학 법칙이 잘 허용할 것으로 가정해서
밥은 측정을 통해 충분한 정보를 얻어 앨리스가 두 상태 $|\psi\rangle$와 $|\varphi\rangle$ 중 어느 상태로 준비했
는지 알아냈다고 하자. 그러면 밥은 아주 간단한 방식으로 상태를 복제할 수 있다. 즉, 측
정을 수행하여 앨리스가 준비한 $|\psi\rangle$와 $|\varphi\rangle$ 중 어느 것인지 확인하고, 식별을 마치면 앨리
스가 자신에게 건네 준 $|\psi\rangle$ 또는 $|\varphi\rangle$ 상태 중에서 어느 것이라도 여러 개의 복사본을 마음
대로 준비할 수 있는 것이다. 따라서 복제불가 정리는 이들 상태에 대한 접근가능 정보가
$H(p)$보다 엄밀히 작다는 사실의 결과로 볼 수 있다. 또한 이 관점을 바꾸어 복제불가 정
리의 결과로서 접근가능 정보가 $H(p)$보다 작다는 사실을 알 수 있다! 이 말은 다음과 같
이 알아본다. 비직교 상태를 복제하는 것이 가능하다고 하자. 밥은 앨리스에게서 $|\psi\rangle$ 또
는 $|\varphi\rangle$ 상태를 받은 후 이러한 복제장치를 반복 적용하여 $|\psi\rangle^{\otimes n}$ 또는 $|\varphi\rangle^{\otimes n}$ 상태를 얻을
수 있다. 큰 수 n을 극한으로 보내면 이 두 상태는 거의 직교가 되며 사영 측정을 해서 임
의의 높은 신뢰성으로 구별 가능하다. 즉, 복제가 가능하다면 밥은 $|\psi\rangle$ 또는 $|\varphi\rangle$ 상태 중
하나로 준비됐는지를 임의의 높은 성공 확률로 식별할 수 있으므로 접근가능 정보는
$H(p)$가 될 것이다. 따라서 복제불가 정리를 바라볼 때 양자역학에서 비직교 상태용 접근
가능 정보가 준비 엔트로피보다 일반적으로 작다는 말과 동등한 것으로 볼 수 있다.

이 책에서 강조했듯이 양자정보의 숨은 특성은 양자계산 및 양자정보의 강력함에 대한
핵심이 되고, 접근가능 정보는 양자정보의 이러한 숨은 특성을 수량적 방식으로 드러낸
것이다. 안타깝게도 접근가능 정보를 계산하는 일반적인 방법은 알려져 있지 않다. 하지
만 여러 중요한 경계들을 증명할 수 있으며, 그중 가장 중요한 경계는 홀레보 경계다.

12.1.1 홀레보 경계

홀레보 경계는 접근가능 정보에 대한 아주 유용한 상계로 양자정보이론의 많은 응용에서
중요한 역할을 한다.

정리 12.1: (홀레보 경계^{Holevo bound}**)**   앨리스가 ρ_X 상태를 준비한다고 하자. 여기서 $X = 0,...,n$
이며 각 확률은 $p_0,...,p_n$이다. 밥은 그 상태에 대해 POVM 원소들 $\{E_y\} = \{E_0,...,E_m\}$
에 의해 기술되는 측정을 수행하고 측정결과 Y를 얻는다. 홀레보 경계란 그런 측정
에 대해서 밥은

$$H(X:Y) \leq S(\rho) - \sum_x p_x S(\rho_x) \tag{12.6}$$

가 되게 할 수 있음을 말하는데, 여기서 $\rho = \sum_x p_x \rho_x$이다.

따라서 홀레보 경계는 접근가능 정보의 상계다. 홀레보 경계의 우변에 보이는 양은 양자
정보이론에서 아주 유용하여 홀레보 χ량^{Holevo χ quantity}이라는 이름이 붙었으며 때로는 χ
로 표시하기도 한다.

증명

홀레보 경계의 증명은 세 양자계를 포함하는 간단하고 아름다운 구성을 통해 이루어지는
데, 이 세 양자계에는 P, Q, M이라는 레이블을 붙이자. Q계는 앨리스가 밥에게 건네주
는 양자계다. 반면에 P와 M계는 증명을 쉽게 하기 위해 도입한 가상의 보조계이며, 이
는 11장에서 많은 엔트로피 부등식을 증명할 때 도입했던 것과 같다. 직관적으로 보면
P를 '준비'계로 생각할 수 있다. 정의에 의해 P는 정규직교 기저 $|x\rangle$를 가지며 이 기저의
원소들은 양자계 Q를 준비했을 때의 $0,...,n$ 레이블에 대응한다. M은 직관적으로 밥의
'측정장치'로 생각할 수 있고 $|y\rangle$ 기저를 갖는데, 이 기저의 원소들은 밥이 측정한 결과
$1,...,n$에 대응한다. 전체 계의 초기상태는

$$\rho^{PQM} = \sum_x p_x |x\rangle\langle x| \otimes \rho_x \otimes |0\rangle\langle 0| \tag{12.7}$$

로 가정하는데, 여기서 텐서곱 분해는 PQM순으로 나타냈다. 직관적으로 보면 이 상태
는 앨리스가 p_x 확률의 x값을 선택하고 이에 대응하는 ρ_x를 준비하여 밥에게 건네주었고
밥은 초기에 표준상태 $|0\rangle$로 있는 측정장치를 사용하여 측정을 수행하려는 상황을 나타
낸다. 이 측정을 기술하기 위해 Q와 M계에만(P가 아님) 작용하는 양자연산 $\mathcal{E}$를 도입하자.

이 연산을 작용시키면 Q계에 대해 POVM 원소들 $\{E_y\}$로 측정을 수행하고 그 측정 결과를 M계에 저장한다. 즉,

$$\mathcal{E}(\sigma \otimes |0\rangle\langle 0|) \equiv \sum_y \sqrt{E_y}\sigma\sqrt{E_y} \otimes |y\rangle\langle y| \tag{12.8}$$

이며, 여기서 σ는 Q계의 어떤 상태이고 $|0\rangle$는 측정장치의 초기상태다. 다음 확인문제에서 $\mathcal{E}$가 대각합-보존 양자연산임을 증명해보자.

확인문제 12.2: U_y를 M계에 작용하는 유니타리 연산자로 정의하고 어떤 기저에 이 연산자가 작용하면 $U_y|y'\rangle \equiv |y' + y\rangle$로 된다고 하자. 여기서 덧셈은 모듈러 $n + 1$에 관해 수행된다. $\{\sqrt{E_y} \otimes U_y\}$가 대각합-보존 양자연산을 정의하는 연산원소들의 집합임을 보여라. 이때 $\sigma \otimes |0\rangle\langle 0|$ 형식의 상태에 이 연산을 작용시키면 (12.8)과 같게 된다.

홀레보의 경계 증명은 이제 다음과 같이 진행된다. $\mathcal{E}$를 적용한 후에는 PQM 상태 표시에 프라임을 사용하고, $\mathcal{E}$를 적용하기 전의 시간을 나타내는 데는 프라임으로 표시하지 않은 상태를 사용하자. 그러면 M이 초기에 P 및 Q와 상관관계가 없으므로 $S(P\!:\!Q) = S(P\!:\!Q, M)$이 되고, 양자연산 $\mathcal{E}$를 QM에 적용해도 P와 QM 간에 상호정보를 증가시킬 수 없으므로(정리 11.15) $S(P\!:\!Q, M) \geq S(P'\!:\!Q', M')$이 된다. 마지막으로는 계를 버려도 상호정보를 증가시킬 수 없으므로(이것도 정리 11.15) $S(P'\!:\!Q', M') \geq S(P'\!:\!M')$이 된다. 이들 결과를 종합하면

$$S(P'\!:\!M') \leq S(P\!:\!Q) \tag{12.9}$$

가 된다. 약간의 계산을 거치면 이 결과가 홀레보 경계라는 것을 쉽게 알 수 있다! 먼저 우변을 계산해보자. 다음 식에 주목한다.

$$\rho^{PQ} = \sum_x p_x|x\rangle\langle x| \otimes \rho_x \tag{12.10}$$

이 식으로부터 $S(P) = H(p_x)$, $S(Q) = S(\rho)$, $S(P, Q) = H(p_x) + \sum_x p_x S(\rho_x)$(정리 11.10에 의함)가 나오므로

$$S(P\!:\!Q) = S(P) + S(Q) - S(P, Q) = S(\rho) - \sum_x p_x S(\rho_x) \tag{12.11}$$

가 된다. 이는 홀레보 경계의 우변이다! (12.9)의 좌변을 계산하기 위해서는

$$\rho^{P'Q'M'} = \sum_{xy} p_x|x\rangle\langle x| \otimes \sqrt{E_y}\rho_x\sqrt{E_y} \otimes |y\rangle\langle y| \tag{12.12}$$

에 주목한다. Q계를 대각합하고 (X, Y) 쌍에 대한 결합분포^{joint distribution} $p(x, y)$가 $p(x, y)$ $= p_x p(y|x) = p_x \text{tr}(\rho_x E_y) = p_x \text{tr}(\sqrt{E_y} \rho_x \sqrt{E_y})$를 만족시킨다는 점을 이용하면

$$\rho^{P'M'} = \sum_{xy} p(x, y)|x\rangle\langle x| \otimes |y\rangle\langle y| \tag{12.13}$$

가 된다. 그러므로 $S(P':M') = H(X:Y)$가 되어 홀레보 경계의 좌변이 나온다! 이렇게 홀레보 경계에 대한 증명이 끝났다.

12.1.2 홀레보 경계의 적용 예

홀레보 경계는 양자정보이론의 많은 결과를 증명하는 핵심 요소다. 지금은 이 중요한 결과가 어떻게 적용될 수 있는지에 대한 맛만 볼 것이다. 정리 11.10을 상기하면

$$S(\rho) - \sum_x p_x S(\rho_x) \leq H(X) \tag{12.14}$$

이며, 등호가 성립하기 위한 필요충분조건은 ρ_x 상태가 직교 서포트를 갖는 것이다. ρ_x 상태가 직교 서포트를 갖지 않아 (12.14)의 부등식이 엄밀하다고 하자. 그러면 홀레보 경계는 $H(X:Y)$가 $H(X)$보다 엄밀히 작다는 것을 의미하므로 밥이 측정결과 Y를 바탕으로 하여 완벽한 신뢰성으로 X를 결정할 수 없다. 이는 앨리스가 준비한 상태가 직교가 아니면 밥은 앨리스가 어느 상태를 준비했는지 확실하게 결정할 수 없다는 기존의 인식을 일반화시킨다.

구체적인 예는 앨리스가 공정한 동전 던지기의 결과에 따라 두 양자상태 중 한 상태의 단일 큐비트를 준비하는 것이다. 앨리스는 동전 던지기에서 앞면이 나오면 $|0\rangle$ 상태를 준비하고 뒷면이 나오면 $\cos\theta|0\rangle + \sin\theta|1\rangle$ 상태를 준비한다. 여기서 θ는 실수의 매개변수다. $|0\rangle$, $|1\rangle$ 기저로는 ρ를

$$\rho = \frac{1}{2}\begin{bmatrix} 1 & 0 \\ 0 & 0 \end{bmatrix} + \frac{1}{2}\begin{bmatrix} \cos^2\theta & \cos\theta\sin\theta \\ \cos\theta\sin\theta & \sin^2\theta \end{bmatrix} \tag{12.15}$$

로 표현할 수 있다. 간단한 계산으로 ρ의 고윳값이 $(1 \pm \cos\theta)/2$로 나오고, 따라서 홀레보 경계는 2진 엔트로피 $H((1 + \cos\theta)/2)$로 주어지는데, 이는 그림 12.1에 설명해놓았다. 홀레보 경계는 $\theta = \pi/2$일 때 최대가 되고 1비트의 값에 도달하는데, 이는 앨리스가 직교 집합에서 선택한 상태를 준비하는 경우에 해당한다. 이 경우, 밥은 앨리스가 어느 상태를 준비했는지 확실하게 결정할 수 있다. θ의 다른 값에 대해 홀레보 경계는 엄밀하게 1비트

미만이며 밥은 앨리스가 어느 상태를 준비했는지 확실하게 결정하는 게 불가능하다.

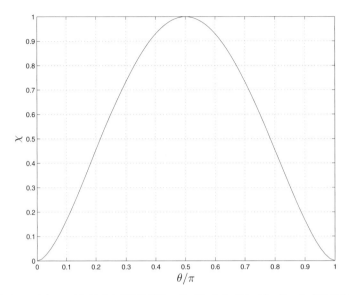

그림 12.1 $|0\rangle$과 $\cos\theta|0\rangle + \sin\theta|1\rangle$ 상태가 동일한 확률로 준비될 때 홀레보 경계 χ를 θ에 대한 함수로 나타낸 그래프. 홀레보 경계는 직교 상태에 해당하는 $\theta = \pi/2$일 때 최대가 된다. 이때 밥은 앨리스가 어느 상태를 준비했는지 확실하게 결정할 수 있다.

파노 부등식(식 유도에 대해서는 박스 12.2 참조)을 사용하면 홀레보 경계에 더 많은 연산적 의미를 부여할 수 있다. 밥은 앨리스가 어느 상태를 준비했는지에 관해 $\tilde{X} = f(Y)$를 추측한다고 하자. 이 추측은 측정 Y의 결과와 추측을 위한 몇 가지 규칙에 바탕을 두며 이것들은 함수 $f(\cdot)$로 캡슐화된다. 그러면 파노 부등식과 홀레보 경계에 따라

$$H(p(\tilde{X} \neq X)) + p(\tilde{X} \neq X)\log(|X| - 1) \geq H(X|Y)$$
$$= H(X) - H(X:Y)$$
$$\geq H(X) - \chi \qquad (12.19)$$

가 된다. 이를 통해 밥이 X의 값을 얼마나 잘 추측할 수 있는지에 대한 경계를 설정할 수 있다. 경험적으로 보면, χ가 작을수록 밥은 앨리스가 어느 상태를 준비했는지를 결정하기가 더 어렵다. 이것은 그림 12.2에 나타나 있는데, 이는 앨리스가 1/2 확률로 $|0\rangle$를 준비하고 또 1/2 확률로 $\cos\theta|0\rangle + \sin\theta|1\rangle$를 준비한 경우에 대한 것이다. 이때 앞서 언급한 바와 같이 $H(p(\tilde{X} \neq X)) \geq 1 - \chi$로 줄어들며 $\chi = H((1 + \cos(\theta))/2)$가 된다. $\theta \neq \pi/2$이면 밥의 추측에 오류가 있을 확률이 어느 정도 존재한다는 점에 주목한다. θ가 0에 다가갈 때 이 오류는 커진다. 마지막으로 $\theta = 0$이고 두 상태를 구별할 수 없다면, 하계는 밥

의 오류확률이 적어도 1/2이라는 것을 나타낸다. 즉, 예상하다시피 앨리스가 어느 상태를 준비했는지 밥이 추측해서 맞춘다는 것은 그저 우연일 뿐이다.

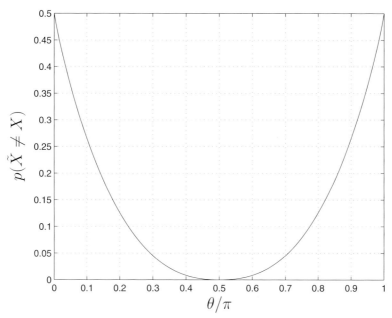

그림 12.2 밥이 앨리스가 $|0\rangle$ 또는 $\cos\theta|0\rangle + \sin\theta|1\rangle$ 상태를 준비했는지를 추측할 때 오류를 범할 확률의 하계. 이 하계는 파노 부등식과 홀레보 경계를 결합해서 얻는다. θ가 $\pi/2$에 다가갈 때 그 경계는 0으로 감소하는 것에 주목한다. 이 지점에서 상태는 신뢰성 있게 구별될 수 있다.

확인문제 12.3: n큐비트를 사용해서는 n비트 이상의 고전정보를 전송할 수 없다는 것을 홀레보 경계를 사용하여 보여라.

확인문제 12.4: 앨리스가 밥에게 다음과 같은 4개의 순수상태를 균등하게 혼합한 것을 보낸다고 하자.

$$|X_1\rangle = |0\rangle \tag{12.20}$$

$$|X_2\rangle = \sqrt{\frac{1}{3}}\left[|0\rangle + \sqrt{2}|1\rangle\right] \tag{12.21}$$

$$|X_3\rangle = \sqrt{\frac{1}{3}}\left[|0\rangle + \sqrt{2}e^{2\pi i/3}|1\rangle\right] \tag{12.22}$$

$$|X_4\rangle = \sqrt{\frac{1}{3}}\left[|0\rangle + \sqrt{2}e^{4\pi i/3}|1\rangle\right] \tag{12.23}$$

밥의 측정과 앨리스의 전송 간에 최대 상호정보가 1비트 미만임을 보여라. POVM은

≈ 0.415비트라고 알려져 있다. 이렇게 만들 수 있을까? 아니 다른 말로 하는 게 낫겠다. 홀레보 경계를 달성하게 만들 수 있을까?

박스 12.2: 파노 부등식(Fano's inequality)

확률변수 X의 값을 추측할 때, 또 다른 확률변수 Y에 대한 지식을 바탕으로 추측한다고 하자. 직관적으로 보면 조건부 엔트로피 $H(X|Y)$가 이러한 추측을 잘 하는 정도를 제한할 것으로 기대된다. 파노 부등식을 이용하면 이러한 직관을 정밀하게 만들 수 있고, Y가 주어졌을 때 X를 얼마나 잘 추측할 수 있는지에 대한 유용한 경계도 정할 수 있다.

$\tilde{X} \equiv f(Y)$는 X를 가장 잘 추측할 때 사용할 Y의 함수라 하자. 또한 $p_e \equiv p(X \neq \tilde{X})$는 이 추측이 틀릴 확률이라 하자. 그러면 파노 부등식이란

$$H(p_e) + p_e \log(|X| - 1) \geq H(X|Y) \tag{12.16}$$

가 됨을 말해준다. 여기서 $H(\cdot)$는 2진 엔트로피이고 $|X|$는 X가 가정할 값의 개수다. 특성 측면에서 볼 때, 이 부등식이 의미하는 바는 $H(X|Y)$가 크면(즉, $\log(|X| - 1)$의 크기에 비해 크면) 추측에서 오류가 날 확률 p_e도 커진다는 것이다.

파노 부등식을 증명하기 위해 '오류' 확률변수 E를 다음과 같이 정의하자. 즉, $X \neq \tilde{X}$이면 $E \equiv 1$, $X = \tilde{X}$이면 $E \equiv 0$이다. $H(E) = H(p_e)$라는 점에 주목한다. 조건부 엔트로피의 연쇄법칙(705페이지)을 사용하면 $H(E, X|Y) = H(E|X, Y) + H(X|Y)$가 된다. 그러나 X와 Y가 알려지면 E는 완전히 결정되므로 $H(E|X, Y) = 0$이고, 따라서 $H(E, X|Y) = H(X|Y)$이다. 다른 변수에 엔트로피의 연쇄법칙을 또다시 적용하면 $H(E, X|Y) = H(X|E, Y) + H(E|Y)$가 된다. 조건을 주면 엔트로피가 줄어들므로 $H(E|Y) \leq H(E) = H(p_e)$가 되고, 따라서 $H(X|Y) = H(E, X|Y) \leq H(X|E, Y) + H(p_e)$가 된다. 파노 부등식에 대한 증명은 다음과 같이 $H(X|E, Y)$ 경계를 정하는 것으로 끝난다(세부적인 계산은 생략했는데, 이는 여러분이 쉽게 할 수 있는 것이다).

$$H(X|E, Y) = p(E = 0)H(X|E = 0, Y) + p(E = 1)H(X|E = 1, Y) \tag{12.17}$$

$$\leq p(E = 0) \times 0 + p_e \log(|X| - 1) = p_e \log(|X| - 1) \tag{12.18}$$

여기서 $H(X|E=1, Y) \leq \log(|X|-1)$은 $E=1$일 때 $X \neq Y$이고 X가 최대 $|X|-1$ 개의 값들로 가정하여 그것의 엔트로피 경계를 정하므로 그 조건부 엔트로피를 $\log(|X|-1)$까지 가정할 수 있다는 사실에서 나온다. $H(X|E, Y) \leq p_e \log(|X|-1)$ 를 $H(X|Y) \leq H(X|E, Y) + H(p_e)$에 대입하면 파노 부등식 $H(X|Y) \leq H(p_e) + p_e \log(|X|-1)$이 나온다.

12.2 데이터 압축

이제 방침을 바꾸어 고전 및 양자정보이론에서 발생하는 기초 동적 과정인 데이터 압축을 알아보자. 가장 일반적인 형태의 데이터 압축 문제는 정보 소스를 저장하는 데 필요한 최소한의 물리적 요구사항이 무엇인지를 결정하는 것이다. 그것은 정보이론의 근본적인 문제 중 하나이며 즉각적인 범위를 훨씬 넘어서는 의미를 갖는다. 고전 및 양자정보이론 모두에서 이 문제를 해결하는 데 활용하는 기술은 적용가능성 측면에서 단순한 데이터 압축보다 훨씬 더 광범위하지만, 데이터 압축 문제의 솔루션에서 가장 간단하면서도 가장 우아한 표현을 보여주는 것으로 밝혀졌다. 이 절에서는 양자 및 고전 데이터 압축을 자세히 살펴본다.

12.2.1 섀넌의 무노이즈 채널 코딩 정리

섀넌의 무노이즈 채널 코딩 정리는 고전정보 소스에 의해 만들어지는 정보를 얼마나 압축할 수 있는지를 값으로 매긴다. 그런데 고전정보 소스에 의한다는 것은 무슨 뜻일까? 그러한 소스의 모델은 여러가지로 가능하다. 간단하고 아주 유익한 모델은 소스가 일련의 확률변수 X_1, X_2,...로 구성되는 것이다. 이들 변수의 값은 소스의 출력을 나타낸다. 확률변수의 알파벳 기호를 무한히 확장해도 되지만 유한한 알파벳 기호로부터 값을 취하는 것으로 가정하는 게 편하다는 것을 알게 될 것이다. 또한 소스의 각 사용이 독립적이면서 동일하게 분포independent and identically distributed된다고 가정한다. 즉, 이러한 소스를 i.i.d 정보 소스라고 한다. 현실 세계에서는 흔히 소스가 이러한 방식으로 거동하지 않는다. 예를 들어 여러분이 들여다보는 영어책의 글자가 독립적인 방식으로 나열돼 있지 않은 것을 쉽게 알 수 있다. 즉, 문자 간에는 강한 상관관계가 존재한다. 간단한 예를 들면 보통의 영어책에서는 h 문자를 전체적인 빈도수로 예측하는 것보다 't' 문자 다음에 'h' 문자가 더 자주 나온다. 즉, 't'와 'h'가 나오는 것은 독립적 발생이 아니라 상관관계가 있다고 말한다. 그럼에도 다양한 정보 소스(영어책 포함)의 경우 i.i.d. 소스로 가정해도 실제로 잘 먹히고, i.i.d의 특수한 경우를 처리하기 위해 도입한 아이디어는 더 정교한 소스에게로 일반화시킬 수 있다.

섀넌 정리의 기술적 세부사항에 들어가기 전에 간단한 예를 사용하여 결과가 의미하는 바를 알아보자. i.i.d. 정보 소스는 X_1, X_2, X_3,... 비트를 생성하는데, 각 비트는 p 확률로 0이고 $1 - p$ 확률로 1이다. 섀넌 정리의 핵심 아이디어는 확률변수 $X_1, ..., X_n$에 대한 값 $x_1, ..., x_n$의 가능한 시퀀스를 두 가지 유형으로 나누는 것이다. 즉, 아주 잘 발생하는 시퀀스(전형적 시퀀스typical sequence라고 함)와 드물게 발생하는 시퀀스(이례적 시퀀스atypical sequence라고 함)로 나눈다. 어떻게 이렇게 나눌까? n이 크면 높은 확률로 소스에서 출력된 기호들 중에서 p 확률 부분은 0일 것이고 $1 - p$ 확률 부분은 1일 것이다. 이 가정이 맞아떨어지는 $x_1, ..., x_n$ 시퀀스를 전형적 시퀀스라 하는 것이다. 이 정의와 소스에 대한 독립 가정을 결합하면 전형적 시퀀스의 경우,

$$p(x_1, \ldots, x_n) = p(x_1)p(x_2) \ldots p(x_n) \approx p^{np}(1 - p)^{(1-p)n} \qquad (12.24)$$

가 된다. 양변에 로그를 취하면

$$-\log p(x_1, \ldots, x_n) \approx -np \log p - n(1 - p) \log(1 - p) = nH(X) \qquad (12.25)$$

가 된다. 여기서 X는 소스 분포에 따라 분포된 확률변수이고 $H(X) = -p \log(p) - (1 - p) \log(1 - p)$는 소스 분포의 엔트로피인데, 소스의 엔트로피 비율entropy rate이라고도 한다. 따라서 $p(x_1, ..., x_n) \approx 2^{-nH(X)}$가 되는데, 이 점을 보면 모든 전형적 시퀀스의 총 확률이 1보다 클 수 없기 때문에 최대 $2^{nH(X)}$개의 전형적 시퀀스가 존재할 수 있다는 것을 알 수 있다.

이제 데이터 압축을 위한 간단한 체계를 이해할 수 있는 도구가 생겼다. 소스의 출력이 $x_1, ..., x_n$이라 하자. 이 출력을 압축하기 위해 $x_1, ..., x_n$이 전형적 시퀀스인지 알아본다. 전형적 시퀀스가 아니면 포기한다(오류를 선언한다). 다행스럽게도 n이 크면 이렇게 될 가능성이 거의 없는데, 그 이유는 거의 모든 시퀀스가 큰 n의 극한에서 전형적이기 때문이다. 출력이 전형적 시퀀스이면 그 사실을 기록한다. 최대 $2^{nH(X)}$개의 전형적 시퀀스가 존재하므로 특정 전형적 시퀀스를 유일하게 식별하려면 $nH(X)$비트만 필요하다. 식별용으로 이러한 체계를 선택하고 소스의 출력을 이에 대응하는 $nH(X)$비트 문자열로 압축하는데, 압축 전의 비트 문자열은 전형적 시퀀스 발생을 기술하며 압축 후에는 나중에 압축해제

할 수 있다. n이 커지면 이 체계의 성공 확률은 1에 가까워진다.

이 체계에 대해서는 몇 가지 비판이 있기도 하다. 즉, (a) 실패할 가능성이 작긴 하지만 약간이라도 있다. 좀 더 정교한 체계라면 유사한 아이디어를 사용하여 오류 발생 가능성을 제거할 수 있다. (b) 압축을 수행하려면 소스가 큰 수 n의 기호들을 방출할 때까지 기다려야 한다. 이들 기호가 소스에 의해 방출될 때 처리를 진행하기 위해서는 또다시 체계를 정교하게 수정해야 한다. (c) 소스의 출력을 압축된 시퀀스에게로 사상시키는 명시적 체계는 존재하지 않는다. 이번에도 이 문제를 해결하려면 좀 더 정교한 체계를 개발해야 한다. (d) 데이터 압축을 수행하는 정확한 절차는 소스의 출력 분포에 따라 달라진다. 이 절차가 알려져 있지 않다면 어떻게 할까? 이러한 가능성에 대처할 수 있는 영리한 **보편적 압축**universal compression 알고리듬이 존재한다. 이것과 그 외의 문제에 관심이 있는 독자는 12장의 끝에 있는 '역사와 추가자료'에 나열된 커버와 토마스의 책을 참조하기 바란다.

전형적 시퀀스의 개념을 2진 경우를 넘어서 일반화시켜보자. X_1, X_2,...가 i.i.d. 정보 소스라고 가정한다. 대체로 소스에서 출력된 시퀀스에서 어떤 문자 x의 발생 빈도는 해당 소스에서 그 문자가 나올 확률 $p(x)$에 가까울 것이다. 이러한 직관적 이해를 염두에 두고 전형적 시퀀스 개념을 다음과 같이 엄밀하게 정의하자. $\epsilon > 0$일 때

$$2^{-n(H(X)+\epsilon)} \leq p(x_1, \ldots, x_n) \leq 2^{-n(H(X)-\epsilon)} \tag{12.26}$$

이면 소스 기호의 문자열 $x_1 x_2 \ldots x_n$은 ϵ-전형적이라 말하고, 길이 n의 이러한 모든 ϵ-전형적 시퀀스들의 집합을 $T(n, \epsilon)$로 나타낸다. 이 정의를 유용한 공식으로 재구성하면

$$\left| \frac{1}{n} \log \frac{1}{p(x_1, \ldots, x_n)} - H(X) \right| \leq \epsilon \tag{12.27}$$

가 된다. 큰 수의 법칙(박스 12.3에서 언급하고 증명했다)을 사용하면 다음의 전형적 시퀀스 정리를 증명할 수 있다. 이 정리는 큰 n의 극한에서 정보 소스가 출력하는 대부분의 시퀀스가 전형적이라고 엄밀하게 생각할 수 있다.

정리 12.2: (전형적 시퀀스 정리theorem of typical sequences)

1. $\epsilon > 0$로 고정하자. 그러면 어떠한 $\delta > 0$에 대해서도 그리고 충분히 큰 n에 대해 시퀀스가 ϵ-전형적일 확률은 최소 $1 - \delta$이다.

2. 어떠한 고정된 $\epsilon > 0$과 $\delta > 0$에 대해서도 그리고 충분히 큰 n에 대해 ϵ-전형적 시퀀스의 개수 $|T(n, \epsilon)|$는

$$(1 - \delta)2^{n(H(X)-\epsilon)} \leq |T(n, \epsilon)| \leq 2^{n(H(X)+\epsilon)} \tag{12.28}$$

를 만족시킨다.

3. $S(n)$을 소스에서 나온 n 길이의 시퀀스들에 대한 모음collection이라 하고 최대 2^{nR} 크기를 갖는다고 하자. 여기서 $R < H(X)$로 고정한다. 그러면 어떠한 $\delta > 0$에 대해서도 그리고 충분히 큰 n에 대해

$$\sum_{x \in S(n)} p(x) \leq \delta \tag{12.29}$$

가 된다.

증명

1부: 큰 수의 법칙을 바로 적용. $-\log p(X_i)$는 독립적이고 동일하게 분포된 확률변수라는 점에 주목한다. 어떠한 $\epsilon > 0$과 $\delta > 0$에 대해서도 그리고 충분히 큰 n에 대해 큰 수의 법칙을 따르면

$$p\left(\left|\sum_{i=1}^{n} \frac{-\log p(X_i)}{n} - \mathbf{E}(-\log p(X))\right| \leq \epsilon\right) \geq 1 - \delta \tag{12.30}$$

가 된다. 하지만 $\mathbf{E}(\log p(X)) = -H(X)$이고 $\sum_{i=1}^{n} \log p(X_i) = \log(p(X_1, \ldots, X_n))$가 된다. 따라서

$$p\left(|-\log(p(X_1, \ldots, X_n))/n - H(X)| \leq \epsilon\right) \geq 1 - \delta \tag{12.31}$$

가 된다. 즉, 이 시퀀스가 ϵ-전형적일 확률은 최소 $1 - \delta$이다.

2부: 전형성typicality을 정의했었고, 전형적 시퀀스 확률의 합이 $1 - \delta$(1부에 의함)에서 1까지의 범위에 있어야 한다는(확률의 합이 1을 초과할 수 없음) 사실도 알게 됐다. 따라서

$$1 \geq \sum_{x \in T(n, \epsilon)} p(x) \geq \sum_{x \in T(n, \epsilon)} 2^{-n(H(X)+\epsilon)} = |T(n, \epsilon)|2^{-n(H(X)+\epsilon)} \tag{12.32}$$

가 되고 이로부터 $|T(n, \epsilon)| \leq 2^{n(H(X)+\epsilon)}$가 나온다. 그리고

$$1 - \delta \leq \sum_{x \in T(n, \epsilon)} p(x) \leq \sum_{x \in T(n, \epsilon)} 2^{-n(H(X)-\epsilon)} = |T(n, \epsilon)|2^{-n(H(X)-\epsilon)} \tag{12.33}$$

가 되고 이로부터 $|T(n, \epsilon)| \geq (1 - \delta)2^{n(H(X)-\epsilon)}$가 나온다.

3부: 여기 아이디어는 $S(n)$에 속한 시퀀스들을 전형적 시퀀스와 이례적 시퀀스로 나누는 것이다. 이례적 시퀀스는 큰 n의 극한에서 작은 확률을 갖는다. $S(n)$에 속한 전형적

시퀀스의 개수는 $S(n)$에 속한 총 시퀀스의 개수보다 크지 않고 최대 2^{nR}개이며, 각 전형적 시퀀스의 확률은 약 $2^{-nH(X)}$이다. 그러므로 $S(n)$에 속한 전형적 시퀀스의 총 확률은 $2^{n(R-H(X))}$와 같이 변하며 $R < H(X)$일 때 0에 다가간다.

더 엄밀히 하기 위해 $R < H(X) - \delta$ 그리고 $0 < \epsilon < \delta/2$가 되는 ϵ를 선택하자. 또한 $S(n)$에 속한 시퀀스를 ϵ-전형적 시퀀스와 ϵ-이례적 시퀀스로 나누자. 1부에 의하면 n이 충분히 큰 경우, 이례적 시퀀스의 총 확률은 $\delta/2$ 미만으로 만들 수 있다. $S(n)$에는 최대 2^{nR}개의 전형적 시퀀스가 존재하며, 각각의 확률은 최대 $2^{-n(H(X)-\epsilon)}$이다. 그러므로 전형적 시퀀스의 총 확률은 최대 $2^{-n(H(X)-\epsilon-R)}$이며, 이는 n이 무한대로 갈 때 0에 다가간다. 따라서 $S(n)$에 속한 모든 시퀀스들의 총 확률은 n이 충분히 큰 경우 δ보다 작다. ▮

박스 12.3: 큰 수의 법칙(law of large numbers)

어떤 매개변수 X의 값을 측정할 때마다 실험을 수차례 반복한다고 하자. 그 실험 결과에 X_1, X_2,...라는 레이블을 붙인다. 실험 결과들이 서로 독립이라고 가정하면, 직관적으로 평균 $\mathrm{E}(X)$의 실제 계산식 $S_n \equiv \sum_{i=1}^{n} X_i/n$의 값은 $n \to \infty$일 때 $\mathrm{E}(X)$에 근접할 것으로 기대된다. 큰 수의 법칙이란 이러한 직관을 엄밀하게 말한 것이다.

정리 12.3: (큰 수의 법칙) X_1, X_2,...가 독립 확률변수이며 유한한 1차 적률first moment과 2차 적률second moment[1]을 갖는, 즉 $|\mathrm{E}(X)| < \infty$와 $|\mathrm{E}(X^2)| < \infty$를 갖는 확률변수 X와 동일한 분포를 갖는다고 하자. 그러면 어떠한 $\epsilon > 0$에 대해서도 $n \to \infty$일 때 $p(|S_n - \mathrm{E}(X)| > \epsilon) \to 0$가 된다.

증명

시작할 때 $\mathrm{E}(X) = 0$이라 가정하고 증명한 후에 $\mathrm{E}(X) \neq 0$일 때도 어떻게 되는지 따져보자. 확률변수들은 평균 0에 독립이므로 $i \neq j$일 때 $\mathrm{E}(X_i X_j) = \mathrm{E}(X_i)\mathrm{E}(X_j) = 0$이 된다. 따라서

$$\mathrm{E}(S_n^2) = \frac{\sum_{i,j=1}^{n} \mathrm{E}(X_i X_j)}{n^2} = \frac{\sum_{i=1}^{n} \mathrm{E}(X_i^2)}{n^2} = \frac{\mathrm{E}(X^2)}{n} \tag{12.34}$$

가 되는데, 여기서 맨 끝의 등식은 $X_1,...,X_n$이 X와 동일하게 분포된다는 사실에서 나온 것이다. 같은 이유로 기댓값 정의로부터

---

1 평균 $m = \sum_i x_i^1 f(x_i)$을 1차 적률, 분산 $\sigma^2 = \sum_i (x_i - m)^2 f(x_i)$을 2차 적률, $\sum_i (x_i - m)^n f(x_i)$을 n차 적률이라고 한다. – 옮긴이

$$\mathbf{E}(S_n^2) = \int dP\, S_n^2 \tag{12.35}$$

이 나오는데, 여기서 dP란 그 바탕이 되는 확률 측도다. $|S_n| \leq \epsilon$ 또는 $|S_n| > \epsilon$ 중 하나가 분명하므로 이 적분을 두 부분으로 나눌 수 있다. 그러고 나서 한 부분을 제외시키는데 그 부분이 음이 아니므로

$$\mathbf{E}(S_n^2) = \int_{|S_n| \leq \epsilon} dP\, S_n^2 + \int_{|S_n| > \epsilon} dP\, S_n^2 \geq \int_{|S_n| > \epsilon} dP\, S_n^2 \tag{12.36}$$

이 된다. 적분 영역에서 $S_n^2 > \epsilon^2$이고, 따라서

$$\mathbf{E}(S_n^2) \geq \epsilon^2 \int_{|S_n| > \epsilon} dP = \epsilon^2 p(|S_n| > \epsilon) \tag{12.37}$$

이 된다. 이 부등식을 (12.34)와 비교하면

$$p(|S_n| > \epsilon) \leq \frac{\mathbf{E}(X^2)}{n\epsilon^2} \tag{12.38}$$

이 된다. $n \to \infty$로 하면 증명이 완료된다. $\mathbf{E}(X) \neq 0$인 경우는

$$Y_i \equiv X_i - \mathbf{E}(X), \qquad Y \equiv X - \mathbf{E}(X) \tag{12.39}$$

로 정의하면 결과를 얻기 쉽다. Y와 Y_1, Y_2,...는 서로 독립이면서 동일하게 분포된 확률변수들을 나열한 것이며 $\mathbf{E}(Y) = 0$과 $|\mathbf{E}(Y^2)| < \infty$를 만족시킨다. 이 결과는 최초 가정에서 나온 것이다. ▪

새넌의 무노이즈 채널 코딩 정리는 전형적 시퀀스 정리를 쉽게 응용한 것이다. 여기서는 무노이즈 채널 코딩 정리의 매우 간단한 버전을 다룬다. 더 정교한 버전은 확인문제와 12장의 끝에 있는 '역사와 추가자료'에 남겨 놓는다. 기본 설정은 X_1, X_2,...가 d개의 기호들을 포함하는 어떤 유한 알파벳에 대한 고전정보 소스 i.i.d.라고 가정하는 것이다. R 비율의 압축체계compression scheme of rate R는 가능한 시퀀스 $x = (x_1,...,x_n)$을 nR 길이의 비트 문자열에 대응시키는데, 이를 $C^m(x) = C^m(x_1,...,x_n)$으로 표시한다($nR$이 정수가 아닐 수도 있다는 점에 유의한다. 이 경우 $nR = \lfloor nR \rfloor$로 단순하게 표기한다). 이에 맞는 압축해제 체계decompression scheme는 nR개의 압축 비트를 얻어 알파벳의 n개 문자열 $D^n(C^m(x))$에 다시 대응시킨다. n이 ∞로 갈 때 $D^n(C^m(x)) = x$일 확률이 1에 다가간다면 압축-압축해제 체계

인 (C^n, D^n)은 신뢰할 수 있다고 말한다. 섀넌의 무노이즈 채널 코딩 정리는 비율 R이 어떤 값일 때 신뢰성 있는 압축체계가 존재하는지를 알려주고, 엔트로피 비율 $H(X)$에 대해 놀라운 연산 해석을 보여준다. 즉, 이는 단지 소스의 출력을 신뢰성 있게 저장하는 데 필요충분한 최소한의 물리적 자원일 뿐이다.

정리 12.4: (섀넌의 무노이즈 채널 코딩 정리) $\{X_i\}$가 엔트로피 비율 $H(X)$를 갖는 i.i.d. 정보 소스라 하자. 또한 $R > H(X)$라 하자. 그러면 그 소스에 대해 R 비율의 신뢰성 있는 압축체계가 존재한다. 반대로 $R < H(X)$이면 어떠한 압축체계도 신뢰성이 없을 것이다.

증명

$R > H(X)$라 하자. $H(X) + \epsilon < R$이 되는 $\epsilon > 0$을 선택한다. ϵ-전형적 시퀀스들의 집합 $T(n, \epsilon)$를 고려하자. 어떠한 $\delta > 0$에 대해서도, 그리고 충분히 큰 n에 대해 그러한 시퀀스는 최대 $2^{n(H(x)+\epsilon)} < 2^{nR}$이며, 그러한 시퀀스를 생성하는 소스의 확률은 최소 $1 - \delta$이다. 그러므로 압축 방법은 소스의 출력을 그냥 조사하여 ϵ-전형적인지 알아보는 것으로 시작한다. 만약 ϵ-전형적이지 않으면 실패를 나타내는 고정된 nR비트 문자열로 압축한다. 이것의 압축해제 연산은 소스가 생성한 정보를 추측해서 무작위 시퀀스 $x_1, \dots, x_n$을 출력한다. 즉, 이 경우에는 사실상 압축을 포기한다. 소스의 출력이 전형적이면, 명백한 방식으로 nR비트를 사용하여 특정 시퀀스에 대한 인덱스를 저장하는 것으로 간단히 출력을 압축해서 나중에 복원할 수 있게 한다.

$R < H(X)$라 하자. 결합된 압축-압축해제 연산은 최대 2^{nR}개의 가능한 출력을 가지므로 소스에서 출력되는 시퀀스 중 최대 2^{nR}개를 오류 발생없이 압축 및 압축해제할 수 있다. 전형적 시퀀스 정리에 따라 충분히 큰 n에 대해 소스로부터 출력되면서 2^{nR}개 시퀀스들의 부분집합에 속하는 시퀀스의 확률은 $R < H(X)$일 때 0에 다가간다. 따라서 그러한 압축체계는 신뢰할 수 없다. ∎

확인문제 12.5: (가변 길이 0 오류 데이터 압축) 가변 길이 데이터 압축체계에 대해 다음의 어림짐작 기술^{heuristic}을 고려한다. $x_1, \dots, x_n$은 엔트로피 비율 $H(X)$의 i.i.d. 소스를 n번 사용하여 나온 출력이라 하자. $x_1, \dots, x_n$이 전형적이면 어느 전형적 시퀀스인지를 나타내는 $H(X)$비트 인덱스를 보낸다. $x_1, \dots, x_n$이 이례적이면 그 시퀀스에 대해 압축되지 않은 $\log d^n$ 비트 인덱스를 보낸다(d는 알파벳 크기임을 상기하자). 이 어림짐작 기술을 통해서 $R > H(X)$에 대해 오류확률 0을 가지면서 소스 기호당 평균 R비트로 소스를 압축할 수 있음을 보여라.

12.2.2 슈마허의 양자 무노이즈 채널 코딩 정리

양자정보이론의 개념을 잘 정립하려면 양자상태를 정보인 것처럼 다룰 수 있음을 깨닫고 이러한 양자상태에 대해 정보이론적 의문을 가져야 한다. 이 절에서는 정보의 양자 소스 개념을 정의하고 해당 소스가 생성하는 '정보'(양자상태)를 어느 정도까지 압축할 수 있을 까? 라는 의문에 대해 연구해 본다.

양자정보 소스의 개념을 어떻게 정의할 수 있을까? 고전정보 소스의 정의와 마찬가지 로 이 정의를 내리는 가장 좋은 방법이 무엇인지는 분명치 않으며, 제각각 여러 정의가 나올 수 있다. 우리가 사용할 정의는 얽힘^{entanglement}이 압축과 압축해제의 대상이라는 생 각을 바탕으로 한다. 좀 더 공식적으로 말하면 (i.i.d) 양자 소스는 힐베르트 공간 H, 그리 고 그 힐베르트 공간의 밀도행렬 ρ로 기술할 것이다. 계의 상태 ρ는 순수상태로 있는 더 큰 계의 일부일 뿐이며 ρ의 혼합성질은 H와 그 계의 나머지 부분 간의 얽힘 때문으로 생 각할 수 있다. 이 소스에 대한 R 비율의 압축체계는 양자연산의 두 계열인 $\mathcal{C}^n$ 및 $\mathcal{D}^n$으로 구성되는데, 이는 고전적인 경우에 사용하는 압축 및 압축해제 체계와 비슷하다. $\mathcal{C}^n$은 압 축 연산이며 $H^{\otimes n}$의 상태를 2^{nR}차원의 상태공간인 압축공간^{compressed space}에 속하는 상태 로 만든다. 그 압축공간은 nR큐비트를 나타내는 것으로 간주할 수 있다. $\mathcal{D}^n$ 연산은 압축 해제 연산이며 압축공간에 속한 상태를 원래 상태공간에 속하는 상태로 만든다. 그러므 로 결합된 압축-압축해제 연산은 $\mathcal{D}^n \circ \mathcal{C}^n$이 된다. 신뢰성에 대한 기준은 큰 n의 극한에 서 얽힘 충실도 $F(\rho^{\otimes n}, \mathcal{D}^n \circ \mathcal{C}^n)$가 1에 다가가는 것이다. 양자 데이터 압축의 기본 개념 은 그림 12.3에 나와 있다.

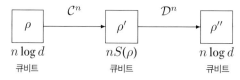

그림 12.3 양자 데이터 압축. 압축 연산 $\mathcal{C}^n$은 log d큐비트에 저장된 양자 소스 ρ를 $nS(\rho)$큐비트로 압축한다. 소스 는 압축해제 연산 $\mathcal{D}^n$을 통해 정확하게 복원된다.

양자 무노이즈 채널 코딩 정리를 가능하게 하는 핵심 기술 아이디어는 전형적 시퀀스 아이디어의 양자 버전이다. 양자 소스와 관련된 밀도 연산자 ρ가 정규직교 분해

$$\rho = \sum_x p(x)|x\rangle\langle x| \tag{12.40}$$

를 갖는다고 하자. 여기서 $|x\rangle$는 정규직교 집합이고 $p(x)$는 ρ의 고윳값이다. ρ의 고윳값 $p(x)$는 확률분포와 동일한 규칙을 따른다. 즉, 그 고윳값들은 음이 아니고 합이 1이다. 더욱이 $H(p(x)) = S(\rho)$이다. 그러므로 고전적 정의와 똑같은 방식으로

$$\left| \frac{1}{n} \log \left(\frac{1}{p(x_1)p(x_2)\dots p(x_n)} \right) - S(\rho) \right| \leq \epsilon \tag{12.41}$$

가 되는 ϵ-전형적 시퀀스 $x_1,\dots,x_n$을 등장시켜도 말이 된다. ϵ-전형적 상태란 $x_1,\dots,x_n$ 시퀀스가 ϵ-전형적으로 되는 상태 $|x_1\rangle|x_2\rangle\dots|x_n\rangle$이다. ϵ-전형적 부분공간$^{\epsilon\text{-typical subspace}}$이란 모든 ϵ-전형적 상태 $|x_1\rangle|x_2\rangle\dots|x_n\rangle$에 의해 생성된 부분공간으로 정의하자. 이후로는 ϵ-전형적 부분공간을 $T(n, \epsilon)$로 표시하고 ϵ-전형적 부분공간 위로의 사영연산자를 $P(n, \epsilon)$로 표시할 것이다. 다음 식에 주목하자.

$$P(n, \epsilon) = \sum_{x \ \epsilon\text{-typical}} |x_1\rangle\langle x_1| \otimes |x_2\rangle\langle x_2| \otimes \dots |x_n\rangle\langle x_n| \tag{12.42}$$

전형적 시퀀스 정리는 이제 동등한 양자 형식인 전형적 부분공간 정리로 바꿀 수 있다.

정리 12.5: (전형적 부분공간 정리)

1. $\epsilon > 0$로 고정하자. 그러면 어떠한 $\delta > 0$에 대해서도 그리고 충분히 큰 n에 대해

$$\mathrm{tr}(P(n, \epsilon)\rho^{\otimes n}) \geq 1 - \delta \tag{12.43}$$

   가 된다.

2. 어떠한 고정된 $\epsilon > 0$과 $\delta > 0$에 대해서도 그리고 충분히 큰 n에 대해 $T(n, \epsilon)$의 차원 $|T(n, \epsilon)| = \mathrm{tr}(P(n, \epsilon))$은

$$(1 - \delta)2^{n(S(\rho)-\epsilon)} \leq |T(n, \epsilon)| \leq 2^{n(S(\rho)+\epsilon)} \tag{12.44}$$

   을 만족시킨다.

3. $S(n)$을 최대 2^{nR}차원을 갖는 $H^{\otimes n}$의 부분공간 위로의 사영연산자라 하자. 여기서 $R < S(\rho)$로 고정한다. 그러면 어떠한 $\delta > 0$에 대해서도 그리고 충분히 큰 n에 대해

$$\mathrm{tr}(S(n)\rho^{\otimes n}) \leq \delta \tag{12.45}$$

가 된다.

각각의 경우, 큰 수의 법칙을 사용하면 그 결과를 바로 얻을 수 있지만, 섀넌의 무노이즈 채널 코딩 정리에 사용한 기술이 밀접하게 연결된 점을 강조하기 위해 전형적 시퀀스 정리를 사용할 것이다.

증명

1부: 다음 식이 나오는 것에 주목한다.

$$\text{tr}(P(n,\epsilon)\rho^{\otimes n}) = \sum_{x\ \epsilon-\text{typical}} p(x_1)p(x_2)\ldots p(x_n) \tag{12.46}$$

그러면 전형적 시퀀스 정리의 1부에 의해 바로 증명된다.

2부: 전형적 시퀀스 정리의 2부에 의해 바로 증명된다.

3부: 대각합을 다음과 같이 전형적 부분공간과 이례적 부분공간에 대한 대각합으로 나누고 각 항을 따로 묶는다.

$$\text{tr}(S(n)\rho^{\otimes n}) = \text{tr}(S(n)\rho^{\otimes n}P(n,\epsilon)) + \text{tr}(S(n)\rho^{\otimes n}(I - P(n,\epsilon))) \tag{12.47}$$

첫 번째 항에서 $P(n,\epsilon)$은 $\rho^{\otimes n}$과 교환법칙이 성립하는 사영연산자이므로

$$\rho^{\otimes n}P(n,\epsilon) = P(n,\epsilon)\rho^{\otimes n}P(n,\epsilon) \tag{12.48}$$

가 된다. 그러나 $P(n,\epsilon)\rho^{\otimes n}P(n,\epsilon)$의 고윳값이 위쪽으로 $2^{-n(S(\rho)-\epsilon)}$까지 제한되므로

$$\text{tr}(S(n)P(n,\epsilon)\rho^{\otimes n}P(n,\epsilon)) \leq 2^{nR}2^{-n(S(\rho)-\epsilon)} \tag{12.49}$$

가 된다. $n \to \infty$로 하면 첫 번째 항은 0에 다가간다는 것을 알 수 있다. 두 번째 항의 경우 $S(n) \leq I$가 된다. $S(n)$과 $\rho^{\otimes n}(I - P(n,\epsilon))$은 모두 양의 연산자이므로 $n \to \infty$일 때 $0 \leq \text{tr}(S(n)\rho^{\otimes n}(I - P(n,\epsilon))) \leq \text{tr}(\rho^{\otimes n}(I - P(n,\epsilon))) \to 0$이 된다. 그러므로 n이 커지면 두 번째 항도 0에 다가가며 증명이 끝난다. ∎

전형적 부분공간 정리를 다루었으니 섀넌의 무노이즈 채널 코딩 정리의 양자 버전을 증명하는 것은 어렵지 않다. 그 증명의 주요 아이디어는 비슷하지만, 증명에 있어서 고전에서는 유사한 것이 없는 비교환관계 연산자^{non-commuting operator}가 등장하므로 기술적 분석이 좀 더 어렵다.

정리 12.6: (슈마허의 무노이즈 채널 코딩 정리) $\{H, \rho\}$를 i.i.d. 양자 소스라 하자. $R > S(\rho)$

이면 소스 $\{H, \rho\}$에 대한 R 비율의 신뢰성 있는 압축체계가 존재한다. $R < S(\rho)$이면 R 비율의 어떠한 압축체계라도 신뢰할 수 없다.

증명

$R > S(\rho)$로 가정하고 $\epsilon > 0$이 $S(\rho) + \epsilon \leq R$을 만족시킨다고 하자. 전형적 부분공간 정리에 따라 어떠한 $\delta > 0$에 대해서도, 그리고 충분히 큰 모든 n에 대해 $\text{tr}(\rho^{\otimes n} P(n, \epsilon)) \geq 1 - \delta$가 되고 $\dim(T(n, \epsilon)) \leq 2^{nR}$이 된다. H_c^n이 $T(n, \epsilon)$를 포함하는 2^{nR}차원의 힐베르트 공간이라 하자. 인코딩^{encoding}은 다음과 같은 방식으로 수행된다. 먼저 측정이 이루어지는데, 이는 직교 사영연산자 $P(n, \epsilon)$, $I - P(n, \epsilon)$의 완비집합에 의해 기술되며 이에 대응하는 결과는 0과 1로 표시된다. 0 결과가 나오면 더 이상 수행하지 않고 전형적 부분공간 속에 그 상태 그대로 둔다. 1 결과가 나오면 그 계의 상태를 전형적 부분공간에서 선택한 표준상태 '$|0\rangle$'으로 대체한다. 즉, 어떤 상태가 사용되는지는 중요하지 않다. 인코딩이란 2^{nR}차원의 부분공간 H_c^n으로 가는 사상 $\mathcal{C}^n : H^{\otimes n} \to H_c^n$이고 연산자 합 표현으로는

$$\mathcal{C}^n(\sigma) \equiv P(n, \epsilon)\sigma P(n, \epsilon) + \sum_i A_i \sigma A_i^\dagger \tag{12.50}$$

이다. 여기서 $A_i \equiv |0\rangle\langle i|$이고 $|i\rangle$는 전형적 부분공간의 직교여집합^{orthocomplement}에 대한 정규직교 기저다.

디코딩 연산 $\mathcal{D}^n : H_c^n \to H^{\otimes n}$은 H_c^n에 대한 항등식 $\mathcal{D}^n(\sigma) = \sigma$로 정의한다. 인코딩과 디코딩에 대한 이러한 정의를 사용하면

$$F(\rho^{\otimes n}, \mathcal{D}^n \circ \mathcal{C}^n) = |\text{tr}(\rho^{\otimes n} P(n, \epsilon))|^2 + \sum_i |\text{tr}(\rho^{\otimes n} A_i)|^2 \tag{12.51}$$

$$\geq |\text{tr}(\rho^{\otimes n} P(n, \epsilon))|^2 \tag{12.52}$$

$$\geq |1 - \delta|^2 \geq 1 - 2\delta \tag{12.53}$$

가 된다. 여기서 맨 마지막 줄은 전형적 부분공간 정리로부터 나온 것이다. 그러나 δ는 충분히 큰 n에 대해 임의로 작게 만들 수 있으므로 $S(\rho) < R$일 때 R 비율의 신뢰성 있는 압축체계 $\{\mathcal{C}^n, \mathcal{D}^n\}$이 존재한다.

그 역을 증명하기 위해 $R < S(\rho)$라 하자. 압축 연산은 $H^{\otimes n}$에서 이에 대응하는 사영연산자 $S(n)$를 갖는 2^{nR}차원의 부분공간으로 사상시킨다고 가정하는데, 이는 일반성을 잃지 않는다. C_j를 압축 연산 $\mathcal{C}^n$의 연산원소라 하고, D_k를 압축해제 연산 $\mathcal{D}^n$의 연산원소라 하자. 그러면

$$F(\rho^{\otimes n}, \mathcal{D}^n \circ \mathcal{C}^n) = \sum_{jk} \left| \text{tr}(D_k C_j \rho^{\otimes n}) \right|^2 \tag{12.54}$$

가 된다. 연산자 C_j의 각각은 사영연산자 $S(n)$를 갖는 부분공간 내부로 사상시키므로 $C_j = S(n)C_j$가 된다. $S^k(n)$을, D_k가 부분공간 $S(n)$을 사상시킨 부분공간 위로의 사영연산자라 하자. 그러면 $S^k(n)D_k S(n) = D_k S(n)$가 되고, 따라서 $D_k C_j = D_k S(n)C_j = S^k(n)D_k S(n)C_j = S^k(n)D_k C_j$가 되어

$$F(\rho^{\otimes n}, \mathcal{D}^n \circ \mathcal{C}^n) = \sum_{jk} \left| \text{tr}(D_k C_j \rho^{\otimes n} S^k(n)) \right|^2 \tag{12.55}$$

이 된다. 코시-슈바르츠 부등식을 적용하면

$$F(\rho^{\otimes n}, \mathcal{D}^n \circ \mathcal{C}^n) \le \sum_{jk} \text{tr}(D_k C_j \rho^{\otimes n} C_j^\dagger D_k^\dagger)\text{tr}(S^k(n)\rho^{\otimes n}) \tag{12.56}$$

이 된다. 전형적 부분공간 정리의 3부를 적용하면 어떠한 $\delta > 0$에 대해서도, 그리고 충분히 큰 n에 대해 $\text{tr}(S^k(n)\,\rho^{\otimes n}) \le \delta$임을 알 수 있다. 더욱이 전형적 부분공간 정리의 증명은 이것이 유지되기 위해 필요한 크기 n이 k에 의존하지 않는다는 것을 의미한다. 따라서 $\mathcal{C}^n$과 $\mathcal{D}^n$은 대각합-보존이 되므로

$$F(\rho^{\otimes n}, \mathcal{D}^n \circ \mathcal{C}^n) \le \delta \sum_{jk} \text{tr}(D_k C_j \rho^{\otimes n} C_j^\dagger D_k^\dagger) \tag{12.57}$$

$$= \delta \tag{12.58}$$

가 된다. δ는 임의적이므로 $n \to \infty$일 때 $F(\rho^{\otimes n}, \mathcal{D}^n \circ \mathcal{C}^n) \to 0$이 되고, 따라서 이 압축체계는 신뢰할 수 없다. ■

슈마허의 정리는 신뢰성 있는 압축체계의 존재를 논할 뿐만 아니라 실제로 압축체계를 어떻게 만들지에 관한 단서도 제공한다. 핵심은 2^{nR}차원의 전형적 부분공간 H_c^n으로의 사상 $\mathcal{C}^n : H^{\otimes n} \to H_c^n$을 효율적으로 수행할 수 있는가, 이다. 열거형 코딩$^{\text{enumerative coding}}$, 후프만 코딩$^{\text{Huffman coding}}$, 산술 코딩$^{\text{arithmetic coding}}$과 같은 고전 압축 기술을 적용할 수 있지만 한 가지 강력한 제한이 있다. 즉, 인코딩 회로는 완전히 가역적이어야 하고 압축된 상태를 생성하는 과정에서 원래 상태를 완전히 지워야 한다! 결국 복제불가 정리에 의해 원래 상태를 복사할 수 없으므로 보통의 고전 압축체계가 대체로 하는 것처럼 그냥 내버려 둘 수 없는 노릇이다. 양자 압축이 어떻게 진행되는지를 보여주는 간단한 예는 박스 12.4에 나와 있다.

박스 12.4: 슈마허 압축

어떤 i.i.d. 양자 소스가 단일 큐비트 밀도행렬

$$\rho = \frac{1}{4}\begin{bmatrix} 3 & 1 \\ 1 & 1 \end{bmatrix} \tag{12.59}$$

에 의한 특성을 갖는다고 하자. 이 밀도행렬은 예를 들면 훨씬 더 큰 얽힌 계의 작은 부분으로 볼 수 있다. 이 소스를 바라보는 다른 방법은(9.3절과 비교해 보라) 각각 1/2이라는 동일한 확률로 $|\psi_0\rangle = |0\rangle$ 또는 $|\psi_1\rangle = (|0\rangle + |1\rangle)/\sqrt{2}$ 상태를 생성하는 것이다. ρ는 정규직교 분해 $p|\bar{0}\rangle\langle\bar{0}| + (1-p)|\bar{1}\rangle\langle\bar{1}|$를 갖는다. 여기서 $|\bar{0}\rangle = \cos\frac{\pi}{4}|0\rangle + \sin\frac{\pi}{4}|1\rangle$, $|\bar{1}\rangle = -\sin\frac{\pi}{8}|0\rangle + \cos\frac{\pi}{8}|1\rangle$ 그리고 $p = [3 + \tan(\pi/8)]/4$이다. 이 기저에서 큐비트 블록은 상태

$$\sum_{X=\{\bar{0}\bar{0}...\bar{0},\,\bar{0}...\bar{0}\bar{1},\,...,\,\bar{1}\bar{1}...\bar{1}\}} C_X|X\rangle \tag{12.60}$$

로 표현할 수 있다. 정리 12.6에 따르면, 해밍 가중치가 np(즉, 전형적 부분공간에 대한 기저)와 거의 같은 $|X\rangle$를 전송해야만 높은 충실도로 원래 상태를 재구성할 수 있다. 이것은 이해하기가 쉬운데, 그 이유는 $k = \{0, 1\}$일 때 $|\langle\bar{0}|\psi_k\rangle| = \cos(\pi/8)$가 $|\langle\bar{1}|\psi_k\rangle| = \sin(\pi/8)$보다 훨씬 더 크고 해밍 가중치가 큰 X에 대해 계수 C_X가 매우 작기 때문이다.

그러한 압축체계를 어떻게 실현할까? 대략적인 방법은 다음과 같다. 해밍 가중치에 따라 상태가 사전 순으로 재정렬되도록 기저상태 $|X\rangle$를 바꾸는 양자회로 U_n이 있다고 하자. 예를 들면 $n = 4$인 경우, 다음과 같게 된다.

$0000 \to 0000$	$1000 \to 0100$	$1001 \to 1000$	$1011 \to 1100$
$0001 \to 0001$	$0011 \to 0101$	$1010 \to 1001$	$1101 \to 1101$
$0010 \to 0010$	$0101 \to 0110$	$1100 \to 1010$	$1110 \to 1110$
$0100 \to 0011$	$0110 \to 0111$	$0111 \to 1011$	$1111 \to 1111$

이러한 변환은 제어형 NOT 게이트와 토폴리 게이트를 사용하여 실현할 수 있으며 전형적 부분공간을 앞쪽의(왼쪽에서 오른쪽으로) $\approx nH(p)$개 큐비트들로 가역적으로 채운다. 이 체계를 완료하려면 단일 큐비트를 $|\bar{0}\rangle$, $|\bar{1}\rangle$ 기저로 회전시키는 양자 게이트 V도 필요하다. 그렇다면 원하는 압축체계는 $C^n = (V^\dagger)^{\otimes n} U_n V^{\otimes n}$이며, C^n에서 출력되는 앞쪽의 $nH(p)$개 큐비트들만 보내어 소스에서 나온 일련의 상태를 높은 충실도로 재구성할 수 있어야 한다. 이때 이 회로의 반대인 디코더를 사용한다. 더 효율적인 코딩 체계는 해밍 가중치 $\approx np$를 갖는 상태들만 앞쪽의 $nH(p)$ 큐비트 공간에 채운다. 즉, 산술 코딩의 양자 버전을 사용하면 이렇게 할 수 있다. 예를 들자면 그렇다는 말이다.

확인문제 12.6: 박스 12.4의 표기법에서 X에 관하여 C_X를 명시적으로 표현하라. 또한 임의의 n에 대해 U_n을 수행하는 양자회로를 만드는 방법을 기술하라. n의 함수로서 얼마나 많은 기초 연산이 필요한가?

확인문제 12.7: (데이터 압축 회로) $\rho = p|0\rangle\langle 0| + (1-p)|1\rangle\langle 1|$의 큐비트 소스를 $R > S(\rho) = H(p)$에 대한 nR 큐비트로 안정적으로 압축하려고 한다. 이를 위한 회로 구성의 개략도를 그려라.

확인문제 12.8: (양자상태의 앙상블 압축) 단일 밀도행렬 ρ와 얽힘 충실도에 바탕을 둔 양자 소스의 정의를 채택하는 대신, 다음의 앙상블 정의를 채택했다고 하자. 즉, (i.i.d.) 양자 소스는 양자상태의 앙상블 $\{p_j, |\psi_j\rangle\}$에 의해 지정되고 소스를 연속해서 사용하는 것은 서로 독립적이며 p_j 확률로 $|\psi_j\rangle$ 상태를 생성한다. 이 정의에서 $n \to \infty$일 때 앙상블 평균 충실도^{ensemble average fidelity}

$$\bar{F} \equiv \sum_J p_{j_1} \dots p_{j_n} F(\rho_J, (\mathcal{D}^n \circ \mathcal{C}^n)(\rho_J))^2 \qquad (12.61)$$

이 1에 가까워지면 압축-압축해제 체계 $(\mathcal{C}^n, \mathcal{D}^n)$은 신뢰성 있다고 말한다. 여기서 $J = (j_1, \dots, j_n)$이고 $\rho_J \equiv |\psi_{j_1}\rangle\langle\psi_{j_1}| \otimes \cdots \otimes |\psi_{j_n}\rangle\langle\psi_{j_n}|$이다. $\rho = \sum_j p_j |\psi_j\rangle\langle\psi_j|$로 정의할 때, $R > S(\rho)$이면 충실도의 정의와 관련해서 R 비율의 신뢰성 있는 압축체계가 존재함을 보여라.

12.3 노이즈 양자채널에서의 고전정보

잘못될 가능성이 있는 일은 잘못되기 마련이다.

– 에드워드 머피(Edward A. Murphy, Jr.)의 말 인용

우리 모두는 전화로 통화하는 데 어려움을 겪기도 한다. 상대방의 말을 알아듣기 힘들면 '전화선에 문제가 있나'라고 말한다. 이것은 모든 정보 처리 시스템에 어느 정도 존재하는 일반적인 노이즈 현상의 한 예다. 10장에 설명한 바와 같이 오류정정 코드를 사용하면 노이즈의 영향을 막을 수 있으므로 아주 심각한 노이즈가 있는 경우에도 신뢰성 있는 통신과 계산이 가능하다. 특정 노이즈의 통신채널 $\mathcal{N}$이 주어질 때 흥미로운 질문은 그 채널을 통해 얼마나 많은 정보를 신뢰성 있게 전송할 수 있는가다. 예를 들어 이 채널을 1000번 사용하면 적절한 오류정정 코드를 사용한 500비트의 정보를 전송할 수 있는데, 그러면 채널에서 발생한 오류로부터 높은 확률로 복원할 수도 있다. 그러한 코드는 $500/1000 = 1/2$ 비율을 갖는다고 말한다. 정보이론의 근본적 문제는 채널 $\mathcal{N}$을 통해 신뢰성 있는 통신을 위한 최대 비율을 결정하는 것이며, 이 최대 비율을 그 채널의 용량^{capacity}이라고 한다.

노이즈가 있는 고전통신채널의 경우, 섀넌의 노이즈 채널 코딩 정리^{Shannon's noisy channel coding theorem}라는 아름다운 결과를 사용하면 채널의 용량을 계산할 수 있다. 12.3.1절에서는 노이즈가 있을 때의 고전정보 통신을 알아보기 시작하며 섀넌의 노이즈 채널 코딩 정리에 숨겨진 몇 가지 주요 아이디어를 논할 것이다. 하지만 너무 자세하게 설명하지는 않을 것인데, 그 이유는 12.3.2절에서 두 당사자가 노이즈 양자채널을 사용하여 고전정보를 전달하려는 문제에 대한 일반화를 자세히 살펴볼 것이기 때문이다!

12.3.1 노이즈 고전채널에서의 통신

2진 대칭 채널을 조사하면 양자 및 고전 노이즈 채널 코딩에 관해 주요 아이디어를 많이 이해할 수 있다. 10.1절에서 2진 대칭 채널은 단일 비트 정보를 위한 노이즈 통신채널이며 그림 12.4에 나타난 것과 같이 노이즈 영향으로 인해 $p > 0$ 확률로 비트가 반전되어 전송되거나 $1 - p$ 확률로 비트가 오류 없이 전송된다고 언급했던 점을 상기하자.

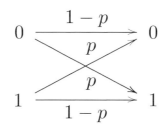

그림 12.4 2진 대칭 채널

2진 대칭 채널을 사용할 때 얼마나 많은 정보를 신뢰성 있게 전송할 수 있을까? 오류 정정 코드를 사용하면 이 채널을 통해 정보를 전송하는 것이 가능하지만 통신을 수행하는 데 사용되는 비트 수에 오버헤드가 발생한다. 정보를 안정적으로 전송할 수 있는 최대 비율은 $1 - H(p)$일 것인데, 여기서 $H(\cdot)$는 섀넌 엔트로피이다.

신뢰성 있게 전송이 이루어진다는 것은 무슨 의미일까? 이것은 좋은 질문인데, 그 이유는 각각의 가능한 비율에 따라 답변이 달라지기 때문이다. 신뢰성에 대해 다음 정의를 사용할 것이다. 즉, 채널에 대한 입력을 즉시 큰 블록으로 인코딩할 수 있고 블록 크기가 커짐에 따라 그 코드를 사용하여 전송할 때 오류확률이 0에 다가가는 것으로 가정하는 것이다. 신뢰성에 대한 또 하나의 가능한 정의란 인코딩을 블록 단위로 수행할 수 있지만 이번에는 블록 크기가 커짐에 따라 오류확률이 정확히 0이 된다고 가정하는 것이다. 안타깝게도 이 정의는 오류정정으로 달성할 수 있는 것에 대해 너무 낙관적인 것으로 밝혀졌는데, 이 정의를 사용하면 2진 대칭 채널에 대한 용량이 0이 되어 버린다! 또한 인코딩을 큰 블록으로 수행할 수 없어도 용량은 0이 되는 것으로 밝혀졌다. 사실 신뢰성에 신경을 덜 쓴 정의로도 0이 아닌 비율의 정보 전송을 달성할 수 있다는 것은 좀 놀랍긴 하다 (그리고 확실한 건 아니다). 이것이 가능하다는 것을 보이기 위해서는 몇 가지 영리한 아이디어가 필요하다.

2진 대칭 채널을 위한 무작위 코딩

2진 대칭 채널을 n번 사용하여 nR비트의 정보를 전송하려 한다고 하자. 즉, 그 채널을 통해 R 비율로 정보를 전송하고자 한다. 우리는 $R < 1 - H(p)$일 때 큰 n의 극한에서 낮은 오류확률로 이를 달성하는 오류정정 코드가 존재한다는 증명을 대략적으로 설명할 것이다. 우리가 필요로 하는 첫 번째 아이디어는 다음과 같이 오류정정 코드를 만들기 위한

무작위 코딩^{random coding2} 방법이다. 즉, $(q, 1-q)$가 그 채널의 가능한 입력(0과 1)에 대한 고정 확률분포라 하자(이 분포를 코드의 선험분포^{a priori distribution3}라고도 한다. 이 분포의 도입은 무작위 코딩 방법이 가능하기 위한 기술적 장치일 뿐이며 분포 속에 존재하는 무작위성을 채널의 무작위성과 혼동해서는 안 된다). 그러고 나서 각 $j = 1,...,n$에 대해 독립적이면서 q 확률로 $x_j = 0$를 선택하고 $1 - q$ 확률로 $x_j = 1$을 선택해서 코드를 위한 코드워드^{codeword} $x = (x_1,...,x_n)$을 뽑아낸다. 이 절차를 2^{nR}번 반복하여 2^{nR}개 항목의 코드북^{codebook} C를 만든다. 이때 이 코드북의 일반 항목은 x^j로 표기한다.

당연한 말이지만 이 절차를 사용하면 아주 질 떨어지는 오류정정 코드가 만들어질 수 있다! 정말 운이 좋지 않으면 코드워드가 모두 n개의 0 문자열로 구성된 코드를 만들 수도 있다. 이는 분명히 정보 전송에 별로 쓸모가 없다. 그럼에도 이 무작위 코딩 절차는 평균적으로 꽤 좋은 오류정정 코드를 제공하는 것으로 밝혀졌다. 그 이유를 알기 위해 코드 속의 단일 코드워드에 대해 채널이 어떤 일을 하는지 살펴보자. 모든 코드워드를 동일한 방식으로 만드므로 첫 번째 x^1을 살펴보는 것이 좋겠다.

x^1에 대해 2진 대칭 채널은 어떤 영향을 줄까? 예상하기로는 길이 n의 코드워드에서 대략 np개의 비트가 반전될 것이다. 그러므로 높은 확률로 채널의 출력은 그림 12.5와 같이 코드워드 x^1으로부터 약 np의 해밍 거리를 갖게 될 것이다. 그러한 출력은 x^1을 중심으로 반지름 np의 해밍 구^{Hamming sphere} 위에 있다고 말한다. 이 해밍 구 속에는 얼마나 많은 원소가 존재할까? 이 질문에 대한 답은 대략 $2^{nH(p)}$개이다. 해밍 구는 채널에서 전형적으로 발생하는 모든 출력인 $y = x^1 \oplus e$로 구성된다. 여기서 e는 채널에서 발생하는 오류이고 $\oplus$는 모듈러 2 비트별 덧셈을 나타내며 전형적 시퀀스 정리에 의해 그러한 전형적 오류의 수 e는 약 $2^{nH(p)}$이다.

---

2   임의 부호화라고도 한다. – 옮긴이
3   미리 정의해 놓는 분포를 의미한다. – 옮긴이

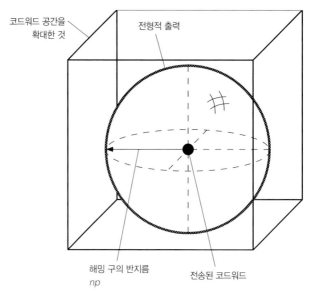

코드워드 공간을
확대한 것

전형적 출력

해밍 구의 반지름
np

전송된 코드워드

그림 12.5 2진 대칭 채널을 n번 사용하여 코드워드 x^1을 전송했다고 하자. 그러면 그 채널의 전형적 출력은 전송된 시퀀스를 중심으로 반지름 np인 해밍 구의 원소가 된다. (이 그림은 그림 12.6의 구 하나를 확대한 것이다.)

우리는 단 하나의 코드워드에 초점을 맞추었지만 모든 코드워드에 대해서도 이와 동일한 유형의 손상이 발생한다. 모든 코드워드 공간과 그 공간을 채운 해밍 구를 상상할 수 있는데, 이러한 상상은 그림 12.6에 표현해놓았다. 이 그림과 같이 해밍 구들이 서로 겹치지 않는다면 밥이 그 채널의 출력을 쉽게 디코딩하는 방법이 존재한다. 단순히 출력이 해밍 구 중 하나인지 확인해서 해밍 구라면 해당하는 코드워드를 출력하고, 해밍 구가 아니면 '오류'를 출력한다. 앞서 해밍 구가 서로 겹치지 않는다고 가정했으므로 입력으로 코드워드가 주어지면 성공적인 디코딩이 이루어질 가능성이 높다. 사실, 구가 약간 겹친다 하더라도 겹치는 부분이 작다면 밥이 높은 성공율의 디코딩을 수행할 가능성은 여전히 있다. 즉, 그 채널의 출력은 높은 확률로 해밍 구 중 하나(0개가 아니거나 2개 이상도 아님)가 될 것이고 성공적인 디코딩이 이루어질 것이다.

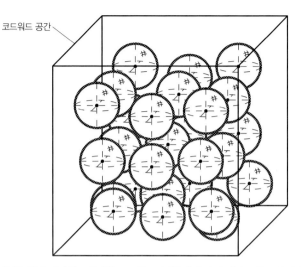

그림 12.6 2진 대칭 채널을 위해 무작위로 선택한 코드워드. '전형적' 출력의 해밍 구들로 둘러싸여 있다. 코드워드 하나를 확대한 것은 그림 12.5에 나타나 있다.

이렇게 약간 겹치는 것은 언제 발생할까? 이를 알려면 그 채널에서 가능한 출력의 구조를 잘 이해해야 한다. 우리는 확률변수들의 집합 $(X_1,...,X_n)$에서 2^{nR}번 추출하여 코드에 대한 코드워드를 얻었다. 이때 확률변수는 독립적이며 q 확률로 $X_j = 0$, $1 - q$ 확률로 $X_j = 1$이 되고 동일하게 분포한다. Y_j가 2진 대칭 채널을 통해 X_j를 보냈을 때의 결과라 하자. 전형적 시퀀스 정리에 의하면 $(Y_1,...,Y_n)$에 대한 전형적 값의 집합이 대략 $2^{nH(Y)}$ 크기임을 알 수 있다. 여기서 Y는 각각의 Y_j로 분포된다. 또한 이러한 전형적 출력 값은 거의 같은 확률을 갖는다.

이제 100만 크기의 모집단에서 균등하게 100번 추출하면 반복해서 뽑을 가능성은 그리 높지 않다. 사실, 10만번 추출하더라도 반복 횟수는 아주 적을 것이다. 100만 번 정도 추출해야 표본 크기에 비해 반복 횟수가 커지기 시작할 것이다. 비슷한 방식으로 반지름 np의 해밍 구 2^{nR}개 사이에 겹치는 양은 모든 구에 속한 원소들을 결합한 수가 효율적으로 추출한 공간의 크기($2^{nH(Y)}$)에 근접해서야 커지기 시작할 것이다. 각 구는 대략 $2^{nH(p)}$개의 원소를 포함하기 때문에 이 말은

$$2^{nR} \times 2^{nH(p)} < 2^{nH(Y)} \tag{12.62}$$

일 때 오류정정 코드가 잘 먹힐 가능성이 아주 높다는 뜻이며, 이는 조건

$$R < H(Y) - H(p) \tag{12.63}$$

에 해당된다. 이제 엔트로피 $H(Y)$는 X_j에 대해 선험분포 $(q, 1 - q)$에 따라 달라진다. 비율을 최대한 높이기 위해 $H(Y)$를 최대화하려고 한다. 간단한 계산을 통해 $q = 1/2$에 해당하는 균등한 선험분포를 사용하면 이를 달성할 수 있다. 이때 $H(Y) = 1$이므로 $1 - H(p)$보다 작은 R에 대해 비율 R을 달성하는 것이 가능하다.

우리는 방금 최대 $1 - H(p)$의 어떠한 비율로 2진 대칭 채널을 통해 정보를 신뢰성 있게 전송 가능하다는 증명을 대략 설명했다. 이 증명은 대충 한 것이지만 사실 엄밀한 처리에 필요한 핵심 아이디어가 많이 포함돼 있는데, 심지어 양자의 경우에도 해당된다. 우리가 어떻게 달성하는지를 보인 비율은 2진 대칭 채널을 통해 정보를 전송할 수 있는 가장 빠른 것으로 밝혀졌다. 즉, $1 - H(p)$ 비율보다 더 빠르면 코드워드를 어떻게 선택하더라도 해밍 구는 너무 많이 겹치기 시작하여 어떤 코드워드가 보내졌는지 결정할 수 없다! 따라서 $1 - H(p)$는 2진 대칭 채널의 용량이 된다.

2진 대칭 채널에 대해 고비율$^{high\ rate}$의 코드를 달성하는 방법으로서 무작위 코딩은 얼마나 실용적일까? 무작위 코드를 사용하면 높은 확률로 용량에 가까운 비율로 연산할 수 있다는 것은 사실이다. 안타깝게도 이 절차에는 큰 어려움이 있다. 인코딩과 디코딩을 수행하려면 발신자와 수신자('앨리스'와 '밥')가 먼저 이러한 작업들을 수행하기 위한 전략에 동의해야 한다. 무작위 코드의 경우, 이 말은 앨리스가 밥에게 자신의 모든 무작위 코드워드에 대한 목록을 보내야 한다는 뜻이다. 이렇게 하려면 앨리스와 밥이 그 노이즈 채널에서 추출할 수 있는 것보다 더 많은 통신이 필요하다. 당연한 말이지만 이 점은 많은 응용에서 바람직하지 않다! 무작위 코딩 방법은 단지 고비율 코드의 존재를 설명하는 방법일 뿐이며 실제적인 제작 방법은 아니다. 광범위한 실제 응용에 있어서 우리가 원하는 것은 앨리스와 밥을 위해 불필요한 통신 오버헤드를 발생시키지 않는 채널 용량 부근의 비율을 달성하는 방법이다. 이러한 코드를 만드는 방법은 수십 년의 집중적인 노력에도 불구하고 최근에야 노이즈 고전채널에서 알아냈으며, 양자채널에 대해 비슷한 제작법을 찾는 것은 흥미로운 미해결 문제로 남아 있다.

섀넌의 노이즈 채널 코딩 정리

섀넌의 노이즈 채널 코딩 정리는 2진 대칭 채널의 용량 결과를 이산 무기억 채널$^{discrete\ memoryless\ channel}$의 경우로 일반화시킨다. 그러한 채널은 유한 입력 알파벳 $\mathcal{I}$와 유한 출력 알파벳 $\mathcal{O}$를 갖는다. 2진 대칭 채널의 경우, $\mathcal{I} = \mathcal{O} = \{0, 1\}$이다. 채널의 작용은 조건부 확

률들 $p(y|x)$의 집합으로 기술되는데, 여기서 $x \in \mathcal{I}$이고 $y \in \mathcal{O}$이다. 입력이 x일 때 이들 조건부 확률은 그 채널에서 서로 다른 출력 y의 확률을 나타내며 규칙

$$p(y|x) \geq 0 \tag{12.64}$$

$$\sum_y p(y|x) = 1 \quad (\text{모든 } x\text{에 대해}) \tag{12.65}$$

을 만족시킨다. 채널은 사용될 때마다 동일한 방식으로 작용하고 각 사용이 서로 독립이라는 의미에서 무기억적^{memoryless}이다. 고전 노이즈 채널은 기호 $\mathcal{N}$으로 나타낼 것이다.

물론, 앞서 거론했던 전화선 예와 같이 이산 무기억 채널이 아닌 흥미로운 통신채널이 많이 있다. 전화선은 입력과 출력이 하나의 연속된 세트를 이루고 있다. 더 일반적인 채널은 이산 무기억 채널보다 기술적으로 이해하기가 더 어려울 수 있지만 바탕이 되는 아이디어 중 많은 부분이 같으며 12장의 끝에 있는 '역사와 추가자료'에서 이 주제에 대한 정보가 들어 있는 책들을 찾아볼 수 있다.

섀넌의 노이즈 채널 코딩 정리에 대한 실제 진술을 살펴보자. 다음 절에서 양자채널에 대해 더 일반적인 결과를 증명할 것이기 때문에 이 정리는 자세히 증명하지는 않을 것이다. 그러나 고전 결과에 대한 진술을 살펴보는 것은 교육적으로 좋다. 첫째, 신뢰성 있는 정보 전송에 대한 개념을 좀 더 정확히 해야 한다. 기본 아이디어는 그림 12.7에 설명해 놓았다. 첫 번째 단계에서는 앨리스가 2^{nR}개의 가능한 메시지 M 중에서 하나를 생성하고 사상 $C^n : \{1,\ldots,2^{nR}\} \to \mathcal{I}^n$을 사용하여 인코딩한다. 여기서 이 사상은 앨리스의 가능한 메시지 각각에 그 채널을 n번 사용하여 밥에게 보내는 입력 문자열을 대입시키는 것이다. 밥은 사상 $D^n : \mathcal{O}^n \to \{1,\ldots,2^{nR}\}$을 사용하여 이 채널의 출력을 디코딩한다. 여기서 이 사상은 채널의 가능한 각 출력에 대한 각 문자열에 메시지를 대입시킨다. 주어진 인코딩−디코딩 쌍에 대한 오류확률$^{probability\ of\ error}$은 $D(Y)$ 채널의 디코딩된 출력이 메시지 M과 같지 않을 모든 메시지 M에 대한 최대 확률로 정의한다. 즉,

$$p(C^n, D^n) \equiv \max_M p(D^n(Y) \neq M | X = C^n(M)) \tag{12.66}$$

이다. 이러한 인코딩-디코딩 쌍 (C^n, D^n)의 시퀀스가 존재하면 R 비율을 달성할 수 있다고 말하고, 추가로 $n \to \infty$일 때 $p(C^n, D^n) \to 0$ 조건이 필요하다. 주어진 노이즈 채널 $\mathcal{N}$의 용량 $C(\mathcal{N})$은 채널에 대해 달성 가능한 모든 비율에 대한 상한^{supremum}이 존재하는 것으로 정의한다.

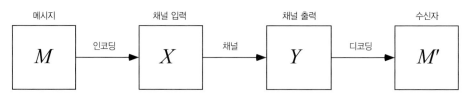

그림 12.7 고전 메시지의 노이즈 코딩 문제. 2^{nR}개의 가능한 모든 메시지는 그 채널을 통해 높은 확률로 손상되지 않고 전송되어야 한다.

선험적으로 채널의 용량을 어떻게 계산하는지는 불명확하다. 즉, 맨손으로 계산한다고 해도 인코딩 및 디코딩 방법의 아주 큰(무한!) 클래스에 대해 상한을 구해야 해서 그렇게 희망적인 방법이 아니다. 섀넌의 노이즈 채널 코딩 정리는 용량 계산을 엄청나게 단순화하여 정확하게 해결할 수 있고 간단하고도 잘 정의된 최적화 문제로 줄여준다. 이렇게 만든 문제는 여러 경우에 있어서 정확한 솔루션이 실행 가능하지 않을 때도 계산적으로 상당히 다루기 쉬워진다.

정리 12.7: (섀넌의 노이즈 채널 코딩 정리)   노이즈 채널 $\mathcal{N}$의 경우, 용량은

$$C(\mathcal{N}) = \max_{p(x)} H(X:Y) \tag{12.67}$$

로 주어진다. 여기서 최댓값은 X의 모든 입력분포 $p(x)$에 대해서이며 채널을 한 번 사용했을 때의 값이다. 그리고 Y는 채널 출력에서 X에 대응하는 확률변수다.

이 노이즈 채널 코딩 정리의 예로서 반전시키는 2진 대칭 채널의 경우를 고려하자. 이때 반전시킬 확률은 p이고 입력분포는 $p(0) = q$, $p(q) = 1 - q$라 하자. 그러면

$$H(X:Y) = H(Y) - H(Y|X) \tag{12.68}$$

$$= H(Y) - \sum_{x} p(x)H(Y|X = x) \tag{12.69}$$

가 된다. 그러나 각 x에 대해 $H(Y|X = x) = H(p)$이므로 $H(X:Y) = H(Y) - H(p)$가 된다. 이것은 $q = 1/2$일 때 최대가 되므로 $H(Y) = 1$이다. 그러므로 섀넌의 노이즈 채널 코딩 정리에 의해 $C(\mathcal{N}) = 1 - H(p)$가 되는데, 이는 이전에 2진 대칭 채널의 채널 용량에 대해 직관적 계산으로 나온 것과 같다.

확인문제 12.9:   삭제 채널$^{erasure\ channel}$은 두 입력$(0, 1)$과 세 출력$(0, 1, e)$을 갖는다. 입력은 $1 - p$ 확률로 그대로 유지된다. 반면, 입력은 p 확률로 '지워지면서' e로 대체된다.

1. 삭제 채널의 용량이 $1-p$임을 보여라.

2. 삭제 채널의 용량이 2진 대칭 채널의 용량보다 크다는 것을 증명하라. 이 결과가 직관적으로 그럴듯한 이유는 무엇인가?

확인문제 12.10: $\mathcal{N}_1$과 $\mathcal{N}_2$가 2개의 이산 무기억 채널이며 $\mathcal{N}_2$의 입력 알파벳이 $\mathcal{N}_1$의 출력 알파벳과 같다고 하자. 다음 식이 성립함을 보여라.

$$C(\mathcal{N}_2 \circ \mathcal{N}_1) \leq \min(C(\mathcal{N}_1), C(\mathcal{N}_2)) \tag{12.70}$$

또한 이 부등식에서 등호가 성립하지 않는 예를 구하라.

우리가 제시한 노이즈 채널 코딩 정리에서 약간 특이한 점은 고전정보 소스의 개념이 어디에도 나타나지 않는다는 것이다! 이전에 고전정보 소스를 독립적이고 동일하게 분포된 확률변수의 시퀀스로 정의했다는 것을 상기하자. 이 정보 소스의 개념을 흥미로운 방식으로 노이즈 채널 코딩 정리와 결합시키면 소스-채널 코딩 정리^{source-channel coding theorem}라는 것을 얻을 수 있다. 기본 아이디어는 그림 12.8에 나타나 있다. 엔트로피 비율 $H(X)$를 갖는 정보 소스가 정보를 만들어 내고 있다. 섀넌의 무노이즈 채널 코딩 정리에 의해 소스에서 정보를 압축하는 것이 가능해서 기술하는 데는 $nH(X)$비트만 필요하다. 이 단계를 소스 코딩^{source coding}이라고도 한다. 이제 소스의 압축된 출력은 노이즈 채널의 입력 메시지로 사용된다. 용량보다 낮은 R 비율로 전송할 때 압축된 데이터를 수신자에게 안정적으로 전송하려면 그 채널을 $nH(X)/R$번 사용해야 한다. 그러면 수신자는 압축을 해제해서 그 소스로부터 원래 출력을 복원할 수 있다.

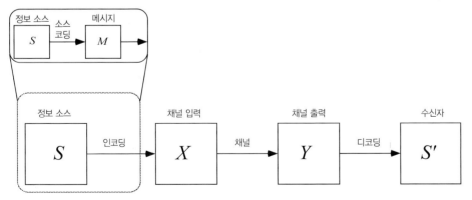

그림 12.8 고전정보 소스의 노이즈 코딩 문제. 소스-코딩 모델이라고도 한다.

노이즈 채널을 통해 정보 소스를 전송하는 데 있어서 더 나은 방식이 가능한지 궁금할 수도 있다. 이러한 두 단계의 압축-인코딩 및 디코딩-압축해제 방법보다 더 효율적인 일을 하는 것이 가능할까? 사실 이것은 가능하지 않은 것으로 밝혀졌으며 앞서 설명한 소스-채널 코딩 방법이 최적이다. 그러나 이에 대한 증명은 이 책의 범위를 벗어난다. 자세한 내용에 대해서는 12장 끝에 있는 '역사와 추가자료'를 참고하기 바란다.

12.3.2 노이즈 양자채널을 통한 통신

앨리스와 밥이 통신할 때 노이즈 고전통신채널 대신 노이즈 양자통신채널을 사용한다고 하자. 좀 더 정확히 말하면 다음과 같다. 앨리스는 밥에게 M 메시지를 보내려고 한다. 그녀는 고전의 경우와 마찬가지로 해당 메시지를 인코딩하지만 이제 메시지는 양자상태 quantum state로 인코딩되어 노이즈 양자채널을 통해 전송된다. 인코딩이 제대로 된다면 낮은 실패 확률로 밥은 앨리스의 메시지가 무엇이었는지 알 수 있어야 한다. 게다가 앨리스는 밥에게 정보를 보낼 수 있는 비율을 최대한 높여야 한다. 다르게 말하면, 우리가 원하는 것은 노이즈 양자채널의 고전정보에 대한 용량capacity을 계산하는 절차다. 이 문제는 아직 완전히 해결되지 않았지만 많은 진전이 이루어졌고 이 절에서는 그 진전을 알아본다.

알아낸 것은 채널 $\mathcal{E}$의 용량을 계산하는 방법이며 다음과 같다. 앨리스가 $\rho_1 \otimes \rho_2 \otimes \dots$ 형식의 곱상태product state를 사용하여 메시지를 인코딩한다고 하자. 여기서 ρ_1, $\rho_2,\dots$는 각각 채널 $\mathcal{E}$를 한 번 사용할 때의 퍼텐셜 입력potential input이다. 이러한 제한을 갖는 용량을 곱상태 용량product state capacity이라 부르고, 그 채널을 여러 번 사용하는 동안 입력상태들은 얽힐 수 없다는 것을 나타내기 위해 $C^{(1)}(\mathcal{E})$로 표기한다. 앨리스와 밥 간의 이러한 제한된 통신 모델을 이용하면 밥은 그 채널을 여러 번 사용하는 동안 얽힌 측정을 사용하여 디코딩할 수 있다. 사실, 이렇게 하는 것이 필수라는 것이 밝혀졌다. 유일한 제한(그리고 불행한 제한)은 앨리스가 곱상태 입력만 준비할 수 있다는 것이다. 많은 연구자들은 얽힌 신호를 허용해도 용량이 증가하지 않는다고 믿고 있지만 증명된 적은 없다. 곱상태 용량을 계산할 수 있는 성과는 발견자의 이름을 따서 홀레보-슈마허-웨스트모어랜드HSW, Holevo-Schumacher-Westmoreland 정리라고 한다. 기존 노이즈 채널에 대한 섀넌의 노이즈 채널 코딩 정리와 마찬가지로 HSW 정리를 이용하면 지정된 노이즈 채널 $\mathcal{E}$에 대한 곱상태 용량을 효과적으로 계산할 수 있으며, 경우에 따라서는 정확한 표현도 유도해낼 수 있다.

정리 12.8: (홀레보-슈마허-웨스트모어랜드(HSW) 정리) $\mathcal{E}$를 대각합-보존 양자연산이라 하자. 또한

$$\chi(\mathcal{E}) \equiv \max_{\{p_j, \rho_j\}} \left[S\left(\mathcal{E}\left(\sum_j p_j \rho_j \right) \right) - \sum_j p_j S(\mathcal{E}(\rho_j)) \right] \tag{12.71}$$

로 정의하자. 여기서 최댓값은 그 채널에 대해 가능한 입력상태 ρ_j의 모든 앙상블 $\{p_j, \rho_j\}$에 대해서다. 그러면 $\chi(\mathcal{E})$는 채널 $\mathcal{E}$에 대한 곱상태 용량이 된다. 즉, $\chi(\mathcal{E}) = C^{(1)}(\mathcal{E})$이다.

(12.71)의 최댓값은 잠재적으로 무계집합^{unbounded set}에 대해서다. 실제로 다음 확인문제의 결과를 사용하면 최대 d^2개의 원소를 포함하는 순수상태 앙상블들로 최대화를 제한할 수 있다. 여기서 d는 채널에 대한 입력의 차원이다.

확인문제 12.11: 순수상태들의 앙상블 하나를 사용하여 (12.71) 식의 최댓값을 얻을 수 있음을 보여라. 또한 최대 d^2개 순수상태들의 앙상블 하나만 고려해도 충분하다는 것을 보여라. 여기서 d는 채널에 대한 입력의 차원이다.

HSW 정리의 증명에는 여러 아이디어가 포함돼 있으므로 작은 부분들로 나누어 이해하고 나서 그것들을 통합하여 HSW 정리를 얻는 것이 그 증명을 이해하기에 가장 쉽다.

무작위 코딩

ρ_j를 채널 $\mathcal{E}$에 대해 가능한 입력 집합이라 하고 $\sigma_j \equiv \mathcal{E}(\rho_j)$를 그에 대응하는 출력이라 하자. 2진 대칭 채널에 대해 앞서 설명한 것과 유사한 무작위 코딩 기술을 개발해서 앨리스와 밥이 ρ_j 상태의 곱인 코드워드를 사용하여 통신할 수 있게 할 것이다. p_j를 j 인덱스에 대한 확률분포, 즉 선험분포라 하자. 앨리스는 집합 $\{1, \ldots, 2^{nR}\}$에서 선택한 메시지 M을 밥에게 보내려 한다. 그녀는 각 가능한 메시지 M에 대해 코드워드 $\rho_{M_1} \otimes \rho_{M_2} \otimes \ldots \otimes \rho_{M_n}$을 관련시킨다. 여기서 $M_1, \ldots, M_n$은 인덱스 집합 $\{j\}$에서 선택한다.($M_1, \ldots, M_n$은 M 또는 그런 종류의 10진 표현이 아니다!) 각 메시지 M에 대해 앨리스는 분포 $\{p_j\}$에서 추출하여 M_1을 선택한다. 마찬가지로 M_2를 선택하고 계속해서 M_n까지 선택한다. 이렇게 해서 코드워드의 스펙을 완성한다. 표기법을 약간 확장해서 $\rho_M \equiv \rho_{M_1} \otimes \ldots \otimes \rho_{M_n}$이라고 쓰자. 이에 대응하는 출력 상태는 ρ 대신 그냥 σ로 표기하는데, 예를 들어 $\sigma_{M_1} = \mathcal{E}(\rho_{M_1})$과 $\sigma_M =$

$\mathcal{E}^{\otimes n}(\rho_M)$가 된다.

밥은 특정 상태 σ_M(메시지 M을 전달하려는 앨리스에 해당한다)을 수신하면 그 메시지가 무엇인지 확인하기 위해 측정을 수행한다. 밥은 계의 측정 후 상태가 아니라 측정 통계에만 관심이 있기 때문에 POVM 형식체계를 사용하여 이 측정을 기술하는 것으로 충분하다. 가능한 각 메시지 M에 대해 밥은 그에 대응하는 POVM 원소 E_M을 갖는다고 하자. 밥은 앨리스가 보낸 특정 메시지에 대응하지 않는 하나(또는 둘 이상)의 POVM 원소를 가질 수 있다. 당연한 말이지만 이들 원소를 모두 합하여 $E_0 = I - \sum_{M \neq 0} E_M$을 만족시키는 단일 POVM 원소 E_0로 만들 수 있다. 밥이 M을 성공적으로 식별할 확률은 $\mathrm{tr}(\sigma_M E_M)$이므로 메시지 M에 대해 오류가 발생할 확률은 $p_M^c \equiv 1 - \mathrm{tr}(\sigma_M E_M)$이다.

우리가 원하는 것은 모든 메시지 M에 대해 오류확률 p_M^c가 작게 되는 고비율 코드의 존재를 증명하는 것이다. 이를 위해 고전 문제에 대해 섀넌이 도입한 반직관적counter-intuitive이고 다소 영리한 트릭을 사용한다. 우리는 앨리스가 집합 $\{1,...,2^{nR}\}$에서 균등하게 선택하여 M 메시지를 만들 것으로 생각하고 평균 오류확률

$$p_{av} \equiv \frac{\sum_M p_M^c}{2^{nR}} = \frac{\sum_M (1 - \mathrm{tr}(\sigma_M E_M))}{2^{nR}} \tag{12.72}$$

을 분석할 것이다. HSW 정리의 증명을 위한 첫 번째 단계는 n이 커짐에 따라 p_{av}가 0에 가까워지는 고비율 코드가 존재함을 보이는 것이다. 이것이 완료되면 섀넌의 트릭을 사용하여 이것이 본질적으로 모든 M에 대해 p_M^c이 0에 가까워지는 것과 같은 비율의 코드 존재를 의미한다는 것을 보일 것이다. 우리는 (최적은 아닐지라도) 아주 좋은 방법을 나타내는 POVM $\{E_M\}$을 구성하는 것으로 시작할 것인데, 그 방법이란 밥이 채널에서 나온 출력 σ_M을 디코딩하는 것이다. 고전 2진 대칭 채널에 관하여 구성의 핵심 아이디어는 전형성typicality에 대한 아이디어다.

$\epsilon > 0$라 하자. 또한 $\bar{\sigma} \equiv \sum_j p_j \sigma_j$로 정의하고 P를 $\bar{\sigma}^{\otimes n}$의 ϵ-전형적 부분공간 위로의 사영연산자라 하자. 전형적 시퀀스 정리에 의해 어떠한 $\delta > 0$에 대해서도, 그리고 충분히 큰 n에 대해

$$\mathrm{tr}\left(\bar{\sigma}^{\otimes n}(I - P)\right) \leq \delta \tag{12.73}$$

가 된다. 주어진 메시지 M에 대해서도 σ_M에 대한 ϵ-전형적 부분공간의 개념을 정의할 것이다. 이는 대체로 σ_M이 ρ_1의 약 np_1개 복사본, ρ_2의 약 np_2개 복사본 등의 텐서곱이라는 아이디어에 바탕을 두고 있다. $\bar{S} \equiv \sum_j p_j S(\sigma_j)$로 정의하자. 이때 σ_j는 스펙트럼 분

해 $\sum_k \lambda_k^j |e_k^j\rangle\langle e_k^j|$를 갖는다고 가정한다. 그러면

$$\sigma_M = \sum_K \lambda_K^M |E_K^M\rangle\langle E_K^M| \tag{12.74}$$

이 되는데, 여기서 $K = (K_1,\ldots,K_n)$이고 편의상 $\lambda_K^M \equiv \lambda_{K_1}^{M_1} \lambda_{K_2}^{M_2}\ldots\lambda_{K_n}^{M_n}$이고 $|E_K^M\rangle \equiv |e_{K_1}^{M_1}\rangle|e_{K_2}^{M_2}\rangle\ldots|e_{K_n}^{M_n}\rangle$로 정의한다. 또한 P_M을 모든 $|E_K^M\rangle$에 의해 생성된 공간 위로의 사영연산자로 정의하고

$$\left| \frac{1}{n}\log\frac{1}{\lambda_K^M} - \bar{S} \right| \leq \epsilon \tag{12.75}$$

이 된다고 하자(이 조건을 만족시키는 모든 K의 집합을 T_M으로 표기하는 것이 유용할 것이다). 전형적 시퀀스 정리의 증명과 마찬가지로 큰 수의 법칙은 어떠한 $\delta > 0$에 대해서도, 그리고 충분히 큰 n에 대해 $\mathbf{E}(\mathrm{tr}(\sigma_M P_M)) \geq 1 - \delta$가 된다는 것을 의미한다. 여기서 무작위 코딩에 의해 유도된 (고정된 메시지 M의 경우) 코드워드 ρ_M에 대한 분포와 관련해서 기댓값을 얻는다. 따라서 각 M에 대해

$$\mathbf{E}\left[\mathrm{tr}\left(\sigma_M(I - P_M)\right)\right] \leq \delta \tag{12.76}$$

가 된다. 또한 정의 (12.75)에 따르면 P_M이 사영하는 부분공간의 차원은 최대 $2^{n(\bar{S}+\epsilon)}$이 될 수 있으므로

$$\mathbf{E}(\mathrm{tr}(P_M)) \leq 2^{n(\bar{S}+\epsilon)} \tag{12.77}$$

이 된다. 이제 전형성 개념을 사용하여 밥의 디코딩 POVM을 정의할 것이다. 다음과 같이 정의하자.

$$E_M \equiv \left(\sum_{M'} P P_{M'} P\right)^{-1/2} P P_M P \left(\sum_{M'} P P_{M'} P\right)^{-1/2} \tag{12.78}$$

여기서 $A^{-1/2}$는 $A^{1/2}$의 일반화된 역^{inverse}을 나타낸다. 즉, A의 서포트에 대해 $A^{1/2}$의 역인 연산자이고, 역이 존재하지 않으면 0이다. 그러면 $\sum_M E_M \leq I$이 되고, 양의 연산자 $E_0 = I - \sum_M E_M$을 하나 더 정의하여 POVM을 완성할 수 있다.

이 구조의 이면을 보면 2진 대칭 채널에 대해 기술한 디코딩 방법과 비슷하다. 특히, 작은 보정을 무시하면 E_M은 사영연산자 P_M과 같고 밥의 $\{E_M\}$ 측정은 본질적으로 채널의 출력이 P_M이 사영하는 공간 속으로 떨어지는지 확인하는 것과 같다. 즉, 이 사영연산자가 사영하는 공간은 2진 대칭 채널에 사용되는, 코드워드를 중심으로 반경 np의 해밍

구와 비슷하다고 생각할 수 있다.

무작위 코딩이 제대로 작동하는 것에 대한 증명의 주요 기술적 부분은 평균 오류확률 p_{av}의 상계를 얻는 것이다. 이를 수행하는 방법에 대한 자세한 내용은 박스 12.5에 나와 있다. 그 결과는

$$p_{av} \leq \frac{1}{2^{nR}} \sum_M \left[3\text{tr}\left(\sigma_M(I - P)\right) + \sum_{M' \neq M} \text{tr}(P\sigma_M P P_{M'}) + \text{tr}\left(\sigma_M(I - P_M)\right) \right] \tag{12.79}$$

가 된다. p_{av} 수량은 특정 코드워드 선택과 관련하여 정의된다. 모든 무작위 코드에 대해 이 수량의 기댓값^{expectation}을 계산해보자. 구성에 의해 $\mathbf{E}(\sigma_M) = \bar{\sigma}^{\otimes n}$이고, σ_M과 P_M은 $M' \neq M$일 때 서로 독립이므로

$$\mathbf{E}(p_{av}) \leq 3\text{tr}(\bar{\sigma}^{\otimes n}(I - P)) + (2^{nR} - 1)\text{tr}(P\bar{\sigma}^{\otimes n}P\mathbf{E}(P_1)) + \mathbf{E}\left(\text{tr}(\sigma_1(I - P_1))\right) \tag{12.80}$$

이 된다. (12.73)과 (12.76)을 대입하면

$$\mathbf{E}(p_{av}) \leq 4\delta + (2^{nR} - 1)\text{tr}(P\bar{\sigma}^{\otimes n}P\mathbf{E}(P_1)) \tag{12.81}$$

이 된다. 그러나 $P\bar{\sigma}^{\otimes n}P \leq 2^{-n(S(\bar{\sigma})-\epsilon)}I$이고 (12.77)에 의해 $\mathbf{E}(\text{tr}(P_1)) \leq 2^{n(\bar{S}+\epsilon)}$이 된다. 그러므로

$$\mathbf{E}(p_{av}) \leq 4\delta + (2^{nR} - 1)2^{-n(S(\bar{\sigma})-\bar{S}-2\epsilon)} \tag{12.82}$$

이 된다. $R < S(\bar{\sigma}) - \bar{S}$인 경우, $n \to \infty$일 때 $\mathbf{E}(p_{av}) \to 0$이 된다. 실제로 (12.71)에서 최 댓값을 얻기 위해 앙상블 $\{p_j, \rho_j\}$를 선택하면 $R < \chi(\mathcal{E})$일 때 이것이 참이어야 함을 알 수 있다. 따라서 코드의 블록 크기 n이 증가함에 따라 $p_{av} \to 0$이 되는 R 비율 코드의 시퀀 스가 존재해야 한다. 그러면 어떠한 고정된 $\epsilon > 0$(이는 이전 의미를 대체하는 ϵ의 새로운 의미 이며 이전 의미는 더 이상 필요치 않다!)에 대해서도, 그리고 충분히 큰 n에 대해

$$p_{av} = \frac{\sum_M p_M^c}{2^{nR}} < \epsilon \tag{12.83}$$

이 된다. 이것이 성립하려면 M 메시지들 중에서 적어도 절반은 $p_M^c < 2\epsilon$를 만족시켜야 한다. 그러므로 새 코드를 만들어보자. 이때 비율이 R이고 $p_{av} < \epsilon$인 코드로부터 절반의 코드워드(높은 p_M^c을 갖는 코드워드)를 삭제하여 $2^{nR}/2 = 2^{n(R-1/n)}$개의 코드워드를 갖는, $p_M^c < 2\epsilon$인 새로운 코드를 얻는다. 당연한 말이지만 이 코드도 점근적 비율$^{\text{asymptotic rate}}$

R을 가지며 n이 커짐에 따라 평균뿐만 아니라 모든 코드워드에 대해 오류확률을 임의로 작게 만들 수 있다.

요약하면 (12.71)에 정의한 $\chi(\mathcal{E})$보다 작은 어떠한 비율 R에 대해서도, 채널 $\mathcal{E}$을 통해 비율 R로 전송을 가능하게 하는 곱상태 입력의 코드가 존재한다는 것을 보였다. 이 증명에는 섀넌의 고전 노이즈 채널 코딩 정리에서 무작위 코딩을 증명할 때와 같은 결점이 있다. 다시 말하면 코딩을 수행하기 위한 구조상의 절차가 없는 것이다. 그러나 용량에 근접한 비율을 갖는 코드의 존재는 적어도 입증한 셈이다.

박스 12.5: HSW 정리: 오류 추정

HSW 정리를 증명할 때 기술적으로 가장 복잡한 부분은 p_{av}에 대한 추정값을 얻는 것이다. 여기에서는 이 작업을 어떻게 하는지 자세히 설명한다. 여기에 생략한 단계는 연습용으로 꼭 해보길 바란다. $|\tilde{E}_K^M\rangle \equiv P|E_K^M\rangle$로 정의하자. 그러면

$$E_M = \left(\sum_{M'} \sum_{K \in T_{M'}} |\tilde{E}_K^{M'}\rangle\langle \tilde{E}_K^{M'}| \right)^{-1/2} \sum_{K \in T_M} |\tilde{E}_K^M\rangle\langle \tilde{E}_K^M| \left(\sum_{M'} \sum_{K \in T_{M'}} |\tilde{E}_K^{M'}\rangle\langle \tilde{E}_K^{M'}| \right)^{-1/2}$$

$$(12.84)$$

가 된다. 또한

$$\alpha_{(M,K),(M',K')} \equiv \langle \tilde{E}_K^M | \left(\sum_{M''} \sum_{K'' \in T_{M''}} |\tilde{E}_{K''}^{M''}\rangle\langle \tilde{E}_{K''}^{M''}| \right)^{-1/2} |\tilde{E}_{K'}^{M'}\rangle \qquad (12.85)$$

로 정의하면 평균 오류확률은

$$p_{\mathrm{av}} = \frac{1}{2^{nR}} \sum_M \left[1 - \sum_K \sum_{K' \in T_M} \lambda_K^M |\alpha_{(M,K),(M,K')}|^2 \right] \qquad (12.86)$$

로 표현할 수 있다. $\sum_K \lambda_K^M = 1$을 사용하고 양이 아닌 항들을 생략하면

$$p_{\mathrm{av}} \leq \frac{1}{2^{nR}} \sum_M \left[\sum_{K \in T_M} \lambda_K^M (1 - \alpha_{(M,K),(M,K)}^2) + \sum_{K \notin T_M} \lambda_K^M \right] \qquad (12.87)$$

가 됨을 알 수 있다. $\gamma_{(M,K),(M',K')} \equiv \langle \tilde{E}_K^M | \tilde{E}_{K'}^M \rangle$ 성분을 갖는 행렬 Γ를 정의하자. 여기서 인덱스는 $K \in T_M$과 $K' \in T_{M'}$을 만족시킨다. 이러한 인덱스 규칙으로 정의한 행렬 공간에서 작업하는 것이 편리하며, 이러한 인덱스에 대한 단위행렬을 E로 나타내고, sp(슈푸어[spur4]의 약어)를 사용하여 이러한 인덱스에 대한 대각합 연산을 나타내자. 계산해 보면 $\Gamma^{1/2} = [\alpha_{(M,K),(M',K')}]$이 되어 $\alpha_{(M,K),(M,K)}^2 \leq \gamma_{(M,K),(M,K)} \leq 1$이 된다. (12.87)과 함께 $0 \leq x \leq 1$일 때 $1 - x^2 = (1+x)(1-x) \leq 2(1-x)$가 되는 점을 이용하면

$$p_{\mathrm{av}} \leq \frac{1}{2^{nR}} \sum_M \left[2 \sum_{K \in T_M} \lambda_K^M \left(1 - \alpha_{(M,K),(M,K)}\right) + \sum_{K \notin T_M} \lambda_K^M \right] \tag{12.88}$$

이 된다. 대각행렬 $\Lambda \equiv \mathrm{diag}(\lambda_K^M)$로 정의하면

$$2(E - \Gamma^{1/2}) = (E - \Gamma^{1/2})^2 + (E - \Gamma) \tag{12.89}$$

$$= (E - \Gamma)^2 (E + \Gamma^{1/2})^{-2} + (E - \Gamma) \tag{12.90}$$

$$\leq (E - \Gamma)^2 + (E - \Gamma) \tag{12.91}$$

가 된다는 점도 알아두자. 따라서

$$2 \sum_M \sum_{K \in T_M} \lambda_K^M (1 - \alpha_{(M,K),(M,K)}) = 2\mathrm{sp}(\Lambda(E - \Gamma^{1/2})) \tag{12.92}$$

$$\leq \mathrm{sp}(\Lambda(E - \Gamma)^2) + \mathrm{sp}(\Lambda(E - \Gamma)) \tag{12.93}$$

가 된다. 우변의 슈푸어를 계산해서 (12.88)에 대입한 후, 약간의 계산을 거치면

$$p_{\mathrm{av}} \leq \frac{1}{2^{nR}} \sum_M \left[\sum_K \lambda_K^M \left(2 - 2\gamma_{(M,K),(M,K)} + \sum_{K' \neq K} \left| \gamma_{(M,K),(M,K')} \right|^2 \right.\right.$$
$$\left.\left. + \sum_{M' \neq M, K' \in T_{M'}} \left| \gamma_{(M,K),(M',K')} \right|^2 \right) + \sum_{K \notin T_M} \lambda_K^M \right] \tag{12.94}$$

이 된다. 정의들을 적용하고 약간의 계산을 거치면

---

4   대각합을 독일어로 spur라 하며 발음은 '슈푸어'다. – 옮긴이

$$p_{\text{av}} \leq \frac{1}{2^{nR}} \sum_M \left[2\text{tr}\left(\sigma_M(I - P)\right) + \text{tr}(\sigma_M(I - P)P_M(I - P)) \right.$$

$$\left. + \sum_{M' \neq M} \text{tr}(P\sigma_M P P_{M'}) + \text{tr}\left(\sigma_M(I - P_M)\right) \right] \qquad (12.95)$$

이 된다. 두 번째 항은 예상된 오류 추정식 (12.79)에 나온 $\text{tr}(\sigma_M(I - P))$보다 작다.

상계에 대한 증명

R이 (12.71)에 정의한 $\chi(\mathcal{E})$보다 크다고 하자. 우리는 앨리스가 채널 $\mathcal{E}$를 통해 이 비율로 밥에게 정보를 신뢰성 있게 보내는 것이 불가능하다는 것을 보일 것이다. 우리의 일반적 전략은 앨리스가 집합 $\{1,...,2^{nR}\}$에서 무작위로 M 메시지를 만드는 것으로 생각하고 그녀의 평균 오류확률이 0에서 멀어져야 하는 것을 보이는 것이다. 그러면 최대 오류확률도 0에서 멀어지는 것이 된다.

앨리스가 메시지 M을 $\rho_M \equiv \rho_1^M \otimes \cdots \otimes \rho_n^M$으로 인코딩한다고 하자. 이에 대응하는 출력은 ρ대신 σ를 사용하여 표시한다. 또한 밥은 POVM $\{E_M\}$을 사용하여 디코딩한다고 하자. 이때 $\{E_M\}$에는 각 메시지에 대한 원소 E_M이 포함되고 완비성 관계 $\sum_M E_M = I$를 만족시키기 위해 추가로 E_0도 포함할 수 있다고 가정한다. 이렇게 해도 일반성을 훼손하지 않는다. 그러면 평균 오류확률은

$$p_{\text{av}} = \frac{\sum_M (1 - \text{tr}(\sigma_M E_M))}{2^{nR}} \qquad (12.96)$$

가 된다. 확인문제 12.3에서 $R \leq \log(d)$가 됨을 알 수 있는데, 여기서 d는 채널에 대한 입력의 차원이므로 POVM $\{E_M\}$에는 최대 $d^n + 1$개의 원소가 포함된다. 파노 부등식에 의해

$$H(p_{\text{av}}) + p_{\text{av}} \log(d^n) \geq H(M|Y) \qquad (12.97)$$

가 된다. 여기서 Y는 밥의 디코딩에서 얻은 측정 결과이므로

$$np_{\text{av}} \log d \geq H(M) - H(M:Y) - H(p_{\text{av}}) = nR - H(M:Y) - H(p_{\text{av}}) \qquad (12.98)$$

가 된다. 먼저 홀레보 경계를 적용하고 나서 엔트로피의 준가법성을 적용하면

$$H(M:Y) \leq S(\bar{\sigma}) - \sum_M \frac{S(\sigma_1^M \otimes \cdots \otimes \sigma_n^M)}{2^{nR}} \tag{12.99}$$

$$\leq \sum_{j=1}^{n} \left(S(\bar{\sigma}^j) - \sum_M \frac{S(\sigma_j^M)}{2^{nR}} \right) \tag{12.100}$$

가 되는데, 여기서 $\bar{\sigma}^j \equiv \sum_M \sigma_j^M / 2^{nR}$이다. 우변의 시그마 속에 있는 각 n 항은 (12.71)에 정의한 $\chi(\mathcal{E})$보다 크지 않으므로

$$H(M:Y) \leq n\chi(\mathcal{E}) \tag{12.101}$$

이 된다. (12.98)에 대입하면 $np_{\mathrm{av}} \log d \geq n(R - \chi(\mathcal{E})) - H(p_{\mathrm{av}})$가 되고, 따라서 n이 무한히 커지면

$$p_{\mathrm{av}} \geq \frac{(R - \chi(\mathcal{E}))}{\log(d)} \tag{12.102}$$

이 되며 $R > \chi(\mathcal{E})$일 때 0이 아닌 경계를 갖는다. 이것으로 $\chi(\mathcal{E})$가 곱상태 용량의 상계라는 증명이 끝난다.

예

HSW 정리의 흥미로운 의미는 채널이 단순히 상수가 아니라면 어떠한 양자채널 $\mathcal{E}$를 사용해도 고전정보를 전송할 수 있다는 것이다. 그 이유는 채널이 상수가 아니면 $\mathcal{E}(|\psi\rangle\langle\psi|) \neq \mathcal{E}(|\varphi\rangle\langle\psi|)$가 되는 순수상태 $|\psi\rangle|$와 $|\varphi\rangle$가 존재하기 때문이다. 동일한 확률 1/2을 갖는 이들 두 상태로 구성된 앙상블을 곱상태 용량에 대한 표현식 (12.71)에 대입하면

$$C^{(1)}(\mathcal{E}) \geq S\left(\frac{\mathcal{E}(|\psi\rangle\langle\psi|) + \mathcal{E}(|\varphi\rangle\langle\varphi|)}{2} \right) - \frac{1}{2}\mathcal{E}(|\psi\rangle\langle\psi|) - \frac{1}{2}\mathcal{E}(|\varphi\rangle\langle\varphi|) > 0 \tag{12.103}$$

가 됨을 알 수 있다. 여기서 두 번째 부등호는 11.3.5절에서 입증한 엔트로피의 엄밀한 오목성으로부터 나온 것이다.

곱상태 용량을 정확하게 계산할 수 있는 간단한 예를 알아보자. 이는 파라미터 p가 있는 탈분극 채널의 경우에 해당한다. $\{p_j, |\psi_j\rangle\}$를 양자상태의 앙상블이라 하자. 그러면

$$\mathcal{E}(|\psi_j\rangle\langle\psi_j|) = p|\psi_j\rangle\langle\psi_j| + (1-p)\frac{I}{2} \tag{12.104}$$

라는 양자상태를 갖는데 고윳값은 $(1 + p)/2$와 $(1 - p)/2$이다. 이로부터

$$S(\mathcal{E}(|\psi_j\rangle\langle\psi_j|)) = H\left(\frac{1+p}{2}\right) \tag{12.105}$$

가 나오는데, 이는 $|\psi_j\rangle$에 전혀 의존하지 않는다. 따라서 (12.71)의 최댓값은 엔트로피 $S(\sum_j \mathcal{E}(|\psi_j\rangle\langle\psi_j|))$를 최대화하여 얻을 수 있다. 이렇게 하기 위해서는 단순히 $|\psi_j\rangle$를 선택하여 단일 큐비트의 상태공간에 대한 정규직교 기저(말하자면 $|0\rangle$과 $|1\rangle$)를 형성하고, 매개변수 p를 갖는 탈분극 채널에 대해 1비트의 엔트로피 값과 곱상태 용량

$$C(\mathcal{E}) = 1 - H\left(\frac{1+p}{2}\right) \tag{12.106}$$

을 제공하면 될 것이다.

확인문제 12.12: HSW 정리의 증명을 수정하여 섀넌의 노이즈 채널 코딩 정리를 증명하고 그 증명을 가능한 한 단순화시켜라.

12.4 노이즈 양자채널에서의 양자정보

노이즈 양자채널을 통해 얼마나 많은 양자정보를 신뢰성 있게 전송할 수 있을까? 양자채널 용량quantum channel capacity을 결정하는 이러한 문제는 노이즈 양자채널을 통한 고전정보 전송 용량을 결정하는 문제보다 알아내기 어렵다. 이제 양자정보를 위한 양자채널의 용량을 이해하기 위해 개발된 정보이론 도구들을 언급할 것이다. 그중에서 가장 주목할 것은 파노 부등식(박스 12.2), 데이터 처리 부등식(11.2.4절), 싱글톤 경계(확인문제 10.21)에 대해 양자정보이론으로 해석한 유사식들이다.

양자 데이터 압축과 관련하여 이러한 문제를 연구할 때 우리의 관점은 양자 소스를 또 다른 양자계와 얽힌 혼합상태 ρ의 양자계로 간주하는 것이며, 양자연산 $\mathcal{E}$에 의해 양자정보를 전송하는 데 대한 신뢰성 측도는 얽힘 충실도 $F(\rho, \mathcal{E})$이다. 9장에서와 같이 먼저 ρ가 존재하는 계를 Q로 명명하고 Q를 정화하는 참조계reference system를 R로 명명하는 것이 유용하다. 이러한 묘사에서 얽힘 충실도란 Q계에 $\mathcal{E}$이 작용했을 때 Q와 R 간의 얽힘이 얼마나 잘 보존됐는지를 나타내는 측도다.

12.4.1 엔트로피 교환과 양자 파노 부등식

양자연산이 양자계 Q의 상태 ρ에 적용될 때 얼마나 많은 노이즈를 유발할까? 이에 대한 한 가지 측도는 양자연산의 결과로 초기에 순수한 RQ 상태가 혼합되는 정도다. ρ의 입력에 대해 $\mathcal{E}$ 연산의 엔트로피 교환^{entropy exchange}은

$$S(\rho, \mathcal{E}) \equiv S(R', Q') \tag{12.107}$$

으로 정의한다. 초기에 순수상태로 있는 환경 E를 도입하고 나서 8장에 설명했듯이 Q와 E 간에 유니타리 상호작용을 유발시켜 양자연산 $\mathcal{E}$의 작용을 모방한다고 하자. 그러면 상호작용 후 RQE의 상태는 순수상태라서 $S(R', Q') = S(E')$이 되므로, $\mathcal{E}$ 연산이 초기 순수 환경 E 속으로 끌어들인 엔트로피의 양으로 엔트로피 교환을 식별해낼 수도 있다.

엔트로피 교환은 Q의 초기상태 ρ가 RQ로 정화되는 방식에 의존하지 않는다. 그 이유는 확인문제 2.81에 나와 있듯이 Q에서 RQ로의 두 정화가 R계에 대한 유니타리 연산과 관련이 있기 때문이다. R에 대한 이 유니타리 연산은 Q에 대한 양자연산의 작용과 분명히 교환법칙이 성립한다. 따라서 2개의 서로 다른 정화에 의해 유도된 $R'Q'$의 최종상태들은 R에 대한 유니타리 변환에 의해 서로 관련되므로 엔트로피 교환에 대해 동일한 값이 나온다. 더욱이 이 결과로부터 $S(E')$은 사용되는 $\mathcal{E}$에 대해 특정 환경 모델에 의존하지 않는 것을 알 수 있는데, 물론 이 모델이 순수상태의 E로 시작하는 경우에 그렇다는 것이다.

양자연산에 대한 연산자 합 표현을 기반으로 엔트로피 교환에 대해 유용한 공식을 구할 수 있다. 대각합-보존 양자연산 $\mathcal{E}$이 연산원소들 $\{E_i\}$를 갖는다고 하자. 그러면 8.2.3절에 나왔듯이

$$U|\psi\rangle|0\rangle = \sum_i E_i|\psi\rangle|i\rangle \tag{12.108}$$

가 되는, QE에 대한 유니타리 연산자 U를 정의하면 이 양자연산을 위한 유니타리 모델이 나온다. 여기서 $|0\rangle$는 환경의 초기상태이고 $|i\rangle$는 환경의 정규직교 기저다. $\mathcal{E}$ 적용 후, E의 상태는

$$\rho^{E'} = \sum_{i,j} \mathrm{tr}(E_i \rho E_j^\dagger)|i\rangle\langle j| \tag{12.109}$$

가 된다는 점에 주목한다. 즉, $\mathrm{tr}(E_i \rho E_j^\dagger)$는 $|i\rangle$ 기저에서 E'의 행렬성분이다. 따라서 연산원소들 $\{E_i\}$를 갖는 양자연산이 주어지면 당연히 행렬성분 $W_{ij} \equiv \mathrm{tr}(E_i \rho E_j^\dagger)$를 갖는 행렬 W(w-행렬)를 정의할 수 있다. 즉, W는 적절한 기저에서 E'의 행렬이다. $\rho^{E'}$에 대해 이러

한 표현을 사용하면 명확한 계산을 하는 데 유용한 엔트로피 교환식^{formula for entropy exchange}

$$S(\rho, \mathcal{E}) = S(W) \equiv -\mathrm{tr}(W \log W) \qquad (12.110)$$

가 나온다. 양자연산 $\mathcal{E}$과 상태 ρ가 주어지면, $\mathcal{E}$에 대한 연산원소들 $\{F_j\}$를 잘 선택해서 W가 대각행렬이 되게 하는 것이 항상 가능하다. 이렇게 나온 W를 정준형^{canonical form}이라고 말한다. 이러한 연산원소 집합이 존재하는지 확인하려면 8장에서 양자연산이 여러 연산원소 집합을 가질 수 있음을 상기한다. 특히 두 연산자 집합 $\{E_i\}$와 $\{F_j\}$가 동일한 양자연산에 대한 연산원소들이기 위한 필요충분조건은 $F_j = \sum_j u_{ji} E_i$이다. 여기서 u는 복소수의 유니타리 행렬인데, u 행렬이 정사각행렬이 되도록 E_i 또는 F_j 집합에 영 연산자를 추가해야 한다. W를 $\mathcal{E}$에 대한 연산원소들 $\{E_i\}$의 특정 선택과 관련된 w-행렬이라 하자. W는 환경 밀도 연산자의 행렬표현이므로 유니타리 행렬 v, 즉 $D = vWv^\dagger$에 의해 대각화될 수 있는 양의 행렬이다. 여기서 D는 음이 아닌 성분을 갖는 대각행렬이다. F_j 연산자를 $F_j \equiv \sum_i v_{ji} E_i$로 정의하자. 그러면 F_j는 $\mathcal{E}$에 대한 연산원소들의 집합이기도 하므로 행렬성분

$$\widetilde{W}_{kl} = \mathrm{tr}(F_k \rho F_l^\dagger) = \sum_{mn} v_{km} v_{ln}^* W_{mn} = D_{kl} \qquad (12.111)$$

을 갖는 새로운 w-행렬 $\widetilde{W}$가 만들어진다. 따라서 연산원소들 $\{F_j\}$에 대해 계산하면 w-행렬은 대각이다. 해당 w-행렬이 대각인 $\mathcal{E}$에 대한 이러한 연산원소 집합 $\{F_j\}$는 입력 ρ에 관하여 $\mathcal{E}$에 대한 **정준표현**^{canonical representation}이라 한다. 나중에 정준표현이 양자 오류정정에 있어서 특별한 의미를 갖는다는 것을 알게 될 것이다.

엔트로피 교환의 많은 특성은 11장에서 논의한 엔트로피의 특성에서 쉽게 얻을 수 있다. 예를 들면 d차원 공간에서 대각합-보존 양자연산 $\mathcal{E}$에 대한 정준표현으로 작업하면, $S(I/d, \mathcal{E}) = 0$이기 위한 필요충분조건은 $\mathcal{E}$이 유니타리 양자연산인 경우라는 것을 알게 된다. 그러므로 $S(I/d, \mathcal{E})$은 계 전체에서 결잃음 양자 노이즈가 발생하는 정도를 값으로 매기는 것으로 생각할 수 있다. 두 번째 예는 W 행렬이 ρ에 대해 선형이고 엔트로피의 오목함으로 인해 $S(\rho, \mathcal{E})$이 ρ에 대해 오목하다는 것이다. RQ계는 항상 최대 d^2차원으로 선택될 수 있는데, 여기서 d는 Q의 차원이므로 엔트로피 교환의 위쪽 범위는 $2 \log d$로 제한된다.

확인문제 12.13: 양자연산 $\mathcal{E}$에 대해 엔트로피 교환이 오목하다는 것을 보여라.

직관적으로 보면 얽힘 RQ가 혼합되는 결과를 초래하는 노이즈의 영향을 양자 소스 Q가 받으면 초기상태 RQ에 대한 최종상태 $R'Q'$의 충실도는 완벽할 수 없다. 더욱이 노이즈가 클수록 충실도는 떨어진다. 12.1.1절에서 고전채널을 학습할 때 비슷한 상황이 발생했었다. 거기서는 채널의 출력 Y가 주어졌을 때 입력 X에 대한 불확실성 $H(X|Y)$는 파노 부등식에 의해 Y로부터 X의 상태를 복원할 수 있는 확률과 관련이 있었다. 양자에서도 이 결과와 아주 유용한 유사점이 존재해서 엔트로피 교환 $S(\rho, \mathcal{E})$과 얽힘 충실도 $F(\rho, \mathcal{E})$이 서로 관련된다.

정리 12.9: (양자 파노 부등식) ρ를 양자상태라 하고, $\mathcal{E}$을 대각합-보존 양자연산이라 하자. 그러면

$$S(\rho, \mathcal{E}) \le H(F(\rho, \mathcal{E})) + (1 - F(\rho, \mathcal{E})) \log(d^2 - 1) \tag{12.112}$$

이 되는데, 여기서 $H(\cdot)$는 2진 섀넌 엔트로피다.

양자 파노 부등식을 들여다보면 매력적인 직관적 의미가 드러난다. 즉, 어떤 과정에 대한 엔트로피 교환이 크면 그 과정에 대한 얽힘 충실도가 반드시 작아야 하는데, 이는 R과 Q 간의 얽힘이 잘 보존되지 않았다는 뜻이다. 더욱이 양자 파노 부등식에서 엔트로피 교환 $S(\rho, \mathcal{E})$은 고전정보이론에서 조건부 엔트로피 $H(X|Y)$가 하는 역할과 비슷한 역할을 한다는 점에 주목한다.

증명

양자 파노 부등식을 증명하기 위해, $|i\rangle$를 RQ계에 대한 정규직교 기저라 하고 그 집합에서 첫 번째 상태를 $|1\rangle = |RQ\rangle$로 하자. $p_i \equiv \langle i|\rho R'Q'|i\rangle$ 값을 형성하면 11.3.3절의 결과로부터

$$S(R', Q') \le H(p_1, \ldots, p_{d^2}) \tag{12.113}$$

이 되는데, 여기서 $H(p_i)$는 $\{p_i\}$ 집합의 섀넌 정보다. 기본적인 계산을 거치면

$$H(p_1, \ldots, p_{d^2}) = H(p_1) + (1 - p_1) H \left(\frac{p_2}{1 - p_1}, \ldots, \frac{p_{d^2}}{1 - p_1} \right) \tag{12.114}$$

이 된다. 이 식에 $H(\frac{p_2}{1-p_1}, \ldots, \frac{p_{d^2}}{1-p_1}) \le \log(d^2 - 1)$과 정의에 의한 $p_1 = F(\rho, \mathcal{E})$를 적용시키면 양자 파노 부등식

$$S(\rho, \mathcal{E}) \le H(F(\rho, \mathcal{E})) + (1 - F(\rho, \mathcal{E})) \log(d^2 - 1) \qquad (12.115)$$

이 나온다.

12.4.2 양자 데이터 처리 부등식

11.2.4절에서는 고전 데이터 처리 부등식에 대해 논의했었다. 데이터 처리 부등식^{data processing inequality}이란 마르코프 과정 $X \to Y \to Z$에 대해

$$H(X) \ge H(X:Y) \ge H(X:Z) \qquad (12.116)$$

가 된다는 점을 상기하자. 이때, 첫 번째 부등식에서 등호가 성립하기 위한 필요충분조건은 Y로부터 1의 확률로 확률변수 X를 복원할 수 있는 경우다. 따라서 데이터 처리 부등식은 오류정정이 가능하기 위한 정보이론적 필요충분조건이 된다.

양자에서도 데이터 처리 부등식에 대한 유사식이 존재하는데 이 식은 양자연산 $\mathcal{E}_1$과 $\mathcal{E}_2$에 의해 기술되는 두 단계 양자 과정

$$\rho \xrightarrow{\mathcal{E}_1} \rho' \xrightarrow{\mathcal{E}_2} \rho'' \qquad (12.117)$$

에 적용 가능하다. 양자 결맞음 정보^{coherent information}는

$$I(\rho, \mathcal{E}) \equiv S(\mathcal{E}(\rho)) - S(\rho, \mathcal{E}) \qquad (12.118)$$

로 정의한다. 이 결맞음 정보라는 양은 고전정보이론에서 상호정보 $H(X:Y)$가 수행하는 역할과 비슷하게 양자정보이론에서 그 역할을 하는 것으로 의심된다(알려진 바는 없다). 이렇게 믿는 이유는 결맞음 정보가 고전 데이터 처리 부등식과 유사한 양자 데이터 처리 부등식을 만족시키기 때문이다.

정리 12.10: (양자 데이터 처리 부등식) ρ를 양자상태라 하고 $\mathcal{E}_1$과 $\mathcal{E}_2$를 대각합-보존 양자 연산이라 하자. 그러면

$$S(\rho) \ge I(\rho, \mathcal{E}_1) \ge I(\rho, \mathcal{E}_2 \circ \mathcal{E}_1) \qquad (12.119)$$

가 되는데, 여기서 첫 번째 부등식의 등호가 성립하기 위한 필요충분조건은 $\mathcal{E}_1$ 연산이 완벽히 가역적^{perfectly reversible}인 경우다. 이는 $F(\rho, \mathcal{R} \circ \mathcal{E}) = 1$이 되는 대각합-보존 역연산^{trace-preserving reversal operation} $\mathcal{R}$이 존재한다는 뜻이다.

고전 데이터 처리 부등식과 비교하면, 고전 데이터 처리 부등식에서 상호정보가 하는 역할과 비슷하게 양자 데이터 처리 부등식에서 결맞음 정보가 그와 같은 역할을 한다는 것을 알게 된다. 물론 결맞음 정보가 고전 상호정보에 정확히 대응하는 양자 버전이라는 관점에 대해서는 수긍하기가 어렵다. 그러려면 고전 상호정보가 고전채널 용량과 관련되 듯이 결맞음 정보는 양자채널 용량과 관련되어야 하는데, 그러한 관계는 아직 입증되지 않았다(부분적으로 진전된 상황에 대해서는 12장의 끝에 있는 '역사와 추가자료'를 참조한다).

양자 데이터 처리 부등식에서 정의한 **완벽 가역성**perfect reversibility 개념은 양자 오류정정 의 상황에서 나올 법한 익숙한 개념과 어떻게 연결될까? 다음 식을 만족시키는 대각합-보존 양자연산 $\mathcal{R}$이 존재한다면, 정의에 의해 대각합-보존 양자연산 $\mathcal{E}$은 ρ 입력에 대해 완벽히 가역적이라고 말한다.

$$F(\rho, \mathcal{R} \circ \mathcal{E}) = 1 \qquad (12.120)$$

그러나 592페이지의 항목 (4)에 따르면 양자연산이 완벽히 가역적이기 위한 필요충분조 건은 ρ의 서포트에 속한 모든 상태 $|\psi\rangle$에 대해

$$(\mathcal{R} \circ \mathcal{E})(|\psi\rangle\langle\psi|) = |\psi\rangle\langle\psi| \qquad (12.121)$$

가 되는 것이다. 이 점을 통해 완벽 가역성 개념은 양자 오류정정 코드에 연결된다. 양자 오류정정 코드란 논리 코드워드에 의해 생성된 좀 더 큰 힐베르트 공간의 부분공간이라 는 점을 상기하자. 양자연산 $\mathcal{E}$ 때문에 발생한 노이즈에 대해 복원력을 가지려면, 그 코드 의 모든 상태 $|\psi\rangle$에 대해 $(\mathcal{R} \circ \mathcal{E})(|\psi\rangle\langle\psi|) = |\psi\rangle\langle\psi|$가 성립한다는 의미에서 대각합-보존 역 연산 $\mathcal{R}$에 의해 양자연산 $\mathcal{E}$은 가역적이어야 한다. 이 조건은 데이터 처리 부등식의 진술 에 나온 완벽 가역성 기준과 동등하다. 즉, 서포트가 코드공간인 어떤 ρ에 대해 $F(\rho, \mathcal{R} \circ \mathcal{E})$ $= 1$이 되는 것이다.

증명

양자 데이터 처리 부등식은 4개의 계를 구성해서 증명한다. 즉, R과 Q는 익숙한 역할로 나오는 반면, E_1과 E_2는 초기에 순수상태에 있는 계이며 Q와 E_1 간에 유니타리 상호작 용시켜 동역학 $\mathcal{E}_1$을 발생시키고 Q와 E_2 간에 유니타리 상호작용시켜 동역학 $\mathcal{E}_2$를 발생 시킨다. 양자 데이터 처리 부등식의 첫 번째 부등식 증명은 준가법성 부등식 $S(R', E')$ $\leq S(R') + S(E_1')$를 적용해서

$$I(\rho, \mathcal{E}_1) = S(\mathcal{E}_1(\rho)) - S(\rho, \mathcal{E}_1) \tag{12.122}$$

$$= S(Q') - S(E_1') \tag{12.123}$$

$$= S(R', E_1') - S(E_1') \tag{12.124}$$

$$\leq S(R') + S(E_1') - S(E_1') = S(R') \tag{12.125}$$

$$= S(R) = S(Q) = S(\rho) \tag{12.126}$$

로 끝난다. 데이터 처리 부등식의 두 번째 부등식 증명을 위해서는 강한 준가법성 부등식

$$S(R'', E_1'', E_2'') + S(E_1'') \leq S(R'', E_1'') + S(E_1'', E_2'') \tag{12.127}$$

을 적용하면 된다. $R''Q''E_1''E_2''$의 전체 상태의 순도^{purity}에 따라

$$S(R'', E_1'', E_2'') = S(Q'') \tag{12.128}$$

이 된다. R 또는 E_1계 중 어느 것도 Q와 E_2가 유니타리하게 상호작용하는 동역학의 두 번째 단계에 관여하지 않는다. 따라서 이 단계에서는 상태가 변경되지 않는데, 즉 $\rho^{R''E_1''} = \rho^{R'E_1'}$이다. 그러나 이 동역학의 첫 단계 이후 RQE_1의 순도에 따라

$$S(R'', E_1'') = S(R', E_1') = S(Q') \tag{12.129}$$

가 된다. 강한 준가법성 부등식 (12.127)의 나머지 두 항은 이제 엔트로피 교환

$$S(E_1'') = S(E_1') = S(\rho, \mathcal{E}_1); \quad S(E_1'', E_2'') = S(\rho, \mathcal{E}_2 \circ \mathcal{E}_1) \tag{12.130}$$

으로 인식된다. 이 식을 (12.127)에 대입하면

$$S(Q'') + S(\rho, \mathcal{E}_1) \leq S(Q') + S(\rho, \mathcal{E}_2 \circ \mathcal{E}_1) \tag{12.131}$$

가 된다. 이는 데이터 처리 부등식의 두 번째 단계인 $I(\rho, \mathcal{E}_1) \geq I(\rho, \mathcal{E}_1 \circ \mathcal{E}_2)$로 다시 표현할 수 있다.

증명을 완료하기 위해서는 ρ 입력에 대해 $\mathcal{E}$가 완벽히 가역적이기 위한 필요충분조건이 양자 데이터 처리 부등식의 첫 번째 부등식에서 등호가 성립하는 경우라는 것, 즉

$$S(\rho) = I(\rho, \mathcal{E}) = S(\rho') - S(\rho, \mathcal{E}) \tag{12.132}$$

이 되는 경우라는 것을 보여야 한다. 이 조건의 역에 대해서도 증명하기 위해 ρ 입력에 대한 $\mathcal{E}$이 역연산 $\mathcal{R}$에 의해 완벽히 가역적이라 하자. 양자 데이터 처리 부등식의 두 번째 단계에 따라

$$S(\rho') - S(\rho, \mathcal{E}) \geq S(\rho'') - S(\rho, \mathcal{R} \circ \mathcal{E}) \tag{12.133}$$

이 된다. 가역성 요구사항에 따르면 $\rho'' = \rho$가 된다. 또한, 양자 파노 부등식 (12.112)와 완벽 가역성 요구사항 $F(\rho, \mathcal{R} \circ \mathcal{E}) = 1$에 따라 $S(\rho, \mathcal{R} \circ \mathcal{E}) = 0$이 된다. 따라서 양자 데이터 처리 부등식의 두 번째 단계는 $\rho \rightarrow \mathcal{E}(\rho) \rightarrow (\mathcal{R} \circ \mathcal{E})(\rho)$에 적용될 때

$$S(\rho') - S(\rho, \mathcal{E}) \geq S(\rho) \tag{12.134}$$

로 다시 표현할 수 있다. 이를 양자 데이터 처리 부등식의 첫 번째 부분인 $S(\rho) \geq S(\rho') - S(\rho, \mathcal{E})$와 결합하면, ρ 입력에 대해 완벽히 가역적인 어떠한 $\mathcal{E}$에 대해서도

$$S(\rho') = S(\rho) - S(\rho, \mathcal{E}) \tag{12.135}$$

가 됨을 알 수 있다.

그 다음으로는 구성적 증명^{constructive proof}[5]을 통해 조건

$$S(\rho) = S(\rho') - S(\rho, \mathcal{E}) \tag{12.136}$$

을 만족시키면 ρ 입력에 대해 양자연산 $\mathcal{E}$이 가역적이 됨을 알아보자. $S(\rho) = S(Q) = S(R) = S(R')$, $S(\rho') = S(Q') = S(R', E')$, $S(\rho, \mathcal{E}) = S(E')$가 된다는 점에 주목하면 11.3.4 절에서 보았던 $S(R') + S(E') = S(R', E')$가 $\rho^{R'E'} = \rho^{R'} \otimes \rho^{E'}$라는 조건과 동일하다는 것을 알게 된다. Q의 초기상태가 $\rho = \sum_i p_i|i\rangle\langle i|$라 하고, 이 상태를 $|RQ\rangle = \sum_i \sqrt{p_i}|i\rangle|i\rangle$와 같이 RQ로 정화한다고 하자. 여기서 첫 번째 계는 R이고 두 번째 계는 Q이다. $\rho^{R'} = \rho^R = \sum_i p_i|i\rangle\langle i|$라는 점에 주목한다. 게다가 어떤 정규직교 집합 $|j\rangle$에 대해 $\rho^{E'} = \sum_j q_j|j\rangle\langle j|$라 하자. 그러면

$$\rho^{R'E'} = \sum_{ij} p_i q_j |i\rangle\langle i| \otimes |j\rangle\langle j| \tag{12.137}$$

가 된다. 이 식은 고유벡터 $|i\rangle|j\rangle$를 가지므로 양자연산 $\mathcal{E}$이 적용된 후 $R'Q'E'$의 전체 상태를 슈미트 분해에 의해

$$|R'Q'E'\rangle = \sum_{ij} \sqrt{p_i q_j}|i\rangle|i, j\rangle|j\rangle \tag{12.138}$$

로 표현할 수 있다. 여기서 $|i, j\rangle$는 Q계 상태의 정규직교 집합이다. 사영연산자 P_j를 $P_j \equiv \sum_i |i, j\rangle\langle i, j|$로 정의하자. 복원 연산의 아이디어는 다음과 같다. 먼저 사영연산자 P_j에 의해 기술되는 측정을 수행해서 그 환경의 상태 $|j\rangle$를 드러나게 한다. 그리고 나서 j에 조건적인 유니타리 회전 U_j를 수행하여 $|i, j\rangle$ 상태를 $|j\rangle$로 복원시킨다. 즉, $U_j|i, j\rangle \equiv$

---

5   실제 예를 들거나 답을 구하는 방법을 직접 제시하는 증명법이다. 반면에 비구성적 증명은 모순을 이용한 증명법이다. – 옮긴이

$|j\rangle$이다. 다시 말하면 j는 측정 증후군이고 U_j는 그에 대응하는 복원연산이 된다. 전체 복원연산은

$$\mathcal{R}(\sigma) \equiv \sum_j U_j P_j \sigma P_j U_j^\dagger \tag{12.139}$$

로 표현할 수 있다. P_j 사영연산자들은 $|i, j\rangle$ 상태들의 직교성에 의해 서로 직교하지만 완비되지 않을 수 있다. 이런 경우, 양자연산 $\mathcal{R}$이 대각합-보존 상태인 것을 확실히 하려면 사영연산자 집합에 여분의 사영연산자 $\tilde{P} \equiv I - \sum_j P_j$를 추가하여 그 연산을 대각합-보존이 되게 해야 한다.

역연산 후 RQE계의 최종상태는

$$\sum_j U_j P_j |R'Q'E'\rangle\langle R'Q'E'| P_j U_j^\dagger$$

$$= \sum_j \sum_{i_1 i_2} \sqrt{p_{i_1} p_{i_2}} q_j |i_1\rangle\langle i_2| \otimes (U_j |i_1, j\rangle\langle i_2, j| U_j^\dagger) \otimes |j\rangle\langle j| \tag{12.140}$$

$$= \sum_{i_1, i_2} \sqrt{p_{i_1} p_{i_2}} |i_1\rangle\langle i_2| \otimes |i_1\rangle\langle i_2| \otimes \rho^{E'} \tag{12.141}$$

가 된다. 이로부터 $\rho^{R''Q''} = \rho^{RQ}$를 알게 되고, 따라서 $F(\rho, \mathcal{R} \circ \mathcal{E}) = 1$가 된다. 즉, ρ 상태를 입력했을 때 $\mathcal{E}$ 연산은 완벽히 가역적이며, 이것이 바로 증명하려고 했던 것이다. ∎

이것으로 대각합-보존 양자연산을 위한 정보이론적 가역성 조건의 증명을 완료했다. Q가 양자 컴퓨터의 기억 요소이고, R은 양자 컴퓨터의 나머지 부분이며, E는 Q와의 상호작용으로 노이즈를 발생시키는 환경이라고 생각하면 이 결과에 대한 직관력을 얻을 수 있다. 정보이론적 가역성 조건을 아주 잘 이해하려면, 노이즈가 발생한 후 환경 E'의 상태가 양자 컴퓨터의 나머지 부분 R'의 상태와 서로 관련돼서는 안된다는 말로 받아들이면 된다. 좀 더 의인화해서 말하면, 환경이 Q와 대화해도 양자 컴퓨터의 나머지 부분에 관하여 아무것도 알아내지 못할 때 오류정정이 가능하다!

더 구체적으로 말하면 Q가 n큐비트 계이고 C는 그 Q계에 존재하는 $[n, k]$ 양자 오류정정 코드라 하자. 또한 Q계는 정규직교 코드워드 $|x\rangle$와 그 코드공간 위로의 사영연산자 P를 갖는다고 하자. RQ의 순수상태로 정화될 수 있는 밀도행렬 $P/2^k$도 고려하자. 즉,

$$\frac{1}{\sqrt{2^k}} \sum_x |x\rangle|x\rangle \tag{12.142}$$

이다. 이 코드가 큐비트들의 어떤 부분집합 Q_1에 있는 임의의 오류를 정정할 수 있다고

하자. 그러면 특히 그러한 큐비트들을 그냥 환경 상태로 바꾸고 어떤 표준상태로 대체해 버리는 오류를 정정할 수 있어야 한다. $\rho^{R'E'} = \rho^{R'} \otimes \rho^{E'}$라는 정보이론적 가역성 조건은 이 경우에 조건 $\rho^{RQ_1} = \rho^R \otimes \rho^{Q_1}$으로 다시 표현할 수 있다. 따라서 오류가 정정될 수 있는 참조계 R과 부분계 Q_1이 정정 가능하다면 최초에 상관관계가 없어야 한다!

확인문제 12.14: 조건 $\rho^{RQ_1} = \rho^R \otimes \rho^{Q_1}$도 부분계 Q_1의 오류를 정정할 수 있을 만큼 충분하다는 것을 보여라.

양자 데이터 처리 부등식 증명에 사용된 추론은 다양한 부등식을 증명하는 데 적용할 수 있다. 예를 들어 양자연산 $\mathcal{E}$이 적용되는, ρ 상태의 양자계 Q가 있다고 하자. 데이터 처리 부등식의 첫 번째 단계는 엔트로피에 대한 준가법성 부등식을 $R'E'$계에 적용하는 것이다. 하지만 그렇게 하지 않고 $Q'E'$계에 준가법성 부등식을 적용하면

$$S(\rho) = S(R) = S(R') = S(Q', E') \leq S(Q') + S(E') = S(\mathcal{E}(\rho)) + S(\rho, \mathcal{E}) \quad (12.143)$$

가 된다. 즉,

$$\Delta S + S(\rho, \mathcal{E}) \geq 0 \quad\quad\quad (12.144)$$

인데, 여기서 $\Delta S \equiv S(\mathcal{E}(\rho)) - S(\rho)$는 $\mathcal{E}$ 과정으로 인한 엔트로피의 변화량이다. 대략적으로 말하면 이 부등식은 그 계의 엔트로피 변화량에 환경의 엔트로피 변화량을 더한 값이 음이 아니어야 한다는 뜻이다. 이는 열역학 제2법칙에 따라 아주 합당한 말이며, 12.4.4절에 나오는 양자 오류정정의 열역학 분석에서 도움이 될 것이다!

확인문제 12.15: 준가법성과 강한 준가법성 부등식의 가능한 모든 조합을 적용하여 두 단계 양자 프로세스 $\rho \to \rho' = \mathcal{E}_1(\rho) \to \rho'' = (\mathcal{E}_2 \circ \mathcal{E}_1)(\rho)$에 대해 다른 부등식을 얻고, 가능하다면 엔트로피 교환 및 엔트로피 $S(\rho)$, $S(\rho')$, $S(\rho'')$ 측면에서 그 결과를 표현하라. 그러한 부등식으로 나타나는 양을 이들 항으로 표현할 수 없는 경우에는 ρ에 대한 지식, $\mathcal{E}_1$에 대한 연산원소들 $\{E_j\}$, 그리고 $\mathcal{E}_2$에 대한 $\{F_k\}$만을 사용하여 그 양의 계산식을 나타내어라.

12.4.3 양자 싱글톤 경계

양자 오류정정에 대한 정보이론적 접근법은 양자 오류정정 코드가 오류를 정정하는 능력에 대한 아름다운 경계인 양자 싱글톤 경계^{quantum Singleton bound}를 증명하는 데 사용할 수 있

다. $[n, k, d]$ 코드는 n개의 큐비트를 사용하여 k개의 큐비트를 인코딩하고 최대 $d-1$개
의 큐비트에 있는 파악된 오류$^{\text{located error}}$(확인문제 10.45)를 정정할 수 있다는 점을 상기하
자. 양자 싱글톤 경계란 $n-k \geq 2(d-1)$가 되어야 한다는 뜻이다. 이를 확인문제 10.21
에 나온 고전 싱글톤 경계와 비교해보기 바란다. 그 문제에서는 $[n, k, d]$ 고전코드의 경
우 $n-k \geq d-1$가 되어야 한다고 언급한다. 최대 t큐비트의 오류를 정정하는 양자 코드
는 최소 $2t+1$의 거리를 가져야 하기 때문에 $n-k \geq 4t$가 된다. 따라서 예를 들어 $k=1$
큐비트를 인코딩하고 $t=1$ 큐비트에 있는 오류를 정정할 수 있는 코드는 $n-1 \geq 4$를 만
족시켜야 한다. 즉, n은 5 이상이어야 한다. 그러므로 10장에서 설명한 5큐비트 코드는
이 작업에 사용할 수 있는 가장 작은 코드다.

양자 싱글톤 경계에 대해 증명하려면 양자 오류정정을 분석하는 데 사용했던 정보이론
적 기술을 확장시키면 된다. 코드는 Q계와 연관된 2^k차원의 부분공간을 갖고 정규직교
기저는 $|x\rangle$로 표시하자. 또한 2^k차원의 참조계 R도 도입하는데 이 계도 2^k개의 직교 기저
벡터를 가지며 $|x\rangle$로 표시하고 RQ의 얽힘 상태

$$|RQ\rangle = \frac{1}{\sqrt{2^k}} \sum_x |x\rangle |x\rangle \qquad (12.145)$$

를 고려하자. Q의 n큐비트를 3개의 분리된 블록으로 나눈다. 즉, 각각 $d-1$개의 큐비트
로 구성된 첫 번째와 두 번째를 Q_1과 Q_2라 하고, 나머지 $n-2(d-1)$개의 큐비트로 구성
된 세 번째를 Q_3라 하자. 코드가 d 거리를 갖기 때문에 $d-1$개의 파악된 오류의 어떠한
집합이라도 정정할 수 있으므로 Q_1 또는 Q_2 중 어느 하나에서 오류를 정정할 수 있다.
따라서 R과 Q_1은 상관관계가 없어야 하고 R과 Q_2도 마찬가지다. 이러한 점에 의해
$RQ_1Q_2Q_3$ 상태의 전체 순도와 엔트로피의 준가법성은

$$S(R) + S(Q_1) = S(R, Q_1) = S(Q_2, Q_3) \leq S(Q_2) + S(Q_3) \qquad (12.146)$$

$$S(R) + S(Q_2) = S(R, Q_2) = S(Q_1, Q_3) \leq S(Q_1) + S(Q_3) \qquad (12.147)$$

가 된다. 이 두 부등식을 더하면

$$2S(R) + S(Q_1) + S(Q_2) \leq S(Q_1) + S(Q_2) + 2S(Q_3) \qquad (12.148)$$

가 된다. 양변의 같은 항을 제거하고 $S(R) = k$로 놓으면 $k \leq S(Q_3)$가 된다. 그러나 Q_3의
크기가 $n-2(d-1)$개 큐비트이므로 $S(Q_3) \leq n-2(d-1)$이 되어 $k \leq n-2(d-1)$이 나
온다. 따라서 양자 싱글톤 경계는 $2(d-1) \leq n-k$이다.

양자 싱글톤 경계를 적용하는 예로서 탈분극 채널 $\mathcal{E}(\rho) = p\rho + (1-p)/3(X\rho X + Y\rho Y + Z\rho Z)$를 고려하자. 탈분극 채널은 큰 수 n개의 큐비트들에 독립적으로 작용한다고 가정한다. $p < 3/4$이면 그중 1/4 넘는 수의 큐비트에서 오류가 나므로 그 오류로부터 복원할 수 있는 코드는 $t > n/4$이어야 한다. 그러나 양자 싱글톤 경계는 $n - k \geq 4t > n$이므로 k는 음수이어야 한다. 즉, 이 경우에는 어떠한 큐비트라도 전혀 인코딩할 수 없다. 따라서 $p < 3/4$일 때 양자 싱글톤 경계는 양자정보에 대한 탈분극 채널의 용량이 0이라는 것을 알려준다!

12.4.4 양자 오류정정, 냉동, 맥스웰의 도깨비

양자 오류정정은 계의 엔트로피를 변경시키기도 하는 노이즈 과정의 영향에도 불구하고 양자계를 일정한 엔트로피로 유지시킬 수 있는 일종의 냉동 과정으로 생각할 수 있다. 사실, 이 관점에서 보면 양자 오류정정이 좀 이상할 수 있다. 그 이유는 열역학 제2법칙을 명백히 위반하면서 엔트로피 감소를 허용하는 것처럼 보이기 때문이다! 제2법칙을 위반하지 않는 이유를 알기 위해 박스 3.5에서 맥스웰의 도깨비를 분석할 때 사용한 것과 비슷한 양자 오류정정 분석을 수행해보자. 양자 오류정정은 본질적으로 특별한 유형의 맥스웰 도깨비인 셈이다. 즉, 양자계에서 증후군 측정을 수행하고 나서 증후군 측정 결과에 따라 오류를 정정하는 '도깨비'를 상상하면 된다. 고전적인 맥스웰 도깨비의 분석에서와 같이, 도깨비의 기억 속에 증후군을 저장하면 란다우어의 원리에 따라 열역학적 비용이 발생한다. 특히 메모리는 유한하기 때문에 도깨비는 새로운 측정 결과를 위한 공간을 확보하기 위해 결국 메모리에 있는 정보를 지우기 시작해야 한다. 란다우어의 원리에 따르면 메모리에서 1비트 정보를 지울 때 그 계(양자계, 도깨비, 환경)의 전체 엔트로피가 1비트 이상 증가한다.

좀 더 정확히 말하면 그림 12.9에 설명한 대로 다음과 같이 4단계 오류정정 '주기'를 고려할 수 있다.

1. ρ 상태로 시작하는 계는 ρ' 상태로 이동시키는 노이즈 양자 진화를 겪는다. 오류정정에 대한 전형적인 시나리오에 있어서 우리는 계의 엔트로피가 증가하는 경우인 $S(\rho') > S(\rho)$에 관심이 있다. 비록 이것이 필연적인 것이 아니어도 말이다.

2. 측정 연산자들 $\{M_m\}$에 의해 기술된 상태 ρ'에 대해 도깨비는 (증후군) 측정을 수행하여 $p_m = \text{tr}(M_m\rho'M_m^\dagger)$ 확률로 결과 m을 얻는데, 이후 상태는 $\rho'_m = M_m\rho'M_m^\dagger/p_m$

가 된다.

3. 도깨비는 유니타리 연산 V_m(복원 연산)을 적용해서 최종 계의 상태

$$\rho''_m = V_m \rho'_m V_m^\dagger = \frac{V_m M_m \rho' M_m^\dagger V_m^\dagger}{p_m} \tag{12.149}$$

가 생성된다.

4. 주기가 다시 시작된다. 이것이 실제로 한 주기가 되려면, 그리고 성공적인 오류 정정이 되려면 각 측정 결과 m에 대해 $\rho''_m = \rho$가 되어야 한다.

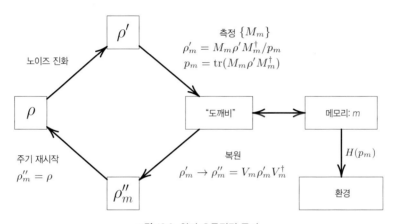

그림 12.9 양자 오류정정 주기

이제 두 번째와 세 번째 단계(오류정정 단계)에서 엔트로피의 감소가 그 환경에서 엔트로피 생성의 비용으로 발생한다는 것을 보일 것이다. 그 비용은 적어도 정정되는 양자계의 엔트로피 감소만큼 크다. 세 번째 단계 이후 측정 결과 m의 유일한 기록은 도깨비의 메모리에 보관된 기록이다. 다음 주기를 위해 그 메모리를 재설정하려면 도깨비는 측정 결과에 대한 기록을 지워야 하므로 란다우어의 원리에 따라 환경의 엔트로피가 실질적으로 증가한다. 지워야 하는 비트 수는 도깨비가 측정 결과 m을 저장하는 데 사용하는 표현에 의해 결정된다. 섀넌의 무노이즈 채널 코딩 정리에 따르면, 측정 결과를 저장하기 위해 평균적으로 최소 $H(p_m)$비트가 필요하다. 따라서 측정 기록이 지워질 때 한 번의 오류정정 주기에서는 평균적으로 $H(p_m)$비트의 엔트로피가 환경 속으로 사라지게 된다.

오류정정 전, 양자계의 상태는 ρ'이다. 오류정정 후, 양자계의 상태는 ρ이므로 오류정정으로 인한 계의 엔트로피 순 변화량^{net change}은 $\Delta S \equiv S(\rho) - S(\rho')$이다. 측정 기록 삭제와 관련해서 (평균적으로) $H(p_m)$의 엔트로피 비용이 추가되므로 총 비용은 $\Delta(S) + H(p_m)$

이 된다. 우리의 목표는 이러한 열역학적 비용의 경계를 정하는 것이고, 이를 통해 열역학 제2법칙을 전혀 위반하지 않음을 보이는 것이다. 이를 위해 다음의 기호 2개를 도입하는 것이 좋다. 즉, $\mathcal{E}$은 오류 정정주기의 1단계 동안 발생하는 노이즈 과정이라 하자. $\rho \to \rho' = \mathcal{E}(\rho)$가 되는 것이다. 또한 $\mathcal{R}$은 오류정정 연산을 나타내는 양자연산

$$\mathcal{R}(\sigma) \equiv \sum_m V_m M_m \sigma M_m^\dagger V_m^\dagger \qquad (12.150)$$

이라 하자. ρ' 입력에 대해 이 과정의 w-행렬은 $W_{mn} = \mathrm{tr}(V_m M_m \rho' M_n^\dagger V_n^\dagger)$ 성분을 갖고, 따라서 대각성분 $W_{mn} = \mathrm{tr}(V_m M_m \rho' M_m^\dagger V_m^\dagger) = \mathrm{tr}(M_m \rho' M_m^\dagger)$을 갖는다. 이는 오류 증후군을 측정할 때 도깨비가 측정 결과 m을 얻을 확률 p_m이다. 정리 11.9에 의해 W의 대각성분의 엔트로피는 적어도 W의 엔트로피만큼 크므로

$$H(p_m) \geq S(W) = S(\rho', \mathcal{R}) \qquad (12.151)$$

가 되는데, 등호가 성립하기 위한 필요충분조건은 $V_m M_m$ 연산자가 ρ'에 대해 $\mathcal{R}$의 정준분해$^{canonical\ decomposition}$여서 W의 비대각 항들$^{off\text{-}diagonal\ terms}$이 0이 되는 경우다. 784페이지의 (12.144) 식에 의해

$$\Delta S + S(\rho', \mathcal{R}) = S(\rho) - S(\rho') + S(\rho', \mathcal{R}) \geq 0 \qquad (12.152)$$

가 된다. 이 결과와 (12.151)를 결합하면 $\Delta(S) + H(p_m) \geq 0$를 얻는다. 그러나 $\Delta(S) + H(p_m)$은 오류정정 절차로 인한 총 엔트로피 변화량이었다. 따라서 오류정정은 총 엔트로피의 순 증가량만을 초래할 수 있다는 결론이 나온다. 이때 오류정정으로 인한 계 엔트로피$^{system\ entropy}$의 감소량이 포함되는데, 이는 오류정정 중에 생성된 오류 증후군을 지울 때 엔트로피가 생성되기 때문이다.

확인문제 12.16:   입력 ρ에 대해 $\mathcal{R}$이 $\mathcal{E}$을 완벽히 정정하는 경우, 부등식

$$S(\rho) - S(\rho') + S(\rho', \mathcal{R}) \geq 0 \qquad (12.153)$$

에서 등호가 성립되어야 함을 보여라.

12.5 물리적 자원으로서의 얽힘

지금까지 양자정보 연구는 고전정보이론에서 고려되는 자원과 그리 멀지 않은 자원에 초점을 맞추었다. 편의상 그림 12.10은 이러한 결과를 양자 및 고전적 모습으로 요약한 것

이다. 양자계산과 양자정보의 즐거움 중 하나는 전통적으로 고전정보이론에서 정보로 간주되었던 자원 종류와는 크게 다른 새 유형의 자원도 양자역학에 포함된다는 것이다. 이들 중 가장 잘 알려진 것은 양자 얽힘일 것이고, 지금 우리가 다루려고 하는 것도 바로 이 자원이다.

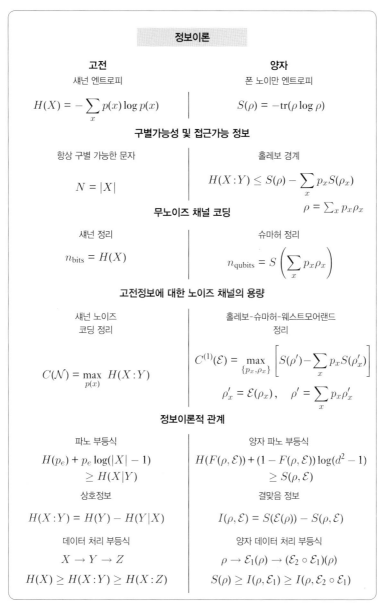

그림 12.10 몇 가지 중요한 고전정보 관계의 요약과 이들 관계에 대한 양자 유사식

'가장 잘 알려졌다'고 말하긴 했지만 많은 것이 밝혀진 건 아니다! 양자 얽힘에 대한 일반적 이론을 얻기에는 갈 길이 멀다. 그럼에도 불구하고 그러한 일반적 이론을 향한 고무적인 진전이 있어 얽힌 상태에 대한 흥미로운 구조가 드러났고, 노이즈 양자채널의 특성과 다양한 유형의 얽힘 변환 간에 상당히 놀라운 연관성이 밝혀졌다. 이제 알려진 것을 간단히 살펴볼 것인데, 앨리스와 밥이라는 두 계 간에 분산된 얽힘('양분$^{\text{bi-partite}}$ 얽힘)의 변환 특성에 초점을 둘 것이다. 물론 다중분$^{\text{multi-partite}}$ 계에 대한 일반적 얽힘 이론을 개발하는 데 많은 관심이 존재하지만 이를 어떻게 개발하는지에 대해서는 잘 알려져 있지 않다.

12.5.1 양분 순수상태 얽힘에 대한 변환

간단한 질문으로 조사를 시작해보자. 앨리스와 밥이 얽힌 순수상태 $|\psi\rangle$를 공유한다면 그들은 $|\psi\rangle$를 무슨 다른 유형의 얽힘 $|\varphi\rangle$으로 변환시킬 수 있을까? 또한 그들이 각각 자신의 국소계$^{\text{local system}}$에 대해 측정 등의 임의의 연산들을 수행할 수 있지만 고전통신을 통해서만 통신할 수 있다면? 앨리스와 밥 간에 양자통신이 허용되지 않으면 그들이 달성할 수 있는 변환 클래스는 제한된다.

예로서 앨리스와 밥이 벨 상태 $(|00\rangle+|11\rangle)/\sqrt{2}$에 있는 얽힌 큐비트 쌍을 공유한다고 하자. 앨리스는 다음과 같은 측정 연산자 M_1과 M_2로 기술되는 2개의 출력 측정을 수행한다.

$$M_1 = \begin{bmatrix} \cos\theta & 0 \\ 0 & \sin\theta \end{bmatrix}; \quad M_2 = \begin{bmatrix} \sin\theta & 0 \\ 0 & \cos\theta \end{bmatrix} \tag{12.154}$$

측정 후 그 상태는 측정 결과가 1 또는 2인지에 따라 $\cos\theta|00\rangle + \sin\theta|11\rangle$ 또는 $\cos\theta|11\rangle + \sin\theta|00\rangle$가 된다. 후자의 경우 앨리스는 측정 후 NOT 게이트를 적용하여 $\cos\theta|01\rangle + \sin\theta|10\rangle$ 상태로 만든다. 그리고 나서 측정 결과(1 또는 2)를 밥에게 보낸다. 밥은 측정 결과가 1이면 그 상태에 대해 아무 연산도 하지 않고, 결과가 2이면 NOT 게이트를 수행한다. 그러므로 공동계$^{\text{joint system}}$의 최종상태는 앨리스가 얻은 측정 결과에 관계없이 $\cos\theta|00\rangle + \sin\theta|11\rangle$이다. 즉, 앨리스와 밥은 각자 자신의 계에서 국소연산^{local} ^{operation}과 고전통신만을 사용하여 자신들의 초기 얽힌 자원 $(|00\rangle + |11\rangle)/\sqrt{2}$를 상태 $\cos\theta|00\rangle + \sin\theta|11\rangle$로 변환했다.

얽힘 변환 문제의 중요성이 무엇인지 바로 감이 오지 않을지도 모르겠다. 우리가 허용하는 변환 클래스(국소연산과 고전통신$^{\text{LOCC, Local Operations and Classical Communication}}$)에 본질적인 관심이 있지만, 이것이 정말 흥미로운 문제라는 것은 이전 경험에 비추어 보면 분명치 않다. 그러나 이 얽힘 변환 문제를 일반화시키면 양자 오류정정에 대해 깊고도 예상치 못한 연관성이 나타나는 것으로 밝혀졌다. 더욱이 문제해결에 도입된 기술은 상당히 흥미롭고 얽힘의 특성에 대해 의외의 통찰력을 제공한다. 특히 양자역학에 앞서 수학영역에 해당하는 우세화^{majorization} 이론과 얽힘 간에 밀접한 연관성을 발견할 것이다!

얽힘 변환 연구에 뛰어들기 전에 먼저 우세화에 대해 몇 가지 관련 사실을 알아보자. 우세화란 한 벡터가 다른 벡터보다 다소 무질서하다는 개념을 얻기 위해 d차원 실수 벡터들을 정렬시키는^{ordering} 것이다. 좀 더 정확히 말하면 $x=(x_1,...,x_d)$와 $y=(y_1,...,y_d)$가 2차원 벡터라 하자. 또한 성분을 내림차순으로 재정렬한다는 의미로 $x^{\downarrow}$ 표기를 사용하자. 예를 들어 $x_1^{\downarrow}$는 x의 가장 큰 성분이다. $k=1,...,d$에 대해 $\sum_{j=1}^{k} x_j^{\downarrow} \leq \sum_{j=1}^{k} y_j^{\downarrow}$이면 y는 x에 우세하다^{majorize}고 말하고 $x \prec y$로 표현한다. $k=d$이면 부등식이 아니라 등식이 된다. 이 정의가 무질서^{disorder} 개념과 관련이 있다는 점은 곧 알게 될 것이다!

우세화와 얽힘 변환 간의 연결은 쉽게 설명되지만 좀 놀랍다. $|\psi\rangle$와 $|\varphi\rangle$가 앨리스-밥 공동계의 상태라 하자. 또한 $\rho_{\psi} \equiv \text{tr}_B(|\psi\rangle\langle\psi|)$, $\rho_{\varphi} \equiv \text{tr}_B(|\varphi\rangle\langle\varphi|)$로 정의해서 그 상태에 대응하는 앨리스 계의 환산밀도행렬이라 하고, λ_{ψ}와 λ_{φ}는 그 성분이 ρ_{ψ}와 ρ_{φ}의 고윳값인 벡터라 하자. $\lambda_{\psi} \prec \lambda_{\varphi}$인 경우에만 LOCC에 의해 $|\psi\rangle$가 $|\varphi\rangle$로 변환될 수 있음을 보일 것이다! 이를 증명하기 위해 우세화에 관해 몇 가지 간단한 사실이 먼저 필요하다.

확인문제 12.17: $x \prec y$이기 위한 필요충분조건은 모든 실수 t에 대해 $\sum_{j=1}^{d} \max(x_j - t, 0)$ $\leq \sum_{j=1}^{d} \max(y_j - t, 0)$이고 $\sum_{j=1}^{d} x_j = \sum_{j=1}^{d} y_j$임을 보여라.

확인문제 12.18: 바로 전의 확인문제를 사용하여 $x \prec y$가 되는 x 집합은 볼록하다는 것을 보여라.

다음 명제는 우세화 개념에 좀 더 직관적 의미를 부여하고, $x \prec y$가 되기 위한 필요충분조건은 x가 y의 치환^{permutation}에 대한 볼록조합$^{\text{convex combination}}$으로 표현될 수 있는 경우임을 보여준다. 그러므로 직관적으로 말해 y의 성분을 치환하고 그 결과로 나온 벡터를 혼합하면 x를 얻을 수 있다는 의미에서 x가 y보다 더 무질서하다면 $x \prec y$가 된다. 이 표현 정리는 우세화 연구에서 가장 유용한 결과 중 하나다.

명제 12.11: $x \prec y$가 되기 위한 필요충분조건은 어떤 확률분포 p_j와 치환행렬 P_j에 대해 $x = \sum_j p_j P_j y$이다.

증명

$x \prec y$라 하자. $x = x^{\downarrow}$와 $y = y^{\downarrow}$로 가정할 수 있는데, 이는 일반성을 잃지 않는다. $x = \sum_j p_j P_j y$를 d차원에 대한 귀납법으로 증명해보자. $d = 1$의 경우, 결과는 명확하다. x와 y를 $x \prec y$가 되는 $d + 1$차원 벡터라 하자. 그러면 $x_1 \le y_1$가 된다. $y_j \le x_1 \le y_{j-1}$를 만족시키는 j를 선택하고, $x_1 = t y_1 + (1 - t) y_j$를 만족시키는 $[0, 1]$ 범위의 t를 정의하자. 또한 치환행렬의 볼록조합 $D \equiv tI + (1 - t)T$를 정의하자. 여기서 T는 첫 번째와 j 번째 행렬 성분을 서로 바꾼 치환행렬이다. 그러면

$$Dy = (x_1, y_2, \ldots, y_{j-1}, (1 - t)y_1 + t y_j, y_{j+1}, \ldots, y_{d+1}) \tag{12.155}$$

이 된다. $x' \equiv (x_2, \ldots, x_{d+1})$과 $y' \equiv (y_2, \ldots, y_{j-1}, (1 - t)y_1 + t y_j, y_{j+1}, \ldots, y_{d+1})$을 정의하자. 확인문제 12.19에서 $x' \prec y'$임을 증명할 것이므로, 귀납적 가설에 따라 p'_j 확률과 P'_j 치환행렬에 대해 $x' = \sum_j p'_j P'_j y'$이 되고, 따라서 $x = (\sum_j p'_j P'_j) Dy$가 된다. 여기서 p'_j은 첫 번째 성분에 자명하게 작용함으로써 $d + 1$차원으로 확장된다. $D = tI + (1 - t)T$이고 치환행렬들의 곱은 치환행렬이 되기 때문에 증명이 완료된다.

확인문제 12.19: $x' \prec y'$임을 증명하라.

역으로 $x = \sum_j p_j P_j y$라 하자. $P_j y \prec y$가 명백하므로 확인문제 12.18에 의해 $x = \sum_j p_j P_j y \prec y$가 된다. ▪

치환행렬의 볼록조합인 행렬은 흥미로운 특성을 많이 갖는다. 예를 들어 그러한 행렬의 성분은 음이 아니어야 하고 각 행과 열의 합이 1이어야 한다. 이러한 특성을 갖는 행렬을 2중 확률doubly stochastic 행렬이라 한다. 이에 대한 결과로서 버코프 정리Birkhoff's theorem가 있는데, 이 정리는 2중 확률 행렬이 치환행렬의 볼록조합으로 표현될 수 있는 행렬들의 집합과 정확히 일치한다는 것을 말한다. 여기서는 버코프 정리를 증명하지 않고(12장 끝에 있는 '역사와 추가자료' 참조) 다음과 같이 언급만 한다.

정리 12.12: (버코프 정리) $d \times d$ 행렬 D가 2중 확률적(즉, 음이 아닌 성분을 갖고 각 행과 열의 합이 1이 됨)이기 위한 필요충분조건은 D가 치환행렬의 볼록조합인 $D = \sum_j p_j P_j$로 표현될 수 있는 경우다.

버코프 정리와 명제 12.11로부터 $x \prec y$이기 위한 필요충분조건은 어떤 2중 확률 행렬 D에 대해 $x = Dy$가 되는 것이다. 이 결과를 통해 명제 12.11의 놀랍고 유용한 연산자 일

반화를 증명할 수 있다. H와 K가 2개의 에르미트 연산자라 하자. 그러면 $\lambda(H) \prec \lambda(K)$인 경우, $H \prec K$가 성립한다고 말한다. 여기서는 $\lambda(H)$를 사용하여 에르미트 연산자 H의 고 윳값 벡터를 나타냈다. 그러면 다음의 정리가 나온다.

정리 12.13: H와 K를 에르미트 연산자라 하자. 그러면 $H \prec K$가 되기 위한 필요충분조 건은

$$H = \sum_j p_j U_j K U_j^\dagger \tag{12.156}$$

가 되는 확률분포 p_j와 유니타리 행렬 U_j가 존재하는 경우다.

증명

$H \prec K$라 하자. 그러면 명제 12.11에 의해 $\lambda(H) = \sum_j p_j P_j \lambda(K)$가 된다. H의 고윳값을 성분으로 갖는 대각행렬을 $\Lambda(H)$로 표기하자. 그러면 벡터방정식 $\lambda(H) = \sum_j p_j P_j \lambda(K)$는

$$\Lambda(H) = \sum_j p_j P_j \Lambda(K) P_j^\dagger \tag{12.157}$$

로 다시 표현할 수 있다. 그러나 어떤 유니타리 행렬 V와 W에 대해 $H = V\Lambda(H)V^\dagger$와 $\Lambda(K) = WKW^\dagger$이므로 $H = \sum_j p_j U_j K U_j^\dagger$가 된다. 여기서 $U_j \equiv VP_jW$는 유니타리 행렬 이다. 이로써 앞 방향으로의 증명이 끝났다.

역으로 $H = \sum_j p_j U_j K U_j^\dagger$라 가정하자. 이전과 마찬가지로 이 가정은 어떤 유니타리 행렬 V_j에 대해 $\Lambda(H) = \sum_j p_j V_j \Lambda(K) V_j^\dagger$라 하는 것과 같다. V_j의 행렬성분을 $V_{j,kl}$로 표현하면

$$\lambda(H)_k = \sum_{jl} p_j V_{j,kl} \lambda(K)_l V_{j,lk}^\dagger = \sum_{jl} p_j |V_{j,kl}|^2 \lambda(K)_l \tag{12.158}$$

이 된다. $D_{kl} \equiv \sum_j p_j |V_{j,kl}|^2$이라는 성분을 갖는 행렬 D를 정의하면 $\lambda(H) = D\lambda(K)$가 된 다. D의 성분이 정의에 따라 음이 아니며, 유니타리 행렬 V_j의 행과 열이 단위벡터이기 때 문에 D의 행과 열은 모두 1이 된다. 그러므로 D는 2중 확률적이고, 따라서 $\lambda(H) \prec \lambda(K)$ 가 성립한다. ∎

이제 양분 순수상태 얽힘^{bipartite pure state entanglement}의 LOCC 변환 연구에 필요한 우세화 지식을 쌓았다. 논쟁의 첫 번째 단계는 양방향 고전통신을 포함할 수도 있는 일반 프로토 콜 연구로부터 단방향 고전통신만을 포함하는 프로토콜로 문제를 줄이는 것이다.

명제 12.14: LOCC에 의해 $|\psi\rangle$가 $|\varphi\rangle$로 변환될 수 있다고 하자. 그러면 이 변환은 다음 단계를 포함하는 프로토콜에 의해 달성될 수 있다. 즉, 앨리스는 측정 연산자 M_j에 의해 기술되는 단일 측정을 수행하여 결과 j를 밥에게 보내고, 밥은 자신의 계에서 유니타리 연산 U_j를 수행한다.

증명

프로토콜이 다음과 같이 구성된다고 가정할 수 있다. 즉, 앨리스가 측정을 수행하여 그 결과를 밥에게 보내고 밥도 측정(측정의 성질은 앨리스로부터 받은 정보에 따라 달라질 수 있음)을 수행하여 그 결과를 앨리스에게 다시 보낸다. 앨리스는 또 측정을 수행하고… 이런 식으로 계속하는 것이다. 이러한 가정은 일반성을 잃지 않는다. 증명에 대한 아이디어는 밥이 할 수 있는 측정의 효과를 앨리스가 (하나의 작은 공진기를 가지고) 시뮬레이션할 수 있다는 것을 그냥 보여주는 것이다. 그러면 밥의 모든 행동은 실제로 앨리스의 행동으로 대체할 수 있다. 정말 그렇게 되는지 확인하기 위해 밥이 순수상태 $|\psi\rangle$에서 측정 연산자 M_j를 사용하여 측정을 수행한다고 하자. 이 순수상태가 슈미트 분해 $|\psi\rangle = \sum_l \sqrt{\lambda_l}|l_A\rangle|l_B\rangle$를 갖는다고 하고, 앨리스 계에서는 N_j 연산자를 정의하여 앨리스의 슈미트 기저에 관한 행렬표현을 갖는다고 하자. 이 행렬표현은 밥의 슈미트 기저에 관해 밥의 연산자 M_j에 대한 행렬표현과 동일하다. 즉, $M_j = \sum_{kl} M_{j,kl}|k_B\rangle\langle l_B|$이면 N_j를

$$N_j \equiv \sum_{kl} M_{j,kl}|k_A\rangle\langle l_A| \tag{12.159}$$

로 정의한다. 밥이 측정 연산자 M_j로 정의한 측정을 수행한다고 하자. 그러면 측정 후 상태는 $|\psi_j\rangle \propto M_j|\psi\rangle = \sum_{kl} M_{j,kl}\sqrt{\lambda_l}|l_A\rangle|k_B\rangle$이고 그 상태에 있을 확률은 $\sum_{kl} \lambda_l|M_{j,kl}|^2$이다. 반면에 앨리스가 N_j 측정을 수행했다면 측정 후 상태는 $|\varphi_j\rangle \propto N_j|\psi\rangle = \sum_{kl} M_{j,kl}\sqrt{\lambda_l}|k_A\rangle|l_B\rangle$이고 확률도 $\sum_{kl} \lambda_l|M_{j,kl}|^2$이다. 게다가 사상 $|k_A\rangle \leftrightarrow |k_B\rangle$를 통해 앨리스 계와 밥 계를 상호교환하는 것을 무시하면 $|\psi_j\rangle$와 $|\varphi_j\rangle$는 동일한 상태이므로 동일한 슈미트 성분을 가져야 한다. 확인문제 2.80에 따르면 앨리스 계에는 유니타리 U_j가 존재하고 밥 계에는 V_j가 존재하여 $|\psi_j\rangle = (U_j \otimes V_j)|\varphi_j\rangle$를 만족시킨다. 그러므로 밥이 측정 연산자 M_j로 기술되는 측정을 수행하는 것은 밥이 유니타리 변환 V_j를 수행하기에 앞서 앨리스가 측정 연산자 $U_j N_j$로 기술되는 측정을 수행한 것과 동일하다. 요약하면, 알려진 순수상태에 대한 밥의 측정은 밥의 유니타리 변환까지도 앨리스의 측정으로 시뮬레이션할 수 있다.

그러면 앨리스와 밥이 $|\psi\rangle$를 $|\varphi\rangle$로 변환하는 다중 라운드 프로토콜에 참여한다고 하자. 그 프로토콜의 첫 번째 라운드는 앨리스가 측정을 수행하고 그 결과를 밥에게 보내는 것으로 구성되어 있다고 가정할 수 있는데, 이는 일반성을 잃지 않는다. 두 번째 라운드는 밥이 (첫 번째 결과에 따라 결정된 측정 유형으로) 측정을 수행하고 그 결과를 앨리스에게 보내는 것으로 구성된다. 하지만 이 측정은 앨리스가 수행한 측정으로 시뮬레이션된다고 가정할 수 있으며, 밥의 유니타리 변환까지도 시뮬레이션된다고 할 수 있다. 실제로 밥의 모든 측정과 앨리스의 측정으로 밥에서 앨리스로의 통신을, 앨리스의 측정 결과에 따라 밥이 수행할 유니타리로 대체할 수 있다. 마지막으로, 앨리스가 수행한 모든 측정을 하나의 단일 측정으로 결합할 수 있다(확인문제 2.57). 그 결과는 밥이 수행할 유니타리 변환을 결정한다. 즉, 이 프로토콜의 순효과$^{\text{net effect}}$는 양방향 통신을 사용하는 원래 프로토콜과 정확히 동일하다.   ∎

정리 12.15: 양분 순수상태 $|\psi\rangle$가 LOCC에 의해 또 다른 순수상태 $|\varphi\rangle$로 변환되기 위한 필요충분조건은 $\lambda_\psi \prec \lambda_\varphi$이다.

증명

LOCC는 $|\psi\rangle$를 $|\varphi\rangle$로 변환시킬 수 있다고 하자. 명제 12.14에 의하면 앨리스가 측정 연산자 M_j로 측정을 수행하고 나서 그 결과를 밥에게 보내고, 밥은 유니타리 변환 U_j를 수행함으로써 변환에 영향을 주는 것으로 가정할 수 있다. 앨리스의 관점에서 그녀는 측정 결과에 관계없이 ρ_ψ 상태에서 시작하고 ρ_φ 상태로 끝난다. 그러므로

$$M_j \rho_\psi M_j^\dagger = p_j \rho_\varphi \tag{12.160}$$

가 되어야 하는데, 여기서 p_j는 결과 j의 확률이다. 극 분해 $M_j \sqrt{\rho_\psi}$는

$$M_j \sqrt{\rho_\psi} = \sqrt{M_j \rho_\psi M_j^\dagger} V_j = \sqrt{p_j \rho_\varphi} V_j \tag{12.161}$$

가 되는 유니타리 V_j가 존재함을 의미한다. 이 식의 앞쪽으로 극 분해의 수반^{adjoint}을 곱하면

$$\sqrt{\rho_\psi} M_j^\dagger M_j \sqrt{\rho_\psi} = p_j V_j^\dagger \rho_\varphi V_j \tag{12.162}$$

가 된다. 각각의 j에 대해 더하고 완비성 관계 $\sum_j M_j^\dagger M_j = I$를 사용하면

$$\rho_\psi = \sum_j p_j V_j^\dagger \rho_\varphi V_j \tag{12.163}$$

가 되므로 정리 12.13에 의해 $\lambda_\psi \prec \lambda_\varphi$가 된다.

그 역에 대한 증명은 본질적으로 거꾸로 증명을 해나가면 된다. 즉, $\lambda_\psi \prec \lambda_\varphi$라 하자. 그러면 $\rho_\psi \prec \rho_\varphi$가 되고 정리 12.13에 의해 $\rho_\psi = \sum_j p_j U_j \rho_\varphi U_j^\dagger$가 되는 확률 p_j와 유니타리 연산자 U_j가 존재한다. 지금은 ρ_ψ가 가역적이라 가정하고(이 가정은 쉽게 제거된다. 확인문제 12.20 참조) 앨리스 계에 대한 M_j 연산자를

$$M_j \sqrt{\rho_\psi} \equiv \sqrt{p_j \rho_\varphi} U_j^\dagger \tag{12.164}$$

로 정의하자. 이러한 연산자가 측정을 정의하는지 알아보려면 완비성 관계를 점검해야 한다. $M_j = \sqrt{p_j \rho_\varphi} U_j^\dagger \rho_\psi^{-1/2}$가 되고, 따라서

$$\sum_j M_j^\dagger M_j = \rho_\psi^{-1/2} \left(\sum_j p_j U_j \rho_\varphi U_j^\dagger \right) \rho_\psi^{-1/2} = \rho_\psi^{-1/2} \rho_\psi \rho_\psi^{-1/2} = I \tag{12.165}$$

가 되어 완비성 관계가 나온다. 앨리스가 M_j 연산자에 의해 기술되는 측정을 수행하여 결과 j와 그에 대응하는 상태 $|\psi_j\rangle \propto M_j |\psi\rangle$를 얻는다고 하자. 또한 $|\psi_j\rangle$ 상태에 해당하는 앨리스의 환산밀도행렬을 ρ_j로 표기하자. 이를 (12.164)에 대입하면

$$\rho_j \propto M_j \rho_\psi M_j^\dagger = p_j \rho_\varphi \tag{12.166}$$

가 되므로 $\rho_j = \rho_\varphi$가 된다. 따라서 확인문제 2.81에 의해 밥은 적절한 유니타리 변환 V_j를 적용해서 $|\psi_j\rangle$를 $|\varphi\rangle$로 변환할 수 있다.   ▪

확인문제 12.20: 정리 12.15를 역으로 증명할 때, ρ_ψ가 가역적일 수 있다는 가정을 제거할 수 있음을 보여라.

확인문제 12.21: (얽힘 촉매제) 앨리스와 밥이 $|\psi\rangle = \sqrt{0.4}|00\rangle + \sqrt{0.4}|11\rangle + \sqrt{0.1}|22\rangle + \sqrt{0.1}|33\rangle$ 상태에 있는, 한 쌍의 4준위계를 공유한다고 하자. 그들은 LOCC를 통해 이 상태를 $|\varphi\rangle = \sqrt{0.5}|00\rangle + \sqrt{0.25}|11\rangle + \sqrt{0.4}|22\rangle$로 변환할 수 없음을 보여라. 하지만 우호적인 은행이 그들에게 촉매제로서 $|c\rangle = \sqrt{0.6}|00\rangle + \sqrt{0.4}|11\rangle$ 상태의 얽힌 큐비트 한 쌍을 기꺼이 대출해준다고 하자. 앨리스와 밥은 국소연산과 고전통신을 통해 상태 $|\psi\rangle|c\rangle$를 $|\varphi\rangle|c\rangle$로 변환시키고, 그 변환이 완료된 후 촉매제 $|c\rangle$를 은행에 반환하는 것이 가능하다는 것을 보여라.

확인문제 12.22: (통신 없는 얽힘 변환) 앨리스와 밥이 국소연산만을 사용하여(고전통신 없음) 순수상태 $|\psi\rangle$를 순수상태 $|\varphi\rangle$로 변환하려 한다고 하자. 이것이 가능하기 위한 필

요충분조건은 $\lambda_\psi \cong \lambda_\varphi \otimes x$임을 보여라. 여기서 x는 실벡터이며 그 성분들은 음이 아니면서 합은 1이다. 그리고 '$\cong$'이란 좌변과 우변의 벡터가 0이 아니면서 서로 같은 성분을 갖는다는 것을 의미한다.

12.5.2 얽힘 증류와 얽힘 희석

앨리스와 밥에게 $|\psi\rangle$ 상태의 단일 복사본이 아닌 큰 수의 복사본이 제공된다고 하자. 그들은 이 모든 복사본으로 무슨 유형의 얽힘 변환을 수행할 수 있을까? 우리는 얽힘 증류와 얽힘 희석이라는 두 특정 유형의 얽힘 변환에 중점을 둘 것이다. 얽힘 증류^{entanglement distillation}에 대한 아이디어란 앨리스와 밥이 알려진 순수상태 $|\psi\rangle$의 많은 복사본을 벨 상태 $(|00\rangle + |11\rangle)/\sqrt{2}$의 많은 복사본으로 변환하는 것이다. 이때 가능한 한 국소연산과 고전통신을 사용하고, 정확히 성공할 필요는 없으며 단지 높은 충실도로만 수행하면 된다. 얽힘 희석^{entanglement dilution}이란 LOCC를 사용하여 벨 상태 $(|00\rangle + |11\rangle)/\sqrt{2}$의 복사본을 $|\psi\rangle$의 복사본으로 변환하는 역과정^{reverse process}이다. 이때에도 초기에 큰 수의 벨 상태 복사본을 가능한 한 극한으로 보냈을 때 높은 충실도로 수행하면 된다.

얽힘 증류와 얽힘 희석을 학습해야 하는 이유는 무엇일까? 이제는 얽힘이 물리적 자원이라는 생각을 진지하게 갖자. 그래서 에너지나 엔트로피와 같이 다른 물리적 자원을 값으로 매기듯이 얽힘을 값으로 매기는 것이 가능해야 한다는 생각도 갖자. 그렇다면 벨 상태 $(|00\rangle + |11\rangle)/\sqrt{2}$를 얽힘의 표준 단위^{standard unit}로 선택하자. 표준 단위란 기본 측도로서 표준 킬로그램이나 표준 미터 같은 것이다. 질량을 물체에 관련시키듯이 얽힘의 측도를 양자상태 $|\psi\rangle$에 관련시킬 수 있다. 예를 들면 표준 킬로그램과 동등한 질량에 도달하려면 특정 브랜드의 초콜릿 비스킷 15개가 필요하다고 하자. 그러면 그 초콜릿 비스킷의 질량은 1/15킬로그램이라고 말한다. 이제 엄격한 잣대를 들이대어 그 초콜릿 비스킷들의 질량이 1/14.8킬로그램으로 나오면 약간 골치 아픈 상황이 된다. 그 이유는 정수가 아닌 수의 초콜릿 비스킷으로는 표준 킬로그램과 균형을 이루지 못할 것이고, 따라서 정수가 아닌 수의 초콜릿 비스킷을 어떻게 정의할지 아주 명확하지 않기 때문이다. 다행스럽게도 148개의 초콜릿 비스킷이 10 표준 킬로그램과 정확히 균형을 이루므로 초콜릿 비스킷들의 질량은 10/148킬로그램이라 하면 된다. 그러나 실제 질량이 1/14.8킬로그램이 아니라 1/14.7982...킬로그램처럼 훨씬 더 난해하다면 어떻게 될까? 그렇다면 아주 큰 수 m의 초콜릿 비스킷에 대해 또 하나의 큰 수 n의 표준 킬로그램으로 균형을 이루는 극

한을 적용해서 m과 n이 모두 아주 커질 때 초콜릿 비스킷의 질량을 극한 비율 n/m이 되게 선언하는 것밖에는 도리가 없다.

이와 비슷한 방식으로 순수상태 $|\psi\rangle$ 속에 존재하는 얽힘의 양을 정의하는 잠재적 접근법이란, 큰 수 n의 벨 상태 $(|00\rangle + |11\rangle)/\sqrt{2}$가 주어졌을 때 국소연산과 고전통신을 사용하여 가능한 한 많은 수(높은 충실도)의 $|\psi\rangle$ 복사본을 만들도록 요청받는 것으로 생각하는 것이다. 만들 수 있는 $|\psi\rangle$의 복사본 수가 m이면 n/m의 극한 비율을 상태 $|\psi\rangle$에 대한 형성의 얽힘^{entanglement of formation}으로 정의하자. 또한 이 과정을 역으로 수행하면 LOCC를 사용하여 $|\psi\rangle$의 m개 복사본에서 $(|00\rangle + |11\rangle)/\sqrt{2}$의 n개 복사본으로 가는 것으로 생각할 수 있는데, 이때 n/m의 극한 비율[6]을 상태 $|\psi\rangle$의 증류가능 얽힘^{distillable entanglement}[7]으로 정의하자. 이러한 두 정의에서 서로 같은 수의 얽힘 수량이 나온다는 것은 분명치 않다. 그러나 순수상태 $|\psi\rangle$에 대해서는 형성의 얽힘과 증류가능 얽힘이 사실상 정확히 동일하다는 것을 알게 될 것이다!

얽힘 희석을 위한 간단한 프로토콜, 그리고 얽힘 증류를 위한 또 다른 프로토콜을 알아보자. 얽힘 상태 $|\psi\rangle$가 슈미트 분해

$$|\psi\rangle = \sum_x \sqrt{p(x)}|x_A\rangle|x_B\rangle \tag{12.167}$$

를 갖는다고 하자. 우리는 슈미트 계수의 제곱 $p(x)$를 확률분포를 위해 보통 미리 정해둔 형식으로 표현하는데, 그 이유는 두 가지가 있다. 하나는 이 제곱수가 확률분포의 보통 규칙(음이 아니며 합이 1)을 만족시키기 때문이고, 다른 하나는 확률론에서 나온 아이디어가 얽힘 증류와 얽힘 희석을 이해하는 데 유용한 것으로 밝혀졌기 때문이다. m겹 텐서곱 $|\psi\rangle^{\otimes m}$은

$$|\psi\rangle^{\otimes m} = \sum_{x_1, x_2, \ldots, x_m} \sqrt{p(x_1)p(x_2)\ldots p(x_m)}|x_{1A}x_{2A}\ldots x_{mA}\rangle|x_{1B}x_{2B}\ldots x_{mB}\rangle \tag{12.168}$$

로 표현할 수 있다. 12.2.1절에 정의한 의미에서 ϵ-전형적이 아닌 모든 항 $x_1,\ldots,x_m$을 생략하여 새로운 양자상태 $|\varphi_m\rangle$를

$$|\varphi_m\rangle \equiv \sum_{x \; \epsilon-\text{typical}} \sqrt{p(x_1)p(x_2)\ldots p(x_m)}|x_{1A}x_{2A}\ldots x_{mA}\rangle|x_{1B}x_{2B}\ldots x_{mB}\rangle \tag{12.169}$$

---

6   m/n이 아니라 형성의 얽힘과 같은 n/m이라는 점에 유의한다. – 옮긴이

7   증류의 얽힘(entanglement of distillation)이라고도 한다. – 옮긴이

로 정의했다고 하자. $|\varphi_m\rangle$ 상태는 제대로 정규화한 양자상태가 아니다. 정규화하기 위해 $|\varphi'_m\rangle \equiv |\varphi_m\rangle / \sqrt{\langle\varphi_m|\varphi_m\rangle}$로 정의하자. 전형적 시퀀스 정리의 1부에 의해 $m \to \infty$일 때 충실도 $F(|\psi\rangle^{\otimes m}, |\varphi'_m\rangle) \to 1$가 된다. 게다가 전형적 시퀀스 정리의 2부에 의해 합 (12.169)의 항 수는 최대 $2^{m(H(p(x))+\epsilon)} = 2^{m(S(\rho_\psi)+\epsilon)}$인데, 여기서 ρ_ψ는 $|\psi\rangle$에서 밥 부분^{Bob's part}을 대각합한 결과다.

그다음으로는 앨리스와 밥이 $n = m(S(\rho_\psi) + \epsilon)$개의 상태를 공동 소유^{joint possession}한다고 하자. 앨리스는 $|\varphi'_m\rangle$의 '양쪽 부분'을 국소적으로 준비하고 나서 밥과 공유한 벨 상태를 사용하여 $|\varphi'_m\rangle$ 상태 중에서 밥의 절반이 되어야 하는 것을 밥에게로 텔레포테이션시킨다. 이런 식으로 앨리스와 밥은 n개의 벨 상태를 희석하여 $|\psi\rangle^{\otimes m}$에 대해 아주 잘 근사화시킨 $|\varphi'_m\rangle$를 얻을 수 있다. 이 얽힘 희석 절차에서 $n = m(S(\rho_\psi)+\epsilon)$이므로 n/m 비율은 $S(\rho_\psi) + \epsilon$가 된다. ϵ을 원하는 만큼 작게 선택할 수 있으므로 $|\psi\rangle$ 상태에 대한 형성의 얽힘이 $S(\rho_\psi)$보다 크지 않다는 결론이 나온다. 그 이유는 (점근적으로) $S(\rho_\psi)$의 벨 상태를 $|\psi\rangle$의 단일 복사본으로 변환할 수 있다는 것을 방금 보였기 때문이다.

$|\psi\rangle$의 복사본을 벨 상태로 변환하기 위한 얽힘 증류 프로토콜도 비슷한 과정을 따른다. 앨리스와 밥이 $|\psi\rangle$에 대한 m개의 복사본을 소유하고 있다고 하자. 앨리스는 ρ_ψ의 ϵ-전형적 부분공간에 대해 측정을 수행해서 높은 충실도로 $|\psi\rangle^{\otimes m}$ 상태를 $|\varphi_m\rangle$ 상태로 변환시킬 수 있다. $|\varphi_m\rangle$에서 나타나는 가장 큰 슈미트 계수는 전형적 시퀀스 정의에 의해 최대 $2^{-m(S(\rho_\psi)+\epsilon)}$이다. 다시 정규화된 상태 $|\varphi'_m\rangle$는 최대 $1/\sqrt{(1-\delta)}$배 더 큰 슈미트 계수를 갖는데, 그 이유는 전형적 시퀀스 정리에 의해 시퀀스가 ϵ-전형적이 되는 확률에서 $1-\delta$가 하계가 되고 충분히 큰 m에 대해 임의적으로 1에 가깝게 만들 수 있기 때문이다. 따라서 $\rho_{\varphi'_m}$ 상태의 가장 큰 고윳값은 최대 $2^{-m(S(\rho_\psi)-\epsilon)}/(1-\delta)$이다. 다음 식을 만족시키는 n을 선택하자.

$$\frac{2^{-m(S(\rho_\psi)-\epsilon)}}{1-\delta} \le 2^{-n} \tag{12.170}$$

그러면 $\rho_{\varphi'_m}$에 대한 고윳값의 벡터는 $(2^{-n}, 2^{-n}, \ldots, 2^{-n})$ 벡터에 의해 우세화되고, 따라서 정리 12.15에 따라 $|\varphi'_m\rangle$ 상태는 국소연산과 고전통신에 의해 n개의 벨 상태로 변환될 수 있다. (12.170)을 살펴보면 $n \approx mS(\rho_\psi)$인 경우 이것이 가능하다는 것을 알게 되고, 따라서 증류 중에서 얽힘은 최소 $S(\rho_\psi)$이다.

지금까지 $|\psi\rangle$를 $S(\rho_\psi)$의 벨 상태로 증류하는 전략과 $S(\rho_\psi)$의 벨 상태를 $|\psi\rangle$의 복사본으로 희석하는 전략을 제시했다. 사실 우리가 기술한 절차가 실제로 얽힘 희석과 얽힘 증류를 수행하는 최적의 방법이라는 것을 입증하는 것은 그렇게 어렵지 않다! 예를 들어 얽힘 희석을 위한 더 효율적인 프로토콜이 존재해서 $|\psi\rangle$를 $S > S(\rho_\psi)$의 벨 상태로 희석할 수 있다고 하자. 그러면 앨리스와 밥은 $S(\rho_\psi)$의 벨 상태로 시작해서 앞서 기술했던 프로토콜을 사용하여 $|\psi\rangle$의 복사본을 만든 후, 가상 프로토콜을 사용하여 S의 벨 상태를 생성할 수 있다. 따라서 국소연산과 고전통신에 의해 앨리스와 밥은 $S(\rho_\psi)$의 벨 상태를 얻어 $S > S(\rho_\psi)$의 벨 상태로 전환한 것이다! 국소연산과 고전통신을 사용하여 존재하는 벨 상태의 수를 늘리는 것이 불가능하므로 그러한 가상 희석 프로토콜은 존재할 수 없다는 것을 이해하는 것도 그렇게 어렵지 않다(확인문제 12.24 참조). 비슷한 방식으로 얽힘 증류에 대한 절차가 최적임을 알 수 있다. 따라서 $|\psi\rangle$ 상태에 대한 형성의 얽힘과 증류의 얽힘은 동일하며 둘 모두 $S(\rho_\psi)$와 같다!

확인문제 12.23:   우리가 기술한 얽힘 증류 절차가 최적임을 증명하라.

확인문제 12.24:   양분 순수상태의 슈미트 수는 0이 아닌 슈미트 성분들의 수라는 것을 상기하자. 순수 양자상태의 슈미트 수는 국소연산과 고전상태에 의해 증가될 수 없음을 증명하라. 또한 이 결과를 사용하여 앨리스와 밥 간에 공유되는 벨 상태의 수는 국소연산과 고전통신에 의해 증가될 수 없음을 보여라.

우리는 양분 양자계의 벨 상태를 다른 얽힘 상태 $|\psi\rangle$의 복사본으로 어떻게 변환하는지를 배웠으며, 다시 되돌아 가서 최적의 방식으로 그 양자상태 속에 존재하는 얽힘의 양을 정의해서 $|\psi\rangle$의 복사본이 상호 변환될 수 있는 벨 상태의 수, 즉 $S(\rho_\psi)$가 나오게 했다. 이 정의로부터 무엇을 배울 수 있을까? 아래에서는 증류가능 얽힘의 개념을 더욱 일반화시켜 양자 오류정정에 대한 흥미로운 통찰력을 얻을 수 있음을 알게 될 것이다. 그럼에도 이 글을 쓰는 시점에서 말해두자면, 얽힘 연구가 초기 단계라서 얽힘의 양적 측도에 대한 연구의 결과가 양자계산과 양자정보의 이해에 어떤 진전을 가져올지는 아직 미지수다. 우리는 양분 양자계의 순수상태의 특성에 대해 합리적으로 이해하고 있지만 3개 이상의 구성요소를 포함하는 계에 대한 이해, 또는 심지어 양분 계의 혼합상태에 대한 이해는 아주 부족하다. 얽힘에 대한 지식을 넓히고 그 지식을 양자 알고리듬, 양자 오류정정 및 양자통신과 같은 주제에 적용하는 것은 양자계산 및 양자정보에 있어서 눈에 띄는 주요 작업이 된다!

12.5.3 얽힘 증류와 양자 오류정정

순수상태에 대해 얽힘 증류를 정의했지만 그 정의를 혼합상태로까지 확장 못할 이유는 없다. 좀 더 정확히 말해서 ρ가 앨리스와 밥에 속한 양분 양자계의 일반적인 상태라 하자. 그들은 이러한 상태의 큰 수 m의 복사본을 제공받고 국소연산과 고전통신을 사용하여 이 상태를 높은 충실도로 가능한 가장 큰 수 n의 벨 상태로 변환한다. ρ의 증류가능 얽힘 $D(\rho)$란 최상의 가능한 증류 프로토콜에 대한 비율 n/m의 극한값이다. 즉, 순수상태에 대해서는 이미 $D(|\psi\rangle) = S(\rho_\psi)$를 입증한 바 있지만, 혼합상태에 대해서 $D(\rho)$를 어떻게 산출할지는 아직 모른다.

얽힘 증류를 수행하기 위해 상당한 수의 기술이 개발되어 ρ 상태의 특정 클래스에 대한 $D(\rho)$ 값의 하계가 나왔다. 여기서는 이러한 기술들을 검토하지는 않는다(12장 끝에 있는 '역사와 추가자료' 참조). 여기서 설명할 것은 증류가능 얽힘과 양자 오류정정 간의 매혹적인 연결이다.

앨리스가 노이즈 양자채널 $\mathcal{E}$을 통해 밥에게 양자정보를 보내려 한다고 하자. 그 채널이 탈분극 채널과 같은 큐비트 채널이라고 가정하는데, 비-큐비트[non-qubit] 채널이더라도 동일한 기본 아이디어는 쉽게 적용된다. 그 채널을 통해 양자정보를 전송하는 하나의 방법은 다음과 같다. 앨리스는 큰 수 m의 벨 상태를 준비하고 각 벨 쌍의 절반을 그 채널을 통해 보낸다. $\mathcal{E}$을 벨 쌍의 절반에 적용한 결과로 ρ 상태가 생성된다고 가정하면 앨리스와 밥은 ρ의 복사본 m개를 공유하게 된다. 앨리스와 밥은 얽힘 증류를 수행하여 $mD(\rho)$개의 벨 쌍을 생성한다. 이제 앨리스는 $mD(\rho)$개의 큐비트 상태를 준비해서 그들이 공유하는 $mD(\rho)$개의 벨 쌍을 사용하여 밥에게 텔레포테이션시킬 수 있다.

따라서 얽힘 증류 프로토콜은 앨리스와 밥 간의 양자통신채널에 대한 오류정정 유형으로 사용될 수 있으므로 앨리스는 $mD(\rho)$개 큐비트의 정보를 밥에게 신뢰성 있게 보낼 수 있다. 여기서 $D(\rho)$는 ρ의 증류가능 얽힘이며, ρ는 앨리스와 밥을 연결하는 노이즈 채널 $\mathcal{E}$을 통해 벨 쌍의 절반이 전송될 때 발생하는 상태다.

정말 놀라운 점은 얽힘 증류를 사용하는 이러한 통신 방법이 기존의 양자 오류정정 기술이 실패한 경우에도 통할 수 있다는 것이다. 예를 들어 $p = 3/4$인 탈분극 채널에 대해서는 12.4.3절에서 그 채널을 통해 양자정보를 전송할 수 없음을 보았다. 하지만 이 채널에 대해서도 0이 아닌 전송 비율 $D(\rho)$를 생성할 수 있는 얽힘 증류 프로토콜이 알려져 있다! 이것이 가능한 이유는 얽힘 증류 프로토콜이 앨리스와 밥 간에 고전통신을 주고 받도록 허용하는 반면, 전통적인 양자 오류정정은 그러한 고전통신을 허용하지 않기 때문이다.

이 예를 통해 1장에서 했던 주장을 설명할 수 있는데, 이는 그림 12.11에 나타나 있다. 그 주장이란 그러한 채널 하나가 앨리스를 밥에게 연결하고 또 하나의 채널이 밥을 앨리스에게 연결할 때 양자정보를 위한 채널 용량이 0이어도 양자정보의 순흐름$^{net flow}$을 달성할 수 있는 채널이 존재한다는 것이다! 이를 수행하는 방법은 아주 간단하며 얽힘 증류를 기반으로 한다. 얽힘 증류가 가능하기 위해서는 앨리스와 밥은 고전적으로 통신할 수 있어야 한다. 따라서 채널의 순방향 용도의 절반을 확보해놓고 그 채널의 모든 역방향 용도를 증류 프로토콜이 사용하는 고전정보 전송에 이용한다. 즉, 이들 채널은 HSW 정리에 따라 고전정보 전송에 대해 0이 아닌 비율을 갖는다. 채널의 나머지 순방향 용도는 앨리스에서 밥으로 벨 쌍의 절반을 전송하는 데 사용하는데, 이때 준비한 상태에서 얽힘 증류를 사용하여 좋은 벨 쌍들을 추출하고 나서 그 좋은 벨 쌍들을 텔레포테이션시켜 양자정보의 순전송$^{net transmission}$을 달성한다. 이러한 점은 양자정보의 놀라운 특성을 또 한 번 생생하게 보여준다!

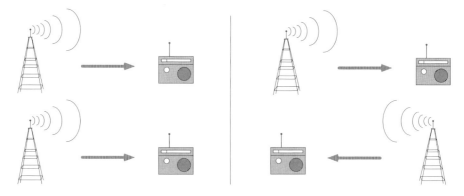

그림 12.11 고전적으로는 아주 노이즈가 많은 0 용량의 채널 2개가 나란히 운영된다면 이 복수 채널(combined channel)은 정보를 보낼 용량이 0이다. 당연한 말이지만 채널 중 하나의 방향을 반대로 해도 정보를 보낼 용량은 0 그대로다. 그러나 양자역학적으로는 0 용량의 채널 중 하나의 방향을 반대로 하면 실제로 정보를 보낼 수 있다!

12.6 양자 암호학

12장에 어울리는 결말은 양자정보를 가장 놀랍게 적용한 곳을 다루는 것이다. 5장에서 살펴보았듯이 양자 컴퓨터는 최고의 공개 키 암호체계 중 일부를 깰 수 있다. 하지만 다행스럽게도 양자역학은 병을 주지만 약도 준다. 양자 암호학quantum cryptography 또는 양자 키 분배quantum key distribution라는 절차는 양자역학의 원리를 활용하여 개인 정보의 안전한 분배를 가능케 한다. 이 절에서는 이 절차를 기술하고 그 보안에 대해 설명할 것이다. 먼저 12.6.1절에서 고전기술인 개인 키 암호학private key cryptography의 기본 개념을 설명하는 것으로 시작한다. 개인 키 암호학은 공개 키 암호체계(5장에서 다루었음)보다 훨씬 오래된 형식의 암호화이며 양자 암호체계quantum cryptosystem에서는 개인 키 암호학 원리를 사용한다. 그 외의 두 가지 중요 고전기술인 비밀성 증폭privacy amplification과 정보 조정information reconciliation은 양자계에서도 사용되며 12.6.2절에서 설명한다. 그러고 나서 양자 키 분배를 위한 세 가지 프로토콜은 12.6.3에서 언급한다. 그런데 이들 프로토콜은 얼마나 안전할까? 12.6.4절에서 보게 되겠지만 12.4.1절에서 처음 거론한 양자정보의 측도인 결맞음 정보coherent information는 개인 정보를 보내기 위해 양자통신채널을 사용하는 원칙적 능력에 대해 정보이론적 하계를 정해준다! 이러한 점은 양자정보에 대한 아이디어가 특정 양자 키 분배 프로토콜의 보안을 증명하는 데 유용할 수 있음을 시사하며, 실제로 다음과 같이 다룬다. 즉, 12.6.5절에서 양자 오류정정 이론이 어떻게 양자 암호학의 보안을 증명하는지에 대해 알아보는 것으로 12장을 마무리한다.

12.6.1 개인 키 암호학

1970년대에 공개 키 암호학이 고안될 때까지 모든 암호체계는 현재 개인 키 암호학private key cryptography이라 부르는 다른 원리로 운영됐다. 개인 키 암호체계에서는 앨리스가 밥에게 메시지를 보내려면 앨리스는 자신의 메시지를 암호화할 수 있는 인코딩 키encoding key를 갖고 있어야 한다. 밥은 그 인코딩에 맞는 디코딩 키decoding key를 갖고 있어야 암호화된 메시지를 해독할 수 있다. 간단하지만 매우 효과적인 개인 키 암호체계는 버냄 암호Vernam cipher인데, 일회용 패드one time pad라고도 한다. 앨리스와 밥은 동일한 n비트 비밀 키 문자열secret key string로 시작한다. 앨리스는 메시지와 키를 서로 더해서 n비트 메시지로 인코딩하고 밥은 그 인코딩된 것에 역으로 키를 빼서 디코딩하는데, 이는 그림 12.12에 나타나 있다.

그림 12.12 버냄 암호. 앨리스는 무작위 키 비트(또는 이 예에서는 알파벳 문자)를 원본 메시지에 더하여 암호화한다. 밥은 메시지를 복원하기 위해 그 키 비트를 빼서 암호를 해독한다.

이 체계의 가장 큰 특징은 키 문자열이 정말로 은밀한 한 안전하다는 것이다. 즉, 앨리스와 밥이 사용하는 프로토콜이 성공할 때 그 성공 확률을 임의적으로 정할 수 있다(이브 Eve라는 도청자가 언제든지 그 통신채널에 끼어들더라도 앨리스와 밥은 이러한 끼어듦을 감지하고 무효를 선언할 수 있다). 그리고 이브가 어떠한 도청 전략을 구사하더라도 이브가 인코딩 이전의 메시지를 알아내지 못하도록 앨리스와 밥은 이브가 얻게 될 상호정보를 원하는 만큼 작게 만들 수 있다. 이와는 반대로 공개 키 암호학(부록 5)의 보안은 널리 사용되고 더 편리하지만 인수분해와 같은 특정 문제를 (고전 컴퓨터로!) 해결하기 어렵다는, 증명되지 않은 수학적 가정에 의존한다.

개인 키 암호체계의 가장 큰 어려움은 키 비트의 안전한 분배다. 특히 버냄 암호는 적어도 키 비트 수가 인코딩되는 메시지의 크기만큼 크고 키 비트를 재사용할 수 없는 경우에만 안전하다! 따라서 많은 양의 키 비트가 필요하기 때문에 그러한 방식은 일반적인 사용에 비실용적이다. 더욱이 키 비트는 사전에 전달되어야 하며, 사용 전까지 꾸준히 보호한 후 나중에 폐기해야 한다. 그렇지 않으면 원칙적으로 그러한 고전정보가 원본에 어떤 흔적도 남기지 않고 복사될 수 있으므로 전체 프로토콜의 보안이 위태롭게 된다. 이러한 단점에도 불구하고 버냄 암호와 같은 개인 키 암호체계는 비밀 회의, 신뢰할 수 있는 통신, 그리고 개인 보안 통신 링크에 의해 배달되는 키 자료^{key material}를 통해 보안을 증명할 수 있기 때문에 계속 사용되고 있다.

확인문제 12.25: n명의 사용자가 있는 체계를 고려하자. 그중 어떤 쌍이든지 개인끼리 통신하기를 원한다. 공개 키 암호학을 사용하면 몇 개의 키가 필요한가? 반면에 개인 키 암호학을 사용하면 몇 개의 키가 필요한가?

12.6.2 비밀성 증폭과 정보 조정

개인 키 암호학의 첫 번째 단계는 키 문자열의 분배다. 앨리스와 밥이 불완전한 키로 시작하면 어떻게 될까? 특히 앨리스와 밥이 상관관계가 있는 무작위 고전비트 문자열 X와 Y를 공유한다고 하자. 또한 그들은 X와 Y에 대한 이브의 상호정보에 있어서 상계를 갖는다고 하자. 이렇게 불완전한 키를 가지고 어떻게 안전한 암호화 프로토콜을 수행하기에 충분한 키를 얻을 수 있을까? 이제 정보 조정^{information reconciliation}, 그다음으로 비밀성 증폭^{privacy amplification}이라는 두 단계를 수행하여 그들의 키 문자열 간의 상관관계를 체계적으로 높이는 반면, 그 결과에 대한 도청자 이브의 상호정보를 원하는 보안 수준으로 줄일 수 있음을 보일 것이다. 이러한 고전 단계는 다음 절의 양자 키 분배 프로토콜에서 사용할 것이다.

정보 조정이란 공개 채널을 통해 수행되는 오류정정일 뿐이며 X와 Y 간의 오류를 정정하여 공유 비트 문자열 W를 얻는 반면, 가능한 한 적게 이브에게 노출시킨다. 이 절차 후에 이브가 W와 부분적으로 상관관계에 있는 확률변수 Z를 얻었다고 하자. 그 다음으로 앨리스와 밥이 비밀성 증폭을 사용하여 Z와의 상관관계가 원하는 임계 값 미만이 되는 더 작은 비트 집합 S를 W에서 추출한다. 이 마지막 단계는 개념적으로 새로운 것이기 때문에 먼저 고려해보자.

비밀성 증폭이 성공한 이유에 대한 자세한 증명은 이 책의 범위를 벗어나지만 기본 방법을 설명하고 주요 정리를 언급할 것이다. 비밀성 증폭을 수행하는 한 방법은 보편적 해시함수^{universal hash function} $\mathcal{G}$ 클래스를 사용한다. 이 함수는 n비트 문자열 집합 $\mathcal{A}$를 m비트 문자열 집합 $\mathcal{B}$에 대응시키는데, 어떠한 서로 다른 $a_1, a_2 \in \mathcal{A}$에 대해서도 $\mathcal{G}$에서 무작위로 균등하게 g를 선택할 때 $g(a_1) = g(a_2)$일 확률은 최대 $1/|\mathcal{B}|$가 되게 한다.

확률분포가 $p(x)$인 확률변수 X의 충돌 엔트로피^{collision entropy}는

$$H_c(X) = - \log \left[\sum_x p(x)^2 \right] \qquad (12.171)$$

로 정의한다.(이 식을 2차 레니 엔트로피$^{\text{Rènyi entropy of order 2}}$라고도 한다.) 로그함수의 오목성을 사용하여 섀넌 엔트로피가 이 양에 대한 상계를 제공한다는 것을 보이는 것은 어렵지 않다. 즉, $H(X) \geq H_c(X)$가 된다. H_c는 다음의 보편적 해시함수$^{\text{universal hash function}}$에 관한 정리에서 중요하다.

정리 12.16: X를 알파벳 $\mathcal{X}$에 대한 확률변수라 하자. 이 변수의 확률분포는 $p(x)$이고 충돌 엔트로피는 $H_c(X)$라 한다. 또한 G도 확률변수로서 $\mathcal{X}$에서 $\{0, 1\}^m$로 가게 하는 해시함수들의 보편적 클래스 속에서 (균등한 분포를 갖는) 무작위로 선택한 멤버에 대응한다고 하자. 그러면

$$H(G(X)|G) \geq H_c(G(X)|G) \geq m - 2^{m-H_c(X)} \qquad (12.172)$$

가 된다.

정리 12.16은 다음과 같은 방식으로 비밀성 증폭에 적용할 수 있다. 앨리스와 밥은 공개적으로 $g \in \mathcal{G}$를 선택하고 각자 이를 W에 적용시켜 새로운 비트 문자열 S를 만드는데, 그들은 이 비트 문자열을 비밀 키로 선택하게 된다. 이브가 (프로토콜의 특정 인스턴스에 관하여) $Z = z$를 알고 있는 경우에 충돌 엔트로피의 관점에서 W에 관한 불확실성이 알려져 어떤 수에 의해 하계가 정해진다면, 즉 $H_c(W|Z = z) > d$가 된다면 정리 12.16에 의해

$$H_c(S|G, Z = z) \geq m - 2^{m-d} \qquad (12.173)$$

가 된다. 다르게 말하면 $H_c(S|G, Z = z)$가 m과 거의 같도록 충분히 작게 m을 선택할 수 있다. 이렇게 하면 S 키에 관한 이브의 불확실성이 극대화되어 안전하게 비밀을 유지할 수 있다.

정보 조정은 앨리스와 밥이 얻을 수 있는 비트 수를 더욱 줄여 주지만 다음과 같이 제한될 수 있다. 앨리스는 비트 X의 부분집합에 대한 일련의 패리티 검사를 계산함으로써 부분집합 스펙 및 패리티로 구성된 (고전적인) 메시지 u를 만들 수 있다. 이 메시지를 밥에게 전송하면 문자열 Y의 오류를 정정할 수 있다. 그런 후, 둘 다 동일한 문자열 W를 갖는다. 당연한 말이지만, 이렇게 하기 위해서는 u에 있는 $k > H(W|Y)$비트의 정보를 전송해야 한다. 그러나 이 절차는 이브에게 추가 지식 $U = u$를 제공하므로 그녀의 충돌 엔트

로피가 $H_c(W|Z = z, U = u)$로 증가한다. 평균적으로(가능한 조정 메시지 u에 대해), 이 증가는 $H_c(W|Z = z, U = u) \geq H_c(W|Z = z) - H(U)$로 하계를 갖는다. 여기서 $H(U)$는 일반적으로 U의 섀넌 엔트로피이지만 이 경계는 너무 느슨하다. 그 이유는 유출된 정보 $U = u$가 H_c를 $mH(U)$보다 많이 감소시킬 확률이 기껏해야 $1/m$에 불과하다는 뜻이기 때문이다. 더 강한 경계는 다음 정리에 의해 주어진다.

정리 12.17: X와 U를 각각 알파벳 $\mathcal{X}$와 $\mathcal{U}$를 갖는 확률변수라 하자. 여기서 X는 확률분포 $p(x)$를 갖고, U는 $p(x, u)$에 따라 X와 공동으로 분포된다. 또한 $s > 0$를 임의의 매개변수라 하자. 그러면 U는 최소 $1 - 2^{-s}$의 확률로

$$H_c(X|U = u) \geq H_c(X) - 2\log|\mathcal{U}| - 2s \tag{12.174}$$

가 되는 u값을 갖는다.

여기서 s를 보안 매개변수^security parameter라 한다. 이를 조정 프로토콜^reconciliation protocol에 적용하면 이브의 충돌 엔트로피가 $1 - 2^{-s}$보다 더 좋은 확률로 $H_c(W|Z = z, U = u) \geq d - 2(k + s)$에 의해 하계가 정해지도록 앨리스와 밥이 s를 선택할 수 있다는 결론이 나온다. 비밀성 증폭과 함께 이 단계를 수행하면 앨리스와 밥은 m개의 비밀 키 비트 S를 추출할 수 있는데, 이 S에 대해 이브의 총 정보는 $2^{m - d + 2(k + s)}$비트 미만이 된다.

CSS 코드 비밀성 증폭과 정보 조정

위에서 언급했듯이 정보 조정은 오류정정일 뿐이다. 즉, 비밀성 증폭도 오류정정과 밀접한 관련이 있으며 두 작업 모두 고전코드를 사용하여 구현할 수 있는 것으로 밝혀졌다. 이 관점으로 보면 간단한 개념적 묘사를 얻을 수 있는데, 이 묘사는 12.6.5절에서 다루는 양자 키 분배의 보안 증명에 유용하다. 그 이유는 우리가 양자 오류정정 코드에 대해 잘 발달된 이론을 갖기 때문이다. 이를 염두에 두고 다음 사항을 알아두는 것이 좋다.

무작위로 선택된 CSS 코드(10.4.2절 참조)를 통해 디코딩하는 것은 정보 조정과 비밀성 증폭을 수행하는 것으로 생각할 수 있다. CSS 코드는 일반적으로 양자정보를 인코딩하는 데 사용되지만 현재 우리의 목적상 고전 특성만 고려해도 된다. t개 오류정정 $[n, m]$ CSS 코드에 대한 조건을 만족시키는 두 고전 선형 코드 C_1과 C_2를 고려하자. 즉, $C_2 \subset C_1$이면서 C_1과 $C_2^{\perp}$ 양쪽 모두는 t개 오류를 정정한다. 앨리스는 무작위 n비트 문자열 X를 선택하여 밥에게 전송하는데, 밥은 Y를 받게 된다.

앨리스와 밥 사이의 통신채널을 따라 도청 등의 모든 노이즈 소스로 인해 발생하는 코드 블록당 예상 오류 수가 t개 미만이라는 것을 선험적으로 알고 있다고 하자. 실제로 그 채널을 무작위 테스트해서 이렇게 만들 수 있다. 또한 이브가 C_1과 C_2 코드에 대해 아무것도 모른다고 하자. 앨리스가 코드를 무작위로 선택하면 확실히 그렇게 만들 수 있다. 마지막으로 앨리스와 밥이 이브의 데이터 Z와 그들 자신의 데이터 X 및 Y 간에 상호정보에 대한 상계를 갖는다고 하자.

밥은 $Y = X + \epsilon$를 받는데, 여기서 ϵ은 어떤 오류다. 오류가 t개 미만인 것으로 알려지므로 앨리스와 밥 모두가 자신들의 상태를 C_1에서 가장 가까운 코드워드로 수정하면, 그들의 결과인 $X', Y' \in C_1$은 서로 같다. 즉, $W = X' = Y'$이다. 이 단계는 정보 조정일 뿐이다. 물론 W에 대한 이브의 상호정보는 여전히 용납할 수 없을 정도로 클 수 있다. 이를 줄이기 위해 앨리스와 밥은 자신들의 상태 W가 C_1에 속한 C_2의 2^m개 잉여류 중 어느 것에 속하는지 확인한다. 즉, 그들은 C_1에 속한 $W + C_2$의 잉여류를 계산한다. 그 결과는 m비트 키 문자열인 S이다. 이브가 C_2에 대한 지식이 부족하고 C_2의 오류정정 특성으로 인해 이 절차는 S에 대한 이브의 상호정보를 허용 가능한 수준으로 줄여서 비밀성 증폭을 수행할 수 있다.

12.6.3 양자 키 분배

양자 키 분배^{QKD}란 보안성을 증명할 수 있는 프로토콜이며, 이를 사용하여 공개 채널 상의 두 당사자 간에 개인 키 비트를 생성할 수 있다. 그러한 키 비트를 사용하면 고전 개인 키 암호체계를 구현하여 당사자들이 안전하게 통신할 수 있다. QKD 프로토콜에 대해 유일한 요구사항은 특정 임계값보다 낮은 오류율을 갖는 공개 채널을 통해 큐비트를 주고받아야 한다는 것이다. 결과로 나온 키의 보안은 양자정보의 특성에 의해 보장되므로 물리학의 기본 법칙만 맞아떨어지면 된다!

QKD의 기본 아이디어는 다음과 같은 근본적 지식이다. 즉, 이브는 앨리스와 밥의 상태를 흐트리지 않고는 앨리스에서 밥으로 전송한 큐비트에서 정보를 얻을 수 없다. 우선적으로 복제불가 정리(박스 12.1)에 의해 이브는 앨리스의 큐비트를 복제할 수 없다. 둘째로는 다음과 같은 명제가 있다.

명제 12.18: (정보 획득은 교란을 의미함)   2개의 비직교$^{non-orthogonal}$ 양자상태를 구별하려고 시도할 때, 그 신호를 교란시켜야만 정보 획득이 가능하다.

증명

$|\psi\rangle$와 $|\varphi\rangle$를 이브가 정보를 얻으려 하는 비직교 양자상태라 하자. 8.2절의 결과에 의해 그녀가 정보를 얻기 위해 사용하는 과정은 표준상태 $|u\rangle$로 준비된 보조상태와 그 상태($|\psi\rangle$ 또는 $|\varphi\rangle$)를 유니타리하게 상호작용시킨다고 가정하는데, 이는 일반성을 잃지 않는다. 이 과정이 그 상태들을 교란시키지 않는다고 가정하면, 두 가지 경우인

$$|\psi\rangle|u\rangle \rightarrow |\psi\rangle|v\rangle \tag{12.175}$$

$$|\varphi\rangle|u\rangle \rightarrow |\varphi\rangle|v'\rangle \tag{12.176}$$

이 나온다. 이브는 $|v\rangle$와 $|v'\rangle$가 서로 달라야 상태 식별에 관한 정보를 얻을 수 있다. 하지만 내적$^{inner\ product}$이 유니타리 변환에 대해 보존되므로

$$\langle v|v'\rangle \langle\psi|\varphi\rangle = \langle u|u\rangle \langle\psi|\varphi\rangle \tag{12.177}$$

$$\langle v|v'\rangle = \langle u|u\rangle = 1 \tag{12.178}$$

이 되어야 하고, 이는 $|v\rangle$와 $|v'\rangle$이 서로 같다는 뜻이다. 따라서 $|\psi\rangle$와 $|\varphi\rangle$가 구별되려면 필연적으로 이들 상태 중 하나 이상이 교란되어야 한다. ∎

이 아이디어를 활용하여 앨리스와 밥 간에 비직교 큐비트 상태를 전송한다. 전송된 상태의 교란을 확인하여 자신들의 통신채널에서 발생하는 어떠한 노이즈 또는 도청의 상계를 정한다. 이러한 '검사' 큐비트들은 데이터 큐비트(나중에 키 비트로부터 추출됨) 간에 무작위로 퍼져 있게 되므로 상계는 데이터 큐비트에도 적용된다. 그리고 나서 앨리스와 밥은 정보 조정 및 비밀성 증폭을 수행하여 공유한 비밀 키 문자열을 추출한다. 따라서 최대 허용 오류율에 대한 임계값은 최상의 정보 조정 및 비밀성 증폭 프로토콜의 효율성에 의해 결정된다. 이러한 방식으로 작동하는 서로 다른 3개의 QKD 프로토콜은 다음에서 다룬다.

BB84 프로토콜

앨리스는 a와 b 그리고 각각 $(4+\delta)n$개의 무작위 고전비트로 구성된 2개의 문자열로 시작한다. 그리고 나서 이 문자열을 $(4+\delta)n$큐비트 블록으로 인코딩한다. 즉,

$$|\psi\rangle = \bigotimes_{k=1}^{(4+\delta)n} |\psi_{a_k b_k}\rangle \tag{12.179}$$

가 되는데, 여기서 a_k는 a의 k번째 비트이고(b의 경우도 마찬가지임) 각 큐비트의 상태는 다

음의 네 가지 중 하나다.

$$|\psi_{00}\rangle = |0\rangle \tag{12.180}$$

$$|\psi_{10}\rangle = |1\rangle \tag{12.181}$$

$$|\psi_{01}\rangle = |+\rangle = (|0\rangle + |1\rangle)/\sqrt{2} \tag{12.182}$$

$$|\psi_{11}\rangle = |-\rangle = (|0\rangle - |1\rangle)/\sqrt{2} \tag{12.183}$$

이번 절차의 효과로 인해 a가 X 또는 Z 기저로 인코딩되는데, 그 인코딩은 b에 의해 결정된다. 4개 상태가 모두 서로 직교하는 것은 아니므로 어떠한 측정으로도 이들을 확실하게 구별할 수는 없다. 그런 다음 앨리스는 공개 양자통신채널을 통해 $|\psi\rangle$를 밥에게 보낸다.

밥은 $\mathcal{E}(|\psi\rangle\langle\psi|)$를 받게 된다. 여기서 $\mathcal{E}$은 그 채널과 이브의 작용이 결합된 효과로 발생한 양자연산을 나타낸다. 그다음으로 밥은 이 사실을 공개적으로 공표한다^{publicly announce}. 이 시점에서 앨리스, 밥, 이브는 각각 별도의 밀도행렬로 기술되는 자신들만의 상태를 갖는다. 또한 이 시점에서 앨리스가 b를 누설하지 않았기 때문에 이브는 통신을 도청할 때 어느 기저로 측정해야 하는지 알지 못한다는 점에 주목한다. 기껏해야 추측만 할 수 있고, 그 추측이 틀렸다면 밥이 받는 상태를 교란시켰을 것이다. 더욱이 실제로 노이즈 $\mathcal{E}$은 이브의 도청 외에도 부분적으로 환경(불량 채널) 탓일 수도 있어서 이브가 그 채널을 완전히 제어하는 것을 더욱 어렵게 만들고, 따라서 그녀는 $\mathcal{E}$도 처리해야 한다.

물론 이 시점에서 밥은 b에 대해 아무것도 모르기 때문에 그에게도 $\mathcal{E}(|\psi\rangle\langle\psi|)$는 정보로서 가치가 없다. 그럼에도 그는 X 또는 Z를 기저로 해서 각 큐비트를 측정하는데, 이는 자신이 직접 생성한 무작위의 $(4 + \delta)n$비트 문자열 b'에 의해 결정된다. 밥의 측정 결과를 a'이라 하자. 그 후 앨리스는 b를 공개적으로 공표하고, 밥과 앨리스는 공개 채널로 논의하여 b 그리고 b에 대응하는 비트가 동일한 것을 제외한 $\{a', a\}$의 모든 비트를 버린다. 그들에게 남은 비트는 $a' = a$를 만족시키는데, 그 이유는 그러한 비트에 대해 밥은 앨리스가 준비했던 것과 같은 기저로 측정했기 때문이다. b는 a, 또는 밥의 측정 결과로 인한 비트 a'에 대해 아무것도 누설하지 않지만, 밥이 앨리스의 큐비트 수신을 공표할^{announce} 때까지 앨리스는 b를 발표하지^{publish} 않는 것이 중요하다. 앞으로 단순하게 설명하기 위해 앨리스와 밥은 결과로서 $2n$비트만 남았다고 하자. 즉, δ를 충분히 크게 선택하면 높은 확률로 그렇게 만들 수 있다.

이제 앨리스와 밥은 통신 중에 얼마나 많은 노이즈나 도청이 발생했는지 확인하기 위해 몇 가지 테스트를 수행한다. 앨리스는 무작위로 (2n비트 중에서) n비트를 선택하고 선택한 것을 공개적으로 공표한다. 그러고 나서 밥과 앨리스는 이러한 검사 비트의 값을 발표하고 비교한다. t비트 이상이 일치하지 않으면 중단하고 처음부터 프로토콜을 다시 시도한다. 테스트가 통과되면, 정보 조정 및 비밀성 증폭 알고리듬을 적용하여 나머지 n비트로부터 m개의 허용가능한 비밀 공유 키 비트를 얻을 수 있도록 t를 선택한다.

이 프로토콜은 고안자들(12장의 끝에 있는 '역사와 추가자료' 참조)의 이름을 따서 BB84라고 부르며 그림 12.13에 요약해놓았고 실험 구현법은 박스 12.7에 설명해놓았다. 더 적은 수의 검사 비트를 사용하는 것과 같은 이 프로토콜의 관련 버전도 동일한 이름으로 부른다.

BB84 QKD 프로토콜

1: 앨리스는 $(4 + \delta)n$개의 무작위 데이터 비트를 선택한다.

2: 앨리스는 무작위의 $(4 + \delta)n$비트 문자열 b를 선택한다. b에 대응하는 비트가 0이면 각 데이터 비트를 $\{|0\rangle, |1\rangle\}$로 인코딩하고 b에 대응하는 비트가 1이면 $\{|+\rangle, |-\rangle\}$로 인코딩한다.

3: 앨리스는 결과로 나온 상태를 밥에게 보낸다.

4: 밥은 $(4 + \delta)n$큐비트를 수신하고 이 사실을 공표한 후, X 또는 Z 기저로 각 큐비트를 무작위로 측정한다.

5: 앨리스는 b를 공표한다.

6: 밥이 앨리스가 준비한 것과는 다른 기저로 측정했던 모든 비트를 앨리스와 밥은 버린다. 높은 확률로 최소 $2n$비트가 남는다(그렇지 않은 경우, 그 프로토콜을 중단한다). 그들은 그 $2n$비트를 보관한다.

7: 앨리스는 이브의 간섭을 확인하는 역할을 할 n비트의 부분집합을 선택하고 밥에게 자신이 어느 비트들을 선택했는지 말한다.

8: 앨리스와 밥은 n개의 검사 비트 값을 공표하고 비교한다. 허용가능한 수 이상이 같지 않으면 그 프로토콜을 중단한다.

9: 앨리스와 밥은 나머지 n비트에 대해 정보 조정과 비밀성 증폭을 수행하여 m개의 공유 키 비트를 얻는다.

그림 12.13 BB84라 하는, 4개 상태 양자 키 분배 프로토콜

확인문제 12.26: a'_k을 큐비트 $|\psi_{a_k b_k}\rangle$에 대한 밥의 측정 결과라 하고, 도청이 없는 무노이즈 채널을 가정하자. $b'_k \neq b_k$일 때 a'_k은 무작위이며 a_k와 완전히 상관관계가 없음을 보여라. 그러나 $b'_k = b_k$일 때는 $a'_k \neq a_k$가 된다는 것도 보여라.

확인문제 12.27: (무작위 추출 테스트) $2n$개의 검사 비트 중 n개를 무작위로 테스트하면, 앨리스와 밥은 높은 확률로 테스트하지 않은 비트들의 오류 수에 대해 상계를 정할 수 있다. 특히 어떠한 $\delta > 0$에 대해서도 검사 비트에서 δn개 미만의 오류를 얻고 나머지 n비트에서 $(\delta + \epsilon)n$개의 초과 오류를 얻을 확률은 n이 커질 때 점근적으로 $\exp[-O(\epsilon^2 n)]$보다 작아진다. 여기서 다음 주장들을 증명하라.

1. $2n$개 비트에서 μn개의 오류가 있다고 가정할 수 있는데, 이 가정은 일반성을 잃지 않는다. 여기서 $0 \le \mu \le 2$이다. 이제 검사 비트에서 δn개의 오류가 있고 나머지 비트에서 $(\delta + \epsilon)n$개의 오류가 존재한다면 $\delta = (\mu - \epsilon)/2$가 된다. 따라서 이 주장에서 두 가지 조건은 다음을 의미한다.

$$< \delta n \text{개 오류(검사 비트)} \qquad \Rightarrow \quad < \delta n \text{개 오류(검사 비트)} \qquad (12.184)$$
$$> (\delta + \epsilon)n \text{개 오류(나머지 비트)} \quad \Rightarrow \quad > (\mu - \delta)n \text{개 오류(나머지 비트)} \quad (12.185)$$

사실 오른쪽 위의 주장은 오른쪽 아래의 주장을 의미한다. 이 점을 이용하여 경계를 정할 확률 p가

$$p < \binom{2n}{n}^{-1} \binom{\mu n}{\delta n} \binom{(2-\mu)n}{(1-\delta)n} \delta n \qquad (12.186)$$

을 만족시킨다는 것을 보여라.

2. 큰 n에 대해

$$\frac{1}{an+1} 2^{anH(b/a)} \le \binom{an}{bn} \le 2^{anH(b/a)} \qquad (12.187)$$

로 경계를 정할 수 있음을 보여라. 여기서 $H(\cdot)$는 2진 엔트로피 함수인 (11.8) 식이다. 이 식을 p에 대한 위의 경계에 적용한다.

3. $H(x) < 1 - 2(x - 1/2)^2$ 경계를 적용하여 최종 결과인 $p < \exp[-O(\epsilon^2 n)]$이 나오게 하라. μ를 최악의 경우를 나타내는 상수로 대체하면 된다.

4. 결과를 박스 3.4의 체르노프 경계와 비교하라. p에 대한 상계를 유도해내는 다른 방법을 생각해낼 수 있을까?

박스 12.7: 실험으로 보는 양자 암호학

양자 키 분배는 실험으로 쉽게 구현되기 때문에 특히 흥미롭고 놀랍다. 다음은 10km 거리에 걸쳐 키 비트를 전달하기 위해 상업용 광섬유 부품을 사용하는 시스템의 개략도인데, 이 시스템은 IBM에서 만들었다.

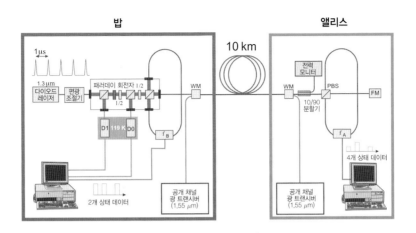

밥은 처음에 1.3μm의 파장으로 빛을 방출하는 다이오드 레이저를 사용하여 강한 결맞음 상태 $|\alpha\rangle$를 생성해서 앨리스에게 전송하는데, 그녀는 이를 감쇠시켜 (근사적으로) 단일 광자를 뽑아낸다. 또한 수평과 수직 편광을 $|0\rangle$과 $|1\rangle$ 상태로 사용하여 BB84 프로토콜의 네 가지 상태 중 한 상태로 있는 광자를 편광시킨다. 그러고 나서 그 광자를 밥에게 되돌려 보내는데, 밥은 편광 분석기를 사용하여 무작위 기저로 그 광자를 측정한다. 광자가 동일한 경로를 두 번 횡단하는 이 특수 구성을 사용하면 광섬유 연결에서의 불완전한 부분(경로 길이의 느린 변동과 편광 편이 등)을 장치가 자동보정하도록 만들 수 있다. 그런 다음, 앨리스와 밥은 동일한 기저를 사용한 결과의 부분집합을 선택하여 정보를 조정하고 비밀성 증폭을 수행해서 공개 채널을 통해(동일한 광섬유를 통해) 1.55μm 파장의 광자로 통신한다. 키 비트는 초당 수백 개의 비율로 교환될 수 있다. 광원light source과 검출기를 극적으로 개선하면 그 비율을 몇 배나 향상시킬 수 있다. 40km를 넘는 거리에서, 그것도 광통신 선(제네바 호수 밑으로 설치)을 통한 양자 키 분배가 입증됐다.

B92 프로토콜

BB84 프로토콜을 일반화시키면 다른 상태와 기저를 사용할 수 있으며 결론도 비슷하게 나온다. 사실 두 상태만 사용하는 특히 간단한 프로토콜이 존재한다. 단순하게 하기 위해 한 번에 하나의 비트에만 발생하는 일을 고려하는 것도 괜찮다. 이렇게 해도 BB84에서 한 것처럼 블록 테스트로 쉽게 일반화시킬 수 있다.

앨리스가 하나의 무작위 고전비트 a를 준비하고 그 결과에 따라 밥에게

$$|\psi\rangle = \begin{cases} |0\rangle & (a = 0\text{인 경우}) \\ \dfrac{|0\rangle + |1\rangle}{\sqrt{2}} & (a = 1\text{인 경우}) \end{cases} \qquad (12.188)$$

를 전송한다고 하자. 밥은 자신이 생성한 무작위 고전비트 a'에 따라 앨리스로부터 받은 큐비트를 Z 기저 $|0\rangle$, $|1\rangle$($a' = 0$인 경우) 또는 X 기저 $|\pm\rangle = (|0\rangle \pm |1\rangle)/\sqrt{2}$($a' = 1$인 경우)로 측정한다. 측정을 통해 그는 b 결과를 얻는데, 그 값은 0 또는 1이며 각각 X와 Z의 고유 상태인 -1과 $+1$에 대응한다. 그리고 나서 밥은 b를 공개적으로 공표하고(그러나 a'은 비밀로 함) 앨리스와 밥은 $b = 1$인 경우 서로의 $\{a, a'\}$ 쌍만 가지고 공개적으로 논의한다. $a = a'$일 때는 항상 $b = 0$이라는 점에 주목한다. $a' = 1 - a$인 경우에만 밥은 $b = 1$을 얻는데, 이는 $1/2$ 확률로 발생한다. 마지막 열쇠는 앨리스의 경우 a이고 밥의 경우 $1 - a'$이다.

B92라는(호칭에 대해서는 12장의 끝에 있는 '역사와 추가자료' 참조) 이 프로토콜은 비직교 상태들 간에 완벽히 구별하기가 불가능하다는 점을 양자 암호학의 핵심으로 삼고 있다. BB84에서와 같이 도청자가 앨리스와 밥이 최종적으로 갖는 비트 간의 상관관계를 교란시키지 않고서는 앨리스의 상태를 구별하기가 불가능하기 때문에 이 프로토콜을 사용하면 앨리스와 밥이 공유 키 비트를 만들면서 통신 중에 발생하는 노이즈와 도청에 대한 상계를 설정할 수 있다. 그리고 나서 그들은 정보 조정과 비밀성 증폭을 적용하여 자신들에게서 결과로 나오는 상호관련된 무작위 비트 문자열로부터 비밀 비트를 뽑아낼 수 있다.

확인문제 12.28: $b = 1$일 때 a와 a'이 서로 완벽히 상관관계에 있음을 보여라.

확인문제 12.29: X, Y, Z의 고유상태인 6개 상태를 사용하는 프로토콜을 구하고, 이 프로토콜이 안전한 이유를 설명하라. BB84와 B92와 비교하여 노이즈 및 도청에 대한 이 프로토콜의 민감도를 설명하라.

EPR 프로토콜

BB84와 B92 프로토콜에서 생성된 키 비트는 앨리스가 만든 것처럼 보인다. 하지만 그 키는 얽힘의 특성을 포함하는, 근본적으로 무작위한 과정에서 발생한 것으로 볼 수 있음이 밝혀졌다. 이 점은 다음 프로토콜로 설명된다.

앨리스와 밥은 상태

$$\frac{|00\rangle + |11\rangle}{\sqrt{2}} \qquad\qquad (12.189)$$

로 있는 n개의 얽힌 큐비트 쌍들의 집합을 공유한다고 하자. 이 상태를 EPR 쌍이라 한다. 이러한 공유 상태는 여러 방법으로 얻을 수 있다. 예를 들면 앨리스가 이 쌍을 준비하고 나서 절반을 밥에게 보내거나 밥 쪽에서 그렇게 하는 것이다. 다른 방법으로는 제3자가 쌍을 준비해서 절반씩 앨리스와 밥에게 보내도 된다. 또는 그들이 오래전에 만나 그 상태들을 공유한 후, 서로 그 상태들을 현재까지 보관할 수도 있다. 그리고 나서 앨리스와 밥은 EPR 쌍의 무작위 부분집합을 선택해서 벨 부등식(2.6절의 (2.225) 식)이나 그 외의 적절한 충실도 검사를 위반하는지 테스트한다. 테스트를 통과하면 그들은 충분히 순수하고 얽힌 양자상태를 계속 유지한 것이 되고 나머지 EPR 쌍의 충실도(따라서 모든 노이즈 또는 도청)에 하계를 둘 수 있게 된다. 그리고 앨리스와 밥은 공동으로 결정한 무작위 기저로 이 상태를 측정할 때, B92와 BB84 프로토콜에서와 같이 비밀 키 비트를 얻을 수 있는 상관관계를 갖는 고전비트 문자열을 얻는다. 홀레보 경계를 기반으로 하는 인수를 사용하면 EPR 쌍의 충실도를 이용하여 그 키 비트에 대해 이브가 접근할 수 있는 정보에 대한 상계를 설정할 수 있다.

 이 EPR 프로토콜의 어디에서 키 비트가 나올까? 이 프로토콜은 대칭이기 때문에(앨리스와 밥은 자신들의 큐비트에 대해 동일한 작업을 수행하는데, 심지어는 동시에 그렇게 함) 앨리스나 밥이 그 키를 생성한다고는 말할 수 없다. 오히려 그 키는 완전히 무작위다. 사실, BB84 프로토콜에도 동일하게 적용되는데, 그 이유는 다음과 같이 그 프로토콜을 EPR 프로토콜의 일반화 버전의 한 사례로 바꿀 수 있기 때문이다. 앨리스가 무작위 고전비트 b를 준비하고 그에 따라 그 EPR 쌍의 절반을 $|0\rangle$, $|1\rangle$ 기저 또는 $|\pm\rangle = (|0\rangle \pm |1\rangle)/\sqrt{2}$ 기저로 측정하여 a를 얻는다고 하자. 밥도 똑같이 해서 b'을 (자신이 무작위로 선택한) 기저로 측정하여 a'을 얻는다고 하자. 이제 그들은 공개 고전채널을 통해 b와 b'을 서로 통보하고 $b = b'$인 $\{a, a'\}$만 자신들의 키로 보관한다. 앨리스 또는 밥이 자신들의 EPR 쌍 절반에 대해 측정을 수행할 때까지는 이 키가 결정되지 않는다는 점에 주목한다. B92 프로토콜에 대해서도 비슷하게 생각하면 된다. 이러한 이유로 양자 암호학은 비밀 키 교환 또는 전송이 아니라 비밀 키 생성generation으로 간주되기도 하는데, 궁극적으로 앨리스나 밥 어느 누구도 프로토콜 완료 시 최종적으로 갖게 될 키를 미리 결정할 수 없기 때문이다.

12.6.4 비밀성과 결맞음 정보

지금까지 QKD에 대한 기본 프로토콜을 설명하고 그것이 안전하다고 주장했지만 값으로 따지지는 않았다. 얼마나 안전할까? 12장에서 논의하는 양자정보의 기본적 양적 측도와 다음에서 설명할 양자 암호학의 원칙적 획득가능 보안 간에는 흥미롭고 근본적인 연결이 존재한다고 밝혀졌다.

양자 결맞음 정보 $I(\rho, \mathcal{E})$는 개인 정보를 보내는 양자채널의 능력에 대한 하계를 알려준다. 가장 일반적인 상황에서 앨리스는 ρ_k^A 상태를 준비한다. 여기서 $k = 0, 1, \dots$은 그녀가 보낼 수 있는 여러 가능한 상태를 나타내고 각 상태의 확률은 p_k이다. 밥은 $\rho_k^B = \mathcal{E}(\rho_k^A)$ 상태를 수신한다. 이 상태는 채널 노이즈나 도청자 이브로 인해 ρ_k^A와 다를 수 있다. 밥이 할 수 있는 측정의 결과와 앨리스의 k 값 사이의 상호정보인 $H_{\text{bob:alice}}$는 홀레보 경계 (12.6)에 의해

$$H_{\text{bob:alice}} \leq \chi^B = S(\rho^B) - \sum_k p_k S(\rho_k^B) \tag{12.190}$$

로 상계가 정해지는데, 여기서 $\rho^B = \sum_k p_k \rho_k^B$이다. 마찬가지로 이브의 상호정보는

$$H_{\text{eve:alice}} \leq \chi^E = S(\rho^E) - \sum_k p_k S(\rho_k^E) \tag{12.191}$$

로 상계가 정해진다. 이브에 상대적으로 밥이 갖는 어떠한 초과 정보^excess information(적어도 특정 임계값 이상)라도 밥과 앨리스가 원칙적으로 활용할 수 있으면, 비밀성 증폭과 같은 기술로 공유 비밀 키를 추출할 수 있다. 그러므로 수량

$$\mathcal{P} = \sup \left[H_{\text{bob:alice}} - H_{\text{eve:alice}} \right] \tag{12.192}$$

를 채널의 보장된 비밀성^guaranteed privacy으로 정의해도 괜찮다. 여기서 상한^supremum은 앨리스와 밥이 그 채널을 사용하는 데 들어가는 모든 전략에 대해 구한다. 이 수량은 앨리스의 양자신호에 관하여 밥이 이브에 상대적으로 얻을 수 있는 최대의 초과 고전정보다. HSW 정리에 의해 앨리스와 밥은 $H_{\text{bob:alice}} = \chi^B$가 되는 전략을 사용할 수 있는 반면, 이브는 $H_{\text{eve:alice}} \leq \chi^E$가 되는 전략을 사용할 수 있다. 따라서 전략을 적절히 선택한 경우, $\mathcal{P} \geq \chi^B - \chi^E$가 된다.

확인문제 12.11에 따라 앨리스의 모든 신호 상태 $\rho_k^A = |\psi_k^A\rangle\langle\psi_k^A|$가 순수상태라고 가정하면 비밀성 $\mathcal{P}$의 하계를 구할 수 있다. 즉, 앨리스의 상태는 처음에는 이브와 얽히지 않

으며, 이브는 어떤 상태 $|0^E\rangle$로 시작한다(이 상태도 순수하다고 가정하는데, 이는 일반성을 잃지 않는다). 일반적으로 앨리스에서 밥으로 가는 채널에는 이브가 아닌 다른 환경과의 상호작용이 포함되지만 이브에게 최대한의 이점을 제공하기 위해 그러한 상호작용은 모두 그녀 탓으로 돌려 전송 후 이브와 밥이 받은 최종 공동상태는

$$|\psi^{EB}\rangle = U|\psi_k^A\rangle|0^E\rangle \tag{12.193}$$

가 된다. 이는 순수상태이기 때문에 환산밀도행렬 ρ_k^E와 ρ_k^B는 0이 아닌 동일한 고윳값을 가지므로 엔트로피도 같아서 $S(\rho_k^E) = S(\rho_k^B)$가 된다. 따라서

$$\mathcal{P} \geq \chi^B - \chi^E \tag{12.194}$$

$$= S(\rho^B) - \sum_k p_k S(\rho_k^B) - S(\rho^E) + \sum_k p_k S(\rho_k^E) \tag{12.195}$$

$$= S(\rho^B) - S(\rho^E) \tag{12.196}$$

$$= I(\rho, \mathcal{E}) \tag{12.197}$$

가 된다. 즉, 채널 $\mathcal{E}$의 보장된 비밀성에 대한 하계는 (12.118) 식에서 정의했듯이 양자 결맞음 정보 $I(\rho, \mathcal{E})$에 의해 주어진다. 이 결과는 프로토콜에만 국한되지 않다는 점에 주목한다(자체 보안 결함이 있을 수 있다). 또한 프로토콜은 실제로 $\mathcal{E}$ 채널의 특성을 결정하기 위해 테스트를 수행해야 하는데, 이는 이 계산에서 고려되지 않으며 이후에 이 경계를 적용할 수 있다. 따라서 여기서 구했던 정보이론적 경계는 아주 우아하지만 QKD의 보안을 값으로 매기기 위해서는 더 나아가야 한다!

12.6.5 양자 키 분배 보안

양자 키 분배는 얼마나 안전할까? 도청자에 의한 정보 획득에 대해 전달된 상태의 교란이 불가피하기 때문에 QKD의 보안을 믿을 만한 충분한 이유가 있다. 하지만 프로토콜이 정말로 안전하다는 결론을 내리려면 앨리스와 밥의 노력에 대한 측도가 주어질 때 최종 키에 대한 이브의 지식을 명확히 제한하는 정량화 가능한 보안 정의가 있어야 한다. 다음과 같은 기준을 둘 수 있다.

앨리스와 밥이 선택한 어떠한 보안 매개변수 $s > 0$와 $\ell > 0$에 대해서도, 그리고 어떠한 도청 전략에 대해서도 체계(scheme)가 중단되거나 최소 $1 - O(2^{-s})$ 확률로 성공할 경우, QKD 프로토콜은 안전한 것으로 정의하고 최종 키와 이브의 상호정보가 $2^{-\ell}$ 미만임을 보장한다. 또한 키 문자열은 본질적으로 무작위이어야 한다.

이 마지막 절에서는 BB84가 안전하다는 증명에 대한 주요 요소를 알려준다. 그 증명은 12장의 결론을 내리기에 적합한 역할을 하는데, 그 이유는 충분히 간단하고 투명한 주장을 제시할 때 양자정보의 많은 개념을 우아하게 사용하기 때문이다. 흥미롭게도 이 증명의 기원은 정보 조정과 비밀성 증폭을 수행한 후 궁극적으로 얻을 수 있는 키 비율이 노이즈 통신채널에서 CSS 코드(10.4.2절)에 대해 달성 가능한 큐비트 전송 비율과 일치한다는 관측에서 비롯된다!

여기에 핵심 아이디어가 있는데, 대략적으로 얘기하면 이렇다. 이브가 한 번에 한 큐비트 전송만 공격할 수 있다면 BB84, B92, EPR 프로토콜이 안전하다는 것을 철저히 입증하는 것은 비교적 간단하다. 어려운 점은 집단 공격의 가능성을 다룰 경우인데, 이럴 경우 이브는 전송된 큐비트의 큰 블록을 조작하고 어쩌면 저장할지도 모른다. 이를 해결하기 위해서는 더 일반적이고 강력한 주장이 필요하다. 이브가 블록당 t개의 큐비트를 초과한 오류를 일으키지 않는다는 것을 우리가 알고 있다고 하자. 그러면 앨리스는 t개 오류를 정정하는 양자 코드로 자신의 큐비트를 인코딩하고 밥이 그 코드를 디코딩하면 이브의 모든 간섭을 제거할 수 있다. 이를 가능하게 하려면 두 가지를 입증해야 한다. 첫째, 어떻게 t에 상계를 설정할 수 있을까? 이것은 적절한 방식으로 채널을 추출함으로써 가능하다는 것이 밝혀져 안전한 프로토콜로 확립되었고, 심지어 집단 공격에 대해서도 그렇다! 안타깝게도 이 프로토콜은 일반적으로 큐비트를 강력하게 인코딩하고 디코딩하기 위해 결함허용 양자 컴퓨터를 필요로 한다. 이에 따라 둘째 문제는 양자계산이나 저장소를 사용하지 않고 (단일 큐비트 준비와 측정만으로) 인코딩, 디코딩, 측정의 전체 시퀀스를 수행할 수 있는 양자 코드를 선택하는 것이다. CSS 코드를 사용해서 (약간의 단순화를 거쳐) 트릭을 수행하면 실제로 BB84 프로토콜만 주어지게 된다. 다음에서는 명확히 안전한 EPR 쌍 기반의 QKD 프로토콜로 시작하고 나서 이 두 가지 문제에 솔루션을 적용하여 초기 프로토콜을 BB84로 체계적으로 단순화시킬 것이다.

안전한 QKD 프로토콜에 대한 요구사항

앨리스가 n개 쌍의 얽힌 큐비트를 갖고 있다고 하고, 각 쌍은 상태

$$|\beta_{00}\rangle = \frac{|00\rangle + |11\rangle}{\sqrt{2}} \tag{12.198}$$

로 있다고 하자. 이 상태들을 $|\beta_{00}\rangle^{\otimes n}$으로 표기하자. 그리고 나서 앨리스는 각 쌍의 절반

을 밥에게 전송한다. 채널에 대한 노이즈 및 도청 때문에 결과로 나온 상태는 순수하지 않아 밀도행렬 ρ로 기술할 수 있다. 그런 다음, 앨리스와 밥은 앞서 설명한 대로 국소 측정local measurement을 수행하여 키를 얻는다. 다음의 보조정보를 사용하면 $|\beta_{00}\rangle^{\otimes n}$에 대한 ρ의 충실도를 통해 그 키에 대해 이브가 갖는 상호정보에 상계를 정하는 것을 보일 수 있다.

보조정리 12.19: (높은 충실도는 낮은 엔트로피를 의미한다) $F(\rho, |\beta_{00}\rangle^{\otimes n})^2 > 1 - 2^{-s}$이면, $S(\rho) < (2n + s + 1/\ln 2)\, 2^{-s} + O(2^{-2s})$가 된다.

증명

$F(\rho, |\beta_{00}\rangle^{\otimes n})^2 = {}^{\otimes n}\langle \beta_{00}|\rho|\beta_{00}\rangle^{\otimes n} > 1 - 2^{-s}$이면, ρ의 가장 큰 고윳값이 $1 - 2^{-s}$보다 커야 한다. 그러므로 ρ의 엔트로피는 대각성분 $1 - 2^{-s}$, $2^{-s}/(2^{2n} - 1)$, $2^{-s}/(2^{2n} - 1)$,…, $2^{-s}/(2^{2n} - 1)$을 갖는 대각 밀도행렬 $\rho_{\max}$의 엔트로피만큼 상계를 갖게 된다. 즉, $\rho_{\max}$는 큰 성분인 $1 - 2^{-s}$를 가지며 나머지 $2^{2n} - 1$개 성분들의 확률은 그들 간에 균등하게 분포된다. 그러면

$$S(\rho_{\max}) = -(1 - 2^{-s})\log(1 - 2^{-s}) - 2^{-s}\log\frac{2^{-s}}{2^{2n} - 1} \tag{12.199}$$

가 되어 원하던 결과가 나왔다. ■

홀레보 경계 (12.6)에 의해 $S(\rho)$는 이브가 접근할 수 있는 정보의 상계이며 앨리스와 밥이 ρ를 측정해서 나온 값이다. 이는 QKD 프로토콜이 앨리스와 밥에게 (높은 확률로) 최소 $1 - 2^{-s}$ 충실도의 EPR 쌍을 제공할 수 있다면 안전하다는 뜻이다.

확인문제 12.30: (12.199)를 단순화시켜 보조정리 진술에서 주어진 $S(\rho)$에 대한 식을 구하라.

확인문제 12.31: 앨리스와 밥의 측정 결과로 $S(\rho)$가 이브의 상호정보에 대한 경계를 정하는 이유는 명확하지 않을 수 있다. 이것이 이브에 대한 최악의 상황을 가정하고 그 채널에 대한 모든 제어권을 그녀에게 있다는 점에서 비롯된 것임을 보여라.

무작위 추출로 도청의 상계를 정할 수 있다

프로토콜은 앨리스와 밥의 EPR 쌍의 충실도에 대해 하계를 어떻게 정할 수 있을까? 핵심 아이디어는 무작위 추출을 기반으로 한 고전적 주장인데, 이 주장은 BB84 프로토콜

을 설명할 때(확인문제 12.27) 마주친 적이 있다. 하지만 양자 측정의 결과를 고려할 때 고전확률에 바탕을 둔 그 주장은 적용할 필요가 없다. 이 점은 벨 부등식(2.6절)으로 확실하게 설명된다. 이와는 달리, 단 하나의 기저만을 참조하는 측정 관측가능량을 고려할 때 양자실험은 고전적으로 해석할 수 있다. 그리고 다행히도 앨리스와 밥이 자신들 EPR 쌍의 충실도 경계를 정할 때 한 가지 기저만으로 측정해도 된다.

(10.14)에 따르면 노이즈 양자채널을 통해 전송되는 큐비트는 다음 4개 사건 중 하나가 일어난 것으로 기술할 수 있다. 즉, 아무것도 발생하지 않음(I), 비트반전(X), 위상반전(Z), 비트반전과 위상반전의 결합(Y)이다. 벨 기저가 4개 상태

$$|\beta_{00}\rangle = \frac{|00\rangle + |11\rangle}{\sqrt{2}}, \quad |\beta_{10}\rangle = \frac{|00\rangle - |11\rangle}{\sqrt{2}}, \quad |\beta_{01}\rangle = \frac{|01\rangle + |10\rangle}{\sqrt{2}}, \quad |\beta_{11}\rangle = \frac{|01\rangle - |10\rangle}{\sqrt{2}}$$
(12.200)

로 정의된다는 점을 상기하자. 각 쌍의 두 번째 큐비트를 앨리스가 밥에게 보내는 큐비트라 하자. 이 큐비트에 비트반전 오류가 발생하면 $|\beta_{00}\rangle$은 $|\beta_{01}\rangle$로 변한다. 마찬가지로 위상반전이 일어나면 $|\beta_{10}\rangle$으로 변하고 두 오류가 합쳐지면 $|\beta_{11}\rangle$로 변한다(관련 없는 전체위상은 무시한다). 비트반전이 발생했는지 감지하는 자연스러운 측정은 사영연산자 $\Pi_{\mathrm{bf}} = |\beta_{01}\rangle\langle\beta_{01}| + |\beta_{11}\rangle\langle\beta_{11}|$과 $I - \Pi_{\mathrm{bf}}$로 주어지고, 마찬가지로 $\Pi_{\mathrm{pf}} = |\beta_{10}\rangle\langle\beta_{10}| + |\beta_{11}\rangle\langle\beta_{11}|$과 $I - \Pi_{\mathrm{pf}}$로 기술되는 사영연산자는 위상반전을 감지한다. 이 두 측정 모두가 벨 기저와 교환법칙이 성립하므로 그 결과는 그 고전적 확률 주장을 따른다. 사실, 벨 기저와 교환법칙이 성립하는 어떠한 측정이라도 동일한 고전적 주장을 만족시킨다.

좀 더 정확히 말하면, 앨리스와 밥은 EPR 쌍의 부분집합을 무작위로 추출하여 EPR 쌍의 충실도를 제한할 수 있다. 앨리스가 $2n$개 EPR 쌍의 절반을 밥에게 보낸다고 하자. 이후에 그들은 무작위로 그 쌍 중에서 n개를 선택하고 Π_{bf} 또는 Π_{pf}(또 다시 무작위로 선택)를 공동으로 측정하여 이들 큐비트를 확인한다. BB84(확인문제 12.27)의 무작위 추출 테스트에서 사용했던 동일한 고전적 주장에 의해, δn비트 또는 위상반전 오류가 감지되면 나머지 n개의 EPR 쌍은 동일한 오류 수를 가질 것이 지수적으로 확실한데, 벨 기저로 측정할 경우에도 그렇다.

벨 상태는 국소적^{local}이 아니라서 일반적으로 벨 기저로 측정할 때 국소적이 아닌 연산이 필요한데, 이는 어려울 수 있다. 하지만 $\Pi_{\mathrm{bf}} = (I \otimes I - Z \otimes Z)/2$와 $\Pi_{\mathrm{pf}} = (I \otimes I - X \otimes X)/2$이기 때문에 다행히도 현재 체계에서는 필요치 않다. 따라서 앨리스와 밥은 파울리 연산자의 국소 측정을 사용해 원하는 검사를 수행할 수 있다. 양쪽 모두 Z를 측정하

거나 양쪽 모두 X를 측정해서 말이다.

확인문제 12.32: $I \otimes X$ 및 $X \otimes I$와 같이 앨리스와 밥이 수행하는 국소 측정은 벨 기저와 교환법칙이 성립하지 않는다. 그럼에도 앨리스와 밥이 측정으로부터 컴파일한 통계는 실제로 Π_{bf}와 Π_{pf}를 측정했을 때 얻었을 통계와 동일하다는 것을 보여라.

수정된 로-차우 프로토콜

따라서 벨 기저로 무작위 추출하면 앨리스와 밥은 이상적인 상태 $|\beta_{00}\rangle^{\otimes n}$에 대해 충실도가 알려진 EPR 쌍 ρ를 얻을 수 있으며, 이전에 논의한 바와 같이 그렇게 되면 이브가 ρ에 대해 어떠한 측정을 수행하더라도 이브의 상호정보에 경계가 생긴다. 하지만 ρ가 키 생성에 쓸모가 있으려면 앨리스와 밥은 자신들의 상태를 갖는 이브의 상호정보가 지수적으로 작아질 때까지 그 정보를 축소시켜야 한다. 이 작업은 측정 결과에 고전 비밀성 증폭을 적용하여 달성할 수 있다. 마찬가지로 앨리스와 밥은 12.5.2절에 언급한 것과 같이 먼저 얽힘 증류를 수행하여 어떤 $m < n$에 대해 $|\beta_{00}\rangle^{\otimes m}$에 아주 근접한 ρ'을 얻을 수 있으며, 그러고 나서 최종상태를 측정한다. 이러한 종류의 '양자 비밀성 증폭'은 우리에게 유용할 것이다.

대략적인 주장은 다음과 같다. 얽힘 증류는 양자 오류정정을 수행하여 달성할 수 있다. ρ에는 δn개 오류가 거의 확실하게 있기 때문에 이러한 큐비트를 δn개 정정의 양자 오류정정 코드로 인코딩하면 최대 δn개의 오류를 완벽하게 수정할 수 있다. 10.5.5와 10.5.8절에서 보았듯이 $[n, m]$ 안정자 코드를 사용하면 인코딩, 증후군 측정, 오류 복구는 그 코드에 대한 검사행렬의 행에 의해 결정된 파울리 연산자의 측정으로 수행할 수 있다. 앨리스와 밥은 단순히 ρ에 대한 자신들의 n큐비트 절반에 대해 동일한 측정과 복구 연산을 수행하여 $|\beta_{00}\rangle^{\otimes m}$에 상대적인 충실도를 갖는 오류정정 상태를 생성한다. 이 충실도의 차수는 1에다가 δn개 이상의 오류가 발생할 확률을 뺀 것과 같다. 구조적으로 증후군 측정은 벨 기저와 교환법칙이 성립하는 것으로 밝혀졌는데, 그 이유는 앨리스와 밥이 동일한 작업을 수행하기 때문이다.

무작위 추출과 얽힘 증류 부분을 서로 합치면 그림 12.14에 나타낸 수정된 로-차우 프로토콜$^{\mathrm{modified\ Lo\text{-}Chau\ protocol}}$이 만들어진다. 이 프로토콜에 대해 몇 가지 참고사항이 있다. 3단계와 7단계에서 수행하는 무작위 아다마르 변환은 X와 Z 기저로 인코딩된 정보를 감지하려는 이브 전략을 어렵게 한다(따라서 X와 Z 오류가 일어날 수 있다). 또한 그들은 검사 큐비트에서 Π_{bf} 또는 Π_{pf} 측정을 무작위로 선택할 수 있다. 9단계에서 사용한 특정 절차는 확인문제 12.34에서와 같이 어떠한 안정자 코드의 경우에라도 들어맞을 수 있다. CSS 코드에 대한 길버트-바르샤모프 경계Gilbert-Varshamov bound인 (10.74) 식은 큰 블록 길이에 대해 좋은 양자 코드가 존재하는 것을 보여준다. 따라서 δn개 오류정정 $[n, m]$ 양자 코드에 대해 보안 기준을 만족시키도록 n을 충분히 크게 선택할 수 있다.

QKD 프로토콜: 수정된 로-차우

1: 앨리스는 $|\beta_{00}\rangle^{\otimes 2n}$ 상태로 있는 $2n$개의 EPR 쌍을 만든다.

2: 앨리스는 $2n$개의 EPR 쌍 중에서 n개를 무작위로 선택하는데, 이는 이브의 간섭을 확인하기 위한 검사 용도로 사용할 것이다. 아직은 아무것도 하지 않는다.

3: 앨리스는 무작위의 $2n$개 비트 문자열 b를 선택하고 b가 1인 각 쌍의 두 번째 큐비트에 대해 아다마르 변환을 수행한다.

4: 앨리스는 각 쌍의 두 번째 큐비트를 밥에게 보낸다.

5: 밥은 큐비트를 받고 이 사실을 공표한다(announce).

6: 앨리스는 b를 공표하고 검사 비트를 제공하기 위한 n개 큐비트가 어느 것인지도 공표한다.

7: 밥은 b가 1인 큐비트에 대해 아다마르 변환을 수행한다.

8: 앨리스와 밥은 각자 $|0\rangle$, $|1\rangle$ 기저로 자신들의 n개 검사 큐비트를 측정하고 그 결과를 공개적으로 공유한다. 이들 중 t개 초과해서 불일치하면 그 프로토콜을 중단한다.

9: 앨리스와 밥은 최대 t개의 오류를 정정하는 미리 결정된 $[n, m]$ 양자 코드에 대한 검사행렬에 따라 자신들의 나머지 n개 큐비트를 측정한다. 그들은 결과를 공유하고 오류에 대한 증후군을 계산한 다음, 자신들의 상태를 정정하여 거의 완벽한 m개의 EPR 쌍을 얻는다.

10: 앨리스와 밥은 $|0\rangle$, $|1\rangle$ 기저로 그 m개의 EPR 쌍을 측정하여 공유 비밀 키를 얻는다.

그림 12.14 안전한 QKD 프로토콜. 완벽한 양자 컴퓨터 사용, 오류정정, EPR 쌍의 무작위 테스트 덕분이다.

확인문제 12.33: 입력상태 ρ가 측정될 때 각각의 결과 X_i를 생성하는 측정 관측가능량들의 집합을 $\{M_1, M_2,...,M_n\}$이라 하자. 확률변수 X_i가 $[X_i, X_j] = 0$인 경우, 즉 서로 교환법칙이 성립한다면 고전적 확률 주장을 따른다는 것을 밝혀라.

확인문제 12.34: (오류정정에 의한 얽힘 증류) 10.5.8절에서 $[n, m]$ 큐비트 안정자 코드의 코드워드는 임의의 n큐비트 양자상태에서 그 코드의 생성원 $g_1,...,g_{n-m}$을 측정하여 만들 수 있다는 것을 알았다. 그리고 나서 파울리 연산을 적용하면 그 결과를 생성원의 동시적인 $+1$ 고유상태가 되게 변경한다. 이 아이디어를 사용하여 $|\beta_{00}\rangle^{\otimes n}$ 상태의 n개 EPR 쌍으로 시작하고 n개 큐비트 쌍의 반절에 대해 동일한 생성원 측정을 수행하고 나서 파울리 연산을 수행하여 그 쌍들 간에 측정 결과의 차이를 정정하면 인코딩된 $|\beta_{00}\rangle^{\otimes m}$ 상태를 얻는다는 것을 보여라. 또한 안정자 코드가 최대 δn개 오류를 정정하면, 심지어 δn개 오류가 n개 큐비트 절반에 해당하더라도 여전히 $|\beta_{00}\rangle^{\otimes m}$을

얻는다는 것을 보여라.

양자 오류정정 프로토콜

수정된 로-차우 프로토콜은 양자 오류정정을 사용해서 얽힘 증류를 수행하며 기본적으로 EPR 프로토콜을 기반으로 한다. 얽힘은 약한 자원이라서 양자 오류정정에는 일반적으로 강력한 양자 컴퓨터가 필요한데, 그렇게 하기는 힘들다. 하지만 다행히도 이 프로토콜은 일련의 단계로 체계적으로 단순화시킬 수 있으며, 각 단계는 체계의 보안을 손상시키지 않는다. 먼저 EPR 쌍을 분배할 필요가 없게 만드는 것으로 시작하자.

수정된 로-차우 프로토콜이 끝날 때 앨리스가 수행하는 측정은 그 외의 어떠한 상태도 변경시키지 않으면서 맨 처음으로 수행할 수 있다. 8단계에서 앨리스가 검사 EPR 쌍의 절반을 측정하면 그 쌍이 n개의 단일 큐비트로 붕괴되므로, 그녀는 얽힌 상태를 보내는 게 아니라 그냥 단일 큐비트들을 보내게 된다. 따라서 다음과 같이 단계를 수정할 수 있다.

1′: 앨리스는 n개의 무작위 검사 비트와 $|\beta_{00}\rangle^{\otimes n}$ 상태로 있는 n개의 EPR 쌍을 만든다. 또한 그녀는 그 검사 비트에 따라 n개 큐비트를 $|0\rangle$ 또는 $|1\rangle$로 인코딩한다.

2′: 앨리스는 무작위로 (2n개 중에서) n개의 위치를 선택해서 검사 큐비트를 이들 위치에 배치하고 각 EPR 쌍의 절반을 나머지 위치에 배치한다.

8′: 밥은 $|0\rangle$, $|1\rangle$ 기저로 n개의 검사 큐비트를 측정하고 그 결과를 앨리스와 공개적으로 공유한다. 이들 중 t개 초과해서 불일치하면 프로토콜을 중단한다.

마찬가지로 9단계와 10단계에서 앨리스가 측정하면 EPR 쌍은 무작위 양자 코드로 인코딩된 무작위 큐비트로 붕괴된다. 이러한 점은 다음과 같은 방식으로 바라볼 수 있다. 이 절의 나머지 부분에서 사용할 특히 편리한 코드 선택은 C_2에 대한 C_1의 $[n, m]$ CSS 코드인 $\mathrm{CSS}(C_1, C_2)$이다. 이 코드는 m개 큐비트를 n개 큐비트로 인코딩하고 최대 t개의 오류를 정정한다. 10.4.2절로부터 이 코드의 경우 H_1과 $H_2^\perp$는 고전코드 C_1과 $C_2^\perp$에 대응하는 패리티 검사 행렬이며 각 코드워드 상태는

$$\frac{1}{\sqrt{|C_2|}} \sum_{w \in C_2} |v_k + w\rangle \tag{12.201}$$

라는 점을 상기하자. 여기서 v_k는 C_1에 속한 C_2의 2^m개 잉여류 중 하나를 나타낸다(v_k 표기는 키 문자열^{key string} k로 인덱스를 붙인 벡터 v를 의미한다). 또한 이와 동등한 코드 계열^{family of codes}이면서 코드워드 상태

$$|\xi_{v_k,z,x}\rangle = \frac{1}{\sqrt{|C_2|}} \sum_{w \in C_2} (-1)^{z \cdot w} |v_k + w + x\rangle \tag{12.202}$$

를 갖는 $\text{CSS}_{z,x}(C_1, C_2)$가 존재한다는 점도 상기하자. 이 상태는 2^n차원 힐베르트 공간에 대한 정규직교 기저를 형성하므로(확인문제 12.35 참조) 앨리스의 n개 EPR 쌍 상태를

$$|\beta_{00}\rangle^{\otimes n} = \sum_{j=0}^{2^n} |j\rangle|j\rangle = \sum_{v_k,z,x} |\xi_{v_k,z,x}\rangle|\xi_{v_k,z,x}\rangle \tag{12.203}$$

로 표현할 수 있다. 이 식에서 레이블을 2개의 켓^{ket}으로 분리했는데, 첫 번째는 앨리스가 갖는 큐비트를 나타내고 두 번째는 밥에게 전송되는 큐비트를 나타낸다는 점에 유의한다. 앨리스는 9단계에서 큐비트에 대해 H_1과 $H_{\frac{1}{2}}$에 해당하는 안정자 생성원을 측정할 때 x와 z에 대한 무작위 값을 얻는다. 마찬가지로 10단계의 최종 측정에서는 v_k를 무작위로 선택할 수 있다. 따라서 나머지 n큐비트는 $|\xi_{v_k,z,x}\rangle$ 상태로 있게 되는데, 이는 $\text{CSS}_{z,x}(C_1, C_2)$에 있는 v_k에 대한 코드워드다. 이는 2^m개 큐비트 상태 $|k\rangle$의 인코딩에 대응하는 것이다. 그러므로 위에서 주장한 바와 같이 앨리스의 측정은 무작위 코드로 인코딩된 무작위 큐비트를 생성한다.

따라서 앨리스는 EPR 쌍의 절반을 보내는 대신 x, z, k를 동등하게 무작위로 선택하고 나서 $\text{CSS}_{z,x}(C_1, C_2)$ 코드로 $|k\rangle$를 인코딩하여 밥에게 인코딩된 n큐비트를 보낼 수 있다. 이렇게 하면 다음과 같이 수정한 단계가 된다.

1″: 앨리스는 n개의 무작위 검사 비트, 무작위 m비트 키 k, 2개의 무작위 n비트 문자열 x와 z를 만든다. 그녀는 $\text{CSS}_{z,x}(C_1, C_2)$ 코드로 $|k\rangle$를 인코딩한다. 또한 검사 비트에 따라 n큐비트를 $|0\rangle$ 또는 $|1\rangle$로 인코딩한다.

2″: 앨리스는 무작위로 (2n개 중) n개의 위치를 선택해서 검사 큐비트를 이들 위치에 배치하고 인코딩된 큐비트를 나머지 위치에 배치한다.

6′: 앨리스는 b, x, z를 공표하고 검사 비트를 제공하기 위한 n개 큐비트가 어느 것인지도 공표한다.

9′: 밥은 $\text{CSS}_{z,x}(C_1, C_2)$의 나머지 n큐비트를 디코딩한다.

10′:　밥은 자신의 큐비트를 측정하여 공유 비밀 키 k를 얻는다.

이 결과로 나오는 체계는 CSS 코드 프로토콜이라 하며 그림 12.15에 나와 있다.

확인문제 12.35:　(12.202)에서 정의한 상태 $|\xi_{v_k,z,x}\rangle$가 2^n차원 힐베르트 공간에 대한 정규 직교 기저를 형성함을 보여라. 즉,

$$\sum_{v_k,z,x} |\xi_{v_k,z,x}\rangle\langle\xi_{v_k,z,x}| = I \qquad (12.204)$$

임을 보이면 된다.

힌트: C_1의 경우 $[n, k_1]$ 코드, C_2의 경우 $[n, k_2]$ 코드, 그리고 $m = k_1 - k_2$이다. 또한 v_k에 대해서는 2^m개의 서로 다른 값이 존재하고, x에 대해서는 2^{n-k_1}개, y에 대해서는 2^{k_2}개의 서로 다른 값이 존재한다는 점에 유의한다.

확인문제 12.36:　(12.203) 식을 증명하라.

확인문제 12.37:　이 문제를 통해 9단계와 10단계에서 앨리스의 측정이 EPR 쌍을 무작위 양자 코드로 인코딩된 무작위 큐비트로 붕괴시키는 이유를 다른 방식으로 이해할 수 있다. 앨리스가 EPR 쌍 $(|00\rangle + |11\rangle)/\sqrt{2}$을 갖고 있다고 하자. 그녀가 X 기저로 첫 번째 큐비트를 측정하면 두 번째 큐비트가 측정 결과에 의해 결정되는 X의 고유상태로 붕괴된다는 것을 보여라. 마찬가지로 그녀가 Z 기저로 측정하면 두 번째 큐비트는 측정 결과에 의해 레이블이 지정되는 Z 고유상태로 된다는 것을 보여라. 이러한 관측과 10.5.8절의 결과를 사용하여 앨리스의 EPR 쌍 절반에 대해 H_1, $H_2^\perp$ 그리고 $\bar{Z}$의 앨리스 측정은 그녀의 측정 결과에 의해 결정되는 $\text{CSS}_{z,x}(C_1, C_2)$의 무작위 코드워드가 나온다는 결론이 나오게 하라.

QKD 프로토콜: CSS 코드

1'': 앨리스는 n개의 무작위 검사 비트, 무작위 m비트 키 k, 2개의 무작위 n비트 문자열 x와 z를 만든다. 그녀는 $CSS_{z,x}(C_1, C_2)$ 코드로 $|k\rangle$를 인코딩한다. 또한 검사 비트에 따라 n큐비트를 $|0\rangle$ 또는 $|1\rangle$로 인코딩한다.

2'': 앨리스는 무작위로 ($2n$개 중) n개의 위치를 선택해서 검사 큐비트를 이들 위치에 배치하고 인코딩된 큐비트를 나머지 위치에 배치한다.

3: 앨리스는 무작위의 $2n$개 비트 문자열 b를 선택하고 b가 1인 각 쌍의 두 번째 큐비트에 대해 아다마르 변환을 수행한다.

4: 앨리스는 그 결과로 나온 큐비트를 밥에게 보낸다.

5: 밥은 큐비트를 받고 이 사실을 공개적으로 공표한다.

6': 앨리스는 b, x, z를 공표하고 검사 비트를 제공하기 위한 n개 큐비트가 어느 것인지도 공표한다.

7: 밥은 b가 1인 큐비트에 대해 아다마르 변환을 수행한다.

8': 밥은 $|0\rangle$, $|1\rangle$ 기저로 n개의 검사 큐비트를 측정하고 그 결과를 앨리스와 공개적으로 공유한다. 이들 중 t개 초과해서 불일치하면 프로토콜을 중단한다.

9': 밥은 $CSS_{z,x}(C_1, C_2)$의 나머지 n큐비트를 디코딩한다.

10': 밥은 자신의 큐비트를 측정하여 공유 비밀 키 k를 얻는다.

그림 12.15 안전한 QKD 프로토콜. 수정된 로–차우 프로토콜을 CSS 코드를 통해 단순화시킨 덕분이다.

BB84로의 환산

CSS 코드 QKD 프로토콜은 수정된 로–차우 프로토콜을 바로 환산시킨 덕분에 안전하고, 어떠한 EPR 쌍이라도 사용하지 않기 때문에 훨씬 단순하다. 하지만 안타깝게도 여전히 만족스럽지 않다. 그 이유는 인코딩과 디코딩을 수행하려면 완벽한 양자계산이 필요하고(단일 큐비트 준비 및 측정 대신) 밥은 앨리스의 통신을 기다리는 동안 큐비트를 양자 메모리에 임시로 저장해야 하기 때문이다. 그러나 다음과 같이 CSS 코드를 사용하면 비트반전 정정과 위상반전 정정이 분리되기 때문에 이러한 두 가지 요구사항을 본질적으로 없앨 수 있다.

첫째, 밥이 디코딩 직후 Z 기저로 자신의 큐비트를 측정한다는 점에 주목한다. 즉, 앨리스가 z로서 보내는 위상 정정 정보는 불필요하다. 따라서 C_1과 C_2는 고전코드이므로 디코딩 후 측정하는 대신 즉시 측정하여 $v_k + w + x + \epsilon$(여기서 ϵ은 채널과 이브로 인해 발생할 수 있는 오류를 나타냄)을 얻고 나서 고전적으로 디코딩할 수 있다. 즉, 그는 앨리스가 공표한 x 값을 빼고 나서 그 결과를 C_1의 코드워드로 정정한다. 코드의 거리가 초과되지 않으면 그 코드워드는 확실히 $v_k + w$이다. 최종 키 k는 C_1에서 $v_k + w + C_2$의 잉여류다(잉여류에 대한 설명과 이 표기법은 부록 2 참조). 이렇게 하면 다음과 같게 된다.

9'': 밥은 나머지 큐비트를 측정하여 $v_k + w + x + \epsilon$을 얻고, 그 결과에서 x를 빼고 나서 C_1 코드로 정정하여 $v_k + w$를 얻는다.

10'': 밥은 C_1에서 $v_k + w + C_2$의 잉여류를 계산하여 k 키를 얻는다.

둘째, 앨리스는 z를 공개할 필요가 없기 때문에 효과적으로 보내는 상태는 혼합상태이며 z의 무작위 값에 대한 평균이다. 즉,

$$\rho_{v_k, x} = \frac{1}{2^n} \sum_z |\xi_{v_k, z, x}\rangle \langle \xi_{v_k, z, x}| \tag{12.205}$$

$$= \frac{1}{2^n |C_2|} \sum_z \sum_{w_1, w_2 \in C_2} (-1)^{z \cdot (w_1 + w_2)} |v_k + w_1 + x\rangle \langle v_k + w_2 + x| \tag{12.206}$$

$$= \frac{1}{|C_2|} \sum_{w \in C_2} |v_k + w + x\rangle \langle v_k + w + x| \tag{12.207}$$

가 된다. 이 상태는 만들기 쉽다. 즉, 앨리스는 무작위로 $w \in C_2$를 선택하고 무작위로 결정된 x와 k를 사용하여 $|v_k + w + x\rangle$를 만들면 된다. 따라서 다음과 같이 된다.

1''': 앨리스는 n개의 무작위 검사 비트, 무작위 n비트 문자열 x, 무작위 $v_k \in C_1/C_2$, 무작위 $w \in C_2$를 만든다. 그녀는 $v_k + w + x$에 따라 $|0\rangle$ 또는 $|1\rangle$ 상태로 n큐비트를 인코딩하고, 마찬가지로 검사 비트에 따라 n큐비트를 인코딩한다.

6단계를 약간 변경하면 1'''과 9''단계를 더 단순화시킬 수 있다. 현재 앨리스는 $|v_k + w + x\rangle$를 보내고 밥은 받아서 측정하여 $v_k + w + x + \epsilon$을 얻는다. 그리고 나서 앨리스는 x를 보내는데 밥은 이를 받아 뺄셈을 하여 $v_k + w + \epsilon$을 얻는다. 그러나 앨리스가 $v_k \in C_1(C_1/C_2$와 반대)을 선택하면 w는 불필요하다. 더욱이 $v_k + x$는 완전히 무작위 n비트 문자열이며, 위의 프로토콜 대신에 앨리스가 x를 무작위로 선택하여 $|x\rangle$를 보내고 밥이 $x + \epsilon$을 받아 측정하고 나서 앨리스는 $x - v_k$를 보내는데, 밥은 이것을 뺄셈하여 $v_k + \epsilon$을 얻는 것과 동일하다. 이제 무작위 검사 비트와 코드 비트 사이에는 차이가 없다! 이렇게 하면 다음과 같이 된다.

1'''': 앨리스는 무작위 $v_k \in C_1$을 선택하고 $2n$개의 무작위 비트에 따라 $|0\rangle$ 또는 $|1\rangle$ 상태의 $2n$개 큐비트를 만든다.

2'''': 앨리스는 무작위로 (2n개 중) n개의 위치를 선택해서 이를 검사 큐비트로 지정하고 나머지는 $|x\rangle$로 지정한다.

6″: 앨리스는 b, $x - v_k$를 공표하고 검사 비트를 제공하기 위한 n큐비트가 어느 것인 지도 공표한다.

9‴: 밥은 나머지 큐비트를 측정하여 $x + \epsilon$을 얻고, 그 결과에서 $x - v_k$를 빼고 나서 C_1 코드로 정정하여 v_k를 얻는다.

10″: 앨리스와 밥은 C_1에서 $v_k + C_2$의 잉여류를 계산하여 k 키를 얻는다.

다음으로 앨리스는 아다마르 연산을 수행할 필요가 없다는 점에 주목한다(실제로 단일 큐비트 연산은 그리 어렵지 않아 광자로 수행하지만 말이다). 대신에 그녀는 다음과 같이 b의 비트에 따라 $|0\rangle$, $|1\rangle$ 기저(Z 기저) 또는 $|+\rangle$, $|-\rangle$ 기저(X 기저)로 큐비트를 바로 인코딩할 수 있다.

1‴″: 앨리스는 $(4 + \delta)n$개의 무작위 비트를 만든다. 각 비트에 대해 그녀는 무작위 비트 문자열 b에 따라 $|0\rangle$, $|1\rangle$ 기저 또는 $|+\rangle$, $|-\rangle$ 기저로 큐비트를 만든다.

거의 끝났다. 이제 인코딩과 디코딩은 고전적으로 수행된다. 남아 있는 문제는 양자 메모리를 필요 없게 만드는 것이다. 이 문제를 해결하기 위해 밥은 앨리스로부터 큐비트를 받은 직후 바로 측정한다고 하자. 이때 X 또는 Z 기저를 무작위로 선택하여 측정하는 것이다. 이어서 앨리스가 b를 공표하면, 그들은 서로 동일한 기저로 측정된 비트들만 남기면 된다. 이를 통해 밥은 자신의 양자 저장장치를 완전히 치워버릴 수 있다. 높은 확률로 비트의 절반을 폐기하므로 이전과 동일한 수의 키 비트를 얻으려면 원래 무작위 비트 수의 두 배보다 약간 더 많은 (이를 테면 δ) 것으로 시작해야 한다. 물론 앨리스는 이제 폐기 단계가 끝날 때까지 검사 비트가 될 비트의 선택을 늦춰야 한다. 이렇게 해서 최종 프로토콜이 나오며 그림 12.16에 나타나 있다. 이 프로토콜은 외관만 약간 다를 뿐 BB84와 똑같다. 고전코드 C_1을 사용하여 정보 조정을 수행하고 C_1에서 $v_k + C_2$의 잉여류를 계산하여 비밀성 증폭을 수행하는 방식에 주목한다(12.6.2절 참조).

QKD 프로토콜: 안전한 BB84

1: 앨리스는 $(4 + \delta)n$개의 무작위 비트를 만든다.

2: 각 비트에 대해 그녀는 무작위 비트 문자열 b에 따라 Z 기저 또는 X 기저로 큐비트를 만든다.

3: 앨리스는 그 결과로 나온 큐비트를 밥에게 보낸다.

4: 앨리스는 무작위 $v_k + C_1$을 선택한다.

5: 밥은 큐비트를 받고 이 사실을 공개적으로 공표하고 나서 무작위로 Z 또는 X 기저로 각 큐비트를 측정한다.

6: 앨리스는 b를 공표한다.

7: 밥이 b가 아닌 다른 기저로 측정했던 비트들을 앨리스와 밥은 버린다. 높은 확률로 최소 $2n$개 비트가 남는다. 그렇지 않은 경우, 프로토콜을 중단한다. 앨리스는 계속 사용할 $2n$개 비트의 집합을 무작위로 결정하여 사용하는데, 이들 중 검사 비트로 할 n개를 무작위로 선택하고 그 선택을 공표한다.

8: 앨리스와 밥은 공개적으로 자신들의 검사 비트를 비교한다. 이들 중 t개를 초과해서 일치하지 않으면 프로토콜을 중단한다. 앨리스는 n비트 문자열 x를, 밥은 $x + \epsilon$을 남긴다.

9: 앨리스가 $x - v_k$를 공표한다. 밥은 자신의 결과에서 이것을 뺄셈하고 C_1 코드로 정정하여 v_k를 얻는다.

10: 앨리스와 밥은 C_1에서 $v_k + C_2$의 잉여류를 계산하여 k 키를 얻는다.

그림 12.16 CSS 코드 프로토콜을 체계적으로 환산시켜 만든 최종 QKD 프로토콜. 이는 BB84와 똑같다(약간의 모양 차이는 무시한다). 깔끔하게 보이기 위해 ′ 표시를 제거했다.

요약하면 우리는 완벽한 양자계산과 양자 메모리를 필요로 하는 아주 안전한 체계에서 시작하여 체계적으로 BB84로 환산시켜 BB84 양자 키 분배 프로토콜의 보안을 체계적으로 증명했다. 이브의 양자상태(고전정보는 모두 드러나는 것을 조건으로 한다)를 변경하지 않고 그대로 두고 수정했기 때문에 BB84가 안전하다는 결론이 나온다. 당연히 몇 가지 주의 사항이 있다. 이 증명은 전송 상태가 위에 기술한 대로인 이상적인 상황에만 적용된다. 실제로 큐비트 소스는 불완비하다. 예를 들면 그러한 소스로는 흔히 감쇠시킨 레이저가 있는데, 이는 큐비트를 나타내는 단일 광자를 근사적으로 만들어낸다(7.4.1절에서 설명했다). 게다가 이 증명은 앨리스와 밥이 디코딩에 들이는 노력의 양에 제한을 두지 않는다. 즉, 키를 실제로 분배하려면 C_1을 효율적으로 디코딩할 수 있어야 한다. 또한 이 증명은 허용가능한 도청에 대한 상계도 두지 않는다. 즉, CSS 코드를 사용하는데 이는 최적이 아니다. BB84와 유사한 프로토콜을 사용하면 최대 11%의 비트 및 위상 오류율이 허용되지만 인코딩 및 디코딩에 양자 컴퓨터의 도움을 받으면 더 높은 오류율이 허용될 수 있다. 양자 암호학의 궁극적인 능력은 흥미로운 미확정 사안이며, 계산 및 통신의 물리적 한계에 대한 이러한 근본적 질문에 연구자들이 흥미를 느껴 앞으로도 도전할 것을 기대한다.

확인문제 12.38:   여러분에게 비직교 상태를 구별할 수 있는 능력이 있다면 BB84의 보안과 실제로 위에서 기술했던 모든 QKD 프로토콜을 손상시킬 수 있음을 보여라.

문제 12.1:   이 문제에서는 홀레보 경계에 대한 또 다른 증명을 자세히 알아볼 것이다. 먼저 다음과 같이 홀레보 카이 수량^{Holevo chi quantity}을 정의해놓자.

$$\chi \equiv S(\rho) - \sum_x p_x S(\rho_x) \tag{12.208}$$

1. 양자계가 A와 B의 두 부분으로 구성되어 있다고 하자. 그러면

$$\chi_A \leq \chi_{AB} \tag{12.209}$$

가 됨을 보여라(힌트: AB와 상관관계가 있는 계를 추가로 도입하고 강한 준가법성을 적용한다).

2. $\mathcal{E}$을 양자연산이라 하자. 위의 결과를 사용하여

$$\chi' \equiv S(\mathcal{E}(\rho)) - \sum_x p_x S(\mathcal{E}(\rho_x)) \leq \chi \equiv S(\rho) - \sum_x p_x S(\rho_x) \tag{12.210}$$

가 됨을 보여라. 즉, 양자연산을 하면 홀레보 카이 수량은 감소한다. 이것은 그 자체로 중요하고 유용한 사실이다.

3. E_y를 POVM 원소들의 집합이라 하자. 또한 정규직교 기저 $|y\rangle$를 갖는 '장치' 계^{'apparatus' system} M을 고려해서 이 양자계를 확장시키자. 이때 양자연산은

$$\mathcal{E}(\rho \otimes |0\rangle \langle 0|) \equiv \sum_y \sqrt{E_y} \rho \sqrt{E_y} \otimes |y\rangle \langle y| \tag{12.211}$$

로 정의하는데, 여기서 $|0\rangle$은 M의 표준 순수상태다. $\mathcal{E}$을 작용시킨 후에는 $\chi_M = H(X:Y)$가 됨을 증명하라. 이 결과와 앞선 두 결과를 사용하여

$$H(X:Y) \leq S(\rho) - \sum_x p_x S(\rho_x) \tag{12.212}$$

가 됨을 보여라. 이 식이 바로 홀레보 경계다.

문제 12.2:   이 문제는 위 문제의 확장판 성격을 갖는다. 비직교 순수상태에 대한 복제 과정이 반드시 χ를 증가시킬 것임을 보여서 복제불가 정리를 증명하라.

문제 12.3:   고정된 양자 소스 및 비율 $R > S(\rho)$에 대해 R 비율의 압축체계를 구현하는

양자회로를 설계하라.

문제 12.4: (선형성으로 인해 복제가 금지됨) A와 B의 두 슬롯을 갖는 양자 머신이 있다고 하자. 데이터 슬롯data slot인 A 슬롯은 알려지지 않은 양자상태 ρ에서 시작한다. 이것은 복사할 상태다. 대상 슬롯target slot인 B 슬롯은 표준 양자상태 σ에서 시작한다. 어떠한 후보 복사 절차candidate copying procedure라도 초기상태에서 선형이라고 가정하자. 즉,

$$\rho \otimes \sigma \rightarrow \mathcal{E}(\rho \otimes \sigma) = \rho \otimes \rho \tag{12.213}$$

가 되는데, 여기서 $\mathcal{E}$은 선형함수다. $\rho_1 \neq \rho_2$가 밀도 연산자이고

$$\mathcal{E}(\rho_1 \otimes \sigma) = \rho_1 \otimes \rho_1 \tag{12.214}$$

$$\mathcal{E}(\rho_2 \otimes \sigma) = \rho_2 \otimes \rho_2 \tag{12.215}$$

가 된다면 ρ_1과 ρ_2의 어떠한 혼합이라도 이 절차에 의해 올바르게 복사되지 않음을 보여라.

문제 12.5: (양자채널의 고전 용량−연구) 곱상태 용량 (12.71)은 고전정보에 대한 노이즈 양자채널의 실제 용량인가? 즉, 그 채널에 대해 얽힌 입력이 허용되는 용량인가?

문제 12.6: (용량 달성 방법−연구) 고전정보에 대해 노이즈 양자채널의 곱상태 용량 (12.71)에 가까운 비율을 달성하는 코드에 대한 효율적인 구성을 구하라.

문제 12.7: (양자채널 용량−연구) 양자정보 전송에 대해 주어진 양자채널 $\mathcal{E}$의 용량을 평가하는 방법을 구하라.

12장 요약: 양자정보이론

- 복제불가: 임의의 $|\psi\rangle$에 대해 $|\psi\rangle$가 주어지면 $|\psi\rangle|\psi\rangle$를 출력하는 양자 장치를 만들 수 없다.

- 홀레보 경계: 확률분포 p_x로 전송된 양자상태 ρ_x를 구별하려고 할 때 접근 가능한 최대 고전정보는

$$H(X:Y) \leq \chi \equiv S\left(\sum_x p_x \rho_x\right) - \sum_x p_x S(\rho_x)$$

가 된다.

- 슈마허의 양자 무노이즈 채널 코딩 정리: $S(\rho)$는 ρ로 기술되는 양자 소스를 정확하게 표현하는 데 필요한 큐비트 수로 해석할 수 있다.

- 홀레보-슈마허-웨스트모어랜드 정리: 고전정보에 대한 노이즈 양자채널 $\mathcal{E}$의 용량은

$$C(\mathcal{E}) = \max_{\{p_x, |\psi_x\rangle\}} S\left(\sum_x p_x \mathcal{E}(|\psi_x\rangle\langle\psi_x|)\right) - \sum_x p_x S(\mathcal{E}(|\psi_x\rangle\langle\psi_x|)) \qquad (12.216)$$

  가 된다.

- 얽힘 변환을 위한 우세화 조건: 앨리스와 밥이 국소연산과 고전통신으로 $|\psi\rangle$를 $|\varphi\rangle$로 변환할 수 있기 위한 필요충분조건은 $\lambda_\psi \prec \lambda_\varphi$이다. 여기서 λ_ψ는 $|\psi\rangle$의 환산밀도행렬에 대한 고윳값 벡터다(λ_φ의 경우도 마찬가지다).

- 순수상태 얽힘 증류와 얽힘 희석: 앨리스와 밥은 $n \to \infty$일 때 국소연산과 고전통신만으로 공동상태 $|\psi\rangle$의 n개 복사본과 $nS(\rho)$ 벨 쌍 간에 서로 변환시킬 수 있다. 여기서 ρ는 환산밀도행렬이다.

- 양자 암호학: BB84와 같은 프로토콜을 통해 비직교 양자상태를 사용하여 통신하면 증명 가능하고 안전한 키 분배가 가능하다. 채널을 도청하면 감지 가능할 정도로 오류율이 증가한다. 정보 획득 자체가 교란을 의미하기 때문이다.

역사와 추가자료

커버와 토마스의 책[CT91]은 고전정보이론에 대한 훌륭한 입문서다. 정보이론에 대해 좀 더 고급이지만 여전히 읽기 쉽게 다룬 것을 원하는 독자는 치자와 쾨르너의 논문[CK81]을 참조하면 좋다. 또한 읽을 만한 가치가 있는 것은 20세기 과학에서 가장 영향력 있는 섀넌의 원본 논문들이다. 이 논문들은 섀넌과 위버가 한 권[SW49]으로 묶어 재발행했다. 베넷과 쇼어[BS98] 그리고 베넷과 디빈센조[BD00]는 양자정보이론에 대한 훌륭한 리뷰논문을 저술했다.

복제불가 정리의 기원은 디에크스[Die82] 그리고 우터스와 주렉[WZ82]이다. 이들 결과의 적용 범위를 확대시키기 위해 엄청난 양의 작업을 수행했다. 대부분의 논문은 특정 방식으로 흥미로운 복제기를 위한 다양한 체계를 고려한다(그러한 논문에서는 복제 충실도의 측정

을 최적화하거나 복제기가 갖기를 원하는 다른 특성을 최적화한다). 여기서는 이 작업에 대한 전체 검토를 시도하지 않을 것이지만 이러한 논문 중 많은 것을 인터넷 http://arXiv.org/의 quant-ph 아카이브에서 찾아볼 수 있다. 특히 관심이 가는 일부 논문에는 바넘, 케이브즈, 훅스, 조사, 슈마허[BCF+96]의 연구가 포함되어 있어 복제불가 정리의 적용 범위를 혼합상태와 비유니타리 복제 장치로 확장시켰다. 즉, 복합계의 상태복제에 대한 논문은 모르[Mor98], 복제와 빛보다 빠른 통신 간의 가능한 동등성에 대한 논문은 웨스트모어랜드와 슈마허[WS98] 그리고 이에 대한 반박 논문에 대해서는 반 앤크[van98b]가 저술했다.

홀레보 경계는 고든이 1964년에 추측했고[Gor64], 홀레보가 1973년에 증명했다[Hol73]. 이 책에서 제시한 개념적으로 간단한 증명은 입증하기 어려운 강한 준가법성 부등식에 기반을 두고 있지만, 홀레보는 훅스와 케이브즈[FC94]가 단순화시킨 좀 더 직접적인 접근법을 사용했다. 강한 준가법성을 통한 접근법에 대한 기원은 유엔과 오자와[YO93]다. 슈마허, 웨스트모어랜드, 우터스[SWW96]도 참조하기 바란다.

고전 무노이즈 채널 코딩 정리의 기원은 섀넌[Sha48, SW49]이다. 양자 무노이즈 채널 코딩 정리의 기원은 슈마허[Sch95]인데, 양자정보이론의 많은 기본 개념을 통합된 방식으로 소개한 선구적인 논문 속에 이 정리가 기술돼 있고 소스, 충실도 측도, 양자상태 개념을 정보이론적 용어로 다룰 수 있는 자원으로 포함하고 있다. 간단하지만 심오한 이러한 지식이 이어져 슈마허가 지금은 어디서나 사용되는 용어인 큐비트^{qubit}를 논문에 도입하기에 이르렀는데, 큐비트 용어는 슈마허와 우터스가 대화하는 중에 만들어졌다. 조사와 슈마허의 논문[JS94]에서는 슈마허의 초기 접근법을 단순화시켰다. 이 논문은 [Sch95]보다 앞서 발표되었지만 나중에 저술된 것이다. 이 논문들은 확인문제 12.8에서 논의한 앙상블 평균 충실도 측도에 바탕을 둔 것이지, 이 책에서 다룬 얽힘 충실도 기반의 증명에 바탕을 둔 것이 아니며 이 증명은 닐슨[Nie98]의 접근법을 기반으로 한다. 슈마허의 초기 논문, 그리고 슈마허와 조사의 초기 논문에 있는 미세한 허점은 바넘, 훅스, 조사, 슈마허의 논문[BFJS96]으로 메꾸었다. 뒤이어 M. 호로데키[Hor97]는 혼합상태 앙상블의 양자 데이터 압축 이론을 가리키기도 한 것과 동일한 결과를 더 강력하게 증명했다. 커버의 열거형 코딩 방법[CT91]의 양자 유사 버전이며 박스 12.4에서 설명한 압축체계는 원래 슈마허가 제안했으며[Sch95], 이에 대한 양자회로는 클레베와 디빈센조가 명확히 제시했다[CD96]. 브라운슈타인, 훅스, 고테스만, 로[0]는 이를 일반화시켜 후프만 인코딩에 대한 양자 유사 버전을 제시했고[BFGL98] 추앙과 모드하는 산술 코딩에 대한 양자 유사 버전을 제시했다[CM00].

홀레보-슈마허-웨스트모어랜드(HSW) 정리는 흥미로운 역사를 갖고 있다. 이 문제는 1979년 홀레보가 처음 언급했는데[Hol79], 그는 그 문제에 대해 일부 진전을 이루었다. 이 일을 알지 못했던 하우스라덴, 조사, 슈마허, 웨스트모어랜드, 우터스는 1996년에 그 문제의 특수한 경우를 해결했다[HJS+96]. 얼마 지나지 않아 홀레보[Hol98] 그리고 슈마허와 웨스트모어랜드[SW97]는 고전정보에 대해 노이즈 양자채널의 곱상태 용량을 제공하는 HSW 정리를 서로 독자적으로 증명했다. 훅스[Fuc97]는 곱상태 용량에 대한 몇 가지 흥미로운 예를 기술했다. 여기서 용량에 대한 식 (12.71)을 최대화하는 상태의 앙상블에는 비직교 멤버가 포함된다. 킹과 루스카이[KR99]는 곱상태 용량이 곱상태에 제한되지 않은 용량과 동일하다는 것을 보여주는 문제에 대해 기대되는 진전을 이루었지만 일반적인 문제는 여전히 해결하지 못했다.

엔트로피 교환은 린드블라드[Lin91]가 정의했고, 양자 파노 부등식을 증명한 슈마허[Sch96b]가 재발견했다. 결맞음 정보는 로이드[Llo97] 그리고 슈마허와 닐슨[SN96]이 노이즈 양자채널의 용량에 대한 문맥에서 도입했다. 즉, [SN96]에서는 양자 데이터 처리 부등식을 증명한다. 확인문제 12.15에 언급된, 부등식을 포함한 표는 닐슨의 박사 논문[Nie98]에서 찾을 수 있다. 양자채널 용량을 결정하는 아직 미해결 문제(문제 12.7)는 흥미로운 역사를 갖고 있다. 이 주제에 대한 초기 업적은 여러 다른 관점에서 나왔는데 바넘, 닐슨, 슈마허[BNS98], 베넷, 디빈센조, 스몰린, 우터스[BDSW96], 로이드[Llo97], 슈마허[Sch96b], 슈마허와 닐슨[SN96]의 논문에서 볼 수 있다. 이러한 여러 관점이 동등하다는 것은 바넘, 닐, 닐슨[BKN98] 그리고 바넘, 스몰린, 테럴[BST98]의 업적을 통해 알려졌다. 그 용량은 베넷, 디빈센조, 스몰린[BDS97]이 일부 특정 채널(특히 양자 소실 채널quantum erasure channel)에 대해 정했으며, 퇴화 양자 코드를 흥미롭게 사용하는 탈분극 채널의 용량에 대한 하계값은 쇼어와 스몰린[SS96]이 구했고 디빈센조, 쇼어, 스몰린[DSS98]이 세밀하게 조정했다. 주렉[Zur89], 밀번[Mil96], 로이드[Llo96]는 양자 맥스웰의 도깨비에 대한 예를 분석했는데, 오류정정 상황에서 한 것은 아니었다. 여기서 그 분석은 닐슨, 케이브즈, 슈마허, 바넘[NCSB98]의 작업을 기반으로 한다. 베드럴[Ved99]은 이러한 관점을 추구하여 얽힘 증류 절차에 대한 극한을 구했다. 양자 싱글톤 경계의 기원은 닐[Knill]과 라플램[KL97]이다. 이 책에 나온 증명의 기원은 프레스킬[Pre98b]이다.

얽힘에 대한 연구는 주요 연구 분야로 꽃을 피웠으며 이 주제에 대한 논문이 너무 많아서 여기서 일일이 언급할 수 없다. 또다시 http://arXiv.org/의 quant-ph 아카이브를 참조하기 바란다. 우세화(정리 12.15)에 바탕을 둔 얽힘 변환 조건의 기원은 닐슨[Nie99a]이다. 정리 12.13의 기원은 울만[Uhl71, Uhl72, Uhl73]이다. 명제 12.14의 기원은 로와 포페스쿠[LP97]다. 얽힘 촉매는 조나단과 플레니오[JP99]가 발견했다. 마샬과 올킨[MO79]은 우세화에 대한 포괄적인 입문서인데 버코프 정리의 증명이 들어 있다. 얽힘 희석 및 증류의 한계에 대한 기원은 베넷, 번스타인, 포페스쿠, 슈마허[BBPS96]이다. 혼합상태에 대한 얽힘 증류 프로토콜은 베넷, 브라사르, 포페스쿠, 슈마허, 스몰린, 우터스[BBP+96]가 도입했으며, 베넷, 디빈센조, 스몰린, 우터스의 획기적인 논문[BDSW96]은 양자 오류정정으로 연결시켜 많은 후속 연구를 이끌어냈다. 그림 12.11에 나타낸 예는 고테스만과 닐슨이 언급했다(미출간). 이례적 관심을 갖게 한 얽힘 논문들을 더 언급할 텐데 이 논문들은 얽힘 연구에 진입점 역할을 할 것이다. 하지만 안타깝게도 많은 주요 논문에서 그 결과가 빠져 있다. 호로데키 가족의 구성원(미하우, 파블, 리샤르드)이 작성한 일련의 논문들은 얽힘의 특성을 심도 있게 조사했다. 특히 주목할 논문은 [HHH96, HHH98, HHH99a, HHH99b, HHH99c]이다. 베드럴과 플레니오[VP98] 그리고 비달[Vid98]의 논문도 아주 흥미롭다.

일반 수준의 양자 암호학에 대한 훌륭한 (초기) 개요에 대해서는 「사이언티픽 어메리칸 Scientific American」에 실린 베넷, 브라사르, 에커트의 논문[BBE92]을 참조한다. 양자 암호학 아이디어는 1960년대 후반 위즈너가 처음 제시했다. 안타깝게도 위즈너의 아이디어는 논문 발표용으로 받아들여지지 않았는데, 1980년대 초반이 되어서야 그 아이디어가 알려졌다. 위즈너는 (얽힘) 양자상태를 장기간 저장할 수 있다면 일종의 위조방지 화폐로 사용할 수 있다고 제안했다[Wie, Wie83]. 베넷은 몇 가지 프로토콜을 추가로 개발했으며, 그중 하나는 베넷, 베셋, 브라사르, 살베일, 스몰린[BBB+92]이 최초로 실험으로 구현했다. 그 실험은 (원리상) 역사적으로도 흥미로운데, 그 이유는 1미터 미만으로 정보를 전송했으며, 더욱이 '정보'를 전송할 때마다 전원공급 장치에서 윙윙거리는 커다란 소리가 나와 정보를 가로채기에 용이했다! 비밀성 증폭 개념은 베넷, 브라사르, 로버트[BBR88]가 처음 도입했다. 정보 조정 프로토콜은 [BBB+92]와 [BS94]를 참조하기 바란다. 정리 12.16은 베넷, 브라사르, 크레포, 마우러[BBCM95]가 진술하고 증명했는데, 비밀성 증폭의 일반적 처리를 아주 알아보기 쉽게 했다. 조정 중에 공개되는 정보는 비밀성 증폭의 임계값에 중요한 영향을 미치는데, 정리 12.17로 경계가 정해지며 카친과 마우러[CM97]가 증명했다. 비밀성 증폭은 고전 키 생성에 적용되며, 이때 위성이 감지하는 별빛처럼 거리가 먼 상관관계에 있는 무작위 소스를 사용한다[Mau93]. BB84라고 부르는 4개 상태 프로토콜은 고안자인 베넷과 브라사르[BB84]의 이름을 따서 명명했으며, 마찬가지로 2개 상태의 B92 프로토콜은 베넷[Ben92]의 이름을 따서 명명했다. EPR 프로토콜은 에커트[Eke91]가 고안했다. 확인문제 12.27에 나온 무작위 추출 경계는 암바이니스^{Ambainis}가 증명했다. 양자 암호학의 한계와 보안은 많은 논문에서 깊이 다루었다. 샘플로는 바넷과 피닉스[BP93], 브라사르[Bra93], 에커트, 허트너, 팔마, 페레스[EHPP94], 또한 [Phy92]를 참고하기 바란다. 결맞음 정보와 비밀성 간의 연결은 슈마허와 웨스트모어랜드[SW98]가 알아냈다. 양자 암호체계의 실험 구현에 관해서는 수많은 논문이 발표됐다. 좋은 입문서로는 휴즈, 알데, 다이어, 루터, 모건, 샤우어[HAD+95]를 참조한다. 제네바 호수 밑을 통한 양자 암호학의 시연은 뮬러, 츠빈덴, 기신[MZG96]이 수행했다. 박스 12.7에 설명한 실험은 IBM에서 베튠과 리스크[BR98, BR00]가 수행했으며 장치의 개략도를 제공해 준 것에 대해 그들에게 감사드린다. 서로 다른 환경에서 다양한 양자 키 분배 프로토콜의 보안에 대해 많은 증명이 제시됐다. 특히 주목할 점은 메이어스[May98]가 BB84를 사용한 QKD의 보안을 완벽히 (그리고 광범위하지만 다소 복잡하게) 증명한 것이다. 비함, 보이어, 브라사르, 반 데르 그라프, 모르[BBB+98]도 BB84에 대한 공격에 신경을 썼다. 로와 차우[LC99]는 더 간단한 증명을 제시했는데, 이 증명은 EPR 상태를 사용하며 완벽한 양자계산을 필요로 한다. 즉, 이것이 우리가 12.6.5절에서 시작한 프로토콜이다. 로는 프로토콜을 단순화시켜 키 자료를 전송하기에 앞서 오류율을 확인하는 테스트를 했다[Lo99]. 심지어 12.6.5절에서는 훨씬 더 간단하고 아름다운 증명을 제시했는데, 그 기원은 쇼어와 프레스킬[SP00]이며 그들은 12.6.5절에서 언급한 11% 추정치도 얻었다. 이 증명을 나타낼 때는 고테스만과의 대화가 큰 도움이 됐다.

A1
기본적인 확률론에 대한
참고사항

부록에는 확률론에 관한 몇 가지 기초 정의와 결과를 모아놓았다. 이러한 자료에 대해 독자가 이미 어느 정도 익숙하다고 가정한다. 결과에 익숙치 않은 독자라면 해당 확인문제로 제시했듯이 시간을 들여 그 결과를 증명해보기 바란다.

확률론의 기본 개념은 **확률변수**$^{\text{random variable}}$ 개념이다. 확률변수 X는 여러 값 중 하나인 x를 가질 수 있으며 그 확률은 $p(X=x)$이다. 확률변수는 대문자로 나타내고 그 확률변수가 가질 수 있는 값은 x로 나타낸다. 종종 $p(X=x)$ 대신에 $p(x)$로 표기하여 '$X=$'를 숨기기도 한다. 이 책에서는 유한집합 내의 값을 갖는 확률변수에만 관심을 가질 것이며 이렇게 하는 것은 항상 참이라고 가정한다. 때로는 벡터를 값으로 갖는 확률변수를 고려하는 것이 편리한데, 예를 들면 (i, j) 집합에서 $i=1,...,m_1$이고 $j=1,...,m_2$이다.

$X=x$일 때 $Y=y$가 되는 조건부 확률$^{\text{conditional probability}}$은

$$p(Y=y|X=x) \equiv \frac{p(X=x, Y=y)}{p(X=x)} \tag{A1.1}$$

로 정의한다. 여기서 $p(X=x, Y=y)$는 $X=x$ 그리고 $Y=y$일 확률이다. $p(X=x)=0$일 때는 $p(Y=y|X=x)=0$이라고 정하자. '$Y=$'와 '$X=$'를 숨기고는 $p(y|x)$로 표기하기도 한다. 모든 x와 y에 대해 $p(Y=y|X=x)=p(X=x|Y=y)$가 성립하면 확률변수 X와 Y는 서로 독립^{independent}이라고 말한다. X와 Y가 독립이면 모든 x와 y에 대해 $p(y|x)=p(y)$가 된다는 점에 주목한다.

베이즈 정리$^{\text{Bayes' rule}}$란 X에 대한 Y의 조건부 확률을 Y에 대한 X의 조건부 확률에 관련시킨 것이다. 즉,

$$p(x|y) = p(y|x)\frac{p(x)}{p(y)} \tag{A1.2}$$

이다. 이 식에 나타난 $p(y)$ 확률은 아래에 언급한 전체 확률의 법칙^{law of total probability}을 사용하여 나타내기도 한다.

확인문제 A1.1: 베이즈 정리를 증명하라.

확률론에서 가장 중요하고 자주 사용되는 결과 중 하나는 전체 확률의 법칙이다. 이 법칙은 X와 Y가 2개의 확률변수라면, Y의 확률은 X의 확률과 X에 대한 Y의 조건부 확률로 표현할 수 있다고 말한다. 즉,

$$p(y) = \sum_x p(y|x)p(x) \tag{A1.3}$$

이다. 여기서 합은 X가 가질 수 있는 모든 값 x에 대한 것이다.

확인문제 A1.2: 전체 확률의 법칙을 증명하라.

확률변수 X의 기댓값^{expectation}, 또는 산술평균^{average}이나 평균^{mean}은

$$\mathbf{E}(X) \equiv \sum_x p(x)x \tag{A1.4}$$

로 정의한다.[1] 여기서 합은 확률변수 X가 가질 수 있는 모든 값 x에 대한 것이다.

확인문제 A1.3: $p(x) > 0$가 되는 $x \geq \mathbf{E}(X)$의 값이 존재함을 증명하라.

확인문제 A1.4: $\mathbf{E}(X)$가 X에서 선형^{linear}임을 증명하라.

확인문제 A1.5: 독립 확률변수 X와 Y에 대해 $\mathbf{E}(XY) = \mathbf{E}(X)\mathbf{E}(Y)$임을 증명하라.

확률변수 X의 분산^{variance}은

$$\mathrm{var}(X) \equiv \mathbf{E}[(X - \mathbf{E}(X))^2] = \mathbf{E}(X^2) - \mathbf{E}(X)^2 \tag{A1.5}$$

---

[1] expectation: 모집단을 따질 때의 평균

mean: 표본을 따질 때의 평균

average: 일반적인 계산에서의 평균. mean의 일종이다. – 옮긴이

으로 정의한다. $\Delta(X) \equiv \sqrt{\text{var}(X)}$는 **표준편차**standard deviation라 하며 평균에 대한 확률변수의 산포도measure of the spread다. 이렇게 표준편차는 확률변수가 가질 수 있는 값들의 산포도라는 의미를 살려서 **체비셰프 부등식**Chebyshev's inequality을 이용하면 확률분포를 더 정확히 알 수 있다. 체비셰프 부등식이란 어떤 $\lambda > 0$와 유한 분산을 갖는 확률변수 X에 대해

$$p(|X - \mathbf{E}(X)| \geq \lambda\Delta(X)) \leq \frac{1}{\lambda^2} \tag{A1.6}$$

라는 것을 말한다. 따라서 λ가 무한대로 갈 때, 평균에서 벗어난 거리가 λ배의 표준편차보다 클 확률은 아주 작아진다.

확인문제 A1.6: 체비셰프 부등식을 증명하라.

이 책의 본문에는 확률론에 있어서 그 외의 결과가 많이 포함되어 있는데, 이를테면 243페이지의 체르노프 경계, 742페이지의 파노 부등식, 747페이지의 큰 수의 법칙 등이 있다.

역사와 추가자료

확률론에 대해서는 지나칠 정도로 훌륭한 책이 많이 나와 있다. 특히 확률과 확률적 과정의 이론에 있어서 기본 아이디어가 많이 들어간 훌륭한 입문서로서 그리멧과 스테어재크 책[GS92]을 추천한다. 순전히 수학적 관점에서 볼 때 윌리엄스[Wil91]는 현대 확률론에 대한 훌륭한 입문서인데, 아름다운 마틴게일 이론theory of martingales에 중점을 두었다. 마지막으로, 펠러의 고전적인 2권짜리 책[Fel68a, Fel68b]은 확률론 아이디어를 깊이 파고든 뛰어난 입문서다.

A2
군론

수학적 군론^{theory of groups}은 양자계산 및 양자정보 연구의 여러 부분에서 유용하다. 5장에 있는 위수 구하기, 인수분해, 주기 구하기 알고리듬의 일반화는 숨은 부분군 문제^{hidden subgroup problem}를 기반으로 한다. 10장의 양자 오류정정을 위한 안정자 형식체계는 일부 기초 군론을 기반으로 한다. 부록 4에서 설명하는 정수론^{number theory}은 Z_n^*군의 특성을 사용한다. 그리고 이 책에서 사용한 양자회로들은 암묵적으로 리군^{Lie group}을 사용한 사례에 해당한다. 이 부록에서는 군론에 대한 몇 가지 기본자료를 다룬다. 여기서는 근본 개념들을 많이 요약해놓았고 중요한 정의를 다루지만 군론은 방대한 주제이므로 아주 많이 설명하지는 않을 것이다!

A2.1 기본 정의

군 $(G, \cdot)$이란 2진 군 곱셈 연산 '$\cdot$'이 들어간, 비어 있지 않은 집합 G이며 다음 특성을 갖는다. (닫힘) 모든 $g_1, g_2 \in G$에 대해 $g_1 \cdot g_2 \in G$이다. (결합법칙) 모든 $g_1, g_2, g_3 \in G$에 대해 $(g_1 \cdot g_2) \cdot g_3 = g_1 \cdot (g_2 \cdot g_3)$이다; (항등원 존재) 모든 $g \in G$이고 $g \cdot e = e \cdot g = g$를 만족시키는 $e \in G$가 존재한다; (역원 존재) 모든 $g \in G$에 대해 $g \cdot g^{-1} = e$와 $g^{-1} \cdot g = e$를 만족시키는 $g^{-1} \in G$가 존재한다. $\cdot$를 생략해서 $g_1 \cdot g_2$를 그냥 $g_1 g_2$로 표현하기도 한다. 또한 곱셈 연산을 명시적으로 언급하지 않으면서 G군을 말하는 경우도 많다.

G군의 원소 수가 유한하면 G는 유한하다. 유한한 G군의 위수^{order}란 포함하는 원소의 수이며 $|G|$로 표기한다. 모든 $g_1, g_2 \in G$에 대해 $g_1 g_2 = g_2 g_1$이면 그 G군을 아벨리안^{Abelian}이라고 말한다. 유한 아벨군의 간단한 예는 모듈러 n에 관한 정수들의 덧셈군^{additive group}

Z_n인데 '곱셈' 연산을 모듈러 덧셈^modular addition 연산으로 표기한다. 이 연산이 닫혀 있고 결합법칙 공리^associativity axiom를 만족시킨다는 것은 쉽게 확인할 수 있다. 즉, 모든 x에 대해 $x + 0 = x(\text{mod } n)$이므로 항등원 0이 존재하고, $x + (n - x) = 0(\text{mod } n)$이므로 모든 $x \in G$는 역원 $n - x$를 갖는다.

원소 $g \in G$의 위수란 g^r(g를 r번 곱한 값)을 항등원 e로 만드는 가장 작은 양의 정수 r이다. G의 부분군^subgroup H는 G와 동일한 군 곱셈 연산에서 군을 형성하는 G의 부분집합이다.

정리 A2.1: (라그랑주 정리^Lagrange's theorem**)** H가 유한군 G의 부분군이면 $|H|$는 $|G|$를 나누어 떨어뜨린다.

확인문제 A2.1: 유한군의 어떤 원소 g에 대해 $g^r = e$가 되는 양의 정수 r이 항상 존재한다는 것을 증명하라. 즉, 그러한 군의 모든 원소는 위수를 갖는다.

확인문제 A2.2: 라그랑주 정리를 증명하라.

확인문제 A2.3: $g \in G$ 원소의 위수가 $|G|$를 나누어 떨어뜨린다는 것을 보여라.

g_1과 g_2가 G의 원소라면 g_1에 관한 g_2의 켤레는 원소 $g_1^{-1} g_2 g_1$이다. H가 G의 부분군인 경우, 모든 $g \in G$에 대해 $g^{-1} H g = H$이면 H를 정규부분군^normal subgroup이라고 한다. G 군에 있는 원소 x의 켤레류^conjugacy class G_x는 $G_x \equiv \{g^{-1} x g | g \in G\}$로 정의한다.

확인문제 A2.4: $y \in G_x$이면 $G_y = G_x$임을 보여라.

확인문제 A2.5: x가 아벨군 G의 원소라면 $G_x = \{x\}$임을 보여라.

아벨리안이 아닌 군의 흥미로운 예는 n큐비트의 파울리 군^Pauli group이다. 단일 큐비트의 경우, 파울리 군은 모든 파울리 행렬에 곱셈계수 ± 1, $\pm i$를 붙인 것으로 정의한다. 즉,

$$G_1 \equiv \{\pm I, \pm iI, \pm X, \pm iX, \pm Y, \pm iY, \pm Z, \pm iZ\} \tag{A2.1}$$

이다. 이 행렬집합은 행렬곱셈 연산을 통해 군을 형성한다. 왜 곱셈계수 ± 1과 $\pm i$를 생략하지 않는지 궁금할 것이다. 이를 포함시킨 이유는 G_1이 곱셈에 대해 닫혀 있게 하여 이치에 맞는 군을 형성하게 하기 위해서다. n큐비트의 일반 파울리 군은 파울리 행렬의 모든 n겹 텐서곱으로 구성되도록 정의하며 여기서도 ± 1, $\pm i$의 곱셈계수를 붙인다.

A2.1.1 생성원

군을 다룰 때 군 생성원group generator 집합을 사용하면 군 처리가 크게 단순화된다. G의 모든 원소가 $g_1,...,g_l$ 목록에 있는 원소들의 곱(반복 가능)으로 표현될 수 있으면, G군에 속한 $g_1,...,g_l$ 원소들의 집합은 G군을 생성한다고 말하며 $G = \langle g_1,...,g_l \rangle$로 나타낸다. 예를 들어 $G_1 = \langle X, Z, iI \rangle$라 하면 G의 모든 원소는 X, Z, iI의 곱으로 표현할 수 있다. 한편, $\langle X \rangle = \{I, X\}$는 X의 거듭제곱만으로 G_1의 모든 원소를 표현할 수 없기 때문에 G_1의 부분군일 뿐이다. 군 생성원에 사용하는 $\langle \cdots \rangle$ 표기는 2.2.5절에 소개한 관측가능량 평균 표기와 어쩌면 혼동될 수 있다. 하지만 실제로 문맥을 보면 그 표기가 어떻게 사용됐는지 금방 알 수 있다.

생성원을 사용해 군을 기술하는 가장 큰 장점은 생성원이 군을 기술하는 간결한 수단이 된다는 것이다. G의 크기가 $|G|$라 하자. 그러면 G를 생성하는 생성원이 $\log(|G|)$개 존재한다는 것을 쉽게 보일 수 있다. 이를 보이기 위해 $g_1,...,g_l$이 G 군에 속한 원소들의 집합이고 g는 $\langle g_1,...,g_l \rangle$의 원소가 아니라 하자. 또한 $f \in \langle g_1,...,g_l \rangle$라 하자. 그러면 $fg \notin \langle g_1,...,g_l \rangle$가 되는데, 그 이유는 fg가 그 집합에 속하면 $g = f^{-1}fg \in \langle g_1,...,g_l \rangle$가 되기 때문이며 이는 가정에 의해 거짓임을 알 수 있다. 따라서 각 원소 $f \in \langle g_1,...,g_l \rangle$에 대해 $\langle g_1,...,g_l,g \rangle$에 속하지만 $\langle g_1,...,g_l \rangle$에는 속하지 않는 fg 원소가 존재한다. 그러므로 생성원 g를 $\langle g_1,...,g_l \rangle$에 추가하면 생성되는 군의 크기가 두 배(또는 그 이상)가 되며, 이 사실로부터 G는 최대 $\log(|G|)$개 원소를 포함하는 생성원 집합을 갖는다는 결론이 나온다.

A2.1.2 순환군

순환군cyclic group G는 어떤 정수 n에 대해 임의의 원소 $g \in G$를 a^n으로 표현할 수 있는 a 원소를 갖는다. a는 G의 생성원generator이라 부르며 $G = \langle a \rangle$로 표현한다. $g \in G$가 생성하는 순환부분군cyclic subgroup H는 $\{e, g, g^2,...,g^{r-1}\}$에 의해 형성된 군인데, 여기서 r은 g의 위수다. 즉, $H = \langle g \rangle$가 된다.

확인문제 A2.6: 모든 소수 위수prime order는 순환적cyclic[1]이라는 것을 보여라.

확인문제 A2.7: 순환군의 모든 부분군은 순환적이라는 것을 보여라.

---

1 어떤 집합의 모든 원소를 해당 원소로 돌려 막을 수 있다는 뜻이다. – 옮긴이

확인문제 A2.8: $g \in G$가 유한 위수$^{\text{finite order}}$ r을 갖는다면, $g^m = g^n$이기 위한 필요충분조건은 $m = n(\mathrm{mod}\ r)$인 경우라는 것을 보여라.

A2.1.3 잉여류

G의 부분군 H에 대해 $g \in G$일 경우, H의 **좌잉여류**$^{\text{left coset}}$란 $gH \equiv \{gh | h \in H\}$ 집합을 말한다. **우잉여류**$^{\text{right coset}}$도 이런 식으로 정의한다. 어떤 잉여류가 '좌' 또는 '우'잉여류인지는 문맥으로 암시하기도 한다. 군 연산$^{\text{group operation}}$이 덧셈인 $\mathbf{Z}_n$과 같은 군의 경우, $g \in \mathbf{Z}_n$일 때 부분군 H의 잉여류는 $g + H$ 형태로 표현하는 것이 일반적이다. 잉여류 gH의 원소는 그 잉여류의 **잉여류 대표원**$^{\text{coset representative}}$이라고 한다.

확인문제 A2.9: 잉여류는 원소 간의 **동치관계**$^{\text{equivalence relation}}$를 정의한다. $g_1, g_2 \in G$가 G에 속한 H의 동일한 잉여류에 속하기 위한 필요충분조건은 $g_2 = g_1 h$가 되는 $h \in H$가 존재할 경우라는 것을 보여라.

확인문제 A2.10: G 안에는 H의 잉여류가 얼마나 존재하는가?

A2.2 표현

M_n을 $n \times n$ 복소수 행렬의 집합이라 하자. **행렬군**$^{\text{matrix group}}$이란 행렬곱셈에 대해 군의 특성을 만족시키는, M_n에 속하는 행렬들의 집합이다. G군의 **표현**^{representation} ρ는 G를 행렬군에 대응시키는 함수로 정의할 수 있는데, 이때 군 곱셈은 보존된다. 특히 $g \in G$는 $\rho(g) \in M_n$에 대응되므로 $g_1 g_2 = g_3$은 $\rho(g_1)\rho(g_2) = \rho(g_3)$을 의미한다. 대응관계가 다대일이면 **준동형사상**^{homomorphism}이라고 한다. 반면에 일대일이면 **동형사상**^{isomorphism}이라고 한다. M_n쪽으로 대응시키는 표현 ρ는 $d_\rho = n$ 차원을 갖는다. 이렇게 정의한 표현을 **행렬표현**$^{\text{matrix representation}}$이라고도 한다. 더 일반적인 것들이 있지만 우리의 목적에는 이것들로 충분하다. 이 부록의 나머지 부분에서 다루는 모든 군 G는 유한군으로 간주할 것이다.

A2.2.1 동치와 가약

표현에 대한 두 가지 중요한 개념은 **동치**^{equivalence}와 **가약**^{reducibility}이다. 행렬군 $G \subset M_n$의 **지표**^{character}란 $g \in G$에 대해 그 군에서 $\chi(g) = \mathrm{tr}(g)$로 정의한 함수다. 여기서 $\mathrm{tr}(\cdot)$는 행렬의 일반적인 대각합 함수다. 지표에는 다음과 같은 특성이 있다. (1) $\chi(I) = n$, (2)

$|\chi(g)| \le n$, (3) $|\chi(g)| = n$은 $g = e^{i\theta}I$를 의미하고, (4) χ는 G의 주어진 켤레류^{conjugacy class}에 대해 상수이고, (5) $\chi(g^{-1}) = \chi^*(g)$, (6) $\chi(g)$는 모든 g에 대한 대수적 수^{algebraic number2}이다. 두 행렬군이 동형^{isomorphic}이면 그 두 행렬군은 동치다^{equivalent}라고 말하고, 동형사상이면 대응하는 원소들은 동일한 지표를 갖는다.

확인문제 A2.11: (지표)   위에서 언급한 지표의 특성을 증명하라.

확인문제 A2.12: (유니타리 행렬군)   유니타리 행렬군은 유니타리 행렬($U^\dagger U = I$를 만족시키는 행렬)로만 구성된다. 모든 행렬군이 유니타리 행렬군과 동일하다는 것을 보여라. 군의 표현이 전적으로 유니타리 행렬로 구성된다면 이를 유니타리 표현^{unitary representation}이라고 부를 수 있다.

M_n에 속한 행렬군 G가 블록 대각 형식^{block diagonal form3}의 또 다른 행렬군 H와 동일하다면 그 행렬군은 완전히 가약적^{completely reducible}이라고 말한다. 즉, 모든 원소 $m \in H$는 어떤 $m_1 \in M_{n_1}$과 $m_2 \in M_{n_2}$에 대해 $\text{diag}(m_1, m_2)$ 형식으로 있게 된다. 그러한 동등성이 존재하지 않으면 그 행렬군은 기약적^{irreducible}이다. 다음은 기약 행렬군^{irreducible matrix group}의 유용한 특성이다.

보조정리 A2.2: (슈어^{Schur}의 보조정리) $G \subset M_n$과 $H \subset M_k$를 같은 위수의 두 행렬군이라 하자. 즉, $|G| = |H|$이라 하자. 모든 원소 $g_i \in G$와 $h_i \in H$의 어떤 위수에 대해 $S g_i = h_i S$를 만족시키는 $k \times n$ 행렬 S가 존재한다면, S는 0 행렬이거나 $n = k$가 되어 S는 정사각 비특이 행렬^{nonsingular matrix4}이 된다.

확인문제 A2.13:   모든 기약 아벨 행렬군은 1차원임을 보여라.

확인문제 A2.14: ρ가 G의 기약표현^{irreducible representation}이면 $|G|/d_\rho$가 정수임을 증명하라.

---

2   정수 계수를 갖는 다항 방정식의 근 – 옮긴이

3   부분행렬이 다음과 같이 대각선 위치에만 있는 형태 – 옮긴이

$$\begin{bmatrix} A_1 & 0 & \cdots & 0 \\ 0 & A_2 & \cdots & 0 \\ \vdots & \vdots & \ddots & \vdots \\ 0 & 0 & \cdots & A_n \end{bmatrix}$$

4   $AB = BA = I_n$과 같이 역행렬이 존재하는 행렬을 말하며 A, B는 서로에 대해 비특이 행렬이 된다. 이와는 반대로 역행렬이 존재하지 않는 행렬을 특이행렬(singular matrix)이라고 한다. – 옮긴이

다음 정리는 지표와 기약성^{irreducibility}이 서로 연결된다는 것을 보여준다.

정리 A2.3: 행렬군 G가 기약적이기 위한 필요충분조건은

$$\frac{1}{|G|} \sum_{g \in G} |\chi(g)|^2 = 1 \tag{A2.2}$$

이다.

A2.2.2 직교성

표현론$^{\text{representation theory}}$의 핵심정리는 다음과 같다.

정리 A2.4: (기본정리) 모든 군 G는 정확히 r개의 비동치^{inequivalent} 기약표현을 갖는다. 여기서 r은 G의 켤레류 수이다. 그리고 $\rho^p \in M_{d_p}$와 ρ^q가 이들 중 두 표현이라면 그 행렬성분들은 직교성^{orthogonality} 관계

$$\sum_{g \in G} \left[\rho^p(g) \right]_{ij}^{-1} \left[\rho^q(g) \right]_{kl} = \frac{|G|}{d_\rho} \delta_{il} \delta_{jk} \delta_{pq} \tag{A2.3}$$

를 만족시킨다. 여기서 $\rho^p = \rho^q$이면 $\delta_{pq} = 1$이고, 그렇지 않으면 0이다.

확인문제 A2.15: 기본정리를 사용하여 지표가 직교임을 증명하라. 즉,

$$\sum_{i=1}^{r} r_i (\chi_i^p)^* \chi_i^q = |G| \delta_{pq} \quad \text{그리고} \quad \sum_{p=1}^{r} (\chi_i^p)^* \chi_j^p = \frac{|G|}{r_i} \delta_{ij} \tag{A2.4}$$

가 된다는 것을 증명하면 된다. 여기서 p, q 그리고 δ_{pq}는 위의 정리에서와 동일한 의미를 가지며 χ_i^p는 G의 i번째 켤레류에 대해 p번째 기약표현의 지표^{character}가 갖는 값이고, r_i는 i번째 켤레류의 크기다.

확인문제 A2.16: S_3는 세 원소의 치환군$^{\text{group of permutations}}$[5]이다. 123은 각각 123; 231; 312; 213; 132; 321로 대응시켜 정렬된다고 하자. S_3에 대해 1차원 기약표현이 2개 존재함을 보여라. 그중 한쪽은 자명한 것이고 다른 쪽은 1, 1, 1, -1, -1, -1인데, 각각은 방금 언급한 6개의 치환에 해당한다. 또한 행렬

---

5 치환군이라고도 한다. – 옮긴이

$$
\begin{bmatrix} 1 & 0 \\ 0 & 1 \end{bmatrix}, \quad
\frac{1}{2} \begin{bmatrix} -1 & -\sqrt{3} \\ \sqrt{3} & -1 \end{bmatrix}, \quad
\frac{1}{2} \begin{bmatrix} -1 & \sqrt{3} \\ -\sqrt{3} & -1 \end{bmatrix},
$$

$$
\begin{bmatrix} -1 & 0 \\ 0 & 1 \end{bmatrix}, \quad
\frac{1}{2} \begin{bmatrix} 1 & \sqrt{3} \\ \sqrt{3} & -1 \end{bmatrix}, \quad
\frac{1}{2} \begin{bmatrix} 1 & -\sqrt{3} \\ -\sqrt{3} & -1 \end{bmatrix} \tag{A2.5}
$$

을 갖는 2차원 기약표현이 존재함을 보여라. 그 표현이 직교한다는 것도 증명하라.

A2.2.3 정칙표현

숫자 1은 어떠한 군에도 속하는 1차원 행렬표현이다. 이를 자명한 표현$^{\text{trivial representation}}$이라고 한다. 어떤 표현의 행렬군이 원래 군과 동형이면 그 표현은 **충실**^{faithful}하다고 말한다. **정칙표현**$^{\text{regular representation}}$이란 어떠한 군에 대해서도 존재하는 충실한 표현이며 다음과 같은 방식으로 만든다. $\vec{v} = [g_1, g_2, \ldots, g_{|G|}]^T$가 G의 원소로 구성된 열 벡터라 하자. $\vec{v}$의 각 원소에 원소 $g \in G$를 곱하면 벡터의 성분들이 치환으로 배치된다. 즉, 이 치환은 $\vec{v}$에 대한 행렬 곱셈으로 만들어지는 $|G| \times |G|$ 행렬로 표현할 수 있다. 서로 다른 가능한 치환에 해당하는 $|G|$개의 그러한 행렬들은 행렬 곱셈을 통해 G의 충실한 표현을 형성한다.

확인문제 A2.17: 정칙표현이 충실하다는 것을 증명하라.

확인문제 A2.18: 항등원의 표현(이런 경우, $\chi(I) = |G|$)을 제외하면 정칙표현의 지표가 0임을 보여라.

임의의 표현을 기약표현의 텐서합$^{\text{tensor sum}}$으로 분해하는 것은 다음 정리를 따른다.

정리 A2.5: ρ가 χ 지표를 갖는 G의 임의의 표현이고 ρ^p가 χ^p 지표를 갖는 G의 비동치 기약표현이라면, $\rho = \oplus_p c_p \rho^p$가 된다. 여기서 $\oplus$은 직합$^{\text{direct sum6}}$을 나타내고 c_p는

$$
c_p = \frac{1}{|G|} \sum_{i=1}^{r} r_i (\chi_i^p)^* \chi_i \tag{A2.6}
$$

로 결정되는 수이다.

확인문제 A2.19: 정리 A2.5를 사용하여 정칙표현이 각 기약표현 ρ^p마다 d_{ρ^p}개의 인스턴

---

6 교집합이 영벡터만 나오는 두 집합의 합을 직합이라고 한다. H_i가 이러한 집합일 때 직합 기호 $\oplus$는 다음과 같이 정의한다. – 옮긴이

$\sum_{i=1}^{n} H_i = H_1 + \cdots + H_n = H_1 \oplus \cdots \oplus H_n = \bigoplus_{i=1}^{n} H_i$

스instance를 포함한다는 것을 보여라. 따라서 R이 정칙표현을 나타내고 $\hat{G}$가 모든 비동치 기약표현들의 집합을 나타낸다면,

$$\chi_i^R = \sum_{\rho \in \hat{G}} d_\rho \chi_i^\rho \tag{A2.7}$$

가 된다.

확인문제 A2.20: G에서 항등원 e가 속한 켤레류 i를 제외하면 정칙표현의 지표는 0이다. 따라서

$$\sum_{\rho \in \hat{G}} d_\rho \chi^\rho(g) = N\delta_{ge} \tag{A2.8}$$

를 보여라.

확인문제 A2.21: $\sum_{\rho \in \hat{G}} d_\rho^2 = |G|$를 보여라.

A2.3 푸리에 변환

G를 N 위수의 유한군이라 하고, 군 원소를 복소수에 대응시키는 함수를 f라 하자. G의 기약표현 ρ(차원은 d_ρ)에 대해, f의 푸리에 변환은 $\hat{f}$로 정의한다. 즉,

$$\hat{f}(\rho) \equiv \sqrt{\frac{d_\rho}{N}} \sum_{g \in G} f(g)\,\rho(g) \tag{A2.9}$$

이다. 행렬표현 ρ에 대해 $\hat{f}(\rho)$는 행렬에서 행렬로 대응시킨다. $\hat{G}$를 G의 비동치 기약표현들의 완비집합complete set[7]이라 하자. $\hat{f}$의 역 푸리에 변환inverse Fourier transform은

$$f(g) = \frac{1}{\sqrt{N}} \sum_{\rho \in \hat{G}} \sqrt{d_\rho}\,\mathrm{tr}(\hat{f}(\rho)\rho(g^{-1})) \tag{A2.10}$$

로 정의한다. $\sum_\rho d_\rho^2 = N$이므로 f와 $\hat{f}$는 둘 다 길이 N의 복소수 벡터로 표현할 수 있다. 위 식의 계수를 $\hat{G}$가 유니타리 표현으로 구성되도록 잡으면, 그 푸리에 변환은 유니타리가 된다는 점에 주목한다.

(A2.9)를 (A2.10)에 대입하면

---

7 G에서 조합을 통해 어떠한 표현이라도 만들어낼 수 있는 최소한의 집합 – 옮긴이

$$f(g) = \frac{1}{N} \sum_{\rho \in \hat{G}} \sum_{g' \in G} d_\rho f(g') \operatorname{tr} \left(\rho(g')\rho(g^{-1}) \right) \tag{A2.11}$$

$$= \frac{1}{N} \sum_{\rho \in \hat{G}} \sum_{g' \in G} d_\rho f(g') \operatorname{tr} \left(\rho(g' \, g^{-1}) \right) \tag{A2.12}$$

$$= \frac{1}{N} \sum_{g' \in G} f(g') \sum_{\rho \in \hat{G}} d_\rho \chi^\rho(g' \, g^{-1}) \tag{A2.13}$$

가 된다. (A2.8)을 사용하면 (A2.13)을

$$f(g) = \sum_{g' \in G} f(g')\delta_{g'g} \tag{A2.14}$$

로 단순하게 만들 수 있으며, 이는 우리가 원하던 바다.

확인문제 A2.22: (A2.10)을 (A2.9)에 대입해서 $\hat{f}(\rho)$가 나오는 것을 증명하라.

확인문제 A2.23: 아벨군 G를 $g \in [0, N-1]$로 표현하자. 이때 군 연산으로 덧셈을 사용하고 g에 대한 h 표현으로 $\rho_h(g) = \exp[-2\pi igh/N]$을 정의하자. 이 표현은 1차원이므로 $d_\rho = 1$이 된다. G에 대한 푸리에 변환 관계가

$$\hat{f}(h) = \frac{1}{\sqrt{N}} \sum_{g=0}^{N-1} f(g) \, e^{-2\pi igh/N} \quad \text{그리고} \quad f(h) = \frac{1}{\sqrt{N}} \sum_{g=0}^{N-1} \hat{f}(g) \, e^{2\pi ihg/N} \tag{A2.15}$$

라는 것을 보여라.

확인문제 A2.24: 확인문제 A2.16의 결과를 사용하여 S_3에 대한 푸리에 변환을 만들고 이를 6×6 유니타리 행렬로 표현하라.

역사와 추가자료

군론을 다룬, 뛰어난 책이 많이 있으며 거의 모든 대수학 책은 군론을 절이나 장으로 할당해서 다룬다. 이 부록에서 다룬 것은 로몽의 유한군finite groups 책[Lom87]에 있는 표기를 많이 차용했다. 해머메시는 물리학에 있어서 군론에 대한 표준 참고서[Ham89]다. 군에서의 푸리에 변환 논의는 그리 일반적이지 않다. 다이아코니스와 로크모어는 군에 대한 푸리에 변환의 효율적 계산이라는 주제로 좋은 논문[DR90]을 썼다. 이들의 많은 결과가 패슬러와 스티펠[FS92]에서도 검토됐다. 베스[Bet84]는 군에 대한 고속 푸리에 변환을 독자적으로 발견했으며, 클라우센[Cla89]도 그렇다.

A3
솔로베이-키타예프 정리

4장에서는 단일 큐비트와 제어형 NOT 게이트로 구성된 회로를 사용하여 양자 컴퓨터에서 임의의 유니타리 연산 U를 구현할 수 있음을 보였다. 이러한 보편성^{universality} 결과는 분명히 서로 다른 양자계산모델들이 결국 동등하다는 것을 보장하기 때문에 중요하다. 그 보편성 결과로 인해 양자 컴퓨터 프로그래머는 4개의 입출력 큐비트를 갖는 게이트들이 들어간 양자회로를 설계할 수 있으며, 일정한 수의 제어형 NOT 게이트와 단일 큐비트 유니타리 게이트로 그러한 게이트들을 시뮬레이션할 수 있다.

제어형 NOT 게이트와 단일 큐비트 유니타리 게이트의 보편성에 대해 불만족스러운 측면은 단일 큐비트 게이트들이 연속체^{continuum}를 형성하는 반면, 10장에서 설명한 결함허용 양자계산 방법은 이산집합$^{discrete\ set}$의 게이트들에 대해서만 먹힌다는 것이다. 다행히도 4장에서는 제어형 NOT 게이트, 아다마르 게이트 H, 위상 게이트 S, $\pi/8$ 게이트와 같은 유한 게이트 집합을 사용하여 단일 큐비트 게이트를 임의의 정확도로 근사시킬 수 있음을 확인했다. 또한 선택한 단일 큐비트 게이트를 정확도 ϵ으로 근사시키려면 그 유한집합에서 선택한 $\Theta(1/\epsilon)$개의 게이트만 필요하다는, 경험적 주장$^{heuristic\ argument}$도 했었다. 더욱이 10장에서는 제어형 NOT, 아다마르, 위상, $\pi/8$ 게이트를 결함허용 방식으로 구현할 수 있음을 보였다

이 부록에서는 $\Theta(1/\epsilon)$보다 훨씬 더 빠른 수렴 비율을 달성할 수 있음을 보일 것이다. 솔로베이-키타예프 정리는 단일 큐비트의 게이트 U에 대해 $\epsilon > 0$가 주어지면 고정된 유한집합으로부터 $\Theta(\log^c(1/\epsilon))$개의 게이트를 사용하여 U를 정밀도 ϵ으로 근사시킬 수 있음을 보여준다. 여기서 c는 대략 2와 같은 작은 상수다. c에 대한 최상의 가능한 값은 아직 알려지지 않았다. 따라서 대략 4와 같은 c에 대해 솔로베이-키타예프 정리의 증명을

설명하고, 그다음으로 부록 문제들의 끝에서 c를 2에 가깝게 줄일 수 있는 방법을 설명할 것이다. 또한 c가 1보다 작을 수 없음을 증명할 것이다. 즉, 1과 2 사이에서 가장 좋은 c값을 구하는 것은 미해결된 문제다!

솔로베이-키타예프 정리의 중요성을 알아보기 위해 양자 컴퓨터 프로그래머가 $f(n)$개의 게이트를 사용하여 어떤 문제를 해결하는 알고리듬을 설계한다고 하자. 또한 그 프로그래머가 고안한 알고리듬이 제어형 NOT, 아다마르, 위상, $\pi/8$ 게이트의 일반적인 결함허용 집합에서 벗어난 게이트들을 많이 사용한다고 하자. 알고리듬을 결함허용이 되게 구현하려면 게이트가 얼마나 많이 필요할까? 전체 알고리듬의 오류에 대한 허용오차가 ϵ이라면 각 게이트의 허용오차는 정확히 $\epsilon/f(n)$이어야 한다. 4장의 경험적 주장에 따라 알고리듬에 사용된 각 게이트를 근사시키기 위해 결함허용 집합에서 $\Theta(f(n)/\epsilon)$개의 게이트를 택할 것인데, 이때 총 비용은 $\Theta(f(n)^2/\epsilon)$이고 그 알고리듬에 필요한 게이트 수는 다항적으로 증가한다. 솔로베이-키타예프 정리를 사용하면 그 알고리듬의 각 게이트는 결함허용 집합에서 $O(\log^c(f(n)/\epsilon))$개의 게이트로 시뮬레이션할 수 있으며 그 결함허용 알고리듬의 총비용은 $O(f(n)\log^c(f(n)/\epsilon))$인데, 이 비용은 원래 알고리듬보다 폴리로그적으로 polylogarithmically 더 커진다. 많은 문제의 경우, 그러한 폴리로그적 비용은 상당히 허용 가능한 반면, 4장의 경험적 주장에 의해 제공되는 다항적 비용polynomial cost은 훨씬 덜 바람직할지도 모른다.

솔로베이-키타예프 정리를 좀 더 정확히 언급하려면 몇 가지 표기법과 명명법을 정의해야 한다. $SU(2)$란 행렬식determinant이 1인 모든 단일 큐비트 유니타리 행렬의 집합이라는 점을 상기하자. 우리는 $SU(2)$에만 주의를 제한하는데, 그 이유는 $SU(2)$의 한 원소에 중요하지 않은 전체위상 계수global phase factor를 곱하면 모든 단일 큐비트 유니타리 게이트를 표현할 수 있기 때문이다. $\mathcal{G}$는 $SU(2)$에 속한 원소들의 유한집합이라 하자. 즉, $\mathcal{G}$는 양자 컴퓨터 프로그래머가 다른 모든 게이트를 시뮬레이션하는 데 사용할 기초 게이트들의 유한집합 역할을 한다. 구체적으로 말하자면 $\mathcal{G}$를 결함허용 집합 H, S, T를 포함하는 것으로 생각하자. 이때 행렬식이 모두 1과 같도록 적절한 전체위상을 추가한다. 편의상 $\mathcal{G}$가 자체적으로 역원을 포함한다고 가정한다. 즉, $U \in \mathcal{G}$이면 $U^\dagger \in \mathcal{G}$이다. 결함허용 집합의 경우, 그 집합에 $S^\dagger = S^3$와 $T^\dagger = T^7$가 추가된다는 것을 의미하는데, 다행히도 이들은 그 집합에 이미 존재하는 게이트들로 표현할 수 있다. $\mathcal{G}$에서 길이 l인 단어word란 곱 $g_1 g_2 \ldots g_l \in SU(2)$을 말하며, 여기서 각 i에 대해 $g_i \in \mathcal{G}$이다. 우리는 $\mathcal{G}_l$을 최대 l 길이의 모든 단어의 집합으로 정의하고, $\mathcal{G}$를 유한 길이의 모든 단어의 집합으로 정의한다.

유니타리 행렬로 근사시켜 의도한 것을 값으로 정하려면 거리^{distance} 개념이 필요하다. 사용되는 정확한 측도는 그다지 중요하지 않다. 9장에서 학습한 대각합 거리$^{trace\ distance}$ $D(U, V) \equiv \mathrm{tr}|U - V|$를 사용하는 것이 우리 목적에 편하다. 여기서 $|X| \equiv \sqrt{X^\dagger X}$는 $X^\dagger X$에 대한 양의 제곱근이다. 실제로 이 정의는 9장에서 사용한 정의와 계수^{factor} 2만큼 차이가 난다. 즉, 다른 정규화를 사용하는 이유는 앞으로 알게 되겠지만 솔로베이-키타예프 정리의 증명을 알기 쉽게 기하학적으로 나타내기 위해서다(SU(2)의 원소를 공간의 점으로 생각하는 것도 도움이 될 것이다). $SU(2)$의 어떤 원소 U와 $\epsilon > 0$에 대해 $D(s, U) < \epsilon$을 만족시키는 원소 $s \in S$가 존재하면, $SU(2)$의 부분집합 S는 $SU(2)$에서 조밀하다고^{dense} 말한다. S와 W가 $SU(2)$의 부분집합이라 하자. 그러면 W의 모든 점이 S에 있는 어떤 점의 거리 ϵ 내에 있을 경우($\epsilon > 0$), S는 W에 대해 ϵ-그물^{net}을 형성한다고 말한다. 우리의 관심은 l이 증가함에 따라 $\mathcal{G}_l$이 $SU(2)$를 얼마나 빨리 '채울'지에 있다. 즉, $SU(2)$에 대한 $\mathcal{G}_l$과 ϵ-그물에서 ϵ은 얼마나 작을까? 솔로베이-키타예프 정리는 l이 증가함에 따라 ϵ이 아주 빠르게 작아진다고 말한다.

확인문제 A3.1: 4장에서는 거리측도 $E(U, V) = \max_{|\psi\rangle} \|(U - V)|\psi\rangle\|$를 사용했었다. 여기서 최대는 모든 순수상태 $|\psi\rangle$에 대한 것이다. U와 V가 단일 큐비트 회전일 때 $U = R_{\hat{m}}(\theta)$, $V = R_{\hat{n}}(\varphi)$, $D(U, V) = 2E(U, V)$이고, 따라서 솔로베이-키타예프 정리에 대해 대각합 거리 또는 거리측도 $E(\cdot, \cdot)$을 사용하는지 여부는 중요하지 않다는 것을 보여라.

정리 A3.1: (솔로베이-키타예프 정리) $\mathcal{G}$가 $SU(2)$에 있는 원소들(역원 포함)의 유한집합이라 하고 $\langle\mathcal{G}\rangle$가 $SU(2)$에서 조밀함을 만족시킨다고 하자. 또한 $\epsilon > 0$가 주어진다고 하자. 그러면 $\mathcal{G}_l$은 $l = O(\log^c(1/\epsilon))$일 때 $SU(2)$에서 ϵ-그물이 된다. 여기서 $c \approx 4$이다.

이미 언급했듯이 가장 좋은 c값은 4보다 다소 낮지만, 이러한 특수 경우에 대해 증명을 제시하는 것이 좋겠다. 문제 3.1에서는 그 증명을 수정하여 c를 낮추는 방법을 설명한다. 그 증명의 첫 번째 부분은 l이 증가함에 따라 $\mathcal{G}_l$의 점이 항등행렬 I의 작은 이웃에서 매우 조밀해짐을 보이는 것이다. 결론은 다음 보조정리에 요약해놓았다. 그 보조정리를 언급하기 위해 S_ϵ을 $SU(2)$에 있는 모든 점의 집합 U로 정의하고 $D(U, I) \leq \epsilon$을 만족시킨다고 하자.

보조정리 A3.2: $\mathcal{G}$를 $SU(2)$에 있는 원소들(역원 포함)의 유한집합이라 하고, $\langle \mathcal{G} \rangle$가 $SU(2)$에서 조밀함을 만족시킨다고 하자. $\mathcal{G}$와는 독립된 보편적 상수 ϵ_0가 존재해서 어떠한 $\epsilon \leq \epsilon_0$에 대해서도 $\mathcal{G}_l$이 S_ϵ에 대한 ϵ^2-그물이면, 어떤 상수 C에 대해 $\mathcal{G}_{5l}$은 $S_{\sqrt{C}\epsilon^{3/2}}$에 대한 $C\epsilon^3$-그물이 된다.

잠시 후에 보조정리 A3.2를 증명하기로 하고, 먼저 이 보조정리를 이용하여 어떻게 솔로베이-키타예프 정리를 증명하는지를 알아보자. 이 증명에는 두 단계가 있다. 첫 번째 단계는 보조정리 A3.2를 반복해서 적용하여 단어 길이 l이 증가함에 따라 원점 부근이 아주 빠르게 채워지는 것을 보이는 것이다. $\mathcal{G}$가 $SU(2)$에서 조밀하기 때문에 $\mathcal{G}_{l_0}$가 $SU(2)$에 대해 ϵ_0^2-그물이 되는 l_0를 구할 수 있고, 따라서 S_{ϵ_0}에 대해서도 구할 수 있다. $\epsilon = \epsilon_0$와 $l = l_0$를 가지고 보조정리 A3.2를 적용하면 $\mathcal{G}_{5l_0}$가 $S_{\sqrt{C}\epsilon_0^{3/2}}$에 대한 $C\epsilon_0^3$-그물이 된다. $\epsilon = \sqrt{C}\epsilon_0^{3/2}$과 $l = 5l_0$를 가지고 보조정리 A3.2를 다시 적용하면 $\mathcal{G}_{5^2l_0}$가 $S_{\sqrt{C}(\sqrt{C}\epsilon_0^{3/2})^{3/2}}$에 대해 $C(\sqrt{C}\epsilon_0^{3/2})^3$-그물이 된다. 이 절차를 k번 반복하면 $\mathcal{G}_{5^kl_0}$가 $S_{\epsilon(k)}$에 대해 $\epsilon(k)^2$-그물이 된다는 것을 알 수 있다. 여기서

$$\epsilon(k) = \frac{(C\epsilon_0)^{(3/2)^k}}{C} \tag{A3.1}$$

이다. $C\epsilon_0 < 1$이 되는 ϵ_0를 선택했다고 가정할 수 있는데 이는 일반성을 잃지 않는다. 따라서 k가 증가함에 따라 $\epsilon(k)$는 아주 빠르게 작아진다. 또한 ϵ_0를 충분히 작게 선택한다면 $\epsilon(k)^2 < \epsilon(k+1)$이 되는 것도 알아 두는 게 유용할 것이다.

두 번째 단계는 U를 $SU(2)$의 임의의 원소로 하고 그림 A3.1에 설명한 이동변환translation 아이디어를 사용하여 $\mathcal{G}$의 원소들의 곱으로 U를 근사시키는 것이다. $U_0 \in \mathcal{G}_{l_0}$를 U에 대한 $\epsilon(0)^2$-근사라 하자. 이제 $VU_0 = U$를 만족시키는 V를 정의하자. 즉, $V \equiv UU_0^\dagger$이다. 따라서 $D(U, I) = \mathrm{tr}|V - I| = \mathrm{tr}|(U - U_0)U_0^\dagger| = \mathrm{tr}|U - U_0| < \epsilon(0)^2 < \epsilon(1)$이 된다. 위에서 논의한 보조정리 A3.2를 반복해서 적용하면 V에 대한 $\epsilon(1)^2$-근사인 $U_1 \in \mathcal{G}_{5l_0}$를 구할 수 있다. 이어서 U_1U_0는 U에 대한 $\epsilon(1)^2$-근사가 된다. 이제 $V'U_1U_0 = U$를 만족시키는 V'을 정의하자. 즉, $V' \equiv UU_0^\dagger U_1^\dagger$이다. 따라서 $D(V', I) = \mathrm{tr}|V - I| = \mathrm{tr}|(U - U_1U_0)U_0^\dagger U_1^\dagger| = \mathrm{tr}|U - U_1U_0| < \epsilon(1)^2 < \epsilon(2)$가 된다. 이어서 보조정리 A3.2를 반복해서 적용하면 V에 대한 $\epsilon(2)^2$-근사인 $U_2 \in \mathcal{G}_{5^2l_0}$를 구할 수 있고, 따라서 $U_2U_1U_0$은 U에 대한 $\epsilon(2)^2$-근사가 된다. 이런 식으로 계속해서 $U_kU_{k-1}...U_0$가 U에 대한 $\epsilon(k)^2$-근사가 되는 $U_k \in \mathcal{G}_{5^kl_0}$를 만든다.

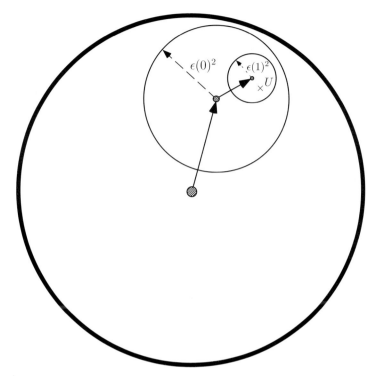

그림 A3.1 솔로베이-키타예프 정리의 증명에 사용되는 이동변환 단계. 임의의 단일 큐비트 게이트를 근사시키기 위해 먼저 $\mathcal{G}$로부터 l_0 게이트를 사용하여 $\epsilon(0)^2$ 거리 이내로 근사시킨다. 그리고 나서 $\epsilon(1)^2$보다 더 나은 총 정확도 (total accuracy)를 위해 게이트를 $5l_0$개 더 추가하여 근사치를 개선하고 계속 이렇게 하면 U에 빠르게 수렴한다.

이를 종합하면 $l_0 + 5l_0 + \cdots + 5^k l_0 < \frac{5}{4} 5^k l_0$ 게이트 시퀀스를 사용하여 모든 유니타리 게이트 U를 정확도 $\epsilon(k)^2$로 근사시킬 수 있다. 그러므로 원하는 정확도 ϵ에 근접시키려면

$$\epsilon(k)^2 < \epsilon \tag{A3.2}$$

을 만족시키도록 k를 선택해야 한다. (A3.1) 식을 이 식에 대입해서 정리하면

$$\left(\frac{3}{2}\right)^k < \frac{\log(1/C^2 \epsilon)}{2\log(1/C\epsilon_0)} \tag{A3.3}$$

로 표현할 수 있다. 따라서 ϵ 이내로 근사시키는 데 필요한 게이트 수는

$$\text{게이트 수} < \frac{5}{4} 5^k l_0 = \frac{5}{4}\left(\frac{3}{2}\right)^{kc} l_0 < \frac{5}{4}\left(\frac{\log(1/C^2 \epsilon)}{2\log(1/C\epsilon_0)}\right)^c l_0 \tag{A3.4}$$

를 만족시킨다($c = \log 5/\log(3/2) \approx 4$). 즉, ϵ 이내로 근사시키는 데 필요한 게이트 수는 $O(\log^c(1/\epsilon))$이며, 이로써 솔로베이-키타예프 정리의 증명이 끝난다.

보조정리 A3.2의 증명에서는 $SU(2)$ 원소들의 곱셈에 관한 몇 가지 기초 사실을 사용하는데, 이제 기억을 되살려보자. 그 보조정리의 핵심 아이디어는 항등원 근방^{neighborhood} $^{\text{of the identity}}$에서 작업하는 것이다. 이렇게 하면 $SU(2)$에서 다소 복잡한 곱셈 연산을 크게 단순화시킬 수 있다. 좀 더 정확히 알아보기 위해 U와 V가 $SU(2)$의 원소라고 가정하고 U와 V의 군 교환자$^{\text{group commutator}}$는

$$[U, V]_{\text{gp}} \equiv UVU^{\dagger}V^{\dagger} \tag{A3.5}$$

로 정의하자. U와 V가 모두 항등원에 가까워서 $U = e^{-iA}$와 $V = e^{-iB}$로 표현할 수 있다고 가정한다. 여기서 A와 B는 어떤 작은 ϵ에 대해 $\text{tr}|A|, \text{tr}|B| \le \epsilon$을 만족시키는 에르미트 행렬이다. $e^{\pm iA}$와 $e^{\pm iB}$를 A와 B의 2차항까지 전개하면

$$D([U, V]_{\text{gp}}, e^{-[A, B]}) = O(\epsilon^3) \tag{A3.6}$$

가 된다. 여기서 $[A, B] = AB - BA$는 행렬의 일반적인 교환자다(사실 $SU(2)$의 리 대수^{Lie} ^{algebra}에 대한 교환자다). 따라서 항등원 근방에서 훨씬 더 간단한 행렬 교환자를 대신 알아보는 것으로써 군 교환자를 학습해볼 수 있다.

실제로 큐비트의 경우, 행렬 교환자는 특히 좋은 형태를 갖는다. $SU(2)$의 임의의 원소는 어떤 실벡터 $\vec{a}$에 대해 $U = u(\vec{a}) = \exp(-i\vec{a} \cdot \vec{\sigma}/2)$로 표현할 수 있다. 마찬가지로 실벡터 $\vec{b}$에 대해서는 $V = u(\vec{b}) = \exp(-i\vec{b} \cdot \vec{\sigma}/2)$로 표현할 수 있다. 확인문제 2.40을 상기하면

$$[\vec{a} \cdot \vec{\sigma}, \vec{b} \cdot \vec{\sigma}] = 2i\left(\vec{a} \times \vec{b}\right) \cdot \vec{\sigma} \tag{A3.7}$$

가 된다. (A3.6)으로부터

$$D\left([U, V]_{\text{gp}}, u\left(\vec{a} \times \vec{b}\right)\right) = O(\epsilon^3) \tag{A3.8}$$

가 된다는 것을 알 수 있다.

보조정리 A3.2 증명의 기본 아이디어는 이제 이해하기 쉽다. 대부분 근사 문제와 관련된 세부사항은 완성도를 위해 다음에 언급했다. 즉, 지금은 그림 A3.2에 설명한 대로 주요 아이디어만 제시한다. S_{ϵ^2}에 있는 어떤 원소 $U = u(\vec{x})$를 근사시킨다고 하자. 확인문제 A3.4에서는 $D(U, I)$와 같은 대각합 거리가 유클리드 거리 $\|\vec{x}\|$와 같으므로(작은 보정은 무시한다) 근사값 $\|\vec{x}\| \le \epsilon^2$가 양호하다는 것을 알게 될 것이다. $\vec{x} = \vec{y} \times \vec{z}$가 되도록 항상 길이의 $\vec{y}$와 $\vec{z}$를 최대 ϵ까지 선택할 수 있다. $u(\vec{y}_0)$와 $u(\vec{z}_0)$가 각각 ϵ^2-근사의 $u(\vec{y}_0)$와 $u(\vec{z}_0)$인 $\mathcal{G}_l$의 원소가 되도록 $\vec{y}_0$와 $\vec{z}_0$을 선택한다. (A3.6)을 교환자 $[u(\vec{y}_0), u(\vec{z}_0)]_{\text{gp}}$에 적용하면

U에 대한 $O(\epsilon^3)$-근사를 얻는다. 이렇게 해서 S_{ϵ^2}에 대한 $O(\epsilon^3)$-그물이 나온다. 즉, 이 보조정리의 증명을 완료하기 위해서는 솔로베이–키타예프 정리 증명의 주요 부분에서와 같은 이동변환 단계를 적용하여 $5l$개의 게이트에서 $S_{O(\epsilon^{3/2})}$의 어떠한 원소에 대해서도 $O(\epsilon^3)$-근사를 얻는다.

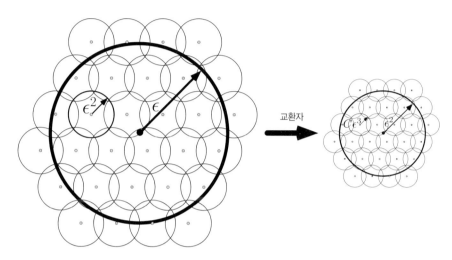

그림 A3.2 보조정리 A3.2 증명의 주요 아이디어. S_ϵ에 있는 U_1과 U_2 원소의 군 교환자를 취하면 S_{ϵ^2}를 훨씬 더 조밀하게 채운다. 오른쪽에 나타낸 원의 밀도는 보이는 것보다 훨씬 높아야 한다는 점에 주목하는데, 그 이유는 ϵ을 거듭제곱할수록 빠르게 작아지기 때문이다. 즉, 잘 보이게 하기 위해 밀도를 낮춘 것이다. 이동변환 단계(나타나 있지 않음)를 적용하여 $S_{\sqrt{3}\epsilon^{3/2}}$의 어떠한 원소에 대해서도 좋은 근사를 얻으면 보조정리의 증명은 끝난다.

확인문제 A3.2: A와 B가 $\mathrm{tr}|A|$, $\mathrm{tr}|B| \leq \epsilon$를 만족시키는 에르미트 행렬이라 하자. 충분히 작은 ϵ과 어떤 상수 d에 대해

$$D\left(\left[e^{-iA}, e^{-iB}\right]_{\mathrm{gp}}, e^{-[A,B]}\right) \leq d\epsilon^3 \qquad (\text{A3.9})$$

을 증명해서 (A3.6) 식을 입증하여라(의견: 실용적인 목적을 위해 d에 대해 좋은 경계를 얻는 것은 흥미로울 수 있다).

확인문제 A3.3: $\vec{x}$와 $\vec{y}$를 어떠한 두 실벡터라 하자.

$$D(u(\vec{x}), u(\vec{y})) = 2\sqrt{2}\sqrt{1 - \cos(x/2)\cos(y/2) - \sin(x/2)\sin(y/2)\hat{x}\cdot\hat{y}} \qquad (\text{A3.10})$$

임을 보여라. 여기서 $x \equiv \|\vec{x}\|$, $y \equiv \|\vec{y}\|$이고 $\hat{x}$와 $\hat{y}$는 각각 $\vec{x}$와 $\vec{y}$ 방향의 단위벡터다.

확인문제 A3.4: $\vec{y} = 0$일 경우, $D(u(\vec{x}),\ u(\vec{y}))$에 대한 식이

$$D(u(\vec{x}), I) = 4\sin\left|\frac{x}{4}\right| \tag{A3.11}$$

로 축소된다는 것을 보여라.

확인문제 A3.5: x, $y \le \epsilon$일 때

$$D(u(\vec{x}), u(\vec{y})) = \|\vec{x} - \vec{y}\| + O(\epsilon^3) \tag{A3.12}$$

임을 보여라.

보조정리 A3.2에 대한 증명

$\mathcal{G}_l$이 S_ϵ에 속한 ϵ^2-그물이라고 하자. 증명의 첫 번째 단계는 $[\mathcal{G}_l, \mathcal{G}_l]_{\text{gp}}$가 S_{ϵ^2}과 어떤 상수 C에 대해 $C\epsilon^3$-그물임을 보이는 것이다.

$U \in S_{\epsilon^2}$로 하고 $U = u(\vec{x})$가 되는 x를 선택하자. 확인문제 A3.4에 의해 $x \le \epsilon^2 + O(\epsilon^6)$가 된다. $\vec{x} = \vec{y} \times \vec{z}$가 되는, 최대 $\epsilon + O(\epsilon^5)$ 길이의 $\vec{y}$와 $\vec{z}$ 벡터 쌍을 선택한다. $\mathcal{G}_l$은 S_ϵ에 대한 ϵ^2-그물이므로

$$D(U_1, u(\vec{y})) < \epsilon^2 + O(\epsilon^5) \tag{A3.13}$$

$$D(U_2, u(\vec{z})) < \epsilon^2 + O(\epsilon^5) \tag{A3.14}$$

이 되는, $\mathcal{G}_l \cap S_\epsilon$에 속한 U_1과 U_2를 선택한다. 그리고 $U_1 = u(\vec{y}_0)$와 $U_2 = u(\vec{z}_0)$가 되는 $\vec{y}_0$와 $\vec{z}_0$를 선택하자. 확인문제 A3.4에 의해 y_0, $z_0 \le \epsilon + O(\epsilon^3)$가 된다. 우리의 목표는 $D(U, [U_1, U_2]_{\text{gp}})$가 $C\epsilon^3$보다 작다는 것을 보이는 것이다. 이를 위해 삼각부등식

$$D(U, [U_1, U_2]_{\text{gp}}) \le D(U, u(\vec{y}_0 \times \vec{z}_0)) + D(u(\vec{y}_0 \times \vec{z}_0), [U_1, U_2]_{\text{gp}}) \tag{A3.15}$$

를 사용한다. 우변의 두 번째 항은 확인문제 A3.2에 의해 최대 $d\epsilon^3$이다. 여기서 y_0, $z_0 \le \epsilon$이 아닌 y_0, $z_0 \le \epsilon + O(\epsilon^3)$라는 사실 때문에 d'은 d보다 약간 큰 상수다. $U = u(\vec{x})$를 대입하고 확인문제 A3.5를 이용하며 적당한 상수 d''을 도입해서 정리하면

$$D(U, [U_1, U_2]_{\text{gp}}) \le D(u(\vec{x}), u(\vec{y}_0 \times \vec{z}_0)) + d'\epsilon^3 \tag{A3.16}$$

$$= \|\vec{x} - \vec{y}_0 \times \vec{z}_0\| + d''\epsilon^3 \tag{A3.17}$$

$$= \|\vec{y} \times \vec{z} - \vec{y}_0 \times \vec{z}_0\| + d''\epsilon^3 \tag{A3.18}$$

$$= \|[(\vec{y} - \vec{y}_0) + \vec{y}_0] \times [(\vec{z} - \vec{z}_0) + \vec{z}_0] - \vec{y}_0 \times \vec{z}_0\| + d''\epsilon^3 \tag{A3.19}$$

$$\le (d'' + 2)\epsilon^3 + O(\epsilon^4) \tag{A3.20}$$

$$\le C\epsilon^3 \tag{A3.21}$$

가 된다. 여기서 C는 적절히 선택한 상수다.

이 보조정리 증명의 두 번째 단계는 솔로베이–키타예프 정리 증명의 주요 부분에 사용한 것과 같은 이동변환 단계를 적용하는 것이다. 특히 $U \in S_{\sqrt{C\epsilon^3}}$가 주어지면 $D(U,V) \leq \epsilon^2$를 만족시키는, $\mathcal{G}_l$에 속한 V를 구할 수 있고, 따라서 $UV^\dagger \in S_{\epsilon^2}$이 된다. 그리고 나서 $D([W_1, W_2]_{\mathrm{gp}}, UV^\dagger) \leq C\epsilon^3$이 되는, $\mathcal{G}_l$에 속한 W_1과 W_2를 구하면

$$D([W_1, W_2]_{\mathrm{gp}}V, U) \leq C\epsilon^3 \tag{A3.22}$$

이 되는데 이로써 증명이 끝났다. ∎

확인문제 A3.6: 기초 게이트 집합 $\mathcal{G}$를 준비하고 단일 큐비트 유니타리 게이트 U에 대한 서술과 원하는 정확도 $\epsilon > 0$이 주어진 경우, U를 ϵ-근사시키는 $\mathcal{G}$의 게이트 시퀀스를 효율적으로 계산하는 알고리듬을 기술하라.

이 부록의 분석은 다소 조잡하므로 훨씬 더 엄격한 분석이 가능하다. 특히 흥미로운 문제 중 하나는 $O(\log^c(1/\epsilon))$ 경계에서 지수 c에 대한 최상의 가능한 값이다. c가 무려 1이 되는 것을 보이는 것은 어렵지 않다. 이를 알아보기 위해 $SU(2)$ 속에 반지름 ϵ인 작은 공을 N개 모아놓았다고 하자. 이 공들의 부피는 중요하지 않은 상수 d에 대해 ϵ^d만큼 커진다. 그러므로 공이 $SU(2)$를 덮는다면 N은 $\Omega(1/\epsilon^d)$ 크기이어야 한다. $\mathcal{G}$에서 선택한 g 게이트들로 구성된, 모든 가능한 시퀀스 $U_1U_2\ldots U_g$를 고려하자. 분명히 그러한 시퀀스들은 최대 $|\mathcal{G}|^g$개의 서로 다른 유니타리 연산을 만들 수 있다. 따라서 $|\mathcal{G}|^g = \Omega(1/\epsilon^d)$이어야 하는데, 이 값은 게이트 수

$$g = \Omega\left(\log\left(\frac{1}{\epsilon}\right)\right) \tag{A3.23}$$

에 대해 바람직한 하계를 의미한다.

문제 3.1: 다음 문제는 어떠한 $c > 2$에 대해서도 원하는 대상의 ϵ 이내로 근사시키는 데 필요한 게이트 수가 $O(\log^2(1/\epsilon)\log^c(\log(1/\epsilon)))$ 경계를 갖는다는 좀 더 정교한 구조를 설명한다.

1. $\mathcal{N}$이 $0 < \delta < \epsilon \leq \epsilon_0$에 대해 S_ϵ에 속한 δ-그물이라 하고, ϵ_0는 충분히 작다고 하자. 어떤 상수 d에 대해 $[\mathcal{N}, \mathcal{N}]_{\mathrm{gp}}$가 S_{ϵ^2}에 속한 $d\delta\epsilon$-그물임을 보여라.

2. $\mathcal{G}_l$이 $0 < \delta < \epsilon \leq \epsilon_0$에 대해 S_ϵ에 속한 δ-그물이라 하자. $\mathcal{G}_{4^kl}$이 $S_{\epsilon^{2^k}}$에 속한 $d^k\delta\epsilon^{2^k-1}$-그물임을 보여라.

3. k를

$$k \equiv \left\lceil \log \left(\frac{\log(1/\epsilon)}{\log(1/\epsilon_0)} \right) \right\rceil \qquad (A3.24)$$

로 정의하고 $\mathcal{G}_l$이 S_{ϵ_0}에 대한 δ_0-그물이 되는 l을 구할 수 있다고 하자. 여기서

$$d^k \delta_0 = \epsilon_0 \qquad (A3.25)$$

이다. $\mathcal{G}_{4^k l}$이 $S_{\epsilon_0^{2^k}}$에 대한 ϵ-그물임을 보여라.

4. 솔로베이-키타예프 정리에 대해 이전에 증명한 버전을 사용하여 이 문제의 앞 부분에서 $l = O(k^c)$로 선택해도 충분하다는 것을 보여라. 여기서 $c = \log(5)/\log(3/2)$는 솔로베이-키타예프 정리에 대해 앞서 증명한 버전의 지수에 나타나는 상수다.

5. 이전 결과들을 결합하여 $O(\log^2(1/\epsilon) \log^c(\log(1/\epsilon)))$개의 게이트를 사용하면 $SU(2)$에 속한 임의의 게이트를 ϵ-근사시킬 수 있음을 증명하라.

6. 위 결과의 결론에서 어떠한 $c > 2$라도 나올 수 있음을 보여라.

문제 3.2: (연구) 만약 이전 문제에서 구한 결과보다 점근적으로 더 빠른 근사 프로시저가 존재한다면 그 프로시저를 구하라. 이상적으로 말하면 그 프로시저는 (a) 근사를 수행하는 데 필요한 게이트 수에 대한 $\Omega(\log(1/\epsilon))$ 하계를 포화시키고[1] (b) 그러한 근사화 게이트 시퀀스를 구성하기 위한 효율적인 알고리듬을 제공한다.

문제 3.3: (연구) 결함허용적으로 수행될 수 있고 단일 큐비트 게이트에서 조밀한 집합을 생성하는 유한한 단일 큐비트 게이트 $\mathcal{G}$ 집합을 준비하자. 이를테면 $\pi/8$ 게이트와 아다마르 게이트를 말한다. 임의의 단일 큐비트 게이트 U와 어떤 $\epsilon > 0$이 주어지면, 이 결함허용 집합으로부터 U에 대한 ϵ-근사를 제공하는 게이트 시퀀스를 만드는 방법을 개발하라. 이 방법은 우아하고 효율적이며 합리적으로 엄격해야 하고 전체위상은 무시한다.

역사와 추가자료

이 부록의 결과는 1995년에 솔로베이가 증명했고(미출판 원고), 키타예프[Kit97b]도 독자적으로 증명했는데 이 증명의 개요는 [Kit97b]에 나와 있다. 동일한 논문에서 키타예프는

---

1 포화의 의미는 654페이지의 확인문제 10.50을 참고한다. – 옮긴이

결과가 $SU(2)$ 이외의 많은 리군$^{\text{Lie group}}$으로 일반화시킬 수 있다는 점에 주목했다. 대략적으로 말해서 이 증명에 사용한 $SU(2)$에 대한 핵심 사실은 $[S_\epsilon, S_\epsilon]_{\text{gp}} \supseteq S_{\Omega(\epsilon^2)}$이었고, 이 사실에 해당하는 다른 리군도 솔로베이-키타예프 정리의 일부 버전을 따른다. 예를 들면 행렬식이 1인 $d \times d$ 유니타리 행렬의 리군 $SU(d)$에 대해 솔로베이-키타예프 정리는 들어맞는다. 솔로베이는 이 결과를 들은 후, 비슷한 방식으로 자신의 증명을 일반화시켰다. 이 책에 나온 것은 1999년 프리드만 강의 그리고 프리드만, 키타예프, 솔로베이와의 토론을 통해 사실상 도움을 받은 것이다.

암호체계를 이해하고 양자 컴퓨터를 사용하여 이를 깨뜨리는 방법을 이해하려면 일부 기초적인 정수론number theory을 이해하는 것이 필요하다. 이 부록에서는 정수론에 대한 몇 가지 기본 사실을 검토한다.

A4.1 기본 사항

먼저 명명법과 표기법에 대한 규칙을 알아보자. 정수integer들의 집합은 $\{..., -2, -1, 0, 1, 2, ...\}$ 집합이며 $\mathbf{Z}$로 표기한다. 자연수natural number를 언급할 경우도 있는데, 이는 음이 아닌 정수를 의미하지만 0을 포함하는지를 구별하기 위해 음이 아닌 정수nonnegative integer 또는 양의 정수positive integer로 언급할 것이다.

n이 정수라고 하자. $n = dk$을 만족시키는 정수 k가 존재하면 정수 d는 n을 나누어 떨어뜨리는 것이다($d|n$으로 표기). 이 경우 d는 n의 인수factor 또는 약수divisor라고 말한다. 1과 n은 항상 n의 인수라는 점에 유의한다. d가 n을 나누어 떨어뜨리지 못하면(n의 인수가 아니면) $d \nmid n$로 표기한다. 예를 들어 $3|6$이고 $3|18$이지만 $3 \nmid 5$이고 $3 \nmid 7$이다.

확인문제 A4.1: (추이성transitivity) $a|b$이고 $b|c$이면 $a|c$임을 보여라.

확인문제 A4.2: $d|a$이고 $d|b$이면 d가 a와 b의 선형조합인 $ax + by$도 나누어 떨어뜨린다는 것을 보여라. 여기서 x와 y는 정수다.

확인문제 A4.3: a와 b가 양의 정수라고 하자. $a|b$이면 $a \leq b$임을 보여라. $a|b$이고 $b|a$이면 $a = b$라는 결론도 보여라.

소수^{prime number}는 1보다 큰 정수로서 1과 자신만을 인수로 갖는다. 소수들을 나열해보면 2, 3, 5, 7, 11, 13, 17, ...이 된다. 아마도 양의 정수에 대한 가장 중요한 단 하나의 사실은 양의 정수를 소수들의 곱으로 유일하게 표현할 수 있다는 것이다. 이 결과는 다음과 같이 그럴듯한 이름을 붙여 산술의 기본정리^{fundamental theorem of arithmetic}라고 부른다.

정리 A4.1: (산술의 기본정리) a가 1보다 큰 정수라고 하자. 그러면 a는 소인수분해^{prime factorization} 형식

$$a = p_1^{a_1} p_2^{a_2} \cdots p_n^{a_n} \tag{A4.1}$$

으로 된다. 여기서 $p_1, ..., p_n$은 서로 다른 소수이고 $a_1, ..., a_n$은 양의 정수다. 더욱이 이 소인수분해는 인수의 순서를 무시하면 유일하다.

증명

산술의 기본정리에 대한 증명을 한 번도 본 적이 없는 독자라면 스스로 증명해보기를 강력히 권한다. 증명에 실패하면 아무 기본정수론 책에서 그 증명을 찾아볼 수 있다. 참고 자료에 대해서는 이 부록의 끝에 있는 '역사와 추가자료'를 참조하기 바란다. ■

작은 수의 경우, 나누기해보면 소인수분해를 쉽게 구할 수 있다. 예를 들면 $20 = 2^2 \cdot 5^1$이다. 큰 수의 경우, 소인수분해를 구하는 효율적인 알고리듬을 찾기 위해 엄청난 노력을 들였지만 고전 컴퓨터에서 그러한 알고리듬은 찾지 못했다.

확인문제 A4.4: 697과 36300의 소인수분해를 구하라.

A4.2 모듈러 산술과 유클리드 알고리듬

우리 모두는 보통의 산술 기술에 아주 익숙하다. 또 다른 유형의 산술인 모듈러 산술^{modular arithmetic}은 수의 특성을 이해하는 데 아주 유용하다. 여기서는 여러분이 모듈러 산술에 대한 기초 지식을 안다고 가정해서 기본 아이디어와 표기법을 간략히 다룬 후, 좀 더 고급 이론으로 나아갈 것이다.

모듈러 산술은 나머지^{remainder} 산술로 생각할 수 있다. 18을 7로 나누면 답은 2이고 나머지 4를 얻는다. 좀 더 형식적으로 말하면, 어떠한 양의 정수 x와 n이 주어질 때 x는

$$x = kn + r \tag{A4.2}$$

형식으로 (유일하게) 표현할 수 있다. 여기서 k는 음이 아닌 정수이면서 x를 n으로 나눈 결과이며 나머지 r은 0에서 $n-1$까지의 범위 내에 있다(경계 포함). 모듈러 산술은 단순히 나머지에만 주의를 기울인 보통 산술일 뿐이다. 모듈러 산술 중이라는 것을 나타내기 위해 (mod n) 표기를 사용한다. 예를 들어 $2 = 5 = 8 = 11$ (mod 3)으로 표현하는데, 그 이유는 2, 5, 8, 11은 3으로 나눌 때 모두 같은 나머지 (2)를 갖기 때문이다. '(mod n)'이라는 표기는 숫자 n과 관련한 모듈러 산술을 하고 있다는 것을 알려준다.

모듈러 산술에 대한 덧셈, 곱셈, 뺄셈 연산은 모두 명백한 방식으로 정의할 수 있지만 나눗셈 연산을 정의하는 방법은 그렇게 명확하지 않을 수 있다. 이 연산이 어떻게 이루어지는지 이해하기 위해 정수론에서 또 다른 핵심 개념인 두 정수의 **최대공약수**greatest common divisor 개념을 소개한다. 정수 a와 b의 최대공약수란 a와 b 모두의 약수 중에서 가장 큰 정수다. 이 수를 gcd(a, b)로 표현한다. 예를 들어 18과 12의 최대공약수는 6이다. 이를 구하기 쉬운 방법은 18에 대한 양의 약수 (1, 2, 3, 6, 9, 18)와 12에 대한 양의 약수 (1, 2, 3, 4, 6, 12)를 나열한 후, 두 목록에서 가장 큰 공통 약수를 선택하는 것이다. 이 방법은 큰 수일 경우, 아주 비효율적이며 비실용적이다. 다행스럽게도 최대공약수를 계산하는 훨씬 효율적인 방법이 존재하는데, 그 방법을 **유클리드 알고리듬**Euclid's algorithm이라고 하며 앞으로 몇 페이지에 걸쳐 설명할 것이다.

정리 A4.2: (gcd에 대한 표현 정리) 두 정수 a와 b의 최대공약수란 $ax + by$ 형식으로 표현할 수 있는 가장 작은, 양의 정수다. 여기서 x와 y는 정수다.

증명

$s = ax + by$를 이 형식으로 표현할 수 있는 가장 작은, 양의 정수라고 하자. gcd(a, b)는 a와 b의 약수이므로 s의 약수이기도 하다. 따라서 gcd(a, b) $\leq s$가 된다. 증명을 끝내려면 s가 a와 b의 약수임을 보여서 $s \leq$ gcd(a, b)를 입증해야 한다. 이러면 서로 모순된다. 이번에는 s가 a의 약수가 아니라고 하자. 그러면 $a = ks + r$가 된다. 여기서 나머지 r은 1에서 $s-1$까지의 범위 내에 있다. 이 식을 재배열하고 $s = ax + by$를 사용하면 r은 a와 b의 선형조합인 $r = a(1 - kx) + b(-ky)$로 표현할 수 있는데, 이는 s보다 작은 양의 정수가 된다. 그러나 이 점은 s가 a와 b의 선형조합으로 표현할 수 있는 가장 작은 양의 정수라는 정의에 모순된다. 따라서 s는 a를 나누어 떨어뜨려야 한다는 결론이 나온다. 대칭성에 의해 s는 b의 약수도 되어야 하며, 이로써 증명이 끝난다. ■

따름정리 A4.3: c가 a와 b 모두를 나누어 떨어뜨린다고 하자. 그러면 c는 $\gcd(a, b)$를 나누어 떨어뜨린다.

증명

정리 A4.2에 의해 어떤 정수 x와 y에 대해 $\gcd(a, b) = ax + by$이다. c는 a와 b를 나누어 떨어뜨리기 때문에 $ax + by$도 나누어 떨어뜨린다. ▪

어떤 수 a는 모듈러 산술에서 언제 곱셈에 대한 역원을 가질까? 즉, a와 n이 주어졌을 때 $ab = 1(\text{mod } n)$이 되는 b가 언제 존재할까? 예를 들어 $2 \cdot 3 = 1(\text{mod } 5)$이므로 2는 모듈러 5 곱셈에 대한 역원 3을 갖는다. 한편 계산해보면 2는 모듈러 4 곱셈에 대한 역원이 없음을 알 수 있다. 모듈러 산술에서 곱셈에 대한 역원 구하기는 서로소^{co-primality} 개념에 의해 gcd와 관련이 있는 것으로 밝혀졌다. 즉, 정수 a와 b의 최대공약수가 1이면 a와 b를 서로소라고 한다. 14와 9는 서로소인데, 그 이유는 14의 양의 약수가 1, 2, 7, 14인 반면에 9의 양의 약수는 1, 3, 9이기 때문이다. 다음의 따름정리는 서로소를 사용하여 모듈러 산술에서 곱셈에 대한 역원의 존재를 보여준다.

따름정리 A4.4: n이 1보다 큰 정수라고 하자. 정수 a가 모듈러 n에 관해 곱셈에 대한 역원을 가질 필요충분조건은 $\gcd(a, n) = 1$이다. 즉, a와 n이 서로소인 경우다.

증명

a가 모듈러 n에 관해 곱셈에 대한 역원을 갖는다고 하고 이를 a^{-1}로 표기하자. 그러면 어떤 정수 k에 대해 $aa^{-1} = 1 + kn$이 되고, 따라서 $aa^{-1} + (-k)n = 1$이 된다. 정리 A4.2로부터 $\gcd(a, n) = 1$이라는 결론이 나온다. 역으로 $\gcd(a, n) = 1$이면 $aa^{-1} + (-k)n = 1$이 되는 정수 a^{-1}와 b가 반드시 존재한다. 그러므로 $aa^{-1} = 1(\text{mod } n)$이다. ▪

확인문제 A4.5: 소수 p에 대해 1에서 $p - 1$까지 범위의 모든 정수가 모듈러 p에 관해 곱셈에 대한 역원을 갖는다는 것을 증명하라. 1에서 $p^2 - 1$까지 범위에서 어떤 정수가 모듈러 p^2에 관해 곱셈에 대한 역원을 갖지 않는가?

확인문제 A4.6: 모듈러 24에 관해 17의 곱셈에 대한 역원을 구하라.

확인문제 A4.7: 모듈러 n^2에 관해 $n + 1$의 곱셈에 대한 역원을 구하라. 여기서 n은 1보다 큰 정수다.

확인문제 A4.8: (역원의 유일성) b와 b'이 모듈러 n에 관해 a의 곱셈에 대한 역원이라고 하자. $b = b'(\mathrm{mod}\ n)$임을 증명하라.

다음 정리는 두 양의 정수의 최대공약수를 구하기 위한 유클리드의 효율적 알고리듬의 핵심이다.

정리 A4.5: a와 b를 정수라고 하고, a를 b로 나눌 때의 나머지를 r이라고 하자. 그러면 $r \neq 0$일 때,

$$\gcd(a, b) = \gcd(b, r) \tag{A4.3}$$

이 된다.

증명

각각 한 변이 다른 변을 나누어 떨어뜨리는 것을 보임으로써 등식이 성립한다는 것을 증명한다. 좌변이 우변을 나누어 떨어뜨리는 것을 증명하기 위해 어떤 정수 k에 대해 $r = a - kb$라는 점에 주목한다. $\gcd(a, b)$가 a, b와 이들의 선형조합을 나누어 떨어뜨리기 때문에 $\gcd(a, b)$는 r을 나누어 떨어뜨린다. 따름정리 A4.3에 의해 $\gcd(a, b)$는 $\gcd(b, r)$을 나누어 떨어뜨린다. 우변이 좌변을 나누어 떨어뜨리는 것을 증명하기 위해 $\gcd(b, r)$이 b를 나누어 떨어뜨린다는 점에 주목한다. 그리고 $a = r + kb$가 b와 r의 선형조합이므로 $\gcd(b, r)$도 a를 나누어 떨어뜨린다. 따름정리 A4.3에 의해 $\gcd(b, r)$은 $\gcd(a, b)$를 나누어 떨어뜨린다. ∎

확인문제 A4.9: a와 b의 소인수분해를 알고 있다면 $\gcd(a, b)$를 어떻게 구하는지 설명하라. 또한 6825와 1430의 소인수분해를 구하고, 이를 이용하여 $\gcd(6825, 1430)$를 계산하라.

양의 정수 a와 b의 최대공약수를 구하기 위한 유클리드 알고리듬의 동작 방식은 다음과 같다. 먼저 $a > b$인 순서로 a와 b를 정한다. a를 b로 나누는데, 그 결과를 k_1이라 하고 나머지는 r_1이라 하자. 즉, $a = k_1 b + r_1$이다. 정리 A4.5에 의해 $\gcd(a, b) = \gcd(b, r_1)$이 된다. 다음으로 b가 a 역할을 하고 r_1이 b 역할을 하는 두 번째 나눗셈을 수행한다. 즉, $b = k_2 r_1 + r_2$이다. 정리 A4.5에 의해 $\gcd(a, b) = \gcd(b, r_1) = \gcd(r_1, r_2)$가 된다. 다음으로 r_1이 a 역할을 하고 r_2가 b 역할을 하는 세 번째 나눗셈을 수행한다. 즉, $r_1 = k_3\, r_2 + r_3$이다. 정리 A4.5에 의해 $\gcd(a, b) = \gcd(b, r_1) = \gcd(r_1, r_2) = \gcd(r_2, r_3)$가 된다. 이러

한 방식으로 계속해서 가장 최근의 첫 번째 나머지를 가장 최근의 두 번째 나머지로 나눌 때마다 새 결과와 나머지를 얻는다. 나머지가 0이 나오면 알고리듬을 멈춘다. 즉, 어떤 m에 대해 $r_m = k_{m+1} r_{m+1}$이 된다. $\gcd(a, b) = \gcd(r_m, r_{m+1}) = r_{m+1}$이므로 이 알고리듬은 r_{m+1}을 반환한다.

유클리드 알고리듬 사용의 예로서 $\gcd(6825, 1430)$을 구해보자.

$$6825 = 4 \times 1430 + 1105 \tag{A4.4}$$

$$1430 = 1 \times 1105 + 325 \tag{A4.5}$$

$$1105 = 3 \times 325 + 130 \tag{A4.6}$$

$$325 = 2 \times 130 + 65 \tag{A4.7}$$

$$130 = 2 \times 65 \tag{A4.8}$$

가 된다. 이로써 $\gcd(6825, 1430) = 65$인 것을 알 수 있다.

유클리드 알고리듬을 잘 적용하면 $ax + by = \gcd(a, b)$가 되는 정수 x와 y를 효율적으로 구할 수 있다. 그 첫 번째 과정은 이전과 마찬가지로 유클리드 알고리듬 단계들을 그대로 실행하는 것이다. 두 번째 과정은 유클리드 알고리듬 실행의 마지막 두 번째 줄에서 시작해서, 아래 예에 나타난 것처럼 이 알고리듬의 위쪽 줄로 계속 거슬러 올라가며 대체한다.

$$65 = 325 - 2 \times 130 \tag{A4.9}$$

$$= 325 - 2 \times (1105 - 3 \times 325) = -2 \times 1105 + 7 \times 325 \tag{A4.10}$$

$$= -2 \times 1105 + 7 \times (1430 - 1 \times 1105) = 7 \times 1430 - 9 \times 1105 \tag{A4.11}$$

$$= 7 \times 1430 - 9 \times (6825 - 4 \times 1430) = -9 \times 6825 + 37 \times 1430 \tag{A4.12}$$

즉, $65 = 6825 \times (-9) + 1430 \times 43$이 되어 원하던 표현이 나왔다.

유클리드 알고리듬은 자원을 얼마나 소비할까? a와 b가 각각 최대 L비트의 비트열로 표현될 수 있다고 하자. 제수 k_i 또는 나머지 r_i 중 어느 것도 L비트 길이를 초과할 수 없으므로 모든 계산은 L비트 산술로 수행된다고 가정할 수 있다. 이 자원 분석에서 중요한 점은 $r_{i+2} \le r_i/2$이다. 이를 증명하기 위해 다음 두 가지 경우를 고려한다.

- $r_{i+1} \le r_i/2$. 이 경우는 당연하므로 이것으로 끝이다.
- $r_{i+1} > r_i/2$. 이 경우는 $r_i = 1 \times r_{i+1} + r_{i+2}$이므로 $r_{i+2} = r_i - r_{i+1} \le r_i/2$이다.

$r_{i+2} \le r_i/2$이므로 유클리드 알고리듬의 핵심인, 나누어 나머지 얻기$^{\text{divide-and-remainder}}$ 연산은 최대 $2\lceil \log a \rceil = O(L)$번 수행해야 한다. 각각의 나누어 나머지 얻기 연산에는 $O(L^2)$

번 연산이 필요하므로 유클리드 알고리듬의 총 비용은 $O(L^3)$이다. $ax + by = \gcd(a, b)$가 되는 x와 y를 구하려면 약간의 추가 비용이 발생한다. 즉, 총 자원에 대해 관련된 산술을 수행하기 위해 $O(L)$번 대체^{substitution}를 수행하는데, 대체당 $O(L^2)$의 비용이 들고 총 자원 비용은 $O(L^3)$가 된다.

유클리드 알고리듬은 모듈러 산술에서 곱셈에 대한 역원을 효율적으로 구하는 데에도 사용할 수 있다. 이것은 은연 중에 따름정리 A4.4의 증명에 들어가 있다. 이제 명확히 나타낼 것이다. a가 n과 서로소라고 가정하고 모듈러 n에 관해 a^{-1}를 구해보자. 이를 위해 유클리드 알고리듬과 a 및 n의 서로소를 사용하여

$$ax + ny = 1 \tag{A4.13}$$

이 되는 정수 x와 y를 구한다. 그리고 나서 $ax = (1 - ny) = 1(\text{mod } n)$이라는 것에 주목한다. 즉, x는 모듈러 n에 관해 a의 곱셈에 대한 역원이다. 더욱이 이 알고리듬은 계산적으로 효율적이며 $O(L^3)$번 단계만 걸린다. 여기서 L은 n의 비트 길이이다.

이제 모듈러 산술에 관해 역원을 어떻게 효율적으로 구하는지 알았으므로

$$ax + b = c(\text{mod } n) \tag{A4.14}$$

과 같은 간단한 선형 방정식을 푸는 것은 짧은 단계가 걸릴 뿐이다. a와 n이 서로소라고 하자. 그러면 유클리드 알고리듬을 사용하여 모듈러 n에 관해 a의 곱셈에 대한 역원 a^{-1}를 효율적으로 구하고, 따라서 이전 방정식의 해

$$x = a^{-1}(c - b)(\text{mod } n) \tag{A4.15}$$

도 효율적으로 구할 수 있다. 중국인의 나머지 정리^{Chinese remainder theorem}라고 하는 중요한 결과를 이용하면 우리가 풀 수 있는 방정식의 범위를 훨씬 더 넓혀 모듈러 산술에 관한 연립방정식을 효율적으로 풀 수 있다.

정리 A4.6: (중국인의 나머지 정리) $m_1, \ldots, m_n$은 어떠한 쌍 m_i와 $m_j(i \neq j)$에 대해서도 서로소가 되는 양의 정수라고 하자. 그러면 연립방정식

$$x = a_1(\text{mod } m_1) \tag{A4.16}$$
$$x = a_2(\text{mod } m_2) \tag{A4.17}$$
$$\cdots\cdots\cdots$$
$$x = a_n(\text{mod } m_n) \tag{A4.18}$$

은 하나의 해를 갖는다. 더욱이 이 연립방정식에 대한 임의의 두 해는 모듈러 $M \equiv m_1 m_2 ... m_n$에 관해 서로 같다.

증명

이 증명은 연립방정식에 대한 해를 명시적으로 구성하는 것이다. $M_i \equiv M/m_i$를 정의하면 m_i와 M_i는 서로소가 된다. 그러면 M_i는 모듈러 m_i에 관한 역원을 갖는데, 그 역원을 N_i로 표기하자. 또한 $x \equiv \sum_i a_i M_i N_i$를 정의하자. x가 이 연립방정식의 해란 것을 알기 위해 $i \neq j$일 때 $M_i N_i = 1 (\text{mod } m_i)$이고 $M_i N_i = 0 (\text{mod } m_j)$이므로 $x = a_i (\text{mod } m_i)$라는 점에 주목한다. 이렇게 해의 존재가 증명된다.

x와 x'이 모두 연립방정식의 해라고 하자. 이는 각 i에 대해 $x - x' = 0 (\text{mod } m_i)$이므로 각 i에 대해 m_i는 $x - x'$을 나누어 떨어뜨린다. m_i들은 서로소이므로 곱 $M \equiv m_1 ... m_n$도 $x = x'$을 나누어 떨어뜨려 $x = x' (\text{mod } M)$이 된다. 이렇게 해서 증명이 끝난다. ∎

유클리드 알고리듬과 중국인의 나머지 정리는 알고리듬 정수론^{algorithmic number theory}에 있어서 뛰어난 업적 두 가지다. 이 두 가지가 아이디어 역할을 해서 정수론의 알고리듬으로 처리하기가 어려운 RSA 암호체계까지 이끌어낸 것은 참으로 아이러니하다. 그렇지만 정말 그렇다! 이제 RSA 암호체계를 이해하는 데 필요한 정수론적 배경을 살펴보자. 핵심 아이디어는 고전 정수론의 유명한 결과인 페르마의 소정리^{Fermat's little theorem}(페르마의 마지막 정리^{Fermat's last theorem}와 혼동하지 말 것)와 페르마의 소정리에 대한 오일러의 일반화다. 페르마의 소정리를 증명하려면 먼저 다음의 우아한 보조정리를 알아야 한다.

보조정리 A4.7: p가 소수이고 k가 1에서 $p-1$까지 범위의 정수라고 하자. 그러면 p는 $\binom{p}{k}$를 나누어 떨어뜨린다.

증명

항등식

$$p(p-1) \cdots (p-k+1) = \binom{p}{k} k(k-1) \cdots 1 \tag{A4.19}$$

을 고려하자. $k \geq 1$이므로 좌변(항등식이니 우변도 됨)은 p로 나누어 떨어진다. $k \leq p-1$이기 때문에 $k(k-1) \cdots 1$항은 p로 나누어 떨어지지 않는다. 그러므로 $\binom{p}{k}$는 p로 반드시 나누어 떨어진다. ∎

정리 A4.8: (페르마의 소정리) p가 소수이고 a가 임의의 정수라고 하자. 그러면 $a^p = a(\text{mod } p)$가 된다. a가 p로 나누어 떨어지지 않으면 $a^{p-1} = 1(\text{mod } p)$가 된다.

증명

정리의 두 번째 부분은 첫 번째 부분으로 입증할 수 있는데, 그 이유는 a가 p로 나누어 떨어지지 않으면 a는 모듈러 p에 관한 역원을 가지므로 $a^{p-1} = a^{-1}a^p = a^{-1}a = 1(\text{mod } p)$가 되기 때문이다. 정리의 첫 번째 부분은 양수 a에 대한 귀납법으로 증명할 것이다(이를 통해 양수가 아닌 경우를 쉽게 증명할 수 있다). $a = 1$일 때 $a^p = 1 = a(\text{mod } p)$가 되어 원하던 대로 나왔다. 1보다 큰 a에 대해 그 결과가 참이라고 하자. 즉, $a^p = a(\text{mod } p)$가 참이라고 가정한다. 그리고 $a + 1$의 경우를 고려하자. 이항전개$^{\text{binomial expansion}}$에 의해

$$(1 + a)^p = \sum_{k=0}^{p} \binom{p}{k} a^k \tag{A4.20}$$

이 된다. 보조정리 A4.7에 의해 $1 \leq k \leq p - 1$일 때 p는 $\binom{p}{k}$를 나누어 떨어뜨린다. 따라서 첫 번째와 마지막 항을 제외한 모든 항은 모듈러 p에 관한 합을 적용해도 0이 된다. 즉, $(1 + a)^p = (1 + a^p)(\text{mod } p)$가 된다. 귀납적 가설 $a^p = a(\text{mod } p)$를 적용하면 바라던 대로 $(1 + a)^p = (1 + a)(\text{mod } p)$가 되는 것을 알 수 있다. ∎

오일러는 페르마의 소정리를 멋지게 일반화시켰는데, 이는 오일러 φ 함수를 기반으로 한다. $\varphi(n)$은 n보다 작은 양의 정수 중에서 n과 서로소인 정수의 개수로 정의한다. 예를 들어 p보다 작은 양의 정수 중에서 p와 서로소인 것의 개수 $\varphi(p) = p - 1$이 된다. p^α보다 작은 양의 정수 중에서 p^α과 서로소가 아닌 것은 p의 배수인 $p, 2p, 3p, ..., (p^{\alpha-1} - 1)p$이다. 따라서

$$\varphi(p^\alpha) = (p^\alpha - 1) - (p^{\alpha-1} - 1) = p^{\alpha-1}(p - 1) \tag{A4.21}$$

가 된다. 더욱이 a와 b가 서로소이면 중국인의 나머지 정리를 사용하여

$$\varphi(ab) = \varphi(a)\varphi(b) \tag{A4.22}$$

가 되는 것을 보일 수 있다. 이를 알아보기 위해 연립방정식 $x = x_a(\text{mod } a)$, $x = x_b(\text{mod } b)$를 고려하자. 이 연립방정식에 중국인의 나머지 정리를 적용하면 $1 \leq x_a < a$, $1 \leq x_b < b$, $\gcd(x_a, a) = 1$, $\gcd(x_b, b) = 1$이 되는 쌍 (x_a, x_b) 간에 일대일 대응이 존재하고 $1 \leq x < ab$, $\gcd(x, ab) = 1$이 되는 정수 x가 존재한다. 그러한 쌍 (x_a, x_b)에 대해 $\varphi(a)$

$\varphi(b)$가 존재하고 그러한 x에 대해 $\varphi(ab)$가 존재한다. 따라서 (A4.22)가 나온다.

(A4.21)과 (A4.22) 식을 가지고 n의 소인수분해 $n = p_1^{\alpha_1} \cdots p_k^{\alpha_k}$에 바탕을 둔 $\varphi(n)$에 대한 공식을 만들 수 있다. 즉,

$$\varphi(n) = \prod_{j=1}^{k} p_j^{\alpha_j - 1}(p_j - 1) \tag{A4.23}$$

이 된다.

확인문제 A4.10: $\varphi(187)$은 얼마인가?

확인문제 A4.11: 다음 식을 증명하라.

$$n = \sum_{d|n} \varphi(d) \tag{A4.24}$$

여기서 합은 1과 n을 포함하여 n에 대한 모든 양의 제수 d에 대해서다(힌트: 먼저 $n = p^\alpha$일 때의 결과를 증명하고 나서 φ의 곱셈성질 (A4.22)을 사용하여 증명을 완료한다).

오일러는 페르마의 소정리를 다음과 같이 아름답게 일반화시켰다.

정리 A4.9: a가 n과 서로소라고 하자. 그러면 $a^{\varphi(n)} = 1 (\mathrm{mod}\ n)$이다.

증명

먼저 α에 대한 귀납법을 통해 $a^{\varphi(p^\alpha)} = 1(\mathrm{mod}\ p^\alpha)$임을 보이자. $\alpha = 1$일 때 그 결과는 그냥 페르마의 소정리가 된다. $\alpha \geq 1$일 때 결과가 참이라고 가정하면 어떤 정수 k에 대해

$$a^{\varphi(p^\alpha)} = 1 + kp^\alpha \tag{A4.25}$$

이 된다. 그러면 (A4.21)에 의해

$$a^{\varphi(p^{\alpha+1})} = a^{p^\alpha(p-1)} \tag{A4.26}$$

$$= a^{p\varphi(p^\alpha)} \tag{A4.27}$$

$$= (1 + kp^\alpha)^p \tag{A4.28}$$

$$= 1 + \sum_{j=1}^{p} \binom{p}{j} k^j p^{j\alpha} \tag{A4.29}$$

이 된다. 보조정리 A4.7을 사용하면 합에 있어서 $p^{\alpha+1}$이 모든 항을 나누어 떨어뜨린다는 것을 쉽게 알 수 있다. 따라서

$$a^{\varphi(p^{\alpha+1})} = 1 (\bmod \ p^{\alpha+1}) \tag{A4.30}$$

이 되며 귀납법이 끝난다. 임의의 $n = p_1^{\alpha_1} \cdots p_m^{\alpha_m}$과 각각의 j에 대해 $\varphi(n)$은 $\varphi(p_j^{\alpha_j})$의 배수이기 때문에 $a^{\varphi(n)} = 1 (\bmod \ p_j^{\alpha_j})$이 성립함으로 이 정리의 증명이 완료된다. 중국인의 나머지 정리에 대한 증명에서 했던 식을 적용하면 연립방정식 $x = 1 (\bmod \ p_j^{\alpha_j})$에 대한 해는 $x = 1 (\bmod \ n)$을 만족시켜야 하고, 따라서 $a^{\varphi(n)} = 1 (\bmod \ n)$가 된다. ∎

$\mathbf{Z}_n^*$를 $\mathbf{Z}_n$에서 모듈러 n에 관해 역원을 갖는, 모든 원소들의 집합이라고 정의하자. 즉, $\mathbf{Z}_n$에서 n과 서로소가 되는 모든 원소들의 집합인 것이다. $\mathbf{Z}_n^*$는 곱셈에 대해 크기 $\varphi(n)$의 군을 형성한다는 것을 쉽게 알 수 있다. 즉, 곱셈에 대한 항등원을 포함하고 $\mathbf{Z}_n^*$ 안의 원소들의 곱은 $\mathbf{Z}_n^*$ 안에 있으므로 $\mathbf{Z}_n^*$는 곱셈의 역연산^{multiplicative inverse operation}에 대해 닫혀 있다(기초 군론에 대한 개요는 부록 2를 참조하기 바란다). n이 홀수인 소수^{odd prime} p의 거듭제곱일 때, 즉 $n = p^\alpha$일 때 $\mathbf{Z}_n^*$가 갖는 놀라운 구조는 분명하지 않다. 다만 $\mathbf{Z}_{p^\alpha}^*$가 순환군^{cyclic group}이라는 것은 밝혀졌다. 즉, 어떤 음이 아닌 정수 k에 대해 다른 원소 x를 $x = g^k (\bmod \ n)$로 표현할 수 있다는 의미에서 $\mathbf{Z}_{p^\alpha}^*$를 생성하는, $\mathbf{Z}_{p^\alpha}^*$의 원소 g가 존재한다.

정리 A4.10: p를 홀수인 소수라 하고 α를 양의 정수라고 하자. 그러면 $\mathbf{Z}_{p^\alpha}^*$는 순환적^{cyclic}이다.

증명

이 사실에 대한 증명은 이 책의 범위를 약간 벗어난다. 정수론에 대해 많이 다루는 책에서 그 증명을 찾을 수 있다. 예를 들어 크누스^[Knu98a]의 3.2절, 특히 16페이지부터 23페이지까지 참조하기 바란다. ∎

확인문제 A4.12: 모듈러 n에 관한 곱셈 연산에서 $\mathbf{Z}_n^*$가 크기 $\varphi(n)$의 군을 형성한다는 것을 증명하라.

확인문제 A4.13: a를 $\mathbf{Z}_n^*$의 임의의 원소라고 하자. $S \equiv \{1, a, a^2, \ldots\}$가 $\mathbf{Z}_n^*$의 부분군을 형성한다는 것을 보이고, 또한 S의 크기는 $a^r = 1 (\bmod \ n)$이 되는 r의 최솟값임을 보여라.

확인문제 A4.14: g가 $\mathbf{Z}_n^*$의 생성원이라고 하자. g의 위수가 $\varphi(n)$임을 보여라.

확인문제 A4.15: 라그랑주 정리$^{\text{Lagrange's theorem}}$(정리 A2.1)는 부분군의 크기가 군의 위수를 나누어 떨어뜨려야 한다는 군론의 기초 결과다. 라그랑주 정리를 사용하여 정리 A4.9를 다르게 증명하라. 즉, $a \in \mathbf{Z}_n^*$에 대해 $a^{\varphi(n)} = 1 (\text{mod } n)$임을 보여라.

A4.3 인수분해를 위수 구하기로 환산하기

고전 컴퓨터에서 수를 인수분해하는 문제는 또 다른 문제인 위수 구하기 문제와 동치인 것으로 판명됐다. 양자 컴퓨터가 위수 구하기 문제를 신속하게 해결할 수 있고, 따라서 빠르게 인수분해할 수 있다는 것이 밝혀졌기 때문에 이러한 동치^{equivalence}는 중요하다. 이 절에서는 인수분해를 위수 구하기로 환산^{reduction}시키는 데 초점을 맞추면서 이 두 문제가 동치라는 것을 설명한다.

N이 양의 정수이고 x가 $1 \leq x < N$이면서 N과 서로소라고 하자. 모듈러 N에 관한 x의 위수는 $x^r = 1 (\text{mod } N)$이 되는 최소 양의 정수 r로 정의한다. 위수 구하기 문제$^{\text{order-finding problem}}$란 x와 N이 주어지면 r을 결정하는 것이다.

확인문제 A4.16: 정리 A4.9를 사용하여 모듈러 N에 관한 x의 위수가 $\varphi(N)$을 나누어 떨어뜨린다는 것을 보여라.

인수분해를 위수 구하기로 환산하는 것은 2개의 기본 단계로 진행된다. 첫 번째 단계는 방정식 $x^2 = 1 (\text{mod } N)$에 대해 비자명한 해 $x \neq \pm 1 (\text{mod } N)$을 구할 수 있다면 n의 인수를 계산할 수 있음을 보이는 것이다. 두 번째 단계는 N에 대해 무작위로 선택한 서로소 y가 짝수인 위수 r을 갖는다는 것을 보이고, 또한 $y^{r/2} \neq \pm 1 (\text{mod } N)$을 만족시켜 $x \equiv y^{r/2} (\text{mod } N)$는 $x^2 = 1 (\text{mod } N)$에 대한 해라는 것을 보이는 것이다.

정리 A4.11: N이 L비트 길이의 합성수이고 x가 $1 \leq x \leq N$ 범위에서 방정식 $x^2 = 1 (\text{mod } N)$에 대한 비자명한 해라고 하자. 즉, $x = 1 (\text{mod } N)$이 아니고 $x = N - 1 = -1 (\text{mod } N)$도 아닌 것이다. 그러면 $\gcd(x-1, N)$과 $\gcd(x+1, N)$ 중 적어도 하나는 $O(L^3)$번 연산을 사용하여 계산할 수 있는, N의 비자명한 인수다.

증명

$x^2 = 1 (\text{mod } N)$이므로 N은 $x^2 - 1 = (x+1)(x-1)$을 나누어 떨어뜨린다. 따라서 N은 $(x+1)$과 $(x-1)$ 중 하나를 공통 인수로 가져야 한다. 그러나 가정에 의해 $1 < x < N - 1$

이므로 $x-1 < x+1 < N$이 되어 공통 인수가 N 자체가 될 수 없음을 알 수 있다. 유클리드 알고리듬을 사용하면 $\gcd(x-1, N)$과 $\gcd(x+1, N)$을 계산할 수 있고, 따라서 $O(L^3)$번 연산을 사용하여 N의 비자명한 인수를 얻을 수 있다.

보조정리 A4.12: p를 홀수인 소수라고 하자. 또한 $\varphi(p^\alpha)$을 나누어 떨어뜨리는 2의 최대 거듭제곱을 2^d이라 하자. 그러면 정확히 1/2의 확률로 2^d은 $\mathbf{Z}_{p^\alpha}^*$에서 무작위로 선택한 원소의 위수를 모듈러 p^α에 관해 나누어 떨어뜨린다.

증명

p가 홀수이므로 $\varphi(p^\alpha) = p^{\alpha-1}(p-1)$은 짝수이고, 따라서 $d \geq 1$이다. 정리 A4.10에 따라 $\mathbf{Z}_{p^\alpha}^*$에 대한 생성원 g가 존재해서 임의의 원소는 1에서 $\varphi(p^\alpha)$까지 범위 내의 어떤 k에 대해 $g^k (\mathrm{mod}\ p^\alpha)$ 형식으로 표현할 수 있다. r을 모듈러 p^α에 관한 g^k의 위수라 하고 두 가지 경우를 고려하자. 첫 번째 경우는 k가 홀수일 때다. $g^{kr} = 1(\mathrm{mod}\ p^\alpha)$으로부터 $\varphi(p^\alpha)|kr$이 되고, 따라서 $2^d|r$이 되는데 그 이유는 k가 홀수이기 때문이다. 두 번째 경우는 k가 짝수일 때다. 그러면

$$g^{k\varphi(p^\alpha)/2} = \left(g^{\varphi(p^\alpha)} \right)^{k/2} = 1^{k/2} = 1(\mathrm{mod}\ p^\alpha) \tag{A4.31}$$

이 된다. 따라서 $r|\varphi(p^\alpha)/2$가 되어 2^d은 r을 나누어 떨어뜨리지 않음을 알 수 있다.

요약해서 말하면, $\mathbf{Z}_{p^\alpha}^*$는 똑같은 크기의 두 집합으로 분할될 수 있다. 즉, $2^d|r$ 경우의 한 집합은 k가 홀수인 g^k으로 표현할 수 있는데, 여기서 r은 g^k의 위수다. 그리고 $2^d \nmid r$ 경우의 또 다른 집합은 k가 짝수인 g^k으로 표현할 수 있다. 따라서 1/2 확률로 정수 2^d은 $\mathbf{Z}_{p^\alpha}^*$에서 무작위로 선택한 원소의 위수 r을 나누어 떨어뜨리고, 1/2 확률로 나누어 떨어뜨리지 못한다. ■

정리 A4.13: $N = p_1^{\alpha_1} \cdots p_m^{\alpha_m}$이 홀수인 양의 합성수에 대한 소인수분해라고 가정한다. x는 $\mathbf{Z}_N^*$에서 무작위로 균등하게 선택된다고 하고, r은 모듈러 N에 관한 x의 위수라고 하자. 그러면

$$p(r\text{이 짝수이고 } x^{r/2} \neq -1(\mathrm{mod}\ N)) \geq 1 - \frac{1}{2^{m-1}} \tag{A4.32}$$

이 된다.

증명

$$p(r\text{이 홀수이거나 } x^{r/2} = -1(\text{mod } N)) \leq \frac{1}{2^{m-1}} \tag{A4.33}$$

을 증명해보자. 중국인의 나머지 정리에 따르면 $\mathbf{Z}_N^*$에서 x를 무작위로 균등하게 선택하는 것은 $\mathbf{Z}_{p_j^{\alpha_j}}^*$에서 x_j를 독립적으로 균등하게 무작위로 선택하는 것과 동일하며 각 j에 대해 $x = x_j(\text{mod } p_j^{\alpha_j})$이 되어야 한다. r_j는 모듈러 $p_j^{\alpha_j}$에 관한 x_j의 위수라고 하자. 또한 2^{d_j}은 r_j를 나누어 떨어뜨리는 2의 가장 큰 거듭제곱이라 하고, 2^d은 r을 나누어 떨어뜨리는 2의 가장 큰 거듭제곱이라고 하자. r이 홀수이거나 $x^{r/2} = -1(\text{mod } N)$이 되기 위해 d_j가 j의 모든 값에 대해 동일한 값을 가져야 한다는 것을 보일 것이다. 그러면 보조정리 A4.12로부터 이것이 발생할 확률이 최대 $1/2^m$이기 때문에 위의 결과가 나온다.

고려할 첫 번째 경우는 r이 홀수일 때다. 각 j에 대해 $r_j|r$을 쉽게 알 수 있는데, r_j가 홀수이므로 모든 $i = 1,\dots,k$에 대해 $d_j = 0$이다. 두 번째이자 마지막 경우는 r이 짝수이고 $x^{r/2} = -1(\text{mod } N)$일 때다. 그러면 $x^{r/2} = -1(\text{mod } p_j^{\alpha_j})$이 되고, 따라서 $r_j \nmid (r/2)$이 된다. $r_j|r$이기 때문에 모든 j에 대해 $d_j = d$이어야 한다. ∎

정리 A4.11과 A4.13을 결합하면 어떠한 합성수 N에 대해서도 비자명한 인수를 높은 확률로 반환하는 알고리듬을 만들 수 있다. 그 알고리듬에서 위수 구하기 '서브루틴'을 제외한 모든 단계는 (오늘날 알려진 바에 의하면) 고전 컴퓨터에서 효율적으로 수행될 수 있다. 그 알고리듬을 반복하면 N의 완전한 소인수분해를 구하게 된다. 그 알고리듬은 아래에 요약해놓았다.

1. N이 짝수이면 인수 2를 반환한다.

2. 확인문제 5.17의 알고리듬을 사용하여 정수 $a \geq 1$와 $b \geq 2$에 대해 $N = a^b$인지 확인하고, 그렇다면 인수 a를 반환한다.

3. 1에서 $N - 1$까지 범위에서 x를 무작위로 선택한다. $\gcd(x, N) > 1$이면 인수 $\gcd(x, N)$를 반환한다.

4. 위수 구하기 서브루틴을 사용하여 모듈러 N에 관한 x의 위수 r을 구한다.

5. r이 짝수이고 $x^{r/2} \neq -1(\text{mod } N)$이면 $\gcd(x^{r/2} - 1, N)$과 $\gcd(x^{r/2} + 1, N)$을 계산하고 어느 것이 비자명한 인수인지 검사한 후, 그 인수를 반환한다. 그렇지 않은 경우라면 이 알고리듬은 실패한 것이다.

이 알고리듬의 1단계와 2단계는 인수를 반환하거나 N이 둘 이상의 소인수를 갖는 홀수인 정수인지 확인한다. 이들 단계는 각각 $O(1)$와 $O(L^3)$ 연산을 사용하여 수행될 수 있다. 3단계는 인수를 반환하거나 $\mathbf{Z}_N^*$에서 임의로 선택된 원소 x를 내놓는다. 4단계는 위수 구하기 서브루틴을 호출하여 모듈러 N에 관한 x의 위수 r을 계산한다. 5단계는 이 알고리듬의 끝으로서 정리 A4.13에 따라 최소 1/2확률로 r이 짝수이고 $x^{r/2} \neq -1 (\mathrm{mod}\ N)$인지 확인하고, 그다음으로 정리 A4.11에 따라 $\gcd(x^{r/2} - 1, N)$과 $\gcd(x^{r/2} + 1, N)$의 둘 중 하나가 N의 비자명한 인수인지 확인한다.

확인문제 A4.17: (위수 구하기를 인수분해로 환산) 효율적 위수 구하기 알고리듬을 통해 효율적으로 인수분해할 수 있음을 확인했다. 이와는 반대로 효율적 인수분해 알고리듬을 사용하면, 모듈러 N에 관해 N과 서로소인 어떠한 x의 위수라도 효율적으로 구할 수 있음을 보여라.

A4.4 연분수

실수의 연속체와 정수 간에는 놀라운 연결이 많이 있다. 그러한 연결 중 하나는 아름다운 연분수$^{\text{continued fraction}}$ 이론이다. 이 절에서는 연분수 이론의 몇 가지 요소를 다루는데, 이들 요소는 5장에서 자세히 설명하는 위수 구하기용과 인수분해용 고속 양자 알고리듬을 적용할 때 중요하다.

연분수의 예로서

$$s \equiv \cfrac{1}{2 + \cfrac{1}{2 + \cfrac{1}{2 + \cdots}}} \tag{A4.34}$$

표현으로 정의하는 수 s를 고려하자. 엄밀하게 따지지 않고 말하면, $s = 1/(2 + s)$로 볼 수 있으므로 $s = \sqrt{2} - 1$인 것을 쉽게 알 수 있다. 연분수 방식의 아이디어는 (A4.34)와 같은 표현을 사용하여 실수를 정수만으로 나타내는 것이다. 유한 단순연분수$^{\text{finite simple continued}}$ ^{fraction}란 양의 정수의 유한모음$^{\text{finite collection}}$인 $a_0, \ldots, a_N$으로 정의하며 이 모음은

$$[a_0, \ldots, a_N] \equiv a_0 + \cfrac{1}{a_1 + \cfrac{1}{a_2 + \cfrac{1}{\cdots + \cfrac{1}{a_N}}}} \tag{A4.35}$$

형태의 분수를 만족시킨다. 제n 근사분수$^{nth\ convergent}$란 이러한 연분수에서 n번째까지 끊은 $[a_0,...,a_n]$으로 정의한다($0 \leq n \leq N$).

정리 A4.14: x가 1보다 크거나 같은 유리수라고 하자. 그러면 x는 연분수 표현으로 $x = [a_0,...,a_N]$이 되며 연분수 알고리듬$^{continued\ fractions\ algorithm}$으로 구할 수 있다.

증명

연분수 알고리듬은 예제를 통해 쉽게 이해할 수 있다. 31/13을 연분수로 분해해보자. 연분수 알고리듬의 첫 번째 단계는 31/13을 정수와 분수로 분리하는 것이다. 즉,

$$\frac{31}{13} = 2 + \frac{5}{13} \tag{A4.36}$$

이다. 다음으로 분수 부분을 뒤집으면

$$\frac{31}{13} = 2 + \frac{1}{\frac{13}{5}} \tag{A4.37}$$

이 된다. 위의 단계들(분할 후 뒤집기)을 13/5에 다시 적용하면

$$\frac{31}{13} = 2 + \frac{1}{2 + \frac{3}{5}} = 2 + \frac{1}{2 + \frac{1}{\frac{5}{3}}} \tag{A4.38}$$

이 된다. 다음으로 5/3를 분할하고 뒤집으면

$$\frac{31}{13} = 2 + \frac{1}{2 + \frac{1}{1 + \frac{2}{3}}} = 2 + \frac{1}{2 + \frac{1}{1 + \frac{1}{\frac{3}{2}}}} \tag{A4.39}$$

이 된다. 3/2 = 1 + 1/2은 분자가 1이 되어 뒤집을 필요가 없게 되므로 연분수로의 분해는 이제 끝나서 31/13의 최종 연분수 표현은

$$\frac{31}{13} = 2 + \frac{1}{2 + \frac{1}{1 + \frac{1}{1 + \frac{1}{2}}}} \tag{A4.40}$$

이 된다. 어떠한 유리수라도 유한한 수의 '분할과 뒤집기' 단계를 거치면 연분수 알고리듬이 종료되는 것은 분명하다. 그 이유는 나타나는 분자(예제에서는 31, 3, 2, 1)가 엄밀하게 감소하기 때문이다. 이러한 종료는 얼마나 빨리 끝날까? 잠시 후에 이 질문을 다시 다룰 것이다.

위의 정리는 $x \geq 1$에 대해 언급한 것이다. 하지만 실제로는 a_0가 양수라는 것을 완화시켜 어떠한 정수라도 허용하는 것이 편리하며, 따라서 $x \geq 1$ 제약은 불필요해진다. 특히, x가 0에서 1까지의 범위에 있으면(양자 알고리듬에 적용할 때 발생함) 연분수 전개에서 $a_0 = 0$이 된다.

연분수 알고리듬은 주어진 유리수의 연분수 전개를 얻기 위한 명확한 방법을 제공한다. 유일하게 모호한 상황은 마지막 단계에서 발생하는데, 정수를 분할할 때 $a_n = a_n$ 또는 $a_n = (a_n - 1) + 1/1$라는 2개의 방법이 존재하기 때문이다. 이 모호성은 실제로 유용한데, 그 이유는 주어진 유리수의 연분수 전개가 원하는 대로 홀수항 또는 짝수항으로 끝난다고 가정할 수 있기 때문이며 이는 일반성을 잃지 않는다.

확인문제 A4.18: $x = 19/17$와 $x = 77/65$에 대한 연분수 전개를 구하라.

정리 A4.15: $a_0, \ldots, a_N$이 양수의 수열이라고 하자. 그러면

$$[a_0, \ldots, a_n] = \frac{p_n}{q_n} \tag{A4.41}$$

이다. 여기서 p_n과 q_n은 $p_0 \equiv a_0$, $q_0 \equiv 1$, 그리고 $p_1 \equiv 1 + a_0 a_1$, $q_1 \equiv a_1$에 의해 귀납적으로 정의한 실수이고 $2 \leq n \leq N$일 때

$$p_n \equiv a_n p_{n-1} + p_{n-2} \tag{A4.42}$$
$$q_n \equiv a_n q_{n-1} + q_{n-2} \tag{A4.43}$$

이다. a_j가 양의 정수인 경우, p_j와 q_j도 양의 정수가 된다.

증명

n을 귀납법으로 알아보자. $n = 0$, $n = 1, 2$ 경우에 대해서는 바로 그 결과를 쉽게 확인할 수 있다. $n \geq 3$인 경우에는 정의에 따라

$$[a_0, \ldots, a_n] = [a_0, \ldots, a_{n-2}, a_{n-1} + 1/a_n] \tag{A4.44}$$

이다. 귀납적 가설을 적용하고, $\tilde{p}_j / \tilde{q}_j$를 우변의 연분수와 관련된 근사분수 수열이라고 하자. 즉,

$$[a_0, \ldots, a_{n-2}, a_{n-1} + 1/a_n] = \frac{\tilde{p}_{n-1}}{\tilde{q}_{n-1}} \tag{A4.45}$$

이다. $\tilde{p}_{n-3} = p_{n-3}$, $\tilde{p}_{n-2} = p_{n-2}$, 그리고 $\tilde{q}_{n-3} = q_{n-3}$, $\tilde{q}_{n-2} = q_{n-2}$이므로

$$\frac{\tilde{p}_{n-1}}{\tilde{q}_{n-1}} = \frac{(a_{n-1} + 1/a_n)p_{n-2} + p_{n-3}}{(a_{n-1} + 1/a_n)q_{n-2} + q_{n-3}} \tag{A4.46}$$

$$= \frac{p_{n-1} + p_{n-2}/a_n}{q_{n-1} + q_{n-2}/a_n} \tag{A4.47}$$

이다. 우변의 위쪽과 아래쪽에 a_n을 곱하면

$$\frac{\tilde{p}_{n-1}}{\tilde{q}_{n-1}} = \frac{p_n}{q_n} \tag{A4.48}$$

이 된다. (A4.48), (A4.45), (A4.44)를 결합하면

$$[a_0, \dots, a_n] = \frac{p_n}{q_n} \tag{A4.49}$$

이 된다. 이로써 증명이 끝난다. ■

확인문제 A4.19: $n \geq 1$에 대해 $q_n p_{n-1} - p_n q_{n-1} = (-1)^n$을 보여라. 이 사실을 사용하여 $\gcd(p_n, q_n) = 1$인 결론을 이끌어내어라(힌트: n에 대해 귀납법을 사용한다).

p와 q가 서로소인 경우, 유리수 $x = p/q > 1$에 대한 연분수 전개를 얻으려면 얼마나 많은 a_n값을 결정해야 할까? 이를 알아보기 위해 $a_0, \dots, a_N$이 양의 정수라고 하자. p_n과 q_n의 정의로부터 p_n과 q_n은 증가하는 수열이다. 그러므로 $p_n = a_n p_{n-1} + p_{n-2} \geq 2p_{n-2}$이고 마찬가지로 $q_n \geq 2q_{n-2}$이며, 이로부터 $p_n, q_n \geq 2^{\lfloor n/2 \rfloor}$이 된다. 따라서 $2^{\lfloor N/2 \rfloor} \leq q \leq p$이므로 $N = O(\log(p))$이다. $x = p/q$가 유리수이고 p와 q가 L비트 정수이면 x에 대한 연분수 전개는 $O(L^3)$번 연산을 사용하여 계산해낼 수 있다($O(L)$번의 '분할과 뒤집기' 단계를 사용하고, 각 단계는 기초 산술을 위해 $O(L^2)$개의 게이트를 사용한다).

정리 A4.16: x를 유리수라 하고 p/q는

$$\left| \frac{p}{q} - x \right| \leq \frac{1}{2q^2} \tag{A4.50}$$

이 되는 유리수라 하자. 그러면 p/q는 x에 대한 연분수의 근사분수다.

증명

$p/q = [a_0, \dots, a_N]$을 p/q에 대한 연분수 전개라 하고 정리 A4.15에서와 같이 p_j, q_j를 정의해서 $p_n/q_n = p/q$라고 하자. 또한 식

$$x \equiv \frac{p_n}{q_n} + \frac{\delta}{2q_n^2} \tag{A4.51}$$

를 통해 λ를 정의하면 $|\delta| < 1$이 된다. λ는 식

$$\lambda \equiv 2\left(\frac{q_n p_{n-1} - p_n q_{n-1}}{\delta}\right) - \frac{q_{n-1}}{q_n} \tag{A4.52}$$

로 정의하자. λ를 이렇게 정의한 이유는 약간의 계산을 거치면 식

$$x = \frac{\lambda p_n + p_{n-1}}{\lambda q_n + q_{n-1}} \tag{A4.53}$$

을 만족시킨다는 것을 알 수 있기 때문이다. 그러므로 $x = [a_0, \ldots, a_N, \lambda]$이다. n을 짝수라 하면 확인문제 A4.19로부터

$$\lambda = \frac{2}{\delta} - \frac{q_{n-1}}{q_n} \tag{A4.54}$$

이 된다는 것을 알 수 있다. q_n이 증가하는 특성에 의해

$$\lambda = \frac{2}{\delta} - \frac{q_{n-1}}{q_n} > 2 - 1 \geq 1 \tag{A4.55}$$

이 된다. 따라서 λ는 1보다 큰 유리수이므로 유한 단순연분수인 $\lambda = [b_0, \ldots, b_m]$이 나오고, 따라서 $x = [a_0, \ldots, a_n, b_0, \ldots, b_m]$은 p/q를 근사분수로 갖는 유한 단순연분수다. ∎

문제 4.1: (소수 추정) $\pi(n)$을 n보다 작은 소수들의 개수라 하자. 증명하기 어려운 소수정리prime number theorem란 $\lim_{(n \to \infty)} \pi(n) \log(n)/n = 1$이고, 따라서 $\pi(n) \approx n/\log(n)$인 것을 말한다. 이 문제는 소수분포에 대해 꽤 좋은 하계를 제공하는 소수정리의 축소 버전을 보여준다.

1. $n \leq \log\binom{2n}{n}$을 증명하라.

2. 다음 식이 성립하는 것을 보여라.

$$\log\binom{2n}{n} \leq \sum_{p \leq 2n} \left\lfloor \frac{\log(2n)}{\log p} \right\rfloor \log p \tag{A4.56}$$

여기서 합은 $2n$ 이하의 모든 소수 p에 대해서다.

3. 위의 두 결과를 사용하여

$$\pi(2n) \geq \frac{n}{\log(2n)} \tag{A4.57}$$

이 됨을 보여라.

역사와 추가자료

정수론에 대해서는 훌륭한 책이 많이 있다. 우리는 코블리츠의 우수한 책[Kob94]을 많이 사용했다. 이 책은 정수론, 알고리듬, 암호학에 대한 많은 입문 자료를 한곳에 모아놓은 것이다. 이와 유사한 조합으로는 콜먼, 레이서손, 리베스트[CLR90]의 33장에서 찾아볼 수 있는데, 그 내용은 알고리듬을 지향하면서 훨씬 더 포괄적인 입문 중에서 작은 부분을 담았다. 연분수에 대한 우리의 논의는 하디와 라이트가 저술했고 이제는 고전이 된 정수론 교재[HW60]의 10장을 기반으로 한다. 문제 4.1은 파파디미트리우[Pap94]에 있는 것을 약간 바꾼 것이다.

A5
공개 키 암호학과 RSA 암호체계

암호학^{cryptography}은 두 당사자가 비공개로 통신할 수 있게 하는 기술이다. 이를테면 인터넷에서 구매를 원하는 소비자는 인터넷을 통해 신용카드 번호를 전송할 때 구매업체만 그 번호를 알아야 한다. 더 크게 요구되는 상황을 말하면, 전쟁 중의 각 전쟁 당사자들에게는 비밀 통신수단이 필요하다. 비밀스럽게 하기 위해서는 암호 프로토콜$^{cryptographic\ protocol}$ 또는 암호체계^{cryptosystem}를 사용한다. 암호체계가 효과적이면 당사자들끼리 통신하는 와중에 제3자가 그 대화 내용을 '도청'하기가 매우 어렵다.

특히 중요한 암호체계 클래스는 공개 키 암호체계$^{public\ key\ cryptosystem}$다. 공개 키 암호학의 기본 개념은 그림 A5.1을 비유로 들어 설명할 것이다. 앨리스는 편지함^{mailbox}을 하나 설치하는데, 이 편지함에는 누구나 자신에게 메일을 보낼 수 있지만 자신만이 메일을 꺼내볼 수 있는 특성이 있다. 이를 위해 그녀는 편지함에 2개의 문을 설정한다. 편지함 위쪽에 잠겨진 투입구를 만들어 놓는다. 투입구를 열 수 있는 사람은 누구나 메일을 편지함에 넣을 수 있다. 하지만 투입구에서 편지함 속으로 떨어지는 통로는 일방통행이므로 편지함 속으로 메일을 떨어뜨리기만 하고 메일을 꺼낼 수는 없다. 앨리스는 무조건 누구에게서나 메일을 받을 수 있게 투입구에 대한 열쇠를 대중이 자유롭게 사용할 수 있게 만든다 (이것이 공개 키$^{public\ key}$다). 편지함 앞면에는 두 번째 문을 만들고 이 문을 통해 편지함 안에 있는 메일을 꺼내게 한다. 앨리스는 그 문에 대한 유일한 열쇠를 갖는다. 그 열쇠가 그녀 자신의 비밀 키$^{secret\ key}$인 것이다. 이러한 준비(비밀 키와 공개 키인 2개의 키 포함)를 통해 전 세계 누구나 비밀을 유지하면서 앨리스와 통신할 수 있다.

공개 키 암호체계는 이와 유사한 원리에 따라 작동한다. 앨리스가 공개 키 암호체계를 사용하여 메시지를 수신하려 한다고 하자. 그녀는 먼저 2개의 암호 키$^{cryptographic\ key}$를 만든다. 하나는 공개 키 P, 다른 하나는 비밀 키 S다. 이들 키의 정확한 특성은 사용하는 암호체계의 세부사항에 따라 달라진다. 어떤 암호체계는 숫자와 같은 단순한 객체를 키로 사용하는 반면, 다른 암호체계는 타원 곡선과 같은 훨씬 더 복잡한 수학적 객체를 키로 사용한다. 일단 앨리스가 키를 생성하면 누구나 그 키에 대한 접근 권한을 얻을 수 있게 공개 키를 발표한다.

이제 밥이 앨리스에게 개인 메시지를 보내려 한다고 하자. 그는 먼저 앨리스의 공개 키 P의 복사본을 얻고 나서 앨리스에게 보내려는 메시지를 암호화한다. 이때 앨리스의 공개 키를 사용하여 암호화를 수행한다. 암호화 변환이 정확히 수행되는 방식은 사용하는 암호체계의 세부사항에 따라 달라진다. 이때 핵심은 도청으로부터 안전하게 하기 위해 암호화 단계를 역으로 풀어내기가 아주 어렵게 해야 한다는 것이다. 물론 처음에 공개 키를 사용하여 메시지를 암호화해야 한다! 그렇게 하는 것은 편지함의 투입구에 해당한다. 즉, 투입구에 대한 열쇠가 있더라도 넣은 것은 꺼낼 수 없다. 공개 키와 인코딩한 메시지는 도청자가 사용할 수 있는 유일한 정보이므로 도청자가 그 메시지를 복원할 수 없다. 하지만 앨리스는 도청자가 사용할 수 없는 추가정보인 비밀 키 S를 갖고 있다. 비밀 키는 암호화된 메시지에 대해 두 번째 변환을 결정한다. 이 변환을 암호해독^{decryption}이라고 하며, 암호화와 반대이므로 앨리스는 원본 메시지를 복원할 수 있다.

그림 A5.1 좀 더 친숙한 말로 설명한 공개 키 암호학의 핵심 아이디어. 많은 국가의 우체국이 본질적으로 같은 체계를 시행한다.

이상적인 세상에서는 공개 키 암호학이 제대로 작동한다. 안타깝게도 이 글을 쓰는 시점에는 공개 키 암호학을 수행하는 데 그렇게 안전한 체계가 존재하는지는 알려져 있지 않다. 안전하다고 널리 믿어지는 체계가 여럿 존재하면서 인터넷 상거래와 같은 응용프로그램에 일반적으로 사용되고 있지만, 널리 믿어진다는 것이 완벽한 보안을 뜻하는 것은 아니다. 이들 체계가 안전하다고 믿는 이유는 이들 체계를 깨기 위한 수단을 찾는 데 많은 노력을 기울였기 때문이다(그럼에도 성공하지 못했다!). 이러한 공개 키 암호체계 중 가장 널리 사용되는 것은 RSA 암호체계이며, 제작자인 리베스트^{Rivest}, 샤미르^{Shamir}, 애들먼^{Adleman}의 앞글자를 따서 RSA라고 부른다. RSA 암호체계에서 가정하는 보안은 이제 살펴보겠지만 고전 컴퓨터에서 인수분해하기가 명백히 어렵다는 것에 바탕을 둔다. RSA를 이해하기 위해서는 정수론에 대해 약간의 배경지식이 필요한데, 이는 부록 4에서 다루었으며 특히 A4.1과 A4.2절에 관련 내용이 있다.

앨리스가 RSA 암호체계에서 사용할 공개 키$^{\text{public key}}$와 개인 키$^{\text{private key}}$를 생성하려 한다고 하자. 그녀는 다음과 같은 절차를 사용한다.

1. 2개의 큰 소수 p와 q를 선택한다.

2. 곱셈 $n \equiv pq$를 계산한다.

3. $\varphi(n) = (p-1)(q-1)$에 서로소이면서 작은 홀수인 정수 e를 무작위로 선택한다.

4. 모듈러 $\varphi(n)$에 관해 e의 곱셈에 대한 역원인 d를 계산한다.

5. RSA 공개 키는 $P = (e, n)$ 쌍이다. RSA 비밀 키는 $S = (d, n)$ 쌍이다.

두 번째 당사자인 밥이 공개 키 (e, n)를 사용하여 앨리스에게 보낼 메시지 M을 암호화하려 한다고 하자. 메시지 M은 $\lfloor \log n \rfloor$ 비트만 갖는 것으로 가정하는데, 그 이유는 M을 최대 $\lfloor \log n \rfloor$ 비트의 블록들로 분할하고 나서 각 블록을 개별적으로 암호화하면 더 긴 메시지도 그런 식으로 암호화할 수 있기 때문이다. 단일 블록의 암호화 절차는

$$E(M) = M^e (\text{mod } n) \tag{A5.1}$$

을 계산하는 것이다. $E(M)$은 밥이 앨리스에게 전송하는 메시지 M의 암호화된 버전이다. 앨리스는 개인 키 $S = (d, n)$을 사용하여 그 메시지를 재빨리 해독할 수 있는데, 이때 암호화된 메시지는 단순히 d 제곱만 하면 된다. 즉,

$$E(M) \rightarrow D(E(M)) = E(M)^d (\text{mod } n) \tag{A5.2}$$

이다. 복호화^{decryption}가 성공하려면 $D(E(M)) = M(\text{mod } n)$이 필요하다. 이것이 사실임을 알아보려면, 만들 때 정한 규칙에 의해 $ed = 1(\text{mod } \varphi(n))$이고, 따라서 어떤 정수 k에 대해 $ed = 1 + k\varphi(n)$가 된다는 것에 주목한다. 증명은 이제 2개의 다른 경우를 고려하여 진행한다. 첫 번째 경우, M은 n과 서로소다. 페르마의 소정리에 대한 오일러의 일반화 정리인 A4.9에 의해 $M^{k\varphi(n)} = 1(\text{mod } n)$이 되고, 따라서

$$D(E(M)) = E(M)^d (\text{mod } n) \tag{A5.3}$$

$$= M^{ed} (\text{mod } n) \tag{A5.4}$$

$$= M^{1+k\varphi(n)} (\text{mod } n) \tag{A5.5}$$

$$= M \cdot M^{k\varphi(n)} (\text{mod } n) \tag{A5.6}$$

$$= M(\text{mod } n) \tag{A5.7}$$

이 된다. 위의 식은 M이 n과 서로소일 때 복호화가 성공적임을 보여준다. 다음으로 M이 n과 서로소가 아니어서 p와 q 중 하나 또는 둘 모두가 M을 나누어 떨어뜨린다고 하자. 구체적으로 따지면, p가 M을 나누어 떨어뜨리고 q는 M을 나누어 떨어뜨리지 않는 경우를 고려한다. 다른 가능한 경우는 이 경우를 약간 수정하면 된다. p가 M을 나누어 떨어뜨리기 때문에 $M = 0(\text{mod } p)$가 되고, 따라서 $M^{ed} = 0 = M(\text{mod } p)$이다. q가 M을 나누어 떨어뜨리지 않기 때문에 페르마의 소정리에 의해 $M^{q-1} = 1(\text{mod } q)$가 되고, $\varphi(n) = (p-1)(q-1)$이므로 $M^{\varphi(n)} = 1(\text{mod } q)$가 된다. $ed = 1 + k\varphi(n)$을 사용하면 $M^{ed} = M(\text{mod } q)$임을 알 수 있다. 중국인의 나머지 정리에 따르면 $M^{ed} = M(\text{mod } n)$이 되어야 하고, 따라서 M이 n과 서로소가 아닐 때도 복호화가 성공한다.

확인문제 A5.1: 위의 RSA 적용 사례는 다소 불분명해보인다. 직접 예제를 다루어보는 게 좋겠다. $p = 3$과 $q = 11$을 사용하여 'QUANTUM' 단어(또는 적어도 앞쪽에서 몇 글자!)를 한 번에 하나씩 인코딩하라. e와 d에 대해 적절한 값을 선택하고 글자당 5비트가 들어가는 영어 텍스트 표현을 사용하라.

RSA를 얼마나 효율적으로 구현할 수 있을까? 고려해야 할 두 가지 구현 문제가 있다. 첫 번째는 암호체계를 위한 공개 키와 개인 키 생성이다. 이 작업을 신속하게 수행할 수 없다면 RSA는 그다지 좋지 않을 것이다. 주요 병목 현상은 소수 p와 q의 생성이다. 이를 공략하는 방법은 원하는 길이의 수를 무작위로 선택하고 나서 소수 판별법$^{primality\ test}$을 적용하여 그 수가 실제로 소수인지 확인하는 것이다. 밀러-라빈$^{Miller-Rabin}$ 판별법과 같은

빠른 소수 판별법을 사용하여 대략 $O(L^3)$번 연산하면 그 수가 소수인지 결정할 수 있다. 여기서 L은 원하는 암호화 키의 크기다. 만약 그 수가 합성수인 것으로 확인되면 소수를 구할 때까지 절차를 반복한다. 소수정리(문제 4.1 참조)에 따르면 주어진 수가 소수일 확률은 약 $1/\log(2^L) = 1/L$이 된다. 따라서 소수를 구하려면 높은 확률로 $O(L)$번 시도해야 하며, 키 생성을 위한 총 비용으로는 $O(L^4)$번 연산이 소모된다.

RSA 구현의 두 번째 문제는 암호화 및 복호화 변환의 효율성이다. 이는 모듈러 거듭제곱(modular exponentiation)에 의해 달성되는데, 알다시피 $O(L^3)$ 연산을 사용하면 효율적으로 수행할 수 있다(박스 5.2 참조). 따라서 RSA 암호체계를 사용하는 데 필요한 모든 연산은 고전 컴퓨터에서 매우 빠르게 수행할 수 있다. 실제로 적당한 컴퓨팅 성능으로도 최대 수천 비트 길이의 키를 아주 쉽게 처리할 수 있다.

그렇다면 RSA는 어떻게 깨뜨릴 수 있을까? RSA를 깨뜨릴 두 가지 방법을 설명할 텐데, 하나는 위수 구하기에 바탕을 둔 것이고 다른 하나는 인수분해에 바탕을 둔 것이다. 이브가 암호화된 메시지 $M^e(\bmod\ n)$를 수신하고 그 메시지를 암호화하는 데 사용된 공개 키 (e, n)를 알고 있다고 하자. 또한 그녀는 그 암호화된 메시지의 위수를 구할 수 있다고 하자. 즉, $(M^e)^r = 1(\bmod\ n)$이 되는 가장 작은 양의 정수 r을 구할 수 있는 것이다(그러한 위수가 존재한다고 가정할 수 있는데 이는 일반성을 잃지 않는다. 즉, M^e은 n과 서로소가 된다. 그렇지 않은 경우라면 $M^e(\bmod\ n)$과 n은 유클리드 알고리듬으로 추출할 수 있는 공약수를 갖게 되어 아래에 설명할 두 번째 방법처럼 RSA를 깨뜨릴 수 있다). 그러면 확인문제 A4.16에서와 같이 r은 $\varphi(n)$을 나누어 떨어뜨린다. e는 $\varphi(n)$과 서로소이므로 r과도 서로소가 되며, 따라서 모듈러 r에 관해 곱셈에 대한 역원을 갖는다. d'를 그러한 곱셈에 대한 역원이라고 하자. 그러면 어떤 정수 k에 대해 $ed' = 1 + kr$이 된다. 이제 이브는 암호화된 메시지를 d' 제곱하여 원본 메시지 M을 복원시킬 수 있다. 즉,

$$(M^e)^{d'}(\bmod\ n) = M^{1+kr}(\bmod\ n) \tag{A5.8}$$

$$= M \cdot M^{kr}(\bmod\ n) \tag{A5.9}$$

$$= M(\bmod\ n) \tag{A5.10}$$

이 된다. 이브가 실제로 개인 키 (d, n)을 전혀 모른다는 점은 흥미롭다. 그녀는 (d', n)만 알면 된다. 물론 d'은 d와 밀접한 관련이 있는데, 그 이유는 d'이 모듈러 r에 관한 e의 역원이고 d는 모듈러 $\varphi(n)$에 관한 e의 역원이라서 r이 $\varphi(n)$을 나누어 떨어뜨리기 때문이다. 그럼에도 이 예는 개인 키의 정확한 값을 반드시 결정하지 않고도 RSA를 깨뜨릴 수 있음

을 보여준다. 물론 이브가 위수 구하기를 위한 효율적인 방법을 알고 있을 때만 이 방법이 잘 맞는데, 고전 컴퓨터에서는 현재 그러한 방법이 알려져 있지 않다. 하지만 5.3.1절에 설명한 바와 같이 양자 컴퓨터에서는 위수 구하기를 효율적으로 수행할 수 있으므로 RSA를 깨뜨릴 수 있다.

확인문제 A5.2: 또한 d가 모듈러 r에 관한 e의 역원이고, 따라서 $d = d'(\mod r)$이 된다는 것을 보여라.

RSA를 깨는 두 번째 방법은 개인 키를 완벽히 결정할 수 있게 하는 것이다. 이브가 $n = pq$를 인수분해하여 p와 q를 추출할 수 있고, 따라서 $\varphi(n) = (p-1)(q-1)$을 효율적으로 계산할 수 있는 수단을 제공한다고 하자. 그러면 이브가 모듈러 $\varphi(n)$에 관한 e의 역원 d를 계산하여 개인 키 (d, n)을 완벽히 결정하는 것은 쉬운 문제가 된다. 그러므로 큰 수를 인수분해하는 것이 쉽다면 RSA를 쉽게 깨뜨릴 것이다.

RSA에서 가정한 보안은 이러한 공격이 위수 구하기와 인수분해 문제를 해결하는 알고리듬에 바탕을 두고 있고 고전 컴퓨터에서는 그러한 문제를 처리할 수 없다는(아직 알려지지 않았다는) 사실에 기반을 둔다. 안타깝게도 이들 문제가 난해하면 RSA가 안전하다는 말은 진실인지 알려져 있지 않다. 이들 문제는 정말 어려울 수 있지만 RSA를 깨는 그 외의 다른 방법이 존재한다. 이러한 경고에도 20년 넘게 RSA를 깨뜨리려는 시도는 실패했으며, 고전 컴퓨터로 RSA를 공격해도 안전하다고 널리 믿게 됐다.

문제 5.1: RSA 알고리듬을 사용하여 암호화와 복호화를 수행하는 컴퓨터 프로그램을 작성하라. 20비트 소수 쌍을 구하고 이를 사용하여 40비트 메시지를 암호화하라.

역사와 추가자료

공개 키 암호체계는 1976년에 디피와 헬먼[DH76]이 고안했고 거의 동시에 머클[Mer78]도 독자적으로 고안했지만 그의 작업은 1978년까지 발표되지 않았다. 얼마 지나지 않아 리베스트, 샤미르, 애들먼이 RSA 암호체계를 고안해냈다. 1997년에 이러한 아이디어(공개 키 암호학, 디피-헬먼 및 RSA 암호체계)가 실제로 1960년대 말과 1970년대 초 영국 정보기관 GCHQ에서 일하는 연구자들이 고안했었다고 폭로됐다. 이 작업에 관한 설명은 http://www.cesg.gov.uk/about/nsecret/에서 찾을 수 있다. 밀러-라빈 판별법 및 솔로베이-

슈트라센 판별법과 같은 소수 판별법은 정수론과 암호학에 대한 코블리츠의 뛰어난 책 [Kob94]에 설명되어 있는데, 그 책에는 공개 키 암호학에 대해 다양한 추가자료도 들어 있다. 이들 소수 판별법은 무작위 알고리듬이 어떤 목적에 있어서는 결정론적 알고리듬보다 더 효율적일 수 있다는 아주 초기의 두 지표였다. 솔로베이-슈트라센 알고리듬의 기원은 솔로베이와 슈트라센[SS76]이고 밀러-라빈 판별법의 기원은 밀러[Mil76]와 라빈[Rab80]이다.

A6
리브 정리 증명

양자정보이론에서 가장 중요하고 유용한 결과 중 하나는 폰 노이만 엔트로피$^{\text{von Neumann}}$ ^{entropies}를 위한 강한 준가법성 부등식$^{\text{strong subadditivity inequality}}$이다. 이 부등식이란 세 양자계인 A, B, C에 대해

$$S(A, B, C) + S(B) \leq S(A, B) + S(B, C) \tag{A6.1}$$

가 됨을 말한다. 안타깝게도 강한 준가법성을 깔끔하게 증명한 것은 알려져 있지 않다. 비교적 간단한 증명은 11장에 제시했는데, 이는 리브 정리$^{\text{Lieb's theorem}}$라는 깊이 있는 수학적 결과를 바탕으로 한다. 이 부록에서는 리브 정리를 증명할 것이다. 몇 가지 간단한 표기법과 정의로 시작해보자.

$f(A, B)$가 두 행렬 A와 B의 실수 값 함수$^{\text{real-valued function}}$라 하자. 그러면 모든 $0 \leq \lambda \leq 1$에 대해

$$f(\lambda A_1 + (1 - \lambda)A_2, \lambda B_1 + (1 - \lambda)B_2) \geq \lambda f(A_1, B_1) + (1 - \lambda)f(A_2, B_2) \tag{A6.2}$$

가 되면 f가 A와 B에 대해 공동으로 오목$^{\text{jointly concave}}$하다고 말한다. 행렬 A와 B에 대해 $B - A$가 양의 행렬$^{\text{positive matrix}}$이면 $A \leq B$라고 말한다. 또한 $B \leq A$라면 $A \geq B$라고 말한다. A를 임의의 행렬이라고 하자. A의 노름^{norm}이란

$$\|A\| \equiv \max_{\langle u|u \rangle = 1} |\langle u|A|u \rangle| \tag{A6.3}$$

로 정의한다. 리브 정리에 대한 증명에서는 다음 문제들에서 검증한 지식을 사용할 것이다.

확인문제 A6.1: (≤는 켤레를 적용해도 보존된다) $A \leq B$인 경우, 모든 행렬 X에 대해 $XAX^\dagger \leq XBX^\dagger$임을 보여라.

확인문제 A6.2: $A \geq 0$이기 위한 필요충분조건은 A가 양의 연산자인 경우임을 증명하라.

확인문제 A6.3: (≤는 부분순서다) $\leq$ 관계는 연산자에 대해 부분순서$^{\text{partial order}}$라는 것을 보여라. 즉, 추이적^{transitive}($A \leq B$이고 $B \leq C$는 $A \leq C$를 의미함)이고 반대칭적^{asymmetric} ($A \leq B$이고 $B \leq A$는 $A = B$를 의미함)이며 반사적^{reflexive}($A \leq A$)임을 보이면 된다.

확인문제 A6.4: A가 고윳값 λ_i를 갖는다고 하자. 또한 λ를 $|\lambda_i|$ 집합의 최댓값으로 정의하자. 다음 사항들을 증명하라.

1. $\|A\| \geq \lambda$이다.

2. A가 에르미트이면 $\|A\| = \lambda$이다.

3. A가

$$A = \begin{bmatrix} 1 & 0 \\ 1 & 1 \end{bmatrix} \tag{A6.4}$$

일 때 $\|A\| = 3/2 > 1 = \lambda$이다.

확인문제 A6.5: (AB와 BA는 동일한 고윳값을 가짐) AB와 BA가 동일한 고윳값을 갖는다는 것을 증명하여라(힌트: 가역적 A인 경우, $\det(xI - AB) = \det(xI - BA)$이고, 따라서 AB와 BA의 고윳값이 같다는 것을 보이면 된다. 연속성^{continuity}에 의해 이 점은 A가 가역적이지 않을 때도 해당된다).

확인문제 A6.6: A와 B는 AB가 에르미트를 만족시키는 행렬들이라 하자. 위의 두 문제에 대한 결과를 사용하여 $\|AB\| \leq \|BA\|$임을 보여라.

확인문제 A6.7: A가 양의 행렬이라 하자. $\|A\| \leq 1$이 되기 위한 필요충분조건이 $A \leq I$임을 보여라.

확인문제 A6.8: A가 양의 행렬이라 하자. 또한 슈퍼연산자^{superoperator}(행렬에 대한 선형 연산자)를 식 $\mathcal{A}(X) \equiv AX$로 정의하자. $\mathcal{A}$가 힐베르트-슈미트 내적에 관해 양의 행렬이 된다는 것을 보여라. 즉, 모든 X에 대해 $\text{tr}(X^\dagger \mathcal{A}(X)) \geq 0$임을 보이면 된다. 마찬가지로 $\mathcal{A}(X) \equiv AX$로 정의한 슈퍼연산자가 행렬의 힐베르트-슈미트 내적에 관해 양의 행렬이 된다는 것을 보여라.

위의 결과들을 알게 됐으니 이제 리브 정리를 알아보고 증명해보자.

정리 A6.1: (리브 정리) X는 행렬이고 $0 \le t \le 1$이라 하자. 그러면 함수

$$f(A, B) \equiv \mathrm{tr}(X^\dagger A^t X B^{1-t}) \tag{A6.5}$$

는 양의 행렬 A와 B에 대해 공동으로 오목하다.

리브 정리는 다음 보조정리의 알기 쉬운 따름정리이기도 하다.

보조정리 A6.2: R_1, R_2, S_1, S_2, T_1, T_2를 $0 = [R_1, R_2] = [S_1, S_2] = [T_1, T_2]$가 되는 양의 연산자라 하고

$$R_1 \ge S_1 + T_1 \tag{A6.6}$$

$$R_2 \ge S_2 + T_2 \tag{A6.7}$$

라 하자. 그러면 모든 $0 \le t \le 1$에 대해 행렬 부등식

$$R_1^t R_2^{1-t} \ge S_1^t S_2^{1-t} + T_1^t T_2^{1-t} \tag{A6.8}$$

은 참이다.

증명

먼저 $t = 1/2$에 대한 결과를 증명한 후, 이를 이용하여 일반적인 t에 대한 결과를 입증해보자. R_1과 R_2가 가역적이라고 가정하는 것이 편리할 것이며, 가역적이 아닐 때의 결과를 입증하려면 이 증명을 기술적으로 약간 수정하면 되는데 이는 확인문제로 남겨둔다.

$|x\rangle$와 $|y\rangle$를 임의의 두 벡터라 하자. 코시-슈바르츠 부등식을 두 번 적용하고 약간의 간단한 조작을 수행하면

$$|\langle x|(S_1^{1/2} S_2^{1/2} + T_1^{1/2} T_2^{1/2})|y\rangle|$$
$$\le |\langle x|S_1^{1/2} S_2^{1/2}|y\rangle| + |\langle x|T_1^{1/2} T_2^{1/2}|y\rangle| \tag{A6.9}$$

$$\le \|S_1^{1/2}|x\rangle\| \, \|S_2^{1/2}|y\rangle\| + \|T_1^{1/2}|x\rangle\| \, \|T_2^{1/2}|y\rangle\| \tag{A6.10}$$

$$\le \sqrt{\left(\|S_1^{1/2}|x\rangle\|^2 + \|T_1^{1/2}|x\rangle\|^2\right)\left(\|S_2^{1/2}|y\rangle\|^2 + \|T_2^{1/2}|y\rangle\|^2\right)} \tag{A6.11}$$

$$= \sqrt{\langle x|(S_1 + T_1)|x\rangle \langle y|(S_2 + T_2)|y\rangle} \tag{A6.12}$$

이 된다. $S_1 + T_1 \le R_1$이고 $S_2 + T_2 \le R_2$라고 가정했으므로

$$|\langle x|(S_1^{1/2}S_2^{1/2} + T_1^{1/2}T_2^{1/2})|y\rangle| \le \sqrt{\langle x|R_1|x\rangle\langle y|R_2|y\rangle} \tag{A6.13}$$

이다.

$|u\rangle$를 어떤 단위벡터라 하자. 그러면 (A6.13)에 $|x\rangle \equiv R_1^{-1/2}|u\rangle$와 $|y\rangle \equiv R_1^{1/2}|u\rangle$를 적용하면

$$\langle u|R_1^{-1/2}(S_1^{1/2}S_2^{1/2} + T_1^{1/2}T_2^{1/2})R_2^{-1/2}|u\rangle$$
$$\le \sqrt{\langle u|R_1^{-1/2}R_1R_1^{-1/2}|u\rangle\langle u|R_2^{-1/2}R_2R_2^{-1/2}|u\rangle} \tag{A6.14}$$
$$= \sqrt{\langle u|u\rangle\langle u|u\rangle} = 1 \tag{A6.15}$$

이 된다. 따라서

$$\|R_1^{-1/2}(S_1^{1/2}S_2^{1/2} + T_1^{1/2}T_2^{1/2})R_2^{-1/2}\| \le 1 \tag{A6.16}$$

이 된다. 다음과 같이 정의하자.

$$A \equiv R_1^{-1/4}R_2^{-1/4}(S_1^{1/2}S_2^{1/2} + T_1^{1/2}T_2^{1/2})R_2^{-1/2} \tag{A6.17}$$
$$B \equiv R_2^{1/4}R_1^{-1/4} \tag{A6.18}$$

AB가 에르미트이므로 확인문제 A6.6에 의해

$$\|R_1^{-1/4}R_2^{-1/4}(S_1^{1/2}S_2^{1/2} + T_1^{1/2}T_2^{1/2})R_2^{-1/4}R_1^{-1/4}\|$$
$$= \|AB\| \le \|BA\| \tag{A6.19}$$
$$= \|R_1^{-1/2}(S_1^{1/2}S_2^{1/2} + T_1^{1/2}T_2^{1/2})R_2^{-1/2}\| \tag{A6.20}$$
$$\le 1 \tag{A6.21}$$

이 된다. 여기서 맨 아래쪽 부등식은 (A6.16)이다. AB는 양의 연산자이므로 확인문제 A6.7과 위의 부등식에 의해

$$R_1^{-1/4}R_2^{-1/4}(S_1^{1/2}S_2^{1/2} + T_1^{1/2}T_2^{1/2})R_2^{-1/4}R_1^{-1/4} \le I \tag{A6.22}$$

가 된다. 마지막으로 확인문제 A6.1 그리고 R_1과 R_2의 교환법칙^{commutativity}에 의해

$$S_1^{1/2}S_2^{1/2} + T_1^{1/2}T_2^{1/2} \le R_1^{1/2}R_2^{1/2} \tag{A6.23}$$

이 된다. 이 식은 (A6.8)이 $t = 1/2$일 때 성립한다는 것을 입증한다.

(A6.8)이 수용하는 모든 t의 집합을 I라고 하자. 검사해 보면 0과 1이 I의 원소임을 알 수 있으며, 1/2이 I의 원소라는 것은 방금 보였다. 이제 $t = 1/2$ 경우를 사용하여 $0 \le t \le 1$

인 어떠한 t에 대해서도 그 결과를 증명해보자. μ와 η가 I의 두 원소라고 가정하면

$$R_1^\mu R_2^{1-\mu} \geq S_1^\mu S_2^{1-\mu} + T_1^\mu T_2^{1-\mu} \tag{A6.24}$$

$$R_1^\eta R_2^{1-\eta} \geq S_1^\eta S_2^{1-\eta} + T_1^\eta T_2^{1-\eta} \tag{A6.25}$$

이다. 이들 부등식은 $t = 1/2$ 경우에 이미 증명했던 (A6.6)과 (A6.7) 형태다. $t = 1/2$ 결과를 사용하면

$$\left(R_1^\mu R_2^{1-\mu}\right)^{1/2} \left(R_1^\eta R_2^{1-\eta}\right)^{1/2} \geq \left(S_1^\mu S_2^{1-\mu}\right)^{1/2} \left(S_1^\eta S_2^{1-\eta}\right)^{1/2}$$
$$+ \left(T_1^\mu T_2^{1-\mu}\right)^{1/2} \left(T_1^\eta T_2^{1-\eta}\right)^{1/2} \tag{A6.26}$$

인 것을 알 수 있다. 맨 처음에 $0 = [R_1, R_2] = [S_1, S_2] = [T_1, T_2]$가 되는 교환법칙을 가정했으므로 이를 사용하면 $\nu \equiv (\mu + \eta)/2$에 대해

$$R_1^\nu R_2^{1-\nu} \geq S_1^\nu S_2^{1-\nu} + T_1^\nu T_2^{1-\nu} \tag{A6.27}$$

인 것을 알 수 있다. 따라서 μ와 η가 I에 속하면 $(\mu + \eta)/2$도 속한다. 0과 1이 I에 속하므로 2진 전개$^{\text{binary expansion}}$를 유한하게 하면 0과 1 사이의 어떠한 수 t라도 I에 속해야 한다는 것을 쉽게 알 수 있다. 따라서 I는 $[0, 1]$에서 조밀하다. t가 연속이므로 (A6.8) 결론에 도달한다. ▪

리브 정리에 대한 증명은 단순히 보조정리 A6.2를 적용하면 된다. 제대로 적용하기 위해서는 보조정리 A6.2의 연산자들을 슈퍼연산자들(연산자로의 선형사상$^{\text{linear map}}$)이 되도록 선택하는 것이 좋다. 연산자는 힐베르트-슈미트 내적 $(A, B) \equiv \text{tr}(A^\dagger B)$에 관해 양의 슈퍼연산자가 되는 방식으로 선택될 것이다.

증명

(리브 정리)

$0 \leq \lambda \leq 1$로 하고 슈퍼연산자 $\mathcal{S}_1, \mathcal{S}_2, \mathcal{T}_1, \mathcal{T}_2, \mathcal{R}_1, \mathcal{R}_2$를 다음과 같이 정의하자.

$$\mathcal{S}_1(X) \equiv \lambda A_1 X \tag{A6.28}$$

$$\mathcal{S}_2(X) \equiv \lambda X B_1 \tag{A6.29}$$

$$\mathcal{T}_1(X) \equiv (1 - \lambda) A_2 X \tag{A6.30}$$

$$\mathcal{T}_2(X) \equiv (1 - \lambda) X B_2 \tag{A6.31}$$

$$\mathcal{R}_1 \equiv \mathcal{S}_1 + \mathcal{T}_1 \tag{A6.32}$$

$$\mathcal{R}_2 \equiv \mathcal{S}_2 + \mathcal{T}_2 \tag{A6.33}$$

$\mathcal{S}_1$과 $\mathcal{S}_2$가 교환법칙이 성립한다는 것에 주목한다. $\mathcal{T}_1$과 $\mathcal{T}_2$, 그리고 $\mathcal{R}_1$과 $\mathcal{R}_2$도 마찬가지다. 확인문제 A6.8를 상기해보면 이 모든 연산자는 힐베르트-슈미트 내적에 관해 양의 연산자가 된다. 보조정리 A6.2에 의해

$$\mathcal{R}_1^t \mathcal{R}_2^{1-t} \geq \mathcal{S}_1^t \mathcal{S}_2^{1-t} + \mathcal{T}_1^t \mathcal{T}_2^{1-t} \tag{A6.34}$$

이다. 힐베르트-슈미트 내적을 사용하여 이 부등식의 $X \cdot X$ 행렬 성분을 취하면

$$\mathrm{tr}\left[X^\dagger (\lambda A_1 + (1-\lambda)A_2)^t X (\lambda B_1 + (1-\lambda)B_2)^{1-t} \right]$$
$$\geq \mathrm{tr}\left[X^\dagger (\lambda A_1)^t X (\lambda B_1)^{1-t} \right] + \mathrm{tr}\left[X^\dagger ((1-\lambda)A_2)^t X((1-\lambda)B_2)^{1-t} \right] \tag{A6.35}$$
$$= \lambda \mathrm{tr}(X^\dagger A_1^t X B_1^{1-t}) + (1-\lambda)\mathrm{tr}(X^\dagger A_2^t X B_2^{1-t}) \tag{A6.36}$$

이 된다. 이로써 공동 오목함이 성립한다.

역사와 추가자료

리브 정리의 역사는 양자 엔트로피에 대한 강한 준가법성 부등식의 증명과 연결되어 있으며 11장의 '역사와 추가자료'에서 그 부등식의 증명에 대한 역사와 함께 찾아볼 수 있다.

참고문헌

'arXive e-print quant-ph/xxxxxxx'로 표기한 인용은 인터넷 http://www.arXiv.org 에서 볼 수 있다.

[ABO97] D. Aharonov and M. Ben-Or. Fault tolerant computation with constant error. In *Proceedings of the Twenty-Ninth Annual ACM Symposium on the Theory of Computing*, pages 176–188, 1997.

[ABO99] D. Aharonov and M. Ben-Or. Faulttolerant quantum computation with constant error rate. *SIAM J. Comp.*, page to appear, 1999. *arXive e-print quant-ph/9906129.*

[ABOIN96] D. Aharonov, M. Ben-Or, R. Impagliazzo, and N. Nisan. Limitations of noisy reversible computation. *arXive e-print quant-ph/9611028*, 1996.

[ADH97] L. Adleman, J. Demarrais, and M. A. Huang. Quantum computability. *SIAM J. Comp.*, 26(5):1524–1540, 1997.

[Adl94] L. M. Adleman. Molecular computation of solutions to combinatorial problems. *Science*, 266:1021, 1994.

[Adl98] L. M. Adleman. Computing with DNA. *Sci. Am.*, 279:54–61, Aug. 1998.

[AE75] L. Allen and J. H. Eberly. *Optical Resonance and Two-level* Atoms. Dover, New York, 1975.

[Aha99a] D. Aharonov. *Noisy Quantum Computation*. Ph.D. thesis, The Hebrew Univesity, Jerusalem, 1999.

[Aha99b] D. Aharonov. Quantum computation. In D. Stauffer, editor, *Annual Reviews of Computational Physics VI*. World Scientific, Singapore, 1999.

[AKN98] D. Aharonov, A. Kitaev, and N. Nisan. Quantum circuits with mixed states. *STOC 1997*, 1998. *arXive e-print quant-ph/9806029.*

[AL70] H. Araki and E. H. Lieb. Entropy inequalities. *Comm. Math. Phys.*, 18:160–170, 1970.

[AL97] D. S. Abrams and S. Lloyd. Simulation of many-body Fermi systems on a quantum computer. *Phys. Rev. Lett.*, 79(13):2586–2589, 1997. *arXive e-print quant-ph/9703054.*

[AL99] A. Ashikhmin and S. Lytsin. Upper bounds on the size of quantum codes. *IEEE Trans. Inf. Theory*, 45(4):1206–1215, 1999.

[Alb83] P. M. Alberti. A note on the transition-probability over c-* algebras. *Lett. in Math. Phys.*, 7(1):25–32, 1983.

[Amb00] A. Ambainis. Quantum lower bounds by quantum arguments. *arXive e-print quant-ph/0002066*, 2000.

[And79] T. Ando. Concavity of certain maps on positive definite matrices and applications to Hadamard products. *Linear Algebra Appl.*, 26:203–241, 1979.

[Ash97] A. Ashikhmin. Remarks on bounds for quantum codes. *arXive e-print quant-ph/9705037*, 1997.

[Bar78] E. Barton. A reversible computer using conservative logic. Unpublished MIT 6.895 term paper, 1978.

[BB84] C. H. Bennett and G. Brassard. Quantum cryptography: Public key distribution and coin tossing. In *Proceedings of IEEE International Conference on Computers, Systems and Signal Processing*, pages 175–179, IEEE, New York, 1984. Bangalore, India, December 1984.

[BBB+92] C. H. Bennett, F. Bessette, G. Brassard, L. Salvail, and J. Smolin. Experimental quantum cryptography. *J. Cryptology*, 5:3–28, 1992.

[BBB+98] E. Biham, M. Boyer, G. Brassard, J. van de Graaf, and T. Mor. Security of quantum key distribution against all collective attacks. *arXive e-print quant-ph/9801022*, 1998.

[BBBV97] C. H. Bennett, E. Bernstein, G. Brassard, and U. Vazirani. Strengths and weaknesses of quantum computing. SIAM J. Comput., 26(5):1510–1523, 1997. *arXive e-print quant-ph/9701001*.

[BBC+93] C. H. Bennett, G. Brassard, C. Crépeau, R. Jozsa, A. Peres, and W. Wootters. Teleporting an unknown quantum state via dual classical and EPR channels. *Phys. Rev. Lett.*, 70:1895–1899, 1993.

[BBC+95] A. Barenco, C. H. Bennett, R. Cleve, D. P. DiVincenzo, N. Margolus, P. Shor, T. Sleator, J. Smolin, and H. Weinfurter. Elementary gates for quantum computation. *Phys. Rev. A*, 52:3457–3467, 1995. *arXive e-print quant-ph/9503016*.

[BBC+98] R. Beals, H. Buhrman, R. Cleve, M. Mosca, and R. de Wolf. Quantum lower bounds by polynomials. In *Proceedings of the 39th Annual Symposium on Foundations of Computer Science (FOCS'98)*, pages 352–361, IEEE, Los Alamitos, California, November 1998. *arXive e-print quant-ph/9802049*.

[BBCM95] C. H. Bennett, G. Brassard, C. Crépeau, and U. M. Maurer. Generalized privacy amplification. *IEEE Trans. Inf. Theory*, 41:1915–1923, 1995.

[BBE92] C. H. Bennett, G. Brassard, and A. K. Ekert. Quantum cryptography. *Sci. Am.*, 267(4):50, Oct. 1992.

[BBHT98] M. Boyer, G. Brassard, P. Høyer, and A. Tapp. Tight bounds on quantum searching. Fortsch. *Phys. – Prog. Phys.*, 46(4–5):493–505, 1998.

[BBM+98] D. Boschi, S. Branca, F. D. Martini, L. Hardy, and S. Popescu. Experimental realization of teleporting an unknown pure quantum state via dual classical and Einstein-Podolski-Rosen channels. *Phys. Rev. Lett.*, 80:1121–1125, 1998. *arXive e-print quant-ph/9710013*.

[BBP+96] C. H. Bennett, G. Brassard, S. Popescu, B. Schumacher, J. A. Smolin, and W. K. Wootters. Purification of noisy entanglement and faithful teleportation via noisy channels. *Phys.*

Rev. Lett., 76:722, 1996. *arXive e-print quant-ph/9511027*.

[BBPS96] C. H. Bennett, H. J. Bernstein, S. Popescu, and B. Schumacher. Concentrating partial entanglement by local operations. *Phys. Rev. A*, 53(4):2046–2052, 1996. *arXive e-print quant-ph/9511030*.

[BBR88] C. H. Bennett, G. Brassard, and J. M. Robert. Privacy amplification by public discussion. *SIAM J. Comp.*, 17:210–229, 1988.

[BCDP96] D. Beckman, A. N. Chari, S. Devabhaktuni, and J. Preskill. Efficient networks for quantum factoring. *Phys. Rev. A*, 54(2):1034, 1996. *arXive e-print quant-ph/9602016*.

[BCF+96] H. Barnum, C. M. Caves, C. A. Fuchs, R. Jozsa, and B. Schumacher. Noncommuting mixed states cannot be broadcast. *Phys. Rev. Lett.*, 76(15): 2818–2821, 1996. *arXive e-print quant-ph/9511010*.

[BCJ+99] S. L. Braunstein, C. M. Caves, R. Jozsa, N. Linden, S. Popescu, and R. Schack. Separability of very noisy mixed states and implications for NMR quantum computing. *Phys. Rev. Lett.*, 83(5):1054–1057, 1999.

[BCJD99] G. K. Brennen, C. M. Caves, P. S. Jessen, and I. H. Deutsch. Quantum logic gates in optical lattices. *Physical Review Letters*, 82:1060–1063, 1999.

[BD00] C. H. Bennett and D. P. DiVincenzo. Quantum information and computation. *Nature*, 404:247–55, 2000.

[BDG88a] J. L. Balcázar, J. Diaz, and J. Gabarró. *Structural Complexity*, Volume I. Springer-Verlag, Berlin, 1988.

[BDG88b] J. L. Balcázar, J. Diaz, and J. Gabarró. *Structural Complexity*, Volume II. Springer-Verlag, Berlin, 1988.

[BDK92] R. G. Brewer, R. G. DeVoe, and R. Kallenbach. Planar ion microtraps. *Phys. Rev. A*, 46(11):R6781–4, 1992.

[BDS97] C. H. Bennett, D. P. DiVincenzo, and J. A. Smolin. Capacities of quantum erasure channels. *Phys. Rev. Lett.*, 78(16):3217–3220, 1997. *arXive e-print quant-ph/9701015*.

[BDSW96] C. H. Bennett, D. P. DiVincenzo, J. A.

Smolin, and W. K. Wootters. Mixed state entanglement and quantum error correction. *Phys. Rev. A*, 54:3824, 1996. *arXive e-print quant-ph/9604024*.

[Bel64] J. S. Bell. On the Einstein-Podolsy-Rosen paradox. *Physics*, 1:195–200, 1964. Reprinted in J. S. Bell, *Speakable and Unspeakable in Quantum Mechanics*, Cambridge University Press, Cambridge, 1987.

[Ben73] C. H. Bennett. Logical reversibility of computation. *IBM J. Res. Dev.*, 17(6): 525–32, 1973.

[Ben80] P. Benioff. The computer as a physical system: A microscopic quantum mechanical Hamiltonian model of computers as represented by Turing machines. *J. Stat. Phys.*, 22(5):563–591, 1980.

[Ben82] C. H. Bennett. The thermodynamics of computation - a review. *Int. J. Theor. Phys.*, 21:905–40, 1982.

[Ben87] C. H. Bennett. Demons, engines and the second law. *Sci. Am.*, 295(5):108, 1987.

[Ben89] C. H. Bennett. Time-space trade-offs for reversible computation. *SIAM J. Comput.*, 18:766–776, 1989.

[Ben92] C. H. Bennett. Quantum cryptography using any two nonorthogonal states. *Phys. Rev. Lett.*, 68(21):3121–3124, 1992.

[Bet84] T. Beth. *Methoden der Schnellen Fourier-transformation*. Teubner, Leipzig, 1984.

[BFGL98] S. L. Braunstein, C. A. Fuchs, D. Gottesman, and H. Lo. A quantum analog of Huffman coding. *arXive e-print quant-ph/9805080*, 1998.

[BFJS96] H. Barnum, C. A. Fuchs, R. Jozsa, and B. Schumacher. General fidelity limit for quantum channels. *Phys. Rev. A*, 54:4707, 1996. *arXive e-print quant-ph/9603014*.

[Bha97] R. Bhatia. *Matrix Analysis*. Springer-Verlag, New York, 1997.

[BHT98] G. Brassard, P. Høyer, and A. Tapp. Quantum counting. *arXive e-print quant-ph/9805082*, 1998.

[BK92] V. B. Braginsky and F. Y. Khahili. *Quantum Measurement*. Cambridge University Press, Cambridge, 1992.

[BK98a] S. L. Braunstein and H. J. Kimble. Teleportation of continuous quantum variables. *Phys. Rev. Lett.*, 80:869–72, 1998.

[BK98b] S. B. Bravyi and A. Y. Kitaev. Quantum codes on a lattice with boundary. *arXive e-print quant-ph/9811052*, 1998.

[BK99] S. L. Braunstein and H. J. Kimble. Dense coding for continuous variables. *arXive e-print quant-ph/9910010*, 1999.

[BKLW99] D. Bacon, J. Kempe, D. A. Lidar, and K. B. Whaley. Universal faulttolerant computation on decoherencefree subspaces. *arXive e-print quant-ph/9909058*, 1999.

[BKN98] H. Barnum, E. Knill, and M. A. Nielsen. On quantum fidelities and channel capacities. *arXive e-print quant-ph/9809010*, 1998.

[BL95] D. Boneh and R. J. Lipton. Quantum cryptoanalysis of hidden linear functions (extended abstract). In Don Coppersmith, editor, *Lecture notes in computer science — Advances in Cryptology — CRYPTO'95*, pages 424–437, Springer-Verlag, Berlin, 1995.

[BMP+99] P. O. Boykin, T. Mor, M. Pulver, V. Roychowdhury, and F. Vatan. On universal and fault-tolerant quantum computing. *arXive e-print quant-ph/9906054*, 1999.

[BNS98] H. Barnum, M. A. Nielsen, and B. W. Schumacher. Information transmission through a noisy quantum channel. *Phys. Rev. A*, 57:4153, 1998.

[Boh51] D. Bohm. *Quantum Theory*. Prentice-Hall, Englewood Cliffs, New Jersey, 1951.

[BP93] S. M. Barnett and S. J. D. Phoenix. Information-theoretic limits to quantum cryptography. *Phys. Rev. A*, 48(1):R5–R8, 1993.

[BPM+97] D. Bouwmeester, J. W. Pan, K. Mattle, M. Eibl, H. Weinfurter, and A. Zeilinger. Experimental quantum teleportation. *Nature*, 390(6660):575–579, 1997.

[BR98] D. S. Bethune and W. P. Risk. An autocompensating quantum key distribution system using polarization splitting of light. In *IQEC '98 Digest of Postdeadline Papers*, pages QPD12–2,

Optical Society of America, Washington, DC, 1998.

[BR00]   D. S. Bethune and W. P. Risk. An autocompensating fiber-optic quantum cryptography system based on polarization splitting of light. *J. Quantum Electronics*, 36(3):100, 2000.

[Bra93]   G. Brassard. A bibliography of quantum cryptography. *Université de Montréal preprint*, pages 1–10, 3 December 1993. A preliminary version of this appeared in Sigact News, vol. 24(3), 1993, pages 16-20.

[Bra98]   S. L. Braunstein. Error correction for continuous quantum variables. *Phys. Rev. Lett.*, 80:4084–4087, 1998. arXive eprint quant-ph/9711049.

[BS94]   G. Brassard and L. Salvail. Secret-key reconciliation by public discussion. In T. Helleseth, editor, *Lecture Notes in Computer Science: Advances in Cryptology – EUROCRYPT'93*, Volume 765, pages 410–423, Springer-Verlag, New York, 1994.

[BS98]   C. H. Bennett and P. W. Shor. Quantum information theory. *IEEE Trans. Inf. Theory*, 44(6):2724–42, 1998.

[BST98]   H. Barnum, J. A. Smolin, and B. Terhal. Quantum capacity is properly defined without encodings. *Phys. Rev. A*, 58(5):3496–3501, 1998.

[BT97]   B. M. Boghosian and W. Taylor. Simulating quantum mechanics on a quantum computer. *arXive e-print quant-ph/9701019*, 1997.

[BV97]   E. Bernstein and U. Vazirani. Quantum complexity theory. *SIAM J. Comput.*, 26(5):1411–1473, 1997. *arXive e-print quant-ph/9701001*.

[BW92]   C. H. Bennett and S. J. Wiesner. Communication via one- and two-particle operators on Einstein-Podolsky-Rosen states. *Phys. Rev. Lett.*, 69(20):2881–2884, 1992.

[CAK98]   N. J. Cerf, C. Adami, and P. Kwiat. Optical simulation of quantum logic. *Phys. Rev. A*, 57:R1477, 1998.

[Cav99]   C. M. Caves. Quantum error correction and reversible operations. *Journal of Superconductivity*, 12(6):707–718, 1999.

[CD96]   R. Cleve and D. P. DiVincenzo.

Schumacher's quantum data compression as a quantum computation. *Phys. Rev. A*, 54:2636, 1996. *arXive e-print quant-ph/9603009*.

[CEMM98] R. Cleve, A. Ekert, C. Macchiavello, and M. Mosca. Quantum algorithms revisited. *Proc. R. Soc. London A*, 454(1969):339–354, 1998.

[CFH97]   D. G. Cory, A. F. Fahmy, and T. F. Havel. Ensemble quantum computing by NMR spectroscopy. *Proc. Nat. Acad. Sci.* USA, 94:1634–1639, 1997.

[CGK98]   I. L. Chuang, N. Gershenfeld, and M. Kubinec. Experimental implementation of fast quantum searching. *Phys. Rev. Lett.*, 18(15):3408–3411, 1998.

[CGKL98] I. L. Chuang, N. Gershenfeld, M. G. Kubinec, and D. W. Leung. Bulk quantum computation with nuclear-magnetic resonance: theory and experiment. *Proc. R. Soc. London A*, 454(1969):447–467, 1998.

[Che68]   P. R. Chernoff. Note on product formulas for operator semigroups. *J. Functional Analysis*, 2:238–242, 1968.

[Cho75]   M.-D. Choi. Completely positive linear maps on complex matrices. *Linear Algebra and Its Applications*, 10:285–290, 1975.

[CHSH69] J. F. Clauser, M. A. Horne, A. Shimony, and R. A. Holt. Proposed experiment to test local hidden-variable theories. *Phys. Rev. Lett.*, 49:1804–1807, 1969.

[Chu36]   A. Church. An unsolvable problem of elementary number theory. *Am. J. Math. (reprinted in [Dav65])*, 58:345, 1936.

[CK81]   I. Csiszár and J. Körner. *Information Theory: Coding Theorems for Discrete Memoryless Systems*. Academic Press, New York, 1981.

[CL83]   A. O. Caldeira and A. J. Leggett. Quantum tunnelling in a dissipative system. *Ann. Phys.*, 149(2):374–456, 1983.

[Cla89]   M. Clausen. Fast generalized Fourier transforms. *Theor. Comput. Sci.*, 67:55–63, 1989.

[Cle99]   R. Cleve. The query complexity of order-finding. *arXive e-print quant-ph/9911124*,

1999.

[CLR90] T. H. Cormen, C. E. Leiserson, and R. L. Rivest. *Introduction to Algorithms*. MIT Press, Cambridge, Mass., 1990.

[CM97] C. Cachin and U. M. Maurer. Linking information reconciliation and privacy amplification. *J. Cryptology*, 10:97–110, 1997.

[CM00] I. L. Chuang and D. Modha. Reversible arithmetic coding for quantum data compression. *IEEE Trans. Inf. Theory*, 46(3):1104, May 2000.

[CMP+98] D. G. Cory, W. Mass, M. Price, E. Knill, R. Laflamme, W. H. Zurek, T. F. Havel, and S. S. Somaroo. Experimental quantum error correction. *arXive e-print quant-ph/9802018*, 1998.

[CN97] I. L. Chuang and M. A. Nielsen. Prescription for experimental determination of the dynamics of a quantum black box. *J.Mod. Opt.*, 44(11-12):2455–2467, 1997. *arXive e-print quant-ph/9610001*.

[Con72] J. H. Conway.Unpredictable iterations. In *Proceedings of theNumber Theory Conference*, pages 49–52, Boulder, Colorado, 1972.

[Con86] J. H. Conway. Fractran: a simple universal programming language. In T. M. Cover and B. Gopinath, editors, *Open Problems in Communication and Computation*, pages 4–26, Springer-Verlag, New York, 1986.

[Coo71] S. A. Cook. The complexity of theoremproving procedures. In *Proc. 3rd Ann. ACM Symp. on Theory of Computing*, pages 151–158, *Association for Computing* Machinery, New York, 1971.

[Cop94] D. Coppersmith. An approximate Fourier transform useful in quantum factoring. *IBM Research Report RC 19642*, 1994.

[CPZ96] J. I. Cirac, T. Pellizzari, and P. Zoller. Enforcing coherent evolution in dissipative quantum dynamics. *Science*, 273:1207, 1996.

[CRSS97] A. R. Calderbank, E. M. Rains, P. W. Shor, and N. J. A. Sloane. Quantum error correction and orthogonal geometry. *Phys. Rev. Lett.*, 78:405–8, 1997.

[CRSS98] A. R. Calderbank, E. M. Rains, P. W. Shor, and N. J. A. Sloane. Quantum error correction via codes over GF(4). *IEEE Trans. Inf. Theory*, 44(4):1369–1387, 1998.

[CS96] A. R. Calderbank and P. W. Shor. Good quantum error-correcting codes exist. *Phys. Rev. A*, 54:1098, 1996. *arXive e-print quant-ph/9512032*.

[CST89] R. A. Campos, B. E. A. Saleh, and M. C. Teich. Quantum-mechanical lossless beamsplitters: SU(2) symmetry and photon statistics. *Phys. Rev. A*, 40:1371, 1989.

[CT91] T. M. Cover and J. A. Thomas. *Elements of Information Theory*. John Wiley and Sons, New York, 1991.

[CTDL77a] C. Cohen-Tannoudji, B. Diu, and F. Laloë. *Quantum Mechanics, Vol. I*. John Wiley and Sons, New York, 1977.

[CTDL77b] C. Cohen-Tannoudji, B. Diu, and F. Laloë. *Quantum Mechanics, Vol. II*. John Wiley and Sons, New York, 1977.

[CVZ+98] I. L. Chuang, L. M. K. Vandersypen, X. L. Zhou, D. W. Leung, and S. Lloyd. Experimental realization of a quantum algorithm. *Nature*, 393(6681):143–146, 1998.

[CW95] H. F. Chau and F. Wilczek. Simple realization of the Fredkin gate using a series of two-body operators. *Phys. Rev. Lett.*, 75(4):748–50, 1995. *arXive e-print quant-ph/9503005*.

[CY95] I. L. Chuang and Y. Yamamoto. Simple quantum computer. *Phys. Rev. A*, 52:3489–3496, 1995. *arXive e-print quant-ph/9505011*.

[CZ95] J. I. Cirac and P. Zoller. Quantum computations with cold trapped ions. *Phys. Rev. Lett.*, 74:4091, 1995.

[Dav65] M. D. Davis. *The Undecidable*. Raven Press, Hewlett, New York, 1965.

[Dav76] E. B. Davies. *Quantum Theory of Open Systems*. Academic Press, London, 1976.

[DBE95] D. Deutsch, A. Barenco, and A. Ekert. Universality in quantum computation. *Proc. R. Soc. London A*, 449(1937): 669–677, 1995.

[Deu83] D. Deutsch. Uncertainty in quantum measurements. *Phys. Rev. Lett.*, 50(9):631–

633, 1983.

[Deu85] D. Deutsch. Quantum theory, the Church-Turing Principle and the universal quantum computer. *Proc. R. Soc. Lond. A*, 400:97, 1985.

[Deu89] D. Deutsch. Quantum computational networks. *Proc. R. Soc. London A*, 425:73, 1989.

[DG98] L.-M. Duan and G.-C. Guo. Probabilistic cloning and identification of linearly independent quantum states. *Phys. Rev. Lett.*, 80:4999–5002, 1998. *arXive eprint quant-ph/9804064.*

[DH76] W. Diffie and M. Hellman. New directions in cryptography. *IEEE Trans. Inf. Theory*, IT-22(6):644–54, 1976.

[DH96] C. Dürr and P. Høyer. A quantum algorithm for finding the minimum. *arXive e-print quant-ph/9607014*, 1996.

[Die82] D. Dieks. Communication by EPR devices. *Phys. Lett. A*, 92(6):271–272, 1982.

[DiV95a] D. P. DiVincenzo. Quantum computation. *Science*, 270:255, 1995.

[DiV95b] D. P. DiVincenzo. Two-bit gates are universal for quantum computation. *Phys. Rev. A*, 51(2):1015–1022, 1995.

[DiV98] D. P. DiVincenzo.Quantum gates and circuits. *Proc. R. Soc. London A*, 454:261–276, 1998.

[DJ92] D. Deutsch and R. Jozsa. Rapid solution of problems by quantum computation. *Proc. R. Soc. London A*, 439:553, 1992.

[DL98] W. Diffie and S. Landau. *Privacy on the Line: the Politics of Wiretapping and Encryption.* MIT Press, Cambridge Massachusetts, 1998.

[DMB+93] L. Davidovich, A. Maali, M. Brune, J. M. Raimond, and S. Haroche. *Phys. Rev. Lett.*, 71:2360, 1993.

[DR90] P. Diaconis and D. Rockmore. Efficient computation of the Fourier transform on finite groups. *J. Amer. Math. Soc.*, 3(2):297–332, 1990.

[DRBH87] L. Davidovich, J. M. Raimond, M. Brune, and S. Haroche. *Phys. Rev. A*, 36:3771, 1987.

[DRBH95] P. Domokos, J. M. Raimond, M. Brune, and S. Haroche. Simple cavity-QED two-bit universal quantum logic gate: The principle and expected performances. *Phys. Rev. Lett.*, 52:3554, 1995.

[DS96] D. P. DiVincenzo and P. W. Shor. Fault-tolerant error correction with efficient quantum codes. *Phys. Rev. Lett.*, 77:3260, 1996.

[DSS98] D. P. DiVincenzo, P. W. Shor, and J. Smolin. Quantum-channel capacities of very noisy channels. *Phys. Rev. A*, 57(2):830–839, 1998.

[Ear42] S. Earnshaw. On the nature of the molecular forces which regulate the constitution of the luminiferous ether. *Trans. Camb. Phil. Soc.*, 7:97–112, 1842.

[EBW87] R. R. Ernst, G. Bodenhausen, and A. Wokaun. *Principles of Nuclear Magnetic Resonance in One and Two Dimensions.* Oxford University Press, Oxford, 1987.

[EH99] M. Ettinger and P. Høyer. On quantum algorithms for noncommutative hidden subgroups. In *Symposium on Theoretical Aspects in Computer Science.* University of Trier, 1999. *arXive e-print quant-ph/9807029.*

[EHK99] M. Ettinger, P. Høyer, and E. Knill. Hidden subgroup states are almost orthogonal. *arXive e-print quant-ph/9901034*, 1999.

[EHPP94] A. K. Ekert, B. Huttner, G. M. Palma, and A. Peres. Eavesdropping on quantumcryptographical systems. *Phys. Rev. A*, 50(2):1047–1056, 1994.

[EJ96] A. Ekert and R. Jozsa. Quantum computation and Shor's factoring algorithm. *Rev. Mod. Phys.*, 68:733, 1996.

[EJ98] A. Ekert and R. Jozsa. Quantum algorithms: Entanglement enhanced information processing. *Proc. R. Soc. London A*, 356(1743):1769–82, Aug. 1998. *arXive eprint quant-ph/9803072.*

[Eke91] A. K. Ekert. Quantum cryptography based on Bell's theorem. *Phys. Rev. Lett.*, 67(6):661–663, 1991.

[EM96] A. Ekert and C. Macchiavello. Error correction in quantum communication. *Phys. Rev. Lett.*, 77:2585, 1996. *arXive e-print quant-ph/9602022.*

[EPR35] A. Einstein, B. Podolsky, and N. Rosen. Can quantum-mechanical description of physical reality be considered complete? *Phys. Rev.*, 47:777–780, 1935.

[Eps73]   H. Epstein. Commun. Math. Phys., 31:317–325, 1973.

[Fan73]   M. Fannes. A continuity property of the entropy density for spin lattice systems. *Commun. Math. Phys.*, 31:291–294, 1973.

[FC94]   C. A. Fuchs and C. M. Caves. Ensemble-dependent bounds for accessible information in quantum mechanics. *Phys. Rev. Lett.*, 73(23):3047–3050, 1994.

[Fel68a] W. Feller. *An Introduction to Probability Theory and its Applications*, Volume 1. Wiley, New York, 1968.

[Fel68b] W. Feller. *An Introduction to Probability Theory and its Applications*, Volume 2. Wiley, New York, 1968.

[Fey82]   R. P. Feynman. Simulating physics with computers. *Int. J. Theor. Phys.*, 21:467, 1982.

[FG98]   E. Farhi and S. Gutmann. An analog analogue of a digital quantum computation. *Phys. Rev. A*, 57(4):2403–2406, 1998. *arXive e-print quant-ph/9612026.*

[FLS65a] R. P. Feynman, R. B. Leighton, and M. Sands. Volume III of *The Feynman Lectures on Physics*. Addison-Wesley, Reading, Mass., 1965.

[FLS65b] R. P. Feynman, R. B. Leighton, and M. Sands. Volume I of *The Feynman Lectures on Physics*. Addison-Wesley, Reading, Mass., 1965.

[FM98]   M. H. Freedman and D. A. Meyer. Projective plane and planar quantum codes. *arXive e-print quant-ph/9810055,* 1998.

[FS92]   A. Fässler and E. Stiefel. *Group TheoreticalMethods and Their Applications.* Birkhaüser, Boston, 1992.

[FSB+98] A. Furusawa, J. L. Sørensen, S. L. Braunstein, C. A. Fuchs, H. J. Kimble, and E. S. Polzik. Unconditional quantum teleportation. *Science,* 282:706–709, 1998.

[FT82]   E. Fredkin and T. Toffoli. Conservative logic. *Int. J. Theor. Phys.*, 21(3/4):219–253, 1982.

[Fuc96]   C. A. Fuchs. *Distinguishability and Accessible Information in Quantum Theory.*

Ph.D. thesis, The University of New Mexico, Albuquerque, NM, 1996. *arXive e-print quant-ph/9601020.*

[Fuc97]   C. A. Fuchs. Nonorthogonal quantum states maximize classical information capacity. *Phys. Rev. Lett.*, 79(6):1162–1165, 1997.

[FvdG99] C. A. Fuchs and J. van de Graaf. Cryptographic distinguishability measures for quantum-mechanical states. *IEEE Trans. Inf. Theory,* 45(4): 1216–1227, 1999.

[Gar91]   C. W. Gardiner. *Quantum Noise.* Springer-Verlag, Berlin, 1991.

[GC97]   N. Gershenfeld and I. L. Chuang. Bulk spin resonance quantum computation. *Science,* 275:350, 1997.

[GC99]   D. Gottesman and I. L. Chuang. Quantum teleportation is a universal computational primitive. *Nature,* 402:390–392, 1999. *arXive e-print quant-ph/9908010.*

[GJ79]   M. R. Garey and D. S. Johnson. *Computers and Intractibility.* W. H. Freeman and Company, New York, 1979.

[GN96]   R. B. Griffiths and C.-S. Niu. Semiclassical Fourier transform for quantum computation. *Phys. Rev. Lett.*, 76(17):3228–3231, 1996. *arXive e-print quant-ph/9511007.*

[Gor64]   J. P. Gordon. Noise at optical frequencies; information theory. In P. A. Miles, editor, *Quantum Electronics and Coherent Light,* Proceedings of the International School of Physics 'Enrico Fermi' XXXI, Academic Press, New York, 1964.

[Got96]   D. Gottesman. Class of quantum errorcorrecting codes saturating the quantum Hamming bound. *Phys. Rev. A,* 54:1862, 1996.

[Got97]   D. Gottesman. *Stabilizer Codes and Quantum Error Correction.* Ph.D. thesis, California Institute of Technology, Pasadena, CA, 1997.

[Got98a] D. Gottesman. Fault-tolerant quantum computation with higher-dimensional systems. *arXive e-print quant-ph/9802007,* 1998.

[Got98b] D. Gottesman. Theory of fault-tolerant quantum computation. *Phys. Rev. A*, 57(1):127–137, 1998. *arXive e-print quant-ph/9702029*.

[GP10] D. Gottesman and J. Preskill. The Hitchiker's guide to the threshold theorem. *Eternally in preparation*, 1:1–9120, 2010.

[Gro96] L. Grover. In *Proc. 28th Annual ACM Symposium on the Theory of Computation*, pages 212–219, ACM Press, New York, 1996.

[Gro97] L. K. Grover. Quantum mechanics helps in searching for a needle in a haystack. *Phys. Rev. Lett.*, 79(2):325, 1997. *arXive e-print quant-ph/9706033*.

[Gru99] J. Gruska. *Quantum Computing*. McGraw-Hill, London, 1999.

[GS92] G. R. Grimmett and D. R. Stirzaker. *Probability and Random Processes*. Clarendon Press, Oxford, 1992.

[HAD+95] R. J. Hughes, D. M. Alde, P. Dyer, G. G. Luther, G. L. Morgan, and M. Schauer. Quantum cryptography. *Contemp. Phys.*, 36(3):149–163, 1995. *arXive e-print quant-ph/9504002*.

[Hal58] P. R. Halmos. *Finite-dimensional Vector Spaces*. Van Nostrand, Princeton, N.J., 1958.

[Ham89] M. Hammermesh. *Group Theory and its Application to Physical Problems*. Dover, New York, 1989.

[HGP96] J. L. Hennessey, D. Goldberg, and D. A. Patterson. *Computer Architecture: A Quantitative Approach*. Academic Press, New York, 1996.

[HHH96] M. Horodecki, P. Horodecki, and R. Horodecki. Separability of mixed states: necessary and sufficient conditions. *Phys. Lett. A*, 223(1-2):1–8, 1996.

[HHH98] M. Horodecki, P. Horodecki, and R. Horodecki. Mixed-state entanglement and distillation: is there a 'bound' entanglement in nature? *Phys. Rev. Lett.*, 80(24):5239–5242, 1998.

[HHH99a] M. Horodecki, P. Horodecki, and R. Horodecki. General teleportation channel, singlet fraction, and quasi-distillation. *Phys. Rev. A*, 60(3):1888–1898, 1999.

[HHH99b] M. Horodecki, P. Horodecki, and R. Horodecki. Limits for entanglement

measures. *arXive e-print quant-ph/9908065*, 1999.

[HHH99c] P. Horodecki, M. Horodecki, and R. Horodecki. Bound entanglement can be activated. *Phys. Rev. Lett.*, 82(5):1056–1059, 1999.

[HJ85] R. A. Horn and C. R. Johnson. *Matrix Analysis*. Cambridge University Press, Cambridge, 1985.

[HJ91] R. A. Horn and C. R. Johnson. *Topics in Matrix Analysis*. Cambridge University Press, Cambridge, 1991.

[HJS+96] P. Hausladen, R. Jozsa, B. Schumacher, M. Westmoreland, and W. K. Wootters. Classical information capacity of a quantum channel. *Phys. Rev. A*, 54: 1869, 1996.

[HJW93] L. P. Hughston, R. Jozsa, and W. K. Wootters. A complete classification of quantum ensembles having a given density matrix. *Phys. Lett. A*, 183:14–18, 1993.

[HK69] K.-E. Hellwig and K. Kraus. Pure operations and measurements. *Commun. Math. Phys.*, 11:214–220, 1969.

[HK70] K.-E. Hellwig and K. Kraus. Operations and measurements. II. *Commun. Math. Phys.*, 16:142–147, 1970.

[Hof79] D. R. Hofstadter. *Gödel, Escher, Bach: an Eternal Golden Braid*. Basic Books, New York, 1979.

[Hol73] A. S. Holevo. Statistical problems in quantum physics. In Gisiro Maruyama and Jurii V. Prokhorov, editors, *Proceedings of the Second Japan–USSR Symposium on Probability Theory*, pages 104–119, Springer-Verlag, Berlin, 1973. Lecture Notes in Mathematics, vol. 330.

[Hol79] A. S. Holevo. Capacity of a quantum communications channel. *Problems of Inf. Transm.*, 5(4):247–253, 1979.

[Hol98] A. S. Holevo. The capacity of the quantum channel with general signal states. *IEEE Trans. Inf. Theory*, 44(1): 269–273, 1998.

[Hor97] M. Horodecki. Limits for compression of quantum information carried by ensembles of mixed states. *Phys. Rev. A*, 57:3364–3369, 1997.

[HSM+98] A. G. Huibers, M. Switkes, C. M. Marcus, K. Campman, and A. C. Gossard. Dephasing in open quantum dots. *Phys. Rev. Lett.*, 82:200, 1998.

[HW60] G. H. Hardy and E. M. Wright. *An Introduction to the Theory of Numbers, Fourth Edition.* Oxford University Press, London, 1960.

[IAB+99] A. Imamoglu, D. D. Awschalom, G. Burkard, D. P. DiVincenzo, D. Loss, M. Sherwin, and A. Small. Quantum information processing using quantum dot spins and cavity qed. *Phys. Rev. Lett.*, 83(20):4204-7, 1999.

[IY94] A. Imamoglu and Y. Yamamoto. Turnstile device for heralded single photons: Coulomb blockade of electron and hole tunneling in quantum confined pi-n heterojunctions. *Phys. Rev. Lett.*, 72(2):210-13, 1994.

[Jam98] D. James. The theory of heating of the quantum ground state of trapped ions. *arXive e-print quant-ph/9804048*, 1998.

[Jay57] E. T. Jaynes. Information theory and statistical mechanics. ii. *Phys. Rev.*, 108(2):171-190, 1957.

[JM98] J. A. Jones and M. Mosca. Implementation of a quantum algorithm to solve Deutsch's problem on a nuclear magnetic resonance quantum computer. *arXive eprint quant-ph/9801027*, 1998.

[JMH98] J. A. Jones, M. Mosca, and R. H. Hansen. Implementation of a quantum search algorithm on a nuclear magnetic resonance quantum computer. *Nature*, 393(6683):344, 1998. *arXive e-print quant-ph/9805069*.

[Jon94] K. R. W. Jones. Fundamental limits upon the measurement of state vectors. *Phys. Rev. A*, 50:3682-3699, 1994.

[Joz94] R. Jozsa. Fidelity for mixed quantum states. *J. Mod. Opt.*, 41:2315-2323, 1994.

[Joz97] R. Jozsa. Quantum algorithms and the Fourier transform. *arXive e-print quant-ph/9707033*, 1997.

[JP99] D. Jonathan and M. B. Plenio. Entanglement-assisted local manipulation of pure states. *Phys. Rev. Lett.*, 83:3566-3569, 1999.

[JS94] R. Jozsa and B. Schumacher. A new proof of the quantum noiseless coding theorem. *J. Mod. Opt.*, 41:2343-2349, 1994.

[Kah96] D. Kahn. *Codebreakers: the Story of Secret Writing.* Scribner, New York, 1996.

[Kan98] B. Kane. A silicon-based nuclear spin quantum computer. *Nature*, 393:133-137, 1998.

[Kar72] R. M. Karp. Reducibility among combinatorial problems. In *Complexity of Computer Computations*, pages 85-103, Plenum Press, New York, 1972.

[KCL98] E. Knill, I. Chuang, and R. Laflamme. Effective pure states for bulk quantum computation. *Phys. Rev. A*, 57(5):3348-3363, 1998. *arXive e-print quant-ph/9706053*.

[Kit95] A. Y. Kitaev. Quantum measurements and the Abelian stabilizer problem. *arXive eprint quant-ph/9511026,*, 1995.

[Kit97a] A. Y. Kitaev. Fault-tolerant quantum computation by anyons. *arXive e-print quant-ph/9707021*, 1997.

[Kit97b] A. Y. Kitaev. Quantum computations: algorithms and error correction. *Russ. Math. Surv.*, 52(6):1191-1249, 1997.

[Kit97c] A. Y. Kitaev. Quantum error correction with imperfect gates. In A. S. Holevo O. Hirota and C. M. Caves, editors, *Quantum Communication, Computing, and Measurement*, pages 181-188, Plenum Press, New York, 1997.

[KL51] S. Kullback and R. A. Leibler. On information and sufficiency. *Ann. Math. Stat.*, 22:79-86, 1951.

[KL97] E. Knill and R. Laflamme. A theory of quantum error-correcting codes. *Phys. Rev. A*, 55:900, 1997. *arXive e-print quant-ph/9604034*.

[KL99] E. Knill and R. Laflamme. Quantum computation and quadratically signed weight enumerators. *arXive e-print quant-ph/9909094*, 1999.

[Kle31] O. Klein. *Z. Phys.*, 72:767-775, 1931.

[KLV99] E. Knill, R. Laflamme, and L. Viola. Theory of quantum error correction for general noise. *arXive e-print quant-ph/9908066*, 1999.

[KLZ98a] E. Knill, R. Laflamme, and W. H.

Zurek. Resilient quantum computation. *Science*, 279(5349):342–345, 1998. *arXive e-print quant-ph/9702058*.

[KLZ98b] E. Knill, R. Laflamme, and W. H. Zurek. Resilient quantum computation: error models and thresholds. *Proc. R. Soc. London A*, 454(1969):365–384, 1998. *arXive e-print quant-ph/9702058*.

[KMSW99] P. G. Kwiat, J. R. Mitchell, P. D. D. Schwindt, and A. G. White. Grover's search algorithm: An optical approach. *arXive e-print quant-ph/9905086*, 1999.

[Kni95] E. Knill. Approximating quantum circuits. *arXive e-print quant-ph/9508006*, 1995.

[Knu97] D. E. Knuth. *Fundamental Algorithms 3rd Edition*, Volume 1 of *The Art of Computer Programming*. Addison-Wesley, Reading, Massachusetts, 1997.

[Knu98a] D. E. Knuth. *Seminumerical Algorithms 3rd Edition*, Volume 2 of *The Art of Computer Programming*. Addison-Wesley, Reading, Massachusetts, 1998.

[Knu98b] D. E. Knuth. *Sorting and Searching 2nd Edition*, Volume 3 of *The Art of Computer Programming*. Addison-Wesley, Reading, Massachusetts, 1998.

[Kob94] N. Koblitz. *A Course in Number Theory and Cryptography*. Springer-Verlag, New York, 1994.

[KR99] C. King and M. B. Ruskai. Minimal entropy of states emerging from noisy quantum channels. *arXive e-print quant-ph/9911079*, 1999.

[Kra83] K. Kraus. *States, Effects, and Operations: Fundamental Notions of Quantum Theory*. Lecture Notes in Physics, Vol. 190. Springer-Verlag, Berlin, 1983.

[Kra87] K. Kraus. Complementary observables and uncertainty relations. *Phys. Rev. D*, 35(10):3070–3075, 1987.

[KSC+94] P. G. Kwiat, A. M. Steinberg, R. Y. Chiao, P. H. Eberhard, and M. D. Petroff. Absolute efficiency and time-response measurement of single-photon detectors. *Appl. Opt.*, 33(10): 1844–1853, 1994.

[KU91] M. Kitagawa and M. Ueda. Nonlinear-interferometric generation of number-phase correlated Fermion states. *Phys. Rev. Lett.*, 67(14):1852, 1991.

[Lan27] L. Landau. Das dämpfungsproblem in der wellenmechanik. *Z. Phys.*, 45:430–441, 1927.

[Lan61] R. Landauer. Irreversibility and heat generation in the computing process. *IBM J. Res. Dev.*, 5:183, 1961.

[LB99] S. Lloyd and S. Braunstein. Quantum computation over continuous variables. *Phys. Rev. Lett.*, 82:1784–1787, 1999. *arXive e-print quant-ph/9810082*.

[LBW99] D. A. Lidar, D. A. Bacon, and K. B. Whaley. Concatenating decoherence free subspaces with quantum error correcting codes. *Phys. Rev. Lett.*, 82(22):4556–4559, 1999.

[LC99] H. Lo and H. F. Chau. Unconditional security of quantum key distribution over arbitrarily long distances. *Science*, 283:2050–2056, 1999. *arXive eprint quant-ph/9803006*.

[LCW98] D. A. Lidar, I. L. Chuang, and K. B. Whaley. Decoherence-free subspaces for quantum computation. *Phys. Rev. Lett.*, 81(12):2594–2597, 1998.

[LD98] D. Loss and D. P. DiVincenzo. Quantum computation with quantum dots. *Phys. Rev. A*, 57:120–126, 1998.

[Lec63] Y. Lecerf. Machines de Turing réversibles. *Comptes Rendus*, 257:2597–2600, 1963.

[Leo97] U. Leonhardt. *Measuring the Quantum State of Light*. Cambridge University Press, New York, 1997.

[Lev73] L. Levin. Universal sorting problems. Probl. Peredaci Inf., 9:115–116, 1973. Original in Russian. English translation in *Probl. Inf. Transm. USSR* 9:265–266 (1973).

[Lie73] E. H. Lieb. Convex trace functions and the Wigner-Yanase-Dyson conjecture. *Ad. Math.*, 11:267–288, 1973.

[Lie75] E. H. Lieb. *Bull. AMS*, 81:1–13, 1975.

[Lin75] G. Lindblad. Completely positive maps and entropy inequalities. *Commun. Math. Phys.*, 40:147–151, 1975.

[Lin76] G. Lindblad. On the generators of quantum dynamical semigroups. *Commun. Math. Phys.*, 48:199, 1976.

[Lin91] G. Lindblad. Quantum entropy and

quantum measurements. In C. Bend-jaballah, O. Hirota, and S. Reynaud, editors, *Quantum Aspects of Optical Communications*, Lecture Notes in Physics, vol. 378, pages 71–80, Springer-Verlag, Berlin, 1991.

[Lip95] R. Lipton. DNA solution of hard computational problems. *Science*, 268:542–525, 1995.

[LKF99] N. Linden, E. Kupce, and R. Freeman. NMR quantum logic gates for homo-nuclear spin systems. *arXive e-print quant-ph/9907003*, 1999.

[LL93] A. K. Lenstra and H. W. Lenstra Jr., editors. *The Development of the Number Field Sieve*. Springer-Verlag, New York, 1993.

[Llo93] S. Lloyd. A potentially realizable quantum computer. *Science*, 261:1569, 1993.

[Llo94] S. Lloyd. Necessary and sufficient conditions for quantum computation. *J. Mod. Opt.*, 41(12):2503, 1994.

[Llo95] S. Lloyd. Almost any quantum logic gate is universal. *Phys. Rev. Lett.*, 75(2):346, 1995.

[Llo96] S. Lloyd. Universal quantum simu-lators. *Science*, 273:1073, 1996.

[Llo97] S. Lloyd. The capacity of the noisy quantum channel. *Phys. Rev. A*, 56:1613, 1997.

[LLS75] R. E. Ladner, N. A. Lynch, and A. L. Selman. A comparison of polynomial-time reducibilities. *Theor. Comp. Sci.*, 1:103–124, 1975.

[LMPZ96] R. Laflamme, C. Miquel, J.-P. Paz, and W. H. Zurek. Perfect quantum error correction code. *Phys. Rev. Lett.*, 77:198, 1996. *arXive e-print quant-ph/9602019*.

[LNCY97] D. W. Leung, M. A. Nielsen, I. L. Chuang, and Y. Yamamoto. Approxi-mate quantum error correction can lead to better codes. *Phys. Rev. A*, 56:2567–2573, 1997. *arXive e-print quant-ph/9704002*.

[Lo99] H. Lo. A simple proof of the unconditional security of quantum key distribution. *arXive e-print quant-ph/9904091*, 1999.

[Lom87] J. S. Lomont. *Applications of Finite Groups*. Dover, New York, 1987.

[Lou73] W. H. Louisell. *Quantum Statistical Properties of Radiation*. Wiley, New York, 1973.

[LP97] H.-K. Lo and S. Popescu. Concen-trating local entanglement by local actions – beyondmean values. *arXive e-print quant-ph/9707038*, 1997.

[LP99] N. Linden and S. Popescu. Good dynamics versus bad kinematics. Is entanglement needed for quantum computation? *arXive e-print quant-ph/9906008*, 1999.

[LR68] O. E. Lanford and D. Robinson.Mean entropy of states in quantum-statistical mechanics. *J. Math. Phys.*, 9(7):1120–1125, 1968.

[LR73a] E. H. Lieb and M. B. Ruskai. A fundamental property of quantum-mechanical entropy. *Phys. Rev. Lett.*, 30(10):434–436, 1973.

[LR73b] E. H. Lieb andM. B. Ruskai. Proof of the strong subadditivity of quantum mechanical entropy. *J. Math. Phys.*, 14:1938–1941, 1973.

[LR90] H. Leff and R. Rex. *Maxwell's Demon: Entropy, Information, Computing*. Princeton University Press, Princeton, NJ, 1990.

[LS93] L. J. Landau and R. F. Streater. On Birkhoff theorem for doubly stochastic completely positive maps of matrix algebras. *Linear Algebra Appl.*, 193:107–127, 1993.

[LS98] S. Lloyd and J. E. Slotine. Analog quantum error correction. *Phys. Rev. Lett.*, 80:4088–4091, 1998.

[LSP98] H.-K. Lo, T. Spiller, and S. Popescu. *Quantum information and computation*. World Scientific, Singapore, 1998.

[LTV98] M. Li, J. Tromp, and P. Vitanyi. Reversible simulation of irreversible computation by pebble games. *Physica D*, 120:168–176, 1998.

[LV96] M. Li and P. Vitanyi. Reversibility and adiabatic computation: trading time and space for energy. *Proc. R. Soc. London A*, 452:769–789, 1996. *arXive e-print quant-ph/9703022*.

[LVZ+99] D. W. Leung, L. M. K. Vandersypen, X. Zhou, M. Sherwood, C. Yannoni, M. Kubinec, and I. L. Chuang. Experimental realization of a two-bit phase damping quantum code. *Phys. Rev. A*, 60:1924, 1999.

[Man80]   Y. Manin. *Computable and Uncomputable (in Russian)*. Sovetskoye Radio, Moscow, 1980.

[Man99]   Y. I. Manin. Classical computing, quantum computing, and Shor's factoring algorithm. *arXive e-print quant-ph/9903008*, 1999.

[Mau93]   U. M. Maurer. Secret key agreement by public discussion from common information. *IEEE Trans. Inf. Theory*, 39:733–742, 1993.

[Max71]   J. C. Maxwell. *Theory of Heat*. Longmans, Green, and Co., London, 1871.

[May98]   D. Mayers. Unconditional security in quantum cryptography. *arXive e-print quant-ph/9802025*, 1998.

[ME99]   M. Mosca and A. Ekert. The hidden subgroup problem and eigenvalue estimation on a quantum computer. *arXive e-print quant-ph/9903071*, 1999.

[Mer78]   R. Merkle. Secure communications over insecure channels. *Comm. of the ACM*, 21:294–299, 1978.

[Mil76]   G. L. Miller. Riemann's hypothesis and tests for primality. *J. Comput. Syst. Sci.*, 13(3):300–317, 1976.

[Mil89a]   G. J. Milburn. Quantum optical Fredkin gate. *Phys. Rev. Lett.*, 62(18): 2124, 1989.

[Mil89b]   D. A. B. Miller. Optics for low energy communications inside digital processors: quantum detectors, sources, and modulators as efficient impedance converters. *Opt. Lett.*, 14:146, 1989.

[Mil96]   G. J. Milburn. A quantum mechanical Maxwell's demon. Unpublished, 1996.

[Mil97]   G. J. Milburn. *Scrödinger's Machines: the Quantum Technology Reshaping Everyday Life*. W. H. Freeman, New York, 1997.

[Mil98]   G. J. Milburn. *The Feynman Processor: Quantum Entanglement and the Computing Revolution*. Perseus Books, Reading, Mass., 1998.

[Min67]   M. L. Minsky. *Computation: finite and infinite machines*. Prentice-Hall, Englewood Cliffs, N.J., 1967.

[MM92]   M. Marcus and H. Minc. *A Survey of Matrix Theory and Matrix Inequalities*. Dover, New York, 1992.

[MMK+95]   C. Monroe, D. M. Meekhof, B. E. King, W. M. Itano, and D. J.Wineland. Demonstration of a fundamental quantum logic gate. *Phys. Rev. Lett.*, 75:4714, 1995.

[MO79]   A. W. Marshall and I. Olkin. *Inequalities: Theory of Majorization and its Applications*. Academic Press, New York, 1979.

[MOL+99]   J. E. Mooij, T. P. Orlando, L. Levitov, L. Tian, C. H. van der Waal, and S. Lloyd. Josephson persistent-current qubit. *Science*, 285:1036–1039, 1999.

[Mor98]   T. Mor. No-cloning of orthogonal states in composite systems. *Phys. Rev. Lett.*, 80:3137–3140, 1998.

[Mos98]   M. Mosca. Quantum searching, counting and amplitude amplification by eigenvector analysis. In R. Freivalds, editor, *Proceedings of International Workshop on Randomized Algorithms*, pages 90–100, 1998.

[Mos99]   M. Mosca. *Quantum Computer Algorithms*. Ph.D. thesis, University of Oxford, 1999.

[MR95]   R. Motwani and P. Raghavan. *Randomized Algorithms*. Cambridge University Press, Cambridge, 1995.

[MS77]   F. J. MacWilliams and N. J. A. Sloane. *The Theory of Error-correcting Codes*. North-Holland, Amsterdam, 1977.

[MU88]   H. Maassen and J. H. B. Uffink. Generalized entropic uncertainty relations. *Phys. Rev. Lett.*, 60(12):1103–1106, 1988.

[MvOV96]   A. J. Menezes, P. C. van Oorschot, and S. A. Vanstone. *Handbook of Applied Cryptography*. CRC Press, 1996.

[MWKZ96]   K. Mattle, H. Weinfurter, P. G. Kwiat, and A. Zeilinger. Dense coding in experimental quantum communication. *Phys. Rev. Lett.*, 76(25):4656–4659, 1996.

[MZG96]   A. Muller, H. Zbinden, and N. Gisin. Quantum cryptography over 23 km in installed under-lake telecom fibre. *Europhys. Lett.*, 33:334–339, 1996.

[NC97]   M. A. Nielsen and C. M. Caves. Reversible quantum operations and their application to teleportation. *Phys. Rev. A*, 55(4):2547–2556, 1997.

[NCSB98] M. A. Nielsen, C. M. Caves, B. Schumacher, and H. Barnum. Informationtheoretic approach to quantum error correction and reversible measurement. *Proc. R. Soc. London A*, 454(1969): 277–304, 1998.

[Nie98] M. A. Nielsen. *Quantum Information Theory*. Ph.D. thesis, University of New Mexico, 1998.

[Nie99a] M. A. Nielsen. Conditions for a class of entanglement transformations. *Phys. Rev. Lett.*, 83(2):436–439, 1999.

[Nie99b] M. A. Nielsen. Probability distributions consistent with a mixed state. *arXive eprint quant-ph/9909020*, 1999.

[NKL98] M. A. Nielsen, E. Knill, and R. Laflamme. Complete quantum teleportation using nuclear magnetic resonance. *Nature*, 396(6706):52–55, 1998.

[NPT99] Y. Nakamura, Y. A. Pashkin, and J. S. Tsai. Coherent control of macroscopic quantum states in a single-cooperpair box. *Nature*, 398:786–788, 1999.

[OP93] M. Ohya and D. Petz. *Quantum Entropy and Its Use*. Springer-Verlag, Berlin, 1993.

[Pai82] A. Pais. *Subtle is the Lord: The Science and the Life of Albert Einstein*. Oxford University Press, Oxford, 1982.

[Pai86] A. Pais. *Inward Bound: Of Matter and Forces in the Physical World*. Oxford University Press, Oxford, 1986.

[Pai91] A. Pais. *Niels Bohr's Times: In Physics, Philosophy, and Polity*. Oxford University Press, Oxford, 1991.

[Pap94] C. M. Papadimitriou. *Computational Complexity*. Addison-Wesley, Reading, Massachusetts, 1994.

[Pat92] R. Paturi. On the degree of polynomials that approximate symmetric Boolean functions (preliminary version). *Proc. 24th Ann. ACM Symp. on Theory of Computing (STOC '92)*, pages 468–474, 1992.

[PCZ97] J. F. Poyatos, J. I. Cirac, and P. Zoller. Complete characterization of a quantum process: the two-bit quantum gate. *Phys. Rev. Lett.*, 78(2):390–393, 1997.

[PD99] P. M. Platzman and M. I. Dykman. Quantum computing with electrons floating on liquid helium. *Science*, 284:1967, 1999.

[Pen89] R. Penrose. *The Emperor's New Mind*. Oxford University Press, Oxford, 1989.

[Per52] S. Perlis. *Theory of Matrices*. Addison-Wesley, Reading, Mass., 1952.

[Per88] A. Peres. How to differentiate between non-orthogonal states. *Phys. Lett. A*, 128:19, 1988.

[Per93] A. Peres. *Quantum Theory: Concepts and Methods*. Kluwer Academic, Dordrecht, 1993.

[Per95] A. Peres. Higher order schmidt decompositions. *Phys. Lett. A*, 202:16–17, 1995.

[Pet86] D. Petz. Quasi-entropies for finite quantum systems. *Rep. Math. Phys.*, 23(1):57–65, 1986.

[Phy92] Physics Today Editor. Quantum cryptography defies eavesdropping. *Physics Today*, page 21, November 1992.

[PK96] M. B. Plenio and P. L. Knight. Realistic lower bounds for the factorization time of large numbers on a quantum computer. *Phys. Rev. A*, 53:2986–2990, 1996.

[PK98] M. B. Plenio and P. L. Knight. The quantum-jump approach to dissipative dynamics in quantum optics. *Rev. Mod. Phys.*, 70(1):101–144, 1998.

[Pop75] R. P. Poplavskii. Thermodynamical models of information processing (in Russian). *Usp. Fiz. Nauk*, 115(3):465–501, 1975.

[PRB98] M. Pueschel, M. Roetteler, and T. Beth. Fast quantum Fourier transforms for a class of non-abelian groups. *arXive eprint quant-ph/9807064*, 1998.

[Pre97] J. Preskill. Fault-tolerant quantum computation. *arXive e-print quant-ph/9712048*, 1997.

[Pre98a] J. Preskill. Fault-tolerant quantum computation. In H.-K. Lo, T. Spiller, and S. Popescu, editors, *Quantum information and computation*. World Scientific, Singapore, 1998.

[Pre98b] J. Preskill. Physics 229: *Advanced*

*Mathematical Methods of Physics —
Quantum Computation and Information.*
California Institute of Technology,
1998. URL: http://www.theory.
caltech.edu/people/preskill/ph229/

[Pre98c] J. Preskill. Reliable quantum com-
puters. *Proc. R. Soc. London A*, 454
(1969):385–410, 1998.

[Rab80] M. O. Rabin. Probabilistic algorithm
for testing primality. *J. Number Theory*,
12:128–138, 1980.

[Rah99] H. Z. Rahim. Richard Feynman and
Bill Gates: an imaginary encounter.
1999. URL: http://www.trnsoft.com/
features/1rfbg.htm

[Rai98] E. M. Rains. Quantum weight
enumerators. *IEEE Trans. Inf. Theory*,
44(4):1388–1394, 1998.

[Rai99a] E. M. Rains. Monotonicity of the
quantum linear programming bound.
IEEE Trans. Inf. Theory, 45(7):2489–2492,
1999.

[Rai99b] E. M. Rains. Nonbinary quantum
codes. *IEEE Trans. Inf. Theory*, 45(6):
1827–1832, 1999.

[Rai99c] E. M. Rains. Quantum shadow
enumerators. *IEEE Trans. Inf. Theory*,
45(7):2361–2366, 1999.

[RB98] M. Roetteler and T. Beth. Polyno-
mialtime solution to the hidden
subgroup problem for a class of non-
abelian groups. *arXive e-print quant-
ph/9812070*, 1998.

[Res81] A. Ressler. *The Design of a Conservative
Logic Computer and A Graphical Editor
Simulator*. Master's thesis, Massa-
chusetts Institute of Technology, 1981.

[RHSS97] E. M. Rains, R. H. Hardin, P. W. Shor,
and N. J. A. Sloane. Nonadditive
quantum code. *Phys. Rev. Lett.*, 79(5):
953–954, 1997.

[Roy96] A. Royer. Reduced dynamics with
initial correlations, and time-depen-
dent environment and Hamiltonians.
Phys.Rev. Lett., 77(16):3272–3275, 1996.

[RR67] D. W. Robinson and D. Ruelle.
Commun. Math. Phys., 5:288, 1967.

[RSA78] R. L. Rivest, A. Shamir, and L. M.
Adleman. A method of obtaining
digital signatures and public-key
cryptosystems. *Comm. ACM*, 21(2):

120–126, 1978.

[Rus94] M. B. Ruskai. Beyond strong
subadditivity: improved bounds on
the contraction of generalized relative
entropy. *Rev. Math. Phys.*, 6(5A):1147–
1161, 1994.

[RWvD84] S. Ramo, J. R. Whinnery, and T. van
Duzer. *Fields and waves in communi-
cation electronics*. Wiley, New York,
1984.

[RZBB94] M. Reck, A. Zeilinger, H. J. Bernstein,
and P. Bertani. Experimental
realization of any discrete unitary
operator. *Phys. Rev. Lett.*, 73(1):58–61,
1994.

[Sak95] J. J. Sakurai. *Modern Quantum Mechanics*.
Addison-Wesley, Reading, Mass.,
1995.

[SC99] R. Schack and C. M. Caves. Classical
model for bulk-ensemble NMR
quantum computation. *Phys. Rev. A*,
60(6):4354–4362, 1999.

[Sch06] E. Schmidt. Zur theorie der linearen
und nichtlinearen integralgleig-
hungen. *Math. Annalen.*, 63:433–476,
1906.

[Sch36] E. Schrödinger. Probability relations
between separated systems. *Proc.
Cambridge Philos. Soc.*, 32:446–452,
1936.

[Sch95] B. Schumacher. Quantum coding.
Phys. Rev. A, 51:2738–2747, 1995.

[Sch96a] B. Schneier. *Applied Cryptography*. John
Wiley and Sons, New York, 1996.

[Sch96b] B. W. Schumacher. Sending
entanglement through noisy quantum
channels. *Phys. Rev. A*, 54:2614, 1996.

[Sha48] C. E. Shannon. A mathematical theory
of communication. *Bell System Tech. J.*,
27:379–423, 623–656, 1948.

[Sho94] P. W. Shor. Algorithms for quantum
computation: discrete logarithms and
factoring. In *Proceedings, 35th Annual
Symposium on Foundations of Computer
Science*, IEEE Press, Los Alamitos, CA,
1994.

[Sho95] P. Shor. Scheme for reducing deco-
herence in quantum computer
memory. *Phys. Rev. A*, 52:2493, 1995.

[Sho96] P. W. Shor. Fault-tolerant quantum
computation. In *Proceedings, 37th*

Annual Symposium on Foundations of Computer Science, pages 56–65, IEEE Press, Los Alamitos, CA, 1996.

[Sho97] P. W. Shor. Polynomial-time algorithms for prime factorization and discrete logarithms on a quantum computer. *SIAM J. Comp.*, 26(5):1484–1509, 1997.

[Sim79] B. Simon. *Trace Ideals and Their Applications.* Cambridge University Press, Cambridge, 1979.

[Sim94] D. Simon. On the power of quantum computation. In *Proceedings, 35th Annual Symposium on Foundations of Computer Science*, pages 116–123, IEEE Press, Los Alamitos, CA, 1994.

[Sim97] D. R. Simon. On the power of quantum computation. *SIAM J. Comput.*, 26(5):1474–1483, 1997.

[SL97] P. W. Shor and R. Laflamme. Quantum analog of the MacWilliams identities for classical coding theory. *Phys. Rev. Lett.*, 78(8):1600–1602, 1997.

[SL98] D. Shasha and C. Lazere. *Out of Their Minds: The Lives and Discoveries of 15 Great Computer Scientists.* Springer-Verlag, New York, 1998.

[Sle74] D. Slepian, editor. *Keys Papers in the Development of Information Theory.* IEEE Press, New York, 1974.

[Sli96] C. P. Slichter. *Principles of Magnetic Resonance.* Springer, Berlin, 1996.

[SN96] B. W. Schumacher and M. A. Nielsen. Quantum data processing and error correction. Phys. Rev. A, 54(4):2629, 1996. *arXive e-print quant-ph/9604022.*

[SP00] P. W. Shor and J. Preskill. Simple proof of security of the BB84 quantum key distribution protocol. *arXive e-print quant-ph/0003004*, 2000.

[SS76] R. Solovay and V. Strassen. A fast Monte-Carlo test for primality. *SIAM J. Comput.*, 6:84–85, 1976.

[SS96] P. W. Shor and J. A. Smolin. Quantum error-correcting codes need not completely reveal the error syndrome. *arXive e-print quant-ph/9604006*, 1996.

[SS99] A. T. Sornborger and E. D. Stewart. Higher order methods for simulations on quantum computers. *Phys. Rev. A*, 60(3):1956–1965, 1999. *arXive e-print*

quant-ph/9903055.

[ST91] B. E. A. Saleh and M. C. Teich. *Fundamentals of Photonics.* Wiley, NY, 1991.

[Ste96a] A. M. Steane. Error correcting codes in quantum theory. *Phys. Rev. Lett.*, 77:793, 1996.

[Ste96b] A. M. Steane. Multiple particle interference and quantum error correction. *Proc. R. Soc. London A*, 452:2551–76, 1996.

[Ste97] A. Steane. The ion-trap quantum information processor. *Appl. Phys. B – Lasers and Optics*, 64(6):623–642, 1997.

[Ste99] A. M. Steane. Efficient fault-tolerant quantum computing. *Nature*, 399:124–126, May 1999.

[STH+99] S. Somaroo, C. H. Tseng, T. F. Havel, R. Laflamme, and D. G. Cory. Quantum simulations on a quantum computer. *Phys. Rev. Lett.*, 82:5381–5384, 1999.

[Str76] G. Strang. *Linear Algebra and Its Applications.* Academic Press, New York, 1976.

[SV99] L. J. Schulman and U. Vazirani. Molecular scale heat engines and scalable quantum computation. *Proc. 31st Ann. ACM Symp. on Theory of Computing (STOC '99)*, pages 322–329, 1999.

[SW49] C. E. Shannon and W. Weaver. *The Mathematical Theory of Communication.* University of Illinois Press, Urbana, 1949.

[SW93] N. J. A. Sloane and A. D. Wyner, editors. *Claude Elwood Shannon: Collected Papers.* IEEE Press, New York, 1993.

[SW97] B. Schumacher and M. D. Westmoreland. Sending classical information via noisy quantum channels. *Phys. Rev. A*, 56(1):131–138, 1997.

[SW98] B. Schumacher and M. D. Westmoreland. Quantum privacy and quantum coherence. *Phys. Rev. Lett.*, 80(25):5695–5697, 1998.

[SWW96] B. W. Schumacher, M. Westmoreland, and W. K. Wootters. Limitation on the amount of accessible information in a quantum channel. *Phys. Rev. Lett.*, 76:3453, 1996.

[Szi29]   L. Szilard. Uber die entropievermind-erung in einen thermodynamischen system bei eingriffen intelligenter wesen. *Z. Phys.*, 53:840-856, 1929.

[TD98]   B. M. Terhal and D. P. DiVincenzo. The problem of equilibration and the computation of correlation functions on a quantum computer. *arXive e-print quant-ph/9810063*, 1998.

[THL+95]   Q. A. Turchette, C. J. Hood, W. Lange, H. Mabuchi, and H. J. Kimble. Measurement of conditional phase shifts for quantumlogic. *Phys. Rev. Lett.*, 75:4710, 1995.

[Tro59]   H. F. Trotter. On the product of semigroups of operators. *Proc. Am. Math. Soc.*, 10:545–551, 1959.

[Tsi80]   B. S. Tsirelson. Quantum generaliza-tions of Bell's inequality. *Lett. Math. Phys.*, 4:93, 1980.

[Tur36]   A. M. Turing. On computable numbers, with an application to the Entscheidungsproblem. *Proc. Lond. Math. Soc. 2 (reprinted in [Dav65])*, 42:230, 1936.

[Tur97]   Q. A. Turchette. *Quantum optics with single atoms and single photons.* Ph.D. thesis, California Institute of Techno-logy, Pasadena, California, 1997.

[Uhl70]   A. Uhlmann. On the Shannon entropy and related functionals on convex sets. *Rep. Math. Phys.*, 1(2):147–159, 1970.

[Uhl71]   A. Uhlmann. Sätze über dichtema-trizen. *Wiss. Z. Karl-Marx-Univ. Leipzig*, 20:633–637, 1971.

[Uhl72]   A. Uhlmann. Endlich-dimensionale dichtematrizen I. *Wiss. Z. Karl-Marx-Univ. Leipzig*, 21:421–452, 1972.

[Uhl73]   A. Uhlmann. Endlich-dimensionale dichtematrizen II. *Wiss. Z. Karl-Marx-Univ. Leipzig*, 22:139–177, 1973.

[Uhl76]   A. Uhlmann. The 'transition probability' in the state space of a *-algebra. *Rep. Math. Phys.*, 9:273–279, 1976.

[Uhl77]   A. Uhlmann. Relative entropy and the Wigner-Yanase-Dyson-Lieb concavity in an interpolation theory. *Commun. Math. Phys.*, 54:21–32, 1977.

[Ume62]   H. Umegaki. *Kōdai Math. Sem. Rep.*, 14:59–85, 1962.

[Vai94]   L. Vaidman. Teleportation of quantum states. *Phys. Rev. A*, 49(2):1473-6, 1994.

[van98a]   W. van Dam. Quantum oracle interrogation: getting all information for half the price. In *Proceedings of the 39th FOCS*, 1998. *arXive e-print quant-ph/9805006*.

[van98b]   S. J. van Enk. No-cloning and superluminal signaling. *arXive e-print quant-ph/9803030*, 1998.

[Ved99]   V. Vedral. Landauer's erasure, error correction and entanglement. *arXive eprint quant-ph/9903049*, 1999.

[Vid98]   G. Vidal. Entanglement monotones. *arXive e-print quant-ph/9807077*, 1998.

[Vid99]   G. Vidal. Entanglement of pure states for a single copy. *Phys. Rev. Lett.*, 83(5):1046–1049, 1999.

[von27]   J. von Neumann. *Göttinger Nachrichten*, page 245, 1927.

[von56]   J. von Neumann. Probabilistic logics and the synthesis of reliable organisms from unreliable components. In *Automata Studies*, pages 329–378, Princeton University Press, Princeton, NJ, 1956.

[von66]   J. von Neumann. Fourth University of Illinois lecture. In A. W. Burks, editor, *Theory of Self-Reproducing Automata*, page 66, University of Illinois Press, Urbana, 1966.

[VP98]   V. Vedral and M. B. Plenio. Entangle-ment measures and purification procedures. *Phys. Rev. A*, 57(3):1619–1633, 1998.

[VR89]   K. Vogel and H. Risken. Determina-tion of quasiprobability distributions in terms of probability distributions for the rotated quadrature phase. *Phys. Rev. A*, 40(5):2847–2849, 1989.

[VYSC99]   L. M. K. Vandersypen, C. S. Yannoni, M. H. Sherwood, and I. L. Chuang. Realization of effective pure states for bulk quantum computation. *Phys. Rev. Lett.*, 83:3085–3088, 1999.

[VYW+99]   R. Vrijen, E. Yablonovitch, K. Wang, H. W. Jiang, A. Balandin, V. Roychowd-hury, T. Mor, and D. DiVincenzo. Electron spin resonance transistors for quantum computing in silicon-germanium heterostructures. *arXive e-print quant-ph/9905096*, 1999.

[War97] W. Warren. The usefulness of NMR quantum computing. *Science*, 277 (5332):1688, 1997.

[Wat99] J. Watrous. **PSPACE** has 2-round quantum interactive proof systems. *arXive eprint cs/9901015*, 1999.

[WC67] S. Winograd and J. D. Cowan. *Reliable Computation in the Presence of Noise*. MIT Press, Cambridge, MA, 1967.

[Weh78] A. Wehrl. General properties of entropy. *Rev. Mod. Phys.*, 50:221, 1978.

[Wel88] D. J. A. Welsh. *Codes and Cryptography*. Oxford University Press, New York, 1988.

[Wie] S. Wiesner. Unpublished manuscript, circa 1969, appeared as [Wie83].

[Wie83] S. Wiesner. Conjugate coding. *SIGACT News*, 15:77, 1983.

[Wie96] S. Wiesner. Simulations of manybody quantum systems by a quantum computer. *arXive e-print quant-ph/9603028*, 1996.

[Wil91] D. Williams. *Probability with Martingales*. Cambridge University Press, Cambridge, 1991.

[Win98] E. Winfree. *Algorithmic Self-Assembly of DNA*. Ph.D. thesis, California Institute of Technology, Pasadena, California, 1998.

[WMI+98] D. J. Wineland, C. Monroe, W. M. Itano, D. Leibfried, B. E. King, and D. M. Meekhof. Experimental issues in coherent quantum-state manipulation of trapped atomic ions. *J. Res. Natl. Inst. Stand. Tech.*, 103:259, 1998.

[WS98] M. D. Westmoreland and B. Schumacher. Quantum entanglement and the nonexistence of superluminal signals. *arXive e-print quant-ph/9801014*, 1998.

[WY63] E. P. Wigner and M. M. Yanase. *Proc. Natl. Acad. Sci. (U.S.A.)*, 49:910–918, 1963.

[WY90] K. Watanabe and Y. Yamamoto. Limits on tradeoffs between third-order optical nonlinearity, absorption loss, and pulse duration in self-induced transparency and real excitation. *Phys. Rev. A*, 42(3):1699–702, 1990.

[WZ82] W. K. Wootters and W. H. Zurek. A single quantum cannot be cloned. *Nature*, 299:802–803, 1982.

[Yao93] A. C. Yao. Quantum circuit complexity. *Proc. of the 34th Ann. IEEE Symp. on Foundations of Computer Science*, pages 352–361, 1993.

[YK95] S. Younis and T. Knight. Non dissipative rail drivers for adiabatic circuits. In *Proceedings, Sixteenth Conference on Advanced Research in VLSI 1995*, pages 404–14, IEEE Computer Society Press, Los Alamitos, CA, 1995.

[YKI88] Y. Yamamoto, M. Kitagawa, and K. Igeta. In *Proc. 3rd Asia-Pacific Phys. Conf.*, World Scientific, Singapore, 1988.

[YO93] H. P. Yuen and M. Ozawa. Ultimate information carrying limit of quantum systems. *Physical Review Letters*, 70:363–366, 1993.

[YY99] F. Yamaguchi and Y. Yamamoto. Crystal lattice quantum computer. *Appl. Phys. A*, pages 1–8, 1999.

[Zal98] C. Zalka. Simulating quantum systems on a quantum computer. *Proc. R. Soc. London A*, 454(1969):313–322, 1998.

[Zal99] C. Zalka. Grover's quantum searching algorithm is optimal. *Phys. Rev. A*, 60(4):2746–2751, 1999.

[Zan99] P. Zanardi. Stabilizing quantum information. *arXive e-print quant-ph/9910016*, 1999.

[ZG97] P. Zoller and C. W. Gardiner. Quantum noise in quantum optics: the stochastic Schrödinger equation. In S. Reynaud, E. Giacobino, and J. Zinn-Justin, editors, *Quantum Fluctuations: Les Houches Summer School LXIII*, Elsevier, Amsterdam, 1997.

[ZHSL99] K. Zyczkowski, P. Horodecki, A. Sanpera, and M. Lewenstein. Volume of the set of separable states. *Phys. Rev. A*, 58(2):883–892, 1999.

[ZL96] W. H. Zurek and R. Laflamme. Quantum logical operations on encoded qubits. *Phys. Rev. Lett.*, 77(22):4683–4686, 1996.

[ZLC00] X. Zhou, D.W. Leung, and I. L. Chuang. Quantum logic gate constructions with one-bit "teleportation".

arXive e-print quant-ph/0002039, 2000.

[ZR98] P. Zanardi and M. Rasetti. Noiseless quantum codes. *Phys. Rev. Lett.*, 79(17):3306–3309, 1998.

[Zur89] W. H. Zurek. Thermodynamic cost of computation, algorithmic complexity and the information metric. *Nature*, 341:119, 1989.

[Zur91] W. H. Zurek. Decoherence and the transition from quantum to classical. *Phys. Today*, October 1991.

찾아보기